Eakins 1901
Anselm Feuerbach
Gamelin
Fragonard
K. Kreider
E. L. Kirchner
Eug. Delacroix
Gris
Hilleström
Füseli
BONNARD
Jean le Moal
Gerrit Berck Heyde
Longhi
Greuze
C. Krohg
Philipp Hackert
F. Boucher
Ed. Grützner
L. v. König
HILL
Jongkind
Feininger
P. Huet
GHIKA
Kalckreuth
Lucas
G Flegel
Vincent
A. BÖCKLIN
LANSKOY
Eug. Fromentin
P. Cezanne
C. A. Jensen
Kersting
J. Dubuffet 54
J. Führich
Jan van Huysum
W. Leibl
A. GORKY
Canaletto
MKager
J V GOIEN

Das große Lexikon der Malerei

Das große Lexikon der Malerei

westermann

Benutzungshinweis

„Das große Lexikon der Malerei" besteht aus einem Künstlerlexikon (Seite 4–660) und einem Begriffslexikon (Seite 661–800). Im Künstlerlexikon erscheinen nur namentlich bekannte Maler, solche mit Notnamen, also anonyme Meister, werden im Begriffslexikon behandelt, ebenso Künstlergruppen.

Die Beiträge sind in alphabetischer Folge angeordnet. Umlaute wurden wie normale Vokale behandelt, z. B. ä = a. Mehrere gleichlautende Familiennamen folgen einander in der alphabetischen Ordnung der Vornamen. Künstler des Mittelalters und der Renaissance erscheinen mit ihren Vornamen und sind nicht nach dem Geburtsort aufgenommen, z. B. Leonardo da Vinci. Die Schreibung der Künstlernamen folgt der gebräuchlichsten, wo zwei gängige Namen existieren, ist auf einen der beiden verwiesen. Bildtitel sind durch Großbuchstaben vom laufenden Text abgehoben. Fremdsprachige Bildtitel wurden in der gebräuchlichen deutschen Fassung wiedergegeben, es sei denn, der fremdsprachige Titel ist auch im Deutschen geläufig, z. B. IMPRESSION.

Das Künstlerlexikon enthält lediglich Verweise auf Sachbegriffe.

Benutzungshinweise zum Begriffslexikon siehe Seite 662.

Gesamtherstellung: westermann druck, Braunschweig
Text- und Bildredaktion: Hilschmann, München, unterstützt von Ernst Fahmüller, Friedrich Naab, Dr. Norbert Wolf, Peter Stepan, Dr. Monika Bachtler, Dr. Christian Hornig, Erich Radscheit u. a.
Der Schutzumschlag wurde nach einem Plakat des Städelschen Kunstinstituts, Frankfurt am Main, gestaltet.
Entwurf Rambow und Lienemeyer, Frankfurt am Main.
Printed in Germany
ISBN 3 - 14 - **50 9078** - x

A

Aachen, Hans von
* 1552 in Köln, † 4. 3. 1615 in Prag. 1568–74 lernte der Künstler bei dem niederländischen Maler Georg Jerrigh in Köln. Nach der Lehrzeit reiste er nach Italien, wo er die Kompositionen Tintorettos, Correggios und Michelangelos studierte. 1588 nach Köln zurückgekehrt, folgte er schon bald dem Ruf Herzog Wilhelms V. nach München. 1592 wurde er von Kaiser Rudolf II. zum Kammermaler ernannt und siedelte 1601 nach Prag über. Von hier aus unternahm der Meister noch verschiedene Reisen in den Süden. Neben hervorragenden Bildnissen schuf Hans von Aachen auch Bilder mit biblischen, mythologischen und allegorischen Inhalten, wie die Allegorie SIEG DER WAHRHEIT UNTER DEM SCHUTZ DER GERECHTIGKEIT, 1598 (München, Alte Pinakothek). Die Ausgewogenheit der Komposition wird hier durch gegensatzreiche Körperdrehungen und ausladende Gestik gewährleistet. Hans von Aachen gehört zu den deutschen Meistern des höfischen Manierismus des 16. Jh. Neben Giuseppe Arcimboldo, Bartholomäus Spranger und Joseph Heintz d. Ä. gilt er als hervorragender Meister der sogenannten Rudolfinischen Malerei. Nach seinem Tode fast vergessen, entdeckte erst das 20. Jh. mit seiner neuen Neigung zum Manierismus die Qualitäten des Hans von Aachen wieder.

Abildgaard, Nicolai Abraham
getauft am 11. 9. 1743 in Kopenhagen, † 4. 6. 1809 bei Frederiksdal. Klassizistischer Maler, Architekt, Entwerfer von Bühnenbildern, Denkmälern und Medaillen. Nach einer Ausbildung an der Kopenhagener Akademie folgten fünf weitere Studienjahre in Rom, 1772 bis 77, wo er von Werken Michelangelos, Tizians und Poussins beeinflußt wurde. Abildgaard schuf monumentale Wandgemälde mit Themen aus der dänischen Geschichte und der antiken und nordischen Mythologie, so auch in seinem Hauptwerk, den 1779–91 entstandenen Fresken für Schloß Christiansborg. Als Direktor der Kopenhagener Akademie seit 1789 wurde er zum Lehrer von Philipp Otto Runge, Bartel Thorvaldsen u. a.

Achenbach, Andreas
* 29. 9. 1815 in Kassel, † 1. 4. 1910 in Düsseldorf. Deutscher Landschaftsmaler, der in erster Linie den gängig realistischen Stil der Gründerzeit vertrat. Nach Erfolgen bereits des Vierzehnjährigen an der Düsseldorfer Akademie, nach einer Niederlandreise und nochmaligem kurzem Studium an der Düsseldorfer Akademie bei Johann Wilhelm Schirmer, vollzog sich unter dem Einfluß C. F. Lessings und der holländischen Landschaftsmalerei des 17. Jh. – Allert van Everdingen, Jacob van Ruysdael – der Bruch mit der romantischen Tradition der Düsseldorfer Schule. Im Sinne des holländischen

Oswald Achenbach, BLICK AUF FLORENZ, *1898, 37 × 50 (Düsseldorf, Kunstmuseum). Zum Spätwerk des Landschaftsmalers gehört diese Ansicht der Arnostadt vom Piazzale Michelangelo aus. Die Wahl der frühen Morgenstunden erlaubte es, statt einer akkuraten Vedute, die von atmosphärischen Schleiern eingehüllte Stadtlandschaft zu inszenieren.*

Willem van Aelst, Blumenvase mit Tischuhr, *um 1656 (Kassel, Gemäldegalerie). Die Individualität jeder einzelnen Blüte, der Knospen und Blätter ist hier bis zur Augentäuschung erfaßt. Die aufgeklappte Taschenuhr verweist als Vanitas-Symbol zugleich auf die Vergänglichkeit dieser irdisch-flüchtigen Augenweide.*

Realismus entwickelte Achenbach eine Malweise von nüchterner Farbgebung und teilweise kleinlicher Härte, wie etwa in dem Gemälde Seesturm von 1836 (München, Neue Pinakothek). 1835 zog er nach München, später nach Frankfurt a. M., 1846 kehrte er für den Rest seines Lebens nach Düsseldorf zurück. Auf ausgedehnten Studienreisen skizzierte er die Motive für seine bevorzugten Themen – Landschaften und Seestücke –, wobei er in den 50er und 60er Jahren den Höhepunkt seines Schaffens mit einem an die Schule von Barbizon erinnernden stimmungsvollen Realismus toniger, aber aufgehellter Palette erreichte. Zum Modemaler geworden, verflachte die Kunst Achenbachs in den 70er Jahren und entsprach in ihrer Konventionalität nun dem Bedürfnis der Gründerzeit nach unproblematischer künstlerischer Massenware.

Achenbach, Oswald
* 2. 2. 1827 in Düsseldorf, † 1. 2. 1905 in Düsseldorf. Landschaftsmaler der → Düsseldorfer Schule, jüngerer Bruder des bekannteren Andreas Achenbach. Schüler Johann Wilhelm Schirmers an der Düsseldorfer Akademie, hauptsächlich aber seines Bruders, 1863–71 Leitung der Landschafterklasse der Düsseldorfer Akademie. Auf Reisen nach Tirol und Oberitalien bildete er sich in den Prinzipien der Landschaftsmalerei weiter. Seine Vorliebe galt neben der Gestaltung der rheinischen vor allem der der italienischen Landschaft, die er mit figürlicher → Staffage oder Architekturmotiven ausstattete. Die qualitätvollsten Ergebnisse gelangen dem koloristisch stark begabten Künstler in meist kleinformatigen Ölbildern, in denen effektvolle Lichterscheinungen dominieren. Am Ende seiner Schaffenszeit wurde er ebenso wie sein Bruder zum Verfertiger oberflächlicher Massenproduktion.

Achilleus-Maler
attischer Vasenmaler der Hochklassik, tätig zwischen etwa 465 und 430 v. Chr. Die Forschung wies dem Schüler des Berliner Malers seinen Namen aufgrund einer Amphora mit Darstellungen von Achilleus und Briseis (Rom, Vatikan) zu. Etwa 180 Arbeiten auf Keramik können dem A.-M. zugeschrieben werden, sein Stil läßt außerdem darauf schließen, daß er auch in der Tafelmalerei tätig gewesen ist, wovon sich freilich nichts erhalten hat. Das Hauptgewicht seines Schaffens liegt auf skizzenhaft-zarten Zeichnungen in braunen, gelben und rötlichen Farbtönen auf weißgrundigen Lekythen sowie großzügig angelegten Figuren rotfiguriger Technik auf Amphoren. Sie sind meist wenig bewegt, vielmehr auf den Ausdruck innerer ethischer Haltung konzentriert.

Ackermann, Peter
* 31. 1. 1934 in Jena. Vorwiegend als Zeichner und Radierer tätig, der, am → Surrealismus geschult, im Sinne des → Magischen Realismus hauptsächlich menschenleere Architekturen darstellt. Ackermann studierte von 1956–62 in Berlin, zunächst an der Freien Universität, dann an der Hochschule für Bildende Künste. In Berlin hatte er 1963 auch seine erste Ausstellung in der „Galerie Vernissage". Eine große Ausstellung seiner Gemälde wurde 1970 in Berlin in der „Galerie Lietzow" veranstaltet.

Adler, Jankel
* 26. 7. 1895 in Tuszyn bei Łódź, † 25. 4. 1949 in Aldbourne bei London. Polnisch-jüdischer Maler, in dessen Arbeiten summarisch zusammengefaßte, von den kubistisch abstrahierten Formen eines Pablo Picasso beeinflußte, jedoch nur in den seltensten Fällen völlig abstrakt werdende Gestaltungen überwiegen, wobei die groß gesehenen Figurationen auf oft sandig grundierten Bildpartien den monumentalen Eindruck von Wandmalereien anstreben. Adler erlernte zuerst das Goldschmiedehandwerk, bevor er 1914 nach Deutschland ging und sich 1922 in Düsseldorf niederließ. Große Anerkennung fand er mit dem auf der Ausstellung Deutsche Kunst 1928 in Düsseldorf präsentierten Bild Katzen, wo sich in einer für Adler typischen Weise gegensätzliche Stilelemente – hier expressionistischer und surrealistischer Natur – zu monumentaler Wirkung vereinen. Adler, der 1928 Mitglied der Rheinischen → Sezession wurde und 1931 Paul Klee kennenlernte, mußte 1933 Deutschland verlassen, um sich schließlich nach einem Frankreichaufenthalt in Schottland niederzulassen.

Aelst, Willem van
getauft am 16. 5. 1625 in Delft, † nach 1683 in Amsterdam. Holländischer → Stillebenmaler des Barock. Van Aelst war Schüler seines Onkels Evert van Aelst sowie des Stillebenmalers Otto Marseus van Schrieck. Seit 1643 ist er Mitglied der Delfter → Lukasgilde, von 1645–48 unternimmt er eine Reise nach Frankreich und hält sich anschließend bis 1656 in Italien auf, wo er für Ferdinand II. von Medici arbeitet. 1657 ließ er sich in Amsterdam nieder und entwickelte sich hier zu einem der bedeutendsten niederländischen Barockspezialisten in der Gestaltung von Früchtearrangements und seltenen Blumen, aber auch in der Darstellung erlegter Vögel.

Aertsen, Pieter
* um 1508/09 in Amsterdam, begraben am 3. 6. 1575 in Amsterdam. Niederländischer Maler, der mit manieristischem Formengut Küchenstilleben und Genreszenen aus dem bäuerlichen Alltag darstellte. Vom Leben dieses Künstlers ist wenig bekannt. Nach einer Lehrzeit vermutlich bei Allaert Claesz findet sich sein Name 1535 in den Verzeichnissen der Antwerpener → Lukasgilde. 1555/56 wurde er in Amsterdam zum gesuchten Spezialisten für → Stilleben und → Genreszenen. In den meisten seiner Bilder stehen religiöse oder allegorische Sinnschichten hinter den realistischen, virtuos gemalten Darstellungen profanen Charakters – in komplizierten Gebärden agierende Volkstypen oder kunstvoll arrangierte Gegenstände des täglichen Lebens –, die sich meist in einer vordersten Bildebene zusammendrängen und sakrale Motive in den Hintergrund drängen. Aertsen, von dem sich trotz des calvinistischen → Bildersturms 1566 auch einige Altargemälde erhalten haben, schuf entscheidende Voraussetzungen für die Entwicklung des europäischen → Stillebens im 17. Jh. Zu seinen wichtigsten Schülern zählte auch sein Neffe Joachim Beuckelaer.

Aëtion
griechischer Maler, nach Plinius lag seine Blütezeit um 352 v. Chr., doch muß er auch noch nach 328 v. Chr. tätig gewesen sein, da Lukian sein Gemälde der Hochzeit Alexanders d. Gr. mit Roxane ausführlich beschreibt. Diese Schilderung regte Raffael und Sodoma zu Nachschöpfungen an, scheint jedoch schon die → römische Malerei der Antike beeinflußt zu haben und diente vermutlich als Vorbild für die Mittelgruppe der Aldobrandinischen Hochzeit (Rom, Vatikan).

Agatharchos
der älteste bekannte griechische Bühnenmaler, stammt aus Samos und war nach 450 v. Chr. tätig. Seine Bühnendekoration für Aischylos zeichnete sich durch überzeugende perspektivische Wirkungen aus, die er nach Vitruv auch

in einer theoretischen Schrift über die Skenographie → (Bühnenmalerei) dargelegt hat. Nach 430 soll Alkibiades den Maler gezwungen haben, sein Haus mit illusionistischen Bildern auszustatten.

Ahlers-Hestermann, Friedrich
* 17. 7. 1883 in Hamburg, † 11. 12. 1973 in Berlin. Bedeutender Maler und Lithograph, der zu Beginn seines künstlerischen Werdeganges noch der impressionistischen Freiluftmalerei verhaftet war. Mit der Übersiedlung nach Paris 1907 kam er mit Henry Matisse und den in Frankreich lebenden deutschen → Fauvisten wie Oskar Moll und Hans Purrmann in Kontakt. Seit 1918 wieder in Hamburg wohnend, brach er endgültig mit seinen früheren impressionistischen Tendenzen. In den dreißiger Jahren wurde er aus politischen Gründen am Malen gehindert, so widmete er sich mehr und mehr der kunsttheoretischen Schriftstellerei.

Aix, Meister der Verkündigung von
Tätig im 2. Viertel des 15. Jh. in der Provence. In der Kirche Sainte-Marie-Madeleine von Aix-en-Provence befindet sich der Mittelteil eines ehemals dreiteiligen Flügelaltars mit der Darstellung einer → Verkündigung an Maria. Der Verkündigungsengel ist links vor Maria zu sehen, die am Boden kniend vor einem Pult in einem Buch liest. Die Szene findet in einer gotischen Kirche statt, an zwei Pfeilern erscheinen Baldachinfiguren, die von C. Sluter hätten geschaffen sein können. Links oben erscheint Gottvater, in dessen an Maria gesandten Lichtstrahl ein winzig kleines Jesuskind – Mysterium der Verkündigung – herabschwebt. Lange Zeit sind die Flügel des → Triptychons verschollen geblieben, bis dank der modernen kunsthistorischen Forschung das bedeutende Werk 1929 in Paris für kurze Zeit vollständig gezeigt werden konnte.
Bei geöffnetem Altar befindet sich neben der Verkündigung links eine Darstellung des Propheten Jesaias (Rotterdam, Museum Boymans-van Beuningen) und rechts Jeremias (Brüssel, Musées Royaux des Beaux-Arts). Bei geschlossenem Altar wird eine Darstellung des → NOLI ME TANGERE sichtbar. Die später beschnittene linke Tafel zeigt die mit vor der Brust gekreuzten Armen vor Christus kniende Maria Magdalena, wobei sie der auf der rechten Tafel erscheinende Auferstandene mit den Worten „Berühre mich nicht" zurückweist. Das monumentale Werk, das zu den bedeutendsten Leistungen der Malerei des 15. Jh. nördlich der Alpen gehört, schrieb man u. a. dem Meister von Flémalle, Jan van Eyck, Chapus oder dem Meister der Miniaturen des berühmten „Livre du Cuer d'amour espris" zu. Ein Dokument, 1932 veröffentlicht, nennt den Auftraggeber des Werkes. In seinem Testament vom 9. Dezember 1442 verfügte der Tuchhändler Pietro Corpici aus Aix-en-Provence, daß bei seinem Grabe in der Kirche Saint-Sauveur ein Altar mit der Verkündigung an Maria errichtet werden solle. Da nachgewiesen werden kann, daß Pietro Corpici zu einem Maler namens Chapus Beziehungen unterhielt, wurde dieser Künstler als Schöpfer des Meisterwerkes vorgeschlagen. Ein Porträt des Auftraggebers glaubte man in der Darstellung des Jeremias entdecken zu können, und das seines Sohnes, Elzéar Corpici, in der Figur des Jesaias.
Eine Besonderheit des Altares sind die über den Figuren der Propheten erscheinenden → Stilleben mit Büchern und Kästchen (und einem Apfel über dem Jeremias). Nicht allein die Tatsache, daß ein Stilleben in einem kirchlichen Gemälde der frühen Neuzeit erscheint, ist bemerkenswert. Diese sind die frühesten Stilleben der → Renaissancemalerei überhaupt. Ein Flügel dieses Altars befindet sich in einer Privatsammlung, in der Sammlung Cook, in Richmond.

Pieter Aertsen, EIN BAUERNFEST, *85 × 171 (Wien, Kunsthistorisches Museum). Das auf Eichenholz gemalte Ölbild zeigt eine für den holländischen Manieristen typische Verbindung von Genremalerei, hier als bäuerlich-fröhliche Gelageszene, und Stillebenkunst, die das Tafelgeschirr und der Festbraten im Vordergrund zeigen.*

Ajvazovskij, Ivan Konstantinović
* 17. 7. 1817 in Feodosia, † 19. 4. 1900 in Feodosia. Russischer Marinemaler und Landschafter, der 1833–39 an der Petersburger Akademie bei Worobjow studierte, durch den er in die realistische → Landschaftsmalerei eingeführt wurde. Ajvazovskij widmete sich vor allem der Darstellung der elementaren Gewalt des Meeres und der Seeschlachten der russischen Flotte. In etwa 4000 effektvollen, teils romantisch beeinflußten Gemälden bemühte er sich um die Gestaltung gewaltiger Naturereignisse und bewegter Lichtphänomene, was ihm auch die hohe Anerkennung eines J. M. William Turner eintrug.

Alamagna, Giovanni d'
(auch Zuane de Murano oder Johannes Alamanus) nachweisbar ab 1443

Francesco Albani, TANZ DER AMORETTEN, *90 × 114 (Florenz, Uffizien). Die auf eine Säkularisierung abzielenden Tendenzen der französischen Rokokomalerei nimmt Albani vorweg, wenn er statt der entrückten Würde des Götterhimmels Heiterkeit und ausgelassenes Spiel mythologischer Figuren inmitten einer arkadischen Landschaft zeigt.*

in Venedig, † 9. 7. 1450 in Padua. Italienischer Frührenaissancemaler und zusammen mit Antonio da Murano, gen. Vivarini, Begründer der Muraneser Malschule. Wir wissen wenig aus seinem Leben, doch war er sicher, wie sein Beiname schon besagt und wie eine Urkunde über die 1444 für S. Pantaleon in Venedig geschaffene KRÖNUNG MARIÄ explizit ausführt, deutscher Abstammung. Außerdem lassen die detailliert ausgearbeiteten Pflanzendarstellungen in seinen Bildern sowie die Überfülle ornamental-dekorativen Beiwerks den Schluß zu, daß der Künstler sich an der der → Internationalen Gotik verpflichteten Formenwelt der Kölner Schule um Stephan Lochner orientiert hat. Stilistisch fällt es schwer, eine Händescheidung zwischen Giovanni und Vivarini vorzunehmen, da ersterer stets in engster Ateliergemeinschaft mit dem zwar bekannteren, künstlerisch wohl aber weniger begabten Vivarini zusammenarbeitete. Als Hauptwerke dieses Ateliers entstanden die beiden 1443 gemalten Altarbilder für S. Zaccaria in Venedig, DIE HL. SABINA UND ZWEI ANDERE HEILIGE und CORPUS CHRISTI, in erster Linie aber das großformatige → Triptychon MARIA MIT DEN VIER KIRCHENVÄTERN, das in der Scuola Grande di S. Maria della Carità in Venedig, 1446 aufgestellt wurde (heute Venedig, Galleria dell'Accademia). 1448 findet sich in den Stammbüchern der Paduaner Malergilde ein Hinweis, daß die beiden Künstler sich nun in dieser Stadt niedergelassen haben, wo für S. Francesco das → Polyptychon GEBURT CHRISTI UND DIE HLL. FRANZISKUS, BARTHOLOMÄUS, BERNHARD VON SIENA UND ANTONIUS VON PADUA bereits 1447 entstanden war (heute Prag, Národni Galerie). Auch als Freskanten traten Giovanni und Vivarini hervor, als sie 1448 zusammen mit dem Oberitaliener Andrea Mantegna und mit Niccolò Pizzolo die Ausschmückung der Cappella Ovetari in der Eremitenkirche zu Padua begannen. Als Giovanni 1450 starb, wurden die Arbeiten unvollendet hinterlassen. Als Begründer der Schule von Murano, deren bedeutendster Vertreter später Carlo Crivelli werden sollte, beeinflußten Giovanni und Vivarini die Malerei Venedigs dahingehend, in einem Rückgriff auf die physiognomisch charakterisierende Ausdruckskraft und die Liebe zum ornamentalen Detail sowie durch eine differenzierte → Koloristik der Spätgotik die streng linear-zeichnerisch ausgerichteten Prinzipien der Frührenaissancemalerei mit prononciert poetischen Werten zu bereichern.

Josef Albers, KOMPOSITION, *1953 (Berlin, Bauhaus-Archiv). Eine umfangreiche Bildserie widmete der Künstler dem Studium der Farbgesetze durch Überlagerung mehrfarbiger Rechtecke. Obwohl eine reine Flächenkomposition, soll dieses Ölbild auf Karton allein aus dem Farblichen heraus eine Raumwirkung erzeugen.*

Albani, Francesco

* 17. 8. 1578 in Bologna, † 4. 10. 1660 in Bologna. Der bedeutende italienische Barockkünstler war zunächst Schüler des flämischen Malers Denis Calvaert. 1595 trat Albani in die Werkstatt der Gebrüder Carracci ein. Anfangs arbeitete er als rasch berühmter und gesuchter Künstler in Rom, wo er u. a. 1602/03 zusammen mit Annibale Carracci an den Aldobrandini-Lünetten (jetzt Rom, Galleria Doria Pamphili) tätig war; 1611–14 die Apsis von S. Maria della Pace ausfreskierte und 1620–22 sich mit den vier monumentalen → Tondi mit den GESCHICHTEN DER VENUS (Rom, Galleria Borghese) den höchsten Ruhm erwarb. 1625 kehrte er in seine Vaterstadt zurück. Albani ist, trotz seiner zahlreichen religiösen Gemälde der eigentliche Maler mythologischer Themen innerhalb der Bologneser Schule. Mit leuchtenden, perlmuttartig schimmernden Farben, lichtem Inkarnat und weich geschwungenen Konturen vermeidet er jegliches Pathos, richtet statt dessen sein Hauptaugenmerk auf die Darstellung elegant bewegter Figurengruppen, die harmonisch in idyllische Landschaftsgründe eingebettet sind, so etwa im PUTTENTANZ (Mailand, Brera) oder in der GALATEA IM MUSCHELWAGEN von 1630 (Dresden, Gemäldegalerie). Der am Ende seines Lebens auch als Kunsttheoretiker hervorgetretene Albani zählt u. a. zu den wichtigsten Wegbereitern des stimmungsbetonten Landschaftsbildes der folgenden Jahrhunderte.

Albers, Josef

* 19. 3. 1888 in Bottrop, † 25. 3. 1976 in Orange bei New Haven, Connecticut. Deutscher → Bauhauskünstler und wichtiger Vertreter jenes Bereiches der abstrakten Kunst, der sich mit Farb- und Sehgesetzmäßigkeiten auseinandersetzt. 1913–15 Studium an der Königlichen Kunstschule in Berlin, 1916–19 an der Kunstgewerbeschule in Essen. Von 1919/20 war Albers Schüler der Malklasse von Franz von Stuck in München, außerdem be-

schäftigte er sich bei Max Doerner mit den wissenschaftlichen Aspekten der Maltechnik. Von 1920–23 studierte er am → Bauhaus in Weimar, wo er bis 1933 auch lehrend, als Leiter der Glaswerkstatt, des Vorkurses und der Möbelwerkstatt, tätig war. In dieser Zeit entstanden aus seiner Hand Glasfenster, die aus verschieden gefärbten Elementen mosaikartig zusammengesetzt waren. In späteren Glasarbeiten wurden die Formen präziser und die Farben rationaler auf ihre Relation zum Licht hin komponiert. Nach der 1933 von den Nationalsozialisten veranlaßten Schließung des Bauhauses wurde Albers an das neugegründete Black Mountain College in North Carolina, USA, berufen, wo er bis 1949 lehrte. Aufgrund seiner künstlerischen und didaktischen Fähigkeiten gelang es ihm, junge, später international bekannte Künstler der verschiedensten Richtungen wie Willem de Kooning, Robert Rauschenberg, Robert Motherwell u. a. an dieses Institut zu ziehen. 1938 trat Albers der zwei Jahre vorher gegründeten American Abstract Artists Association bei und hielt in diesem und den folgenden Jahren viele Vorlesungen und Seminare an verschiedenen Hochschulen ab, bevor er 1950–59 Direktor des Department of Design an der Yale University wurde. Weitere Lehrtätigkeiten an Instituten und Universitäten der USA, Mexikos, Kubas, Chiles, Perus, Japans, Hawaiis und Deutschlands – 1955 Gastdozentur an der Hochschule für Gestaltung in Ulm – kennzeichnen seinen Werdegang. Zentrales Thema der Albersschen Kunst war die Analyse der Eigengesetzlichkeiten der Farbe. In seiner 1963 erschienenen Abhandlung INTERACTION OF COLOR betont Albers: „In visueller Wahrnehmung wird eine Farbe beinahe niemals als das gesehen, was sie wirklich ist, d. h. als das, was sie physikalisch ist. Dadurch wird die Farbe zum relativsten Mittel der Kunst." Der Erforschung solcher „Farbrelativitäten", die sich bei unterschiedlichsten Farbzusammenstellungen im menschlichen Auge ergeben, dient die wohl berühmteste Bildserie im Œuvre Albers', die seit 1950 entstandene Folge HOMAGE TO THE SQUARE – Ölbilder, Offsetdrucke und Serigraphien, auf denen mehrere farbig unterschiedene Quadrate ineinandergeschachtelt sind. Albers, der auch verschiedenste Materialien zu Architekturdekorationen verwandte, war lange Zeit relativ unbekannt. Erst mit der Ausstellung THE RESPONSIVE EYE im New Yorker Museum of Modern Art, 1965, wurde er einem breiteren Publikum bekannt. Heute gilt Albers als einer der wichtigsten Wegbereiter der → Op-art, der → Kinetischen Kunst, des → Color field painting und verwandter Strömungen der abstrakten Malerei.

Albertinelli, Mariotto di Bigio di Bindo

* 13. 10. 1474 in Florenz, † 5. 11. 1515 in Florenz. Wahrscheinlich kam er bereits 1487/88 in die Werkstatt des Malers Cosimo Rosselli, wo auch sein späterer Freund, Baccio della Porta (Fra Bartolomeo) im Alter von 13 Jahren zu arbeiten begann. 1493 kamen beide aus der Lehre und gründeten eine gemeinsame Werkstatt. Den entscheidenden Einschnitt in der Karriere der beiden Künstler bedeutet das Jahr 1500. Baccio entschließt sich, als Fra Bartolomeo Mönch des Dominikanerordens zu werden. Albertinelli vollendete das von jenem begonnene Fresko JÜNGSTES GERICHT im Hospital von Santa Maria Nuova. Im ersten Jahrzehnt des 16. Jh. gehörte Albertinellis Werkstatt zu den aktivsten in Florenz. Die Maler Franciabigio und Pontormo waren darin tätig. 1509–12 ist Albertinelli wieder in gemeinsamer Zusammenarbeit mit Fra Bartolomeo zu finden. In der einige Jahre zuvor im Dominikanerkloster von San Marco gegründeten Malerschule entstehen nun GOTTVATER MIT MARIA MAGDALENA UND KATHARINA VON SIENA (Lucca, Pinakothek) und DIE MADONNA MIT DEN HEILIGEN STEFAN UND JOHANNES BAPTISTA (Lucca, Kathedrale). Die Zusammenarbeit beider Meister wurde im Januar 1513 mit der Teilung unverkaufter Gemälde abrupt beendet. Um 1510 entstanden die Bilder MADONNA MIT VIER HEILIGEN und TRINITÄT für die Kirche San Giuliano. Einige Reisen Albertinellis sind bekannt. Eine MARIENKRÖNUNG in Viterbo legt nahe, daß er sich hier aufgehalten hat. Wohl auf Veranlassung Fra Bartolomeos ist er nach Rom gereist, um das Gemälde DER HL. PETRUS zu vollenden, das der Freund wegen der krankheitsbedingten Abreise hatte unfertig zurücklassen müssen. Raphael hat das Bild schließlich zu Ende geführt, während Albertinelli andere begonnene Werke Fra Bartolomeos vollendete. Das einzige bekannte, datierte und signierte Werk der Spätzeit des Meisters befindet sich in der Kirche von Volognano unweit Florenz. Im allgemeinen gilt Albertinelli als von Fra Bartolomeo, dem bedeutenderen Künstler, stilistisch beeinflußt. Um 1500–04 entstand als Hauptwerk die HEIMSUCHUNG (Florenz, Uffizien). Sie gilt als ein Gemälde der frühen Hochrenaissancekunst, geprägt durch monumentale Figurenauffassung und Vornehmheit des Stils.

Aldegrever, Heinrich
(eigtl. Trippenmecker)

Meister von Alkmaar, KRANKENBESUCH, 1504 (Amsterdam, Rijksmuseum). Das Bild aus einem Zyklus der „Sieben Werke der Barmherzigkeit" gewährt dem Betrachter einen Einblick in ein Spital der frühen Neuzeit. In der Gruppe, die eine Schenkung entgegennimmt, ist Christus als bärtiger Mann gegenwärtig.

* um 1502 in Paderborn, † 1555/61 in Soest. Seine Lehrzeit als Maler verbrachte Aldegrever vermutlich bei einem von der westfälischen Spätgotik beeinflußten Meister in Soest. Die anschließenden Wanderjahre führten ihn in die Niederlande, wo er Anregungen von Jan Gossaert, Bernart van Orley und Joos van Cleve empfing. Für sein graphisches Werk waren Dürer und Meister wie Georg Pencz und die Brüder Barthel und Hans Sebald Beham von Bedeutung. Am Ende seiner Wanderschaft studierte Aldegrever in Köln das Werk von Bartholomäus Bruyn. Um 1525 ließ sich der Künstler in Soest nieder, wo 1526 sein malerisches Hauptwerk, die Flügel zum MARIENALTAR in der Wiesenkirche entstand.
Die Landschaftsdarstellungen zeigen deutlich niederländischen Einfluß, die z. T. noch gotisch anmutenden Figuren weisen Elemente der Antwerpener Manieristen auf. Ferner läßt dieses Werk Aldegrevers Vorliebe für Ornamentik spüren. 1527 änderte der Künstler seinen ursprünglichen Namen Trippenmecker in Aldegrever um. Gleichzeitig unterlag sein Werk einem Stilwandel. Das Vordringen der Reformation nach Westfalen ließ die kirchlichen Großaufträge zurückgehen, worauf sich der Meister mehr der Bildniskunst zuwandte. Als Beispiel sei das Porträt GRAF PHILIPP III. ZU WALDECK, 1537 (Arolsen, Sammlung Fürst zu Waldeck und Pyrmont), genannt. Mehr und mehr verlegte sich Aldegrever nun auch auf die Produktion graphischer Blätter. Zweifellos ist Aldegrever einer der bedeutendsten westfälischen Künstler des 16. Jh.

Aleš, Mikoláš

* 18. 11. 1852 in Mirotice, † 10. 7. 1913 in Prag. Zusammen mit Josef Mánes bedeutendster Vertreter der tschechischen Kunst des 19. Jh., die vor allem auch thematisch stark national orientiert war. Neben Entwürfen für Fresken und → Sgraffito-Dekorationen an Prager Hausfassaden war er in erster Linie als Maler tätig, wobei er zunächst im traditionell akademischen Stil mit genauester Realistik arbeitete, um später zu fast skizzenhaft leichter Pinselführung überzugehen. Im Zeichen des erwachenden Nationalbewußtseins stehen seine Themen aus den Hussitenkriegen. Die 1878 entstandene BEGEGNUNG GEORGS VON PODIEBRAD MIT MATTHIAS CORVINUS (Prag, Národní Galerie) ist akademisch monumental komponiert, während das REITERGEFECHT aus dem gleichen Jahr wesentlich freier und dynamischer gehalten ist. Den Höhepunkt erreicht seine Kunst mit dem MAI-TRIPTYCHON von 1878 (Prag, Národní Galerie), wo die pastellhaft zarten Farben Menschen und Landschaft zu harmonischer Einheit verschmelzen. Später beschäftigte sich Aleš hauptsächlich als Zeichner und Illustrator – die rund 8000 Blätter seines graphischen Werkes haben vor allem Motive des heimischen Volkslebens zum Inhalt.

Alkmaar, Meister von

tätig um 1504 in Alkmaar bei Amsterdam. Dieser holländische Maler wurde nach seinem Hauptwerk DIE SIEBEN WERKE DER BARMHERZIGKEIT (Alkmaar, St.-Laurentius-Kirche) auch mit dem Notnamen „Meister der Sieben Werke der Barmherzigkeit" oder nach der Datierung des Werkes „Meister von 1504" benannt. Der aus sieben Einzelbildern bestehende Zyklus schildert nach Christi Predigt vom Jüngsten Gericht sieben caritative Handlungen: Hungrige speisen, Dürstende erquicken, Nackte kleiden, Tote begraben, Heimatlose beherbergen, Kranke besuchen, Gefangene trösten. Dabei werden die Szenen, in denen Christus selbst unauffälliger Zeuge ist, vor Häusergruppen und Stadtansichten plaziert, die einen bühnenhaften Hintergrund bilden. Die These Friedländers und Hoogewerffs, der Meister von Alkmaar sei mit dem Alkmaarer Maler Cornelis Buys I. zu identifizieren, hat viel für sich. Der 1524 Verstorbene soll nach den Quellen Lehrer des Jan van Scorel gewesen sein. Die Verwandtschaft der Kunst unseres Meisters mit Werken der Haarlemer Schule, vor allem der Malerei des Geertgen tot Sint Jans, führte zur Annahme, daß der Anonymus mit einem Künstler dieser Stadt, einem gewissen Pieter Gerritsz, in Verbindung gebracht werden kann. An weiteren Werken wurden dem Meister von Alkmaar u. a. auch eine ANNA SELBDRITT, ein → Triptychon mit der ANBETUNG DER KÖNIGE (Den Haag, Mauritshuis) von Friedländer zugewiesen. Die Bildnisse JAN I., GRAF VON EGMONT und MAGDALENA VON WAARDENBURG (New York, Metropolitan Museum) weisen den Künstler auch als Porträtisten von Rang aus.

Allan, David

* 13. 2. 1744 in Alloa bei Glasgow, † 6. 8. 1796 in Edinburgh. Klassizistischer Maler, Zeichner und Aquarellist, der nach einer Buchdruckerlehre und einem ersten Zeichenunterricht dreizehn Jahre in Rom studierte. In Italien schuf er u. a. Bildnisse von William Hamilton und Lady Hamilton, der späteren Geliebten Admiral Nelsons. 1777 wieder in London, fertigte er hauptsächlich → Allegorien und Porträts, um sich später in Edinburgh fast nur der → Genremalerei zuzuwenden.

Allori, Alessandro

* 3. 5. 1535 in Florenz, † 22. 9. 1607 in Florenz. A. war von frühester Jugend an ein Schüler A. Bronzinos, worauf er außerordentlich stolz war, wie seine langatmigen Signaturen stets erkennen lassen. Mit 17 Jahren malte er sein erstes eigenhändiges Auftragswerk, eine (verlorene) KREUZIGUNG. 1554 begab A. sich zum Studium der Antike und der Werke Michelangelos nach Rom. Der ca. 5jährige Aufenthalt, von dem fast kein Werk erhalten ist, machte ihn zu einem glühenden Bewunderer Michelangelos. Diese Verehrung schlug sich bei seiner Rückkehr nach Florenz 1560 in einer übersteigerten Nachahmung der „maniera" Michelangelos nieder. 1560 entstanden das Altarbild DAS JÜNGSTE GERICHT und zahlreiche Fresken in der Cappella Montaguti von SS. Annunziata. Besonders das Altarbild ist – wie A. in der Signatur freimütig zugibt – in der Art einer Huldigung ganz in der Manier M.s aus Zitaten seiner gleichnamigen Darstellung in der Cappella Sistina zusammengefügt. Im gleichen Jahr malte A. ein Altarbild einer KREUZABNAHME (Florenz, Museo di S. Croce), deren klare und ruhige Komposition deutliches Ergebnis des römischen Anschauungsunterrichtes in „Antike" ist. In den folgenden 20 Jahren bekam A. äußerst zahlreiche Aufträge für Florentiner Kirchen, aber auch im übrigen Italien. A. gelangte zu formal und inhaltlich realistischeren Darstellungen, wie z. B. die 1575 entstandene SAMARITERIN AM BRUNNEN (Florenz, S. Maria Novella). In diese Jahre fallen auch viele Porträtaufträge, die jedoch in der Charakterisierung schematisiert wirken. Zu Beginn der 80er Jahre beteiligte sich A. an der Freskierung des ersten Uffizienkorridors; 1585 folgte der Auftrag, die Ausmalung des Salons der Medici-Villa Poggio a Caiano zu vollenden. A. war ein ganz typischer Vertreter des Florentiner → Manierismus der Zeitspanne zwischen Vasari und L. da Cigoli. Eine künstlerische Entwicklung läßt sich nur mit Mühe feststellen, da er sich zeitlebens nicht von dem übermächtigen Vorbild Michelangelos zu lösen vermochte. Seine meisterhaften Zeichnungen beweisen sein Talent; der

Cristofano Allori, JUDITH MIT DEM HAUPT DES HOLOFERNES, *139 × 116 (Florenz, Palazzo Pitti). In den Gesichtszügen der jüdischen Freiheitsheldin soll der Künstler seine Geliebte Mazzafirra und daneben deren Mutter porträtiert haben. Der sonore Goldton des Atlasstoffs beherrscht die auf Helldunkel berechnete Farbkomposition.*

Umsetzung in große Malerei fehlt jedoch die unmittelbare Frische und Originalität. Der Betrachter gewinnt den zwiespältigen Eindruck einer „akademischen" Interpretation eines zu großen Vorbildes.

Allori, Cristofano
* 17. 10. 1577 in Florenz, † 2. 4. 1621 in Florenz. A. war zunächst Schüler seines Vaters Alessandro A., der ganz dem → Manierismus verhaftet war. 1590 fertigte C. Allori sein erstes (und einziges signiertes) Werk, noch ganz unter dem Einfluß des Vater: das Porträt des Markgrafen Ugo v. Toskana (Florenz, Uffizien). Schon bald wechselte er in die Werkstatt Gregorio Paganis, dessen Vorbild der Erneuerer der zeitgenössischen Florentiner Kunst, Lodovico Cigoli, war. Auch A. schloß sich ganz dessen Bestrebungen an, zu einer „natürlichen" Darstellung zurückzukehren. Schon das 1602 entstandene Jugendwerk Der hl. Manettus heilt einen Lahmen aus der Cappella dell'Antella der Kirche SS. Annunziata in Florenz zeigt das Bemühen, mit einer begrenzten Figurenzahl und einem harmonischen → Kolorit realistischere Situationen zu schaffen. Im folgenden Jahrzehnt entstanden zahlreiche Altar- und Heiligenbilder; 1610/16 sein Hauptwerk: Judith mit der Magd und dem Haupt des Holofernes (Florenz, Palazzo Pitti). Es ist in vieler Hinsicht bemerkenswert: die prägnante Komposition als Kniestück – barockes vorwegnehmend – und die Kontrastwirkung der drei unterschiedlichen Köpfe. Vor allem aber das leuchtende Kolorit ist ein Meisterstück der malerischen Entwicklung A.s, die wohl auf den Einfluß Andrea del Sartos zurückzuführen ist. Allori ersetzt hier die extreme Überbewertung des „disegno" der älteren Manieristen mit ihren fahlen, harten Farben durch eine realistische Palette mit warmen, reizvollen Tönen. 1611/12 entstand Die büssende Magdalena in der Wüste (Florenz, Uffizien); 1612/15 Johannes der Täufer in der Wüste (Florenz, Galleria Pitti). Die Bewegungsmotive dieser beiden Werke mit ihrer komplizierten räumlichen Verknüpfung zeigen, wie tief A. noch im Manierismus verwurzelt war, denn das in diesen Kompositionen vorherrschende Prinzip sich in der Fläche schneidender Diagonalen geht wohl auf den Michelangelo-Schüler Daniele da Volterra († 1566!) zurück. A.s letztes Werk Petrus wandelt auf dem Wasser in der Cappella degli Usimbardi von S. Trinità in Florenz entstand ca. 1620. Von A.s zahlreichen Bildnissen haben sich fast keine erhalten. Viele Handzeichnungen zeugen von intensiven Vorstudien; selbst die Landschaft – den Manieristen fernliegend – spielte für A. zumindest als Hintergrund eine Rolle. Die besondere Leistung A.s liegt darin, daß er sich bereits um 1600 von den in Florenz herrschenden Konventionen des erstarrten Manierismus befreite und ikonographisch wie koloristisch den Umschwung mit verantwortete, der sich zu Beginn des 17. Jh. in Florenz vollzog.

Allston, Washington
* 5. 11. 1779 in Waccanaw bei Georgetown, South Carolina, † 9. 7. 1843 in Cambridgeport, Massachusetts. Amerikanischer Landschaftsmaler im Stil der Romantik. Malereistudium an der Royal Academy zu London, und zwar bei dem berühmten Benjamin West, dann vierjähriger Romaufenthalt. Nach London zurückgekehrt, schloß er sich dem dortigen Kreis romantischer Schriftsteller und Maler an. 1818 ging er nach Boston und trug entscheidend mit dazu bei, die amerikanische Malerei dem internationalen Standard vor allem der romantischen Landschaftsbildnerei nahezubringen.

Alt, Jakob
* 27. 9. 1789 in Frankfurt am Main, † 30. 9. 1872 in Wien. Landschaftsmaler und -aquarellist, dessen beste Werke dem romantischen Stil verpflichtet sind. Seit 1811 studierte er in Wien an der Akademie der bildenden Künste. Schon früh widmete er sich fast ausschließlich der Landschaftsmalerei, wobei ihn vor allem die Alpen- und Donauansichten faszinierten. Neben Ölbildern gestaltete er derartige Motive auch in Aquarellen und Lithographien. Die Serie der Donaureise, 1818–22, zählt dabei zu den frühesten relevanten europäischen Beispielen der nur wenige Jahrzehnte vorher erfundenen Lithographietechnik. Die Entwicklung des österreichischen Landschaftsaquarells wurde von Alt ebenfalls maßgeblich initiiert.

Alt, Rudolf von
* 28. 8. 1812 in Wien, † 12. 3. 1905 in Wien. Der Sohn des Mitbegründers der Wiener Landschaftsschule Jakob Alt ist einer der wichtigsten österreichischen → Vedutenmaler, der sich stilistisch vom → Biedermeier-Realismus bis an die Grenzen des → Impressionismus entwickelte. Rudolf von Alt wurde zunächst von seinem Vater unterrichtet, bis er 1826/27 an der Wiener Akademie studierte. Unter dem Einfluß seines Vaters schuf er zunächst vedutenhafte Wiener Stadtlandschaften – etwa das Ölbild Stephansdom von 1832 (Wien, Österreichische Galerie) – und Aquarell-Interieurs, also thematisch typische Biedermeier-Szenen. Gegen 1840 widmete er sich kurzfristig dem Kostümbild sowie Tier- und Figurenstudien. Zahlreiche Auslandsreisen nach Böhmen, Dalmatien, Ungarn, Galizien, der Schweiz und Italien, hier vor allem nach Venedig, verhalfen ihm durch die entsprechenden Eindrücke vor der Natur und durch das Kennenlernen entsprechender Kunstwerke zu einer Steigerung seines farblichen Ausdrucksvermögens. In den Jahren etwa von 1862 bis 1882 gelangte er so zu einer immer spontaneren Durchgestaltung und koloristischen Verfeinerung seiner Landschaften, wobei er auch Anregungen des französischen → Impressionismus aufnahm, um sich in seinen Alterswerken sogar dem getupften, in Komplementärflecken zerlegten Farbauftrag der → Pointillisten anzunähern. Daneben wurde er zum Hauptmeister des österreichischen Vedutenaquarells und schuf qualitätvolle Lithographien. Der experimentierfreudige Künstler wurde 1898 Ehrenpräsident der österreichischen → Sezession.

Albrecht Altdorfer, Die Alexanderschlacht, *1529, 158 × 120 (München, Alte Pinakothek). Diese „Weltlandschaft" mit einer Darstellung der Großtat des Makedonenkönigs vom Jahre 333 v. Chr. gehörte zu einem ehemals wohl sechzehn Bilder umfassenden Zyklus, den Wilhelm IV. von Bayern für die Münchner Residenz in Auftrag gegeben hatte.*

Altdorfer, Albrecht
* um 1480, wohl in Regensburg, † 12. 2. 1538 in Regensburg. Der Künstler war vermutlich der Sohn des Regensburger Malers Ulrich Altdorfer. Nach seinen Wanderjahren ließ sich Albrecht Altdorfer, von Amberg kommend, in Regensburg nieder, wo er 1505 das Bürgerrecht erwarb und eine Werkstatt gründete. Bald gelangte er zu beträchtlichem Wohlstand und wurde 1519 Mitglied des Äußeren, 1526 Mitglied des Inneren Rates und Stadtbaumeister. Für das Jahr 1511 wird eine Reise, die Donau abwärts in die Alpenländer, vor 1526 eine Reise nach Italien vermutet. Über die künstlerische Herkunft des Meisters ist so gut wie nichts bekannt, doch zeigen schon seine frühesten Bilder das Streben

Albrecht Altdorfer, Landschaft mit Satyrfamilie, *1507, 23 × 20 (Berlin, Staatliche Museen). Diese Naturschilderung entstand in der Frühzeit des Regensburger Malers, der die antiken Satyrwesen aus bayrischer Sicht zu Waldmenschen und „wilden Männern" werden läßt, die sich ein bukolisches Stelldichein geben.*

nach malerischem Einklang von Figuren und Landschaft. In diese Frühzeit gehören das Martyrium der hl. Katharina, vor 1506 (Wien, Kunsthistorisches Museum), und die an Michael Pacher erinnernde Geburt Christi, 1507 (Bremen, Kunsthalle). Das 1507 entstandene Diptychon mit den Hll. Franziskus und Hieronymus (Berlin, Stiftung Staatliche Museen/West, Gemäldegalerie) lehnt sich an Werke des Lucas Cranach d. Ä. an, was besonders in der Beziehung von Figur und Landschaft zum Ausdruck kommt. Ebenfalls 1507 schuf der Künstler die Landschaft mit Satyrfamilie (Berlin, Stiftung Staatliche Museen/West, Gemäldegalerie). Um 1510 erreichte Altdorfer seinen ersten künstlerischen Höhepunkt. Der phantasievoll gemalte Laubwald mit dem hl. Georg, 1510 (München, Alte Pinakothek), und die Ruhe auf der Flucht, 1510 (Berlin, Stiftung Staatliche Museen/West, Gemäldegalerie), sind unmittelbare Vorläufer des von Altdorfer geschaffenen selbständigen Landschaftsbildes. Weitere Werke des Meisters von 1510 sind eine tief religiös empfundene Kreuzigung Christi (Kassel, Staatliche Kunstsammlungen) und die an Grünewald erinnernde Darstellung Johannes d. E. und Johannes d. T. (München, Alte Pinakothek). Ein frühes Meisterwerk Altdorfers ist der ab 1510 entstandene Passionsaltar (St. Florian, Augustiner Chorherrenstift und Wien, Kunsthistorisches Museum). In geschlossenem Zustand zeigte der Altar wohl vier Szenen aus der Sebastianslegende, in geöffnetem Zustand acht Szenen aus der Passion Christi. Die ungeheure Dramatik, die besondere Behandlung des Lichtes als Spannungsträger, die leuchtenden Farben sowie die kompositionellen und räumlichen Effekte beweisen Altdorfers stilistische und malerische Eigenständigkeit. Bei den Architekturen ließ der Künstler sich durch italienische Renaissancebauten, aber auch durch spätgotische und klassische Bauformen anregen, die Behandlung der Innenräume erinnern an Michael Pacher. Im Auftrage Kaiser Maximilians I. schuf er 1513–15 eine Anzahl von → Miniaturen und Holzschnitten. Die um 1520 entstandene Geburt Mariä (München, Alte Pinakothek) ist ein gutes Beispiel für die Raumphantasie des Meisters. In diese Zeit fällt ein Stilwandel Altdorfes. Er malte seine Gestalten nun gedrungener und mit betonter Lokalfarbigkeit. Dies zeigt besonders gut der 1525–30 entstandene Altar mit der Florianslegende (Florenz, Galleria degli Uffizi, Nürnberg, Germanisches Nationalmuseum und Prag, Národní Galerie). Neben einer größeren Ruhe in den Formen gewinnen nun Raum und Landschaft mehr an Bedeutung; die Ausstattung wird noch phantasievoller und erzählfreudiger. 1526 entstanden Maria in der Glorie, Susanna im Bade (beide München, Alte Pinakothek) und eine Kreuzigung Christi (Nürnberg, Germanisches Nationalmuseum). Stärker im Ausdruck ist jedoch eine Kreuzigung von 1528 (Berlin, Stiftung Staatliche Museen/West, Gemäldegalerie). Zur gleichen Zeit schuf der Künstler die Anbetung der Könige mit einer äußerst prunkvollen und farbenprächtigen Ausstattung. Den Höhepunkt in Altdorfers Schaffen stellt die für den Historienzyklus Herzog Wilhelms IV. 1529 geschaffene Alexanderschlacht dar (München, Alte Pinakothek). Die siegreiche Schlacht Alexanders gegen den Perserkönig Darius III. findet in einer, als östlichen Mittelmeerraum zu deutenden Landschaft statt. Sowohl in der Anlage der

Albrecht Altdorfer, SUSANNA IM BADE, *1526, 75×61 (München, Alte Pinakothek). Nicht als Stadtbaumeister, nur als Maler war es ihm vergönnt, einen solch grandiosen Palast zu verwirklichen. Links unten erscheinen die beiden Alten, die Susanna belauern, weshalb sie auf der Marmorterrasse gesteinigt werden.*

Komposition, als auch in der unübertroffenen Raumdarstellung überragt dieses Werk alle anderen Schlachtenbilder dieses Zyklus. 1531 entstand das niederländisch beeinflußte Sprichwörterbild DER BETTEL SITZT DER HOFFART AUF DER SCHLEPPE (Berlin, Stiftung Staatliche Museen/West, Gemäldegalerie), welches schon Motive der späteren → Genremalerei vorwegnimmt. Ferner gehören in die späteste Schaffenszeit Altdorfers die Fragmente der Fresken aus dem ehem. Regensburger Kaiserbad (Regensburg, Städtisches Museum) und das schon auf den → Manierismus hinweisende Bild LOT UND SEINE TÖCHTER, 1537 (Wien, Kunsthistorisches Museum). Künstlerisch mit Wolf Huber verwandt, führt Altdorfer die Entwicklung des neuen Landschaftsstiles von Meistern wie Lucas Cranach d. Ä., Jörg Breu d. Ä. und Rueland Frueauf d. J. fort und führt die Malerei der → Donauschule zu ihrem Höhepunkt. Altdorfer schuf in der europäischen Kunst das erste reine Landschaftsbild ohne Figuren. Seine mit großer Phantasie und sehr oft märchenhaftem Charakter gestalteten Bilder nehmen die → romantische Malerei aus der Zeit um 1800 vorweg.

Altherr, Heinrich
* 11. 4. 1878 in Basel, † 27. 4. 1947 in Zürich. Stilistisch dem → Expressionismus angenäherter Maler, Freskant und Entwerfer von Glasfenstern. Studium in Basel und München, ab 1906 Lehrtätigkeit an der Karlsruher Akademie. In dieser Stadt entstanden auch die ersten Fresken und Glasfenster. 1919–39 leitete er die Akademie für bildende Künste in Stuttgart. Die häufig großformatigen Arbeiten Altherrs nähern sich in ihrer visionär-beängstigenden Thematik dem Pathos eines Carl Hofer.

Altichiero da Zevio
* um 1320, † um 1385. Dieser aus Zevio stammende Maler, der vor allem in Padua und Verona tätig war, gilt als Begründer der altveronesischen Malerschule. Allerdings kann man ihm an veronesischen Arbeiten lediglich das Fresko der Cavalli-Ritter in S. Anastasia zuschreiben, das zudem, nach 1380 entstanden, als Spätwerk des Künstlers gelten muß.
Zur Beurteilung seines Stils ist die erhaltene Zahlungsanweisung von 1379 für DIE KREUZIGUNG CHRISTI UND SZENEN AUS DEM LEBEN DES HL. JAKOB wichtig, ein Freskenzyklus in der Cappella di S. Felice in der Basilika del Santo zu Padua. Altichiero ist somit als Schöpfer dieses Meisterwerkes urkundlich belegt. Ein weiteres Hauptwerk stellt der Zyklus von Wandmalereien dar, der im Oratorio di S. Giorgio von Padua zu sehen ist. Diese Szenen aus dem Leben Christi und der Heiligen Lucia, Katharina und Georg, zwischen 1378 und 1384 entstanden, sind in Gemeinschaftsarbeiten mit dem Maler Jacopo Avanzo aus Bologna gemalt, dessen Signatur sich im Oratorium findet. Man ist im allgemeinen der Ansicht, daß Altichiero das künstlerische Hauptverdienst gebührt, indes Avanzo ein Mitarbeiter war. Ein weiteres Werk Altichieros, die „uomini famosi" im Palaste der Fürsten von Carrara, ist bis auf einen Restbestand (PETRARCA) zugrunde gegangen. Auch wenn Altichiero das große malerische Vorbild in der Arena-Kapelle von Padua vor Augen gestanden hat und sich das Gravitätische, die Solidität der Figuren auch bei ihm wiederfindet, so geht doch seine naturalistische Tendenz in der Beobachtung von Pflanzen, Tieren und porträthaften Zügen über den Hauptmeister der italienischen Proto-Renaissance hinaus. Der genrehafte Charakter, gerade in den Nebenfiguren seiner Kompositionen deutlich, macht ihn zum Vorläufer der Kunst Vittore Pisanos. Gegenüber Altichiero erscheint Giottos Kunst herb und florentinisch kühl. Altichiero entwickelt die Szenen reicher, die Figuren

Albrecht Altdorfer, Anbetung der Könige, *um 1528, 109 × 78 (Frankfurt, Städel). Altdorfers „Naturfrömmigkeit" deutet das Thema für die Zeit sehr eigenständig, indem er die mit üppiger Farbenpracht ausgestattete Anbetungsgruppe vor einem ruinösen Bauwerk plaziert, das von morschem Lattenwerk und skurril verzweigten Ranken überwuchert ist.*

sind lebendiger zueinander gruppiert. Altichieros kompositorisches Mittel, die Szenerien mittels architektonischer Rahmungen und Kulissen einzufassen, wurde oft nachgeahmt.

Altomonte, Bartholomäus
* 24. 2. 1702 in Warschau, † 11. 11. 1783 in St. Florian, Oberösterreich. Sohn und Schüler Martino Altomontes, Feskomaler des späten Barock. Zunächst als Gehilfe seines Vaters bei der Freskendekoration der Prälatenzimmer im Stift St. Florian von 1722 bis 32 tätig, dann zunehmend unabhängige Tätigkeit, nach 1768 Hinwendung zu klassizistischen Stilprinzipien.

Altomonte, Martino
* 8. 5. 1657 in Neapel, † 14. 9. 1745 in Heiligenkreuz bei Wien. Wichtiger Maler des Spätbarock in Österreich, der in seinen Bildern vom römischen Hochbarock eines Giovanni Battista Baciccio und Carlo Maratta ausging. Von 1684–1700 Hofmaler des polnischen Königs Johann III. Sobieski in Warschau, findet er sich ab 1703 in Wien, wo sein auch von Luca Giordano und Charles LeBrun beeinflußtes Hauptwerk, die Fresken im Unteren Belvedere, entstand mit der Darstellung der Apotheose des Prinzen Eugen. 1720 siedelte Altomonte nach Linz über. Neben Johann Michael Rottmayr gilt er als der Hauptvertreter der Wiener Spätbarockmalerei. Außer Fresken schuf er auch eine Reihe qualitätvoller Altarbilder.

Amasis-Maler
attischer Vasenmaler, ein Hauptmeister des schwarzfigurigen Stils, tätig zwischen 560 und 525 v. Chr. für den von Signaturen bekannten Töpfer Amasis, mit dem er möglicherweise identisch ist. Sein Themenkreis umfaßt überwiegend die homerische Sagenwelt und den griechischen Mythos, bevorzugt Darstellungen des Dionysos und seiner Gefolgschaft. Äußerste Präzision und Feinheit kennzeichnen die Umrißlinien wie die geritzte Binnenzeichnung in den bewegten Szenen und der subtilen Ornamentik. Seine späten Arbeiten verraten den Einfluß des wenig jüngeren Exekias.

Amberger, Christoph
* um 1505 in Augsburg (?), † 1562 in Augsburg. Einer der bedeutendsten deutschen Porträtisten der Renaissance und einer der Hauptvertreter der Augsburger Schule. Nach einer Lehrzeit bei dem Augsburger Maler Leonhard Beck wurde Amberger 1530 zum Meister ernannt. Neben Einflüssen seines Lehrers wurde der Künstler hauptsächlich von Hans Burgkmair d. Ä., Hans Holbein d. J. und seit etwa

1540 von der venezianischen Malerei, besonders von Paris Bordone, angeregt. Zu seinen Hauptwerken zählen u. a. das Bildnis Kaiser Karls V., 1532 (Berlin, Dahlem), das Porträt des zwanzigjährigen Christoph Fugger, 1541 (München, Alte Pinakothek), und der 1554 entstandene ehemalige Hochaltar des Augsburger Domes – heute dort in einer Seitenkapelle aufbewahrt – mit der Darstellung MARIA MIT DEM KIND UND DEN HLL. ULRICH UND AFRA, bei der eine im Sinne der italienischen Hochrenaissance auf Ausgewogenheit flächiger und plastischer, illusionistisch-räumlicher und „abstrakt"-linearer Komponenten abzielende Komposition mit der verfremdenden Farbgebung des → Manierismus konfrontiert ist.

Amerling, Friedrich von
* 14. 4. 1803 in Wien, † 15. 1. 1887 in Wien. Beliebter Bildnismaler des → Biedermeier. Nach einem Studium an der Akademie in Wien, 1816–24, bildete er sich in London, bei Thomas Lawrence, in der Porträtkunst weiter, ein Jahr später tat er dies in Paris bei Horace Vernet, einem der angesehensten Porträtisten der Zeit. Nach Wien zurückgekehrt, entwickelte er sich zwischen 1830 und 1848 zum beliebtesten Bildnismaler der österreichischen Gesellschaft, zum Modemaler des emporstrebenden Bürgertums. Bekannt wurde er durch das Bildnis KAISER FRANZ I. VON ÖSTERREICH, 1832 entstanden (Schloß Laxenburg bei Wien). Alle Requisiten des barocken Fürstenporträts werden hier aufgeboten – ein pompöser Habitus, Vorhänge und architektonische Elemente als Würdeformen –, aber in diesem Ambiente ist die Person des Kaisers im typischen Biedermeier-Realismus, nüchtern, sachlich, fast im Sinne eines dokumentarischen Fotos, festgehalten. Hier zeigt sich der Konflikt dieser Zeit, wo die malerischen Mittel in teils blenderischer Effekthascherei eingesetzt werden, um Inhalte zu gestalten, die in ihrer Profanisierung diesem künstlerischen Aufwand nicht mehr angemessen scheinen. Aufgrund solcher Verbindung von sachlicher Naturerfassung und klassizistisch anmutender, repräsentativer Haltung wurde Amerling zum Modemaler der Aristokratie und des sich in dieser Pose gefallenden höheren Bürgertums. Daneben entstanden aus der Hand Amerlings auch schlichtere, deswegen überzeugendere Bildnisse, etwa MÄDCHEN MIT GELBEM STROHHUT von 1835 (Wien, Österreichische Galerie) und vor allem Darstellungen einfacher Menschen und Genreszenen während eines Aufenthaltes des Künstlers in Rom und Florenz, 1841.

Christoph Amberger, BILDNIS DES CHRISTOPH BAUMGARTNER, *84 × 62 (Wien, Kunsthistorisches Museum). Die Zahl 1543 über dem Wappen mit Vogel und Liliensymbol legt das Entstehungsjahr des Bildnisses fest und ist zugleich Datum der Erhebung des süddeutschen Geschlechts der Baumgartner in den Freiherrenstand. Die zweifach geschlungene Goldkette, die doppelt beringte Hand und die weißen Handschuhe sind fast fürstliche Attribute des dem Finanzadel angehörigen Patriziers. Aber schon der farbige Dreiklang Rot-Schwarz-Weiß bewirkt den Eindruck fürstlichen Reichtums. Seine stolze Pose und die edle Farbigkeit der Stoffe dokumentieren den hohen ständischen Anspruch.*

Anna Ancher, SONNENSCHEIN IN DER BLAUEN STUBE, *1891, 65 × 59 (Skagen, Skagens Museum). Ein oft variiertes Thema der jütländischen Malerin ist der Mensch im sonnendurchfluteten Wohnraum.*

Amiet, Cuno
* 28. 3. 1868 in Solothurn, † 6. 7. 1961 auf der Oschwand bei Riedtwiel. Im reifen Werk dieses Malers verbinden sich Tendenzen des → Pointillismus, eines dekorativen Spätimpressionismus, expressionistische Farbgebung und jugendstilhafte Elemente. Amiet studierte zunächst in München und 1889/90 in Paris an der Académie Julian. Dort befreundete er sich mit Felix Valloton, der ihn in den Kreis der → Nabis einführte. Deshalb zog er 1891 in die Künstlerkolonie Pont-Aven, wo er stark von Paul Gauguin und Paul Sérusier beeinflußt wurde. In dieser Zeit entstanden großflächige Landschaftsbilder in stark vereinfachten Farben, wobei Gelb und Orange dominierten. Amiets Hang zum Dekorativ-Ornamentalen wurde nach seiner Rückkehr in die Schweiz durch die Bekanntschaft mit Ferdinand Hodler noch verstärkt. 1906 wurde er Mitglied der Künstlervereinigung → Brücke, wobei er nun seine Gemälde aus starken farbigen Komplementärkontrasten aufbaute. 1931 gingen beim Brand des Münchner Glaspalastes 50 seiner Werke verloren, ab 1937 galt er als → „entarteter Künstler". Der stark eklektisch veranlagte Amiet schuf neben Tafelbildern auch einige Fresken.

Amigoni, Jacopo
* 1682 in Neapel (?), † 1752 in Madrid. Als europäischer Wanderkünstler wichtiger Vertreter der italienischen Rokokomalerei. Stilistische Beziehungen zur Barockkunst eines Luca Giordano und Francesco Solimena legen eine Ausbildung in seiner Heimatstadt nahe. Daneben zählen Pietro da Cortona und Sebastiano Ricci zu seinen wichtigsten Vorbildern. Um 1718 schuf Amigoni für den Münchner Hof ein Deckenfresko in der Badenburg des Nymphenburger Schloßgartens und 1720–25 Freskendekorationen für Schloß Schleißheim. 1725–28 erreichte Amigoni in seinen Freskoarbeiten für Wohnräume der Benediktinerabtei Ottobeuren den Höhepunkt seiner Entwicklung, indem er das im Sinne des venezianischen → Rokoko aufgehellte Kolorit mit hochbarocken Figurationen in Einklang bringt. 1729 reist er nach London, seine dort gemalten Fresken sind bis auf wenige Ausnahmen zugrunde gegangen, zudem verlagerte sich das Hauptgewicht seines Schaffens auf das Porträt. 1739–47 in Venedig tätig, war er mit Tiepolo konfrontiert, 1747 folgte er einer Berufung an den spanischen Hof, an dem er nun bis zu seinem Lebensende hauptsächlich als Porträtist tätig war. Amigoni ist das typische Beispiel eines auf Internationalität gestimmten, d. h. venezianisches, französisches und deutsches Rokoko reflektierenden Künstlers seiner Zeit.

Ancher, Anna Kristine
* 18. 8. 1859 in Skagen, Jütland, † 15. 4. 1935 in Skagen. Mit dem Maler Michael Ancher verheiratete dänische Künstlerin, die recht qualitätvolle Porträts und lichtdurchflutete Landschaften im Sinne der impressionistisch angehauchten Freiluftmalerei schuf.

Ancher, Michael
* 9. 6. 1849 in Rutsker, Bornholm, † 19. 9. 1927 in Skagen, Jütland. Einer der frühesten dänischen Landschaftsmaler im Sinne des französischen → Impressionismus. Mitbegründer der Malerschule von Skagen.

Andokides-Maler
attischer Vasenmaler, tätig um 530 bis 500 v. Chr. im Auftrage des Töpfers Andokides. Auf 8 der etwa 30 ihm zugewiesenen Gefäße verwendet der A.-M. sowohl die herkömmliche schwarzfigurige als auch die neue rotfigurige Maltechnik, deren Erfinder er vermutlich auch ist. Der Exekias-Schüler setzt seine leuchtend hellen und klar komponierten Gestalten meist auf große Amphoren oder Hydrien. Das Hauptinteresse seines Schaffens

Michael Ancher, DER ERTRUNKENE, *1896, 212 × 189 (Skagen). Seefahrt, das Meer zu verschiedenen Jahres- und Tageszeiten sind Lieblingsthemen dieses Künstlers, der den lebensgroß erscheinenden Personen in diesem Monumentalwerk einen heroischen Zug verlieh.*

Andokides-Maler, Streit des Apollon mit Herakles um den delphischen Orakeldreifuss, *um 530 v. Chr. (Berlin, Antikenmuseum). Die Kampfszene auf der Amphora, einem Vorratsgefäß für Wein, gehört zu den frühesten Beispielen der rotfigurigen Vasenmalerei. Überaus fein ist die Innenzeichnung der tongrundig ausgesparten Figuren.*

gilt den Abenteuern des Herakles, jedoch auch dem Alltagsvergnügen der gehobenen Athener Bürgerschaft.

Andrea del Castagno
(auch Andreino oder Andrea di Bartolommeo gen.)
* um 1421 in Castagno bei Florenz, † 19. 8. 1457 in Florenz. Andrea zählt zusammen mit Masaccio, Paolo Uccello und Domenico Veneziano zu den bahnbrechenden Malern der florentinischen Frührenaissance. Vermutlich ein Schüler von Filippo Lippi, wurde er stark von dem Bildhauer Donatello und von Masaccio beeinflußt im Sinne einer Gestaltungsweise, bei der in präzise Konturen eingespannte Körper in ihrer vollen Plastizität herausmodelliert und in scharfen Kontrast zu flächigen Bildelementen gesetzt werden. Die Freskoausstattung des Gewölbes der Cappella di S. Zaccaria in Venedig ist das erste erhaltene und datierte Werk Andreas, das er 1442 gemeinsam mit Francesco de Faenza schuf. Kurze Zeit später ließ er sich in Florenz nieder, wo er seinen Stil zu höchster Ausdruckskraft entwickelte. In dem 1444 entstandenen Entwurf einer Kreuzabnahme für ein Fenster der Florentiner Domkuppel und vor allem in seinem Hauptwerk, den zwischen 1444 und 1450 geschaffenen Fresken im Refektorium des Klosters S. Apollonia, darunter dem berühmten Abendmahl, zeigt sich beispielhaft das Charakteristische seiner Kunst: in massiger Körperlichkeit wie erratische Blöcke zusammengefaßte Figuren, in dunklen, schweren Farben gehalten, die in ihrem flächenmäßigen Rapport die Einzelgestalten in ein Bildmuster einbinden. Auch thematisch gibt Andrea dem Kunstwollen der Frührenaissance typischen Ausdruck in der Verherrlichung selbstbewußter Individualität: Ab 1450 malt er in

Andrea del Castagno, Christus und der hl. Julian, *um 1455 (Florenz, SS. Annunziata). Das Altarfresko befindet sich in einer von drei durch Castagno ausgemalten Kapellen in der Florentiner Servitenkirche. Die plastische Suggestion, die Geschlossenheit der Form sind Errungenschaften, die auf Masaccio zurückgehen.*

Andrea del Sarto, Bildnis eines Bildhauers, *72 × 57 (London, National Gallery). Der verhaltene psychische Ausdruck in den Zügen des Porträtierten scheint die Bildniskunst Andreas den Schöpfungen Giorgiones anzunähern.*

Andrea del Sarto, Madonna mit Christuskind und Johannesknaben, *154 × 101 (Rom, Galleria Borghese). Im liebevollen Beieinander der Gottesmutter mit den Kindern steht das Gemälde den Madonnenbildern Raffaels nahe. Das die Körper zart modellierende Licht verweist auf die Sfumato-Technik Leonardos. Doch geht Andrea del Sarto durch Komplizierung der Bewegungsmotive über diese klassischen Vorbilder der Hochrenaissance hinaus und bereitet die Formen des Manierismus vor.*

der Villa Carducci in Legnaia Fresken mit den überlebensgroßen Idealbildnissen berühmter historischer Persönlichkeiten, etwa des Condottiere Pipo Spano, Dantes, Petrarcas und Boccaccios (heute ebenfalls in S. Apollonia). Noch stärker dient das in genauester → Perspektivik gehaltene, um 1456 gemalte Reiterporträt des Nicola da Tolentino im Dom zu Florenz der Verherrlichung des gesteigerten Selbstwertgefühls des Renaissancemenschen. In der Perfektionierung der perspektivischen Gestaltungsmittel erreichte Andrea in den 1454/55 entstandenen Fresken für SS. Annunziata eine von seinen Zeitgenossen höchst bewunderte Vollkommenheit. Insgesamt zählt er zu den wichtigsten Wegbereitern der entwickelten italienischen Renaissancemalerei, indem er das große Problem der harmonischen Vereinigung von Körper, Raum und Fläche ersten Lösungen zuführte.

Andrea da Firenze

(eigtl. Andrea Bonaiuti)
Nachweisbar seit 1343 in Florenz, † 1377 in Pisa. Andrea d. F. war ein italienischer Maler des → Trecento, der in seinen Werken Einflüsse der sienesischen Malerei, die seine hartkantige Linienführung bedingt, mit der Tradition der Giotto-Nachfolge verband. Neben der Malerei beschäftigte sich A. mit Architektur, wie seine Entwürfe aus dem Jahre 1366 zur Konstruktion der Florentiner Domkuppel dokumentieren. Sein Hauptwerk sind die 1365–67 entstandenen Fresken in der Spanischen Kapelle im Kreuzgang der Dominikanerkirche S. Maria Novella zu Florenz; unklar ist jedoch, ob alle Fresken dieser Kapelle von A. ausgeführt wurden. Diese Wandmalereien gehen wahrscheinlich auf eine Schrift von Jacobo Passavanti zurück, einen gefeierten Prediger, der 1354–57 Prior des Ordens war. Grundidee dieses theologischen Programms, das eine eindrucksvolle Vorstellung von der dogmatisch-religiösen Welt des Trecento vermittelt, bilden die Leiden Christi (an der Altarwand dargestellt) und die Nachfolge Christi, die in den großen Personen des Dominikanerordens vorgeführt wird. An der Südwand der Kapelle malte A. die Allegorie der Kirche, auf der gegenüberliegenden den Triumph des hl. Thomas von Aquin. Diese Fresken gehören zu den erstrangigen Trecento-Werken in der Toskana. Anschließend war der Künstler in Orvieto tätig, wo er 1368 urkundlich nachweisbar ist. Kurz vor seinem Tode 1377 malte er drei Szenen aus dem Leben des hl. Rainer im Camposanto zu Pisa.

Andrea del Sarto

(auch Andrea Angeli oder d'Angiolo di Francesco)
* 16. 7. 1486 in Florenz, † 22. 1. 1531 in Florenz. Einer der bedeutendsten Meister der florentinischen Hochrenaissance, der auch großen Einfluß auf

Andrea del Sarto, GESCHICHTEN JOSEPHS *(Ausschnitt), um 1520, 98×135 (Florenz, Palazzo Pitti). Drei Episoden aus dem Leben Josephs in Ägypten sind auf diesem Bild vereint: Auf der hinteren Treppe wird Joseph ins Gefängnis abgeführt, rechts deutet er die Träume des Pharao, der ihm als Belohnung vorn eine Goldkette überreicht.*

die erste Generation der Florentiner →Manieristen ausübte. Nach einer Goldschmiedelehre wandte er sich der Malerei zu und wurde Schüler von Piero di Cosimo. Beeinflußt wurde er jedoch in erster Linie von den Hauptmeistern der Frühphase der florentinischen Hochrenaissance, von Leonardo da Vinci, Michelangelo, daneben aber auch in starkem Maße von Raffael. 1506 gründete er mit Francabigio eine gemeinsame Werkstatt in Florenz. 1518 wurde er von Franz I. an den französischen Hof berufen, kehrte jedoch schon ein Jahr später in seine Heimatstadt zurück, wo er die durch die oben genannten Künstler und des weiteren die durch Fra Bartolommeo eingeleitete Entwicklung aufgriff und zu einem ganz persönlichen Stil umgestaltete, der die Kunst im Florenz des 2. und 3. Jahrzehnts des 16. Jh. maßgeblich prägte. In seinem Personalstil zeichnete sich Andrea dadurch aus, daß er durch die physiognomische Beweglichkeit seiner Gestalten und deren anmutige Natürlichkeit Raffaels vorbildliche Auffassung von einer monumentalisierten Bilddramatik verinnerlichte und pointiert zuspitzte. Unter seinen frühen Werken stellt die VERMÄHLUNG DER HL. KATHARINA von 1512/13 (Dresden, Gemäldegalerie) hierfür das sprechendste Beispiel dar, während die Fresken mit den Wundertaten des hl. Filippo Benizzi im Atrium der SS. Annunziata zu Florenz in der Verschmelzung der Figurengruppen mit Architektur, Interieurs oder Landschaften noch auf halbem Wege zwischen Stimmungsschilderung und aktiver Erzählung zu verharren scheinen. Fra Bartolommeo lieferte das Vorbild für diese eigentlich handlungslosen, aber von innerer Erregung aktivierten Figurengruppen. Die ebenfalls in der SS. Annunziata befindlichen Fresken ZUG DER HL. DREI KÖNIGE von 1512 und GEBURT MARIÄ von 1514 erreichen vor allem auch in koloristischer Hinsicht Neues: Die violett schimmernde Tonalität, die harmonische Verwandtschaft aller Farben in gleitenden Übergängen, die noch die entferntesten Töne zusammenbinden und atmosphärisch verschmelzen im Sinne des Leonardoschen →Sfumato, sowie die farbige Wirkung selbst tiefer Schattenzonen verwirklichen jetzt im Element der Farbe jene schwer faßbare innere Erregtheit der Bilder Andreas. In diesen Arbeiten tauchen auch einige erste über die Hochrenaissance hinausweisende Formeigentümlichkeiten auf: dezentrierte Komposition, voluminöse und übertrieben gebauschte Gewänder, übereinandergestellte kompositionelle V-Formen. Im labilen Gleichgewicht von abstraktem Kompositionsschema und schummerig changierender, irrealer Farbigkeit liegt die Besonderheit von Andreas Werk vor der Frankreichreise. Diese annähernden „Disharmonien" werden aber noch vom klassischen Sinn für das Maß zusammengehalten, ein Vermögen, das Andrea den Beinamen des Malers „senza errori" (ohne Fehler) eintrug. Vollendet in der Durchdringung gegensätzlichster Möglichkeiten, markiert die HARPYENMADONNA von 1517 (Florenz, Galleria degli Uffizi) in ihrer Gewagtheit einen Höhepunkt von Andreas komplexer Synthese. Der Zusammenklang von sensibelster Farbverwendung und abstrakt wirkendem Bildmuster, neben einem an Michelangelo erinnernden Körperpathos, wird für die Florentiner Frühmanieristen, vor allem für Jacopo da Pontormo und Rosso Fiorentino, die auch Schüler Andreas waren, von prägender Bedeutung bleiben. Die zunehmende farbige, beleuchtungsmäßige und plastische Vereinheitlichung seiner Bilder im Sinne des modellierenden Sfumato führten Andrea auch zum Versuch monochrom gemalter Szenen aus dem Leben Johannes des Täufers und der Tugenden, die 1514–26 im Chiostro dello Scalzo zu Florenz entstanden. Viele Werke dieser Zeit verraten auch die intensive Auseinandersetzung Andreas mit nordischer Graphik, vor allem mit Blättern Albrecht Dürers. Die daraus abgeleiteten dramatischen Impulse suchte der Künstler mit seiner malerischen und stimmungshaft-statischen Auffassung zu vereinen, was zu einer Dramatisierung vor allem der Licht- und Schatteneffekte führte – so etwa in der MADONNA DEL SACCO von 1525 (Florenz, SS. Annunziata), aber auch vorher schon im unvollendeten

Fra Angelico, Verkündigung an Maria, *1430/45, 194 × 194 (Madrid, Prado). Der Komposition liegt der theologische Gedanke zugrunde, daß durch die Geburt Christi der Sündenfall des Urelternpaares, das aus dem Paradies vertrieben wurde, vergeben wird.*

Fresko Tribut an Cäsar, das 1521 in der Villa Reale zu Poggio a Cajano, bei Florenz, entstanden war. Hier und in vergleichbaren Werken tauchen im einzelnen dann auch jene wie metallisch geschliffenen und bauschig verkanteten und gebrochenen Gewandfalten auf, die die Farben changierend streuen, das Licht wie in Splitterflächen über die Figuren zerteilen und somit deren reale Körperlichkeit in ein irreal anmutendes, Volumen in die abstrakte Fläche einbindendes Prismennetz zerlegen – Motive, die von den Manieristen begierig für die Gestaltung ihrer phantastisch-visionären, verfremdeten Bildwelten aufgegriffen wurden. Realistischer gehalten sind die Porträts Andreas, in denen die Dargestellten in einer konkreten Situation eingefangen sind, etwa im Porträt seiner Frau, der Lucrezia di Baccio del Fede von 1517 (Madrid, Museo del Prado). Andrea, der trotz vieler „Manierismen" in seiner letztendlich überwiegenden klaren Monumentalität der Bildkomposition und seiner überzeugenden Perspektivik doch noch ganz der Hochrenaissance zuzurechnen ist, schuf auch eine Reihe hervorragender Kreide- und Rötelzeichnungen.

Unten: Der Mittelteil der Predella des Hochaltares von San Domenico bei Fiesole stellt Christus in der Glorie *dar, umgeben von den himmlischen Reihen lobpreisender und musizierender Engelsscharen. Durch die Verwendung des Goldgrundes und der sensitiven Rhythmisierung der Linien zeigt sich Angelico hier dem Geiste der gotischen Malerei, vor allem der sienesischen, verpflichtet.*

Angelico, Fra
(eigtl. Guido di Pietro)
* 1387 oder um 1400 bei Florenz, † 1455 in Rom. In seinem Beinamen Beato Angelico, der schon 1481 erscheint, drückt sich die Verehrung der Zeitgenossen für diesen Künstler aus. Etwa 1418 trat A. in das Dominikanerkonvent von S. Domenico in Fiesole ein und nahm den Ordensnamen Fra Giovanni da Fiesole an. Möglicherweise war A. zunächst als Miniaturmaler tätig. Sein Werk stand unter dem Einfluß von Lorenzo Monaco, was sich vor allem in der Figurenauffassung und Rhythmisierung der Gewänder ausdrückt, an diesen beiden Charakteristika offenbart sich noch die Ausstrahlung der florentinischen Bildhauer wie Donatello und Ghiberti auf A.s Werk. A., der als einer der ersten Maler die Errungenschaften seines Zeitgenossen Masaccio weiterführte, verstand es, auf persönliche Art das Erbe der → Internationalen Gotik mit den Neuerungen der Frührenaissance zu verbinden. Sein Stil drückt sich durch weiche Linienführung, zart abgestufte Farbigkeit und Erzählfreudigkeit aus. Eines seiner frühesten Werke ist das Hochaltarbild für S. Domenico in Fiesole. Diese um 1428/30 entstandene Darstellung, ursprünglich ein → Triptychon, zeigt MARIA UND HEILIGE, es verrät A.s Schulung als Miniaturist und die Abhängigkeit von Masolinos Altarbild für S. Maria Maggiore in Florenz, 1425. Um 1430 malte A. für den Kapitelsaal seines Konventes das Fresko mit der KREUZIGUNG, wohl hat Masaccios Trinitätsfresko (Florenz, S. Maria Novella) als Vorbild gedient. Bald nach 1430 entstand für die Chiesa di S. Domenico in Fiesole das Altarbild mit der VERKÜNDIGUNG (Madrid, Prado). Diese vielleicht älteste Darstellung dieses Themas von A. spielt in einer Säulenloggia, die an Architekturformen Brunelleschis erinnert, und wurde Ausgangspunkt zahlreicher Varianten. So z. B. in einer Darstellung, die heute in Cortona, Museo Diocesano, aufbewahrt wird. Gegen 1435 malte A. die MARIENKRÖNUNG (Paris, Louvre). Dieses Altarbild, das letzte und bedeutendste Werk für Fiesole, ist eines der ersten Gemälde, bei denen der Blick des Betrachters durch die Einführung halbkreisförmig angeordneter Rückenfiguren im Vordergrund suggestiv bildeinwärts geführt wird. 1436 übersiedelte Fra A. mit dem Konvent nach S. Marco in Florenz, das im gleichen Jahr dem Orden von Cosimo de'Medici d. Ä. übergeben wurde. Fra A. erhielt den Auftrag, Kapitelsaal und Refektorium sowie die im Obergeschoß gelegenen Zellen mit Fresken auszustatten. Diese Fresken, wie die VERKÜNDIGUNG, VERSPOTTUNG CHRISTI oder KRÖNUNG MARIÄ bilden einen der großartigsten Momente in A.s Schaffen und repräsentieren einen der einzigartigsten religiösen Zyklen der Welt, der Stil ist von grandioser Schlichtheit. Gleichzeitig schuf der über eine große Werkstatt verfügende Maler eine Reihe von Altarbildern in Florenz, der Toskana und in Umbrien, unter anderem drei Altartafeln, die Cosimo de'Medici in Auftrag gegeben hatte. Um 1440 entstand die zu seinen bekanntesten Werken zählende KREUZABNAHME (Florenz, Museo di S. Marco). In diesem für S. Trinità in Florenz gemalten Altarbild erweist sich Fra A. in der Gestaltung der Hintergrundpartien als ein Meister der Landschaftsdarstellung. Auf dem Höhepunkt seines Ruhmes wird Fra A. 1445 erstmals nach Rom berufen und arbeitet für Papst Eugen IV. 1447 beginnt er zusammen mit seinen Gehilfen die Ausmalung der Cappella di S. Brizio im Dom zu Orvieto, die 1499–1504 Luca Signorelli vollenden sollte. 1448–50 malt er im Vatikan für Papst Nikolaus V. die Cappella Niccolina mit SZENEN AUS DEM LEBEN DER HLL. LAURENTIUS UND STEPHANUS. In diesem bedeutenden Zyklus epischer Malerei des → Quattrocento gewinnt Fra A.s Kunst nochmals an Größe und Ausdrucksfähigkeit, er bildet einen entscheidenden Schritt zwischen Masaccio und Raffael. 1450–52 war A. Prior im Konvent von S. Domenico in Fiesole, anschließend kehrte der Maler nach Rom zurück.

Ansaldo, Giovanni Andrea
* 1584 in Voltri, † 1638 in Genua. Zu seiner Zeit sehr bekannter, insgesamt jedoch zweitrangiger Barockmaler. Studienzeit in Genua bei Orazio Cambiaso, dem Sohn des berühmten Luca Cambiaso. Begegnungen mit Peter Paul Rubens, 1603, und Anthonis van Dyck, 1621, wurden für sein Schaffen befruchtend. Seine Gemälde zeichnen sich durch eine kostbare und delikate Farbgebung aus, die ihn rasch berühmt machte und ihm auch zu einer Reihe monumentaler Aufträge verhalf: die Kuppelfresken für SS. Annunziata in Genua, Fresken im Palazzo Brignola in Genua und Fresken im Palazzo Spinola in Sampierdarena.

Antes, Horst
* 28. 10. 1936 in Heppenheim an der Bergstraße. Der als Maler, Bildhauer und Keramiker tätige Künstler ist der sog. → Neuen Figuration zuzurechnen, d. h. einer sich Ende der fünfziger Jahre entwickelnden Strömung, die im Gegensatz zur abstrakten Kunst wieder zur – mehr oder weniger abstrahierten – figürlichen Form zurückkehrte. In diesem Sinne schuf Antes seine bekannten „Kopffüßler", d. h. den Typus einer irrealen Figur nur aus Kopf und Füßen. Einzeln oder zu Gruppen zusammengefaßt, sind diese Figuren in ein Ambiente plakativ vereinfachter Farbräumlichkeiten hineingestellt, welche stark geometrisch-konstruktiv bestimmt sind. Aussagemäßig lassen sich die Figuren Antes', bei denen auch vereinzelt Deformationen picassoscher Prägung auftauchen, als die dämonische – im Sinne etwa eines Hieronymus Bosch – und heiter-ironische Chiffre für den modernen Menschen in seiner Deformiertheit und „Reduziertheit" erklären. Antes, der seine Figurenwelt in meist großformatigen Ölbildern, aber auch in Zeichnungen, Radierungen und Lithographien ausbreitet, studierte an der Staatlichen Akademie der bildenden Künste in Karlsruhe, bei HAP Grieshaber, und gelangte schnell nicht nur in Deutschland, sondern auf internationaler Ebene zu großem Ansehen.

Antiphilos
griechischer Maler aus Ägypten, tätig zwischen 340 und 300 v. Chr. überwiegend am Hof Ptolemaios' I. in Alexandria. Dort soll er auch ein Rivale des Apelles gewesen sein und Anlaß zu dessen Verleumdungsallegorie gegeben haben. Nach Auskunft der antiken Quellen zeichnete er sich durch Schnelligkeit der Pinselführung und eine sichere Formreduktion aus, Stilmerkmale, die allerdings generell für die hellenistische Kunst Alexandrias als typisch gelten müssen. Von besonderen Lichteffekten berichtet die Schilderung eines feueranblasenden Knaben, dessen Gesicht vom Widerschein der Glut leuchtete. Die flüchtig-skizzenhafte Arbeitsweise des Antiphilos scheint sich vor allem in seinen berühmten „Grylloi" bewährt zu

Horst Antes, GRÜNE FIGUR, 1963 (Hannover, Kunstmuseum). Das Markenzeichen des Künstlers, der „Kopffüßler", erscheint hier in Öl gemalt, wurde aber auch oft als Skulpturrelief gestaltet. Der deformierte und reduzierte Gnom kann als heiter-ironisches Sinnbild für die Verkümmerung des modernen Menschen verstanden werden.

Antonello da Messina, Hieronymus im Gehäus *(Ausschnitt), um 1456, 46×36 (London, National Gallery). Das Bild des lesenden Kirchenvaters im roten Mantel gilt als Frühwerk des Künstlers. Flämische Vorbilder veranlaßten ihn wohl zur Verwendung eines derartigen architektonischen Rahmens und minutiöser Detailbehandlung.*

haben, einer Art von Karikatur, die er zur Kunstform erhoben hat.

Antolínez, José
* in Sevilla (?), getauft am 7. 11. 1635 in Madrid, † 30. 5. 1675 in Madrid. Spanischer Barockmaler, von Peter Paul Rubens und Anthonis van Dyck beeinflußt. Im Dienste des spanischen Königshauses entstanden als Hauptwerke Porträts und religiöse Bilder, wobei großes Gewicht auf detailreich ausgeführte Landschaften gelegt ist.

Antonello da Messina
* um 1430 in Messina, † 1479 in Messina. Italienischer Meister der Frührenaissance, dessen Rang hauptsächlich in der Übertragung frühniederländischer Bildkunst nach Italien begründet ist. Auf Sizilien lebend, läßt er sich kurze Zeit, gegen 1450, in Neapel als Schüler von Colantonio nachweisen, 1475/76 in Venedig und Mailand. In seinen kleinformatigen Porträts und Altarwerken begegnet neben spanischem und französischem Einfluß die Art des van Eyck und des Petrus Christus, Licht und Schatten in stufenlosem Übergang wiederzugeben, die Farben in tiefglühendem Schmelz. Daneben bedient sich A. d. M. der euklidisch-geometrischen Strenge im Bildaufbau, ähnlich Piero della Francesca, gipfelnd in der in eine Kegelform eingepaßten Mariä Verkündigung (Palermo, Nat. Mus.). Der Hieronymus von 1450–60 (London, Nat. Gall.) gibt deutlich niederländischen Einfluß wieder in den malerischen Bestrebungen, ebenso die Kreuzigung (Sibiu, Rumänien, Bruckenthalmuseum) als frühestes erhaltenes Werk. Den Übergang in die geometrische Phase A. d. M.s vermitteln seine Kreuzigungen von 1475 (Antwerpen, Musee Royal des Beaux-Arts) und 1475 oder 1477 (London, Nat. Gall.). Venezianische Impulse, atmosphärisch reine Farbgebung, zuständliche Stimmungshaftigkeit, heitere Festlichkeit bestimmen die Altartafel von S. Cassiano, 1476 (teilw. verloren, Rest in Wien, Kunsthist. Museum), den Hl. Sebastian, 1476 (Dresden, Gemäldegal.). Qualitätvolle Porträts befinden sich in Turin, Berlin, München.

Als Mittler niederländischer Malweise kommt A. d. M. hervorragende Bedeutung zu vor allem in Hinsicht auf die Technik der Ölmalerei, die, in Ablösung der Temperafarben, von immenser Tragweite nicht nur für das Venedig des 15. Jh., sondern schließlich für die gesamte Barockmalerei sein sollte.

Apelles
Meister der griechischen Tafelmalerei, tätig 2. Hälfte 4. Jh. v. Chr., stammt aus Kolophon oder Kos und lernte in Ephesos. Er arbeitete schon für König Philipp am makedonischen Hof, für Alexander und noch für Ptolemaios I. in Alexandria. Die Antike schätzte ihn als größten Maler seiner Zeit und wußte, daß die Kunst mit ihm einen Höhepunkt erreicht hatte. Seine Berühmtheit machte ihn zum Helden einer Unzahl von Anekdoten, von seinen Bildern ist jedoch nichts erhalten, meist sind auch die Beschreibungen weniger genau als poetisch. Zeitgenossen bewunderten seine unvergleichliche Linienführung und die Charis, die Anmut seiner Gestalten. Maltechnisch soll er sich auf die lasierende Anwendung von Rot, Gelb, Weiß und Schwarz beschränkt haben, ein dunkler Firnis, in den Pulver aus verbranntem Elfenbein eingemengt war, schuf eine Vereinheitlichung der Bildstimmung. Besonders berühmt war ein Bildnis Alexanders d. Gr. als blitzschleudernder Zeus im Artemision von Ephesos, eine Aphrodite Anadyomene im Asklepiosheiligtum zu Kos und eine Allegorie der Verleumdung in Alexandria. Der Einfluß des Apelles auf die griechische wie auch auf die römische Malerei muß enorm gewesen sein. Ganz sicher geht manches erhaltene antike Gemälde auf sein Vorbild zurück, wie z. B. möglicherweise ein Wandbild aus dem Haus des tragischen Dichters in Pompeji, das den Abschied der Briseis von Achill zeigt (Neapel, Museo Nazionale), doch müssen Zuweisungen dieser Art vorläufig als spekulativ gelten.

Appel, Carel
* 25. 4. 1921 in Amsterdam. Mitglied der Künstlergruppe → Cobra und als solches wichtiger Vertreter einer der amerikanischen → Action-painting

Ulrich Apt d. Ä., Die Verklärung Christi, *79 × 54 (Kassel, Gemäldegalerie). Das Werk war ursprünglich für das Grabmal des Klerikers J. Göckerlein bestimmt, der in betender Haltung Zeuge der Transfiguration ist und dessen Wappen ihm gegenüber erscheint. Neben dem verklärten Christus Moses und der Prophet Elias.*

analogen europäischen Stilrichtung. Nach einem Studium an der Amsterdamer Akademie der bildenden Künste begründete Appel 1949 in Paris zusammen mit Asger Jorn, Corneille, Alechinsky und Constant die bis 1950 existierende Vereinigung „Cobra". Die stilistischen Tendenzen dieser Gruppe leiten sich vom → Abstrakten Expressionismus Wassily Kandinskys her. Im Versuch, Imaginationen des Unterbewußtseins unmittelbar – unter Umgehung vernunftbestimmter Regeln – kreativ umzusetzen, wurde eine Malweise entwickelt, bei der naive Elemente aus der Volkskunst, Kinderkritzeleien u. ä. sich mit erregt abstrakten Linienzügen, mit Wischern und Fahrern aus pastoser Farbmaterie verbinden. Appel hielt daneben immer an gegenständlichen Elementen innerhalb eines abstrakten Fonds fest. Neben Gemälden und monumentalen Fresken – es entstanden u. a. 1951 ein Fresko für das Stedelijk Museum in Amsterdam, 1959 ein Wandbild mit dem Titel Begegnung im Frühling für das UNESCO-Gebäude in Paris – schuf Appel auch → Collagen und farbig bemalte Plastiken sowie eine Reihe von Kirchenfenstern.

Apollodoros
griechischer Maler aus Athen, tätig gegen Ende des 5. Jh. v. Chr. Die antike Literatur gab ihm den Beinamen „Skiagraphos" = Schattenmaler, und nach Plinius hat mit ihm erst die „eigentliche Malerei" begonnen, da er die Licht-Schatten-Modellierung erfunden habe. Zusammen mit dem etwa gleichzeitigen Bühnenmaler Agatharchos dürfte A. also der Begründer des → Illusionismus in der Malerei gewesen sein, den man sich aber ausweislich anderer zeitgenössischer Bilder noch nicht allzu eindrucksvoll vorstellen darf. Von A. selbst ist nichts erhalten geblieben.

Apt, Ulrich d. Ä.
* um 1460 in Augsburg, † 1532 in Augsburg. Der Sohn eines Malers stand zeitlich und stilistisch an der Wende von der Spätgotik zur → Renaissance. Seit 1481 als Meister in Augsburg nachweisbar, schuf er das Wandbild des Christophorus im

Giuseppe Arcimboldo, KAISER RUDOLPH II. ALS VERTUMNUS, *70 × 58 (Skokloster). Die Ähnlichkeit solcher Gemüse- und Früchteporträts mit historischen Personen scheint zweifelhaft und wurde doch von den Zeitgenossen mit Verblüffung festgestellt. Hier ist der Mäzen des Malers als Gott des Herbstes, der Blumen und Obstgärten zu sehen.*

Augsburger Dom, von 1491. Sein Hauptwerk stellen die beiden Altarflügel dar, die 1510 für die Heiligkreuzkirche in Augsburg entstanden und die Anbetung des Kindes durch die Hirten und Könige darstellen. Bekannt ist auch das BILDNIS EINES EHEPAARES von 1512 (New York, Metropolitan Museum of Art). Apts Bilder sind in erster Linie noch spätgotisch bestimmt, die Renaissancekomponenten dienen vorwiegend nur der dekorativen Ausgestaltung.

Arcangelo, Allan d'
* 16. 6. 1930 in Buffalo, USA. Wichtiger Vertreter der amerikanischen → Pop-art, die er mit Elementen der abstrakten Malerei durchsetzt. Nach einem Studium an der Universität Buffalo widmete sich Arcangelo ab 1957 der Malerei. 1959 wurde er als Dozent an die School of Visual Arts in New York berufen. Ausschließliches Thema seiner Arbeiten sind Darstellungen von Verkehrszeichen und -signalen, die nach einem von der abstrakten Kunst herrührenden Kompositionsprinzip in ein optisch-dynamisches Spannungsverhältnis zwischen Räumlichkeit und Fläche eingebracht sind. Die meist leuchtenden Farben sind großflächig strukturiert und werden durch das Großformat der Bilder in ihrer Plakativität unterstrichen. In den sechziger Jahren reiht der Künstler auch reale Objekte aus dem Straßenbild in seine Arbeiten ein.

Arcimboldo, Giuseppe
(auch Arcimboldi)
*um 1527 wahrscheinlich in Mailand, † 11. 7. 1593 in Mailand. Als Hofmaler am Prager Kaiserhof in den Jahren 1562–87 einer der Hauptvertreter der spätmanieristischen Malerei. Zunächst in Mailand 1549–59 mit Glasmalereien für den dortigen Dom sowie mit Entwürfen für Bildteppiche beschäftigt, wurde er 1562 als Hofmaler nach Prag berufen, wo er es rasch zu hohem Ansehen brachte. Neben Ferdinand I. schätzten auch Kaiser Maximilian II. und Rudolf II. den vielseitigen Künstler, der sich im Sinne des manieristischen Hanges zum Ausgefallenen und Skurrilen auch mit erfindungsreichen Festdekorationen beschäftigte. In erster

Linie bekannt und auch im 20. Jh. im Rahmen der Surrealismusbegeisterung neu geschätzt wurde Arcimboldo jedoch vor allem durch merkwürdig phantastische Gemälde, in denen sich täuschend realistisch gemalte Einzelobjekte stillebenhaft zu menschlichen Figurationen vereinen. So besteht etwa sein PHANTASTISCHES PORTRÄT DES KÖNIGS HERODES in Venedig (Sammlung C. Cardazzo) aus einer Anhäufung von Kinderleichen. Der häufig nachgeahmte Arcimboldo wurde in neuerer Zeit von den Surrealisten als einer ihrer Ahnherren proklamiert – ein Hinweis freilich auch darauf, daß bei ihm der „Gag" oft den letztlich doch geringen künstlerischen Rang überdeckt.

Arkesilas-Maler
griechischer Vasenmaler, tätig um 560 v. Chr. in Sparta. Seiner Hand werden zahlreiche lakonische Gefäße zugeschrieben, den Namen gab ihm eine Schale aus Vulci, deren Innenbild den König Arkesilaos II. von Kyrene bei der Überwachung des Handels zeigt. Die lakonische Keramik mit ihrem typischen gelblichen Grund entstand nicht wie früher angenommen in Kyrene (Nordafrika), sondern in Sparta. Nach starker Abhängigkeit vom korinthischen Stil entwickelte sie seit etwa 570 v. Chr. eigenständig bewegte und oft figurenreiche Kompositionen.

Arman
(eigtl. Armand, Fernandez)
* 17. 11. 1928 in Nizza. Einer der Hauptvertreter einer französischen Künstlergruppe, die sich den Namen → „Nouveaux Réalistes" zulegte und teilweise der → Pop-art verwandte Tendenzen befolgte. Nach einem Kunststudium in Nizza und dem Besuch der École du Louvre und der École Nationale des Arts Décoratifs in Paris wurde Arman etwa ab 1959 durch seine „Objektbilder", Akkumulationen künstlerisch behandelter Alltagsgegenstände, rasch berühmt. Häufig sammelte er auch Industrieprodukte in Plexiglaskästen, die in ihrer geballten Häufung plötzlich ästhetischen Reiz entwickeln, aber auch kritisch auf den Warenkult der modernen Konsumgesellschaft hinweisen. 1961 gründete Arman zusammen mit Pierre Restany, Yves Klein, Martial Raysse, Tinguely, Hains und César die Gruppe der „Neuen Realisten", die in ihrem Versuch, dem Materialbild neue Wirkkraft zu verleihen, auf die → Collagetechnik der → Kubisten und → Dadaisten zurückgreifen und in ihrem Bestreben etwa den Assemblagen eines Robert Rauschenberg in den USA sich annähern.

Asam, Cosmas Damian
getauft am 28. 9. 1686 in Benediktbeuern, † 10. 5. 1739 in München. Asam ist einer der Hauptmeister der spätbarocken Freskomalerei Süddeutschlands. Nach einer Ausbildung bei seinem Vater Hans Georg und nach ersten kleineren Arbeiten, Altarbildern für die Pfarrkirche in Murnau und für St.

Giuseppe Arcimboldo, DER GEMÜSEGÄRTNER, *35 × 24 (Cremona, Museo Civico). In rechter Sicht wird bei diesem Umkehrbild ein Rettich zur Nase, die Zwiebel zur knolligen Wange und der Gemüsetopf zum Hut eines grünblättrigen Gemüsegärtners, der aus kürbisrotem Mund schelmisch grinst. Eine Rettichwurzel wurde zur Augenbraue umfunktioniert.*

Allan d'Arcangelo, A MODERN SUPER HIGHWAY, *1969, 54 × 65 (Privatbesitz). Der Pop-art-Künstler ließ hier ein optisches Spannungsverhältnis entstehen: zwischen blauen Rechtecken und der senkrechten Signallatte, die zweidimensional komponiert sind, und dem Räumlichkeit suggerierenden Motiv der Landschaft.*

Arkesilas-Maler, HANDELSSZENE, *um 570/560 v. Chr. (Paris, Cabinet des Médailles). Die gelbgrundige Schale gab dem unbekannten Maler seinen Namen: König Arkesilas überwacht thronend das Verpacken, Abwiegen und Verladen von Silphion, ein Gemüse und Gewürz, das von Kyrene aus in den gesamten Mittelmeerraum exportiert wurde.*

Jakob in Straubing, tat sich Cosmas Damian zusammen mit seinem später fast ausschließlich als Bildhauer und Stukkateur tätigen Bruder Egid Quirin zum ersten Mal bei einem umfangreichen Freskenprogramm hervor: als Mitarbeiter des Vaters in der Maria-Hilf-Kirche in Freystadt in der Oberpfalz. 1711 ermöglicht schließlich der Abt Quirin Millon von Tegernsee den Gebrüdern Asam eine künstlerische Weiterbildung in Rom. 1712 dort wird Cosmas Damian Schüler des Pierleone Ghezzi, 1713 erhält er einen Preis der Accademia di San Luca. In Rom wurde der bayerische Künstler mit der hochbarocken, monumentalen Wand- und Deckenmalerei eines Pietro da Cortona, Andrea Pozzo, Giovanni Battista Gaulli u. a. vertraut, mit Werken, die in illusionistischer Weise Architekturteile und überhaupt Elemente des realen Betrachterraumes in den imaginierten künstlerischen Raum überführen und so eine ständige, im Dienste sakral wundersamer Bedeutsamkeit stehende Durchdringung von Realität und Irrealität evozieren. Ausgestattet mit diesem Formengut kehrt Cosmas Damian 1714 in seine Heimat zurück, wo er zu einem der gesuchtesten Architekten, Freskanten und Altarbildmaler in Bayern, Schwaben, Tirol, Böhmen, Schlesien und der Schweiz wird. In den frühesten Werken nach dem Romaufenthalt, Fresken für die Benediktinerkirche Ensdorf bei Bamberg, 1714, und für die Dreifaltigkeitskirche in München, ab 1714, ist der → Illusionismus von der mathematisch kalkulierten, rational berechneten perspektivischen Konstruktionsweise der Italiener bestimmt, um später, etwa in den Fresken für die Klosterkirche in Weingarten 1719, Aldersbach 1720, mehr und mehr in eine bildinterne, auf den Protagonisten der Bildhandlung und nicht mehr so ausschließlich auf den Beschauer ausgerichtete Perspektivik umzuschlagen: Zwischen Fresko und Betrachter schiebt sich eine perspektivische, gleichsam in der Luft schwebende, irreale Bezugsebene. Cosmas Damian, der am bayerischen Hof immer größere Anerkennung fand, erhielt mit die bedeutendsten Aufträge seiner Zeit: 1726 in Einsiedeln, 1727 in Břevnov bei Prag, 1730 in Schloß Alteglofsheim, 1731 in Osterhofen. Zusammen mit seinem Bruder arbeitete er auch an der Verwirklichung eines Hauptzieles des Barock, nämlich der Schaffung eines Gesamtkunstwerkes, bei dem Architektur, Malerei und Plastik (Stukkatur) zu einem einheitlichen Ganzen von Konstruktion und Dekoration verschmolzen werden. Hauptwerke in diesem Sinne sind die Klosterkirche von Weltenburg an der Donau (bei Regensburg), 1716–21, und die Johann-Nepomuk-Kirche („Asamkirche"), 1733–46 neben dem Wohnhaus der Brüder Asam in München errichtet. In den späten Werken Cosmas Damians leitet er die süddeutsche Barockmalerei in vorbildgebender Weise in den Rokokostil über.

Asselijn, Jan

* 1610 in Diemen bei Amsterdam oder in Dieppe, † 28. 9. 1652 in Amsterdam. Landschafts- und Tiermaler des → Barock, der seine Lehrjahre in Rom und in Frankreich verbrachte. Hier lehnte er sich mit seinen Landschaftsbildern an den Stil Claude Lorrains an. In Amsterdam entwickelte er sich dann zum Spezialisten für Tierbilder, wie sein wohl berühmtestes Gemälde DER BEDROHTE SCHWAN VERTEIDIGT SEIN NEST (Amsterdam, Rijksmuseum) beweist.

Assereto, Giovacchino

* 1600 in Genua, † 28. 7. 1649 in Genua. Bedeutendster Barockmaler seiner Heimatstadt in damaliger Zeit, für deren Kirchen er zahlreiche Altarbilder schuf.

Hendrick Averkamp, LANDSCHAFT MIT FÄHRE, *9 × 31 (Budapest, Kupferstichkabinett). Das Aquarell erinnert in der Zartheit des duftig aufgetragenen Hellgrün an japanische Graphik, die Farbakzente ebenfalls zurückhaltend und harmonisch ausgewogen zu verteilen versteht. Die braunen Linien der Fähre sind mit der Feder hinzugefügt.*

Auberjonois, René
* 18. 8. 1872 in Mézery bei Lausanne, † 11. 10. 1957 in Lausanne. Nach einem Studium in London und Paris sind seine künstlerischen Anfänge vom französischen Nachimpressionismus, vom Pointillismus, geprägt. Später setzte er sich mit dem → Kubismus und dem → Fauvismus auseinander. Auch als Zeichner war er bedeutend.

Aublet, Albert
* 18. 1. 1851 in Paris, † 1937 (?). Er war Schüler des romantischen Malers Léon Gérôme und schuf vor allem Genrebilder, Porträts und Historiengemälde.

Aubry, Etienne
* 10. 1. 1745 in Versailles, † 24. 7. 1781 in Versailles. Der Maler von Genreszenen und Porträts lernte bei Jacques-Augustin Silvestre und Joseph Vien die Bildniskunst. 1771 wurde er an der königlichen Akademie zugelassen und erlangte 1775 die volle Mitgliedschaft als Porträtmaler. Daneben gilt Aubry mehr noch als Schöpfer von Genrebildern, die mit ihrem rührend-sentimentalen Charakter der Malerei des Franzosen Greuze oder des Engländers Hogarth nahestehen. Während er 1771–73 Porträts in den Salons der Akademie ausstellte, überwiegen 1775–79 die Genrethemen. Wie sein Vorbild Greuze hatte auch Aubry den ambitionierten Wunsch, sich als Historienmaler Anerkennung zu verschaffen. Bei einer Reise nach Rom im Jahre 1777, wo er dem einstigen Lehrer J. Vien begegnete, entstand das Bild ALMOSEN HEISCHENDER DIOGENES. Nach seiner Rückkehr stellte er ABSCHIED CORIOLANS VON SEINEM WEIBE im Salon aus und war auf dem besten Wege, sich einen Namen zu machen. Schon bald darauf starb Aubry wohl an den Folgen eines Fiebers, das er sich in Rom zugezogen hatte. Zu seinen besten Werken zählen DIE ERSTE BRÜDERLICHE LEKTION (New York, Wildenstein Gallery), JUNGE MAGD MIT DEM MÖRSER (Paris, Sammlung Decourcelle), BESCHÄFTIGUNG DER FAMILIE (Paris, Sammlung Dior). Unter den Porträts seien ADAM LE JEUNE (Paris, École des Beaux-Arts) oder NOEL HALLE (Versailles) besonders hervorgehoben.

Aved, Jacques-André-Joseph Camelot
* 12. 1. 1702 in Douai, † 4. 3. 1766 in Paris. Bedeutender Porträtist des Rokoko. Einfluß auf seinen Stil übte der große französische Maler Jean-Baptiste Siméon Chardin aus, mit dem er auch befreundet war. Berühmt wurde Aved durch das Porträt JEAN-BAPTISTE ROUSSEAU (Versailles, Musée), dem in den vierziger Jahren eine ganze Reihe von Bildnissen bedeutender Persönlichkeiten folgte.

Avercamp, Hendrick (van)
* 25. 1. 1585 in Amsterdam, † 15. 5. 1636 in Campen. Holländischer Landschaftsmaler am Übergang vom späten → Manierismus zum frühen → Barock. Avercamp war Schüler von Pieter Bruegel d. Ä., entscheidender wurde jedoch für seine Entwicklung der Einfluß von Arent Arentsz und wahrscheinlich auch von Gillis van Coninxloo und David Vinckeboons. Hauptsächlich schuf er Winterbilder mit Eisläufern als → Staffage, mit tief herabgezogenem Horizont und nuancierter Luftperspektive und atmosphärischer Tonigkeit. Er malt nicht mehr die traditionellen, phantastisch gefärbten Weltlandschaften, schafft aber die Basis für die sachlich-realistische Landschaftsgestaltung des späteren 17. Jh.

Avont, Pieter van
* 14. 1. 1600 in Mecheln, † 1. 11. 1652 in Antwerpen. Flämischer Kleinmeister des Barock, der sehr häufig mit Jan Bruegel, Lucas Uden u. a. zusammenarbeitete.

Fernandez Arman, TRAVAUX D'ENCRE, *1968, 163 × 152 (New York, Sidney Janis Gallery). Der Zeit nach der Gründung der Gruppe der „Neuen Realisten" entstammt diese Farbschöpfung, die ähnlich Armans Materialbildern naß zerlaufene Tintenfarbwolken in Rot, Schwarz und Gelb in Plexiglas einschließt und konserviert.*

B

Baburen, Dierck van

* 1590/95 in Utrecht, † 1624 in Utrecht. Der später neben Honthorst und Terbrugghen in Utrecht tätige Caravaggio-Nachfolger war vor seiner Abreise nach Italien Schüler des Paulus Moreelse. Doch fand er keine Gelegenheit, ein reiches holländisches Œuvre zu hinterlassen. Schon drei Jahre nach seiner Rückkehr aus dem Süden verstarb er. Die Zäsur zwischen seinen Werken, die in Rom entstanden, und den Utrechter Bildern ist sehr deutlich. Malte er in Rom ausschließlich religiöse Bilder, so treten im Norden auf einmal eine Reihe von Genrethemen hinzu, deren Formulierung auf die folgenden Jahrzehnte der holländischen Malerei maßgeblichen Einfluß hatte: das Thema der Kupplerin (bei Vermeer erscheint eine solche Darstellung Baburens sogar einmal als „Bild im Bilde"), die musizierenden Einzelpersonen wie z. B. Der Lautenspieler. In zwei Fällen erscheinen biblische Themen im Gewand des Genre: Lot und seine Töchter (Neuilly-sur-Seine) und Der verlorene Sohn (Mainz, Mittelrheinisches Landesmuseum). In Fortsetzung der → Ikonographie seiner italienischen Werke entstanden in Utrecht auch zwei christologische Szenen: Christus unter den Schriftgelehrten (Oslo) und Dornenkrönung (Locko Park). Das erste Thema war ihm bereits in Rom für die Kirche von S. Pietro in Montorio in Auftrag gegeben worden, für die er auch eine Grablegung (1617) und die Hl. Veronika ausgeführt hatte.
Im Vergleich zu Honthorst fällt auf, daß Baburen auf das Experimentieren mit künstlichen Lichtquellen im Bilde verzichtet – er steht damit Caravaggio näher. Da jedoch Honthorstsche Lichteffekte leichter erkannt werden, wird Baburen wie auch Terbrugghen als Vorbereiter der neuen Malerei in Holland im allgemeinen weniger genannt. Insbesondere die Lichtbehandlung Rembrandts wurde von den Utrechter → Caravaggisten angeregt. Im Gegensatz zu Honthorst ist es bei Baburen nicht möglich, eine ausgesprochen naturalisierende Tendenz der Utrechter gegenüber den römischen Bildern festzustellen. Sie knüpfen stilistisch zu eng an die Erfahrungen in Italien an.

Baciccio, Giovanni Battista

(auch Bacciccia, eigtl. Gaulli)
* 8. 5. 1639 in Genua, † 2. 4. 1709 in Rom. Bedeutender Bildnismaler und Schöpfer riesiger Freskenzyklen, einer der Hauptmeister des späten italienischen Hochbarock. Nach einer Lehrzeit in Genua ab 1657 Aufenthalt in Rom und Studium der Werke Raffaels und Pietro da Cortonas. Ab 1662 Mitgliedschaft bei der römischen Akademie von S. Luca und Förderung durch den wohl bedeutendsten italienischen Barockkünstler, den Architekten und Bildhauer Giovanni Lorenzo Bernini, nach dessen Entwürfen er 1668 bis 72 die Kuppel von S. Agnese zu Rom ausfreskierte. In seinen gleichzeitig entstandenen, ausgezeichneten Bildnissen von meist hohen kirchlichen Würdenträgern erwies sich der repräsentative Stil eines Anthonis van Dyck als vorbildlich. Die bedeutendste Rolle spielte Baciccio aber nach wie vor als Gestalter monumentaler Fresken für römische Kirchen wie S. Maria sopra Minerva, S. Nicola da Tolentino, SS. Apostoli u. a. Für die römische Jesuitenkirche Il Gesù entstand seit 1668 in fünfzehnjähriger Arbeit sein Hauptwerk: das 1679 vollendete Dekkenbild im Langhausgewölbe – der Triumph des Namens Jesu – und das 1683 vollendete Apsisfresko mit der Anbetung des Lammes. Beides sind Gestaltungen, in denen eine ungeheure Fläche von einem konsequent imaginierten Illusionsraum bewältigt wird. Gerade die Arbeiten für Il Gesù übten eine starke Wirkung auf die süddeutschen Freskomaler des 18. Jh. aus.

Derick Baegert, Der hl. Lukas malt Maria mit dem Kind *(Ausschnitt), um 1490 (Münster, Landesmuseum). In diesem Meisterwerk des niederrheinischen Malers, worin sein Lyrismus besonders schön zur Geltung kommt, hat sich Baegert wohl in den Zügen des hl. Lukas selbst porträtiert, der nach legendärer Überlieferung der erste christliche Maler war.*

Backhuyzen, Ludolf

* 18. 12. 1631 in Emden, † 7. 11. 1708 in Amsterdam. Der gegen Ende des 17. Jh. bedeutendste holländische Marinemaler erhielt Unterricht von dem Landschafter Allart van Everdingen und dem Marinemaler Hendrik Dubbels in Amsterdam, wo er seit 1649 lebte. Den wohl größten Einfluß auf ihn übte Willem van de Velde d. J. aus. Backhuyzen erreichte jedoch nicht dessen Leichtigkeit und Transparenz, was den zu Lebzeiten berühmten und hochbezahlten Künstler später etwas in Vergessenheit geraten ließ. Große Bewegtheit, meist motivisch bedingt, häufiger Wechsel in der Lichtführung und Großzügigkeit in der Formgebung kennzeichnen seine Bilder, so das 1667 entstandene Werk Schiffe im Sturm (Florenz, Palazzo Pitti). Der sehr produktive Künstler – mehr als 500 Gemälde sind heute noch erhalten – hinterließ unter anderem auch Porträts, → Genrebilder, Handzeichnungen und Radierungen. Die Datierung seiner Bilder reicht von 1658–1707.

Bacon, Francis

* 28. 10. 1909 in Dublin. Einer der bedeutendsten zeitgenössischen eng-

Francis Bacon, Papst Innozenz X., *1953, (New York, Sammlung W. Burden). Eine häufige Praktik moderner Kunst ist die verfremdete Wiedergabe bekannter Werke Alter Meister. Velázquez' repräsentatives Barockbild des Papstes unterwirft Bacon einer radikalen Umdeutung, indem er Innozenz X. schreiend und im Zustand existenzieller Angst zeigt.*

lischen Maler, in dessen → Œuvre sich figurative und abstrakte Elemente, linear bestimmte Formen und → tachistisch verwischte Farbkomplexe, Naturabbildlichkeit und surrealistische Verfremdungseffekte sowie flächenhafte Bildaufteilung und extreme Raumillusionierung im Sinne der italienischen Renaissanceperspektive vereinen, um thematisch fast ausschließlich den Menschen in seiner existenziellen Zerissenheit, seiner sozialen Vereinsamung und in seiner kreatürlichen Roheit in den Vordergrund zu stellen. Nach einer autodidaktischen Ausbildung entstanden in den dreißiger Jahren seine ersten Arbeiten, von denen Bacon jedoch die meisten nach dem Zweiten Weltkrieg vernichtete. Seit 1945 entwickelte Bacon rasch den für ihn typischen Stil, bei dem sich – angeregt u. a. auch durch Füssli, Blake, Hieronymus Bosch, die → Manieristen, durch einige → Romantiker und → Surrealisten – schreckhafte Visionen in teils figuralen, teils abstrakten Formen ausprägen. 1954 vertritt er Großbritannien auf der → Biennale in Venedig, eine Reihe großer Ausstellungen in Paris, London und New York schließt sich an. Bereits in den frühen Ölbildern, Aquarellen und → Gouachen zeigt sich Bacon mit dem Thema des grauenhaft persiflierten Großstadtmenschen beschäftigt. Die Fotoklischees der Illustrierten, die fotografischen Details des Films liefern die schockartig sich einprägende Vision verzerrter Gesichter und vorüberhuschender Wirklichkeitsfetzen. Bacon malt in Bildserien. Immer wieder beschäftigt ihn das Thema der Kreuzigung, das 1933 erstmals in seinen Arbeiten auftaucht. Das Hauptwerk dieser Serie ist das → Triptychon Three Studies for Figures at the Base of a Crucifixion von 1944 (London, Tate Gallery), das im Anschluß an den deformierenden Stil Picassos die menschliche Gestalt zum Symbol des Grauens transformiert. Bacon selbst bezeichnet Painting von 1946 (New York, Museum of Modern Art) als sein Hauptwerk: Hier klingt ein weiterer zentraler Themenbereich seines Schaffens an – die groteske Gestalt eines Geistlichen im Kontext von Tierkadavern. Ab 1951 entstehen die Variationen um das berühmte Papstbild Innozenz X. von Velázquez. Der Papst sitzt in einem gläsernen Schrein, sein Mund ist verzerrt und aufgerissen. 1952 folgen die Studien um einen Straßenköter, 1957 die Variationen um Vincent van Goghs tragisches Bild Vincent geht zur Arbeit. In den Bildern Bacons ist die Farbe meist sehr dünnflüssig aufgetragen und läßt so die körnige Leinwand durchschimmern, die deformierten Figurationen sind in perspektivisch überzeichnete Käfige aus Liniengerüsten eingesperrt, Fleisch- und Hautfetzen werden häufig zum Mittelpunkt solcher

Hans Baldung, Adam und Eva, *um 1525, je 208 × 84 (Budapest, Museum der Bildenden Künste). Das Renaissance-Thema der nackten menschlichen Figur tritt in Baldungs Schaffen beherrschend hervor. Das Urelternpaar wird hier nicht nur anatomisch differenziert, sondern zeigt sich auch als Gegensatz unterschiedlicher Temperamente.*

„Örtlichkeiten" – all dies verleiht Bacons Gestaltungen eine derart grauenhafte Intensität als Ausdruck der Brutalität unserer Zeit, wie sie wohl sonst von kaum einem anderen Künstler des 20 Jh. bisher wieder erreicht wurde.

Baegert, Derick
* um 1440 in Wesel, † 1515 in Wesel. Die spärlichen Quellen beziehen sich fast ausschließlich auf B.s Aufträge. Seine Arbeiten jedoch weisen ihn als bedeutenden Repräsentanten der spätgotischen Malerei aus, der westfälische, niederländische und Anregungen der Kölner Malschule zu einem sehr persönlichen und klaren Stil umprägte. Der Dramatik seiner Golgathaszenen stehen eher lyrisch gestimmte Bilder gegenüber, wie Der hl. Lukas malt Maria mit dem Kind (Münster, Landesmuseum), in dem sich Farbkraft und Detailfülle zu kostbarintimer Atmosphäre verdichten. Mit dem Gerichtsbild der Eidesleistung schuf B. 1493/94 im Rathaus zu Wesel eines der bedeutendsten Profanbilder seiner Zeit. Die kräftige Charakterisierung der Köpfe, klare Leuchtkraft der Farben und souveräne Komposition sind B.s herausragende Qualitäten.

Bakst, Leon
(Lev Samojlovic Rozenberg).
* 10. 5. 1866 in Grodno, † 27. 12. 1924 in Paris. Bakst gehört zu den glänzendsten Begabungen auf dem Gebiet der Bühnenausstattung. Kostüm- und Bühnenbildentwürfe für Diaghilews russisches Ballett in Paris machten ihn als Dekorateur in Europa berühmt. In den Jahren vor dem Ersten Weltkrieg beeinflußten seine Kreationen – von russisch-orientalischer Extravaganz – die Pariser Mode nachhaltig.

Leon Bakst, Studie von Ida Rubinstein, *1910, 40 × 27 (Privatbesitz). Für das Ballett „Scheherazade" entwarf der geniale Bühnenbildner dieses Kostüm, das die Tänzerin und Freundin in träumerischer Pose darstellt. Bakst bestimmte mit orientalischen Farbklängen dieser Art die Pariser Mode der Jahre 1911–13.*

Baldovinetti, Alesso
* 14. 10. 1425 in Florenz, † 29. 8. 1499 in Florenz. Der nicht unbedeutende Florentiner Renaissancemeister war zunächst Schüler Domenico Venezianos. 1461 vollendet er ein Wandgemälde seines Lehrers im Chor von S. Egidio, Florenz. In dieser Zeit führt er im Klosterhof der SS. Annunziata die Fresken Geburt Christi und Maria mit dem Kind aus. Baldovinetti, der Anregungen Andrea del Castagnos und Fra Angelicos aufnimmt, verleiht seinen Kompositionen durch wohlklingende Linienführung und den verhaltenen seelischen Ausdruck der Figuren ein geradezu kontemplatives „sentimento". Die Fresken von S. Trinità (Florenz) sind Hauptwerk des Malers.

Baldung, Hans, gen. Grien
* 1484/85 in Schwäbisch Gmünd, † 1545 in Straßburg. Der aus einer Gelehrtenfamilie stammende Künstler lernte vermutlich schon als 15- oder 16jähriger bei einem Straßburger Meister, der der Kunst Martin Schongauers nahestand. Aufgrund seiner Jugend wurde ihm in dieser Werkstatt der Beiname „Grien", d. h. „der Grüne", gegeben. In den Jahren zwischen 1503 und 1506 arbeitete der Meister neben Hans Leonard Schäufelein und Hans Leu in der Werkstatt Albrecht Dürers, welcher sehr großen Einfluß auf ihn ausübte. Dürer und Baldung verband seit dieser Zeit eine lebenslange Freundschaft und gegenseitige Wertschätzung. Über Halle kam Baldung nach Straßburg, wo er 1509 das Bürgerrecht und 1510 das Meisterrecht erwarb. In dieser Zeit beschäftigte sich der Künstler u. a. als Zeichner für Glasmalerei und Holzschnitt. 1512 siedelte er nach Freiburg über, um dort für den neuerbauten Chor des Münsters den Hochaltar zu schaffen. 1517 kehrte der Meister nach Straßburg zurück und erneuerte sein Bürgerrecht und seine Mitgliedschaft in der „Stelzenzunft". Als wohlhabender und angesehener Bürger blieb Baldung in Straßburg bis zu seinem Tod. Die ersten gesicherten eigenständigen Werke des Künstlers sind zwei Flügelaltäre von 1507 für den Dom von Halle, der Dreikönigsaltar (Berlin, Stiftung

Hans Baldung, Pfalzgraf Philipp von Neuburg, *1517, 41 × 31 (München, Alte Pinakothek). Ähnlich den Bildnissen Albrecht Dürers zeigt Baldung den Porträtierten vor neutralem Hintergrund im fliehenden Profil. Die auffällig getragenen Kleinodien der Hand und Kopfbedeckung, die pelzverbrämte Jacke und der Brokatsaum des Kragens sind die repräsentativen Attribute des Pfalzgrafen. Trotz des dekorativen Aufwandes vermochte der Künstler etwas über die Eigenart der jugendlichen Eminenz mitzuteilen: eine jungenhaft-versonnene, selbstsicher wägende Distanz.*

Staatliche Museen/West, Gemäldegalerie) und der Sebastiansaltar (Nürnberg, Germanisches Nationalmuseum). Trotz aller Merkmale eines Frühwerkes und der Anlehnung an Dürer, zeigen diese beiden Arbeiten, u. a. durch die Leuchtkraft der Farben, schon die Eigenständigkeit Baldungs. In der Vielzahl seiner hervorragenden Holzschnitte nimmt die Darstellung des nackten Körpers großen Raum ein. Dieses Thema behandelt der Künstler mit Vorliebe auch in – zumeist allegorischen profanen – Gemälden. Die Allegorie Die drei Lebensalter und der Tod, 1510 (Wien, Kunsthistorisches Museum), ist ein Beispiel für die Meisterschaft Baldungs in dieser neuen Gattung. Religiösen Inhalt haben die um 1510 entstandenen Altarflügel der Geburt Christi (Basel, Kunstmuseum) und der Anbetung der Könige (Dessau, Staatliche Galerie). Die Komposition ist hier wuchtiger, die Figuren monumentaler und die Farbsetzung bewußter als in den Haller Altären. In der Folgezeit schuf Baldung mehrere Tafeln mit religiöser Thematik, so 1511 die Gregorsmesse (Cleveland/Ohio, Cleveland Museum of Art). Das frühe Hauptwerk des Künstlers ist der 1512 bis 16 entstandene Hochaltar für den Chor des Freiburger Münsters. Von Tafel zu Tafel läßt sich hier eine Steigerung des Meisters verfolgen. Koloristische Meisterschaft zeigte Baldung in der Mitteltafel, die bei geöffnetem Zustand eine alles überstrahlende Darstellung der Krönung Mariä trägt. Die beiden Apostelgruppen, je sechs auf einem Innenflügel, zeichnen sich durch meisterhafte Individualisierung aus und lassen sich mit Dürers Vier Aposteln, 1526 (München, Alte Pinakothek), vergleichen. Die Außenseiten der Innenflügel und die Innenseiten der Außenflügel zeigen vier Szenen aus dem Marienleben. Die Rückseite des Altares trägt auf der Mitteltafel eine monumentale Kreuzigung, auf der → Predella die Darstellung der Münsterpfleger. Um 1516 entstanden die Beweinung Christi (Berlin, Stiftung Staatliche Museen/West, Gemäldegalerie), Maria mit dem Kind im Gemach (Nürnberg, Germanisches Nationalmuseum), die von italienischen Stichen beeinflußte Sintflut (Bamberg, Städt. Kunst- und Gemäldesammlung) und die idyllische Ruhe auf der Flucht (Wien, Gemälde-Galerie der Akademie der Bildenden Künste). Ebenfalls in die Freiburger Zeit fallen eine Reihe von Porträts, darunter das Bildnis Markgraf Christoph I. von Baden, 1515 (München, Alte Pinakothek). Nach Straßburg zurückgekehrt, verlegte sich Baldung nun mehr auf profane klassische Themen, da, infolge der Reformation, die kirchlichen

Paolo Baratella, The only system, *1972. 140 × 140 (Berlin, Galerie Poll). Die Überlagerung von Napalmbombern mit den zerfressenen Gesichtern der Opfer führt zur erschreckendert Anklage des Krieges und seiner Drahtzieher, die das Vernichtungsmittel lakonisch empfehlen: „Das einzige System, das sich im Feld bewährt hat."*

Aufträge zurückgingen. Der Künstler fand nun auch Gelegenheit, seiner Vorliebe für die Darstellung des nackten, sinnlichen Frauenkörpers nachzugehen. Es entstanden in dieser Zeit Bilder, wie die Zwei Hexen, 1523 (Frankfurt, Städelsches Kunstinstitut), die Tafeln Adam und Eva, um 1525 (Budapest, Museum der schönen Künste), Judith mit dem Haupt des Holofernes, 1525 (Nürnberg, Germanisches Nationalmuseum), und Venus und Amor, 1525 (Otterlo, Rijksmuseum Kröller-Müller). Die ausgezeichnete Komposition Adam und Eva, um 1538 (Lugano, Sammlung Thyssen-Bornemisza), zeigt mattere Farben und strenge Linearität. Von den Darstellungen mit mythologischem und geschichtlichem Inhalt hat sich u. a. die Tafel Mucius Scaevola von 1531 (Dresden, Staatliche Gemälde-Galerie) erhalten. Zu einer neuen Belebung des Kolorits kommt es in den Bildern Kreuzigung Christi, 1536 (Aschaffenburg, Staatsgemäldesammlung), und Geburt Christi, 1539 (Karlsruhe, Staatliche Kunsthalle). Marienbilder blieben für Baldung nach wie vor ein wichtiges Thema. 1527/28 schuf er die Papageienmadonna (Nürnberg, Germanisches Nationalmuseum), vor 1535 die stark antikisierende Maria mit Kind und Johannes (Berlin, Stiftung Staatliche Museen/West, Gemäldegalerie). In die Gattung der → Allegorien gehören die 1529 entstandenen rätselhaften allegorischen Frauengestalten Musik und Eitelkeit (München, Alte Pinakothek) sowie die Bilder Menschheit im Stande der Unschuld und Menschheit im Stande der Schande, um 1540 (Madrid, Museo del Prado). Ein sehr scharf beobachtetes Porträt entstand mit dem Bildnis des Kanonikus Ambrosius Volmar Keller von 1538 (Straßburg, Musée des Beaux-Arts). Ein Jahr vor seinem Tode, 1544, schuf der Meister die Allegorie von den Sieben Lebensaltern des Weibes (Leipzig, Museum der Bildenden Künste). Hans Baldung war als einer der spannungsreichsten und widersprüchlichsten Künstler seiner Zeit neben Dürer, Grünewald, Altdorfer und Holbein d. J. der bedeutendste Maler der Dürerzeit und bereitete die altdeutsche Malerei auf den → Manierismus des 16. Jh. vor.

Balla, Giacomo

* 18. 7. 1871 in Turin, † 1. 3. 1958 in Rom. Balla zählt neben Boccioni, Carrà, Russolo und Severini zu den Malern des italienischen → Futurismus. 1893 siedelte Balla nach Rom über, 1900 hält er sich für 7 Monate in Paris auf, wo er sich vor allem mit dem → Impressionismus und der Technik des → Divisionismus (→ Pointillismus) beschäftigte. Wieder in Rom, macht er die Bekanntschaft mit Boccioni und Severini, die ihn mit ihren futuristischen Thesen tief beeindrucken. Am 10. Februar 1910 unterschreibt er mit ihnen und den bereits genannten Carrà und Russolo das erste Manifest der futuristischen Malerei. Ein Jahr zuvor hatte der Schriftsteller Filippo Tommaso Marinetti im Pariser „Figaro" sein futuristisches Grundmanifest veröffentlicht. Auch dessen Bekanntschaft machte Balla in Rom. In seinem Bild Hund an der Leine, 1912 (New York), fächert er den Ablauf sukzessiver Bewegungsphasen in ein simultanes Nebeneinander auf. „Plastischer Dynamismus" wurde im Manifest als Stilmerkmal verkündet. Sein Gemälde Merkurdurchgang vor der Sonne, 1914 (Paris), Musée National d'Art Moderne bringt ihn bereits in den Bereich der abstrakten Malerei. In seinen späteren Werken vermischt er zeitweise gegenstandslose Kunst mit naturalistischen Elementen.

Balthus

(eigtl. Balthasar oder Baltusz Klossowski de Rola)

* 29. 2. 1908 in Paris. Der einer polnischen Künstlerfamilie entstammende Maler und Zeichner verarbeitete in seinen Bildern leicht surrealistische Züge und teilweise die kubisch vereinfachte Formenwelt der → Neuen Sachlichkeit zu Kompositionen von fast klassizistisch anmutender Einfachheit, wobei jedoch die wie traumhaft erstarrte Stille seiner Bilder zusammen mit einer ästhetisierenden, z. T. → pointillistisch wirkenden Farbgebung eine Phantasiewelt voll geheimer Erotik evozieren. Seine Jugend verbrachte der Künstler in der Schweiz, wo ihn Rainer Maria Rilke zur Malerei ermutigte. Erste Erfolge hatte er etwa ab 1933. Die Hauptthemen seiner Arbeiten sind Jungmädchenbildnisse, Akte und Interieurs, häufig beeinflußt vom Vorbild alter Meister. 1961 berief André Malraux den Künstler als Direktor der Académie de France an die Villa Medici in Rom.

Baluschek, Hans

* 9. 5. 1870 in Breslau, † 28. 9. 1935 in

Berlin. Der Maler, Graphiker und Schriftsteller stellte in dunklen Farben und in einer harten, spröden Mischtechnik sozialkritisch das Großstadtelend dar. Trotz eines Studiums 1889 bis 94 an der Hochschule für bildende Künste in Berlin blieben akademische Anschauungen und sonstige Stileinflüsse für ihn weitgehend irrelevant. Beeindruckt vom literarischen Naturalismus eines Émile Zola oder Gerhart Hauptmann und betroffen von den sozialen Auseinandersetzungen der Zeit, entwickelte er seinen Stil von pessimistisch-dokumentarischer Treue. Er war 1899 Mitbegründer der Berliner →Sezession, gehörte ab 1913 deren Vorstand an, beteiligte sich nach 1919 an der kulturpolitischen Arbeit der SPD und leitete 1929–33 die Große Berliner Kunstausstellung. Unter den Nationalsozialisten wurde er als „entartet" gebrandmarkt.

Baratella, Paolo
* 1935 in Bologna. Der zeitgenössische italienische Künstler studierte an der Kunstakademie in Bologna. Die Galerie Le Soleil dans la Tête in Paris veranstaltete 1960 eine erste Ausstellung von Werken Baratellas, in denen er u. a. gegen die amerikanische Vietnam-Politik engagiert Stellung bezog.

Barbari, Jocopo de'
(in den Ländern nördlich der Alpen auch Jakob Walch gen., in Zusammenhang mit dem von ihm verwendeten Stecherzeichen, dem Botenstab des Hermes, auch als Meister mit dem Caduceus bezeichnet).
* zwischen 1440 und 1450 in Venedig (?), † vor 1516 in Brüssel (?) oder Mecheln (?). Maler und Graphiker der → Renaissance. Schüler Alvise Vivarinis und vielleicht auch Giovanni Bellinis; war bis 1500 in Venedig tätig, wo er 1494/95 auch mit Albrecht Dürer zusammentraf. Anschließend arbeitete er in Deutschland im Auftrag Kaiser Maximilians I. und 1503–15 für Kurfürst Friedrich d. Weisen von Sachsen, seit etwa 1508 stand er zusätzlich in Diensten Philipps von Burgund und war ab 1510/11 für die Statthalterin der Niederlande, Margarethe von Österreich, in Brüssel tätig. Seine Kunst lehnt sich an das große Vorbild Bellini an und vermittelte die Tendenzen der italienischen Renaissance in die Länder nördlich der Alpen. Auch Dürer erhielt starke Anregungen von Barbari. Umgekehrt wirkten Künstler wie Dürer und Lucas Cranach wieder auf den Italiener zurück. Die früheste datierte Arbeit ist der 1500 herausgegebene, sechsteilige Holzschnitt mit der Ansicht von Venedig. Sein → STILLEBEN MIT REBHUHN UND EISENHANDSCHUHEN (München, Alte Pinakothek) von 1504

Bargello-Meister, ANBETUNG DER KÖNIGE, *1380/90 (Florenz, Palazzo del Bargello). Wie eine französische Fürstin des Spätmittelalters erscheint Maria auf dem linken Flügel des kleinen Florentiner Diptychons. Ihr Thron ist mit Brokatstoffen kostbar ausgeschlagen. Joseph wärmt sich die Füße über einem Kohlebecken.*

zählt zu den frühesten Beispielen der Stillebenmalerei. Während seiner Tätigkeit in Sachsen hat Barbari vermutlich viele Porträts geschaffen, die ebenso wie die erhaltenen Bildnisse in Wien, Den Haag und München sicher stark venezianisch geprägt waren. Neben seiner Eigenschaft als Maler und Freskant war Barbari auch als Graphiker tätig und zeichnete sich auf diesem Gebiet vor allem auch durch seine glänzende Technik aus.

Bargello, Meister des Großen Diptychons
tätig um 1390 in Paris. Bis heute ist es der Kunstwissenschaft nicht gelungen, den Meister dieses einzigartigen Werkes zu identifizieren. Henri Bouchot, ein Kenner der französischen Tafelmalerei, schrieb dieses Diptychon der Pariser Schule zu und datierte es um 1390. Die Mehrzahl der Kunsthistoriker schloß sich ihm an. Ursprünglich trug es den Namen „Schule von Burgund" und wurde von dem Maler Louis Carrand dem Museo Nazionale im Palazzo del Bargello in Florenz vermacht. Im Unterschied zum Kleinen Diptychon der gleichen Schule wird es das Große Diptychon genannt. Die ornamental reiche Holzumrahmung ist vergoldet und entspricht dem reinen Stil der französischen Gotik des späten 14. Jh. Die Darstellungen auf beiden Flügeln sind auf Goldgrund gemalt, wobei es sich auf dem linken Flügel um eine Darstellung Mariens auf dem Thron (Maria majestas) mit dem Jesuskind handelt, vor ihr im Halbkreis sechs Heilige. Der rechte Flügel zeigt die Darstellung Christus am Kreuz, darunter Johannes, der Maria, die Schmerzensmutter, stützt.

Bargello, Meister des Kleinen Diptychons
tätig zwischen 1380 und 1390 vermutlich in Paris. Die enge Verwandtschaft dieses Diptychons mit typischen Werken der französischen Schule Ende des 14. Jh. hält die Datierung zwischen 1380 und 1390 bis heute aufrecht. Der Meister stammte wahrscheinlich aus Paris und gehörte der dort ansässigen französisch-flämischen Gruppe an. Obwohl sienesische Einflüsse unverkennbar sind, spricht die Schönheit und Eleganz der Darstellung, die Grazie in der Bewegung der einzelnen Personen und die Harmonie in der Komposition die Sprache der französischen Hochgotik. Der linke Flügel zeigt die ANBETUNG DER KÖNIGE mit Maria auf dem Throne und dem Kind, vor der die Heiligen Drei Könige huldigend ihre Kronen zu Füßen legen. Auf dem rechten Flügel ist die KREUZIGUNG CHRISTI dargestellt, daneben Maria, die von den heiligen Frauen gestützt wird. Auf der anderen Seite befinden sich Johannes und die hl. Katharina. Unbestreitbar zählt dieses Diptychon zu den Meisterwerken der französischen Hochgotik.

Barna da Siena
nachweisbar um 1340–50 in Siena. Bei seinen Freskoarbeiten in der Kirche S. Maria Assunta zu S. Gimignano ist Barna (wohl 1351) tödlich verunglückt, der umfängliche Zyklus aus der Vita Christi blieb unvollendet. Er setzt die sienesische Tradition eines Duccio di Buoninsegna fort, lehnt sich an den Stil Simone Martinis und Lorenzettis an, ohne unselbständig zu werden. Dekorativer und im Malerischen kostbarer sind seine Tafelbilder, wie die MYSTISCHE VERLOBUNG DER HL. KATHARINA (Boston) oder die KREUZTRAGUNG (New York, Frick-Collection).

Barocci, Federico
(auch Baroccio Fiori da Urbino)
* 1528 oder 1535 in Urbino, † 30. 9. 1612 in Urbino. Spätmanieristischer Maler mit protobarocken Tendenzen. Der auch als Zeichner und Radierer tätige Künstler lernte zunächst bei seinem Vater, um dann Schüler von Battista Franco und dem Architekten Bartolomeo Genga zu werden, welch letzterer ihn mit perspektivischen Regeln, aber auch mit der Malerei Tizians bekanntmachte. Daneben wurden vor allem auch noch Raffael sowie Correggio mit seinem → Sfumato sowie mit der Gefühlsbetontheit seiner Figuren für Barocci vorbildgebend, wie die Bilder RUHE AUF DER FLUCHT (Rom, Vatikan) um 1573 oder die MADONNA DEL POPOLO (Florenz, Uffizien) von 1579 beweisen. Gerade dieses Madonnenbild, das Hauptwerk der frühen Schaffensperiode, weist in seiner verschränkten Figuren- und Bewegungsvielfalt sowie in der komplizierten, diagonal gestaffelten Komposition bereits Tendenzen der Barockkunst auf. In der KREUZABNAHME von 1569 im Dom zu Perugia überwiegt jedoch wieder eine eigentümlich zwiespältige, zwischen Dramatik und Geziertheit sich orientierende, auf überraschende Effekte abzielende Malerei, die dieses und vergleichbare Werke dem späten → Manierismus zuordnen. Neben seiner Tätigkeit als Tafelmaler und qualitätvoller Radierer schuf Barocci auch einige Fresken, so, zusammen mit Federico Zuccari, Fresken im Casino und im Belvedere des Vatikan.

Barry, James
* 11. 10. 1741 in Cork, Irland, † 22. 2. 1806 in London. Im Werk dieses englischen Malers verknüpfen sich Elemente des „grand style", also barocke Pathosformeln, mit klassizistischer Kompositionsstrenge und mit realistischen Details zu einem häufig paradoxen Ganzen. Nach einer ersten Grundausbildung und frühen Erfolgen wurde ihm 1766–71 ein Studium zunächst in Paris und anschließend in Rom ermöglicht. Hier lernte er Anton Raphael Mengs und Johann Joachim Winckelmann kennen und bildete sich am Vorbild Raffaels und Michelangelos weiter. 1773 wurde er in London Mitglied der Royal Academy und erhielt 1784 eine Professur für Malerei. Da Winckelmann den Engländern grundsätzlich jede Begabung für Malerei absprach, suchte Barry den Gegenbeweis anzutreten, indem er 1777–83 kostenlos den großen Saal der Royal Society of Arts in London mit Fresken

Federico Barocci, GEBURT CHRISTI (Ausschnitt), 134 × 105 (Madrid, Prado). Zum religiösen Idyll wird das Thema der Anbetung des neugeborenen Christuskindes und gewinnt an religiöser Innigkeit durch die gefühlvolle Behandlung des Lichtes. Typisch manieristisch ist allerdings die Plazierung des Ochsenkopfes direkt über dem Knaben.

Meister des Bartholomäusaltars, Verlobung der hl. Agnes, *um 1500, 41×33 (Nürnberg, Germanisches Nationalmuseum). Einer mittelalterlichen Legende zufolge wies die hl. Agnes einen weltlichen Bräutigam zurück, um sich mit ihrem himmlischen, Christus, zu vermählen, der sie mit Geschmeide und edlem Gewand schmückte.*

schmückte, zwei davon fast dreizehn Meter lang, die den „Fortschritt der menschlichen Kultur" darstellen. Die Erhebung der Menschheit aus dem Zustand der Wildheit wird beispielsweise durch die Geschichte des Orpheus illustriert usw. Vor allem die Zusammenstellung zeitgenössisch gekleideter Personen mit nackten mythologischen Figuren ist dabei häufig von unfreiwilliger Komik.

Bartholomäusaltar, Meister des

* um 1445, † um 1515 in Köln. Der anonyme Meister stammte vermutlich vom Niederrhein oder aus Holland, verbrachte jedenfalls seine Wanderjahre in den Niederlanden. Um 1480/85 ließ er sich in Köln nieder. Die künstlerische Heimat des Meisters waren die Niederlande. Einflüsse von Rogier van der Weyden, Hugo van der Goes und Dirk Bouts wirken sich auf seine frühen Bilder, wie dem um 1480 entstandenen Marienaltar (München, Alte Pinakothek), aus. Die späteren, in Köln geschaffenen Werke des Künstlers unterscheiden sich deutlich von seinem Frühwerk. Die Hauptwerke sind der Thomasaltar, 1499 (Köln, Wallraf-Richartz-Museum), der Kreuzaltar, 1501 (Köln, Museum Ludwig), und v.a. das namengebende Spätwerk, der Bartholomäusaltar, 1505–10 (München, Alte Pinakothek). Durch seinen eigenwilligen Malstil – die emailartig leuchtenden Farben, die mit allen Details modisch ausstaffierten Gewänder und die oft allzu geziert wirkenden Figuren – gab er der gotischen Malerei in Köln noch einmal einen Höhepunkt.

Bartolo di Fredi

* um 1330 in Siena, † um 1410 in Siena. 1356 ging er nach S. Gimignano, um dort in S. Maria Assunta die von Barna da Siena nicht mehr vollendeten Fresken mit seinen Szenen aus dem Alten Testament fortzuführen. Der Einfluß Ambrogio Lorenzettis wird u. a. in den zwei Tafelbildern Madonna della Misericordia, 1364 (Pienza, Museo della Cattedrale), und Darbringung im Tempel, nach 1364 (Paris, Musée National du Louvre), spürbar. 1388 entstand für die Cappella delle Carceri in S. Francesco in Montalcino eines der Hauptwerke Bartolos, ein Triptychon mit der Marienkrönung als Mitteltafel (Montalcino, Museo Civico) und Szenen aus dem Leben Mariä auf den Flügeln (Siena, Pinacoteca).

Bartolomeo, Fra (Baccio della Porta)

* 28. 3. 1472 in Soffignano, † 6. 10. 1517 in Florenz. Dieser Florentiner Meister gehört der Übergangszeit zwischen der Früh- und Hochrenaissance an. Das Haus seines Vaters, eines aus Genua stammenden Maultiertreibers und Wagenbesitzers, lag nahe der Porta S. Pier Gattolino, so daß der Knabe familiär Baccio della Porta genannt wurde. Mit 13 Jahren kam er in die Werkstatt Cosimo Rossellis, wo ihn eine Freundschaft mit Mariotto Albertinelli verband, so daß die beiden nach der Lehrzeit ein Atelier teilten. Das früheste Bild, die Verkündigung im Dom zu Volterra, ist in Zusammenarbeit mit Mariotto entstanden, wobei die Signatur auf Albertinelli zurückgeht. Entscheidend für sein weiteres Leben

ist das Auftreten des fanatischen Dominikanerpredigers Savonarola in Florenz. Das von Baccio früh gemalte Profilbildnis des 1498 auf der Piazza della Signoria in Florenz verbrannten religiösen Eiferers zeigt Savonarola mit wulstigen Lippen, krumm gebogener Nase und aufrührerisch blickenden Augen. 1496/97 übergibt Baccio bei den von Savonarola initiierten „Bruciamenti delle vanità" (Verbrennungen des Vergänglichen, der Eitelkeit) alle seine Bilder, die keinen streng religiösen Inhalt hatten. 1498 beginnt Baccio das große Fresko JÜNGSTES GERICHT (heute Florenz, Uffizien), das er unvollendet läßt, als er im Juli 1500 die Malerei für etwa vier Jahre aufgibt, um zunächst in Prato, später in Florenz, als Fra Bartolomeo Dominikanermönch zu werden. Das JÜNGSTE GERICHT, welches in einer großartigen Raumkomposition die Kleinteiligkeit und Reliefhaftigkeit vergleichbarer Werke des → Quattrocento hinter sich läßt, wird später von Albertinelli vollendet. Dieser Freund führt die Werkstatt fort und übernimmt wohl Fra Bartolomeos Zeichnungen und Entwürfe. Bis 1504, als der Mönchsmaler wieder einen Auftrag für ein Bild übernimmt (ERSCHEINUNG MARIÄ VOR DEM HL. BERNHARD, Florenz, Akademie) dürfte sich sein künstlerischer Geist in Zeichnungen und Entwürfen Ausdruck verschafft haben. Seit 1505 steht der Frate der „Schule von San Marco", der für die Renaissancekunst bedeutenden Malerwerkstatt des Dominikanerklosters, vor. 1508 ist eine mehrmonatige Reise nach Venedig zu verzeichnen. Danach setzt eine rege künstlerische Aktivität in San Marco ein, wofür auch der Freund Albertinelli gewonnen werden kann. Als Zeichen für die neue Werkstatt wird ein zwischen zwei verschlungenen Ringen stehendes Kreuz gewählt. Dies ist die Blütezeit von Fra Bartolomeos Kunst, in deren Bann der zur Hälfte am Gewinn beteiligte Albertinelli steht. Das am häufigsten behandelte Thema ist der aus Venedig mitgebrachte Bildtypus der → Sacra conversatione, die von Heiligen umgebene Madonna. Unter dem Einfluß der Kompositionsprinzipien Leonardo da Vincis wird der Aufbau des Bildes strenger und exakter. Noch unter dem Eindruck des Venezianers Giovanni Bellini steht die 1509 entstandene MADONNA MIT SECHS HEILIGEN (Florenz, San Marco), wobei die Szene unter Betonung eines starken Helldunkel-Effektes vor eine monumentale architektonische gruppiert ist. Die VERLOBUNG DER HL. KATHARINA, 1511 entstanden (Paris, Louvre), und die 1512 gemalte Variante desselben Themas entwickeln die Sacra conversatione weiter.

Zwei Jahre nach dem Zerbrechen der Malerfreundschaft reist der Frate nach Rom, wo ihm die Leistungen Raffaels und Michelangelos vor Augen stehen. Von der Malaria erkrankt, kehrt er zurück und läßt in Rom begonnene Werke von Albertinelli vollenden. Höhepunkte seiner Karriere sind die Einladung König Franz I. von Frankreich nach Paris und der Besuch Papst Leos X. in der Werkstatt von San Marco anläßlich dessen festlichen Besuches der Stadt Florenz. Unter dem Eindruck der Werke der römischen Hochrenaissance tritt die Bedeutung des Helldunkels in der Malerei Fra Bartolomeos zurück. Die durch die Venezianer verfeinerte Lichtbehandlung wird aufgegeben zugunsten einer Steigerung der Körpervolumina und machtvollen Gestik seiner Figuren. In den 1516 entstandenen Bildern SALVATOR MUNDI und BEWEINUNG (Florenz, Palazzo Pitti) tritt der Einfluß Michelangelos erneut in den Hintergrund und macht einer verinnerlichten Deutung Platz.

Als Folge seiner Erkrankung in Rom stirbt der Meister 45jährig. Abgesehen von seinem malerischen Werk, dessen strenge Monumentalität und zeremonielle Feierlichkeit besonders charakteristisch sind, kommt auch dem graphischen Schaffen Fra Bartolomeos große Bedeutung zu. Seine Handzeichnungen, vom Umfang her größer als die anderer Renaissancemeister, enthalten besonders wertvolle Gewandstudien, Kreide- und Rötelstudien nach der Natur. Im Zentrum der Kompositionsskizzen steht das vielfach variierte Thema der Madonna mit Kind und Engeln.

Bartolomeo Veneto

tätig von 1502–30. Der Maler stammte wahrscheinlich aus Bergamo, wie seine Vorliebe für die Porträtkunst vermuten läßt. In seinen Bildern spiegeln sich deutlich Einflüsse zeitgenössischer Maler wieder, so kopiert er z. B. Giovanni Bellini in seinem Bildaufbau oder Albrecht Dürer in seiner Feinheit der Malweise und Detailgenauigkeit. Allerdings behält er sich durch Straffheit der Modellierung und harte Konturen einen gewissen eigenen Stil bei. Später runden sich seine kantigen Formen etwas ab, vor allem bei weiblichen Bildnissen, wie bei seiner KURTISANE (Frankfurt, Städelsches Kunstinstitut), was die Spannung und Kontrastierung vermindert und wodurch seine Bilder an Wirkung verlieren. Mit zunehmender malerischer Reife reduziert er die Strenge des Bildaufbaus und die überspitzte Genauigkeit des Details und gelangt so zu einer ungezwungeneren und großzügigeren Bildauffassung.

Baschenis, Evaristo

* 4. 12. 1607 (?) in Bergamo, † 15. 3. 1677 in Bergamo. Hervorragender Porträtist und Stillebenmaler des → Barock. Die ersten um 1647 entstandenen Bilder des aus einer Künstlerfamilie stammenden Baschenis waren vermutlich Schlachtenbilder, die sich an dem Vorbild Jacques Courtois' orientierten. In ganz Europa bekannt wurde er jedoch durch seine in warmen Brauntönen gehaltenen → Stillleben, für die er später fast ausschließlich Musikinstrumente als Sujet wählte, beispielsweise in MUSIKINSTRUMENTE UND STATUETTE (Bergamo, Galleria dell'Accademia). Hiermit setzte er die Stillebenkunst Caravaggios fort und bot überraschende → Trompe-l'œil-Effekte. Im SELBSTBILDNIS AM SPINETT, VON ALLESSANDRO AGLIARDI AUF DER LAUTE

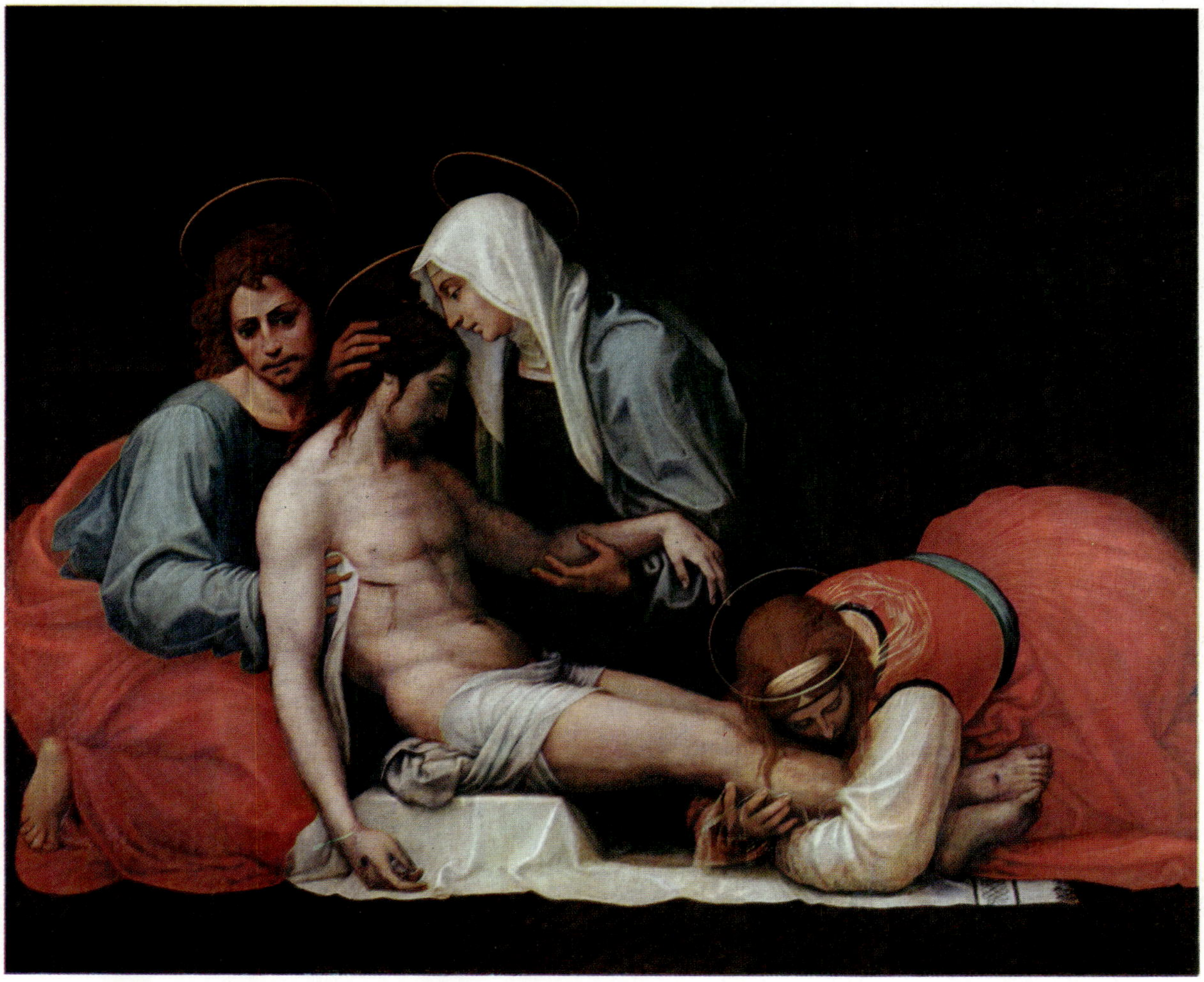

Fra Bartolomeo, GRABLEGUNG CHRISTI, *1516, 158 × 199 (Florenz, Palazzo Pitti). Das von Bugiardini vollendete Spätwerk des Meisters wendet die von Leonardo entwickelte Helldunkel-Technik an: Vor abgedunkeltem Hintergrund leuchten die Farben warmtonig hervor. Ein Lyrismus der Trauer umfängt Johannes und die beiden Marien.*

BEGLEITET (Bergamo, Sammlung Conte P. Agliardi) erwies er sich als exzellenter Bildnismaler. Es ist schwierig, sein Œuvre genau abzugrenzen, da er häufig kopiert wurde.

Bassa Ferrer
(urkundlich Ferrarius Bassa; auch de Baço)
* zwischen 1285 und 1290 in Tortosa, † 1348 in Barcelona (?). Bassa Ferrer, über dessen Leben wenig bekannt ist, wurde vermutlich in Italien ausgebildet; seine Werke weisen einen deutlichen Einfluß seitens Simone Martinis auf. 1316 tritt er in den Dienst des aragonesischen Königshauses, für das er zwei Altäre für die Palastkapelle in Lérida malt. 1324 ein Auftrag für die Ausmalung zweier Kapellen zu Sitges (nicht mehr vorhanden). 1333–39 ist er mit der Illustrierung des Kodex „Gebräuche in Barcelona und Trachten aus Katalonien“ beschäftigt. Im gleichen Jahr beginnt er mit der Arbeit für einen Marien- und Martinsaltar der Kapelle der aragonesischen Residenz in Zaragoza. Sein letztes Werk, ein Franziskusaltar für das Minoritenkloster in Valencia, ist unvollendet, als er 1348 stirbt. Von den gen. Werken ist keines erhalten. Bekannt wurde nur ein wiederentdecktes Werk: die Wandgemälde der Michaeliskapelle des Klosters S. Maria de Pedralbes von 1345/46. Sie enthalten Marien- und Passionsszenen. Bassa Ferrer gehört zu den katalanischen Malern der ersten Hälfte des 14. Jh., die die bis dahin noch ganz vom romanischen Stil beeinflußte spanische Malerei mit florentinischen und sienesischen Elementen bereichern. Dazu tritt die Tendenz zur Hervorhebung von Leidensmomenten, ein Wesenszug der spanischen Malerei.

Bassano, Francesco d. J.
(eigtl. da Ponte)
* 2. 1. 1549 in Bassano, † 3. 7. 1592 in Venedig. Der älteste Sohn von Jacopo Bassano, Schüler und Mitarbeiter seines Vaters, vertrat einen stark an Tintoretto orientierten → manieristischen Stil. U. a. an der Ausführung großer Altartafeln beteiligt, bediente er sich einer gestrichelten, oft sprühenden Farbigkeit, die sich besonders in der Gestaltung von Nachtszenen zu effektvollen Glanz- und Lichtphänomenen steigerte. Das vielleicht früheste seiner Werke ist das WACHTELWUNDER (Monaco, Sammlung Gaspari). Für 1575 ist seine Mitwirkung am Zyklus von Cartigliano gesichert. In dieser Zeit kann man auch wahrscheinliche Einflüsse von der Malerei nördlich der Alpen her konstatieren, die sich in bewaldeten Hintergrundlandschaften mit hohem Horizont erweisen. Die → Perspektive führt dabei in einer für den → Manierismus typischen Weise überstürzt in die Bildtiefe hinein. Um die Mitte der achtziger Jahre hat er sich dem Stil seines Vaters so sehr angeglichen, daß eine Händescheidung nun oft schwerfällt.

Bassano, Jacopo
(eigtl. Giacomo da Ponte)
* wahrscheinlich 1517/18 in Bassano, † 13. 2. 1592 in Bassano. Dieser bedeutende Maler der Spätrenaissance nahm nach 1540 auch zahlreiche Anregungen des → Manierismus in sein Werk auf. Jacopo, das berühmteste Mitglied einer weitverzweigten Malerfamilie, war zunächst Schüler seines Vaters Francesco d. Ä. Um 1535 war er kurzfristig in Venedig tätig, wo er, nach C. Ridolfi, von Bonifazio dei Pitati (Bonifazio Veronese) unterrichtet wurde. Seine frühesten datierbaren Werke, drei Gemälde für die Sala dell'Udienza des Palazzo Pretorio in Bassano (heute im dortigen Museum), entstanden zwischen 1534 und 1536. Die kräftigen Farben und die epische Erzählweise dieser Bilder verraten den Einfluß Pitatis und Lorenzo Lottos, wie auch die MADONNA DES BÜRGERMEISTERS SORANZO von 1536/37 (Bassano, Museo Civico) beweist. In denselben stilistischen Zusammenhang gehören das Altargemälde S. VIGILIO UND ZWEI HEILIGE, um 1535/36, in der Pfarrkirche zu Pove, die 1536/37 ausgeführte FLUCHT NACH ÄGYPTEN (Bassano, Museo Civico) und die 1538 entstandenen Fresken am Palazzo Michieli in Bassano. Der Einfluß der venezianischen Malerei der Spätrenaissance vor allem von Tintoretto, Jacopo Veronese, Lorenzo Lotto und Tizian, nimmt in seinem Werk nun stark zu. Dokumentiert wird dies durch Gemälde wie CHRISTUS STÜRZT UNTER DEM KREUZ (Cambridge, Fitzwilliam Museum) oder die ANBETUNG DER KÖNIGE (Edinburgh, National Gallery of Scotland). Für das Jahrzehnt zwischen 1530 und 1540 weiterhin charakteristisch sind so wichtige Arbeiten wie die ASSUNTA in der Pfarrkirche zu Asolo, die ANBETUNG DER HIRTEN (Hampton Court), die RUHE AUF DER FLUCHT NACH ÄGYPTEN (Mailand, Pinacoteca Ambrosiana) und MARIA MIT DEM KINDE, DEN HLL. ANTONIUS EREMITA UND MARTINUS (München, Alte Pinakothek). Nach seiner Tätigkeit in Venedig und vielleicht auch in Padua ließ sich Jacopo um 1540 in seiner Heimatstadt nieder. Dort ist sein Aufenthalt mit einigen Unterbrechungen bis zu seinem Tod belegt. Hier richtete er jene große Werkstatt ein, in der auch seine Söhne lernten und beschäftigt waren, und aus der zahlreiche Meisterwerke hervorgingen. Ein Gemälde wie DER REICHE PRASSER UND DER ARME LAZARUS (Cleveland, Museum of Art) belegt, wie sehr ab 1540 einerseits Anregungen des → Manierismus, vor allem Parmigianinos, Rosso Fiorentinos und Pellegrino Tibaldis, zum Tragen kommen, wie sehr aber andererseits auch, durch den Einfluß des reifen Tizian, die Pinselführung lockerer, der Farbauftrag → pastoser und erregter wird, wobei aufgesetzte Glanzlichter und Höhungen die Farbe akzentuieren. Thematisch beginnt die Darstellung ländlichen Lebens zu dominieren, häufig in Form sog. „Nachtstücke“. Im gesteigerten Ausdruck des Lichts findet Jacopo zu einer Sicht der Welt, aus der heraus er beispielsweise die poesievolle LANDSCHAFT MIT DER PARABEL VOM SÄMANN, 1560–70 (Castagnola, Sammlung Thyssen-Bornemisza) schuf. Dieses Bild gilt als seine früheste Pastorallandschaft. Das in kühlem Kolorit gehaltene Werk nimmt in der Entwicklung der

Jacopo Bassano, ANBETUNG DER KÖNIGE, *nach 1540, 183 × 236 (Edinburgh, National Gallery). Die großformatige Komposition läßt Raum für mehrere vom religiösen Hauptmotiv abgewandte Nebenszenen: eine männliche Rückenfigur, die sich um die Hunde kümmert, zwei Knaben im Gespräch, die Gruppe der Pferdeknechte.*

André Bauchant, APOLLO ERSCHEINT DEN HIRTEN, *1925, 166 × 145 (Paris, Privatsammlung). Bauchants Landschaftsstudien in Griechenland fanden in diesem Bild ihren Niederschlag, das von einem intellektuell unverdorbenen Verständnis der antiken Mythologie zeugt. Mit christlichen Bildgedanken geht diese eine anmutige Synthese ein.*

Landschaftsmalerei einen bedeutenden Rang ein, wenngleich es ein traditionelles religiöses Sujet zum Inhalt hat. Die Werke der Spätzeit, z. B. DER HL. VALENTIN TAUFT LUCILLA, gegen 1575 (Bassano, Museo Civico), PORTRÄT EINES GREISES, um 1590 (Melbourne, National Gallery of Victoria), und ABENDMAHL DES HL. DOMINIKUS, um 1600/10 (Venedig, Museo Correr), werden schließlich immer farbintensiver, aufgebaut auf einer Skala kühler, silbrig aus der Tiefe leuchtender Töne, und dämmerig-düster in ihrer Atmosphärik, von gleißenden Lichtpunkten durchwoben. Jacopo Bassano, der auch in seine wenigen, aber hervorragenden Porträts überzeugend die Einheit von Geistigkeit und Lebensnähe zu gestalten wußte, fand mit seiner Kunst ein weithin nachhallendes Echo: So beeinflußte er den jungen El Greco, wirkte auch, z. B. in der Tiererfassung, auf die holländische Malerei des 17. Jh. ein und nahm manche Gestaltungsprinzipien Caravaggios vorweg.

Bassano, Leandro
(eigtl. da Ponte)
getauft am 26. 6. 1557 in Bassano, † 15. 4. 1622 in Venedig. Dritter Sohn des Jacopo Bassano, der als Schilderer ländlicher Idyllen, als Bildnismaler und Schöpfer zweitrangiger religiöser Gemälde den Stil seines Vaters fortführte und sich dabei häufig greller Lichteffekte bediente. Nach Venedig übergesiedelt, vollendete er nach dem Tode des Vaters und seines Bruders Francesco d. J. 1592 die in der Familienwerkstatt hinterlassenen Gemälde. Die wichtigsten seiner Werke befinden sich heute im Museo Correr und im Dogenpalast zu Venedig.

Bastiani, Lazzaro di Jacopo
* um 1430 vermutlich in Venedig, † 1512 in Venedig. Es ist heute eher auszuschließen, daß Bastiani, dessen Name in Venedig erstmals 1449 mit dem Zusatz „pittore" auftaucht, als Lehrer des Vittore Carpaccio in Frage kommt. Von Giovanni Bellini war dieser zusammen mit Bastiani zur Schätzung von Fresken Giorgiones am Fóndaco dei Tedeschi (Haus der deutschen Kaufleute) herangezogen worden. In Vertrags- und Testamentsurkunden Venedigs findet sich Bastianis Name des öfteren, so daß diese Stadt als sein Aufenthaltsort gelten kann. Für S. Samuele malte er 1460 ein Altarbild, für die Scuola Grande di San Marco 1470 eine Darstellung aus dem Leben Davids. Zusammen mit einem 1473/74 entstandenen Christusbild ging dieses Werk beim Brand der Scuola noch in demselben Jahrhundert unter. Erhalten blieb statt dessen die ÜBERGABE DER KREUZRELIQUIE AN DIE BRÜDER DER SCUOLA DI S. GIOVANNI EVANGELISTA (Venedig, Accademia), ein Werk, das ursprünglich für die Scuola di S. Giovanni Evangelista bestimmt war. Seine Aufträge für venezianische Bruderschaften erklären sich daraus, daß er in der Scuola di S. Girolamo und jener von San Marco Mitglied war. Sein Bild der Madonna in S. Donato zu Murano ist mit dem Jahr 1484 versehen, wie auch andere Werke bis 1500 datiert sind. Bei der zeitlichen Einordnung der übrigen Gemälde ist man auf den stilistischen Vergleich angewiesen. Die VERKÜNDIGUNG AN MARIA (Venedig, Museo Correr) wurde mit anderen Gemälden von L. Venturi als vor 1484 entstanden eingeordnet. Der Einfluß Vittore Carpaccios läßt sich in den Gemälden der Spätzeit nachweisen. Bastiani, dem es an einer gewissen Originalität nicht mangelte, gilt eher als ein Künstler, der inmitten von aufstrebenden Malern einem veralte-

ten Schematismus treu blieb. Der Mangel an sichtbaren Entwicklungstendenzen in seinem Werk begründet die Schwierigkeit, eine genaue Entstehungsreihe der Bilder zu erstellen.

Batoni, Pompeo
* 25. 1. 1708 in Lucca, † 4. 2. 1787 in Rom. Batoni gilt zusammen mit den Malern Marco Benefial und Pierre Subleyras zu den Vorreitern des → Klassizismus in der römischen Malerei, deren Bemühungen um Überwindung des Rokoko in der Malerei Anton Raphael Mengs gipfelte. Der Goldschmiedesohn kam zwanzigjährig nach Rom, wo er von Sebastiano Conca, Agostino Masucci und Francesco Imperiale Unterricht erhält. Das Kopieren von Werken Raffaels und der antiken Kunst begleitet seine Studien ständig. Bevor er in Rom bedeutende Mäzene fand, ernährte er sich und seine im Alter von 22 Jahren geheiratete Frau durch Herstellung von Miniaturen und Kopien. Für die Familienkapelle der Gabrielli in S. Gregorio entstand alsbald ein Madonnenbild, im Auftrag des späteren Kardinals Furietti das Hauptaltarbild für S. Celso e Giuliano. Der Conte Ces. Merenda, Kardinal A. Albani, die Königin von Portugal, die Kaiserin von Rußland, der König von Polen, der König von Preußen und andere hochgestellte Persönlichkeiten verschafften Batoni große Aufträge. Besonders als Bildnismaler war er einer der bevorzugtesten Künstler seiner Zeit. Allein drei Papstporträts gehen auf ihn zurück. In einem Doppelporträt Kaiser Joseph II. und sein Bruder Grossherzog Leopold von Toskana in Rom (Wien, Kunsthistorisches Museum) stellte der Meister die beiden Habsburger anläßlich ihres historischen Treffens dar. Das 1769 entstandene Werk brachte Batoni neben Geschenken das besondere Lob Kaiserin Maria Theresias und die Erhebung in den Adelsstand ein. Der Papst, der ihn zum Cavaliere ernannte, übertrug ihm die Aufsicht über die Kunstsammlungen des Vatikans. Auch wenn in Batonis Malerei durch das Vorbild Raffaels, Correggios oder Tizians und der Antike ein spezifisch klassischer Zug zutage tritt und ihn mit Winckelmann und Mengs freundschaftlich verband, so ist doch besonders im Koloristischen die Nähe zur französischen Malerei der Zeit spürbar.

Willi Baumeister, Laterne auf Gelb, *1955 (Privatbesitz). Aus dem letzten Schaffensjahr des Künstlers stammt diese abstrakte Komposition. Mit Ausnahme des Kreismotivs werden ausschließlich ungeometrische Formen verwendet, die mit reinen Primärfarben gefüllt, ohne räumliche Erschließung ausgewogen in der Fläche verteilt sind.*

Bauchant, André
* 24. 4. 1873 in Châteaurenault bei Tours, † 12. 8. 1958 in Montoire, Touraine. Der Sohn eines Gärtners, zeitlebens selbst als Gärtner tätig, schuf im Zusammenhang der sog. → Naiven Malerei poetische Blumen- und Landschaftsbilder sowie Motive aus der antiken Mythologie, etwa im 1930 entstandenen Bild Orpheus auf dem Weg in die Unterwelt (Paris, Galerie D. Vierny). Als Hobbymaler stellte er bereits 1921 Gemälde im Salon d'Automne aus, die u. a. bei Le Corbusier und Amedée Ozenfant Anerkennung fanden. 1927 erhielt er von dem berühmten russischen Ballettchoreographen Serge Diaghilew den Auftrag für die Dekorationen zu „Apollon Musagète".

Baumeister, Willi
* 22. 1. 1889 in Stuttgart, † 31. 8. 1955 in Stuttgart. Das Werk dieses deutschen Malers, Illustrators und Bühnenbildners entzieht sich einer voreiligen Einordnung, hält sich aber stets in einem Grenzbereich gegenständlicher Sondierungen und abstrakter Formensprache auf. Das → Œuvre gliedert sich dabei in viele, oft nur kurze Perioden. In der ersten davon ist Baumeister noch stark der menschlichen Gestalt verpflichtet, wobei der Einfluß Paul Cézannes und der Kubisten bestimmend ist. In dieser Phase entstehen die sog. „Mauerbilder", ungerahmte, in die Wand eingelassene, zum Teil plastische, bemalte Tafeln mit figuralen Andeutungen, sowie die Gruppe der „Sport- und Maschinenbilder", relativ naturnahe, aber schematisierte flächenhafte Gestaltungen, in denen das Mechanisch-Technische des Zeitalters zum Ausdruck kommt. In der zweiten Periode, etwa ab den dreißiger Jahren, tritt das Gegenständliche immer mehr zurück. Den hieroglyphenartigen „Ideogrammen" folgen die „Eidos-Bilder" mit amöbenhaft verfließenden Formen, und, neben vielen anderen, die „afrikanischen Bilder" mit fast farbloser, streng komponierter, archaisierender Formenwelt. Aus den letzten Lebensjahren stammen die „Montaru-, Monturi-, Aru- und Han-Bilder" als versuchte Umsetzung von farbigen Klangerfindungen innerhalb abstrakter Konfigurationen. Der gelernte Dekorationsmaler Baumeister besuchte zunächst Abendkurse an der Kunstakademie in Stuttgart. Nach seiner Militärzeit setzte er diese Studien fort und gehörte 1909–12 zur Kompositionsklasse Adolf Hoelzels. Hier in Stuttgart lernte er auch Oskar Schlemmer kennen, mit dem zusammen er 1914 eine Reise nach Paris unternahm. Hier beeindruckten ihn die Werke Paul Cézannes', Paul Gauguins und Toulouse-Lautrecs. Bereits 1919/20 entstanden die ersten Beispiele zu der langen Reihe der „Mauerbilder", Bildtafeln, deren Grund durch Beimischung von Sand, Kitt usw. mauermäßig reliefiert wurde, und auf die kräftig vereinfachendes, elementar angewandtes kubistisches Formenmaterial aufgetragen wurde. Diese Bilder fanden rasch Beifall, so auch bei Le Corbusier und Fernand Léger, mit denen Baumeister 1924 in Paris zusammentraf. 1928 berief die Frankfurter Städelschule den Künstler als Leiter der Klassen für Gebrauchsgraphik, Typographie und Stoffdruck. Zwei bedeutende Pariser Künstlervereinigungen nahmen Baumeister in ihre Reihen auf: 1930 wurde er Mitglied von Cercle et Carré und 1932 Mitglied von → Abstraction-Création. 1933 wurde Baumeister als „entarteter Künstler" vom Hitlerfaschismus seines Amtes an der Städelschule enthoben, 51 seiner Arbeiten wurden beschlagnahmt. Trotz eines Berufsverbotes arbeitete er insgeheim als Maler weiter, und zwar in Urach bei Reutlingen. 1946–55 lehrte er an der Kunstakademie in Stuttgart. Ein Jahr nach seiner Berufung an diese Hochschule veröffentlichte Baumeister auch seine kunsttheoretische Abhandlung „Das Unbekannte in der Kunst". Auf der → Biennale in Venedig war der Künstler dreimal vertreten, 1951 erhielt er den großen Preis der Biennale in São Paulo, Brasilien. Ein Jahr vor seinem Tod fand noch einmal eine große Ausstellung seiner Werke im Württembergischen Kunstverein statt. Baumeister äußerte selbst einmal über seine Arbeiten, daß er nicht abstrakt male. Dies scheint vor seinen Formgebilden unverständlich, artikuliert jedoch nur ein tiefgreifendes Mißverständnis, das sich heute um den Begriff der

Willi Baumeister, Montaru 8, *1953 (Berlin, Nationalgalerie). 53 Kompositionen umfaßt der Zyklus „Montaru", der 1953–55 entstand. Ein schwarzes Farbfeld erscheint hier flächenfüllend und wird nur an der Peripherie von kräftigen Farbakzenten oder graphischen Spielereien umsäumt. Technik: Öl auf Hartfaserplatte.*

abstrakten Kunst rankt. „Abstrakt" meint ein Weggehen vom Naturvorbild zugunsten ungegenständlicher, anaturalistischer Figurationen, meint aber nicht, wie so häufig angenommen, Verzicht auf Inhaltlichkeit. Freilich werden Inhalte gestaltet, die nicht aus dem Erzählen von „Geschichten" oder aus der Illustrierung von Begriffen resultieren, sondern in existenziell-tieferen, bewußten oder unbewußten Rezeptionsschichten des Betrachters verankert sind. Ähnliches meint auch Baumeister, wenn er sagt: „In jedem absoluten Bild muß es spuken." Es ist dieser unter- und hintergründige Spuk, der so viele Werke Baumeisters auch mit dem abstrahierenden → Surrealismus eines Joan Mirò oder Paul Klee verklammert. Solche Hintergründigkeiten evoziert Baumeister aus den von den Unregelmäßigkeiten des Materials herrührenden, teils „zufälligen" Strukturen seiner „Mauerbilder" (schon Leonardo da Vinci hatte den Malern empfohlen, in die Risse und Sprünge einer Mauer Formen hineinzusehen!), aber auch aus den fast schon → automatistischen Arabesken seiner „Sportbilder". Etwa ab 1930 erscheint so das Gegenständliche als Produkt des Zufälligen und als Resultat des experimentierenden künstlerischen Agierens. „Das Figurale erhält den Charakter des hingeschriebenen Signets" (W. Haftmann). 1937/38 entstehen die IDEOGRAMME, reine Zeichen aus der Region des Unbewußten, „. . . urzeitliche Schriftzeichen auf alten Mauern und Gründen, deren Wortsinn längst vergessen ist, die aber die Phantasie zu weiten Wegen locken" (W. Haftmann). Die „afrikanischen Bilder" entstanden ab 1942. Auch in ihnen tauchen schwarzgraue Zeichen in sandigen Gründen auf, die an verschüttet Prähistorisches oder Atavistisches in der menschlichen Psyche denken lassen. Mythisches taucht als „Spuk" auf, eine „Geheimschrift", in der Baumeister das Gilgamesch-Epos, die Welt der Sumerer und Babylonier, des Alten Testamentes wieder zum Leben erweckt. Spuren aus der Gegenstandswelt tauchen wie alphabetische Erinnerungszeichen aus ansonst unergründlich tiefen Welten auf. Insgesamt zählt Baumeister zu den wichtigsten ungegenständlichen Künstlern des deutschsprachigen Raumes und zu den bedeutendsten Künstlern der Moderne überhaupt.

Herbert Bayer, ENTWURF ZU EINEM ZEITUNGSKIOSK, *1924 (Eigentum Land Berlin). Kurz vor der Übernahme der Druckerei und Reklamewerkstatt des Dessauer Bauhauses ließ Bayer eine Serie von Gebäudeentwürfen entstehen, hier: eine aus Zeitungsausschnitten und Farbflächen kombinierte Collage, die einen Kiosk werbewirksam gestaltet.*

Bayer, Herbert
* 1900 in Haag, Oberösterreich. Das Werk des 1938 nach New York emigrierten Künstlers zeigt eine außerordentliche Vielseitigkeit. Der ehemalige → Bauhausschüler und -meister hatte als Wegbereiter von Gestaltungsmitteln der visuellen Kommunikation auf das gegenwärtige Erscheinungsbild der Gebrauchsgraphik, Architektur und Umweltgestaltung einen sehr starken Einfluß. Er selbst betrachtet sich in erster Linie als Maler. Seine Arbeiten reichen von expressionistischen Einflüssen über surrealistische und futuristische Merkmale bis hin zur → Op-art-Bewegung. Bayer erfand eine visuelle Sprache, deren Elemente und Zeichen aus der Alltagswelt stammen und – umgeformt und verdichtet – auf diese zurückwirken. Sein Dasein und seine Kunst stellen den Versuch einer Verbindung von Kunst und Leben durch Formgestaltung dar. Heute lebt der Künstler in Aspen, Colorado, wo er Vorstandsmitglied des Instituts für Humanistische Studien und Internationales Design ist. 1973 verlieh ihm die Technische Hochschule Graz die Ehrendoktorwürde.

Bayeu y Subías, Francisco
* 9. 3. 1734 in Zaragoza, † 4. 8. 1795 in Madrid. Nach einer Lehrzeit bei José Luxán in Zaragoza kommt Bayeu nach Madrid in die Werkstatt des González Velázquez. Von dort wird er 1763 zur Ausschmückung des königlichen Palastes an den Hof berufen. Nach seiner Ernennung zum Hofmaler und Leiter der Akademie 1788 ist er mit Freskomalerei in den Kirchen und Schlössern von El Pardo und Aranjuez, im Kloster S. Ildefonso in Toledo sowie im Palacio Nuevo und in Zaragoza beschäftigt. Die Werke Bayeu y Subías' sind dem in dieser Zeit dominierenden → Klassizismus zuzuordnen, wenn auch in einer Reihe von Gemälden eher kraftvoll geschwungene Züge auftauchen; so etwa bei Fresken im Kloster S. Ildefonso und in der Kathedrale von Toledo. Die Farben sind kontrastierend und eher kühl. Neben den Fresken schuf Bayeu noch eine Reihe von Porträts, deren Großteil sich im Prado von Madrid befindet. Bayeu war Schwager und Lehrer von Goya.

Bazaine, Jean René
* 21. 12. 1904 in Paris. Der französische Maler und Entwerfer von Glasfenstern gehörte zu einer Gruppe von Künstlern, die vom → Orphismus ausgingen und danach strebten, die strenge Konstruktionsweise des → Kubismus durch lebhafte Farbgebung und die Intensivierung der expressiven Qualitäten der abstrakten Form zu poetisieren. Inhaltlich ging es darum, die Entfremdung des Menschen von der Natur auf der Ebene einer poetischen Durchdringung der Natur zu überwinden und durch diesen inneren Bezug wieder zu einer Harmonie zu gelangen. Nach einem Literaturstudium und einer begonnenen Bildhauerausbildung wandte sich Bazaine 1924 der Malerei zu und besuchte die Académie Julian in Paris. Zunächst von Robert Delauney und dessen Orphismus beeinflußt, zählte Bazaine, zusammen mit Maurice Estève, Charles Lapicque, Jean Le Moal, Gustave Singier und Alfred Manessier, 1941 zu den Begründern der Gruppe → „Vingt peintres de tradition française", zu deren wichtigstem Vertreter er neben Manessier wurde. Er nannte seinen Versuch, den Seinszusammenhang zwischen Mensch und Natur zu gestalten, „abstrakten Humanismus". In seinen späteren Bildern, wie in LE VENT DE LA MER, 1949 (Paris, Musée National d'Art Moderne), wird die zunächst kraftvolle Kompositionsweise gelokkert. In den Spätwerken werden die Formen noch dynamischer, und die Palette wird aufgehellt. Bazaine tat sich auch bei monumentalen Aufträgen für Kirchenfenster und Mosaikarbeiten hervor.

Bazille, Jean Frédéric
* 6. 12. 1841 in Montpellier, † (gefallen) 28. 11. 1870 bei Beaune-la-Rolande. Bazille studierte zunächst in Montpellier Medizin, ab 1862 in Paris; dort begann er im Atelier Charles Gleyres zu malen. Den Sommer verbrachte er häufig bei seinen Eltern in Méric am Lez, von wo er 1870 in den Krieg zog; im November desselben Jahres wurde Bazille bei einem Angriff

Domenico Beccafumi, TANAQUIL, *um 1519, 92×54 (London, National Gallery). Für den sienesischen Humanisten Francesco Petrucci war wohl diese „donna famosa" als Teil eines Berühmtheiten-Zyklus bestimmt. Sie war die prophetisch begabte Gemahlin des Königs Tarquinius Priscus.*

auf Beaune-la-Rolande getötet. Der Künstler begann sein Werk mit Gemälden im Freien, die er gemeinsam mit seinen Freunden – z. B. mit Monet im Wald von Fontainebleau – schuf; seine Palette war gemäßigt und bestand aus grauen, gelblichen, bläulichen und bräunlichen Farbtönen, die er in einer klaren, flächigen Malweise verarbeitete. Neben allgemeinen Darstellungen des Menschen und der Landschaft – z. B. ANGLER MIT WURFNETZ, 1868, Montpellier, Sammlung André Bazille – war das Familienleben sein Thema: DAS FAMILIENTREFFEN, 1867 (Paris, Louvre), ist eines seiner bekanntesten Bilder. Bazilles Bedeutung liegt wohl darin, daß er durch sein mit dem Anspruch auf → Realismus entstandenes → Œuvre mit seiner Farb- und Lichtbehandlung auf den → Impressionismus vorbereitete, den seine Freunde nach seinem Tod dann zu einer bedeutenden Kunstrichtung entwickelt haben.

Beaumetz, Jean de

nachgewiesen vor 1361 in Arras, † 16. 10. 1396 in Burgund. Hofmaler Philipps von Burgund; sein Werk war der sienesischen Gotik und dem flämischen Realismus verpflichtet. Den frühesten Urkunden nach lebte er in Arras, bevor er sich 1361 in Valenciennes niederließ. Hier arbeitete er in einer gemeinsamen Werkstatt mit André Beauneveu zusammen, ehe ihn Philipp der Kühne nach Dijon berief, wo er bald zum Ersten Hofmaler avancierte. 1388 erhielt er seinen bedeutendsten Auftrag, die Ausschmückung der Kartause von Champmol. Dazu gehörten Wandmalereien in der Gebetskapelle des Herzogs, mehrere Altarbilder und 26 Andachtsbilder für die Mönchszellen. Die Arbeiten, die Beaumetz und seine umfangreiche Werkstatt ausführten, wurden 1395 abgeschlossen. Trotz seines originellen Stils hatte Beaumetz auf die weitere Entwicklung der französischen Malerei kaum einen Einfluß.

Beccafumi, Domenico

(eigtl. Domenico di Pace, gen. Meccarino oder Mecuccio)
* um 1486 bei Montaperti, † 18. 5. 1551 in Siena. Maler, Modelleur, Stecher und Bildhauer, der mit Jacopo

Leonhard Beck, DRACHENKAMPF DES HL. GEORG, *um 1515, 135 × 116 (Wien, Kunsthistorisches Museum). Die Legende von der Errettung der Königstochter Kleodolinde (rechts im Bild mit Lamm) durch Tötung des menschenfressenden Untiers, Symbol des Bösen, verlegt Beck in eine prächtige Waldlandschaft mit weitem Blick in die Ferne.*

Pontormo, Rosso Fiorentino u. a. zur ersten Generation der toskanischen → Manieristen gehörte. Nach einer Lehrzeit bei dem Maler Battista Tozzo hielt er sich um 1510 in Rom auf, wo er die Arbeiten Raffaels und Michelangelos kennenlernte. Das Hauptwerk seines frühen → Œuvres, DIE STIGMATISATION DER HL. KATHARINA VON SIENA, um 1514 (Siena, Pinacoteca Nazionale), erinnert des weiteren an Gestaltungsprinzipien Pietro Peruginos und Fra Bartolomeos, daneben aber auch an Sodoma (Giovanni Antonio Bazzi). Zusammen mit diesem führte er 1518 einen Freskenzyklus im Oratorio di S. Bernardino zu Siena aus. Auch die frühesten überhaupt bekannten Arbeiten Beccafumis sind Fresken, nämlich der Zyklus BEGEGNUNG JOACHIMS MIT ANNA (Siena, Spedale di S. Maria della Scala) von 1513. Eines seiner ersten Tafelbilder, das monumentale, 1523 entstandene Altargemälde mit der GEBURT CHRISTI (Siena, S. Martino) dokumentiert den Übergang Beccafumis von der Sieneser Maltradition zu einem Stil, in dem nicht nur die bisher erwähnten Anregungen, zu denen auch noch das Vorbild Leonardo da Vincis zu rechnen ist, verarbeitet sind, sondern in einer sehr persönlichen Weise mythologische und biblische Themen dem Prinzip möglichst ungewöhnlicher, das Seltsame, Überraschende, Zwiespältige und Doppeldeutige in den Vordergrund stellender Gestaltungsweise unterworfen werden. Aus einem dunklen, geheimnisvoll anmutenden Bildfond werden Gegenstände und Figuren wie von Feuerschein bestrahlt oder wie in seltsam flackerndem Eigenleuchten der Finsternis gespenstisch entrissen. Andererseits werden helle Farbpartien gleichsam ausgebleicht bis ins Extrem, bis in brünstige, wächserne, leichenhaft fahle Tonwerte hinein, so beispielsweise in dem späten Bild CHRISTUS IN DER VORHÖLLE, um 1528 (Siena, Pinacoteca Nazionale), oder in der großen Tafel DER HL. MICHAEL VERTREIBT DIE GESTÜRZTEN ENGEL (Siena, Pinacoteca Nazionale) aus der Mitte der dreißiger Jahre. Etwa gleichzeitig, 1529–35, schuf Beccafumi die Fresken im Palazzo Pubblico in Siena. 1538/39 arbeitete er für den Dom in Pisa, und 1541 war er in Genua unter der Oberleitung Perino del Vagas an der Ausschmückung des Palazzo Doria tätig – diese Fresken sind jedoch verlorengegangen. Am Ende seines Lebens trat Beccafumi in erster Linie als Bildhauer und Modelleur hervor. Sein bekanntestes Werk dieser Art sind die 1548–50 geschaffenen acht Leuchterengel für den Sieneser Dom, für den er auch die Entwürfe des reich figurierten Marmorfußbodens fertigte. Beccafumi, der auch Holzschnitte und Entwürfe für Festdekorationen schuf, ist einer der wichtigsten Vertreter jener italienischen Manieristen, die Gestaltungsweisen der Renaissance und Hochrenaissance sowie einen teilweisen Rückgriff auf Mittelalterlich-Spätgotisches in einen neuartigen kompositionellen und thematischen Zusammenhang versetzten, dessen Ziel sich nur mit der versuchten Bewältigung zwiespältiger, vieldeutiger und beängstigender Weltauffassungen erklären läßt – ein Ziel, das auch der künstlerischen Formung und den künstlerischen Ausdrucksgehalten Zwiespältigkeit und Irrationalität mitteilten.

Beck, Leonhard

* um 1480 in Augsburg, † 1542 in Augsburg. Als Geselle ging Beck 1501 mit Hans Holbein d. Ä. nach Frankfurt, um ihm dort bei der Arbeit an einem Hochaltar für die Dominikanerkirche zu

helfen. 1503 erlangt Beck in Augsburg das Meisterrecht und gründet eine Werkstatt. Als Holzschneider erhält er regelmäßig Aufträge von Kaiser Maximilian I. Bis Ende des 19. Jh. war Beck in erster Linie als Illustrator und Holzschnittmeister bekannt. Heute erkennt man jedoch sein malerisches Werk als das bedeutendere an. Die Hauptwerke des Künstlers sind die Darstellung DER HL. GEORG KÄMPFT MIT DEM DRACHEN (Wien, Kunsthistorisches Museum), VIER SZENEN AUS DEM LEBEN DER HL. MARGARETA (St. Florian, Augustiner-Chorherrenstift), um 1510, und die ANBETUNG DER KÖNIGE (Augsburg, städtische Kunstsammlungen), um 1525. Die Wandmalereien in der Augsburger St. Moritzkirche von 1534 sind nicht mehr erhalten. Aus der Werkstatt Holbeins d. Ä. kommend, orientiert sich Beck doch stärker an Hans Burgkmaier d. Ä., aus dessen Schatten er jedoch nie ganz heraustreten konnte.

Beckmann, Max

* 12. 2. 1884 in Leipzig, † 27. 12. 1950 in New York. Beckmann, einer der bedeutendsten deutschen und auch internationalen Künstler des 20. Jh., gelangte über einen in den wichtigsten Gestaltungsmitteln expressionistisch geprägten Stil mit zu den persönlichsten und eindrucksvollsten Formenwelten, die die Geschichte der modernen Kunst kennt. Nach dem Tod des wohlhabenden Vaters konnte der junge Beckmann, der bereits seit seinem fünften Lebensjahr in bemerkenswerten Zeichnungen kindliche Traumgebilde naturalistisch festhielt und mit dreizehn Jahren die Wasser- und Ölfarbentechnik anwandte, seiner Neigung zur Kunst folgen. 1900–03 studierte er an der konservativen Großherzoglichen Kunstschule in Weimar bei Frithjof Smith. Damals wurde er auch von den monumental aufgefaßten und bei aller realistischen Plastizität doch als unwirklich erscheinenden Figuren eines Hans von Marées beeindruckt. Es folgten einige Studienreisen, vor allem nach Paris und Florenz, mit entscheidenden Eindrücken vor den menschlich einfühlsamen Werken Rembrandts, vor den monumental durchkomponierten Gemälden Piero della Francescas und vor der kraftvollen Zeichentechnik Luca Signorellis. Bei einem Parisaufenthalt 1903 lernte Beckmann expressiv spätgotische Kunstwerke und wahrscheinlich auch Arbeiten Paul Cézannes und Vincent van Goghs kennen. 1905 kam er nach Berlin, wo er sich der dortigen → Sezession anschloß und damit dem Einfluß der damals in Deutschland heiß umstrittenen → Impressionisten, Max Liebermann und vor allem Lovis Corinth, öffnete. Jetzt entstanden

Max Beckmann, SELBSTBILDNIS, *1943/44, 95 × 60 (München, Staatsgalerie moderner Kunst).* *Während des holländischen Exils entstand dieses Selbstporträt, auf dem Beckmann einen schwarzen Anzug trägt und sein Gesicht stark verschattet zeigt. Lässig-müde lehnt er sich auf einen Armsessel.*

Max Beckmann, SYNAGOGE, *1919, 90 × 140 (Frankfurt, Städel). Die Judengasse von Frankfurt – Beckmanns Wohnort von 1915 bis 1933 – erscheint wie im Zerrspiegel verfremdet. Trostlos leer sind die Häuser, kahl und bleich die Straßen. Auch wenn die Mondsichel am Himmel steht, verbreitet sich keine vertraute Abendstimmung.*

Max Beckmann, ZWEI FRAUEN, *1940, 80 × 60 (Köln, Wallraff-Richartz-Museum). Obwohl von einem keck getragenen Hut bedeckt, sprechen die Gesichtszüge der in Richtung eines Männerprofils Blickenden von Melancholie und Mißtrauen. Das schwarze Gitter, das die Frauen überdeckt, wird gleichsam zur Chiffre ihres Gefangenseins.*

hauptsächlich Landschaften wie GRÜNES MEER von 1905 (München-Gauting, Sammlung P. Beckmann), bei denen im impressionistischen Sinne Farbtupfen und -striche nebeneinandergesetzt sind, aber – anders als bei den Franzosen – tonige, erdig gebrochene Farbwerte überwiegen. Mit der Darstellung akademisch geformter Akte in freier Landschaft erhielt Beckmann 1906 den Villa-Romana-Preis. Im gleichen Jahr heiratete er seine erste Frau. Durch die Bekanntschaft mit Edvard Munch wurde er in seinem Hang zu symbolisch-mystischen Aussagen bestärkt. Nach seinen ersten Erfolgen wandte er sich erneut dem Studium alter Meister zu, wobei ihn nun – neben Eugène Delacroix – besonders die Formverzerrungen und Licht- und Farbvibrationen Grecos beeindruckten. Ein Niederschlag der visionären Bilder dieses → Manieristen findet sich auch in der Thematik der Beckmannschen Arbeiten dieser Jahre, die sich in erster Linie mit der menschlichen Einsamkeit, mit Unheil und Schrecken beschäftigen: so etwa die „Katastrophenbilder" ERDBEBEN VON MESSINA, 1909, und UNTERGANG DER „TITANIC", 1912 (beide St. Louis, Sammlung Morton D. May). In Straßenszenen, die der Künstler damals schuf, tauchen verzerrte Gesichter und grell-dissonante Farben auf – stilistisch eine Annäherung an die expressionistische Kunst der → Brükke-Maler. Einen entscheidenden Einschnitt in Leben und Werk Max Beckmanns stellte der Erste Weltkrieg dar, an dem er zunächst freiwillig als Sanitäter teilnahm, um 1915 – erschüttert über seine Erfahrungen in den Lazaretten – wegen eines seelischen Leidens entlassen zu werden. Es entstand eine Reihe von Bilddokumenten dieses Grauens, denn Beckmann malte nun, wie er selbst sagte, „um sich vor Tod und Gefahr zu schützen", um sich in diesem weltweiten Inferno selbst als Mensch behaupten zu können. Seine Formen werden nun, etwa ab 1917, einfacher, aber kantiger, splittriger, expressiver im Sinne eines kritisch-realistischen Verismus. Exemplarisch zeigt sich dies in dem bekannten Bild DIE NACHT von 1918/19 (Düsseldorf, Kunstsammlung Nordrhein-Westfalen): die sozialkritische Darstellung von Mord und Verbrechen, die den späteren Nazi-Terror vorauszuahnen scheint; splittrige, verkantete Formen, expressiv vergrößerte Gliedmaßen der Gefolterten wie beim Gekreuzigten Grünewalds, unheimliche Raumlöcher in einem ansonsten heillos verschachtelten Ambiente; fahles Weiß und blutiges Rot als farbige Grundakkorde; Perspektivik als Medium der Verzerrung. Dieses und ähnliche, sozialkritisch geprägte, politischen Terror demaskierende Bilder unmittelbar nach dem Ersten Weltkrieg brachten Beckmann in die Nähe von Otto Dix und George Grosz. Etwa ab 1923 wird der stark zeichnerisch-linear geprägte, eckige Stil von großflächiger Bildaufteilung und dem Einsatz intensiver Farben abgelöst, welch letztere, von schwarzen Konturen eingefaßt, die monumentale Leuchtkraft von mittelalterlichen Glasfenstern anstreben. Die Raumbewältigung wird nicht mehr so sehr durch Linearisierung, sondern durch Farbresonanz und Farbtiefenhaltigkeit erreicht. Das Schwarz erhält eine Intensität der Farbwirkung und der symbolischen Ausdruckskraft wie bei nur wenigen Vertretern der Geschichte der Malerei. Zugleich entwickelte Beckmann eine ganz persönliche → Ikonographie, eine Verwendung teils traditioneller Symbole besonders der Vergänglichkeit – wie Spiegel und Kerze – im Dienste seiner individuellen Bildverschlüsselung. In seine Symbolwelt bezieht er auch Gestalten aus verschiedenen Mythologien mit ein. So tauchen im LEIERMANN von 1935 (Köln, Wallraf-Richartz-Museum) die indischen Göttinnen Kali und Davi auf, die Leben gebären und wieder verschlingen. Anregungen aus der Literatur von Goethes „Faust" bis zu Flauberts „Versuchung des hl. Antonius" spielen ebenso eine Rolle in der Motivwahl wie die „klassisch"-allegorische Welt der Clowns und Akrobaten. In der großen Anzahl seiner Selbstbildnisse, die in ihrem bohrenden Charakterisierungsvermögen Beckmann einen ganz besonderen Rang innerhalb der modernen Kunst zuweisen, spielt das Motiv der Selbstverkleidung und damit -entlarvung eine entscheidende Rolle. 1932/33 entstand das erste von neun gewaltigen → Triptychen, die ABFAHRT (New York, Museum of Modern Art). Mit diesem monumentalen Werk setzt eine neue Schaffensperiode ein. Das bis dahin im Formalen, Räumlichen und Koloristischen von Beckmann Erreichte verbindet sich mit einer drohenden Deutung politischer Aktualität und mit einer geistvoll-geheimnisvollen Um-Deutung dieser Aktualität in eine universale gemalte Philosophie von den Irrungen und Wirrungen des Menschlichen überhaupt. Die symbolische Darstellung des eigenen Aufbruchs aus der Heimat, des Exils, wird zur Chiffre der Unbehaustheit des Menschen allgemein. So entstand in der ABFAHRT nicht nur eines der bedeutendsten Bilder Beckmanns, sondern eine der wichtigsten künstlerischen Äußerungen unseres Jahrhunderts überhaupt. Beckmann, der 1937 vor den Nationalsozialisten nach Amsterdam emigriert war und als „entarteter Künstler" galt, siedelte 1947 in die Vereinigten Staaten über, wo er seit 1949 an der Brooklyn Museum Art School in New York unterrichtete. Das Werk der vierziger Jahre wird immer phantasievoller, immer stärker auch von mythologisch-symbolischen Themen geprägt wie etwa ODYSSEUS UND KALYPSO, 1943 (Hamburg, Kunsthalle), oder die ARGONAUTEN von 1950 (New York, Sammlung M. Beckmann), und zusätzlich durch eine starke Hinneigung des Künstlers zur Graphik, speziell zu lithographischen Serien, gekennzeichnet. Der Anspruch, den Beckmann an seine Kunst stellte, war ein hoher: „Was ich in meiner Arbeit zeigen will, ist die Idee, die sich hinter der sogenannten Wirklichkeit verbirgt. Ich suche nach der Brücke, die vom Sichtbaren ins Unsichtbare führt, wie

Max Beckmann, FASTNACHT PARIS, *1930, 210 × 100 (München, Staatsgalerie moderner Kunst). Ambivalent wird die Thematik in Beckmanns Sicht. Der Tanz eines verkleideten Paares zum teilnahmslosen Spiel des Musikanten folgt einer geläufigen Vorstellung, doch wirkt die Schwermut beklemmend. Ein Spielzeugmesser ist potentielle Mordwaffe.*

Max Beckmann, Stilleben mit grosser Glaskugel und Kornähren*, 1934, 75 × 78 (Privatbesitz). Zarter Pastelltöne bedient sich Beckmann bei diesem Arrangement von Feldblumen und Zimmerpflanzen. Statt expressiver Dynamik umschließen Ruhe und Stille die Dinge. Auf dem Tisch Notenblätter mit Sonaten Frederik Chopins.*

der berühmte Kabbalist, der einmal sagte: ‚Wenn man das Unsichtbare begreifen will, muß man so tief wie möglich ins Sichtbare vordringen.' ... Was mir bei dieser Aufgabe am meisten hilft, ist die Durchdringung des Raums. Höhe, Weite und Tiefe sind die drei Phänomene, die ich auf eine Ebene übertragen muß, um die abstrakte Oberfläche des Bildes zu formen; auf diese Weise schütze ich mich vor der Unendlichkeit des Raums. Meine Gestalten kommen und gehen, wie Glück oder Mißgeschick es sie tun heißt. Ich suche sie festzuhalten, entkleidet ihrer zufälligen äußeren Eigenschaften ..." In der konsequenten Erfüllung dieses „Programms" zählt Beckmann zu den überzeugendsten und bedeutendsten Künstlern der Moderne.

Beham, Barthel
* um 1502 in Nürnberg, † 1540 in Bologna. Er erhielt den ersten Unterricht von seinem älteren Bruder Hans Sebald, mit dem er die bedeutendste Stellung unter den Nürnberger Kleinmeistern einnimmt. Wegen Ketzerei aus seiner Heimatstadt verbannt, begab sich Beham 1524 nach München, wo er als Hofmaler in die Dienste des Herzogs Wilhelm IV. von Bayern trat. Um seine malerische Technik zu vervollkommnen, sandte ihn der Herzog 1540 nach Italien, wo er nach kurzer Krankheit starb. 1530 malte der Künstler die Bildnisse Kaiser Karls V. und König Ferdinands von Ungarn, die jedoch im Original nicht mehr erhalten sind. Im gleichen Jahr schuf er für den Historienbildzyklus des Herzogs im Lustgebäude der Münchner Residenz die großformatige Darstellung der Erprobung des hl. Kreuzes (München, Alte Pinakothek). Bei der Darstellung der Architektur ließ sich Beham von italienischen Stichen beeinflussen. Kleinere Formate lagen ihm jedoch offensichtlich mehr, wie die farblich und künstlerisch überzeugendere Maria mit Kind (München, Alte Pinakothek) zeigt. Aus der Reihe seiner in ihrer Qualität sehr unterschiedlichen Porträts ragt v. a. das Bildnis des Pfalzgrafen Ottheinrich, 1535 (München, Alte Pinakothek), heraus.

Bellange, Jacques de
* vermutlich um 1575 in Nancy, † um 1617 in Nancy. Wichtiger Vertreter der spätmanieristischen Malerei und erster Exponent der lothringischen Schule. Über sein Leben ist wenig bekannt. Von 1600 bis 1617 ist er als Porträtist in Nancy nachweisbar, 1602—11 stand er in Diensten Herzog Karls III. von Lothringen, für den er Theaterdekorationen entwarf und die heute verlorenen Malereien in der „Galerie des Cerfs" in Schloß Nancy erneuerte. Hier schmückte er auch die Neue Galerie des Schlosses mit monumentalen Dekorationen aus. Geblieben ist davon nichts, und so besteht sein → Œuvre heute neben einigen Porträts und religiösen Bildern hauptsächlich aus Zeichnungen und Radierungen, die den überfeinerten und pointierten Stil des späten → Manierismus vertreten. Seine Figurenbildung ist stark von Parmigianino beeinflußt, wobei die Körperformen spiralig in sich verdreht sind im Sinne des manieristischen Stilmittels der → „figura serpentinata", und die Überlängtheit der Gestalten ins Extrem gesteigert ist – Mittel einer androgyn ätherischen Verfremdung des Menschenbildes! Die einzigen, sicher dem französischen Künstler, der sich Ende des 16. Jh. wahrscheinlich in Italien aufhielt, zuschreibbaren Tafelgemälde sind die beiden Einzeltafeln der Verkündigung, wahrscheinlich um 1615 entstanden (Karlsruhe, Staatliche Kunsthalle).

Bellegambe, Jean
* um 1470 in Douai, † um 1534 in Douai. Die früheste dokumentarische Erwähnung dieses niederländischen Meisters datiert aus dem Jahre 1504 und vermerkt seine Heirat mit einer Kaufmannstochter namens Marguerite Lemaire, die ihm fünf Kinder schenken sollte. Der Sohn Martin übte später den Beruf des Vaters aus. Wo Bellegambe vor dieser Zeit gelebt hat, wer seine Lehrer sind, darüber sind nur Mutmaßungen angestellt worden. Es wird angenommen, daß er nicht nur flämischen, sondern auch französischen Einflüssen offengestanden ist. Von 1504 bis 1533 ist sein Wirken in Douai belegbar. Bellegambe muß einen bedeutenden Ruf besessen haben, wie aus seinen Privilegien zu ersehen ist. Der Häuser zu seinem Besitz zählende „Paintre excellent" war auch als Entwerfer von Uniformen und Glasfenstern oder Dekorateur eines der Stadttore von Douai tätig. Seine Tätigkeit für Chor und Empore von St-Amé in Douai ist urkundlich belegt wie auch die Ausführung eines Altares der Unbefleckten Empfängnis. Von dem 1521–26 entstandenen → Triptychon sind nur zwei Flügel erhalten (Douai,

Gentile Bellini, ERRETTUNG DES WAHREN KREUZES AUS DEM WASSER, *1500, 323 × 430 (Venedig, Accademia). Für die gemeinnützige Bruderschaft „Scuola di San Giovanni Evangelista" führte Gentile eine Bildfolge der Wunder des Wahren Kreuzes aus, zu der diese Wiederauffindung der Kreuzreliquie gehört. Bemerkenswert ist die Detailtreue der Stadtansicht.*

Museum), die innen vier Kirchenväter, Kirchenlehrer und die Familie des Stifters Jean Pottier zeigen, außen Joachim und Anna. Das monumentalste von Bellegambe erhaltene Werk ist das vom Abt Charles Coguin für die Abtei Anchin in Auftrag gegebene → Polyptychon (Douai, Museum), das bei fast vier Metern Länge 254 Figuren enthält. Der geöffnete Dreifaltigkeits-Altar zeigt die Anbetung Gottvaters mit Christus und Heiliggeist-Taube durch Maria und Johannes den Täufer sowie zwei Gruppen von Heiligen. Der geschlossene Altar zeigt den Triumph des Kreuzes. Bellegambe verstand es, die Figuren in einer Umgebung zu plazieren, die mit Renaissance-Architekturen und plastischem Schmuck angefüllt ist. Der reichverzierte Thron mit der Trinität ist mit seiner üppigen Ornamentik dem irdischen Bereich entrückt. Ein selbständiges BILDNIS DES ABTES CHARLES COGUIN, dem das Polyptychon zu verdanken ist, geht ebenfalls auf Bellegambe zurück (New York, Metropolitan Museum). Der sog. ALTAR VON LE CELLIER ist urkundlich nicht belegt, dürfte aber um 1510 entstanden sein (R. Genaille). In dem Werk des Metropolitan Museums von New York empfiehlt der hl. Bernhard der thronenden Muttergottes mit Kind seine Familie. Auf der Mitteltafel erscheint die Äbtissin von Flines, Jeanne de Boulbais, als Stifterin. Ein ikonographisch besonders interessantes Gemälde ist DAS MYSTISCHE BAD DER SEELEN IM BLUTE CHRISTI, das sich neben dem DREIFALTIGKEITS-TRIPTYCHON in Lille befindet. Der helle Goldton und die leuchtende Farbigkeit dieses und anderer Bilder brachten Bellegambe den Beinamen „Maître des couleurs" ein. Seine koloristischen Fähigkeiten täuschen allerdings nicht darüber hinweg, daß er an der Erneuerung des Figurenideals, an dem Lucas van Leyden, Bernhart van Orley und andere Künstler der Renaissance mitwirkten, wenig Anteil hatte.

Bellini, Gentile

* wahrscheinlich 1429 in Venedig, begraben 23. 2. 1507 in Venedig. Gentile, der älteste Sohn Jacopo Bellinis, hat nach dem Tode seines Vaters dessen Werkstatt übernommen und diese weitergeführt. Er war schon zu Lebzeiten ein bekannter Maler, was aus der Verleihung des Titels „Comes Palatinus" (Pfalzgraf) durch den deutschen Kaiser Friedrich III. im Februar 1469 hervorgeht. Besondere Hochschätzung genoß Gentile offenbar als Porträtmaler. Am 3. September 1479 trat er eine Reise nach Konstantinopel an, wohin er durch Sultan Mohammed II. berufen worden war. Er hielt sich fast zwei Jahre am osmanischen Hof auf. Leider müssen die meisten der dort angefertigten Arbeiten als verschollen oder zerstört angesehen werden. Erhalten aus dieser Zeit ist das Porträt des Herrschers (London, National Gallery), das in der Mischung aus Sinnlichkeit und Verschlagenheit bei gleichzeitiger Beobachtung der exotischen Merkmale der Physiognomie

Gentile Bellini, BILDNIS DER CATARINA CORNARO, *63 × 49 (Budapest, Museum der Bildenden Künste). Die 1489 von den Venezianern entthronte Königin von Zypern lebte angesehen in den humanistischen Kreisen Venedigs. Neben der Historienmalerei war es vor allem Gentiles Porträtkunst, die seinen Ruhm als Maler begründete.*

Giovanni Bellini, Religiöse Allegorie, *um 1490, 73 × 119 (Florenz, Uffizien). Zu den ikonographisch rätselhaftesten Gemälden der Kunst gehört diese Allegorie, die in einer Art Paradiesgarten die thronende Madonna mit Heiligen zeigt. Der Entwurf geht möglicherweise auf ein Werk der Dichtung zurück.*

ein Musterbeispiel von Gentiles realistischer und leidenschaftslos beobachtender Porträtkunst darstellt. Zu Beginn seiner künstlerischen Entwicklung läßt Gentile eine deutliche Abhängigkeit von Mantegna erkennen. Dies zeigt sich sowohl in den messerscharf gezeichneten Zügen des Hl. Lorenzo Giustiniani (Venedig, Accademia), das 1465 datiert ist, wie in den vier Orgelflügeln für S. Marco (z. Zt. in S. Basso), die von Mantegnas Eremitani-Fresken in Padua beeinflußt sind. Seine Hauptwerke schuf der Maler in späterer Zeit für die Scuola di S. Giovanni Evangelista und die von S. Marco. Diese Scuole waren Bruderschaften, deren Mitglieder sich freiwillig zusammenschlossen, um den sozial schwachen Schichten Unterstützung zukommen zu lassen. Die Gebäude, die diese „Schulen" beherbergten, ließ man je nach den finanziellen Mitteln der Vereinigung prachtvoll ausschmücken. Für die oben erwähnte Schule des hl. Johannes des Evangelisten schuf der Maler einen Zyklus, von dem sich vier Stücke erhalten haben (alle Venedig, Accademia). Der Zyklus behandelt Episoden der Geschichte des Wahren Kreuzes. 1496 entstand auf Leinwand die monumentale Darstellung (3,67 m × 7,45 m) der Fronleichnamsprozession mit der Reliquie vom Hl. Kreuz auf der Piazza S. Marco, die schildert, wie der Kaufmann Jacomo Salis beim Anblick der Kreuzesreliquie in die Knie sinkt und Rettung für seinen Sohn erfleht, die er nach der Legende auch erhält. Diese monumentale Darstellung ist eine der frühesten topographisch genauen Wiedergaben eines großen Platzes einer europäischen Stadt. Mit liebevoller Detailtreue sind die den Markusplatz umgebenden Gebäude, die Markuskirche im Hintergrund mit ihren Mosaiken und den im Jahre 1204 von den Venezianern erbeuteten Rossen aus Konstantinopel sowie die alten und neuen Prokurazien wiedergegeben. Trotz einer im Detail gelegentlich nicht zu leugnenden Steifheit bietet dieses Bild eine farbige und lebensvolle Schilderung des religiösen Lebens im Venedig der Spätgotik. Kulturgeschichtlich ebenso fesselnd ist das im Jahr 1500 entstandene Monumentalgemälde (3,23 m × 4,30 m) mit der Darstellung Das Wunder des Wahren Kreuzes. Hier wird die Begebenheit geschildert, wie die Kreuzreliquie in der Nähe von S. Lorenzo in einen Kanal gefallen war und erst vom Großguardian der Scuola, Andrea Vendramin, gerettet werden konnte. Links am Rand erkennt man unter den Zuschauern Catarina Cornaro (Corner) mit ihrem Gefolge, rechts eine Gruppe von männlichen Personen, darunter wahrscheinlich Porträts von Gentile und seinem Bruder Giovanni. Trotz einer gewissen Trockenheit in den Einzelheiten ist gerade dieses Werk mit seiner warmen Farbigkeit und der Fülle der dargestellten Personen aller Klassen (rechts erkennt man z. B. einen schwarzen Sklaven) eines der schönsten Beispiele für die religiöse Malerei großen Formats in Venedig und dürfte seine Wirkung auf die Heiligenlegenden Carpaccios nicht verfehlt haben.

Bellini, Giovanni

* um 1430 in Venedig, † 29. 11. 1516 in Venedig. Möglicherweise wurde Giovanni als unehelicher Sohn Jacopo Bellinis geboren, was wir daraus schließen können, daß er 1471 im Testament der Witwe Jacopos nicht erwähnt wird. Giovanni dürfte zeitweise mit seinem Bruder Gentile zusammen ein Atelier geführt haben. Ab 1483 (aber auch schon früher gelegentlich) war er mit Aufträgen für den großen Ratssaal des Dogenpalastes beschäftigt. Es waren umfangreiche Arbeiten, die Ereignisse aus der Geschichte Venedigs darstellten, aber ausnahmslos zugrunde gegangen sind. Später bekleidete er lange Jahre die sog. Sensaria, eine gutdotierte Maklerstelle am Fóndaco dei Tedeschi (dem Kaufhaus der Deutschen), die immer nur den bedeutendsten Malern verliehen wurde. Welche außerordentliche Hochschätzung Giovanni Bellini

unter den Zeitgenossen besaß, zeigt die berühmte Stelle eines Briefes Dürers vom 7. Februar 1506 an Willibald Pirckheimer, wo der Maler aus Nürnberg berichtet, Giovanni Bellini sei zwar schon sehr alt, aber immer noch der beste Maler. Noch als Greis von über achtzig Jahren wurde G. von den Este nach Ferrara berufen. Das Frühwerk Giovannis läßt deutlich den Einfluß seines Schwagers Mantegna erkennen (dieser war mit Giovannis Schwester Nicolosia verheiratet). Ein bedeutendes Werk aus dieser Zeit, CHRISTUS AM ÖLBERG (London, National Gallery), setzt sich ganz offensichtlich mit einem Gemälde gleichen Themas Mantegnas (ebenfalls London, National Gallery) auseinander. Die scharfe Zeichnung seines Schwagers beginnt Bellini hier schon zu verlassen. Von außerordentlicher Kühnheit und menschlicher Überzeugungskraft ist die Einsamkeit Christi gestaltet, dessen Haupt sich gegen den geröteten Morgenhimmel abhebt. In den rot umrandeten Wolken und der großräumigen Landschaft zeigt sich bereits Giovannis später zu immer größerer Meisterschaft entwickelte Fähigkeit, atmosphärische Stimmungen einzufangen. Vollständig im numinosen Leuchten des strahlenden Lichtes verklärt erscheint die Landschaft auf Bildern der siebziger und achtziger Jahre wie der VERKLÄRUNG CHRISTI (Neapel, Museo Capodimonte) und dem ST. FRANZISKUS (New York, Frick-Collection). Aus dem Jahre 1488 stammt eine der bedeutendsten Darstellungen der → Sacra conversazione, die MADONNA MIT VIER HEILIGEN (Venedig, Frarikirche). Die goldschimmernde, die Madonna überhöhende Apsis verklärt das Zusammensein der heiligen Gestalten zu hieratischer Feierlichkeit. Wahrscheinlich kurz vorher war die Sacra conversazione für die Kirche S. Giobbe (Hiob) entstanden (Venedig, Accademia). Hier überrascht der Ausdruck echter Menschlichkeit der Heiligen von schwärmerischer Inbrunst des Franziskus bis zu nüchterner Beschäftigung mit einem Buch bei Dominikus. Das reifste Werk dieses Typus schuf der Maler mit dem S.-Zaccaria-Altar von 1505 (Venedig, S. Zaccaria). Die Zahl der Heiligen ist

Giovanni Bellini, DER DOGE LEONARDO LOREDAN, *um 1501–05, 62 × 45 (London, National Gallery). „Bellini ist zwar alt und ist noch der Beste im Malen", schrieb Dürer anläßlich seiner zweiten Italienreise 1506. Das Porträt – zu den schönsten der Malerei gehörig – zeigt Bellini im Vollbesitz seiner koloristischen Fähigkeiten.*

Bernardo Bellotto, DRESDEN, *1748, 133 × 237 (Dresden, Gemäldegalerie). Im Jahr seiner Ernennung zum Hofmaler Friedrich Augusts II. entstand diese Vedute vom rechten Elbufer unterhalb der Augustusbrücke aus. Für den König, der Canaletto wie keinen anderen seiner Künstler belohnte, wurden Dresden und Pirna 25mal dargestellt.*

jetzt auf vier reduziert, der Raum der mächtigen Nischenarchitektur nun geradezu körperlich spürbar; die Heiligen selbst haben sich zu mächtigen, ponderosen Gestalten des reifen → Cinquecento entwickelt. Die sonore, auf wenige Akkorde beschränkte Farbigkeit verschmilzt eine sfumatoartig über das Ganze gebreitete Substanz zu jener unwirklichen Stille und Feierlichkeit, wie sie J. Burckhardt für das venezianische Existenzbild bestimmt hatte. Neben diesen Themen entwikkelte Bellini auch den Typus der halbfigurigen Madonna mit Kind zu höchster Vollendung, wie sie z. B. die MADONNA DEGLI ALBERETTI von 1487 zeigt (Venedig, Accademia). Aber auch ganz andere Gegenstände umfaßt das umfangreiche Werk, wie die schon erwähnten untergegangenen Historienbilder für den Dogenpalast, die kühne Darstellung einer nackten Frau bei der Toilette (Wien, Kunsthistorisches Museum) von 1515, das später von Tizian veränderte sog. GÖTTERFEST für Alfonso d'Este (Washington, National Gallery), das 1514 datiert ist, und schließlich Porträts. Eines der wenigen gesicherten und zugleich bedeutendsten ist das des DOGEN LEONARDO LOREDAN (London, National Gallery), ein Spätwerk, wo die meisterhafte Farbbehandlung des silbrigblauen Gewandes auf gleicher künstlerischer Höhe steht wie der tiefe Ausdruck warmer, von Weisheit geprägter Menschlichkeit. Giovanni Bellinis Gesamtwerk erhebt ihn zum wohl bedeutendsten oberitalienischen Maler des 15. Jh. neben Mantegna. Seine warme, leuchtende und auch unterschiedliche Tönungen zu einheitlichem Gewebe verschmelzende Farbigkeit bereitete den Weg für die gelegentlich an Monochromie grenzende Farbigkeit seines mutmaßlichen Schülers Giorgione und für die gesättigte, im Frühwerk oft auf einem Blau-Rot-Akkord beruhende Farbskala Tizians. Dem venezianischen Andachtsbild der Madonna mit Kind sowie den vielfigurigen Darstellungen der Sacra conversazione hat Bellini seinen Stempel aufgedrückt und für mehrere der nachfolgenden Generationen bleibende und verpflichtende Vorbilder geschaffen. Der S.-Zaccaria-Altar bildet mit seiner monumentalen Figurengestaltung und der nun wirklich erlebbar gewordenen Räumlichkeit die Grundlage für das reife Werk Giorgiones und hat noch in Arbeiten des frühen Tizian wie dem Salute-Altar Spuren hinterlassen. Auch Dürers „Vier Apostel" sind ohne den Frari-Altar nicht denkbar. So wächst der Venezianer vor allem mit seinem Spätwerk zu einer Gestalt von europäischem Rang. Seine gedeckte und farbenprächtige Kunst, die von tiefer Menschlichkeit geprägt ist, enthält jenen Stimmungsgehalt, der von nun an vor allem für nordische Betrachter eine bezeichnende Qualität des „Venezianischen" im Gegensatz zu der „kälteren" und intellektuelleren Toskana bleiben sollte.

Bellini, Jacopo

* um 1400 in Venedig, † 1470/71 in Venedig. Jacopo Bellini, der Stammvater einer weitverzweigten Künstlerfamilie, von der die bekanntesten Mitglieder seine Söhne Gentile und Giovanni sind, wurde um 1400 als Sohn eines Zinngießers in Venedig geboren. Er war Schüler des Gentile da Fabriano, eines der Hauptvertreter des → internationalen Stils, der im zweiten Jahrzehnt des Jahrhunderts in Venedig für den Dogenpalast tätig war. Mit seinem Lehrer hielt sich Jacopo 1423–25 in Florenz auf. 1436 malte er ein leider zerstörtes, riesiges Fresko für die Kathedrale in Verona, das bisher noch nicht überzeugend rekonstruiert werden konnte. 1441 war er mit den Arbeiten für die Este in Ferrara beschäftigt. Ein Bild der Kunst Jacopos zu entwickeln, ist außerordentlich schwer, da von ihm nur vier sicher beglaubigte Gemälde überliefert sind: eine Kreuzigung in Verona (Museo di Castelvecchio) und drei Madonnendarstellungen. Die KREUZIGUNG in Verona zeigt Christus groß vor dunkelblauem Hintergrund ohne Nebenfiguren. Trotz der monumentalen Konzep-

Thomas H. Benton, Beim Dreschen des Weizens, *1939 (Terre Haute, Sheldon Swope Art Gallery). Das Erntebild entstand zu einer Zeit, als Maschinen in der amerikanischen Landwirtschaft verstärkt eingesetzt wurden. Fast symbolhaft ist das Nebeneinander eines Pferdefuhrwerkes und des Traktors, der eine schwarze Rauchfahne entläßt.*

tion, die vor allem durch die Leere des Raumes erzielt wird, dürfte das Bild ein frühes Werk sein, wie an der unsicheren Darstellung der Anatomie und dem noch gotischen Gefältel des Schamtuchs abzulesen ist. Von den Madonnendarstellungen dürfte die in Venedig die früheste sein (Accademia), vielleicht vor 1450 entstanden. Es folgen die 1448 datierte Madonna mit Kind (Louvre, Museo Tadini) und die ähnliche Darstellung in Florenz (Uffizien). Vor allem die Florentiner Arbeit zeigt in der plastischen Rundung der Köpfe, der gedeckten Farbigkeit und der leeren Bildfläche Ansätze zur Überwindung der teppichhaften Buntheit und Bildfüllung der → internationalen Gotik. Ganz andere künstlerische Qualitäten zeigen zwei Skizzenbücher in London (British Museum) und Paris (Louvre). Diese Bände enthalten je ca. hundert Silberstift- und Federzeichnungen. Es dürfte sich um diejenigen Zeichnungen handeln, die 1471 im Testament von Jacopos Witwe als „omnes libros de dessignijs“ dem Sohn Gentile vermacht wurden. Wahrscheinlich waren diese Zeichnungen als Vorlageblätter für auszuführende Gemälde und damit als Hilfsmittel für die Werkstatt gedacht. Erstaunlich die Fülle und Verschiedenartigkeit der dargestellten Gegenstände. Neben fast reinen Landschaftsdarstellungen sehen wir solche biblischer Stoffe und von Heiligenlegenden. Es gibt Jagdszenen, z. B. den Ausritt einer adeligen Dame, aber auch solche – meist versteckt angeordnet – von reinem Genrecharakter wie einen Bauern mit seinem Tragkorb. Häufig sind Architekturdarstellungen, wo man den Eindruck hat, daß die auftretenden Figuren zur Nebensache werden, da es dem Maler in seinem Bestreben, die Wirklichkeit zu erobern, nur auf die Pracht und perspektivische Verkürzung der Bauten ankam. Gerade die häufigen Fehler in solchen Perspektivdarstellungen zeigen eine typische Eigenart der Venezianer: Während in Florenz die Kunst viel stärker intellektuellen Spielregeln unterworfen wird, d. h. auch perspektivische Darstellungen exakt auf den Augpunkt hin konstruiert werden, ist man in Venedig wie ganz Oberitalien mehr um Ausdruck bemüht und begnügt sich in solchen Fällen mit dem Anschein von Richtigkeit. Da in den Skizzen Jacopos häufig ein Adler, das Emblem der Este, auftaucht, darf vermutet werden, daß diese für den Hof von Ferrara, vielleicht sogar in Ferrara selbst angefertigt wurden. Jacopos überragende Bedeutung besteht in seiner alle Bereiche des Sichtbaren umfassenden Fabulierkunst und seinem Bestreben nach Monumentalisierung der Bildfläche, womit er die Grundlage für die Ausgestaltung späterer Bildtypen im Werk seiner Söhne legte, aber auch dem farbigen Erzählstil Carpaccios die Richtung wies.

Bellotto, Bernardo
* 1720 in Venedig, † 1780 in Warschau. Italienischer Maler und Radierer, der als Neffe und Schüler Canalettos nicht nur stark von diesem beeinflußt war, sondern auch dessen Namen trug. Nach verschiedenen Reisen innerhalb Italiens berief ihn 1746 König August III. zum Hofmaler nach Dresden. Nach kurzen Aufenthalten am Wiener Hof, 1759, und am Münchner Hof, 1761, zog er 1768 endgültig nach Warschau als Hofmaler König Stanislaus Poniatowski. Die Hauptwerke, Ansicht von Dresden, 1747, (Dresden, Gemäldegalerie) und „Warschau“, 1773/74 (Warschau, Muzeum Narodowe), kommentieren ebenso wie die zahlreichen Veduten Venedigs, Florenz und Wiens B.s nahezu trockene Exaktheit in der detailgetreuen Schilderung. Oft ist der Himmel mit schwarzen Wolken durchzogen, das Licht bläulich gehalten. Reizvolle architekturperspektivische Anordnungen, hohe maltechnische Qualitäten reihen B. unter die hervorragenden Vertreter venezianischer Malerei des 18. Jh.

Bellows, George Wesley
* 12. 8. 1882 in Columbus, Ohio, † 8. 1. 1925 in New York. George W. Bellows, der als einer der führenden Repräsentanten der amerikanischen Malerei seiner Zeit gilt, studierte an der New York School of Art unter Robert Henri.
Obwohl der Maler in erster Linie für seine realistisch-dynamische Darstellung von Boxkämpfen, New Yorker Straßenszenen und Kneipen bekannt ist, schließt sein Werk auch sehr feine Porträt- und Familienbilder mit ein. Als sein bekanntestes Gemälde gilt Stag at Sharkey's, 1907 (Cleveland Museum of Art), welches eine äußerst lebendige Schilderung eines Boxkampfes darstellt.
Bellows unterrichtete an der Art Students League in New York, William Gropper und Moses Soyer waren seine Schüler. 1917 beteiligte er sich an der Organisation der → Armory-Show. Ab 1916 wandte er sich fast ausschließlich der Druckgraphik zu.

Bencovich (Benković), Federico
(gen. il Ferigheto dalamatino)
* um 1677 in Dalmatien, † 8. 7. 1753 in Görz. Der in der Geschichte der italienischen Malerei als letzter „Schiavone“ geltende Künstler war ein wichtiger Maler des → Rokoko, dessen Hauptwerke u. a. in Deutschland und Österreich entstanden. Aus den Anfängen seines Lebens wissen wir wenig. Seine Lehrzeit absolvierte er in Bologna bei Carlo Cigagni, hauptsächlich beeinflußt wurde er jedoch von Giuseppe Maria Crespi. Gegen 1710 in Venedig tätig, kam er zum erstenmal in Kontakt mit der für die Rokokokunst mäzenatisch so bedeutenden Familie der Schönborn. Während er in der Lagunenstadt in Diensten des Kurfürsten Lotar Franz von Schönborn stand, kam er 1716 im Gefolge des kaiserlichen Vizekanzlers Friedrich K. Schönborn nach Wien und wurde 1733 mit dem Posten eines Hofmalers in Würzburg betraut. In den effektvollen Posen und überlängten Körpern seiner Figuren knüpft Bencovich an manieristisches Formengut an, während seine Farbgebung teilweise schon Tiepolo vorwegnimmt. Dramatische Lichteffekte werden eingesetzt, um religiöse Ekstase zu versinnbildlichen, beispielsweise in dem charakteristischen Altarbild mit der Darstellung des hl. Petrus von Pisa, das zwischen 1724 und 1728 entstand und sich in S.

Sebastiano zu Venedig befindet. Viele Bilder von Bencovich erinnern an Giovanni Battista Piazetta und nehmen Tendenzen von Franz Anton Maulpertsch und Paul Troger vorweg.

Benton, Thomas Hart

* 15. 4. 1889 in Neosko, Missouri, † 19. 1. 1975 in Kansas City. Der aus einer angesehenen amerikanischen Familie stammende Künstler begann sein Studium 1906 am Art Institute von Chicago. 1908 ging er für drei Jahre nach Paris auf die Académie Julian und die Académie Collarossi. Er malte damals in jedem gängigen „Ismus". Alle Werke aus dieser Zeit sind verbrannt. Zurück in New York, verdiente er seinen Lebensunterhalt als Porträtmaler und Filmdekorateur. 1918 wurde er von der amerikanischen Marine eingezogen und konnte als technischer Zeichner tätig sein. Erst ab 1920 erreichte Benton eine gewisse Kontinuität und Eigenständigkeit. Er begann, Leute, Landschaften und Stilleben nach seinen eigenen Worten „wie geschnitzte Skulpturen" zu malen. Sein bevorzugtes Thema wurde das amerikanische Land- und Alltagsleben, welches er auf zahlreichen Reisen, besonders durch den Mittelwesten und Süden Amerikas, immer wieder studierte und malte. Hieraus entwickelte sich eine in Amerika sehr populäre Kunstrichtung, der → Regionalismus, der auch Maler wie Wood und Curry angehörten. Sein bekanntestes Bild aus dieser Zeit ist BOOMTOWN, eine Straßenszene einer texanischen Ölstadt.

Benton war neun Jahre an der Art Students League in New York und 1935–41 am Art Institute von Kansas City als Lehrer tätig. Zu seinen Schülern gehörten Jackson Pollock und Fairfield Porter.

Etwa ab 1920 begann Benton in öffentlichen Gebäuden große Wandgemälde zu malen, die hauptsächlich geschichtliche Szenen zum Inhalt hatten. 1932 wurde er mit einer Serie von Wandbildern für die Bibliothek des New York Whitney Museum of American Art beauftragt. Sein Stil zeigt wogende manieristische Proportionen, kalligraphische Konturen und oft eine starke Verlängerung der Figuren. Von vielen Kritikern wurde Benton als nationalistisch hingestellt, von anderen als der große Maler amerikanischer Mythologie und Volkstümlichkeit gefeiert. Sein wahrscheinlich bedeutendstes Wandgemälde befindet sich im Kapitol von Jefferson City und stellt die Sozialgeschichte des Staates Missouri dar.

Berchem, Claes oder Nicolaes

* 1. 10. 1620 in Haarlem getauft, † 18. 2. 1683 in Amsterdam. Anders als die übrigen holländischen Landschaftsmaler der Barockzeit, wie Jan van Goyen oder die Ruysdaels, welche den heimatlichen Naturraum wiedergaben, malte Berchem italienisierende Landschaften. Hirtenszenen in bergiger italienischer Landschaft, Hafen- und Küstenansichten unter südländischer Sonne sind Lieblingsthemen des Malers, von dem bis heute nicht sicher ist, ob er selbst je den Boden Italiens betreten hat. Von den Lehrern, bei denen Berchem gewesen sein könnte, war Claes Moyaerts sicher der einflußreichste. 1642 wird er Mitglied in der Haarlemer Malerzunft und zieht 1677 nach Amsterdam. Die Historienmalerei spielt nur in Berchems Frühzeit eine besondere Rolle. Die Hirtenstaffage tritt allerdings bald an die Stelle von religiösen Figuren. Gegenüber den pastoralen Darstellungen bleiben Gefechtsszenen, Jagden oder Winterlandschaften im Gesamtwerk von untergeordneter Bedeutung. Unter den ca. 800 Gemälden und 500 Zeichnungen sind auch naturalistische Ansichten Hollands in der Minderzahl, z. B. ein Blick auf Haarlem oder Utrecht. Im Spätschaffen des Künstlers trat eine gewisse routinemäßige Behandlung der Bildelemente auf, so daß viel vom Stimmungsreichtum und der lebendigen Schilderung seiner früheren Werke verlorenging.

Berckheyde, Gerrit Adriaensz.

getauft am 6. 6. 1638 in Haarlem, † 14. 6. 1698 in Haarlem. B. wurde von seinem älteren Bruder Job im Malen unterrichtet; nicht nachweisbar ist ein Studium bei Frans Hals. Mit Job unternahm er wahrscheinlich eine längere Reise durch Deutschland und trat 1660 in die Haarlemer Malerzunft ein. Angeblich ertrank Berckheyde am 14. 6. 1698. Der Künstler war zu seiner Zeit als Vedutenmaler bekannt und geschätzt; seine Absicht war immer, malerische Gesamteindrücke mit einer detaillierten Zeichnung und ebenso liebevoll ausgearbeiteter Lichtbehandlung einzufangen; als Beispiel sei DER GROSSE MARKT IN HAARLEM MIT DER ST.-BAVO-KIRCHE von 1696 genannt (Haarlem, Frans-Hals-Museum). Außerdem verarbeitete Berckheyde Motive aus Amsterdam und Den Haag und fertigte nach der Deutschlandreise Städteansichten von Köln, Bonn und Heidelberg. Darüber hinaus existieren Landschaftsdarstellungen, genrehafte Szenen wie DER FISCHMARKT aus dem Jahr 1692 (Haarlem, Frans-Hals-Museum), Architekturstücke – z. B. die INNENANSICHT DER GROTE KERK ZU HAARLEM von 1673 (London, National Gallery) – und verschiedene Zeichnungen aus seiner Hand. Mit diesem Werk erlangte der Künstler eine gewisse Bedeutung, nachdem Gaspar v. Wittel seine Art der Malerei nach Italien gebracht hatte.

Berckheyde, Job Adriaensz.

getauft am 27. 1. 1630 in Haarlem, begraben am 23. 11. 1693 in Haarlem. Job Berckheyde begann am 10. 11. 1644 sein Studium im Atelier des Jacob Willemsz. de Wet und lebte später zwischen Utrecht und Woerden. Mit seinem Bruder Gerrit, den er ausbildete, reiste Job nach Deutschland; am 10. 3. 1654 trat er in die Haarlemer Zunft ein. Er lebte mit seinem Bruder und einer Schwester in Haarlem, wo er 1693 starb.

Von Jobs Œuvre ist weit weniger erhalten als von dem seines Bruders; dennoch sieht man ihn heute – im Gegensatz zu den Lebzeiten der Brüder – als den bedeutenderen und vielseitigeren Maler an. Auch er malte Veduten – DIE OUDE GRACHT IN HAARLEM im Jahre 1666 (Den Haag, Mauritshuis) –, darüber hinaus auch Architekturstücke – INNENANSICHT DER GROTE KERK ZU HAARLEM, 1665 (Dresden, Gemäldegalerie) –, qualitätvolle Genreszenen, religiöse Motive, einige Porträts; auch Handzeichnungen sind erhalten. Die Veduten seines Bruders soll er mit Staffagefiguren ausgestattet haben. Job wurde von den Architekturstücken Saenredams und Emmanuel de Wittes angeregt; seine Farbbehandlung ist sensibler, seine Darstellung von größerer Lebhaftigkeit und Qualität als die seines Bruders.

Bergh, Sven Richard

* 26. 12. 1858 in Stockholm, † 29. 1. 1919 in Saltsjö-Storängen bei Stockholm. Schwedischer Maler, der zunächst realistische Landschaftsbilder, später Figurenkompositionen neuromantischer Art schuf. Nach einem Studium an der Stockholmer Akademie 1877–81 ging er nach Paris, wo er Schüler des → Historienmalers Jean-Paul Laurens wurde. 1886 zählte er zu den Begründern des „Konstnärsförbundet", einer gegen die Zwänge der Akademie gerichteten → Sezessionsbewegung. Nach seiner realistischen Phase wandte er sich neuromantischen Figurenbildern zu, die stark von Arnold Böcklin beeinflußt sind. Sein Bestes leistete er auf dem Sektor des psychologisierenden Porträts, wie

Job Adriaensz. Berckheyde, BÄCKERRUFER, *1682 (Ulm, Deutsches Brotmuseum). Daß die Brezel schon in der Barockzeit bekannt war, beweist dieses holländische „Trompe-l'œil", das verschiedene „Gebiltbrot" – ofenfrisch – als Stilleben vereinigt. Nach altem Brauch werden die Kunden vom Ruf des Hornes herangelockt.*

z. B. bei dem berühmten Bildnis von AUGUST STRINDBERG von 1905 (Privatsammlung).

Bergl, Johann Baptist Wenzel
* 23. 9. 1718 in Königshof an der Elbe, Böhmen, † 15. 1. 1789 in Wien. Einer der wichtigsten Rokokomaler Österreichs in der Nachfolge Paul Trogers, bei dem er an der Wiener Akademie auch studierte. Im Gegensatz zu seinem Lehrer haben seine bedeutendsten Arbeiten jedoch profane Sujets zum Inhalt. Vor allem in illusionistisch gehaltenen Landschaftsdarstellungen im Zusammenhang mit Innenraumdekorationen tat er sich hervor. Mit derartigen Bildern, voller Farbigkeit und lichter Helle, schmückte er u. a. das Sommerschlößchen der Kaiserin Maria Theresia in St. Veit aus, 1763 den Gartenpavillon des Benediktinerstifts Melk und 1775 das Goeß-Appartement in Schloß Schönbrunn zu Wien. Die Decken- und Wandbilder in Melk mit ihrer allegorischen Thematik und exotisch-orientalem Dekorbeiwerk stellen dabei seine absolute Hauptleistung dar.

Bergmüller (Bergmiller), Johann Georg
* 15. 4. 1688 in Türkheim, † 30. 3. 1762 in Augsburg. Der bedeutende süddeutsche Freskant vereinigte in seinem Werk das strenge Regelsystem des spätbarocken Akademismus mit den freieren Prinzipien der Rokokomalerei, um seinerseits in einigen Spätwerken Tendenzen der klassizistischen Malerei vorwegzunehmen. Bergmüller kam 1702 in die Lehre des Münchner Hofmalers Andreas Wolff. Bei ihm erlernte er aller Wahrscheinlichkeit nach auch die Gestaltungsprinzipien der hochbarocken italienischen Kunst eines Pietro da Cortona und Carlo Maratta und wurde somit vor allem in das Regelwerk illusionistischer Perspektivkonstruktionen eingeführt. Auf einer Reise in die Niederlande waren es offensichtlich die Werke des Peter Paul Rubens in Antwerpen, die ihn aufgrund ihrer Farb- und Körperbehandlung interessierten. 1713 ging er nach Augsburg, wo er 1730 zum Direktor der Reichstädtischen Kunstakademie ernannt wurde, ein Posten, den er bis zu seinem Tode innehatte. Durch das fruchtbare Schaffen, das Bergmüller hier entfaltete, wurde diese Reichsstadt neben dem Münchner Hof zu einem Mittelpunkt der süddeutschen Barock- und Rokokomalerei und, neben Wien, zu der wichtigsten Ausbildungsstätte für junge Künstler wie Matthäus Günther aus Bayern, den Tiroler Johann Evangelist Holzer oder Gottfried Bernhard Göz aus Mähren. Die → Fassadenmalereien Bergmül-

Johann Bergl, WANDGEMÄLDE IM GOESS-APPARTEMENT *(Wien, Schloß Schönbrunn). Typisch für die Dekorationskunst Bergls sind Landschaften, deren Bildraum illusionistisch erweitert ist. Exotische Flora und Fauna übten auf den Wiener Betrachter der Rokoko-Zeit eine besondere Faszination aus.*

lers in Augsburg, womit er eine gute mittelalterliche und Renaissancetradition der Fuggerstadt fortführte, sind ebensowenig erhalten wie viele seiner dortigen Kirchenfresken. Die frühesten erhaltenen Fresken, die wir von ihm kennen, entstanden 1709 für die ehemals Kurfürstliche Hospitalkirche in Düsseldorf und 1710 für die Hl.-Kreuz-Kirche in Kreuzpullach bei München. Die bedeutendsten Werke der Frühzeit sind 1727–29 durchgeführte Gewölbemalereien in der ehemaligen Benediktinerabteikirche von Ochsenhausen, Bilder, die in ihrer Farbgebung noch recht altertümlich wirken. Das erste Hauptwerk seiner reifen Schaffensperiode stellen die 1736 vollendeten großformatigen Fresken in der ehemaligen Augustinerchorherrenstiftskirche von Dießen am Ammersee dar. Dieses Dekorationsprogramm ist auch sein umfangreichstes Werk, wobei es immer noch ungeklärt ist, inwieweit Bergmüller bei dieser Meisterleistung von Mitarbeitern, etwa von Holzer, unterstützt wurde. Die raumüberspannten riesigen Fresken mit der Stiftungsgeschichte des Klosters und der Geschichte des Hauses Andechs sind in ihrer klaren, farblich kräftigen und präzisen Formgebung typische Arbeiten eines wirkungssicheren akademischen Malers. Man spürt die Schulung an der römischen Barockmalerei in dem bildhaft-erzählenden Aufbau der jeweiligen Szenen. Man spürt aber auch den neuen, gelösteren Rokokoton in der exquisiten, kühl wirkenden, hellen Farbigkeit. Mit den folgenden, ebenfalls äußerst qualitätvollen Fresken, die 1741/42 für die ehemalige Prämonstratenserabteikirche Steingaden und 1749/50 für Kapelle und Saal des Schlosses Haimhausen bei München entstanden, gehört Bergmüller nun vollends ins Rokoko. Bergmüller, zu dessen „Markenzeichen“ die in seinen Fresken häufige Darstellung eines im Bau befindlichen Gebäudes mit Bauarbeitern auf Gerüsten gehört, verbreitete seine Bilderfindungen in Kupferstichserien. Seine „Anthropometria“ von 1723 und seine Schrift „Die geometrischen Verhältnisse der Säulen-Ordnung aus dem Quadrat der Dorischen Ordnung . . .“, 30 Jahre später erschienen, erweisen ihn zusätzlich als bedeutenden Kunsttheoretiker.

Pedro Berruguete, Die Feuerprobe, um 1503, 110 × 78 (Madrid, Prado). Ursprünglich Teil eines für Avila gemalten Polyptychons, führt das Bildwerk eine Verbrennung von Ketzerschriften vor Augen. Aus den häretischen Büchern, die ins Feuer geworfen werden, bleibt ein heiliger Text wunderbarerweise von den Flammen verschont.

Bergognone, Ambrogio
(eigtl. Ambrogio da Fossana)
* um 1445 in der Lombardei, † um 1523. Vom Leben dieses bedeutenden lombardischen Künstlers ist nur wenig bekannt. 1481 ist B. als Magister in der Mailänder Università dei pittori erwähnt. Als sein ältestes Bild gilt eine um 1480 entstandene Thronende Madonna mit Heiligen in Mailand, das deutlich seine künstlerische Herkunft von Vincenzo Foppa dokumentiert. Daneben tritt der Einfluß flämischer Malerei, was sich vor allem in der Darstellung stimmungsvoller Landschaftshintergründe zeigt. 1490 malte B. die heute in Nantes befindliche Darstellung vom Wunder des hl. Benedikt. Zwischen 1488 und 1494 arbeitete er in der Certosa di Pavia, dort malte er unter anderem eine 1490 signierte Kreuzigung Christi. Um dieselbe Zeit schuf er eine Maria mit Kind (Bergamo), dieses Tafelbild verrät die Ausstrahlung der Kunst Leonardo da Vincis. 1495 war der Maler in Mailand tätig, und von 1498 bis nach 1500 in Lodi, dort entstand für die Kirche S. Maria Incoronata das Fresko der Krönung Mariä. Anschließend erhielt B. Aufträge in Melagnano, Bergamo und Pavia, 1514 kehrte er in die Certosa di Pavia zurück. Sein letztes signiertes Bild, eine Altartafel mit Himmelfahrt und Krönung der Maria entstand 1522 für die Kirche S. Maria Incoronata in Nerviano.

Berliner Maler
griechischer Vasenmaler des strengen, rotfigurigen Stils, tätig um 500–460 v. Chr. in Attika. Der anonyme Künstler ist nach einer Amphora mit Hermes und dem Satyr Oreimachos in Berlin benannt. Mehr als 200 großformatige Gefäße werden ihm zugeschrieben, doch dürften einige Arbeiten aus den Jahren zwischen 480 und 460 von Schülern stammen. Seine Gestalten aus der Mythologie und dem Bereich der Helden- und Athletenkämpfe stellt er gerne einzeln in ungerahmte Bildfelder. Trotz scheinbarer Ruhe leben sie von innerer Spannung, ihre Plastizität ist der zeitgenössischen attischen Bildhauerkunst eng verwandt und verpflichtet. So sind die anatomischen Details, besonders die Muskulatur, in verdünnter schwarzer Farbe sehr prägnant, sicher und lebendig gezeichnet, die originelle und dynamische Malweise weicht später freilich einer gewissen spannungsarmen Routine. Zu seinen wichtigsten Schülern zählen Hermonax und der Achilleus-Maler.

Berlinghieri, Berlinghiero
* in Mailand, seit 1228 in Lucca nachweisbar, † um 1242 in Lucca. B.s Werkstatt, die er zusammen mit seinen Söhnen Bonaventura, Barone und Marco betrieb, galt als eine der berühmtesten jener Zeit in Lucca. Da kaum stilistische Unterschiede zwischen den vier Malern festzustellen sind und alle vier ihre Tafeln mit „Berlinghieri me pinxit“ signierten, kann man die verschiedenen Hände nur schwer voneinander trennen. Ein Kruzifix von 1220 (Lucca, Pinacoteca Civica), das Berlinghiero für das Kloster S. Maria degli Angioli in Lucca geschaffen hat, war maßgebend für die Zuschreibung einiger anderer Tafeln an den Künstler. In dieser Tafel zeigt sich der Meister stilistisch wie ikonographisch noch stark abhängig von der → byzantinischen Malerei. Die Söhne Berlinghieros führten seine malerische Tradition fort.

Berlinghieri, Bonaventura
* um 1205/10, nachweisbar von 1228 bis 1274 in Lucca. Sohn des Berlinghiero Berlinghieri. Das einzige gesicherte Werk Bonaventuras ist das 1235 signierte und datierte Altarbild Hl. Franziskus und Szenen aus seinem Leben (Pescia, S. Francesco). Obwohl dieses Werk noch stark dem → byzantinischen Stil verhaftet ist, findet es im Raum von Florenz doch weitaus größere Verbreitung als die Kunst Berlinghieros. Das ist wohl nicht zuletzt auf die großartige Schlichtheit des Werks Bonaventuras zurückzuführen. Sogar ein so bedeutender Maler wie der Meister des S. Francesco Bardi fand bei Bonaventura Anregungen.

Bermejo, Bartolomé
(eigtl. Bartolomé de Cardenas, auch Bartolomé Rubeus)
* um 1430 in Córdoba, † nach 1498 in

Katalonien. Bermejo, dessen Familie andalusischen Ursprungs ist, wird ab 1474 in Daroca/Aragon nachgewiesen. Dort entstehen der DOMINIKUSALTAR, an dem er von 1474–77 arbeitet (Mittelteil in Madrid, Prado) und das zugleich sein frühestes gesichertes Werk ist, sowie die PIETÀ FÜR DON JUAN DE LOPERUELO im Kloster S. Francisco. Von 1486–95 hält er sich in Barcelona auf, das wegen seines künstlerischen Ansehens viele Künstler nach Katalonien zieht. In dieser Zeit arbeitet Bermejo an der PIETÁ DES KANONIKUS DESPLÁ, die er 1490 beendet (Barcelona, Kathedrale, Kapitelsaal). Den Archivalien der Kathedrale zufolge stammen von ihm auch die Kartons für die Glasfenster der Taufkapelle, 1495, sowie die Entwürfe für 9 Glasfenster in der Kuppel. 1498 geht Bermejo nach Vich. Spätere Daten sind nicht mehr bekannt.

Bermejos Stil wie auch die Verwendung der Technik der Ölmalerei lassen auf einen starken Einfluß der flämischen Malerei, insbesondere der Schule van Eycks, schließen. Die äußerst plastisch wirkenden Figuren, die sorgfältige detaillierte Ausarbeitung der Köpfe, Hände und verschiedener Einzelheiten zeigen den Versuch zu möglichst naturalistischer Darstellung. Diese Elemente verbinden sich mit einer eher harten, eindringlichen Ausdrucksweise der spanischen Malerei. Bermejo ist aller Wahrscheinlichkeit nach auch die Einführung der Technik der Ölmalerei in Aragon zuzuschreiben. Außer den bereits gen. Werken stammen von Bermejo mit ziemlicher Sicherheit: MUTTERGOTTES VON MONFERRATO (Acqui bei Genua, Kathedrale) und der HL. MICHAEL um 1480 (London, Wernher Collection).

Bernard, Emile

* 28. 4. 1868 in Lille, † 16. 4. 1941 in Paris. Bernard studierte 1885/86 im Pariser Studio Cormon; danach reiste er in die Bretagne und lernte 1887 van Gogh und 1888 Gauguin kennen. 1893 unternahm er Reisen nach Italien und in den Orient und ließ sich schließlich in Kairo nieder, von wo er 1896 nach Spanien und 1903 nach Venedig reiste. 1904 kehrte er nach Paris zurück und lernte Cézanne kennen.

Bernard wurde als Herausgeber der Zeitschrift „La Révolution esthetique" bekannt, in der er eine Rückbesinnung auf die alten Meister und die religiöse Kunst propagierte. Die Bedeutung seines malerischen Werks liegt in der mit Louis Anquetin gemeinsam entwickelten Technik des → Cloisonnismus, einer flächigen Malweise mit hart trennenden Konturen, die auch der zeitweise mit Bernard befreundete Gauguin in seinen Gemälden anwandte; Gauguin machte Bernard die Urheberschaft der Erfindung streitig. Das Vorbild des Künstlers war Cézanne, der ihn in Bildaufbau und Farbenwahl beeinflußte, seine Motive waren Menschen, Landschaften und Stilleben – MADELEINE IM „BOIS D'AMOUR", 1888 (Paris, Privatsammlung), STILLEBEN MIT TOPF UND ÄPFELN, 1887 (Paris, Musée National d'Art Moderne) – und vor allem in der späteren Schaffenszeit religiöse Themen. Neben seinem bildnerischen Werk betätigte Bernard sich auch als Dichter.

Bernini, Giovanni Lorenzo

* 1598 in Neapel, † 1680 in Rom. Als Architekt, Bildhauer, Maler und Dekorateur, bedeutendster Meister des Hochbarock in Rom wurde er ausgebildet bei seinem Vater Pietro Bernini mit dem er gegen 1604 nach Rom übersiedelte, wo er bis auf einen Paris-Aufenthalt, 1665, blieb. Bereits 1620 ein bekannter Künstler, wurde er von den Päpsten und Höfen gefördert, als zweiter Michelangelo gepriesen. Auf Wunsch Urbans VIII. malte B. und bewies seine allseitige Begabung, die alle Gattungen vereinte: Festdekorationen, mythologische Figuren, Heilige, Grabmäler, der Baldachin in S. Pietro gehören ebenso zu seinem Werk wie die Kirche S. Andrea al Quirinale, der Vorplatz der Peterskirche, die Plätze Barberini und Navona. Hinter den glänzenden architektonischen und bildhauerischen Leistungen blieben seine malerischen Schöpfungen zurück, sind bis heute weder im Umfang noch in der Urheberschaft übersehbar. Fest steht B.s Begegnung mit Velasquez, 1629, mit dem spanischen → Realismus, dem die Selbstporträts in Rom (Gall. Borghese, Privatslgen. in Los Angeles und London) verhaftet sind, das Gemälde der HLL. ANDREAS UND THOMAS (Rom, Gall. Naz. Palazzo Barberini) von 1627, der KOPF EINES ENGELS, um 1630 entstanden (Florenz, Uffizien). Der 2. Stilphase, mehr an venezianischen Malstil anknüpfend, gehören an: DAVID MIT DEM HAUPTE DES GOLIATH, 1630–35 (Rom, Slg. E. Incisa della Rochetta Chigi), um 1640 Selbstbildnisse (Florenz, Uffizien, und Madrid, Prado). Das zeichnerische Werk B.s, das allein in der Leipziger Staatsbibliothek mit 113 Originalen vertreten ist, zeigt ebenso wie die Gemälde Dynamik, psychologische Tiefe in den Porträts, plastische Durchmodellierung.

Berruguete, Alonso

* um 1488 in Paredes de Nava (Valladolid), † ?. 9. 1561 in Toledo. Der Sohn des Malers Pedro Berruguete hat als schaffender Künstler aus heutiger Sicht eine wesentlich größere Bedeutung als Bildhauer und Architekt erlangt als in seinem malerischen Wirken. Nach anfänglicher Ausbildung bei seinem Vater ging Berruguete 1504 nach Italien, wo er sich in Rom an der Laokoon-Gruppe, in Florenz an Werken von Michelangelo schulte. Angeblich vollendete er in Florenz das von Filippino Lippi unfertig hinterlassene Hochaltarbild der Kirche S. Giorgio. Um 1520 kehrte er nach Spanien zurück. Von 1526–32 arbeitete er am Hochaltar der Klosterkirche S. Benito in Valladolid, einem großangelegten Werk mit Statuen, Reliefs und vier Gemälden. Teile davon befinden sich heute im Museo Nacional de Escultura in Valladolid. Als Maler findet sich Berruguete auch an dem → Retabel des Colegio Mayor de Santiago in Salamanca, der zwischen 1529 und 1531 entstand und neben architektonischen Elementen und Skulpturen acht Gemälde mit Szenen aus dem Leben Christi enthält. Berruguete, der zu seiner Zeit als einer der bedeutendsten spanischen Renaissancekünstler galt und dessen Gemälde den Einfluß Raffaels zeigen, blieb jedoch in erster Linie Bildhauer. Zu seinen bedeutendsten Werken gehören das Chorgestühl der Kathedrale von Toledo, das 1539–48 in Zusammenarbeit mit Felipe Vigarni entstand, und das 1561 beendete Grabmal des Kardinals Tavera in der Kirche des Hospitals S. Juan de Afuera, ebenfalls in Toledo.

Berruguete, Pedro

(vermutlich auch Pietro Spagnolo)
* zwischen 1450 und 1455 in Paredes

Meister Bertram, ERSCHAFFUNG DER TIERE, *um 1379 (Hamburg, Kunsthalle). Zu den anmutigsten Tafeln des Grabower Altares gehört diese Darstellung aus der Schöpfungsgeschichte auf punziertem Goldgrund. Links schafft der Herr die Landtiere, während rechts in einer differenzierten Stufenfolge Fische und Vögel versammelt sind.*

de Nava (Palencia), † vor 6. 1. 1504 in Avila (?). Berruguete war Maler des Königs Ferdinand und der Königin Isabella. Die am Königshof besonders geförderte niederländische Malerei und Malschule beeinflußt auch Berruguete, der seine erste Ausbildung vermutlich bei Fernando Gallego erhält. Ab 1476 ist er in Urbino am Hof des Herzogs Federigo da Montefeltro, wo er zusammen mit Justus van Gent an der Dekoration des Palastes arbeitet. Die dafür gemalten Porträts berühmter Persönlichkeiten – darunter auch der Herzog selbst, „Federigo da Montefeltro und sein Sohn Guidobaldo" um 1477 (Urbino, Palazzo Ducale) – befinden sich heute in verschiedenen Museen (Paris, Louvre; Rom, Galleria Nazionale, Palazzo Barberini; Urbino, Palazzo Ducale). Ein deutlicher Einfluß Berruguetes auf die Künstler von Urbino, auf die Ferrareser Malerei begründet seinen Ruf in Italien. Andererseits finden sich bei ihm Elemente der italienischen Frührenaissance. Sein Name trat jedoch lange Zeit hinter dem seines Sohnes Alonso zurück. 1482, vermutlich in Verbindung mit dem Tod des Herzogs, kehrt Berruguete nach Spanien zurück. Er heiratet dort eine reiche Dame und geht 1483 nach Toledo, wo er mehrere Aufträge erfüllt. So arbeitet er 1485–88 zusammen mit Antonio de Rincón an der Wandmalerei der Alten Sakristei, 1495 am Kreuzgang der Kathedrale; letzterer zeigt Darstellungen der Geburt Christi und der Anbetung der Könige. Diese Werke, an denen auch Rincón und Juan de Borgoña mitarbeiteten, sind einem Umbau im 17. Jh. zum Opfer gefallen. In der Zeit um 1500 hält sich Berruguete in Avila auf. Er malt dort die Altäre für das Kloster S. Tomás, mit Darstellungen aus dem Leben des hl. Thomas und des hl. Dominikus; eine Altartafel befindet sich heute im Prado: INQUISITIONSGERICHT UNTER VORSITZ DES HL. DOMINIKUS. Die Arbeiten in der dortigen Kathedrale am Hauptaltar mit Heiligengestalten und Szenen aus dem Leben Christi sind von Borgoña vollendet worden. In Berruguete finden sich Elemente verschiedener Maltraditionen vereinigt. Zu dem harten Ausdruck der spanischen Malerei treten Formen der italienischen Frührenaissance, die sich in der architektonischen Gestaltung des Hintergrunds und in der Bildrahmung darstellen, sowie die Neigung zum Detail, wie sie sich in der niederländischen Malerei findet. Seine Figuren treten in gemessener Haltung auf, ihre Anordnung im Raum verrät Berruguetes Kenntnisse der Perspektive.

Bertram von Minden
(auch Meister Bertram)
* um 1340 vermutl. in Minden, † 1414/15 in Hamburg. Aufgrund von gewissen Stileigentümlichkeiten nimmt man an, daß der Meister in Böhmen gelernt hat. Urkundlich ist er von 1367 bis 1410 in Hamburg nachweisbar. Mit Sicherheit kannte er Arbeiten des Meisters von Hohenfurth, des Meisters von Wittingau und Theoderichs von Prag sowie gewisse Formeigenheiten Giottos. Trotz anfänglicher Anlehnung an die böhmische Malerei wuchs der Meister später weit über seine Vorbilder hinaus. Die wichtigsten Werke Bertrams sind der sog. GRABOWER ALTAR, 1379 (Hamburg, Kunsthalle), und der PASSIONSALTAR, 1394 (Hannover, Niedersächsische Landesgalerie). Man kann in Bertram von Minden den ersten deutschen Tier- und Landschaftsmaler sehen. Auf die zeitgenössische und nachfolgende Kunst übte er einen bedeutenden Einfluß aus, auch sein wichtigster Nachfolger in Hamburg, Meister Francke, zeigt sich noch sehr von ihm abhängig.

Joachim Beuckelaer, MARKTFRAU MIT GEMÜSE, OBST UND GEFLÜGEL, *1564 (Kassel, Gemäldegalerie). Bei dem flämischen Manieristen gerät das Stilleben zu pathetischer Überfülle. Hoch türmen sich die Körbe und Fruchtschalen, um die bunte Palette von Landesprodukten in ihrer ganzen Form- und Farbenpracht zu präsentieren.*

Beuckelaer, Joachim
* um 1533 in Antwerpen, † nach 1575 in Antwerpen. B. war Schüler von Pieter Aertsen (1508–1575) und wie dieser ein Spezialist für → Stilleben und ländliche → Genredarstellungen, die mit Szenen aus dem Neuen Testament kombiniert sind. Sehr häufig variierte er das Ecce-Homo-Thema, das schon von Aertsen nur noch als Vorwand für ein stärkeres Interesse an den profanen Details des Marktlebens benutzt wurde. Sein Schüler steigerte diese Wertverschiebung noch durch seine minutiöse Schilderung des Marktes und der dort gehandelten Waren in leuchtenden Lokalfarben. Diese Bildkomponenten emanzipieren sich zum eigentlichen Bildthema, während das „Ecce Homo" als unbedeutende Begebenheit unauffällig in den diffusen und tonig grau-grünen Hintergrund verbannt ist. In ikonographischer Hinsicht war B. wenig erfindungsreich; er schloß in Themenstellung und Bildaufbau eng an Aertsen an, entwickelte und vervielfältigte dessen ungewöhnliche Darstellungsweise.

Beyeren, Abraham van
* 1620/21 in Den Haag, † 1690 in Overschie bei Rotterdam. 1639 wohnte v. Beyeren in Leyden und heiratete dort; 1640 trat er in die → Haager Gilde ein. Im selben Jahr wurde er durch seine zweite Hochzeit Schwager des Fischmalers Pieter de Putter, der ihn wahrscheinlich in Malkunst unterrichtete. Nach einem Aufenthalt in Den Haag 1656 trat der Maler am 15. 10. 1657 der Delfter Gilde bei. Weitere Aufenthalte sind für 1663 in Den Haag, 1671 in Amsterdam und 1674 in Alkmaar bezeugt. Der häufige Wohnungswechsel wird allgemein mit finanziellen Schwierigkeiten begründet. Beyeren nimmt trotz der anscheinend mangelnden Anerkennung (und Bezahlung) zu Lebzeiten einen bedeutenden Platz unter den holländischen → Stillebenmalern ein. Er stellte vor allem Frühstückstische und Arrangements mit Fischen und Schalentieren dar. Das früheste datierte Werk ist das STILLEBEN MIT HUMMER von 1653 (München, Alte Pinakothek). Außer diesen und den Blumenstücken (z. B. BLUMENSTRAUSS, Den Haag, Mauritshuis) fertigte der Maler auch einige Seestücke. Beyerens Stilleben waren von flämischen Vorbildern (etwa Frans Snyders), am Anfang auch von Jan van Goyen beeinflußt. Er arrangierte üppige Gruppierungen von Früchten, kostbaren Gefäßen (Römer und Zinngeräte) und immer wieder Seetieren: STILLLEBEN MIT HUMMER (Zürich, Kunsthaus), vor zurückhaltendem Hintergrund, aber nicht mehr in der monochromen Palette seiner frühen Zeit, sondern mit starken Farbakzenten wie dem Rot des Hummers und detaillierter Beobachtung des Lichts mit seinen Brechungen und Reflexen auf den Gerätschaften; häufig traten reiche Draperien hinzu, die die barocke Fülle noch unterstrichen. Die Stofflichkeit der Dinge und die Eigenart der Seetiere gab er äußerst genau und realistisch wieder. Mit seinem Werk darf Beyeren neben Willem Kalf und Jan D. de Heem zu den wichtigsten Stillebenmalern seiner Zeit gezählt werden.

Van Beyeren, STILLEBEN MIT HUMMER, *1653, 125 × 105 (München, Alte Pinakothek). Mit großem Aufwand an kostbarem Tischgerät und üppiger Draperie wurden hier verschwenderische Tafelfreuden inszeniert. Die Metallreflexe des Nautilus-Pokals mit figürlichem Schmuck oder der Glasgefäße sind minutiös beobachtet.*

Bingham, George Caleb
* 1811 Virginia, USA, † 1879 Kansas City, USA. Der während des amerikanischen Bürgerkrieges auch als Politiker tätige Künstler gehört zu den amüsantesten und aufschlußreichsten amerikanischen → Genremalern des 19. Jahrhunderts. Schon vor seinem dreijährigen Studienaufenthalt in Düsseldorf stand Bingham stark unter dem Einfluß europäischer Kunst. Sein Lieblingsthema war das Leben am Missouri. Bingham versuchte die europäische künstlerische Tradition mit dem Thema des Frontiers zu vereinen, was ihm auch gut gelang. Sein bekanntestes Bild DIE LANDKREISWAHLEN, 1852, befindet sich im St. Louis Art Museum.

Bissier, Julius
* 3. 12. 1893 in Freiburg/Breisgau, † 18. 6. 1965 in Ascona. Bissier blieb als Maler weitgehend Autodidakt. Ab 1919 wurde er durch den Sinologen Ernst Grosse mit der fernöstlichen Kultur bekannt. 1929 wurde der Maler an die Universität Freiburg berufen, 1933 von den Nationalsozialisten aber wieder entlassen. Bissier hatte inzwischen mit Willi Baumeister und Oskar Schlemmer Freundschaft geschlos-

George Caleb Bingham, Pelzhändler auf dem Missouri, *um 1845, 74 × 93 (New York, Metropolitan Museum). Dieses Meisterwerk des amerikanischen Künstlers steht am Anfang einer Reihe von „Flößerbildern", welche die Romantik des Lebens auf den Strömen Missouri und Mississippi schildern.*

sen. – Bissiers Landschaftsbilder der ersten Schaffensperiode waren im nüchternen Stil der → Neuen Sachlichkeit gestaltet. Die Bekanntschaft mit Baumeister und Schlemmer und mit Constantin Brancusi bewirkten aber eine Abkehr von dieser Kunstrichtung; ab Ende der 20er Jahre neigten Bissiers Bilder zunehmend zur Abstraktion; er schuf jetzt Kalligraphien und Tuschen mit symbolischem Gehalt. Ab 1947 entstanden farbige Monotypien und ab etwa Mitte der 50er Jahre die Miniaturen, meist Werke in Eiöltempera auf Leinwand. Bereits in den Tuschen hatte sich die Begegnung mit der asiatischen Kultur niedergeschlagen, indem er nach fernöstlicher Art Schriftzeichen und Symbole wiederholte. In den Miniaturen zeigte sich dann die Auseinandersetzung des Künstlers mit fernöstlicher Meditation, z. B. in der Miniatur von 1957 (Privatsammlung), die auch in den Monotypien schon Ausdruck gefunden hatte. Bissier erhielt mehrere Preise, er war außerdem Mitglied der Akademie der Künste in Berlin.

Bissière, Roger

* 22. 9. 1888 in Villeréal, Lot-et-Garonne, † 2. 12. 1964 in Boisirette, Lot. Wichtiger französischer Künstler, der die → abstrakte Malerei, durchsetzt mit gegenständlichen Abbreviaturen, zu lyrischer Empfindsamkeit steigerte. Nach einem Studium an der Kunstakademie in Bordeaux ließ er sich in Paris nieder. Zunächst beeinflußt vom lyrischen → Kubismus Georges Braques, machte er sich auch mit der Kunst Paul Klees vertraut. 1924–37 unterrichtete er an der Académie Ranson, wo zu seinen Schülern u. a. Alfred Manessier, Jean Le Moal, Jean Bertholle und Maria-Elena Vieira da Silva gehörten. Psychisch erkrankt und vom Erblinden bedroht, zog er sich 1939 auf einen Bauernhof in der Dordogne zurück, um nach dem Zweiten Weltkrieg mit einer Reihe von Bildern erneut Aufsehen zu erregen: Es waren poetisch-abstrakte Gemälde und Stoffapplikationen, mit fein abgestimmten Farbflecken, häufig in Purpur, Braun, Goldocker, Smaragdgrün und tiefem Blau, ein teppichhaftes Muster, das ein feiner Raster aus dunklen Strichen gliederte, und durch den gegenständliche Zeichen hindurchschienen.

Blake, Peter

* 1932 in Dartford, Kent. Die Gestaltungsweise dieses englischen Malers zeichnet sich durch einen prägnanten → Realismus aus, wobei einzelne Bildpartien streng stilisiert sich zu plakativer Eindringlichkeit erheben. 1953–56 studierte Blake am Royal College of Art in London, einer Kunstakademie, von der die zweite Welle der englischen → Pop-art ausging. In seinen Ölbildern, Zeichnungen, → Collagen oder Assemblagen aus Fotos und Postkarten setzt er sich mit dem Zeitgeschehen auseinander.
Zu seinen wichtigsten Arbeiten gehören Babe Rainbow, das erste Werk, das für Serigraphie auf Metall bestimmt war, die Beatles-Schallplattenhülle „Sergeant Pepper", drei Wandgemälde für die Shakespeare-Ausstellung in Straford-on-Avon, die 1964 entstanden, und eine Aquarellserie „Alice im Wunderland". Virtuos verbinden sich in seinen Werken traditionelle Elemente mit solchen der Pop-Kunst.

Blake, William

* 28. 11. 1757 in London, † 12. 8. 1827 in London. Blake gehört zu den originellsten Persönlichkeiten des europäischen Kunstlebens und gelangte in der Malerei wie auch in der Dichtung zu höchst individuellen Schöpfungen. Mit etwa elf Jahren erhielt er bereits Unterweisungen im Zeichnen in der Londoner Zeichenschule von Henry Pars. Für den Kupferstecher James Basire, bei dem der junge Künstler eine siebenjährige Lehrzeit verbrachte, entstanden Zeichnungen nach gotischen Grabmälern in der Westminster Abbey. Als Schüler an der Kunstschule der Royal Academy vervollständigte Blake seine Studien, doch war er dort nur kurz, weil er nur wenig Interesse am Zeichnen nach dem Modell und antiken Stücken fand. Statt dessen war es sein Ziel, sich von der eigenen Phantasie inspirieren zu lassen. Von 1780 bis 1808 nahm Blake an Ausstellungen der Akademie teil. 1809 zog er es vor, den Laden seines Bruders zum Ausstellen seiner Werke zu verwenden. Für den geistigen Werdegang Blakes ist die Bekanntschaft mit dem Bildhauer John Flaxman wichtig, der ebenfalls von der mystischen Weltauffassung des Theosophen Emanuel von Swedenborg angezogen war. Zu dem Freundeskreis gehörten auch der Künstler Stothards und der Schweizer Maler Heinrich Füssli. In den achtziger Jahren entstanden Blakes erste Gedichtbände, die als Einheit von Text und Bild konzipiert waren. „Illuminierter Druck" nannte der Dichtermaler die Technik, bei welcher der Text gemeinsam mit dem schmückenden Beiwerk auf die Kupferplatte übertragen wurde. Die Abzüge – oft in mehreren Farben – wurden anschließend mit Wasserfarben koloriert. 1783 erschien Blakes Erstlingswerk Poetische Skizzen, 1789 Lieder der Unschuld und das Buch des Thel. In stilistischer Hinsicht steht Blakes Frühwerk mit traditionellen Gestaltungsmitteln in Einklang. Um 1784/85 entstanden Illustrationen zur Geschichte Josephs, deren neuklassischer Zeichenstil sich nicht wesentlich von der Kunst seiner Kollegen unterschied. Über seine Affinität zu den Meistern der Renaissance äußerte er selbst: „Meine Figuren sind die des Michelangelo, des Raffael und der Antike und die der besten lebenden Künstler." In den neunziger Jahren lebte Blake in großer Armut, da er nur selten Aufträge für Kupferstiche erhielt. In dieser Zeit entstanden auch die heute als die „großen Farbdrucke"

Peter Blake, AUF DEM BALKON, *1955/57, 121 × 91 (London, Tate Gallery). Mit den Dingen der Konsum-Trivialität, Illustrierten und Fotos, bestückt der Pop-art-Künstler Blake diese gemalte Collage mit jungen Leuten auf einer Parkbank über einer grünen Plastik-Rasenfläche. Seine Deutung des Menschen ist ungeschminkt.*

bekannten zwölf Entwürfe nach Miltons „Paradise Lost“. Die Durchdringung von Blakes geistiger Welt mit dem Gedankengut der Mystiker Swedenborg, Böhme u. a. äußert sich vor allem in dem Gedicht DIE VERMÄHLUNG VON HIMMEL UND HÖLLE aus dem Jahre 1793. Auf die Anregung von Blakes Gönner Thomas Butts geht eine Folge von mehr als achtzig Aquarellen mit biblischen Szenen zurück, die ihrer Qualität und der Konsequenz der künstlerischen Durchführung wegen auffallend ist. Die symmetrische Komposition des Blattes CHRISTUS IM GRAB, VON ENGELN BEWACHT (London, Victoria and Albert Museum) könnte von gotischen Ornamentformen, die Blake in der Westminster Abbey kennengelernt hatte, inspiriert worden sein. Im Auftrag des Malers John Linnell entstanden 1824–27 Aquarellillustrationen zu Dantes „Göttlicher Komödie“, das bedeutendste Werk der Spätzeit William Blakes, dessen geplante Übertragung in den Kupferstich der Künstler nicht mehr vollenden konnte. Einer größeren Resonanz beim Publikum, das Blake zeitlebens sehr reserviert gegenüberstand, erfreuten sich seine Illustrationen zum Buche Hiob, ein altbiblischer Text, der ihn oft zu Bildschöpfungen anregte. 1805–10 war bereits eine Aquarellfolge für Thomas Butts entstanden, die er 1821 für John Linnell kopierte. Das Gemälde SATAN SCHLÄGT HIOB (London, Tate Gallery), 1825/26 entstanden, zeigt, daß sich Blake bis an sein Lebensende mit dieser Thematik beschäftigte.
Ein junger Kreis von Künstlern scharte sich in den letzten Jahren um Blake, dessen visionäre Kraft sie bewunderten. Neben G. Richmond, E. Calvert und Linnell war es vor allem der Landschaftsmaler Samuel Palmer, der die poetisch-mystische Naturauffassung Blakes auch im eigenen Schaffen sehr persönlich assimilierte. Im 19. Jahrhundert fast unbeachtet, schätzt erst die heutige Zeit wieder die originellen Schöpfungen Blakes.

Blanchard, Jacques
* 1. 10. 1600 in Paris, † November 1638 in Paris. Zusammen mit Vouet gehört Blanchard zu den Überwindern der Malerei des → Manierismus in der französischen Kunst. Die Tradition des 16. Jh. wurde Blanchard durch seinen Onkel, dem Hofmaler Nicolas Bollery, und durch den Lyoner Maler Horace Le Blanc vermittelt. Eine Italienreise, die Blanchard 1624 antrat, machte den Künstler mit der Malerei des Frühbarock vertraut. Mehr noch als die Kunst Roms interessierten ihn die Meister Venedigs, wo er sich zwei Jahre aufhielt. Domenico Fetis und Johann Liss' Koloristik regten ihn an, ebenso wie die Maler der Renaissance, Tizian, Vernonese und Tintoretto. Blanchard führte die Erfahrungen der italienischen Zeit später zu einer für ihn typischen Synthese aus der römisch-bolognesischen Kunst und der venezianischen. Die Beherrschung der koloristischen Möglichkeiten verschaffte ihm den Ruf des „französi-

William Blake, DER SCHÖPFER UMARMT DEN RIESEN ALBION, *1804–20, 22 × 15 (engl. Privatbesitz). Die kolorierte Radierung bildet das Schlußblatt zu Blakes letzter visionärer Dichtung „Jerusalem", die den kosmischen Aufstieg des Menschen zu ewigem Leben und der höchsten Vereinigung mit Gott, der „unio mystica", schildert. Mystische Vorstellungen bestimmten Blakes wort- und bildkünstlerisches Schaffen zeitlebens. Es war vor allem die visionäre Philosophie des Theosophen Emanuel von Swedenborg, der auf Blakes spirituelles Bewußtsein befruchtend wirkte.*

schen Tizian". Das Bild HL. JOHANNES AUF PATMOS entstand als Aufnahmearbeit für die Académie de Saint-Luc in Paris. Als „Maibild" schuf er 1634 für Notre-Dame die AUSGIESSUNG DES HEILIGEN GEISTES im Auftrag der Pariser Goldschmiedeinnung. Auch dekorative Arbeiten entstanden. Darstellungen der zwölf Monate von Blanchards Hand schmückten einst die untere Galerie im Hause des Claude de Bullion. Die mythologischen Kompositionen für das Palais des Präsidenten Perrault sind ebenfalls nicht erhalten. Zwei Jahre vor seinem Tod wurde Blanchard zum Hofmaler des Königs ernannt. Einer besonderen Beliebtheit erfreuten sich seine Darstellungen Mariens oder der Heiligen Familie. Daneben sind uns mythologische Bilder erhalten wie CIMON ET EPHIGÉNE (Paris, Louvre) oder BACCHANAL (Nancy, Musée). Das BILDNIS EINES 27JÄHRIGEN MANNES ist das einzige bekannte Beispiel von Blanchards Porträtkunst, die als von bedeutendem Rang überliefert ist.

Blanche, Jacques-Émile
* 1. 2. 1861 in Paris, † 30. 9. 1942 in Offranville. Blanche studierte in Paris bei den Porträtmalern Henri Gervex und Jacques Ferdinand Humbert. Seine künstlerischen Anregungen erhielt er von Monet, Degas, Renoir, besonders aber von dem amerikanischen Porträtisten Whistler und von den englischen Porträtisten des 18. Jh. Blanche, gebildet und mit der gehobenen Gesellschaftsschicht verbunden, war ein sehr beliebter Porträtmaler, der seine Modelle in genauer Analyse erfaßte und ihre Charakteristika wiederzugeben vermochte. Als Beispiele seiner zahlreichen Porträts berühmter Persönlichkeiten seien die Bildnisse von AUBREY BEARDSLEY von 1896 (London, National Gallery) und IGOR STRAWINSKY von 1913 (Rouen, Musée des Beaux-Arts) genannt. Daneben fertigte der Künstler Stilleben, Blumenstücke, Interieurs und Bilderserien, auch religiöse Darstellungen: L'HOTE, ein Christusbild von 1892. Seine virtuose Maltechnik basierte auf einer zurückhaltenden, zarten Palette aus hauptsächlich von Grau- und Brauntönen bestimmten Harmonien, mit denen er eine impressionistische Wirkung erzielte. Blanche schuf neben seinen Gemälden auch Graphiken und veröffentlichte Essays und andere Kunstliteratur.

Blechen, Karl Eduard Ferdinand
* 29. 7. 1798 in Cottbus, † 23. 7. 1840 in Berlin. Einer der bedeutendsten Landschaftsmaler der deutschen → Romantik. Nach einer Banklehre und einem kurzen Studium 1823

Jacques-Émile Blanche, JUNGE DAME VOR DEM SPIEGEL *(Ausschnitt), um 1905/10, 100 × 55 (Bremen, Kunsthalle). Ein aus vibrierenden, duftigen Weißtönen bestehendes Kleid trägt die vor dem Spiegel Posierende. Den Hut zurechtrückend, führt sie ein stilles Zwiegespräch mit sich selbst. Nur der Spiegel verrät ihre anmutigen Züge.*

an der Berliner Akademie bei dem Landschaftsmaler P. L. Lütke war er 1824–27 als Bühnenmaler am Königstädtischen Theater Berlin tätig. Entscheidend für seine weitere Entwicklung wurde, neben dem Einfluß Caspar David Friedrichs, Johann Clausen Dahls und andere Romantiker, eine 1828/29 unternommene Italienreise, auf der er mit der natürlichen Leuchtkraft der südländischen Landschaft konfrontiert wurde und im Nachschaffen solcher Gegebenheiten → pleinairistische Lösungen vorwegzunehmen begann. Bildkompositionell wurde der anscheinend als zufällig wiedergegebene Naturausschnitt maßgebend. 1831 wurde Blechen als Professor an die Berliner Akademie berufen. Stilistisch und thematisch neigte er sich mehr und mehr dem beginnenden → Realismus zu – in Bildern wie WALZWERK BEI EBERSWALDE von 1834 (Berlin, Staatliche Museen/West), die ihn als einen der ersten deutschen Industriemaler ausweisen. Daneben entstanden in dieser Zeit aber auch fast mystisch-religiöse Bilder. Aus der Hand Blechens, der in geistiger Umnachtung starb, stammt auch eine Reihe hervorragender Aquarelle.

Bloemaert, Abraham

* 25. 12. 1564 in Dordrecht, † 27. 1. 1651 in Utrecht. Nachdem Bloemaert von seinem Vater Cornelis in Utrecht ersten Zeichenunterricht bekommen und einige Wochen bei Gerrit Splinter gelernt hatte, ging er zu Joost de Beer, in dessen Galerie auch Werke Anthonie Blocklandts Einfluß auf Bloemaert ausübten. 1580 ging der Maler nach Paris zu Jean Bassot und Hieronymus Francken, um nach drei Jahren nach Hause zurückzukehren, 1591 wurde er Bürger Amsterdams, ging später wieder nach Utrecht und 1600 zurück nach Amsterdam. Bloemaert, durch seine Arbeit wohlhabend geworden, besaß mehrere Häuser in Utrecht. 1611 gründete er dort die → Lukasgilde mit und wurde 1618 ihr Vorstand. Bis zu seinem Tod 1651 in Utrecht war er künstlerisch tätig.

Bloemaerts Werk wurde von verschiedenen Strömungen bestimmt. Zunächst machten ihn zahlreiche Land-

Karl Blechen, Badende Frauen im Wald, *32 × 25 (Düsseldorf, Kunstmuseum). Bei seiner Italienreise 1828/29 fertigte der romantische Maler Skizzen im Park von Terni an (Tibertal), die er später zu Landschaftskompositionen ausreifen ließ. Das Waldidyll mit zwei nymphengleich Badenden zeichnet sich durch feinste Beobachtung der Lichtwerte und stimmungsvolle Atmosphärik aus. Auf der Italienreise konnte er die natürliche Leuchtkraft der Farben studieren und in immer neuen Variationen seiner → Koloristik sein stärkstes Ausdrucksmittel entwickeln. Während der Zeitgeschmack von Blechen eine idealisierende Überhöhung der Motive verlangte, kündigt sein Werk doch schon den Realismus an.*

schaftsbilder und religiöse und mythologische Darstellungen bekannt, die u. a. von Blocklandt und Frans Floris angeregt waren. Er fertigte sorgfältige, durch Naturstudien vervollkommnete Kompositionen. Auf seinen mythologischen und religiösen Bildern zeichnete er elegante, sich lang streckende Figuren, die er dekorativ plazierte und durch reichen ornamentalen Schmuck ergänzte; alles in kräftigen, leuchtenden Farben mit lebhaften Lichteffekten; Beispiele: Predigt Johannes' des Täufers, um 1600 (Amsterdam, Rijksmuseum), und Tod der Niobiden, 1591 (Kopenhagen, Statens Museum for Kunst). Bloemaert wurde zum Begründer und Hauptvertreter der sog. „Utrechter Schule" des Spätmanierismus; unter seinen Schülern waren Jan Both, Jacob Cuyp, Jan Weenix und seine Söhne Cornelis und Frederick. Der Maler war bei seinen Zeitgenossen sehr beliebt und konnte ein beträchtliches Vermögen ansammeln. In seiner späten Schaffensperiode wurde er durch seine von Studienreisen nach Italien zurückkehrenden Schüler mit der Malerei Caravaggios bekannt, dessen Helldunkel-Effekte er mit seiner Lichtbehandlung auch für seine Werke übernahm, so in Christus und die Jünger in Emmaus von 1622 (Brüssel, Musées Royaux des Beaux-Arts). Danach schuf er Bilder mit so beliebten Sujets wie der Schäferin, 1628 (Karlsruhe, Kunsthalle) und mit Bewegungsmotiven und differenziertester Wiedergabe der Konsistenz der menschlichen Haut und der Dinge. Sein → Œuvre wirkte lange nach und wurde z. B. bis ins 18. Jh. hinein in vielen Stichen kopiert.

Boccaccino, Boccaccio

* um 1467 in Ferrara, † 1524/25 in Cremona. Ausgebildet wurde B. aller Wahrscheinlichkeit nach in einer Werkstatt in Ferrara, möglicherweise bei Ercole de'Roberti. Die erste Nachricht seiner Tätigkeit haben wir von 1493, als er für das Augustinerkloster S. Maria della Consolazione in Genua ein Altarbild, eine → Maestà, malte. Später ging er nach Venedig, wo er Einflüsse von Bellini, die sich in seinen zahlreichen Marienbildern zeigen, von Cima da Conegliano und Giorgione aufnahm. B. wirkte in der Klarheit seiner Raum- und Architekturdarstellung auf die lombardische Malerei. Sein Hauptwerk sind die Fresken im Dom von Cremona, 1506–19.

Boccaccino, Camillo

* 1501 in Cremona, † 4. 1. 1546 in Cremona. C. ging bei seinem Vater Boccaccio Boccaccino in die Lehre, an dessen Fresken im Dom von Cremona er bereits mitarbeitete. Zwischen

1522–24 war er in Parma, wo er entscheidende Einflüsse erhielt: Er arbeitete bei Correggio und orientierte sich an Pordenone und Parmigianino, was in seinem manieristischen Stil und in den starken Farbgegensätzen in den Fresken im Chor und im Presbyterium von S. Sigismondo bei Cremona, 1535–37, zum Ausdruck kommt. Er hatte eine große Wirkung auf die örtliche Schule, mit seinen zahlreichen religiösen Arbeiten ebenso wie mit seinen Bildnissen.

Boccati, Giovanni di Piermatteo
(auch Boccatis, gen. Giovanni da Camerino)
* um 1420 in Camerino, † nach 1480. B. verließ früh seine Heimat, um nach Perugia zu gehen, wo er 1445 das Bürgerrecht erhielt und bis 1480 nachweisbar ist. In seinen Werken drückt sich der Einfluß der toskanischen Malerei aus, etwa von Fra Filippo Lippi und Domenico Veneziano. Sein Stil zeichnet sich durch Klarheit der Kompositionen und die Anmut der Figuren aus. 1468 entstand in Camerino sein bedeutendstes Werk, das Polyptychon, das MARIA, SINGENDE ENGEL, HEILIGE UND PROPHETEN darstellt.

Boccioni, Umberto
* 19. 10. 1882 in Reggio di Calabria, † 16. 8. 1916 bei Verona. Der zu den führenden Vertretern und Haupttheoretikern der → futuristischen Malerei zählende Boccioni studierte 1898 bis 1902 in Rom, wo er u. a. Gino Severini und Giacomo Balla kennenlernte.

Umberto Boccioni, DER LÄRM DER STRASSE DRINGT IN DAS HAUS, *1911, 100 × 100 (Hannover, Landesmuseum). Mittels einer grellfarbenen Brechung und Aufsplitterung der Linien und Flächen sucht Boccioni die akustische Wirkung einer Straßenbaustelle ins optische Medium zu übersetzen. Häuserwände geraten buchstäblich ins Wanken. Alles scheint von chaotischem Lärm durchgerüttelt, der Zerstörung nahe.*

Arnold Böcklin, TOTENINSEL, *1880, 111 × 155 (Basel, Kunstmuseum). Der Maler selbst nannte das wegen seiner Popularität in mehreren Fassungen gemalte Werk ein „Bild zum Träumen". Als einen phantastischen Ort, „würdig der Zufluchtsorte des letzten bayerischen Königs", empfand es der symbolistische Dichter Laforgues.*

Letzterer machte ihn mit der Malweise des → Neoimpressionismus bekannt. 1902–04 hielt er sich in Berlin und Paris auf, 1907 ließ er sich in Mailand nieder, wo er 1909 Filippo Tommaso Marinetti kennenlernte. Unter dessen Einfluß veröffentlichte Boccioni dann, zusammen mit Carlo Carrà, Balla und Luigi Russolo, im Februar 1910 das „Manifest der futuristischen Malerei". Auf einer erneuten Parisreise 1911 wurde Boccioni vom entwickelten → Kubismus beeindruckt, dessen Formzerlegungen in prismatische Splitterflächen er in seine eigenen Arbeiten von nun an fruchtbar eingliederte. In der gleichzeitigen Darstellung verschiedener Ansichtsseiten eines Gegenstandes sollte der Zeitfaktor, nämlich die Dynamik aufeinanderfolgender Bewegungsabläufe eingefangen werden. Durch diese dramatisch strukturierte Zerteilung von Farb- und Formflächen und durch verwischte Vielfachkonturen versuchte Boccioni, das Tempo und die Dynamik des modernen Lebens einzufangen, so auch z. B. in seinem 1912 gemalten Hauptwerk ELASTIZITÄT (Mailand, Sammlung Juncker). Im Bestreben, eine „Synthese aus Zeit, Ort, Form, Farbe und Ton" zu bilden, gelangte er zu einer Verabsolutierung von Bewegungsmotiven in ornamentaler Bildanordnung, wobei Energiefelder und -strahlen auch Leerräume zu erfüllen scheinen. Auf dem Höhepunkt der futuristischen Bewegung schuf Boccioni auch Plastiken. 1914 freiwillig in den Krieg gezogen, starb er 1916 während eines Genesungsurlaubs an den Nachwirkungen eines Sturzes vom Pferd.

Böcklin, Arnold

* 16. 10. 1827 in Basel, † 16. 1. 1901 in San Domenico bei Fiesole. Der Schweizer Maler zählt zu den führenden Vertretern des → Symbolismus. 1845–47 besuchte er die Düsseldorfer Akademie, wo er bei Johann Wilhelm Schirmer studierte. Dieser machte Böcklin mit dem klassizistisch-heroisierenden Landschaftsstil des → Deutschrömers Joseph Anton Koch vertraut und impfte ihm den Glauben an Italien als das Natur- und Kunstvorbild schlechthin ein. Von Düsseldorf aus unternahm er mit dem später als Tiermaler bekannten Rudolf Koller 1847/48 eine Studienreise nach Antwerpen, Brüssel und Paris. In der Hauptstadt Frankreichs wurde er 1848 Zeuge der revolutionären Ereignisse des Februar, die den stets reaktionär veranlagten Böcklin mit Abscheu vor der „profanen" Wirklichkeit erfüllten und so viel zur Herausbildung seines symbolistisch verschlüsselten, neuidealistisch sich gebärdenden Stils und einer entsprechenden Thematik beitrugen. So geprägt, kehrte er nach Basel zurück, um bei dem als Maler von Alpenlandschaften viel gerühmten Alexandre Calame in Genf seine Studienzeit zu beschließen. 1850–57 hielt sich Böcklin in Rom, Basel, München und Florenz auf. In Italien erlebte er mit eigenen Augen jene mediterranen Landschaftseindrücke, die in Form von Einzelmotiven wie Zypressen, Ruinenarchitekturen u. a. oder gesamtkompositionell seine späteren Bilder so charakteristisch bestimmen sollten. In dieser Zeit befreundete sich Böcklin auch mit Jacob Burckhardt, dessen Bücher über die Kunst und die Kultur der italienischen Renaissance Weltruhm erlangten, mit Anselm Feuerbach, der in seinen Bildern romantisierte antikisierende Vorstellungsinhalte gestaltete und mit dem Spätnazarener Heinrich Dreber, dessen geheimnisvoll melancholischen Landschaften mit mythologischer Figurenstaffage Thematik und Stil Böcklins ganz entscheidend mit beeinflußten. 1853 heiratete er Angela Pascucci, die zum Vorbild vieler seiner heroisch-sentimental stilisierten Frauengestalten wurde. 1858 hatte Böcklin mit seinem Gemälde PAN IM SCHILF (München, Neue Pinakothek) in München einen sensationellen Erfolg, was ihm die Gönnerschaft des Kunstmäzens Grafen Schack und die Anerkennung und Freundschaft des Münchner „Malerfürsten" Franz von Lenbach eintrug, mit dem er sich auch in der Ablehnung der realistisch-impressionistischen Maler wie Adolf von Menzel und Max Liebermann einig war. 1860 folgte Böcklin für drei Jahre einer Berufung als Professor nach Weimar, bevor er, abgesehen von einigen Zwischenaufenthalten in Basel, München und Zürich, für den Rest seines Lebens nach Italien ging. Hier, in Florenz, entstand sein damals bewundertes und auch heute noch berühmtestes Werk, die 1880 gemalte TOTENINSEL

Arnold Böcklin, DAS SPIEL DER NAJADEN, *1886 (Basel, Kunstmuseum). „Als ob die Phantasiegestaltung vielleicht mehr sei als das Malen des mit den Augen zu Sehenden. Als ob Gestaltung des visionären Traumes nicht ebenso eine schöpferische Tat in der Malerei ist als das Abmalen einer Landschaft . . .", schrieb E. L. Kirchner über Böcklin.*

(Basel, Kunstmuseum), ein Gemälde, von dem im folgenden vier Variationen geschaffen wurden. 1892 ließ sich Böcklin in einem schloßartigen Neubau in Fiesole bei Florenz nieder, wo neben still melancholischen Landschaftsbildern auch düster symbolische Veranschaulichungen visionärer Art entstanden, wie etwa DER KRIEG (Zürich, Kunsthaus). Stilistisch steht Böcklins Malerei zwischen der Spätromantik und der symbolistischen Neuromantik, bei der phantastisch-irreale Inhalte in meist klassizistischem oder realistischem Formengewande metaphorisch auf existenzielle Welterfassung ausgedeutet werden. Bei Böcklin ist es hauptsächlich die stimmungsbetonte Landschaft mit heroisierend-antikisierender Figurenstaffage, die solches zum Ausdruck bringt. Dabei gelangt er von zunächst dumpffarbig gehaltenen Stimmungsbildern über → „heroische" Landschaften mit Motiven der Campagna zu seinem Spätstil, in dem eine aufgehellte Palette mit einer im Sinne der historisierenden Neurenaissance monumental durchkomponierten Figurenbildung einhergeht. Mythologische Gestalten wie Nymphen, Tritonen u. ä. werden als Personifikation absoluter, pantheistisch anzusehender Naturkräfte ausgedeutet. Häufig findet sich daneben eine neubelebte christliche → Ikonographie, wie in dem bekannten → Vanitasbild SELBSTBILDNIS MIT FIEDELNDEM TOD von 1872 (Berlin, Staatliche Museen/West). Böcklin, der zu seiner Zeit hochberühmt war, wird heute weniger aufgrund seiner symbolistisch überfrachteten, sondern mehr wegen seiner dekorativen, koloristisch äußerst kultivierten „Kleinwerke" der Spätzeit geschätzt.

Boilly, Louis-Léopold

* 5. 7. 1761 in La Bassé, † Anfang Januar 1845 in Paris. In Boillys frühen Werken spiegelt sich die Vorliebe des vorrevolutionären Kunstpublikums für dem einfachen Leben, der Natur und dem häuslichen Alltag abgelauschte Schilderungen. Bilder wie MÜTTERLICHE VORLIEBE, SPINNERIN AM SPINNROCKEN oder MARKTSCHREIER DES DORFES dokumentieren die Beschäftigung des Malers mit der holländischen Barockmalerei, Pieter de Hooch oder Terborch, und finden im Schaffen von Greuze eine Parallele. Daneben entstanden auch galante Szenen. Boilly, der in Paris unter den Einfluß revolutionärer Strömungen geriet, malte die Protagonisten des neuen Frankreich, MAXIMILIEN DE ROBESPIERRE (Lille, Palais des Beaux-Arts), Camille Desmoulins oder Danton. Die Bilder TRIUMPH MARATS oder Verhaftung Charlotte Cordays sind von den politischen

Arnold Böcklin, SELBSTBILDNIS MIT FIEDELNDEM TOD, *1872, 75 × 61 (Berlin, Nationalgalerie). Die gespenstischen Schreckensvisionen seines Alterswerkes läßt Böcklin in diesem Bild bereits erahnen. Mit Palette und Pinsel vor der Staffelei stehend, hält der Künstler inne, lauscht und spürt einer Intuition aus dem Jenseits nach. Nicht in panischen Schrecken versetzt zeigt sich der Maler, sondern in vertrautem Umgang mit der auf einer einzigen Saite spielenden Todesgestalt. Die Knochenhand auf seiner Schulter, scheint ihm der Schädel etwas Unabänderliches ins Ohr zu flüstern.*

Louis-Léopold Boilly, FREIER EINTRITT IM THÉÂTRE AMBIGU, *1819, 67 × 81 (Paris, Louvre). Als scharfer Beobachter und Schilderer der Zeit hat Boilly in seinen Werken eine Chronik der französischen Geschichte von der Revolution bis zur Juli-Monarchie hinterlassen. Lebhafte Volksszenen waren eines seiner Lieblingsthemen.*

Giovanni Antonio Boltraffio, MARIA MIT DEM KIND, *83 × 63 (Budapest, Museum der Bildenden Künste). Der Gesichtsschnitt der Madonna, die Dreieckskomposition wie auch die besondere Schattengebung verweisen auf Werke Leonardo da Vincis, dessen Schüler dieser adlige Maler gewesen war.*

Ereignissen inspiriert. 1791 beteiligt sich Boilly an der „Exposition de la Jeunesse" und wird von dem Kunsthändler Lebrun ausgestellt. Das überaus umfangreiche Œuvre des Malers besteht zum überwiegenden Teil aus Porträts. Daneben verdient Boilly vor allem als Darsteller des Lebens zur Zeit der Revolution und des frühen 19. Jh., das er wie ein Chronist verbildlichte, eine nicht geringe Anerkennung.

Bol, Ferdinand
getauft am 24. 6. 1616 in Dordrecht, begraben am 24. 7. 1680 in Amsterdam. Bol kam Anfang der 30er Jahre in Rembrandts Atelier in Amsterdam. 1652 wurde er Amsterdamer Bürger und heiratete; 1669 folgte seine zweite Heirat, 1673–80 war er Regent eines Armenhauses. Im Juli 1680 starb er in seinem Haus an der Heerengracht.

Rembrandt übte einen so großen Einfluß auf Bol aus, daß bei manchen Bildern und Radierungen der Urheber lange nicht eindeutig identifiziert werden konnte. Bols früheste Werke, 1642 datiert, zeigten diese Anregungen besonders stark, z. B. die religiösen Gemälde. Als Porträtmaler, zunächst auch unter dem Einfluß Rembrandts, genoß er bald einen guten Ruf in Amsterdam und wurde so wohlhabend, daß er in den vornehmen Gegenden der Stadt leben konnte. Bol stellte seine Modelle – Amsterdamer Patrizier – würdig und ehrenvoll dar und malte mit warmen Farben: BILDNIS EINER DAME, 1665 (Kopenhagen, Statens Museum for Kunst). In der Gattung der Gruppenbildnisse wurde der Künstler dann einer der bedeutendsten Repräsentanten seines Berufs, so daß er sogar Aufträge von außerhalb erhielt, z. B. die Schützengilde Goudas zu porträtieren: SCHÜTZENOFFIZIERE, 1653 (Gouda, Stedelijkmuseum). Als weiteres Beispiel seien die REGENTEN DES LEPROSENHAUSES von 1649 (Amsterdam, Rijksmuseum) genannt. Daneben arbeitete Bol an der Ausschmückung des neuen Amsterdamer Rathauses mit. Die beste Schaffenszeit des Malers lag zwischen 1650 und 1660; nachdem er 1669 zum zweiten Mal geheiratet hatte, scheint er nicht mehr gemalt zu haben. – Bol hatte trotz seines Ansehens nur wenige Schüler; Cornelis Bisschop und Gottfried Kneller sind bezeugt; einige Stecher arbeiteten allerdings nach seinen Werken.

Boldini, Giovanni
* 31. 12. 1842 in Ferrara, † 12. 1. 1931 in Paris. Der Künstler, der zu den wichtigsten Repräsentanten der → Macciaioli zählt, absolvierte zunächst eine Lehrzeit bei seinem Vater, dann 1864–69 an der Kunstakademie in Florenz. Anschließend trat er der Künstlervereinigung der Macciaioli bei, die in ihrem getupften Farbauftrag und im Erfassen atmosphärischer Licht- und Farbstimmungen einige Tendenzen des französischen → Impressionismus vorwegnahmen. 1872 lernte er in Paris James Abbot MacNeill Whistler, John Sargent und Edgar Degas kennen, von denen er ebenso beeinflußt wurde wie von Gustave Courbet

und Ernest Meissonier. Bekannt wurde Boldini vor allem durch seine Porträts berühmter Zeitgenossen, etwa durch das 1886 gemalte Bildnis von GIUSEPPE VERDI (Rom, Galleria Nazionale d'Arte Moderna). Bei der Darstellung mondän-eleganter Persönlichkeiten der Belle Époque verflachte seine raffinierte Technik mehr und mehr zu effektvoll-oberflächlicher Manier.

Boltraffio (Beltraffio), Giovanni Antonio
* 1467 in Mailand, † 1516 in Mailand. Der aus einem Adelsgeschlecht hervorgegangene Maler gilt als der hervorragendste unter den Künstlern in der Nachfolge Leonardo da Vincis. Der Inschrift auf seiner Grabplatte ist zu entnehmen, daß er im späteren Leben nicht nur Maler war, sondern noch einer anderen Tätigkeit nachging, vielleicht ein Amt bekleidete. 1500 ist er in Bologna, 1513 in Rom nachweisbar. In seinen Frühwerken zeigt sich die Abhängigkeit von Leonardo am deutlichsten, der 1485 nach Mailand kam. Leonardeske Entwürfe wie der einer stillenden Madonna oder eines gelockten Jünglingskopfes werden nebst einer Anzahl von Halbfigurenbildern kleineren Formates von Boltraffio aufgegriffen (Th. Becker). Mit großer Sicherheit von der Hand Boltraffios ist die 1500 im Auftrag der Familie Casio entstandene Mariendarstellung (Paris, Louvre). Diese MADONNA DER FAMILIE CASIO mit dem hl. Johannes d. T. und Sebastian zeigt den anbetenden Stifter Girolamo und dessen Vater. Die Anwendung des → Sfumato findet sich auch im späteren Schaffen des Künstlers, doch ist er jetzt gegenüber seinem Vorbild Leonardo selbständiger. Auf Boltraffio geht auch eine Anzahl vorzüglicher Porträts zurück wie das BILDNIS EINES KNABEN (Washington, National Gallery of Art) oder GIROLAMO CASIO (Mailand, Pinacoteca di Brera). Auch die LA BELLE FERRONNIÈRE im Louvre wird ihm zugeschrieben.

Bombois, Camille
* 3. 2. 1883 in Vénarey-les-Laumes (Côte d'Or), † 11. 6. 1970 in Paris. Der Sohn eines Kanalschiffers wuchs zunächst auf Schleppkähnen, dann in einem Dorf bei Laroche auf. Bombois mußte sich durch Gelegenheitsarbeiten ernähren, so z. B. 1903 auch als Ringkämpfer. 1907 ging er nach Paris; auch hier lebte er von unregelmäßiger Arbeit, wobei er sich nebenher autodidaktisch in der Malkunst übte. 1914–18 nahm er am Krieg teil. Seine erste Ausstellung 1922 – auf der Straße in Montmartre – brachte ihm Erfolg, u. a. wurden Wilhelm Uhde und der Kunsthändler Mathot seine Förderer, so daß Bombois sich bald ganz der Malerei widmen konnte. Das Werk des Künstlers ist ein bedeutender Beitrag zur Gattung der → Naiven Malerei. Bombois' Motive waren hauptsächlich alltägliche Szenen aus dem Stadt- und Dorfleben, in denen er Ansichten des kleinbürgerlichen Daseins in oft romantisch-stimmungsvoller Art mit leuchtenden Farben in naiver realistischer Malweise schuf. Auch seine Zeit beim Zirkus verarbeitete der Maler in Bildern, so im JAHRMARKTSATHLETEN

Camille Bombois, HÄUSER AM FLUSS *(New York, Privatsammlung). Die Ansicht der friedlichen Landgemeinde am Ufer eines Gewässers könnte als Erinnerung an Bombois' Jugend entstanden sein, die er auf dem väterlichen Schleppkahn verbrachte. Bevor er sich ganz der naiven Malerei zuwandte, war Bombois u. a. Catcher in einem Zirkus.*

Pierre Bonnard, Strand bei Ebbe, *um 1922 (Paris, Musée National d'Art Moderne). Mit kargen Motiven hat Bonnard diese Meereslandschaft, die vermutlich die Bucht von Arcachon darstellt, ausgestattet: ein Priel mit gestrandetem Boot, zwei dunkle Wolken vor einer grauen Wolkenschicht sowie sehr eigenwillig verteilte Strandfiguren.*

von etwa 1930 (Paris, Musée National d'Art Moderne). Darüber hinaus gehören einige Landschaften und Akte zu Bombois' → Œuvre, das mit seiner Naivität einen liebenswerten und lebensfrohen Eindruck macht.

Bonfigli, Benedetto

* um 1420 in Perugia, † 1496 in Perugia. B. gilt als typischer Vertreter der frühen umbrischen Malerei. Bis zur Jahrhundertmitte ist sein Œuvre stark von der sienesischen Malerei geprägt. Die erste Erwähnung des Künstlers datiert aus dem Jahre 1445 und steht im Zusammenhang mit einem Votivbild für S. Pietro in Perugia. 1450 war B. für Papst Nikolaus V. in Rom tätig, von diesen Arbeiten ist jedoch nichts erhalten. Um die Jahrhundertmitte etwa tritt die umbrische Malerei in Kontakt mit der toskanischen der Frührenaissance. Durch Werke von Fra Angelico, Filippo Lippi oder Domenico Veneziano beeinflußt, überwand B. seinen durch eine gewisse Gleichförmigkeit gekennzeichneten Frühstil und schuf Werke von Eleganz und Lieblichkeit. 1453 erhielt B. den Auftrag, die Cappella dei Priori im Palazzo Pubblico zu Perugia mit Szenen aus dem Leben des hl. Ludwig von Toulouse und des hl. Herkulan auszumalen. Diese Arbeiten, die sich durch landschaftliche Bildhintergründe mit historisch getreuen Stadtansichten von Perugia auszeichnen, konnte B. nicht vollenden. 1466–68 malte er zusammen mit dem gleichaltrigen Bartolomeo Caporali das sich heute in der Galleria Nazionale dell'Umbria in Perugia befindliche → Triptychon Maria und vier Heilige. Daneben schuf B. für die Peruginer Kirchen noch eine Reihe von Fahnenbildern, diese wurden bei Bittprozessionen mitgeführt und sollten dazu dienen, die Hilfe der Gottesmutter gegen die Pest zu erflehen.

Bonifazio de' Pitati

(Bonifazio Veronese oder auch Bonifazio Veneziano)

* 1487 in Verona, † 19. 10. 1553 in Venedig. Schon in der alten italienischen Kunst- und Vitenliteratur wird Bonifazio wechselnd Veronese oder Veneziano genannt. Sein Aufenthalt in Venedig ist erstmals 1528 urkundlich nachweisbar. Seine Kunst zeigt insbesondere die Eigenart Palma il Vecchios, als dessen Schüler Bonifazio wahrscheinlich gelten kann. In seinem einzigen signierten Gemälde, dem Altarbild für die Scuola dei Sartor aus dem Jahre 1533, erinnert vor allem die Figur der Barbara an Palmas Vicenza-Bild. Gegenüber Palmas Bildern der → Sacra conversatione zeichnet sich diese Madonna mit den hl. Omobono, Barbara und Johannes (Galleria dell'Accademia) durch die Wahl des Breitformates und eine ornamentale Einordnung der Figuren in die Fläche aus. Urkundlich beglaubigte Werke sind Arbeiten für das Refektorium von S. Andrea del Lido oder das Kassenzimmer des Consiglio dei Dieci im Palazzo Camerlenghi, für den u. a. Bethlehemitischer Kindermord (Venedig, Accademia) und Christus unter den Schriftgelehrten (Florenz, Palazzo Pitti) entstanden sind. Seit 1531 war Bonifazio an der Dekoration für die Amtsräume im Palazzo Camerlenghi, seinem Hauptwerk, beschäftigt. Die scheidenden Beamten stifteten regelmäßig zur Erinnerung an ihre Amtszeit ein Bild ihres Namensheiligen, ihrem Wappen und den Initialen. Als Mittelbilder entstanden biblische Szenen wie das 1533 datierte Salomonsurteil. Die Arbeiten für den Palazzo wurden nach dem Tode des Meisters von dessen Schülern fortgesetzt und fielen später Tintoretto zu. Die Überhäufung mit Aufträgen, verbunden mit dem sich verschlechternden Gesundheitszustand Bonifazios, führte zu einer Qualitätsminderung der Bilder seiner Werkstatt in den vierziger Jahren, da mehr und mehr die Gehilfen herangezogen werden mußten. Unter den späteren Werken steht die Mosesfindung (Mailand, Brera) koloristisch noch ganz auf der Höhe, so daß das Gemälde im 18. Jh. auch als Werk Giorgiones gelten konnte. „Der Hauptreiz des Bildes liegt in seiner einzigartigen Farbigkeit, dem warem Goldbraun, das an herbstliche Blätter erinnert" (D. Westphal). Das kleinformatige Bild Der Besuch des Arztes (Mailand, Museo Poldi Pezzoli) gehört zu einer Gruppe von kleinfigurigen Darstellungen, die als Schmuck von Truhen oder anderen Einrichtungsgegenständen Verwendung fanden.

Bonington, Richard Parkes

* 25. 10. 1802 in Arnold (bei Nottingham), † 23. 9. 1828 in London. Der überwiegend in Frankreich lebende englische Künstler erhielt von Francia Unterweisungen in der Aquarellmalerei, eine Technik, die er zur unmittelbaren Erfassung von Landschaftseindrücken verfeinerte. 1824 erhielt er eine Goldmedaille im Pariser Salon. Lithographien mittelalterlicher Architektur entstehen. 1826 Italienreise. Um 1825 malte B. ähnlich wie Delacroix intime Historienbilder kleineren Formates.

Bonito, Giuseppe

(auch Peppariello Castellamare)

* 1. 11. 1707 in Castellamare, † 19. 5. 1789 in Neapel. B. war Schüler von Francesco Solimena, dessen Einfluß besonders in den Frühwerken deutlich wird, z. B. bei den Bildern Schutzengel und Erzengel Raphael von 1730 in Neapel, Chiesa della Pietrasanta. In seiner Frühzeit war er hauptsächlich als Porträtmaler tätig, später widmete

Pierre Bonnard, DAS FRÜHSTÜCKSZIMMER, *um 1930/31, 160×112 (New York, Museum of Modern Art). Einen zauberhaften Reichtum subtilster farblicher Übergänge schuf Bonnard in diesem Bild: eine Verbindung von Stilleben, Interieur und Naturansicht. Voller Reiz sind vor allem die Mischfarben Orange, Türkis und Purpur.*

er sich mehr der Genre- und Karikaturmalerei. Seit 1751 war er Hofmaler Karls IV. von Bourbon und später Ferdinands IV., deren Schlösser er ausmalte. 1752 wurde er Mitglied der Accademia di S. Luca in Rom und 1755 schließlich Direktor der Accademia di Belle Arti in Neapel. Gewagte Verkürzungen und außergewöhnliche Beleuchtung kennzeichnen seinen Stil. Sein Hauptwerk, die Fresken in Neapel, S. Chiara, 1752, zeigten dies am deutlichsten, sind aber 1943 zerstört worden. Am Ende seiner Schaffenszeit wurde seine Malweise immer gekünstelter und verlor an Qualtität.

Bonnard, Pierre
* 13. 10. 1867 in Fontenay-aux-Roses, † 23. 1. 1947 in Le Cannet, Hauptvertreter des Nachimpressionismus, der u. a. durch das bewunderte Werk Paul Gauguins stark geprägt wurde. Nach dem Wunsch seines Vaters, eines Beamten beim Kriegsministerium, sollte Bonnard ebenfalls die Beamtenlaufbahn einschlagen. Doch schon während seines Jurastudiums 1886/87 war er in der Akademie Jullian eingeschrieben, wo ihm die Maler Sérusier, Denis, Ibels und Ranson begegneten. Ein Jahr lang studiert er an der École des Beaux-Arts, wo er Vuillard und Roussel kennenlernt. Seine Bewerbung für den Rom-Preis war zwar nicht von Erfolg gekrönt, doch ermutigte ihn die günstige Aufnahme des Plakatentwurfes FRANZÖSISCHER CHAMPAGNER, den Weg als Künstler weiter zu beschreiten. Der 1889 gegründeten Künstlergruppe der → „Nabis" schloß sich Bonnard mit seinen Freunden an, trennte sich aber bald wieder von ihr. Bonnard und Vuillard, die sich mehr dem Poetisch-Dekorativen zuwandten, lehnten die mystisch-religiösen Formvorstellungen der Gruppe ab. 1890 teilte er mit Vuillard und Denis ein Atelier in Paris und stellte im März des folgenden Jahres erstmals im → Salon des Indépendants aus. Möbel-, Stoff- und Paravents-Entwürfe entsprachen einer allgemeinen Tendenz zur Zeit des Jugendstils, auf viele Gattungen einen künstlerischen Einfluß zu nehmen.
Ganz dem dekorativen Ideal verpflichtet ist das frühe Bild GROSSMUTTER MIT HÜHNERN oder das 1890 entstandene PORTRÄT MADEMOISELLE ANDRÉE BONNARD MIT IHREN HUNDEN. 1891 malte er die SCHNEEBÄLLE, ein Ölbild mit blühenden Zweigen und einem Schmetterling, worin sich der Einfluß japanischer Kunst besonders schön zeigt. Seine Liebe zum japanischen Holzschnitt brachte Bonnard bei den „Nabis" auch den Beinamen „Japanischer Nabi" ein. 1893 entstehen Illustrationen für „Petit Solfège" und die „Petites scènes familières" seines Schwagers Claude Terrasse, der Komponist war. Seit der Mitte der neunziger Jahre arbeitet Bonnard an einem Hauptthema seines Schaffens, den Straßenszenen. Motive der Ölgemälde gibt später auch eine Serie von zwölf Farblithographien wieder. In dieser Technik, bei der er dem Rat Odilon Redons viel verdankt, entstehen auch Illustrationen zu Gedichten von Paul Verlaine oder zu dem antiken Hirtenroman Daphnis und Chloe. Ausstellungen bei den Indépendants, vor allem aber in der Galerie des Kunsthändlers Bernheim

Jeunes, sichern den Verkauf der Werke des Künstlers, womit eine rege Reisetätigkeit ermöglicht wird. 1905 ist er mit Vuillard in Spanien, 1906 in Belgien und Holland, später reist Bonnard nach Südfrankreich, Tunesien, Algerien, Italien und u. a. 1926 in die Vereinigten Staaten, wo ein Jahr später bei de Hauck in New York vierzig Gemälde ausgestellt werden. Für Bonnard sind vor allem Themen, die sich mit alltäglichen Tätigkeiten im bürgerlichen Hause befassen, typisch. Frauen bei der Toilette nehmen einen besonderen Platz ein, wie das um 1905 entstandene Bild SITZENDER AKT, STRÜMPFE AUSZIEHEND oder DER NACHMITTAGSKAFFEE von 1906. Hinzu kommen Stillleben, wie DIE PETROLEUMLAMPE aus dem Jahre 1904, sowie Landschaftsdarstellungen, in denen sich seine Reiseziele spiegeln. Der 1935 gemalte AKT IN DER BADEWANNE zeigt, wie eigenwillig Bonnard den Bildausschnitt für seine Gegenstände auswählte. Die beiden erscheinenden Personen sind so vom Bildrand überschnitten, daß sie Fragment werden. Obwohl Bonnards lockerer Pinselstrich, der die Wirkungen des Lichtes und der Luft einzufangen wußte, den Künstler in die Tradition des → Impressionismus stellt, suchte er nicht die Wiedergabe des flüchtigen optischen Eindrucks. Sein unter dem Eindruck der → abstrakten Kunst entstandenes Werk war um Sichtbarmachung allgemeingültiger Prinzipien bemüht.

Bonone, Carlo
(auch Bononi)
* 1569 in Ferrara, † 3. 9. 1632 in Ferrara. B. gilt als der bedeutendste Vertreter der ferraresischen Schule des frühen 17. Jh. Sein Lehrer war der → Manierist Giuseppe Mazzuoli. Beeinflußt wurde er auf seinen Studienreisen in Rom von Caravaggio, in Bologna von den Carracci, in Verona und Venedig vom → Kolorismus des Paolo Veronese. B. nimmt all diese Anregungen auf und es entstehen Bilder mit starkem Helldunkel, großer Bewegung, vielen Lichteffekten, aber auch mißklingenden Farben. Später lösen sich die Umrisse immer mehr auf. Sein Hauptwerk ist die Ausmalung der Apsis und des Mittelschiffes von S. Maria in Vado zu Ferrara, begonnen zwischen 1618–1620, aber erst nach seinem Tod von seinem Schüler Alfonso Rivarola vollendet.

Bordone, Paris
getauft am 5. 7. 1500 in Treviso, † 19. 1. 1571 in Venedig. Typischer Vertreter der venezianischen Malerei am Übergang von der Hochrenaissance zum → Manierismus. 1507 siedelte Bordone nach dem Tod seines Vaters zusammen mit der Mutter nach Venedig über. Laut Giorgio Vasari war er wohl – etwa ab 1517 – Schüler Tizians, dessen Werkstatt er jedoch verließ, „als er erkannte, daß jener Mann nicht geeignet war, seine Schüler zu unterrichten" (Vasari). 1518 erhielt er den ersten größeren und selbständigen Auftrag für ein Altarbild in der Minoritenkirche San Niccolò in Venedig, der aber durch eine Intrige Tizians vereitelt wurde. Die Gegnerschaft Tizians verhinderte eine Anerkennung des ansonsten rasch bekannt werdenden Künstlers in Venedig, obwohl das in dieser Stadt 1534/35 entstandene Bild CONSEGNO D'ANELLO in der Scuola di San Marco sein Talent für die Bewältigung großformatiger Bilderzyklen verrät. Bordone, der stark unter dem Einfluß Tizians und Giorgiones, aber auch unter dem Palma il Vecchios stand, schuf eine Reihe von Werken im Auftrag der Augsburger Fugger und des Kardinals Otto Truchsess von Waldburg, darunter auch eines seiner drei bisher bekannten Porträts, das Bildnis des HIERONYMUS CROFFT von 1540 (Paris, Musée National du Louvre). Zu den bekanntesten und besten Werken Bordones zählen u. a. EIN FISCHER ÜBERGIBT DEM DOGEN DEN RING DES HL. MARKUS, 1534/35 (Venedig, Gallerie dell'Accademia), VENUS UND MARS (Wien, Kunsthistorisches Museum) und VENEZIANISCHES LIEBESPAAR (Mailand, Pinacoteca di Brera).

Borgoña, Juan de
* um 1470 in Burgund (?), † um 1536. Borgoña ist nachweisbar erwähnt zwischen 1495 und 1533. Der vorherrschende Künstler der Hochrenaissance in Spanien dürfte mit großer Wahrscheinlichkeit in den Werkstätten von Florenz, vielleicht bei Domenico Ghirlandaio, ausgebildet worden sein. Seine künstlerischen Tätigkeiten beschränken sich in erster Linie auf die Städte Avila und Toledo. So vollendet er 1508 den von Pedro Berruguete begonnenen Hauptaltar der Kathedrale von Avila. Lange Zeit verbringt er in Toledo. Nach Arbeiten in der Kathedrale am Kreuzgang und am Hochaltar entstehen 1508–11 die Gemälde des Hauptaltars der Capilla Mozárabe und ein großes Fresko im Winterkapitelsaal. Es zeigt Darstellungen aus dem Marienleben, dem Jüngsten Gericht und den Kalvarienberg. 1514 malt Borgoña ebenfalls in der Capilla Mozárabe das Fresko EINNAHME ORONS DURCH KARDINAL XIMÉNEZ, 1516–19 erfolgt die Ausmalung der Bibliothek. Auffallend an Borgoñas Werken ist die sorgfältige, geübte Darstellung von Schmuckstücken und Kleinodien, die vermuten lassen, daß er auch in der Goldschmiedekunst ausgebildet war.

Pierre Bonnard, AKT IM GEGENLICHT, *1908/09, 125 × 109 (Brüssel, Musées Royaux). Ein Hauptthema des französischen Malers sind Frauen bei der Morgentoilette. Das zum Fenster hereinflutende Licht bringt hier in den Oberflächen der Dinge – Tapete, Möbel, Waschschüssel – irisierende Reflexe hervor.*

Borrassá, Luis
Nachweisbar von 1380 bis 1414 (26?) in Katalonien. Das Schaffen des vermutlich in Gerona geborenen Malers fällt in die Übergangszeit von der Kunst des → Trecento zum Stil der aus ihm hervorgegangenen Schule von Barcelona. Typisch für Borrassás Malweise ist sein Hang zum Dekorativen und die Verwendung von kräftigen, leuchtenden Farben. Seine in der Komposition eng gruppierten Figuren tragen oftmals prächtige, wertvolle Kleider und entwickeln eine lebhafte Gestik der Hände, wie man es z. B. auf dem Bild HEILUNG DES ABGAR (Vich. Museo Episcopal) aus dem S.-Clara-Altar sieht, der 1415 vollendet wurde.

Bosch, Hieronymus
(eigtl. Hieronymus van Aken)
* um 1450 (wahrscheinlich 1453) in s'Hertogenbosch, † (begraben) 9. 8. 1516 in s'Hertogenbosch. Dieser Künstler stellt einen der faszinierendsten und immer noch rätselhaftesten Vertreter der altniederländischen Malerei dar. Fernab von den großen Kunstzentren seines Landes entwickelte er eine mit höchster künstlerischer Qualität vorgetragene, suggestive Formensprache, die strenge Naturgebundenheit im Darstellungsakt mit ausschweifendster Phantastik traumhaft-visionärer Metamorphosen vereint und als ein Reflex jenes komplexen und komplizierten Geisteswandels gedeutet werden darf, der mit der Befreiung des Menschen aus den mittelalterlichen Bindungen und dem kirchlich-religiösen, starren Ordnungsschema am Aufgang der Neuzeit zusammenzusehen ist. Belege, die über das Leben, die sozialen Kontakte und die geistigen Bestrebungen des Hieronymus Bosch Aufschluß geben könnten, und Zeugnisse, die bei der Rekonstruktion seines künstlerischen Werdeganges helfen könnten, sind nur äußerst spärlich erhalten. Bei der Deutung seiner künstlerischen Erscheinung muß man sich so fast ausschließlich auf die Aussagen seiner Bilder stützen. Dies sind zweifellos die wichtigsten Gründe für die Unsicherheit der über diesen Maler gefällten Urteile.
Bosch, einer der vielseitigsten und

differenziertesten Künstler, den die Niederlande seit Jan van Eyck hervorgebracht haben, entstammt dem künstlerischen Milieu einer Provinzstadt. In den Urkunden von s'Hertogenbosch ist der Künstler verzeichnet als Hieronymus, Sohn des Anthonis van Aken – dies legte die Vermutung nahe, daß die Vorfahren Boschs aus Aachen gebürtig waren. Schon sein Großvater und sein Vater waren in s'Hertogenbosch als Maler tätig. Wir wissen nicht, welche Lehrer Hieronymus hatte, ob er mit den großen Malern seiner Zeit in Verbindung stand, ob er ihre Werke überhaupt kannte. Sicher aber wurde er tief beeindruckt von der phantastischen Figurenwelt der Teufel, Dämonen und Bizzarrerien an und in der spätgotischen St.-Jans-Kathedrale seiner Heimatstadt, für die er und sein Vater auch Malereien schufen. Hieronymus wird 1480 als Mitglied der Laienbruderschaft „Zu unseren lieben Frauen" geführt, zu deren Vorstand er 1488 gehörte. 1487 wird er zum ersten Mal in den Registern der Malerzunft als „freier Maler" erwähnt, hatte diesen Status wohl aber schon früher inne. 1478 hatte Bosch bereits die reiche Patrizierstochter Aleyt Goyaert van de Mervenne geheiratet, deren Mitgift ihm ein finanziell sorgloses, unabhängiges Leben sicherte. Bosch stand in seiner Heimatstadt in großem Ansehen, was sich auch in einer Reihe kirchlicher Aufträge äußerte. So entwarf er 1493/94 Glasfenster und 1512 ein Kruzifix für St. Jan. Aus Aufzeichnungen läßt sich erschließen, daß er ebenfalls Altarschreine für Seitenkapellen und den Hochaltar mit den sechs Tagewerken der Schöpfung für diese Kathedrale geschaffen hat. Sein ständig zunehmender Ruhm gründete sich aber in erster Linie auf künstlerische Erfolge in aristokratischen Kreisen außerhalb der Stadt. Trotz eines anscheinend glücklichen Lebens gestaltete Bosch in seinen Bildern fast ausschließlich Dämonen und Spukgestalten, ein Sammelsurium grotesker, grausamer und karikiert lächerlicher Figuren. An „positiven" Erscheinungen finden sich nur einige Heilige, die sich aus der menschlichen Sozietät in die Einsamkeit geflüchtet haben, aber auch noch in ihrer Askese von bösartig-dämonischen Visionen gepeinigt werden. 1605 schrieb der spanische Frater José de Sigüenza über Bosch: „Der Unterschied, der meiner Meinung nach zwischen den Bildern dieses Mannes und denen anderer besteht, erklärt sich daraus, daß die anderen meistens den Menschen zu malen suchen, so wie er von außen erscheint, dieser aber allein den Mut hat, die Menschen zu malen, wie sie im Inneren sind." Die Entstehungsfolge der Gemälde Boschs ist in der wissenschaftlichen Literatur im einzelnen immer noch umstritten. Trotzdem las-

Paris Bordone, VENEZIANISCHES LIEBESPAAR, *95 × 80 (Mailand, Brera). Eher handelt es sich bei der Szene um ein Thema der käuflichen Liebe. Kurtisanen kommen vor allem im Spätwerk Bordones häufig vor, das sich auch der Darstellung fülliger Frauen, in Samt und Seide gekleidet, gerne widmete.*

Hieronymus Bosch, DER LANDSTREICHER, *∅ 71 cm (Rotterdam, Museum Boymans-van Beuningen). Wahrscheinlich handelt es sich bei dem zunächst wie eine Genreszene wirkenden Bild um eine Darstellung des verlorenen Sohnes. Nicht die Rückkehr und Vergebung des Vaters ist verbildlicht, sondern das rastlose Umherziehen des Sohnes.*

sen sich die meisten Bilder, von denen keines datiert ist, aufgrund bestimmter Anhaltspunkte einer Frühphase, einer mittleren Periode und einer Spätphase im Wirken des Künstlers zuweisen. Zu den frühesten religiösen Bildern gehört eine EPIPHANIE (Philadelphia, Museum of Art, Sammlung Johnson) – die fünf Personen Maria, Joseph und die drei Könige sind groß und vereinzelt, wie nur für sich daseiend, im Vordergrund des Gemäldes versammelt, sie vermitteln eher den Eindruck von Adepten einer esoterischen religiösen Gemeinschaft, die einer trübselig vergänglichen Welt konfrontiert sind –, zwei ECCE-HOMO-Darstellungen (Frankfurt am Main, Städelsches Kunstinstitut und Boston, Museum of Fine Arts) – Variationen über den leidenden, einer tierisch verrohten, physiognomisch insektenhaft charakterisierten, Menschenmasse zur Schau gestellten Christus – und die HOCHZEIT ZU KANA (Rotterdam, Museum Boymans-van Beuningen). Dieses Gemälde breitet bereits die ganze Vieldeutigkeit Boschscher Thematik aus. Inmitten der Hochzeitsgesellschaft sitzt neben Jesus ein Mann mit porträthaften Zügen, vielleicht der Stifter des Bildes. Doch noch nie in der Geschichte der Malerei war es vorgekommen, den Stifter direkt neben Christus zu plazieren. Rätselhaft aber sind vor allem auch „Nebenszenen". Den Gästen wird auf Schüsseln ein feuerspeiender Schweinskopf und ein feuerspeiender Schwan serviert, die Brust des Schwans ist mit einem Halbmond verziert. Im Hintergrund findet sich eine geheimnisvolle Etagere mit sonderbaren Objekten. „Es sind Untersuchungen über den Sinn der Mörser, Kannen und metallgetriebenen Statuetten auf der Etagere angestellt worden. Abendländische Geheimlehren und orientalische Mythen wurden bemüht. Immer noch können nur Vermutungen geäußert werden. In der Mitte des Kapellenraumes, im Schnittpunkt der Diagonalen und auch farblich herausgehoben, liegt, auf der unteren Platte, eine weibliche Brust: Quelle des Lebens. Unter den Schmuckstücken gibt es kirchenfromme wie die Kleinplastiken eines Pelikans und die eines die Weltkugel tragenden Christophorus; es gibt weltliche wie die Figuren nackter Tänzer. Gekrönt wird der Aufbau von einem Seeigel, der die menschliche und die göttliche Natur Christi verkörperte" (H. Goertz). Biblische Geschichte scheint hier mit außergewöhnlichem, wenn nicht ketzerisch-sektiererischem Gedankengut durchtränkt. Zu den profanen Werken dieser Schaffenszeit zählt DAS STEINSCHNEIDEN (Madrid, Museo del Prado), das von vielen Autoren als das früheste Werk Boschs angesehen wird. In einem kreisförmigen Bild – der Tondo ist bei Bosch stets Symbol der Weltkugel – wird ein korpulenter Mann von einem Mönch und einer Nonne dazu animiert, sich von einem Narrenarzt operieren zu lassen. In seiner kostbaren und emailhaft glatten Malweise erinnert das Gemälde an den traditionellen Stil der altniederländischen Malerei. Die durch symbolische Attribute wie etwa den Trichter charakterisierte Narrheit wird in moralisierender Absicht angeprangert, die Komposition ist noch etwas schematisch, die Figuren sind noch nicht untereinander und mit der Landschaft zu einer Einheit zusammengebunden, farblich herrschen ein sattes Rot, ein tiefes Blau, helles Weiß und Grau vor. DIE SIEBEN TODSÜNDEN UND DIE VIER LETZTEN DINGE (Madrid, Museo del Prado) gelten als ein Werk aus der Zeit zwischen 1475 und 1480. Sieben Bilder, die ursprünglich Dekoration auf einer Tischplatte waren, sind um das in der Mitte der Tafel zentrierte Auge Gottes gruppiert, in dessen Iris Christus als Schmerzensmann erscheint. Die Sünden werden nicht mehr im Sinne des Mittelalters als abstrakte Begriffe personifiziert, sondern durch anprangernde Szenen aus dem Alltagsleben umschrieben. Auch in diesen Bildern ist die Landschaft noch nicht als vereinheitlichtes Kontinuum gefaßt, sondern in parallelen Bildplänen gestaffelt, und auch die leuchtenden Farben – Hellblau, Olivgrün, Rosa – zeigen noch die für die Frühphase Boschs typische Buntheit. Die mittlere Schaffensperi-

Hieronymus Bosch, DER GARTEN DER LÜSTE, *220 × 195 (Madrid, Prado). Als Mitteltafel eines Triptychons folgt das sinnlich-irdische Treiben dem Paradiesbild und ist Vorstufe zu den Qualen der Hölle, die der rechte Seitenflügel schildert. Vor Phantastik und Skurrilität sprühende Bildgedanken, aber auch Sprichwörter wurden hier veranschaulicht.*

Hieronymus Bosch, Ausschnitt des gegenüberliegenden Bildes. Die auf fabelhaften Wesen reitenden Jünglinge gehören zu dem Zug, der unaufhaltsam den Jungbrunnen nackter Mädchen umkreist. Wie der Wurm aus dem Apfel schaut ein Menschenpaar aus dem schwimmenden Fruchtschiff, dem auch ein Kranich und zittrige verfeinerte Pflanzenarabesken entschlüpfen.

ode wird zunächst gekennzeichnet durch eine Reihe „konventioneller" religiöser Gemälde mit meist groß ins Bild hineinkomponierten Figuren, so in einer KREUZIGUNG (Brüssel, Musées Royaux des Beaux Arts), einer KREUZTRAGUNG (Madrid, Königlicher Palast), zwei Versionen der DORNENKRÖNUNG (London, National Gallery, und Madrid, Escorial, u. a.). In diesen Arbeiten befreit sich Bosch von den letzten traditionellen Elementen der altniederländischen Malerei. Große, statuarische Figuren, in einer knappen, schlichten Sprache vorgetragen, eine strenge, blaß und kalt werdende, teilweise bis zur Monochromie vereinfachte Farbgebung, eine immer ausdrucksstärker werdende physiognomische Charakterisierung der häufig halbfigurig wiedergegebenen Personen bis hin zur karikaturhaften Verzerrung intensivieren den erschreckenden Tiefengehalt der formulierten Themen. Diese mittlere Phase ist aber auch die Entstehungszeit „häretischer" Paradies- und Traumbilder, die Phase der großen Triptychen, die wohl nie in einer Kirche Aufstellung fanden. In ihnen entfaltet sich eine Weltschau, „die uns in panoramischen Kompositionen ... ein Spiegelbild des Universums ... enthüllt; von nun an unterstützt durch eine wahrhaft vergeistigte Technik, die →‚alla prima'-Malerei, nimmt er seinen Figuren immer mehr die eigene Substanz, so daß sie zu Phantomen werden, und verschmilzt sie mit einer ebenfalls immateriellen, aufgelöst erscheinenden Landschaft" (Ch. de Tolnay). Bereits im HEUWAGEN-TRIPTYCHON (Madrid, Museo del Prado) sind die Figuren zu einem Gewimmel bunter Flecken vor blauem Himmel geworden. Das flämische Sprichwort „Die Welt ist ein Heuhaufen, und jeder nimmt davon, soviel er fassen kann", scheint den Künstler inspiriert zu haben. Die Vertreter der Menschheit und ihrer Stände fallen in mörderischem Handgemenge übereinander her, um sich von dem wie im Triumphzug mitgeführten Heuwagen ihren Anteil zu erhaschen. Darüber erscheint in einer Sonnenscheibe Christus als Zeuge dieses dämonisierten Treibens. Der linke Triptychonflügel soll die biblischen Präfigurationen des gegenwärtigen Verfalls der Menschheit vor Augen führen. In der Szenerie des IRDISCHEN PARADIESES sind hier der Sündenfall Adams und Evas sowie der Sturz der abtrünnigen Engel dargestellt, die im Akt ihrer Verdammung sich als insektenhafte Dämonen auf die Erde stürzen. Der rechte Flügel bringt die Hölle, der der Heuwagen zusteuert, als brennende Landschaft, in der sich ein Pandämonium von Zwitterwesen an Folter und Mord vergnügt. Das

Hieronymus Bosch, Der Heuwagen, *135 × 190 (Madrid, Prado). In der Mitteltafel eines Triptychons steht der Heuwagen symbolisch für die von Gott geschenkten irdischen Güter, „uns zum Frommen ohne Zank und Geschrei – doch jeder will ein großes Teil bekommen", wie es in einem niederländischen Lied der Zeit moralisierend heißt.*

→ Triptychon Der Garten der Lüste (Madrid, Museo del Prado) ist von allen Werken des Hieronymus Bosch das reizvollste und umstrittenste. Jahrhundertelang galt das Bild als Darstellung der Todsünde Wollust, bis Wilhelm Fraenger in seinem 1947 erschienenen Buch „Das Tausendjährige Reich" es als utopisches Traumbild eines Liebesparadieses auf Erden, als die Lobpreisung leibgeistiger Vereinigung, als die Meditationstafel einer freigeistigen Sekte interpretierte. Im aufgeklappten Zustand des Triptychons umkreisen im Vordergrund der Mitteltafel Männer und Frauen mit zierlichen nackten Körpern eine scharlachrote Koralle. In ihr Gedränge mischen sich Tiere von unnatürlichen Proportionen, Vögel, Fische, Schmetterlinge, zusätzlich finden sich riesige Wasserpflanzen, Blumen und Früchte. Liebende und sich vereinigende Menschen tauchen in Muscheln, seltsamen Wassernachen auf, sind in Früchte oder gläserne Käfige eingefangen. „Der rote Pfeil der Koralle lenkt den Blick auf die mittlere Bildebene, wo dem Labyrinth der Lüste der ewige Zirkus der Leidenschaften folgt. Die Menschen sind zu besessenen Reitern phantastischer oder wirklicher Tiere geworden, die sie nach dem Rhythmus der Liebe zurückhalten oder antreiben. Die Kavalkade umkreist den Jungbrunnen, in dem sich junge Negerinnen zu den milchweißen Körpern der blonden Mädchen gesellen. Schwäne, Raben, Pfauen, Symbole des Sinnengenusses und der Eitelkeit, lassen sich auf den Köpfen der Badenden nieder; einige von ihnen tragen als Kopfschmuck den heidnischen Halbmond" (Ch. de Tolnay). Auf dem linken Flügel ist mit naturwissenschaftlicher Akribie und in reinen und harmonischen Farben das Irdische Paradies und die Erschaffung Evas aus der Rippe Adams dargestellt. Die rechte Tafel versinnbildlicht die Hölle, in der die Sünder mit den Gegenständen, die Instrumente ihres Frevels zu Lebzeiten waren, gefoltert und gemartert werden. Der universale Sinn dieses Triptychons drückt sich auch auf der Rückseite der Flügel aus. Thema ist hier die Erschaffung der Welt: das Universum als durchsichtige Glaskugel, in deren Mitte die noch chaotisch anmutende Erde ruht, nach mittelalterlichen Vorstellungen von einem Wassergürtel umgeben. „Mit dieser außergewöhnlichen Darstellung des Universums führt Hieronymus Bosch meines Wissens nach die erste reine Landschaft in die Kunstgeschichte ein" (Ch. de Tolnay). Immer wieder steht auch die Anprangerung der menschlichen Torheit im Zentrum der Boschschen Thematik, so etwa im bekannten Narrenschiff (Paris, Musée du Louvre) – aber auch die Gestaltung des Asketen in einer wüsten, von Dämonen heimgesuchten Umwelt, wie beispielsweise im Johannes auf Patmos (Berlin, Stiftung Staatl. Museen/West, Gemäldegalerie) oder im hl. Cristophorus (Rotterdam, Museum Boymans-van Beuningen). Das große Triptychon Die

VERSUCHUNG DES HL. ANTONIUS (Lissabon, Museu Nacional de Arte Antiga) wird von einigen Autoren in das letzte Jahrzehnt des 15. Jh., also ebenfalls in die mittlere Schaffenszeit des Künstlers datiert. Auch hier entfaltet Bosch eine Orgie des Hexensabbats, einen esoterischen Höllenreigen und eine Welt der Verwandlungen und metamorphotischen Irrealitäten, ein Sammelsurium von Zwittergebilden an den Grenzen des Faßbaren. Die letzte Phase in der künstlerischen Entwicklung Boschs ist geprägt von religiösen Bildern, in denen die Bösartigkeit menschlicher Physiognomien im Rahmen der Passion Christi dominieren. Als einziges Bild profaner Thematik dieser Zeit existiert der LANDSTREICHER (Rotterdam, Museum Boymans-van Beuningen), in dem zwar ein biblisches Gleichnis den Grundakkord anschlägt, letztendlich aber eine Szene fast schon im Sinne kunstgeschichtlich späterer Genredarstellungen entwickelt wird. Mit höchster Meisterschaft ist die Landschaft behandelt, wobei mit fast monochrom beigen, beige-grauen und grauen Tonwerten eine atmosphärische Stimmungshaftigkeit erzeugt ist, wie sie einzigartig dasteht im damaligen künstlerischen Umfeld. Die Werke Boschs waren schon zu seinen Lebzeiten ungewöhnlich geschätzt. So bestellte Philipp der Schöne kurz vor 1504 ein JÜNGSTES GERICHT, und Margarethe von Österreich, Statthalterin der Niederlande, erwarb 1516 eine VERSUCHUNG DES HL. ANTONIUS. Weiteren Aufschluß über das hohe Ansehen solcher Bilder läßt die Nachricht zu, daß bereits im 16. Jh. Werke des Bosch in hohem Maße gefälscht wurden, um dem Käuferinteresse nachzukommen. Zu den eifrigsten Sammlern seiner Bilder zählte schließlich auch König Philipp II. von Spanien. Das 20. Jh. brachte endlich, im Rahmen der surrealistischen Bewegung, eine neue Bosch-„Renaissance" mit sich, freilich auch die Gefahr, seine Arbeiten mit psychoanalytischen Deutungskriterien viel zu „modern" zu interpretieren. Überhaupt ist die Interpretationsfrage zu einem Kernpunkt der Auseinandersetzung mit dem Œuvre Boschs geworden. Der holländische Forscher Dirk Bax sah in niederländischen Redensarten und Sprichwörtern die Basis seiner Erklärungen, Charles de Tolnay stützte sich auf die Psychoanalyse, J. Combe auf die Alchemie, A. Pigler auf die Astrologie. Viele Forscher traten unter dem Hinweis auf die Mitgliedschaft Boschs in der frommen Liebfrauenbruderschaft und die Sammelleidenschaft des bigotten spanischen Königs Philipp II. der Ansicht entgegen, daß Bosch in seinen Wer-

Hieronymus Bosch, WELTGERICHTS-TRIPTYCHON *(Mittelbild), 164 × 247 (Wien, Akademie). Unter dem in heller Glorie thronenden Weltenrichter ist die Apokalypse alptraumhafter Grausamkeiten ausgebrochen. Extremste Praktiken des Sadismus hat die dämonische Unterwelt ersonnen, um den Menschen als Strafe seiner Sünden qualvoll zu peinigen. Teufel in Tiergestalt, Bestien, fratzenhafte Gnome verrichten ihr erbarmungsloses Geschäft, während im Hintergrund die Welt in Flammen aufgeht. In der Mitte des Bildes hat sich in der kleinen, melancholischen Gestalt mit den aufgestützten Ellenbogen Hieronymus Bosch vielleicht selbst als Beobachter des Chaos dargestellt.*

ken den Anschauungen einer ketzerischen Sekte Ausdruck verliehen habe. Diese These wurde von Wilhelm Fraenger begründet. Bosch hätte demnach der Sekte der Adamiten zugehört, mit deren Großmeister Jacok van Almaengien er befreundet gewesen sei. So sei etwa die Mitteltafel des GARTENS DER LÜSTE die Darstellung des irdischen Paradieses, in dem es, laut den Adamiten, im Zustand der Unschuld keine Sünde geben könne. Nackheit und Wollust wären sündlose Reinkarnationen des Menschen in den Urzustand paradiesischer Unschuld. In einer faszinierenden Interpretationsfolge gelangt Fraenger so nicht nur zu einer völlig neuartigen Gesamtdeutung des Werkes von Hieronymus Bosch, sondern zu der wohl auch überzeugendsten Auslegung einzelner, bisher rätselhafter Motive, beispielsweise auch der Gegenstände in der Etagere der HOCHZEIT ZU KANA. Über diesen → ikonographischen Fragen darf jedoch nicht vergessen werden, daß Bosch auch formal, in der Meisterschaft seiner Figuren- und Raumdarstellung, in seiner physiognomischen Charakterisierungskraft und in seinen Landschaftsgestaltungen von hervorragender Bedeutung ist und der Landschaftsmalerei und Karikatur über Jahrhunderte hinweg entscheidende Impulse vermittelt hat.

Boscoli, Andrea

* um 1560 in Florenz, † um 1606 in Florenz. B. war Schüler des Santi di Tito, der ein angesehener Exponent des „reformierten" Florentiner → Manierismus war. B. unternahm zu Beginn der 80er Jahre eine Reise nach Rom, wo er künstlerische Anregungen empfing, die dem Kreis um Tito fremd waren. Diese neuen Einflüsse sind evident in dem 1587 datierten und signierten Fresko des MARTYRIUM DES HL. BARTHOLOMÄUS für den Kreuzgang von S. Pier Maggiore in Florenz. Es zeigt die für B. typischen krassen Licht-Schatten-Kontraste. 1590 entstand eine HEIMSUCHUNG MARIÄ für S. Ambrogio, die ebenfalls den heftigen Wechsel von Hell und Dunkel aufweist, was dem Bild die bei B. immer zu beobachtende flackernde Unruhe verleiht. Von seinen wenigen erhaltenen Werken ist die VERKÜNDIGUNG in der Chiesa del Carmine in Pisa erwähnenswert, die 1593 datiert ist. In Rimini stammt das 1599 entstandene signierte Hochaltarbild für S. Giovanni Battista mit DER PREDIGT JOHANNES D. TÄUFERS von Boscoli.
Besser noch als die Gemälde charakterisieren ihn seine äußerst zahlreichen und sehr qualitätvollen Zeichnungen, die er nach den Werken seiner Vorbilder – S. di Tito, Cigoli, del Rosso, Pontormo – anfertigte. Die sicheren und prägnant lavierten Federzeichnungen zeigen große stilistische Eigenständigkeit; sie basieren nicht auf der reinen Linie, sondern bestehen im wesentlichen aus bizarren Schraffuren, die in schroffer Helldunkel-Modulation den Zeichnungen raffinierte Effekte und eine außerordentliche Lebendigkeit verleihen. Die Kompositionen B.s zeigen mit ihren phantasievollen, oftmals übertriebenen Erfindungen eine Verwandtschaft mit den niederländischen Manieristen, wie B. Spranger und P. Candid. Trotz seines originellen Naturalismus übte B. in Florenz nur vereinzelten Einfluß aus, etwa auf Cristofano Allori. Dagegen benutzte Jacques Callot (1592–1635) einzelne Zeichnungen als Vorlagen für eine radierte TEUFELSAUSTREIBUNG und Pieter de Jode (1570–1634) stach nach Boscolis Zeichnungen eine PASSION in 14 Blättern.

Sandro Botticelli, FRÜHLING, *um 1478, 203 × 314 (Florenz, Uffizien). Im Auftrag der Medici entstand die berühmte Allegorie für die Villa di Castello. Das von dem Humanisten Angelo Poliziano inspirierte Werk zeigt links Merkur, die drei Grazien, Venus, Flora – welche die Natur mit Blüten bestreut – und Zephir, der nach einer Nymphe hascht.*

Boschaert, Ambrosius

getauft am 18. 11. 1573 in Antwerpen, † 1621 in Den Haag. 1588/89 kam Boschaert in den Liggeren von Antwerpen vor, 1593 wurde er Mitglied der Middelburger Malergilde, deren Vorstand er bis 1613 mehrmals war. 1616–18 war er im Utrechter Gildenregister erwähnt; außerdem lebte der Maler bis zu seinem Tod 1621 in Bergen op Zoom und Breda.
Boschaert war Stammvater einer holländischen Blumenmalerschule; seine künstlerischen Anregungen hatte er wahrscheinlich von dem Flamen Maerten de Vos in Antwerpen und von seinem Vater erhalten. Seine Bilder waren, nach alter Tradition, kunstvolle Kompositionen aus vollendet schönen Einzelblumen, die er detailgetreu und ohne Überschneidungen in durchdachter, oft symmetrischer Anordnung malte. Auch seine Farbpalette war sorgfältig abgestimmt und trug zu der überaus dekorativen Gesamtwirkung bei; ein Beispiel ist das BLUMENSTÜCK von 1619 (Amsterdam, Rijksmuseum). In den Stilleben mit Durchblick ins Freie, z. B. durch eine Fensternische, traten außerdem eine Modellierung des Dargestellten durch Licht- und Schattenwirkungen sowie perspektivische Ausblicke auf naturalistisch wiedergegebene Landschaften auf: BLUMENVASE IN EINER FENSTERNISCHE, um 1620 (Den Haag, Mauritshuis). Von Boschaerts Fruchtstücken ist nur ein sehr frühes Beispiel erhalten. Die Schule, die der Künstler in Middelburg begründet hatte, bestand bis in die Mitte des 17. Jh. weiter durch Maler wie Balthasar van der Ast, Boschaerts Schwager, und seine Söhne.

Ambrosius Boschaert, BLUMENVASE IN EINER FENSTERNISCHE, *um 1620, 64 × 46 (Den Haag, Mauritshuis). Die beiden Muscheln („leerer Schall") haben sicherlich die didaktische Funktion, auf die Vergänglichkeit der bunten Blütenpracht hinzuweisen. Aus Blumen, die zu ganz verschiedenen Zeiten im Jahr blühen, wurde hier ein Strauß gebunden.*

Both, Jan

* um 1618 in Utrecht, begraben am 9.

8. 1652 in Utrecht. Jan Both erhielt ersten Unterricht von seinem Vater, dem Glasmaler Dirck Both, und lernte ab 1634 bei Abraham Bloemaert. Mit seinem Bruder Andries unternahm er eine Reise nach Frankreich und Italien – sie gehörten zur sog. „zweiten Romfahrergeneration"; in Rom war Jan 1638 Mitglied der Accademia di S. Luca. 1641 kehrte der Maler nach Holland zurück; sein Bruder war bereits in Venedig ertrunken. 1649 wurde Both in Utrecht Hoofdman der Gilde. – In Italien malte Jan angeblich zahlreiche Ansichten Roms und Landschaftsbilder; dennoch kann heute keines mit Sicherheit der römischen Zeit zugeordnet werden. Den größten Einfluß auf Boths reife Malkunst übte Claude Lorrains Werk aus; Jan schuf italienisierende Ideallandschaften, die meist von einem goldenen Licht durchflutet waren und die Details, etwa das Blattwerk der Bäume, äußerst sorgfältig nach Art des holländischen → Naturalismus wiedergaben; die Möglichkeit geographischer Lokalisierung der Orte ordnete der Künstler dabei einer harmonischen und malerischen Komposition unter. Die Landschaften erhielten durch die Wiedergabe von Menschen, z. B. nach Hause ziehenden Bauern in der ABENDLANDSCHAFT (Karlsruhe, Kunsthalle), eine gewisse Lebendigkeit. Boths stimmungsvolle Werke waren zu seinen Lebzeiten sehr beliebt; nach seiner Art begannen etwa Aelbert Cuyp, Guilliam de Hensch u. a. jene „heroisierende" Landschaftsmalerei weiterzuentwickeln. – Neben den Gemälden schuf Both auch Radierungen. Zahlreiche Stiche nach seinen Vorlagen im 18. Jh. bezeugen die Beliebtheit des Malers.

Botticelli, Sandro
(eigtl. Alessandro di Mariano Filipepi)
* 1445 in Florenz, † 1510 in Florenz. B. ist neben Antonio Pollaiuolo und Ghirlandaio die überragende Persönlichkeit in Florenz während der zweiten Hälfte des → Quattrocento. Seine erste Ausbildung erfuhr der Künstler in einer Goldschmiedewerkstatt, anschließend kam er gegen 1465 zu Fra Filippo Lippi in die Lehre und blieb dort bis 1467. Aller Wahrscheinlichkeit nach war er danach zwei Jahre lang als Gehilfe von Andrea del Verrocchio tätig. Entscheidend für seinen künstlerischen Werdegang war der Kontakt zur Accademia Platonica um den Kreis der Philosophen Angelo Poliziano und Marsilio Ficino sowie zum Kreis der Medici;

Sandro Botticelli, GEBURT CHRISTI *(Ausschnitt), um 1500, 109 × 75 (London, National Gallery). Die zu religiöser Besinnung, zu Umkehr von der Verweltlichung des Lebens und der Kunst aufrufenden Bußpredigten Savonarolas fanden auch in diesem Bild Botticellis ihren Niederschlag, das die Anbetung Christi mystisch verinnerlicht.*

viele seiner Gemälde entstanden unter dem Einfluß dieser Umgebung. Seine Frühwerke, hauptsächlich Madonnen, zeigen die Orientierung an Werken von Verrocchio, Pollaiuolo und vor allem Filippo Lippi. Schon in diesen frühen Arbeiten macht sich seine großartige zeichnerische Begabung bemerkbar. Von diesen ersten Werken verdienen die 1468 entstandene MARIA MIT DEM JESUSKIND UND DEM HL. JOHANNES (Paris, Louvre) und die MARIA MIT KIND UND ZWEI ENGEL, 1469 (London, National Gallery), besondere Erwähnung. Sein erstes dokumentarisch gesichertes Werk ist die 1470 entstandene → Allegorie der Fortezza (Florenz, Uffizien), B. ergänzte die 1469 von der Arte di Mercanzia in Florenz an Piero Pollaiuolo in Auftrag gegebene Folge der Tugenden. In diese Phase gehört noch das → Diptychon mit der RÜCKKEHR JUDITHS und DIE ENTDECKUNG DES TOTEN HOLOFERNES (Florenz, Uffizien). 1475 schuf er die ANBETUNG DER KÖNIGE. Ähnlich wie bei seinem Zeitgenossen Ghirlandaio finden sich in diesem für die Kirche S. Maria Novella geschaffenem Altarbild (Florenz, Uffizien) zahlreiche Porträts prominenter Medici, die B. als einen großen Bildnismaler des Quattrocento erweisen. Ganz am rechten Bildrand hat sich B. selbst dargestellt. Für die Medici entstanden zwei Gemälde, die B.s Ruhm am dauerhaftesten begründen und zu den Hauptwerken der europäischen Malerei zu rechnen sind: die um 1478 im Auftrage von Pier Francesco Medici für dessen Villa in Castello gemalte Darstellung der PRIMAVERA (Florenz, Uffizien) und die vom gleichen Auftraggeber bestellte GEBURT DER VENUS, 1482 (ebenfalls Uffizien). In der Mitte der von zarter Poesie und gedämpften Farben erfüllten Tafel der Primavera steht Venus als Sinnbild der Humanitas. Zu ihrer Rechten tanzen die drei Grazien, daneben steht der nebelstreuende Merkur. Über der Venus schwebt Amor, links von ihr ist Flora, die Blumengöttin, auf die Wiese getreten, rechts davon verfolgt Zephyros eine fliehende Nymphe. Möglicherweise gab ein Gedicht von Angelo Poliziano die Anregung zu diesem Gemälde. Wichtig für dieses Bild und signifikant für die Malerei der zweiten Jahrhunderthälfte auch außerhalb der Toskana ist, daß die Antike weniger von der formalen Seite Anregungen gibt, es sei denn wie hier bei der Gruppe der drei Grazien, sondern daß sie von der literarischen Seite her rezipiert wird, so ist dieses Thema in den Metamorphosen des Ovid vorgeprägt (Wundram). Der Geburt der Venus, offensichtlich als Gegenstück zur Primavera gedacht, lag wahrscheinlich auch eine Dichtung Polizianos zugrunde. Diese mythologische Verschlüsselung, deren Enthüllung wir in erster Linie Aby Warburg verdanken, ist eine wesentliche Komponente in der Malerei des späten Quattrocento. Weitere Werke dieser für B. äußerst fruchtbaren Zeit sind der HL. AUGUSTINUS, 1480, für die Kirche Ognissanti, und die bezaubernde MADONNA DEL MAGNIFICAT, 1481/82 (Florenz, Uffizien), dazu treten mehrere Gemälde mythologischen Inhalts wie PALLAS ATHENE BÄNDIGT DEN KENTAUREN, 1482 (Uffizien), sowie VENUS UND MARS, 1483 (London, National Gallery). 1481/82 schuf er in Rom für Papst Sixtus IV. drei Fresken in der Sixtinischen Kapelle. Um 1490 malt B. die VERKÜNDIGUNG (Uffizien), hier klingt in der vor dem Engel zurückweichenden Maria noch gotische Formensprache an. Im Spätwerk glaubt man den Niederschlag äußerer Anlässe zu finden. 1492 ging mit dem Tode Lorenzo il Magnificos eine der glanzvollsten Epochen florentinischer Kultur zu Ende, dazu treten soziale Spannungen und religiöse Erschütterungen, ausgelöst durch die Bußpredigten Savonarolas, des Priors von S. Marco. Ein Beispiel von B.s Spätstil ist die vor 1500 gemalte PIETÀ (München, Alte Pinakothek). Hier drückt B. den Schmerz der Trauernden durch grelle Farbkontraste und hart gegeneinander geführte Linien aus. In den letzten zehn Jahren seines Lebens erlahmte die Schaffenskraft des Künstlers. Bald nach Savonarolas Verbrennung gab er das Malen auf.

Sandro Botticelli, GEBURT DER VENUS, *175×278 (Florenz, Uffizien). Wahrscheinlich als Gegenbild zur* ALLEGORIE DES FRÜHLINGS *in der Villa di Castello gedacht, stellt Botticelli die von den Winden Zephir und Chloris im Muschelboot übers Meer geblasene Schönheitsgöttin dar. Nach antikem Mythos aus den Wellen geboren, wird sie am Ufer von Flora empfangen. Der Dichter Poliziano könnte mit seiner Idealisierung eines Florentiner Idols, Simonetta Vespucci, der Geliebten des Herzogs Giuliano de'Medici, diese Komposition inspiriert haben.*

Sandro Botticelli, DIE GESCHICHTE DES NASTAGIO DEGLI HONESTI, *1483–87, 138×83 (Madrid, Prado). Boccaccios „Decamerone" lieferte den Stoff für vier Historien Botticellis, die als Hochzeitsgaben gedacht waren. Die vorliegende „Jagdszene" im dichten Pinienwald entstand nach der 8. Novelle des 5. Tages.*

François Boucher, Triumph der Venus, *1740, 130 × 162 (Stockholm, Nationalmuseum). In Bouchers zartduftiger Deutung des antiken Götterhimmels gehen der Liebesgöttin die entrückte Weihe und Würde verloren. Von ihren liebeständelnden Gespielinnen umgeben, verleiht ihr der Rokokomaler den Anschein einer Meeresnymphe.*

Boucher, François

* 29. 9. 1703 in Paris, † 30. 5. 1770 in Paris. Unter den französischen Malern des Rokoko war Boucher der bedeutendste und einflußreichste. Als Schützling der Madame de Pompadour stieg er durch ihre Protektion zum ersten Hofmaler, „Premier peintre du Roi", auf. Im Jahr 1765 wurde er außerdem Direktor der Académie Royale und hatte damit die höchsten Kunstämter seiner Zeit inne.

Den ersten Zeichenunterricht erhielt Boucher von seinem Vater, einem Stickmusterzeichner und Kupferstecher. Nachdem er bei dem großen Freskanten Lemoyne eine mehrmonatige Lehrzeit verbracht hatte und in der Werkstatt des Kupferstechers J. F. Cars gewesen war, verfertigte er 1721 seine ersten Originalentwürfe, die als Buchillustrationen in Kupfer gestochen wurden. Er erhielt den Auftrag, Radierungen nach Watteau herzustellen und lernte dabei sein großes malerisches Vorbild gründlich kennen, in dessen Bann er weiterhin bleiben sollte. Mit 20 Jahren erlangte er im Jahre 1723 den mit einer Romreise dotierten Grand Prix der Akademie, die er 1727 antrat, wobei ihn die Fresken seines Zeitgenossen Tiepolo besonders anzogen.

Nach eigenen Angaben hat Boucher über zehntausend Zeichnungen und eine unübersehbare Menge von Gemälden geschaffen. Dabei nimmt die Entwurfsarbeit für die Teppichmanufaktur in Beauvais einen nicht unerheblichen Anteil an seiner Produktion ein.

In seinem → Œuvre findet sich eine große Fülle von Themen: Porträts, Szenen der Mythologie, der Geschichte und des Genres, galante Liebesszenen. Er wandte sich als glänzender Dekorateur der Deckenmalerei, Innenausstattung, der Buchillustration und Bühnendekoration zu. Auch kunstgewerbliche Entwürfe sind zu nennen. Seine Vorliebe für eine helle Palette, in der Rosatöne, helles Blau und Weiß dominieren, ist ebenso charakteristisch wie sein anmutig-eleganter Stil, durch den sich die oft wie gepudert wirkenden koketten Gestalten seiner Galanterien auszeichnen.

Im Verlauf seines Lebens machte sich zunehmend Kritik an seiner Kunst bemerkbar, man warf ihm Künstlichkeit und mangelnde Naturwahrheit vor. Der zeitgenössische Kritiker Diderot verurteilte Boucher scharf und sah ihn als einen Künstler, dem „die Begriffe des Feingefühls, der Anständigkeit, der Unschuld und Einfachheit fast fremd geworden sind". „Niemand versteht wie Boucher die Kunst der Lichter und Schatten. Sie ist wie geschaffen, um zweierlei Personen, den Vornehmen und den Künstlern, den Kopf zu verdrehen. Seine Eleganz, seine Affektiertheit, seine romanhafte Galanterie, seine Koketterie . . . das alles muß die Stutzer, die kleinen Frauen, die

François Boucher, Toilette der Venus, *1751, 108 × 85 (New York, Metropolitan Museum). Im Entstehungsjahr dieses Gemäldes stellte Boucher wegen der laut geäußerten Kritik an seiner Malerei im Salon nicht aus. Die starke Verwendung von Rosatönen machten ihm Gegner ebenso zum Vorwurf wie Naturferne oder Künstelei.*

François Boucher, LANDSCHAFT MIT MÜHLE, *um 1753 (Orléans, Musée des Beaux-Arts). Neben einer Reihe von Kunstämtern fiel Boucher auch die Aufgabe zu, Dekorationen und Kostüme für Oper und Ballett zu entwerfen. Seine Landschaftsbilder wurden in ihrer bühnenmäßigen Anlage und künstlichen Beleuchtung davon beeinflußt.*

Jünglinge und die Vornehmen betören, kurz die Menge derer, die vom wirklichen Geschmack, von der Wahrheit, von den richtigen Ideen, vom Ernst der Kunst weit entfernt sind.

Boucicaut
Meister des Gebetbuchs des Marschalls de B., tätig 1405–20 in Paris. Einer der bedeutendsten französischen spätgotischen Miniaturmaler, der nach dem um 1410–15 für Jean le Meingre, Marschall de Boucicaut, entstandenen Stundenbuch benannt wurde, das heute im Musée Jacquemart-André in Paris (Ms. 2) aufbewahrt wird. Daneben schuf dieser Künstler noch eine ganze Reihe anderer Stundenbücher, 1402 entstanden beispielsweise 18 große Miniaturen für die „Très Belles Heures" des Herzogs Jean de Berry (Brüssel, Königliche Bibliothek, Ms. 11066). Im Werk des anonymen Meisters, dessen Kunst auch italienische Einflüsse aufweist, wird zum ersten Mal innerhalb der europäischen Malerei der Versuch unternommen, atmosphärische Licht- und Luftphänomene zu gestalten. Vor allem die Landschaftsdarstellungen sind Wegbereiter einer realistischen Naturerfassung wie sie dann bei den Brüdern von Limburg voll entwickelt einsetzen sollte, und als solche kunsthistorisch von allererstem Rang. Aber auch in der Ausführung von Interieurs bringt der Künstler entscheidende Anregungen für die Zukunft, da er, angelehnt an die zeitgenössische italienische Malerei, Tiefenräumlichkeit mit einem gewissen Raumfluidum zu verbinden weiß, etwa in den Miniaturen zu „La réponse à Charles VI." von Pierre Salmon, 1409 (Paris, Bibliothèque Nationale, Ms. fr. 23279). Der Künstler, der wegen seiner häufig als Sujet vorkommenden Flußläufe mit Schwänen auch „Meister mit den Schwänen" genannt wird, ist vielleicht identisch mit dem flämischen Architekten, Tafel- und Buchmaler Jacques Coene aus Brügge, der 1398–1404 in Paris und Mailand nachweisbar ist. Der Boucicaut-Meister zählt zu den wichtigsten Wegbereitern eines Jan van Eyck und eines Jean Fouquet.

François Boucher, DER UNERWARTETE BESUCHER, *um 1730/35 (amerikan. Privatbesitz). Derangierte Damen im Boudoir stellte Boucher in vielen Variationen immer wieder dar. Die Maler des französischen Rokoko wußten derlei pikante Situationen noch durch die Zutat unbemerkter Beobachter oder überraschender Besucher zu steigern.*

Boudin, Eugène
* 13. 7. 1824 in Honfleur, † 8. 8. 1898 in Deauville. 1835 übersiedelte Boudin, der bereits in seiner Kindheit leidenschaftlich gern gezeichnet hatte, mit seiner Familie nach Le Havre, wo er eine Druckerlehre begann und mit achtzehn Jahren ein Papiergeschäft eröffnete, in dessen Schaufenster er Werke von Thomas Couture, Eugène Isabey, Constat Troyon und Jean-François Millet ausstellte. Auf Anraten Isabeys und Millets widmete Boudin sich schließlich ganz der Malerei und ging mit einem Stipendium der Stadt Le Havre nach Paris. Nach einem dreijährigen Studium der Porträt- und Landschaftsmalerei, währenddessen er sich auch an den Salons beteiligte, ging er nach Le Havre zurück und unternahm zahlreiche Reisen an der Küste der Normandie und der Bretagne entlang, später auch nach Südfrankreich und Italien (1895). Sein Aufenthalt wechselte nun zwischen Le Havre, Honfleur und Paris, in den 70er

Boucicaut-Meister, GEBURT CHRISTI, *1410–15 (Paris, Bibliotheque Mazarine). Die mit pflanzlichen Ornamenten reich verzierte Seite ist einem Stundenbuch entnommen, das für Jean de Meingre, Marschall von Boucicaut, geschaffen wurde. Solche überaus kostbar gearbeiteten Buchmalereien bezeugen den hohen Stand der französischen Kunst um 1400. Namentlich die atmosphärischen Effekte in seinen Werken lassen diesen Maler als unmittelbaren Vorläufer Jan van Eycks und der Brüder von Limburg erscheinen und als einen der genialsten Künstler seiner Zeit überhaupt.*

Jahren hielt Boudin sich auch in Brüssel, Rotterdam und Dordrecht auf, bevor er sich in Deauville ein Haus einrichtete. Dort starb er im Jahre 1898. – Boudins Themen waren meist unmittelbar nach der Natur gefertigte Landschaften und Seegemälde, fast alle in kleinem Format, auf denen er Stimmungen und Wetterzustände und auch das Leben in den Seestädten einzufangen versuchte. In zahlreichen Studien stellte der Künstler das Meer, seine mannigfachen Bewegungen, die Lichtspielereien auf den Wellen und die Wolkenbildungen darüber dar, mit leichtem, den flüchtigen Moment charakterisierenden Pinselstrich in hellen Pastellfarben; so in AUFKOMMENDER STURM aus dem Jahr 1864 (Chicago, Art Institute). Darüber hinaus kopierte er holländische Landschaftsdarstellungen, z. B. von Ruisdael und Potter. Sein Vorbild blieb Corot, der ihm seinerseits Bewunderung zollte und ihn „König der Himmel" nannte. In der Normandie traten zu den Landschaftsbildern die Studien der Menschen und des Strandlebens in den eleganten Seebädern – WEISSGEKLEIDETE FRAU AM STRAND VON TROUVILLE, 1869 (Le Havre, Musée des Beaux-Arts) –, Genreszenen, in denen aber weiterhin das Interesse des Künstlers auch dem Spiel der Natur, der Wolken und des flimmernden Lichts galt, das er in transparenten Farben mit vielen Nuancen einfing.

Mit dieser Malweise war Boudin, von seinen Freunden Millet, Corot und Courbet beeinflußt, zu einem Wegbereiter des → Impressionismus geworden, der z. B. Monet nach dessen eigenem Bekunden wertvolle Anstöße gab und diesen für die Freiluftmalerei gewann.

Boullogne, Bon de

* 22. 2. 1649 in Paris, † 17. 5. 1717 in Paris. Der ältere Sohn des Akademiemitglieds Louis de Boullogne wurde nach der Lehrzeit bei seinem Vater durch Colbert ein Stipendium an der Académie de France in Rom ermöglicht. Von 1670 bis 1674 weilte der junge Künstler in Italien, wo ihn besonders die Malerei Guido Renis und Domenichinos anzog. Mit dem Bild HERKULES IM KAMPFE GEGEN DIE KENTAUREN (Paris, Louvre) verschaffte er sich die Mitgliedschaft in der königlichen Akademie. Nach seiner Ernennung zum Professor (1692) war er vielfach an dekorativen Ausstattungen beteiligt. Gesichert ist seine Mitwirkung bei der Ausschmückung des großen Treppenhauses in Versailles, der Kapelle und der Galerien. Auch die Kapellen des hl. Ambrosius und des hl. Hieronymus in der Pariser Invalidenkirche wurden von Bon de Boullogne

ausgemalt. Seine Fähigkeit, die älteren Meister täuschend nachzuahmen, war außerordentlich. Manche seiner Werke sind daher zu akademisch und trocken geraten. Boullogne hat auch als Radierer und Stecher gearbeitet.

Boullogne, Louis de, d. Ä.
* 1609 in Paris, † 13. 6. 1674 in Paris. Mit einer Darstellung der Caritas Romana wurde der Künstler Mitglied der Académie Royale, zu deren Begründern er 1648 gehörte. Der akademische Stil prägte sein Schaffen wie das seiner Söhne Bon und Louis d. J., unter deren Mithilfe Boullogne die große Galerie des Louvre mit dekorativen Malereien versah. Zunächst Schüler Jacques Blanchards, vervollkommnete der Maler seinen Stil durch einen Aufenthalt in Italien. Nach seiner Rückkehr entstanden eine Reihe von → „Maibildern", die u. a. von der Zunft der Kaufleute für die Kathedrale Notre-Dame gestiftet wurden. 1648 entstand das MARTYRIUM DES HL. SIMON, 1657 die ENTHAUPTUNG JOHANNES DES TÄUFERS, 1669 eine DARSTELLUNG DER HIMMELFAHRT. Zahlreiche Arbeiten für Pariser Stadtpaläste (Hotels), Klöster, für Versailles und Trianon sind überliefert, doch nur wenige sind erhalten. Die nach seinen eigenen Werken erstellten Stiche vermitteln einen Eindruck der verlorengegangenen Gemälde des Künstlers.

Boullogne, Louis de, d. J.
* 19. 11. 1654 in Paris, † 21. 11. 1733 in Paris. Von den Malern des Namens Boullogne erlangte Louis das größte gesellschaftliche Ansehen. Zunächst Schüler seines Vaters Louis d. Ä., errang er schon in jungen Jahren Preise an der Académie Royale. 1675 begibt er sich für fünf Jahre nach Italien. In Rom stellt er im Auftrag der Königlichen Manufakturen Kopien nach Raffaels Fresken im Vatikan her. 1680 wird er in die Akademie aufgenommen und 1681 zum Mitglied ernannt. Das Bild AUGUSTUS SCHLIESST DEN TEMPEL DES JANUS NACH DER SCHLACHT BEI ACTIUM (Amiens, Musée de Picardie) hatte er als Aufnahmearbeit eingereicht. 1694 erfolgt die Ernennung zum Professor an der Akademie, 1717 zum Rektor und 1722 übernimmt er das Direktorat. Nach seiner Erhebung in den Adelsstand im Jahre 1724 erhält Boullogne den Titel des „Premier peintre du Roi". Hatte er schon zusammen mit seinem Bruder Bon an Projekten des Vaters mitgearbeitet, etwa an der großen Galerie des Louvre, so trat er auch später als Dekorationskünstler hervor. Er arbeitete für die Kirche de la Conception, für die Schloßkapelle in Versailles, für die Pariser Invalidenkirche sowie für andere Kirchen und Schlösser. Eine Vielzahl mythologischer und religiöser Einzelbilder ist erhalten wie CHRISTUS UND DIE SAMARITERIN (Rouen, Musée des Beaux Arts) oder JAGENDE DIANA (Tours, Musée des Beaux-Arts).

Bourdichon, Jean
* um 1457–59 in Tours, † vor dem 29. 7. 1521 in Tours. Mit Jean Bourdichon fand die von Jean Fouquet übernommene Tradition der großen französischen → Miniaturmalerei ihren Ausklang. Der Maler war ein echter Hofkünstler. Für König Ludwig XI. fertigte er eine Vielzahl von Illustrationen an, für dessen Gemahlin, Charlotte von Savoyen, Darstellungen der Wundertaten des hl. Gregor und der „Notre Dame de Pitié". Bei dem Thronfolger Karl VIII. stieg der Meister zum Hofmaler auf (1484) und führte den Titel Kammerdiener („valet de chambre"). Als eines der Hauptwerke gilt die bildliche Ausstattung der GRANDES HEURES für die Königin Anna von Bretagne (Paris, Bibliothèque Nationale). Diesem urkundlich belegten Stundenbuch konnten andere unsignierte Buchmalereien Bourdichons zugeordnet werden. Auch für den König selbst stattete der Maler ein Stundenbuch aus sowie für Friedrich von Aragon. Bourdichon, auf den mit größerer Sicherheit das MARIENTRIPTYCHON als Werk der Tafelmalerei zurückgeht (Neapel, Galleria Nazionale), war darüber hinaus für König Ludwig XII. und Franz I. tätig.

Bourdon, Sébastien
* 2. 2. 1616 in Montpellier, † 8. 5. 1671 in Paris. Der Sohn eines Glasmalers empfing in seiner Frühzeit die entscheidendsten Eindrücke von Claude Lorrain und N. Poussin, denen er bei seinem Aufenthalt in Rom begegnete. Mit 21 Jahren kehrte er nach Paris zurück, wo er bald ein gefragter Maler war. 1643 entstand im Auftrag der Pariser Goldschmiede ein → „Maibild" mit der KREUZIGUNG DES HL. PETRUS für Notre-Dame. Als Porträtmaler wirkte er 1652–54 am Hofe der Königin Christine von Schweden in Stockholm. Noch heute befindet sich im dortigen Nationalmuseum ein Bildnis der Monarchin. Der Prado in Madrid besitzt ein REITERBILD DER KÖNIGIN CHRISTINE VON SCHWEDEN. Nach Paris zurückgekehrt, wird er dort am 6. 7. 1655 zum Rektor der Académie Royale gewählt und erhält bedeutende Aufträge u. a. für die Kirche Saint-Benoît, das Parlament oder das Hôtel de Toulouse. Für das Hôtel Bretonvilliers entstanden neun große Gemälde mit der Geschichte des Phaeton sowie Allegorien der sieben Künste, wovon lediglich erhaltene Zeichnungen und Radierungen einen Eindruck vermitteln. Im Auftrag des französischen Königs führte er Dekorationen in Sälen der Tuilerien aus, die sein Schüler Loir nach dem Tod des Meisters vollendete.

Bouts, Dieric
* zwischen 1410 und 1420 in Haarlem, † 6. 5. 1475 in Löwen. Der bedeutende holländische Maler hat seine eigentliche Heimat verlassen, um in Löwen, wo er 1457 erstmals erwähnt wird, zu Ruhm und Ansehen zu gelangen. Dort hatte er sich 1447 mit Catharina van der Bruggen in erster Ehe verheiratet. Grundstücke, Weinberge und Häuser gehörten später zum Besitz des Künstlers, der dafür eigens einen Verwalter einsetzen mußte. 1468 wird Bouts der Titel eines Stadtmalers verliehen. 1473 heiratet er in zweiter Ehe die Witwe Elisabeth van Voshem und verfaßt am 27. 4. 1475 sein Testament, das erhalten ist.
Eine Stiftung des Hendrik van Rijn ist der ABENDMAHLS-ALTAR von S. Pierre in Löwen, dessen Entstehung urkundlich verzeichnet ist. Von 1464–68 war der Meister an diesem Hauptwerk tätig, das sich durch ein gründliches perspektivisches Studium auszeichnet. Das → Triptychon zeigt in der Mitteltafel das Abendmahl, welches Bouts in einen zeitgenössischen holländischen Innenraum verlegt hat. In einem rechts zur Seite stehenden Mann hat man das Selbstbildnis des Künstlers sehen wollen, in den beiden durch eine Art Fenster blickenden Köpfen die Porträts seiner Söhne Dieric d. J. und Aelbrechts. 1668 wurde Bouts von der Stadt Löwen beauftragt, für den Rathaussaal ein Jüngstes Gericht zu malen. Das Hauptbild ist leider nur in einer Kopie überliefert, während die Flügelbilder mit dem ZUG DER SELIGEN (Lille) und dem HÖLLENSTURZ DER VERDAMMTEN (Paris) erhalten sind. Verschollen hingegen ist ein → Triptychon mit Christus, Petrus und Paulus, das noch Carel van Mander über hundert Jahre nach der Entstehung gesehen hat. Von den vier seitens der Stadt bei Bouts in Auftrag gegebenen Gerechtigkeitsbildern mit Szenen aus dem Leben Kaiser Ottos III. waren beim Tode des Malers erst zwei vollendet, deren Wert von Hugo van der Goes, der damals schon im Kloster lebte, für die Witwe geschätzt wurde (Brüssel, Musée Royaux des Beaux-Arts). Die beiden lebensgroßen Darstellungen zeigen die Enthauptung eines von der Kaiserin verleumdeten Grafen sowie die Sühne des Urteils durch Gottesurteil und Verbrennung der Verleumde-

Dieric Bouts, KRÖNUNG MARIENS, *85×83 (Wien, Akademie). Die himmlische Krönung der Gottesmutter findet in einem gotischen Kirchenraum unter einem lettnerartigen, mit Maßwerk verzierten Baldachin statt. Das Haupt Mariens umgibt eine Mandorla, worin die Taube, Symbol des Heiligen Geistes, schwebt.*

rin. Die beteiligten Figuren, von denen einige Porträtzüge aufweisen, tragen trotz des zum Teil drastischen Geschehens einen Ausdruck von Milde und Gelassenheit. Bouts sah die Inszenierung der Affekte oder leidenschaftlicher Reaktionen nicht als seine Aufgabe an. Gegenüber Rogier van der Weyden, der für den Lehrer von Bouts gehalten wird, zeichnet sich der Holländer durch eine einfachere Zeichnung der Figuren und stärkere Beruhigung der Szenen aus. Zum Teil umstritten ist die Zuweisung weiterer Werke an Bouts. Ein Flügelaltar mit der Anbetung der Könige sowie Johannes dem Täufer und Christophorus (München, Alte Pinakothek) wird auch als „Perle von Brabant" bezeichnet und dem gleichlautenden Meister oder auch einem „Meister der Gefangennahme Christi" zugeschrieben. Unumstritten ist hingegen die Autorschaft bei dem MARTYRIUM DES HL. ERASMUS, das sich wie das Abendmahls-Triptychon in der Peterskirche zu Löwen befindet. Mit diesem und den für das Rathaus gemalten Bildern wird die Marterszene in einer Stadtchronik aus dem 16. Jh. als von der Hand D. Bouts' aufgeführt.

Braekeleer, Henri de
* 12. 6. 1840 in Antwerpen, † 20. 7. 1888 in Antwerpen. Nach dem Besuch der Akademie begann Braekeleer 1856 eine Lehre bei seinem Onkel Henri Leys, einem Maler, der ihn zunächst stark beeinflußte. Der junge Braekeleer malte z. B. Innenraumdarstellungen mit äußerst sorgfältiger realistischer Detailwiedergabe und liebevoller Licht- und Farbbehandlung: DER STREICHHÖLZCHENMACHER, 1860 (Brüssel, Musées Royaux des Beaux-Arts), und SCHUSTERWERKSTATT, 1861 (Antwerpen, Sammlung F. Thornton). Später faszinierte den Maler dann besonders der Niederländer Pieter de Hooch, in dessen Stil Braekeleer beschauliche → Interieurs und Ausblicke schuf, meist mit Antwerpener Motiven, wie: INTERIEUR MIT BLICK AUF DIE KATHEDRALE VON ANTWERPEN von 1872 (Brüssel, Königliche Sammlungen), eine handarbeitende Frau im Vordergrund. In seinen späten Jahren schuf der Künstler dann einige Werke, z. B. → Stilleben und Landschaften, in → impressionistischer Manier, die für die belgischen Impressionisten wegweisend werden sollten und die seinen Ruf als bedeutender belgischer Realist festigten. Auch seine reizvollen Radierungen waren nach anfänglicher Ablehnung beliebt.

Bramante
(eigtl. Donato di Pascuccio d'Antonio)
* um 1444 in Monte Asdrualdo bei Urbino, † 11. 3. 1514 in Rom. Bramante ist bekannt und berühmt als einer der wichtigsten Begründer der klassischen Architektur der italienischen Hochrenaissance. Als solcher schuf er u. a. so bedeutende Werke wie den Tempietto in S. Pietro in Montorio in Rom und die ersten Pläne für die Peterskirche in Rom. Seinen Leistungen auf dem Gebiet der Malerei wurde jedoch erst in neuerer Zeit, vor allem in der zusammenfassenden Würdigung durch W. Suida, größere Aufmerksamkeit geschenkt. Vor allem in jungen Jahren war Bramante viel als Maler tätig, freilich hat sich aus dieser Zeit nur weniges erhalten. Neben einigen fragmentarisch überkommenen Freskenzyklen, neben Zeichnungen und einem einzigen Stich ist nur ein authentisches Gemälde bekannt. Es handelt sich dabei um den CHRISTUS AN DER GEISSELSÄULE aus dem Kloster Chiaravalle bei Mailand, ein Bild, das gegen 1490 entstand (heute Mailand, Pinacoteca di Brera) und in der sorgfältig modellierten Aktfigur und einer stimmungsvoll harmonischen Hintergrundlandschaft die Tendenzen der Hochrenaissance voll entwickelt verwirklicht. Wie wir den Quellen entnehmen können, begann Bramante seine künstlerische Ausbildung mit → Perspektiv- und Proportionsstudien im Rahmen der Malerei. Fra Carnevali aus Urbino und Piero della Francesca waren wahrscheinlich seine ersten Lehrer. Etwa gleichzeitig trat er dann auch schon als Architekt hervor, als er anscheinend zusammen mit Luciano Laurana beim Bau des herzoglichen Palastes in Urbino beschäftigt war. 1477 kam er in der Lombardei unter den Einfluß Leon Battista Albertis, Melozzo da Forlìs und vor allem Andrea Mantegnas, dessen präzis konturierende Körperdurchmodellierung und antikisierende Detailgestaltung ihn beeindruckten. Die frühesten gesicherten Werke Bramantes stellen die Fassadenmalereien des Palazzo del Podestà in Bergamo dar, die er 1477 schuf. 1481 ist Bramante in Mailand zu finden, wo 1480–85 für die Casa Panigarola-Prinetti auch sein malerisches Hauptwerk entstand, ein Freskenzyklus, dessen Fragmente 1901 auf Leinwand übertragen wurden (heute Mailand, Pinacoteca di Brera). Monumentale Gestalten sind illusionistisch als Nischenfiguren in eine antikisierende → Scheinarchitektur eingestellt. Die perfekte Verbindung von Realräumlichkeit und imaginiertem Kunstraum verleiht diesen Arbeiten eine wegweisende kunsthistorische Bedeutung. Bramantes wichtigster Malerschüler war Bramantino.

Jean Bourdichon, STÄNDEBILDER *(Paris, École des Beaux-Arts). Zu einer Gruppe von Darstellungen der vier Stände der menschlichen Gesellschaft, die auch die Geistlichkeit und das Patriziat umfaßt, gehören die beiden Bilder des bürgerlichen Handwerkers an der Hobelbank und des verarmten vierten Standes in einer jämmerlichen Hütte.*

Bramantino
(eigtl. Bartolomeo Suardi)
* um 1465 in Mailand, † 1530 in Mailand. Im Werk, vor allem im Spätwerk, dieses angesehensten oberitalienischen Malers seiner Zeit läßt sich der Übergang von der Hochrenaissancekunst zum beginnenden → Manierismus feststellen. Der auch als Architekt tätige Künstler wurde zunächst wahrscheinlich von Bernardino Butinone ausgebildet und von diesem in die Nachfolge Vincenzo Foppas eingeführt. Der Einfluß Foppas, des führenden Meisters der Lombardischen Schule, zeigt sich deutlich in der gegen 1490 entstandenen ANBETUNG DES KINDES (Mailand, Pinacoteca Ambrosiana) und in der um 1500–15 gemalten ANBETUNG DER KÖNIGE (London, National Gallery). Die um 1509 für den Grafen Gian Giacomo Trivulzio erstellten → Kartons für zwölf große Wandteppiche mit Monatsallegorien (Mailand, Castello Sforzesco) verraten deutlich die Kenntnis des von Leonar-

do da Vinci entwickelten → Sfumato, wobei Bramantino aber in der streng monumentalen Komposition seiner Figuren und in der Wiedergabe detaillierter Phantasiearchitekturen durchaus auch zu einem unverwechselbaren Eigenstil gelangt. 1508–12 war er als Gehilfe von Bramante an architektonischen Aufgaben in Rom beschäftigt. Seither nannte er sich nach seinem berühmten und verehrten Lehrmeister Bramantino. Dessen Einfluß vor allem in der monumentalen Figurengestaltung zeigt sich in der um 1520 in Mailand gemalten großformatigen KREUZIGUNG CHRISTI (Mailand, Pinacoteca di Brera). Bramantino unterhielt in Mailand eine umfangreiche Werkstatt, zu deren Schülern u. a. Gaudenzio Ferrari und Bernardino Luini gehörten. In den Spätwerken des 1525 zum Hofmaler des Herzogs Francesco II. Sforza ernannten Meisters zeigt sich dann verstärkt eine Anlehnung an den aufkeimenden → Manierismus.

Brandl, Peter Johannes
(auch Petr Jan)
* (getauft) 24. 10. 1668 in Prag, † 24. 9. 1735 in Kuttenberg (heute Kutná Hora). Brandl ist die bedeutendste und einflußreichste Persönlichkeit der böhmischen Malerei des Hochbarock. Formal erhielt er seine Ausbildung bei dem Prager Inspektor der Burggalerie, Christian Schröder, der trotz eines Hofmalertitels nur durchschnittliche Qualitäten aufweist.
Entscheidend für seine künstlerische Entwicklung wurden, neben dem Vorbild italienischer und niederländischer → Barockmalerei, Michael Wenzel Halbax, Johann Rudolf Byss und Karel Škréta. Vor allem Škrétas epische Breite übersetzte Brandl in die Sprache des Hochbarock, die zunächst von hellen, leuchtenden Farben, dann von der Helldunkel-Bindung ausdrucksvoller Volumina getragen war. Die breite Themenskala seiner Werke, die von großen Altartafeln über biblische oder profane Genrebilder und Porträts bis zu → Tempera-Deckenmalereien reicht, zwang den Künstler zur Verwendung einer vielfältigen Skala künstlerischer Mittel, die auf verfließenden Farbauftrag, kontrastreichen

Dieric Bouts, GEBURT CHRISTI, *80 × 56 (Madrid, Prado). Im Prado befinden sich noch drei weitere von skulpturgeschmückten Torbogen umrahmte Christusszenen von Bouts' Hand. Diese Bildform, vom Miraflores-Altar bekannt, dürfte um 1435 im Atelier des niederländischen Meisters Rogier van der Weyden entstanden sein.*

Lichtaufbau oder die Klarheit einer gleichmäßigen atmosphärischen Fülle abzielten. Zu seinen bedeutendsten religiösen Kompositionen zählen die TAUFE CHRISTI (Prag, St.-Veits-Dom) und die HEILUNG DES TOBIAS (Prag, Narodní Galerie). In vielen seiner Sakralwerke verbindet er biblisches Sujet mit psychologisch eindringlicher Porträtkunst, so beispielsweise in SIMEON MIT DEM JESUSKIND, entstanden um 1725 (Prag, Narodní Galerie). Von den vielen seiner Skizzen und besonders auch Zeichnungen, die durchwegs einen seine Gemälde vorbereitenden Charakter trugen, haben sich nur wenige erhalten.

Braque, Georges

* 13. 5. 1882 in Argenteuil-sur-Seine, † 31. 8. 1963 in Paris. Braque spielt in der Geschichte der modernen Malerei als Mitbegründer des → Kubismus eine herausragende Rolle. Im väterlichen Malereigeschäft erhielt Georges seine erste handwerkliche Ausbildung, die er bei einem → Dekorationsmaler in Le Havre fortsetzte. Nach der Absolvierung der Militärzeit entschloß er sich 1902, freier Künstler zu werden. Er studierte an der Académie Humbert in Paris und 1903 kurzfristig im Atelier von Léon Bonnat an der École des Beaux Arts. Das intensive Eindringen in die Prinzipien alter und avantgardistischer Kunst kennzeichnen seine Entwicklung. Entscheidend wurde dann schließlich der nachhaltige Eindruck, den Braque 1905 im Salon d'Automne vor den Werken der → Fauves gewann. Von einem ihrer Hauptvertreter, von Émile-Othon Friesz, wurde er 1906 während eines arbeitsreichen Aufenthaltes in Auvers dieser Stilbewegung zugeführt. Den Sommer dieses Jahres verbrachte Braque mit Friesz in Antwerpen, und im Winter arbeitete er in L'Estaque. In Bildern wie HAFEN VON ANTWERPEN, 1906 (Basel, Kunstmuseum), und DER LANDUNGSSTEG VON L'ESTAQUE, 1906 (Paris, Musée National d'Art Moderne), zwei Beispielen aus einer Serie von knapp 20 Arbeiten, setzte er sich mit der Methode der Fauvisten auseinander. Zur gleichen Zeit setzte er sich aber bereits auch mit den strengen, tektonisch-geometrisierenden Konstruktionsprinzipien Paul Cézannes auseinander sowie mit den kubisch vereinfachten Formen der Negerplastik. Dies ist der Weg, der ihn zu Pablo Picasso hinführt. Picasso hatte mit seinem Gemälde LES DEMOISELLES D'AVIGNON von 1907 das Programmbild des Kubismus geschaffen, in dem ebenfalls neben der Negerkunst Cézannes Raum-Körper-Farb-Modulationen eine entscheidende Rolle spielten. Picasso und Braque, die sich 1907 durch die Vermittlung des Dichters Guillaume Apollinaire und des Kunsthändlers Daniel Henry Kahnweiler kennenlernten, befanden sich also in der gleichen künstlerischen Ausgangslage. Mit seinen neuen Bildern scheiterte Braque bei der Ausstellung des Herbstsalons 1908, sie wurden von der Jury, der auch Henry Matisse angehörte, abgelehnt. Anläßlich der Ausstellung der → Indépendants von 1909 bezeichnete der Kritiker Vauxcelles die Arbeiten Braques als „bizarreries cubiques". Das Stichwort für die Stilbezeichnung „Kubismus" war gegeben. Im Winter 1908 schon hatte die gemeinsame Arbeit mit Picasso begonnen. Für einige Jahre bestimmten diese beiden

Georges Braque, L'ESTAQUE, *1906, 59 × 72 (Privatsammlung). Die Naturansicht eines Hohlweges mit steilen Böschungen aus dem Süden Frankreichs entstand in der frühen, fauvistischen Periode des Künstlers, als dieser ähnlich wie Matisse kräftige und helleuchtende Farben, zum Teil unverbunden, auf die Leinwand setzte.*

Künstler die Geschichte des Kubismus, damit aber auch der modernen Malerei insgesamt. Die Frühphase des Kubismus hatte zwei Aspekte, einen geometrisierenden stereotomischen – repräsentiert etwa in Braques Bild STILLEBEN MIT KAFFEEKANNE UND KRUG von 1908 (Stuttgart, Staatsgalerie) – und einen „formzertrümmernden", „analytischen" – vertreten z. B. durch das 1911 gemalte Braquesche Bild DER PORTUGIESE (Basel, Kunstmuseum). Das erste Verfahren führt die Form auf ihre stereometrische Grundgestalt zurück. Auch das Atmosphärische wird durch geometrische Facettierung formal bestimmt. Das Bild ist kein Ausschnitt mehr, „sondern eine architektonische Ordnungsformel abstrakter Natur, die sich der Dinge als bearbeiteter Konstruktionselemente bedient" (W. Haftmann). Das zweite Verfahren klappt die einzelnen Facetten auseinander und stellt die verschiedenen Ansichten der Dinge simultan dar, wie dies etwa in dem Bild von 1911 LE GUÉRIDON (Paris, Musée National d'Art Moderne) geschieht. Die Braquesche Dingwelt, die solcherart „zertrümmert" wird, besteht aus einem fast gleichbleibenden Repertoire stillebenhafter Elemente: runde Tische, Gitarren, Früchte, Krüge, Vasen, Blumen. Die reinen bildkonstitutiven Komponenten und ihre formalen Entsprechungen beginnen ab 1910 die beschreibenden Elemente und ihre auf Darstellung gerichteten Aussagen zu verdrängen. Dies führt zu den „plans superposées", einer Stufung übereinandergeschichteter, sich durchdringender und teilweise transparenter Bildpläne, die die dritte Dimension repräsentieren. Ein Abrükken von der in Sicht gekommenen rein abstrakten Malerei bedeutet das Stillleben GEIGE UND KRUG, 1910 (Basel, Kunstmuseum), wo Braque im → Trompe-l'œil-Effekt einen Nagel malt, an dem das Bild anscheinend aufgehängt ist. In diesem Spiel mit Realitätsebenen wird sozusagen die Kluft zwischen Bildrealität und Dingrealität überbrückt, indem letztere wieder als entscheidender konkreter Faktor ins künstlerische Kalkül einbezogen wird. Konsequenterweise bringt

Georges Braque, STILLEBEN MIT MELONE, *1925, 50 × 73 (Kopenhagen, Statens Museum for Kunst). Eine Neuerung des synthetischen Kubismus, die auf Braque zurückgeht, ist die Vermischung der Farben mit Sand, um den Reiz der Oberfläche zu erhöhen. Hatte er bis etwa 1920 fast nur Stilleben geschaffen, so malte er später auch Landschafts- und Figurenbilder.*

Georges Braque, STILLEBEN, *1925/26, 60 × 73 (London, Soho Gallery). Ein weitmaschiges Liniengerüst unterliegt der Anordnung von Früchten und Gefäßen. Durch scharfe Konturierung und geringe Körpermodellierung werden die Gegenstände stark auf die Fläche bezogen. Nahezu abstrakt ist die Randzone des Bildes komponiert.*

Braque 1911 Buchstaben in seine Arbeiten ein. Durch diese aus der Realwelt auftauchenden Zeichen wird eine vorderste Bildebene konstituiert, hinter der sich die malerischen Pläne transparent in die Tiefe verlieren. Zugleich vermitteln die Buchstaben als altvertraute „Realien" in dieser „neuen" Umwelt eine verfremdende Unwirklichkeit. So lag es nahe, auch andere reale Gegenstände ins Bild einzufügen. Braque entwickelte 1912 dazu die Technik des „Papier collé" (→ Collage). Zeitungsfetzen, Etiketten, Tapeten und Packpapier wurden aufgeklebt und mit Ölmalerei oder Kohlezeichnung kombiniert, beispielsweise in STILLEBEN AUF DEM TISCH von 1913 (Paris, Sammlung C. Laurens), wo zwischen den collagierten Objekten gezeichnete Schatten Tiefenräumlichkeit suggerieren. Nach dem Ersten Weltkrieg arbeitete Braque eng mit Juan Gris und dem Bildhauer Henri Laurens zusammen, während der Kontakt zu Picasso praktisch abgebrochen war. Nach 1918 wurde die Farbe von Braque wieder mehr betont, seine Linien werden lockerer, die Malweise differenzierter. In den zwanziger Jahren beginnt seine „klassische" Phase. Akte, Stilleben und Kompositionen mit Marmortischen prägten thematisch das Bild eines Künstlers, der nun immer berühmter wurde. In den dreißiger Jahren stand dann die Landschaftsmalerei im Vordergrund mit dem dominierenden Thema am Strand festgemachter Boote. In „Atelierbildern" der späten dreißiger Jahre vertiefte sich das räumliche Gestalten in seinen Arbeiten, die Farbe wird substanzhafter, eigenwertiger, etwa in ATELIER MIT SCHWARZER VASE, 1938 (New York, Sammlung P. Rosenberg). Nach dem Zweiten Weltkrieg sind Vögel sein bevorzugtes Sujet. So malte er 1953 in die Kassettendecke des „Etruskersaales" im Louvre drei nachtblaue Bilder, in denen Vögel schwerelos ihre Bahn ziehen. Braque zählt mit seinem gesamten, durchgehend qualitätvollsten → Œuvre nicht nur zu den wichtigsten Malern der Moderne, er setzt, in neuem Formenvokabular, auch die französische Tradition der Stillebenmalerei in exquisiter Weise fort.

Georges Braque, DER MALER UND SEIN MODELL, *1939, 130×76 (Chicago, Privatsammlung). Stellvertretend für Braques reifen Stil kann dieses Atelierbild stehen. Wie Silhouetten heben sich die beiden Figuren vom Hintergrund ab. Schwarz, Gelb und Erdfarben dominieren, während auf Rot fast ganz verzichtet wurde.*

Georges Braque, VIOLON ET CRUCHE, *1910 (Basel, Kunstmuseum). „Ich habe als erster die Mandoline als Hauptmotiv eines Stillebens gewählt. Ich habe auch als erster die Buchstaben in die Malerei eingeführt. Ich habe als erster Papiers collés gemacht . . . Aber Picasso führte diese Einfälle gleich in 100 Fassungen durch", äußerte Braque einmal.*

Brauer, Erich (Arik)
* 4. 1. 1929 in Wien. Der heute überwiegend in Israel lebende Maler zählt zusammen mit Ernst Fuchs, Rudolf Hausner, Wolfgang Hutter und Anton Lehmden zur Wiener Schule des → Phantastischen Realismus. 1945–51 studierte er an der Wiener Akademie u. a. bei Albert Paris Gütersloh, seine erste Einzelausstellung hatte er 1956 in der Neuen Galerie in Wien. In seinen Ölbildern und Farbradierungen überwiegt die sehr sinnlich vorgetragene, teilweise etwas süßliche Farbe, wobei in phantastisch-abstrusen Figurationen alttestamentarische und altjüdische Motive sowie apokalyptische Visionen evoziert werden.

Bray, Jan de
* um 1627 in Haarlem, begraben am 4. 12. 1697 in Haarlem. Wahrscheinlich erhielt de Bray seine erste Ausbildung bei seinem Vater Salomon, der ebenfalls Maler und Architekt war. 1667–85 gehörte Jan mehrmals dem Vorstand der Haarlemer Lukasgilde an. Brays religiöse und mythologische Darstellungen entstanden wohl unter dem Einfluß seines Vaters; z. B. JUDITH UND HOLOFERNES, 1659 (Amsterdam, Rijksmuseum). Wichtiger waren seine qualitätvollen Porträts und Gruppenbildnisse, die ihm bald einen guten Ruf einbrachten und die in gewisser Weise von Frans Hals beeinflußt waren. Im Gegensatz zu dessen Werken waren Brays Bilder jedoch kühler, weniger auf Repräsentation der dargestellten Gruppen bedacht; der Maler schloß sich an die Art Jan Verspronck an: DIE VORSTEHERINNEN DES HAARLEMER LEPROSENHAUSES, 1667 (Haarlem, Frans-Hals-Museum); die Farben waren aus-

gewogen und gedeckt. Später ging de Bray dazu über, seine Modelle nach repräsentativen Aspekten wiederzugeben; er blieb jedoch der Haarlemer Schule verbunden. Aus dem → Œuvre des Künstlers sind auch Radierungen und Handzeichnungen in großer Zahl erhalten.

Bréa, François
* um 1492 in Nizza, † nach 1555 in Nizza. Der ursprünglich zum Priesterberuf bestimmte Künstler vertritt stilistisch die französische Version der Hochrenaissance. Seine Werke sind ausschließlich religiösen Inhalts, etwa die Taufe Christi in S. Giovanni Battista in Ventimiglia, Der hl. Augustinus zwischen Agostino Abbas und Johannes d. T. in S. Agostino in Ventimigla, Der hl. Sebastian und der hl. Rochus in Nizza (Musée Masséna) u. a.

Bréa, Louis
* um 1450 in Nizza, † zwischen März 1522 und März 1523 in Nizza. Der nicht unbedeutende Maler der Schule von Nizza am Übergang von der Gotik zur Renaissance war das bekannteste Mitglied einer weitverzweigten Künstlerfamilie. Zunächst von Flamen und Italienern, etwa Vincenzo Foppa, beeinflußt, zeigen seine späteren

Erich Brauer, Roter Schmetterling, *1962, 115 × 78. Über magischen Gründen, aus denen edelsteinglänzende Menschenwesen schimmern, erhebt sich ein scharlachroter Falter. Der froschgrün irisierende Baum windet seine Äste wie ein Tintenfisch. Zwei Farnwedel bilden den Schweif des freudig blickenden Pfauenvogels.*

Arbeiten umbrisch-römische Prägung. Insgesamt sind seine kräftig farbigen Bilder jedoch noch stark der einheimischen gotischen Tradition verpflichtet. Zu seinen bekanntesten Werken zählen u. a. eine Schutzmantelmadonna von 1483 (Taggia, S. Domenico) und der Paradies-Altar von 1512 (Genua, S. Maria di Castello).

Breitner, George Hendrik
* 12. 9. 1857 in Rotterdam, † 5. 6. 1914 in Amsterdam. Nach einer Kaufmannslehre trat Breitner 1875 in die Haager Akademie ein und lernte bei Charles Rochussen und Willem Maris. Wegen finanzieller Schwierigkeiten gab er mehrmals Zeichenkurse. 1884 reiste der Künstler für sieben Monate nach Paris und siedelte 1876 nach Amsterdam über, wo er – ausgenommen zwei Aufenthalte auf dem Lande 1892/93 und 1903–05 – tätig blieb. Zu Beginn arbeitete Breitner hauptsächlich unter dem Einfluß der dramatischen Soldatenszenen von Charles Rochussen; es entstanden → Historiendarstellungen. Der Landschaftsmaler Willem Maris regte den Künstler dann zu von ihm beeinflußten Außenansichten an. Auch in Paris hielt Breitner an seinen alten niederländischen Vorbildern, vor allem Frans Hals, fest; seine Palette war dunkel und bestand hauptsächlich aus Schwarz, Weiß und Brauntönen, die er mit kräftiger Spachteltechnik auftrug. Seine Sujets waren von erregenden Bewegungsmotiven bestimmt, sein Ziel war die realistische Wiedergabe des Gesehenen, besonders der lebhaften Stadtszenen mit arbeitenden oder flanierenden Menschen, fahrenden Pferdewagen und Schiffen, z. B. Die Singelbrücke bei der Paleisstraat, um 1893/98 (Amsterdam, Rijksmuseum), und Promenadendeck mit drei Damen von 1897 (Amsterdam, Stedelijk Museum), das drei gegen den Wind ankämpfende Frauen zeigt, die sich die Hüte halten und deren Röcke vom Wind durchweht sind; alles mit starken Farb- und Lichtkontrasten. Auch Akte und Porträts gehören zu Breitners Werk, z. B. das in kraftvollen Pinselstrichen hingeworfene Selbstporträt von 1885/86 (Den Haag, Gemeentemuseum) mit seiner ungewohnten dynamischen Komposition. Um die Jahrhundertwende entwickelte sich die Palette des Malers hin zu helleren Tönen, vielleicht vom japanischen Farbholzschnitt inspiriert, und seine Kompositionen wurden gemäßigter. Breitner war nach van Gogh der bedeutendste holländische Maler seiner Zeit. Er gab seinen holländischen Künstler-Zeitgenossen mit seiner Verbindung von → Impressionismus und → Realismus wertvolle Anstöße. Im Ausland war er jedoch so gut wie unbekannt.

Brekelenkam, Quirin Gerritsz. van
* um 1620 in Zwammerdam, 1668 in Leiden. Der nicht ganz zu Recht wenig bekannte Meister des → Genrebildes war vermutlich Schüler von Gerrit Dou, nahm aber auch Einflüsse anderer bekannter Zeitgenossen auf, wie Pieter de Hooch oder Rembrandt, obwohl er nicht annähernd ihrem Rang nahekam. Sein Verdienst liegt weniger in der künstlerischen Bedeutung als vielmehr in der kulturhistorisch aufschlußreichen Schilderung und Detailtreue des kleinbürgerlichen Lebens und sei-

Leo Breuer, Sitzendes Mädchen, *1928 (Bonn, Rheinisches Landesmuseum). Dem nüchternen Stil der Neuen Sachlichkeit ist diese Darstellung eines sich entkleidenden Mädchens verpflichtet. Ohne Ausschmückung wird in kargen Worten und soliden Formen mehr prosaisch registriert denn poetisch erzählt.*

ner Umgebung. Charakteristisch sind seine Beobachtungen der Arbeiter und Handwerker, so im Gemälde Schneiderwerkstatt (Amsterdam, Rijksmuseum) oder einer Küchenszene (Dublin, National Gallery) von 1642. Seine Innenraumdarstellungen, die sich durch eine feinsinnige Farbgebung auszeichnen, können freilich nicht über eine gewisse Naivität hinwegtäuschen.

Breu, Jörg d. Ä.
(auch Preu)
* um 1475 in Augsburg, † 1537 in Augsburg. In seiner Lehrzeit bei dem Augsburger Ulrich Apt d. Ä. erhält Breu erstmals Anregungen durch Hans Burgkmaier d. Ä. Seine Wanderjahre führen ihn u. a. nach Österreich. Für die Jahre 1514/15 wird eine Italienreise angenommen. 1534 übergibt Breu die Werkstatt an seinen Sohn Jörg Breu d. J., der heute fast nur noch als Illuminist und Zeichner für Holzschnitte bekannt ist. Für die altdeutsche Malerei sind die Frühwerke Breus am bedeutendsten. So geben die Flügelbilder zum Altar des hl. Bernhard in Zwettl, 1500, wichtige Impulse für die Malerei des → Donaustils. 1501/02 schuf der Künstler den ehemaligen Hochaltar in der Benediktinerabtei Melk, in dem er einige Motive Pieter Bruegels d. Ä. vorwegnimmt. Die späteren Werke Breus lassen einen deutlichen Abfall seines künstlerischen Schaffens spüren, den er durch technische Verfeinerungen auszugleichen suchte. In diese Zeit gehören Die Schlacht von Zama von 1530 (München, Alte Pinakothek) und Die Geschichte Samsons (Basel, Kunstmuseum).

Breuer, Leo
* 21. 9. 1893 in Bonn, † 14. 3. 1975 in Bonn. Der Künstler war 1912 an der Kölner Kunstgewerbeschule eingeschrieben, 1921/22 an der Kasseler Kunstakademie. 1927–30 engagierte ihn das Stadttheater Koblenz als Bühnenbildner. Seine Werke dieser Zeit stehen ganz im Stil der → Neuen Sachlichkeit. Die Ganzfiguren-Kompositionen – monumental den Bildrahmen füllend – sind in der Modellierung auf die wesentliche plastische Aussage reduziert; karg bleibt das Ambiente, in das sie einbezogen werden. Illusionslos ist die Suggestion der Realität. 1933 stellte Breuer erstmals in der Galerie Fritz Gurlitt (Berlin) aus. Nach Ausstellungen in Den Haag und Paris wandelte sich sein Stil. Abstrakte Kompositionen entstehen, in deren Aufbau sich eine wachsende Klarheit bemerkbar macht. Farbkinetischen Experimenten wandte sich Breuer in seiner Spätzeit zu. Zunächst nach Holland und Brüssel emigriert, war der Künstler in den Jahren 1940–45 in einem südfranzösischen Lager inhaftiert.

Bril, Paul
* 1554 in Antwerpen, † 7. 10. 1626 in Rom. Niederländischer Maler und Kupferstecher, dessen häufig kleinformatige, mit biblischen Figuren besetzte Landschaften die „ideale Landschaft“ der römischen Barockmalerei des späteren 17. Jh. vorwegnimmt. Nach einer Ausbildung bei seinem Vater zog er als Zwanzigjähriger nach Italien. In Rom trat er 1582 in die Dienste Papst Gregors XIII. Im Auftrag verschiedener Päpste schuf er Fresken in der Scala Santa, der Galleria Clementina und der Biblioteca Vaticana sowie im Palazzo Rospigliosi und in Caprarola. Seine Bilder zeigen zu dieser Zeit noch die Stilstufe eines Gillis van Coninxloo, mit starker Trennung von Vorder-, Mittel- und Hintergrund. Beeinflußt auch von der Landschaftsmalerei der Gebrüder Caracci, gründete er wie diese eine Art Akademie, aus der Agostino Tassi, der spätere Lehrer Claude Lorrains, hervorging. Um 1600, unter dem Einfluß Adam Elsheimers, gelangte Bril zu einer großzügigeren, farblich weicheren Malweise mit einem stimmungsvoll-atmosphärischen Helldunkel. Für großformatige Gemälde bevorzugte Bril, der vor allem aber auch durch qualitätvolle → Miniaturen berühmt wurde, mythologische Themen, so etwa in Diana und Nymphen (Paris, Musée National du Louvre).

Broederlam, Melchior
1381 bis 1409 nachweisbar. Der Maler, von dem lediglich ein einziges Werk urkundlich gesichert ist, kommt gleichwohl dem Rang eines Jan van Eyck nahe, dem er zeitlich vorangeht.

Quirin Brekelenkam, Der Liqueurladen, *um 1660 (Wien, Akademie der Bildenden Künste). Wie die Zinnsoldaten sind im Wandregal die Schnapsflaschen aufgereiht. Holländischer Kornschnaps, Arrak oder auch ein Genever – seit dem 16. Jh. bekannt – könnte dem Kunden soeben zum Probieren eingeschenkt worden sein.*

Agnolo Bronzino, BILDNIS DER LUCREZIA PIANCIATICHI, *nach 1540, 104 × 85 (Florenz, Uffizien). Typisch für die Bildniskunst des Manierismus ist die distanzgebietende Erscheinung der Porträtierten. Der Hofmaler der Medici verlieh ihr durch die kontrollierte Strenge der Gesichtszüge einen auffallend kühlen Zug. Hinter einer formellen „Fassade" tritt das Persönliche zurück.*

Adriaen Brouwer, IN DER SCHENKE, *29 × 24 (Hannover, Sammlung Beindorff). Waldkauzige Bauerngesichter hat der holländische Genremaler um einen dreibeinigen Holztisch versammelt. Derbe Späße versetzen die um einen Teller mit Muscheln sitzende Runde in gellendes Gelächter, während die alte Schankwirtin soeben einem neuen Besucher die Türe öffnet.*

Er unterhielt in Ypern eine Werkstatt, wo sich auch Schüler einfanden. Aufenthalte im Schlosse Hesdin, Paris und Dijon sind nachweisbar. Philipp der Kühne, Herzog von Burgund, ernannte Broederlam 1384 zum Hofmaler und „valet de chambre", nachdem der Künstler bereits für dessen Schwiegervater, den Grafen von Flandern, gearbeitet hatte. 1407 war Broederlam beauftragt, für die Kanoniker von Courtrai Porträts des neuen Mäzens und seiner Gattin zu malen. Philipp der Kühne, der seinen Schützling fürstlich zu entlohnen wußte, zog den Künstler zu mannigfaltigen Aufgaben heran. Für die Kartause Champmol in Dijon entstand 1392–99 in Zusammenarbeit mit dem Bildhauer Jacques de Baerze, der für den Skulpturenschmuck zuständig war, der KREUZIGUNGSALTAR. Die beiden erhaltenen Flügel tragen jeweils zwei Szenen: VERKÜNDIGUNG AN MARIA und HEIMSUCHUNG (li.), DARSTELLUNG IM TEMPEL und FLUCHT NACH ÄGYPTEN (Dijon, Musée des Beaux-Arts). In stilistischer Nähe zu diesen Temperatafeln befinden sich wenige Werke in den Museen von Baltimore und Antwerpen.

Bronzino, Agnolo

* 17. 11. 1503 in Monticelli bei Florenz, † 23. 11. 1572 in Florenz. Bronzino, der bedeutendste Exponent des Florentiner → Manierismus, kam als knapp 20jähriger zu J. da Pontormo in die Lehre, der entscheidenden Einfluß auf seine Entwicklung nahm. Erwähnenswerte Jugendwerke sind die Lünettenfresken mit religiösen Darstellungen in der Certosa von Galuzzo bei Florenz sowie das Tondo eines EVANGELISTEN in der Cappella Capponi in S. Felicità in Florenz. Anfang der 30er Jahre arbeitete B. in Pesaro an der Ausmalung der „Villa Imperiale" des Herzogs Guidobaldo da Urbino; das zwischen 1530/32 entstandenen PORTRÄT DES HERZOGS G. DA URBINO (Florenz, Galleria Pitti) gibt in seiner höfisch-eleganten Art einen Hinweis auf B.s eigentliche Begabung, die Bildnismalerei. B. schmückte zwar in den Jahren nach seiner Rückkehr nach Florenz (1532) zusammen mit Pontormo die Medici-Villen in Poggio a Caiano, Careggi und Castello mit inzwischen verlorengegangenen Allegorien aus, aber schon 1540 wurde er (wohl aufgrund seiner Festdekoration im Palazzo Medici anläßlich der Hochzeit Herzog Cosimos I. mit Eleonora v. Toledo) zum Hofmaler und herzoglichen Porträtisten ernannt. In ersterer Funktion arbeitete B. lange Zeit an der dekorativen Freskierung der „Cappella di Eleonora" im Pal. Vecchio sowie an zahlreichen Gemälden mit allegorisch-sinnbildlicher Thematik; das bekannteste Beispiel ist die Londoner ALLEGORIE DER LIEBE (National Gallery), die wohl 1546/47 entstand und anhand der verwirrend gekünstelten Komposition eklatante Schwächen B.s in formaler und koloristischer Hinsicht bei Mehrfigurenbildern aufzeigt, die den Eindruck entschieden schwächen. Dagegen begründeten die außerordentlich beeindruckenden, meist als lebensgroße Kniestücke gegebenen Bildnisse, B.s andauernden Ruhm: die zahlreichen Porträts der herzoglichen Familie und des Florentiner Patriziats wurden zum Sinnbild des manieristischen Bildnisses. B. malte seine Modelle eingezwängt in das Korsett der Etikette, alle Gefühlsregungen der eleganten und noblen Menschen verbergen sich hinter der strengen Maske einer kühlen und starren Physiognomie, die den Porträtierten ein geheimnisvolles Flair verleiht. B. war kein Kolorist; nur das strenge Disegno bestimmte seine Kunst, wie z. B. die ganz unmalerische Behandlung des Inkarnats zeigt. Am treffendsten ist wohl die Bemerkung E. Schaeffers, B.s Bildnisse seien in ihrer typisierenden und naturfernen Konstruiertheit

ideale Illustrationen des 1516 erschienenen Traktats von B. Castiglione über den „Cortegiano". – Am deutlichsten sichtbar werden die aufgezeigten stilistischen Charakteristika bei den Beispielen: ELEONORA DI TOLEDO UND IHR SOHN GIOVANNI; LUCREZIA PIANCIATICHI sowie den beiden Bildnissen des EHEPAARES PIANCIATICHI (alle: Florenz, Uffizien).

Brouwer, Adriaen

* 1605/1606 in Oudenaarde, † 1638 in Antwerpen. Der Genre- und Landschaftsmaler wird überwiegend als flämischer Künstler angesehen, da er, nahe der holländischen Grenze geboren, die meiste Zeit seines Lebens in Flandern zubrachte und dort auch verstarb. Lediglich in der Frühzeit befindet er sich in Holland. 1626 wird er in Amsterdam erwähnt und ist im selben Jahr in Haarlem als Maler und Mitglied der Rederijker Kamer „In Liefde Boneval" nachweisbar. Schon die lebendige Faktur seines Pinselstrichs und der porträthafte Charakter von Figuren in seinen kleinen → Genrebildern legen nahe, daß Brouwer zu Frans Hals in Beziehung stand. Als er 1631 schließlich nach Antwerpen zog, war es Adriaen van Ostade, der die Nachfolge von Brouwers Genrestil in Holland antrat. In dem Frühwerk DER PFANNKUCHENBÄCKER (Philadelphia, Museum of Art) ist noch das Erbe von P. Breugel d. Ä., dem Bauernbreugel, sichtbar. Bäuerisch-derbe Menschentypen, die oft hart an der Grenze zur Karikatur stehen, sollten zeitlebens die Wirtshaus- und Gelageszenen Brouwers bevölkern. Dabei bevorzugte er dramatische Sujets, in denen er Singen und Lachen, Raufen und orgienhafte Spiele drastisch zum Ausdruck brachte. Die BAUERNRAUFEREI BEIM WÜRFELSPIEL (Dresden, Gemäldegalerie) oder RAUCHENDE UND TRINKENDE BAUERN (München, Alte Pinakothek) geben ein Stück niederländischer Realität konzentriert und überspitzt wieder wie es das Bild OPERATION AM RÜCKEN (Frankfurt, Städel) in authentischerer Form tut. Brouwers vitale, mitunter brutale Szenen waren in Holland und Flandern gleichermaßen beliebt. Rubens soll allein eine Sammlung von achtzehn Gemälden des Genremalers besessen haben.

Brown, Ford Madox

* 16. 4. 1821 in Calais, † 11. 10. 1893 in London. Der bedeutende englische Maler des 19. Jh. erlernte seine Kunst in Antwerpen und nach dem Tode seiner Eltern in Paris, wo u. a. Kopien nach Rembrandt und Velazquez entstanden. Er bevorzugte literarisch inspirierte Themen, wie DIE HINRICHTUNG DER MARIA STUART, 1840/41 gemalt, zeigt. Browns Schaffen umfaßt insgesamt religiöse und historische Stoffe, Genre- und Landschaftsbilder. 1844 kehrte der Künstler nach England zurück und nahm – allerdings ohne Erfolg – an dem Wettbewerb zur Freskoausstattung des neuen Parlamentsgebäudes teil. Ein Jahr später ist er mit seiner Frau in Rom anzutreffen, wo Brown mit den Nazarenern Overbeck und Cornelius zusammentrifft, deren religiöse Tafelmalerei nach mittelalterlichem Vorbild ihn stark beeindruckt. Einen künstlerischen Niederschlag fand diese Begegnung in dem Werk DIE SAMEN UND FRÜCHTE DER ENGLISCHEN POESIE (Oxford, Ashmole-

Adriaen Brouwer, KARTENSPIELENDE BAUERN IN EINER SCHENKE *(München, Alte Pinakothek). Stets dem Volkstreiben auf der Spur ist Brouwer in seinen Sittenschilderungen. Solche Spiel- und Trinkgelage im Wirtshaus, die in diesem Fall friedlich verlaufen, kann der Maler aber auch zu ungezügelten Raufereien ausarten lassen.*

an Museum). Die in Rom begonnene und in England später vollendete Ölstudie wählte bewußt die mit Maßwerk ornamentierte Form des → Triptychons. Anfänge und Blütezeit der englischen Dichtkunst wurden vergegenwärtigt. Auf den Seiten finden sich die Dichter Milton, Spenser und Shakespeare, Byron, Pope und Burns. Das Bild wurde später als CHAUCER AM HOF EDWARDS III. neu gestaltet und findet sich heute in Sydney (Art Gallery of New South Wales). Dante Gabriel Rossetti, einer der Hauptmaler der → Präraffaeliten, war von der Malerei Browns beeindruckt und wurde für einige Monate sein Schüler. Wenn auch mit den Präraffaeliten bekannt, so gehörte Brown doch nie zu ihrem engeren Kreis. Das Bild CHRISTUS WÄSCHT PETRUS DIE FÜSSE (London, Tate Gallery) rückt stilistisch der Malkunst der Bruderschaft am nächsten. Browns Hauptwerk ist die 1852/65 entstandene monumentale Komposition ARBEIT (Manchester, City Art Gallery), in welcher sozialkritische Gedanken zum Ausdruck kommen. Verschiedenen Formen der Arbeit, geistig, körperlich oder karitativ, werden Arbeitslosigkeit und Müßiggang gegenübergestellt. Auch in dem Gemälde DIE LETZTEN VON ENGLAND (Birmingham, City Museum) widmet er sich einem sozialen Thema, indem er das Schicksal englischer Auswanderer schildert. Im Rathaus von Manchester führte der Künstler 1878–93 zwölf Szenen aus der Geschichte der Stadt als Fresken aus.

Bruegel (Brueghel), Abraham
(auch Neapolitaner)
* (getauft) 28. 11. 1631 in Antwerpen, † um 1697 in Neapel. Der Antwerpener Barockmaler war der Sohn und Schüler von Jan Bruegel d. J., der sich wie sein Vater auf Blumenstilleben und Blumen- und Früchtegirlanden spezialisierte. Aus seinem Leben wissen wir sehr wenig, und seine erhaltenen Werke sind gering an Zahl. Um 1649 ist er im Dienst des Fürsten Antonio Ruffo in Reggio Campo bei Messina nachweisbar. Am 3. 8. 1670 wurde er in die Accademia di S. Luca in Rom aufgenommen. 1671 oder 1674 übersiedelte er nach Neapel, wo er bis zu seinem Tode lebte und arbeitete.

Bruegel (Brueghel), Jan d. Ä.
* 1568 in Brüssel, † 12. 1. 1625 in Antwerpen. Der zweite Sohn Pieter Bruegels d. Ä. erhielt von seiner Großmutter Marie Bessemers ersten Unterricht, dann von Pieter Goetkint und Gillis van Coninxloo. 1589–95 reiste der Maler nach Italien (Neapel, Rom und Mailand), wo er mit seinem Gönner Kardinal Federigo Borromeo, dem späteren Erzbischof von Mailand, Freundschaft schloß. 1597 trat er in die

Ford Madox Brown, ARBEIT, 1850, 135 × 196 (Manchester, City Art Gallery). Nicht ohne sozialkritische Intention war diese Stellungnahme zur Arbeit im viktorianischen England gedacht. Sie kann als Bild die sozialen Reformideen von Carlyle oder Maurice illustrieren. Es ist die Zeit des Frühkapitalismus, der dazu führte, daß die Massen der ausgebeuteten Arbeiter mit ihren Familien in den Slums der Industriestädte menschenunwürdig lebten. Der Gegensatz zwischen Straßenarbeitern, der zerlumpten Blumenverkäuferin und dem vornehmen Müßiggang des ausreitenden Paares wird vom Künstler pointiert zum Ausdruck gebracht.

Antwerpener → Lukasgilde ein, deren Dekan er 1601/02 wurde. Er ging auch mehrmals nach Deutschland; 1609 wurde er Hofmaler Erzherzog Albrechts von Österreich, des Statthalters der Niederlande.

Bruegels großes Verdienst ist die von der → Miniaturmalerei beeinflußte minuziöse, detailfreudige Darstellung von prunkvoll komponierten Blumenstilleben, die ihm den Namen „Blumen-Bruegel" einbrachte (neben dem Namen „Samt-Bruegel" wegen seiner Liebe zu jenem Stoff). Sie dienten weniger dem Anspruch der naturalistischen Wiedergabe als vielmehr dem ästhetischen Geschmack des Großbürgertums seiner Zeit, das die außerordentlich dekorativen spätmanieristischen Arrangements in kräftigen, aber liebevoll aufeinander abgestimmten Farben liebte, z. B. den BLUMENSTRAUSS (München, Alte Pinakothek). Außerdem war Bruegel von der Kunst seines Vaters Pieter beeinflußt, dessen Themen Jan z. B. in seinen Landschaften mit historischen und biblischen Szenen aufnahm, jedoch ohne die moralische Kraft Pieters zu erreichen. Auch hier arbeitete der Maler unglaublich detailfreudig und mit feinstem Pinselstrich – ein Beispiel: ANSICHT EINER HAFENSTADT MIT SCIPIO UND ALLUCIUS von 1609 (München, Alte Pinakothek) –, wie er es auch in seinen anderen Landschaften mit Menschen in Bewegung und Arbeit tat. Er benutzte eine zarte Palette für die Landschaft, die er durch kräftige Farbtupfer für die menschlichen Gestalten ergänzte. Jan war durch seine Kunst sehr angesehen und arbeitete auch mit anderen Künstlern zusammen; gemeinsam mit seinem Freund Rubens schuf er DAS PARADIES (Den Haag, Mauritshuis), auf dem jener die Gestalten Adams und Evas malte. Neben den Gemälden sind auch Handzeichnungen Bruegels erhalten. Mit seiner Kunst zwischen Spätmanierismus und → Barock war Jan zu einem sehr bedeutenden Maler mit vielen Schülern geworden, der weit über seine Lebenszeit hinaus kopiert wurde.

Bruegel (Brueghel) Jan d. J.
* 13. 9. 1601 in Antwerpen, † 1. 9. 1678 in Antwerpen. Der flämische Barockmaler war der Sohn von Jan Bruegel d. Ä., bei dem er auch das künstlerische Rüstzeug erwarb und dessen Werke er anfänglich kopierte. Nachdem er eine Studienreise nach Italien unternommen hatte, wurde er 1625 als Meister in die Antwerpener → Lukasgilde aufgenommen. Nach dem Tod seines Vaters übernahm er dessen Werkstatt. Die niederländische Kunst dieser Zeit ist in starkem Maße durch die Konzentration einzelner Maler auf bestimmte Sujets charakterisiert. So spezialisierte sich auch Jan d. J., und zwar auf allegorisch ausdeutbare Blumen- und Früchtestilleben sowie auf das Malen dekorativer Fruchtgirlanden. In dieser Eigenschaft soll er auch mit Peter Paul Rubens, Pieter van Avont und Hendrik van Balen zusammengearbeitet und einzelne Partien einiger ihrer Bilder gemalt haben.

Bruegel (Brueghel), Pieter d. Ä.
* 1528/30 in Brueghel bei Breda, † 5. 9. 1569 in Brüssel. Bruegels Biographie ist schwer zu rekonstruieren; die wichtigste Quelle hat Carel van Mander mit seinem „Schilderboek" von 1604 hinterlassen. 1551 trat Bruegel – der seinen Namen bis 1559 Brueghel schrieb – in die Antwerpener → Lukasgilde ein. Nach van Mander war Pieter Coecke van Aelst bereits seit 1540 sein Lehrer, ab etwa 1550

wahrscheinlich auch Hieronymus Cock. Vermutlich 1552–1553/54 reiste Bruegel nach Italien, was durch verschiedene Stiche und Zeichnungen, so von Reggio di Calabria aus dem Jahr 1552 und von Rom aus dem Jahr 1553, bezeugt ist. Seine Hinreise war über Lyon gegangen und hatte den Künstler bis nach Messina (Sizilien) geführt, dann über Neapel nach Rom (wo er bei dem berühmten Miniaturmaler Giulio Clovio arbeitete) und zurück über den St.-Gotthard-Paß. Zurück in Antwerpen, arbeitete Bruegel zunächst noch im Verlag Cocks, der eine Serie von Stichen nach Landschaftszeichnungen der Italienreise herausgab, die „Großen Landschaften". In dieser Zeit knüpfte Bruegel auch Kontakte mit humanistischen Gelehrten, so mit dem Geographen Abraham Ortelius, dem Archäologen und Maler Hubert Goltzius u. a. 1557 ist das früheste erhaltene Gemälde Bruegels datiert, der sich im folgenden intensiver der Malerei widmete. 1563 ging der Maler nach Brüssel und heiratete Pieter Coeckes Tochter Mayken, mit der er die beiden Söhne Pieter d. J. und Jan d. Ä., die auch Maler werden sollten, bekam. 1569 starb Pieter Bruegel in Brüssel.

Zu Beginn fertigte Bruegel neben den unter dem prägenden Eindruck der Italienreise entstandenen Landschaften auch satirische Stiche im Stil und nach Vorbildern Hieronymus Boschs, dessen Werk ihm sicherlich wertvolle Anstöße gab (so für die Folgen der „SIEBEN TUGENDEN" um 1557 und der „SIEBEN LASTER" um 1558); die Landschaften dagegen waren eher von den Venezianern der Renaissance, speziell Tizian und Domenico Campagnola, und ikonographisch wohl auch von den Landschaften Joachim Pateniers beeinflußt. Zu diesen frühen gesicherten Bruegel-Werken zählen „DER MEERESARM" von 1557 (Washington, National Gallery) und die „LANDSCHAFT MIT DEM STURZ DES IKARUS" von etwa 1558 (Brüssel, Musées Royaux des Beaux-Arts). Ein Höhepunkt dieser Gruppe sind die MONATSBILDER, 1565 für den Antwerpener Kaufmann Nicolaes Jonghelinck gemalt; fünf dieser sechs Bilder sind erhalten. Sie zeigen in überzeugender Art die Einheit der Natur, das Einssein von Elementen und Kreatur; eine gleichmäßige helle Palette dient der genauen Naturschilderung. Zu den Landschaften traten bereits in der Frühzeit didaktische und moralisierende Themen, deren Hauptwerk die NIEDERLÄNDISCHEN SPRICHWÖRTER von 1559 (Berlin, Stiftung Staatliche Museen/West, Gemäldegalerie) sind, und zu denen auch der STREIT ZWISCHEN KARNEVAL UND FASTEN von 1559 (Wien, Kunsthistorisches Museum) und die KINDERSPIELE (ebd.) von 1559/60 gehören. Der Maler hat hier, manieristisch verzerrt, die „verkehrte Welt" zum Mittel seines moralischen Zwecks gemacht. Das scheinbar harmlose Kinderspiel ist in Wirklichkeit Unruhe, absurdes Tun der Menschheit; die Sprichwörter waren für Bruegel ein Mittel, die Dummheit und Sündenhaftigkeit der Menschen mit einem Verfremdungseffekt darzustellen; so verband er diese ruhelosen, unheimlichen Tätigkeiten, wie das unsinnige Mit-dem-Kopf-durch-die-Wand-Wollen, mit einer äußerst liebevoll dargestellten Umgebung, der detailfreudig minuziös ausgemalten schönen, „harmlosen" Landschaft in kräftigen Farben. – Weiterhin schuf Bruegel auch später stark von Boschs Gedankenwelt beeinflußte Bilder, die sich mit dem Dämonischen, mit Grenzbereichen und mit Themen der christlichen Glaubenswelt befaßten. Fabelwesen tauchten auf, die auf einer absurden, von Lastern und Wahnsinn regierten Welt agierten; frühestes Beispiel: die Zeichnung DIE GROSSEN FISCHE SCHLUCKEN DIE KLEINEN, noch für den Verleger Cock gefertigt. Beispiele aus der Malerei finden sich ab den 60er Jahren: TRIUMPH DES TODES von etwa 1562/63 (Madrid, Prado), DULLE GRIET von etwa 1563 (Antwerpen, Museum Mayer van den Bergh). Höllenszenen und → Allegorien der menschlichen Sünden sowie deren Bestrafung durch den Tod sind die Sujets dieser Werke. Sie sind von einer großen Unruhe, von Massenszenen und „Gewimmel" gekennzeichnet, wie auch der TURMBAU ZU BABEL, jene bis ins Detail akribisch ausgearbeitete Schilderung der wahnsinnigen menschlichen Unternehmun-

Jan Bruegel d. Ä., DAS REICH DER FLORA, *32 × 40 (Sammlung Beindorff). Das Sujet, das dem Maler den Beinamen „Blumen-Bruegel" einbrachte, findet sich hier in Verbindung mit einer Landschaftsansicht und figürlicher Staffage. Es gibt Bilder Bruegels, in welchen die Figuren von dem noch jungen Peter Paul Rubens ausgeführt wurden.*

Abraham Bruegel, STILLEBEN, *1669, 142 × 148 (Paris, Louvre). Dieser Ausschnitt des Gemäldes* FRAU, DIE NACH FRÜCHTEN GREIFT *veranschaulicht die hohe Detailgenauigkeit und Suggestionskraft der Kunst Abraham Bruegels, der ein Urenkel des „Bauern-Bruegel" war. Wie aus der Inschrift hervorgeht, entstand die Komposition in Rom.*

gen und der Überheblichkeit menschlichen Wollens. Auch hier wieder der Gegensatz zu der schönen Landschaft, die das Sündhafte zunächst verschleiert. Zu diesem Genre zählen noch u. a. die Kreuztragung von 1564 und der Bethlehemitische Kindermord von 1565/66 (beide Wien, Kunsthistorisches Museum). Auch die menschlichen Leiden setzte Bruegel gleichnishaft moralisierend ein, so in der Parabel von den Blinden aus dem Jahr 1568 (Neapel, Galleria Nazionale) und den Krüppeln von 1568 (Paris, Louvre). Die Figuren sind in diesen späten Werken in den Vordergrund getreten und flächig in einfachen Formen gemalt, während die Landschaft nur noch Hintergrund ist; dies gilt auch für das Schlaraffenland aus dem Jahr 1567 (München, Alte Pinakothek), eine Allegorie der Unmäßigkeit und Gier. – Eine letzte Werkgruppe des Malers Bruegel sind die Darstellungen des ländlichen Bauernlebens, die ihm auch seinen Beinamen „Bauern-Bruegel" einbrachten. Um 1568 entstanden Bauernhochzeit und Bauerntanz (beide Wien, Kunsthistorisches Museum), deren moralisierende Absicht umstritten, aber doch wahrscheinlich ist; auch die Malweise – flächig, in kräftigen klaren Farben, die bevorzugt → Lokalfarben waren – ist der des Schlaraffenlandes vergleichbar. Mit diesen, sehr reizvollen und lebhaften

Jan Bruegel d. Ä., Blumenstrauss in einem Tongefäss, *1599, 51 × 40 (Wien, Kunsthistorisches Museum). Schon zu Lebzeiten des „Blumen-Bruegel" erfreuten sich solche feingliedrig gepinselten Miniaturmalereien großer Beliebtheit. Zu seinen Bewunderern gehörte auch Federigo Borromeo, der spätere Erzbischof von Mailand.*

Jan Bruegel d. Ä., VASE MIT BLUMEN, *101×76 (Antwerpen, Königliche Museen). Wildwachsende Wiesenblumen und Gartenpflanzen hat Bruegel in einem bemalten, tönernen Gefäß arrangiert. Anders als barocke Blumenmaler stellt er neben Knospen fast ausschließlich die frisch entfaltete Blütenpracht dar, in die er Käfer, Schmetterlinge und andere Insekten hie und da einnistet. Welke oder verblassende Blumen hätten die Klarheit und Frische dieser verschwenderischen Farbenfülle beeinträchtigt.*

späten Bauernbildern wurde Bruegel aber auch Vorläufer jener Maler des 17. Jh., die das Genre des „Bauernbildes" beliebt machten: Brouwer, Teniers u. a., im 19. Jh. sogar noch für Millet. Mit seiner hintergründigen Art der Gestaltung gab Bruegel, der zu Lebzeiten bekannt und geschätzt war, auch den Künstlern des 20. Jh. noch Anregungen, besonders den → Expressionisten.

Bruegel, Pieter d. J.
* um 1564 in Brüssel, † vermutlich 1638 in Antwerpen. Obwohl Pieter Bruegel d. Ä., auch Bauern-Bruegel genannt, keine eigentlichen Schüler hatte, so gab es doch eine Anzahl von Nachahmern, zu denen neben Pieter Balten auch der Sohn des Meisters, Pieter der Jüngere, gehörte. Der „Höllen-Bruegel" kopierte und variierte Werke seines Vaters. Der Schüler Gillis van Coninxloos brachte an eigenständigen Werken vor allem Darstellungen von bäuerlichen Festen, Bränden, Winter- und Spukszenen sowie Bilder aus dem Neuen Testament hervor. In die Landschaftskompositionen Joos de Mompers fügte er bisweilen Figuren ein. Frans Snyders wird zu den Schülern Pieter Bruegels gezählt.

Brüning, Peter
* 21. 11. 1929 in Düsseldorf, † 25. 12. 1970 in Ratingen. Der mit Elementen des → Informel und des → Tachismus operierende Künstler studierte 1950–52 bei Willi Baumeister an der Stuttgarter Akademie. Zunächst schuf er plastische Farbkompositionen und Zeichnungen, die an → Graffiti denken lassen. Dann entwickelte er sich zu einem wichtigen Vertreter des Tachismus in Deutschland. Ab 1964 beschäftigte er sich unter dem Einfluß Cy Twomblys mit der Gestaltung von (Verkehrs-)Zeichen und ähnlichen Zeichensymbolen, die er in ein graphisch-kartographisches Ambiente einbrachte, etwa in dem Bild LEGENDEN NR. 14/64 von 1964 (Aachen, Suermondt-Museum). Hierin sah er, wie er selbst sagte, die „letzte Möglichkeit der Landschaftsmalerei". In den sogenannten „Verkehrswänden", Objekten, die er mit elektronischer Technik koppelte, nahm Brüning seit 1969 auch Stellung zum Landschafts- und Umweltschutz.

Bruyn, Bartholomäus d. Ä.
* um 1493 am Niederrhein, † vor dem 22. 4. 1555 in Köln. Der bedeutendste Kölner Altar- und Bildnismaler der ersten Hälfte des 16. Jh. war vermutlich zunächst bei Jan Jost van Calcar und Joos van Cleve, bevor er bei dem Meister von St. Severin in Köln zu

Pieter Bruegel d. Ä., Das Schlaraffenland, *1567, 52 × 78 (München, Alte Pinakothek). Drei Männer verschiedener Stände, mit Hellebarde, Dreschflegel und Bildungsattributen, sind durch das Übermaß ihrer Völlerei außer Gefecht gesetzt. Das Land mit Kakteen aus Kuchen und umherlaufendem Schweinebraten ist Satire auf die Zügellosigkeit. Die moralisierende Tendenz verankert dieses Werk zu einer sarkastischen Kritik an der politischen und gesellschaftlichen Situation, vor allem aber am individuellen menschlichen Denken und Handeln.*

Pieter Bruegel d. Ä., Der Turm zu Babel, *60 × 74 (Rotterdam, Museum Boymans). Zahlreiche Varianten dieses Themas in der niederländischen Malerei belegen die Beliebtheit und Aktualität jenes alttestamentarischen Symbols menschlicher Hybris. Der babylonische Turm gehört zu den didaktischen Bildern des „Bauern-Bruegel".*

finden ist. Ein frühes datiertes Gemälde ist die GEBURT CHRISTI (Frankfurt), das als Nachtstück noch die Beziehung zu Jan Jost verrät (1516). Dessen Einfluß ist auch noch im Altarwerk des Münsters von Essen greifbar, 1522–25 entstanden. Die GEBURT CHRISTI des Essener Altares, das als religiöses Hauptwerk Bruyns gilt, zeigt gegenüber dem Frankfurter Bild ein fortgeschritteneres Verständnis für die Architektur der Renaissance, deren Formen im Hintergrund erscheinen. Die ANBETUNG DER KÖNIGE, KREUZIGUNG und BEWEINUNG sind weitere Themen des Werkes, dessen äußeres Flügelpaar verlorengegangen ist. Einen ganz anderen stilistischen Charakter zeigt der 1529 in Auftrag gegebene Gemäldezyklus für einen Altar in der Stiftskirche St. Viktor zu Xanten. Die

Pieter Bruegel d. Ä., DIE KORNERNTE, 1565, 118 × 160 (New York, Metropolitan Museum). Zu einem Zyklus der zwölf Monate, von dem nur fünf Bilder erhalten sind, gehörte diese Darstellung des Monats Juli. Alt und jung haben sich zur Brotzeit versammelt, während noch einige mit dem Sensen und Bündeln der Ähren beschäftigt sind.

Pieter Bruegel d. Ä., Landschaft mit dem Sturz des Ikarus, *74 × 112 (Brüssel, Musées Royaux). 1554 von einer Italienreise nach Antwerpen zurückgekehrt, malte Bruegel in seiner Frühzeit vor allem Landschaften, die nur wenig die Natur des Südens widerspiegeln. Ikarus' Sturz ins Meer (rechts nahe dem Schiff) bleibt vom Bauern unbemerkt.*

plastischen Werte der Figuren sind gesteigert, die Präsenz ihrer Erscheinung verweist auf romanistische Einflüsse, die von den niederländischen Malern Jan van Scorel und Heemskeerck vermittelt wurden. Besonders in den Figuren der Heiligen Viktor, Maria, Gereon u. a., die unter einem „all'antica" geschmückten Türsturz erscheinen, werden die italienischen Vorbilder spürbar. → Manieristische Tendenzen treten dann besonders im Spätwerk hervor, wie der für S. Severin gemalte Abendmahlsaltar dokumentiert (Köln). Anders als in seinen religiösen Tafelbildern, deren Entstehungsfolge mehrere Stilphasen durchläuft, zeigt sich Bruyn in den Porträts als ein wesentlich eigenständigerer Künstler. Seine Fähigkeit zu tiefer Charakteristik und scharfsichtiger Schilderung zeigen die für Kölner Patrizier entstandenen Bildnisse. Zumeist bediente er sich dabei einer gewissen Typisierung, indem er die Dargestellten in würdiger Attitüde, nachdenklich oder zuweilen selbstgefällig präsentiert.

Brygos-Maler
griechischer Vasenmaler, tätig um 500–480/70 v. Chr. in Attika. Vermutlich ist der signierende Töpfer Brygos in einigen Fällen mit dem Maler identisch, doch sind seine Gefäße auch von weniger begabten Künstlern bemalt worden. Seine Vorliebe gilt den flachen Trinkschalen und den zugehörigen dionysischen, oft auch erotischen Motiven, doch schuf er auch andere Formen meist kleineren Formats und bemalte sie mit figurenreichen Szenen. Die temperamentvoll bewegten Gestalten umreißt er mit zügigem Strich, die oft kontrastierende Vielfalt der Haltung wird durch die reichen Falten und zierlichen Säume der spätarchaischen Gewänder geradezu musikalisch unterstrichen. Spätere Arbeiten verlieren an spontaner Dynamik und Originalität, reduzieren die Figur jedoch auf das Wesentliche und gewinnen einen ruhig-reifen Ausdruck. Abgesehen von einigen Nachahmern sind vom B-M. keine bedeutenden Schüler bekannt.

Buffet, Bernard
* 10. 7. 1928 in Paris. Der Sohn eines ehemaligen Bergmanns, der die Schule vorzeitig verlassen hatte, begann in Abendkursen seine zeichnerische Ausbildung; 1944 ging er an die École des Beaux-Arts in Paris, die er aber 1945 wieder verließ, um als Autodidakt weiterzuarbeiten. Seine erste Ausstellung (1946 im Salon des Indépendants) brachte keinen Erfolg; dies änderte sich 1948, als dem jungen Maler nur kurz nach Kriegsende für seine Darstellungen des menschlichen Leides der „Preis der Kritiker" zuerkannt wurde. Seine Bilder von Angst und Elend wurden publik und brachten ihm einen steilen Aufstieg; schon 1949 erwarben Privatsammler und das Musée d'Art Moderne Werke Buffets, der äußerst produktiv ist. Seine Themen sind die oben genannten,

Pieter Bruegel d. J., Winterlandschaft mit Eisläufern und Vogelfalle, *39 × 57 (Wien, Kunsthist. Museum). Mit viel Liebe zum kleinfigurigen Detail hat der ältere Sohn des Bauern-Bruegel ein heiteres Völkchen aufs Glatteis geführt: Männer beim Eisstockschießen, Kinder beim Kreiselspiel und andere bunt gestikulierende Gestalten.*

realistisch und ohne Beschönigung dargestellten Wirklichkeiten unserer Zeit; dazu benutzt er düstere Farben, viel Schwarz und Weiß, die er mit harten Konturen und Strich-„Gerüsten" auf die Leinwand bringt; ein Beispiel: DER ROCHEN von 1955 (Paris, Privatsammlung); in brutaler Deutlichkeit zeigt es einen getöteten Rochen neben einer Flasche und einem halbvollen Glas. Auch Buffets Außenansichten sind nicht idyllisch, sondern kalt: BEAULIEU, 1957 (Weert, Sammlung H. E. Smeets). Außerdem schuf der Künstler Zyklen über das menschliche Leid wie DIE SCHRECKEN DES KRIEGES im Jahr 1954. Neben Gemälden zählen auch Graphiken in großer Zahl zu Buffets Œuvre, z. B. Buchillustrationen. Der Künstler kann dem → Neorealismus oder auch dem sog. „Miserabilismus" zugerechnet werden, den Francis Gruber begründete.

Buncho, Tani
* 1763 in Edo, † 1840. Als einer der bedeutendsten japanischen Maler zeichnet sich B. als Kenner und Praktizierer nahezu sämtlicher Malstile seiner Zeit aus. Aus einer Samurei-Familie stammend, galt sein Hauptwerk der → Nanga-Malerei, die er jedoch oft eklektizistisch mit chinesischen, westlichen, anderen japanischen Malweisen verwob. Es entstanden das HONCHO GASAN, Reproduktionen von B.s Kopien alter japanischer Meister, das BUNCHO GADAN, ein theoretisches Traktat, außerdem realistische Porträts.

Burgkmair, Hans d. Ä.
* 1473 in Augsburg, † 1531 in Augsburg. Die ersten Unterweisungen erhielt der Künstler von seinem Vater, dem Maler Thomas Burgkmair. 1488 ging er nach Colmar in die Lehre zu Martin Schongauer, der auf ihn nachhaltigen Einfluß ausübte. Nach einer Reise nach Oberitalien, die ihn auch nach Venedig führte, ließ er sich in Augsburg nieder, wo er 1498 die väterliche Werkstatt übernahm. Schon kurz darauf erhielt er den Auftrag, die Bögen des Kreuzganges von St. Katharina mit 3 Basilikenbildern zu schmücken (alle Augsburg, Bayrische

Peter Brüning, SUPERLAND MIT RUHRTALBRÜCKE *(Ausschnitt), 1967, 140 × 330. Reflex und Kritik des technisch-bürokratischen Umgangs mit Landschaft ist dieses zeitgenössische Werk: ein aufgezogenes Offsetplakat übermalt und mit Metallstreifen versehen. Seit 1964 kombinierte der Künstler derart Kartenwerke mit Zeichen und Signalen.*

Staatsgemäldesammlungen). Als erstes entstand 1501 die BASILICA DI S. PIETRO mit der hoheitsvollen Darstellung des Apostelfürsten, der, von den 14 Nothelfern flankiert, vor seiner Kirche thront. Darüber ist Christus im Garten Gethsemane dargestellt. 1502 und 1504 folgen die BASILICA DI S. GIOVANNI mit Szenen aus dem Leben des Evangelisten Johannes und der Geißelung Christi und die BASILICA DI S. CROCE mit der Kreuzigung Christi und dem Martyrium der 11 000 Jungfrauen.

Hans Holbein d. Ä. arbeitete für den gleichen Auftrag und gab Burgkmair, besonders bei der Behandlung der Gewänder, einige Anregungen. Die Schule Schongauers zeigt sich in manchen Gesichtsformen und Umrißlinien. Trotz dieser fremden Einflüsse wird aber in den vielfältigen Stellungen und Bewegungen der Figuren und im ausgeprägten Naturgefühl der Landschaft die künstlerische Eigenständigkeit dieses Meisters deutlich. Die Verarbeitung italienischer Eindrücke zeigen die warmen dunklen Farben, die Renaissancearchitekturen und -ornamente sowie die Auffassung der menschlichen Würde. 1509 entstand die dem gotischen verinnerlichten Madonnentypus widersprechende MARIA IM ROSENHAG (Nürnberg, Germanisches Nationalmuseum), die ganz dem venezianischen Schönheitsideal entsprach. Höchste künstlerische Vollendung zeigt der JOHANNESALTAR von 1518 (München, Alte Pinakothek). Von den hll. Erasmus und Nikolaus flankiert, blickt der Evangelist verzückt zur Erscheinung der Muttergottes empor. Die ganze Szene ist in eine mit üppigem Tierleben bereicherte weitläufige Landschaft eingebettet. In seiner verhaltenen Dramatik ebenso großartig ist der 1519 entstandene KREUZIGUNGSALTAR (München, Alte Pinakothek). Diese Größe wird von den Spätwerken Burgkmairs, wie das schon →manieristisch anmutende, prachtvoll ausgestattete Gemälde ESTER VOR AHASVER, 1528 (München, Alte Pinakothek), oder die für Herzog Wilhelm IV. gemalte SCHLACHT BEI CANNAE, 1529 (München, Alte Pinakothek), nicht mehr erreicht. Burgkmairs

Bartholomäus Bruyn d. Ä., BILDNIS EINER JUNGEN FRAU, *1539, 38×26, (Braunschweig, Herzog-Anton-Ulrich-Museum). Das 19jährige Mädchen wird mit Kopfhaube, dunklem Jäckchen und reich verziertem Gürtel vor einer Balustrade im fliehenden Profil gezeigt. Eine Blume in ihrer Rechten, schaut sie zu ihrem männlichen Gegenstück im selben Museum.*

Bartholomäus Bruyn d. Ä., BILDNIS EINES MÄDCHENS MIT NELKE, *um 1535–40, (Bonn, Landesmuseum). Das wohl anläßlich einer Verlobung gemalte Porträt zeigt wie im vorherigen Bild das Olivgrün als neutralen Hintergrund. Beide Damen tragen einen fast identischen goldfarbenen Gürtel – Requisit des Malers oder modisches Accessoir der Zeit?*

Bedeutung liegt vor allem darin, daß er mit glücklicher Hand und viel Geschmack die Formen und die Kunstgesinnung der → Renaissance nach Augsburg trug und somit die Künstler seiner Heimat einer neuen malerischen Anschauung gegenüber aufschloß.

Burne-Jones, Sir Edward Coley
(eigtl. Jones)
* 18. 2. 1833 in Birmingham, † 17. 6. 1898 in Fulham, London. Der zu den → Präraffaeliten zählende Maler, Graphiker, Entwerfer von Bildteppichen und Glasfenstern nahm in seinem Werk Tendenzen des Jugendstils vorweg. Nach einem Theologiestudium in Oxford lernte er gemeinsam mit William Morris bei Dante Gabriel Rossetti, unter dessen und John Ruskins Einfluß er der Vereinigung der Präraffaeliten beitrat. Auf mehreren Italienreisen erhielt er Anregungen von den Werken Andrea Mantegnas, Sandro Botticellis und Michelangelos. Im Anschluß an deren Gestaltungsprinzipien erstrebte er eine Erneuerung der Monumentalkunst. In einer weichen, verträumt-melancholischen und dekorativ-stilisierten Liniensprache illustrierte er märchenhafte Themen. Zwischen 1877 und 1887 entstanden seine Hauptwerke: SPIEGEL DER VENUS (Lissabon, Sammlung Gulbenkian); TAGE DER SCHÖPFUNG (Cambridge, Harvard University, Fogg Art Museum); DIE BEZAUBERUNG MERLINS (London, Victoria and Albert Museum) u. a. Mit Vorliebe wählte er seine Sujets aus literarischen Vorlagen, aus mittelalterlichen Legenden und Sagenstoffen, klassischen Mythen, aus Balladen von Geoffrey Chaucer oder aus „The Earthly Paradise" von William Morris. Vor allem seine Spätwerke, seine Glasfenster, Gobelins, Möbeldekors, Mosaiken und keramischen Arbeiten kündigten in ihrer reinen Farbgebung und zarten, vegetabilisch anmutenden Linienführung den → Jugendstil an. Eine wichtige Leistung im Bereich der Buchkunst stellt seine Illustrierung der berühmten Chaucer-Ausgabe dar, die 1897 bei der Kelmscott Press erschien.

Burri, Alberto
* 12. 3. 1915 in Città di Castello bei Arezzo. Wichtiger Vertreter der abstrakten Kunst. In amerikanischer Kriegsgefangenschaft begann er in Texas mit seinen ersten Malversuchen. Seine erste Ausstellung hatte er 1947 in Rom. 1949 ging er nach Paris, daran schlossen sich Reisen in die USA, nach Mexiko und Japan an. In den Bildern der fünfziger Jahre integrierte er die unterschiedlichsten Materialien wie Sackleinen, Metallplatten, alte Bretter usw. Dabei ging es ihm nicht um die Erstellung konstruktiver Werte wie im → Kubismus oder der → geometrischen Abstraktion, auch nicht um Verfremdungseffekte im Sinne des Dadaismus oder Surrealismus, sondern um das Schaffen ästhetisch ansprechender Objekte, zu denen alle Dinge beitragen können. Seit 1962 experimentiert er mit Assemblagen aus verbranntem Kunststoff.

Burssens, Jan
* 27. 6. 1925 in Mecheln. Belgischer Maler, der 1943–45 an der Genter Akademie studierte und zu den wichtigsten belgischen Vertretern der Lyrischen Abstraktion zählt. Dabei ähnelten seine Gestaltungsprinzipien denen der Gruppe → Cobra. In letzter Zeit

Hans Burgkmair d. Ä., MARIA IM ROSENHAG, *1509, 164 × 100 (Nürnberg, Germanisches Nationalmuseum). Der sonore Goldton der untergehenden Sonne liegt auf diesem Idyll der Muttergottes mit Kind. Eine mit filigranen Arabesken verzierte Marmorwand umschließt den „hortus conclusus" – ein auf die Tugenden der Reinheit weisendes Mariensymbol.*

kehrte er zur Gegenständlichkeit zurück. 1959 erhielt er eine Professur in Gent.

Bury, Friedrich
* 13. 3. 1763 in Hanau, † 18. 5. 1823 in Aachen. Schüler des klassizistischen Malers Anton Tischbein, der ihn nachhaltig beeinflußte. Ab 1780 studierte er an der Düsseldorfer Akademie, 1782–99 lebte er in Rom. Bekannt wurde er vor allem durch mehrere Bildnisse Johann Wolfgang von Goethes, dem er lange freundschaftlich verbunden war, und durch Kopien nach alten italienischen Meistern.

Busch, Wilhelm
* 15. 4. 1832 in Wiedensahl, † 9. 1. 1908 in Mechtshausen. Busch ging 1847 an die Technische Hochschule Hannover, um Maschinenbau zu studieren, wechselte aber 1851 auf Anraten eines ihm bekannten Malers an die Düsseldorfer Akademie. Dieses Studium entsprach ebenfalls nicht seinen Vorstellungen, so daß er es bereits im Frühjahr 1852 wieder abbrach und eine Reise nach Holland unternahm, wo die niederländischen Meister des 17. Jh. ihn beeindruckten. Wegen einer Erkrankung mußte Busch nach Hause und übersiedelte 1854 nach München, wo er die Akademie unter Wilhelm von Kaulbach besuchte. Von 1858 stammen seine ersten datierten Bilder, die er in der Künstlerkolonie Brannenburg am Inn schuf, ebenso wie die ersten humoristischen Bildergeschichten. 1859–71 arbeitete der Künstler an den „Fliegenden Blättern" mit; außerdem beschäftigte er sich in München mit dem Arrangement von Bühnenfestspielen und Künstlerumzügen sowie mit dem Texten von Operetten. Die berühmten 32 „MÜNCHNER BILDERBOGEN" entstanden sowie 1865 die Geschichte von „MAX UND MORITZ", die Busch Weltruhm bringen sollte; zahlreiche andere folgten. 1878 verließ der Künstler München, um bei seiner Schwester in Wiedensahl zu leben und sich aus der Öffentlichkeit mehr und mehr zurückzuziehen. 1898 zog er nach Mechtshausen zu seinem Neffen, wo er bis zu seinem Tod blieb. Obwohl Busch durch seine humoristisch-sarkasti-

Hans Burgkmair d. Ä., BILDNIS DES HANS SCHELLENBERGER, *1505, 42 × 28 (Köln, Wallraff-Richartz-Museum). Der 25jährige blonde Lockenkopf, der als Zeichen seiner noblen Herkunft eine pelzbesetzte Schaube trägt, ist in der Art des Bräutigam-Porträts mit einer Feldblume dargestellt. Seine Frau ließ er zwei Jahre später malen.*

Edward Burne-Jones, DER SCHICKSALSFELSEN, *155 × 130 (Stuttgart, Staatsgalerie). Zu einem Bildzyklus nach dem antiken Perseus-Mythos gehört das Bild des auf Flügeln zu Andromeda schwebenden mythischen Helden. Perseus befreit die an den Felsen geschmiedete Schöne, indem er ein äthiopisches Seeungeheuer erlegt.*

schen Bildergeschichten Ruhm erlangte, war doch sein malerisches Werk sehr umfangreich; mehr als 1000 Bilder sind entstanden. Zu Beginn regten ihn besonders die in Holland gesehenen Maler des 17. Jh. – v. a. Rubens, Teniers, Hals und Brouwer – an. Seine Palette bestand aus gedeckten, fast monochromen Farben mit Helldunkel-Effekten; er schuf Landschaften, auch dörfliche Szenen und Porträts. Später hellten sich die Bilder des Künstlers etwas auf und wiesen kräftigere Farben auf; der Einfluß Franz von Lenbachs machte sich bemerkbar. Als Beispiel seiner Malkunst sei die REGENLANDSCHAFT (München, Neue Pinakothek) genannt, ein kleinformatiges, ausdrucksvolles Bild. Buschs Berühmtheit gründet sich allerdings auf seine karikaturhaften humoristischen Zeichnungen, die er zusammen mit seiner literarischen Arbeit zu den Bilderbögen verarbeitete. In diesen Geschichten schilderte er satirisch, aber doch sehr liebevoll kleinbürgerliche Verhaltensweisen, die er mit äußerst knappen, daher um so treffenderen Mitteln zu charakterisieren vermochte – ohne Arroganz und abwertendes Urteil. Mit diesen Werken – wie der „Frommen Helene" von 1872, dem „Maler Klecksel" von 1884 und vielen anderen – erlangte Busch hohe kulturgeschichtliche Bedeutung; er gewann jeglicher menschlichen Situation ein Lächeln ab. Seine Beliebtheit wuchs daher auch nach seinem Tode beständig weiter.

Bush, Jack

* 1909 in Toronto. Kanadischer Maler, der zunächst stark von Henry Matisse beeinflußte Bilder mit Darstellungen kanadischer Landschaften schuf. Ab 1959 vertritt er eine einfache geometrische Abstraktion mit einheitlicher Farbgebung, wobei in sich verschränkte Flächenordnungen die Suggestion von Räumlichkeit erzeugen.

Busianis, Jorgo

* 8. 11. 1885 in Athen, † 22. 10. 1959 in Athen. Einer der bedeutendsten griechischen Maler des 20. Jh. Nach einem Studium an der Kunstakademie in Athen setzte er ab 1907 seine Ausbildung an der Akademie der bildenden Künste in München, bei Otto Seitz, fort. 1928–31 lebte er in Paris, ab 1935 wieder in Athen. Zentrales Thema seiner Arbeiten sind skizzenhaft wiedergegebene Figuren- und Landschaftsdarstellungen. Busianis' Werk befindet sich größtenteils in Münchner und Athener Privatbesitz.

Buson, Yosa,
(eigtl. Taniguchi)

* 1716 in Settsu, † 1783. Als sog. → Nanga-Maler ist der Japaner B. gleichermaßen berühmt wie als Dichter und Maler. Unter Hayano Hajin studierte er die jap. Gedichtform des Haiku, um sich 1754 als Maler niederzulassen. Ab dieser Zeit, in der er wesentliche Einflüsse durch die chinesische Malerei erhielt, entstanden Landschaften immer in Verbindung mit Gedichten, der Inhalt des Poems korrespondierend mit der nur flüchtig angedeuteten „Idee" von Natur.

Butinone, Bernardino

* wahrscheinlich vor 1436 in Treviglio an der Adda, † nach 1507. Renaissancemaler, Schüler von Vincenzo Foppa. Zu seinen Hauptwerken, die in enger Zusammenarbeit mit Bernardo Zenale entstanden, zählen das MARIEN-POLYPTYCHON von S. Martino in Treviglio, 1485–88, und die Fresken der Cappella Grifi in S. Pietro in Gessate bei Mailand.

Wilhelm Busch, ALTE FRAU, *1852 (Hannover, W.-Busch-Museum). Das Bildnis des erst 20jährigen Busch zeigt in der physiognomischen Erfassung, der geschickten Verteilung von Licht und Schatten bereits ein außerordentliches Talent. Obwohl als Maler sehr produktiv (ein reiches Œuvre ist erhalten), blieb Busch die erhoffte Laufbahn als Künstler versagt.*

Buytewech, Willem Pietersz.
* 1585 oder 1591/92 in Rotterdam, † 23. 9. 1624 in Rotterdam. Maler, Zeichner und Radierer am Übergang vom → Manierismus zum Frühbarock. Über sein Leben ist nur wenig bekannt, von seinen Bildern hat sich nur eine kleine Anzahl erhalten, und zwar solche mit vorwiegend allegorischer und emblematischer Thematik. Seine Landschaften und → Genrestücke sind u. a. von D. Hals beeinflußt. Bedeutend sind seine Radierungen.

Byss, Johann Rudolf
getauft am 11. 5. 1662 in Chur, † 11. 12. 1738 in Würzburg. Byss war der Sohn des Solothurner Malers Franz Josef Byss, der ihm wohl auch den ersten Unterricht erteilte. Byss reiste zwischen 1680 und 1688 wahrscheinlich durch Deutschland, England, Holland und Italien; danach wurde er Hofmaler des Grafen Czernin in Prag, wo er 1689 heiratete, Anfang der 90er Jahre Bürger wurde und bis 1713 lebte. Er erhielt 1704 in Wien u. a. den Auftrag, den Audienzsaal und die Bibliothek für Kaiser Leopold auszumalen. Eine Italienreise führte den Künstler 1707 nach Rom; sechs Jahre später berief ihn dann Kurfürst Franz Lothar von Schönborn an seinen Hof, wo Byss u. a. seine wichtigste Arbeit übernahm, das Deckengemälde im Treppenhaus des Schlosses Pommersfelden. 1721 ging der Maler als → Kabinettmaler und Baudirektor des Kurfürsten zurück nach Solothurn, 1729 trat er in die Dienste des Neffen des verstorbenen Kurfürsten, des Würzburger Fürstbischofs Friedrich Carl von Schönborn, der ihn mit Arbeiten für seine Würzburger Residenz (Spiegelsaal, 1737) und die Schönbornkapelle am Dom sowie die Hofkirche (zwischen 1732 und 1735) beauftragte. In den 20er und Anfang der 30er Jahre hatte Byss auch in Österreich gearbeitet (u. a. in Wien und Göttweig). Neben den Wandgemälden, die er nach Art der römisch-bolognesischen → Quadraturmaler fertigte, gehörten auch kleinformatige Tafelbilder zu seinem Werk, bei denen es sich meist um dekorative → Stillleben mit detailfreudig ausgearbeiteten Blumen-, Früchte- und Jagdarrangements handelte, die von niederländischen Vorbildern beeinflußt waren. Der Künstler arbeitete darüber hinaus auch kunstgewerblich und liebte bei all seinen vielseitigen Tätigkeiten die dekorative Gesamtwirkung ebenso wie das liebevoll und sorgfältig dargestellte Detail. Seine Gestaltungsweise ist in diesem Sinn auch stark vom Ornament geprägt. Ein Skizzenbuch, das in Würzburg aufbewahrt wird, präsentiert eine reichhaltige Sammlung von jederzeit verfügbaren Vorlagen.

Wilhelm Busch, KÜHE AUF DER WEIDE *(Hannover, W.-Busch-Museum). Wie auch aus anderen Landschaften, Stilleben oder besonders dem* SELBSTBILDNIS IN HOLLÄNDISCHER TRACHT *(um 1871) hervorgeht, besaß Busch zeitlebens eine Vorliebe für die ungeschminkt realistische Art der holländischen Barockmaler und deren lebendigen, mitunter reliefartigen Farbauftrag.*

C

Cäcilia
Meister der hl. C. Ende 13./Anfang 14. Jh. in Florenz tätig. Der Zeitgenosse Giottos setzte unter dem Einfluß Cimabues und Pietro Cavallinis die Traditionen der italienischen gotischen → Dugento-Malerei fort. Benannt wurde der anonym gebliebene Künstler nach einem Tafelbild mit der Darstellung THRONENDE HL. CÄCILIA, umgeben von acht Szenen aus ihrem Leben, welches für die Kirche S. Cecilia in Florenz bestimmt war (heute Florenz, Galleria degli Uffizi). In der Oberkirche von S. Francesco zu Assisi werden dem Künstler die drei letzten Darstellungen eines umfangreichen Freskenprogramms zugeschrieben, welches ansonsten vermutlich vom jungen Giotto geschaffen wurde. Auch der Cäcilien-Meister ging hier wohl von Entwürfen Giottos aus, hat diese aber durch Streckung der Proportionen, Dehnung des räumlichen Zusammenhangs und Zufügung neuer Einzelheiten verändert. In das Schaffen dieses Künstlers, bei dem sich archaisierende Züge mit einem verfeinerten Kolorit verbinden, gehören wahrscheinlich auch die alttestamentarischen Szenen an der rechten Langhauswand von S. Cecilia in Rom und – als Spätwerk – der Margarethenaltar in S. Margherita a Montici bei Florenz.

Caillebotte, Gustave
* 19. 8. 1848 in Paris, † 2. 3. 1894 in Gennesvilliers bei Paris. Caillebotte entstammte einer sehr wohlhabenden Familie aus der Normandie, die ihm ein beträchtliches Erbe hinterließ. So konnte er 1873 in die École des Beaux-Arts eintreten, um kurze Zeit bei Léon Bonnat zu studieren. Bald bekam der Maler Verbindung zu der neuen Gruppe der → Impressionisten, an deren zweiter Ausstellung 1876 Caillebotte sich beteiligte; die damaligen Werke waren allerdings noch dem traditionellen akademischen Stil verhaftet. Zwischen 1875 und 1880 entwickelte sich seine Kunst dann immer mehr hin zum impressionistischen Stil, der durch die Bekanntschaft mit Monet, Renoir, Pissarro, Sisley, Cézanne und Manet fruchtbare Anstöße erhielt. Caillebottes erstes wichtiges Werk waren die PARKETTABZIEHER von 1875 (Paris, Louvre), noch mit dunkler Palette in eher naturalistischer Art gemalt. Darüber hinaus stellte der Maler Menschen und Szenen seiner Umgebung, Fluß- und Seeszenen,

Denis Calvaert, HEILIGE FAMILIE MIT KATHARINA UND DEM JOHANNESKNABEN *(Oldenburg, Landesmuseum). Auf umgestürzten antiken Tempelresten – Symbol der untergehenden heidnischen Welt – verweilt die Heilige Familie. Joseph arbeitet im Hintergrund am Hobel, die Gesichter – wenig variiert – sind von eher süßlichem Ausdruck.*

später auch Stilleben – jetzt ganz von der Lichtbehandlung der Impressionisten bestimmt – dar: PONT DE L'EUROPE, 1876 (Genf, Petit Palais), SEGELBOOTE VOR ARGENTEUIL, um 1888 (Paris, Louvre) u. a. Seit 1882 stellte Caillebotte nicht mehr mit den Impressionisten aus. Seine letzten Jahre verbrachte er auf seinem Landsitz in Gennesvilliers. Bedeutung hatte er v. a. als Mäzen seiner Impressionisten-Freunde; er besaß eine Sammlung von 67 ihrer Werke, die er dem Staat vermachte. Da das Institut de France sich seiner testamentarischen Verfügung, die Sammlung nur als Ganzes zu übernehmen, widersetzte, gelangte sie erst 1928 in den Louvre.

Calame, Alexandre
* 1810 in Vevey, † 1864 in Mentone. In seiner hohen Bedeutung als Alpenmaler des 19. Jh. gilt der Schweizer als Wegbereiter des romantischen Realismus. Ab 1829 Schüler von François Diday in Genf, bereiste er Frankreich, Deutschland, Holland und Italien, beeinflußte besonders die Düsseldorfer und Münchner Schule mit seinen stimmungsvollen, oft dramatisch überzogenen Hochgebirgslandschaften, wie GEWITTER AUF DEM HANDEGG, 1839 (Genf), DER URISTOCK, 1848 (Winterthur, Stiftung Oskar Reinhart). Viele Werke C.s existieren in mehrfachen Varianten.

Calvaert, Denis
(auch Dionisio Fiammingo)
* 1540 in Antwerpen, † 17. 3. 1619 in Bologna. C. ging nach kurzer Ausbildung in Antwerpen nach Bologna, wo er ab 1560 Schüler der Manieristen P. Fontanas und L. Sabattinis war. Mit diesem arbeitete er von 1570–72 an der vatikanischen SALA REGIA in Rom und studierte gleichzeitig Michelangelo und Raffael. 1572 gründete er in Bologna eine einflußreiche Malerschule. C. malte überwiegend Altarbilder in einem herkömmlichen akademischen Manierismus. Seine Darstellungen weisen alle in Gestik und Mimik ein frommes Pathos auf und sind ungewöhnlich glatt gemalt.

Cambiaso, Luca
* 18. 10. 1527 in Moneglia bei Genua, † 6. 9. 1585 im Escorial bei Madrid. Der oberitalienische Maler, Zeichner und Bildhauer vertrat in seinem Werk einen Stil, der in der Verbindung von Hochrenaissanceelementen mit Tendenzen des → Manierismus und protobarokken Komponenten typisch ist für weite Bereiche der italienischen Malerei in der zweiten Hälfte des 16. Jh. Zusammen mit Lazzaro Calvi stattete er 1544 den Palazzo Doria, die heutige Präfektur, in Genua mit mythologischen Fresken aus. Die Zusammenarbeit mit dem Architekten Galeazzo Alessi und dem Architekten und Maler Giovanni Battista Castelli vermittelte Cambiaso eine gesteigerte Genauigkeit seiner zentralperspektivischen Gestaltungsmittel. Zudem bestimmten venezianische Einflüsse und Werke von Correggio sein Schaffen. Zu seinen Hauptwerken in Genua zählen die Fresken der Villa Pallavicini. 1575 hielt sich Cambiaso in Rom auf, 1583 folgte er, gemeinsam mit seinem Schüler Lazzaro Tavarone, dem Ruf Philipps II. nach Spanien, wo er zum Hofmaler avancierte und vorwiegend für die Kirche im Escorial mit Wandmalereien beschäftigt war. Besonders in seinen Spätwerken wie beispielsweise CHRISTUS VOR KAIPHAS (Genua, Galleria di Palazzo Bianco) wurde der Künstler für die Entwicklung des sog. Nachtstückes in der Malerei von zukunftsweisender Bedeutung, in der Bewegtheit seiner Figuren nahm er barocke Tendenzen vorweg.

Campaña, Pedro de
(auch Pieter de Kempeneer)
* 1503 in Brüssel, † 1580 in Brüssel.

Heinrich Campendonk, WALD, MÄDCHEN, ZIEGE, *1917 (München, Lenbachhaus). Als der Künstler am Starnberger See wohnte – seine glücklichste Zeit, wie er später sagte – entstand dieses Waldidyll. Obwohl auf einen Märchenton gestimmt, folgen Farben und Formen im Sinne der abstrakten Kunst einem strengen Aufbau.*

Nach Aufenthalten in Bologna (1529), Rom und Venedig, übersiedelte C. 1537 nach Sevilla. Ab 1563 übernahm er die Leitung der Teppichmanufaktur in seiner Heimatstadt Brüssel. In seinen manieristischen Altarbildern verband C. niederländische Technik mit italienischem Formengut der Hochrenaissance. Seine Darstellungen zeigen eine übersteigerte Ausdrucksskala voller Pathos und Dramatik. Bestes Beispiel ist die KREUZABNAHME von 1547 im Musée Fabre in Montpellier.

Robert Campin, VERKÜNDIGUNG, *58 × 64 (Brüssel, Musées Royaux). In einen bürgerlich ausgestatteten niederländischen Wohnraum des frühen 15. Jh. mit offenem Kamin und verschiedenen realen Ausstattungsgegenständen begibt sich der Erzengel Gabriel, um der am Boden lesenden Maria die frohe Botschaft zu verkündigen.*

Campendonk, Heinrich
* 3. 11. 1889 in Krefeld, † 9. 5. 1957 in Amsterdam. Nach kurzem Studium an der Krefelder Textilingenieurschule wechselte Campendonk 1905 an die Kunstgewerbeschule, wo ihn sein holländischer Lehrer Jan Thorn-Prikker mit dem Werk van Goghs, Cézannes und der → Symbolisten bekanntmachte. 1909 begann Campendonk seine selbständige Tätigkeit, die ihm aber keineswegs den Lebensunterhalt sicherte, so daß er nebenher andere Arbeiten übernehmen mußte. Die Begegnung mit den Künstlern des → Blauen Reiters, Marc, Macke und Kandinsky, brachte dem Maler neue Anregungen; 1911 malte er bei Marc in dessen Atelier in Sindelsdorf (Oberbayern) und stellte in München mit den genannten Künstlern aus. 1914 wurde Campendonk für zwei Jahre zum Kriegsdienst eingezogen, danach siedelte er nach Seehaupt am Starnberger See über. Nach Kriegsende reiste der Künstler nach Italien, lehrte 1923 in Essen und ab 1926 als Professor in Düsseldorf, wurde aber von den Nationalsozialisten entlassen und siedelte nach Belgien und 1935 nach Amsterdam über, von wo er einen Ruf an die Rijksakademie van beeldende Kunsten erhalten hatte. – Das frühe Werk Campendonks war von der Verbindung mit dem Blauen Reiter geprägt, was sich z. B. im SPRINGENDEN PFERD von 1911 (Saarbrücken, Saarlandmuseum) bemerkbar macht. Auch Kandinsky und andere → Expressionisten hatten Einfluß auf Campendonks Stil. In der folgenden Zeit malte er in geometrische Formen unterteilte Bilder, ohne jedoch die völligen stereometrischen Brechungen des → Kubismus zu übernehmen, obgleich die Werke dieser Zeit an jene Kunstrichtung erinnern, z. B. STILLEBEN MIT ZWEI KÖPFEN, um 1920 (Bonn, Städtische Kunstsammlungen). In Bayern regte die dortige Hinterglastechnik den Künstler zu einem neuen Genre an, indem er in farbige Glasbemalung Zeichnungen einritzte; teilweise machte sich ein Einfluß Chagalls bemerkbar. Später gehörten auch Kirchenfenster zu Campendonks Aufträgen, so für Essen, Münster und Bonn; daneben entstanden Farbholzschnitte mit harten Konturen und kräftigen Farben. Sein ganzes → Œuvre war stets von strenger formaler Struktur bestimmt, die mit stimmungsvollen, poetischen Sujets korrespondierte, wie z. B. in *Lauschen* von 1920 (New York, Solomon R. Guggenheim Museum Collection).

Campigli, Massimo
(eigtl. Max Ihlenfeld)
* 4. 7. 1895 in Florenz, † 31. 5. 1971 in St. Tropez. Der Vertreter eines archaisch stilisierten → Realismus begann 1919 zu malen, wobei er sich autodidaktisch ausbildete. Von 1919–39 hielt er sich als Korrespondent in Paris auf, wo er von Picasso und Fernand Léger, aber auch vom → Purismus eines Amédée Ozenfant und Le Corbusier beeinflußt wurde. Bei einem Besuch des Etruskischen Museums in Rom, 1928, entdeckte er für sich auch die Welt der mediterranen Archaik. Auch seine eigenen Tafelbilder nahmen nun mehr und mehr in der Verbindlichkeit der Fläche und in der eurhythmisch bewegten Hieroglyphik der figürlichen Szenerien sowie in der archaischen Schwere der bildbauenden Elemente den Charakter urtümlicher Wand- oder Keramikmalereien an. Häufig tauchen als Sujet streng stilisierte Frauengestalten in einem kostbaren Farbensemble aus Grau, zartem Grün und Rosa auf, beispielsweise in JUNGE MÄDCHEN von 1932 (Paris, Musée National d'Art Moderne).

Campin, Robert
* um 1375, † 26. 4. 1444 in Tournai. Die Quellenforschung konnte wichtige Daten über das Leben des Malers ans Licht bringen. „Maistre Robert Campin, pointre" wird in Tournai mehrfach genannt.
Robert Campin war lange Zeit ein Meister, dem kein → Œuvre zugeschrieben werden konnte, da es kein mit seinem Namen signiertes Werk gibt. Die in Frankfurt (Städelsches Kunstinstitut) befindlichen Tafeln MARIA MIT KIND, DIE HL. VERONIKA MIT DEM SCHWEISSTUCH und die DREIFALTIGKEIT – alle drei angeblich aus der Abtei Flémalle bei Lüttich stammend – führten zur Benennung des anonymen Malers mit dem Notnamen Meister von Flémalle oder auch Meister des Mérode-Altars. Auf den Kunsthistoriker Hulin geht die Behauptung zurück, der Meister von Flémalle sei identisch mit Robert Campin. Dieser Theorie wird heute nur noch von wenigen widersprochen, so daß der Name „Meister von Flémalle" immer weniger gebraucht wird.
Mit den Brüdern van Eyck und Rogier van der Weyden gilt Campin als

Begründer der niederländischen Malerei. Seine Kunst wurzelt vor allem in den wenig früher entstandenen Buchmalereien der Brüder von Limburg aus dem Kreis des burgundischen Hofes und der Bildhauerkunst Claus Sluters. Ein starker Sinn für die Realität macht sich in Campins Malerei bemerkbar. In dem Londoner Bild der Madonna (National Gallery) befindet sich hinter dem Kopf der Maria statt des goldenen Heiligenscheines ein aus goldgelbem Flechtwerk bestehender runder Ofenschirm, der als profaner Gegenstand zugleich eine fast ironisch wirkende sakrale Funktion hat. Der Goldgrund kommt als Überbleibsel der mittelalterlichen Malerei nur in Campins frühen Gemälden vor. Genremotive gewinnen bei ihm eine neue Bedeutung, wodurch religiöse Themen in großer künstlerischer Unabhängigkeit verweltlicht werden. Auf dem rechten Seitenflügel des Mérode-Altars (New York, The Cloisters) erscheint Josef z. B. als Zimmermann, der Mausefallen herstellt.

Das einzige datierte Gemälde R. Campins ist der sog. Werl-Altar. Benannt nach dem Stifter, Heinrich von Werl, ist dieses Werk 1438 entstanden (Madrid, Prado). Die übrigen Gemälde werden stilkritisch in eine chronologische Entstehungsreihe gebracht. Selbst für den Kenner ist es dabei schwierig, eine exakte Trennungslinie zwischen Werken R. Campins und Rogier van der Weydens zu ziehen.

Als frühestes Bild wird Campin das → Triptychon der Grablegung (London, Collection Seilern) zugeschrieben. Statt des natürlichen Himmels erscheint hier noch der Goldgrund, durch das Vor- und Hintereinander der Figuren wird der Raum erschlossen. Die Seitenflügel stehen kompositorisch noch nicht in Einklang mit dem Mittelbild. In zeitlicher Nähe zu diesem Werk entstanden VERMÄHLUNG MARIÄ (Madrid, Prado) und das miniaturhaft kleine Bild SANKT GEORG (Washington, National Gallery). Für das Spätwerk des Meisters ist charakteristisch, daß das „Kühne, Herausfordernde, Aggressive, was bisher Campin auszeichnete, von nun an nur noch abgedämpft zu bemerken ist oder ganz verschwindet" (Musper). Zur Spätzeit ist vor allem der Mérode- und der auf 1438 datierte Werl-Altar zu rechnen (New York; Madrid). Die Bildniskunst des Malers sei nicht unerwähnt. Ein Doppelporträt beherbergt die National Gallery London. Das Brustbild des MANNES MIT ROTEM TURBAN steht der berühmten FRAU MIT HAUBE gegenüber, deren Gesicht von einer weißen Kopfdraperie eingerahmt wird, in welcher Campin alle Register augentäuschender Stoffillusion zog. Die Hintergründe sind neutral abgedunkelt, der Bildausschnitt ist so gewählt, daß die Physiognomie des Porträtierten im Vordergrund steht. Auch in dem BILDNIS DES ROBERT DE MASMINES (Berlin und Lugano) wird auf die Darstellung der Hände zur Charakterisierung der verbildlichten Person verzichtet.

Canaletto
(eigtl. Antonio Canal)
* 1697 in Venedig, † 1768 in Venedig.
Als Maler, Radierer und Zeichner von

Canaletto, AUSFAHRT DES BUCENTAURO AM HIMMELFAHRTSTAG, *76 × 120 (Mailand, Privatsammlung). Der höchste Festtag der Serenissima, die „Sposalizio al mare", ist in einer Vedute festgehalten. Der Bucentauro, das vergoldete Prunkschiff Venedigs, fährt mit dem Dogen aus, der symbolisch die Vermählung mit der Adria vollzieht.*

Ansichten Venedigs berühmt durch wirklichkeitsgetreue Topographie, gepaart mit feinfühliger Wiedergabe von Licht und Stimmung. Bei seinem Vater, dem Theatermaler Bernardo Canal ausgebildet, verließ er 1719 Venedig für ein Jahr, machte in Rom die Bekanntschaft des Ruinenmalers G. P. Pannini und G. Vanvitellis, malte dort Ansichten nach der Natur. Nach der ersten Schaffensperiode, in der er hauptsächlich im Auftrag britischer Handelsvertreter unzählige → Veduten Venedigs schuf, besuchte er 1742 Rom ein zweites Mal, dieses Mal in Begleitung seines Neffen B. Bellotto. Es entstanden Ideallandschaften, kombiniert mit wirklich Existentem. 1746–50 und 1751–53 hielt sich C. in England auf, ab 1768 war er wieder in Venedig, dort Mitglied der Akademie. Nach seinen Reisen läßt sich das Werk C.s klar gliedern: Die begehrten Ansichten Venedigs aus der frühen italienischen Phase zeichnen sich durch exakte Wiedergabe der Realarchitektur aus, verbunden mit liebenswerten Genreszenen, Schilderung von stimmungsvollen Nebensächlichkeiten. Die Gemälde CANALE GRANDE, CHIESA DELLA CARITÀ, 1726 (Montreal), stehen für eine enorme Anzahl weiterer Bilder in fast allen großen Sammlungen der Welt. Zum Teil entstammen die Werke auch Nachahmern und Mitarbeitern. Die meisterliche Behandlung von Licht und Farbe, die Belebung der Szenerie, erschließt die Autorschaft C.s. Mit zunehmendem Alter lichtet sich die Palette C.s, wie etwa in einem seiner Hauptwerke, dem FEST DES HL. ROCHUS, um 1735 (London, Nat. Gall.). Nach 1742 entstanden für den britischen Konsul John Smith 13 Sopraporten (Windsor Castle, Roy. Art. Coll.). In der englischen Zeit und später verhärtet sich das Werk C.s: Licht erscheint als verdünnte Luft, der Kontur abgesetzt, die Szenen peinlich genau realisiert, wie etwa ETON COLLEGE, 1754–56, INNERES DER ROTUNDE IN RANELAGH GARDENS ZU LONDON, 1754 (beide London, Nat. Gall.), PORTIKUS EINES PALASTES, um 1768 (Venedig, Accademia). Auch in dem umfassenden zeichnerischen Werk finden sich neben Vorlagen zu Gemälden eigenständige Arbeiten, mit Feder geschwärzt, luftig und licht wie die Malereien. C.s Bedeutung liegt nicht nur in der künstlerischen Meisterschaft seiner Arbeiten, die die Transparenz der → Pleinairmalerei vorwegnehmen, sondern auch in der Entwicklung der venezianischen Vedutenmalerei zu einer hohen Blüte.

Candid, Peter
(eigtl. Pieter de Witte)
* um 1548 wahrscheinlich in Brügge, † 1628 in München. Der flämische Maler kam schon als Jugendlicher mit seinem Vater nach Florenz – dort wurde der Name italianisiert – und arbeitete zunächst als Gehilfe Vasaris. Von den Bildern aus dieser Zeit sind die bedeutendsten wohl eine BEWEINUNG CHRISTI und eine MADONNA MIT HEILIGEN in Volterra (Museum bzw. Dom) sowie einige Bildnisse der Porträtgalerie im Pal. Medici-Riccardi zu Florenz.
Peter Candids großer Aufstieg begann mit der Berufung an den Münchner Hof Herzog Wilhelms V. 1586. Dort wurde er u. a. mit der Ausschmückung der Residenz betraut und arbeitete um 1590–1600 im Antiquarium, ab 1611 in den Prunkgemächern Maximilians I.; daneben malte er aber auch Altarbilder, u. a. für die Münchner Frauenkirche. Ein Schwerpunkt seiner Arbeit lag auf den → Cartons für die Teppichmanufaktur, die seinen monumentalen Figurenkompositionen entgegenkamen und für eine, in Süddeutschland geradezu schulbildende Verbreitung seiner Bildideen sorgte, die eine Synthese von „niederländischem Realismus und italienischer Idealität" darstellten. Die vielversprechende Kunstentwicklung wurde allerdings durch den 30jährigen Krieg jäh abgebrochen.

Cano, Alonso
getauft am 19. 3. 1601 in Granada, † am 3. 9. 1667 in Granada. Alonso Cano, Sohn des Altarbauers und Schreiners Miguel Cano aus Almodóvar del Campo, war Architekt, Bildhauer und Maler. Nach einer ersten Ausbildung bei seinem Vater sowie bei dem Bildhauer Juan Martínez Montañés in Sevilla kam er 1616 zu Juan del Castillo, dann zu Francisco Pacheco. In seiner Sevillaner Zeit war er in erster Linie als Bildhauer tätig. 1626 entstand aber auch ein Gemälde, die HL. AGNES (Berlin, Kaiser-Friedrich-Museum), das 1945 verbrannte. 1638 mußte er nach einem Duell die Stadt verlassen. Er ging nach Madrid, wo er auf Fürsprache von Velázquez an den Hof kam und Hofmaler sowie Zeichenlehrer des Infanten Baltasar Carlos wurde. 1644 ging er nach Valencia, wo er für die Kirchen S. Francisco und S. Juan de Ribera Bilder schuf, später in die Kartause Porta Coeli. 1652 ließ er sich in Granada nieder und blieb dort mit einer Unterbrechung (1656–60 in Madrid) bis zu seinem Tode. In dieser Zeit schuf er für die Kathedrale von Granada den Zyklus der SIEBEN FREUDEN MARIÄ, 1652–64(54?). Charakteristische Züge in der Malerei Canos sind kaum zu erkennen, da er viel von anderen Malern unterschiedlichsten Stils übernahm, so von Ribera, Murillo, Correggio, Dürer, Tizian, Rubens, Veronese u. a. Einfluß auf seinen Stil übte auch die Estofado-Technik aus, eine Malweise, bei der die Farben auf einen Goldgrund aufgetragen werden, der dann beim Auskratzen von Ornamenten durchglänzt. In der Farbgebung dominieren silbrige, schwarze und blaue Töne.

Peter Candid, NOVEMBER *(Ausschnitt), 1613 (München, Residenz). Aus einer Folge von Wandteppichen mit Monatsallegorien ist diese höfische Jagdszene entnommen. Candid entwarf im Auftrag des Kurfürsten Maximilian I. fünf bedeutende Tapisserieserien zur Ausstattung von Repräsentationsräumen in der bayerischen Residenz.*

Capelle, Jan van de
* 25. 1. 1626 in Amsterdam, † 26. 12. 1679 in Amsterdam. Am 29. 7. 1653 erwarb van de Capelle das Amsterdamer Bürgerrecht. 1661 kaufte er sich dort ein Haus und blieb bis zu seinem Tod in Amsterdam. Capelle war einer der bedeutendsten holländischen Marinemaler, der vornehmlich Schiffe auf dem durch differenzierte Lichtreflexionen belebten Wasser (Fluß oder Meer), oft unter plastischen Wolkenbildungen, darstellte. Genaue Natur- und Stimmungsschilderung in zarten Farben, häufig Braun- und Grautönen, kennzeichnen seine Werke: SEGELBOOTE IM HAFEN, 1650 (London, National Gallery). Nach Aert van der Neer sind Capelles Winterlandschaften gemalt, auch fein herausgearbeitete Stimmungsbilder, wie das VERGNÜGEN AUF DEM EIS von 1653 (Paris, Institut Néerlandais, Slg. Frits Lugt).

Caporali, Bartolomeo
* um 1420 in Perugia, † 1505 in Perugia. Der Name dieses weniger bedeutenden umbrischen Malers des → Quattrocento erscheint erstmals 1442 in der Malerzunft seiner Heimatstadt. 1464 arbeitete er zusammen mit B. Bonfigli an einem Altarwerk, das für die Cappella di S. Vicenzo in S. Domenico zu Perugia bestimmt war. Der stilistisch von Fiorenzo di Lorenzo

Caravaggio, BACCHUS *(Florenz, Uffizien). Statt antiker Statuen wie die Manieristen bevorzugte der Frühbarockmeister Straßenjungen als Modelle, die er mit viel Sinn für jugendliche Reize bei betont plastischer Körpermodellierung auszustaffieren wußte. Fast unübertroffen ist die Stillebenkunst Caravaggios.*

und Benozzo Gozzoli beeinflußte Künstler malte 1487 für die Kirche S. Maria Maddalena in Castiglione del Lago ein Altarbild, das die MADONNA MIT DEM JESUSKIND, sowie ENGEL UND HEILIGE darstellt. Reste davon bewahrt die Pinakothek in Perugia auf. Daneben schuf Caporali Wappen, Trompetenwimpel, Fresken (nur Bruchteile erhalten) sowie Tabernakel- und Baldachinschmuck. Im Spätwerk verarbeitete C. Anregungen Peruginos.

Caravaggio
(eigtl. Michelangelo Merisi, auch Amerighi da C. gen.)
* 28. 9. 1573 in Caravaggio bei Bergamo, † 18. 7. 1610 in Porto d'Ercole, bedeutendster Maler des beginnenden Barock, dem direkt und indirekt alle Maler des 17. Jh. wesentliche Anregungen verdanken. Als Schüler des Simone Perterzano in Mailand kam er zwischen 1589 und 1593 nach Rom als Gehilfe des → Manieristen G. Cesari, bevor er um 1600, gefördert von seinem Gönner Kardinal F. M. del Monte, am päpstlichen Hof die Gemälde der Contarellikapelle in S. Luigi dei Francesi in Rom gestaltete. Dieses Hauptwerk aus der beginnenden Reifezeit C.s zeigt Charakteristika seines Œuvres: präziser, plastischer Formaufbau, Konkretheit durch spezifische Schlaglichtbeleuchtung, psychologische Vertiefung. Die neuartige Bildauffassung resultiert z. T. aus dem stürmischen Lebensweg des Malers. Aus einfachem Milieu stammend, mußte er wegen eines Streites mit anschließendem Totschlag aus Rom fliehen, trieb von da an ruhelos durch Süditalien, war 1607 in Neapel, 1608 auf Malta, reiste überstürzt nach Streit und Einkerkerung nach Syrakus, dann nach Messina, schließlich, seit 1609 in Neapel, starb er auf seiner Rückkehr nach Rom. Caravaggios Frühwerk (vor 1600) widmet sich überwiegend der weltlichen Thematik, wie DIE WAHRSAGERIN (Paris, Louvre), DER LAUTENSPIELER (Leningrad, Eremitage), BACCHUS (Florenz, Uffizien), AMOR ALS SIEGER (Berlin). Auch die Stilleben (Mailand, Ambrosiana) zeigen plastische Präzision, konkrete Stofflichkeit, silbrige Töne. Ab 1600 überträgt C. die Diesseitigkeit auf sakrale Bildthemen. Das Altargemälde HL. MATTHÄUS MIT ENGEL in der Contarellikapelle, flankiert von den Pendants BERUFUNG UND MARTYRIUM DES HL. MATTHÄUS zeigt die völlig neue Konzeption: In einer Szene scheinbar aus dem Volk präsentiert sich Religiosität erst auf den zweiten Blick, menschlicher Schmerz, rücksichtslose Diesseitigkeit beherrschen das Bild. Weitere Altarwerke im Sinne dramatischer Steigerung des Bildgeschehens mittels einheitlicher Lichtführung und konzentrierten Bildaufbaus: DIE GRABLEGUNG (Rom, Vatikan), BEKEHRUNG UND KREUZIGUNG PETRI (Rom, S. Maria del Popolo), MADONNA DI LORETO (Rom, S. Agostino), MARIENTOD (Paris, Louvre). Die unruhigen süditalienischen Jahre – ab 1607 – bringen monumentale Bildwerke unter Vernachlässigung von Details, jedoch in wärmeren Tönungen der beleuchteten Partien: ENTHAUPTUNG JOHANNES' DES TÄUFERS (Neapel, Nationalmuseum), DIE SIEBEN WERKE DER BARMHERZIGKEIT (Neapel, Pio Monte della Misericordia). Die GEISSELUNG für die Kirche S. Domenico Maggiore (jetzt Neapel, Nationalmuseum) erhält in klarer, ruhiger Komposition ihre Dramatik durch Licht, das grell auf den Körper des gemarterten Christus fällt. Eine solche Inszenierung „dramatischer Ruhe" und die meisterliche Modellierung des Körpers haben den Geschmack einer ganzen Malergeneration geprägt. Zahlreiche Nachfolger und Nachahmer, besonders die in Rom schaffenden Ausländer, die → „Caravaggisten" trugen die erhaltenen Anregungen nach ganz Europa.

Carducho, Bartolomé
(eigtl. Bartolomeo Carducci)
* 1560 in Florenz, † 1608 in Madrid. C. war ein Schüler F. Zuccaris. 1585 folgte er Zuccari nach Spanien, wo er maßgeblich an der Ausmalung des Escorial für Philipp II. beteiligt war. 1601 bis 1605 arbeitete er in VALLADOLID, ferner war er im ALCAZAR zu Segovia und im Madrider Lustschloß EL PARDO beschäftigt. C. blieb stilistisch immer dem Florentiner Manie-

Vittore Carpaccio, LEGENDE DER HL. URSULA *(Ausschnitt), 1490/95 (Venedig, Accademia). Für die Scuola di S. Orsola in Venedig malte Carpaccio seinen ersten Bildzyklus: Szenen aus dem Leben der bretonischen Königstochter, die bei ihrer Heidenmission in Köln zusammen mit elftausend Jungfrauen das Martyrium erleidet.*

rismus verpflichtet; seine Werke zeigen eine Verwandtschaft zur Schule des Andrea del Sarto. Typische Beispiele sind das ABENDMAHL und die KREUZABNAHME im Prado.

Carducho, Vicente
(eigentlich Vicenzo Carducci)
* 1576 in Florenz, † 1638 in Madrid. C., Schüler seines Bruders Bartolomé C., wurde 1609 als dessen Nachfolger spanischer Hofmaler unter Philipp III. Sein Hauptwerk sind die 1626–32 entstandenen 55 SZENEN AUS DEM LEBEN DES HL. BRUNO, verbunden mit einer Schilderung der Geschichte des Kartäuserordens, für die Kartause von El Paular, die jedoch wenig Originalität der Erfindung zeigen.

Cariani, Giovanni
(eigtl. Giovanni Busi)
* 1485/90 in Venedig od. Fuipiano al Brembo, † 1531 in Venedig. Von einem Aufenthalt in Bergamo, 1517–24, abgesehen, arbeitete C. nahezu immer in Venedig. Weiche Modellierung und Konturen ohne zeichnerische Schärfe zeigen die Auseinandersetzung mit Giorgione und Tizian, die Farbskala, der bergamaskischen Tradition gemäß lebhaft, dämpfte sich erst in den letzten Jahren. Hervorzuheben das Gruppenporträt der FAMILIE ALBANI, 1519, Bergamo, Sammlung Roncalli.

Carlone
italienische Künstlerfamilie von Architekten, Bildhauern, Stukkateuren und Malern des 17. und 18. Jh. Ihr Wirkungskreis erstreckt sich auf Deutschland, Österreich und die Schweiz. Unter der Regie Carlo Antonios (1635–1708) entstanden als Hauptwerke der barocke Umbau des Stifts St. Florian und des Doms von Passau unter Mitwirkung zahlreicher Familienmitglieder, speziell des Stukkateurs Giov. Battista († um 1717).

Carlone, Giovanni Andrea d. J.
* 1639 in Genua, † 1697 in Genua. Als Sohn und Schüler des Giovanni Battista Carlone ist C. Mitinitiator der Genueser Barockmalerei. In Rom in der Werkstatt Carlo Marattas, in Venedig beeinflußt von Veronese, freskierte

Carlo Carrà, Metaphysische Muse, *1917, 90 × 65 (Mailand, Privatsammlung). Zum festen Inventar der Werke in Carràs Zeit der „Arte metafisica“ gehören Puppen, die in surreal leere Räume plaziert werden. Die verfremdende Wirkung wird durch Hinzufügung weiterer „sinnlos“ erscheinender Objekte gesteigert.*

er in Genua zahlreiche Kirchen und fürstliche Paläste: Tempelgang Mariä (Genua, SS. Annunziata), Allegorie des menschlichen Lebens (Genua, Gall. di Pal. Rosso).

Carlone, Giovanni Battista
* um 1594 in Genua, † 1677 in Turin. Nach der Lehre bei Passignano in Florenz war C. mit seinem Bruder Giov. Andrea d. Ä. Freskant an der Certosa in Pavia, Johannes d. Täufer vor Herodes und Schöpfer von Tafelgemälden in Genua, seinem Hauptaufenthaltsort. Dort entstanden Die Berufung des hl. Petrus (Gall. Nazionale di Pal. Spinola) u. a. Die Gewandtheit der Zeichnung, das lebhafte Kolorit sind nicht immer ausgewogen zum Einsatz gebracht.

Carnovali, Giovanni
(auch Carnevali, genannt il Piccio)
* 29. 9. 1804 in Montegrino-Valtravaglia, Lago Maggiore, † 5. 7. 1873 in Cremona. Der italienische Maler vertrat zunächst einen → neoklassizistischen Stil. Die als „klassisch“ empfundenen Hochrenaissancemaler Raffael und Correggio wurden so für ihn bestimmend, etwa in dem 1835/40 entstandenen Tafelbild Madonna mit Kind (Bergamo, Privatsammlung) oder in dem 1840 für die Kirche von Alzano gemalten Altargemälde Hagar in der Wüste. Im Zuge der italienischen Romantik nahm sich Carnovali seit etwa 1845 Eugène Delacroix zum Vorbild und modifizierte nun vor allem seine Koloristik zu einem lockeren, skizzenhaften Licht- und Farbauftrag. Bestimmend wird ein düsterer, dramatisierender Farbfond, wie ihn etwa das psychologisch dämonisierende Selbstbildnis mit Palette von 1856 (Brescia, Privatsammlung) zeigt.

Caron, Antoine
* 1521 in Beauvais, † 1599 in Paris. C. war der Exponent der Schule von → Fontainebleau, dessen Stil stark von der Formensprache des internationalen → Manierismus geprägt war. Er trat schon 1540 unter Franz I. in die Dienste des frz. Hofes und arbeitete unter Primaticcio und N. dell'Abate längere Zeit in Fontainebleau. Von C.s malerischem Werk hat sich wenig erhalten; wichtige Tafelbilder befinden sich im Louvre: darunter das 1566 gemalte Blutbad der Triumvirn und Augustus und die Sibylle von Tibur, das 1580 entstand. Diese großformatigen und figurenreichen Allegorien verdeutlichen gut C.s Stilmerkmale: Er malte vorwiegend mythologische Kompositionen in einer antikisierenden und irreal anmutenden Umgebung; dazu ein ins Extreme gesteigerter manieristischer Figurenstil: Äußerst feingliedrige Gestalten in anmutiger, tänzerischer Haltung. Dabei ist er stark von Giulio Romano abhängig. Auch Porträts werden ihm zugewiesen.

Caroto, Giovanni Francesco
* um 1480 in Verona, † 1546 in Verona. Zunächst lernte der Künstler bei Liberale da Verona, danach bei Andrea Mantegna in Mantua. Anschließend hielt er sich längere Zeit in der Lombardei auf. Hier ließ er sich v. a. von Bernardino Luini, wie das Bild

KNABE MIT EINER ZEICHNUNG (Verona, Museo di Castelvecchio) zeigt, aber auch von Leonardo da Vinci und Giampetino beeinflussen. Als Caroto 1528 nach Verona zurückkehrte, orientierte er sich hauptsächlich an Raffael, Giulio Romano und Correggio. Es entstanden u. a. Altarretabele für S. Fermo Maggiore und Fresken in Sant'Eufemia. Der jüngere Bruder Carotos, Giovanni, war ebenfalls Maler und arbeitete in seiner Werkstatt.

Carpaccio, Vittore
* um 1455–65 in Venedig, † 1526 in Venedig. Über Herkunft und Leben Carpaccios sind wir schlecht unterrichtet, doch ist er für uns der bedeutendste venezianische Historienmaler des 15. Jahrhunderts. Die Hauptwerke des Malers sind vier umfangreiche Zyklen mit Darstellungen aus dem Heiligenleben für venezianische Bruderschaften. Der erste entstand zwischen 1490 und 1495/98 und enthält Szenen aus dem Leben der hl. Ursula (ursprünglich in der Scuola di S. Orsola, heute Accademia, Venedig). Der zweite Zyklus entstand auf Bestellung der Scuola di S. Giorgio dei Schiavoni 1502–07 (die Bruderschaft der Dalmatiner) für deren Versammlungsgebäude, wo er sich noch heute befindet. Der dritte und vierte Zyklus sind künstlerisch weniger bedeutend. Es handelt sich um Bilderfolgen mit Darstellungen aus dem Marienleben für die Scuola degli Albanesi (ca. 1504) und eine mit Bildern aus dem Leben des hl. Stefan für die gleichnamige Scuola (1511–20). Da Carpaccio in seinem Gesamtwerk kaum eine Entwicklung erkennen läßt und seine späteren Arbeiten in jeder Hinsicht ein Nachlassen der künstlerischen Kräfte erkennen lassen, bietet sich seine Kunst am überzeugendsten in den ersten beiden Zyklen dar. Der EMPFANG DER GESANDTEN und der ABSCHIED DER GESANDTEN des Ursula-Zyklus zeigten Carpaccios liebenswürdiges Erzähltalent zu voller Reife entwickelt. Das Geschehen entwickelt sich jeweils auf einem in die Breite gezogenen Vordergrundstreifen, der links und rechts von Architekturen begrenzt wird, die die Bewegung der Handlung akzentuieren. Die gelegentlich etwas trockene Erzählweise Gentile Bellinis, von dem Carpaccio ausgeht, hat er überwunden durch einen biegsameren und geschmeidigeren Figurentypus, etwas lebhaftere Gestik und die Vermeidung einer Überfüllung der Bildfläche. Deutliche Zäsuren heben die Figurengruppen voneinander ab und rhythmisieren den Ablauf der Handlung, deren Träger immer deutlich betont sind. Bei Innenraumdarstellungen wie dem TRAUM DER HL. URSULA oder der VISION DES HL. AUGUSTINUS erfüllt bernsteinfarbenes, durch seitliche Fensteröffnungen einfallendes, gebündeltes Licht den Raum und taucht ihn in jenes anheimelnde und verklärende Helldunkel feierlicher Wirkung, das als besonderes Merkmal des venezianischen → Existenzbildes gelten kann. Gelegentlich weiß Carpaccio auch mit Temperament und Humor zu erzählen, so in dem DRACHENKAMPF DES HL. GEORG, wo der Reiter in jugendlichem Ungestüm dem Ungeheuer die Lanze in den Rachen stößt, oder der Szene DER HL. HIERONYMUS FÜHRT DEN ZAHMEN LÖWEN INS KLOSTER, wo die Mitbrüder voller Entsetzen auseinanderstieben. Erwähnt sei noch die Darstellung der ZWEI FRAUEN AUF DEM BALKON, wahrscheinlich zwei Hetären, die in der Wiedergabe der Gewänder von hohem Reiz und kulturgeschichtlichem Wert ist. Carpaccios Stil entwickelte sich in den ersten Jahrzehnten des neuen Jahrhunderts nicht mehr weiter. Er fand deshalb nur eine bescheidene Nachfolge in den Arbeiten seiner beiden Söhne.

Carrà, Carlo
* 11. 2. 1881 in Quargniento, Piemont, † 13. 4. 1966 in Mailand. Der Maler und Graphiker gehörte zu den Initiatoren des → Futurismus und wurde später zu einem der wichtigsten Vertreter der → Pittura metafisica. Seit 1903 studierte er in Mailand und setzte sich mit dem → Divisionismus auseinander. 1910 unterzeichnete er das „Manifest der futuristischen Malerei". Ein Jahr später geriet er unter den prägenden Einfluß des → Kubismus. Um 1915 wandte er sich einer primitivistisch archaisierenden Gestaltungsweise zu, die er 1917 unter dem Einfluß seines Freundes Giorgio de Chirico zur Pittura metafisica wandelte. Schneiderpuppenähnliche, gesichtslose Figuren stehen in, mit farbigen Kuben erfüllten, ansonsten leeren Räumen, etwa in MUTTER UND SOHN, oder DIE METAPYHSISCHE MUSE, beide 1917 (und beide Mailand, Sammlung Emilio Jesi). Seit 1919 beschäftigte er sich mit Werken der Frührenaissance, die ihn zu einem romantisch-archaisierenden Stil im Rahmen der faschistischen Staatskunst des „Novecento italiano" führen sollten. Die Rückkehr zum Realistisch-Gegenständlichen ließ seine späteren Arbeiten zunehmend verflachen.

Carracci
ital. Maler- und Kupferstecherfamilie, deren Mitglieder Agostino, Annibale, Antonio und Lodovico in Bologna eine gemeinsame Werkstatt unterhielten, die Meister wie G. Reni, Domenichino, Lanfranco, Guercino hervorbrachte und schließlich in die Gründung einer Akademie mündete. Die sog. Scuola degli Incamminati (Schule der auf den rechten Weg Gebrachten) wurde 1582 gegründet, richtete sich gegen den → Manierismus, entwickelte theoretische Grundlagen für die Barockmalerei mit der Rückwendung auf Meister der Hochrenaissance und systematisches Modell- und Naturstudium. Die C. bewältigten viele Aufträge gemeinsam, etwa die Dekorierung von Adelspalästen in Bologna mit Wandfriesen, großfigurigen Decken- und Kaminbildern: vor 1585 Palazzo Fava, 1592 Palazzo Magnani, 1593/94 Palazzo Sampieri. Bedeutendstes Werk der Familie ist die Ausschmückung der von Sangallo und Michelangelo erbauten Galleria Farnese in Rom seit 1596/97. Die Malereien zeigen → Allegorien auf die Liebe in sentimentaler Auffassung. Die Überschneidungen von Bild und Rahmen, Verflechtungen figuraler Motive innerhalb der Gemälde sind bezeichnend für den beginnenden italienischen Barock.

Carracci, Agostino
* 1557 in Bologna, † 1602 in Parma, Bruder des Annibale C. Von Tibaldi und Cornelis Cort zum Stecher ausgebildet, vom Vetter Lodovico zum Maler, spielt er innerhalb der Familie eine relativ geringe Rolle. Er bemühte sich um Reproduktionsstiche nach Vorlagen venezianischer Meister, gelangte aber auch zu eigenen Erfindungen. Sein malerisches Hauptwerk KOMMUNION DES HL. HIERONYMUS (Bologna, Pinakothek) entstand 1595. Seine Autorschaft im Gemeinschaftswerk der Palazzi-Ausmalungen läßt sich erkennen an der plastischen, trockenen Modellierung der Körper, der stumpfen, reizloseren Farbgebung,

Annibale Carracci, PIETÀ. Öl auf Kupfer, 41 × 60,8 (Wien, Kunsthistorisches Museum). In Carraccis Werk sah man jahrhundertelang aufgrund der Vereinigung venezianischer Koloristik mit römischem „disegno", d. h. mit der Betonung des Zeichnerischen, den Inbegriff künstlerischer Vollendung.

Rosalba Carriera, Bildnis eines venezianischen Prokurators, *72 × 59 (Dresden, Gemäldegalerie). Die venezianische Malerin war zu ihrer Zeit eine gefeierte Porträtkünstlerin. Die duftigen Farbtöne der Pastellkreide, worauf sie sich spezialisiert hatte, brachten die in der Rokoko-Zeit sehr begehrte Puderwirkung hervor.*

Charakteristika seiner Neigung zum Kupferstich. Innerhalb der Schule zeichnete er sich besonders als Theoretiker und als Programmentwerfer für Bildwerke aus.

Carracci, Annibale
getauft 1560 in Bologna, † 1609 in Rom, Hauptmeister und Mitbegründer der frühen römischen Barockmalerei. Die Ausbildung bei seinem Vetter Lodovico vervollständigte sich durch Aufenthalte 1580 in Parma und später in Venedig. Seit 1583 finden sich Frühwerke, noch dem → Manierismus verhaftet, Der Gekreuzigte mit Heiligen, 1583 (Bologna, S. Niccolo), Taufe Christi, 1585 (Bologna, S. Gregorio). Die Hinwendung zum energisch zusammengefaßten Bildaufbau, die neue Sattheit der Farben, kraftvolle Schwere und pathetische Gebärden, kündigen das Hauptwerk des Meisters an, Himmelfahrt Mariä, 1588, Madonna, 1588 (beide Dresden, Gemäldegalerie). Seit 1595 in Rom, entsteht A. C.s Meisterwerk, zugleich Initiale des Barock, die Dekoration der Galleria Farnese, 1596–1604, als deren künstlerischer Leiter A. C. zu gelten hat. Barocke Sehart – von der Raummitte sich malerisch ausbreitend –, dynamische Spannung, üppiges Wuchern verschiedenster Formen kennzeichnet die neue Strömung. A. C.s Landschaften wandeln sich ebenfalls unter dem Einfluß Roms: Venezianisch lockere Komposition und helles Kolorit verdichtet sich zu fester Gruppierung in kontrastreicher, dunklerer Farbgebung. Die ideale Landschaft wird zur heroischen. Sie entstehen Anfang der 90er Jahre und befinden sich in Berlin, Paris, München. Neben Porträts, Lautenspieler, und → Genreszenen, Bohnenesser, zählt C.s Werk Detailzeichnungen nach intensivem Naturstudium und Karikaturen. Die Bedeutung A. C.s liegt auf der Hand: Bejahung des Diesseitigen führt zur Darstellung menschlicher Kraft, seelischem Pathos. Geschlossenheit und Raffung des Bildaufbaus, tiefe Bildräume zeigen einen Meister des „antimanieristischen“ Stils, der neben Caravaggio die Barockmalerei begründet.

Carracci, Lodovico
getauft 1555 in Bologna, † 1619 in Bologna, ältestes Mitglied der Familie, zugleich altertümlichen Traditionen am meisten verhaftet. Künstlerisch früher selbständig als seine Vettern, zeigt sein Stil Einflüsse des venezianischen → Manierismus, des Annibale C., die er in seiner künstlerischen Laufbahn immer wieder miteinander verwob. Die Bekehrung des Pauli, 1587–89 (Bologna, Pinakothek), zeigt manieristische Tendenzen, die sog. Bargellini-Madonna, 1588, die Scalzi-Madonna und die Madonna von Cento, 1591 (alle Bologna, Pinakothek), verraten die Auffassung Annibales in dem übersichtlichen Aufbau, in der Gefühlsnähe. Die Spezialität L.s, Braungrund zu verwenden, führt zu zarter empfundenem, gedämpftem Kolorit.
Hauptsächlich in Bologna weilend, vertrat L. den Ruf des C.-Ateliers.

Carreño de Miranda, Juan
* 25. 3. 1614 in Avilés (Asturien), † 3. 10. 1685 in Madrid. Carreño stammt aus einer verarmten Adelsfamilie. Nach einer ersten Ausbildung in Valladolid bei einem Onkel kam er 1623 nach Madrid in die Lehre zu Pedro de las Cuevas und Bartolomé Román. Durch die Freundschaft mit Velázquez erhielt er Zugang zum Hof König

Carl Gustav Carus, Kahnfahrt auf der Elbe, *1827, 29 × 21 (Düsseldorf, Kunstmuseum). Der Arzt, Kunstgelehrte und Freund Caspar David Friedrichs sah in der „Darstellung einer gewissen Stimmung des Gemütslebens durch die Nachbildung einer entsprechenden Stimmung des Naturlebens" eine Hauptaufgabe der Landschaftskunst.*

Philipps IV. Sein frühes Schaffen beschränkte sich hauptsächlich auf religiöse Bilder, so z. B. die Taufe Christi (Leningrad, Ermitage). In diesen religiösen Werken ist der Einfluß Peter Paul Rubens' zu spüren. Einen größeren Auftrag erhielt Carreño 1655, als er den Spiegelsaal der Residenz mit Freskendarstellungen aus der Sage von Vulkan, Pandora und Epimetheus ausschmücken sollte. Seine erste Schaffensperiode endete 1669 mit der Ernennung zum Hofmaler. 1671 wurde er Kammermaler. Von nun an war Carreño ausschließlich mit Porträtmalerei beschäftigt. Seine großen Vorbilder wurden dabei Anthonis van Dyck und Velázquez. Obwohl seine Figuren in ihrem Ausdruck bereits die Dekadenz eines niedergehenden Geschlechts zeigen, tragen sie noch eine gewisse Würde in sich, wie wir sie auch bei den Figuren van Dycks finden. Der Einfluß Velázquez' begegnet einem in den Darstellungen verbildeten Menschen: Der Hofnarr Francisco Bozán und Das Monstrum Eugenia Martínez Vallejo in zweifacher Ausführung, alle im Prado.

Carriera, Rosalba Giovanna

* 7. 10. 1675 in Venedig, † 15. 4. 1757 in Venedig. Die Künstlerin wurde zunächst mit Porträtminiaturen bekannt, dann mit idealisierenden, dem Geschmack der höfischen Kreise entsprechenden Bildnissen sowie mit biblischen, allegorischen und mythologischen Pastellbildern im Stile des Rokoko hochberühmt. 1705 wurde sie Mitglied der Accademia di S. Luca in Rom. 1720 feierte sie triumphale Erfolge in Paris, wo sie u. a. Ludwig XV. als Dauphin (Dresden, Gemäldegalerie) porträtierte. 1730 gelangte sie, auf Einladung Kaisers Karls VI., an den Wiener Hof. Ihre mehr gefälligen als charaktervollen, aber in gekonnter Technik mit perlmuttartig schimmernden Tönen und zarten Übergängen ausgeführten Bildnisse – z. B. Bildnis der Tänzerin Barberina Campanini (Dresden, Gemäldegalerie) – wurden erfolglos immer wieder nachgeahmt.

Carstens, Asmus Jakob

* 10. 5. 1754 in St. Jürgen bei Schleswig, † 25. 5. 1798 in Rom. Der Künstler zählt zu den wichtigsten Vertretern des frühen → Klassizismus in Deutschland. Seit 1776 studierte er an der Kopenhagener Akademie die Malerei, konnte sich aber, wegen seines hohen sittlichen Anspruches an die Kunst, mit dem routinierten akademischen Betrieb nicht abfinden und wurde 1781 von dieser Anstalt verwiesen. Nach entbehrungsreichen Jahren übersiedelte er 1788 nach Berlin, wo er zunächst als Illustrator und seit 1790 als Zeichenprofessor an der Akademie tätig war. 1792 ging er nach Rom. Obwohl er nur einen befristeten Studienurlaub erhalten hatte, blieb er in Italien. Hier vermochte Carstens seine Ideale im Studium der Werke Michelangelos und Raffaels im Sinne monumentaler, antiksierender Figurenkom-

positionen zu verwirklichen, Kompositionen, die in allen Wesenszügen die Merkmale des Klassizismus tragen, zu dessen wohl herausragendsten deutschen Repräsentanten er wurde. Einzig die Erhabenheit der der antiken Literatur entnommenen Thematik gilt ihm als bildwürdig, die Wirklichkeitsabbildung tritt hinter heroischer Idealisierung ganz in den Hintergrund. Klassisch → kontrastierte Bewegungen werden parallel zur Bildebene entfaltet, die Körper sind von michelangelesker Wucht und Schwere, besonders deutlich in seinem Hauptwerk DIE NACHT MIT IHREN KINDERN SCHLAF UND TOD, um 1795 (Weimar, Schloßmuseum), oder auch in dem 1798 entstandenen Karton DAS GOLDENE ZEITALTER (Kopenhagen, Thorvaldsen-Museum).

Carus, Carl Gustav
* 1789 in Leipzig, † 1869 in Dresden. Als Maler von Landschaften und stilllebenhaften Naturausschnitten im romantischen Naturempfinden eng an C. D. Friedrich angelehnt, zu dem er sich in einer Art Schülerverhältnis befand. Die Beobachtungsgabe, die Wiedergabe des Atmosphärischen in seinen Werken DER ERLKÖNIG, GOETHES GRAB, 1832 (beide Hamburg, Kunsthalle), kennzeichnen einen Naturforscher und Mediziner, der, universalistisch gebildet, Biograph Goethes war und eine Theorie der romantischen Landschaftsmalerei entwickelte, „Briefe über Landschaftsmalerei", 1831.

Caspar, Karl
* 13. 3. 1879 in Friedrichshafen am Bodensee, † 21. 9. 1956 in Degerndorf am Inn. Der deutsche Maler und Graphiker schuf in seinen wichtigsten Arbeiten von der Kunst der → Nabis beeinflußte, expressive Landschaften und Porträts. Nach einem Studium an den Akademien in Stuttgart und München stellte er erstmals 1908 bei der Münchner → Sezession aus. 1913 gehörte er zu den Mitbegründern der Münchner Neuen Sezession. 1922 erhielt er eine Professur an der Münchner Akademie, die er 1937 unter den Nationalsozialisten verlor. 1950 war er Gründungsmitglied der Neuen Gruppe in München. Beeinflußt von der um Erneuerung altchristlicher Formenwelt und Thematik bemühten Schule von → Beuron, entwickelte Caspar einfache, monumentale Kompositionen, beispielsweise in dem Fresko von 1927 CHRISTUS MAJESTAS im Ostchor des Bamberger Domes, um später, vor allem auch in seinem großen graphischen → Œuvre, expressivere Ausdrucksmittel zu bevorzugen. Dabei wurden El Greco, Paul Cézanne und Hans von Marées seine Vorbilder.

Cassatt, Mary
* 22. 5. 1845 in Pittsburgh (Pennsylvania), † 14. 6. 1926 in Le-Mesnil-Théribus (Frankreich). Mary Cassatt studierte zunächst an der Pennsylvania Academy of Arts in Philadelphia. 1868 entschloß sie sich auf einer Reise, ganz nach Europa zu übersiedeln; 1872 verwirklichte sie diesen Plan und hielt sich nacheinander in Parma, Madrid und Antwerpen auf, wo sie jeweils Correggio, Velázquez und Rubens studierte. 1874 nahm sie schließlich ihren Wohnsitz in Paris, wo sie mehrmals im Salon ausstellte, 1875 und 1877 aber zurückgewiesen wurde. Daraufhin schloß die Malerin sich den → Impressionisten an und stellte 1879–96 mit ihnen aus. Die größte Freundschaft verband sie mit Degas. 1891, 1893 und 1898 hatte Mary Cassatt bei Durand-Ruel Kollektivausstellungen; 1892 bekam sie den Auftrag, an der Ausmalung des kolumbianischen Pavillons für die Weltausstellung 1893 mitzuwirken. Anfang des 20. Jh. erhielt die Künstlerin mehrere Auszeichnungen in Frankreich wie auch in den USA. Ihre nachlassende Sehkraft schränkte in den folgenden Jahrzehnten ihre Produktivität immer mehr ein. – In Paris hatte Mary Cassatt gleich zu Beginn im impressionistisch beeinflußten Stil gemalt; das führte schließlich zu ihrer Ablehnung im Salon. Den größten Einfluß übte im folgenden Degas auf sie aus, aber auch Renoirs Licht- und Farbbehandlung wirkte auf ihre Kunst. Ihr Sujet wurde das Porträt, mit dem sie in einer hellen, später oft pastellfarbigen impressionistischen Palette meist aus naher Perspektive ihre Modelle charakterisierte: JUNGE FRAU, NÄHEND IM GARTEN, um 1886 (Paris, Louvre). Ende der 80er Jahre wandte sich die Malerin zunehmend dem Thema „Mutter und Kind" zu, das sie in wenigen Variationen darstellte, z. B. JUNGE MUTTER MIT KIND BEIM NÄHEN, um 1890 (New York, Metropolitan Museum of Art). Darüber hinaus schuf Mary Cassatt qualitätsvolle Graphiken – Aquatintablätter, Radierungen, Kaltnadel- und in Mischtechnik gefertigte Blätter, die ganz stark dem japanischen Holzschnitt verhaftet waren und etwa zwischen 1879 und 1911 entstanden, z. B. DER BRIEF von 1891. Auch hier dominierte ab den 90er Jahren das „Mutter und Kind"-Thema.

Castiglione, Giovanni Benedetto
(gen. il Grechetto)
* um 1610 in Genua, † 1665 in Mantua. Die mit farbiger Phantasie gemalten, äußerst naturalistischen Bilder Castigliones lassen Einflüsse der Brüder de Wael, Jan Roos', aber auch Nicolas Poussins und Salvator Rosas erkennen. Besondere Lichteffekte, u. a. in seinen zahlreichen Kupferstichen, setzen die Kenntnis Rembrandts voraus. Die Vorliebe des Künstlers für Tierszenen und Landschaftsbilder kommt in Bildern wie ARCHE NOAH (Genua, Galleria di Palazzo Bianco) und SATYR UND BACCHANTIN, um 1650 (Moskau, A.-S.-Puschkin-Museum der bildenden Künste), zum Ausdruck.

Castiglione, Giuseppe
* 1688 in Mailand, † 1760 in Peking. Als Jesuitenpater in missionarischer Tätigkeit, steht der Italiener in eigenartiger Mittelposition europäischer und chinesischer Malertradition. Als Schüler von Andrea Pozzo schuf er eine Altartafel für S. Ignazio in Genua, eine Kapellenausstattung für das Noviziat in Coimbra, Portugal. Seit 1715 unter dem Namen Lang Shih-ning am Hof zu Peking, malte er europäische → Interieurs nach Maßgabe perspektivischer Raumsicht, bevölkerte sie aber mit Personen der chinesischen Hofgesellschaft wie etwa HOFDAMEN BEIM BRETTSPIEL (Hamburg, Mus. f. Völkerkunde). Sowohl in Materialität wie in Kompositionsweise entstand hier eine Mixtur, die nur oberflächlich Aspekte vereint, keinesfalls jedoch das Wesen östl. oder westl. Malerei klärt.

Catena, Vincenzo
* um 1480 in Venedig, † 1531 in Venedig. Neben religiösen Themen bearbeitete C., im Frühwerk noch dem 15. Jh. verpflichtet, auch Bildnisaufträge. Kühle Farbtöne und eine Figurenplastik von gewisser Härte weisen auf Einflüsse Alvise Vivarinis, während später C. sich den Gestaltungsmitteln Giov. Bellinis und des mit ihm befreundeten Giorgione näherte, seine Formen in weicherem, wärmerem Licht bildete. Bezeichnend hierfür, C.s Hauptwerk, die letzte Schaffensphase einleitend: MARTYRIUM DER HL. CHRISTINA, um 1520 (Venedig, S. Maria Mater Domini).

Cavallini, Pietro
(eigtl. Pietro dei Cerroni)
* wahrscheinlich um 1250 in Rom, tätig zwischen 1273 und 1330 in Rom und Neapel. Er war der bedeutendste römische Maler des → Trecento, der auch die noch in altchristlicher Tradition verharrende süditalienische Malerei

Paul Cézanne, ARC-TAL, 1887 (Nantes, Privatsammlung). Dieses Landschaftsstück mit Bäumen macht exemplarisch Cézannes stetes Bemühen deutlich, die Natureindrücke nach höheren Gesetzen der Farb-, Flächen- und Raumkomposition durchzustrukturieren, um – wie er selbst sagte – „Poussin nach der Natur wiederzuschaffen".

ihrem Höhepunkt zuführte. Es war wohl der Einfluß des Architekten und Bildhauers Arnolfo di Cambio, der Cavallini in dem 1293 entstandenen Fresko DAS JÜNGSTE GERICHT in S. Cecilia in Rom zu großen, in nuancenreichem Helldunkel weich modellierten Formen und blockhaft-statuarisch wirkenden Gestalten geführt hat. Vor allem der Gesichtstypus der Figuren dieses Freskos, welches 1900 als Fragment wiederentdeckt wurde, weicht stark von der bis dahin die italienische Malerei bestimmenden → „maniera greca", d. h. dem byzantinischen Schema, ab. Zu den Hauptaufgaben des Künstlers gehörte die Erneuerung der auf das fünfte nachchristliche Jahrhundert zurückgehenden riesigen Bilderfolge in San Paolo fuori le mura zu Rom – Arbeiten, die bei einem Brand 1823 zugrunde gingen, durch Nachzeichnungen aber gut rekonstruierbar sind. Sie lassen sich in die Zeit zwischen 1277 und 1290 datieren. Von der spätantik-frühchristlichen Monumentalität seiner Vorbilder ausgehend, veränderte Cavallini die Fresken durch schlankere Figurenproportionen und reichere, zum Teil schon gotisierende Architekturmotive. 1291 erwies sich der Künstler in den Mosaiken SZENEN DES MARIENZYKLUS in S. Maria in Trastevere als wichtiger Meister in der Verbindung byzantinischen und antiken Formengutes, wobei eine noch weit über die formelhafte Art der romanischen Malerei hinausgehende Andeutung des Raumes und eine klare Licht- und Schattenverteilung hinzukommen. Auch das Verständnis für perspektivische Werte ist bereits relativ hoch entwickelt.

Cavazzola, Paolo
(auch Morando)
* 1486/88 in Verona, † 13. 8. 1522 in Verona. C. war einer der Hauptvertreter der Hochrenaissancemalerei in Verona. Sein Frühwerk pflegt rein mantegneske Formen von praller Leiblichkeit bei ausgesprochen kaltem Kolorit. Wesentlich entwickelter und eleganter erscheint die MADONNA MIT KIND UND ZWEI ENGELN (London, National Gallery). Cavazzolas Hauptwerk, die BEWEINUNG CHRISTI von 1517 (Verona, Museo di Castelvecchio), ist in ihrer dichten Reliefschichtung und der Vielfalt des Ausdrucks sowie der Zusammenfassung der Figuren zu Dreiecks- und Halbkreisformen das vielleicht monumentalste Werk der Hochrenaissance in Verona und läßt zugleich Auswirkungen des Giorgionismus erkennen. Im Spätwerk wandelt sich die Palette des Malers zu fast monochromer, dunkler Tonigkeit wie dem PORTRÄT EINES MANNES von 1518 (Dresden, Staatliche Gemäldesammlungen) und dem wohl etwas späteren, düsteren, aber streng gebauten PORTRÄT EINES RITTERS MIT SEINEM KNAPPEN (Florenz, Uffizien), das fälschlich Giorgione zugeschrieben wird.

Cesari, Giuseppe
* ?. 2. 1568 in Rom (oder Arpino?), † 3. 7. 1640 in Rom. C. arbeitete ab ca. 1583 unter F. Zuccari bei der Freskierung der Loggien Gregors XIII. im Vatikan mit. Bis zum Beginn der 90er Jahre malte er zahlreiche Fresken und Tafelbilder allegorischen Inhalts für seine kirchlichen und privaten Auftraggeber in Rom und Neapel. Unter seinem Gönner, Clemens VIII. erhielt C. seine größten Aufträge, wie die 1593/95 entstandene HIMMELFAHRT in der Cappella Olgiati in S. Prassede und das gleichnamige monumentale Fresko in S. Giovanni in Laterano. C. war der letzte Vertreter des römischen Spätmanierismus, dessen Kunst noch keinerlei Tendenzen einer Erneuerung hin zur barocken Auffassung zeigt.

Paul Cézanne, DER BAHNDURCHSTICH, *um 1870, 80 × 138 (München, Neue Pinakothek). Das Gemälde – ein frühes Dokument technischen Eingriffs in das natürliche Landschaftsbild – entstand zu einer Zeit, als sich der Künstler vor der Einberufung im Hause des Vaters und später mit seiner Gefährtin Hortense verborgen hielt.*

Cézanne, Paul
* 19. 1. 1839 in Aix, † 22. 10. 1906 in Aix (Provence). Der Maler entstammte der erst 1844 legitimierten Verbindung eines Hutfabrikanten und späteren Bankiers mit einer Verkäuferin. Am Collège Bourbon in Aix schloß er Freundschaft mit Emile Zola, die bis 1882 währen sollte. 1861 brach Cézanne das begonnene Jurastudium ab und ging, nachdem sein Vater nach

Paul Cézanne, MONT SAINTE-VICTOIRE, *um 1885, 62 × 81 (London, Courtauld Institute). Den Hausberg von Aix-en-Provence besuchte Cézanne seit seiner Kindheit, später wurde er zum oft wiederholten Mittelpunkt seiner Landschaften. An „Impressionen" desinteressiert, suchte der Künstler eine gesteigerte Wirklichkeit zu erfahren.*

langem Widerstand schließlich die Zustimmung gegeben hatte, nach Paris. 6 Monate lang studierte er an der Académie Suisse und im Louvre, bis ihn Zweifel an seiner Berufung als Maler wieder nach Aix und zum Jurastudium zurück führten. 1862 schloß er, erneut in Paris, Bekanntschaft mit Pissarro, Guillaumin, Sisley, Monet und Manet. Weiterhin faszinierten ihn aber die alten Meister im Louvre wie Rubens, Tintoretto, Veronese, Poussin und Delacroix. 1870 verbarg Cézanne sich vor der Einberufung im väterlichen Besitz Jas de Bouffan und in Estaque. Die Verbindung mit Hortense Fichet (FRAU CÉZANNE, 1871–73, Paris, Jeu de Paume) konnte zu Lebzeiten des Vaters nicht legitimiert werden, und der 1872 geborene Sohn wurde vom Großvater nicht liebevoll aufgenommen.

Nach der Rückkehr nach Paris 1871 hatten sich die Freunde zerstreut. Nur Pissarro stand Cézanne weiterhin wie ein Vater bei und machte ihn mit Malereiliebhabern wie Dr. Gachet oder Victor Chocquet bekannt. Wechselweise arbeitete Cézanne in Pontoise, Auvers bei Dr. Gachet, Fontainebleau, an den Seineufern oder in der Provence, in die er 1882 zurückkehrte. Durch den Tod seines Vaters 1886 erbte Cézanne ein Vermögen von 400 000 FF und den Landsitz Jas de Bouffan, was ihn aller finanziellen Sorgen entledigte und endlich zur Heirat mit Hortense Fichet führte. 1894 hielt sich der Maler in Giverny auf, wo er erneut mit Monet zusammentraf und mit dem Bildhauer Rodin Bekanntschaft schloß.

Die ständigen Zweifel an seiner Fähigkeit als Maler und die daraus resultierende innere Unruhe wurden verstärkt durch die Verkennung seiner Kunst bis fast an sein Lebensende. Die Abweisungen durch die École des Beaux-Arts 1863 und den Salon bis 1882 sowie vernichtende Kritiken zu den auf den Impressionisten-Ausstellungen gezeigten Bildern lassen Cézanne schließlich auf jede Ausstellung verzichten und zum Einsiedler werden. Erst eine Ausstellung bei A. Vollard 1895 sowie eine Retrospektive im Herbstsalon von 1904 trieben die Entdeckung seines praktisch unbekannten → Œuvres voran. In seinen letzten Lebensjahren nehmen einige junge Maler Kontakt zu ihm auf. 1858–70, während seiner sog. romantischen Periode, arbeitete Cézanne nach literarischen Themen. Der dunkle Gesamtton und eine pastose, barock bewegte Malweise greifen vergangene Mittel auf und weisen gleichzeitig auf die expressionistischen Strömungen des 20. Jh. voraus, z. B. VERSUCHUNG DES HL. ANTONIUS, 1869 (Zürich, Slg. Bührle); DER MORD, 1870 (Sao Paolo, Museo de Arte). Daneben entstehen Porträts, z. B. PAUL ALEXIS LIEST ZOLA EIN MANUSKRIPT VOR, 1869/70 (Sao Paolo, Museo de Arte), ONKEL DOMINIQUE ALS MÖNCH, 1865 (New York, Slg.

Paul Cézanne, STILLEBEN, *um 1890, 66 × 82 (Privatsammlung). Warum sich die Kubisten später auf Cézanne beriefen, zeigt diese „nature morte“. Die Dominanz des Blaugrün bindet die Dinge bei gleichzeitiger Vernachlässigung der Perspektive stärker in die Fläche, wodurch die Vorstufe zu einer Geometrisierung erreicht ist.*

Haupt), Stilleben, z. B. BROT, EIER UND GLAS, 1865 (Cincinnati, Kunstmuseum), DIE SCHWARZE STANDUHR, 1869/70 (Athen, Slg. Niarchos) und Landschaften, z. B. STRASSENKURVE IN DER PROVENCE, 1867–70 (Montreal, Museum of Fine Arts), im Atelier nach Skizzen aus der Provence gemalt. Die Begegnung mit den Impressionisten, besonders mit Pissarro, führte Cézanne zu einer ruhigeren Malweise, nicht zuletzt durch das Arbeiten nach der Natur. Trotz einer Pissarro ähnlichen Auffassung der banalen Sujets, des Auftrags der impressionistischen reinen Farben in Tupfen oder kurzen Strichen unterscheidet sich Cézanne von den Impressionisten dadurch, daß er die Form sucht. Die Komposition seiner Landschaften ist fester gefügt, und die Farben sind gesättigter als bei Pissarro oder Sisley, z. B. BLICK AUF AUVERS, 1873–75 (Chicago, Art Institute), DAS HAUS DES DR. GACHET IN AUVERS, DAS HAUS DES GEHENKTEN, beide 1873 (Paris, Jeu de Paume).
Die in den Porträts dargestellten Personen mit maskenähnlich starren Gesichtszügen sind wie Stilleben behandelt, z. B. V. CHOCQUET SITZEND, 1877 (Columbus, Ohio, Gall. of Fine Arts), LOUIS GUILLAUME, 1879–82 (Washington, Nat. Gall. of Art), SELBSTPORTRÄT, 1879–82 (London, Tate Gall.). Die Figuren in den Gruppenbildern stehen in keiner Beziehung zueinander. Sie symbolisieren den isolierten und einsamen modernen Menschen, z. B. KARTENSPIELER, 1890–92 (Paris, Jeu de Paume), BADENDE FRAUEN, 1898–1905 (Philadelphia, Mus. of Art).
Gegen 1880 findet Cézanne einen gänzlich neuen Weg der Malerei, der ihn zum „Vater der Moderne“ werden läßt. Ziel seines geduldigen Suchens

Paul Cézanne, STILLEBEN MIT STATUETTE, *um 1895, 63 × 81 (Stockholm, Nationalmuseum). Eigentümlich ist das Nebeneinander von Früchten, einem füllig drapierten Vorhangstoff und dem fragmentierten Putto in dieser Komposition, die Cézanne auf den komplementären Klang von Rotgelb und Blau abgestimmt hat.*

Marc Chagall, Über Witebsk, *1915/20, 67×92 (New York, Museum of Modern Art). Einflüsse des französischen Kubismus offenbaren sich in der prismatischen Zerlegung des Bildgefüges. Die ländliche, jüdische Atmosphäre des russischen Dorfes erfüllte Chagalls vom Irrealen berührte Bildwelt.*

ist das Wiederfinden des Gegenstands in seiner Festigkeit und Materialität hinter den Zufälligkeiten von Licht und Atmosphäre. Die spontan organisierte Natur soll Kontakt aufnehmen mit dem menschlichen Ordnungswillen der Intelligenz, des Wissens, der Ideen, der Tradtion und Perspektive, mit dem Ich des Malers. Cézanne ersetzt nun die reinen Farben der Impressionisten durch Mischungen, die sich schrittweise, als chromatisch sich steigernde Nuancen, an den Lokalton herantasten. Die Farbmodellierung folgt dem Licht und der Form. Die Zeichnung resultiert aus den Farben. Je harmonischer sich die Farben im gewählten Ausschnitt zusammenfügen, desto präziser wird die Zeichnung. Mittels von Blautönen werden die warmen Farben zum Vibrieren gebracht. Die Perspektive ist nicht mehr die klassisch-geometrische Zusammenschau einer Ansicht von einem Blickpunkt aus. Der Raum setzt sich vielmehr Stück für Stück aus aufeinanderfolgenden Wahrnehmungen zusammen. Senkrechte Gegenstände neigen sich, Teile unterbrochener Horizontallinien verschieben sich. Parallelen, Verbindungen, Brechungen und die Farben verweben die Gegenstände zu einem Flächenmuster. Ein Schritt weiter führte zum Kubismus, und von dort zur abstrakten Malerei, die, als reine Farb- und Formharmonie keinen Gegenstand mehr abbilden will. Gegenstand der Cézannschen Studien bleiben Landschaften, z. B. Mont Sainte-Victoire, 1885–87 (London, Courtauld Inst. Galls.; New York, Metropolitan Mus.), Der Golf von L'Estaque, 1886 (Chicago, Art Inst.), Felsen bei Fontainebleau, 1894–98 (New York, Metropolitan Mus.), Stilleben, z. B. Stilleben mit Äpfeln und Orangen, Stilleben mit Zwiebeln und Flasche, beide 1895–1900 (Paris, Jeu de Paume), und Porträts, z. B. Gustave Geffroy, 1895 (Paris, Slg. René Lecomte).
Das Spätwerk Cézannes zeigt wieder die seelische Erregtheit seiner romantischen Periode, drückt jene jedoch mit anderen Mitteln aus. Unterschiedliche Bewegungsarten in einem Bild, fließende Linien und intensive Farben lassen die Gegenstände von innen heraus leuchten und wie in heftiger Erregung schwanken, z. B. Mont Sainte-Victoire, 1904–06 (Philadelphia, Slg. S. Tyson), Das schwarze Schloss, 1904–06 (New York, Slg. Dr. M. Levy), Bildnis Vallier, 1906 (Chicago, Slg. M. Leigh B. Block).

Chagall, Marc
* 1887 bei Witebsk. Der russische Maler und Graphiker trieb erste Studien beim Genremaler und Porträtisten Pen in Witebsk und setzte sie bei Bakst in St. Petersburg (Leningrad) fort. Einige aus dieser Zeit stammenden Bilder, z. B. Die Bäuerin 1907, Der Alleeweg 1908 (beide im Besitz Chagalls), Selbstbildnis mit Pinseln 1909 (Oxford, Slg. Valerie Alport), stehen noch dem akademischen bzw. modischen an Toulouse-Lautrec und Gauguin geformten Stil nahe. Bei seinem ersten Parisaufenthalt 1910–14 machte er Bekanntschaft mit den aktuellen Strömungen des → Fauvismus und → Kubismus. Die Huldigung Apollinaires 1911/12 (Eindhoven, Sted. van Abbe Mus.) feiert Apollinaire als Paten des → Orphismus und huldigt außerdem Canudo, Cendrar und Walden, Freunden Chagalls. Die Zerstückelung der Bildoberfläche ist Mittel zu dem Zweck, die Figuren in einem idealen, phantastischen, symbolischen Raum zu verteilen. Chagalls Anliegen ist nicht die Bestimmung seiner Technik, sondern die Verdeutlichung des phantastischen Geistes, in dem diese Technik steht. Er ist geprägt durch transformierte Erinnerungen an Witebsker Kindheitseindrücke, gepaart mit einer lebhaften Phantasie und Traumwelt. Die Seele des Bildes liegt in den Farben. Damit stellt sich Chagall in die Tradition eines seiner bevorzugten Vorgänger, Monets. Paris ruft verstärkt Erinnerungen im jüdischen Künstler hervor, die, in umgearbeiteter Form, ein burleskes Sammelsurium konstituieren aus Blumen, Karren, sanftäugigen Kühen, Geigern auf Dächern, der kleinen Stadt Witebsk, dem fliegenden Liebespaar, jüdischen Bräuchen und der Welt des Zirkus. Raum und Zeit schafft der Maler in seinem Universum selbst. Immer bekennt sich Chagall zum Judentum und zu Rußland, wie seine Bilder zeigen; z. B. Der heilige Droschkenkutscher, 1911 (Krefeld, Privatslg.), Ich und das Dorf, 1911 (New York,

Marc Chagall, Das brennende Haus *(Ausschnitt), 1913 (New York, Guggenheim Museum). Noch während seiner russischen Zeit entstand das in reinen, leuchtenden Farben gemalte Bild, in dem Motive aus Chagalls Heimatstadt Witebsk – ein bäuerliches Haus oder der Pferdewagen – auftauchen und ins Phantastische gesteigert werden.*

Mus. of Modern Art), DER GEIGER 1911/12 (Amsterdam, Sted. Mus.). Der violinspielende Onkel Neuch über den Dächern seines Dorfes leitet in seiner kraftvollen Bewegtheit den sog. dynamischen Stil ein, der die folgenden Figurenkompositionen und Genrebilder kennzeichnet.

Nach einem kurzen Aufenthalt in Berlin 1914 und der Ausstellung in der Galerie „Der Sturm", die den Maler in Deutschland bekannt machte und seinen Einfluß auf den deutschen Expressionismus begründete, kehrte er nach Witebsk zurück. Der sog. realistische Stil Chagalls will die russisch-jüdische Ghettowelt, in Vorahnung der kommenden Katastrophe, dokumentarisch festhalten; z. B. DER JUDE IN GRÜN und DER JUDE IN SCHWARZWEISS beide 1914 (Genf, Slg. Charles im Obersteg) ÜBER WITEBSK, 1914 (Toronto, Slg. Ayala und Sam Zacks), WITEBSK VOM SADUNOW-BERG, 1917 (New York, Slg. Perry), DAS BLAUE HAUS, 1917 (Lüttich, Mus. des Beaux-Arts). Daneben stehen Bilder, die das private Glück nach der Hochzeit mit Bella, 1915, und der Geburt der Tochter Ida, 1916, in einem Hymnus an die Liebe feiern; z. B. DAS LIEBESPAAR IN BLAU, 1916 (Basel, Frau Ida Meyer-Chagall), DER LIEGENDE DICHTER, 1915 (London, Tate Gall.), DER GEBURTSTAG, 1915 (New York, Solomon R. Guggenheim Mus.), DOPPELBILDNIS MIT DEM WEINGLAS, 1917/18 (Paris, Mus. Nat. d'Art Moderne). 1918 wurde Chagall zum Kommissar der bildenden Künste in Witebsk ernannt, 1920 ging er nach Moskau, wo sich ihm ein neues Tätigkeitsfeld am jüdischen Kammertheater eröffnete. Seine burleske Komik und sein Humor paarten sich mit denselben Eigenschaften Gogols, für dessen „Revisor" er Bühnenbilder schuf. Später setzte er die Tätigkeit des Entwerfens von Bühnenbildern und Kostümen fort: 1945 in den USA für Tschaikowskys Ballett „Aleko" und Strawinskys „Feuervogel", 1958 für „Daphnis und Chloe" von Ravel und 1965 für Mozarts „Zauberflöte" an der New Yorker Metropolitan Opera. 1923–41 atmete Chagall erneut die Pariser Luft, die für ihn lumière-liberté (Freiheitslicht) und couleur-amour (Liebesfarbe) bedeutet. Die Begegnung mit den → Surrealisten wirkte anregend auf das Übernatürliche in seiner Kunst. Die surrealistische Thematisierung der Zeit findet sich z. B. in DIE ZEIT IST EIN FLUSS OHNE UFER, 1939 (New York, Mus. of Modern Art), DIE WANDUHR MIT DEM BLAUEN FLÜGEL, 1949 (Besitz Chagalls). In den 30er Jahren dominieren Liebespaar, Blumen und Motive aus dem Zirkus: z. B. LIEBESPAAR UNTER LILIEN, 1922–25 (New York, Perls Gall.), DAS HOCHZEITSPAAR VOR DEM EIFFELTURM, 1928 (Paris, Slg. M. Roncey), CLOWN MIT ESEL, 1927 (Beverly Hills, Slg. G. Pinkus,). Bilder wie die dreiteilige REVOLUTION, 1937 (Besitz Chagalls), verarbeiten das dramatische Weltgeschehen der russischen Revolution und interpretieren es religiös: Links steht die politische Revolution der menschlichen rechts gegenüber. In der Mitte vollführt Lenin Akrobatenkunststücke und bildet den Gegensatz zum alten Juden mit der Thorarolle, der neben ihm über das Geschehen nachsinnt. Von Gordes in der Haute Provence aus flieht Chagall 1941 in die USA. Krieg und Kreuz, Schrecken und menschliches Elend sind auf phantastische Weise ins Bild gesetzt; z. B. KRIEG, 1943 (Paris, Mus. d'Art Moderne), DIE WEISSE KREUZIGUNG, 1938 (Chicago, Art Institut), DIE ANFECHTUNG, 1943 (Paris, Privatbesitz). Alte Bilder werden verändert oder vollendet, und eine neue Malweise bildet sich heraus, die die vormals plastischen Formen zu Zeichen reduziert; z. B. BEIM HAHNENSCHREI, 1944 (New York, Slg. A. Juviler). Nach dem Tode seiner Frau Bella MEINE BRAUT MIT SCHWARZEN HANDSCHUHEN, 1909 (Basel, Kunsthalle); BELLA MIT DER NELKE, 1925 (Bern, Slg. Ida Meyer-Chagall); BELLA IN GRÜN, 1934/35 (Amsterdam, Sted. Mus.), ist Chagall 9 Monate schaffensunfähig. 1945 entsteht eine Huldigung an Bella, die Kindheit und Witebsk mit UM SIE HERUM (Paris, Mus. d'Art Moderne). Eine phantastische Traurigkeit herrscht nun vor, z. B. NOTTURNO, 1947 (Privatbesitz), DIE KUH MIT DEM SONNENSCHIRM, 1946 (New York, Slg. R. S. Zeisler). Zwei Jahre nach seiner Rückkehr nach Frankreich, 1950, läßt sich der Maler in Les Collines, Vence, nieder. Keramiken entstehen, Gesamtausstellungen in großen Museen verschaffen ihm Prei-

Marc Chagall, BLAUE LANDSCHAFT, *1949 (Wuppertal, Von-der-Heydt-Museum). Das transparente Leuchten von Kirchenfenstern entströmt dem in Gouache-Technik ausgeführten lyrischen Traumbild. Die weiße Mondsichel als Fisch, das Liebespaar oder der Hahn kehren bei Chagall – oft als Symbole verwendet – häufig wieder.*

Marc Chagall, ICH UND DAS DORF, *1911, 191 × 150 (Golgotha). Das gebannte Visavis eines Ziegen- und Menschenkopfes bringt uns eine humorvolle Variante von Chagalls träumerischer Phantasie näher. Kaleidoskopartig sind andere Motive und Szenen, wie das Melken einer Ziege, hineinkomponiert.*

Philippe de Champaigne, Kardinal Richelieu, *1635, 222 × 165 (Paris, Louvre). Richelieu, der im Jahr der Kriegserklärung Frankreichs an Spanien dargestellt ist, gilt als Vorkämpfer des Absolutismus. Neben der Einschränkung der habsburgischen Macht gelang ihm die Gleichschaltung der Hugenotten und des Adels.*

se und Ehrendoktorate. 1952 heiratet er Vava Brodsky, Bildnis Vava, 1952–56 (Vence, Slg. Vava Chagall). 1954 entstehen die Lithographien zu „Daphnis und Chloe", und die alte Zirkuswelt feiert Auferstehung: Die Kunstreiterin, 1955 (Besitz Chagalls), Der grosse Zirkus (New York, P. Matisse Gall.).

Chagall gilt als religiöser Künstler. Er wuchs unter dem Einfluß des Chassidismus heran, einer dem Pietismus verwandten religiösen Bewegung, die das Erleben des Glaubens in allen Dingen des täglichen Lebens feiert. Seine Motivwelt verschmilzt zu einer Einheit mit der hebräischen Symbolik. Der Maler verbindet die Gestalt Christi in den Kreuzigungsbildern mit der Thora und versteht beide als kosmische Heilszeichen. 1950 in Vence entsteht die „Biblische Botschaft", eine Serie von Ölgemälden, 1960 nach der Fertigstellung der Bibelradierungen das erste der zwei Fenster für die Kathedrale von Metz, 1962 werden die Glasfenster in die Klinik Hadassah in Jerusalem eingebaut. 1964 findet die Enthüllung der Decke der Pariser Oper statt.

Champaigne, Philippe de

* 26. 5. 1602 in Brüssel getauft, † 12. 8. 1674 in Paris. Der gebürtige Flame wurde 1629 als Franzose eingebürgert. 1648 gehörte er zu den ersten Mitgliedern der neugegründeten Académie Royale, an der er 1655 Professor und später Rektor wurde. In der Nachfolge von N. Duchesne war er im Auftrag der Maria von Medici an Dekorationen im Luxembourg tätig. Am 27. 2. 1628 wurde er in den Rang eines Hofmalers erhoben. Eine Reihe von Klöstern stellen den Maler in ihre Dienste. Im Auftrag der Karmeliter von St-Jacques entstanden sechs größere Gemälde, darunter die Darbringung im Tempel (Dijon, Musée des Beaux-Arts). Das umfangreiche Porträtschaffen Champaignes dokumentiert seine hohe Gunst in den höchsten Kreisen des Hofes unter Ludwig XIII. Im Auftrag Ludwigs XIII. entstand auch die Feier der Aufnahme des Herzogs von Longueville in den Orden vom Heiligen Geist (Toulouse, Musée des Augustins) und Das Gelübde Ludwigs XIII. (Caen, Musée des Beaux-Arts). Entscheidend für den persönlichen Werdegang und das künstlerische Schaffen war des Malers Begegnung mit dem Jansenismus. Seine beiden Töchter hatte Champaigne bereits in das Kloster Port-Royal-des-Champs gegeben, das als Zentrum dieser von den Jesuiten geächteten Theologie galt. Es entstanden die Bildnisse der Angélique Arnauld, Äbtissin von Port Royal (Paris, Louvre), der Agnés Arnauld (Versailles, Musée) oder die berühmte Darstellung seiner Tochter als Nonne, das Exvoto von 1662 (Paris, Louvre). Neben diesen klösterlichen Werken entstanden die Gruppenporträts der Pariser Ratsherren sowie dekorative Arbeiten für das Schloß von Vincennes oder die Tuilerien. Für Ludwig XIV. malte er 1665 die Aufnahme des Herzogs von Anjou in den Orden vom Heiligen Geist, das für die Kathedrale von Reims bestimmt war. Champaigne war jedoch unter dem neuen König nicht mehr Hofmaler. Statt dessen wurde er von der Geistlichkeit und dem Bürgertum bevorzugt.

Chang Hsüan

8. Jh. Chinesischer Maler der T'ang-Dynastie, aus der Gegend der Hauptstadt Ch'ang-an. Am Kaiserhof tätig, war er berühmt wegen seiner eleganten Porträts in zarten Farben von Frauen und Kindern der Hofgesellschaft.

Chao Meng-fu

* 1254 in der Provinz Chehkiang, † 1322. Der berühmte chinesische Maler, → Kalligraph und Staatsmann gelangte als Verwandter der Sung-Kaiser schon früh zu höfischen Ehren, gab sich aber mehr seinen künstlerischen Studien hin, die die für die chinesische Auffassung äußerst schätzenswerte Qualität in sich bargen, verschiedene Künste zu vereinen, über das Geschaffene hinaus zu verweisen. Seine Blumen-, Landschafts- und Pferdebilder zeigen die traditionelle Bildauffassung der alten Meister gepaart mit einem neuen Realismus voll zeichnerischer Präzision. Ch. gehört, da seine Werke das Haus jedes gebildeten Chinesen schmückten, zu den häufigst kopierten Meistern. Kein Werk in London, Brit. Mus., Paris, Musé Guimet, Berlin, Landschaft im Tempel Nishi Hongwanji, Kyoto kann deshalb gesichert Anspruch auf Eigenhändigkeit erheben.

Chardin, Jean-Baptiste Siméon

* 2. 11. 1699 in Paris, † 6. 12. 1779 in Paris. Dieser hervorragende Stilleben- und Genremaler des Rokoko widmete sich nicht der Darstellung der galanten Lebensweise des Höfischen, sondern brachte unter Bevorzugung des bürgerlichen Milieus Einfachheit und Stille zum Ausdruck. Schüler des P. J. Cazes, von N. N. Coypel und J. B. van Loos, wurde er 1728 Mitglied der St.-Lukas-Akademie und Mitglied der Académie Royale. Ein Bufettbild und ein Küchenstück, das er eingereicht hatte, brachten ihm den Titel eines „Tier- und Früchtemalers". Seit 1743 bekleidete er in der Akademie das Amt des Conseillers, seit 1755 das des Schatzmeisters. 1757 erhielt er eine Wohnung im Louvre, und drei Jahre später wurde ihm die Hängung der Gemälde für die Ausstellungen der Akademie, den Salons, übertragen – eine wegen der Konkurrenz und des Intrigenspiels innerhalb der Künstlerschaft besonders delikate Aufgabe. 1768 wurde Chardin eine königliche Pension gewährt.

Obwohl der Künstler nicht die renommiertere → Historienmalerei pflegte, d. h. mythologische oder religiöse Themen behandelte, erfreute sich seine Kunst des kleinen Genres zeitlebens großer Wertschätzung. Die Stillleben erfassen oft nur die einfachen Dinge des Alltags: Kochkessel, Krüge, Früchte, Gläser usw.

Ein weiteres Thema sind die häuslichen Szenen: Rübenputzerin, Das Tischgebet, Die fleissige Mutter oder Vorbereitungen zum Frühstück. Gelegentlich stellt Chardin spielende Kinder dar: Das Kartenhaus, Junges Mädchen beim Federballspiel. Seit den 40er Jahren widmete er sich auch der Porträtkunst. Als sich gegen Ende seines Lebens das Sehvermögen verschlechterte, vertauschte er die Öl-

gegen die Pastellmalerei. Das bekannte SELBSTBILDNIS (Paris, Louvre) und das Porträt seiner Frau sind in dieser Technik gemalt worden. Die Zeitgenossen schätzten vor allem die Naturwahrheit an Chardins Malerei.
Man lobte die Greifbarkeit der gemalten Dingwelt, ihre Wirklichkeitstreue, so daß der Betrachter versucht sei, die Porzellanvase, das Küchenmesser oder das gemalte Glas Wein wirklich anzufassen. „Das ist eine unglaubliche Farbenpracht, eine allgemeine Harmonie, eine reizvolle und echte Wirkung, schöne Massen, ein Zauber der Darstellung, um außer sich zu geraten, ein unerhörter Reiz in der Zusammenstellung und in der Anordnung ... Man bleibt vor einem Chardin unwillkürlich stehen, wie ein müder Wanderer ..." (Diderot).

Chase, William Merritt
* 1849 in Williamsburg, Indiana, † 1916 in New York City. Chase gehörte zu einer Gruppe von Malern, „Die Zehn", die man als amerikanische Impressionisten bezeichnet (→ Ten American Painters). Er hatte in München studiert und viele Jahre in Europa verbracht. Schnelligkeit und Spontanität, rasche Pinselführung und rapides Auftragen der Farbe waren ihm sehr wichtig. Er und sein Zeitgenosse Duveneck brachten der amerikanischen Kunst um die Jahrhundertwende einen neuen erfrischenden Impuls.

Chassériau, Théodore
* 20. 9. 1819 in Samaná (Santo Domingo, heute Dominikanische Republik), † 8. 10. 1856 in Paris. Chassériaus Talent wurde früh gefördert; bereits mit elf Jahren kam er als Schüler zu Jean Auguste Dominique Ingres, bei dem er bis 1834 blieb. Danach wurde er von Théophile Gautier und Gérard de Nerval gefördert, arbeitete aber allein weiter. 1836 hatte der junge Künstler mit zwei ausgestellten Bildern großen Erfolg: KAIN WIRD VERFLUCHT brachte ihm eine Medaille ein. Auch in den folgenden Jahren stellte Chassériau im Salon aus. 1840 hielt er sich sechs Monate bei Ingres in Italien auf, im Frühjahr 1846 reiste er nach Algerien. Bereits mit 37 Jahren starb der Maler in Paris.
Chassériaus erste Werke wiesen starken Einfluß seines Lehrers Ingres auf, z. B. das oben erwähnte mit der Medaille ausgezeichnete Bild religiöser Thematik. Ende der 30er Jahre entwickelte er dann seinen persönlichen Stil, der sich in der VENUS ANADYOMENE von 1839 (Paris, Louvre) in einer zwar noch klassizistischen, von Ingres beeinflußten Zeichnung, aber doch persönlicher neuer Farbgebung zeigte. Die Frauenporträts der

Chardin, STILLEBEN MIT TOTEM FASAN UND JAGDTASCHE, *1760, 74 × 60 (Berlin, Staatliche Museen). Innerhalb der französischen Malerei des Rokoko, die leichtlebigen Sujets den Vorzug gab, vertrat Chardin einen eher bürgerlichen Geschmack, indem er häusliche Szenen, spielende Kinder und Stilleben darstellte. Die Beschäftigung mit den holländischen Malern des vorangegangenen Jahrhunderts führte ihn zu lebensnahen Schilderungen, deren Naturwahrheit die Zeitgenossen lobten.*

40er Jahre allerdings weisen noch immer die Nähe zu Ingres auf, wie DIE BEIDEN SCHWESTERN von 1843 (Paris, Louvre), das von strenger Komposition, klarer Linienführung und kräftigem, aber edlem Kolorit ist. Daneben entstanden nun zahlreiche Kirchendekorationen, so 1844 für die Chapelle de Ste-Marie l'Egyptienne in St-Merri u. a.; außerdem malte der Künstler zwischen 1844 und 1848 das Treppenhaus im Rechnungshof des Palais d'Orsay aus; dieses Werk wurde 1871 durch einen Brand fast völlig zerstört. Später machte sich in Chassériaus → Œuvre ein Einfluß Eugène Delacroix' bemerkbar, z. B. im PORTRÄT ALI HAMEDS aus dem Jahr 1845 (Versailles, Museum). Nach dem Algerienaufenthalt schuf Chassériau noch weitere Bilder mit orientalischen Sujets,

Théodore Chassériau, DAS TEPIDARIUM, *1853, 171 × 258 (Paris, Louvre). In die Atmosphäre eines römischen Thermengewölbes versetzt uns dieses historistische Bild. Von Schleiern umhüllte und nackte Frauen sitzen um einen Kessel, während das Seitenlicht eine Aktfigur aus dem Dunkel holt.*

Ch'ien Ku, SEELANDSCHAFT, *16. Jh. Die Verbindung von Detailgenauigkeit und starker räumlicher Wirkung verleiht diesem chinesischen Seidenbild seinen spezifischen Reiz.*

z. B. ARABERFÜHRER IM KAMPF im Jahr 1852 (Paris, Louvre). Die letzten großen Werke des Künstlers stellten historische Themen aus der Antike dar; BADENDE, DIE IN DER NÄHE EINER QUELLE EINGESCHLAFEN IST, 1850 (Avignon, Musée Calvet) u. a. Als Hauptbeispiel für Chassériaus graphisches Œuvre seien die fünfzehn Radierungen zu „Othello" genannt. Auch hier machte sich der Versuch des Künstlers bemerkbar, eine Synthese aus der Farbgebung Delacroix' und der festen Linienführung Ingres' herzustellen, die er zu seinem persönlichen Stil entwikkelt hatte.

Ch'ên Tao-fu
* 1482/83 in Suchou, † 1539 oder 1554. Berühmter chinesischer Maler der Ming-Zeit. Tusche bzw. Farbe zeichnet er ohne Kontur, erreicht dadurch impressionistische Sehweisen, die in dieser Art der „knochenlosen" Malerei weite Nachfolge erlebte.

Ch'ên Yung
13. Jh. Der chinesische Maler der Sung-Dynastie gehört zu den größten Meistern der Tuschemalerei. Drachenbilder, Bambus- und Kiefernskizzen gehören zu seinem Repertoire. Seine Werke finden sich heute in Tokyo und Boston, Museum of Fine Arts.

Ch'ien Ku
* 1506/07, † 1572. Ch. war berühmt als → Kalligraph, Dichter, Historiker und Antiquar. Er malte zuerst Landschaften im Sinne Wen Cheng-mings, einem der vier großen Meister der chinesischen Ming-Dynastie, später imitierte er Shen Chou und T'ang Yin. Ein Fächerblatt auf goldgesprenkeltem Papier: HOHER HERR SIEHT EINEM WASSERFALL ZU (Köln, Museum für Ostasiatische Kunst) ist wohl eine Arbeit des Ch. in der Art des Wen Cheng-ming. Es handelt sich bei diesem Thema um die Darstellung Li T'aipos und eine Anspielung auf sein Gedicht vom Wasserfall im Lu-shan, ein in der chinesischen Landschaftskunst häufig referiertes Thema.

Ch'ien Shun-chü
(auch Ch'ien Hsüan)
* 1235 in Cha-ch'uan, † 1300. Die Werke des Chinesen, Blumen, Vögel, Insekten, Landschaften, vereinen die Blütezeit chinesischer Malerei in der Sung-Zeit mit dem Rückgriff auf die Klassik der T'ang-Periode. Die für die frühe Epoche typische Grün-Blau-Farbskala ziert vor allem die Landschaften. Die Zartheit und Vitalität der Blumen- und Vogelmotive rührt vom sog. „knochenlosen" Stil, der keine Begrenzungslinien kennt.

Ch'ien Sung-yen
* 1898, einer der bedeutendsten zeitgenössischen Maler des revolutionären China. Das einstige Hauptthema der chinesischen Malerei, die Landschaft, behält auch in seinen Bildern seine traditionelle Bedeutung, doch wird sie nun von der Dynamik und Aktivität des Menschen geprägt, der Nutzbarkeit und Neugestaltung unterworfen. Auch die formale Anlehnung an überlieferte Techniken der Tuschemalerei ist gewollt und unübersehbar. Sie unterscheidet sich deutlich von der plakativen Intensität der übrigen Revolutionskunst in China durch die Sensibilität ihres Ausdrucksvokabulars.

Chin Nung
* 1687 in Hang-chou, † 1764 in Yang-chou. Erst mit 50 Jahren seine Malerlaufbahn beginnend, zeichnet der Chinese Ch. Bambus, dann Pflaumen, dann Pferde in klassischer Manier. Seine buddhistischen Gemälde begründen seinen Ruf. Sie sind von seltsamer Phantastik, lösen sich von traditionsgebundener Ästhetik zugunsten innerer Religiosität. DHARMA (Sammlung Hattori Shojiro, Nagoya, von 1774).

Ch'i Pai-shih
* 1863, † 1957. Ch. zählt zu den größten chinesischen Malern, die in der alten Tradition stehen. In Stil und Technik finden sich starke Anlehnungen an den im 16. Jh. lebenden Maler der Ming-Dynastie Hsü Wei. Die starke Konzentration auf den wesentlichen Gehalt, die kühnen Abbreviaturen, die Sparsamkeit der Mittel kennzeichnen Ch. als typischen Vertreter chinesischer Malerei, von seinen Landsleuten nahezu als Held des neuen China verehrt. Seine bevorzugten Themen, Genres, Fische, Krabben, Krebse, zeichnet er mit sanftem Pinselstrich in gerundeten Formen, jäh wechselnd mit dem Stakkato kurzer, feiner Striche in spannungsvoller Komposition. Ebenso geschickt wie in der Malerei ist Ch. als Verfertiger von Siegeln, hier ebenso alte Traditionen interpretierend.

Giorgio de Chirico, GEHEIMNIS UND SCHWERMUT EINER STRASSE, *1914, 87 × 73 (Privatbesitz). Schier endlose Arkaden, ein leerer Wagen, der durch verzeichnete Perspektive irreal gewordene Raum: man ist überrascht, in derart verfremdeter Umgebung, die surreale Bildwelten vorwegnimmt, ein spielendes Mädchen zu finden.*

Ch'ien Sung-yen, SCHÖNES REICHES LAND SÜDLICH DES YANG-TSE, *1972, Tusche und Aquarell. Die traditionelle Landschaftsmalerei stellt sich in den Dienst der revolutionären Idee.*

Petrus Christus, Hl. Eligius, *1449, 98 × 85 (New York, Lehman Coll.). Die flämische Tafel stellt den Schutzpatron der Schmiede und Goldkünstler, der einst Münzmeister am Merowingerhof und Bischof war, in seiner Goldschmiedewerkstatt dar. Er hat ein junges Paar empfangen, für das er Goldringe wiegt.*

Chirico, Giorgio de

* 10. 7. 1888 in Volos, Griechenland, † 19. 11. 1978 in Rom. Als Begründer der → Pittura metafisica zählt er zu den Wegbereitern des → Surrealismus. Der Sohn italienischer Eltern studierte ab 1900 in der Malklasse des Athener Polytechnikums. 1905 ging er nach Italien, 1906–09 besuchte er in München die Akademie der bildenden Künste. In München kamen ihm die entsprechenden Impulse von den romantisch-mystischen, das Antikische zur unwirklichen Großartigkeit stilisierenden Gemälden Arnold Böcklins und von den Traumbildern Max Klingers her. Hinzu trat die Faszination durch die Philosophie Friedrich Nietzsches. In seiner Selbstbiographie erklärte Chirico diese Faszination durch „die seltsame und tiefe, unendlich geheimnisvolle und einsame Poesie ..." Und bei Nietzsche fand er auch Beschreibungen von Turiner Plätzen, gespenstisch leer, umstellt vom Gleichmaß der Arkaden und erfüllt von schweigenden Statuen – von nun an eine zentrale Thematik im Schaffen Chiricos, so in den nach seiner Rückkehr nach Italien entstandenen Bildern wie Das Rätsel der Stunde, 1911/12 (Mailand, Sammlung Gianni Mattioli). In gespenstischen Stadtlandschaften werfen Idealarchitekturen, Türme, Arkaden kalte Schlagschatten in zentralperspektivische Raumkonstruktionen, in denen schemenhafte menschliche Gestalten wandeln. Zunehmend intensiviert Chirico die Sphäre des Traumhaften und Unterbewußten, indem er Gegenstände wie Gummihandschuhe, gesichtslose Glieder, Gipstorsen, Uhren, Eisenbahnen usw. aus ihrem gewohnten Zusammenhang herauslöst und auf mystifizierende Weise neu kombiniert, etwa in Die Freuden des Dichters, 1913 (New York, Museum of Modern Art), oder Melancholie einer Strasse (Hamburg, Kunsthalle). 1916/17 begründete er zusammen mit Carlo Carrà die „Scuola metafisica". In der Rückbesinnung auf alte Meister wie Giotto, Masaccio und Paolo Uccello sollte die magische Poesie der surrealen Stadtlandschaften intensiviert werden.

Ch'iu Ying

um 1500–50. Ch. ist einer der fruchtbarsten Erzähler der chinesischen Malerei, der im Sinne der klassischen Ming-Zeit in lockerer Komposition, lebhafter Linienführung berühmt war für miniaturhaft sorgfältige Arbeitsweise. Als Kind armer Leute geboren, genoß er schon früh die Förderung seiner Begabung durch den Maler T'ang Yin. Als Beispiel seines Werks sei genannt das Tuschebild Der Raub des Lan-T'ing-Manuskriptes (Kyoto, Privatsammlung).

Chou Fang

(auch Chung-lang gen.).
Ende des 8. Jh. in Ch'ang-an. Ch. war ein prominenter Maler buddhistischer Themen, Porträts und Szenen aus dem Alltagsleben. Im Jahr 805 wurden viele seiner Arbeiten nach Korea verkauft. Von da her rührt die Annahme, Ch. gehöre zu denjenigen chinesischen Malern, die dieses östliche Königreich künstlerisch wesentlich beeinflußt haben.

Christus, Petrus

(auch Cristus)
* zwischen 1415 und 1420 in Baerle (Brabant), † 1472 oder 1473 in Brügge. Er gehört zu den hervorragendsten altniederländischen Malern in der Nachfolge Jan van Eycks. Obwohl er nach dem Tode van Eycks dessen Werkstatt weiterführte und als Hauptmeister der Brügger Schule Künstlern wie Dieric Bouts, Albert van Ouwater und Geertgen tot Sint Jans wichtige

Anregungen lieferte, geriet er lange in Vergessenheit. 1444 ist er als Meister in Brügge verzeichnet. Hier wurde er auch als Mitglied der Bruderschaft „Unsere liebe Frau zum dürren Baum" erwähnt. Sechs datierte und signierte Werke sind erhalten, darunter die 1452 entstandenen Altartafeln der VERKÜNDIGUNG, der GEBURT CHRISTI sowie DAS JÜNGSTE GERICHT (alle Berlin, Stiftung Staatl. Museen/West, Gemäldegalerie) und die BEWEINUNG CHRISTI (Brüssel, Musées Royaux des Beaux-Arts). 1457 wurde die THRONENDE MADONNA MIT DEN HLL. HIERONYMUS UND FRANZISKUS vollendet (Frankfurt am Main, Städelsches Kunstinstitut). Typisch ist die stille Poesie und das vereinfachte Kompositionsschema seiner Bilder. Züge, die in Porträts wie dem MÄDCHENBILDNIS, um 1446 (Berlin, Stiftung Staatl. Museen/West, Gemäldegalerie), oder dem Meisterwerk DER HL. ELIGIUS ALS GOLDSCHMIED ÜBERREICHT DEM BRAUTPAAR EINEN RING, 1449 (New York, Metropolitan Museum of Art, R. Lehman Collection), besonders zum Tragen kommen.

Chü-jan
nachweisbar um 975 in Nanking. Ch., auch Kü-jan, der Mönch, genannt, gehört der Gruppe von Malern an, die Landschaftsmalerei in Tusche zu einer Blüte erhob, gleichzeitig diesen Zweig der Malerei als selbständige Gattung entwickelte. Als buddhistischer Mönch lebte Ch. im Kloster nahe seiner Geburtsstadt Nanking. Neben Li Cheng, Tung Yüan, Hsü Tao-ning und Fan K'uan legte er als Angehöriger der Sung-Periode großen Wert auf die „innere" Anschauung von Natur, versucht im Bild bestimmte Betrachtungsweisen anzulegen, die den richtigen, d. h. religiösen Umgang mit der gottgeschaffenen Natur vermitteln. So flößen seine Landschaften Respekt ein dadurch, daß sie von einer gewissen Distanz aus betrachtet werden müssen. Ebenso wie der der anderen Sung-Meister wurde Ch.s Stil richtungweisend für spätere Jahrhunderte.

Church, Frederick Edwin
* 1826 in Hartford, Connecticut, † 7. 4. 1900 in New York City. Der erfolgreichste Maler der 2. Generation der → Hudson-River-Schule und Schüler von Thomas Cole unternahm ausgedehnte Reisen nach Süd- und Mittelamerika, Europa und Labrador. Der genaue Beobachter der Atmosphäre und des Lichtes stützte sich als romantischer Landschaftsmaler weder auf historische Bezugspunkte noch auf allegorische Figuren. Für ihn war das Drama im Land selbst enthalten: ein südamerikanischer Vulkan, ein Regenbogen, der sich über eine Bergkette wölbt, ein donnernder Wasserfall. Keiner seiner Zeitgenossen verstand es wie er, die Weite des Landes und die Naturgewalten so dramatisch wiederzugeben. Das Gemälde NIAGARAFÄLLE, 1867, gewann einen Preis in der Pariser Ausstellung dieses Jahres. Der Betrachter gewinnt den Eindruck, direkt über den gewaltigen Wassermassen der Niagarafälle zu schweben. Churchs riesige Panoramabilder stießen auf großen Enthusiasmus und lockten enorme Menschenmengen in seine Ausstellungen.

Ciardi, Guglielmo
* 13. 9. 1842 in Venedig, † 5. 10. 1917 in Venedig. Der zu den bekanntesten italienischen Landschaftsmalern des 19. Jh. zählende Künstler war Mitglied der → Macchiaioli. Nach einem Studium an der Akademie in Venedig und nach einer zunehmenden Hinneigung zum impressionistischen Stil lernte er in Florenz Telemaco Signorini kennen, der ihn der Gruppe der Macchiaioli zuführte. Vor allem die Landschaftsbilder und die Veduten von Venedig, Werke, wie CANAL DELLA GIUDECCA (Venedig, Ca' Pesaro, Museo d'Arte Moderna) oder CANAL GRANDE (Neapel, Galleria d'Arte Moderna), zählen zu den schönsten → pleinairistischen Malereien Italiens.

Cignani, Carlo
* 15. 5. 1628 in Bologna, † 6. 9. 1719 in Forlì. C. führte die malerische Tradition Annibale Carraccis fort und gab ihr neue Impulse. Typisch sind seine äußerst zarten und dabei doch vitalen Farben und die elegante Zeichnung. Die Hauptwerke Cignanis sind vier Rundfresken in S. Michele in Bosco mit den WUNDERN DES HL. MICHAEL und die HIMMELFAHRT MARIÄ in der Kuppel der Kathedrale von Forlì von 1686–1706.

Cignani, Felice
* 27. 1. 1660 in Bologna, † Dez. 1724 in Forlì. Der Sohn des Malers Carlo Cignani lernte in der Werkstatt seines Vaters. Selbständige Arbeiten sind u. a. eine MARIÄ VERKÜNDIGUNG (Bologna, S. Giacomo Maggiore) und DER HL. PHILIPPUS NERI MIT DER JUNGFRAU MARIA (Forlì, Pinacoteca Communale). Vom Stil seines Vaters unterscheiden Felice u. a. die Schlankheit der Figuren, die lieblichen Gesichter und der großflächige Faltenwurf.

Frederick E. Church, DÄMMERUNG IN DER WILDNIS, *1860, 101 × 162 (Cleveland, Museum of Art). Pflanzenstudien betrieb dieser Vertreter der „Hudson River School", um seinen Landschaften ein möglichst natürliches Gepräge zu verleihen. Pantheistische Vorstellungen bestimmten Churchs Naturauffassung.*

Cima da Conegliano, Hl. Hieronymus, *1504–10, 32×25 (London, National Gallery). In seinen schönsten Bildern ist es Cima gelungen, die Heiligen mit der Landschaft auf das innigste zu verschmelzen.*

Cignaroli, Giambettino
* 4. 7. 1706 in Verona, † 1. 12. 1770 in Verona, einer der letzten wichtigen Vertreter des venezianischen Spätbarock. Der Künstler lernte in der Werkstatt des Veroneser Malers Ridolfi da Santo Prunati. Nach dessen Tod arbeitete er selbständig. Um 1735 malte Cignaroli mit Tiepolo zusammen Säle des Palazzo Labia in Venedig aus. Nach vier Jahren kehrte der Meister nach Verona zurück, wo er, unterbrochen von zahlreichen Reisen, bis zu seinem Tod blieb. Cignaroli widmete sich hauptsächlich religiösen Themen, wie z. B. Rahels Tod (Venedig, Galleria dell'Accademia), der Flucht nach Ägypten (Bergamo, S. Maria Maggiore) und die Dreifaltigkeit mit drei Heiligen (Parma, Chiesa alla Steccata) zeigen. Charakteristisch für den Künstler ist die spielerisch leichte und harmonische Komposition.

Cigoli, Lodovico
(eigtl. Lodovico Cardi)
* 12. 9. 1559 in Cigoli bei Empoli (Toskana), † 8. 6. 1613 in Rom. C. kam nach einer Lehre bei den michelangelesken Manieristen A. Allori ca. 1579 zu Santi di Tito. C.s Frühwerke der 80er Jahre, wie z. B. das Martyrium des hl. Stephanus (Florenz, Galleria Pitti) zeigen schon Intensionen einer weniger ungekünstelten Darstellung. Zwar bediente sich C. im Formalen oftmals der bewährten Schemata, aber er bemühte sich stets um eine Konzentration auf das psychologische Moment. So setzte er bei der Stigmatisation des hl. Franziskus (Florenz, Galleria Pitti) den Akzent ganz auf die ekstatische Physiognomie des Heiligen. C. überwand die übertrieben plastische Maniera toscana zugunsten eines malerisch-naturalistischen Stils und begründete damit in Florenz die barocke Malerei.

Cima, Giovanni Battista
(auch Cima da Conegliano)
* um 1460 in Conegliano, † 1517/18 in Conegliano. Cima da Conegliano war einer der Hauptvertreter der religiösen Tafelmalerei in Venedig gegen Ende des 15. und zu Beginn des 16. Jahrhunderts. Er dürfte fast sein ganzes Leben in Venedig zugebracht haben. Sein Werk beschränkt sich fast ausschließlich auf religiöse Thematik. Neben deutlichen Einflüssen seines Lehrers Giovanni Bellini lassen sich in Frühwerken wie der Madonna mit Kind in der Weinlaube (Vicenza, Museo Civico) in der Härte der Einzelheiten solche von B. Montagna erkennen. Die 1494 datierte Taufe Christi (Venedig, S. Giovanni in Bragora) zeigt das liebenswürdige Erzähltalent, die Frische und Lebendigkeit des Ausdrucks und die emailartig glatte, leuchtende Farbigkeit des Künstlers voll entwickelt. Eines der schönsten Werke Cimas dürfte die Madonna unter dem Apfelbaum sein (Venedig, Accademia), in ihrer glühenden, lichten Farbigkeit des Grün, Orange und Stahlblau eines der Hauptwerke des venezianischen Luminarismus. Bereits die Rundung und Reife des Cinquecento zeigt

Cimabue, Thronende Madonna, *1272–74, 185×225 (Florenz, Uffizien). Zu den frühesten Werken des Trecento-Meisters gehört diese Maestas-Darstellung. Zwar geschieht die Modellierung der Draperie noch durch lineare Mittel, doch deutet ein neues Schönheitsempfinden bereits auf die Überwindung des byzantinischen Schematismus.*

die kühne Komposition der MADONNA MIT DEN HLL. MICHAEL UND ANDREAS (Parma, Pinacoteca Comunale) und die ANBETUNG DES KINDES (Venedig, S. Maria del Carmine). Cimas Wirkung blieb auf seine relativ unbedeutende Werkstatt beschränkt.

Cimabue
(eigtl. Bencivenni oder Cenni di Pepo)
* vermutlich um 1240, nachweisbar zwischen 1272 und 1302. Der wohl bedeutendste italienische Maler vor Giotto vereinigt in seinem Werk eine Vielzahl von Stileinflüssen, die er in genialer Weise dazu benützt, den byzantinischen ikonographischen und Formenapparat der sog. → „maniera greca" im Sinne einer stärker zum Naturalismus vermittelnden Sinnlichkeit und einer geistig und formal monumentalisierten Gestaltenwelt zu transformieren. Der Lebensweg des Künstlers ist nur durch wenige gesicherte Daten markiert, weswegen es äußerst schwierig ist, eine Chronologie seiner Werke aufzustellen. Die früheste Arbeit, die man Cimabue sicher zuschreiben kann, ist der Kruzifixus in S. Domenico in Arezzo, der vermutlich um 1270 entstanden ist. Statt der der byzantinischen Kunst und der Romantik verpflichteten ehemals ruhenden Majestät Christi tritt das Leiden des Menschensohnes in den Vordergrund. In seiner großen Madonnentafel THRONENDE MARIA MIT KIND aus S. Trinità in Florenz, wohl aus der zweiten Hälfte der achtziger Jahre (heute Florenz, Galleria degli Uffizi) erhöht er in visionärer, dabei doch sehr präsenter Art die Gottesmutter zu einer machtvollen überirdischen Erscheinung. In der fest gefügten, strengen Komposition der Altartafel, bei aller inneren Dynamik, zeigt sich nun der reife Stil Cimabues. Noch einmal erhebt sich die Malerei zur Größe einer sakralen Kunst in voller Kultwertigkeit, die mit dem ausgehenden → Dugento zum Untergang bestimmt sein sollte. In den letzten Jahren vor der Jahrhundertwende ist wahrscheinlich jener monumentale Kruzifixus entstanden, den Cimabue für S. Croce, die Franziskanerkirche in Florenz, geschaffen hat. Vermutlich war dieser Kruzifixus, der 1966 stark beschädigt wurde, als → Triumphkreuz auf dem Lettner aufgestellt. Der weit überlebensgroße Gekreuzigte schwingt mächtig in der Körperachse aus, die Farbschichten sind in feinen Strichlagen übereinandergelegt, die Formensprache hat sich differenziert. Bereits einige Zeit vorher, etwa im Zusammenhang mit der stilistisch nahe verwandten Madonnentafel aus S. Trinità, ging Cimabue unter Mithilfe seiner gesamten Werkstatt daran, die

François Clouet, KARL IX. VON FRANKREICH ALS KNABE, *1561, 25 × 21 (Wien, Kunsthistorisches Museum). Der Hofmaler mehrerer französischer Monarchen fing mit sehr viel Sensibilität die jugendliche Persönlichkeit des erst 11jährigen Königsknaben ein. In diesem Alter stand Karl IX. noch unter der Vormundschaft seiner Mutter, Katharina von Medici, die ihrem schwachen Sohn elf Jahre später die Einwilligung zu jenem Massaker unter den Hugenotten, der Bartholomäusnacht, abrang.*

Claudio Coello, KÖNIG KARL II. BETET MIT SEINEM GEFOLGE DIE EUCHARISTIE AN, *1685, 500×300 (Escorial, Monasterio). Eine für die katholische Monarchie Spaniens typische Synthese aus repräsentativem Gruppenbildnis und liturgischer Darstellung wurde in diesem Altarbild, Coellos bedeutendstem Werk, vollzogen.*

ganze Ostpartie sowie Chor und Querhaus der Oberkirche von S. Francesco zu Assisi mit Fresken zu schmücken. Das umfangreiche Programm umfaßt die SZENEN AUS DEM LEBEN MARIÄ in der Apsis, die SZENEN AUS DER APOKALYPSE im Südquerschiff und SZENEN AUS DEM LEBEN PETRI UND PAULI im Nordquerhaus. Zwei riesige Darstellungen der KREUZIGUNG CHRISTI füllen die Westwände des südlichen und nördlichen Querarms. Die Bilder des Vierungsgewölbes mit den EVANGELISTEN bilden nicht nur räumlich, sondern auch ideell den Mittelpunkt des ganzen Programms. Die Evangelisten, gewaltige sitzende Gestalten, sind in der von der byzantinischen Kunst vorgegebenen Haltung des Schreibens und Nachdenkens wiedergegeben. Einem jeden von ihnen ist das Bild einer ummauerten Stadt gegenübergestellt, wobei Cimabue auch ein im mittelalterlichen Sinne getreues Abbild der Stadt Rom zeigt. Unter den Bildern dieses Zyklus, die dem Meister selbst zugeordnet werden, ragt besonders die Kreuzigung im südlichen Querarm hervor. Der Körper des toten Christus ragt einsam und wie ausgesetzt über eine dichtgedrängte, erregte Menschenmenge in der unteren Bildhälfte empor. Monumentale Größe und Klarheit intensivieren sich zu einem Pathos von dramatischer, trauererfüllter Wucht. Vermutlich als letzte Arbeit für S. Francesco wurde von Cimabue die THRONENDE MARIA MIT DEM HL. FRANZISKUS im Querschiff der Unterkirche gemalt. Noch ungeklärt ist der Anteil Cimabues an der Mosaikdekoration der Kuppel des Baptisteriums in Florenz. Als einziges datiertes Werk, wohl die späteste Arbeit Cimabues überhaupt, existiert ein Apsismosaik im Dom zu Pisa mit der Darstellung des EVANGELISTEN JOHANNES. Trotz Anleihen bei der klassischen, römisch-antiken Kunst stehen Cimabues wirklichkeitsferne und visionäre Abstraktionen noch stark in jener mittelalterlichen „antiklassischen" Strömung, die einzig der Gestaltung einer transzendenten Wirklichkeit dienen sollte. Die mittelalterliche Spiritualität steigert sich bei ihm noch einmal zu einem überzeugenden Höhepunkt. Daneben findet sich freilich schon in seiner in höherem Maße seinsbezogenen Sicht und in der Schlichtheit und Größe der Menschenauffassung ein Weg hin zur Protorenaissance Giottos.

Claesz, Pieter
* 1597/98 in Burgsteinfurt, begraben am 1. 1. 1661 in Haarlem. Seit 1617 war Pieter Claesz in Haarlem nachweisbar, ansonsten sind biographische Nachrichten über den Künstler sehr spärlich. Claesz' Sujet war das Frühstücksstilleben. Nachdem er zunächst Gegenstände aufreihende, unausgewogene Stilleben gemalt hatte, fand der Maler bald zu einem kompositionell durchdachten, durch Überschneidungen lebendigen Bildaufbau. Die ansprechende geschlossene Wirkung der Bilder wurde durch die ausgewogene Zahl der meist edlen Gegenstände und die einheitliche, fast monochrome Palette – meist in warmen Braun- und Grautönen – unterstützt, z. B. im STILLEBEN von 1632 (München, Alte Pinakothek). Die Lichtbehandlung – Seitenlicht mit Reflexen auf den Gegenständen – trug zu einer plastischen Erscheinung des Abgebildeten bei.

Cleve, Joos van, d. Ä.
(auch Josse van Cleef)
* 1485 (?) in Cleve oder Antwerpen, † 1540 oder 1541 in Antwerpen. Er verband traditionelle holländische Elemente mit solchen der italienischen Renaissancekunst zu einem → manieristischen Stil. 1511 wird er urkundlich in der Antwerpener → Lukasgilde geführt, u. a. auch mit dem Namen Joos van der Beke. Wahrscheinlich ist er identisch mit dem Schöpfer eines 1515 entstandenen Flügelaltars im Kölner Wallraf-Richartz-Museum, der früher einem „Meister des Todes Mariä" zugeschrieben wurde. Vermutlich hielt sich Cleve auch eine Zeitlang in Mailand auf, wo er von der Leonardo-Schule beeinflußt wurde. Zwischen 1530 und 1535 war er wahrscheinlich Hofmaler König Franz I. in Frankreich. In seinen Arbeiten zeigt er ein ausgeprägtes Gefühl für Farbwerte, vermeidet dramatische Zuspitzungen und tendiert zu figurenüberladenen Kompositionen, in denen materiale Oberflächenqualitäten meisterhaft wiedergegeben sind.

Clouet, François
(auch François Janet)
* zwischen 1505 und 1510 in Tours (?), † 22. 9. 1572 in Paris. Typischer Vertreter des französischen höfischen → Manierismus, der vom nordischen Realismus, von deutscher Kunst und von Jacopo da Pontormo, Angelo Bronzino und Francesco Salviati beeinflußt wurde. Der Sohn von Jean Clouet war Hofmaler von Franz I., Heinrich II., Franz II. und Karl IX. Nur zwei Gemälde Clouets sind signiert: DER APOTHEKER PIERRE QUTHE, 1562 (Paris, Musée Nationale du Louvre), und die BADENDE DAME, 1550 (Washington, National Gallery of Art, S. H. Kress Collection). Zugeschrieben werden ihm u. a. KARL IX. VON FRANKREICH, 1563 (Wien, Kunsthistorisches Museum), DIANA UND AKTÄON, zwischen 1550 und 1559 (Rouen, Musée des Beaux-Arts). Vor allem in seinen rund 50 farbigen Porträtzeichnungen ist auch der starke Einfluß von Hans Holbein d. J. zu spüren.

Clouet, Jean
(auch Jean Janet)
* 1480 (?) in Brüssel, † zwischen 1540 und 1541 in Paris. Einer der Hauptrepräsentanten der französischen Renaissance, in dessen Bildern sich aber auch noch gotische Elemente finden. Er stammte vermutlich aus den Niederlanden und war seit 1516 Hofmaler Franz I. in Tours, ab 1529 in Paris. Jean Clouet war hauptsächlich als Porträtist tätig. Neben 130 Bildniszeichnungen können ihm ziemlich sicher das BILDNIS GUILLAUME BUDÉ, 1535 (New York, Metropolitan Museum of Art), das Porträt des DAUPHIN FRANÇOIS (Antwerpen, Koninklijk Museum voor Schone Kunsten) und mehrere Porträts von Franz I. zugeschrieben werden. All diese eleganten Bildnisse sind in kräftigen, kühlen Farben gehalten.

Coecke van Aelst, Pieter
(auch Cock, Kock d'Alost)
* 14. 8. 1502 in Aelst, Belgien, † 6. 12. 1550 in Brüssel. Maler, Bildhauer, Architekt, Glasmaler, Graphiker und Kunsttheoretiker, der viel zur Verbreitung der italienischen Renaissance in Flandern beitrug. Er war Schüler von Barend van Orley in Brüssel. Ab 1527 ist er selbständiger Meister in Antwerpen. Zu seinen Schülern zählte u. a. auch Pieter Bruegel d. Ä.

Coello, Claudio
* 2. 3. 1642 in Madrid, † 20. 4. 1693 in Madrid. Coello gilt als letzter großer Meister der Madrider Schule. Eine Italienreise 1660 vermittelte ihm die Grundlagen des italienischen Barock, dessen Elemente er dann in seiner Malerei verarbeitete. Seine Freundschaft mit dem Hofmaler Carreño, dessen Nachfolger er 1685 werden sollte, bot ihm die Möglichkeit, in den

königlichen Schlössern große Meister wie Tizian, Rubens und van Eyck zu studieren. Es entstanden Arbeiten für verschiedene Kirchen in Madrid, so z. B. die VERKÜNDIGUNG von 1663 (Madrid, Kirche S. Plácido). 1671 schuf er zusammen mit José Jiménez Donoso Fresken in der Kathedrale von Toledo. 1683 malte er in Zaragoza in der Kirche des Augustinerklosters La Manteria. Sein bedeutendstes Werk ist jedoch das Altarbild KÖNIG KARL II. BETET MIT SEINEM GEFOLGE DIE EUCHARISTIE AN. Es entstand 1685–90 für die Sakristei des Escorial. Die realistische Wiedergabe der Figuren, die Scheinarchitektur, diagonal geordnet, die Allegorien und Engel im oberen Teil des Bildes zeichnen das Werk als Vertreter des barocken Stils aus. Mit dem Eintreffen Luca Giordanos in Madrid verlor Coello nach und nach an Bedeutung.

Cole, Thomas
* 1. 2. 1801 in Bolton-le-Moor, England, † 11. 2. 1848 in Catskill, Staat New York. Der Künstler gilt als Vater der sog. → Hudson-River-Schule. Er wurde von seinen Zeitgenossen als führender romantischer Landschaftsmaler angesehen und erfreute sich bereits zu Lebzeiten großer Beliebtheit. Als bereits arrivierter Künstler unternahm Cole zwei ausgedehnte Europareisen und war vor allen Dingen von Poussin, Claude Lorrain und Ruysdal sehr beeindruckt. Sein allegorisches Werk DER WEG DES REICHES (New York, Historical Society), verdeutlicht besonders seine auch von den Transzendentalisten Neuenglands gespeiste Philosophie der Ewigkeit der Natur im Gegensatz zu der Vergänglichkeit menschlicher Schöpfung. Cole erreichte hohe Meisterschaft in der Verbindung großartiger Landschaftsszenen mit literarischem Inhalt.
Die späteren Bilder des sensiblen und spirituellen Künstlers zeigen zunehmend religiöse und visionäre Tendenzen. Die Bildfolge REISE DES LEBENS (1839/40), fand als Druckgraphik in Amerika weite Verbreitung.

Coninxloo, Gillis van
* 24. 1. 1544 in Antwerpen, begraben am 4. 1. 1607 in Amsterdam. Er hatte große Bedeutung für die Entwicklung der niederländischen Landschaftsmalerei. Von der venezianischen Malerei ausgehend, sind seine Kompositionen zwar durchdacht konstruiert, nähern sich aber stärker dem Naturvorbild an. Die farbige Trennung der drei Bildgründe ist systematisiert. 1570 ist er Mitglied der Antwerpener → Lukasgilde, 1585 floh er – wegen der Einnahme Antwerpens durch die Spanier – in die Provinz Seeland, 1587 übersiedelte er aufgrund von Glaubensverfolgungen nach Frankenthal bei Frankfurt am Main, wo er das Haupt der in der → „Frankenthaler Malerschule" zusammengeschlossenen emigrierten niederländischen Künstler wurde. Mit Bildern wie LANDSCHAFT MIT DEM MIDGAS-URTEIL, 1558 (Dresden, Gemäldegalerie), beeinflußte er u. a. Jan Bruegel d. Ä., Roelant Savery, Paul Bril, Jos de Momper, Adam Elsheimer.

Constable, John
* 11. 6. 1776 in East Bergholt, Suffolk, † 31. 3. 1837 in London. Neben William Turner war er der bedeutendste englische Landschaftsmaler des 19. Jh. 1795 kam er mit dem Amateurmaler und Kunstsammler Sir George Beaumont zusammen, bei dem er u. a. Werke von Thomas Girtin, Jacob van Riusdael und Claude Lorrain studierte. 1799 besuchte er die Royal Academy in London. Hier kopierte und studierte er zusätzlich Bilder von Richard Wilson, Gaspard Dughet, Meindert Hobbema und Thomas Gainsborough. Durch Reisen in England und auf dem Kontinent vervollkommnete er in seinen Landschaften die Darstellung atmosphärischer Erscheinungen, besonders seit 1821 trieb er systematische Studien über Himmels- und Wolkenphänomene. 1829 wurde er Vollmitglied der Londoner Akademie und hielt hier Vorlesungen über Landschaftsmalerei. In seinem Frühwerk, bis etwa 1810, fertigte er vorwiegend dunkeltonige Bilder, trug die Farben jedoch bereits in relativ freiem Pinselduktus oder → pastos – mit der neuartigen Spachteltechnik – auf. Damals entstanden vereinzelt auch Porträts und religiöse Themen. Dann wandte er sich ausschließlich der Landschaftsmalerei zu. Es entstanden unmittelbar vor der Natur gemalte Studien mit lichtdurchfluteten, malerisch-spontan gesehenen Sujets, die, auch im fleckenartigen Farbauftrag, Impressionisti-

John Constable, SPRING, EAST BERGHOLT COMMON, *19 × 36 (London, Victoria and Albert Museum). Einen guten Teil ihrer kräftigen Wirkung verdankt diese Landschaft mit Windmühle und pflügendem Bauern dem lockeren Farbauftrag, der die Maserung der darunterliegenden Holztafel noch durchschimmern läßt.*

Lovis Corinth, SELBSTBILDNIS MIT SKELETT, *1896, 66×86 (München, Lenbachhaus). Machte noch Böcklin in seinem „Selbstbildnis mit fiedelndem Tod" eine visionäre Welt glaubhaft, so ist Corinths Gerippe zum anatomischen Modell ohne jenseitigen Bezug geworden. Die Selbstdarstellung verzichtet auf idealisierendes Pathos.*

sches vorwegnahmen und maßgeblich die Weiterentwicklung der europäischen Landschaftsmalerei bestimmten, z. B. MALVERN HALL IN WARWICKSHIRE, BLICK AUF EPSOM, beide um 1809 (und beide London, Tate Gallery), oder WEYMOUTH BAY, um 1816 (London, National Gallery). Um 1820 gewann die Zeichnung wieder die Aufgabe der Raumdarstellung, während die Farbe als Träger des Lichtes und der Stimmung verwendet wurde, etwa in HAMPSTEAD HEATH, um 1820 (London, Tate Gallery). 1821 vollendete Constable den HEUWAGEN (London, National Gallery), der bei der Ausstellung im Pariser Salon von 1824 einen spektakulären Erfolg erzielte und u. a. Eugène Delacroix und Théodore Géricault begeisterte. Vor allem in seinem Spätwerk, in Bildern wie HAMPSTEAD HEATH MIT REGENBOGEN, 1836 (London, Tate Gallery), wurde die Landschaft in echt romantischem Sinne mehr und mehr zum Gefühlsträger, zum Instrumentarium symbolischer Überhöhung. Vor allem diese Bilder Constables hatten einen ungeheueren Einfluß auf die kontinentale Malerei und wirkten sich u. a. in der → Schule von Barbizon und im französischen und deutschen → Impressionismus – beispielsweise bei Wilhelm Leibl und Adolf von Menzel – aus. In England wurde er erst nach einer großen Gedächtnisausstellung 1888 wirklich bekannt.

Constant
(eigtl. Constant Anton Nieuwenhuys)
* 21. 7. 1920 in Amsterdam. Wichtiges Mitglied der Künstlergruppe → Cobra, die einen dem amerikanischen → Action-painting analogen Stil vertrat. Nach einem Studium an der Amsterdamer Kunstakademie schuf er seit ca. 1945 expressive Bilder und Objekte aus Eisendraht. 1948 gründete er in Holland die Experimentelle Gruppe, für deren Zeitschrift „Reflex" er das künstlerische Manifest verfaßte. 1949 war er Mitbegründer der Gruppe Cobra. Wichtig ist seine Serie von farbigen Lithographien, die sich mit dem Krieg auseinandersetzt und 1950–52 entstand. Die Bilder zeigen den typischen Cobra-Stil, bei dem abstrakt-expressive Elemente mit konkreten Gegenstandszeichen durchsetzt sind. Seit den fünfziger Jahren widmete sich Constant mit einer Reihe von Projekten und Entwürfen urbanistischen Problemen.

Copley, John Singleton
* 3. 7. 1738 in oder bei Boston (Mass.), † 9. 9. 1815 in London. Copley war der bedeutendste Historien- und Bildnismaler des 18. Jh. in Amerika. Obwohl weitgehend Autodidakt und von vielerlei Anregungen geprägt, erarbeitete er sich rasch eine preziöse Maltechnik und fand schon mit 22 Jahren großen Anklang als Porträtist der gehobenen Bostoner Gesellschaft. Die Bildnisse dieser Periode beschränkten sich grundsätzlich auf eine Person, wie im Porträt der ANNE TYNG, 1763 (Boston, Museum of Fine Arts), sein erstes Doppelporträt stellt das EHEPAAR THOMAS MIFFLIN dar, 1773 (Philadelphia, Historical Society). Schon 1766 hatte er das Bildnis seines Stiefbruders unter dem Titel DER KNABE MIT DEM EICHHÖRNCHEN zur Ausstellung nach London geschickt und den begeisterten Beifall von Joshua Reynolds gefunden, der ihn nach Europa zu ziehen suchte. Nach seiner Europareise 1774 ließ sich Copley ein Jahr später endgültig in London nieder und paßte seine Malweise ganz dem englischen Stil an, widmete sich nun überwiegend dem → Historienbild, doch erregte schon das erste Werk dieser Art, BROOK WATSON VON EINEM HAI ANGEGRIFFEN, aufgrund der Thematik und seiner Drastik erhebliches Aufsehen. Mit der Verfeinerung seiner Farbgebung und Lichtführung büßte Copleys Kunst allmählich an Substanz ein, auch die Porträts – nun meist in Gruppen – verloren an Prägnanz. Das in Boston zurückgebliebene Œuvre jedoch sollte einen enormen Einfluß auf die amerikanische Malerei des 19. Jh. ausüben.

Coppo di Marcovaldo
* um 1225/30 in Florenz, † wohl kurz nach 1274, kann als unmittelbarer Vorläufer Cimabues bezeichnet werden, er steht aber der byzantinischen Tradition noch näher als dieser. Sein ältestes bekanntes Tafelbild, ein KRUZIFIX von 1255–60 zeigt neben der Abhängigkeit von Byzanz, daß der Künstler wohl auch karolingische Miniaturen gekannt haben muß, deren Kenntnis ihn über die byzantinische Tradition hinausführte und seinen Werken neue, gefühlsbetonte und ausdrucksstarke Momente zu geben vermochte. Der von 1260–74 in Florenz nachweisbare Coppo beeinflußte die sienesische Malerei des 13. Jh., besonders Guido da Siena und Duccio. Aus dem Jahre 1261 datiert die für die Kirche S. Maria dei Servi in Siena gemalte MADONNA DEL BORDONE, welche im 14. Jh. übermalt wurde. 1274 wurde er und sein Sohn Salerno beauftragt, für den Lettner des Domes in Pistoia einen KRUZIFIXUS zu malen, dieser dokumentiert bereits den Einfluß des jüngeren Cimabue.

Corinth, Lovis
* 21. 7. 1858 in Tapiau (Ostpreußen), † 17. 7. 1925 in Zandvoort (Holland). Corinth trat 1876 in die Königsberger

Lovis Corinth, EDUARD GRAF VON KEYSERLING, *1900, 99×75 (München, Neue Pinakothek). Das Bildnis des Novellisten und Dramatikers entstand in Corinths Münchner Zeit. Bald zog der Künstler nach Berlin, wo der unverblümte Realismus mancher seiner Bilder eine günstigere Aufnahme fand.*

Akademie ein, wo er bei Otto Günther lernte; 1880 setzte er seine Studien in München bei Ludwig von Löfftz fort. Im Sommer 1884 unternahm er eine Studienreise nach Antwerpen, danach folgte ein Studium an der Pariser → Académie Jullian; sein Lehrer war bis 1887 A. W. Bouguereau. Corinth kehrte nach Königsberg zurück, ging 1891 wieder nach München und übersiedelte 1902 nach Berlin, wo er 1903 seine Schülerin Charlotte Berend heiratete. 1911 erlitt der Maler einen Schlaganfall, der ihn halbseitig lähmte, arbeitete aber dennoch weiter. Seit 1918 verbrachte er den Sommer am oberbayrischen Walchensee. Corinth starb 1925 auf einer Reise nach Holland.

In München beeinflußte den jungen Künstler der Kreis um Wilhelm Leibl, in Paris dann die Werke der großen Maler des 17. Jh. – Rembrandt, Frans Hals, Velazquez, Rubens. Später stand Corinth der in München von Stuck, Trübner und v. Uhde gegründeten → Sezession und dem → Jugendstil nahe, ohne sich jedoch daran zu binden. Seine Sujets waren vorwiegend Akte und Porträts, meist in Halb- oder Dreiviertelfigur: BILDNIS DES GRAFEN KEYSERLING, 1896 (München, Neue Pinakothek), daneben christliche und mythologische Stoffe und v. a. Stilleben und Genrebilder: SCHLACHTSTUBE, 1893 (Stuttgart, Staatsgalerie). In Berlin wurde der Maler mit Max Liebermann und Max Slevogt zu einem der bedeutendsten Repräsentanten des sog. „deutschen" bzw. „Berliner Impressionismus" und zu einer der Stützen der Berliner Sezession. Seine Bilder waren von kraftvoller Lebensbejahung bestimmt, seine Farbpalette wurde heller und von Lichteffekten durchsetzt: BEIM FRISEUR, 1911 (Hamburg, Kunsthalle). Der Schlaganfall im Jahr 1911 bedeutete einen Wendepunkt für Corinths Kunst, die jetzt von größerer Innerlichkeit und stärkerem Ausdruck geprägt war; der Pinselstrich wurde noch kräftiger und kürzer. Seit 1918 war die Landschaft um den Walchensee sein bevorzugtes Motiv: WALCHENSEE, 1921 (München, Neue Pinakothek), sein Stil entwickelte sich immer mehr auf einen leidenschaftlichen, expressionistischen Ausdruck zu. In seinen späten Jahren wuchs das Interesse des Künstlers an graphischer Arbeit, er schuf zahlreiche Radierungen und Lithographien, darunter viele Buchillustrationen.

Lovis Corinth, OSTERN AM WALCHENSEE, *1922, 57 × 75 (New York, Privatsammlung). Ein Generalmotiv im Schaffen Corinths waren seit 1918 die Ufer und Hänge des Walchensees. Aus allen Jahres- und Tageszeiten nahm er Eindrücke auf, die zuweilen mit starken Farben pastos auf die Leinwand übertragen wurden.*

Corneille de Lyon

(auch Corneille de La Haye, Delahaye, Delaye oder Claude Corneille)

* um 1500 in Den Haag, 1534–74 in Lyon nachweisbar. Er schuf hauptsächlich kleinformatige Porträts von Mitgliedern des französischen Hofes im Stil eines typischen → Manierismus. 1540 erhielt er den Titel „Maler des Dauphin", 1551 durfte er sich Hofmaler nennen. Zu seiner Zeit hochgeschätzt, schuf er so hervorragende, u. a. von Hans Holbein d. J. und Angelo Bronzino beeinflußte Porträts wie MÄNNLICHES BILDNIS (Montpellier, Musée Fabre).

Corneille, Michel d. Ä.

* um 1602 in Orléans, † 13. 6. 1664 in Paris. Der französische Barockmaler erlernte sein Handwerk bei Simon Vouet. Zunächst noch stark von der Helldunkel-Malerei Caravaggios beeinflußt, entwickelte er seinen Stil etwa ab 1640 in Richtung auf eine größere Klassizität, etwa in dem 1644 geschaffenen Gemälde PAULUS UND BARNABAS (Arras, Musée des Beaux-Arts). 1648 zählte Corneille zu den zwölf Gründungsmitgliedern der Académie Royale des peintres et sculpteurs, deren Rektor er 1656 wurde. Der Künstler schuf auch eine größere Anzahl von Radierungen.

Cornelisz., Cornelis

(auch Cornelis van Haarlem)

* 1562 in Haarlem, † 11. 11. 1638 in Haarlem. Einer der wichtigsten Maler des holländischen → Manierismus. Nach einer Lehre in Haarlem und in Antwerpen malte er unter dem Einfluß von Jan van Hemessen und Bartholomäus Spranger Porträts, → Schützenstücke sowie mythologische und biblische Darstellungen, in denen die Nacktheit menschlicher Körper betont hervorgehoben wird, wie etwa in DIE HOCHZEIT DES PELEUS UND DER THETIS, 1593 (Haarlem, Frans-Hals-Museum).

Cornelisz. van Oostsanen, Jacob

* vor 1470 in Oostsanen bei Amsterdam, † vor dem 18. 10. 1533 in Amsterdam. Cornelisz. van Oostsanen wurde vermutlich im Kreis des Geertgen tot Sint Jans in Haarlem ausgebildet. 1500 war er urkundlich in Amsterdam erwähnt; ab 1506 sind die erhaltenen Gemälde datiert. Der Maler schuf nach zahlreichen Aufträgen von Kirche und Bürgertum Altäre, Porträts, Wanddekorationen, Votivtafeln, Glasgemälde- und Stickereientwürfe. – Seine Tafelbilder sind von sehr dekorativer Gesamtwirkung, die durch genaueste realistische Wiedergabe oft prunkvoller Details – z. B. kostbarer Stoffe oder reichverzierter Architekturteile – erreicht wurde: in der ANBETUNG DER HIRTEN von 1512 (Neapel, Museo e Gallerie Nazionali di Capodimonte) tragen eine große Zahl spielender Putten und reicher ornamentaler Schmuck zu einer fast „barocken" Überfülle des Dargestellten bei; edle Farben unterstützen diese Wirkung, die auch schon das früheste datierte Bild, NOLI ME TANGERE von 1507 (Kassel, Gemäldegalerie), aufwies. In seinen späteren Werken gab der Künstler diese minuziöse Detailschilderung auf, um mehr die Gesamterscheinung mit ausdrucksvollen Mitteln zu charakterisieren, so im SELBSTBILDNIS MIT FRAU (Toledo, Ohio, Museum of Art) u. a. Wichtig für Cornelisz. van Oostsanens Werk sind seine qualitätvollen Holzschnitte. Er hatte viele Schüler, z. B. Jan van Scorel, und wirkte wohl auch auf Lucas van Leyden. Im Spätwerk tauchen Renaissanceornamente auf.

Cornelius, Peter von

* 23. 9. 1783 in Düsseldorf, † 6. 3. 1867 in Berlin. Cornelius nahm seit etwa 1795 Unterricht an der Akademie, fand jedoch lange keine Anerkennung. 1811 unternahm der Künstler eine Reise nach Rom, wo er sich dem Kreis der später → Nazarener genannten Künstler anschloß. 1819 erfolgten gleichzeitig ein Ruf nach München – durch Kronprinz Ludwig – zur teilweisen Ausmalung der Glyptothek sowie die Berufung als Direktor an die Düsseldorfer Akademie durch die Preußische Regierung. So arbeitete Cornelius im Sommer an den Münchner Fresken, im Winter in Düsseldorf. Im Jahr 1829 erhielt der Maler einen Teilauftrag für die Dekoration der Ludwigskirche, der Ludwig so mißfiel, daß ihre Beziehung zerbrach.

Daraufhin ging Cornelius als Direktor ohne Amt nach Berlin, bekam aber keine bedeutenden Aufträge mehr; erst 1845 hatte er wieder eine Aufgabe, die jedoch niemals zur Ausführung kam, nämlich die Ausmalung des Camposanto zu einem Dom für die preußischen Könige. – In Rom hatte Cornelius zwar 1816/17 mit den Nazarenern, mit Johann Friedrich Overbeck, Wilhelm von Schadow und Philipp Veit, gemeinsam einige Räume der Casa Zuccaro mit Themen der Josephsgeschichte ausgemalt (heute Berlin, Stiftung Staatliche Museen/Ost, Nationalgalerie), blieb aber doch in gewissem Maße selbständig. In den Glyptothek-Fresken waren romantische Vorstellungen von der griechischen Mythologie bestimmend, die der Maler mit christlichem Gedankengut in Beziehung brachte. Seine Art zu malen war durch eine klare feste Formgebung, kräftige Lokalfarben, die er auch als Symbolträger einsetzte, gekennzeichnet, von den Nazarenern sowie besonders von Raffael beeinflußt. Das in der Ludwigskirche entstandene DREIFALTIGKEITSFRESKO und das JÜNGSTE GERICHT am selben Ort waren in ihrer Gesamtwirkung wenig überzeugend; so verlor Cornelius seinen künstlerischen Einfluß in München. Erst die Entwürfe für den nicht ausgeführten Dombau in Berlin, speziell für die SIEBEN ENGEL MIT DEN SCHALEN DES ZORNS (Berlin, Staatliche Museen/Ost, Nationalgalerie), für SATANS STURZ UND SELIG SIND, DIE DA HUNGERT UND DÜRSTET NACH DER GERECHTIGKEIT (ebd.), zeigten, daß der Künstler noch einmal zu einem Höhepunkt seiner Kunst gefunden hatte.

Corot, Jean-Baptiste Camille

* 16. 7. 1796 in Paris, † 22. 2. 1875 in Paris. Nach dem Wunsch der Eltern sollte C. deren geschäftliche Nachfolge antreten und begann deshalb eine Lehre im Tuchhandel, betrieb das Malen und Zeichnen jedoch nebenbei weiterhin. Erst 1822 entschied er sich endgültig für die Kunst. Während der folgenden Jahre bildete C. sich in den akademischen Formen der damaligen Landschaftsmalerei. Neben der Tätigkeit im Atelier galt das besondere Interesse C.s zeitlebens der Arbeit im Freien. Ein umfangreiches Werk von Aquarell- und Ölskizzen spiegelt die Bemühungen, das Auge vor dem Motiv zu schulen. Ein Beispiel dafür ist die während des ersten Italienaufenthalts entstandene Ölstudie DIE BRÜCKE VON NARNI, 1827, Paris, Louvre. Obwohl C. immer mehr die Fähigkeit vervollkommnet hatte, in seinen Skizzen die spontane Impression des erfaßten Gegenstandes, die augenblickliche atmosphärische Stimmung zu geben, mochte er seine Studien lange Zeit nur als im Atelier zu verarbeitendes Material bewertet wissen. Die Kritik zeigte sich angetan von C.s in zartes Licht getauchten Stimmungslandschaften. Einen C. von romantischer Grundhaltung zeigt der TANZ DER NYMPHEN, um 1850, ebenso im Louvre, wie die FRAU IN BLAU, 1874, stellvertretend gen. für die Figurenbilder und Porträts vorwiegend weiblicher Gestalten, die C. v. a. in den letzten Jahren schuf. Nicht ein Freilichtmaler im eigentlichen Sinn, durch seine Ölskizzen aber wegweisend, wollte C. die jeweils herrschenden Lichtverhältnisse stets genau erfassen und formte bewußt die Bildgegenstände nicht mit der Linie, sondern aus der Kontrastwirkung beleuchteter und überschatteter Partien, wobei er die Tonwerte (→ Valeurs), zur Erzielung des erstrebten „Gesamttons", einfühlsam abstufte. Damit wurde er zu einem der bedeutendsten Vorläufer des → Impressionismus.

Jacob Cornelisz. van Oostsanen, „NOLI ME TANGERE", 1507 (Kassel, Gemäldegalerie). Maria Magdalena, die Christi Grab besuchen kam, erschien der Auferstandene mit den Worten „Berühre mich nicht". Mit viel Sinn für dekorative Wirkungen hat der Maler den goldenen Brokatmantel der Knienden verziert.

Corpora, Antonio

* 15. 8. 1909 in Tunis. Der künstlerische Werdegang dieses von sizilianischen Eltern abstammenden Malers durchlief viele Stilrichtungen, um schließlich ins → Informel einzumünden. Nach einem Kunststudium ließ er sich 1939 in Rom nieder, wobei er auch von der avantgardistischen französischen Malerei beeinflußt wurde. 1946 war er Mitbegründer einer neokubistischen Gruppe, 1947 schloß er sich der → Fronte Nuovo delle Arti an, der auch Renato Birolli und Emilio Vedova zugehörten. Nach seiner kubistischen Periode wandte er sich gegen 1949 einer ungegenständlichen Malerei zu, wie sie ähnlich Jean Bazaine und Alfred Manessier in Frankreich vertraten. Bilder wie DIE GROSSE LIEBE, 1958 (Privatsammlung), dokumentieren schließlich seine seit etwa 1953/54 erfolgte Hinwendung zum → Informel.

Correggio

(eigtl. Antonio Allegri, auch lat. Laetus oder it. Lieto)

* um 1489 in Correggio östlich von Parma, † 5. 3. 1534 in Correggio. Der bedeutende Vertreter der italienischen Hochrenaissance brachte in seinem Œuvre neben Tendenzen des → Manierismus auch Elemente des → Illusionismus, die auf die Barockmalerei vorauswiesen. Zwar sind seine Lehrverhältnisse ungeklärt, doch zeigen frühe Arbeiten, wie die VERMÄHLUNG DER HL. KATHARINA um 1510 (Washington, National Gallery of Art), ganz deutliche Anlehnung an die Kunst Mantegnas, verbunden mit Leonardos → Sfumato. Die MADONNA DES HL. FRANZISKUS (Dresden, Gemäldegalerie), die 1514 für das Franziskanerkloster in Correggio entstand, verrät dagegen bereits deutlich den Einfluß Raffaels, der sich in den Deckenfresken der Camera di S. Paolo zu Parma noch verstärkt, dennoch aber schon recht eigenständig verarbeitet wird. Das anschließend 1520/21 entstandene Kuppelfresko für S. Giovanni Evangelista in Parma mit der VISION DES HL. JOHANNES AUF PATMOS zeichnet sich bereits durch klar kalkulierte Perspektivkonstruktionen und Lichteffekte aus, die den Übergang von bewegter Körperlichkeit zum übernatürlichen Schweben überzeugend suggerieren. In den folgenden Jahren entstand eine Reihe von Bildern, die Corregios Interesse an raffinierter Farbigkeit, asymmetrischer Komposition und stimmungsvoller Landschaft zeigen, aber auch den manieristisch anmutenden Hang zum Morbiden. Neben Altarbildern wie der MADONNA DEL LATTE, um 1523 (Budapest, Museum der Schönen Künste), und der VERMÄHLUNG DER

Peter Cornelius, DIE KLUGEN UND DIE TÖRICHTEN JUNGFRAUEN, *um 1813, 116 × 155 (Düsseldorf, Kunstmuseum). In Farben und Formen hatte Cornelius, der eine Erneuerung der deutschen Kunst anstrebte, stets Vorbilder der italienischen Hochrenaissance vor Augen. An Figuren Raffaels erinnert dieses Bild des biblischen Gleichnisses.*

HL. KATHARINA (Paris, Louvre) wird diese delikate Rafinesse besonders deutlich in den mythologischen Darstellungen, etwa von JUPITER UND ANTIOPE (Paris, Louvre) von 1524/25. Hier tritt erstmals die kultivierte Sinnlichkeit der Aktfiguren auf, die Correggio mit besonderer Könnerschaft beherrscht. Zur gleichen Zeit entstand das richtungweisende Hauptwerk, das Kuppelfresko im Dom zu Parma (1524–30) mit der HIMMELFAHRT MARIÄ. Mit erstaunlicher Sicherheit läßt Correggio hier den realen Raum ins Transzendente und Imaginäre übergehen und die Muttergottes über zwei Figurenringen aus Engeln auf einer Wolke in den Himmel entschweben.

Camille Corot, ERINNERUNG AN MORTEFONTAINE, *1864, 65 × 89 (Paris, Louvre). Den formzersetzenden Wirkungen von Licht und Atmosphäre war der Vorläufer des französischen Impressionismus auf der Spur. Während Corot anfangs Landschaften klassischen Stils malte, gab er später auch unmittelbare Natureindrücke wieder.*

Correggio, LEDA MIT DEM SCHWAN, *1531/32, 152 × 191 (Berlin, Staatliche Museen). Nach antikem Mythos verwandelte sich der Göttervater Zeus in einen Schwan, um Leda, der Frau eines spartanischen Königs, beizuwohnen. Die mythische Szene verwandelt Correggio in ein frivoles Stelldichein Ledas mit ihren badenden Gespielinnen.*

Diese vollendete Beherrschung des Illusionismus beeindruckte noch die Meister der Barockzeit und galt lange als vorbildlich. Barocke Elemente weisen auch das um 1526/28 entstandene Altarbild MADONNA DES HL. HIERONYMUS (Parma, Galleria Nazionale) und die HEILIGE NACHT um 1530 (Dresden, Gemäldegalerie) auf, besonders in der Behandlung des Lichtes, während bei der MADONNA DELLA SCODELLA (Parma, Galleria Nazionale) um 1529/30 erstmals das Gestaltungsprinzip der Diagonalkomposition auftritt.
Da Correggios Auftraggeber in Parma seine Leistung in der Domkuppel nicht zu würdigen wußten, zog er sich in seinen Geburtsort zurück und malte dort 1530–32 für Federico II. Gonzaga von Mantua einen vierteiligen Zyklus DIE LIEBSCHAFTEN JUPITERS: DANAE (Rom, Galleria Borghese), LEDA (Berlin, Dahlem), IO und GANYMED (beide Wien, Kunsthistorisches Museum), Bilder von recht unverhüllter Erotik an der Grenze zur Laszivität. Zu den Spätwerken manieristischer Prägung gehören ferner die MADONNA MIT DEM HL. GEORG, 1532 (Dresden, Gemäldegalerie), die den Typus der → Sacra conversazione zur weltlichen Aktionsdramatik verändert, und die beiden → ALLEGORIEN DES LASTERS und der TUGEND (beide Paris, Louvre), die 1532/33 in Temperatechnik entstanden sind.
Correggio hinterließ keine eigentliche Schule, doch beeinflußte er so verschiedene Maler wie Parmigianino, die Brüder Carraccia und A. R. Mengs, die allerdings oft die Grenze zum Süßlichen überschritten, die ihr Vorbild eben noch gewahrt hatte.

Cossa, Francesco del
* 1435/36 in Ferrara, † 1477/78 in Bologna, ist einer der wichtigen ferraresischen Meister der Renaissance. Seine Frühwerke, zu denen die MUSE EUTERPE (Budapest, Museum der Schönen Künste) gehört, wirken weder malerisch und kompositorisch, noch auch im Perspektivischen sehr überzeugend. Mit der Übersiedlung nach Bologna 1470 ändert sich sein Stil unter dem Einfluß Marco Zoppos. Die riesigen Tafeln der Pala Griffoni für S. Petronio in Bologna mit dem HL. VINZENZ FERRER (London, National Gallery) und den HLL. PETRUS UND JOHANNES D. T. (Mailand, Brera) entstanden 1473 und zeigen eine schwere Monumentalität der Figuren, deren Gewänder sich zu nervös bewegtem Ornament verselbständigen. Seine Blüte und eine vorzügliche Leistung erlangt Cossa mit der → ALLEGORIE DES HERBSTES (Berlin, Dahlem) um 1475. Die Unmittelbarkeit der Winzerin wie die atmosphärische Wirklichkeit des Hintergrundes müssen im → Quattrocento als erstaunlich gelten. Schon vor 1470 hatte er im Auftrag von Borso d'Este an den Fresken im Palazzo Schifanoia zu Ferrara mitgear-

beitet. Die Allegorien des März, April und Mai sind sein Werk innerhalb eines komplizierten und gelehrsamen Zyklus, der zu den bedeutendsten Wandmalereien profaner Thematik überhaupt zählt. Ercole Roberti und Cosme Tura waren Cossas Kollegen bei diesem Projekt, das es beim TRIUMPH DER VENUS im Monat April an erotischer Deutlichkeit nicht fehlen läßt. Neben Glasfensterentwürfen gehört eine MARIA MIT HEILIGEN, 1474 (Bologna, Pinacoteca Nazionale) zu den letzten Arbeiten Cossas, der wesentlich zur Verbreitung des dekorativen Elements der Frührenaissance in Oberitalien beigetragen hat.

Costa, Lorenzo d. Ä.
* um 1460 in Ferrara, † 3. 5. 1535 in Mantua. War Schüler von Cosme Tura und vertritt in seinem Frühwerk, wie der 1488–90 geschaffenen Ausmalung der Cappella Bentivoglio in S. Giacomo Maggiore zu Bologna noch deutlich, den harten ferraresischen Realismus. Ab etwa 1492 jedoch nimmt Costa unter dem Einfluß von Francesco Francia zunehmend den weicheren und gefälligeren Stil Bolognas an, der freilich zugleich die Gefahr einer gewissen Manieriertheit barg. Die MADONNA MIT ZWEI HEILIGEN, 1496 (Bologna, Pinacoteca Nazionale) sowie die zusammen mit Francia und anderen geschaffenen Fresken im Oratorium von S. Cecilia in Bologna um 1506 sind Beispiele dafür. Ab 1506 wurde Costa in Diensten des Francesco Gonzaga Hofmaler in Mantua, ein Amt, das ihm mehr weltliche Aufgaben stellte wie Porträts oder die → Allegorien DAS REICH DER MUSEN und MERKUR BEKÄMPFT DIE LASTER IM OLYMP, 1510 (beide Paris, Louvre), doch entstand 1525 auch eine MADONNA MIT HEILIGEN (Mantua, S. Andrea) für das Studiolo der Isabella d'Este in Mantua. In dieser Zeit fand Costa zu rhythmisch-lockerer Komposition und samtiger Farbigkeit, seine Gestalten nahmen eine melancholische Eleganz an. Vielleicht krankheitsbedingt, nahm die künstlerische Kraft Costas in den letzten Jahren sehr ab, zumal er seit 1524 immer mehr in den Schatten des Rivalen Giulio Romano trat.

Gustave Courbet, DIE TOILETTE DER BRAUT *(Ausschnitt), um 1850, 188 × 251 (Northampton, Museum of Art). Links:* SELBSTBILDNIS COURBETS, *um 1849, 45 × 37 (Montpellier, Musée Fabre). Sehr selbstbewußt, ja keck tritt Courbet in einer Reihe von Selbstporträts auf, die von den traditionellen Attributen des Malers absehen.*

Courbet, Gustave
* 10. 6. 1819 in Ornans bei Besançon, † 31. 12. 1877 in La-Tour-de-Peilz (Schweiz). Courbets Lehrer in Besançon wie auch ab 1839 in Paris waren so unbedeutend, daß er als Autodidakt gelten muß. Sechs Jahre lang hatte er im Salon keinen Erfolg, bis er 1849 für den NACHMITTAG IN ORNANS (Lille, Palais des Beaux-Arts) ausgezeichnet wurde. Im Gegensatz zur Anerkennung im – bes. deutschen – Ausland blieb das französische Publikum seiner Kunst gegenüber jedoch sehr reserviert, obwohl seine Fähigkeiten durchaus bemerkt wurden. Sogar eine große Ausstellung von über hundert Bildern im „Pavillon du rèalisme" mißlang 1867, während ihm zwei Jahre später im Münchener Glaspalast ein eigener Saal zugestanden wurde.
Courbets Mißerfolg in Paris liegt teilweise in seiner ablehnenden Haltung gegenüber jeglicher Reglementierung – in der Kunst wie in der Politik – begründet. Schon das frühe Bild von 1843 COURBET MIT SCHWARZEM HUND (Paris, Petit Palais) wie auch seine Landschaften, Bildnisse und Selbstporträts entstanden nicht aus intellektueller Analyse, sondern basieren auf einer ganz ursprünglichen Verbundenheit mit der Natur. Die unverfälschte Direktheit eines Bildes wie das

Begräbnis in Ornans, 1849 (Paris, Louvre), schien der Öffentlichkeit zu wenig feierlich, ja geradezu anstößig unfromm. Die Steinklopfer, 1849 (ehem. Dresden, Gemäldegalerie, 1945 zerstört), brachten Courbet gar noch in den Ruch eines sozialistischen Revolutionärs. Abgesehen von gelegentlichen Konzessionen an den romantischen Geschmack blieb er jedoch bei seiner kraftvollen Ausdrucksweise in ebenso deftiger Sprachtechnik. In Südfrankreich hellte sich seine Palette etwas auf, und auch der Farbauftrag wurde zarter, wie in dem Bild Die Begegnung (Bonjour, Monsieur Courbet), 1854 (Montpellier, Musée Fabre).
Courbets Erfolge in Deutschland basierten vor allem auf seinen Jagd- und Tierdarstellungen, die das Wild nicht als Beiwerk der Landschaft, sondern als Teil seiner ureigensten Umwelt sahen. Als ähnlich lebhafte Naturstudie in dunklen, schweren Farben schildert er auch das Stürmische Meer, 1870 (Paris, Louvre). In München entstand 1869 La Femme de Munich (Paris), einer seiner schönsten Akte. Auch allegorische Darstellungen wie Venus und Psyche, 1864 (Privatsammlung), sowie Blumenstilleben und Graphiken zählen zu Courbets Œuvre. Auch wo die Thematik es nicht zu gestatten schien, bleiben seine Bilder immer von der bodenständigen Naturverbundenheit bestimmt. Die realistischen Darstellungen aus dem Bauernleben und Arbeiterdasein entsprachen seinem sozialen Gerechtigkeitsempfinden, mancher Seitenhieb richtet sich gegen die Regierung und den Klerus. Obwohl Courbet die → Impressionisten Boudin und Manet kannte, schloß er sich ihrer Bewegung niemals an, verzichtete auf jeglichen intellektuell-analytischen Hintergrund, auf jede Art von „Programm", und blieb nur sich selbst treu.

Courtois, Jacques
(gen. Le Bourguignon, ital. Giacomo Cortese)
* 12. 2. 1621 in Saint-Hippolyte (Doubs), † 14. 11. 1675 in Rom. Der recht unstete Maler arbeitete an den unterschiedlichsten Orten zwischen Mailand, Venedig und Rom. Seine Spezialität waren Kriegsszenen, meist der französischen Kavallerie, doch war sein Stil überwiegend italienisch. Seine Werke waren bei den Zeitgenossen ungemein beliebt, sorgfältig komponiert und in kräftigen Farben gehalten. Ihre frische Lebendigkeit, meisterhaft erfaßte Atmosphäre und Stimmung rührte von der unmittelbaren Umsetzung des Gesehenen, doch blieb Courtois in der Maltechnik stets hinter seiner Erfindungsgabe zurück, wie in Kavallerie auf dem Marsch (Montpellier, Musée Fabre). Außer einer Reihe von Radierungen, die sich überwiegend ebenfalls dem kriegerischen Thema widmen, hinterließ Courtois eine Fülle von Feder- und Tuschezeichnungen.

Cousin, Jean d. Ä.
(auch Jehan)
* um 1490 in Soucy bei Sens, † 1560 in Paris. Einer der bedeutendsten Vertreter der französischen Renaissancemalerei. Gegen 1540 ist er in Paris zu finden, wo er neben zahlreichen berühmten Bildteppichen auch so bekannte Werke wie Allegorie der Barmherzigkeit (Montpellier, Musée Fabre), oder Eva Prima Pandora, um 1550 (Paris, Musée National du Louvre), schuf. Einflüsse von Giorgione, Tizian und Primaticcio sind deutlich, ebenso Beziehungen zum Manierismus der Schule von → Fontainebleau. Der Maler trat auch als Kunsttheoretiker hervor und schuf Festdekorationen sowie Entwürfe für die Glasfenster der Kathedrale ins Sens.

Cousin, Jean d. J.
* um 1522 in Sens, † wahrscheinlich um 1594 in Paris. Der Maler, Bildhauer und Graphiker war Schüler seines Vaters Jean Cousin d. Ä. Er wandte sich verstärkt dem flämischen und deutschen → Manierismus und der Schule von → Fontainebleau als Vorbildern zu. Neben einer Vielzahl von Graphiken schuf er auch Glasfensterentwürfe, die jedoch nicht mehr erhalten sind. Von seinen Gemälden überdauerte ein einziges die Zeiten, nämlich das Jüngste Gericht aus dem Kloster Cordeliers de Vincennes (heute Paris, Musée National du Louvre).

Couture, Thomas
* 21. 12. 1815 in Senlis, † 29. 3. 1879 in Villiers-le-Bel bei Paris. Seine Ausbildungszeit in Paris wie auch auf einer Italienreise widmete Couture dem Studium der Antike und der Renaissancemalerei. Neben Porträts und moralisierenden Werken wie Die Liebe zum Gold, 1844 (Toulouse, Musée) brachte ihm das riesige Bild Die Römer der Verfallszeit von 1847 (Paris, Louvre) großen Erfolg im Salon. Als Hofmaler Napoleons III. erhielt er auch Staatsaufträge, die aber aus politischen Gründen unvollendet blieben. Weniger pompös sind seine romantischen Themen geraten, wie Der Falkner (Budapest, Museum der Schönen Künste). Von höherer Bedeutung als sein eigenes künstlerisches Werk ist sein Verdienst als Lehrer von Manet, Pierre Cécil, Puvis de Chavannes sowie von A. Feuerbach und Victor Müller, denen er eine zwar traditionsgebundene, aber solide maltechnische Ausbildung vermittelte.

Cox, David d. Ä.
* 29. 4. 1873 in Heath Mill (Deritend) bei Birmingham, † 7. 6. 1859 in Harborne bei Birmingham. Nach seiner Übersiedlung nach London 1804 betätigte sich Cox wiederholt als Bühnenmaler, gab Mal- und Zeichenunterricht und publizierte ab 1814 in Hereford Lehrbücher zur Kunsterziehung und reiste selbst viel nach Yorkshire, Derbyshire und Wales, aber auch nach Belgien, Holland und Frankreich, um zu skizzieren.
Cox' Interesse galt überwiegend der Landschaft, dem Spiel der Natur und den atmosphärischen Lichteffekten, die er nach seinen Skizzen in farbenfreudige Aquarelle umsetzte. Besonders typische Bilder wie Windiger Tag, 1850 (London, National Gallery), oder Sonne, Regen und Wind, 1845 (Birmingham, City Art Gallery), nehmen geradezu impressionistische Tendenzen vorweg. Ab 1839 nahm er bei William James Müller Unterricht in der Ölmalerei, doch blieben diese Gemälde meist nur weniger gelungene Wiederholungen seiner Aquarelle, deren er weit über 800 schuf und alljährlich bei der Old-Water-Colour Society ausstellte. Erheblichen Einfluß gewannen die kupfergeätzten Illustrationen zu seinen Lehrbüchern.

Coypel, Antoine
* 11. 4. 1661 in Paris, † 7. 1. 1722 in Paris. Als Sohn des Malers Noël Coypel und der Porträtistin Madeleine

Lucas Cranach, Drei junge Damen, um 1530, 62 × 89 (Wien, Kunsthistorisches Museum). In Cranachs späterem Schaffen macht sich bei zunehmender Werkstattbeteiligung eine gewisse Rationalisierung bemerkbar. Schablonenhaft ähnlich sind sich die jeweils über dreißig zählenden Darstellungen der Eva, Venus und Lucretia.

Hérault wurde Antoine schon als Kind sehr gefördert, genoß einen vier Jahre dauernden Aufenthalt in Rom und wurde aufgrund seines Bildes DER GLORREICHE LUDWIG XIV. NACH DEM FRIEDEN VON NIJMWEGEN, 1681 (Montpellier, Musée Fabre), schon als 20jähriger in die Akademie aufgenommen. Sein Ansehen bei Hof verschaffte ihm hohe Ämter und gute Aufträge, so die Dekoration im Trianon oder eine AUFERSTEHUNG CHRISTI, eine VERKÜNDIGUNG und noch weitere Tafelbilder für das Schloß Meudon. Im Deckenfresko für die Große Galerie im Palais Royal, GÖTTERVERSAMMLUNG AUF DEM OLYMP von 1701, porträtierte er die schönen Damen des Hofes, das Deckengemälde in der Kapelle von Versailles brachte ihm endlich 1710 die Stellung eines Direktors der Gemäldegalerie ein, bevor er aus Gesundheitsgründen keine großen Aufträge mehr annehmen konnte.
Coypel war als Fresko- wie als Tafelmaler ein ausgezeichneter Kolorist, der sich stark an Rubens orientierte. Trotz aller theatralischen und akademischen Effekte läßt sein Werk in der Übergangszeit vom Barock zum Rokoko schon eine gewisse Leichtigkeit und Liebenswürdigkeit spüren, die auf die Kunst eines Antoine Watteau hinweist.

Coypel, Charles-Antoine
* 11. 7. 1694 in Paris, † 16. 6. 1752 in Paris. Als Enkel von Noël und Sohn von Antoine Coypel erbte Charles-Antoine nicht nur das Talent, sondern auch die Stellung am Hof – damit leider aber auch die übertriebene Theatralik, die von den Auftraggebern gefordert wurde. Dennoch gehören PERSEUS BEFREIT ANDROMEDA, 1727 (Paris, Louvre) und einige Porträts zu seinen guten Arbeiten. Die unoffiziellen Genrebilder und vor allem die 1716 begonnene Serie von → Kartons mit Szenen zu DON QUICHOTTE sowie vier OPERNSZENEN nach Themen von Philippe Quinault sind von großer Lebendigkeit und natürlichem Witz, den die pathetischen Historienbilder so sehr vermissen lassen. Diese freilich sicherten Coypels ephemeren Erfolg am Hof.

Coypel, Noël
* 25. 12. 1628 in Paris, † 24. 12. 1707 in Paris. Noël war der Stammvater jener Coypel-„Dynastie“, die fast drei Generationen lang die höfische Malerei in Paris prägte. Obwohl er 1672–76 Direktor der Académie de France in Rom war, löste er sich nie von seinen französischen Vorbildern Eustache Le Sueur und Nicolas Poussin sowie Charles Le Brun. Schon früh arbeitete er im königlichen Auftrag, ein großer

Lucas Cranach d. Ä., RUHE AUF DER FLUCHT NACH ÄGYPTEN, 1504, 69 × 51 (Berlin, Staatliche Museen). Eingebettet in eine liebliche Landschaft, macht Maria mit dem Kinde Rast, während eine Engelsschar musiziert, Beeren und Quellwasser zur Labung darbringt. Josef – mit Hut und Stock in Ungeduld, mahnt zur Eile. Durch seine unstilisierten Naturansichten, in denen Cranach jeden spätgotischen Schematismus hinter sich ließ, wurde er zum Wegbereiter der Donauschule.

Lucas Cranach d. Ä., DIE BEZAHLUNG, *1532, 108×119 (Stockholm, Nationalmuseum). Ein beliebtes Thema der Renaissance war das „ungleiche Paar“, die Kontrastierung nach Alter, Stand und Aussehen gegensätzlicher Typen. Der damenhafte Reiz der Jugendlichen wird gegen das Alter des wohlhabenden Herrn ausgespielt.*

Erfolg war das Bild DER HL. JACOBUS HEILT AUF DEM WEG ZUM RICHTPLATZ EINEN GELÄHMTEN, 1661 (Paris, Notre Dame). Neben Entwürfen für die Königliche Gobelinmanufaktur schuf er Historienbilder wie SOLON VERTEIDIGT SEINE GESETZE VOR DEN ATHENERN (Paris, Louvre) in sehr kühl kalkulierten Kompositionen sowie die Fresken MARIÄ HIMMELFAHRT und die HL. DREIFALTIGKEIT, 1705 im Invalidendom in Paris.

Coypel, Noël-Nicolas

* 17. 11. 1690 in Paris, † 14. 12. 1734 in Paris, französischer Maler des Spätbarock. Der Sohn von Noël Coypel aus zweiter Ehe blieb trotz großer Begabung und früher Förderung immer im Schatten seines erfolgreichen älteren Bruders Antoine, sein Talent gelangte nie voll zur Entfaltung. Zwar blieben seine Bilder immer der akademischen Tradition verhaftet, waren kompositionell durchdacht und ausgewogen koloriert wie das URTEIL DES PARIS, 1628 (Stockholm, Nationalmuseum) oder die ANBETUNG DER ENGEL (Nancy, Musée des Beaux-Arts), doch prägte sie auch ein recht persönlicher Stil. Bedeutend sollen die Kuppelfresken der Marienkapelle von St.-Sauveur in Paris gewesen sein, die 1778 verbrannten. Dennoch litt Noël-Nicolas zeitlebens unter der mangelnden Anerkennung und finanziellen Schwierigkeiten.

Cozens, Alexander

* um 1717 in St. Petersburg (Leningrad), † 23. 4. 1786 in London. Der Sohn englischer Eltern fand schon seine künstlerische Ausbildung in England und unternahm früh eine Romreise. Als Kunsterzieher an der Christ's Hospital School (1749–53) und wahrscheinlich 1763–79 am Eton College entwickelte er große pädagogische und systematische Fähigkeiten, die sich besonders in einigen methodischen Handbüchern niederschlugen. Die Aquatintaskizzen dazu blieben lange vorbildlich. Neben der erfolgreichen Lehrtätigkeit liegt Cozens' künstlerische Bedeutung in der Entwicklung der englischen Landschaftsmalerei, die ihm zusammen mit Paul Sandby viel verdankt. Seine frühen Arbeiten waren von holländisch-flämischen Vorbildern des 17. Jh. abhängig, die er wohl aus Stichen kannte. In Rom entstanden an Joseph Vernet und Donato Creti erinnernde Zeichnungen mit festen Konturen, sorgfältiger Komposition und großem Detailreichtum. Sie waren wohl als Vorlagen für Stecher gedacht. Später ging Cozens mehr zum Aquarell über, das er in den Landschaften jedoch meist monochrom hielt, wie seine lavierten Pinselzeichnungen. In seinen wenigen Ölbildern entfaltete sich sein Können nicht in vollem Maß. Seine Aquarelle und Zeichnungen hatten jedoch großen Einfluß, der noch bei John Constable und William Turner deutlich sichtbar wird.

Cozens, John Robert

* um 1752 in London, † Ende Dezember 1797 in London. John Robert fand seine Ausbildung zunächst bei seinem Vater Alexander Cozens und malte schon 1776 sein erstes wichtiges Ölbild HANNIBAL BEI DER ÜBERQUERUNG DER ALPEN (verschollen). Die darauf

folgenden Italienreisen veränderten Cozens' Stil wesentlich. Hatte er zunächst noch enge Anlehnung an die Ideallandschaften Claude Lorrains gesucht und sich auf wenige Blaugrau- und Grautöne beschränkt, so vollzog er etwa ab seiner zweiten Italienfahrt den folgenreichen Schritt zur unmittelbar erfaßten, romantischen Landschaft. Schon in dem Bild DER ALBANERSEE NACH SONNENUNTERGANG, um 1785 (London, Slg. Th. Girtin), gab er die atmosphärischen Lichteffekte mit einer kräftigen, aufgehellten und fast „impressionistisch" anmutenden Palette wieder. Diese neue Art der Landschaftsmalerei, die nicht mehr von sorgfältiger Komposition, sondern mehr spontan geprägt war, wurde von John Constable und William Turner sehr bewundert und gelegentlich sogar kopiert. Allerdings fand Cozens noch nicht zur echten Freilichtmalerei, sondern schuf gezeichnete Skizzen an Ort und Stelle, die er nachträglich in die Aquarelltechnik umsetzte. Seine letzten Lebensjahre verbrachte Cozens in geistiger Umnachtung.

Cranach, Lucas d. Ä.
* Okt. 1472 in Kronach, † 16. 10. 1553 in Weimar. Der eigentliche Name des Meisters ist Sunder oder Müller, er wurde jedoch nach seinem Heimatort Kronach/Oberfranken benannt. Die ersten Lehrjahre verbrachte er vermutlich in der Werkstatt seines Vaters. Nach seinen Wanderjahren in Süddeutschland lebte er von 1501–04 in Wien, wo er u. a. das Holzschnittwerk Dürers kennenlernte. 1505 ließ sich Cranach als Hofmaler des sächsischen Kurfürsten Friedrich d. Weisen in Wittenberg nieder und gründete dort 1507 eine Werkstatt. Am 6. 1. 1508 erhielt der Künstler vom Kurfürsten einen Wappenbrief, dessen Zeichen – eine geflügelte Schlange – ihm fortan als Signatur diente. 1508 reiste Cranach in die Niederlande an das Hoflager Kaiser Maximilians I., um dort dessen achtjährigen Enkel, den späteren Karl V., zu malen. Diese Reise ermöglichte es dem Meister, die niederländische und italienische Malerei kennenzulernen. Besonders beeindruckten ihn wohl die Werke des Quentin Massys und Leonardo da Vincis. In Wittenberg gelangte Cranach zu einigem Wohlstand und bekleidete auch öffentliche Ämter, einige Jahre lang sogar das des Bürgermeisters. Als enger Freund Martin Luthers stand er auf der Seite der Reformation, malte jedoch auch weiterhin für katholische Auftraggeber mit herkömmlichen Bildprogrammen. Nach dem Tode des Kurfürsten Friedrich d. Weisen, 1525, diente er dessen Nachfolgern, den Kurfürsten Johann d. Beständigen und Johann Friedrich d. Großherzigen. Letzteren begleitete der Künstler nach dessen Niederlage bei Mühlberg, 1547, in die Gefangenschaft nach Augsburg und Innsbruck. Nach seiner Rückkehr, 1552, ließ sich Cranach bei seinem Schwiegersohn in Weimar nieder, wo er bis zu seinem Tode blieb. Die Werkstatt wurde von seinem Sohn, Lucas Cranach d. J., weitergeführt. Das früheste bekannte Bild Cranachs d. Ä. ist eine KREUZIGUNG CHRISTI, kurz vor 1502 (Wien, Kunsthistorisches Museum). Schon hier zeigt sich eine überzeugende

Lucas Cranach d. J., DER JUNGBRUNNEN, *1546, 121 × 184 (Berlin, Staatliche Museen). Eine Fülle weiblicher Akte stellte Cranach dar – denn nur um die Verjüngung von Frauen geht es, die in Bahren, Schubkarren und Leiterwagen alt und hängebrüstig herantransportiert werden und alsbald zu Hofdamen avancieren.*

Giuseppe Maria Crespi, Tarquinius und Lucretia, *195 × 172 (Washington, National Gallery). Die im Mittelalter zu den neun Heldinnen gezählte Freiheits- und Tugendfigur war nach der römischen Legende Frau des Lucius Tarquinius Collatinus und wurde von einem Königssohn entehrt. Lucretia gab sich daraufhin selbst den Tod.*

Einheit von Figuren und Landschaft. Vermutlich 1502 entstanden zwei Flügel zu einem verlorengegangenen Altar mit den Darstellungen Hl. Valentin mit kniendem Stifter und Stigmatisation des hl. Franziskus (beide Wien, Gemäldegalerie der Akademie der bildenden Künste). In den Jahren 1502/03 arbeitete der Künstler viel im Auftrage von Wiener Humanisten. So schuf er 1502 einen Hl. Hieronymus (Wien, Kunsthistorisches Museum) für Dr. Johannes Cuspinian und zahlreiche Porträts von Humanisten und deren Ehefrauen. Den Höhepunkt der äußerst produktiven Wiener Jahre bildet eine Kreuzigung, 1503 (München, Alte Pinakothek), die gewagt asymmetrisch angelegt ist. Die 1504 entstandene Ruhe auf der Flucht (Berlin, Stiftung Staatliche Museen/West, Gemäldegalerie) ist das älteste durch Signatur beglaubigte Werk Cranachs. Die Integration der Figuren in die Landschaft und der in die Ferne gelenkte Ausblick lassen schon deutlich Themen der → Donauschule anklingen. Eine Änderung des Stils des Meisters tritt mit dem Ortswechsel nach Wittenberg, 1505, ein. Der 1506 entstandene Katharinenaltar (Dresden, Gemäldegalerie) erscheint im Aufbau problematisch und gedanklich belastet. Die kompositionelle Geschlossenheit geht verloren, wobei aber die farblichen Qualitäten und die treffende Charakteristik der Bildnisköpfe erhalten bleiben. Es folgen der Annen- oder Torgauer Altar, 1509 (Frankfurt, Städelsches Kunstinstitut), und der Fürstenaltar, 1510–12 (Dessau, Staatliche Galerie), welche v. a. in der Komposition italienische Vorbilder erkennen lassen. Ab 1509 betätigte sich Cranach auch auf dem Gebiet des Holzschnittes rege, wobei er hier oft Themen späterer Gemälde vorbereitete. Aus den zahlreichen

Walter Crane, Die Rosse des Neptun, *1892, 86 × 215 (München, Neue Pinakothek). Dieses englische Jugendstil-Werk entstand, als in Paris der erste Salon der Rosenkreuzer-Kunst stattfand, eines Symbolismus, der „die Legende, den Mythos, den Traum, die Paraphrase großer Poesie und schließlich alles Lyrische" fördern wollte.*

Tafelbildern dieser Zeit ragen besonders die Venus und Amor, 1509 (Leningrad, Eremitage), Salome mit dem Haupt des Johannes d. T., um 1510 (Lissabon, Museu Nacional de Arte Antiga), und Die Verlobung der hl. Katharina, um 1512 (Budapest, Magyar Szépmüreszeti Múzeum), heraus. Den typischen „Cranachstil" zeigt das Spätwerk des Meisters, das sich durch flächig-dekorativen und ausgeglichenen Aufbau sowie geschmeidig glatte Formen auszeichnet. Die gelängten Figuren zeigen eine Verbindung von spätgotischen und → manieristischen Elementen. Trotz der zahlreichen Aufträge aus höfischen und bürgerlichen Kreisen blieb der Hauptauftraggeber Cranachs die Kirche. Aus der Reihe seiner Kreuzigungsdarstellungen ragt das Andachtsbild Kardinal Albrecht von Brandenburg vor dem Gekreuzigten kniend, um 1520 (München, Alte Pinakothek), hervor. Neben einer Anzahl von Madonnenbildnissen schuf der Künstler v. a. eine Reihe von Porträts von sächsischen Fürsten und besonders den Reformatoren Martin Luther und Melanchthon. Es seien hier die Bildnisse Herzog Heinrich d. Fromme, 1514 (Dresden, Gemäldegalerie), und die der Eltern Luthers Hans Luther und Margaretha Luther, 1527 (beide Eisenach, Wartburg-Stiftung), genannt. Die 1529 entstandene Allegorie Rechtfertigung des Sünders durch den Glauben (Gotha, Schloßmuseum) ist das erste große Bild protestantischer Ikonographie. Eine Erweiterung des Themenkreises Cranachs stellt die Aufnahme des weiblichen Aktes dar. Der Künstler zeigt hier eine Vorliebe für Darstellungen des Sündenfalls, der Venus und der Lucretia. Das Thema des nackten Menschen verarbeitet Cranach auch in Bildern wie Das goldene Zeitalter, um 1530 (Oslo, Nasjonalgalleriet), oder Der Jungbrunnen, 1546 (Berlin, Stiftung Staatliche Museen/West, Gemäldegalerie), die beide durch ihren märchenhaften Charakter bezaubern. 1537/38 schuf der Meister die Szenen aus der Passionsgeschichte (Berlin, Schloß Charlottenburg und Wien, Kunsthistorisches Museum). Auch das Thema des ungleichen Paares bearbeitete Cranach in verschiedenen Bildern. Ein Beispiel ist die Darstellung Der verliebte Alte (Prag, Národní Galerie). Zu den Spätwerken des Künstlers gehören auch eine Anzahl von sehr detailliert beschriebenen Hirschjagden. Lucas Cranach d. Ä. gilt als der Begründer und Hauptmeister der sächsischen Schule im 16. Jh. Seine Werkstatt übte großen Einfluß auf die Kunsttätigkeit im Norden und Osten Deutschlands aus. Vor allem in seinen Frühwerken, die sich durch warme leuchtende Farben und Expressivität der Linienführung auszeichnen, war er wegweisend für die Malerei der → Donauschule.

Crane, Walter

* 15. 8. 1845 in Liverpool, † 17. 3. 1915 in Horsham. Der englische Maler, Graphiker und Kunstgewerbler, der Sohn und Schüler des Miniaturmalers Thomas Crane, war ein wichtiger Vertreter des → Jugendstils und wurde zu einem bedeutenden Wegbereiter der modernen Gebrauchskunst. Unter dem Einfluß John Ruskins und der → Präraffaeliten sowie John Flaxmans, William Blakes und des japanischen Holzschnitts entwickelte er seinen Stil, wobei er in dekorativ-ornamentaler Weise Kinderbücher illustrierte, Tapeten, Glasfenster und Innendekorationen entwarf. Daneben schuf er politisch-sozialkritische Karikaturen, Plakate und graphische Blätter, wobei er häufig eine allegorisch-symbolische Gestaltung anwandte. Auch als Kunsttheoretiker machte er sich einen Namen und verbreitete seine Ideen auf dem Kontinent und in Amerika.

Crayer, Gaspar de

*18. 11. 1584 in Antwerpen, † 27. 1. 1669 in Gent. Nachdem Crayer in Brüssel bei Raphael Coxie in die Lehre gegangen war, erwarb er dort 1607 den Meistertitel. 1613 heiratete er; 1626/27 war er Ratsherr in Brüssel, wo er bereits seit 1612 als Einkäufer von Kunstwerken gearbeitet hatte. Der Kardinal-Infant Ferdinand berief den Künstler in Madrid 1635 zu seinem Hofmaler, nach dessen Tod wurde Crayer Maler des Königs. 1664 ging er nach Gent und wurde dort Mitglied der → Lukasgilde. De Crayer war ein äußerst produktiver religiöser Maler; sein Werk war Zeit seines Lebens von der Begegnung mit Rubens geprägt, dessen verschiedene Schaffensperioden de Crayer jeweils beeinflußten. Zunächst schuf der Maler plastisch modellierte, mit Helldunkel-Kontrasten wiedergegebene Figuren wie der junge Rubens, z. B. im Urteil des Salomo, um 1620 (Gent, Museum). Später – seine bedeutendsten Werke entstanden in den 40er Jahren – stellte er seine Sujets in dem „blonden Stil" des späten Rubens dar. Ein Beispiel: Thronende Maria mit Heiligen von 1646 (München, Theatinerkirche St. Kajetan). Trotz seiner phantasielosen Figurenerfindung und der ständigen Nachahmung Rubens' waren de Crayers Bilder qualitätvoll in Komposition und Ausführung; seine besten Bilder ließen ihn zum bedeutendsten flämischen Kirchenmaler nach Rubens und van Dyck werden, der für zahllose belgische Kirchen gearbeitet hat. Darüber hinaus existieren einige Porträts aus seiner Hand, so Der Kardinal-Infant als Ritter von etwa 1638 (Paris, Louvre).

Crespi, Giovanni Battista

(gen. il Cerano)

* um 1557/75 in Cerano bei Novara, † 1633 in Mailand. Der Maler, Bildhauer und Architekt orientierte sich an Pelegrino Tibaldi, Federico Barocci, dessen Werk er in Rom kennenlernte und v. a. an den Arbeiten Gaudenzio Ferraris. In Venedig beeindruckte ihn besonders Tintoretto. In Mailand arbeitete Crespi als Direktor der Acedemia Ambrosiana für den Kardinal Federico Borromeo. Das dem späten → Manierismus zuzuordnende Werk des Künstlers zeichnet sich durch einen sehr fein entwickelten Sinn für abstrakte Form und die kühlen, klaren Farben aus. Es entstanden u. a. Bilder für den Zyklus der Wunder des hl. Carlo Borromeo, um 1610 (Mailand, Dom), und eine Rosenkranzmadonna, um 1615 (Mailand, Brera).

Crespi, Giuseppe Maria

(gen. lo Spagnuolo)

* 16. 3. 1665 in Bologna, † 16. 7. 1747 in Bologna. Der bedeutendste Bologneser Maler der 1. Hälfte des 18. Jh. war ein Schüler Carlo Cignanis. Crespi ließ sich v. a. von der Kunst der Carraccis, Giudo Renis und Correggios anregen. Die eigenständigen Kompositionen dieses bedeutenden Koloristen zeichnen sich durch starke Helldunkel-Effekte mit schillernden Farben sowie eine gute Beobachtungsgabe und oft mit leisem Humor verbundene Menschlichkeit aus. Der Künstler behandelte vorwiegend religiöse und mythologische Themen sowie → Genreszenen. Ein bedeuten-

Carlo Crivelli, VERKÜNDIGUNG, *1486 207 × 147 (London, National Gallery). Ein Paradebeispiel für die lineare Raumkonstruktion der Renaissance ist dieses Hauptwerk Crivellis, in dem die Suggestion eines florierenden Stadtorganismus voll prunkender Paläste mit dem Interesse am religiösen Thema konkurriert.*

des Werk Crespis sind DIE SIEBEN SAKRAMENTE von 1712 (Dresden, Gemäldegalerie).

Crivelli, Carlo
* um 1430–1435 in Venedig, † vor dem 7. 8. 1500 in Ascoli Piceno (Marken). Crivelli zählt zu den eigenwilligsten Künstlern der venezianischen Malerei. Sein wildes Temperament, seine zwischen glühender Ekstase und bisweilen düsterer Askese hin- und herschwankende Gläubigkeit und seine Unrast, die sich auch in seinem bewegten Leben spiegeln, unterscheiden ihn erheblich von Zeitgenossen wie den Bellini und Carpaccio. Am 7. 3. 1457 wird der Maler in Venedig wegen Entführung einer Ehefrau zu einer sechsmonatigen Gefängnisstrafe wegen Ehebruchs verurteilt. Offenbar um dem Zorn des Ehemanns zu entgehen, hat er danach Venedig für immer verlassen. Wir finden ihn 1465 in Zara in Dalmatien, von 1468 bis zu seinem Tode in den Marken. 1478 erwarb er ein Haus in Ascoli Piceno. Am 11. 4. 1490 verlieh ihm Fürst Ferdinand von Capua den Titel „Cavaliere". Aus den letztgenannten Daten ersehen wir, daß Crivelli trotz seiner Extravaganz es schon zu Lebzeiten zu Ansehen und Wohlstand gebracht hatte. Ähnlich wie Carpaccio machte Crivelli kaum eine nennenswerte Entwicklung durch. Der harte, knittrige Faltenwurf, die scharfe lineare Umgrenzung seiner Gegenstände, die auffallende Füllung der Bildfläche mit Fruchtgehängen und sein nicht selten ans Bizarre streifender Dekor weisen ihn als Squarcione- bzw. Vivarini-Schüler aus, der die Bestrebungen dieser Schule zu einer sehr persönlichen, ausdrucksgeladenen Formensprache entwickelte. Die um 1485 entstandene PIETÀ (Boston, Museum of Fine Arts) zeigt den Maler bereits auf der Höhe der Meisterschaft. Die weitgeöffneten Münder der Klagenden, die knochigen, ausdrucksstarken Hände der Assistenzfiguren und das steile Aufragen der enggedrängten Figuren verdichten die Darstellung zu einem Bild ergreifender Trauer. 1482 datiert ist das TRIPTYCHON MIT VIER HEILIGEN (Mailand, Brera). Auch hier sehen wir die für den Künstler bezeichnende

Jacob Gerritsz Cuyp, KINDERBILDNIS, *36×31 (Frankfurt, Städel). Kinderporträts an den europäischen Höfen, welche die Thronfolger, Dauphins oder Infanten, der Nachwelt überlieferten, unterlagen dem Zwang zur Repräsentation. Völlig ungezwungen und wirklich als Kinder ließ das holländische Bürgertum seine Kleinen darstellen.*

Mischung aus scharf beobachteten Einzelheiten und prunkvollem Dekor, der dem Ganzen einen phantastischen Anstrich gibt. Märchenhafte Unwirklichkeit bei größter Wirklichkeitsnähe und exzentrischer Anwendung der in die Tiefe fluchtenden Architektur zeigt die 1486 datierte VERKÜNDIGUNG (London, National Gallery). Wie in einer letzten monumentalen Zusammenfassung erscheint die Kunst des Malers in der MARIENKRÖNUNG (Mailand, Brera) von 1493. Erreicht die bekrönende Pietà noch einmal beinahe die Ausdrucksmächtigkeit des gleichen Themas von 1485, so macht die Haupttafel mit ihrem überbordenden Dekor, der phantastisch wuchernden Ornamentik, dem gesteigerten Gebrauch des Goldes und dem gefühlsgesättigten, von Ekstase bis zu schwelgerischer Hingabe reichenden Ausdruck eine Grenze sichtbar, nach der nur noch Erstarrung und manierierte Formensprache zu erwarten wäre. Crivellis Kunst war vor allem wegen der provinziellen Abgeschlossenheit der Marken von geringer Ausstrahlung, vor allem auch deshalb, weil die donatelleske Strenge und zeichnerische Härte seiner Gestalten nicht mehr dem Geschmack des → Cinquecento entsprach. Nachwirkungen lassen sich im Werk des Cola dell'Amatrice, des Lorenzo di S. Severio und Paganis erkennen.

Crome, John
(gen. „Old Crome")
* 22. 12. 1768 in Norwich, † 22. 4. 1821 in Norwich. 1783 begann Crome eine siebenjährige Lehre bei einem Schildermaler in Norwich und wurde 1798 Zeichenlehrer in seiner Vaterstadt. 1802 und 1806 wurde er von reichen Familien Norwichs auf Reisen in den Lake District und nach Wales mitgenommen, 1814 reiste er auch nach Paris und Belgien.
Cromes Bedeutung liegt in der Begründung jener → Norwich School, die der englischen Landschaftsmalerei starke Impulse geben sollte. Als einer der ersten führte er seine Schüler weg von der Atelierkunst hin zur Malerei im Freien nach der Natur. Seine Werke lebten von den Anregungen zahlreicher Künstler, so Gainsboroughs: DIE MOUSEHOLD-HEIDE BEI NORWICH von um 1812 (London, Victoria and Albert Museum), Richard Wilsons: TEMPEL DER VENUS von 1811 (Norwich, Castle Museum), und Aert van der Neers: MONDAUFGANG ÜBER DEM YARE von ca. 1808 (London, Tate Gallery). Zu den bedeutendsten und originellsten Bildern des Malers zählen DIE SCHIEFERBRÜCHE, um 1806, und die PORINGLAND-EICHE von 1818 (beide London, Tate Gallery). Der Freilichtmaler Crome benutzte eine freundliche Palette mit vielen Aufhellungen; sein Farbauftrag war leicht, die Komposition klar und einfach. Eine besondere Leistung des Künstlers war die Lichtbehandlung in der PORINGLAND-EICHE, die eine leichte, heitere Wirkung hervorrief. Cromes Motive waren meist aus seiner englischen Umgebung übernommen, aber auch von der Frankreich-Reise brachte er Anregungen mit, die er z. B. in BOULEVARD DES ITALIENS IN PARIS von 1814 (Norwich, Castle-Museum) verarbeitete. Daneben verdienen seine Radierungen, Zeichnungen und Aquarelle Beachtung. Er war nicht nur ein wichtiger Vertreter der Romantik, sondern wies auch auf den Impressionismus voraus.

Cross, Henri Edmond
(eigtl. Henri Edmond Delacroix)
* 20. 5. 1856 in Douai, † 16. 5. 1910 in St-Clair, Var. Wichtiger Vertreter des französischen → Neoimpressionismus. Nach Anfängen im realistischen Stil, mit dunklen, pastosen Farben, wandte sich Cross unter dem Einfluß von Claude Monet und Georges Seurat der → Pleinairmalerei zu. 1884 wurde er zusammen mit Seurat und Paul Signac zum Mitbegründer des → Salons des Indépendants. Thematisch gestaltete er vorwiegend Seelandschaften, Akte und Porträts, tech-

Henri Edmond Cross, NACHMITTAG IN PARDIGON. *Auf Anregungen Seurats geht Cross' Beschäftigung mit dem Pointillismus zurück. Seurats und Signacs Ausstellung im „Salon des Indépendants" in Paris machte erstmals 1884 diese Malweise einem breiteren Publikum bekannt – unvermischte Farben werden auf die Leinwand getupft.*

nisch übernahm er die Malweise der → Pointillisten, wobei er jedoch in Bildern wie LES ÎLES D'OR (Paris, Musée National d'Art Moderne) die Pinselstriche flüssiger und lockerer setzte. Die zunehmende Konzentration auf die reinen Primärfarben machte ihn zu einem Vorläufer der → Fauves. Das Spätwerk von Cross, der auch zahlreiche qualitätvolle Aquarelle schuf, löst sich mehr und mehr von normierten Regeln und findet zu einer ganz persönlichen Spontaneität, etwa in dem Bild STRAND VON ST-CLAIR, 1908 (St-Tropez, Musée de l'Annonciade).

Cuyp, Aelbert
* 1620 in Dordrecht, † 1691 in Dordrecht. Der bedeutende holländische Landschaftsmaler war zunächst bei seinem Vater, einem Porträtmaler, in die Lehre gegangen, so daß von Cuyp einige Werke dieser Gattung bekannt sind. Bis 1671 existieren datierte Bildnisse, die sich stark an den Porträtstil von Jacob G. Cuyp anlehnen, so daß die Zuweisungsfrage oft unsicher ist. Eine große stilistische Unabhängigkeit erreichte Cuyp in seinen Landschaftsdarstellungen, die er anfangs ähnlich den Naturansichten Jan van Goyens auf einen hellen erdfarbenen Einheitston abstimmte. Das Lob von Cuyp als „holländischer Lorrain" geht auf die Werke der 40er Jahre zurück, die stärker durchkomponiert sind, wobei durch Steigerung des Sonnenlichts über bergigen Hintergründen der Eindruck südländischer Landschaften erzeugt wurde. Werke aus Italien zurückgekehrter Künstler müssen hierbei wohl als Anregungen gedient haben. Eine größere Bedeutung als bei Jan van Goyen haben → Staffagefiguren in Cuyps Ansichten, die recht vielfältig waren. Bilder von Weideplätzen mit Vieh, Flußlandschaften und Häfen kommen am häufigsten vor. Eine LANDSCHAFT MIT SCHAFEN (Frankfurt, Städel) ist besonders kennzeichnend.

Cuyp, Jacob Gerritsz
* Dezember 1594 in Dordrecht, † 1652 (?) in Dordrecht. Der holländische Historien-, Porträt- und Tiermaler war der Vater von Aelbert Cuyp. Er lernte bei Abraham Bloemaert in Utrecht und wurde 1617 Mitglied der Malergilde in Dordrecht. Während sich seine vielen Bildnisse im Stil des Th. de Keyser überwiegend auf Grautöne beschränken, wie das MÄNNLICHE BILDNIS von 1649 (Metz, Musée de Metz), bleiben Genreszenen, Schäferszenen und Hirtenlandschaften wie auch seine Bilder mit biblischen Themen meist in Farbe und Gestaltung dem Vorbild seines Lehrers Bloemaert verbunden. So beispielsweise auch in der Hirtenlandschaft SCHÄFERLEBEN (Montauban, Musée Ingres) oder in der LÄNDLICHEN SZENE (Amsterdam, Rijksmuseum), Bildern mit der typischen, klassisch ausgewogenen Komposition des entwickelten Barock und mit locker verteilten, aufgehellten Farben.

D

Daddi, Bernardo
* um 1295 in Florenz, † um 1350 in Florenz. Vor 1320 ist D. in der Gilde Arte dei Medici e Speciali Mitglied. 1347 erscheint er dort wieder. 1349 war er bei der Gründung der → Lukasgilde beteiligt. Diese spärlichen Lebensdaten werden ergänzt durch Fresken, Altar- und Tafelbilder, die in dieser Zeit entstanden. Seine frühen Werke, z. B. das → Triptychon THRONENDE MARIA ZWISCHEN DEN HLL. MATTHÄUS UND NIKOLAUS, 1328, in Florenz, zeigen eine enge Anlehnung an Giotto. Auch Masol di Banco und A. Lorenzetti beeinflußten ihn. Zunächst malte D. Fresken und große Altarbilder, die harte Kontraste zeigen. Ab

Bernardo Daddi, DIE BEGEGNUNG AN DER GOLDENEN PFORTE *(Florenz, Uffizien). Die biblische Szene der Begegnung Joachims und Annas, nachdem ihnen die Geburt Mariens verkündet wurde, entstammt Daddis mehrteiligem* MARIENALTAR *aus S. Pancrazio. Die Ansicht Jerusalems erinnert an Giottos Bildarchitekturen.*

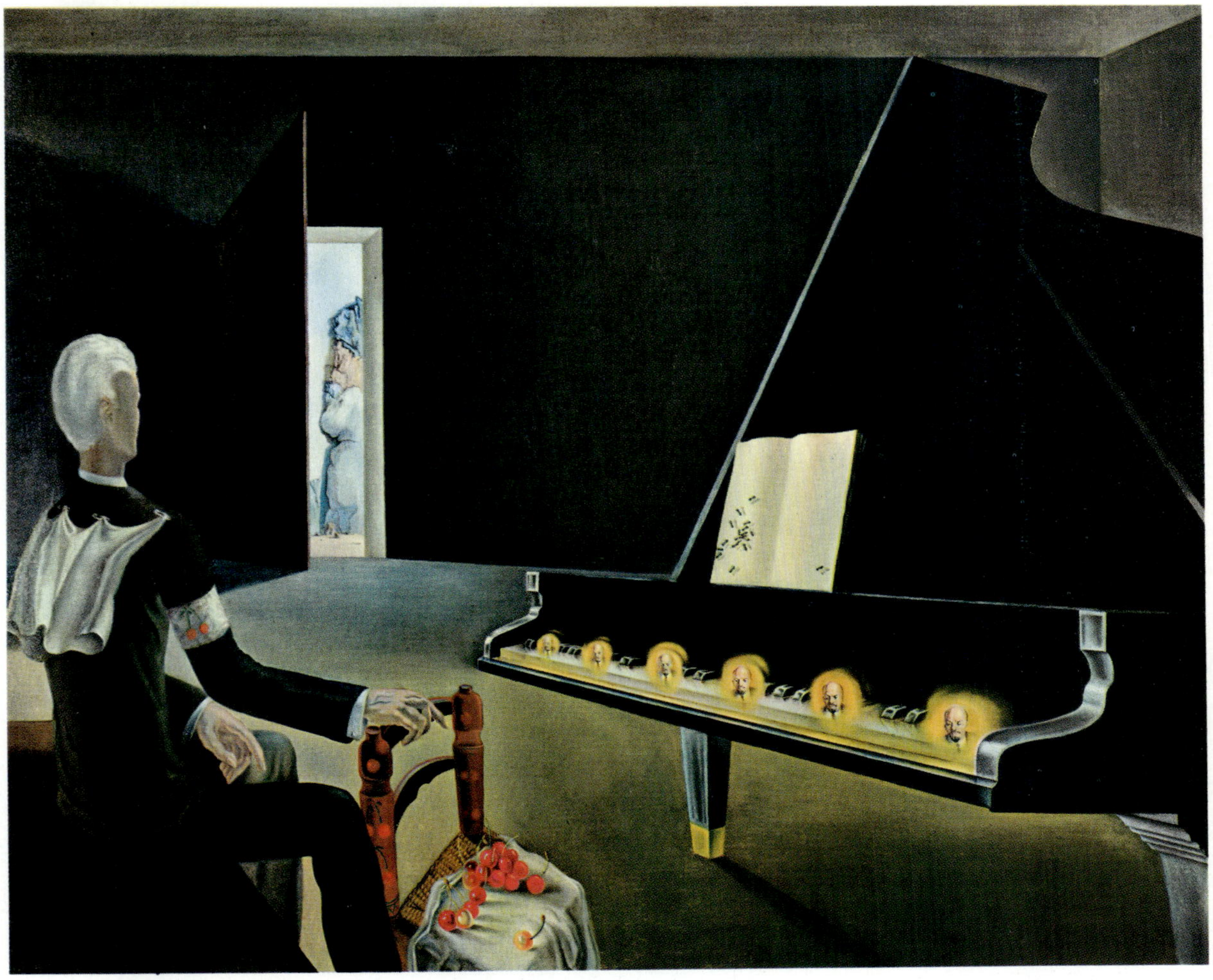

Salvador Dalí, Komposition ‚Beschwörung Lenins', *1931, 114 × 146 (Paris, Musée National d'Art Moderne). Nicht die von der Vernunft kontrollierte Wirklichkeit war den Surrealisten bildwürdig. „Der Surrealismus beruht auf dem Glauben an die Allmacht des Traumes, das selbstlose Spiel des Gedankens" (Breton).*

1333 wendet er sich einer weichen Darstellung mit einem Hang zum Dekorativen zu. Die Farben werden jetzt leuchtender und reicher, die Kompositionen harmonischer. D.s Bedeutung liegt in der Verbreitung des → Weichen Stils der Gotik.

Dahl, Johan Christian Claussen
* 24. 2. 1788 in Bergen, † 14. 10. 1857 in Dresden. Der norwegische Maler, der weitgehend der deutschen Kunstgeschichte zugerechnet wird, wurde innerhalb der romantischen Strömung zu einem Wegbereiter der unmittelbaren Auseinandersetzung mit der Natur durch die Malerei des 19. Jh. Der aus ärmlichen Verhältnissen stammende Künstler erhielt 1803–09 bei Johan Georg Müller in Bergen eine Ausbildung als Dekorations- und Prospektmaler. 1811–18 war er Schüler an der Kopenhagener Akademie, wo er mit den Malerfreunden Christoffer Wilhelm Eckersberg und Jens Juel sich der Landschaftsbildnerei widmete. In dieser Richtung beeinflußten ihn auch Werke der alten Niederländer – Allart van Everdingen, Aert van der Neer, Jan Both und vor allem Jacob van Ruisdael. 1818 übersiedelte er nach Dresden, wo er sich nach einer Italienreise 1823 ganz niederließ und Hausgenosse von Caspar David Friedrich wurde. In den folgenden Jahrzehnten schlossen sich zahlreiche ausgedehnte Studienreisen, u. a. durch sein Heimatland Norwegen, an. Zu den Hauptwerken dieses auch als bedeutender Zeichner und Aquarellist tätigen Künstlers zählen Kallehauge bei Vordingborg, 1816 (Bergen, Billedgalleri), Blick auf den Sund, 1818 (Oslo, Nasjonalgalleriet), Lyskornet bei Bergen, 1836 (Oslo, Nasjonalgalleriet), Ansicht von Stalheim, 1842 (Oslo, Nasjonalgalleriet), Dresden im Mondschein (Bergen, Billedgalleri), Birken im Sturm, 1849 (Bergen, Billedgalleri), und Stugunøset, 1851 (Oslo, Nasjonalgalleriet). Der künstlerische Rang Dahls gründet sich auf eine für seine Zeit ungewöhnlich direkte und unmittelbare Naturerfassung, die in → pastosen Farben von eigenwilliger Zusammensetzung vorgetragen wurde. Besonders die frisch gemalten Studien z. B. von Wolkenformationen nehmen Impressionistisches vorweg. So sieht man etwa in dem Bild Zwei Türme von Kopenhagen (Hamburg, Kunsthalle) zwei Kirchtürme als dunkle Silhouetten nur wenig über den unteren Bildrand emporragen, während der Rest der Fläche vom bewölkten Himmel eingenommen wird. Die fast spontane Zufälligkeit dieses Bildausschnittes verleiht dem Werk neben seiner atmosphärischen Wirklichkeitserfassung auch den Charakter traumhaft-träumerischer Vision. Die bedeutendsten Schüler des Künstlers waren Thomas Fearnley und Karl Blechen.

Dalí, Salvador
(Salvador Felipe Jacinto Dalí y Domenech)
* 11. 5. 1904 in Figueras bei Gerona, Katalonien. Einer der bedeutendsten,

Salvador Dalí, Brennende Giraffe, *1935, 35 × 27 (Basel, Kunstmuseum). Durch die Psychoanalyse Freuds, die Dalís Lebensphilosophie entscheidend prägte, fand der idealistische Individualbegriff ein Ende. Die Inhalte der Persönlichkeit sind wie Schubladen auswechselbar. Gesichtslose Wesen taumeln in einem toten Irrealraum.*

bekanntesten und umstrittensten Maler, Graphiker und Bildhauer des → Surrealismus. Schon als Kind beschäftigt er sich mit der Malerei, ab 1916 erhält er Zeichenunterricht. In den nächsten Jahren wird er vom spanischen Realismus des 19. Jh., vom → Impressionismus und vom → Futurismus beeinflußt. 1921 besucht er die Akademie von S. Fernando in Madrid, wo er die altmeisterliche → Lasurtechnik erlernt, die ihm in seinen späteren Bildern eine ungeheuer genaue Detailwiedergabe erlaubt. Neben kubistischen Arbeiten entstehen dann auch solche, die der → Pittura metafisica verpflichtet sind. 1927 reist er nach Paris, entdeckt in Zeitschriften surrealistische Bilder – dies wird für ihn zur Offenbarung. Vermutlich noch im gleichen Jahr entsteht sein erstes eigenes surrealistisches Gemälde: BLUT IST SÜSSER ALS HONIG. Zusammen mit Luis Bunuel dreht er surreale Filme, 1929 „Ein andalusischer Hund", 1931 „Das goldene Zeitalter" – beide lösen große Skandale aus. In dieser Zeit wird er zu einer der Hauptpersonen des Surrealismus. Er wird zum Prediger des Irrationalen, zum Besessenen hypertropher Detailgenauigkeit. Damals erfand er die „paranoisch-kritische Methode", die er als „interpretatorischen, zum System ausgebauten Assoziationswahn" erklärt. Die Psychologie Sigmund Freuds, den er 1938 kennenlernte, inspirierte ihn zu seinen Bilderfindungen voll metamorphotischer Assoziationskraft, die in der illusionistischen Genauigkeit des → Trompe l'œil vorgetragen ist, etwa in VORAHNUNG DES BÜRGERKRIEGES – WEICHE KONSTRUKTION MIT GEKOCHTEN BOHNEN, 1936 (Philadelphia, Museum of Art). In harter Präzision sind seine Bildgegenstände, deformiert und zu Zwitterwesen vereint, in unendliche Perspektivräume hineingestellt. Vor dieser Raumflucht zerfließen sie, wie die seit 1931 entstehenden WEICHEN UHREN, die Dalí als die „Camemberts des Raumes und der Zeit" bezeichnete. Sexuelle Komponenten sind in seinen Bildern überreichlich vorhanden, etwa in ATAVISTISCHE RUINEN NACH DEM REGEN, 1934 (Rom, Sammlung Carlo Ponti), oder in BRENNENDE GIRAFFE, 1935 (Basel, Kunstmuseum), wo eine Frauenfigur mit Schubkästen in ihrem Leib vor gespenstisch erleuchtetem Nachthimmel steht. 1938 tendierte er zum Nationalsozialismus und wurde von der surrealistischen Bewegung ausgeschlossen. Die von ihm selbst geförderte Kommerzialisierung seiner Kunst, in der die Selbstbespiegelung des Künstlers in aufsehenerregenden Aktionen eine große Rolle spielte, nahm fortschreitend überhand. Seit 1948 wandte er sich verstärkt religiösen Themen zu, die er effektvoll verfremdete, etwa in KREUZIGUNG, 1954 (New York, Metropolitan Museum of Art, Chester Dale Collection). In seinen besten Werken ein wichtiger Vertreter des Surrealismus, schuf er aber auch vieles, in dem der „Gag", die technische Raffinesse und das Spiel mit dem Ausgefallenen mangelnde künstlerische Qualitäten verdecken. Sensationsbefriedigung wird zum Selbstzweck, die Evokation des Unterbewußten wird zur Zitatensammlung des Abnormen.

Salvador Dalí, VORAHNUNG DES BÜRGERKRIEGES – WEICHE KONSTRUKTION MIT GEKOCHTEN BOHNEN, *1936, 100 × 99 (Philadelphia, Museum of Art). Ein Jahr nach Dalís Ausschluß aus der surrealistischen Gruppe A. Bretons entstand dieses Werk. Über einer verkarsteten Landschaft erhebt sich ein Angst und Gewalt verbreitendes Gebilde.*

Dalmau, Luís
nachgewiesen zwischen 1420 und 1460. Dalmau wurde vermutlich in Valencia geboren. 1428 ging er nach Kastilien, und trat dort in den Dienst von König Alfons V. Der König, der eine Vorliebe für die flämische Malerei hatte, schickte ihn 1431 zur Ausbildung nach Flandern. Dort lernte Dalmau auch den Genter Altar der Brüder Hubert und Jan van Eyck kennen, der sich in der St.-Baafs-Kathedrale befindet. 1437 kehrte er nach Valencia zurück und arbeitete an verschiedenen Aufträgen, u. a. einer VERKÜNDIGUNG für das Schloß in Játiva, die verschwunden ist. Sein einziges mit Sicherheit ihm nachzuweisendes Werk ist die RATSHERRENMADONNA, die 1443–45 für die Rathauskapelle von Barcelona entstand. Das Bild befindet sich heute im Museo de Arte de Cataluña in Barcelona. Der Einfluß des Genter Altars von van Eyck, der übrigens selbst als Botschafter in Heiratsangelegenheiten Spanien, u. a. auch Valencia, bereiste, ist deutlich zu sehen, so z. B. die Komposition der singenden Engel. Die letzte Nachricht über Dalmau weist ihn 1460 als Maler im Dienst von König Johann II. aus.

Danby, Francis
* 16. 11. 1792 (?) in Killinick, County

Salvador Dalí, Galas Christus (Ausschnitt), 1978, 100×100 (Privatbesitz). Einige seiner jüngsten Werke hat Dalí – nur leicht variiert – gleich zweifach ausgeführt. Auch zu diesem in frappierender perspektivischer Aufsicht gemalten Kruzifix existiert ein Pendant in „stereoskopischer Malerei“ (Dalí).

Wexford, Irland, † 9. 2. 1861 in Exmouth, Devonshire. Danby war einer der bedeutendsten britischen Landschaftsmaler des 19. Jh. Seine Ausbildung erhielt er in Dublin bei dem Landschaftsmaler James Arthur O'Connor. 1813 ging er als Zeichenlehrer nach Bristol, 1824 nach London. Die dortigen Ausstellungen beschickte er mit poetisch anmutenden Landschaften, die von William Turner und Richard Wilson beeinflußt waren. 1825 erfolgte seine Assoziierung an der Royal Academy. Aus familiären Gründen verließ er 1829 England und verbrachte die folgenden Jahre bis 1840 im Ausland, davon eine Zeitlang am Genfer See. Danby wurde von dem angesehenen Porträtmaler Sir Thomas Lawrence unterstützt und galt als Rivale Turners und John Martins, in deren künstlerischer Nachfolge er eigentlich stand. Neben romantischen Landschaften und der Darstellung menschlicher Figuren in einer erhabenen Natur beschäftigte er sich auch mit phantastischen Visionen religiöser Art, etwa in Sintflut, 1837–40 (London, Tate Gallery), und Die Eröffnung des sechsten Siegels, 1826 (Dublin, National Gallery of Ireland) – Themen, die er auch in Federzeichnungen und Aquarellen gestaltete.

Danhauser, Joseph
* 18. 8. 1805 in Wien, † 4. 5. 1854 in Wien. Maler und Graphiker, ein Hauptvertreter der bürgerlichen, realistischen Genremalerei des Biedermeier. 1820 bis gegen 1826 studierte er an der Wiener Akademie. Nach anfänglichen, von David Teniers und Gerard Dou abhängigen, skurrilen Atelierszenen versuchte er dann seinen dramatisch bewegten Bildern eine moralisierende Note zu geben, etwa in Die Testamentseröffnung, 1839 (Wien, Historisches Museum der Stadt Wien). Daneben entstanden großformatige Historienbilder. 1840–42 wurde er Akademieprofessor in Wien, zog sich jedoch mehr und mehr aus der Öffentlichkeit zurück und schuf dann schlichtere Genredarstellungen von heller Farbigkeit.

Daniele da Volterra
(eigtl. Daniele Ricciarelli)
* 1509 in Volterra, † 4. 4. 1566 in Rom. Der → manieristische Maler und Bildhauer lernte zunächst bei Sodoma in Siena. Später soll er Schüler Baldassare Peruzzis gewesen sein. Deutlicher ist jedoch der Einfluß Domenico Beccafumis auf sein Schaffen. Besonders sichtbar wird dies im Justitia-Fresko, das um 1532 für den Palazzo del Podestà in Volterra entstand (heute Volterra, Pinacoteca Communale). Der Aufenthalt Danieles in Rom 1535 ist bestimmt durch die Zusammenarbeit mit Pierino del Vaga und vor allem durch den engen Kontakt zu Michelangelo, dessen Einfluß sich in den 1538 vollendeten Fresken mit Szenen aus dem Leben des Fabius Maximus im Palazzo Massimo alle Colonne in Rom zeigen. 1547 erhielt er den Auftrag zur Vollendung der Ausschmückung der Sala Regia im Vatikan, 1565 wurde er von Papst Paul IV. beauftragt, die als anstößig empfundenen „Nuditäten“ in Michelangelos Jüngstem Gericht in der Sixtina zu übermalen.

Danloux, Henri Pierre
* 24. 2. 1753 in Paris, † 3. 1. 1809 in Paris. Bekannt hauptsächlich als Porträtist, der in der Tradition des spätbarocken Bildnisstiles des Ancien régime stand. Er studierte bei Michel Nicolas Bernard Lépicié und Joseph Vien. Ab 1785 wurde er mit Bildern wie Jean-François de la Marche, 1793 (Paris, Musée National du Louvre), zum bevorzugten Porträtisten des Hofes und des Pariser Adels. 1791–1801 näherte er sich im Exil in London der englischen, romantisch geprägten, hellfarbigen Bildauffassung an. Mit seinen → Genre- und Historiendarstellungen fand er keine Anerkennung.

Daret, Jacques
* um 1404 in Tournai, † 1470. Wichtiger spätgotischer Maler in der Nachfolge Robert Campins. 1427 findet er sich zusammen mit Rogier van der Weyden als Schüler im Atelier Campins. 1432 ist er als Meister in Tournai verzeichnet, 1433–35 und 1441–52 schuf er in Arras Entwürfe für Bildteppiche. 1454 ist er in Lille nachweisbar, 1468 in Brügge, wo er die Festdekorationen für die Hochzeit Karls des Kühnen fertigte. Sein Hauptwerk ist der 1434/35 für die Abtei St-Vaast bei Arras ausgeführte Altar, von dem sich die Anbetung der Könige, die Heimsuchung Mariä (beide Berlin, Stiftung Staatl. Museen/West, Gemäldegalerie), die Darbringung im Tempel (Paris, Musée du Petit Palais) und die Geburt Christi (Lugano, Sammlung Thyssen-Bornemisza) erhalten haben.

Darmstädter Passion, Meister der
Tätig um 1425–1460 am Mittelrhein. Der anonyme Meister ist wohl mittelrheinischer oder sogar niederländischer Herkunft. Als sicher gilt ein Aufenthalt, vielleicht auch eine Ausbildung in den Niederlanden. Dort lernte er Werke Jan van Eycks und Robert Campins, aber auch die französische Buchmalerei kennen. Das namengebende Werk, die Darmstädter Passion, besteht aus zwei Tafeln mit der Kreuztragung und der Kreuzigung Christi, 1435/40 (Darmstadt, Hessisches Landesmuseum). Die Außenseiten der beiden Flügel zeigen die Reste einer Verkündigung und einer Anbetung des Kindes. Dieses reifere Werk weist große malerische Qualitäten und einen Reichtum des mimischen Ausdruckes auf. Um 1450 entstand für die St.-Martins-Kirche in Bad Orb der Kreuzaltar (Berlin, Stiftung Staatliche Museen/West, Gemäldegalerie). Die Darstellungen der thronenden Maria mit Kind und der Dreifaltigkeit auf den Flügelaußenseiten erinnern an Werke Rogiers van der Weyden und des Meisters von Flémalle. Der Meister der Darmstädter Passion ist der einzige mittelrheinische Künstler des 15. Jh. von überregionaler Bedeutung.

Daubigny, Charles-François
* 15. 2. 1817 in Paris, † 19. 2. 1878 in Paris. Der französische Maler und Radierer gehörte zu den Wegbereitern der realistischen intimen Landschaftsmalerei, der sogenannten → „Paysage intime“. Daubigny erhielt bei seinem Vater, dem Landschaftsmaler Edme-François Daubigny, und seinem Onkel, einem Miniaturisten, den ersten künstlerischen Unterricht und schuf damals schon Dosenminiaturen. 1835 reiste er für ein Jahr nach Italien, was jedoch seinen künstlerischen Werdegang weiter nicht beeinflußte. Nach seiner Rückkehr besuchte er 1836 die École des Beaux-Arts, wo er zunächst in das Atelier des Klassizisten Granet und ab 1840 in das von Paul Delaroche eintrat. Gleichzeitig mußte er seinen Lebensunterhalt durch Gemälderestaurierungen im Louvre, mit Reproduktionsstichen und mit dem Zeichnen von → Vignetten für Verlage verdienen. Ab 1843 kam Daubigny in Kontakt zur Schule von → Barbizon. Er wurde von ihren Gestaltungsprinzipien stark beeinflußt, ohne sich freilich dieser Künstlervereinigung völlig anzuschließen. Jetzt beginnt Daubigny, unmittelbar vor der Natur zu malen. Mit einer

Serie von fünf Landschaftsmotiven aus Morvan, Bildern, die zu den frühesten kunstgeschichtlichen Beispielen der → Freilichtmalerei zählen, hatte er erstmals Erfolg im Pariser „Salon" von 1848. 1852 traf Daubigny mit Camille Corot zusammen, mit dem ihn von nun an eine lebenslange Freundschaft verband. Daubigny war der Maler des ruhig fließenden Wassers, der sanften Ufer und blühenden Obstbäume. Von allen mit der Schule von Barbizon zusammenhängenden Künstlern hat er die Prinzipien der Freilichtmalerei am vollkommensten verwirklicht. Er malte als erster Bilder großen Formats vor der freien Natur. Dazu ließ er sich 1856 ein Wohnboot bauen, von dem aus er die Seine- und Oise-Ansichten gestaltete. Bilder wie BOOTE AUF DER OISE, 1865 (Paris, Musée National du Louvre), oder HAUS DER MUTTER BAZOT IN VALMONDOIS, 1874 (Den Haag, Museum Mesdag), vermitteln zwischen poesievoller Landschaftsromantik und unmittelbarer Impression und nehmen in der Gestaltung von Lichtphänomenen und in der Formauflösung zugunsten der Farbe Wesentliches des → Impressionismus vorweg. Daubigny unterstützte auch aktiv die impressionistische Bewegung, indem er als Jurymitglied im „Salon" u. a. die Werke Monets, Camille Pissarros und des frühen Paul Cézanne gegen Angriffe verteidigte. Als Radierer illustrierte dieser einflußreiche Künstler Romane und Volksliedsammlungen und schuf in dieser Technik ebenfalls viele Landschaftsansichten.

Honoré Daumier, DIE WÄSCHERIN, *um 1863, 49 × 33 (Paris, Louvre). Daumier, der vor allem als Karikaturist bekannt ist, gelangte erst relativ spät zur Malerei. Er war glühender Republikaner, heiratete später eine Arbeiterin und malte gerne literarisch inspirierte Themen oder – wie hier – Szenen aus dem Leben des Volkes.*

Charles-François Daubigny, NOTRE DAME UND DIE ÎLE DE LA CITÉ, *1838, 27 × 44 (Paris, Bibliotheque Nationale). Mit diesem Aquarell beteiligte sich Daubigny am Salon von 1838. Der 21jährige Künstler gibt die Stadt topographisch genau wieder, während er seine Naturbilder später in ein atmosphärisches Licht tauchte.*

Daumier, Honoré
(Honoré-Victorin)
* 26. 2. 1808 in Marseille, † 11. 2. 1879 in Valmondois, Val-d'Oise. Als Graphiker war Daumier der bedeutendste Karikaturist des 19. Jh., der als kämpferischer Chronist des französischen Kapitalismus gegen alles Reaktionäre in Staat und Gesellschaft zu Felde zog, doch muß er auch in seinen Ölbildern und Aquarellen als wichtiger Vertreter des → Realismus gelten. Als Sohn eines kunstinteressierten, aber armen Glasermeisters mußte er sich zunächst mit Gelegenheitsarbeiten durchschlagen, schuf aber schon 1829/30 Lithographien für Zeitschriften. Besonders in den satirischen Zeitschriften „La Caricature" und „Le

Charivari" veröffentlichte er den größten Teil seiner etwa 4000 Lithographien und 1000 Holzschnitte. Die Schärfe seiner Blätter trug ihm außer manchem Ärger 1832 auch eine Gefängnisstrafe ein. Neben der Graphik befaßte sich Daumier auch mit der Skulptur, was sich deutlich auch in der Plastizität seiner gemalten Figurenkompositionen niederschlägt. Besonders seit 1848 wandte er sich verstärkt der Ölmalerei zu, seine meist kleinformatigen Bilder blieben jedoch ohne größeren Erfolg. Die starken Helldunkel-Effekte und geraffte Formensprache verraten noch stark den Graphiker. Zu dieser Zeit schloß sich Daumier eng an die Schule von → Barbizon an und übernahm die tonigen Farbwerte wie die Gestaltung des Atmosphärischen. Bilder wie DIE WÄSCHERIN, um 1863 (Paris, Louvre) und WAGGON DRITTER KLASSE, um 1863/65 (New York, Metropolitan Musuem) sind Sinnbilder der Trostlosigkeit. Schon um 1850 hatte Daumier sein erstes Don-Quijote-Bild gemalt, eine Gestalt, die ihn stark faszinierte und mit der er sich innerlich identifizierte. Eine der besten Versionen ist der DON QUIJOTE von 1868 (München, Neue Pinakothek). Um 1860 entstanden DAS DRAMA (München, Neue Pinakothek) und DER GRAPHIKSAMMLER (Paris, Musée du Petit Palais), um 1865–68 DER MALER VOR SEINER STAFFELEI (Washington, Philips Memorial Collection), um 1868–70 DIE EMIGRANTEN (Minneapolis, Institute of Arts). Der Auftrag zu einem Gemälde religiöser Thematik, ECCE HOMO (WIR WOLLEN BARNABAS!) (Essen, Museum Folkwang) gedieh wegen der Subjektivität der Darstellung wohl über den Entwurf nicht hinaus. Gegenüber seinen Karikaturen versuchte Daumier in seinen Staffeleibildern den einfachen Menschen zum Heros eines neuen Zeitalters zu monumentalisieren. Im Individuellen erfaßte er das Typische und gab dem Wahrheitsgehalt eine innere dramatische Wucht. Als einer der ersten gestaltete er die neue soziale Wirklichkeit der großstädtischen Massen und ihrer kollektiven Emotionen. Seine anfangs flächig breite und tonige Malweise nahm bald mit nuancierten Licht- und Schattenwirkungen auch impressionistische Tendenzen auf, doch bleibt sie immer gekennzeichnet von der strengen Beschränkung auf das Wesentliche. Wie in seiner Graphik gehören auch zu den malerischen Themen Daumiers die Verständnislosen und Sensationslüsternen, die Zuschauer im Theater und im Gerichtssaal. Daneben gibt es Darstellungen aus der Literatur, z. B. aus Molière-Stücken wie CRISPIN UND SCAPIN, 1856/60 (Paris, Louvre) oder aus den Fabeln von La Fontaine. Die Figuren sind meist in wuchtige, derbe Umrißlinien eingefangen, stehen fast silhouettenhaft dunkel, doch statuarisch schwer vor hellen Hintergründen. Die Farbe beschränkt sich auf wenige, meist dunkle, erdige Töne. In seinem Spätwerk verselbständigen sich die stark gekurvten Linien vielfach zu virtuoser Eigenwertigkeit. Dabei werden, wie in dem Bild PIERROT MIT DER GITARRE, um 1869 (Winterthur, Slg. Oskar Reinhart), gelegentlich Einflüsse von Fragonard deutlich. Seit dem Ende der 60er Jahre begann Daumier zu erblinden und verarmte rasch. Eine erste große Ausstellung seiner Arbeiten bei Durand-Ruel 1878 brachte unter dem Vorsitz von Victor Hugo zwar einen Achtungserfolg, aber kein Geld.

In der Graphik wie in seiner Malerei gelang es Daumier durch zugespitzte, auf das Wesentliche konzentrierte Bildaussagen allgemein verständliche Typen und Symbole zu schaffen, die über alle zeitbezogene Aktualität hinweg in ihrer Stellung zwischen Lächerlichkeit und Tragik von bleibender Gültigkeit waren.

Honoré Daumier, DON QUIJOTE, *um 1868, 51 × 32 (München, Neue Pinakothek). Das aus Cervantes' Roman entlehnte Motiv macht Daumiers fast graphischen Malstil deutlich. Der flüchtige, lockere Pinselstrich umreißt die Formen nur skizzenhaft und differenziert wesentliche Partien des Bildes nicht weiter aus.*

David, Gerard

* um 1460 in Oudewater bei Gouda, † 13. 8. 1523 in Brügge. Der letzte bedeutende Maler Brügges, in der Nachfolge Hans Memlings, der in seinem Werk Renaissanceelemente mit einer starken Rückbesinnung auf altniederländische Traditionen verbindet. Seit 1484 ist er in der Malergilde von Brügge verzeichnet. Wahrscheinlich war er in Holland ausgebildet, wie stilistische Bezüge zu Geertgen tot Sint Jans nahelegen. Nur drei datierte und signierte Werke sind von ihm erhalten: die beiden Gerichtstafeln KAMBYSES ÜBERFÜHRT DEN RICHTER

Gerard David, DIE MADONNA MIT DER MILCHSUPPE, *35 × 29 (Brüssel, Musées Royaux). Mit viel menschlicher Einfühlungsgabe schildert David die von stiller, häuslicher Intimität erfüllte Szene. Wären die Gesichtszüge der beiden nicht betont edel, so hätte man das Genrebild einer Holländerin vor sich, die ihr Kind füttert.*

Jacques Louis David, BONAPARTE AUF DEM GROSSEN ST. BERNHARD, *1800 (Berlin, Schloß Charlottenburg). Das Gemälde gelangte als Schenkung des siegreichen Blücher an König Wilhelm III. in die preußische Residenzstadt. Die Steininschriften belegen Napoleons Anspruch, durch seine Okkupation Italiens die Nachfolge Karls des Großen (Karolus) anzutreten.*

SISAMNES und die SCHINDUNG DES SISAMNES, beide 1498 (und beide Brügge, Groeninge Museum), sowie die 1509 für das Karmeliterkloster in Sion ausgeführte THRONENDE MADONNA MIT ENGELN UND HEILIGEN (jetzt Rouen, Musée des Beaux-Arts). Es sind Bilder von gesammelter Größe und Eindringlichkeit, von einem für diese Zeit unerhörten Realismus, mit statuarisch wuchtigen Figuren, die das Bildfeld und die perspektivisch exakt durchformulierten Architekturen groß ausfüllen. Unter den zugeschriebenen Werken ragen u. a. die MYSTISCHE VERMÄHLUNG DER HL. KATHARINA, zwischen 1500 und 1511 (London, National Gallery), und die HOCHZEIT ZU KANA, um 1503 (Paris, Musée National du Louvre), hervor. Der Spätstil Davids seit rund 1515 zeichnet sich durch hellere Farben und manieriertere Gebärdensprache aus.

David, Jacques Louis

* 30. 8. 1748 in Paris, † 29. 12. 1825 in Brüssel. Der Begründer und wichtigste Vertreter des französischen → Klassizismus hat, wie selten ein Künstler, mit seinem klar zeichnenden, streng komponierenden Stil sowie mit Themen von gesucht hoher Ethik – beides im vermeintlich genauen Rückgriff auf die klassische Antike – so moralisierend und stilbildend auf seine Zeitgenossen eingewirkt.

Auf Empfehlung von François Boucher wurde David schon 1766 an der Académie Royale zugelassen, die, noch dem Rokoko verhaftet, erst allmählich den antiken Vorbildern Aufmerksamkeit schenkte. So übte sich David im Kopieren von alten Meistern, vervollkommnete seine Kenntnisse der Perspektive und der Anatomie und malte seine ersten Porträts sowie Fresken. Mit dem Bild ERASISTRATOS ENTDECKT DIE URSACHE DER KRANKHEIT DES ANTIOCHOS (Paris, École des Beaux-Arts) errang David 1774 den begehrten Rompreis und konnte 1775–80 Italien bereisen. Nach dem Studium der Werke von Correggio, Caravaggio und der Brüder Carracci, begann er sich für die klassizistischen Ideen des Malers Anton Raphael Mengs und des Archäologen J. J. Winckelmann zu begeistern, die – ebenso falsch wie zündend – die „edle Einfalt und stille Größe" der klassischen Antike propagierten. Für David bedeutete die neue Richtung Abwendung vom Rokoko und dem Studium der alten Meister zugunsten einer Orientierung an der antiken Bildhauerei. Schon die Themenwahl wie HEKTOR (Montpellier, Musée Fabre) und PATROKLOS (Cherbourg, Musée d'Art), beide um 1778 entstanden, zeigt diese Tendenz.

Nach seiner Rückkehr nach Frankreich konnte David im „Salon" enorme Erfolge verbuchen, zu seinem rasch wachsenden Schülerkreis gehörten Jean-Baptiste Joseph Wicar und Anne Louis Girodet de Roncy, später auch Jean-Baptiste Isabey, Honoré Fragonard, Antoine-Jean Gros und Jean Auguste Dominique Ingres. Neben den äußerst erfolgreichen Bildern BELISAR BITTET UM ALMOSEN, 1784 (Paris, Louvre), oder ANDROMACHE AN HEKTORS LEICHE, 1783 (Paris, Musée de l'École des Beaux-Arts), erregte der 1784 begonnene SCHWUR DER HORATIER (Paris, Louvre) größtes Aufsehen. Das Bild wurde nicht nur zum gefeierten Gründungsmanifest des französischen Klassizismus, sondern trug auch anspruchsvoll die moralischen und politischen Forderungen des Bürgertums vor, leitete damit zeichenhaft die Französische Revolution ein. Die Opferung persönlichen Glücks zum Wohl des Vaterlandes wird zum geradezu religiösen Pathos erhoben. Im

Jacques L. David, MADAME RÉCAMIER, *um 1800, 170 × 240 (Paris, Louvre). Die Zeit des Empire liebte es, dem antiken Leben in Kunst und Mode nachzueifern. Wie bei einem „Symposion" lagert die 23jährige Bankiersfrau im schlichten, weißen Gewand auf ihrer Récamier. Daneben ein Bronzekandelaber im etruskisch-römischen Stil.*

Revolutionsjahr 1789 erhielt David den Auftrag für das Bild LIKTOREN BRINGEN BRUTUS DIE LEICHEN SEINER SÖHNE (Paris, Louvre). Als aktiver Jakobiner stellte David seine Kunst fast ausschließlich in den Dienst der Revolution und ihrer Verherrlichung. Der heroische Realismus und die klare, strenglinige, deklamatorisch gesteigerte Formensprache bei gleichzeitigem Verzicht auf sinnliche Hervorhebung der Farbe erfüllten die Aufgaben einer aktuellen, mitreißenden Kunst, die in dem Bild DER ERMORDETE MARAT von 1793 (Brüssel, Musées Royaux des Beaux-Arts) gipfeln sollte. In diesem berühmtesten Zeugnis seiner Zeit gehen Historienbild, realistisches Porträt und Heldenmonument eine einzigartige Verbindung ein, der Leichnam erinnert sehr bewußt an Pietà-Darstellungen. Größere farbliche Frische zeigen die Bürgerporträts jener Zeit, wie das Bildnis MADAME CHALGRIN, 1793 (Paris, Louvre). Nach dem Sturz Robespierres wurde David zweimal inhaftiert, vom Gefängnis aus malte er 1794 sein einziges Landschaftsbild, BLICK AUF DEN GARTEN DES LUXEMBOURG (Paris, Louvre). In der Folgezeit wurde Napoleon Davids Hauptauftraggeber, dessen Malerei nun eleganter und höfischer wurde und zum Ästhetisieren neigte. Noch 1799 malte er den RAUB DER SABINERINNEN (Paris, Louvre), doch wurde nun griechisches Formen- und Themenrepertoire voll Einfachheit und Feinheit bevorzugt. Als „erster Maler" Napoleons sollte David dessen Krönungsfeierlichkeiten in vier riesigen Gemälden festhalten, doch wurden nur zwei ausgeführt. Das Gepränge des Empire äußert sich in monumentalen Repräsentationsbildern, in denen sich harter Realismus mit neobarocker Glorifizierung und bunter Farbigkeit verband. Neben der KRÖNUNG NAPOLEONS, 1806/07 (Paris, Louvre) und der VERTEILUNG DER ADLER von 1810 (Versailles) entstand das hochpathetische Reiterbildnis BONAPARTE AUF DEM GROSSEN ST. BERNHARD (Versailles), aber auch schlichter gehaltene Porträts wie NAPOLEON IN SEINEM ARBEITSZIMMER, 1820 (Washington, National Gallery of Art), MADAME RÉCAMIER, 1800, und PAPST PIUS VII., 1805 (beide Paris, Louvre). Historienbilder wie (LEONIDAS AN DEN THERMOPYLEN, 1805–14 (Paris, Louvre), erinnern in ihrer Verbindung von klassizistischer Heroisierung mit realistischen Details an gestellte, pompöse Theaterszenen. Als nach dem Sturz Napoleons mit Ludwig XVIII. die Bourbonen wieder an die Macht kamen, zog sich David, der einst für den Tod Ludwigs XVI. gestimmt hatte, 1816 ins Exil nach Brüssel zurück, wo er zum Günstling des holländischen Königs Wilhelm I. wurde. Géricaults

Jacques Louis David, BILDNIS MONSIEUR SÉRIZIAT, *1795, 129 × 95 (Paris, Louvre). Das Porträt von Davids Schwager entstand als Pendant zu dem Bild der Madame Sériziat, das gleichfalls für den Salon eingereicht wurde. In diesen Jahren war der Künstler wegen seiner Aktivität als Jakobiner eingekerkert.*

Edgar Degas, Der Strand, *1876/77, 46×83 (London, National Gallery). Das Baden im Meer – Turnvater Jahn bekam als Junge dafür noch Schläge – galt lange als verpönt und wurde erst im 19. Jh. „erfunden". Bis zur Einführung des Badeanzugs (rechts) glich „Baden" einem Wassertreten und war später nur bei Geschlechtertrennung erlaubt.*

Besuch in Brüssel bezeugt, wie hoch in Frankreich auch weiterhin Davids künstlerischer Rang geschätzt wurde. Sein malerisches Ingenium freilich hatte nun den inhaltlich tragenden Impetus, die politisch-moralische Dimension und ihre Aufgaben verloren. Besonders in Historienbildern und antikischen Idyllen, die nun stark von der Malerei eines Nicolas Poussin beeinflußt waren, machten sich zunehmend routinierte Glätte und überflüssiger kompositioneller Aufwand breit. Nur in der Porträtkunst gelangen David noch wirklich überzeugende Leistungen, wie die Bildnisse der Töchter Joseph Bonapartes, 1820 (Rom, Museo Napoleonico), und Der Schauspieler Wolf, genannt Bernard, um 1823 (Paris, Louvre).
In seiner gestaltenden Wirkung und in seinem Einfluß zählt David zu den bedeutendsten Künstlern der klassizistischen Epoche. Seine Nachfolge reicht bis weit ins 19. Jh. hinein, nicht nur weil so viele bedeutende Maler durch seine Schule gingen, sondern weil er seiner Zeit seinen Stempel aufzuprägen verstand.

Davis, Stuart
* 7. 12. 1894 in Philadelphia, USA, † 24. 6. 1964 in New York City. Davis, dessen Vater Art-director der „Philadelphia-Press" war, studierte 1909 bis 1913 bei Robert Henri an der New York School of Art. Nach seiner Studienzeit arbeitete er als Illustrator für die Publikationen „The Masses" und „Harper's Weekly". 1913 konnte er bereits einige seiner Aquarelle in der → Armory Show zeigen. Er wurde sehr stark von der dort vertretenen Kunst beeindruckt und begann selbst mit räumlich kubistischen Prinzipien zu experimentieren. Dazu dienten ihm gewöhnliche Haushaltsgegenstände und alltägliche Konsumgüter wie Schneebesen, Gummihandschuhe, elektrische Ventilatoren und Zigarettenpackungen als Vorlage. Sein Stilleben Lucky Strike, 1921 (New York, Museum of Modern Art), könnte man bereits als Vorläufer der → Pop-art bezeichnen. Er führte auch Worte und werbegraphische Symbole in seine Malerei ein.
1928–31 lebte Davis in Paris, wo er sehr von Fernand Léger und Henri Matisse beeinflußt wurde. In seinen nach seiner Rückkehr für das WPA-Projekt entstandenen großen Wandbildern ist dieser Einfluß unverkennbar. Heute ist Davis in allen wichtigen Museen Amerikas vertreten. 1945–46 veranstaltete das Museum of Modern Art in New York eine Retrospektivausstellung seiner Werke. 1952 nahm er an der Biennale in Venedig teil. 1963 erhielt er die Goldmedaille der Pennsylvania Academy of Fine Arts.

Decamps, Alexandre Gabriel
* 3. 3. 1802 in Paris, † 22. 8. 1860 in Fontainebleau. Maler und Graphiker, der in seinen Werken zwischen monumentalem Klassizismus und realistischer Genremalerei schwankt. Eine Reise nach Griechenland und Kleinasien, 1827–29, begeisterte ihn für die Stimmung orientalischer Städte und Landschaften. So malte er, auf diesem Gebiet ein Vorläufer Delacroix', farbenfrohe orientalische Szenen wie Türkische Kinder mit einer Schildkröte, 1836 (Chantilly, Musée Condé), oder Pferde beim Ziehen von Flussbooten, 1842 (Paris, Musée National du Louvre). Eine längere Reise nach Italien, 1832/33, näherte ihn einem Monumentalstil mit antiker Thematik an.

Defregger, Franz von
* 30. 4. 1835 in Stronach, Tirol, † 2. 1. 1921 in München. Defregger war ein wichtiger Vertreter der → Münchner Schule in der Malerei des 19. Jh., in dessen Werk sich pathetische Komponenten spätbarocker Provenienz und derb-realistische Wirklichkeitsschilderungen vereint finden. Der Bauernsohn kam nach einer Lehre bei einem Holzschnitzer auf Empfehlung Karl von Pilotys zu Professor Hermann Dyck an die Münchner Kunstgewerbeschule und 1860 an die Münchner Akademie in die Klasse von Hermann Anschütz. 1863/64 hält er sich in Paris auf, was jedoch ohne Auswirkung auf seine Malweise bleibt. Nach seiner Rückkehr nach München tritt er in das Atelier Pilotys ein, wo er neben Hans Makart und Gabriel Max bis 1870 arbeitet. Bilder, wie das heute verschollene Gemälde Der verwundete Jäger von 1867 oder Speckbacher und sein Sohn Anderl, 1869 (Innsbruck, Tiroler Landesmuseum Ferdinandeum), die auf der Wiener Weltausstellung 1873 gezeigt wurden, brachten ihm einen solchen Publikumserfolg, daß er als einer der bekanntesten Münchner Maler der achtziger und neunziger Jahre gelten kann. 1878–1910 lehrte er als Professor an der Münchner Akademie. Historisch-genrehafte, vom

Pathos eines Piloty angeregte, freilich realistischere Darstellungen wie RINGKAMPF IN TIROL, 1870 (Köln, Wallraf-Richartz-Museum), oder HEIMKEHR DER SIEGER, 1876 (Berlin, Stiftung Staatl. Museen/West, Nationalgalerie), bilden das Hauptkontingent seines → Œuvres. Aus der Kraftmeierei und Heimattümelei dieser Sujets erklärt sich auch der Erfolg derartiger Gemälde. Aus der nationalistischen Komponente der Bilder von den Tiroler Freiheitskämpfen – etwa DAS LETZTE AUFGEBOT, 1872, oder DIE ERSTÜRMUNG DES ROTEN TURMES, 1881 (beide München, Neue Pinakothek) – leitet sich ein weiterer Erfolgsgrund ab. Mehr geschätzt sind heute in Sammlerkreisen seine Genrebilder mit Darstellungen des Tiroler Bauernlebens, etwa HOLZKNECHTE IN EINER SENNHÜTTE, 1880 (Hamburg, Kunsthalle). Sein Bestes leistete Defregger freilich wohl in Landschaftsstudien, die gelegentlich fast impressionistisch behandelt sind, und in Porträts, wie dem schönen BILDNIS DES FRÄULEINS ROSA AICHER VON AICHENEGG, 1866 (Privatbesitz).

Degas, Edgar Germain-Hilaire
* 1834 in Paris, † 1917 in Paris. Der französische Maler, Radierer und Bildhauer stammt aus einer gebildeten Bankiersfamilie. Ein Jurastudium brach er bald ab, um sich an der École des Beaux-Arts und im Atelier des Hippolyte Flandrin – Schüler Lamothes – der Malerei zu widmen. Seine Ausbildung orientierte sich an Ingres, den alten Meistern im Louvre und auf Italienreisen 1854–59 besonders an Giotto und den Florentiner Quattrocentisten. Die Zeichnung bildet die Basis seiner Kunst. Historienbilder wie JUNGE SPARTANERINNEN FORDERN KNABEN ZUM KAMPF HERAUS, 1860 (London, National Gallery), oder DIE LEIDEN DER STADT ORLÉANS, 1865 (Paris, Jeu de Paume), zeigen, daß er sich auf die Laufbahn eines „klassischen" Malers im Stile Ingres' vorbereitete. FRAU MIT CHRYSANTHEMEN, 1865 (New York, Metropolitan Museum), eröffnete eine Reihe dezentrierter Kompositionen, die den Bemühungen von Fotografie und Film um eine neuartige Raumaufteilung vorgreifen. Die Hauptperson ist in eine Ecke gerückt und vom Rahmen durchschnitten. Die Schräge ist ein weiteres Kunstmittel, das er mit Vorliebe verwendet, z. B. DIE TANZKLASSE, 1872 (Paris, Jeu de Paume). Die psychologische Begabung Degas' verraten seine klassisch zu nennenden Porträts: z. B. FAMILIE BELLELLI, 1860–62, ROSE ADELAIDE DE GAS, 1867 (Paris, beide in Jeu de Paume), HENRI ROUART UND SEIN SOHN ALEXIS, 1895 (München, Neue Pinakothek). Über Manet stieß Degas auf die → Impressionisten. Er trifft sich mit ihnen insofern, als er den

Edgar Degas, JOCKEYS HINTER EINEM WAGEN *(Paris, Louvre). Wie Themen aus der Welt des Balletts gehört auch der Pferdesport zum festen Bestandteil von Degas' Œuvre. Von den neuen Möglichkeiten der Fotografie fasziniert, hält er die Spannung vor dem Start schnappschußartig fest. Scheinbar zufällig ist das Anschneiden von Figuren.*

Edgar Degas, Orchestermusiker, *1872, 69 × 49 (Frankfurt, Städel). Der Bankierssohn Degas hatte einen besonderen Zugang zu den kulturellen Vergnügungen der höheren Pariser Gesellschaft. Das Szenenbild, aus dem Orchestergraben „aufgenommen", erhält seine besondere Spannung durch das schroffe Übereinander von Nah- und Fernsicht.*

Eugène Delacroix, Vor dem Blitz scheuendes Pferd, *1824, 24 × 32 (Budapest, Kupferstichkabinett). Das Aquarell des sich in unbändiger Vitalität jäh aufbäumenden Hengstes macht als Werk eines französischen Romantikers den Gegensatz zur deutschen romantischen Bewegung deutlich, die statt des Leidenschaftlichen religiöse Erfahrung suchte.*

Augenblick festhalten will und seine Kunst in den Dienst des modernen Lebens stellt. Er unterscheidet sich von ihnen jedoch, indem nicht die Landschaft, sondern die menschliche Gestalt Gegenstand seiner Kunst ist. Den zufälligen Bewegungsausschnitt versucht Degas in eine feste Form zu fügen, ohne die impressionistischen Mittel der Farbzerlegung und Formauflösung zu verwenden. Bevorzugte Themen seiner Bewegungsstudien sind Pferde auf der Rennbahn: z. B. Rennen. Fehlstart, 1869–72 (New York, Sammlung Whiteney), Jockeys vor den Tribünen, 1869–72 (Paris, Jeu de Paume), und die Welt des Theaters: Das Opernorchester, 1868/69, Ballettprobe auf der Bühne, 1874, Tänzerin mit Blumenstrauss, 1878 (Paris, alle in Jeu de Paume). Nach dem Krieg 1870 – Degas diente als Kanonier in der Nationalgarde – sandte er keine Bilder mehr zum Salon und schloß sich eng an die Impressionisten an. Einige Bilder der folgenden Jahre stehen den naturalistischen Romanen von Zola, Duranty und den Brüdern Goncourt nahe: z. B. Die Büglerinnen, 1876–78 (Paris, Jeu de Paume), Wäscherinnen, 1884 (New York, Sammlung H. J. Sachs), Vergewaltigung, 1875 (Philadelphia, Privatbesitz), Der Absinth, 1876 (Paris, Jeu de Paume). 1878–80, mit dem Nachlassen seiner Sehkraft, vollzieht sich eine Wandlung in Degas: Er greift den unterbrochenen Strich der Impressionisten auf und verwendet leuchtende Farben. Fast ausschließliche Themen sind Tänzerinnen und weibliche Akte bei der Toilette, die von einem unbeschönigten Realismus zeugen: z. B. Der Badezuber, 1886, Frau, die sich kämmt, 1887–90 (Paris, beide in Jeu de Paume). Daneben entstehen einige aus dem Gedächtnis gemalte Pastelllandschaften: z. B. Fluss unter dem Hügel, 1890–93 (Boston, Museum of Fine Arts). Die vollständige Erblindung in den letzten Lebensjahren führte Degas zur Bildhauerei.

Dejneka (Deineka), Aleksandr Aleksandrovič

* 8. 5. 1899 in Kursk, † 1969 in Moskau. Dieser zu den aktivsten sowjetischen Künstlern zählende Maler, Graphiker und Bildhauer war einer der Begründer des → Sozialistischen Realismus. Nach einem Studium an der Kunstschule in Charkow setzte er seine Ausbildung an den Höheren Staatlichen Künstlerisch-Technischen Lehrwerkstätten Sowjetrußlands (Wchutemas) in Moskau bei Andreevič Favorskij fort. Hier stritt er leidenschaftlich für eine realistische, parteiliche Kunst, die er gleichzeitig als Illustrator verschiedener russischer Zeitschriften praktizierte. 1928 vollendete er, bisher hauptsächlich als Graphiker hervorgetreten, sein dann als eines der ersten großen Werke des Sozialistischen Realismus bekanntgewordenes Gemälde Die Verteidigung von Petrograd 1917 (Moskau, Tretjakow-Galerie). Der hier bereits erkennbare Hang zum Plakativ-Monumentalen, bei dem auch Anregungen durch Ferdinand Hodler eine Rolle spielten, führten Dejneka dann in die Reihe der Begründer der OST (russ. Abk. für „Gesellschaft der Staffeleimaler"), die die Monumentalkunst zur einzigen Kunstgattung der sozialistischen Gesellschaft deklarieren wollte, und anfangs der dreißiger Jahre zur Plakatkunst. Reisen nach Frankreich, Italien und in

Edgar Degas, La tasse de chocolat, *1900/05 (Basel, Kunstmuseum). Die Wahl des Blickwinkels – von der modernen Fotografie als entscheidend erkannt – wurde von Degas in revolutionärer Weise erprobt. Darstellungen von Akten bei intimster Körperpflege wurden ihm zuweilen als entwürdigend für das Ansehen der Frau kritisiert.*

Eugène Delacroix, Dante und Vergil in der Hölle, *1821/22, 189 × 246 (Paris, Louvre). Schon dieses erste größere Gemälde des 24jährigen Delacroix wurde zum großen Erfolg. Die lebensgroßen Figuren der nach der Divina Commedia gestalteten Szene (Inferno VIII) verweisen in ihrer pathetischen Körperlichkeit auf Michelangelo und Rubens.*

Eugène Delacroix, TEUTONENZUG. *Dante, Shakespeare und andere Dichter, auch die Sage oder die Geschichte lieferten Delacroix häufig Vorlagen für malerische Inszenierungen. Eine geradezu symbolistische Stimmung erzeugt der einen verstorbenen Teutonen führende Ochsenkarren. Im Dämmerlicht tote Menschenleiber.*

die USA hinterließen in farbig verfeinerten Aquarellen und Gouachen ihre Spuren. Während des Zweiten Weltkriegs schuf er Gemälde, die in äußerster Knappheit des szenischen Aufwandes fast stillebenhaft die Stimmung des Krieges zum Ausdruck bringen. Zu den bedeutendsten späteren Werken zählen die Mosaikentwürfe beispielsweise für die Moskauer Untergrundbahn. Dejneka, der auch publizistisch sehr rührig war, war 1930–36 Lehrer am Moskauer Polygraphischen Institut und seit 1945 Professor an Moskauer Kunsthochschulen.

Delacroix, Ferdinand Victor Eugène

* 26. 4. 1798 in St-Maurice-Charenton bei Paris, † 13. 8. 1863 in Paris. Delacroix war als Maler, Aquarellist, Zeichner und Lithograph der wohl bedeutendste Vertreter der französischen → Romantik, der er das Gepräge von Farbigkeit und Dramatik verlieh, und als solcher einer der wichtigsten und wegweisendsten europäischen Maler des 19. Jh. überhaupt. „Es steht aber dem Verständnis der Kunst Delacroix' auch ein bedeutendes Moment entgegen: seine Universalität, der Umfang seines Schaffens, der den gesamten Bereich von Natur und Kultur einschließt. Delacroix war der letzte große Maler mit einem Anspruch auf Totalität . . . Insofern ist sein Werk ganz und gar historisch. Historisch gesehen wiederum aber enthüllt es seine ganze Bedeutung als bahnbrechend für die gegenwärtige Malerei der bloßen Farbformen; die Materie des Malers, die der Gegenwart zur Verfügung steht, hat Delacroix in ihren Möglichkeiten erst erschlossen . . ." (K. Badt). Delacroix entstammte einer wohlhabenden Familie, sein Vater war Diplomat in Holland, durch seine deutschstämmige Mutter war er mit der Ebenistenfamilie Oeben verbunden. Die ersten Lebensjahre verbrachte er in Bordeaux. Nach dem Tod seines Vaters übersiedelte er zusammen mit seiner Mutter nach Paris, wo er im Lycée Impérial mit Jean Louis Théodore Géricault zusammentraf. 1815 veranlaßte ihn sein Onkel, der seinerzeit geschätzte Porträtist Henri François Riesener, in das Atelier des Malers Pierre Narcisse Guérin einzutreten. Ein Jahr später besuchte Delacroix die École des Beaux-Arts. Freilich vermochten ihn die klassizistisch normierten Regeln der Akademie nicht zu befriedigen. So ging er seine eigenen künstlerischen Wege, indem er sich im Louvre vor dem MEDICI-ZYKLUS von Peter Paul Rubens, vor Gemälden Paolo Veroneses und vor Zeichnungen Francisco de Goyas seine Gedanken machte. Seinen ersten öffentlichen Auftrag, den Delacroix aufgrund eines Vermögensverlustes seiner Familie bitter nötig hatte, vermittelte ihm Géricault: 1821 hatte er das Altarbild mit der THRONENDEN MADONNA für das Kloster der Dames du Sacré-Cœur in Nantes (heute in der Kathedrale von Ajaccio) zu fertigen. Die Bekanntschaft mit Géricault, der gerade mit seinem FLOSS DER MÈDUSA beschäftigt war, inspirierte Delacroix auch zu seinem ersten wirklich aufsehenerregenden Gemälde, das er im „Salon" von 1822 ausstellte: die BARKE DANTES UND VIRGILS (DANTEBARKE) (Paris, Musée National du Louvre). Es zeigt Dante und Virgil bei der Überfahrt über den Styx. Die Farbigkeit des Bildes ist überwältigend in ihrer Aussagekraft. Das Ganze ist auf den Kontrast von Rot und Grün gegründet. Darin als einziges Blau das Gewand Charons, des Fährmanns der Unterwelt, das als dominanter Akkord hervorleuchtet. Der größte Teil des Hintergrundes ist grau gehalten, als Folie und Gegensatz der farbigen Vordergrundskomposition verstanden. Noch größeres Aufsehen und noch heftigere Ablehnung von seiten der offiziellen akademischen Malerei erregte das 1824 entstandene Gemälde GEMETZEL VON CHIOS (Paris, Musée National du Louvre), das von Jean Antoine Gros, dessen napoleonischen Bilder für Delacroix von großer anregender Bedeutung gewesen waren, als „Gemetzel der Malerei" bezeichnet wurde. Das Bild stellte das aktuelle Geschehnis der Vernichtung von 20 000 Griechen auf der Insel Chios durch die Türken dar. Wohl schon vor Entstehung dieses Gemäldes hatte Delacroix einige Werke John Constables und anderer englischer Landschafter gesehen, deren Anregungen er in diesem Werk verarbeitete: die Darstellung der Atmosphäre aus Licht und Farbe heraus, und damit der gesamte Aufbau des Bildes aus der Farbe und nicht – im akademischen Sinne – aus der zeichnerischen Komposition heraus. Die Farben werden den Objekten nicht mehr darstellungswertig auferlegt, sondern sind in gewisser Eigenwertigkeit mit diesen identisch. Das Bildfeld baut sich als innerlich fortsetzbarer Raum, „keine pathetischen Gesten betonen die Verzweiflung, der Schmerz ist nach innen genommen und verzehrt die Menschen wie verborgene Glut bis unter die Haut. Die verborgene Glut sind die Farben, die die Körper ebenso von innen her angreifen und aufzulösen beginnen" (F. Baumgart). Im Mai 1825 reiste Delacroix nach London, um sich erneut mit der zeitgenössischen, koloristisch in ganz Europa wahrscheinlich progressivsten, englischen Malerei auseinanderzusetzen, mit Werken Thomas Lawrences, Thomas Gains-

Eugène Delacroix, DIE AFRIKANERIN ASPASIA *(Privatbesitz). Eine Vorliebe für orientalisch-exotische Sujets war vielen Malern des 19. Jh. gemeinsam. Obwohl Delacroix als Bildnismaler weniger hervortrat – die Porträts Paganinis oder Chopins seien besonders erwähnt – wußte er den zurückhaltenden Charme des Mädchens einzufangen.*

boroughs und William Turners. Es waren aber auch Werke der englischen Literatur – Shakespeare, Sir Walter Scott und der in Europa enthusiastisch gefeierte Lord Byron –, die ihn beeindruckten und thematisch zu Umsetzungen in lithographische Serien anregten. Besondere Beachtung fanden die 16 Lithographien zum „Hamlet", eine Thematik, die er auch in mehreren Gemälden behandelte, und die 19 Blätter zu Goethes „Faust" sowie die Illustrationen zu Goethes „Götz von Berlichingen", Arbeiten, die ihrer thematisch-kecken, mit souveräner Freiheit vorgetragenen Aufmachung wegen von Goethe selbst sehr geschätzt wurden. Insgesamt veränderte der Englandaufenthalt Delacroix' Palette auf eine hellere und leuchtendere Farbgebung und auf die Tendenz hin, Licht und Schatten durch Farbdifferenzierungen und nicht nur durch Helligkeitsunterschiede ein und derselben Farbe auszudrücken. Die diffizile Abstufung der Farbe und die Umwandlung aller Bilderscheinung in Farbphänomene, so daß eine Trennung zwischen Form, Linie, Valeur und Farbe nicht mehr existiert, ist die Vorbedingung dafür gewesen, daß es Delacroix gelang, zu einer Einheit der Erscheinungen vorzustoßen, die ihren Wert und ihre Bedeutung als reine Malerei in sich selbst besitzt. Das Sichtbare des Naturvorbildes wird formal und vor allem farbig in einem bislang unbekannten Reichtum an Nuancen, Einzelheiten, Erfindungen persönlichster Art aufgelöst. Eine Erinnerung an die leidenschaftliche Koloristik des späten Rembrandt ist darin impliziert, die Delacroix dann auch immer stärker fasziniert hat. Derartige Innovationen konnte der Künstler nach seiner Rückkehr nach Paris in Bildern wie dem STILLEBEN MIT HUMMER, 1827 (Paris, Musée National du Louvre), und vor allem dem anklagenden Bild zum griechischen Befreiungskampf GRIECHENLAND AUF DEN RUINEN VON MISSOLUNGHI, 1827 (Bordeaux, Musée des Beaux-Arts), erproben. Vor allem in letzterem Gemälde entdeckte er im Gegensatz zum Klassizismus und dessen Farbenfeindschaft die stark koloristisch geprägten Gestaltungsmittel und Ausdruckswerte der venezianischen und flämischen Barockmalerei wieder, deren Meister er häufig kopierte. Das Jahr 1827, in dem hauptsächlich in der Zeitschrift „Le Miroir" auch seine ersten Lithographien, u. a. der Faust-Zyklus, erschienen waren, wurde von entscheidender Bedeutung für die weitere Entwicklung Delacroix'. Damals stellte er im „Salon" zwölf seiner Figurenkompositionen aus, die im Gegensatz zur linienbetonten, klassizistisch kühlen Malweise eines Jean Auguste Dominique Ingres standen und Delacroix bei den Kritikern zum Hauptvertreter der romantischen Schule machten. Unter den ausgestellten Bildern befanden sich als die bekanntesten der TOD DES SARDANAPAL (Paris, Musée National du Louvre), ein Gemälde, das thematisch von einem Stück Byrons angeregt war, und die HINRICHTUNG DES DOGEN MARINO FALIERI (London, Wallace Collection), die Delacroix selbst als sein bestes Bild betrachtete. Unter dem Eindruck der Julirevolution malte Delacroix 1830 nach zahlreichen Vorstudien das Gemälde DIE FREIHEIT FÜHRT DAS VOLK AUF DIE BARRIKADEN (Paris, Musée National du Louvre). Dieses wohl mit-

reißendste Revolutionsbild, das die Kunstgeschichte kennt, wurde 1831 unter Louis Philippe vom Staat aufgekauft, jedoch nach dem Wechsel des Regimes 1844 dem Künstler wieder zurückgegeben. Der weibliche Volksheld war stets ein beliebtes Thema der Romantik. Delacroix' „Freiheit", seine weibliche Protagonistin, die über den Leichen getöteter Männer die Fahne der Revolution aufrecht hält, aber ist mehr, ist eine „Allégorie réelle": eine verweltlichte Ecclesia militans, eine Freiheitsgöttin, mit deren volkstümlicher Kraft man sich identifizieren konnte, eine vergöttlichte anonyme Heldin aus dem Volk, ein bis heute in der Kunstgeschichte und Plakatkunst wirkmächtiger Typus. „Das eigentliche Thema des Bildes, tiefer angelegt als sein demokratisches Manifest, ist nicht die politische Freiheit, sondern die Lösung aller Bindungen, die Befreiung überhaupt, das Losbrechen der ent-

Eugène Delacroix, DIE FREIHEIT FÜHRT DAS VOLK AN, *1830, 360 × 225 (Paris, Louvre). In mehreren Werken – so auch im* MASSAKER VON CHIOS – *nahm der Künstler lebhaften Anteil am aktuellen Zeitgeschehen, hier an der Julirevolution des Jahres 1830. In Sympathie mit den Opfern und Gegnern der reaktionären Politik Karls X. läßt er die personifizierte Freiheit die Trikolore der Revolution statt des weißen Lilienbanners der Bourbonen schwingen.*

fesselten Instinkte. Der Rausch dieser Menschen, von einem Weibe angefacht, vermengt die Grausamkeit des Todes mit jener der Wollust, des Sichauslebens und Abwerfens aller Hemmnisse ... Das Gegenstück zur Freiheit auf den Barrikaden ist die Todesorgie des Sardanapal" (W. Hofmann). Als Begleiter eines französischen Gesandten reiste Delacroix 1832 auf eigene Kosten in die eben von Frankreich eroberten nordafrikanischen Gebiete und nach Spanien und begründete mit seinen Darstellungen der von ihm wegen ihrer Würde und Körperschönheit bewunderten Araber, mit wildbewegten Löwenjagden und ähnlichen Themen das sogenannte „orientalische Genre".

Diese Reise war das nachhaltigste Erlebnis für ihn. Kannte er bisher farbigen Reichtum nur über Tizian, Rubens u. a., so war er nun mit einer Wirklichkeit konfrontiert, in der die Farben eine neuartige Kraft und Fülle besaßen. Hier in Afrika fand er zahlreiche Motive, die von sich aus die stärksten Farben durch die Buntheit der Kostüme wie durch die Hautfarben der Menschen enthielten, zusammen mit einer Leidenschaftlichkeit des Lebensausdruckes, die ihn begeisterte. Abgesehen von der Vielfalt der Lokalfarben beeindruckte ihn am meisten die Koloristik der Körperschatten. Die Aufhellung des Schattens durch Lichtreflexe konnte Delacroix in diesen südlichen Ländern unmittelbar studieren. In Marokko und Algerien entstand eine Fülle vorbereitender Skizzen und Aquarelle für dann in Frankreich gemalte Bilder wie die beiden Fassungen der FRAUEN VON ALGIER IN IHREM GEMACH, 1834 (Paris, Musée National du Louvre), und 1849 (Montpellier, Musée Fabre), die JÜDISCHE HOCHZEIT IN MAROKKO, um 1839 (Paris, Musée National du Louvre), MULEY ABD ER-RAHMAN, UMGEBEN VON SEINER GARDE, 1845 (Toulouse, Musée des Augustins), und die beiden dramatischen, sich mit entsprechenden Kompositionen von Peter Paul Rubens auseinandersetzenden Gemälde TIGERJAGD, 1854 (Paris, Musée National du Louvre), und LÖWENJAGD, 1861 (Chicago, Art Insitute). Nach seiner Rückkehr nach Frankreich erhielt Delacroix durch Vermittlung von Adolphe Thiers den Auftrag, den „Salon du Roi" im Palais Bourbon auszumalen. Bis 1837 entstanden allegorische Darstellungen der Gerechtigkeit, des Krieges, des Ackerbaues und der Industrie. 1847 folgte die Dekoration der Kuppel des Palais Bourbon mit antiken Motiven. Eine Reihe von Schlachtgemälden war für die Schlachtengalerie des Musée de Versailles bestimmt, so das 1837 geschaffene Bild der SCHLACHT VON TAILLENBOURG und die 1840 entstandene EROBERUNG KONSTANTINOPELS DURCH DIE KREUZFAHRER (beide Paris, Musée National du Louvre). 1840 entstand eines der wichtigsten Bilder dieser Jahre, der SCHIFFBRUCH DES DON JUAN (Paris, Musée National du Louvre). Die literarische Anregung findet sich im 2. Gesang von Byrons „Don Juan". Die Schiffbrüchigen ziehen das Los, das einem von ihnen den Tod bringen wird. Don Juan ist abgesondert von den anderen, in einen Mantel gehüllt. Mit einem Seitenblick auf das FLOSS DER „MÉDUSA" von Géricault schrieb Gautier, niemals sei das Fürchterliche eines Schiffbruchs naiver gemalt worden. Auch das bedeutendste Bild des Jahres 1844, der TOD MARC AURELS (Lyon, Musée des Beaux-Arts) gehört in die Reihe der bei Delacroix so wichtigen historischen Ereignisbilder. In den folgenden Jahrzehnten schlossen sich weitere Staatsaufträge an. 1845–47 fertigte der Künstler die Wand- und Deckengemälde in der Bibliothek des Palais du Luxembourg. Er entwarf ein religions- und kulturgeschichtliches Programm, dessen Grundgedanke die Auseinandersetzung zwischen Kultur und Barbarei bildet und wobei Delacroix' Parteinahme für die bewahrenden Geschichtskräfte in der poetisch-allegorisierenden Darstellungsweise zum Ausdruck kam. In diesem Zusammenhang ist auch das 1850 entstandene Gemälde MICHELANGELO IN SEINEM ATELIER (Montpellier, Musée Fabre) zu sehen, in dem Michelangelo als melancholisch-vereinsamter Künstler gegeben ist, so wie ihn Delacroix in einem 1830 erschienenen Aufsatz beschrieben hatte. 1850/51 arbeitete Delacroix an der „Galerie d'Apollon" im Louvre. 1851–54 entstand die Dekoration des „Salon de la Paix" im Pariser Rathaus, die 1871 bei einem Brand zugrunde ging. In seinen letzten Lebensjahren führte er in der Pariser Kirche St-Sulpice die 1861 vollendeten Fresken JAKOBS KAMPF MIT DEM

Robert Delaunay, FENSTER-BILD, *1912 (Hamburg, Kunsthalle). „Orphismus" nannte Delaunays Interpret, der Dichter Apollinaire, dieses weiterentwickelte Stadium der abstrakten Malerei seines Freundes. Die Serie der „Fenster-Bilder" überzieht Leinwand und Bildrahmen gleichermaßen mit einem an kristalline Strukturen erinnernden Farbmuster.*

ENGEL und die VERTREIBUNG DES HELIODOR aus. Ganz entscheidend in den Werken dieser Jahre ist erneut die Kühnheit der Koloristik. Delacroix hatte das Phänomen der Komplementärfarben zur Grundlage seiner Kunst erhoben, indem er die Grenzen der Naturerscheinungen überschritt und die komplementären Farbkontraste aus der Phantasie gestaltete, sie steigerte und mit ihrer Hilfe zu einem ganz neuen Bildideal fortschritt. K. Badt, einer der besten Kenner Delacroix', schreibt: „Die Möglichkeit, die Körper durch Farbzusammenstellungen und Farbstufen einer unendlichen Mannigfaltigkeit darzustellen, die Grund- und die Mischfarben immer weiter zu modifizieren und zu differenzieren, die Bildfläche also mit einem dichtgeflochtenen Gewebe von Farbstrichen derart zu bedecken, daß ein Gegenständliches, Wirkliches sichtbar wurde, ohne zu festen Formen zu erstarren, daß man Gegenstände modellieren konnte, ohne sie linear zu zeichnen, das erlaubte Delacroix, von dem Ideal der Vollendung abzugehen und ihm das Ideal der Unendlichkeit in der Malerei entgegenzusetzen." Delacroix, der trotz vieler offizieller Aufträge von der klassizistisch orientierten Akademie lange Zeit gering geschätzt und erst nach 1857 zu ihrem Mitglied ernannt wurde, hinterließ bei seinem Tode rund 850 Gemälde, darunter kaum reine Landschaften und nur wenige Porträts, über 6000 Handzeichnungen, 24 Radierungen und über 100 Lithographien. Auch als Kunsttheoretiker ist er von nicht zu unterschätzender Bedeutung. Sein „Tagebuch", Aufsätze für die „Revue des Deux Mondes" und für den „Moniteur", die farbtheoretischen Untersuchungen und die Notizen für ein geplantes Kunstwörterbuch sind aufschlußreiche Dokumente seines Bestrebens, die Kunst gerade in ihrer Sinnlichkeit auch rational zu erfassen. Seine Kunst initiierte den die französische Malerei jahrzehntelang spaltenden Streit zwischen seiner Auffassung und der des regelstrengen Spätklassizisten Ingres. Ein Streit, der schließlich zugunsten Delacroix' gelöst wurde, spätestens dann, als Paul Cézanne, Vincent van Gogh und vor allem die Impressionisten auf die Prinzipien dieses so außerordentlich bedeutsamen Künstlers zurückgriffen und als ihr Vorbild anerkannten.

Delaunay, Robert Victor Felix

* 12. 4. 1885 in Paris, † 25. 10. 1941 in Montpellier. Einer der wichtigsten Vertreter der abstrakten Malerei, der den Kubismus zum → Orphismus modifizierte. Am Ende seiner Lehrzeit bei einem Dekorationsmaler malte Delaunay 1904 seine ersten Bilder im Stil der

Robert Delaunay, EIFFELTURM, *1910/11, 130 × 97 (Essen, Museum Folkwang). „Solange die Kunst vom Gegenstand nicht loskommt, bleibt sie Beschreibung, Literatur, erniedrigt sie sich in der Verwendung mangelhafter Ausdrucksmittel, verdammt sie sich zur Sklaverei der Imitation", schrieb Delaunay anläßlich seiner Ausstellung im Berliner „Sturm" 1913. Der Eiffelturm, für den Künstler „Sinnbild größter Höhe", diente in einigen Bildserien als Experimentierfeld für Versuche im kubistischen Stil.*

Paul Delvaux, Pygmalion, *1939, 117 × 147 (Privatbesitz). Statt des antiken Bildhauers, den die Liebe zu einer selbst erschaffenen marmornen Mädchenfigur erfaßt, zeigt der belgische Surrealist eine sich nach Belebung des Knabentorsos sehnende Frau. Die Rationalität des Wortes scheitert gewöhnlich vor Delvaux' verschlüsselten Welten.*

Schule von → Pont Aven. Während des Krieges beschäftigte er sich mit der Farbtheorie Michel Eugène Chevreuls, die ihn auch dem → Neoimpressionismus näherbrachte. Von hier führte sein Weg über Paul Cézanne zum Kubismus. Die rein kubistische Phase dauerte von 1910–12. In Stilleben, Landschaften und Städtebildern interessierten ihn die Raumverschachtelungen und die Verklammerung von Formrhythmen zu einem simultanen Ganzerlebnis. In seiner Eiffelturm-Serie steigert sich die Dynamik des Formgefüges zur expressiven Vision. Am deutlichsten zeigt sich die dem analytischen Kubismus analoge Formzersplitterung in dem riesigen Bild Die Stadt Paris, 1910–12 (Paris, Musée National d'Art Moderne). Die Farbe wird zum Äquivalent des Lichtes, aus ihrer Polyphonie konstituiert sich der kristalline Lichtkubus. 1911 und 1912 beteiligte er sich an Ausstellungen des → Blauen Reiter in München – der Beginn einer starken gegenseitigen Beeinflussung. 1912 arbeitete Delaunay an der Serie der Fenster. Ausgehend vom Motiv des offenen Fensters im Sonnenlicht, werden die Bilder in den prismatischen Farben zu einem kristallenen Gefüge transparenter Pläne. Die Theorien Chevreuls wirken sich aus: Delaunay sieht, wie er sagt, das Licht „als Farborganismus aus komplementären Werten, aus zum Paar sich ergänzenden Massen, aus Kontrasten auf mehreren Seiten zugleich". Die darstellerische Selbständigkeit des Farb-Lichtes wurde Ende 1912 in den Formes circulaires und den Disques simultanés – kreisförmigen, sich durchdringenden Farbflächen – weiter erprobt. Diese Farbspiele bedeuten die Rhythmik, die durch Welt und Sein hindurchgeht. Das Bild Kreisform, 1912 (Meriden, Connecticut, Sammlung Mr. und Mrs. Burton G. Tremaine), gilt dabei als das erste abstrakte Gemälde der französischen Kunst. Guillaume Apollinaire prägte für diese poetischen Farborchestrierungen den Namen „Orphismus". Das weitere Schaffen Delaunays ist ständiges Experimentieren mit dem Orphismus, wobei seit den zwanziger Jahren wieder verstärkte figürliche Bezüge in seinen Arbeiten auftauchen.

Delaunay-Terk, Sonia

* 14. 11. 1885 in der Ukraine. Vertreterin des → Kubismus und Mitbegründerin des → Orphismus. Zunächst beeinflußt von Werken Vincent van Goghs und Paul Gauguins, wurde dann Robert Delaunay, den sie 1910 heiratete, für sie prägend, ohne daß sie deshalb ihre künstlerische Eigenständigkeit aufgegeben hätte. Die Auseinandersetzung mit Farbe und Fläche bestimmte ihr kubistisches und orphistisches Schaffen, später traten großformatige figürliche Darstellungen hinzu. Bei stets differenzierter Koloristik vereinfachte sie ihre Formgebilde mehr und mehr, um sich in den letzten Jahren vollends einer geometrischen Abstraktion zuzuwenden. Die Künstle-

Charles Demuth, Gebäude-Abstraktion, *1931, 71 × 60 (Detroit, Institute of Art). Motive aus der Industriearchitektur, Fassaden oder Hochbehälter, übten auf den amerikanischen Künstler eine besondere Faszination aus. Mit einer präzisen linearen Disziplin unterwarf er die farblich vereinfachten Flächen einem strengen Liniengerüst.*

rin schuf auch viele Illustrationen, Aquarelle, Stoffdessins und bemalte Keramiken.

Delvaux, Paul
* 23. 9. 1897 in Antheit bei Huy, lebt in Brüssel. Wichtiger belgischer Vertreter des veristischen → Surrealismus. Nach einem nur einige Monate währenden Architekturstudium erhielt er ab 1917 an der Brüsseler Kunstakademie, in der Klasse von Constant Montald, eine klassische Ausbildung in der Malerei. In dieser Zeit ist er vorwiegend mit Landschaftsbildern in neoimpressionistischem Stil beschäftigt. Zu Beginn der dreißiger Jahre gerät er unter den Einfluß der belgischen Expressionisten Constant Permeke und Gustave de Smet. Vor allem aber beeindruckt ihn auch James Ensor. Nun entstehen großformatige Volksfestszenen mit großen nackten Figuren. Später zerstörte Delvaux alle diese Bilder, da er sich nicht mehr mit ihnen identifizieren konnte. Eine entscheidende Wende brachte das Jahr 1934: Delvaux besucht in Brüssel die Ausstellung „Minotaure". Sie offenbart ihm, in Werken von René Magritte, Max Ernst und Salvador Dalí, den Surrealismus. Den stärksten künstlerischen Schock erhält er vor einem Bild von Giorgio de Chirico: RÄTSELHAFTES UND MELANCHOLIE EINER STRASSE. Von nun an durchbricht er die gewohnte Realität in seinen Bildern durch surreale Verfremdungen und abnorme Dingzusammenstellungen. Die überstürzten Perspektiven, die leere Architekturensembles durchwalten, und die gespenstisch harte Beleuchtung erinnern an de Chirico, die überscharfe zeichnerische Genauigkeit und die kühle Koloristik an Magritte und Dalí. Er beginnt, in seiner Malerei eine fast stets gleichbleibende Thematik zu entwickeln, die „die Welt zum Reich einer Frau – immer derselben – machte, die über die großen Vorstädte des Herzens herrscht" (André Breton). Meist nackte Frauen von unterkühlter Erotik schreiten traumwandlerisch durch klassizistische Säulenhallen, verlieren sich in pompösen Architekturen und seltsam kristallinen Landschaften, warten auf trostlosen Provinzbahnhöfen

Maurice Denis, LANDSCHAFT MIT GRÜNEN BÄUMEN, *1893, 45 × 42 (Privatsammlung). Der „Nabi mit den schönen Ikonen", wie Denis im Kreis seiner symbolistischen Malerfreunde genannt wurde, gelangte im Bereich der sakralen Kunst zu höchst individuellen Schöpfungen. Der weiße Zug zu einer hellen Engelsgestalt mutet feenhaft und unwirklich an.*

auf Unbestimmtes, warten und schlagen dabei manchmal metamorphotisch Wurzeln. In Bildern wie DIE ROSA SCHLEIFEN, 1937 (Antwerpen, Koninklijk Museum voor Schone Kunsten), PYGMALION, 1939 (Brüssel, Musées Royaux des Beaux-Arts), oder JUNGE FRAUEN IN EINER KLASSISCHEN LANDSCHAFT, 1940 (Brüssel, Sammlung J. Krebs), verharren diese Frauengestalten in völliger Beziehungslosigkeit zueinander. Ab 1938, dem Jahr seiner Italienreise, beteiligte sich Delvaux an großen internationalen Ausstellungen. 1944 wird er weltweit berühmt. 1950 unterrichtet er an der Brüsseler nationalen Hochschule für Kunst und Architektur, anschließend erhält er eine Professur an der königlichen Akademie. In den vierziger Jahren erweiterte er seinen Themenkreis mit Bildern von meditierenden Gelehrten, etwa in MONDPHASEN, 1941 (Brüssel, Sammlung André Delvaux), auch religiöse Sujets behandelte er auf sarkastische Weise, etwa in der KREUZABNAHME von 1949 (Brüssel, Sammlung R. Vanthournout), wo Skelette zu seinen Hauptakteuren werden. Delvaux, der auch hervorragende Lithographien und Aquatinta-Radierungen schuf, entspricht mit seinem → Œuvre jenem häufig auch sentimentalen Surrealismus, dessen Ursprung im → Symbolismus zu finden ist. Die oft routinierte Glätte der Malweise und die thematische Beschränkung bringen allerdings die Gefahr leerer Wiederholung bei diesem ansonsten sehr qualitätvollen Künstler mit sich.

Demuth, Charles

* 8. 11. 1883 in Lancaster, Pennsylvania, † 23. 10. 1935 in Lancaster. Der seit seinem 4. Lebensjahr teilweise gelähmte Künstler erhielt seine Ausbildung an der Pennsylvania Academy of Fine Arts und ab 1912 in Paris an der → Académie Julien und Académie Collarossi. Hier begegnete er Marcel Duchamp, Marsden Hartley und Gertrude und Leo Stein. 1914 kehrte Demuth in die USA zurück. In seinen Anfangswerken arbeitete der Künstler hauptsächlich mit Wasserfarben. Er illustrierte Bücher wie Emile Zolas „Nana" und Henry James' „The Turn of the Screw" und „The Beast and the Jungle". Er gehörte zu der Gruppe der → Präzisionisten und begann in den 20er Jahren hauptsächlich industrielle Landschaften, Architekturbilder, Stillleben und metaphorische Porträts zu malen. Inspiriert von den → Kubisten adaptierte er von ihnen die Reduktion der Formen zur einfachen Geometrie. Er benützte Linien, um das Licht in Schichten kontrollierter Energie zu leiten und die Elemente der Komposition zu vereinigen, ähnlich den italienischen → Futuristen. Eines seiner wichtigsten Gemälde, ICH SAH DIE ZAHL 5 AUS GOLD, 1928 (New York, Metropolitan Museum of Art), bezieht sich auf eine Zeile aus einem Gedicht

André Derain, DIE THEMSE, *81 × 100 (Privatbesitz). In Derains schöpferischste Phase, die seines frühen Schaffens als Mitbegründer des Fauvismus, gehört eine Serie von Ansichten der Themse, die 1905/06 entstand. Auf dem Grundakkord von Gelb und Blau baut sich dieses Bild auf, das mehr als andere einen Lichtraum suggeriert.*

André Derain, DIE TÄNZERIN, *1906 (Kopenhagen, Statens Museum for Kunst). Die Intensivierung der Farbe durch die „Fauves“ führte bei figürlichen Darstellungen zu einer Neubewertung des Konturs, der hier deformierend oder auch übertreibend eingesetzt wird. Die Themenwahl stimmt vielfach mit jener der Impressionisten überein.*

seines Freundes William Carlos Williams. In diesen sog. „Poster Portraits“ gab Demuth Zahlen und Werbeschilder wieder, eine Tendenz, die sich schon in den ironischen Bildern der früheren 20er Jahre angedeutet hatte, als seine Landschaften und Architekturen noch nicht so sehr vom „abstrakten Realismus“ bestimmt waren.

Denis, Maurice
* 25. 11. 1870 in Granville, Manche, † 13. 11. 1943 in St-Germain-en-Laye. Wichtiges Mitglied der Gruppe der → Nabis. 1888 lernte er in Paris an der Académie Julien Paul Sérusier kennen, der ihn mit dem Werk Paul Gauguins bekannt machte. In der dekorativen Flächenbindung, in einer bewußten formalen Einfachheit, in der fließenden Linienführung, die sich fast schon zur jugendstilähnlichen Arabeske steigern konnte, in Zügen, die in Bildern wie DIE MUSEN, 1893 (Paris, Musée National d'Art Moderne), oder DIE LEITER IM BAUM, 1892 (St-Germain-en-Laye, Privatsammlung), deutlich werden, sollte das Kunstwerk nicht mehr anekdotisch schilderndes, sondern stimmungshaftes Ausdruckssymbol von Empfindungen werden. Durch die Kenntnis von Frührenaissancewerken angeregt, versuchte Denis, die Kunst auch inhaltlich auf ihre Anfänge einfach-„naiver“ Religiosität zurückzuführen. Diese Bestrebungen fanden in monumentalen Fresken und Glasfenstern ihren Höhepunkt. In dem Ölbild HOMMAGE À CÉZANNE, 1900 (Paris, Musée National d'Art Moderne), brachte Denis seine Bewunderung für Cézanne zum Ausdruck.

Derain, André
* 17. 6. 1880 in Chatou bei Paris, † 8. 9. 1954 bei Garches. Vor allem mit seinem Frühwerk zählt der Maler und Graphiker zu den wichtigsten Vertretern des → Fauvismus und des → Kubismus. 1898 besuchte er in Paris die Académie Carrière, wo er auch Henri Matisse traf. 1900 befreundete er sich mit Maurice de Vlaminck – beide waren damals begeistert von Bildern Vincent van Goghs, die bei einer großen Retrospektivausstellung zu sehen waren. 1904 besuchte Derain die → Académie Julian, ein Jahr später fand er in Ambroise Vollard seinen ersten Förderer. Die Zusammenarbeit von Matisse, Derain und anderen gleichgesinnten Künstlern hatte 1905 zur Begründung des Fauvismus geführt. „Die Farben wurden für uns zu Dynamitpatronen. Sie sollten Licht entladen. Die Idee in ihrer Frische war wundervoll, daß man alles über das Wirkliche hinausheben könnte“ (Derain). Aber selbst in der äußersten künstlerischen Freiheit hält Derain Zucht. Er ist geordneter, klassischer als die übrigen Fauves, behält einen monumentaleren Zug durch eine gewisse dekorativ-breite Anlage im Bildaufbau, z. B. auch in LANDSCHAFT AN DER MEERESKÜSTE: DIE CÔTE D'AZUR BEI AGAY, 1905 (Ottawa, National Gallery of Canada). Die Bekanntschaft mit Georges Braque und Pablo Picasso 1907 sowie die im gleichen Jahr stattfindende große Pariser Gedächtnisausstellung für Paul Cézanne führten Derain zu einer noch strengeren Bildkonstruktion und zu einer Abdämpfung der Farbigkeit. Die Kenntnis der Negerplastik, auf die Derain bereits 1905 auch Picasso aufmerksam machte, initiierte ebenfalls die formale Bildstabilisierung in Richtung auf den Kubismus. Bilder wie SCHLOSS CAGNES, 1910 (Moskau, A.-S.-Puschkin-Museum), oder STILLEBEN AUF EINEM TISCH, 1910 (Paris, Musée National d'Art Moderne), dokumentieren die Ausrichtung auch Derains kubistischer Phase aufs Klassische, die er durch Formvereinfachung und -verdichtung, durch Klarheit des Konturs und deutliche Bestimmung der Lokalfarben erreichte. 1914–20 entstanden bereits wieder realistische Gestaltungen in einem neoklassischen Stil, der durchaus schon Tendenzen z. B. des → Magischen Realismus vorwegnahm. In den zwanziger und dreißiger Jahren entwickelte der inzwischen international bekanntgewordene Künstler einen immer flüssigeren

George Desmarées, BILDNIS MARIA B. THERESA VON KAPPLER, *um 1770 (München, Lenbachhaus). Das Rokoko-Porträt der Bürgermeisterstochter bringt kaum mädchenhafte Unbefangenheit zum Ausdruck. Wie eine verkleinerte Hofdame erscheint sie mit ihrer gepuderten Perücke, artifiziell ist ihre Pose und eher spröde ihr mimischer Ausdruck.*

François Desnoyer, La Femme en Rose *(Lille, Musée des Beaux-Arts). Eine Derain oder Matisse verwandte Malweise bevorzugte Desnoyer, ähnlich wie die Kubisten fügte er mehrere perspektivische Ansichten synthetisch zusammen. Viel Unbekümmertheit geht von dem sitzenden Mädchen aus, das keck die Augen geschlossen hält.*

und eleganteren, an Corot und Auguste Renoir ausgerichteten, eingängigen Stil, der der Brillanz des malerischen Vortrages wegen größte Anerkennung fand, aber trotzdem ein Nachlassen der künstlerischen Qualitäten verrät. Derain schuf auch viele Ballettdekorationen.

Deruet, Claude
(auch de Ruet)
* 1588 vermutlich in Nancy, † 20. 10. 1660. Der bedeutende lothringische Hofmaler arbeitete größtenteils im spätmanieristischen Stil. Stark geprägt durch Jacques Bellange und Jacques Callot ging Deruet 1613 nach Italien, wo er von Antonio Tempesta weiter geschult und in der Technik des Kupferstiches unterrichtet wurde. 1620 trat er in Nancy die Nachfolge Bellanges als Hofmaler an. Seine Bedeutung als Festdekorateur ist heute nur mehr schwer abzuschätzen. Zu seinem Aufgabenkreis gehörten auch Bildnisse der höfischen Gesellschaft, etwa das Reiterporträt Karls IV. von Lothringen, 1630 (Nancy, Musée Lorrain). Nach der Eroberung Lothringens durch die Franzosen 1633 trat Deruet in die Dienste des Kardinals Richelieu. Dieser bestellte 1641 bei ihm vier Bilder mit der Darstellung der Vier Elemente (Orléans, Musée des Beaux-Arts), die für das Zimmer der Königin im Schloß des Kardinals bestimmt waren. Detailliert schildert Deruet hierbei die höfischen Vergnügungen.

Desmarées, George
(auch des Marées)
* 29. 10. 1697 in Österby, Schweden, † 3. 10. 1776 in München. Der bedeutende Porträtmaler des Rokoko stammte väterlicherseits von französischen Emigranten, mütterlicherseits von der niederländischen Malerfamilie Meytens ab. Martin van Meytens d. Ä. war es so auch, der um 1700 in Stockholm den jungen George in die Lehre nahm. Gegen 1720 ist Desmarées schon bei der schwedischen Aristokratie ein beliebter Bildnismaler. Aber 1724 geht er, wie damals üblich, auf Wanderschaft, zunächst nach Amsterdam, dann zu seinem Bruder, dem Pfarrer Abraham, dem Urgroßvater von Hans von Marées, nach Nürnberg, wo er von dem Porträtmaler Johann Kupezky Anregungen erfährt. 1725 findet er sich in Venedig, wo er dem Einfluß von Giovanni Battista Piazetta unterliegt, dessen energische Helldunkel-Malerei er später in eine weichere Koloristik transformiert. 1730 beruft ihn Kurfürst Karl Albrecht als Hofmaler nach München, und hier entfaltet er nun eine reiche Tätigkeit, die ihn auch an andere Höfe führt: 1745–49 und 1752–54 steht er in Bonn in Diensten des Fürstbischofs Clemens August von Köln, 1752 ist er beim Landgrafen Wilhelm VIII. von Hessen-Kassel beschäftigt. Eleganz, Sinn für Repräsentation, ein feines Farbgefühl und lockere Maltechnik zeichnen seine besten Bildnisse zwischen 1750 und 1770 aus, etwa das Porträt Der Künstler und seine Tochter (München, Alte Pinakothek) oder Kurfürst Max III. Joseph und sein Intendant Graf Seeau, 1755 (München, Residenzmuseum). Desmarées trug in Süddeutschland entscheidend zur Verbreitung der französischen höfischen Rokokomalerei bei, der keine große Zukunft mehr beschieden war.

Johann G. v. Dillis, DAS THEATER VON TAORMINA, *1817/18, 36×51 (München, Graphische Sammlung). Taormina liegt mit seinem griech.-röm. Theater auf einer Terrasse an der Ostküste Siziliens. Dillis, der mehrfach – auch als Begleiter des bayerischen Königs – Italien besuchte, betonte die von ihm verehrten antiken Reste gegenüber der Landschaft.*

Desnoyer, François

* 30. 9. 1894 in Montauban, † 21. 7. 1972 in St-Cyprien. Der Maler und Bildhauer versuchte in seinem Werk, Elemente des → Fauvismus und den → Kubismus zu einer Synthese zu bringen, in der Gegenständliches dominiert. Nach einem Studium an der École des Arts Décoratifs in Paris stellte er seine Bilder ab 1923 regelmäßig im → Salon des Indépendants aus. 1939 erhielt er den Grand Prix de la Peinture Contemporaine.

Desportes, François

(Alexandre François)

* 24. 2. 1661 in Champigneulles, Haute-Marne, † 20. 4. 1743 in Paris. Der zu seiner Zeit sehr geschätzte Barockmaler kam 1673 in Paris zu Nicasius Bernaerts in die Lehre, der ihn mit der barocken flämischen Jagd- und Tiermalerei vertraut machte, die 1695/96 am Hof des polnischen Königs Jan Sobieski III. entstandenen Porträts der königlichen Familie und anderer Adliger machten ihn auch in Paris bekannt. Nach seiner Rückkehr wurde er mit dem SELBSTBILDNIS ALS JÄGER von 1699 (Paris, Musée National du Louvre) in die dortige Akademie aufgenommen. Gleichzeitig wurde er von Ludwig XIV. zum Hofmaler für Jagd- und Tierstücke ernannt. Unter Ludwig XV. schmückte er die Menagerie von Versailles und La Muette sowie die königlichen Schlösser in Marly, Compiègne und Choisy mit Tierdarstellungen aus. Besonders kühn für die damalige Zeit waren seine vor der Natur gemalten Landschaftsskizzen, die den → Pleinairismus des 19. Jh. vorwegzunehmen scheinen. Daneben schuf er auch eine Reihe von Tapisserieentwürfen (→ Bildteppich).

Otto Dix, DIE ELTERN DES KÜNSTLERS, *1924, 118×131 (Hannover, Kunstmuseum). In diesem Doppelporträt, einer Inkunabel der Kunst der 20er Jahre, legt Dix keineswegs verklärend die Mühsal eines arbeitsreichen Lebens offen. Ein Zettel nennt lapidar das Alter des Eisenbahnarbeiters und seiner Frau.*

Dillis, Johann Georg von
* 26. 12. 1759 in Grüngiebing, Oberbayern, † 28. 9. 1841 in München. Nach einem Studium der Theologie und Philosophie besuchte D. in München die Zeichenakademie, um dort die Bildnis- und Landschaftsmalerei zu lernen. Bald erteilte er selbst Unterricht bei Familien des Münchner Adels und gehörte zum Kreis jener Künstler, die für das kurfürstliche Handzeichnungskabinett Karl Theodors Aquarellansichten bayerischer Landschaften fertigten. Als Inspektor der Hofgartengalerie seit 1790 und als „Central-Galleriedirektor" von 1822 an, leitete D. die Neugestaltung der bayerischen Sammlungen, die künstlerische Arbeit stand neben seiner verdienstvollen Amtstätigkeit. Die Aquarell- und ganz besonders die Ölstudien, wie beispielsweise das TRIVASCHLÖSSCHEN, 1797 (München, Neue Pinakothek), oder die drei ANSICHTEN VON ROM, 1818 (München, Schackgalerie), zeigen, wie gut D. es vermochte, die Strukturen von Landschaft und Vegetation oder einer städtischen Topographie so wiederzugeben, wie sie dem flüchtigen Blick unter den herrschenden Lichtverhältnissen erscheinen.

Dine, Jim
* 16. 6. 1935 in Cincinnati, Ohio; lebt in London. Der amerikanische Maler, Graphiker, Bildhauer, Dichter und Bühnenbildner verbindet in seinen Bildern Elemente des → abstrakten Expressionismus mit der plakativen Figürlichkeit der → Pop-art. 1959 ließ er sich in New York nieder und erregte mit Happenings wie CAR CRASH, JIM DINE'S VAUDEVILLE und THE SHINING BED beträchtliches Aufsehen. In seinen Bildern vereinigen sich einfache Figurationen mit einer expressiv, aber sensibel vorgetragenen abstrakten Handschrift. Das Moment des Zufällig-Assoziativen, das durch den freien Farbauftrag bewirkt wird, stellt aber auch Bezüge zum → Dadaismus und → Surrealismus her. Daneben integriert Dine im Sinne des → Combine paintings und der Materialcollage auch reale Alltagsgegenstände in seine Arbeiten, beispielsweise in TENNIS SHOE, 1962 (Darmstadt, Sammlung Karl Ströher), was seinen Werken den Aspekt verfremdender Dingmagie mit-

Otto Dix, DER KUNSTHÄNDLER ALFRED FLECHTHEIM, *1926, 120 × 80 (Berlin, Nationalgalerie). Nicht gerade die wohlwollende Einfühlung des Porträtisten in sein Modell ist für Dix' Bildnisse charakteristisch. Ohne Schmeichelei wird Flechtheim wiedergegeben. Ölbilder von Juan Gris sind fragmentarisch sichtbar.*

Otto Dix, Drei Dirnen auf der Strasse, *1925, 95 × 100 (Privatsammlung). Desillusionierend oder abstoßend könnten bisweilen Attribute für Werke von Otto Dix sein, der in der Weimarer Zeit neben George Grosz zu den radikalsten Verfechtern eines ungeschminkten Realismus zählte. Die Nähe zur Karikatur ist oft groß.*

teilt. Dine lehrte 1965–67 an der Yale University. 1967 ging er nach London und schuf seit den sechziger Jahren die sogenannten Name-Paintings, Bilder, in denen die Namen seiner Freunde erscheinen und die Qualität realer Gegenständlichkeit übernehmen.

Dionisij
(auch Dionysos)
* um 1440, † vor 1508. Nach Andrej Rublëv der bedeutendste Vertreter der altrussischen → Ikonenmalerei. Dionisij führte die Tradition Rublëvs weiter, vor allem hinsichtlich der Farben, die bei ihm noch feiner, leuchtender, häufig aber auch allzu effektvoll sind. Im Gegensatz zu den harmonischen Proportionen der Figuren Rublëvs bevorzugte er überlängte, zerbrechlich wirkende Gestalten. Auch der Ornamentik wies er eine größere Rolle zu als sein Vorgänger. Zu seinen Hauptwerken zählt eine → Hodegetria-Ikone für das Woznesenskij-Kloster in Moskau von 1482 (Moskau, Tretjakow-Galerie), Der hl. Dimitrij Prilutzkij und Szenen aus seinem Leben, 1500 für das Pawlow-Obnorskij-Kloster bei Wologda geschaffen (Wologda, Museum), und Malereien für das Therapontoskloster, 1500–02, und die Uspenskij-Kathedrale in Moskau.

Dix, Otto
* 2. 12. 1891 in Gera-Untermhaus, † 25. 7. 1969 in Singen. Als Maler, Zeichner und Graphiker zählt Otto Dix zu den wichtigsten deutschen Künstlern der Moderne, der mit seinem veristischen, kritischen Realismus seiner Epoche einen demaskierenden Spiegel vorhielt.
Jeder Art von „Ismus" abhold, widmete er sich der realistischen Kunst, hielt die gegenstandslose Kunst für ein neues Kunstgewerbe und bestand darauf, daß die Form mit dem Inhalt identisch sein müsse. In diesem Sinn verstand Dix eine veristische Wirklichkeitsdarstellung nicht als tendenziöse Stellungnahme, sondern als die einzige Möglichkeit des Künstlers, dem Chaos der Wirklichkeit einen Ordnungsfaktor gegenüberzustellen, der auch die häßlichsten Seiten der Realität im Sinne nüchterner Bestandsaufnahme einschließt.
Neben dem Impressionismus waren es ab 1912 auch expressionistische Tendenzen, die den jungen Dix beeinflußten, doch zeigt schon das Selbstbildnis mit Nelke von 1912 (Detroit, Institute of Arts) den genauen → Lasurstil der altdeutschen Meister, mit dessen Hilfe der Maler immer „dichter an die Wirklichkeit herankommen" wollte. Die folgenden kubistischen und futuristischen Versuche blieben ohne nachhaltige Wirkung bei der malerischen Bewältigung des Ersten Weltkriegs sowie der Verarbeitung erotischer und religiöser Thematik. Waren 1919 einigermaßen mystische Bilder wie das Mondweib (Berlin-Ost, Nationalgalerie) entstanden, so versuchte Dix 1920 mit dadaistischen → Collagen das Grauen seiner Bilder durch groteske Komik zu komplementieren. Der Streichholzhändler oder die Prager Strasse (beide Stuttgart, Staatsgalerie) sind Beispiele der Nachkriegsthematik, die Dix zu schonungsloser und oft brutaler Schilderung von Kriminalität, Laster und Hunger veranlaßt. Die Verdichtung und Übersteigerung des Typischen in den Porträts dieser Jahre wie auch Aktdarstellungen der Venus des kapitalistischen Zeitalters, 1923 (Berlin-Ost, Nationalgalerie) oder Der Schützengraben, 1920–23, brachten Dix nicht nur Anerkennung und wurden später der → „entarteten Kunst" zugerechnet und z. T. vernichtet. Seiner Dresdner Professur wurde Dix 1933 enthoben, trotz des Mal- und Ausstellungsverbots entstand das altmeisterliche Bild Die sieben Todsünden (Karlsruhe, Kunsthalle) und weiterhin Landschaften im Stil der → Donauschule. Ab 1936 am Bodensee ansässig, griff er nun verstärkt christliche Themen auf, nach dem Krieg suchte er mit Bildern aus der Welt des Kindes, mit Friedenssymbolen und in der Naturschönheit eine neue Sinngebung seiner Kunst. Zu den bekanntesten Arbeiten dieser Zeit gehört das Selbstbildnis als Kriegsgefangener, 1947 (Stuttgart, Städtische Galerie). In den folgenden Jahren geriet das Œuvre dieses markanten Vertreters der neueren deutschen Malerei in den Widerstreit der Ideologien. Obwohl seine Kunst sich in der Bundesrepublik keiner besonderen Wertschätzung von seiten der Obrigkeit erfreute, wurde ihm einigermaßen überraschend 1959 das Bundesverdienstkreuz verliehen, nachdem sich die DDR mit der Ehrenbürgerwürde seiner Heimatstadt Gera seiner „antikapitalistischen" Kunst „versichert" hatte.

Doesburg, Theo van
(eigtl. Christian Emil Marie Küpper)
* 30. 8. 1883 in Utrecht, † 7. 3. 1931 in Davos. D. war der Mitbegründer und Haupttheoretiker der → De-Stijl-Bewegung und wichtiger Vertreter einer → konstruktivistisch-abstrakten Malerei. De Stijl gründete D. 1917 zusam-

Domenico Venziano, BILDNIS EINER VORNEHMEN JUNGEN FRAU, *51 × 35 (Berlin, Staatliche Museen). Zu den schönsten Porträts der Frührenaissance gehört dieses einzige von Domenico bekannte Bildnis. Der mit leichten Wölkchen bedeckte Himmel bringt den zarten Kontur des weiblichen Profils ungemein sprechend zum Ausdruck.*

men mit u. a. Piet Mondrian und gab bis zu seinem Tode die gleichnamige programmatische Zeitschrift heraus. Das Ziel war eine objektive Harmonie durch Reduktion auf die Grundelemente als Gleichgewicht der Kontraste. Als elementarsten Kontrast sah er den rechten Winkel, die Farben wurden auf die Primärformen Rot, Blau und Gelb sowie auf die Nichtfarben Schwarz, Weiß und Grau reduziert. Seit 1917 machte Doesburg diese Ideen auf Vortragsreisen in ganz Europa bekannt und schuf beispielhafte Bilder wie RHYTHMUS EINES RUSSISCHEN TANZES, 1918 (New York, Museum of Modern Art), oder KOMPOSITION, 1920 (Menden, Slg. van Doesburg). Durch seine Lehrtätigkeit in Weimar 1921–23 war D. stark an der Überwindung expressionistischer Auffassungen am → Bauhaus beteiligt. Seine Kunst blieb jedoch immer von der Auseinandersetzung mit der Architekturtheorie geprägt. 1924 brach er mit dem Diktat des rechten Winkels und dynamisierte die Komposition durch Diagonale. Diese neue Variante des abstrakten Geometrismus propagierte er 1930 in der Zeitschrift → Art concret. Die freiere Geometrie ermöglichte den Zusammenschluß mit anderen abstrakten Richtungen und führte 1931 zur Gründung der → Abstraction-Création. So gewann Doesburgs Kunst eine weittragende Bedeutung für die Entwicklung der abstrakten Malerei, aber auch der Architektur und des Kunstgewerbes. Im weiteren Sinn förderte er damit auch die Verbindung der Architektur, Plastik und Malerei zu einem rational durchgestalteten Ensemble, eine Idee von enormer Zukunftsträchtigkeit.

Dolci, Carlo

* 25. 5. 1616 in Florenz, † 17. 1. 1686 in Florenz. Dieser letzte wichtige Vertreter der Florentiner Barockmalerei studierte bereits in ganz frühen Jahren 1625 bei Jacopo Vignali. In den vierziger Jahren war es Guido Reni, der ihn mit seinen Helldunkel-Effekten in der Nachfolge Caravaggios beeindruckte und zu stimmungsvoll-dramatischen religiösen Kompositionen animierte. Im Gegensatz zur römischen Barockmalerei, die das ganze Bildgefüge in dynamisierten Rhythmen zu durchwal-

Domenico Veneziano, SACRA CONVERSATIONE, *um 1445, 209 × 213 (Florenz, Uffizien). Die Mitteltafel des Marienaltares aus S. Lucia dei Magnoli in Florenz läßt in ihrer weichen Farbigkeit und zeichnerisch-räumlichen Sorgfalt verständlich werden, daß Domenico von den Zeitgenossen zu den besten Malern gerechnet wurde.*

ten suchte, war es Dolcis Anliegen, barocke Pathetik durch einzelne, monumental herausgestellte, von innerer emotionaler Bewegtheit erfüllte Figuren zu verwirklichen. Dies zeigt sich besonders deutlich in den Arbeiten der fünfziger Jahre, wo solche dramatisch gesteigerten Gestalten vor einem „neutralen", unbestimmten Raumgrund gestellt werden, um aus diesem Kontrast heraus ihr erhöhtes Eigenleben besser in Szene setzen zu können, wie im Bild DER SCHUTZENGEL (Florenz, Galleria Corsini). Neben Rückgriffen auf die → Quattrocentomalerei nahm sich Dolci auch Kompositionen aus Albrecht Dürers Holzschnittzyklus der „Apokalypse" zum Vorbild, etwa im JOHANNES DER EREMIT (Berlin, Stiftung Staatl. Museen/West, Gemäldegalerie) oder in der VISION DES HL. JOHANNES, 1657 (Florenz, Galleria Palatina, Palazzo Pitti). Trotz dieser Anleihen bei anderen Künstlern behält Dolcis Stil durchaus seine persönliche Note. Er schuf fast ausschließlich religiöse Gemälde, die in der Zeit der vollzogenen Gegenreformation glaubensmäßige Ergriffenheit, aber auch Triumph des rechten Glaubens signalisieren sollten. Die glaubensintensivsten Bilder mit den ergriffen-stillsten Gestalten entstanden in der Spätphase seines Schaffens, so auch das ABENDMAHL CHRISTI um 1676 (Dresden, Gemäldegalerie).

Domenico di Bartolo

(eigtl. Domenico di Bartolo Ghezzi)
* um 1400 in Asciano bei Siena, † um 1446 in Siena. Ghezzi ist der erste Vertreter der Frührenaissancemalerei in Siena. Sein frühestes authentisches Gemälde ist eine MADONNA MIT KIND UND MUSIZIERENDEN ENGELN von 1433 (Siena, Pinacoteca Nazionale). Bereits hier zeigt sich, welche Rolle Domenico in der Überwindung jenes Stiles spielen sollte, den man als → Internationale Gotik bezeichnet, und der bis dahin in Siena gültig war. Mehr und mehr setzt sich in seinem Werk die realistische, plastisch modellierende Körperbehandlung durch, aber auch die Prinzipien der Zentralperspektive. Dabei bleibt bei Domenico freilich noch der mittelalterliche Goldgrund als transzendierende Bezugsfläche für diese Figuren erhalten. Masaccio und Fra Filippo Lippi werden dann die wichtigsten Vorbilder für Ghezzis Körperrealistik, wie z. B. die MADONNA MIT DEN HLL. PETRUS UND PAULUS (Washington, National Gallery of Art) belegen kann. In den folgenden Jahren verlor im → Œuvre Domenicos die Renaissancekomponente mehr und mehr an Gewicht, sie wich spätgotischem Detailreichtum. Das Hauptwerk der letzten Lebensjahre Domenicos stellen die 1440–44 entstandenen Fresken im Spedale di S. Maria della Scala in Siena dar.

Domenico Veneziano

(eigtl. Domenico di Bartolomea da Venezia)
* zwischen 1400 und 1410 in Venedig, † 1461 in Florenz. Über diesen Maler des → Quattrocento, der zu den bedeutendsten Nachfolgern Masaccios gerechnet werden muß, sind nur wenige biographische Anhaltspunkte faßbar. Man nimmt an, daß er seine Ausbildung in Norditalien erhielt. In den dreißiger Jahren ist er in Perugia tätig. Sein erstes gesichertes Zeugnis ist ein Brief von 1438 an Piero de'Medici, in dem er um Aufträge in Florenz bittet. Die ANBETUNG DER HL. DREI KÖNIGE, 1430–35, ein → Tondo in Berlin zeigt noch Einflüsse der → Internationalen Gotik, wie sie Pisanello in Norditalien geprägt hat. Darüber hinaus sind Elemente der florentinischen Frührenaissance zu erkennen, so daß es wahrscheinlich ist, daß D.V. auch in Florenz geschult wurde. 1439–45 malt er die heute zum größten Teil zerstörten Fresken des MARIENZYKLUS im Chor von S. Egidio in Florenz, bei denen Piero della Francesca sein Gehilfe war. Mit der um 1445 gemalten → SACRA CONVERSAZIONE (Florenz, Uffizien), dem Mittelteil des Marienaltars für S. Lucia dei Magnoli, reiht sich D.V. unter die größten Maler der gesamten Frührenaissance ein. Die Tafel zeigt die MADONNA umgeben von den HLL. FRANZISKUS UND JOHANNES DER TÄUFER auf der linken, ZENOBIUS UND LUCIA auf der rechten Seite. Die gemalte Arkatur, die die Personen umgibt, spielt auf ein älteres Schema des → Polyptychons an, daß die zentrale Madonnenfigur und die sie umgebenden Heiligen auf einzelne, durch Rahmenwerk getrennte Tafeln verteilte. Der Zusammenschluß der Figuren im Rahmen einer gemalten Arkatur bedeutet für die Entwicklung der Sacra conversazione einen entscheidenden Schritt. Die Hauptleistung des Bildes liegt im farblichen Bereich, es gibt eine Fülle von Nuancen und Abstufungen, die zu dieser Zeit in Florenz einzigartig sind.

Domínguez, Oskar

* 7. 1. 1906 in La Laguna auf den Kanarischen Inseln, † 31. 12. 1957 in Paris. Bedeutender → surrealistischer Maler und Experimentator. Seine ersten surrealistischen Gemälde wie SURREALISTISCHE KOMPOSITION, 1934 (Teneriffa, Sammlung L. Torres), oder SOMMERBEGIERDE, 1934 (Paris, Galerie André François Petit) zeigen die Transformation vertrauter Alltagsgegenstände in verfremdete Phantasiegebilde. 1936 erfand Domínguez die „Décalcomanie", ein Abklatschverfahren in der Technik der Monotypie, wo aus Tinten- und Farbtropfen sich bei ihm imaginäre Landschaften entwickeln. Ende der dreißiger Jahre kommt Domínguez in seine „kosmische Periode": Er gestaltet Visionen von Felsen- und Vulkanlandschaften. Gleichzeitig wird der Einfluß Dalís, aber auch der Picassos, auf sein Werk immer stärker. Nach dem Zweiten Weltkrieg tritt eine graphische Läuterung hinzu, die an Paul Klee erinnert. Von der surrealistischen Nachkriegsbewegung isoliert, künstlerisch stagnierend, begeht Domínguez 1957 Selbstmord.

Piero Dorazio, SCHOCK, *1965, 137 × 178 (Ludwigshafen, Wilhelm-Hack-Museum). Nach Überwindung einer konstruktivistischen Phase, die den italienischen Künstler zu Kompositionen mit farbigen Vierecken geführt hatte, begann er Anfang der 60er Jahre, Farbgitter dieser Art und andere vibrierende Farbstrukturen zu kreieren.*

Kees van Dongen, DER CLOWN, *1905 (Paris, Privatbesitz). Bevor er zum gefragten Pariser Porträtisten wurde und einen eleganten Stil pflegte, gehörte Kees van Dongen in den Kreis der Maler um Matisse. Im Jahr der Entstehung dieses Gemäldes nahm er mit zwei Bildern an dem von den Fauvisten veranstalteten Salon d'Automne teil.*

Dosso Dossi, DIE ZAUBERIN CIRCE, *176×174 (Rom, Galleria Borghese). Wohl nach Ariosts „Orlando Furioso" gestaltete Dossi die Darstellung der antiken Zauberin, welche die Gefährten des Odysseus in Tiere verwandelt hatte. Die Gewitterlandschaft im Hintergrund erinnert an Giorgiones berühmtes Gemälde* LA TEMPESTA.

Dongen, Kees van
(eigtl. Cornelis Theodorus Maria van Dongen)
* 26. 1. 1877 in Delfshaven bei Rotterdam, † 28. 5. 1968 in Monaco. Van Dongen war einer der leidenschaftlichsten und wichtigsten Repräsentanten des → Fauvismus, bevor er zum oberflächlichen Modemaler der Pariser Gesellschaft absank. Nachdem er sich – überwiegend in Paris – mit Gelegenheitsarbeit, u. a. auch als Schaukämpfer, durchgeschlagen hatte, arbeitete er als Graphiker für satirische Zeitschriften, bis er 1904 erstmals im → Salon des Indépendants mit seinen farbintensiven und kontrastreichen Bildern an die Öffentlichkeit trat. Von dem Kunsthändler und -mäzen Ambroise Vollard vermittelt, stieß van Dongen 1905 zu den → Fauves, besonders Matisse und Derain, doch neigte seine ungestüme Handschrift und Farbgebung mehr zum → Expressionismus. Die Neigung, bürgerliche Klischees zu karikieren, führte gelegentlich zu Skandalen. Als ihn 1907 Daniel Henry Kahnweiler unter Vertrag nahm, entstand das BILDNIS KAHNWEILER (Genf, Sammlung Petit Palais), in dem die spontane Wirklichkeitsumsetzung van Dongens besonders deutlich wird. Sein Hauptthema aber war und blieb die Frau, als Porträt wie als Akt. Seine expressive Malweise schuf über Max Pechstein bald den Kontakt zum deutschen Expressionistenkreis der → Brücke, an deren Ausstellungen er auch teilnahm. Reisen nach Spanien, Marokko, Italien und nach Ägypten verstärkten, wie in dem Bild EN LA PLAZA (FRAUEN AN DER BALUSTRADE) um 1911 (St-Tropez, Musée de l'Annonciade), noch die Glut seiner Farben. Diese werden ab 1913 jedoch zunehmend flacher. Das Überhandnehmen dekorativer Effekte machte van Dongen zum gesuchten Porträtisten der oberflächlich mondänen Lebewelt.

Dorazio, Piero
* 29. 6. 1927 in Rom. Sein Weg führte ihn von einer konstruktivistischen Phase zu einer stark farbig geprägten abstrakten Malerei. 1945/46 schloß er sich der sozial-realistischen Gruppe „Arte sociale" an, 1946/47 der abstrakten „Gruppo Forma I" in Rom, und 1950 wurde er Mitglied der Bewegung „L'Age d'or". 1953 ging er in die USA. Seine konstruktivistischen Kompositionen aus farbigen Rechtecken mündeten 1958 kurzfristig ins → Informel ein. In den sechziger Jahren dominierten optisch vibrierende, dramatisierende Farbstrukturen, wie sie ähnlich auch in der → Hard-edge-Malerei zu finden sind.

Dossi, Dosso
(eigtl. Giovanni de Lutero, Luteri oder de Costantino)
* um 1489 in Ferrara oder in Mantua, † kurz vor dem 27. 8. 1542 in Ferrara. Dossi war der Hauptmeister der ferraresischen Schule des 16. Jh., der in seinem Werk die Traditionen der Malerschule von Ferrara mit Einflüssen der venezianischen Renaissancemalerei vor allem Tizians und Giorgiones verband. Giorgioneske Bildauffassung wird in seinen häufig phantastisch aufgefaßten, ikonographisch ausgefallenen mythologischen Darstellungen deutlich. In Anlehnung an andere Nachahmer der venezianischen Malerei, vor allem Amico Apertini, entwikkelte er sein farbintensives Kolorit, das häufig von einem leuchtenden Smaragdgrün akzentuiert wird. Die ferraresische Komponente äußert sich in einer übersteigerten, schon → manieristisch anmutenden linearen Expressivität. Für die Herzöge Alfonso und Ercole d'Este entwarf Dossi Bühnenausstattungen, schuf Kartons für Bildteppiche und Triumphbögen, malte Stadtansichten und Bildnisse von Mitgliedern des Fürstenhauses. Gegen Ende seines Lebens war er in Trento, Pesaro und Venedig tätig. Bekannt wurde er vor allem durch seine rätselhaft verschlüsselten mythologischen Gemälde wie BACCHANAL, um 1518 (London, National Gallery), MELISSA, um 1520 (Rom, Galleria Borghese), JUPITER, MERKUR UND DIE JUNGFRAU, um 1530 (Wien, Kunsthistorisches Museum), u. a. Von den zehn SZENEN AUS DEM LEBEN DES AENEAS, die er für das Appartamento Nuovo im Schloß von Farrara malte, haben sich zwei in Ottawa und Birmingham erhalten. Seine bedeutendsten Spätwerke, die 1530 entstandenen Fresken in der Villa Imperiale bei Pesaro und die 1531 auf Auftrag des Bischofs von Trient vollendeten Ausschmückungen im Castello di Buonconsiglio, weisen deutlich Anleihen bei der römischen Hochrenaissancemalerei auf.

Dou, Gerrit
* 1613 in Leiden, † 1675 in Leiden.

Gerrit Dou, KÜCHENMAGD AM BRUNNEN, 28 × 21 (Basel, *Kunstmuseum). Nur wenige Maler in der Geschichte der Kunst vermochten eine solche Raffinesse in der illusionistischen Behandlung der Glanzlichter auf Metall- oder Tongefäßen zu erzielen wie dieser holländische Kleinmeister. Zur Steigerung der Präzision soll er sogar eine Lupe benutzt haben.*

Dou gehörte zu Rembrandts frühesten Schülern. Die Leidener Periode des Lehrers war richtungweisend für die ganze spätere Entwicklung Dous, der nach Rembrandts Übersiedlung nach Amsterdam selbständig wurde und die Schule der Leidener Feinmalerei begründete. Zunächst im Beruf des Vaters als Glasmacher und Glasschreiber ausgebildet, hatte Dou 1622/23 bei dem Kupferstecher Bartholomeus Dolendo Zeichenunterricht genommen. Von 1625–27 war er der Glasmalergilde in Leiden zugehörig, bevor ihn der junge Rembrandt im Jahre 1628 als ersten Schüler aufnahm. Bis 1631, als Rembrandt nach Amsterdam ging, arbeitete Dou in der Werkstatt des Meisters. 1648 gehörte er zu den Gründungsmitgliedern der Leidener → Lukasgilde.

Rembrandts frühe Maltechnik zeichnet sich mitunter durch eine charakteristische Poliertheit in der Oberflächenbehandlung aus, Pinselstriche wurden glatt verrieben, Lokalfarben in lasierenden Schichten aufgebaut. Diese Technik hat G. Dou zu höchster Meisterschaft vollendet. Als einer der bedeutendsten Kleinmeister malte er seine „Miniaturen" später sogar mit der Lupe. Der späteren Hinwendung Rembrandts zu einer pastoseren Malweise folgte Dou nicht. Die Themen des frühen Rembrandt waren auch für den Schüler vorbildhaft: Porträts und Selbstbildnisse, Heiligendarstellungen und vor allem Interieurszenen. Da den Porträtierten die Sitzungen zu lange dauerten und zudem die Kraft psychologischer Charakterisierung rasch nachließ, treten die Bildnisse im Verlauf der Entwicklung Dous zurück. Um 1640 kommen die für ihn so typischen Genremotive auf, bei denen eine Figur, von Stilleben umgeben, aus einem Architekturrahmen herausschaut. Die Nebenmotive wurden alsbald reicher und die Komposition mehrfigurig. Der nach der Jahrhundertmitte in Holland überhand nehmende französische Geschmack führt G. Dou zu Aktdarstellungen, die Beschäftigung seiner Genrefiguren wird kultivierter (Toilettenszenen, musizierende Damen usw.). Zudem liebt er es jetzt, bei völliger Abdunkelung seiner Szenen Lichtquellen, Kerzen und Laternen, ins Bild zu bringen.

G. Dou sind keine großen künstlerischen Würfe gelungen, die Historie religiöser oder mythologischer Prägung fehlt fast ganz, ebenso die Landschaft. Es mangelt an Nuancierung und Vertiefung im psychischen Bereich der Dargestellten. Gleichwohl rief seine Kunst im 17. Jh. auch außerhalb Hollands große Bewunderung hervor und fand zahlreiche Liebhaber und Nachahmer.

Dove, Arthur Garfield

* 2. 8. 1880 in Canandaigua, New York, † 23. 11. 1946 in Huntington, New York. Dove hatte 1907–09 in Frankreich studiert und dann als Zeitschriftenillustrator gearbeitet. In seinen Öl- und Temperabildern nach Motiven aus der Natur vereinfachte er die Formen von Pflanze und Tier zu ihren grundlegenden Mustern und Rhythmen. Als einer der ersten Künstler Amerikas experimentierte Dove auch mit → Collagen. Mit Georgia O'Keeffe und John Martin gehörte er zum engen Freundeskreis der Avantgarde-Künstler, die regelmäßig in Alfred Stieglitz' „Galerie 291" ausstellten. Sein recht unkonventionelles Leben verbrachte er teilweise auf Hausbooten und verdiente einen Teil seines Lebensunterhalts mit Fischerei und Landarbeit.

Drouais, François Hubert

* 14. 12. 1727 in Paris, † 21. 10. 1775 in Paris. Als geschätzter Porträtist des Rokoko wurde Drouais 1758 Hofmaler Ludwigs XV. und Mitglied der Akademie. Seine vorwiegend höfischen Porträts, z. B. MARQUISE DE POMPADOUR, 1763 (Orléans, Musée), CONTE D'ARTOIS UND MADAMA CLOTILDE, 1763 (Pa-

ris, Musée National du Louvre), oder MADAME DUBARRY ALS FLORA, 1768 (Agen, Musée Municipal), zeichnen sich durch differenzierte Koloristik und durch eine liebenswürdige, intime Natürlichkeit aus.

Drouais, Germain-Jean
* 25. 11. 1763 in Paris, † 13. 2. 1788 in Rom. Der klassizistische Maler lernte zunächst bei seinem Vater François Hubert Drouais. 1780 wurde er Schüler von Jacques Louis David, der in ihm einen kommenden Stern der französischen Malerei sah. 1784 erhielt er mit dem Bild CHRISTUS UND DIE EHEBRECHERIN den Ersten Rompreis. In diesem Jahr ging er mit David nach Rom und schuf von nun an hauptsächlich Gemälde mit historischem Inhalt.

Dubois, Ambroise
(vermutlich auch Bosschaert)
* wahrscheinlich 1543 in Antwerpen, † 29. 2. 1614 in Fontainebleau. Der niederländische Maler gehörte zur sog. zweiten Schule von → Fontainebleau und arbeitete im Stile eines höfisch-eleganten → Manierismus. Dubois war unter Heinrich IV. am Hofe tätig und erhielt 1601 die französische Staatsbürgerschaft. Von seinem ersten Hauptwerk, den Dekorationen für die Diana-Galerie von Fontainebleau, sind nur noch Aquarellkopien des 19. Jh. erhalten. Der Zyklus mit den 16 Episoden aus der GESCHICHTE VON THEAGENES UND CHARIKLEIA, um 1608 (Schloß von Fontainebleau), zeigt kräftige Farbgebung und eine klare Kompositionsweise.

Dubuffet, Jean
* 31. 7. 1901 in Le Havre; lebt in Perigny-sur-Yerres und in Paris. Dubufett ist durch seine anregende Vielseitigkeit, und da er sich bewußt jeder Normierung entzieht, nicht einzuordnen, steht aber zumindest zeitweise dem → Informel und dem → Surrealismus am nächsten. Eine seiner ersten Ausstellungen 1946 schockierte das Publikum beträchtlich, war sie doch ein Protest gegen alle bürgerlichen Kulturnormen. So verwandelte er die Bildoberfläche mit Hilfe von Gips, Leim, Kitt usw. in eine formbare Substanz. Dazu verwandte er eine kritzelnde Zeichenschrift, die er Kinderzeichnungen und den Bildern von Geisteskranken entnahm, er selbst nannte seine Kunst → „Art brut". Angeregt von der Elementarlandschaft der Sahara entstanden die PAYSAGES GROTESQUES, 1949/50, und ab 1951 die Reihe der SOLS ET TERRAINS und der TERRES RADIEUSES mit ihren geologischen Strukturen. Neben plastischen Objekten schuf er 1956 mosaikartige Klebebilder, die an Landschaften und Gärten erinnern und die SOLS NUS, TOPOGRAPHIES oder TEXTUROLOGIES heißen. Für seine MATERIOLOGIES, 1960, verwendete er Stanniol und Pappmaché und setzte darin seine produktive Phantasie frei. Während er sich ab 1962 in einer Bilderserie L'HOUROLOUPE mit grotesken Figurinen beschäftigte, widmete er sich ab 1966 plastischen Kompositionen aus verschiedenen collagierten Materialien und dem Entwurf von phantastisch-irrealen Kostümen und Masken. Dubuffets Kunst hatte vor allem auf das → Informel eine große Wirkung.

Jean Dubuffet, DER MANN MIT DER ROSE, *1949 (Hannover, Kunstmuseum). Wie auf den Asphalt der Straße gekritzelt wirkt diese an Kinderzeichnungen erinnernde männliche Figur. Dubuffet wählte in seiner „Art brut" bewußt rohe und „schmutzig" wirkende Grundierungen und ließ sich von zivilisatorisch unverdorbener Kunst anregen.*

Duccio di Buoninsegna
(Boninsegna)
* um 1255 in Siena, † um 1318 in Siena. D. gilt als der Begründer einer eigenständigen Schule gotischer Malerei in Siena. Seine Formensprache, die von der byzantinischen „Klassik" ihren Ausgang nimmt, verbindet mit dieser Tradition gotische Wesensmerkmale zu einer modernen Sprache, in der sich D. einem Giotto als ebenbürtig erweist. Seine Ausbildung hat D. wohl in Siena erfahren, neben Padua und Assisi das dritte Zentrum der italienischen Malerei des → Trecento; hier wurde er auch mit dem Werk Cimabues vertraut. Als eine seiner ältesten Arbeiten gilt die MADONNA DI CREVOLE, 1283/84 in Siena. 1285 erhielt der Maler von der Compagnia dei Laudesi der Kirche S. Maria Novella in Florenz den Auftrag zur sog. MADONNA RUCELLAI (Florenz, Uffizien). Die Madonna mit dem Jesuskind, die auf einem von sechs Engeln umgebenen Thron sitzt, zeichnet sich durch eine elegante, weiche Linienführung und eine artikulierte Ausgewogenheit des Körpers aus. Die Tafel geht in ihrer Plastizität und Grazie über Cimabue hinaus, dessen Einfluß sie aber deutlich verrät. In die beiden letzten Jahrzehnte des Trecento gehören großartige Werke

Duccio, CHRISTUS HEILT EINEN BLINDGEBORENEN, *1308/11, 43 × 45 (London, National Gallery). Duccios Meisterwerk, die Maestà, gelangte 1311 nach feierlicher Prozession als Hochaltar in den Sieneser Dom (1711 entfernt). Die Tafeln der Rückseite, wovon hier eine zu sehen ist, behandeln Szenen aus dem Christus- und Marienleben.*

wie die THRONENDE MADONNA MIT ENGELN, 1288–1300 (Bern), die sog. MADONNA DEI FRANCESI, um 1295 (Siena, Pinacoteca), oder das → Triptychon der MADONNA MIT HEILIGEN, 1300 (?) (London). Daneben schreibt man D. das 1287/88 in Auftrag gegebene Glasfenster in der Apsis des Sieneser Domes zu. 1308 erhielt D. den Auftrag zur MAÈSTA, das → Retabel für den Hochaltar des Domes. Dieses Retabel, das zu den bedeutendsten Leistungen der italienischen Malerei zählt, wurde 1311 vollendet und feierlich in den Dom überführt, wo es bis 1505 verblieb. Eine Rekonstruktion des ursprünglichen Zustands wird erschwert, weil 1771 und 1878 verschiedene Teile verlorengingen. Die Mehrzahl der Tafeln der → Maèsta befinden sich heute im Museo dell'Opera in Siena. Auf der Vorderseite nimmt die thronende Gottesmutter mit dem Jesuskind, umgeben von Engeln und Heiligen (u. a. die vier Stadtheiligen von Siena), den zentralen Platz ein. Die Körper sind unter den weich fallenden Gewändern klar artikuliert, fern allen starren Linienschematismus. Die → Predella in 13 Felder unterteilt, zeigt Szenen aus der Kindheit Jesu und Propheten. Die Bekrönung der Maèsta ist dem Marienleben gewidmet. In zahlreiche Felder ist die ebenfalls bemalte Rückseite unterteilt. Der Mittelteil zeigt Szenen aus der Passion Christi und die Auferstehung, vom Einzug in Jerusalem bis zum Gang nach Emmaus. Die Predella und die Bekrönung zeigen Episoden aus dem öffentlichen Leben Christi bzw. Ereignisse nach der Auferstehung. Obwohl D.s Stilbildung fast ausschließlich auf Siena und deren unmittelbares Einflußgebiet beschränkt blieb, gehört der von Ghiberti als „nobilissimo pictore" bezeichnete Künstler zu den größten Malern der Kunstgeschichte. Sein Verdienst war es, das Erbe der byzantinischen Kunst und damit ein Stück mittelalterlichen Geistes bewahrt und in eine veränderte Zeit hinübergerettet zu haben. Sein Werk ist Ausdruck einer Erneuerung der alten Tradition von innen her, die aber bald dem Stil Giottos weichen mußte.

Duccio, Geburt Christi, *43×44 (Washington, National Gallery). Ehemals dem Sieneser Hochaltarbild zugehörig, zeigt die Tafel eine gegenüber der byzantinischen Strenge gelockerte und freiere Figurenbehandlung. Der Begründer der Malerschule Sienas verleiht dem Bildraum trotz Anwendung des Goldgrundes zunehmende Glaubwürdigkeit.*

Duchamp, Marcel
* 28. 7. 1887 in Blainville bei Rouen, † 2. 10. 1968 in Neuilly-sur-Seine. Duchamp war eine der Schlüsselgestalten des → Dadaismus, bedeutender aber noch als Revolutionär in der Kunst des 20. Jh. Nach impressionistischen Anfängen wandte er sich ab 1911 den Ideen des → Kubismus und → Futurismus zu, freilich schon auf recht eigenwillige Art, indem er technische Apparaturen darstellte und ironisierte. Als Mitglied von → Section d'Or schuf er 1911 auch das Bild Nu descendant un escalier (Akt, eine Treppe hinabsteigend), (Philadelphia, Museum of Art), in dem er schon mit futuristischen Bewegungsformeln experimentierte. Auf der → Armory Show von 1913 in New York wurde das Bild zum Symbol avantgardistischer europäischer Malerei. 1912 entstand Die Braut oder Der Übergang von der Jungfrau zur Ehefrau (New York, Museum of Modern Art); in diesem Bild transformierte Duchamp den menschlichen Organismus in ein abstruses System von Röhren, Destillationskolben und Kompressionskammern. 1915 begann er mit seinem Hauptwerk, das Grosse Glas oder Die Neuvermählte, von ihren Junggesellen entkleidet, einem Objekt, bei dem mechanomorphe Gebilde auf einer Glasplatte arrangiert im Spiel mit dem Zufall variiert werden konnten. (Das Objekt zerbrach auf einem Transport in den USA, die Tate Gallery, London, besitzt eine Replik). Schon 1913 war mit seinem, auf einem Hokker montierten Fahrrad das erste → Ready-Made entstanden, dem 1914 der Flaschentrockner folgte, ein gewöhnliches Industrieprodukt, das Duchamp als „Kunstwerk" präsentier-

Marcel Duchamp, Akt, eine Treppe hinabsteigend, *1912, 147×89 (Philadelphia, Museum of Art). Duchamp, der mit seinen Objekten zu einem „enfant terrible" der modernen Kunst wurde, zeigte sich in seiner Malerei weniger unkonventionell. Im Zeichen des Kubismus steht dieser in mehreren Phasen erfaßte Bewegungsvorgang.*

te. 1919 zeigte er – inzwischen nach New York übergesiedelt – in Paris eine billige Farbreproduktion von Leonardos Mona Lisa, der er einen Schnurrbart angemalt hatte und den Titel L.H.O.O.Q. oder Mona Lisa mit Schnurrbart gab. Ab 1920 beschäftigte er sich mit optisch-kinetischen Problemen und fand eine Fülle von Ideen, die später entscheidend auf die → Kinetische Kunst und die → Op-art wirken sollten.

Duchamps Bedeutung liegt vor allem in der „Ironie" im weitesten Sinne, die durch mannigfache Verfremdung dem provozierenden Protest gegen das normative Kunstverständnis dient, die „Aura" des Kunstwerks in Frage stellt. Wenn er ein banales Industrieprodukt wie den Flaschentrockner über das Alltägliche hinaus nobilitiert, dann sollen damit etablierte Seh- und Denkgewohnheiten analysiert und kritisiert werden. Mona Lisas Schnurrbart soll nicht etwa Leonardos Werk, sondern die gedankenlos tradierte Bewunderung lächerlich machen, die das Kunstwerk verkitscht hatte. Duchamp wollte keine traditionelle Kunst mehr schaffen, sondern das Verständnis für den Akt des Schöpferischen und der Rezeption schärfen.

Dufy, Raoul

* 3. 6. 1877 in Le Havre, † 23. 3. 1953 in Forcalquier. Dieser französische Maler und Zeichner vertrat eine sehr eigenwillige Variante des → Fauvismus. Nach einem anfänglichen Malunterricht an der Akademie von Le Havre, wo er auch Georges Braque und Othon Friesz kennenlernte, besuchte er seit 1900 die École des Beaux-Arts in Paris und trat dort in das Atelier Léon Bonnats ein. Hatte er vorher Bildnisse und Landschaften in einem vorimpressionistischen Stil geschaffen, so schloß er sich jetzt den → Impressionisten an. 1905 löste er sich jedoch völlig von der impressionistischen Malweise. Maßgeblich dafür war sein Eindruck vor Bildern Henry Matisses, die er im Salon d'Automne sah. So schloß er sich 1906 den Fauvisten an und übernahm deren Bildaufbau aus reinen, flächigen Farbzusammenstellungen. Seine Bilder zeigen bunte Straßenszenen, Regatten, Festzüge und Flaggenparaden, so auch Der 14. Juli von 1906 (Paris, Sammlung A. Bellier). Der Fauvismus Dufys war damals kühn, unbekümmert, ausdrucksvoll in Koloristik und Formdeformation. Ein subtiler Dekor aus bunten Flecken baute die Bildkomposition, kraftvolle dunkle Konturen versteiften die Farbkomposition. Dufy dämmte seit 1908 seine heftige Farbigkeit zurück und widmete sich räumlich-konstruktiven Aufgaben, ohne freilich jemals in den strengen Kubismus einzumünden. Er fand zu einem neuen, lockereren Stil, zu einem modisch-eleganten Fauvismus, mit flüchtig hingeschriebenen, leuchtenden Farbgründen, mit kleinteiligen, preziösen figuralen Arabesken, zu Bildern, die in ihrem ganzen Aufbau häufig an Hinterglasmalereien erinnern. Wahrscheinlich hatte Dufy diesen Stil im Weg über das Modische gefunden. Noch in der Zeit seiner kubistischen Phase hatte er den Modeschneider Paul Poiret kennengelernt und für diesen farbige Stoffmuster entworfen, die einen derartigen Erfolg hatten, daß sich auch der Seidenfabrikant Bianchini-Férier für Dufy interessierte und mit dessen Stoffentwürfen die Weltmärkte eroberte. Eine Reise nach Sizilien 1922 und nach Marokko 1925 führte durch das Erlebnis der mediterranen Helligkeit zu einer weiteren Farbintensivierung. Dufy, der in den zwanziger Jahren auch als Buchillustrator tätig war, begann nun in seinen Bildern die Zeichnung und die Farbflächen zu trennen, indem er die linearen Konturen nicht mehr mit den Farbkonturen zur Deckung brachte. Dadurch bestätigte er beide Komponenten, Farbe und Linie, in ihrer Eigenwertigkeit und deklarierte ihr Zusammenspiel zum Wirklichkeitsabbild als flüchtigen, vergehenden Seheindruck. Mehr und mehr wurde das Aquarell

Raoul Dufy, Meer bei Deauville, *1935, 54 × 73 (Genf, Privatbesitz). Dufys malerische Entwicklung verlief in Richtung einer Vereinheitlichung des polychromen Bildaufbaus zu einer einzigen Farbe hin. Seine späteren Werke waren zuweilen auf Blau als Grundton abgestimmt, wie dies hier ansatzweise zu erkennen ist.*

Albrecht Dürer, Bildnis des Jacob Muffel, *1526, 48 × 36 (Berlin, Staatliche Museen). Das Porträt des Bürgermeisters von Nürnberg, der mit Dürer befreundet war, entstand im Jahr der* Vier Apostel. *Wie die besten seiner Bildnisse zeichnet sich dieses durch scharfe physiognomische Erfassung und feinnervige Charakterisierung der Gesichtszüge aus. Bedeutende Persönlichkeiten hielt Dürer im Bilde fest, u. a. den deutschen Kaiser Maximilian I. oder den Humanisten Willibald Pirckheimer.*

zum adäquaten Medium eines derartigen Gestaltungsvorganges. Anläßlich der Pariser Weltausstellung 1937 erhielt Dufy den Auftrag für ein gewaltiges Wandbild, La Fée Electricité (Paris, Musée National d'Art Moderne). Bereits ab 1944 dominierte in seinen Bildern jeweils eine einzige Grundfarbe, so auch in Das Atelier des Künstlers von 1949 (Paris, Musée National d'Art Moderne), Dufy selbst bezeichnete seinen Stil jetzt als „Peinture tonale".

Dughet, Gaspard
(auch le Guaspre-Poussin) * 7. 6. 1613 in Rom, † 25. 5. 1675 in Rom. Der Stil dieses französisch-italienischen Malers entwickelte sich zwischen der lyrischen Idealität eines Claude Lorrain und der herben Barockklassik Nicolas Poussins, Künstler, von denen er ebenso wie von Adam Elsheimer, Paul Bril, Salvator Rosa und Domenichino beeinflußt wurde. Er war der Schwager und Schüler Poussins und trat hauptsächlich als Landschaftsmaler, als Gestalter wilddramatischer Natur hervor. Neben einer Reihe von Fresken in römischen und Florentiner Kirchen und Palästen waren es vor allem auch Gemälde wie Das Gewitter (London, Sammlung D. Mahon), Ansicht von Tivoli (London, National Gallery und Wallace Collection) oder Weg nach Albano (London, National Gallery), die ihn bekanntmachten.

Dujardin, Karel
(Carel) * 1622 in Amsterdam, † 20. 11. 1678 in Venedig. Radierer, Bildnis- und Landschaftsmaler des Barock. Wahrscheinlich lernte er bei dem Landschafter Nicolaes Pietersz. Berchem. Ende der vierziger Jahre ging er nach Rom, wo er von den bäuerlichen → Genreszenen des Pieter van Laer beeinflußt wurde. 1658 war er Mitglied der Amsterdamer → Lukasgilde. Ab 1674 lebte er ständig in Rom und Venedig. Zunächst vom holländischen Barockrealismus geprägt, schuf er später warmtonige, idealisierende Landschaften mit idyllischen Figurenstaffagen. Neben religiösen und mythologischen Gemälden entstanden auch hervorragende Porträts und Gruppenbildnisse, beispielsweise Vorsteher des „Spinnhauses", 1669 (Amsterdam, Rijksmuseum).

Duplessis, Joseph-Siffred
(auch Silfrède) * 19. 9. 1725 in Carpentras, Vaucluse, † 1. 4. 1802 in Versailles. Wichtiger Porträtist des Rokoko, dessen → Verismus ins 19. Jh. vorausweist. Nach einem Studium in Rom kehrte er 1749 nach Carpentras zurück, wo er Landschaften malte. 1752 ließ er sich in Paris nieder. 1774 wurde er Akademiemitglied und Hofmaler Ludwigs XVI. Während der Revolution zog er sich in die Einsamkeit zurück, um dann 1796 in Paris Konservator des Museums in Versailles zu werden. Sein wohl bekanntestes Gemälde ist das Bildnis Christoph Willibald Gluck am Spinett, 1775 (Wien, Kunsthistorisches Museum).

Dupré, Jules
* 5. 4. 1811 in Nantes, † 6. 10. 1889 in L'Isle-Adam (Seine-et-Oise). Ohne wesentliche künstlerische Ausbildung

Albrecht Dürer, SELBSTBILDNIS, *1498, 52×41 (Madrid, Prado). Dürer zeigt sich auf diesem zwei Jahre vor dem berühmten Münchner Selbstporträt entstandenen Bild in einer Aufmachung, die einen gewissen Anspruch geltend macht: ein heller Rock mit Samtstreifen, die dazu passende Kappe und der mit einer gestreiften Kordel befestigte Umhang, dazu die zu seiner Zeit überaus kostbaren Handschuhe, die er wahrscheinlich aus Venedig mitbrachte. Anders als auf seinem Jugendbildnis trägt der 26jährige selbstbewußte Maler eine gepflegte Haartracht. Ernst und beobachtend ist der Blick seiner Augen. Eine reizvolle Naturstudie bietet der Fernblick durch die Fensterrahmung.*

hatte Dupré 1831 mit ersten, minuziösnaturalistischen Landschaftsbildern schon große Erfolge. John Constable, Claude Lorrain, aber auch die niederländischen Landschaften des 17. Jh. beeinflußten seine Arbeiten maßgeblich. Ab etwa 1840 malte er zusammen mit Troyon und Théodore Rousseau frei nach der Natur, die Ausarbeitung jedoch fand im Atelier statt. Stimmungsvolle Naturschilderung wie der SONNENUNTERGANG NACH DEM GEWITTER von 1851 (Paris, Louvre) oder die MONDNACHT AM MEER, um 1870 (Moskau, Puschkin-Museum), sind typisch für sein Werk, das sich mit der Schule von → Barbizon von der steifen, klassizistischen Malerei entfernte.

Dürer, Albrecht

* 21. 5. 1471 in Nürnberg, † 6. 4. 1528 in Nürnberg. Der Künstler erlernte zunächst bei seinem Vater das Goldschmiedehandwerk. Am 30. 11. 1486 konnte er auf seinen ausdrücklichen Wunsch hin eine Lehre in der Werkstatt des Malers Michael Wohlgemut, wo auch Wilhelm Pleydenwurff arbeitete, antreten. Hier entstanden u. a. die Illustrationen zum „Schatzbehalter", 1491, und zur „Weltchronik" des Hartmann Schedel, 1493, an denen wohl schon während der Lehrzeit Dürers gearbeitet wurde. Neben rein technischen Kunstfertigkeiten wurden dem Künstler in Wohlgemuts Werkstatt die Kenntnis der niederländischen Kunst und – für Dürer von ganz besonderer Bedeutung – der Kupferstiche Martin Schongauers vermittelt. Die Wanderjahre 1490–94 führten den Meister u. a. 1492 nach Colmar, wo er Schongauer aufsuchen wollte, der jedoch zu diesem Zeitpunkt bereits verstorben war. In Basel schuf Dürer u. a. eine Reihe bedeutender Holzschnitte für das NARRENSCHIFF, die KOMÖDIEN DES TERENZ und den RITTER VON THURN, wobei er sich hauptsächlich am Formengut Schongauers orientierte. Über Straßburg kehrte der Künstler im Mai 1494 nach Nürnberg zurück, wo er am 7. 7. 1494 Agnes Frey heiratete. Im Herbst 1494 trat er seine erste Italienreise an, deren genaue Route sich anhand der unterwegs entstandenen Aquarelle bis nach Venedig verfolgen läßt. Hier lernte Dürer die Künstler Gentile und Giovanni Bellini, Jacopo de'Barbari und Andrea Mantegna kennen. Nach seiner Rückkehr nach Nürnberg, 1495, eröffnete er eine Werkstatt. Im Spätsommer 1505 brach er zu einer zweiten Italienreise auf, von der er im Januar 1507 wieder zurückkehrte. Die Eindrücke dieser Reise schlugen sich deutlich in Dürers folgendem Werk nieder. In Nürnberg brachte der Künstler es zu großem Ansehen und verkehrte mit den bedeutendsten deutschen Humanisten, wie Willibald Pirckheimer und Konrad

Peutinger. Nach dem Tode Kaiser Maximilians I. reiste Dürer am 12. Juli 1520 in die Niederlande, um von dessen Nachfolger Karl V. die Fortzahlung seiner Leibrente zu erreichen. Hier hatte er die Möglichkeit so große Künstler wier Quentin Massys, Lucas van Leyden und Jan Provost kennenzulernen. Von 1523 an bis zu seinem Tod arbeitete Dürer im Nürnberg an einer Reihe von theoretischen Schriften. 1525 erschienen die „Unterweisung der Messung", 1527 ein Lehrbuch über „Befestigungen" und 1528 – posthum – die „Vier Bücher über die Proportion". Am 6. April 1528 starb Dürer an einem Fieber. Dürers kunsthistorische Bedeutung liegt v. a. in seinem graphischen Werk. Neben den Kupferstichen Schongauers waren hier v. a. die Arbeiten Mantegnas von maßgeblichem Einfluß. Die größten graphischen Schöpfungen Dürers sind die Holzschnittfolgen der 1498 erschienenen APOKALYPSE, der 1511 herausgekommenen Buchausgaben der GROSSEN PASSION, der KLEINEN PASSION und des MARIENLEBENS sowie die 1513/14 entstandene Trilogie RITTER, TOD UND TEUFEL, HIERONYMUS IM GEHÄUS und MELANCHOLIE. Ein großes Verdienst Dürers war es, daß er das Künstlertum vom reinen Handwerk absonderte und es zu neuem Selbstbewußtsein führte. Ganz deutlich zeigen seine SELBSTBILDNISSE dieses Selbstverständnis: Das 1493, während der Wanderschaft entstandene Selbstbildnis (Paris, Musée National du Louvre) zeigt schon den erst 22jährigen in sehr selbstbewußter Haltung. In renaissancehafter Repräsentation, modisch elegant gekleidet gibt er sich in dem Bildnis von 1498 (Madrid, Museo del Prado). Den Höhepunkt bildet das Selbstporträt von 1500 (München, Alte Pinakothek), welchem die Proportionsschemata der mittelalterlichen Christusdarstellungen zugrunde liegen. Es zeigt – ganz den Vorstellungen der Renaissance entsprechend – den in seinen Maßen idealen, nach dem Ebenbild Gottes geschaffenen Menschen in all seiner Würde und Unvergänglichkeit. Das erste erhaltene Gemälde Dürers ist

Albrecht Dürer, DAS ALLERHEILIGENBILD, *1511, 135 × 123 (Wien, Kunsthistorisches Museum). Der Stiftung des reichen Nürnbergers Landauer verdankte das „Zwölfbrüderhaus" für verarmte Bürger seine Entstehung. Dürer wurde mit dem Altar für die Kapelle beauftragt, die der Dreifaltigkeit und allen Heiligen gewidmet war.*

Albrecht Dürer, ANBETUNG DER KÖNIGE, *1504, 100 × 114 (Florenz, Uffizien). Etwa ein Jahr vor der zweiten Italienreise Dürers entstand dieses Anbetungsbild, wohl die Mitteltafel des sog. Jabachschen Altares, dessen Flügel in mehrere Museen verstreut wurden. Eine von Pflanzen überwucherte Ruinenarchitektur dient als Kulisse.*

Albrecht Dürer, DRESDENER ALTAR *(Mittelbild), um 1496, 107 × 97 (Dresden, Gemäldegalerie). Das kurz nach Dürers erstem Venedigaufenthalt gemalte Frühwerk entstand wohl auf Veranlassung des Kurfürsten von Sachsen, Friedrichs des Weisen, der 1496 für kurze Zeit in Nürnberg weilte und Dürer auch Porträt saß.*

Albrecht Dürer, VIER APOSTEL, *1526, je 216 × 76 (München, Alte Pinakothek). Die beiden Tafeln waren ein Geschenk des dem Luthertum zugetanen Meisters an den Rat seiner Vaterstadt. Von den reformatorischen Wirren in Nürnberg beunruhigt, fordert Dürer dazu auf, „die Geister zu prüfen, ob sie von Gott sind“ (Inschrift).*

das BILDNIS DES VATERS von 1490 (Florenz, Galleria degli Uffizi). Anläßlich des Aufenthaltes des Kurfürsten von Sachsen im April 1496 in Nürnberg entstand das noch ganz unter dem Eindruck der venezianischen Malerei geschaffene Bildnis FRIEDRICH DER WEISE (Berlin, Stiftung Staatliche Museen/West, Gemäldegalerie). Im selben Jahr schuf der Künstler – wohl ebenfalls im Auftrage des Kurfürsten – den DRESDNER ALTAR (Dresden, Gemäldegalerie) mit der anbetenden Maria auf der Mitteltafel und den heiligen Antonius und Sebastian auf den Flügeln. Es gelang Dürer hier jedoch noch nicht so recht, eine Einheit von Figuren und Raumkonstruktion zu schaffen. 1497 entstand ein zweites Bildnis DER VATER DES KÜNSTLERS. Obwohl es nur noch in Nachbildungen existiert, offenbart sich hier dennoch Dürers bemerkenswerte Beobachtungsgabe und tiefes Einfühlungsvermögen. In der Folgezeit schuf der Meister eine Reihe von Bildnissen, unter denen besonders die der Familie TUCHER deutlich das neue Standesbewußtsein des Bürgertums zeigen. Um 1498 entstand die Mitteltafel zum PAUMGARTNER-ALTAR (München, Alte Pinakothek), die Flügel wohl um 1501/04. Die beiden Heiligen auf den Flügeln Georg und Eustachius tragen die Gesichtszüge der Söhne des 1503 verstorbenen Nürnberger Patriziers Martin Paumgartner. Die Mitteltafel mit der Geburt Christi weist noch die herkömmliche Darstellungsweise der Stifter, nämlich gemäß der Bedeutungsperspektive stark verkleinert und in Adorantenstellung, auf. Bei der Raumkonstruktion herrscht die Zentralperspektive vor. In der ANBETUNG DER KÖNIGE von 1504 (Florenz, Galleria degli Uffizi), die oft mit dem Jabachschen Altar in Verbindung gebracht wird, gelingt es Dürer in überzeugender Weise, die perspektivische Raumkonstruktion mit der Figurenkomposition in Einklang zu bringen. In der Gestalt des frei und locker, völlig „ungotisch" dastehenden Mohren bewährt sich Dürers Studium der menschlichen Proportion. Während seines zweiten Aufenthaltes in Venedig malte der Künstler im Auftrage der dortigen deutschen Handelsherren 1506 das ROSENKRANZFEST (Prag, Národní Galerie). Vor Maria als Königin des Rosenkranzes kniet anbetend die gesamte Christenheit, vertreten durch die einzelnen Stände, allen voran Kaiser Maximilian I. und Papst Julius II. Dieses an Farbigkeit und Komposition hervorragende Werk wurde durch eine große Anzahl von bemerkenswerten Pinselzeichnungen vorbereitet. Ist hier noch eine gewisse Kleinteiligkeit zu bemerken, so weist die HIMMELFAHRT MARIÄ von 1508/09 des Helleraltares, von der leider nur noch Kopien und Vorstudien existieren, in ihren monumentalen und statuarisch gebildeten Figuren schon deutlich auf Dürers Spätwerk hin. 1511 entstand das ALLERHEILIGENBILD (Wien, Kunsthistorisches Museum), dessen inhaltliche Grundlage die „Civitas Dei" des Augustinus ist. Prachtvolle, strahlende, durch Goldtöne noch gesteigerte Farbigkeit und die großartige Komposition, die an Raffaels „Disputa" von 1503 denken läßt, zeichnen dieses Werk aus. Von der Vielzahl der im folgenden entstandenen Porträts sei das Bildnis WILLIBALD PIRCKHEIMER (Madrid, Museo del Prado) von 1524 genannt. Die VIER APOSTEL, 1526 (München, Alte Pinakothek), sind das Hauptwerk in Dürers letzter Lebensphase. Die monumentalen Figuren des Johannes und Petrus, Markus und Paulus entstanden unter dem Eindruck der Auseinandersetzungen der Reformation. Sein gesamtes künstlerisches Werk quasi zusammenfassend, gelang es Dürer nach intensiven Vorarbeiten, das rein Stoffliche mit einer einfühlsamen und scharf nuancierten Charakteristik der Köpfe, die durchaus noch im mittelalterlichen Sinne symbolträchtige Farbgebung mit den Problemen der Proportion, Statuarik und Perspektive in einen harmonischen Einklang zu bringen. In den so überaus verschieden charakterisierten Gesichtern sieht man allgemein die Verkörperung der vier Temperamente. Dürer gelang es, das Formengut der italienischen → Renaissance in die deutsche Kunst zu integrieren und dieser somit einen internationalen Rang zu verschaffen. Vor allem in seinem graphischen Werk überwand er die mittelalterlichen Traditionen und überschritt die Schwelle in eine neue Kunstepoche. Man spricht

Albrecht Dürer, DAS ROSENKRANZFEST, *1506, 162 × 192 (Prag, Národní Galerie). Mit dem innerhalb von nur fünf Monaten für die deutschen Kaufleute in Venedig gemalten Bild widerlegte Dürer das Vorurteil der Venezianer, „er sei nur im Stechen gut, wüßt aber nit mit Farben umzugehn". Selbst der Doge und der Patriarch waren begeistert.*

Albrecht Dürer, DIE WEIDENMÜHLE, *um 1498/1500, 25 × 37 (Paris, Bibliothèque Nationale). Unumstritten sind Dürers Pionierleistungen im Bereich des Landschaftsbildes. Seine während der ersten italienischen Reise entstandenen Aquarelle – wie auch diese etwas spätere Gouache – sind Meilensteine in der europäischen Kunstgeschichte.*

Albrecht Dürer, BILDNIS DES MALERS MICHAEL WOLGEMUT, *1516 (Nürnberg, Nationalmuseum). Der inzwischen berühmt gewordene Dürer malte fast zwei Jahrzehnte nach Beendigung seiner Lehrzeit den einstigen Lehrer. Über drei Jahre hatte er in der Werkstatt Wolgemuts zugebracht, der uns hier im Alter von 82 Jahren entgegentritt.*

daher sicher nicht zu Unrecht von einer Kunst der Dürerzeit.
Deutlicher als in der direkten Nachfolge inspirierte Dürers epochemachende Leistung die Künstler- und Sammlergeneration des ausgehenden 16. Jh. Es wurden nicht nur seine weit verbreiteten Lehrbücher zu Rate gezogen und zitiert, sondern vielfach auch sein Stil nachgeahmt. Kaiser Rudolf II. und Kurfürst Maximilian I. von Bayern erwarben Dürers wichtigste Gemälde – so kam das ROSENKRANZFEST nach Prag, DIE VIER APOSTEL nach München, doch kauften auch Nürnberger Bürger.

Duris
griechischer Vasenmaler des strengrotfigurigen Stils aus Athen, tätig um 500–465 v. Chr. D. bemalte überwiegend Schalen, davon sind über 30 signiert erhalten, doch auch Lekythoi, Kantharoi usw. und dürfte auch als

Töpfer tätig gewesen sein. Zu Beginn seiner Schaffenszeit steht D. in der Behandlung der Anatomie, der Köpfe und Gewänder deutlich unter dem Einfluß des Euphronios und bleibt auch später einem gewissen Archaismus treu, der sich bei stark traditionsgebundenen Themen zu eleganter Manieriertheit steigert. Die spätarchaische Kalligraphik kommt zudem seiner exakten Linienführung entgegen, seine Sorgfalt wirkt immer sehr zierlich. Neu ist indes seine oft tiefgreifend psychologische Sicht des Mythos in tragischen Szenen sterbender Heroen oder der stillen Totenklage. Die vielfältigen Bilderfindungen des D. übten großen Einfluß auf die Folgegeneration aus.

Dyce, William

* 19. 9. 1806 in Aberdeen, † 14. 2. 1864 in Streatham, Surrey. Der von der deutschen Kunst des → Historismus, vor allem der → Nazarener, und von der französischen akademischen Kunst vielleicht eines Horace Vernet stark beeinflußte Künstler wollte die religiöse Malerei Englands nach mittelalterlichen und Renaissancevorbildern erneuern. Nach Studien in Aberdeen, Edinburgh und London hielt er sich 1825 und 1827–30 in Italien, hauptsächlich in Rom, auf, wo er Werke Raffaels und früher Meister studierte und in engem Kontakt zu den Nazarenern stand. Dann lebte er bis 1837 in Schottland, wo er vor allem als Bildnismaler tätig war. 1840–43 war er Direktor der School of Design in London. In den vierziger und fünfziger Jahren war er mit der Ausmalung der neuen Londoner Parlamentsgebäude und mit Aufträgen für Prinz Albert beschäftigt, dessen Lieblingsmaler er war. Von allen britischen Künstlern war er, neben Sir Charles Lock Eastlake, am stärksten von zeitgenössischen deutschen Kunstströmungen abhängig. Mit seinen religiösen und historischen Sujets – z. B. FRANCESCA DA RIMINI, 1837 (Edinburgh, National Gallery of Scotland), oder CHRISTUS UND DIE SAMARITERIN, um 1860 (Birmingham, City Art Gallery) – und mit der akribischen Genauigkeit seiner Bilddetails nahm er auch Tendenzen der → Präraffaeliten vorweg.

Duris, ATHENA UND HERAKLES, *um 480/70 v. Chr. (München, Antikensammlungen). Nach Vollbringung seiner Taten wird Herakles zu den Göttern entrückt. Von der Bürde der Keule befreit, kredenzt ihm Athena einen Trunk als Willkommensgruß. Die Begegnung von Göttin und Heros schildert Duris als innig-menschliche Szene.*

Dyck, Anthonis van

* am 22. 3. 1599 in Antwerpen, † am 9. 12. 1641 in London. Van Dyck war das 7. Kind des Frans van Dyck und dessen zweiter Frau Maria Cupers, einem reichen Kaufmannsehepaar. Bereits als 16jähriger hatte der begabte Knabe ein eigenes Atelier mit Lehrlingen. 1618 wurde er in die Antwerpener Gilde aufgenommen. In dieser Zeit kam er auch in die Werkstatt zu Rubens. Nach einem kurzen Aufenthalt in London am königlichen Hof fuhr er 1621 nach Italien, wo er die Städte Venedig, Genua, Rom, Padua, Mailand, Palermo und Turin besuchte. Die

William Dyce, JAKOB UND RAHEL, *57 × 57 (Hamburg, Kunsthalle). Die Darstellung einer romantisch-verklärten Liebe in dieser Weise war erst der Kunst des 19. Jh. möglich. Jakob, eine Gestalt aus Moses erstem Buch, diente zweimal sieben Jahre als Schäfer, um Rahel zu freien, der er hier am Brunnen von Haran begegnet.*

Anthonis van Dyck, RUHE AUF DER FLUCHT, *135 × 115 (München, Alte Pinakothek). Van Dycks italienisches Skizzenbuch enthält vor allem Zeichnungen nach venezianischen Meisterwerken, deren koloristische Fülle den Flamen beeindruckte. Farbigkeit und Figurenstil dieses Gemäldes erinnern an Gemälde Tizians.*

künstlerischen Eindrücke dieser Reise sind in dem „italienischen Skizzenbuch" gesammelt, das Studien von italienischen Malern, besonders den venezianischen, enthält (heute in London, British Mus.). 1627 kehrte van Dyck nach Antwerpen zurück, wo er hauptsächlich religiöse Bilder, daneben auch Porträts malte. Im März 1632 kam er wieder an den königlichen Hof nach London. Als Hofmaler schuf er fast ausschließlich Porträts der königlichen Familie sowie anderer Persönlichkeiten am Hofe. In der Folge hielt van Dyck sich abwechselnd in Antwerpen, Brüssel, London – dort heiratete er 1639 – und Paris auf und kehrte schließlich 1641 nach London zu seiner Frau zurück. Im Dezember desselben Jahres wurde ihm eine Tochter geboren, doch schon wenige Tage danach starb van Dyck im Alter von 42 Jahren; er wurde wunschgemäß in der alten St.-Pauls-Kathedrale beigesetzt. Die frühe Schaffensperiode van Dycks während seiner Antwerpener Zeit steht noch unter dem Einfluß seines Lehrers Rubens, mit dem er die Jesuitenkirche ausmalte. 1617 entstand eine KREUZTRAGUNG CHRISTI (Antwerpen, Paulskirche), ein Jahr später ein Zyklus mit der Darstellung der Geschichte des Konsuls Decius Mus (Vaduz, Liechtensteingalerie). In diesen Frühwerken ist sein Stil dem von Rubens so ähnlich, daß oft der Anteil van Dycks an Werken Rubens' nicht mehr erkennbar ist. Dennoch läßt sich schon bald ein eigener Zug erkennen, wie ein Vergleich der jeweiligen Darstellung des HL. HIERONYMUS (beide Dresden, Gemäldegalerie) von Lehrer und

Anthonis van Dyck, KÜNSTLERATELIER *(Florenz, Palazzo Pitti). Mehr um das Ideal- als das Realbild eines Malerstudios zur Barockzeit handelt es sich hierbei. Kostbarste Requisiten, eine Galerie antiker Statuen, Musikinstrumente und anderes Gerät dokumentieren den universalen Anspruch des von hoher Gesellschaft hofierten Malerfürsten.*

Schüler zeigt. Während z. B. die Figur bei Rubens einen ruhigen, kraftvollen Körper hat, zeigt sich bei dem Hieronymus van Dycks eine nervöse Zerfahrenheit. Ein eher nervöser Ausdruck findet sich auch bei dem 1616 entstandenen Porträt des JAN VERMEULEN (Vaduz, Liechtensteingalerie). Mit derbem Pinselstrich, doch nicht ohne Eleganz ist der Kopf gebildet. Ein Beispiel für das von ihm oft bevorzugte Doppelbildnis ist das Gemälde DER MALER SNYDERS UND FRAU von 1627–32 (Kassel, Gemäldegalerie). In seinen frühen Bildnissen ist der Hintergrund meist mit Säulenarchitektur und Vorhängen gestaltet, was dem Bild eine gewisse Würde verleiht. Von den religiösen Frühwerken van Dycks sind unter Umständen einige nach seiner Venedigreise gemalt, da sie venezianischen Einfluß tragen. Zu nennen wären u. a. das MARTYRIUM DES HL. SEBASTIAN (München, Alte Pinakothek), DER HL. MARTIN MIT DEM BETTLER (Windsor), die VERSPOTTUNG CHRISTI (Madrid, Prado). Die Behandlung eines mythologischen Themas findet sich im TRUNKENEN SILEN (Dresden, Gemäldegalerie). Von den auf seiner Italienreise entstandenen Werken sind besonders die zahlreichen Porträts reicher Genueser Bürger zu nennen, so z. B. BILDNIS EINES VORNEHMEN GENUESERS und BILDNIS EINER VORNEHMEN GENUESERIN, beide 1622–27 (Berlin, ehem. Kaiser-Friedrich-Museum). In bewußter Betonung des Materiellen, der eleganten, meist schwarzen Gewänder, zu denen die schmalen Gesichter mit eingesunkener Haut an den Schläfen und die Hände einen starken Kontrast bilden, in der kühlen, fast ablehnenden Distanz der Figuren zum Betrachter schuf der Maler das Bild einer vornehmen Adelsschicht. Die Kompositionen sind nun strenger als früher. Ein weiteres Porträt, das 1623/24 in Rom entstand und KARDINAL BENTIVOGLIO, den Gönner van Dycks, darstellt (Florenz, Pittipalast), gehört zu den Meisterwerken der Porträtkunst. Nach seiner Rückkehr nach Antwerpen befaßte sich van Dyck in erster Linie mit religiösen Gemälden. Als Mitglied der Jesuitenbruderschaft malte er 1629/30 für diese die Bilder DIE HL. ROSALIA EMPFÄNGT VOM JESUSKIND EINEN KRANZ und DER SELIGE HERMANN JOSEF KNIET VOR MARIA (beide im Wiener Hofmuseum). Mehrmals bearbeitete er das Thema der BEWEINUNG CHRISTI (Berlin, Museum; Paris, Louvre; München, Alte Pinakothek). Das 1628 für die Augustinerkirche in Antwerpen gemalte Bild des HL. AUGUSTINUS IN VERZÜCKUNG zeigt himmlische wie irdische Figuren in einen Lichtfluß getaucht. Die Werke werden malerischer, weicher, bei den Bildnissen strahlen die Personen zurückhaltende Eleganz aus. Ein großangelegtes Gruppenporträt vom RAT DER STADT BRÜSSEL von 1634 ist leider 1690 (1695?) zugrunde gegangen. In dieser Antwerpener Periode befaßte sich van Dyck mit der Idee, eine Reihe von Radierungen berühmter flämischer Zeitgenossen zu schaffen. Eine erste Auflage der „Iconographie" mit 80 Porträts erschien 1636. In der Zeit seines zweiten Englandaufenthalts ab 1632 entstanden seine berühmten Bildnisse der königlichen Familie: ein Familienporträt von 1632, REITERPORTRÄT KARLS I. um 1633, KÖNIGIN HENRIETTE von 1634 (alle drei in Windsor) sowie später KÖNIG KARL I. AUF DER JAGD, 1635 (Paris, Louvre), und die KINDER KARLS I., 1635 (Turin, Pinakothek). Die Personen sind als Vertreter ihres Standes in vornehmer Würde und erhabener Ruhe gezeigt, unterstrichen durch die Verwendung von hellblauer, grüner und grauer Farbe der Seidenstoffe, in denen sich das Licht bricht. Dieser modische Reichtum zeichnet bereits das Bild einer vom Überfluß verwöhnten Aristokratie. Neben seinen Gemälden sind von van Dyck zahlreiche Zeichnungen, besonders Studien von Händen und Beinen, erhalten, in nervösem, aber fließendem Strich entworfen. Van Dyck gilt als einer der größten Porträtmaler überhaupt. Mit der Hervorhebung der äußerlichen Pracht und höfischen Mode schuf er die Grundlagen für die Malerei des englischen Rokoko, für die Kunst Reynolds' und Gainsboroughs. Neben Peter Paul Rubens ist er der bedeutendste Repräsentant der flämischen Barockmalerei.

Anthonis van Dyck, DER BILDHAUER FRANÇOIS DUQUESNOY, *77 × 61 (Brüssel, Musées Royaux). Wohl während des Aufenthaltes in Rom malte van Dyck das Porträt Duquesnoys, der dort seit 1618 ansässig war und im Schatten Berninis arbeitete. Der Bildhauer trägt die Tracht seiner Heimat und hält als Zeichen seiner Kunst einen Satyrkopf in Händen.*

E

Eakins, Thomas

* 25. 7. 1844 in Philadelphia, † 25. 6. 1916 in Philadelphia. Eakins gilt neben Homer als der größte amerikanische Maler des 19. Jh. In seinem 1875 entstandenen Gemälde THE CROSS CLINIC (Philadelphia Medical College), das an Rembrandts Anatomiebilder erinnert, zeigt er in kraftvoller Offenheit die für die damalige Zeit sehr schockierende Realität einer Operation. Für den Maler waren realistische Genauigkeit und Erfassung der Persönlichkeit des Modells wichtiger als schmeichelnde Sentimentalität, weshalb er nie ein beliebter Gesellschaftsporträtist wurde. In seiner unermüdlichen Suche nach exakter Darstellung der Form des menschlichen Körpers und seiner Bewegungsabläufe benutzte er oft eigene Fotografien als Vorlage. Eakins hatte einen sehr starken Einfluß auf die Befreiung der amerikanischen Kunst von der Prüderie.

Earle, Ralph

(auch Earl, Ralph)
* 11. 5. 1751 in Shrewsbury, Mass., USA, † 16. 8. 1801 in Bolton, Connecticut, USA. Der Künstler war Autodidakt und zog als Porträtist von Ort zu Ort. Er gehörte später zu den bedeutendsten Bildnismalern Neuenglands. Seine Porträts, in denen er auf jegliches schmückende Beiwerk verzichtete, stellen die strengen, puritanischen Menschen der Kolonialgebiete auf sehr nüchterne Art dar.
1778–85 wurde Earle in London mit Benjamin West und der englischen Porträtkunst bekannt. Das Bildnis des zwölfjährigen WILLIAM CARPENTER, 1879 (Worcester Art Museum), ein Hauptwerk aus dieser Zeit, gehört zu den schönsten Kinderdarstellungen amerikanischer Malerei.

Eckersberg, Christoffer Wilhelm

* 2. 1. 1783 in Varnoes (oder Blakrog) bei Apenrade, † 22. 7. 1853 in Kopenhagen. Der klassizistisch geschulte Künstler beeinflußte die dänische Malerei im Sinne der Romantik. Anfänglich schuf er dataillierte Veduten, wie BLICK DURCH DIE ARKADEN DES KOLOSSEUMS, 1813–16 (Kopenhagen, Statens Museum for Kunst), dann Marinebilder. Auch als Porträtist leistete er Beachtliches.

Edelfelt, Albert Gustav Aristides

* 21. 7. 1854 auf Kiala bei Borga, † 18. 8. 1905 auf Haiko bei Borga. Er gilt als

Adam Elsheimer, LANDSCHAFT MIT DEM VESTATEMPEL IN TIVOLI, *23 × 33 (Prag, Národní Galerie). Auch wenn Elsheimer vermutlich vom direkten Natureindruck ausging, verlieh er der Landschaft durch Klärung der Formen und Farben einen poetischen Gehalt. Ein Potential der Stille und Klarheit erfüllt den Naturraum in der Phase der Dämmerung.*

der Hauptvertreter der naturalistischen Malerei in Finnland und als einer der bedeutendsten Vermittler der französischen Kunst seiner Zeit. Nach einem Studium an der Univerität von Helsingfors (heute Helsinki) besuchte er ab 1873 die Akademie in Antwerpen und ab 1874 die in Paris, wo er im Atelier Jean Léon Gérômes arbeitete. Zunächst als Historienmaler tätig, schloß er sich bald der Freilichtmalerei an. Neben → Genrebildern aus dem heimatlich bäuerlichen Lebenskreis und religiösen Gemälden entstanden des weiteren ausgezeichnete Bildnisse wie LOUIS PASTEUR IN SEINEM LABOR, 1885 (Versailles, Musée National). Seine letzte bedeutende Arbeit, das 1904 geschaffene monumentale Historienbild für die Akademie von Helsinki, wurde 1944 zerstört.

Egger-Lienz, Albin

* 29. 1. 1868 in Striebach bei Lienz, † 4. 11. 1926 in St. Justina bei Bozen. Dieser Vertreter eines monumetalen Realismus studierte an der Akademie in München, bevor er 1889 nach Wien übersiedelte. 1911 übte er eine einjährige Lehrtätigkeit an der Kunstschule in Weimar aus, um sich dann in die Nähe von Bozen zurückzuziehen. In seinem Frühwerk schloß er sich zunächst eng an Franz von Defregger an, wie etwa das AVE MARIA NACH DER SCHLACHT AM BERGE ISEL, 1893–96 (Innsbruck, Tiroler Landesmuseum Ferdinandeum), dokumentiert. Der Einfluß des Finnen Akseli Gallén-Kallela und des Schweizers Ferdinand Holder, die 1904 in der Wiener Sezession zu finden waren führte zu einer Monumentalisierung seines Stils durch Reduzierung der Details und großzügige Konturierung in den durchrhythmisierten Figurenkompositionen, z. B. in DER TOTENTANZ VON ANNO NEUN, 1906–08 (Wien, Österreichische Galerie).

Adam Elsheimer, DIE VERHERRLICHUNG DES KREUZES, *Mitteltafel des* KREUZALTARES, *48 × 35 (Frankfurt, Städel). Eine unübersehbare Zahl von Heiligen bevölkert den „Gottesstaat", aus dessen Zentrum gleißendes Licht als Emanation des Göttlichen hervorstrahlt. Die Glorie des Kreuzes ist ein im Barock gerne behandeltes Thema.*

Ehrenstrahl, David Klöcker von

* 25. 4. 1628 in Hamburg, † 23. 10. 1698 in Stockholm. Der deutsch-schwedische Maler, Zeichner und Kunsttheoretiker war ein bedeutender Porträtist und → Historienmaler des Barock. 1651 kam er, nach einer Ausbildung in Amsterdam, nach Schweden. 1654 führte ihn eine Studienreise u. a. nach Venedig, Rom und Paris. Nach seiner Rückkehr nach Schweden wurde er vor allem wegen seiner Bildnisse – etwa GEORG STIERNHIELM, 1663 (Schloß Gripsholm) –, aber auch wegen seiner Historienbilder – z. B. DIE KRÖNUNG KARLS XI., 1676 (Stockholm, Schloß Drottningholm), seiner Tierbilder und religiösen Gemälde zum Hofmaler ernannt. Er verband Elemente des holländischen Realismus mit solchen des römischen Barock.

Eitoku, Kano

(eigtl. Kanō Kuninobu)

* 1543 in Kyoto, † 1590 in Kyoto. Als → Kano-Maler war der Japaner einflußreichster Künstler seiner Zeit. Aus einer alten Malerfamilie stammend, in Kyoto lebend, begründete er einen neuen Typus der Wanddekoration, indem er die schmückenden Qualitä-

ten der → Tosa-Schule kombinierte mit der Tuschemalerei der Kano-Schule. Sein Stil ist gekennzeichnet durch den Gebrauch von Goldgrund, tiefschwarzer Tusche, starker Farbe und einem hohen Sinn für Dekoration. In den Jahren 1576–79 entstanden Paravents für das Schloß in Azuchi, 1587 für Juraku-dai in Kyoto – beide wurden zerstört. Der „Löwenstellschirm" (Kara-shishi), die Bilder auf den Schiebetüren des Juko-in in Kyoto gehen wohl auf E. zurück und begründen den Momoyama-Stil der reichen, leuchtenden Farben auf Goldgrund. Als erster großer Meister der Momoyama-Periode spielt E. eine bedeutsame Rolle; seine Zeitgenossen waren entweder seine Schüler oder von ihm beeinflußt. Sicher mit E. in Verbindung zu bringen sind nur wenige überkommene Werke, meistens handelt es sich um Zuschreibungen. Die Wanddekorationen verbrannten mit den Schlössern und Palästen, für die sie gemacht wurden.

Elsheimer, Adam
(signierte Ehlsheimer)
getauft am 18. 3. 1578 in Frankfurt/Main, begraben am 11. 12. 1610 in Rom. Die Biographie Elsheimers muß sich auf spärliche Daten stützen. Er erhielt seinen ersten Unterricht bei Philipp Uffenbach in Frankfurt, durch den er der altdeutschen Malerei eines Dürer und Grünewald nahegebracht wurde. Spätestens 1598 verließ Elsheimer Uffenbach, um über München zunächst nach Venedig zu gehen, wo er bei Johann Rottenhammer arbeitete, dann – 1600 – nach Rom. Hier traf der Maler Caravaggio und Rubens. 1606 heiratete er in Rom und wurde katholisch. Schon mit 32 Jahren starb der in Gelehrten- und Künstlerkreisen Roms so beliebte Maler.
Elsheimer war kein überaus produktiver Maler; seine stets bewußt kleinformatigen Gemälde, die er meist auf Kupferplatten ausführte, machten ihn jedoch – neben den weitaus zahlreicheren Zeichnungen und Radierungen – zu einem der bedeutendsten deutschen Maler seiner Zeit, der dem Beginn des → Barock zugerechnet werden darf.
Stärker als die an die Altdeutschen anlehnende Malweise seines ersten Lehrers beeinflußten Elsheimer die aus Glaubensgründen nach Frankfurt und Frankenthal emigrierten Niederländer Gillis van Coninxloo, Frederik und Lucas van Valckenborch, deren Art sein frühestes erhaltenes Gemälde, PREDIGT JOHANNES DES TÄUFERS (München, Alte Pinakothek), aufgreift. Die Klassiker Bellini und Giorgione und Tizian gaben Elsheimer neben Tintoretto v. a. auch für die Farbbehandlung wertvolle Impulse. Mit reinen, kräftigen Farben setzte der Maler die kleinen

Adam Elsheimer, FLUCHT NACH ÄGYPTEN, *1609, 31 × 41 (München, Alte Pinakothek). Selten wurde die Stimmung der Nacht mit den Mitteln der Malerei in solcher Dichte zum Ausdruck gebracht. Ein spiegelklarer See verdoppelt das Bild des aufgehenden Vollmondes, das Band der Milchstraße durchzieht ein sternklares Himmelsgewölbe.*

menschlichen Figuren in den tiefen, dunklen, nur in einer Baumpartie aufgehellten Wald, den er mit Helldunkel-Kontrasten plastisch gestaltete.
Das Licht wurde zu seinem wichtigsten Gestaltungsmittel, nächtlichen Szenen gab er durch speziell auf gewisse Punkte beschränkte Aufhellungen stimmungsvollen Ausdruck; z. B. im BRAND TROJAS und besonders in der FLUCHT NACH ÄGYPTEN von 1609 (beide München, Alte Pinakothek). In diesem reifen Spätwerk hat Elsheimer seine Kunst zu einer Vollkommenheit gebracht, die aus der Begegnung mit den römischen Klassikern ebenso schöpfte wie aus seiner doch deutsch gebliebenen, auch an die Naturdarstellungen der → Donauschule erinnernden Eigenart. Ein Beispiel dafür ist MYRRHA (Frankfurt/Main, Städelsches Kunstinstitut), in dem die minuziös gestaltete idealisierte weite Landschaft – der weite Raum war eine seiner bedeutendsten Bilderfindungen – harmonisch die im Vordergrund stehenden plastischen Gestalten aufnimmt. Hier hat der Maler sich von der noch an Venedig erinnernden Kunst etwa der SINTFLUT (Frankfurt/Main, Städelsches Kunstinstitut) weg weiterentwickelt, das aber dennoch schon ganz im Sinne des Barock von kraftvollen Bewegungen und durchdachtem Bildaufbau bestimmt war. In dessen Umgebung ist auch die RUHE AUF DER FLUCHT (Berlin, Stiftung Staatliche Museen/West, Gemäldegalerie) zu rechnen. In den späten römischen Jahren entstanden u. a. DIE VERHERRLICHUNG DES KREUZES (Frankfurt/Main, Städelsches Kunstinstitut) und PHILEMON UND BAUCIS (Dresden, Gemäldegalerie). Trotz der wertvollen Anregungen durch die italienische Kunst wurden Elsheimers Werke nie allein von dem Streben nach Schönheit bestimmt; immer blieb das mythologische oder religiöse Sujet und dessen wahrheitsgetreue Wiedergabe das Hauptziel des Künstlers. Wenn er auch in seinen Kompositionen Erfindungsgeist zeigte, waren Elsheimers Darstellungen doch stets schlicht und nicht auf vordergründige Wirkung bedacht. Seine Kunst, besonders seine Landschaftsdarstellung, bedeutete den Beginn eines neuen, barocken

Adam Elsheimer, RUHE AUF DER FLUCHT, *vor 1600, 37 × 24 (Berlin, Staatliche Museen). In die verzauberte Sphäre des Märchens und der Mythen verlegt Elsheimer die „Flucht" der Hl. Familie. Wie ein Einbruch des Himmlischen ins Irdische mutet die Kaskade der Engelsputten an – ein religiöses Idyll von seltener Innigkeit.*

Stils. Rubens gehörte zu der großen Gruppe von Elsheimers Freunden, die den allzu frühen Tod des Malers in Rom betrauerten.

Ende, Edgar Carl Alfons
* 23. 2. 1901 in Hamburg-Altona, † 27. 12. 1965 in Netterndorf bei München. Das aufs Imaginäre ausgerichtete Werk dieses Malers steht mit den Forderungen des → Surrealismus in Einklang. Nach einer Lehre als Dekorationsmaler und nach einem Besuch der Altonaer Kunstgewerbeschule ging er Ende 1931 nach München. Die Nationalsozialisten erteilten ihm 1933 Ausstellungsverbot. 1947 wurde er Mitinitiator der Neuen Gruppe in München. 1950 war er auf der ersten Ausstellung des Deutschen Künstlerbundes in Berlin, 1954 auf der Biennale in Venedig vertreten. Beeinflußt von Giorgio de Chirico und Salvador Dalí schildert er in Bildern wie DIE BARKE, 1933 (Basel, Sammlung Helgo E. Pfeifer), oder DIE GEBURT DER TRÄNE, 1947 (München, Neue Pinakothek), unwirkliche Traumlandschaften mit angsterstarrten Menschen, kosmische Visionen und imaginäre Innenräume von häufig alptraumhafter Erfülltheit. 1966 fand im Haus der Kunst in München eine Gedächtnisausstellung für Edgar Ende statt.

Enderle, Johann Baptist
* 15. 6. 1725 in Söflingen bei Ulm, † 15. 2. 1798 in Donauwörth. Der Rokokomaler gehörte zum Schülerkreis Johann Georg Bergmüllers in Augsburg. Seine Hauptwerke, in denen sich volkstümliche Züge mit Einflüssen Bergmüllers, Matthäus Günthers und Giovanni Battista Tiepolos verbinden und die sich durch lichte, kultivierte Koloristik auszeichnen, sind Fresken in der Pfarrkirche St. Martin in Schwabmühlhausen und die Langhausfresken in der Wallfahrtskirche Allerheiligen bei Scheppach. Seine Spätwerke gehören schon dem Klassizismus an.

Engebrechtsz., Cornelis
(auch Engelbertsz., Engelbrechtsen)
* 1468 in Leiden, † 1533 in Leiden. Im Werk dieses bedeutenden niederländischen Malers verbinden sich spätgo-

James Ensor, SELBSTBILDNIS MIT MASKEN, *1899, 120 × 80 (Antwerpen, Sammlung Jussiant). Ensors Porträt in barocker Pose wird durch den Kontrast zu den makaber-grotesken Gesichtern surreal verfremdet. Bunte Masken – sein Atelier war voll davon – gehören zum festen Bestandteil von Ensors komödiantisch-skurriler Bildsprache.*

James Ensor, Die Schaluppen, *62 × 68 (Antwerpen, Kgl. Museum). Ensors Eltern betrieben ein Souvenirgeschäft in Ostende, das dem Künstler später als Sitz seines Ateliers diente, ohne daß er auf das phantasieträchtige Sammelsurium verzichtete. Ganz ohne diese Requisiten à la Ensor entstand dieses impressionistische Bild.*

tische Elemente mit Stileinflüssen der → Renaissance und des beginnenden → Manierismus. Cornelis wird erstmals urkundlich faßbar in der Zeit zwischen 1499 und 1522. Erst als Vierzigjährigen lernen wir ihn sicher kennen: Um 1508 malte er den Altar aus Kloster Marienpoel in Leiden. Das Mittelfeld zeigt in klaren Farben die Beweinung Christi (Leiden, Stedelijk Museum), eine vielfigurige, doch klar geordnete Komposition. Ein gemalter Rahmen mit spätgotischen Architekturmotiven umfaßt sechs weitere Bilder mit den Schmerzen Marias. Auf den beiden Seitenflügeln erscheinen in tabernakelartigen Gebilden die Stifter und ihre Schutzheiligen. Die Gestaltungsweise dieses → Triptychons gibt keinen genauen Aufschluß über die künstlerische Herkunft des Cornelis. Wahrscheinlich hatte er bei Corlijn de Coter in Brüssel seine Lehrzeit verbracht. Gegen 1512, nach einigen anderen Autoren erst gegen 1520, entstand der ebenfalls für Marienpoel gefertigte Kreuzigungsaltar (Leiden, Stedelijk Museum). Das kunstvoll geordnete Gewimmel der Hauptszene, die gewagten Verkürzungen, die changierende Farbgebung und das gelängte Figurenideal verraten nun deutlich eine Hinwendung zum beginnenden italienischen Manierismus. Ein besonders deutliches Beispiel dieser manieristischen Tendenzen ist die späte Tafel mit Konstantin und Helena (München, Alte Pinakothek), die dem Engelbrechtsz. zugeschrieben wird. Weiter werden ihm zugeschrieben eine Kreuzabnahme (München, Alte Pinakothek), eine Jungfrau mit Kind (London, National Gallery) und Christus nimmt Abschied von seiner Mutter (Amsterdam, Rijksmuseum). Nur wenige Bildnisse sind aus seiner Hand erhalten, die bedeutendsten sind Jacob Dirk Ottensz. und Die Frau des Jacob Ottensz., beide 1518 (und beide Brüssel, Musées Royaux des Beaux-Arts). Die Dargestellten gewinnen hier pompöse Würde in über Eck gesehenen Renaissancenischen und sind streng umrissen. Beim Spätwerk ist damit zu rechnen, daß Cornelis' drei Söhne, vor allem Cornelis Cornelisz. und Lukas Cornelisz., in erheblichem Umfang mitgearbeitet haben. Nicht immer ist die Grenze zu den Werken des Vaters deutlich. Engelbrechtsz., aus dessen Werkstatt u. a. Aert Claesz. und Lucas van Leyden hervorgingen, schuf in gewissem Sinne eine Leidener Landschaftsschule und nahm einige Elemente der Landschaftsmalerei des 17. Jh. vorweg.

Ensor, James

* 13. 4. 1860 in Ostende, † 19. 11. 1949 in Ostende. Ensor war der Sohn eines Briten und einer Belgierin, die ein Souveniergeschäft in Ostende besaßen. Nachdem der junge Ensor zwei Jahre lang das Collège Notre-Dame besucht hatte, begann er mit Unterstützung seiner Eltern eine künstlerische Ausbildung bei den Ostender Aquarellmalern Dubar und van Knyck, die er ab 1877 an der Brüsseler Akademie fortsetzte. Ensor freundete sich hier u. a. auch mit Fernand Khnopff an. 1880 kehrte der Maler nach Ostende zurück und debütierte 1881 auf einer Ausstellung des Brüsseler Kunstvereins „La chrysalide". Im folgenden Jahr wurde Ensor Mitglied der Künstlervereinigung „L'Essor" und trat um 1885 in die Gruppe „Les XX" ein, ebenfalls eine avantgardistische Gruppe, die ihm einige Male die Ausstellung seiner von den Salons meist abgelehnten Arbeiten ermöglichte. Während seiner ersten Lehrjahre in Ostende begann der junge Ensor 1876 mit Landschaftsdarstellungen auf Karton – Meer und Dünen; seine ersten bedeutenden Werke entstanden in der Brüsseler Zeit, von denen u. a. Das Mädchen mit der Stupsnase von 1879 (Antwerpen, Koninklijke Museum voor Schone Kunsten) erhalten ist; es handelte sich um Beispiele seiner beginnenden sog. „dunklen Periode", während der Ensor – bis 1886 – mit dunklen Farben und stimmungsvollen Licht-Schatten-Wirkungen arbeitete. Ab 1881 schuf er in dieser Art meist → Interieurs und Porträts, die mit ihrer düsteren Farbgebung und den spärlichen Aufhellungen eine gewisse Bedrückung durch die auf ihnen dargestellte bürgerliche Welt mit ihren Zwängen verdeutlichten: Nachmittag in Ostende, 1881, oder das Porträt Willy Finch, 1880 (beide Antwerpen, Koninklijke Museum voor Schone Kunsten), und Mädchen mit Puppe von 1884 (Köln, Wallraf-Richartz-Museum). Diese Werke wurden von der Kunstöffentlichkeit und sogar manchmal von den avantgardistischen Künstlergruppen, denen Ensor angehörte, strikt abgelehnt; ein Beispiel dafür ist auch Die Versuchung des hl. Antonius von 1887 (New York, Museum of Modern Art), das schon in den lichten Tönen der „hellen Periode" – 1886 bis ca. 1900 – gehalten war. Auch in diesem Bild tauchten jene Masken auf, die den Künstler bereits seit 1883 fasziniert hatten und deren immer wiederkehrende Darstellung die große künstlerische Leistung Ensors in seinen Bilderfindungen bedeutete. In Werken wie

Die Masken und der Tod von 1888 (New York, Museum of Modern Art) und Seltsame Masken von 1892 (Brüssel, Musées Royaux des Beaux-Arts), die karnevalsähnliche Verkleidungen aufwiesen, stellte der Künstler mit einem Verfremdungseffekt die Absurdität und die Fragwürdigkeit des menschlichen Daseins wie auch vielleicht die im Menschen wohnenden bösartigen Kräfte dar.
Immer wieder setzte sich Ensor mit der menschlichen Existenz und ihrer Tragik sowie auch mit seiner eigenen auseinander, so im Selbstbildnis mit Masken von 1899 (Antwerpen, Sammlung Cleomir Jussiant) oder in den religiösen Darstellungen, die die Gesichtszüge des Malers aufweisen.
Mit seinem Œuvre, das oft den Menschen in seiner ganzen selbstzerstörerischen Existenz zum Thema hatte, wurde Ensor zu einem bedeutenden Wegbereiter der Moderne. Nach 1900 ließen sowohl Produktivität als auch Qualität von Ensors Bildern nach; die Anerkennung des Künstlers in der Öffentlichkeit jedoch wuchs, nicht zuletzt durch die Hilfe der mit ihm befreundeten berühmten Persönlichkeiten, z. B. der Schriftsteller Maeterlinck und Demolder. 1920 wurde auch Ensors Ballett „La Gamme d'Amour" in Brüssel uraufgeführt. In vielen Monographien wurde die vielseitige Künstlerpersönlichkeit des James Ensor nun gewürdigt, und ein Jahr vor seinem Tod wurde die Gesellschaft „Les Amis de James Ensor" gegründet. Trotz der jahrelangen Ablehnung und Verkennung seiner Werke war Ensor zu einem der bedeutendsten Wegbereiter der Kunst des 20. Jh. geworden.

Epiktetos

attischer Vasenmaler und Töpfer, tätig um 525–480 v. Chr. in Athen. Von ihm sind etwa 80 Arbeiten bekannt, überwiegend Trinkschalen und Teller, doch auch einige Skyphoi und ein Kantharos. In seinen Anfängen gestaltet E. die Innenbilder seiner Schalen noch in schwarzfiguriger Technik, während die Außenseiten schon der neuen rotfigurigen Malweise verpflichtet sind. Trotz seiner Stellung in der Übergangszeit zum strengen Stil bleibt E. weitgehend der reifarchaischen, linearen Gestaltungsweise verpflichtet, wenngleich seine ausgewogenen Rundkompositionen noch lange vorbildlich bleiben sollten. Seine Themen nimmt er überwiegend aus dem dionysischen Sagenkreis, gelegentlich auch dem Mythos von Herakles und Theseus, doch beschränkt er das Bild gern auf einzelne Gestalten von Flötenspielern, Satyrn, Kriegern und Athleten, die in sicherem, aber graziösem Kontur, leicht und natürlich gezeichnet sind.

Erbslöh, Adolf

* 27. 5. 1881 in New York, † 2. 5. 1947 in Irschenhausen, Oberbayern. Dieser eklektische Künstler schuf seine besten Werke im Stil eines expressiven → Cloisonnismus und → Fauvismus sowie später in der Art der → Neuen Sachlichkeit. Nach einem Studium in Karlsruhe und München übersiedelte er 1904 ganz nach München. 1909 stellte er hier erstmals im Rahmen der Neuen Künstlervereinigung aus. Bilder wie Berglandschaft bei Brannenburg, 1911 (Karlsruhe, Kunsthalle), dokumentieren den Fauvismus dieser Schaffenszeit. 1916–20

James Ensor, Einzug Christi in Brüssel, *1898, 25 × 36 (Wien, Albertina). Die kolorierte Radierung ist eine freie Variante von Ensors gleichnamigem Monumentalgemälde von 1888. Christus auf dem Palmesel – von Gestalten in der Art Hieronymus Boschs umgeben – verschwindet fast im Toben eines karnevalsartigen Prunkaufzuges.*

stellte Erbslöh in der Neuen → Sezession aus. Anfang der zwanziger Jahre ist es der lyrische → Kubismus Lyonel Feiningers, der ihn beeinflußt, bevor er sich gegen 1924 mit Bildern wie dem Stilleben Kamelie (Düsseldorf-Oberkassel, Sammlung Otto Erbslöh) stark der Neuen Sachlichkeit annähert. Die Arbeiten der späten Zeit sind manchmal fast abstrakt ausgerichtet.

Ercole de' Roberti

* um 1450 in Ferrara, † 1496 in Ferrara. Dieser von Vasari und Michelangelo bewunderte Maler ist neben Cosmè Tura und Francesco Cossa der bedeutendste Vertreter der ferraresischen → Quattrocentomalerei. Bereits 1469 trat er die Nachfolge Cossas bei der Ausführung der Fresken im Palazzo Schifanoia in Ferrara an. Hier zeigt sich seine Vorliebe für heftig bewegte Linien. In einer Reihe von Tierkreisdarstellungen werden ihm die Monate Juli, August und September zugeschrieben. In den frühen siebziger Jahren malte er die im Zweiten Weltkrieg zerstörte Altartafel für S. Lazzaro in seiner Heimatstadt. In diesem möglicherweise von Cossa begonnenen Werk zeigt sich in den reich bewegten Architekturmotiven die Schulung bei Tura. Zusammen mit Cossa schuf er 1473 den Griffoni-Altar, der für S. Petronio in Bologna bestimmt war. Die dazu gehörende Predella mit dem Wunder des hl. Vinzenz Ferrer befindet sich heute in Rom (Pinacoteca Vaticana). Fragmentarisch erhalten sind noch einige Fresken wie die Kreuzigung Christi oder Tod Mariä im Dom zu Bologna. In den kühnen Verkürzungen dieser Fresken zeigt sich die Ausstrahlungskraft Andrea Mantegnas auf die oberitalienische Malerei. Für die Kirche S. Maria al Porto bei Ravenna malte R. 1480/81 eine → Sacra conversazione (Mailand, Brera). Zu Cossas Hochaltar für S. Giovanni in Monte zu Bologna schuf R. 1480–86 drei Predellenbilder. Die Mitteltafel mit der Pietà (Liverpool, Walter Art Gallery) wird eingerahmt von der Gefangennahme Christi und der Kreuztragung (beide Dresden, Gemäldegalerie). In der Pièta sind Einflüsse der Kunst des Rogier van der Weyden zu spüren. Meisterhaft setzt R. die Gruppe der Pièta in den Vordergrund, weit ab von dem in graublauen

Hans Erni, Wandstilleben, *21 × 36 (Privatsammlung). Mit Kurvenlineal und Schablonen kombiniert der Schweizer Künstler den Ausschnitt eines Engelsfreskos nach Piero della Francesca. Die Sachlichkeit graphischer Instrumente steht in eigentümlichem Kontrast zu dem von Sprüngen durchzogenen Sakralbild.*

Tönen nur skizzenhaft gemaltem Hintergrund mit der Golgathaszene, die Vereinsamung der Gruppe von Mutter und Sohn ist aufs eindringlichste veranschaulicht. In dieser von bewegter Dramatik erfüllten kleinen Tafel erreichte der Künstler seine höchste Ausdruckssteigerung. Im letzten Lebensjahrzehnt stand R. im Dienste des Hauses Este in Ferrara.

Erni, Hans
* 21. 2. 1909 bei Luzern. Das Werk dieses Schweizer Malers, Graphikers und Plakatgestalters ist von verschiedenen Einflüssen bestimmt. Neben abstrakten und surrealistischen Tendenzen finden sich, vor allem seit den fünfziger Jahren, realistische Darstellungen und häufig klassizistisch wirkende Zeichnungen, in denen er mit reinen, zur Kreisform drängenden Linien nach einprägsamen Formen sucht, um das von ihm angestrebte humanistische Menschenbild wiederzugeben. Nach anfänglicher Ausbildung als Vermessungstechniker und später als Bauzeichner besuchte er 1927/28 die Kunstgewerbeschule in Luzern, dann die → Académie Julian in Paris, wo er Schüler von Georges Braque und André Derain war und schließlich 1929/30, in Berlin die Vereinigten Staatsschulen für freie und angewandte Kunst. Seit 1930 lebt er abwechselnd in Paris und in Luzern.

Max Ernst, DER GROSSE WALD, *1927, 114 × 146 (Basel, Kunstmuseum). „Frottage" nannte Max Ernst ein Verfahren der Bildherstellung, bei welchem Holz, Blätter oder andere Objekte mit reliefartiger Oberflächenstruktur durch den Malgrund hindurch abgerieben und mit anderen Bildelementen vereinigt werden.*

Max Ernst, FASZINIERENDE ZYPRESSE, *1940 (Hannover, Kunstmuseum). Die zufälligen Strukturen zerfließender Farbe wurden hier benutzt, um eine wie aus Schwämmen strukturierte, von einem Vogel belebte magische Welt zu schaffen. Zerfall und organisches Wachstum scheinen sich in dieser Sphäre die Waage zu halten.*

1932 gehörte er zu den ersten Mitgliedern der Pariser Künstlergruppe → Abstraction-Création. 1939 malte Erni für die Landesausstellung in Zürich einen großen Wandfries, DIE SCHWEIZ, DAS FERIENLAND DER VÖLKER. Weitere Fresken, wie DIE WELT DER CHEMIE, 1944 für die Ciba AG Basel gemalt, und Sgraffiti gehörten von nun an zu seinen bedeutendsten und monumentalen Aufgaben. Einen Zyklus zur Geschichte und Technik der Zeitmessung erstellte er 1958 für den Schweizer Pavillon der Brüsseler Weltausstellung. Erni, von dem auch zahlreiche Illustrationen vor allem zu griechischen Klassikern stammen, verbindet auch in seinen Porträts, z. B. in BILDNIS ALBERT EINSTEIN von 1957 (Privatbesitz), abstrakte und realistische Komponenten zu einer gelungenen, einprägsamen Synthese.

Ernst, Max

* 2. 4. 1891 in Brühl bei Köln, † 1. 4. 1976 in Paris. Ernst studierte 1909–14 Philosophie und Psychologie. 1910 begegnete der Autodidakt August Macke und nahm 1913 am „Ersten Deutschen Herbstsalon" in Berlin teil; im selben Jahr lernte er Hans Arp kennen und unternahm seine erste Reise nach Paris. 1919 gründeten er und Hans Arp eine → Dada-Gruppe. Eine erste Kollektivausstellung hatte Ernst ein Jahr später in Paris. 1924 wurde die → surrealistische Bewegung in Paris gegründet, der der Künstler bis zum Ausschluß durch André Breton 1954 offiziell angehörte. Ab 1933 gehörte Max Ernst zu der großen Gruppe von den Nationalsozialisten verfemter Künstler. Mit Peggy Guggenheim, seiner dritten Frau, emigrierte der Maler 1941 schließlich nach den USA. Nach seiner Rückkehr nach Frankreich im Jahre 1955 wohnte Max Ernst zunächst in Paris, später in Huismes und 1963 auch in Seillans. – War Max Ernst zu Beginn seiner Tätigkeit hauptsächlich von August Macke beeinflußt, verselbständigte sich seine Kunst nach der Begegnung mit Delaunay und den → Futuristen zusehends. Nach dem Krieg gründete er dann mit Hans Arp und Johannes Theodor Baargeld in Köln die genannte Dada-Gruppe, die „Zentrale W/3". Während der folgenden Zeit arbeitete der Künstler hauptsächlich mit der Technik der → Collage, die er in immer anderer Weise weiterentwickelte, indem er z. B. technische Zeichnungen durch fremde Materialien ergänzte und darüber hinaus noch mit ironischen Untertiteln beschriftete: CATARINA ONDULATA, 1920 (London, Slg. Roland Penrose). Ab 1920 entstanden auch Fotocollagen. Auf diese Weise erzielte der Künstler verfremdende, teils ironische Effekte. Gemeinsam mit Eluard schuf Ernst die illustrierten Gedichtbände „Répétitions" (Wiederholungen) und die mit Holzstich-Collagen versehenen „Les malheurs des Immortels" (Die Unglücksfälle der Unsterblichen), die 1922 veröffentlicht wurden. Den Collagen gleich zeigten auch Ernsts Gemälde dieser Periode in der genannten Verfremdung gewohnter Zusammenhänge gewisse Vorgriffe auf den → Surrealismus; sie entstanden mehr und mehr in Anlehnung an die Kunst Giorgio de Chiricos und

Max Ernst, DIE GANZE STADT, *1935/36, 60 × 81 (Zürich, Kunsthaus). Den meditativen Zauber orientalischer Mandalas fängt diese auf Erdfarben abgestimmte Komposition ein. Mit solchen, dem Archetypischen verwandten Symbolräumen spricht Max Ernst die Imaginationskraft des im Betrachter schlummernden Unbewußten an.* ▷

gingen systematisch über den Dadaismus hinaus, wie WEIB, GREIS UND BLUME von 1923/24 (New York, Museum of Modern Art) oder LA FEMME CHANCELANTE (Die schwankende Frau) von 1923 (Düsseldorf, Kunstsammlung Nordrhein-Westfalen). 1924 gehörte Ernst dann zu den Mitgründern der surrealistischen Gruppe in Paris, deren Grundlagen André Breton formulierte; 1938 distanzierte er sich jedoch von ihr in Solidarität mit Eluard, der Differenzen mit der Gruppe hatte. 1925 gelang ihm die Erfindung der Frottage-Technik, die er auch auf die Malerei übertrug; durch Auflegen von Papier auf eine strukturierte Fläche – etwa Holz – und Durchreiben mit einem Bleistift erzielte der Künstler völlig neue Effekte; ein Beispiel dafür

Max Ernst, DAS RENDEZVOUS DER FREUNDE, *1922, 129 × 193 (Köln, Museum Ludwig). Die Protagonisten der surrealistischen Bewegung, der Ernst 1924–54 offiziell angehörte, versammeln sich hier in einer Art Weltraumlandschaft. Nicht ohne Ironie ist die Einbeziehung Raffaels (No. 7). „Dadamax" sitzt auf einem Bein Dostojewskijs.*

ist die Bildserie WINDSBRÄUTE, HORDEN von 1926/27. Diese Technik ergänzte Ernst noch durch Kratzen, Schaben, Spachteln u. a. Charakteristische Motive waren der Wald und der Vogel, die der Maler zwischen 1930 und 1932 in den Collagen und Assemblagen für den „Obersten Vogel Loplop“ verarbeitete: LOPLOP STELLT LOPLOP VOR, 1930 (Houston, Slg. J. u. D. de Menil). 1929 veröffentlichte er den Collage-Roman „La femme 100 têtes“, dem noch mehrere folgten; in ihnen verarbeitete Ernst Stichvorlagen des 19. Jh. durch Manipulation in verfremdender Manier. Nach der Emigration trug der Künstler auch in den USA zur Ausbreitung der surrealistischen Bewegung bei. 1941–43 folgten stark farbige Bilder, nach 1945 auch solche, die Anklänge an den → Kubismus erkennen lassen, z. B. COCKTAIL DRINKER von 1945 (Düsseldorf, Kunstsammlung Nordrhein-Westfalen). Ernst blieb bis ins hohe Alter hinein aktiv; neben den Illustrationen und Gemälden schuf er v. a. Plastiken.

Max Ernst, GYPSIE ROSE LEE, *1943, 45 × 60 (Privatsammlung). Unter dem Bann eines Zaubers scheint diese Garten-Wildnis mit verwunschenen Prinzessinnen zu stehen. Die Grenze zwischen organischem Leben und anorganisch toter Welt ist unter dem Eindruck solch halluzinatorischer Erlebnisweise fragwürdig geworden.*

Erzgießerei-Maler
attischer Vasenmaler, tätig um 490/80 v. Chr. Nur wenige Arbeiten können dem E. zugewiesen werden, die Würdigung seiner Leistung betont außerdem – nicht ganz zu Recht – weniger sein künstlerisches Ingenium, als vielmehr die kulturgeschichtlich interes-

santen Schilderungen aus der in Griechenland so wenig geschätzten Welt des Handwerks. Seinen Namen verdankt der E. denn auch einer Schale in Berlin, deren Innenbild die Übergabe von Achills Waffen durch Hephaistos an Thetis schildert. Dieses mythologische Thema bot den Anlaß, auf der Außenseite der Schale in sorgfältiger Ausführlichkeit die Arbeit in der Werkstatt eines Erzgießers darzustellen, der – zweifellos als Künstler hochgeschätzt – vom Stadtbürgertum dennoch einer indiskutablen Gesellschaftsschicht zugeordnet wurde.

Erzgießereimaler (Berlin, Antikenmuseum). Die attisch-rotfigurige Trinkschale gab dem anonymen Vasenmaler seinen Namen. Er führt uns in eine antike Bronzewerkstatt, wo zwei Handwerker, der eine mit dem Blasebalg, am Schmelzofen arbeiten. An der Wand verschiedene Werkzeuge, „Pinakes" (Gemälde) und Tonmodelle.

Espinosa, Jerónimo Jacinto

get. am 20. 7. 1600 in Cocentaina, † am 7. 5. 1680 in Valencia. Espinosa stammt aus einer Malerfamilie, deren Mitglieder im 16. und 17. Jh. in ganz Spanien tätig waren. Nach einer ersten Ausbildung bei seinem Vater wurde er Schüler von Francisco Ribalta, dessen Stil er ohne wesentliche Veränderungen übernahm und während seines ganzen Schaffens beibehielt. Seine zahlreichen religiösen Gemälde für verschiedene Barockkirchen Valencias sind von tiefem religiösem Empfinden geprägt, verbunden mit einer sehr realistischen Auffassung. Die Gewandbehandlung mit schwerem Faltenwurf erinnert an Zurbarán. Charakteristisch für Espinosa ist seine pastose Malweise und die dunkle, mit rötlichbraunem Ton untersetzte Farbgebung, die durch Untermalung mit Terra di Siena entsteht. Zu seinen bedeutenden Werken gehören: ROSENKRANZMADONNA von 1624 (Segorbe, S. Martin), DER HL. JOHANNES DER TÄUFER (Madrid, Prado), MARTYRIUM DES HL. SEBASTIAN (Budapest, Museum der Schönen Künste), DIE LETZTE KOMMUNION DER HL. MARIA MAGDALENA, 1665 (Valencia, Mus. Prov. de Bellas Artes).

Esquivel, Antonio María

* am 8. 3. 1806 in Sevilla, † am 9. 4. 1857 in Madrid. Esquivel, von einfacher Herkunft, erhielt seine Grundausbildung an der Kunstschule von Sevilla, mußte sie jedoch schon bald verlassen, da er in die Armee eingezogen wurde. Nach seiner Entlassung ging er 1832 nach Madrid und studierte an der königlichen Akademie. Sein von Murillo stark beeinflußter Stil wurde schnell in Madrid bekannt. Anerkennung fanden neben seinen zahlreichen Porträts besonders seine andalusischen Volksszenen. Finanzielle Nöte zwangen ihn des öfteren zur Anfertigung von Imitationen der Madonna Murillos, die teilweise als Orginale ins Ausland verkauft wurden. Wegen eines vorübergehenden Augenleidens mußte Esquivel seine Arbeit für einige Zeit unterbrechen. 1841, nach Ausheilung der Krankheit, malte er als Dank für die ihm vom Madrider Liceo gewährte finanzielle Unterstützung das Bild DER STURZ LUZIFERS. Seine Fähigkeiten als Porträtist treten besonders in dem 1846 entstandenen Gemälde ZORILLA LIEST AUS SEINEN WERKEN (Madrid, Mus. Nacional de Arte Moderno) hervor. Es zeigt 41 Porträts von zeitgenössischen Dichtern und Schriftstellern. Weiter ist noch zu nennen: DOÑA JOSEFA GARCÍA SOLIS, 1852 (Madrid, Museo Romántico), LA NIÑA RAFAELA FLORES CALDERÓN (Madrid, Museo Nacional de Arte Moderno) sowie zahlreiche Illustrationen für spanische Zeitschriften und Bücher.

Max Ernst, DIE VERSUCHUNG DES HL. ANTONIUS, *1945, 108 × 127 (Duisburg, Lehmbruck-Museum). Ernsts Alptraum-Vision braucht den Vergleich mit spätmittelalterlichen Bildern des ersten christlichen Einsiedlers kaum zu scheuen. Nichts existiert, das nicht in eine quälende Teufels- oder Spukgestalt verwandelt wäre.*

Maurice Estève, Drolu du Haut, *1964, 116 × 89 (Sammlung Estève). Einen sehr persönlichen Weg in der abstrakten Malerei beschritt dieses Mitglied der „École de Paris". Einfarbige, doch in der Farbstruktur variierte Flächen werden neben- und übereinander gelagert. Die Assoziation mit Gittern stellt sich häufig ein.*

Estève, Maurice
* 2. 5. 1904 in Culan, Cher. Es war das Bestreben dieses französischen Malers, die Formenwelt des → Kubismus durch eine Betonung der Farben und der Expressivität der Linie zu poetisieren. Trotz des Besuches verschiedener Malschulen in Paris war Estève in erster Linie Autodidakt. 1923 wurde er Chefdesigner einer Stoffabrik in Barcelona. 1941 beteiligte er sich an der Pariser Ausstellung „Peintres de la tradition française". Seit damals stellte er auch im Salon l'Automne aus. Sein künstlerischer Weg führte ihn über einen lyrischen Kubismus – in der Nachfolge des → Orphismus – zu einer seit ca. 1945 vollzogenen abstrakten Richtung, wobei freilich immer wieder vereinzelte gegenständliche Zeichen in seinen Bildern und Druckgraphiken – durch letztere wurde er vor allem bekannt – auftauchen. Aufsehen erregten seine Arbeiten auch in der Ausstellung „Tendanees actuelles de l'École de Paris" 1952 in Bern.

Etty, William
* 10. 3. 1787 in York, † 13. 11. 1849 in York. Englischer Maler der Romantik. Seinen ersten großen Erfolg hatte er mit dem zwar farbig kühnen, aber ansonsten sehr effekthascherischen Gemälde Ankunft der Kleopatra in Kilikien (Port Sunlight, Lady Lever Art Gallery) von 1821. Das erste seiner monumentalen Historienbilder, Der Kampf, 1825 (Edinburgh, National Gallery of Scotland), wurde auch von Delacroix bewundert. Den größten Erfolg verbuchte Etty, der auch Genrethemen, Landschaften und Stilleben gestaltete, mit sinnlichen Frauenakten, die in der späteren Salonmalerei häufig nachgeahmt wurden.

Eumares
von Athen, Maler, tätig Mitte des 6. Jh. v. Chr., möglicherweise der Vater des Bildhauers Antenor. E. ist auf der Akropolis viermal inschriftlich genannt und leitete eine der bedeutendsten attischen Schulen. Die Überlieferung weist ihm – fälschlicherweise – die „Erfindung" der unterschiedlichen → Inkarnatfarben für Mann (rotbraun) und Frau (weiß) zu, die schon seit dem 7. Jh. aus der → ägyptischen Malerei übernommen worden sind.

Euphranor
griechischer Maler und Bildhauer von Isthmos (von Korinth oder Knidos?), tätig um 370–330 v. Chr. Die Überlieferung schildert E. als besonders vielseitigen Künsler der Spätklassik, der sich mit Abhandlungen über Farben- und Proportionslehre auch als Kunsttheoretiker hervorgetan hat. Seine Malerei wird der attisch-thebanischen Schule zugewiesen, da er bei Aristeides von Theben gelernt hat. Berühmtheit erlangte er offenbar durch seine um 360 v. Chr. entstandenen Wandgemälde in der Halle des Zeus Eleutherios auf der Agora in Athen, die das Reitergefecht zwischen Athenern und Thebanern bei Mantineia (362) dar-

Euphronios, Tod des Sarpedon *(New York, Metropolitan Museum). Das rotfigurige Bild zeigt, wie unter der Aufsicht des Seelenführers Hermes der vor Troja gefallene Sarpedon von Hypnos (Schlaf) und Thanatos (Tod) in den Hades entführt wird. Der von Patroklos getötete Lykierführer war Bundesgenosse der Trojaner.*

stellte, sowie der zwölf olympischen Götter. Über seinen Theseus zwischen den Allegorien des Demos und der Demokratie in derselben Halle soll E. selbst geäußert haben, er sei mit Rindfleisch, der des Parrhasios aber mit Rosen genährt. Darin drückt sich ein Stilwandel gegenüber dem sog. Reichen Stil aus, den Plinius wohl treffend kennzeichnet: „Parrhasios hat die gültigen Typen der Götter und Heroen geschaffen, Euphranor hat ihnen jedoch erst Würde und Hoheit gegeben." Im Gegensatz zum bildhauerischen Werk des E., das in römischen Kopien wenigstens vage faßbar ist, sind seine Malereien nur in antiken Beschreibungen überliefert.

Euphronios
Vasenmaler und Töpfer des frührotfigurigen Stils, tätig zwischen 510 und 490 v. Chr. in Athen. Die wenigen Malersignaturen des E. stammen aus den Jahren vor 500, als er noch keine eigene Töpferwerkstatt besaß, später arbeiten für ihn Onesimos, der vielleicht mit dem Panaitiosmaler identisch ist, und der Pistoxenosmaler. Obwohl von E. nicht viel über 20 Arbeiten bekannt sind, scheint sein Œuvre außerordentlich vielseitig, schon von der Themenwahl her, die neben Athleten- und Kampfszenen auch Gelage und Umzüge sowie Darstellungen aus dem Mythos umfaßt. Neuartig und den zeitgenössischen Bestrebungen der Bildhauerkunst verwandt ist sein intensives Interesse an der Anatomie des menschlichen Körpers, der die rotfigurige Technik sicher nicht zufällig entgegenkommt. Aus dem vermuteten Schulverhältnis zum Andokidesmaler wächst E. besonders in der ausfahrenden Heftigkeit aber auch Bewußtheit seiner Bewegungen hinaus, in der bis dahin ungewohnten Beziehung von Fläche und Raum erringt er eine ausdrucksstarke Eigenständigkeit. Schon ein früher Kelchkrater mit Malersignatur in Paris (Louvre) mit dem Bild des Kampfes zwischen Herakles und Antaios und die etwas jüngeren Athletenfiguren eines ähnlichen Gefäßes in Berlin (Antikenmuseum) zeigen gewaltsam-kühne Verkürzungen und Verdrehungen in die Frontalität wie in die Rückansicht. In bewußtem Gegensatz zur Dynamik der Bildfelder steht das kostbare Rahmenornament zartgliedriger Lotos- und Palmettenfriese.

Euthymides
griechischer Vasenmaler, tätig um 520/10–um 490 v. Chr. in Athen. E. bemalte vor allem Amphoren, jedoch auch Hydrien, Schalen, einen Volutenkrater, Psykter und Teller. Die Zahl seiner erhaltenen Arbeiten ist nicht groß, sechs davon tragen die Maler-, eines die Töpfersignatur, nur etwa 15 weitere können ihm überzeugend zugeschrieben werden.

Exekias, Meerfahrt des Dionysos, *attisch, um 530 v. Chr. (München, Antikensammlungen). Nach der antiken Legende wurde der Weingott einmal von Seeräubern übers Meer entführt. Dionysos ließ Reben aus dem Schiffsmast schlagen. Seine Bewacher, die vor Schreck ins Meer sprangen, wurden in Delphine verwandelt.*

Jan van Eyck, MADONNA DES KANZLERS ROLIN, *66×62 (Paris, Louvre). Der Kanzler Philipps des Guten tritt ohne die Empfehlung eines Schutzheiligen selbstbewußt gegenüber der Muttergottes auf, was in der Geschichte des Stifterbildes eine große Kühnheit bedeutet. Ein Kunstwerk für sich ist die Stadtansicht im Hintergrund.*

Auf einer Münchner Amphora mit Hektor, der seine Rüstung anlegt, findet sich die vieldiskutierte Inschrift „hos oudepote Euphronios" – „Wie niemals Euphronios (es hätte malen können"), die wohl auf eine gelungene kühne Verkürzung in der Gestalt des Hektor sowie auf die Konkurrenz zu Euphronios anspielt, dem Euthymides an Erfindungsreichtum allerdings deutlich nachsteht. Dennoch verdankt die Vasenkunst dem E. einige wesentliche und weitreichende Neuerungen. In seinen einfachen Kompositionen, die den Mythos meist nur zum Vorwand nehmen, beschränkt er die Zahl seiner Figuren und läßt sie zugunsten einer monumentalen Wirkung vereinsamen, eine Tendenz, die sein großer Schüler, der Klophradesmaler, aufnehmen sollte. Charakteristisch für E. ist auch die dekorative Sehweise der menschlichen Anatomie sowie die gewagte Durchbrechung des Bildfeldes: Arme, Helme oder Stöcke reichen in die rahmenden Ornamentfriese hinein und steigern dadurch die Vitalität der Gestalten. Obwohl E. in mancher Hinsicht noch spätarchaischen Vorstellungen verpflichtet ist, bedeutet seine Leistung einen zukunftweisenden Schritt zur Nutzung der Möglichkeiten, die der rotfigurige Stil bietet.

Everdingen, Allart Pietersz. van
getauft am 18. 6. 1621 in Alkmaar, begraben am 8. 11. 1675 in Amsterdam. Der holländische Radierer und Landschaftsmaler des Barock war Schüler von Roelant Savery und Pieter de Molijn. 1645 wurde er in die Haarlemer →Lukasgilde aufgenommen. Nach einer Skandinavienreise 1644 zählte er zu den frühesten Künstlern, die nordische Gebirgsmotive in die holländische Malerei einführten, etwa in SCHWEDISCHE BERGLANDSCHAFT MIT ELCH, 1647 (Braunschweig, Herzog-Anton-Ulrich-Museum). Seine bekanntesten Arbeiten sind jedoch in grauen →Valeurs gehaltene Marinestücke und dramatisch bewegte Landschaftsbilder in der holländischen Tradition, bei denen ausgeprägte Licht-Schatten-Kontraste eine große Rolle spielen. Diese Malweise sollte sich besonders in den Bildern von Jacob van Ruysdael festsetzen.

Exekias
Attischer Vasenmaler und Töpfer, tätig in Athen um 550–20 v. Chr. Exekias gilt als Vollender der schwarzfigurigen Malerei, tätig in der vielleicht interessantesten Phase der griechischen Geschichte unter dem „aufgeklärten Despotismus" des Peisistratos.
Zu seinen ersten Arbeiten gehört eine Amphora mit HERAKLES UND GERYONEUS sowie einem WAGENRENNEN (Paris, Louvre), die schon in Zeichnung und Komposition seine Überlegenheit zeigt, noch nicht jedoch von der persönlichen, psychologischen Deutung des Geschehens bestimmt ist, die für die Kunst des Exekias bestimmend werden sollte. Schon die Berliner Amphora mit dem KAMPF DES HERAKLES GEGEN DEN NEMEISCHEN LÖWEN bringt die Spannung und Stimmung der Szene fesselnd zum Ausdruck, die Liebe zum Detail und zum Ornament wird nicht zum Selbstzweck, sondern dient dem Gesamtbild. In die Reifezeit gehören die schwarzfigurig bemalten Tontafeln mit der Darstellung eines LEICHENZUGES (Berlin, Staatl. Museen/West), die einen Grabbau schmückten und den traditionellen Kultgebärden eine neue Empfindung verleihen. Etwa gleichzeitig um 530 entstand die lyrisch-entspannte MEERFAHRT DES DIONYSOS auf einer Trinkschale (München, Antikensammlung) und die Amphora mit AIAS UND ACHILLEUS BEIM BRETTSPIEL (Vatikan, Museo Gregoriano), deren Helden sich in einer trügerischen Pause des Krieges ausschließlich auf ihre Würfel konzentrieren und nicht ahnen lassen, daß wenig später sich AIAS IN SEIN SCHWERT STÜRZT (Boulogne, Musée des Beaux-Arts).
Trotz aller Genauigkeit in der Handlungsdarstellung liegt das Interesse – und Verdienst – des Exekias in der Schilderung menschlicher Gemütszustände, der inneren Gespanntheit, die dem Mythos eine neue Dimension und Tiefe verleiht. In dem späten Fragment

von einem Kelchkrater (Athen, Agora-Museum), das eine Nymphe auf dünner Ranke mehr schweben als sitzen läßt, deutet sich die Zukunft eines malerischen Stils an.

Eybl, Franz

* 1. 4. 1806 in Wien, † 29. 4. 1880 in Wien. Genre-, Porträt- und Landschaftsmaler des österreichischen Biedermeier. Bereits mit zehn Jahren studierte er an der Wiener Akademie. Zunächst schuf er in kleinen Formaten und in detaillierter Genauigkeit bäuerliche Motive wie HEIMKEHR DES LANDMANNES, 1844 (Wien, Privatbesitz), sorgfältig beobachtete Alpenlandschaften und viele Bildnisse der Wiener Gesellschaft, wie DER LANDSCHAFTSMALER FRANZ WIPPLINGER, 1835 (Wien, Österreichische Galerie). Von starkem Einfluß auf sein → Œuvre war Ferdinand Georg Waldmüller.

Eyck, Jan van

* um 1390 in Maaseyck bei Maastricht, begraben am 9. 7. 1441 in Brügge. Jan van Eyck, der Bruder Hubert van Eycks, war von 1422 bis 1424 im Dienst des Herzogs Johann von Bayern tätig, für den er dessen Residenz im Haag ausmalte. Nach dem Tode Johanns kam er nach Lille zu Herzog Philipp dem Guten von Burgund. In seinem Auftrag unternahm er auch einige Reisen nach Spanien und Portugal. 1431 ließ van Eyck sich in Brügge nieder, wo er als Hof- und Stadtmaler arbeitete. Van Eycks Vorgänger waren die Brüder von Limburg und der Meister des „Stundenbuchs des Marschall de Boucicaut". Und mit Miniaturen begann auch sein künstlerisches Schaffen. Zu seinen Jugendwerken zählen einige Blätter aus dem Turin-Mailänder Stundenbuch, wie z. B. die KREUZAUFFINDUNG und die TOTENMESSE (Turin, Museo Civico), die bereits durch ihre bestechende Wirk-

Jan van Eyck, GENTER ALTAR, *1432 vollendet, 350 × 450 (Gent, S. Bavo). In kunstwissenschaftlich nicht endgültig geklärter Zusammenarbeit mit Hubert van Eyck entstand der von Jochocus Vyd und Isabel Borluut gestiftete zweistöckige Altar, das großartigste Meisterwerk der altniederländischen Kunst. Bei geöffneten Flügeln wird als große Mitteltafel die* ANBETUNG DES LAMMES *sichtbar, dem sich die gerechten Richter und Könige von links, Eremiten und Pilger auf den beiden rechten Tafeln nähern. Darüber thront der segnende Gottvater, flankiert von Maria und Johannes. In erschütternder Nacktheit zeigt Eyck die Figuren des Urelternpaares.*

lichkeitstreue und sorgfältige Detailausführung auffallen. Von der Miniaturmalerei wandte sich van Eyck dann zur Tafelmalerei. In den Jahren 1425–35 entstanden zahlreiche Madonnendarstellungen: die Madonna in der Kirche von etwa 1426 (Berlin, Stiftung Staatliche Museen/West, Gemäldegalerie) zeigt eine in Übergröße dargestellte Marienfigur in einer spätgotischen Kathedrale. Das feine Maßwerk der Fenster, das wertvolle Gewand der Madonna, ihre reich mit Edelsteinen besetzte Krone, in deren Perlen sich das Licht bricht, all diese Einzelheiten strahlen einen eher vornehm höfischen Glanz aus. Ähnlich bei der um 1434 entstandenen Lucca-Madonna (Frankfurt/M., Städelsches Kulturinstitut). In etwas schlichterer Atmosphäre zeigt sich die Ince-Hall-Madonna von 1433 (Melbourne, National Gallery of Victoria), deren Originalität noch umstritten ist. Gelegentlich erweiterte van Eyck seine Madonnendarstellungen zu Gruppenbildern, wie bei der Madonna des Kanzlers Nicholas Rolin, die sich heute im Louvre von Paris befindet. Einen weiteren Schaffenskomplex van Eycks umfaßt die Porträtmalerei. Hier zeigt er sich seiner Zeit bereits weit voraus. Jedes der Bildnisse bringt die individuellen Züge eines Menschen, jede Falte, jedes Haar, jede Schattierung ist sorgfältig wiedergegeben. Zu nennen sind u. a.: der Mann mit dem roten Turban, 1433 (London, National Gallery), der Goldschmied Jan de Leeuw, 1436 (Wien, Kunsthistorisches Museum), Margaretha van Eyck, 1439 (Brügge, Stedelijk Museum voor schone kunsten). Eine Neuerung ist das ganzfigurige Doppelporträt, wie es van Eyck mit dem Bild der Arnolfini-Hochzeit 1434 schuf (London, National Gallery). Das Hauptwerk van Eycks ist jedoch der Genter Altar in der St.-Baafs-Kathedrale von Gent, den er zusammen mit seinem Bruder Hubert schuf. Die genaue jeweilige Beteiligung der Brüder an diesem Werk ist noch umstritten. In etwa kann man jedoch sagen, daß der Bildgedanke eher von Hubert, die Ausführung von Jan van Eyck sind. Der 1432 vollendete Altar gilt als eines der bedeutendsten Kunstwerke der altniederländischen Malerei. Mit Präzision und Sorgfalt malte van Eyck Hunderte verschiedenster Blumen und Pflanzen, er gab den steinigen, trockenen Boden wieder, die feinen Haare der Engel oder die Barthaare Adams, die Goldstickerei im Gewand Gottvaters. Mit der Körperlichkeit seiner Figuren, der Beherrschung der Perspektive, seiner Licht- und Schattenwirkung und mit der Weiterentwicklung der Ölmalerei durch glänzende, leuchtende Farben wurde

Carel Fabritius, Selbstbildnis, *65 × 49 (Rotterdam, Museum Boymans-van Beuningen). Der leider sehr früh verstorbene Rembrandtschüler war ein vielversprechendes Talent, wie die wenigen erhaltenen Bilder zeigen. Völlig unprätentiös ist diese Selbstdarstellung mit offenem Hemdskragen.*

van Eyck zum Begründer der realistischen niederländischen Malerei. Obwohl er nicht schulbildend war, kamen bedeutende Maler aus seiner Werkstatt, darunter Petrus Christus.

Eysen, Louis
* 23. 11. 1843 in Manchester, † 21. 7. 1899 in München. Der deutschstämmige Künstler schuf vor allem Landschaftsbilder, aber auch Stilleben, Porträts und Genredarstellungen, bei denen sich Einflüsse der Schule von → Barbizon und der realistischen Malerei des Münchner Leibl-Kreises verbinden. Er studierte zunächst in Frankfurt am Main am Städelschen Kunstinstitut die Holzschnittechnik und die Ölmalerei. Dann ging er nach Berlin, später lebte er in München.

F

Faber von Creuznach, Conrad
* um 1500 in Creuznach, † Frühjahr 1553 in Frankfurt/Main. Conrad Faber ist seit 1524 in Frankfurt/M. nachweisbar; 1526 arbeitete er als Geselle bei Hans Fyoll. Zunächst war von ihm nur die Zeichnung zu der in Holz geschnittenen Belagerung von Frankfurt von 1553 (Frankfurt/M. Historisches Museum) bekannt, welche ein anschauliches Bild der mittelalterlichen Stadt vermittelt. Später konnten ihm als dem Schöpfer der sog. „Holzhausen-Bildnisse" weitere Porträts zugeschrieben werden. Als Maler beschränkte sich Faber hauptsächlich auf die Bildniskunst mit einem fast immer gleichbleibenden Bildaufbau. Er stellte meist Stadträte und Patrizier von Frankfurt dar (Frankfurt/M., Städelsches Kunstinstitut; München, Alte Pinakothek; Straßburg, Musée des Beaux-Arts; Brüssel, Musées Royaux des Beaux-Arts). Bei sorgfältiger minuziöser Ausarbeitung fehlt diesen Porträts jedoch meist die tiefere psychologische Nuancierung. Es lassen sich bei Faber flüchtige niederländische sowie süd- und mitteldeutsche Einflüsse, v. a. von Holbein, Baldung, Jacopo de' Barbari und Cranach nachweisen. Die Landschaftsausschnitte seiner Bildnisse erinnern an das Formengut der → Donauschule.

Fabritius, Carel
getauft am 27. 2. 1622 in Midden-Beemster, † 12. 10. 1654 in Delft. Er gilt als der bedeutendste und eigenständigste Schüler Rembrandts, in dessen Atelier er zwischen 1643 und 1650 zeitweise gearbeitet haben dürfte. Seinen ersten Malunterricht erhielt er bei seinem Vater. 1641 ließ er sich in Amsterdam nieder. Im Gegensatz zur Malerei Rembrandts heben sich in seinen Gemälden die Gestalten dunkel von einem hellen Grunde ab. In seinen manchmal ausschnitthaft und beschaulich anmutenden Bildern geht Fabritius mit viel Originalität neuen Problemen nach, beispielsweise der Gestaltung perspektivischer Durchblicke. Solche Ansätze zu einem eigenen Stil lassen sich bereits in seinem frühesten datierten und signierten Gemälde, dem Bildnis des Abraham de Potter, 1648 (Amsterdam, Rijksmuseum), konstatieren. 1650 übersiedelte Fabritius nach Delft, zwei Jahre später trat er in die dortige → Lukasgilde ein. Damals entstand der Musikinstrumentenhändler (London, Natio-

nal Gallery). In seinem Todesjahr malte er seine drei wichtigsten Gemälde: Der Distelfink (Den Haag, Mauritshuis) – ein Meisterstück des → Trompe l'œil –, Die Torwache (Schwerin, Staatliches Museum) und ein Selbstbildnis (London, National Gallery). Zu seinen wichtigsten Schülern gehörte Jan Vermeer van Delft.

Fan K'uan
* um 950 in Hua-yüan (Shensi), † um 1030. F. gilt als einer der wesentlichen Neuerer der chinesischen Landschaftsmalerei in der Nachfolge des Li Ch'eng. Aus der Provinz Shensi stammend, wanderte er viel, gelangte auch in die Hauptstadt K'ai feng, wo er Arbeiten seines großen Vorbilds Li Ch'eng sehen konnte. Wenig Biographisches ist aus seinem Leben bekannt, da er nicht im Staatsdienst arbeitete, sondern vagabundierend seine Inspirationen aus seinen Reisen zog. Als Anhänger des Taoismus strebte er jedoch nicht nach den Erscheinungen des Zufalls, sondern nach dem Wahren, Echten. F.s künstlerische Leistung liegt in seiner Fähigkeit, den Landschaften tiefenräumliche Dimensionen verliehen zu haben, mit Hilfe von Staffelung, Variierung der Farbintensität, Betonung des vermittelnden Mittelgrunds. Mit F. vollzog sich eine Blütezeit der einfarbigen Tuschezeichnung mit Landschaftsthematik in der Sung-Zeit, epochemachend für späteres Kunstschaffen auf diesem für China typischen Zweig der Malerei. Die Spezifität F.s, Vordergründe exakt wiederzugeben, dabei nahezu stufenlos überzuleiten zu Baumformationen im Mittelteil des Bildes, Felsen im Hintergrund trugen ihm den Namen K'uan, der „Grenzenlose", ein. Die Figuren in seinen Naturwiedergaben – stets nur als Staffage betrachtet – ließ F. von anderen malen, konzentrierte sich auf die Werte der Natur, die, maßvoll ausgeglichen, rein, zugleich Richtschnur für die Sittlichkeit in der bildlich wiedergegebenen Welt sein sollten. So schuf F. eine neue Sicht, indem er einerseits das künstlerische Mittel der Perspektive in den neu geschaffenen Zweig der Landschaftsmalerei in die chinesische Kunst einführte, andererseits den Grund legte für die Betrachtung von Natur als Hinweis auf göttliche Werte. Beispiele seiner Arbeit: Reisender auf verschneiter Küste, Tuschzeichnung und Aquarell auf Seide (Boston, Mus. of Fine Arts), Reisende zwischen Bergen und Flüssen, Tuschzeichnung auf Seide (Taipeh, Slg. d. chines. Nationalregierung).

Fantin-Latour, Henri
* 14. 1. 1836 in Grenoble, † 25. 8. 1904 in Buré (Orne). Nachdem der Künstler den ersten Unterricht bei seinem Vater, einem Zeichenlehrer, erhalten hatte, studierte er an einer privaten Zeichenschule und an der École Nationale Supérieure des Beaux-Arts in Paris. Als häufiger Besucher des Louvre kopierte er dort mit Vorliebe die italienischen Meister. Obwohl Fantin-Latour zahlreiche Freunde unter den Impressionisten hatte, stellte er nie zusammen mit ihnen aus, da er die traditionsgebundene Malerei vertrat. Erstes allgemeines Interesse erregte er 1863, als er im Salon des Refusés in Paris ausstellte. Eine Vorliebe des Künstlers waren Gruppenbildnisse, so die 1864 entstandene Huldigung an Delacroix, das Atelier des Batignolles, 1870, und das Gemälde Tischeck von 1872, eine Huldigung an den Dichter Paul Verlaine (alle Paris, Musée National du Louvre). Von den z. T. von Gustave Courbet beeinflußten → Stilleben des Meisters sei hier das Bild Blumen und Früchte von 1865 (Paris, Musée National du Louvre) genannt. Fantin-Latours Liebe zur Musik und v. a. zu den Opern Wagners drückt sich in Werken wie Der fliegende Holländer und Die drei Rheintöchter, 1876 (Paris, Musée National du Louvre), aus. Daneben schuf er Einzelporträts wie Madame Fantin-Latour, 1873 (Paris, Louvre), sowie Akte und Interieurs.

Lyonel Feininger, Kirche in Thüringen, *1924 (Land Berlin). Wie sehr Feininger das gegenständliche Motiv als Grundlage für abstrakte Kompositionen diente, belegt dieses Aquarell, das er in das Gästebuch von Alfred und Thekla Hess malte. Ansätze zur Verflächigung und Geometrisierung sind erkennbar.*

Fattori, Giovanni
* 25. 10. 1825 in Livorno, † 30. 8. 1908 in Florenz. F. wurde in Livorno bei Giuseppe Baldini und später an der Florentiner Akademie bei Giuseppe Bezzuoli ausgebildet. Zu Beginn seiner Schaffenszeit widmete er sich der → Historienmalerei. F. war einer der wichtigsten Vertreter der → Macchiaioli, einer Gruppe von Florentiner Malern,

Carel Fabritius, Der Stieglitz, *1654, 33 × 23 (Den Haag, Mauritshuis). Die innerhalb der holländischen Barockmalerei einzigartige Darstellung ist am ehesten vom Typ des Wandstillebens ableitbar. Mit subtilen Kunstmitteln, Schlagschatten und asymmetrischer Komposition, gelang ein Bild von erstaunlicher Lebenswahrheit.*

Lyonel Feininger, Gelmeroda IX. *In den 20er Jahren zeichnet sich bei Feininger eine zunehmende Sublimierung der kubistischen Methode ab. Nuancenreich voneinander differenzierte Flächen bilden hier die Feinstruktur eines zu Kristallsphären gebrochenen Bildraumes. Das traditionelle Motiv erscheint im Medium moderner Kunst.*

die als Vorläufer der Impressionisten angesehen werden. Eines seiner vielen Schlachtenbilder ist Das italienische Feld nach der Schlacht von Magenta (Florenz, Palazzo Pitti).

Feininger, Lyonel
* 17. 7. 1871 in St. Mark's Place, New York, † 13. 1. 1956 in New York. Feininger war der Sohn deutsch-amerikanischer Eltern; sein Werk steht in der Nachfolge des → Kubismus, dessen prismatische Bildstruktur er durch Hervorhebung der Farbe und durch seine Thematik zu poetisieren suchte. Der trotz aller Herbheit lyrisch-träumerische Grundakkord seiner Bilder ist im Zusammenhang mit Feiningers musikalischer Ausbildung zu sehen: Sein Vater war ein berühmter Konzertgeiger, und Feininger sagte selbst: „Ohne Musik wäre ich kein Maler."
1887 kam Feininger mit seinen Eltern nach Hamburg, dem vorgesehenen Musikstudium zog er jedoch bald eine Ausbildung zum Maler vor. Schon seine frühen zeichnerischen Blätter verdeutlichen eine große Begabung, und schon ab 1889 bekam er Aufträge als Illustrator, zunächst bei den „Humoristischen Blättern", später arbeitete er auch als Karikaturist für das Witzblatt „Ulk", die „Lustigen Blätter" und das „Berliner Tageblatt". Im Sinne des → Jugendstils neigte Feininger zeitweise auch zu plakativ-flächiger Farbigkeit, ein Beispiel dafür ist Der Diluvialmensch (New York, Slg. J. Feininger). Daneben beschäftigte er sich aber auch mit den Farbvisionen Turners und lernte 1892 bei einem Aufenthalt in Paris die französische Freilichtmalerei kennen. Erst 1906 wandte sich Feininger gänzlich der Malerei zu, als er erneut in Paris studierte. Obwohl er nun erstmals mit den Prinzipien des Kubismus vertraut wurde, sind die Bilder aus dieser Zeit, wie Der weisse Mann, 1907 (Lugano, Slg. Thyssen-Bornemisza), noch stark von den grotesk-phantastischen Deformationen der Karikatur geprägt. Entscheidend wurde 1911 die Begegnung mit dem → Orphismus Robert Delauneys, der Feininger für die lyrische Reichweite im kubistischen Formalismus die Augen öffnete. Gleichermaßen fand er über Delauneys Architekturbilder zu seinem künftig bevorzugten Thema. Das erzählerische Element trat nun stark zurück zugunsten des Symbolgehalts in entmaterialisierter Form einer facettierten Bildfläche. Damit stand er den zentralen Vorstellungen des → Blauen Reiters von der „mystisch-innerlichen Konstruktion" in der Natur nicht fern und fand auch Kontakt zu Franz Marc und seinen Freunden. In den Bildern Raddampfer III., 1913 (Detroit, Michigan, Institute of Arts), oder Gelmeroda I., 1913 (Giffnock, Glasgow, Slg. Paulson), wird das Motiv in transparente, feingeschichtete Bildpläne zerlegt. In das rhythmisierte Bildgerüst sind konstruktive Leitlinien eingefügt, atmosphärische Erscheinungen verdichten sich zu einer Art von durchsichtigem Raumkristall, der sich in den folgenden Jahren zu klaren, festen Prismenformen verfertigt. Auch die Farbwerte dämpften sich zu sensibler Zartheit, etwa in dem Bild Vollersroda III., 1916 (New York, Slg. F. Loesser). Feiningers Erfolge in

Deutschland sind u. a. der Förderung durch Herwarth Walden zu verdanken, der 1917 eine Einzelausstellung in der „Sturm"-Galerie veranstaltete. Gleichzeitig beschäftigte sich Feininger intensiv mit dem, von den Expressionisten so sehr geschätzten Holzschnitt. Als er 1919 an das → Bauhaus in Weimar berufen wurde, dem er bis 1933 angehören sollte, hatten sich seine anfänglich stark zersplitterten Formstrukturen zu einer ruhigen, architektonischen Bildgestalt abgeklärt. Als Leiter der graphischen Werkstätten und Herausgeber der Bauhaus-Mappen schuf Feininger heiter-lyrische Bilder, die auf einfache, überschaubare Formen konzentriert und in Leuchtkraft und Transparenz gesteigert sind. Folgerichtig fand er nun zum Aquarell und gründete zusammen mit Kandinsky, Klee und Jawlensky die Gruppe der „Blauen Vier", eine Art Fortsetzung des Blauen Reiters.

1929–31 malte Feininger im Auftrag der Stadt Halle elf Stadtansichten, wie die TÜRME ÜBER DER STADT, 1931 (Köln, Wallraf-Richartz-Museum), die zu seinen berühmtesten Werken wurden. Seit 1933 wurde er von den Nationalsozialisten als „entartet" eingestuft, kehrte 1936 in die USA zurück und lebte ab 1938 in New York. Seine Bilder zeigten von nun an gesteigertes Interesse an den Phänomenen des Atmosphärischen, an dem Widerstreit von Nebel und Licht, und wieder klingt eine Erinnerung an Turner an, mit dessen Kunst sich Feininger in seinen jungen Jahren so intensiv auseinandergesetzt hatte. Seine prismatische Optik fängt die flüchtigen Erscheinungen jetzt aber in einer festen Struktur ein. Mit einer 1944 im Museum of Modern Art in New York veranstalteten Ausstellung wurde er nun auch in Amerika berühmt. Die Verwendung weißer Konturen, die monochrome Angleichung der Farbkontraste und kalligraphische Verfeinerung in einem Bild wie SONNENUNTERGANGSGLUT, 1953 (New York, Slg. A. Feininger), markiert den Abschluß jener Entmaterialisierung, die der tiefromantische Künstler immer angestrebt hatte.

Felixmüller, Conrad

* 21. 5. 1897 in Dresden. Maler und Graphiker des → Expressionismus. 1911/12 studierte er an der Dresdner Kunstakademie und an der Kunstgewerbeschule. Seit 1915 entstanden die ersten selbständigen Graphiken und Gemälde, wobei der Holzschnitt und die Kaltnadelradierung stets sein Schaffen dominierten. Er beteiligte sich mit Illustrationen an revolutionär eingestellten expressionistischen Zeitschriften wie „Aktion", → „Sturm" und „Menschen". 1919 wurde er Mitbegründer der Dresdener „Gruppe 1919". 1920 erhielt er den großen Staatspreis für Malerei (Rompreis), 1937 den Preis für Malerei des Vereins Berliner Künstler. Die Nationalsoziali-

Lyonel Feininger, EICHELBORN, *1920, 80 × 98 (Berlin, Nationalgalerie). Während seiner Lehrtätigkeit am Bauhaus in Weimar, der „Stadt meines Lebenswunders" – wie der Künstler einmal sagte – regten ihn die abgelegenen thüringischen Dörfer zu Bildern an. Eine romanische Dorfkirche wurde hier zum Zentrum eines abstrakten Klangraums.*

sten stuften Felixmüller als „entartet" ein und vernichteten einen großen Teil seines Werkes. Ab 1949 hatte er bis zu seiner Emeritierung eine Professur für Zeichnen an der Universität Halle inne. Sein Werk ist gekennzeichnet durch einen stark sozialkritisch geprägten, kraftvoll-herben Stil.

Fernández, Alejo
(Alexo)* um 1470, † 1545 in Sevilla. Fernández, vermutlich niederdeutscher Herkunft, war seit 1496 in Córdoba nachweisbar. Mit großer Wahrscheinlichkeit hatte er schon vorher Kontakt zur niederländischen und italienischen, besonders der venezianischen Malerei. 1508 siedelte er mit seinem Bruder nach Sevilla über, wo er mit der Arbeit am Hochaltar der Kathedrale von Sevilla begann: es entstanden u. a. DIE BEGEGNUNG AN DER GOLDENEN PFORTE, ANBETUNG DER KÖNIGE, DARSTELLUNG IM TEMPEL. Es folgten daraufhin weitere wichtige Aufträge. So schuf Fernández 1520 den ALTAR DES MAESE RODRIGO FERNÁNDEZ DE SANTAELLA (Sevilla, Capilla de la Puerta de Jérez). Für den Einzug Karls V. 1526 in Sevilla übernahm er die malerische Leitung der Festdekoration. Zwischen 1531 und 1536 entstand die SEEFAHRERMADONNA (Sevilla, Archivo de Indias), die Madonna als Schutzherrin der ihr zu Füßen knienden Seefahrer. In Triana bei Sevilla befindet sich in Sta. Ana eine weitere Madonna, die ROSENMADONNA. Der Maler starb als reicher, angesehener Mann. Fernández gilt als der Begründer der → Renaissancemalerei in Andalusien; mit ihm begann die Malschule von Sevilla. In seinen schlanken, in weiches Faltengewand gehüllten Figuren, in der lichtvollen Farbgebung und der feinen Maltechnik vereinigen sich spätgotische Züge mit denen der Renaissance, finden sich flämische und venezianische Elemente.

Fernandes, Vasco
(auch Grão Vasco)
* um 1480 in Vizeu, † zwischen 1541 und 1543 in Vizeu. Über diesen portugiesischen Künstler der → Renaissance existieren nur wenige gesicherte Daten, da er oft mit Künstlern ähnlich – bzw. gleichlautenden Namens seiner Zeit zusammengebracht wurde. Auch von den ihm zugeschriebenen Werken gilt nur ein Teil als gesichert. So malte er für die Kathedrale von Vizeu das als Meisterwerk der portugiesischen Renaissance gewürdigte Bild ST. PETRUS IN THRONO, das sich im Domchor befindet. Als weiteres Werk für den Domchor entstand DAS PFINGSTWUNDER. Ein ebenfalls für die Kathedrale geschaffener HL. SEBASTIAN befindet sich heute im Museum von Vizeu. Fernandes, in dessen Malweise flämische Elemente auftauchen, gilt bei aller technischen Beherrschung seines Fachs als eher provinzieller Künstler und Nachahmer des zeitlich etwas früheren Meisters Velasco von Coimbra.

Giovanni Domenico Ferretti, DER SIEG DES LICHTES, DER WAHRHEIT UND DER TUGEND ÜBER DIE MÄCHTE DER FINSTERNIS, *um 1730/40 (Kassel, Gemäldegalerie). Im Zenit von Ferrettis Bild lenkt Helios den Sonnenwagen, darunter wird Chronos mit dem Ring der Ewigkeit sichtbar, der die Wahrheit (Veritas) enthüllt.*

Ferrari, Defendente
* in Chivasso, urkundlich nachweisbar 1510–35 in Piemont. Ferrari schuf sich einen eigenständigen, zur Gotik rückgewandten Malstil. Er vereinte in seinem Werk lombardische Elemente der Schule von Vecelli mit französisch-flämischen Einflüssen und Stilmerkmalen der Tiroler Gotik und der → Donauschule. Charakteristische Werke sind die GEBURT CRISTI (Cambridge/ Massachusetts, Fogg Art Museum), die ANBETUNG DER KÖNIGE (Turin, Galleria Sabauda) und die HIMMELFAHRT MARIÄ (Biella, Museo).

Ferrari, Gaudenzio
* 1471 in Valduggia/Piemont, † 31. 1. 1546 in Mailand. Der hochoriginelle Maler steht bis heute unverdientermaßen im Schatten der venezianischen Kunst. Obwohl aus Piemont gebürtig, wirkte er den größten Teil seines Lebens in der Lombardei, als deren Hauptvertreter im → Cinquecento er angesehen werden darf. Der geringe Bekanntheitsgrad muß unter anderem darauf zurückgeführt werden, daß sich die Hauptwerke des Malers an entlegenen Orten der Lombardei befinden, so in Vercelli und Varallo. Der eigenartige Reiz der Kunst Gaudenzios besteht in der Verschmelzung nordischer Detailbehandlung wie der gelegentlich an die → Donauschule erinnernden strudelnden Gewandbildung, nordischer Frische der Naturbeobachtung und der Verinnerlichung der Gefühlswerte mit dem Schönheitsempfinden der Italiener. Ausgehend von den Altlombarden wie Borgognone und Bramantino, deren Herbheit und bizarrer Faltenwurf ihn offenbar sehr beeindruckte, nimmt der Künstler später Eindrücke von Leonardo und Correggio auf, die seiner herben Auffassung einige liebenswürdige Akzente mitteilen. Ein offensichtliches Frühwerk wie die VERTREIBUNG JOACHIMS AUS DEM TEMPEL (Turin, Pinacoteca Nazionale) läßt in den gotisch überlängten Figuren und der expressiven Gestik Anklänge an nordische Auffassung erkennen. Die KREUZTRAGUNG CHRISTI (Cannobbio, S. M. della Pietà) dürfte mit ihren steil übereinandergestaffelten, die Bildfläche beängstigend dicht füllenden, ausdrucksgesättigten Figuren zu den bedeutendsten Werken Ferraris gehören. Eine ganz andere sehr intime Darstellung ist die von silbrigem Mondlicht verklärte, märchenhafte FLUCHT NACH ÄGYPTEN (Como, Dom). Das umfangreichste Werk sind die 21 Fresken an der Altarwand von S. Maria delle Grazie in Varallo. Das Hauptwerk der Spätzeit des Malers sind die Kuppelfresken von S. Maria dei Miracoli in Saronno. In der wilden Bewegung der streifenartig übereinandergestaffelten, musizierenden Engelchöre durchdringt rauschhafter Jubel die gesamte Kuppel, die geradezu in Rotation versetzt zu werden scheint. Trotz seiner großen Begabung blieb Gaudenzio ein Einzelfall, der wegen seiner Eigenwilligkeit keine Schule bilden konnte.

Ferretti, Giovanni Domenico
(gen. Da Imola)
* 15. 6. 1692 in Florenz, † 1768 in Florenz. Maler des Florentiner Spätbarock, der vor allem Altarbilder und Deckengemälde mit antiken Mythologien schuf, die in ihrer Farbigkeit u. a. von Giovanni Battista Piazzetta beeinflußt und im Gegensatz zum sonstigen Rokoko stärker vom Helldunkel beherrscht sind.

Fetti, Domenico
* um 1589 in Rom, † 16. 4. 1623 in Venedig. Der Künstler lernte in der Werkstatt des Malers Ludovico Cigoli in Rom. 1613/14 ging er als Hofmaler nach Mantua, wo er u. a. als Galeriedirektor tätig war. Nach einer Reise in die Toskana 1618 und nach Venedig 1621 siedelte er endgültig nach Venedig um, wo er jedoch kurz darauf starb. Frühwerke Fettis sind u. a. das BILDNIS EINES MANNES, 1612 (London, Sammlung Anton Graf Seilern), und der MÄRTYRER (Mantua, Galleria di Palazzo Ducale). In der Behandlung der Landschaft erhielt der Meister nachhaltige Einflüsse von Adam Elsheimer und Carlo Saraceni. Dies zeigt v. a. das Gemälde FLUCHT NACH ÄGYPTEN (Wien, Kunsthistorisches Museum). Den lebendigen Pinselstrich verdankte Fetti Anregungen von Borgianni und die originelle, expressive Farbgebung Einflüssen von Rubens, was besonders deutlich die HL. DREIFALTIGKEIT (Mantua, Dom) zeigt. Fetti gilt als Schöpfer der kleinformatigen Parabelbilder, deren Gleichnisse er als Genreszenen

behandelte. In diesem Zusammenhang entstanden Bilder wie das GLEICHNIS VON DER KÖSTLICHEN PERLE (Kansas City, Nelson Gallery of Art and Atkins Museum, Nelson Fund) und das GLEICHNIS VON DEN ARBEITERN IM WEINBERG, um 1618 (Dresden, Gemäldegalerie). In Technik und Bildauffassung wies Fetti bereits auf die venezianische Malerei des 18. Jh., insbesondere auf die Kunst Guardis, hin.

Feuerbach, Anselm

* 12. 9. 1829 in Speyer, † 4. 1. 1880 in Venedig. Aus einer wissenschaftlich hochgebildeten Familie stammend, erfuhr Feuerbach schon früh eine großzügige Förderung seines Talents. Nach ersten Ausbildungsjahren bei Gottfried Schadow und Joh. Wilh. Schirmer in Düsseldorf 1845–47 und bei Karl Schorn und Karl Rahl in München 1848–50 war er ein Jahr als Dekorationsmaler in Antwerpen tätig. Der erste Parisaufenthalt 1851/52 brachte Anregungen durch Courbet, die sich deutlich in dem Bild HAFIS VOR DER SCHENKE, 1852 (Mannheim, Kunsthalle), zeigen. Wichtiger jedoch wurde in den beiden folgenden Jahren die Arbeit im Atelier von Thomas Coutore, der zwar zu vordergründig dekorativer Süßlichkeit neigte, dafür aber eine solide Maltechnik vermitteln konnte. 1855 reiste Feuerbach mit Victor von Scheffel nach Venedig und ging dann für 16 Jahre nach Rom. Unter dem Eindruck der italienischen Renaissancemaler strebte Feuerbach nun eine klassische Idealität an, die er mit lyrischer und oft tragischer Sehnsuchtsstimmung verband – eine wenig publikumswirksame Kombination.

In Rom entstanden Bilder wie DANTE UND DIE EDLEN FRAUEN VON RAVENNA, 1858, und die zahlreichen, von seinem Modell Nanna inspirierten Darstellungen wie NANNA von 1861 (beide Karlsruhe, Kunsthalle), IPHIGENIE, 1862 (Darmstadt, Hess. Landesmuseum). Vom Renaissance-Denken angeregt sind der GARTEN DES ARIOST, 1863, die PIETA, 1863, und PAOLO UND FRANCESCA, 1864 (alle München, Schackgalerie), doch auch klassisch-griechische Themen wie die AMAZONENSCHLACHT (Nürnberg, Städt. Kunstsammlungen) oder das GASTMAHL DES PLATO, 1869

Anselm Feuerbach, IPHIGENIE II, *1871, 200 × 132 (Stuttgart, Staatsgalerie). „Das Land der Griechen mit der Seele suchend", blickt die Tochter Agamemnons wehmütig übers Meer. In der mythischen Heldin von Goethes Drama sah der Deutsch-Römer eine ideale Verwirklichung seines klassischen Frauenideals.*

Anselm Feuerbach, PAOLO UND FRANCESCA, *1864, 76×58 (München, Schackgalerie). „An diesem Tage lasen sie nicht weiter", heißt es in der Divina Commedia über die beiden. Die marmorne Treppenstiege und die tiefgrünen Zypressen erinnern an die farnesischen Gärten Roms oder die Villa d'Este in Tivoli. Inmitten der Versachlichung des Verhältnisses von Mann–Frau im 19. Jh. wurde eine solche Romanze leicht zum Wunschbild einer poetisierten Liebesbegegnung.*

(Karlsruhe, Kunsthalle), prägten sein Œuvre. Neben rhythmischen Kompositionen in kühlen, edlen Farben schuf er auch stimmungsvolle Kinderbilder wie die KINDER AM SPRINGBRUNNEN, 1859 (Mannheim, Kunsthalle). Dennoch traf er nicht den zeitgenössischen Geschmack. So nahm er zwar 1873 den Ruf an die Wiener Akademie an, nahm aber u. a. wegen der ablehnenden Kritik 1876 seinen Abschied und ging für den Rest seines Lebens nach Venedig. Seine großzügig-klaren Darstellungen strebten immer nach cem klassischen Ideal, gerieten dabei allerdings allzu leicht ins Pathetische, wie der TITANENSTURZ (Wien, Akademie der bildenden Künste), den er zwischen den Jahren 1875 und 1879 begann und der nach seinem Tod von Schülern vollendet wurde.

Figueiredo, Cristóvão de

Figueiredo, Schüler von Jorge Affonso, war in Portugal tätig zwischen 1515 und 1543. Als Hofmaler König Manuels I. und des Kardinalinfanten Don Alfonso malte er für letzteren 1522–30 die AUFFINDUNG UND ERRICHTUNG DES HL. KREUZES (Coimbra, S. Cruz). Er arbeitete viel mit seinem Freund, dem Maler Garcia Fernandes, zusammen, mit dem er 1533/34 für das Kloster Fereirim in Lamego einige Altäre sowie die GRABLEGUNG CHRISTI (Lissabon, Museu Nacional de Arte Antiga) schuf. 1538/39 entstand im Auftrag der Königin Leonore ein Altar für das Kloster Batalha. Figueiredo, in dessen Stil sich niederländische und italienische Elemente finden, zeigt in seinen Bildern einen strengen Aufbau nach dem Dreiecksschema, seine Farbgebung ist reich.

Fini, Leonor

* 3. 8. 1908 in Buenos Aires. Nach ihrer Lehrzeit in Triest ließ sich die surrealistische Künstlerin in Mailand nieder, wo sie von Carlo Carrà und Arturo Tosi beeinflußt wurde, aber auch Anregungen von Ingres, David und Courbet annahm. Seit 1933 lebt sie in Paris, wo sie sich den → Surrealisten anschloß. Leonor Fini verbindet in ihrer Malerei streng objektive Sachlichkeit und durchsichtig → lasierte Farben mit einer irrealen, visionären Thematik mit zuweilen erotischen Anspielungen. Es entstanden u. a. SPHINX AMALBURGA, 1942 (Rom, Sammlung Gräfin Solari), STRYGES AMAOURI, 1948 (Turin, Galleria Il Fauno), und BEDINGUNGSLOSE LIEBE, 1958 (Turin, Sammlung M. Tazzoli).

Fiorenzo di Lorenzo

* um 1440 in Perugia, † um 1522 in Perugia. Ein umbrischer Maler, der stilistisch von der Schule von Padua und Benozzo Gozzoli beeinflußt wurde. Später treten Einflüsse der jüngeren Maler Bernardino Pinturicchio und Pietro Perugino hinzu. Die Darstellung der HLL. PETRUS UND PAULUS, die 1487

Leonor Fini, Die Hüterin der Quellen, *1967, 92 × 73 (Mailand, Privatsammlung). „Letzten Endes sind meine Gemälde, ist alle Kunst unerklärlich, unbestimmbar, geheimnisvoll wie Katzen . . ." – äußerte die italienische Vertreterin eines phantastischen Realismus 1976 in einem Interview mit G. W. Weber.*

entstand, nimmt Anregungen Verrocchios auf; zu jener Zeit muß die Berufung des Künstlers nach Florenz erfolgt sein. Aus dem Jahre 1488 datiert das → Polyptychon mit Darstellungen des hl. Bernhard (Perugia).

Flegel, Georg
* um 1566 in Olmütz (Mähren), begraben am 23. 3. 1638 in Frankfurt/M. Über Georg Flegel gibt es so gut wie keine gesicherten biographischen Daten. Spätestens 1594 ging Flegel nach Frankfurt/M., 1597 wurde er Frankfurter Bürger. Auch das künstlerische Werk des Malers ist, zumindest für seine frühen Jahre, nur schwer nachzuweisen. Nach Art der Niederländer schuf Flegel zunächst üppige Stillebenkompositionen mit Blumen, Früchten, Geschirr u. a. Später fand er zu einem eigenen Stil, indem er nur noch wenige Gegenstände zu wohldurchdacht komponierten und beleuchteten Arrangements zusammenstellte, die sehr ruhig und ausgewogen wirken: Stilleben mit Kerze, 1536 (Köln, Wallraf-Richartz-Museum); zu den datierten Werken des Malers zählt das Selbstbildnis von 1630 (ehemals Berlin, Kupferstichkabinett, im Krieg verbrannt); die sicheren Arbeiten stammen ansonsten nur aus den letzten drei Lebensjahren Flegels, wie Grosse nächtliche Mahlzeit und Frühstück mit Fisch, jeweils von 1637 (beide Frankfurt/M., Historisches Museum). Mit diesen sicherlich niederländisch beeinflußten Gemälden war Flegel der erste Stillebenmaler Deutschlands. Mit seinen Lichteffekten und seiner stimmungsreichen Koloristik näherte er sich schon im einzelnen dem → Impressionismus an.

Flickel, Paul
* 8. 4. 1852 in Berlin, † 18. 3. 1903 in Nervi. Realistischer Landschaftsmaler, der seine Ausbildung in Weimar und Düsseldorf erhielt und hauptsächlich in Berlin tätig war. Zunächst schuf er Ansichten mit italienischen Motiven, etwa in Villa Borghese in Rom (Erfurt, Museum), später vor allem Landschaften, beispielsweise in Buchenwald bei Prerow (Berlin, Stiftung Staatliche Museen/West, Nationalgalerie).

Florentino, Nicolás
(auch Fiorentino Niccolò, gen. Dello di Niccolò Delli)
* um 1404 in Florenz, † 1471 in Valencia. Nur wenige Werke geben Auskunft über Florentinos Stellung neben Nicolás Francés im Kastilien des frühen 15. Jh. Nach Aufenthalten in Siena, Venedig und Florenz siedelte Florentino mit seinem Bruder nach Spanien über und arbeitete zunächst in Avila, dann in Salamanca. Dort schuf er zwischen 1440 und 1445 für die Alte Kathedrale einen Hochaltar mit 53 Szenen aus dem Leben Mariä und Christi. Kurz danach vollendete er in der Apsis derselben Kathedrale das Fresko Das Jüngste Gericht. Die darauf abgebildeten nackten Figuren gehören zu den Neuerungen Florentinos in der Malerei. Nach einem kurzen Aufenthalt in Florenz kehrte er 1448 abermals nach Spanien zurück. Den 1469 an ihn ergangenen Auftrag zur Ausmalung des Chors der Kathedrale von Valencia konnte er nur noch vorbereiten, sein plötzlicher Tod 1471 unterbrach die begonnene Arbeit. Mit Florentino kamen im frühen 15. Jh. florentinische, sienesische und venezianische Elemente in die spanische Malerei, er gehört zu den Vertretern des → Weichen Stils.

Georg Flegel, Stilleben mit Römer, Brezeln und Mandeln, *1637 (Münster, Landesmuseum). Nüchternheit und Sachlichkeit kennzeichnen dieses Werk schon bei der Auswahl der Gegenstände. Von den holländischen Prunkstilleben derselben Zeit, die oft mit teurer Speise und edlem Gerät auftrumpfen, hebt es sich bescheiden ab.*

Paul Flickel, Am Havelufer *(Berlin, Städtisches Museum). Die weitaus meisten Darstellungen der Impressionisten spielen sich in lichtdurchfluteten Räumen ab. Viele Themen weisen daher eine topographische Beziehung zu Gewässern auf, wo die Lichtwirkung schon naturgegeben vervielfältig ist und ein reiches Farbenspiel hervorbringt.*

Floris, Frans
(eigtl. Frans de Vriendt)
* 1516 in Antwerpen, † 1. 10. 1570 in Antwerpen. Das Werk dieses zu den niederländischen → Romanisten zählenden Malers ist stark vom → Manierismus geprägt. Neben seinen Bildnissen hatte er vor allem mit biblischen und mythologischen Themen großen Erfolg. In einem seiner letzten monumentalen Werke, dem Jüngsten Gericht von 1566, zeigt sich deutlich der Einfluß Michelangelos. Floris selbst lieferte der mythologischen Malerei eine Fülle von Anregungen, in Gemälden wie Festmahl der Götter, 1550 (Antwerpen, Koninklijk Museum voor Schone Kunsten), oder in Venus und Mars in den Netzen des Vulkan, 1547 (Berlin, Stiftung Staatliche Museen/West, Gemäldegalerie), in denen das Erotische stark in den Vordergrund tritt, voll von originellen Formulierungen. Großen Einfluß übte er auf Maerten de Vos und Frans Pourbus aus.

Fohr, Carl Philipp
* 26. 11. 1795 in Heidelberg, † 29. 6. 1818 in Rom. Bedeutender Maler und Zeichner der Romantik. Schon früh wurde er im Sinne traditioneller realistischer → Veduten- und Genremalerei ausgebildet. 1810 ging er bei dem Landschafter Georg Wilhelm Issel in die Lehre. 1813 wurde ihm von der Erb- und Großherzogin von Baden-Durlach ein Jahresgehalt ausgesetzt, das ihm ein Studium an der Münchner

Carl Ph. Fohr, Gebirgslandschaft mit Hirten bei Subiaco, *1817, 99 × 135 (Schloß Wolfsgarten). Als der erst 23jährige Maler unglücklich im Tiber ertrank, fanden seine trauernden Freunde das Gemälde fast vollendet auf der Staffelei. Der Übergang von der klassizistischen zur romantischen Naturauffassung ist bereits vollzogen. Vorn im Bild die Tochter seiner Wirtin mit schlafendem Kind.*

Vincenzo Foppa, ANBETUNG DER KÖNIGE *(Ausschnitt), um 1500, 239×210 (London, National Gallery). Das Bild aus dem späten Schaffen des lombardischen Renaissance-Meisters verwendet viel Sorgfalt auf die Schilderung üppig drapierter und reich colorierter Kostüme. Die Figuren sind nur äußerlich nach Alter und Aufmachung differenziert.*

Akademie ermöglichte. Hier sah er das Bild LANDSCHAFT MIT REGENBOGEN von Joseph Anton Koch, das ihn tief beeindruckte. Fohr war auch fasziniert von der damals neu entdeckten Welt altdeutscher Märchen und Sagen, die er in Bildern wie RITTER VOR DER KÖHLERHÜTTE, 1815 (Berlin, Stiftung Staatliche Museen/West, Gemäldegalerie), gestaltete. 1816 übersiedelte er nach Rom und kam in das Atelier Joseph Anton Kochs. Hier schloß er sich auch dem Kreis der → Nazarener an. Landschaftsbilder wie DIE WASSERFÄLLE VON TIVOLI, 1817 (Frankfurt am Main, Städelsches Kunstinstitut), DIE HEIMKEHR VON DER JAGD und IDEALE LANDSCHAFT BEI ROCCA CANTERANO, 1818 (beide Langen, Schloß Wolfsgarten), stellen in der Kombination von Idealität und malerischer Atmosphärik den Höhepunkt seines Schaffens dar.

Fontana, Lucio

* 19. 2. 1899 in Rosario di Santa Fé, Argentinien, † 7. 9. 1968 in Comabbio bei Varese. Begründer des → Spazialismo, einer Richtung, in der sich Tendenzen der → konkreten Malerei mit dem experimentellen Verfahren des → Dadaismus verbinden, um letztendlich eine Variante des → Informel darzustellen. 1905 kam Fontana nach Mailand, wo er 1928–30 die Accademia di Brera besuchte. Nach 1930 schuf er hauptsächlich abstrakte Plastiken. 1934 nahm er an der Pariser Ausstellung von → Abstraction-Création teil. 1947 gründete er in Mailand die Künstlervereinigung „Movimento spaziale" und belegte ihren propagierten Stil mit dem Begriff „Spazialismo". Kunst und reales Leben sollten sich durchdringen. „Materie, Farbe und Ton in Bewegung sind", wie Fontana sagt, „die Phänomene, deren gleichzeitige Entwicklung einen integrierenden Teil der neuen Kunst ausmacht." Das adäquate Mittel dafür war das Environment, das Fontana seit 1947 anwandte. Zwei Jahre später entstand für die Decke der Galleria del Naviglio in Mailand die erste „Strahlen-Komposition", eine frei im Raum schwebende Lichtplastik. Seit dieser Zeit suchte er auch im Tafelbild die Integrierung des Realraums in den Kunstraum zu erreichen, indem er die Leinwand in einer

Jean Fouquet, Der hl. Martin und der Bettler, *vor 1461 (Musée Condé). Die Miniatur ist dem Stundenbuch des Étienne Chevalier entnommen, ein Hauptwerk Fouquets, das er für den königlichen Sekretär und Schatzmeister schuf. Die Detailgenauigkeit bei Stadtansichten – in diesem Fall Paris – ist besonders hervorzuheben.*

dichten Folge von Löchern „perforierte". Löcher und Farbspritzer erzeugten zeichenhafte, optisch variierende Strukturen. In Bildserien wie Attese su paesaggio, ab 1958, oder Nature, ab 1959, schlitzte er monochrome Leinwände mit scharfen Schnitten auf. Später formte er für seine Bilder auch die plastischen Holzrahmungen. Fontana hatte einen großen Einfluß des Environments und wirkte nachhaltig auf die deutsche Gruppe → Zero ein.

Foppa, Vincenzo
* um 1430 in Brescia, † gegen 1515 in Brescia. Foppa ist der Begründer und Hauptvertreter der lombardischen Malerei des 15. Jh., er nahm von den Malern der → Internationalen Gotik seinen Ausgang und vermittelte der Lombardei die Errungenschaften der Frührenaissance. Der Gesamtcharakter seiner Kunst ist der einer strengen Würde. Aus seiner frühesten Schaffenszeit, als er unter dem Einfluß der veronesischen Schule, besonders Pisanello, stand, stammt u. a. die um 1450 entstandene Maria mit Kind im Paradiesgarten (Settignano bei Florenz). 1456 schuf F. das Gemälde Die drei Gekreuzigten (Bergamo), das die Einwirkung der venezianischen Malerei dokumentiert, was sich beispielsweise in einer weichen, malerischen Behandlung der Gegenstände ausdrückt. Nach 1460 muß F. mit dem Werk Andrea Mantegnas, dessen Ausstrahlung sich kaum ein Meister der oberitalienischen Malerei in der zweiten Jahrhunderthälfte entziehen konnte, in Berührung gekommen sein. 1461 malte Foppa Fresken für die Cappella S. Giovanni Battista im Dom zu Genua. 1458–89 war er an den herzoglichen Hof der Sforza in Mailand gebunden, für die er wiederholt in Pavia und Genua tätig war. 1468 entstanden die zu seinen Hauptwerken zählenden Fresken der Portinari-Kapelle in S. Eustorgio zu Mailand. 1498 malte er das Martyrium des hl. Sebastian (Mailand, Civico Museo d'Arte Antica, Castello Sforzesco), zwei Jahre später das Tafelbild mit der Anbetung der Könige (London, National Gallery), beide Werke verdeutlichen F.s Beschäftigung mit der Architektur und der Perspektive, zu der er vielleicht durch Bramante angeregt wurde. Sein letztes Werk, die Prozessionsfahne für die Chiesa dei Morti in Orzinuovi, heute in Brescia, datiert aus dem Jahre 1514.

Fortuny y Carbó, Mariano
* 11. 6. 1838 in Reus (Tarragona), † am 21. 11. 1874 in Rom. Als Frühwaise bei seinem Großvater aufgewachsen, kam der talentierte Knabe schon mit 12 Jahren in die Werkstatt Domingo Soberanos. 1852 siedelte der Großvater mit ihm nach Barcelona über, wo er die Kunstschule besuchte. Ein 1857 erworbenes Stipendium ermöglichte ihm einige Studienjahre in Rom, wo er zahlreiche Kohle- und Tuschzeichnungen anfertigte. 1860 wurde er nach Marokko beordert, um Kriegsepisoden zu malen. Wieder in Rom befaßte er sich dann mit → Historienmalerei, wobei er von dem von ihm bewunderten neapolitanischen Maler Domenico Morelli beeinflußt wurde. Abermals in Marokko schuf er anschließend zahlreiche Bilder mit marokkanischen Szenen, darunter Die Schlacht von Tetuan, 1862–72 (Barcelona, Museo de Arte Moderno), und Fantasia in Tanger. Durch einige Aufenthalte in Paris kam Fortuny mit dem dort sehr beliebten → Genrebild kleinen Formats in Berührung, dessen Hauptvertreter Meissonier war. Seine Hochzeitsfeierlichkeiten 1867 gaben ihm die Idee zu dem Gemälde Besuchstag im Pfarrhaus, das 1870 entstand (Barcelona, Museo de Arte Moderno). Anklänge an Goya sowie eine liebevolle und präzise Ausarbeitung der Details, wie man sie bei Meissonier findet, machten dieses Genrebild zu einem seiner Hauptwerke. Erwähnenswert sind auch seine Licht- und Milieustudien, die er in Marokko, Granada, Sevilla und Portici schuf. Auf dem Höhepunkt seines Schaffens starb Fortuny an einem Fieber. Nach seinem Namen bildete sich eine Schule, deren Stil man „Fortunismus" nannte.

Foujita, Tsuguharu
(Léonhard)
* 27. 11. 1886 in Edo (heute Tokyo). † 29. 1. 1968 in Zürich. Der japanische Maler, Graphiker und Illustrator strebte in seinen Arbeiten eine Verschmelzung westlichen und fernöstlichen Formengutes an. Nach Kunststudien in Tokyo, Korea, China und London ließ er sich 1913 in Paris nieder, wo er u. a. im Salon d'Automne ausstellte. 1953 erwarb er die französische Staatsbürgerschaft und trat zum katholischen Glauben über. Mit stark kalligraphisch betonten, aber auch Renaissanceschemats verwendenden, zarten und lyrischen Figurenkompositionen schuf er auch viele religiöse Darstellungen.

Fouquet, Jean
* um 1420 in Tours, † 1480 in Tours. Der bedeutendste französische Künstler des 15. Jh. arbeitete vor allem als → Miniaturist und schuf daneben einige bedeutende Tafelgemälde. Wahrscheinlich erhielt Fouquet seine Ausbildung in Paris durch Miniatoren der franko-flämischen Schule, wie dem Boucicaut-Meister oder dem Bedford-Meister. Zwischen 1443 und 1447 hielt er sich in Italien auf und malte für die Kirche S. Maria sopra Minerva in Rom ein Porträt Eugens IV., das den Papst mit zweien seiner Nepoten darstellte. Das zu seiner Zeit gerühmte Werk ist leider nicht erhalten. Da sich im Stil Fouquets Einflüsse des florentinischen Meisters Fra Angelico bemerkbar machen, ist anzunehmen, daß er sich auch in Florenz aufgehalten hat. Nach seiner Rückkehr arbeitete er mit seiner Werkstatt für den französischen Hof unter Karl VII. und Ludwig XI. und übernahm 1475 die Stellung des „peintre du roy", des ersten Hofmalers.
Bei der Zuweisung von Werken an den Meister beruft sich die Kunstgeschichte auf eine handschriftliche Notiz von Francois Robertet aus dem Ende des 15. Jh., die sich in einer illustrierten Ausgabe der „Antiquités judaiques" von Flavius Josephus befindet. Dort heißt es, daß einige Werke von der Hand des guten Malers und Miniaturisten König Ludwigs XI., „Jehan Foucquet", aus Tours angefertigt worden seien. Durch diesen Hinweis konnten dem Meister durch Stilkritik weitere Arbeiten zugewiesen werden. Zu den Hauptleistungen gehören die Illustrationen im Stundenbuch des Étienne Chevalier (Chantilly, Musée Condé). „Um die Mitte des 15. Jh. ist Fouquet der einzige nordische Künstler, der die Botschaft der Renaissance in die Länder nördlich der Alpen trägt" (Ch. Sterling). Die überaus reichen und kostbaren Darstellungen spiegeln das Prestige des Auftraggebers wider, der 1451 als Bürgerlicher zum Trésorier (Finanzminister) Frankreichs aufgestiegen war. Für Étienne Chevalier malte J. Fouquet auch ein Diptychon,

Jean Fouquet, IDEALBILD VOM BAU DES TEMPELS IN JERUSALEM, *um 1475 (Paris, Bibliothèque Nationale). Nach einer alten handschriftlichen Notiz im Kodex „Les antiquités judaiques", aus dem diese Miniatur stammt, gehen neun Blätter der illustrierten Handschrift auf den Künstler zurück – der Grundstein für die Fouquet-Forschung war gelegt.*

das sich einst über dem Grab des Mäzens in der Kathedrale Notre-Dame in Melun befand und heute in zwei Museen zu bewundern ist. Der linke Teil des Diptychons (Berlin, Staatliche Museen) zeigt den betenden Stifter, der von dem hl. Stephanus der Maria mit Kind empfohlen wird (Antwerpen, Koninklijke Museum voor Schone Kunsten). Nach einer alten Überlieferung soll die Madonna des Diptychons die Züge der Agnes Sorel tragen, der berühmten Mätresse Karls VII., die 1450 starb und deren Testamentsvollstrecker Étienne Chevalier war. Die Muttergottes wird mit entblößter Brust im Typus der „Madonna lactans" gezeigt. Eine Inschrift am Grabe Agnes Sorels im Schloß von Loches weist ihr einen Platz unter den himmlischen Heiligen zu. Nach einer Beschreibung des Diptychons aus dem 17. Jh. trug der Rahmen Medaillons aus vergoldetem Silber. Es erscheint daher möglich, daß Fouquet auch als Emailmaler tätig war und vielleicht sogar die im 16. Jh. in Frankreich blühende Technik des „émail peint" begründet hat. Zwei Medaillons des Künstlers, die dem Diptychon vielleicht zugehörten, sind bekannt. Das eine gilt als ein SELBSTBILDNIS FOUQUETS (Paris, Louvre). Zwei weitere Tafelgemälde können Fouquet noch zugeschrieben werden: ein BILDNIS KARLS VII. (Paris, Louvre) und das PORTRÄT GUILLAUME JUVENAL des Ursins (Paris, Louvre).

Eine Reihe von Blättern des Buches „histoire ancienne jusqu'à César" (Amsterdam und Paris) gehen sicherlich auf Fouquet zurück. Außerdem illustrierte er die Handschrift „Grandes chroniques des rois de France" (Paris, Bibliothèque Nationale), eine Chronik, die seit dem Ende des 13. Jh. in der Abtei von St-Denis geführt wurde und die die französische Geschichte seit dem Beginn des Königtums erfaßte. Das Titelblatt für eine Ausgabe von G. Boccaccios „Die neun Bücher vom Glück und vom Unglück berühmter Männer und Frauen" mit einer Darstellung des Königsgerichtes von Vendôme (1458) ist allgemein als Werk Jean Fouquets anerkannt (München, Staatsbibliothek). Daneben sind weitere Illustrationen für Gebetbücher bedeutender Franzosen bekannt (Marie von Kleve, Charles de France, Philippes de Comyness, Louis de Laval), wobei gelegentlich die Mitwirkung der Werkstatt deutlich zu erkennen ist. Wohl noch zu Lebzeiten des Meisters lobte ein Florentiner namens Francesco Florio den französischen Maler: „Weit geschickter in der Malerei, hat er nicht nur die Maler seiner Zeit, sondern auch alle früheren übertroffen." Fouquet widmete sein Können nicht allein der Malkunst. Zur Vorbereitung des Einzuges von Ludwig XI. in Tours war er neben einem Bildhauer und einem Baumeister zur Erstellung von Festbauten herangezogen worden. Für denselben König fertigte er 1474 einen Entwurf zu einem Grabdenkmal an. Beim Einzug Alfons V. von Portugal in Tours wurde dem Künstler von der Bürgerschaft der Entwurf für einen Thronaufbau anvertraut.

Fragonard, Jean-Honoré

* 5. 4. 1732 in Grasse, † 22. 8. 1806 in Paris. Neben Boucher ist „Frago" einer der bedeutendsten Maler des Rokoko. Erfolg hatte er besonders mit Darstellungen galanter Sujets, mit pikanten Boudoirszenen, welche die Schilderung des Erotischen nicht scheuten. Oft wird der Bildbetrachter dabei zum indiskreten Zuschauer eines sich unbeobachtet fühlenden Mädchens. Ein Nachstich des MÄDCHENS MIT HUND (München, Alte Pinakothek) durfte daher in Paris nicht öffentlich ausgestellt werden. DIE SCHAUKEL, Fragonards berühmtestes Gemälde (London, Wallace Collection), verdankt dem Auftrag des Baron de

Jean-H. Fragonard, Kinderprüfung beim Herzog von Chabot, *1770/80, 43 × 34 (Frankfurt, Städel). Themen der Familie, Kindererziehung oder Mutterliebe, griff die Malerei des späten Rokoko mit Vorliebe auf. Statt des Eleganten und Koketten hielt man nach neuen Werten des Gefühls Ausschau und wollte den Betrachter innerlich „ergreifen".*

Saint-Julien seine Entstehung. „Ich möchte", so soll der Baron gesagt haben, „daß Sie Madame" – dabei deutete dieser auf seine Mätresse – „auf einer Schaukel malen, die ein Bischof in Bewegung hält. Mich plazieren Sie am besten so, daß ich in Reichweite der Beine dieses schönen Kindes bleibe." In solchen Sujets zeigt sich Fragonard als ein Nachfolger Bouchers, dessen Schüler er nach einem halbjährigen Unterricht bei Chardin geworden war. 1752 gewann Fragonard den Rompreis mit einer Darstellung aus dem Alten Testament. 1756 kam er an die französische Akademie in Rom. Kopien nach Deckengemälden römischer Barockmaler, Pietro da Cortona und Annibale Carracci, entstanden. Durch den Aufenthalt in der Villa d'Este in Tivoli, östlich von Rom, wurde er zu Landschaftsstudien angeregt. Mit der Darstellung eines mythologischen Themas erwarb er sich, nach Paris zurückgekehrt, im Jahre 1765 die Zulassung zur Akademie. Bildnisse und Gemälde klassischen Inhalts sind typisch für seine Frühzeit. Nach der Vermählung mit seiner Schülerin Marie-Anne Gérard, einer ausgezeichneten Miniaturistin, läßt Fragonard eine Anzahl von häuslichen Szenen entstehen, auch religiöse Bilder, Johannes der Täufer, Erziehung der Jungfrau Maria, Anbetung der Hirten u. a.

Erst nach einer zweiten Italienreise im Jahre 1773, die ihn auf dem Rückweg über Venedig, Wien, Dresden, Leipzig, Frankfurt und Straßburg geführt hatte, nahm der Anteil der galanten Schilderungen an seinem Schaffen zu. Bildnisse von Schauspielerinnen und Schauspielern entstehen wie auch eine Anzahl von Buchillustrationen, Radierungen und Miniaturen. Im Auftrag der Madame Dubarry entstand 1771 ein Zyklus von vier Gemälden, die als Episoden eines Liebesabenteuers ein Gartenhaus schmücken sollten: Die Verfolgung, L'escalade, Die Liebesbriefe, Der gekrönte Liebhaber (New York, Metropolitan Museum of Art). Leider war die Auftraggeberin mit der Ausführung nicht zufrieden, und der Zyklus blieb, wenn auch bezahlt, im Atelier des Künstlers. Fragonard hatte in diesen Bildern bereits einem allgemeinen Geschmackswandel der Zeit nachgegeben: der Betonung der gefühlsmäßigen gegenüber der erotischen Liebe. Gerade in den Jahren nach 1770 hielt Frankreich nach neuen Werten des Gefühls und der Natur Ausschau.

Schilderungen des Familienlebens und Kinderszenen wurden zusehends beliebt, an die Gefühle des Betrachters sollte appelliert werden.

Neben der erotischen Form der Liebesdarstellung und einer sentimentalen gibt es im Werk Fragonards auch Ansätze zu einem symbolischen Typus. In dem klassizistisch anmutenden Gemälde Fontaine d'amour (London, National Gallery) wenden sich zwei Liebende einer Brunnenschale zu, aus der Putten einen Kelch entgegenreichen. Dieses und andere Bilder weisen bereits auf W. Blakes allegorisch-symbolische Darstellungen voraus. Wenn auch die Revolution das Ende seiner Kunst bedeutete und Fragonard vergessen in Paris starb, so hatte ihm die Protektion Davids, des offiziellen Malers nach dem Umschwung, noch einige Ämter in der Kunstverwaltung gesichert.

Francés, Nicolás

* um 1400 in Frankreich (?), † 1468 in Léon. Aus einer Chronik geht hervor,

Jean-H. Fragonard, DIE SCHAUKEL, *1767, 81 × 65 (London, Wallace Collection). „Ich möchte", soll der Auftraggeber, Baron de Saint-Julien gesagt haben, „daß Sie Madame" – dabei zeigte er auf seine Mätresse – „auf einer Schaukel malen, die ein Bischof in Bewegung hält. Mich plazieren Sie in Reichweite der Beine des schönen Kindes".*

daß Nicolás Francés vor 1434 den Hochaltar der Kathedrale von Léon vollendet hatte. Fünf Tafeln des Altars, der sein bedeutendstes Werk darstellt und der 1741 auseinandergenommen wurde, befinden sich noch in der Kathedrale, darunter der TEMPELGANG MARIÄ und drei SZENEN AUS DEM LEBEN DES HL. FLORIAN. 1450–63 arbeitete Nicolás Francés an Entwürfen für Glasmalereien. Das Domkapitel von Léon schickte ihn 1452 nach Salamanca, damit er das JÜNGSTE GERICHT des Florentiner Malers Niccolò Fiorentino studierte und daraufhin den Kreuzgang der Kathedrale ausmalte. Dieses Werk ist nicht erhalten, da zahlreiche nackte Gestalten – eine Neuerung Fiorentinos – ein Anstoß gewesen sein dürften. Ebenfalls von Francés ist ein mehrteiliger Altar aus La Bañeza, wovon sich zwei Tafeln im Prado von Madrid befinden. Charakteristisch für Francés ist die je nach Symbolgehalt unterschiedliche Größe seiner Figuren sowie eine leuchtende Farbgebung. Sein burgundisch geprägter spätgotischer Stil erhielt unter dem Einfluß Fiorentinos Renaissancezüge.

Francesco di Giorgio Martini
* 23. 9. 1439 in Siena, † Nov. 1501 in Siena. Francesco war einer der bedeutendsten Universalkünstler seiner Zeit, er zeichnete sich v. a. als Architekt und Bildhauer aus. In der Malerei blieb er der sienesischen Tradition → Quattrocento verhaftet. Sein von Fra Filippo Lippi und Gerolamo da Cremona beeinflußtes Werk charakterisieren humanistische Tendenzen und ein, der Spätgotik entstammender Hang zur Überfeinerung. Es entstanden u. a. 1467 die ERDBEBENMADONNA (Siena, Archivio di Stato), die VERKÜNDIGUNG AN MARIA, 1475, die KRÖNUNG MARIÄ, 1472 (beide Siena, Pinacoteca Nazionale), und die GEBURT CHRISTI, 1475 (Siena, S. Domenico).

Francia, Francesco
(eigtl. Francesco di Marco di Giacomo Raibolini)
* 1450 in Bologna, † 5. 1. 1517 in Bologna. Der Goldschmied und Bildhauer hatte auch als Maler größten Erfolg. Bilder wie HL. STEPHAN (Rom, Galleria Borghese) spiegeln den Ein-

Francesco Francia, Madonna im Rosenhag, 175 × 132 (München, Alte Pinakothek). Die symbolische Bildbedeutung ergibt sich aus dem Wortzusammenhang von „humus" (Erde) und „humilitas" (Demut). Das Thema – sonst Vorwand meist vielfiguriger Szenen – deutet der Bologneser Maler als stille Zwiesprache zwischen der Madonna und dem am Boden gebetteten Jesusknaben. Das Bild ist mit „Francia Aurifex" signiert; der Einfluß Raffaels und Peruginos spiegelt sich in ihm besonders deutlich. Neben Gemälden fertigte der Künstler als Goldschmied Münzen und Medaillen an.

fluß Lorenzo Costas wider, später nahm er Anregungen von Lorenzo di Credi, Pietro Perugino und Raffael auf. Es entstanden u. a. die Tafel Hl. Franziskus (Rom, Galleria Borghese) und das Altarbild Madonna Felicini, 1494 (Bologna, Pinacoteca Nazionale). Bei harmonischer Farbgebung gelingt Francia in seinen Kompositionen eine glückliche Verbindung von Figuren und Landschaft bzw. Architektur. Mit seiner großen Werkstatt trug der Künstler viel zur Begründung der Schule von Bologna bei.

Franciabigio

(eigtl. Francesco di Cristofano)
* 1482/83 in Florenz, † 24. 1. 1525 in Florenz. Der der Schule von Florenz zugehörige Künstler lernte bis ca. 1506 in der Werkstatt Mariotto Albertinellis, danach bei Piero di Cosimo. Mit Andrea del Sarto, der ihn in seinem Frühwerk entscheidend beeinflußte, unterhielt Franciabigio eine gemeinsame Werkstatt. 1522–24 entstand die Tafel Der Herkulestempel (Florenz, Palazzo Davanzati), 1523 Der Uriasbrief (Dresden, Gemäldegalerie). Franciabigios Bildnisse, die durch Helldunkel-Kontraste Lebendigkeit und Geist erlangen, gehören zu den bedeutendsten Porträts des 16. Jh. 1514 schuf er den Jungen Mann mit Handschuhen (Florenz, Galleria degli Uffizi), 1522 den Jungen Mann am Schreibpult (Berlin, Stiftung Staatliche Museen/West, Gemäldegalerie). Franciabigios Kunst, die durch die Verbindung von zeichnerischen und farblichen Elementen atmosphärische Dichte erreicht und Architekturen und Landschaften nur als eine illusionistische Szenerie erfaßt, weist auf den Florentiner → Manierismus um die Mitte des 16. Jh. hin.

Francis, Sam

* 25. 6. 1923 in San Mateo, Kalifornien, lebt in S. Monica, Kalifornien. Wichtiger Vertreter einer Stilrichtung, die in der Nachfolge des → abstrakten Expressionismus steht und die Farbe als konkreten Gestaltwert ins Bild einbezieht. Bis ca. 1954 entstehen fast monochrome Bilder, sensible Modulationen in Weiß, Grau, Rot oder Rosa, etwa in Grosses Rot, 1953 (New York, Museum of Modern Art). Ab 1956 werden die → Valeurs heller und differenzierter, der dichte Farbdekor bricht auf und bezieht das Weiß des Grundes und dessen räumliche Qualität ins künstlerische Kalkül mit ein. 1957/58 vermittelte ein langer Aufenthalt in Tokyo Eindrücke ostasiatischer meditativer Ausdrucksverfahren und → Kalligraphie. Das nun immer lichter und spontaner werdende Farbgewebe erfüllt sich zunehmend mit atmosphäri-

Sam Francis, Komposition, *1956 (Hannover, Kunstmuseum). Sowohl der klaren Logik des Konstruktivismus als auch dem Aktionistischen des amerikanischen abstrakten Expressionismus steht die Kunst von Francis fern. Am „schönen" Kontur desinteressiert, ordnet er Farbflecken nach den Gesetzen der Farbharmonie.*

scher und raumhaltiger Transparenz. 1956–58 schuf Francis das sog. „Baseler Triptychon" Die weisse Wand (Buffalo, New York, Albright Knox Art Gallery), drei Wandbilder für die Kunsthalle in Basel. In den sechziger Jahren entwickelte er eine sehr persönliche Form des → Dripping, d. h. des stark vom Zufall gelenkten Farbauftrags, um seine Variationen über farbige Grundakkorde zu konkretisieren. 1960 entstanden auch seine ersten Lithographien.

Francke, Meister
(auch Frater Francke)
* um 1380 in Hamburg, † nach 1430 in Hamburg. Der Künstler stammte aus der aus Zutphen in Gelderland zugewanderten Schuhmacherfamilie Lubberdes-Francke. Nach seinen Wanderjahren im Westen – wohl Holland, Paris und Burgund –, trat er in Hamburg in das Dominikanerkloster zu St. Johannis ein. In den dortigen Urkunden wird er „Schwarzer Mönch", „Frater Franco monacus", genannt. Die künstlerischen Wurzeln Meister Franckes sind im → „Internationalen Stil" seiner Zeit, in Pariser → Miniaturen und in der burgundischen Malerei zu suchen. Das früheste erhaltene Werk des Künstlers ist ein Christus als Schmerzensmann (Leipzig, Museum der bildenden Künste), welcher möglicherweise die Tür eines Sakramentshäuschens schmückte. Es sind hier noch alle Zeichen eines Frühwerks vorhanden, das noch eng in der Internationalen Gotik verhaftet ist. Der leidvolle Ausdruck Christi weist jedoch schon deutlich auf die spätere Meisterschaft Franckes hin. Um 1410 entstand der Barbara-Altar (Helsinki, Suomen Kansallismuseo). Sein größtes Werk, den Thomasaltar, schuf der Künstler nach 1424 für die Gesellschaft der Englandfahrer (Hamburg, Kunsthalle). Erhalten sind zwei Darstellungen aus der Legende des hl. Thomas von Canterbury auf den Außenseiten der Flügel, sechs Darstellungen aus dem Leben Christi auf den Innenseiten der Flügel und ein Bruchstück der Kreuzigung auf der Mitteltafel. Die Individualisierung der Köpfe, das Streben nach räumlicher Tiefe und die intensive leuchtende Farbigkeit, durch die er für jede Tafel eine eigene Farbharmonie erreichte, hoben Meister Francke weit über seine Vorläufer hinaus. Das Spätwerk des Künstlers, der Christus als Schmerzensmann (Hamburg, Kunsthalle), steigert die Geschlossenheit der Komposition und die Glut des Kolorits des Thomasaltars nochmals. Im Vergleich zur ersten Tafel dieses Themas wird deutlich, wie der Meister sich in seiner künstlerischen Entwicklung einem neuen Zeitalter nähert. In seinem ganz persönlichen eigenständigen Werk zeigt er ein völlig neues Verhältnis zur Wirklichkeit. Neben Conrad von Soest und Stefan Lochner gilt Meister Francke als der bedeutendste Künstler des sog. → „Weichen Stils".

Frankfurter Paradiesgärtlein, Meister des F. P.
Tätig um 1410 am Oberrhein. Der Künstler erhielt seinen Notnamen nach einem Täfelchen, das Maria mit dem Kind, umgeben von Heiligen, im hortus conclusus (= geschlossener Garten) sitzend, darstellt und wohl um 1410 entstand (Frankfurt, Städelsches Kunstinstitut). Der geschlossene Garten symbolisiert die Unbeflecktheit Mariä, die zahlreichen miniaturhaft genau gemalten Blumen und Pflanzen haben ebenfalls symbolischen Charakter. In der feinen Technik und den leuchtenden Farben stammt der Meister von der französischen Buchmalerei ab. Ein weiteres dem Künstler zugeschriebenes Werk ist die Maria in den Erdbeeren (Solothurn, Museum), welches in der Figurenbildung eng mit den Werken Beauneveus verwandt ist. Der Meister des Frankfurter Paradiesgärtleins betätigte sich neben der Malerei auch erfolgreich als Reißer für den Holzschnitt.

Freddie, Wilhelm
(eigtl. Frederik Wilhelm Christian Carlsen)
* 7. 2. 1909 in Kopenhagen. Der wohl bedeutendste dänische Maler und Graphiker des → Surrealismus studierte an der Kopenhagener Akademie die graphischen Techniken, während er als Maler Autodidakt ist. Beeinflußt von Salvador Dalí, schuf er seit 1930 surrealistische Gemälde und → Collagen, die häufig eine stark erotische Komponente aufweisen.

Fréminet, Martin
* 24. 9. 1567 in Paris, † 18. 6. 1619 in Paris. Stark → manieristisch geprägter und von vielen Vorbildern abhängiger Maler, Stecher und Zeichner. 1587 oder 1588 begab er sich nach Italien, wo er fünfzehn Jahre lang lebte und sich vor allem mit dem Werk von Michelangelo-Schülern auseinandersetzte. Hier übernahm er die typisch manieristischen Komponenten über-

Meister Francke, Die Frauen unter dem Kreuz, *um 1424, 84 × 85 (Hamburg, Kunsthalle). Das Fragment gehörte ursprünglich zur Mitteltafel des nur in Teilen erhaltenen Hauptwerkes des Malers, eines Wandaltares für die Gesellschaft der Englandfahrer, der dem größten englischen Schutzheiligen, Thomas von Canterbury, geweiht war.*

Meister Francke, DAS HEUSCHRECKENWUNDER, *1410/15, 91 × 54 (Helsinki, Nationalmuseum). Die Tafel des Barbara-Altares zeigt die Heilige auf der Flucht, da sie sich ohne väterliche Einwilligung zum Christentum bekannt hatte. Einer der Hirten verriet Barbaras Weg – zur Strafe wird seine Schafherde in Heuschrecken verwandelt.*

steigerter Perspektivik, extremer Verkürzungen und komplizierter raumillusionistischer Effekte. 1602 wurde er von Heinrich IV. an den französischen Hof berufen und 1603 zum „peintre et valet de chambre ordinaire" ernannt. 1608 begann er mit der Ausmalung der Decke der Chapelle de la Trinité im Schloß von Fontainebleau, wo sich nun Manierismen wie überlängte Figurenproportionen, kalte Farbigkeit usw. immer deutlicher zeigen. Neben diesen und anderen Arbeiten für Fontainebleau existieren von ihm noch acht Tafelgemälde und eine Anzahl qualitätvoller Zeichnungen.

Freundlich, Otto
* 10. 7. 1878 in Stolp, Pommern, † 9. 3. 1943 im Konzentrationslager Lublin-Majdanek, Polen. Freundlich war einer der frühesten Vertreter der → geometrischen Abstraktion und 1932–35 Mitglied der Pariser Gruppe → Abstraction-Création. Nach einem Malunterricht in Berlin kam er 1909 nach Paris, wo er zunächst vom → Kubismus beeinflußt wurde. Nach 1914 lebte er meist in Köln und wurde 1919 Mitglied der → Novembergruppe. Damals entstanden vor allem expressionistische Holzschnitte in der Nachfolge des → Blauen Reiters. Ab 1924 arbeitete er, wieder in Paris, an abstrakten Gemälden und Pastellen, in denen das Bildfeld mosaikartig von geschichteten, glühenden Farbflächen bedeckt ist, die sich weitgehend einem geometrischen Grundraster einfügen, so auch in MEIN HIMMEL IST ROT von 1933 (Paris, Musée National d'Art Moderne).

Friedrich, Caspar David
* 5. 9. 1774 in Greifswald, Pommern, † 7. 5. 1840 in Dresden. Friedrich ist der bedeutendste Landschaftsmaler der deutschen → Romantik, der einem neuen Naturgefühl in seinen Werken Ausdruck verlieh und die durch klassizistische Formeln erstarrte Landschaftsauffassung durch eine gefühlvolle, kontemplative Betrachtung ersetzte. Der Sohn einer kinderreichen Handwerkerfamilie kam 1794 an die Königliche Kunstakademie in Kopenhagen, wo er später auch Philipp Otto Runge, Georg Friedrich Kersting und

Meister des Frankfurter Paradiesgärtleins, DAS PARADIESGÄRTLEIN, *um 1410, 26 × 33 (Frankfurt, Städel). Das Mittelalter sah das Hohelied Salomos als eine Marien-Hymne an: „Du bist ein verschloßner Garten, eine verschloßne Quelle, ein versiegelter Born. Deine Gewächse sind wie ein Lustgarten von Granatäpfeln mit edlen Früchten."*

Johann Christian Clausen Dahl kennenlernte. Er studierte dort bei dem Landschaftsmaler Jens Juel und bei Nicolai Abraham Abildgaard, dem Begründer des dänischen Klassizismus. 1798 übersiedelte Friedrich nach Dresden. In diesem Mittelpunkt der frühromantischen Bewegung lebte er von nun an fast ständig. 1799 war er dort erstmals auf der Akademieausstellung vertreten. 1802 kam auch Runge hierher, und über ihn lernte Friedrich viele Dichter der Romantik, vor allem Ludwig Tieck und Novalis, kennen. 1805 verlieh ihm bei einer Ausstellung der Weimarer Kunstfreunde Johann Wolfgang von Goethe, zu dem Friedrich auch später noch Beziehungen aufrechterhielt, einen halben Preis. Nachdem Friedrich bis dahin vor allem in der Sepia-Technik gearbeitet hatte, stellte er 1808 sein erstes aufsehenerregendes Gemälde aus, DAS KREUZ IM GEBIRGE, den sog. Tetschener Altar (Dresden, Gemäldegalerie, Neue Meister), ein Bild, das von der Gräfin Theresia Maria von Thun für die Hauskapelle des Schlosses Tetschen in Auftrag gegeben worden war. Friedrich selbst beschrieb und deutete das Gemälde: „. . . Es starb mit Jesu Lehre eine alte Welt, die Zeit, wo Gott der Vater unmittelbar wandelte auf Erden. Diese Sonne sank und die Erde vermochte nicht mehr zu fassen das scheidende Licht. Da leuchtet vom reinsten, edelsten Metall der Heiland am Kreuz im Golde des Abendroths und wiederstrahlt so im gemilderten Glanz auf Erden. Auf einem Felsen steht aufgerichtet das Kreuz unerschütterlich fest wie unser Glaube an Jesum Christum. Immergrün, durch alle Zeiten während, stehen die Tannen um das Kreuz, wie die Hoffnung des Menschen auf ihn, den Gekreuzigten." Nach Angaben Friedrichs schnitzte der Bildhauer Kühn den Rahmen: in der länglichen Füllung unten das allsehende Auge Gottes, vom heiligen Dreieck eingeschlossen, zu beiden Seiten Kornähren und Weinranken, die an Leib und Blut des Gekreuzigten erinnern sollen. Dieses Bild löste, vor allem bei dem klassizistisch ausgerichteten Kunstkenner Kammerherrn von Ramdohr, nicht nur eine Kritik seiner formalen Eigenschaften aus, sondern auch eine Opposition vom Standpunkt kirchlicher Tradition her. Es wurde abgelehnt, im so stimmungshaft subjektiven Medium der Landschaftsmalerei religiöse Allegorisierung zu betreiben. Bereits seit etwa 1801 hatte Friedrich häufige Wanderungen über die Insel Rügen, durch das Riesengebirge und den Harz unternommen, die sich in einer Vielfalt von Zeichnungen niederschlugen. 1809/10 entstand das vielleicht bekannteste Bild Friedrichs, der MÖNCH AM MEER (Berlin, Schloß Charlottenburg). Es existiert eine berühmte Beschreibung dieses Bildes durch Heinrich von Kleist: „Das Bild liegt mit seinen zwei oder drei geheimnisvollen Gegenständen wie die Apokalypse da, . . . und da es in seiner Einförmigkeit nichts als den Rahmen zum Vordergrund hat, so ist es, wenn man es betrachtet, als wenn einem die Augen-

Caspar David Friedrich, DER WANDERER ÜBER DEM NEBELMEER, *um 1818 (Hamburg, Kunsthalle). Schon zu Lebzeiten Friedrichs war eine Rückenfigur als Zentrum einer Landschaftskomposition überraschend. Nicht nur die Natur selbst, auch der über sie reflektierende oder kontemplierende Mensch wurde damit thematisiert.*

Caspar David Friedrich, DIE GESCHEITERTE HOFFNUNG, *1821, 98 × 128 (Hamburg, Kunsthalle). Auf den Maler selbst geht der Titel des Bildes zurück. Ein Schiff – bei Friedrich häufig Symbol der Hoffnung – ist unter den schroff aufragenden Eismassen zugrunde gegangen – ein tragisches Naturgefühl kommt zum Ausdruck.*

lider weggeschnitten wären." Und wirklich: Die Ausmaße des Räumlichen, das an den Bildgrenzen keinen Halt findet, gehen ins Unendliche. Indem Friedrich den Raum ins Ungeheure ausdehnt, entzieht er ihn dem menschlichen Maßstab und erhebt ihn zum bedrohlich Entgegenstehenden. Keine perspektivische Leitlinie führt ins Bild hinein, keine Raumkulissen stellen die Verbindung zum Betrachter her. Der Mönch, dessen Gestalt Vergleichsmaßstab der Größenverhältnisse ist, steht in unerreicharer Ferne. Zwischen ihm und dem Betrachter gibt es keine Möglichkeit der Annäherung, es sei denn die Identifizierung mit seiner Einsamkeit. Dieses Bild ist ein Symbol der Verlassenheit der Kreatur, die sich vor der Natur nicht mehr zu behaupten vermag, die nur mehr als Betrachter am Rande ihrer Grenzenlosigkeit sich aufhält. 1810 wurde Friedrich auch zum Mitglied der Berliner Akademie gewählt, 1816 erhielt er die Mitgliedschaft an der Dresdner Kunstakademie. Ein Jahr später datiert seine Freundschaft mit dem Arzt und Maler Carl Gustav Carus. Seit 1820 besaß Friedrich im Großfürsten Nikolaus von Rußland, dem späteren Zaren Nikolaus I., seinen wichtigsten Auftraggeber. Um 1820 entstanden auch die KREIDEFELSEN AUF RÜGEN (Winterthur, Stiftung Oskar Reinhart), die zunächst den Anschein erwecken, als hätte sich der Maler wieder auf die üblichen Kompositionsmittel besonnen. Doch gerade hier ist die Eindringlichkeit des Raumes und dessen formauflösende Kraft größer als in manchem anderen Bild, dessen mystische Raummonotonie unverhüllt zutage liegt. Drei Personen nehmen die vorderste Bildzone ein, hart am Rande des Felsenabsturzes. Übergangslos ragen dahinter die Kreidefelsen auf, dünn und bizzar flächenhaft, ohne Körperlichkeit. Wiederum durch keine formalen Mittel verbunden, steht jäh dahinter das Meer. Erneut ist der Mensch von der Natur abgeschnitten, an den Rand gedrängter Zuschauer. Der Raum prägt in seiner „Leere", die die Dichtigkeit des Körperhaften annimmt, mittels Einbrüchen und -schnitten das eigentliche „Bildgeschehen". Nach 1826 verschlechterte sich zunehmend Friedrichs Gesundheitszustand. Es folgte eine Reihe von Kuraufenthalten, bis 1835 der Maler seine Tätigkeit weitgehend einstellen mußte. Als er fünf Jahre später in Dresden starb, war er bereits in Vergessenheit geraten. Erst bei einer Jahrhundertausstellung 1906 sollte sein Werk dann wieder in den Blickpunkt des Interesses rücken. Es ist schwer, in seinen Naturdarstellungen, die durch eine Vorliebe für Herbst- und Winterlandschaften, für Morgen- und Abenddämmerung, geprägt und häufig zyklisch angelegt waren, also auch sinnbildlich die Natur als Ganzes nahmen, eine kontinuierliche stilistische Entwicklung festzustellen. Ausgangspunkt war jedenfalls das Vorbild der barocken Landschaftsmalerei eines Jacob van Ruisdael und Claude Lorrain. Den wesentlichsten Einfluß übte jedoch Runge aus, der das Historienbild innerhalb der Kunstgeschichte durch die Landschaft ersetzt wissen will, in der er einen „höchsten Punkt" der kommenden Kunst ahnt; und der mit seiner neuen Farbtheorie u. a. die Dominanz eines dunklen Vordergrundes im Kontrast zu einem starkfarbigen Mittel- und einem hellen Hintergrund propagiert. Entscheidend bei Friedrich ist die romantische Transformation der Landschaft zum Innenbildnis des Menschen, „Gemütsleben" und „Naturleben" werden aufeinander bezogen, das eine durch das andere ausgedrückt. So sind seine Landschaften bei aller Detailgenauigkeit keine topographisch exakten Erfassungen, keine zentralperspektivisch „korrekten" Raumkompositionen, sondern zersprengte, unendlich in die Weite sich dehnende, „entgrenzte" kosmische Partien. In dieser Welt ohne Grenzen verlieren auch die Menschen ihre körperhafte Zuständlichkeit, sie werden zu silhouettenhaften Schattenwesen in einer sich dem Faßbaren entziehenden Wirklichkeit, die durch irreale Beleuchtungsverhältnisse – etwa in GEBIRGSLANDSCHAFT MIT REGENBOGEN, 1810 (Essen, Museum Folkwang) – oder durch die Vereinigung mehrerer optischer Fluchtpunkte in einem Bild – z. B. in den KREIDEFELSEN AUF RÜGEN – noch intensiviert wird. Erst in solchem Zusammenhang kann die Landschaft zum Symbol innermenschlicher Zuständigkeiten erhoben werden. Landschaft als das bedrohend Unendliche wird so zum Zeichen einer psychischen „Grenzsituation". Symptom dafür ist das bei Friedrich so häufige Motiv der Rückenfigur: Damit ist der Mensch nicht mehr in Natur integriert, sondern schemenhaft ihren Grenzbereichen konfrontiert – und damit seinem eigenen, internen Unbehaustsein. Diese Vereinzelung und Einsamkeit des Individuums wird besonders deutlich im MÖNCH AM MEER, aber auch in FRAU VOR DER UNTERGEHENDEN SONNE, um 1818 (Essen, Museum Folkwang), ZWEI MÄNNER IN BETRACHTUNG DES MONDES, 1819/20 (Dresden, Gemäldegalerie, Neue Meister). Hingabe an diese Unendlichkeit der Natur als romantische Möglichkeit menschlicher Gefühls- und Existenzerweiterung in Richtung auf die Wiederfindung eines „irdischen Paradieses", Hingabe aber auch als romantische Gefahr der Todessehnsucht und -sucht, das sind die bedeutungsmäßig wichtigsten Grundakkorde im → Œuvre Friedrichs. Symptomatisch drückt sich dies in dem berühmten Bild DAS EISMEER (DIE GESCHEITERTE HOFFNUNG), um 1823/24 (Hamburg, Kunsthalle), aus, das Börsch-Supan so interpretiert: „Das reine Blau des Himmels mit der Sonne in der Mittelachse ist ein Gleichnis des Transzendenten und Ewigen, da der Rhythmus der Tageszeiten am Nordpol ausgesetzt ist. Die Trümmer des Schiffes, dessen Einbettung in die Eisschollen an ein Grab erinnert, bedeuten demgegenüber die Vergänglichkeit des Menschen und die Unmöglichkeit, das Wesen Gottes zu erforschen . . ." Die Landschaft ist zum → Vanitassymbol geworden.

Fries, Hans

(auch Frieso, gen. Meister Hans)
* um 1460 in Fribourg, Schweiz, † um 1520 in Bern. Vermutlich lernte der Künstler bei dem Maler Hans Bichler. Auf seiner Wanderschaft kam er mit Werken Michael Pachers in Berührung. Ab 1487 hielt er sich zehn Jahre lang in Basel auf, wo er in die Himmelszunft eingetragen wurde. Vor seiner Rückkehr nach Fribourg 1498 hatte er in Österreich Kontakt mit Malern der → Donauschule. 1501–09 war Fries Stadtmaler in Fribourg und übte einige öffentliche Ämter aus. Nach 1510 siedelte er nach Bern über. In seinem

Caspar David Friedrich, GREIFSWALDER HAFEN NACH SONNENUNTERGANG, *1810/15, 90 × 70 (Berlin, Nationalgalerie). Das stimmungsvolle Bild seiner pommerschen Heimatstadt malte Friedrich zu einer Zeit, als er in Berlin bereits große Erfolge erzielte. Der preußische Kronprinz und der russische Thronfolger gehörten zu seinen Bewunderern.*

Hans Fries, DER HL. JOHANNES IM ÖLKESSEL, *1514, 125 × 75 (Basel, Kunstmuseum). Der letzte Vertreter der spätgotischen Malerei auf Schweizer Boden hält sich bei der Komposition dieser Tafel an einen Holzschnitt Albrecht Dürers (1496/97) mit einer Darstellung des Martyriums des Evangelisten Johannes vor der Porta Latina (Rom).*

Frühwerk, den erhaltenen Tafeln des WELTGERICHTSALTARS, 1501 (München, Alte Pinakothek), und den Gemälden DER HL. CHRISTOPHORUS und DIE HL. BARBARA, 1503 (beide Fribourg, Musée d'Art et d'Histoire), zeigt sich Fries noch in der spätgotischen Tradition. In Form und Mimik an Pacher erinnernd, ist der Künstler in der Datailbehandlung und → Ikonographie auf niederländische Meister zurückzuführen. Spätere Werke, wie der MARIENALTAR von 1512 (Basel, Kunstmuseum; Hamburg, Kunsthalle; Nürnberg, Germanisches Nationalmuseum) und das JOHANNES-TRIPTYCHON von 1514 (Basel, Kunstmuseum) weisen Einflüsse Albrecht Dürers auf. Mehr Temperament zeigte Fries wieder in der späteren KREUZIGUNGSALLEGORIE (Fribourg, Musée d'Art et d'Histoire). Hans Fries gehörte neben Hans Holbein d. Ä., Bernhard Strigel und Marx Reichlich zu den Malern der Übergangszeit. In der spätgotischen Tradition wurzelnd, gelang ihm doch schon ein großer Schritt in die Kunst des 16. Jh.

Friesz, Henri-Achille-Émile-Othon
* 6. 2. 1879 in Le Havre, † 10. 1. 1949 in Paris. Wichtiger Vertreter des → Fauvismus. Nach einem Studium in Le Havre wechselte er 1899 an die Pariser Akademie, ins Atelier von Léon Bonnat. Zunächst von den → Impressionisten beeinflußt, wandte er sich seit ca. 1905, angeregt durch die Bekanntschaft mit Henri Matisse und Georges Rouault, der Gestaltung flächengebundener Farbkontraste zu, z. B. in TERRASSE IN LA CIOTAT, 1905 (Paris, Privatsammlung). Von nun an gehörte er zu den leidenschaftlichsten Verfechtern des Fauvismus. Bevorzugte Motive waren weiträumige Landschaften mit Akten. 1911 näherte er sich dem → Kubismus an. Das Spätwerk ist dekorativ, ohne frühere künstlerische Qualitäten zu erreichen.

Froment, Nicolas
* um 1430 in Uzès im Languedoc, † zwischen 1483 und 1486 in Avignon. Bedeutender spätgotischer Maler der sog. zweiten Schule von Avignon. Ab 1468 ist er in Avignon zu finden, wo er zum offiziellen Maler des Königs René

Othon Friesz, FERNAND FLEURET, *1907, 76 × 60 (Paris, Musee National d'Art Moderne). Aus der Blütezeit des Fauvismus stammt das Bildnis des Dichters, der später im Wahnsinn endete. Ungewöhnlich ist der hohe Augenpunkt des Gemäldes, das über einer geschlossenen Weißgrundierung nur wenige starke Farbakzente setzt.*

d'Anjou wurde. Nur zwei gesicherte Werke sind von ihm erhalten. Zum einen das LAZARUS-TRIPTYCHON, 1461 (Florenz, Galleria degli Uffizi), das ursprünglich für das Minoritenkloster in Mugello bestimmt war und ziemlich sicher in Italien entstand. Die einzelnen Tafeln mit der AUFERWECKUNG DES LAZARUS in der Mitte und auf den Flügeln mit CHRISTUS UND DIE HL. MARTHA, DIE HL. MAGDALENA SALBT CHRISTUS DIE FÜSSE, MARIA MIT DEM KIND sowie DIE STIFTER, sind trotz der drastischen, grotesken Übertreibungen und der harten, expressiven Form und Farbe deutlich vom niederländischen Realismus geprägt. Zum anderen ist erhalten das wichtigere Triptychon mit der Darstellung DER BRENNENDE DORNBUSCH auf der Mitteltafel, 1475/76 für die Kapelle der Karmeliterkirche in Aix-en-Provence gemalt und von René d'Anjou in Auftrag gegeben (heute Aix-en-Provence, Kathedrale St-Saveur). Neben holländischen, flämischen und spanischen Einflüssen werden hier, in der monumentaleren Kompositionsweise, auch italienische Anregungen deutlich.

Fromentin, Eugène Samuel Auguste

* 24. 10. 1820 in La Rochelle, † 27. 8. 1876 in St-Maurice. Während seines Studiums der Rechtswissenschaften begann der schriftstellerisch begabte Fromentin sich um 1840 mit Kunsttheorien zu befassen und wandte sich 1843 selbst ganz der Malerei zu. Zunächst stark von Delacroix abhängig, wurden seine Bilder ab 1846 von mehreren Afrikareisen geprägt. Nicht nur die Thematik wie FALKENJAGD, FALKENBEIZE IN ALGERIEN oder VERDURSTENDE IN DER WÜSTE (alle Paris, Louvre), sondern auch die Farbigkeit und Lichtführung entsprechen auf reizvolle Art der Welt des Orients. Seine Arbeiten fanden zu Lebzeiten große Anerkennung, während heute mehr die schriftstellerische und kunsttheoretische Leistung Fromentins gewürdigt wird.

Frueauf, Rueland d. Ä.

* 1440/50 vermutl. in Obernberg/Inn, † 1507 in Passau. 1470 wird der Künstler erstmals urkundlich in Salzburg erwähnt. 1480 erhielt er das Passauer Bürgerrecht, das 1498 erneuert wurde. Er ist abwechselnd in Passau und Salzburg tätig. Künstlerisch geht Frueauf aus der Salzburger Schule hervor. Neben niederländischen Vorbildern der ausgehenden Gotik übte Conrad Laib den größten Einfluß auf ihn aus. Von Frueaufs Hauptwerk, einem Altar für Salzburg, sind acht Flügelbilder mit Szenen aus dem Leben Christi und Mariä erhalten, 1490/91 (alle Wien, Österreichische Galerie). Schlichte Kompositionen und treffend charakterisierte Figuren zeichnen diese Tafeln aus. Spätwerke des Künstlers sind ein CHRISTUS ALS SCHMERZENSMANN (München, Alte Pinakothek) und das äußerst eindrucksvolle Porträt des JOBST SEYFRID (Wien, Österreichische Galerie). Die Frueauf zugeschriebenen Fresken im Passauer Rathaus und Schreiblingturm können nicht mit Sicherheit nachgewiesen werden. Die Vorliebe für das erzählerische Element und die Groteske in seinem Frühwerk gibt der Meister später zugunsten einer schlichten, monumentalen Bildauffassung mit Betonung des Eigenwertes der Farben auf. Als einer der bedeutendsten Maler der Salzburger Gotik zu Ende des 15. Jh. setzt Frueauf die Tradition der

Salzburger Malschule, insbesondere die Kunst Conrad Laibs, fort und weist als Meister der großen Form weit über seine Zeit hinaus.

Frueauf, Rueland d. J.
* um 1470 in Passau, † 1547 in Passau. Der Sohn von Rueland Frueauf d. Ä. lernte wohl zunächst bei seinem Vater, in dessen Werkstatt er mitarbeitete. Von ihm übernahm er den volkstümlichen Figurentypus, die Gewandbehandlung und die schlichte Komposition. Es wird angenommen, daß Frueauf auch in der Werkstatt des Meisters von Großgmain lernte. Das Hauptelement in den Werken des Künstlers ist die Landschaft mit den eng in sie einbezogenen zierlichen Figuren. Hierbei ließ sich Frueauf wohl von der niederländischen Malerei beeinflussen. Sein erstes eigenes gesichertes Werk ist eine KREUZIGUNG CHRISTI von 1496 (Klosterneuburg, Stiftmuseum). Im Figurenaufbau der Salzburger Tradition folgend, ist der Ausblick auf die Stadt Passau im Hintergrund neu. 1499 entstanden die Flügel für einen PASSIONSALTAR sowie die Flügelbilder für einen JOHANNESALTAR (beide Klosterneuburg, Stiftmuseum). Letzteres zeigt, vor allem in der Darstellung des einheitlichen Innenraumes, wieder deutlich niederländischen Einfluß. Das Hauptwerk des Meisters sind die Flügelbilder des LEOPOLDALTARS, 1505 (Klosterneuburg, Stiftmuseum). Die Tafeln tragen Darstellungen der Legende zur Gründung des Stiftes Klosterneuburg. Hier tritt die Landschaft, die bei Frueauf stets einen heiter-romantischen Grundton hat, besonders in den Vordergrund. Das letzte gesicherte Werk des Künstlers ist eine ANNA SELBDRITT von 1508 (Wien, Österreichische Galerie). Die neuartige Auffassung der Landschaft macht Rueland Frueauf d. J. zum wichtigsten Vorläufer und Wegbereiter der Kunst der → Donauschule.

Fruhtrunk, Günter
* 1. 5. 1923 in München, lebt in München und Périgny-sur-Yerres. Wichtiger Vertreter der → konkreten Malerei. In der Gestaltung von Farbinterferenzen beschäftigt er sich auch mit Problemen der → Op-art. Nach einem Architektur- und Malereistudium in München ging er nach Paris und arbeitete 1952 im Atelier von Fernand Léger und 1955 in dem von Hans Arp. 1967 wurde er Professor an der Münchner Akademie. Nach dem Vorbild Vasarelys schuf er aus Kreis- und Stegformen aufgebaute Rasterbilder. Seit der Mitte der sechziger Jahre entstanden Kompositionen aus unterschiedlich breiten Farbstreifen.

Fuchs, Ernst
* 13. 2. 1930 in Wien. Maler und Graphiker der Wiener Schule des → Phantastischen Realismus. Ab 1945 studierte er an der Wiener Akademie der Bildenden Künste. Seit 1946 beschäftigte er sich, wie er sagt, „ausschließlich mit phantastischen Bildinhalten". 1951 gründete er zusammen mit Arnulf Rainer die sog. „Hundsgruppe". Formal beeinflußt von der Kunst Hieronymus Boschs, des Manierismus und des Jugendstils, gestaltete er thematisch vor allem Motive des Alten und des Neuen Testaments, z. B. in MOSES VOR DEM BRENNENDEN DORNBUSCH, 1956 (Wien, Österreichische Galerie). In präziser Detailwiedergabe und mit leuchtenden Farben macht er das Kunstwerk zum Ausdruck „prophetischer Geheimwissenschaft" (E. Fuchs).

Füger, Heinrich Friedrich
* 8. 12. 1751 in Heilbronn, † 5. 11. 1818 in Wien. Historien- und Miniaturenmaler, der zunächst noch stark dem Rokoko verpflichtet war, sich dann aber dem Frühklassizismus zuwandte. 1764 studierte er in Ludwigsburg, ab 1769 in Leipzig bei Adam Friedrich Oeser. 1774 kam er nach Wien, wo er zum Vizedirektor, dann zum Direktor der Kaiserlichen Gemäldegalerie ernannt wurde. Mit seinen Miniaturbildnissen, die meist auf Elfenbein gemalt sind, gehört er zu den bedeutendsten Künstlern seiner Zeit.

Führich, Joseph von
* 9. 2. 1800 in Kratzau, Böhmen, † 13. 3. 1876 in Wien. Wichtiger Vertreter der → Nazarener und Neubegründer der christlich-religiösen Malerei in Österreich. Ab 1819 studierte er an der Prager Kunstakademie bei Joseph Bergler d. J. Dann wurde er von Albrecht Dürers Werken und der literarischen Romantik zu entsprechenden Illustrationszyklen angeregt. In Rom schloß er sich den Nazarenern an. 1834 kam er nach Wien, wo er sieben Jahre später Professor an der dortigen Kunstakademie wurde. In Wien entstanden auch seine wichtigsten Werke, u. a. die zwischen 1844 und 1848 gemalten KREUZWEG-Fresken in

Rueland Frueauf d. J., DIE AUFFINDUNG DES SCHLEIERS, 1505, 76 × 39 (Klosterneuburg, Stiftsgalerie). Markgraf Leopold kniet vor einer Erscheinung der Muttergottes, die befiehlt, an dieser Stelle ein Kloster zu gründen. In einem ähnlichen Märchenton sind drei weitere Bilder zur Gründungslegende von Klosterneuburg bei Wien gehalten.

der St.-Johannes-Kirche und die zwischen 1851 und 1861 geschaffenen Fresken in der Alt-Lerchenfelder Kirche. Neben Glasfensterentwürfen für den Stephansdom und die Votivkirche in Wien und neben Tafelbildern wie GANG MARIÄ ÜBER DAS GEBIRGE (Wien, Österreichische Galerie), trugen auch seine vielen Zeichnungen zu seinem damaligen hohen Ansehen bei.

Funhof, Hinrik
(auch Funghoff oder Vonhoff) nachweisbar ab 1475 in Hamburg, † 1484/85 in Hamburg. Funhof stammt vermutlich aus Westfalen und war möglicherweise Schüler des Dierick Bouts, 1875 heiratete er die Witwe des verstorbenen Hamburger Malers Hans Bornemann und übernahm dessen Werkstatt. Daß er rasch einige Wertschätzung genoß, beweisen nicht nur Ämter in der Bruderschaft des hl. Thomas von Aquin, sondern auch große Aufträge. Die wichtigste seiner Arbeiten, ein Altar für den Dom, ist verlorengegangen, doch blieben vier große Flügel des Hauptaltars der St.-Johannis-Kirche in Lüneburg erhalten, die Legenden der hll. Georg, Ursula, Cäcilia und Johannes d. T. schildern. Sie entstanden 1482–84 und weisen Funhof als wichtigsten Meister seiner Zeit in Niedersachsen aus.

Furini, Francesco
* um 1600 in Florenz, † 1646 in Florenz. Der → manieristische Maler war ein Bewunderer und Nachahmer der Werke von Francesco Albani, die er in ihrer sinnlichen Präsenz noch um die Komponente dramatischer Helldunkel-Effekte bereicherte, beispielsweise in den Gemälden HYLAS UND DIE NYMPHEN, um 1630 (Florenz, Galleria Palatina, Palazzo Pitti), oder LOTH UND SEINE TÖCHTER, um 1645 (Madrid, Museo del Prado), wo die Mädchenkörper spiralig in sich verdreht sind. Vor allem in letzterem Bild steigert sich der manieristische Hang zum Ausgefallenen und Preziösen zu formelhaft exaltierter Manier. Zu den wichtigsten Arbeiten Furinis zählen die Dekorationen im Palazzo Pitti zu Florenz, für die Sala degli Argenti, so u. a. das Bild LORENZO IL MAGNIFICO IN DER PLATONISCHEN AKADEMIE, das 1636 entstand.

Ernst Fuchs, APHRODITE AUF DER AUGENINSEL VOR DER MAUER DES HIMMELS, *1974, 63 × 49. Das Bild weiblicher Schönheit wird hinterfangen von dem unheilvollen Anblick embryoartiger Toten- und Tierschädel, eine bei Fuchs häufig anzutreffende Mischung aus Sensualismus und Magie, Unschuld und urtriebhafter Macht.*

Füssli, Johann Heinrich
(in England auch Henry Fuseli oder Fusely)
* 6. 2. 1741 in Zürich, † 16. 4. 1825 in Putney Hill bei London. Der Sohn eines Malers und Kunstgelehrten entdeckte durch das Studium der Arbeiten Anton Raphael Mengs' und die Schriften Johann Joachim Winckelmanns seine Liebe zur Antike und der klassizistischen Kunst. Während seines Theologiestudiums lernte der Künstler über die Lehren J. J. Bodmers die Werke Miltons, Shakespeares, Homers, Dantes und die alte germanische Sagenwelt kennen, die ihn in seinen späteren Bildthemen entscheidend inspirierten. Aus politischen Gründen mußte Füssli 1763 die Schweiz verlassen und ging über Berlin nach London. 1765 übersetzte er als erster Winckelmanns „Gedanken über die Nachahmung der griechischen Werke in Malerei und Bildhauerkunst" ins Englische. Der Künstler schuf Illustrationen zu Stücken seiner Lieblingsautoren und wandte sich auf Anraten von Joshua Reynolds bald ganz der Malerei zu. Poussin war das unmittelbare Vorbild Füsslis, die Figuren Michelangelos in der Sixtinischen Kapelle und die italienischen → Manieristen jedoch, die er während eines Romaufenthaltes kennengelernt hatte, waren für die Figurenbildung des Künstlers maßgebend. Die Gewandfigur sowie der Akt verloren bei Füssli jede Individualität und diente nur noch als allegorische Gestalt. Auf der Rückreise des Künstlers von Rom entstand 1779 für das Züricher Rathaus DER RÜTLISCHWUR. Nach seiner Ankunft in London nahm der Meister 1786 an der Ausgestaltung der Shakespeare Gallery teil, der er neun Werke, darunter die Bilder TITANIA LIEBKOST DEN ESELSKÖPFIGEN BOTTOM, 1793/94 (Zürich, Kunsthaus), und LADY CONSTANCE, ARTHUR UND SALISBURY, 1783 (Northampton, Massachusetts, Smith College Museum of Art), lieferte. 1799 eröffnete Füssli in Konkurrenz zur Shakespeare Gallery die Milton Gallery, die jedoch kein Erfolg wurde. Die für diese Ausstellung geschaffenen Bilder, wie DES SCHÄFERS TRAUM, 1793 (London, Tate Gallery), und DIE SÜNDE VOM TODE VERFOLGT, 1794–96 (Zürich,

Hinrik Funhof, MARIA IM ÄHRENKLEID, *um 1480, 136 × 82 (Hamburg, Kunsthalle). Die junge, nach der Legende im Tempel dienende Maria genoß vor allem im süddeutschen und alpenländischen Raum als Jungfrau im Ährenkleid eine kultische Verehrung. Hier ist sie betend mit Rosenkranz und einer Stifterin dargestellt.*

Kunsthaus), zeigen einen Wandel in der Lebenseinstellung des Künstlers zum Pessimistischen hin. 1799 wurde Füssli Professor für Malerei an der Royal Academy, 1804 der dortige Inspektor. Erneuten Ruhm brachte ihm das Gemälde NACHTMAHR (Detroit, Institute of Arts) ein, das er 1802 ausstellte und das wohl das bekannteste Bild des Meisters ist. Eine Erstfassung davon entstand schon im Jahre 1781. Der phantastisch-symbolische Maler hatte eine große Anzahl von Schülern, unter denen die bekanntesten Benjamin Robert Haydon und Thomas Lawrence waren.

Fyt, Jan

getauft am 15. 3. 1611 in Antwerpen, † 11. 9. 1661 in Antwerpen. Dieser flämische Stillebenmaler des Barock spezialisierte sich auf die Darstellung erlegten Wildes und dann auf Blumenstücke. 1621 lernte er bei Franz Snijders, 1629 ist er als selbständiger Meister verzeichnet. Nach Aufenthalten in Paris, Rom und Venedig kehrte er 1643 nach Antwerpen zurück, wo er eine Zeitlang mit Jacob Jordaens zusammenarbeitete. Zunächst von dessen barocker Fülle und Dramatik beeinflußt, wandelte sich sein Stil nach 1650 mittels feiner, miniaturhaft preziöser Helldunkel-Effekte. Sein Motivkreis blieb jedoch stets gleich: Zunächst waren es sorgfältig ausgeführte Darstellungen von Wild, etwa in DER KOPF DES WILDSCHWEINS, 1664 (Wien, Kunsthistorisches Museum), oder DER TOTE PFAU (Rotterdam, Museum Boymans-van Beuningen), dann prächtige Blumenbilder. Die an den großen Höfen fast täglich geübte Jagd war symbolischer Ersatz für Kriegstaten. Entsprechende bildliche Darstellungen, die für Schlösser bestimmten Jagdstilleben zeigten somit den Feudalherrn als „Sieger" sogar über die Natur. Kostbare Farbvaleurs, meisterhafte Beleuchtungseffekte und überzeugende Wiedergabe materialer Oberflächenqualitäten zeichnen alle Werke Fyts aus und trugen zu ihrer Bewunderung und Nachahmung bis ins 18. Jh. hinein bei. Besonders seine kleinformatigen Arbeiten wurden von Sammlern sehr geschätzt.

Heinrich Füssli, TITANIA LIEBKOST ZETTEL MIT DEM ESELSKOPF, *1793/94, 169 × 135 (Zürich, Kunsthaus). Shakespeares Mittsommernachtstraum verdankt Füssli die Anregung zu diesem Bild, das in seinem phantastischen Einfallsreichtum die Grenzen eines Szenenbildes, das lediglich dokumentarischen Wert hat, weit übersteigt.*

Thomas Gainsborough, EHEPAAR WILLIAM HALLETT – DER MORGENSPAZIERGANG, *1785, 236×179 (London, National Gallery). Das Doppelporträt aus den letzten Schaffensjahren des Künstlers – in der „Duftigkeit" des Farbauftrags Watteau oder Fragonard vergleichbar – zeigt ein junges adeliges Paar vor dem eigenen Landbesitz. Nicht die Förmlichkeit barocker Repräsentation, sondern ein durch den Umgang mit Natur und Haustier gelockerter Porträtstil wird angestrebt, erste Züge der Romantik kündigen sich an.*

G

Gaddi, Agnolo
(auch Agnolo di Taddeo)
* um 1350 in Florenz, † 1396 in Florenz. G. war der Sohn und Schüler Taddeo Gaddis. Trotz Begabung, erfüllte er später nicht alle Erwartungen. Die Fresken in S. CROCE in Florenz, um 1380, mit der LEGENDE DES HL. KREUZES, und die FRESKEN IM DOM ZU PRATO, 1392–95, gelten als die wichtigsten Arbeiten: G.s Bilder zeichnen sich durch eine detaillierte und dekorative Ausführung aus. Er gehört zu den letzten Vertretern der Giotto-Schule.

Gaddi, Taddeo
* vermutlich um 1300 in Florenz, † 1366 in Florenz. G. war einer der wichtigsten Schüler Giottos, an den er sich bis zu dessen Tod 1337, stilistisch eng anlehnte. Es gibt wenige urkundliche Berichte über ihn. G. war Mitglied der Gilde Arte der Medici e Speciali und der 1349 gegründeten → Lukasgilde. 1349, 1352 und 1365 wird er in florentinischen Steuerbüchern genannt. 1359, 1363 und 1366 war er Mitglied der Kommission für den Dombau. Seine Werke bezeugen ebenfalls den Aufenthalt in Florenz.
In den frühen Werken, wie die THRONENDE MARIA MIT KIND in S. Verdiana in Castelfiorentino, zeigt sich eine starke Anlehnung an Giotto. 1332–38 malt G. in der Baroncelli-Kapelle in S. Croce, Florenz, SZENEN AUS DEM LEBEN MARIÄ UND CHRISTUS, aus denen der TEMPELGANG MARIÄ große Berühmtheit erlangte. Hier zeigen sich neue Züge in der Gestaltung von Raumtiefe und neuer Lichteffekte. Das von Giotto angeschnittene Problem der → Perspektive führt G. weiter. 1341/42 gestaltet G. die SZENEN AUS DEM LEBEN HIOBS im Camposanto zu Pisa, in welchen er seinen Höhepunkt erreichte. Der Raum ist großzügiger und die Landschaft weitläufiger wiedergegeben. Ab 1350 erfährt sein Schaffen eine Rückwendung zu der strengeren und geschlosseneren Komposition Giottos. Ein Beispiel hierfür ist das Marienpolyptychon in S. Felicita, Florenz. G. wurde vor allem von Giotto, aber auch aus Siena und Oberitalien beeinflußt. Er verwendet Mittel der → Verkürzung zur Erzeugung räumlicher Tiefe. Seine Figuren sind keine Träger eines seelischen Ausdrucks. Die Bilder zeichnen sich durch starke Helldunkel-Kontraste aus. Augenscheinlich ist auch sein Talent für die

Darstellung komplizierter Architektur. G.s Bilder strahlen Feierlichkeit aus. Sein Werk zeigt auch → ikonographische Neuerungen, wie z. B. das Christuskind mit einem Vogel als Symbol der Befreiung der Seele von dem Bösen.
G. kann als wichtigster Vertreter der Giotto-Schule und des in dieser Zeit einsetzenden Übergangsstils bezeichnet werden.

Gaertner, Johann Philipp Eduard
* 2. 6. 1801 in Berlin, † 22. 2. 1877 in Zechlin. Der Architektur- und Landschaftsmaler lernte u. a. in Berlin die Porzellanmalerei, arbeitete 1825–27 in Paris und 1837–39 im Auftrag des Zaren in St. Petersburg. Neben Bildern wie DIE FRAUENKIRCHE ZU DRESDEN, 1838 (Schweinfurt, Slg. Georg Schäfer) malte er auch einzelne Porträts und schuf eine Fülle von Lithographien sowie Aquarelle mit Stadtansichten.

Gainsborough, Thomas
getauft 14. 5. 1727 in Sudbury, † 2. 8. 1788 in London. Der Tuchhändlerssohn wurde schon in jungen Jahren zum Erlernen der Kunst nach London geschickt. Entscheidende Eindrücke empfing er von dem Boucherschüler Gravelot und Francis Hayman, durch den die französische Malerei des Rokoko nach England gelangte. Vor allem die Landschaftsbilder mit figürlicher → Staffage regten Gainsborough zu ähnlichen Kompositionen an. Neben dem französischen Einfluß wirkte auch das Vorbild der naturalistischen holländischen Barockmalerei anregend auf ihn. Typisch für die Frühzeit Gainsboroughs sind Bilder wie das etwa 1750 entstandene SITZENDE JUNGE MÄDCHEN IN EINER PARKLANDSCHAFT (New Haven, Connecticut). In dieser Zeit war Gainsborough bereits wieder in seine Vaterstadt zurückgekehrt, wo er selbständig arbeiten konnte. 1755 begab er sich nach Ipswich, 1759 nach Bath. Zu den bedeutendsten künstlerischen Leistungen dieser Jahre gehören die Bildnisdarstellungen seiner beiden Töchter. Um 1758 entstand das reizvolle Doppelporträt DIE TÖCHTER DES MALERS (London, Victoria and Albert Museum), das sich ähnlich wie die Familienbildnisse von Rubens durch eine ungezwungene Unmittelbarkeit auszeichnet, die allen Zwang zur Etikette hinter sich läßt. Ein Doppelporträt der National Gallery (London), das ca. ein Jahr später entstand, zeigt die Töchter mit einer Katze, wobei die skizzenhafte Erfassung der Mädchen und das absichtsvolle Unvollendetlassen von Armen und Körper den Eindruck der Spontaneität noch zu steigern vermag. Lebensgroße, ganzfigurige Bildnisse im Auftrag der vornehmen Gesellschaft sicherten Gainsborough den Lebensunterhalt, als er 1774 in London endgültig seinen Wohnsitz nahm. Ein Jahr zuvor war das Bild Landleute auf dem WEG ZUM MARKT: FRÜHER MORGEN entstanden, in welchem unter dem Einfluß Rubens' die Bauern leicht idealisiert erscheinen. Gerade in den 70er Jahren finden sich solche ländlichen Schilderungen recht häufig, mit denen er sich auch im Medium der Zeichnung befaßt, wie die BEWALDETE LANDSCHAFT MIT FIGUREN UND EINEM LÄNDLICHEN KARREN (New Haven, Connecticut) beweist. Dabei legte er einen besonderen Wert auf die Dramatisierung der Lichtwirkung und die Vergegenwärtigung von Naturerscheinungen, wie dies vor allem Gainsboroughs Aquarellkunst dokumentiert. Das Thema der Landszene entwickelte der Künstler in den 80er Jahren weiter, als er die puppenhaften Figuren seiner früheren Landschaften groß in den Vordergrund stellt. Bei diesen sog. „Fancy Pictures“, d. h. Phantasie oder Kostumbildern, gehen die dargestellten Figuren zumeist einer alltäglichen Tätigkeit nach, so wie das Mädchen in dem Gemälde SCHWEINEHIRTIN (The Castle Howard Collection). Die beiden Tiere sollen nach lebenden Modellen im Atelier des Künstlers gemalt worden sein. Mehr als seine Porträts oder Landschaften sorgten diese Sujets – vielleicht ihres gefühlsbetonten Inhalts wegen – für den Ruhm des Künstlers. Obwohl er zu den Gründungsmitgliedern der Royal Academy in London gehörte, brach er 1784 mit dieser Institution, als es zu Differenzen bei der Hängung seiner Bilder kam. Von da an veranstaltete Gainsborough Ausstellungen in seinem eigenen Hause. 1785 entstand das Porträt EHEPAAR WILLIAM HALLETT – DER MORGENSPAZIERGANG (London, National Gallery), das die Dargestellten stimmungsvoll in einen Waldhintergrund einbindet. Auch wenn Gainsboroughs Kraft der Charakterisierung und seine psychologische Erfassungsgabe hinter den Porträtleistungen des Zeitgenossen Joshua Reynolds zurückstanden, so gaben doch die angesehensten Persönlichkeiten Bildnisse bei ihm in Auftrag. 1782 entstand eine Serie ovaler Porträts der englischen Monarchen und ihrer dreizehn Kinder (Windsor Castle). Eine 1783 unternommene Reise in den Lake District im Nordwesten Englands bestätigt Gainsboroughs zeitlebens bestehendes Interesse an der Landschaftsdarstellung, wobei in der Spätzeit Anklänge an die pathetische Naturauffassung Poussins oder Salvator Rosas zu entdecken sind.

Gallego, Fernando
(auch Gallegos; signierte Fernandus Galecus)
* um 1440 in Salamanca (?), † nach 1507 in Salamanca. Der in Nordwestkastilien tätige Maler stand in seiner

Fernando Gallego, SEGNENDER CHRISTUS, *169 × 132 (Madrid, Prado). Der thronende Gottessohn ist mit einer gläsernen Kugel als Zeichen seiner Weltenherrschaft und den Evangelistensymbolen dargestellt. Die Nähe zur flämischen Kunst ist derart stark, daß das spanische Gemälde lange Zeit als Werk Jan van Eycks betrachtet wurde.*

Paul Gauguin, VINCENT VAN GOGH, SONNENBLUMEN MALEND, *1888, 73 × 91 (Amsterdam, Stedelijk Museum). Von Oktober bis Dezember 1888 arbeitete Gauguin auf Einladung van Goghs in der Provence. Obwohl die Maler durch gemeinsame Lebens- und Kunstanschauungen verbunden waren, kam es nach einem tätlichen Angriff van Goghs zur Trennung.*

Ausbildungszeit mit ziemlicher Sicherheit unter dem Einfluß der altniederländischen (van Eyck, Bouts) und der deutschen Kunst (Schongauer). Zu seinen Jugendwerken zählt der um 1467 entstandene ILDEFONSO-ALTAR in der Kathedrale zu Zamora. Sechs weitere Altäre, die Flügelaltäre für die Kathedrale von Coria, die ab 1473 begonnen wurden, sind heute verschollen. Nach 1492 schuf Gallego einen LAURENTIUSALTAR (Toro, S. Lorenzo) mit Darstellungen aus dem Leben Christi und des hl. Lorenz, dessen Mitteltafel SEGNENDER CHRISTUS sich heute im Prado von Madrid befindet. Von weiteren Werken wie z. B. dem Altar in der Antoniuskapelle der Neuen Kathedrale zu Salamanca oder einem Marienaltar (Salamanca, Museo Diocesano) fehlt noch eine sichere Datierung. Die weiten Landschaften, die bis in Einzelheiten ausgearbeiteten Räume Gallegos sind niederländischer Stil, die eher derben, harten, in klaren Zügen entworfenen Gesichter seiner Figuren deuten auf kastilischen Einfluß. Seine oft in lebhafter Gebärdensprache dargestellten Personen tragen prächtige, reichgefaltete Gewänder, die Farben sind leuchtend. Die mitunter disproportionierten Köpfe lassen vermuten, daß Gallegos Werke zusammen mit Gehilfen entstanden.

Gamelin, Jacques

* 3. 10. 1738 in Carcassonne, † 14. 10. 1803 in Carcassonne. Nach Lehrjahren in Toulouse und Paris krönte Gamelin seine Ausbildung an der Accademia di S. Luca in Rom, wo er 1771 auch Professor und 1772 zum Hofmaler von Papst Clemens XIV. avancierte. 1774 ging er nach Frank-

Paul Gauguin, VISION NACH DER PREDIGT, *1888, 73 × 93 (Edinburgh, National Gallery). In diesem Bild wendet Gauguin erstmals die Technik des Cloisonnismus an: einzelne Farbfelder sind von einer vermittelnden Farblinie umrandet. In mystischer Schau erleben bretonische Bäuerinnen den Kampf Jakobs mit dem Engel.*

reich zurück. Neben religiösen Themen malte Gamelin auch Szenen aus der Antike wie den Tod des Sokrates, um 1783 (Carcassonne, Musée Municipal), aber auch → Genreszenen und Porträts sowie Kriegsszenen aus den Pyrenäen. Sein frühklassizistischer Stil ist in Verbindung mit J. L. David und mit Goya zu sehen.

Garofalo, il

(eigtl. Benvenuto Tisi da Garofalo)
* um 1481 in Garofalo (?), † 16. 9. 1559 in Ferrara. In seinem → Œuvre verbinden sich Elemente der ferraresischen, venezianischen und römischen Hochrenaissance. Bereits 1498/99 lernte er in Cremona bei Boccaccio Boccaccino, nach 1500 arbeitete er unter Lorenzo Costa in Mantua. Gegen 1510 wohl lernte er in Venedig die Gestaltungsweise Giorgiones kennen. Ab 1513 wurde der Einfluß Raffaels in Rom bestimmend, etwa für seine MARIA MIT KIND (Modena, Galleria Estense). Die Spätwerke sind bereits → manieristisch geprägt.

Gauguin, Paul

* 7. 6. 1848 in Paris, † 8. 5. 1903 in Atuona (Marquesas-Inseln). Als Bankkaufmann wurde Gauguin durch Börsenspekulationen zunächst recht wohlhabend, kaufte sich Bilder der Impressionisten und begann im Kontakt mit ihnen selbst zu malen. Nach einigen Ausstellungserfolgen kündigte er seine Stellung. Da der Erfolg nicht anhielt, reiste er 1887 nach Martinique, mußte aber aus gesundheitlichen Gründen zurückkehren. Es folgten Aufenthalte bei van Gogh in Arles, vor allem aber in Pont-Aven (Bretagne), bei den → Synthetikern um Emile Bernard, mit denen er auch 1889 anläßlich der Pariser Weltausstellung seine Bilder zeigte. 1891 zog er nach Tahiti, wirtschaftliche Probleme zwangen ihn 1893 jedoch zur Rückkehr. Immerhin entstand aus den Tahiti-Eindrücken das Buch „Noa-Noa“. 1889–1901 gab Gauguin auch die satirische Zeitschrift „Sourire“ heraus, bevor er endgültig nach Atuona auf Dominique übersiedelte, wo er 1903 starb. – Zu Beginn war Gauguin unter den Einfluß Pissarros geraten, was auf den ersten Ausstellungen z. B. in dem Werk NACHT IN VAUGIRARD deutlich wird. In der Bretagne schuf Gauguin Landschaftsdarstellungen – FELSKÜSTE, 1886 (Göteborg, Konstmuseet) – und Bilder der bretonischen Bürger – TANZENDE BRETONISCHE BÄUERINNEN (München, Neue Pinakothek). Bereits jetzt hatte der Künstler zu einem neuen Stil gefunden, den er auf Martinique weiterentwickelte – die flächigere Darstellung mit Betonung der Konturen ohne detaillierte Binnenzeichnung;

Paul Gauguin, LES ALYSCAMPS, 1888, 91 × 72 (Paris, Louvre). Wie das Bild gegenüber entstand diese Ansicht, als sich Gauguin bei van Gogh in Arles aufhielt. Vor den antiken Mauern der südfranzösischen Stadt liegt eine Allee, die von römischen Sarkophagen gesäumt ist und jeden Besucher mit ihrer besonderen Atmosphäre gefangen nimmt. „Les Alyscamps“ zeigt Gauguin in herbstlicher Stimmung. Die Blätter sind brennend gelb und rot gefärbt. Nur selten hat er den optischen Reiz einer besonderen Lichtsituation ausgekostet. Mehr auf den inneren Erlebnisgehalt konzentriert, wählte Gauguin ausdrucksintensive Farben. Gauguins Werke können somit einerseits weitgehend dem Symbolismus zugerechnet werden, andererseits gehören sie zu den vorbereitenden Elementen des Expressionismus.

Paul Gauguin, Weisses Pferd, *1898, 140×92 (Paris, Louvre). Wenige Jahre vor Gauguins Tod entstand diese ganz aus der Fläche entwickelte Komposition. Wie später Franz Marc in dem Bild* Blaues Pferd *zeigt Gauguin als Kontrast zu den berittenen Pferden ein freies, dem unbefangenen Tun überlassenes (daher weißes) Tier.*

die Farben wurden intensiv und lebhaft: Bäume und Figuren am Strand, 1887 (Kopenhagen, Ny Carlsberg Glyptotek). Im Sommer 1888 ergab sich in Pont-Aven eine künstlerische Zusammenarbeit mit Emile Bernard, Charles Laval u. a., die den sog. Synthetismus hervorbrachte, nachdem Bernard bereits 1886 ein Landschaftsbild im sog. → cloisonnistischen (Cloison = Trennmauer) Stil gemalt hatte, und mit leuchtenden Farbflächen und scharfen Konturen seine Sujets gestaltete. Gauguin malte unter diesem Eindruck die Vision nach der Predigt – Jakobs Kampf mit dem Engel, 1888 (Edinburgh, National Gallery of Scotland), auf dem darüber hinaus der Einfluß des japanischen Farbholzschnitts sichtbar wird, der Gauguin damals beschäftigte. Die neue Richtung wurde während der Pariser Weltausstellung mit großem Erfolg vorgestellt. Gauguin entwickelte den cloisonnistischen Stil, eigentlich eine Erfindung Bernards – was auch einen Streit dieser beiden Künstler über die Urheberschaft zur Folge hatte –, in der Bretagne z. B. im Gelben Christus von 1889 (Buffalo, Albright-Knox Art Gallery) und anderen religiösen Werken weiter. Auf Tahiti ließ sich der Künstler, der immer der Zivilisation zu entfliehen bemüht war, vom „paradiesischen" Leben der primitiven Eingeborenen und von der Schönheit der Natur inspirieren: Ia Orana Maria, 1891 (New York, Metropolitan Museum of Art), Wann heiratest du?, 1892 (Basel, Kunstmuseum). Trotz seiner ungesicherten finanziellen Lage malte Gauguin auch bei seinem zweiten Tahiti-Aufenthalt Bilder von heiterer Ruhe und Farbigkeit. 1897 entstand das große Werk Woher kommen wir? Wer sind wir? Wohin gehen wir? (Boston, Massachusetts, Museum of Fine Arts), 1902 Contes Barbares (Essen, Museum Folkwang). Religiöse und Themen, die sich mit existenziellen Fragen des menschlichen Daseins befaßten, liegen diesen Bildern zugrunde. – Neben der Malerei hatte Gauguin sich auch mit Keramik und Holzschnitzereien beschäftigt, die u. a. sein Haus auf Tahiti schmückten und sich heute teilweise in Paris, Louvre, befinden.

Paul Gauguin, Zwei Frauen von Tahiti, *1892, 67 × 91 (Dresden, Gemäldegalerie). Während seines ersten Aufenthaltes auf der Südseeinsel stellte Gauguin die eingeborenen Frauen – meist zu zweit, nackt oder traditionell gekleidet – in überwiegend ernst-versonnener Haltung dar. Ihre Erdverbundenheit faszinierte ihn.*

Geertgen tot Sint Jans

* zwischen 1460 und 1465 wahrscheinlich in Leiden, † vor 1495 in Haarlem. Da zeitgenössische Quellen zu Geertgen schweigen, muß man sich auf die Aussage seines frühesten Biographen, jenes Carel van Mander (1604), verlassen, der in Aelbert van Ouwaters den Lehrer des Künstlers sah. Daß sich der Johannitermönch Geertgen tot Sint Jans (d. h. der kleine Gerrit, der bei den Johannitern wohnt) in den Südniederlanden aufgehalten hat und vielleicht in Brügge war, ist möglich. Die meisten holländischen Meister des 15. Jahrhunderts hatten ihre im Vergleich zu Flandern oder Brabant weniger kunstsinnige Heimat verlassen und sind nur selten wieder zurückgekehrt. Anders als die Bildhauer Claus Sluter und N. Gerhaert van Leiden oder die Maler Petrus Christus, Dieric Bouts und Gerard David ließ sich Geertgen in Haarlem nieder, wo der ebenfalls aus den südlichen Niederlanden zurückgekehrte Aelbert van Ouwater eine Malerschule gegründet hatte. Sowohl hinsichtlich der Lebensdaten Geertgens auch im Hinblick auf den Verlauf seiner künstlerischen Entwicklung sind keine sicheren Urteile möglich. Die Leistung des führenden Künstlers der Haarlemer Schule bestand in dem Vermögen, die Bildfiguren mit dem Raum der Landschaft zu einer überzeugenden Einheit zu verschmelzen. Durch Geertgen, den C. van Mander als den eigentlichen Begründer der holländischen Malerei betrachtete, wurde die Haarlemer Malerei zu Leistungen befähigt, die sich mit den Werken des Südens messen konnten. Nach Gudlaugsson ist Geertgen wahrscheinlich mit jenem „Geertgen de Hollandere" identisch, der 1475/76 als Lehrling in der Buchmalergilde von Brügge eingeschrieben war. Die in der Ambrosiana von Mailand befindliche kleinfigurige Darstellung Maria mit Kind dürfte daher vielleicht eine frühe Buchillustration gewesen sein. Die hl. Sippe (Amsterdam, Rijksmuseum) läßt in Raumaufbau und Figurenverteilung die Anlehnung an den Lehrer, Ouwater, erkennbar werden. Einen selbständigeren Charakter hat Die Auferweckung des Lazarus (Paris, Louvre), wenn auch der reich ausgebildete landschaftliche Hintergrund nicht ohne den Vorgänger in Haarlem möglich gewesen wäre, der entsprechend der schriftlichen Überlieferung für die feine Ausarbeitung der Natur ebenfalls viel Mühe auf sich genommen hatte. Gegenüber Hugo van der Goes' Monforte-Altar erscheinen die Kompositionen der Anbetung der Könige, von Geertgen mehrfach gemalt, freizügiger im Aufbau. Leider ist uns das Hauptwerk des Meisters, ein Kreuzigungsaltar von monumentalen Ausmaßen, bis auf den rechten Flügel mit der Beweinung Christi (Innenseite) und der Geschichte der Reliquien des hl. Johannes d. Täufers (Außenseite) nicht erhalten (Wien, Kunsthistorisches Museum). Von starker Einfühlungsgabe in die Natur zeugt Der hl. Johannes (Berlin, Staatliche Museen), das den Täufer, in

Geertgen tot Sint Jans, Hl. Johannes d. T., *42 × 28 (Berlin, Staatliche Museen). Trotz der friedvollen und heiteren Natur, die ihn trostspendend umschließt, ist der Täufer in melancholischem Schwermut nach Innen gekehrt. Wie die Symbolik des Lamms nahelegt, sinnt Johannes dem Leiden Christi nach.*

Ivan Generalić, ERSTER SCHNEE, 1973 (im Besitz des Künstlers). Das Hinterglasbild ist Teil eines Triptychons, das auf der Mitteltafel ein hölzernes Feldkreuz vor einer kroatischen Schneelandschaft zeigt. In halb abwehrendem, halb beschwörendem Gestus hebt die Schweinehirtin den kahlen Ast empor. Der jugoslawische Naive läßt einen Schneeschauer wie aus den Betten Frau Holles niedergehen. Minuziös ist jede Schneeflocke ausgeführt.

nachdenklich-versonnener Pose auf einem grasbewachsenen Felsblock sitzend, vor einer Heidelandschaft mit unbekümmert dreinspringendem Getier zeigt. In dem kleinen Bild CHRISTUS ALS SCHMERZENSMANN (Utrecht, Erzbischöfliches Museum) tritt uns statt des Lieblichen und der Anmut Geertgens starker Sinn für erschütternde Realistik entgegen.

Geiger, Rupprecht
* 26. 1. 1908 in München. Stilistisch steht der Maler und Graphiker zwischen dem → Color field painting und der → Hard-edge-Malerei, d. h. zwischen einer Richtung, die fast monochrome Farbflächen moduliert und jener, die klare Farbfelder hart nebeneinandersetzt. Nach einem Architekturstudium in München und neben der Tätigkeit als Architekt bildete Geiger sich in der Malerei autodidaktisch. Ende der vierziger Jahre kam er zum abstrakten Stil, 1949 wurde er Mitglied der Münchener Gruppe „Zen 49". Beeinflußt von Kasimir Malewitsch operierte er mit einfachen geometrischen Formen und einfachen Farbkontrasten. 1952 wurde die in Spritztechnik oder im Siebdruckverfahren aufgetragene Farbe intensiver, während Geiger ab 1958 durch Abstufungen eines einzigen Tonwertes duftige Raum-Licht-Modulationen imaginierte. Diese Gestaltung von „Lichtfeldern" wird zunehmend mit Ovalformen gekoppelt, so auch in SEQUENZ I, 1968 (Privatsammlung).

Geiger, Willi
* 27. 8. 1878 in Schönbrunn bei Landshut, † 1. 2. 1971 in München. Geiger, examinierter Zeichenlehrer, nahm nach seiner Berufsausbildung ab 1903 Unterricht bei Franz von Stuck an der Münchner Akademie. 1919–23 war Geiger Professor der Münchner Kunstgewerbeschule, von 1928 bis zur Entlassung durch die Nationalsozialisten 1933 lehrte er in Leipzig. Ein Jahr nach Kriegsende bekam der Maler einen erneuten Ruf nach München und lehrte bis 1950 an der Akademie. – Seine Spanienaufenthalte und v. a. El Greco gaben Geiger starke Anregungen. Neben impressionistischen Porträts schuf er auch Zeichnungen und Lithographien mit Themen des Krieges – EPISTEL AUS DEM KRIEG, 1917 – und der Zeit des Nationalsozialismus – ZWÖLF JAHRE, 1947 – sowie in seinen späten Jahren religiöse Sujets – VERSUCHUNG DES HL. ANTONIUS, 1961 (München, Slg. Willi Geiger).

Geitlinger, Ernst
* 13. 2. 1895 in Frankfurt/Main, † 28. 3. 1972 in Seeshaupt (Oberbayern). Nach einem Studium in den USA kam Geitlinger 1922 an die Akademie in München und baute nach dem Krieg die Münchner → Neue Gruppe mit auf. Trotz verschiedenster Einflüsse von Chagall bis Klee verloren Geitlingers Bilder nie ihr eigenes Gesicht. Seine Tendenz zur Abstraktion verstärkte sich in AUFSTEIGENDE NACHT, 1954 (Seeshaupt, Slg. M. Geitlinger). Die späten Kompositionen beschränken sich auf wenige Farben und reduzierte Form: WEISS MIT ZWEI SCHWARZ, 1977 (Seeshaupt, Slg. M. Geitlinger).

Gelder, Aert de
(auch Arent)
* 26. 10. 1645 in Dordrecht, † August 1727 in Dordrecht. Der holländische Historien- und Porträtmaler stand in der Nachfolge Rembrandts. Nach einer Lehre bei Samuel van Hoogstraten wurde er 1661 Schüler Rembrandts in Amsterdam. Bis an sein Lebensende blieb Gelder seinem Vorbild treu im pastosen Farbauftrag, in den von atmosphärischen Effekten und Goldtönen durchwobenen Helldunkel-Kontrasten, in der Vorliebe für alttestamentarische und biblische Themen und in der orientalisierenden Aufmachung der Figuren. In diesem Sinne entstanden Hauptwerke wie z. B. DIE JUDENBRAUT oder ESTHER LÄSST SICH SCHMÜCKEN, 1648 (München, Alte Pinakothek). Daneben schuf er auch trefflich charakterisierende Porträts wie DR. HERMANUS BOERHAAVE MIT FRAU UND TOCHTER, 1722 (Amsterdam, Rijksmuseum).

Genelli, Bonaventura
(auch Giovanni Bonaventura)
* 28. 9. 1798 in Berlin, † 13. 11. 1868 in Weimar. G. war Kupferstecher, Zeichner und Maler. Er lernte bei W. v. Schadow und Joh. E. Hummel in Berlin. 1822–32 studierte G. in Rom, wo er unter dem Eindruck A. J. Carstens stand. Die Zeit in Rom und das Studium antiker Dichter legten Grund zu seinem Schaffen. 1832 ging er nach Leipzig, 1836 nach München.
Das Gegenständliche und das mythologisch bzw. fabelartig Erzählhafte spielen bei G. eine große Rolle. Daher wird er Malerpoet genannt. Sein Stil ist von Anfang an reif entwickelt. Werke, wie AUS DEM LEBEN EINES WÜSTLINGS, 1840, zeigen seine starke Linienbezogenheit und die Bekenntnis zu klassischen Vorbildern.

Generalić, Ivan
* 21. 12. 1914 in Hlebine (Kroatien). Der Bauer Generalić malte zusammen mit anderen jungen Bauern ab ca. 1930 unter Anleitung des Malers Krsto Hegedušićin der Gruppe „Die Erde".

Er blieb jedoch im wesentlichen Autodidakt, der seine „kleine Welt" und das Leben ihrer Bewohner in kräftigen Farben darstellte: DAS BEGRÄBNIS DES ŠTEF HALAĆEK, 1934 (Zagreb, Moderna Galerija). 1940 begann der → naive Maler die traditionelle Technik der → Hinterglasmalerei anzuwenden, hinter der die Ölgemälde bald zurücktraten. Mit seiner gut entwickelten Beobachtungsgabe und Technik schilderte Generalić wahrheitsgetreu, in einfachen Formen und leuchtenden Farben.

Genovés, Juan

* 1. 6. 1930 in Valencia. Einer der wichtigsten Vertreter der modernen spanischen Malerei, der einen politisch-engagierten, realistischen Stil vertritt, in dem sich Elemente des Fotorealismus und der → Pop-art mit einer an Filmsequenzen erinnernden „Montagetechnik" verbinden. 1956 hatte er seine erste Ausstellung in Madrid. Ausschließliches Thema seiner Bilder, bei denen die den Grauwerten des Pressefotos angenäherte Farbe mit Spritzpistolen aufgetragen wird, sind Szenen von Folter, Mord, Verhaftung und „Säuberungsaktionen". Dabei werden die Verfolgten, häufig in eine anonyme Masse zusammengeschlossen, ebenfalls gesichtslos bleibenden, zu reinen Vollzugsschemen degradierten Tätern konfrontiert. Die jeweiligen Aktionen sind von klarer Eindeutigkeit, etwa in STOP, 1966 (Paris, Musée National d'Art Moderne). Die Menschenmasse ist oft zu einem ameisenhaften Gewimmel verkleinert, das von einer drohenden Schattengestalt überlagert wird. Einzelne Apparaturen der Gewalt wachsen sich, sequenzhaft größer werdend, zu Zeichen der Vernichtung aus.

Gentile da Fabriano, ANBETUNG DER KÖNIGE, *1423, 300 × 282 (Florenz, Uffizien). Für die Kapelle Palla Strozzis in der Florentiner Kirche S. Trinita schuf Gentile dieses Alterswerk. Die im ursprünglichen Zustand bewahrte Rahmung zeigt in der Predella die Geburt Christi, Flucht nach Ägypten und die Darbringung im Tempel.*

Gentile da Fabriano

wurde um 1370 in Fabriano in den Marken geboren. Der geringe Bestand an erhaltenen Werken steht im Mißverhältnis zu Gentiles Bedeutung für die gesamte ober- und mittelitalienische Malerei des frühen → Quattrocento. Der Maler empfing seine künstlerischen Eindrücke vermutlich von der lombardischen Schule, daneben beeinflußten den noch in der Tradition der → Internationalen Gotik stehenden G. die florentinischen und sienesischen Maler, dazu tritt die Bekanntschaft mit der französischen und der flämischen Kunst. Sein ältestes erhaltenes Werk, eine MARIA MIT KIND, den Heiligen Katharina und Nikolaus sowie dem Stifter, entstand um 1390/95 und befindet sich heute in Berlin. 1408 ist er in Venedig nachzuweisen, wo die Malerei bis gegen 1430 im Zeichen G.s stand. Um 1409 schuf er für den Sala del Maggior Consiglio im Dogenpalast das Fresko der SEESCHLACHT ZWISCHEN OTTO III. UND DEN VENEZIANERN. Dieses Werk ging jedoch, genau wie die zwischen 1414 und 1418 entstandenen Fresken in Brescia, verloren. 1422 ist G. in Florenz nachzuweisen, wo ein Jahr später sein Hauptwerk, die ANBETUNG DER KÖNIGE entstand, die der Künstler im Auftrage Strozzis für dessen Kapelle in der Kirche S. Trinita schuf; es befindet sich heute in den Uffizien. Dieses Altarbild bringt einen lebendigen Widerhall höfischer Kunst, deren Zentrum Burgund war, in die Toskana. 1425, als der Einfluß Masaccios sich auszuwirken beginnt, malt er das heute über mehrere Sammlungen verteilte → POLYPTYCHON QUARATESI. Nach Arbeiten in Siena und Orvieto gelangte G. 1427 nach Rom. Er starb dort noch im vor Ablauf des Jahres während der Arbeit an einem ebenfalls verlorengegangenen Freskenzyklus in der Lateransbasilika.

Gentileschi, Artemisia

* 8. 7. 1593 in Rom, † um 1652 in Neapel. Die Tocher von Orazio Gentileschi stand in der Caravaggio-Nachfolge. Sie lernte bei ihrem Vater und bei Agostino Tassi und war 1614–20 als bereits anerkannte Künstlerin in Florenz tätig. Ihr wegen seines extremen Realismus berühmtestes Bild, die TÖTUNG DES HOLOFERNES, um 1620 (Florenz, Galleria degli Uffizi), zeigt besonders deutlich den unmittelbaren Einfluß der → Helldunkel-Malerei Caravaggios. Ab 1630 hielt sich die Malerin in Neapel auf, wo sie durch Jusepe de Ribera und Francesco Fracanzano weiter in ihrem → Caravaggismus bestärkt wurde.

François Gérard, MADAME RÉCAMIER, *1802, 225 × 145 (Paris, Musee Carnavalet). Die berühmte Pariser Dame, die eine vorzügliche Gesellschafterin war, versammelte in der Zeit des Konsulats die Opposition gegen Napoleon in ihrem Salon, wofür sie in die Verbannung geschickt wurde. Später trat sie für die Monarchie ein.*

Gentileschi, Orazio
(eigtl. Orazio Gentileschi Lomi)
* 1563 in Pisa, † 7. 2. 1639 in London. Wichtiger Maler in der Caravaggio-Nachfolge, der dessen → Helldunkel-Malerei mit der toskanischen, zeichnerischen Herbheit verband und in seinen nüchtern konturierten Kompositionen mit → manieristisch überlängten, feingliedrigen Figuren die barocken Pathosformeln noch weitgehend vermied. Schon während seiner Ausbildung wurde er mit dem florentinischen → Manierismus eines Angelo Bronzino und Jacopo da Pontormo vertraut. Seit 1587 arbeitete er in Rom bei der Ausfreskierung der vatikanischen Bibliothek von Sixtus V. mit. Unter Clemens VIII. schuf er u. a. das Fresko mit dem APOSTEL THADDÄUS im Querschiff der Lateransbasilika in Rom. Nach 1600 geriet er in den künstlerischen Umkreis Caravaggios. Nach einer kurzen Schaffenszeit in den Marken lebte er bis 1620 ständig in Rom. 1621 nach Genua berufen, arbeitete er auch für den piemontesischen Hof in Turin. 1624 begab er sich auf Einladung Maria de'Medicis nach Paris, siedelte jedoch bereits 1626 nach London über, wo er den Rest seines Lebens als Hofmaler König Karls I. verbrachte. Spätwerke wie die LAUTENSPIELERIN, um 1626 (Washington, National Gallery of Art) zeigen nun zunehmend den Einfluß eines akademischen Hochbarocks.

Gérard, François Pascal Simon
* 4. 5. 1770 in Rom, † 11. 1. 1837 in Paris. Gérard kam mit zehn Jahren nach Paris und wurde schon 1786 Schüler von David. 1793 gewann er den Wettbewerb um eine Darstellung der Nationalkonventssitzung vom 10. 8. 1792. Das Bild wurde zwar nie ausgeführt, Gérard erhielt aber ein Atelier im Louvre, hatte 1795 großen Erfolg im → „Salon" und wurde aufgrund seiner Porträtkunst 1817 der Hofmaler Ludwigs XVIII. Gérard war ein beliebter → Historienmaler und Porträtist, der als liebster Schüler Davids ganz in dessen Nachfolge blieb und in → neoklassizistischer Art Werke wie ISABEY UND SEINE TOCHTER, 1795 (Paris, Louvre), oder die Porträts der MADAME RÉCAMIER, 1802 (Paris, Musée Carnavalet), und MADAME TALLIEN, 1804 (Privatbesitz), schuf. Von seinen historischen Darstellungen seien DIE SCHLACHT VON AUSTERLITZ von 1810 (Versailles, Musée National), KRÖNUNG KARLS X. von 1827 (Chartres, Musée) und AMOR UND PSYCHE von 1798 (Paris, Louvre) genannt, welch letzteres im Salon scharf kritisiert wurde; daraufhin entfernte sich der Maler von diesem Genre und schuf hauptsächlich Porträts vor allem adliger Auftraggeber, glitt aber in seinen späten Jahren etwas in die Massenproduktion ab.

Géricault, Théodore
* 26. 9. 1791 in Rouen, † 26. 1. 1824 in Paris. Géricault ist einer der bedeutendsten und frühesten Vertreter der französischen → Romantik. Das Malen gestaltet sich bei ihm aus der Farbe und dem Erlebnis des Lichtes heraus, die aus kleinen differenzierten Flächen eine Gesamterscheinung bilden, deren Leben nicht im dreidimensional Körperhaften besteht, sondern in der optischen Phänomenalität. Exakte Zeichnung und organische Richtigkeit treten in den Hintergrund. Mehr noch als die Einflüsse seiner meist klassizistisch geprägten Lehrer wirkten auf

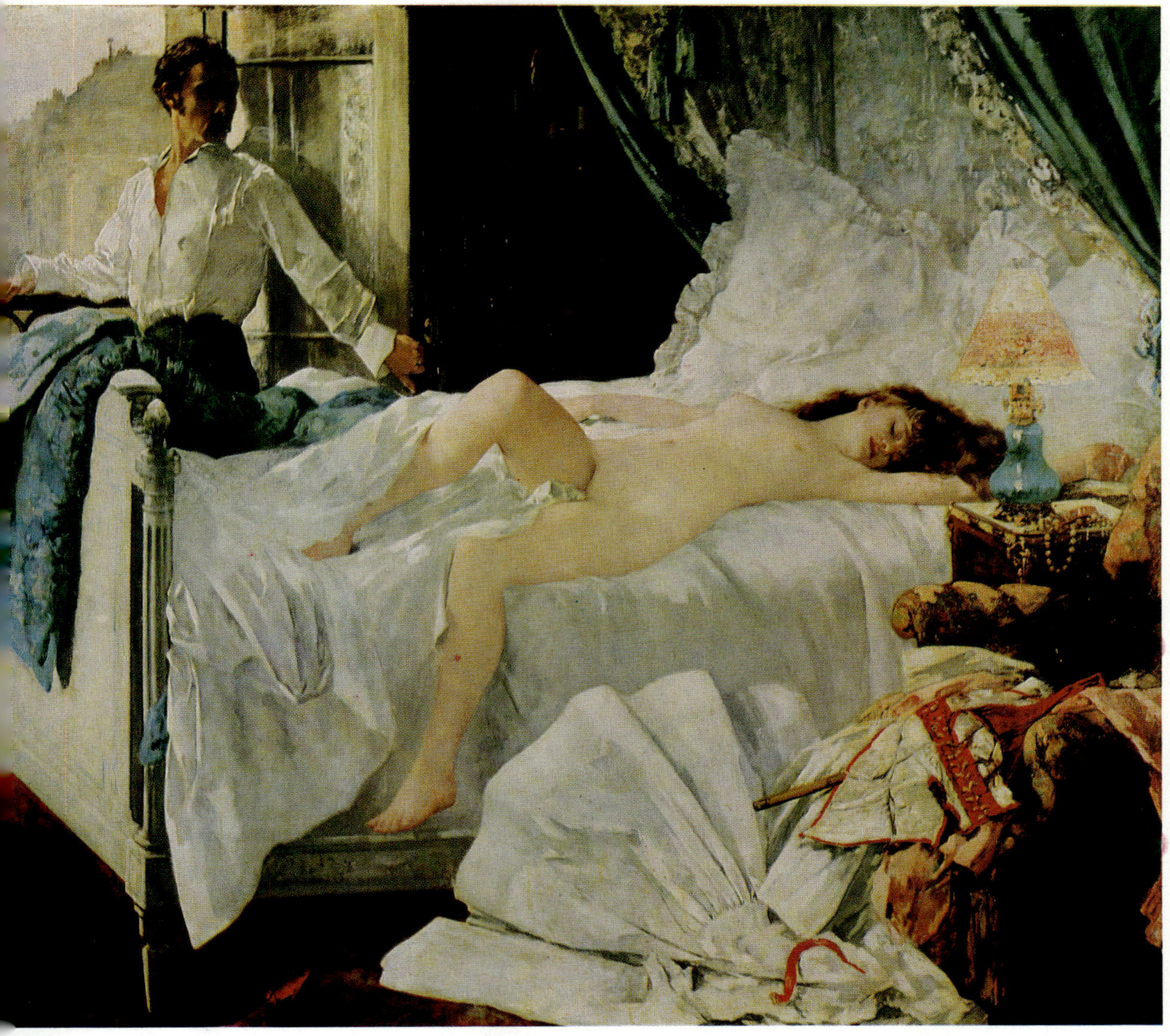

Henri Gervex, Rolla, *1878, 175×220 (Bordeaux, Musée des Beaux-Arts). Den Vorwurf der Dekadenz muß sich die Kultur des ausgehenden 19. Jh. gelegentlich gefallen lassen – vor allem die Salonmalerei. Die verschwenderische Maltechnik zeichnet sich wie die Sujets durch Vorliebe für delikate Wirkungen aus.*

Théodore Géricault, Offizier der Gardejäger beim Angriff, *1812, 292×194 (Paris, Louvre). Das Reiterbildnis Dieudonnés entstand in Géricaults neuem Atelier auf dem Boulevard Montmartre. Er hatte als Pferdemaler begonnen, ritt leidenschaftlich gern Pferde ein und zeigte sich von deren unbändiger Natur fasziniert.*

den jungen Künstler die Vorbilder der Renaissance- und Barockmeister im Louvre, doch schon sein erstes, 1812 im Pariser Salon ausgestelltes Bild Offizier der Gardejäger beim Angriff (Paris, Louvre) zeigt seine Tendenz, den Seheindruck ohne Rücksicht auf realistische „Korrektheit" hervorzuheben. Nach einem Italienaufenthalt entstand 1818/19 sein Floss der „Médusa" (Paris, Louvre), das überwiegend Empörung auslöste. Dafür waren weniger formale Gründe verantwortlich, da Modellierung und Koloristik durchaus Anklänge an das klassizistische Ideal aufwiesen, als vielmehr den Anspruch der Monumentalität für ein aktuelles Ereignis, das weder heroisch noch historisch war. Mit krudem Realismus schilderte Géricault das grauenhafte Geschehen auf dem Floß, das die Schiffbrüchigen der 1816 untergegangenen Fregatte „Médusa" aufgenommen hatte. Der Mißerfolg und eine unglückliche Liebesaffäre setzten dem sensiblen Künstler schwer zu. 1820 ging er nach England und malte unter dem Eindruck der Bilder Constables Das Derby in Epsom, 1821 (Paris, Louvre), das in seinem Realismus Gestaltungsweisen von Manet und Degas vorwegzunehmen scheint. Der mäßige Erfolg auch in England verstärkte Géricaults Depressionen, er unternahm einige Selbstmordversuche und starb nach langer Krankheit im Haus seines Vaters. In den letzten Jahren „entdeckte" er als Thema die Geistesgestörtheit und malte die Insassen eines Irrenhauses wie Irrsinnige Neiderin, 1822/23 (Lyon, Musée des Beaux-Arts), oder Irrsinniger mit militärischem Grössenwahn, 1822/23 (Winterthur, Slg. Reinhart), Bilder, die dem Wahnsinn eine dämonische Vitalität und gesteigerte Erlebnisfähigkeit zubilligen. Ähnlich dämonisch wirkt die Animalität seiner wildbewegten Pferdebilder, Symbole ungezügelter Existenz, wie in dem erregenden Gemälde Löwe greift ein Pferd an, um 1820–22 (Paris, Louvre).

Gervex, Henri
* 10. 12. 1852 in Paris, † 7. 6. 1929 in Paris. Vertreter der französischen Salonmalerei, der, an den Gestaltungsprinzipien des offiziellen Akademismus geschult, in einem konventionellen, auf das Gefällige ausgerichteten, sich streng am Naturvorbild haltenden Realismus vor allem weibliche Aktdarstellungen, Genreszenen aus dem Gesellschaftsleben und Porträts vieler von ihm verehrter Damen schuf, etwa Mme. Valtesse de la Bigne (Paris, Musée National du Louvre). An offiziellen Aufträgen erhielt er u. a. die Ausmalung des Foyers der Opéra-Comique in Paris.

Ghika, Nicolas
* Februar 1906 in Athen. Der wohl bedeutendste Maler der griechischen Moderne wandte sich nach seinem Kunststudium in Paris vornehmlich

Ridolfo Ghirlandaio, BILDNIS EINER DAME, *1509, 61 × 47 (Florenz, Palazzo Pitti). Der Sohn des berühmteren Domenico Ghirlandaio vertritt hier einen Raffael ähnlichen Porträtstil. Weniger idealisierend als dieser, hält sich Ridolfo an die Beschreibung des Details. Auf die Wiedergabe der Hände verzichtet er.*

dem Thema der griechischen Landschaft zu, die er nahezu abstrakt geometrisch und in kalligraphischen Zeichen schildert. Daneben wirkt er als Bühnenbildner und Kostümentwerfer.

Ghirlandaio, Domenico
(eigtl. Domenico di Tommaso Bigordi) * 1449 in Florenz, † 1494 in Florenz. Ein bedeutender Maler des → Quattrocento in Florenz, dessen Werke sich vor allem durch prachtvolle Schilderung zeitgenössischen Lebens, getreuen Stadtansichten von Florenz, verbunden mit vielen Porträts wohlhabender Florentiner, die G. immer wieder seinen Bildern einfügte, auszeichnen. Seine Werke bilden somit wichtige Dokumente für die Zeit Lorenzo il Magnificos (1449–92), einer kulturhistorisch äußerst wichtigen Epoche. Zunächst bei Alessio Baldovinetti ausgebildet, zeigt sein ältestes erhaltenes Werk, ein um 1471 gemaltes Fresko in der Kirche S. Andrea in Cercina bei Florenz, das die HLL. HIERONYMUS, BARBARA UND ANTONIUS darstellt, den Einfluß von Domenico Veneziano und Andrea del Castagno. Um 1475 malt G. in der Cappella di S. Fina in S. Gimignano die Fresken VISION UND BEGRÄBNIS DER HL. FINA. Jene Bilder verdeutlichen G.s Sinn für das Erzählerische und seine Meisterschaft in der Ausgewogenheit der Bildkomposition. Mitte der siebziger Jahre trat das Interesse an der Kunst Andrea del Verrocchios hinzu. 1480 schuf G. für die Kirche Ognissanti in Florenz ein ABENDMAHL und einen HL. HIERONYMUS IM GEHÄUSE (beide im Refektorium). Im folgenden Jahr war der Maler mit der Freskenausstattung der Cappella Sixtina im Vatikan beschäftigt. Von den ursprünglich drei Szenen (eine davon zerstört) dokumentiert besonders die BERUFUNG DER APOSTEL PETRUS UND JOHANNES den Einfluß Masaccios. Daneben zeigen die vatikanischen Fresken Bildnisse von Zeitgenossen (wie G. Tornabuoni), von da ab ein signifikanter Zug in G.s Werken. In den achtziger Jahren, als G. neben Sandro Botticelli die führende Persönlichkeit unter den florentinischen Malern wurde, erhielt er Aufträge zu mehreren umfangreichen Freskenzyklen. 1482–84 malte er in der Sala dei Gigli im Palazzo Vecchio in Florenz eine Schmalwand mit Fresken aus, die neben dem HL. ZENOBIUS, dem Schutzpatron der Stadt, SECHS RÖMISCHE HEROEN als Vertreter bürgerlicher Tugenden zeigen, hier wird bereits die Mitarbeit seiner großen Werkstatt erkennbar. 1483–85 war G. im Auftrage Francesco Sassettis tätig. Für dessen Familienkapelle in S. Trinita schuf er einen Zyklus mit SZENEN AUS DEM LEBEN DES HL. FRANZISKUS. Hier hat ein Teil der Arbeiten die Werkstatt ausgeführt, G. selbst dürfte wohl nur die unterste, dem Betrachter nächstliegende Reihe eigenhändig gemalt haben. In der Szene BESTÄTIGUNG DER ORDENSREGEL DURCH PAPST HONORIUS III., dem interessantesten Bild des Zyklus, hat G. neben dem Auftraggeber unter anderem auch Lorenzo il Magnifico in die Komposition eingefügt. Für dieselbe Kapelle malte G. 1485 die Altartafel mit der ANBETUNG DER HIRTEN, die den Einfluß der frühen niederländischen Malerei auf G. und seine Zeitgenossen verdeutlicht. Bei der Schilderung der Hirten folgt er eng Hugo van der Goes' Portinari-Altar, 1475/76, der um 1482 nach Florenz gelangte. 1486 entstand das Hochaltarbild DIE KRÖNUNG DER MARIA für den Dom zu Narni, das umfangreichste Tafelbild aus G.s Werkstatt. Wohl 1485 erhielt G. von G. Tornabuoni den Auftrag für die Ausmalung der Cappella Maggior in S. Maria Novella zu Florenz, die sich bis 1490 hinzog. Hier sind an der linken Chorwand SZENEN AUS DEM MARIENLEBEN und an der rechten SZENEN AUS DEM LEBEN JOHANNES DES TÄUFERS dargestellt. Diese Fresken, die gegenüber denjenigen aus der Sassetti-Kapelle eine noch reichere und verfeinerte Technik verraten, sind glänzende Zeugnisse des hohen Standes der florentinischen Kultur im Quattrocento. Beide Zyklen bilden Höhepunkte der florentinischen Monumentalmalerei im 15. Jh. Von G.s Spätwerken sollen noch zwei ANBETUNGEN DER KÖNIGE, 1487 bzw. 1488 (beide Florenz, Uffizien bzw. Ospedale degli Innocenti), der GREIS MIT SEINEM ENKEL, 1488 (Paris, Louvre), und das PROFILBILDNIS DER GIOVANNA TORNABUONI, 1488 (Lugano, Privatbesitz), erwähnt werden. Unter den zahlreichen Schülern G.s ragt Michelangelo Buonarroti hervor.

Ghirlandaio, Ridolfo
(eigtl. Ridolfo di Domenico Bigordi) * 4. 1. 1483 in Florenz, † 6. 1. 1561 in Florenz. R., Sohn von Domenico Ghirlandaio, wurde in der Tradition der berühmten Ghirlandaio-Werkstatt ausgebildet. Sein Stil ist durch einen → Eklektizismus gekennzeichnet. So nimmt er stilistische Züge von Leonardo, Fra Bartolomeo, Piero di Cosimo und Raffael an. Das wird z. B. in dem Bild MARIA MIT DEN HLL. FRANZISKUS UND MAGDALENA (Florenz, Accademia), deutlich. Große Berühmtheit erlangte

Domenico Ghirlandaio, GEBURT MARIAE, *1486/90 (Florenz, S. Maria Novella, Cappella Tornabuoni). In ein florentinisches Quattrocento-Interieur führt uns dieses Fresko. Ornamentale Motive, wie die Arabesken auf Pilastern und Wandschränken oder die lustigen Gesellen des Puttenfrieses konnte die Renaissance antiken Vorbildern entnehmen.*

er als Porträtmaler. 1514 vollendete er im Palazzo Vecchio in Florenz die Decke der Cappella dei Priori, in der er Anregungen von Michelangelo verarbeitet. Zu seinen besten Werken zählt man neben seinen Fresken die 1510 entstandenen kleinen Täfelchen WUNDER DES HL. ZENOBIUS und ÜBERFÜHRUNG DES LEICHNAMS DES HL. ZENOBIUS, die sich beide in Florenz in den Uffizien befinden.

Ghislandi, Giuseppe

(Ordensnamen: Fra Vittore, Fra Paolotto, Fra Galgario)

* 4. 3. 1655 in Borgo di S. Leonardo bei Bergamo, † Dez. 1743 in Borgo di S. Leonardo. Als Schüler des G. Cotta in Bergamo und des B. Bianchini in Florenz wurde G. Bildnismaler. Er trat 1675 in Venedig in einen Minoritenorden ein. Ab 1702 hielt G. sich in Bergamo auf, von wo er nach Mailand und Bologna wirkte. Er bevorzugte den dicken Farbauftrag und breite Licht- und Schattenpartien. Seine Farben sind voll und kontrastreich. Diese Züge zeigt das PORTRÄT DES FRANCESCO M. BRUNTINO (Bergamo, Galleria dell'Academia Carrara).

Giacometti, Alberto

* 10. 10. 1901 in Borgonovo bei Stampa, † 11. 1. 1966 in Chur. Der Bildhauer, Maler und Zeichner ist stilistisch schwer einzuordnen. Nach einem Kunststudium in Genf kam er 1920 nach Italien, wo er vom → Futurismus beeinflußt wurde. 1922–25 studierte er in Paris bei dem Bildhauer Antoine Bourdelle. Seine Bilder aus den späteren zwanziger Jahren sind sehr → kubistisch geprägt. 1929–34 schloß er sich der surrealistischen Bewegung an. Damals und in den folgenden Jahren arbeitete er hauptsächlich als Bildhauer. Nach 1946 entstanden wieder mehr Bilder, die fast grau in grau gehalten sind und wo sich drahtartige Liniennetze zu Figuren in imaginären Raumbühnen bündeln.

Giacometti, Antonio Augusto

* 16. 8. 1877 in Stampa, † 9. 6. 1947 in Zürich. Der mit Alberto Giacometti verwandte Maler und Glasmaler setzte sich in seinen abstrakten Bildern vor allem mit Farbproblemen auseinander. Nach einem Studium in Paris und einer

Giovanni Giacometti, LANDSCHAFT, *1910, 61 × 50 (Privatbesitz Solothurn). Der Vater des berühmten Bildhauers Alberto Giacometti trat vor allem als Landschaftsmaler hervor. Er lebte fast ausschließlich in den Bergen, wo er farbenvolle Werke schuf, die seine ungestörte Lebensbejahung und Naturliebe bezeugen.*

Luca Giordano, DER HL. MICHAEL, *um 1670 (Berlin, Staatl. Museen). Der gewappnete Erzengel ist seit der Gegenreformation Symbol für die triumphierende katholische Kirche im Kampf gegen Protestantismus und Türkenbedrohung. Der Neapolitaner stellt ihn als jugendlichen Blondkopf in fast tänzerischer Haltung dar.*

Lehrtätigkeit in Florenz ließ er sich nach 1915 in Zürich nieder. Vom → Jugendstil ausgehend schuf er seit ca. 1910 farbkräftige Bilder, die zunächst → pointillistisch gehalten sind, während später die Farben zu abstrakten Mustern ineinanderfließen, z. B. in CHROMATISCHE PHANTASIE, 1914 (Zürich, Kunsthaus).

Giacometti, Giovanni
* 7. 3. 1868 in Stampa, † 25. 6. 1933 in Glion. G. war Mitbegründer der Schweizer → Freilichtmalerei. 1886/87 studierte er in München und setzte sein Studium in Paris fort – hier entstand 1890 das Interieurbild CUNO AMIET IN SEINEM ATELIER (Basel, Kunstmuseum) – und lebte dann in Rom, Neapel und Stampa. Sein Stil ist bestimmt von einem energischen → Fauvismus und → Divisionismus. In diesem Sinne entstanden Landschaften, z. B. HERBSTLANDSCHAFT, 1910 (Kilchberg, Sammlung Erika Peters), und Figurenkompositionen wie ANNETTA, 1911 (Bern, Kunstmuseum).

Giaquinto, Corrado
* 1703 in Molfetta in Apulien, † 1765 in Neapel. Seit 1719 war G. in Neapel Schüler des N. M. Rossi und des F. Solimena. 1723 arbeitete G. in Rom in der Werkstatt S. Concas. Bede schufen seit 1730 Gemälde und Fresken in Turin. G. wurde 1753 nach Madrid an die Akademie S. Fernando gerufen. Hier malte er für Schlösser, wie z. B. Aranjuez bei Madrid. Er kehrte 1761 nach Neapel zurück. G. gilt als wichtigster Repräsentant der italienischen Rokoko- und Neapler Malerei, die er über die Grenzen bekannt machte. In seinen aufgelockerten Kompositionen und schillernden Farben zeigen sich Tendenzen des → Rokoko.

Gilles, Werner
* 29. 8. 1894 in Rheydt, † 23. 6. 1961 in Essen. Nach kurzem Studium in Kassel und Militärdienst während des Krieges studierte Gilles in Weimar bis 1921 bei Walter Klemm, daneben bis 1923 bei Lyonel Feininger am → Bauhaus. In den folgenden Jahren lebte er in Italien und Frankreich. Seine Wahlheimat Ischia regte ihn zu Landschaftsaquarellen an, außerdem entstanden die bedeutenden mythologischen Zyklen ORPHEUS I, 1947 (Hamburg, Kunsthalle), und ORPHEUS II, 1949 (Berlin, Stiftung Staatliche Museen/West, Nationalgalerie), aber auch religiöse Darstellungen in leuchtenden Farben und stilisierter Komposition.

Gillot, Claude
getauft am 27. 4. 1673 in Langres, † 4. 5. 1722 in Paris. Gillot hatte bei seinem Vater ersten Unterricht, den er bei dem Pariser Akademieprofessor Jean Baptiste Corneille fortsetzte. Seine Bedeutung liegt in seiner Liebe zur Commedia-dell'arte-Thematik, die er z. B. in DIE BEIDEN SÄNFTEN und DAS GRAB VON MAÎTRE ANDRÉ (beide Paris, Louvre) verarbeitete. Daneben war Gillot ein anerkannter Dekorationsmaler, ferner sind viele Stiche und Illustrationszeichnungen und -radierungen, darunter zu Antoine Houdar de la Mottes „Fabeln", von ihm erhalten. Die Liebe des typischen → Rokoko-Malers gehörte dem Theater und den heiteren Geschehnissen des Lebens.

Giordano, Luca
(auch Luca Fapresto gen.)
* 18. 10. 1634 in Neapel, † 3. 1. 1705 in Neapel. Die ersten prägenden Einflüsse empfing G. in Neapel vor allem durch Ribera und dessen an Caravaggio orientierter, effektvoller Helldunkel-Malerei. Aus dem reichhaltigen Werk dieser frühen Schaffensjahre sind z. B. in Neapel erhalten: HL. ONOFRIUS in S. Francesco da Paola und APOLLO UND MARSYAS (Museo Nazionale di S. Martino). 1652, im Todesjahr Riberas, reiste G. nach Rom und kehrte über Bologna, Parma und Venedig 1654 nach Neapel zurück. In dieses Jahr fällt der erste dokumentierte öffentliche Auftrag: Zwei großformatige Gemälde für den Chor von S. Pietro ad Aram, die zugleich den Beginn der zweiten Schaffensphase bezeichnen. Warm getönte Lichtstimmungen und weich modellierte Körper weisen die Nähe zum reifen Werk des Ribera auf. Bedeutung erlangte G. vor allem durch seine von 1677 an entstandenen, großartigen Freskendekorationen, von denen besonders jene in Florenz im Palazzo Medici-Riccardi hervorzuheben sind. 1692 durch Karl II. nach Spanien gerufen, schuf G. Fresken für S. Lorenzo im Escorial. Von den späten wiederum in Neapel entstandenen Werken ist noch das Kuppelfresko in der Kartause von S. Martino, 1704, zu nennen.

Giorgione, DAS GEWITTER, *82 × 73 (Venedig, Accademia). Ohne Zweifel gehört dieses Landschaftsbild zu den absoluten Höhepunkten europäischen Kunstschaffens, auch wenn es sich bislang verschiedenen Deutungsversuchen entzogen hat. Giorgiones Naturgefühl verklärt Mensch und Vegetation in einer paradiesischen Synthese.*

Giorgione, Anbetung der Hirten, *91 × 110 (Washington, National Gallery). Nicht unumstritten ist die Zuschreibung dieses Gemäldes an den venezianischen Meister. Eine dunkle Felsengrotte bildet anstelle des Stalls den Hintergrund der idyllischen Szene, die auf das innigste mit dem umgebenden Naturraum verschmolzen ist.*

Giorgione
*1475/78 in Castelfranco/Veneto, † kurz vor dem 25. Oktober 1510 in Venedig. Von den großen Malern der europäischen Kunst ist Giorgione am schwierigsten dokumentarisch faßbar. Wir kennen weder seinen Familiennamen noch das genaue Geburtsdatum. Durch Dokumente, Inschriften auf der Rückseite und zeitgenössische Quellen sind nur gut ein halbes Dutzend seiner Werke gesichert. Giorgione war schon zu Lebzeiten – er starb wahrscheinlich an der Pest – berühmt. So erfahren wir, daß Isabella d'Este sich im Oktober 1510 um ein Nacht-Bild, das als „einzigartig" geschildert wird, bemühte, es aber nicht erwerben konnte, da der Besitzer das Bild sehr schätzte und es nicht hergab. 1507/08 wird in verschiedenen Dokumenten ein Werk offenbar größeren Umfangs für den Dogenpalast erwähnt, von dem leider der Bildgegenstand nicht mitgeteilt wird. 1508 führte Giorgione Fresken für den Fondaco dei Tedeschi (das Kaufhaus der Deutschen) am Rialto in Venedig aus, von denen ein Fragment in der Accademia in Venedig erhalten ist. Durch Inschriften auf der Rückseite sind ferner zu den sicheren Werken zu rechnen das Porträt eines jungen Mädchens, der sog. Laura (Wien, Kunsthistorisches Museum), das 1506 datiert ist, und das kleine Porträt eines Mannes (San Diego, Art Museum), 1509/10 datiert. Aufgrund zeitgenössischer Zeugnisse und der Übereinkunft der heutigen Stilkritik sind ferner als mehr oder weniger sichere Werke anzusehen die Drei Philosophen (Wien, Kunsthistorisches Museum), der im gleichen Museum befindliche Knabe mit Pfeil (Eros oder Sebastian), die Judith (Leningrad, Eremitage), die Madonna von Castelfranco (Castelfranco, Dom), die Venus (Dresden, Staatliche Gemäldesammlungen) und die sog. Tempesta (der Sturm) in Venedig (Accademia). Ferner sind allgemein anerkannt das Porträt eines Jünglings (Berlin-Dahlem, Gemäldegalerie) und das Selbstporträt (Braunschweig, Herzog-Anton-Ulrich-Museum), das allerdings häufig für eine Kopie gehalten wird. So schlecht wir über das Leben und das Werk des Malers unterrichtet sind, haben wir doch aufgrund neuer technischer Untersuchungen und der Quellen eine ausreichende Vorstellung der Bedeutung des Künstlers. Der schon erwähnte Vasari teilt u. a. als bemerkenswert mit, Giorgione habe „senza far disegno" gearbeitet, also ohne den Schöpfungsprozeß durch sorgfältige Vorzeichnungen auf Papier vorzubereiten. Tatsächlich haben Röntgen- und Infrarot-Untersuchungen der letzten Jahrzehnte unter den sichtbaren Oberflächen der Bilder Giorgiones frühere Fassungen festgestellt, womit die Richtigkeit der Quelle bestätigt werden konnte, d. h. der Maler hat unmittelbar – meist mit schwarzer Tusche – auf den → Bildträger entworfen und sofort danach mit dem eigentlichen Malvorgang begonnen. Diese Technik verleiht den Schöpfungen oft etwas Improvisiertes und erklärt manche Unklarheiten der Komposition, die im Sinne des toskanischen „disegno", also der sorgfältigen Vorzeichnung, als „fehlerhaft" zu kritisieren wären. Vasari erwähnt ferner die „vivezza dello spirito", also die geistige Lebendigkeit des Malers und sein Helldunkel, das den Bildern eine „terribil' movenzia delle cose", d. h. eine schreckliche Beweglichkeit der Dinge mitteile. In der

Giorgione, Die drei Philosophen, *124 × 145 (Wien, Kunsthistorisches Museum). Das Bild gehört zu den wenigen Werken, die durch eine zeitgenössische Quelle als von der Hand Giorgiones gesichert sind. Gewiß sollten die drei Lebensalter, möglicherweise auch Grundtypen philosophischen Denkens, verbildlicht werden.*

Giorgione, Ländliches Konzert, *110 × 138 (Paris, Louvre). Das Gemälde zweier bekleideter Männer und weiblicher Akte dürfte dem humanistisch gebildeten Zeitgenossen, der mit Allegorien und literarischen Anspielungen vertraut war, mehr bedeutet haben als eine Genredarstellung im Sinne von Manets* Frühstück im Freien.

Tat zeigen zwei Frühwerke – wenngleich erst keimhaft ausgebildet – das Urteil Salomos und die Feuerprobe Mosis (beide Florenz Uffizien) eine lebhafte Beweglichkeit und Gebärdensprache der Figuren sowie deutlich erkennbar einige teilweise verschattete Gesichter, zu diesem Zeitpunkt – um 1495 – eine erstaunliche Kühnheit. Wesentlich gereifter und gefestigter erscheinen diese neuen Tendenzen in zwei weiteren Frühwerken, der Anbetung der Hirten und der Hl. Familie (beide Washington, National Gallery). Hier überwindet der Maler erstmals in Oberitalien die spannungslose Reihung der Figuren des 15. Jh. zugunsten einer Einbindung aller Figuren in eine Bogenkomposition, die die Handlung auf einen Mittelpunkt hin konzentriert. Beide Kompositionen sind vom Standpunkt des 15. Jh. aus gesehen umwälzende Neuerungen. Hinzu kommt das jetzt deutlich ausgeprägte Helldunkel, das sich vor allem bei dem völlig in Dunkel getauchten Kopf des gerade ankommenden Hirten der Anbetung zeigt. Die Straffheit des Bildbaus deutet trotz der äußeren Kleinheit der Bilder bereits auf die spätere Monumentalität des Malers hin. Da Vasari berichtet, Giorgione sei der Schöpfer der Maniera moderna in Oberitalien gewesen, dürfen wir gerade in diesen Darstellungen eine Bestätigung für seinen Rang sehen. Die technische Meisterschaft der Ausführung, die glühende Farbigkeit, die kompositionelle Verdichtung und die Verinnerlichung des Ausdrucks stehen hier auf gleicher Höhe und lassen den Schöpfer tatsächlich als Bahnbrecher erscheinen, was auch die Zeitgenossen begriffen, denn beide Stücke haben vielfältige Auswirkungen gehabt. Der Altar in Castelfranco, der um 1504 zu datieren ist, zeigt in seiner „räumlichen Leere" (Gilbert) und der nach oben und den Seiten fortsetzbar erscheinenden Thronarchitektur die jetzt mühelos beherrschte Monumentalität der Hochrenaissance bei gleichzeitiger Verinnerlichung des Ausdrucks von fast träumerischer Haltung. Mit den Fresken für das Kaufhaus der Deutschen in Venedig, die in Stichen von Zanetti überliefert sind, schuf der Maler die ersten kraftvoll bewegten und den Gesetzen des Kontraposts gehorchenden Monumentalfiguren in Oberitalien, womit ebenfalls die Mitteilung Vasaris bestätigt wird, Giorgione habe mit denjenigen gewetteifert, die in der Toskana dem neuen Stil zum Durchbruch verhalfen, womit offenbar Leonardo und Michelangelo gemeint waren. Eines der umstrittensten Gemälde der europäischen Malerei, das Konzert (Paris, Louvre) zeigt durch Diagonalzüge und kräftiges Helldunkel jene Dynamisierung der Bildfläche, die man als Rhythmisierung bezeichnen könnte und schon das offensichtliche Befremden Vasaris hervorrief. Aufgrund der Reife der Akte, der kompositionellen Eigenheiten und eben des Helldunkels, das die oft berufene geheimnisvolle Stimmung des Ganzen hervorbringt, läßt sich die heute von der Mehrheit der Fachwissenschaftler vertretene Zuschreibung des Stücks an den jungen Tizian nicht vertreten. Wohl die bedeutendste Schöpfung Giorgiones ist das große Urteil Salomos (Kingston Lacy/Südengland, Slg. Bankes), das wahrscheinlich mit dem oben genannten Werk für den Dogenpalast identisch ist, von der Mehrzahl heutiger Kunsthistoriker jedoch dem Sebastiano del Piombo zugeschrieben wird, obwohl nichts dafür spricht. Neben monumentalen Staatsaufträgen wie dem für den Dogenpalast hat Giorgione auch Privataufträge für eine Schicht von Aristokraten und Intellektuellen geschaffen. Dies können eine Reihe von Kompositionen belegen, die auffallend wenig Bezüge zum traditionell christlichen oder kirchlichen Bereich aufzuweisen scheinen wie die Tempesta (Venedig, Accademia) ein Bild, dessen juwelen-

Giotto, Beweinung Christi, *1303/10 (Padua, Arena-Kapelle). Giottos grandiosestes Werk ist die Ausmalung der Arena-Kapelle in Padua. Mehrere Dutzend Szenen – jede davon ein Meisterwerk für sich – schildern das Leben Mariä und Christi. An die Stelle des Goldgrundes treten Landschafts- und Architekturformen.*

artig-funkelnde Farbigkeit ebenso fasziniert wie seine geheimnisvoll von einem Blitz bestimmte atmosphärische Stimmung. Was hier dargestellt ist, hat sich gelehrter Deutung bisher entzogen. Die Personen scheinen von untergeordneter Bedeutung zu sein. Versuchsweise läßt sich die Frau in ihrer Nacktheit mit dem Kind an der Brust als Verkörperung der Fruchtbarkeit, als Sinnbild des Lebens deuten, der Mann dagegen, dem die Architektur zugeordnet ist, als Vertreter der schöpferischen Kraft des Intellekts, der der Natur entgegensteht. Auch als Porträtist ist Giorgione von schier unerschöpflicher Vielfalt. Neben der mädchenhaften Anmut der LAURA (Wien, Kunsthistorisches Museum) steht die Düsterkeit und Bitterkeit des Braunschweiger SELBSTPORTRÄTS, das – wie eingangs erwähnt – mögliche Rückschlüsse auf die soziale Rolle des Malers zuläßt, und das hintergründige, von tiefer Resignation gekennzeichnete Bildnis in San Diego. Giorgiones vielleicht großartigste Konzeption war der große SEESTURM (Venedig, Scuola di S. Marco), der allerdings von Palma Vecchio, Paris Bordone und anderen vollendet wurde und deshalb schwer zu beurteilen ist. Giorgiones entwicklungsgeschichtliche Bedeutung liegt in der Überwindung des Quattrocento, einer neuen Vertiefung des seelischen Ausdrucks, einer Vereinfachung der Farbskala oft auf nur zwei Dominanten und im rhythmischen Helldunkel. Giorgiones Diagonalkompositionen und sein nicht selten asymmetrischer Bildbau bereiten barocke Gestaltungsmöglichkeiten vor, die vor allem – wie auch das dramatische Helldunkel – von Tintoretto aufgegriffen wurden. Tizian und Sebastiano del Piombo waren unmittelbare Schüler Giorgiones. Dessen Venus in Dresden wurde das Urbild aller ähnlichen Darstellungen bis zu Manets Olympia, sein Konzert im Louvre war das Vorbild unzähliger ähnlicher arkadischer Szenen bis zu Watteau und Manets Frühstück im Freien. Schließlich hat der Venezianer die Bindung der Farbe an den Gegenstand aufgehoben und in ihrer freiflutenden Rhythmik ein ganz neues künstlerisches Element zur Geltung gebracht, das bis in die Moderne nachwirkte.

Giottino

(eigtl. Giotto di Maestro Stefano)

Um die Mitte des 14. Jh. in Florenz tätig, dort 1368 als Mitglied der Malerzunft urkundlich gesichert und 1369 unter den im Vatikan arbeitenden Künstlern, gehörte G. zum Kreis jener Maler, die ihr Werk der Nachfolge des stilbildenden Giotto verpflichteten. Wie bei diesem sind G.s Gestalten erzäh-

Giotto, MAESTA, 1305/10, 325 × 204 (Florenz, Uffizien). Auch wenn in den Gesichtern von Giottos Figuren noch eine gewisse Typisierung erkennbar ist und die unperspektivisch angelegten Nimben manchen Engel überschneiden, so übertrifft doch der Florentiner Meister seine byzantinisierenden Vorgänger an „bellezza“ – durch sein Gefühl für natürliche Anmut und Lebendigkeit. Entscheidend aber ist der neue architektonische Bezug zwischen plastischer Figuration und der Flächengesetzlichkeit des Bildes.

Giotto, DIE FLUCHT NACH ÄGYPTEN *(Padua, Arena-Kapelle). Figuren, die sich fortbewegen, erscheinen bei Giotto nicht mehr symbolhaft abgekürzt, sondern machen ihre Bewegung durch das Spiel der Gebärden und Falten glaubhaft. „Gravitas" und Würde kennzeichnen die von plastischer Gegenwart geprägten Gestalten.*

lerisch lebendig, doch in Gestik und Haltung zugleich auf das Wesentliche konzentriert, z. B. in der BEWEINUNG CHRISTI (Florenz, Uffizien); ein weiteres Hauptwerk in der Via del Leone, bei S. Spirito, ein Tabernakelfresko, Maria und Heilige darstellend.

Giotto di Bondone

* 1266 (?) wahrscheinlich in Colle di Vespignano bei Florenz, † 8. 1. 1337 in Florenz. Giotto ist nicht nur der bedeutendste italienische Maler des → Trecento, sondern eine der epochalen Schlüsselfiguren in der Geschichte der Malerei überhaupt. Er überwand nicht nur die „maniera greca", er schuf auch grundlegende Voraussetzungen für die Entwicklung der späteren → Renaissancemalerei und der neueren Malerei insgesamt. Wahrscheinlich von Cimabue, wohl auch von Pietro Cavallini lernend und jedenfalls geschult an der Kunst seines großen Zeitgenossen, des Bildhauers Giovanni Pisano, sowie an der französischen Kathedralplastik, durchbrach er die byzantinische Tradition, indem er eine neuartige menschliche Selbstbestätigung und Seinsbejahung in seine Werke einbrachte. Giottos wichtigstes Ausdruckselement ist die Körperbildung, die als kubenhaft massive Gewandfigur gefaßt ist. Auch die Landschaft wird zu großen Volumen zusammengefaßt und nimmt körperhaft am Geschehen teil. Die Architektur artikuliert sich in neuartigen Formen der Tiefenräumlichkeit, als ein zwar begrenzter, aber schon in die Tiefe geführter Kastenraum. Giotto setzt in kompakter Weise Farbfläche gegen Farbfläche, wobei er durch kraftvolle, doch sensible, miteinander korrespondierende Konturen ein rhythmisches Bildmuster erzeugt, das im bezug auf die Rahmenkoordinaten Körperlichkeit in der Fläche stabilisiert. Besonders deutlich wird dies in dem um 1293/1300 geschaffenen KRUZIFIXUS aus S. Maria Novella in Florenz. Giotto modelliert die Körperpartien zu plastisch aufgeladenen Volumina, massig und schwer hängt die Gestalt Christi am Kreuz, der Leib ist mit unbestechlichem Wirklichkeitssinn wiedergegeben. Im Rahmen monumentaler, zyklischer Gestaltung entfaltete Giotto das ganze Vermögen seiner Kunst. Vier gewaltige Freskenzyklen in Assisi, Padua und Florenz haben sich erhalten. Dabei stellen die SZENEN AUS DEM LEBEN DES HL. FRANZISKUS, um 1300/04 für die Oberkirche von S. Francesco in Assisi gemalt, die Hauptleistung der Frühzeit Giottos dar. Der Umfang der Betätigung Giottos dabei ist immer noch nicht restlos geklärt. Sicher aber stammt ein Großteil der Darstellungen von ihm. Sie zeichnen sich durch eine dramatisch-eindringliche Erzählsprache aus, wobei die Themen gestrafft und auf das Wesentliche konzentriert sind. Giottos wohl bedeutendstes und die Geschichte der abendländischen Malerei akzentuierendes Werk sind die um 1304/06 für die Cappella degli Scrovegni (oder dell'Arena) in Padua geschaffenen Fresken mit der GESCHICHTE UND VORGESCHICHTE DES LEBENS JESU CHRISTI. 38 Einzelszenen und ein monumentales JÜNGSTES GERICHT an der Eingangswand nehmen in ihrer symbolischen und räumlichen Anordnung aufeinander Bezug und stellen doch auch jede für sich einen abgeschlossenen Bildkosmos dar. Die Gestalten stehen wie statuenhaft in sich ruhend da und sind doch von einer überwältigenden Vitalität erfüllt. Die Dinge der Welt und der Natur nehmen bekräftigend an der Stimmung der Erzählung teil. Der Raum dehnt sich, aber nicht weiter, als das menschliche Handeln ihn auszufüllen vermag. Das Licht konzentriert sich auf die Personen im Vordergrund, in der Tiefe der Landschaft nimmt es ab. Im Menschlichen werden alle Varianten von Stimmungen und Gemütslagen in einer bis dahin noch nie dagewesenen psychologischen Dichte vorgeführt. Und die Menschen agieren nun über wirkmächtige Zwischenräume hinweg, womit sie das gesamte Bildfeld in ein psychologisches Spannungsgewebe verwandeln. 1306/10 wahrscheinlich entstand auch die MAESTÀ oder MADONNA DI OGNISSANTI (Florenz, Galleria degli Uffizi), auch sie ein Dokument für den Giottoschen Figurenbau aus mächtigen Volumina. Die nächsten großen Freskenzyklen schuf er 1317–28 in Florenz, die LEGENDE DES HL. FRANZISKUS für die

Giotto, DER HL. FRANZISKUS PREDIGT DEN VÖGELN *(Paris, Louvre). Dem Geist, der den Heiligen von Assisi mit seinen ersten gläubigen Anhängern verband, hat Giotto in dieser Tafel Ausdruck verliehen. Die Mystik seines Wunderwirkens, die Demut vor den Geschöpfen Gottes glaubt man daraus unmittelbar zu spüren.*

Cappella Bardi in S. Croce und die SZENEN AUS DEM LEBEN DES EVANGELISTEN JOHANNES UND JOHANNES DES TÄUFERS für die Cappella Peruzzi in S. Croce. Der Versuch einer diffizileren Ausdeutung des Geschehens dämpft hier die einstige Wucht der Gestaltung zu überraschend nüchterner Wirklichkeitserfassung, vor allem auch in der Wiedergabe materialer Qualitäten, in der Klarheit des räumlichen Aufbaus und im sicheren Ausgleich von perspektivischer und flächenhafter Wirkung. Giotto, dieser geniale Künstler, der auch durch seine planerische Mitarbeit am Campanile des Florentiner Doms als Architekt hervortrat, schuf das moderne, autonome „Bild", indem er die Komposition in Beziehung zum Rahmen setzte. „Die innere Architektur des Bildes vollendet und begrenzt sich im Rahmen und gewinnt damit eine eigene Freiheit und Gesetzlichkeit. Ja, das Bild unterwirft sich den realen Raum, während es bis dahin von diesem seine Gesetze empfing . . . Während so die Bildfläche eine bis dahin nicht gekannte innere Ordnung und Unantastbarkeit gewann, öffnete sie sich zugleich für die räumliche Illusion. Giottos Bilder, ja seine Freskenzyklen als Ganzes enthalten bereits eine in sich folgerichtige, bis zu einem gewissen Grade ins System gebrachte ‚Perspektive'. Giottos Raumdarstellung . . . enthält schon alle Grundprinzipien der Renaissanceperspektive: die räumliche Illusion, den vertieften, von *einem* Punkte aus überschaubaren Bildraum und damit auch eine neue, im Mittelalter ganz unbekannte Einschätzung des Betrachters" (R. Oertel). Die gesamte malerische Dekoration eines Innenraumes, ja die bildinterne Lichtführung werden auf die Gegebenheiten des realen Raumes bezogen. Auch in der psychologischen Durchdringung seiner Figuren nahm Giotto als einer der größten Bahnbrecher in der Kunstgeschichte wesentliche Elemente der neuzeitlichen Malerei vorweg.

Giovanni da Milano
(eigtl. Giovanni di Jacopo di Guido da Caversago)
Urkundlich bezeugt zwischen 1346 und 1369. Über das Leben von G. ist uns sehr wenig bekannt. 1346 taucht seine Name in Florentiner Dokumenten auf. 1365 malte er die Kapelle in der Sakristei in S. Croce in Florenz mit Fresken über das LEBEN DER MARIA UND MARIA MAGDALENA aus. Ganze architektonisch empfundene Räume umschließen wie bei Giotto die Szenen mit den monumentalen Figuren und dem fein abgestuften → Kolorit. G. verbindet Anregungen aus der nordischen Gotik mit Einflüssen von Giotto.

Giovanni da Paolo
* um 1403 in Siena, † 1482 in Siena. 1428 wird er Mitglied der Malergilde seiner Heimatstadt. Seine frühesten Werke schuf er für S. Domenico in Siena, so 1426 das sog. Pecci-Polyptychon, hier zeigt die Mitteltafel MARIA MIT ZEHN ENGELN den Einfluß des Taddeo di Bartolo. Zeigen seine Frühwerke zwar noch byzantinische Charakteristika, so gelang es dem Maler schon in seiner ersten Schaffensperiode, die um 1445 abschloß, bereits einen persönlichen Stil zu entwickeln, der jedoch mit den Florentinern verglichen, als rückständig zu bezeichnen ist. 1436 entstand das Fondi-Polyptychon, hier erweisen die → Predellenteile DARBRINGUNG IM TEMPEL, KREUZTRAGUNG CHRISTI und DIE FLUCHT NACH ÄGYPTEN, G. d. P. als einen lyrisch-romantischen Maler. Um 1440 malt er die MADONNA DELL'UMILITÀ (Siena), 1445 die VERTREIBUNG AUS DEM PARADIES (New York). Um 1447 erhielt er den Auftrag zum sog. Pizzicaiuoli-Polyptychon. Gegen 1453 schuf er die SZENEN AUS DEM LEBEN JOHANNES DES TÄUFERS, in diesen reichen, märchenhaften Landschaften mit bizarren Gebietsformationen erreichte G. d. P.s Kunst ihren Höhepunkt.

Girodet-Trioson, Anne-Louis
*29. 1. 1767 in Montargis, † 9. 12. 1824 in Paris. Der Schüler von J. L. David war selbst ein bedeutender

Giulio Romano, BINDO ALTOVITI, *61 × 45 (Washington, National Gallery). Das Bildnis galt lange als ein Werk Raffaels und wurde als solches von Ludwig I. von Bayern erworben. Die Münchner Pinakothek verkaufte es 1936 nach Amerika. Heute gilt es als Werk von Raffaels Meisterschüler.*

Vertreter des → Neoklassizismus, doch weisen seine späten Werke bereits auf die → Romantik hin. Sein Bild DANAE, 1799 (Leipzig, Museum der bildenden Künste), entfachte einen publikumswirksamen Skandal, da es eine bekannte Schauspielerin darstellte. Wichtig sind die OSSIAN-Darstellungen für Schloß Malmaison, 1801, die SZENE AUS DER SINTFLUT, 1806, und ATLAS' BEGRÄBNIS, 1808 (beide Paris, Louvre).

Girolamo da Carpi
(eigtl. Girolamo de' Sellari, auch de' Livizzani)
* 1501 in Ferrara, † 1556 in Ferrara. Der Maler und Architekt wurde durch seinen Vater, durch Garofalo und vor allem durch Dosso Dossi geprägt. Vor 1530 übersiedelte er nach Bologna und verband nun in seinen Werken Einflüsse Raffaels, Giulio Romanos, Parmigianinios und Correggios mit den ferraresischen, vor allem zeichnerisch-linear ausgerichteten Maltraditionen, so auch in ERZBISCHOF BARTOLINI SALIMBENI DE' MEDICI (Florenz, Galleria Palatina, Palazzo Pitti), DIE ANBETUNG DER KÖNIGE, um 1530 (Bologna, S. Martino Maggiore), oder GELEGENHEIT UND REUE (Dresden, Gemäldegalerie). Ab 1540 war Girolamo für den Hof in Ferrara tätig.

Girtin, Thomas
* 18. 2. 1775 in London, † 9. 11. 1802 in London. Der Aquarellist und Radierer überwand in seinen in warmen, goldenen Tönen gehaltenen Arbeiten die kolorierte Umrißzeichnung und bereitete so die romantische englische Landschaftsmalerei z. B. eines John Constable vor. Mit Vorliebe malte er Ruinenlandschaften, Abteien und gotische Dome, daneben einige große Stadtansichten. Große Verdienste erwarb er sich als Lehrer der Aquarellmalerei für die Verbreitung dieser Technik. Seit 1789 lernte er bei Edward Dayes in London. Nach 1792 wurde er von den Kunstsammlern Dr. Thomas Monro und Sir George Beaumont gefördert. 1802 schuf er ein 180 m^2 großes Ölbild EIDOMETROPOLIS, Panorama von London, von dem nur noch Skizzen im British Museum in London erhalten sind. Befruchtend wirkte auch die Freundschaft mit Turner.

Albert Gleizes, Jungfrau in der Glorie, *1930/31, 160 × 70 (Ludwigshafen, W.-Hack-Museum). Zur Entstehungszeit des orphischen Gemäldes lebte der Künstler bereits in der Gemeinschaft von Moly Sabata, die sich eine „Rückkehr zum Landleben, zur handwerklichen Tätigkeit und geistigen Erneuerung" zum Ziel gesetzt hatte.*

Giulio Romano
(eigtl. Giulio Pippi)
* 1499 in Rom, † 1. 11. 1546 in Mantua. G. war der bevorzugte Schüler Raffaels und sein Mitarbeiter bei zahlreichen Projekten, z. B. bei den 1515 begonnenen Kartons für die Wandteppiche der Cappella Sistina und vor allem bei dem Fresko des ‚Borgobrandes' im Vatikan. Ab 1520 führte G. nach dem Tod Raffaels dessen letzte Aufträge zu Ende: die Dekorationen der Villa Madama und vor allem – in vierjähriger Arbeit – die Fresken der Sala di Costantino im Vatikan. Die vielfigurigen Fresken mit Darstellungen aus dem Leben Konstantins belegen deutlich eine qualitative Veränderung der Darstellungsprinzipien: die noch von Raffael angestrebte mühelose Anordnung größerer Menschenmassen zu formal klar gegliederten Gruppen wurde zugunsten einer von dekorativen Elementen überfüllten Fläche aufgegeben. Die derbe Sprödigkeit der Figurenbildung und das grelle, unruhige Kolorit lösten Raffaels Spätstil und die klassischen Ideale der Hochrenaissance endgültig ab. Ende 1524 übersiedelte G. nach Oberitalien, wo er 1525–35 als Stadtbaumeister für Herzog Federigo Gonzaga in Mantua sein Hauptwerk schuf: den manieristischen Palazzo del Te, der in allen Räumen mit großflächigen mythologischen Fresken ausgestattet ist. Zu den bedeutendsten gehört die Camera di Psiche (1528). G. verschob den Akzent von der idealen Interpretation zugunsten einer ungezwungeneren und naturnaheren Schilderung. Noch prägnanter zeigt diese Entwicklung das 1535 vollendete Fresko der Gigantomachie in der Sala dei Giganti, wo eine chaotische Bewegungsfülle mit artistisch-illusionären Kunstgriffen mühsam gebändigt wurde. G.s Interesse lag in einem über Correggio hinausgehenden Illusionismus, mit dem das humanistisch-intellektuelle Dekorationsprogramm völlig in den architektonischen Rahmen eingebunden wurde. Diese Intention, die auf der römischen Renaissancearchitektur basierte – gepaart mit einem starken Interesse an der antiken Tradition – beeinflußte die oberitalienische Kunst entscheidend.

Giunta Pisano
(eigtl. Giunta Capitini)
Nachweisbar zwischen 1229 und 1254 in Pisa, † zwischen 1255 und 1257. G. war einer der herausragenden Vertreter der Schule von Pisa. Sein frühestes Werk war ein Kruzifix, das, wie aus den Dokumenten hervorgeht, er für S. Francesco in Assisi schuf und das heute verschollen ist. Von ihm stammen noch weitere Kruzifixe, von denen das in S. Domenico in Bologna als sein Hauptwerk gilt. Mit ihnen schuf er den grundlegenden Typus des Kruzifixes des 13. Jh. Vorbilder waren byzantinische Werke. Er gilt als Vertreter der → Maniera greca, gibt seinen Werken aber eine eigene dramatische Ausdruckskraft und Leidenschaft, die sich in seiner Spätzeit noch steigert.

Glarner, Fritz
* 20. 7. 1899 in Zürich, † 18. 9. 1972 in Locarno. Glarner studierte 1914–20 in Neapel, 1923–35 an der Pariser Académie Colarossi; 1936 stellte der Maler mit der Gruppe → Abstraction-Création in Zürich Werke aus, die mit konstruierten Flächen in monochromen Farben Räume darstellten. Nach der Emigration nach New York drängte der Einfluß von Piet Mondrians → Konstruktivismus seine Kunst noch mehr in diese Richtung. Später entwickelte Glarner seinen eigenen Stil, der sich in der „Relational Painting" (Bezugsmalerei) ausdrückte, die verschiedene Viereckformen in Weiß- bis Schwarztönen mit Gelb-, Blau- und Rotakzenten nebeneinandersetzte: Relational Painting, Tondo Nr. 38, 1955 (Bern-Muri, Privatslg.).

Gleizes, Albert
* 8. 12. 1881 in Paris, † 24. 6. 1953 in St-Rémy-de-Provence. Gleizes erhielt zunächst bei seinem Vater eine Ausbildung als Industriezeichner. Mit ca. 20 Jahren stellte er seine ersten Werke aus, in impressionistischem Stil gehaltene Landschaften wie das etwas später entstandene Der Markt von Abbéville von 1903 (Paris, Slg. Mme. A. Gleizes). Um 1909 begegnete der Maler dem → Kubismus eines Jean Metzinger und Henri Le Fauconnier, später Robert Delaunay und Jacques Villon, mit denen er sich 1912 der Gruppe → „Section d'Or" anschloß. Bereits 1910 hatte er an der Ausstellung der Kubisten im Salon d'Automne und 1911 im Salon des Indépendants teilgenommen. Zu Bildern dieser Zeit zählt die Landschaft von 1911 (Paris, Musée National d'Art Moderne). 1915 reiste Gleizes nach den USA, wo er schon 1913 vom analytischen Kubismus geprägte Bilder ausgestellt hatte; in dieser die Gegenstände in einzelne Flächen zerlegenden Art war u. a. Das Ausstampfen des Getreides von 1912 (New York, Guggenheim Museum) gestaltet. Über den → Futurismus kam er zu einer völlig abstrakten, rhythmischen Aufteilung in verschiedene Form- und Farbelemente gestaltenden Malweise. Dabei griff Gleizes durchaus auf traditionelle Themen z. B. der religiösen Gedankenwelt zurück: Maria in der Glorie, 1931/32 (Privatsammlung), das zu den „Compositions rhythmées" dieser Phase zählt.

Gleyre, Charles
* 2. 5. 1806 in Chevilly (Schweiz), † 5. 5. 1874 in Paris. Nach Studienaufenthalten in Lyon und Paris, die von der akademischen Tradition geprägt waren, ging Gleyre 1828–34 nach Italien. Die Beschäftigung mit Gitto und der → Quattrocento-Malerei sowie eine Bekanntschaft mit Léopold Robert führten ihn dort rasch zu klassizistischen Formulierungen: Die römischen Räuber, 1831 (ehem. Paris, Slg. A. M. Nanteuil). 1838 ließ sich Gleyre in Paris nieder, seine historischen oder mythologischen Bilder wie Herkules zu Füssen von Omphale (Neuchâtel, Musée des Beaux-Arts) oder Die Ankunft der Königin von Saba, 1838 (Lausanne, Musée Cantonal des Beaux-Arts) fanden jedoch nur wenig Zustimmung. Erst 1843 zollte man seinem im Salon ausgestellten Bild Der Abend, später in Die verlorenen Illusionen umbenannt (Paris, Louvre), einige Anerkennung. Wesentliche Bedeutung kommt Gleyre vor allem in der Entwicklung der → Freilichtmalerei zu, beeinflußte er doch als Lehrer so bekannte Künstler wie McNeill Whistler, Auguste Renoir und Claude Monet.

Albrecht Glockendon, Monatsbild, *1526 (Berlin, Staatsbibliothek). Aus einem Kalendarium mit reich illuminierten Buchmalereien ist diese prächtige Miniatur entnommen. Eine fröhlich musizierende Patriziergesellschaft vergnügt sich bei einer Kahnfahrt gemäß der Devise: „In dissem mont man baden soll, tanze, singe . . . leben wohl."*

Glockendon, Albrecht und Nikolaus
Über die Nürnberger Künstlerfamilie des 15./16. Jh. blieb vieles unklar. Albrecht Glockendon wird erstmals 1515 urkundlich erwähnt; von seiner Hand stammen die → Miniaturen im Gebetbuch Herzog Wilhelms IV. von Bayern von 1535 (Wien, Staatsbibliothek) und diejenigen im sog. Glockendonschen Missale von 1530–42 (Nürnberg, Stadtbibliothek). Sein Bruder Nikolaus, der bedeutendste Künstler der Familie, schuf u. a. 1524 das Missale des Mainzer Kardinal-Erzbischofs Albrecht (Aschaffenburg, Bibliothek) in enger Anlehnung an den Stil Dürers und Cranachs.

Hugo van der Goes, Monforte-Altar, *147 × 242 (Berlin, Staatliche Museen). Noch vor Goes' berühmtestem Werk, dem Portinari-Altar in Florenz, entstand diese bis 1913 in dem nordspanischen Kloster Monforte befindliche Mitteltafel eines Triptychons, dessen Flügel nur als Kopien erhalten sind. Die Stilkritik allein führte zur Zuschreibung der unsignierten Tafel an den niederländischen Meister. Die erhabene Sphäre der Muttergottes steht in spürbarem Kontrast zu den Adorierenden, denen Goes ein lebensnahes und ausdrucksvolles Gepräge verleiht. Den menschlichen Handlungsspielraum erweitert und bereichert Goes um eine neue Dimension.*

Gobert, Pierre
* 1. 1. 1662 in Fontainebleau, † 13. 2. 1744 in Paris. Der Barockmaler war hauptsächlich als Porträtist tätig. 1701 wurde er in die Pariser Akademie aufgenommen, 1705 zum Hofmaler ernannt. Stilistisch stehen seine Arbeiten dem barocken Repräsentationsporträt etwa eines Hyacinthe Rigaud nahe, und er verbreitete diesen Typus an vielen europäischen Höfen.

Goes, Hugo van der
* um 1440/45 in Gent, † 1482 im Roode-Kloster bei Brüssel. Die Herkunft des bedeutenden niederländischen Malers ist bis heute unsicher. Die Städte Antwerpen, Brügge und Leiden wurden von verschiedenen Chronisten als Aufenthaltsort des jungen Goes genannt. Gesichert ist lediglich, daß er am 5. 5. 1467 Meister in Gent wurde, wie die erhaltene Urkunde mitteilt, wobei der später in Urbino tätige Maler Justus van Gent (Josse van Wassenhove) als Zeuge auftrat. Als dieser Künstler die Stadt Gent verließ, hatte Goes eine führende Stellung inne. Zwischen 1467 und 1475 wird der Meister mehrfach bei Zahlungen für Gemälde, auch Dekorationen genannt. In den Jahren 1474, 1475 und 1476 bekleidet er das Amt des Dekans der Malerzunft. Anläßlich der Hochzeit Karls des Kühnen mit Margarete von York war er bei der Herstellung von Festdekorationen beteiligt. Als Dirk Bouts am 6. 5. 1475 starb, war es Goes, dem die Aufgabe zufiel, die unvollendet gebliebenen Gemälde desselben abzuschätzen. Schon zu dieser Zeit war Hugo v. d. Goes in das Roode-Kloster eingetreten. Der Mönch Gaspar Ofhuys berichtet in einer erhaltenen Schrift über die letzten Jahre des Künstlers. Das Stift der Augustiner-Chorherren billigte ihm eine Reihe von Sonderrechten zu. Auch über die geistige Erkrankung des Meisters, seine Reise nach Köln oder den Besuch Erzherzog Maximilians, des späteren Kaisers Maximilian I., und anderer hoher Persönlichkeiten sind wir unterrichtet. Bis zu seinem Tod war Goes auch noch im Kloster als Maler tätig. Der Marientod (Brügge, Groeningemuseum) und Anbetung der Hirten (Berlin, Staatliche Museen) sind hier entstanden. Das einzige beglaubigte Werk, das zugleich sein berühmtestes und einflußreichstes ist, wird nach dem Stifter Portinari-Altar genannt (Florenz, Uffizien). Das monumentale → Triptychon zeigt auf der mittleren Tafel die Anbetung des neugeborenen Christusknaben durch Maria, Joseph, mehrere Engelsgruppen und Hirten. Die lebensnahe Darstellung der Hirtengesichter mit ihren individuellen Zügen beeindruckte auch die italienischen Meister, besonders Ghirlandaio, in dessen Malerei sich solche Köpfe wiederfinden lassen. Der Wirklichkeitssinn des Hugo van der Goes drückte sich auch in dem im Vordergrund der Anbetungsszene erscheinenden Stilleben mit zwei Blumenvasen und einem Strohbündel aus, das

von echt holländischem Charakter ist. Auf den Seitenflügeln des Triptychons erscheint die Stifterfamilie: Tomaso Portinari, der im Auftrag der Medici in Brügge lebte, mit seinen Söhnen Antonio und Pigello (linker Flügel), die Ehefrau mit der Tochter Maria (rechts). Alle anderen, als Werke des Niederländers bekannten Gemälde, wurden dem Meister aufgrund stilistischen Vergleiches zugewiesen. Bis 1913 war das Mittelbild eines Dreiflügelaltares mit einer Anbetung der Könige im Kloster Monforte de Lemos in Nordspanien. Die Flügel mit der Geburt Christi und der Beschneidung sind nur durch zuverlässige Kopien erhalten. Der Monforte-Altar (Berlin, Staatliche Museen) ist wie der des Tomaso Portinari von monumentalem Maßstab. Seine Figuren besitzen fast Lebensgröße. Zum Frühwerk wird weiterhin ein kleines Altarwerk mit dem Sündenfall, Beweinung Christi und der Darstellung der hl. Genoveva gerechnet (Wien, Kunsthistorisches Museum). Weitere Werke sind die Anna selbdritt (Brüssel, Königliche Museen), die Mitteltafel eines Triptychons mit der Darstellung Maria mit Kind (Frankfurt, Städelsches Kunstinstitut). Von dem im ovalen Format erscheinenden Kopf eines Mannes (New York, Metropolitan Museum) wurde vermutet, daß es kein selbständiges Porträt war, sondern aus dem linken Teil eines Triptychons herausgeschnitten wurde. Viele Kopien nach Werken des Meisters sind erhalten. Diese erfüllen eine wichtige Funktion bei der Rekonstruktion verlorengegangener Werke des Hugo van der Goes und dokumentieren darüber hinaus, in welchem Maße er seine Zeitgenossen und die Nachwelt beeindruckt hat.

Gogh, Vincent van

* 30. 3. 1853 in Goot-Zundert (Holland), † 29. 7. 1890 in Auvers-sur-Oise. Ab 1869 arbeitete der Pfarrerssohn im Kunsthandel, wurde 1876 für kurze Zeit Hilfsprediger in England und studierte anschließend in Amsterdam Theologie. Seine geistlichen Bestrebungen scheiterten jedoch an seiner eigenwilligen Lebensauffassung ebenso wie seine künstlerischen Studien an der Abneigung gegen den akademischen Studienbetrieb. So blieb van Gogh weitgehend Autodidakt, der nach dem lebenden Modell oder in der Landschaft arbeitete. Fruchtbare Schaffenszeiten waren nach 1883 der Aufenthalt beim Vater in Nuenen und ab 1885 beim Bruder in Paris, wo der Künstler mit den → Impressionisten in Verbindung trat. 1888 floh van Gogh aus der Großstadt nach Arles, wo er den Höhepunkt seines Schaffens erreichen sollte. Noch im gleichen Jahr drängte er Gauguin, ebenfalls nach Arles zu ziehen, doch führte die zunehmende geistige Verwirrung zum tätlichen Angriff auf den Freund – bei dieser Gelegenheit schnitt sich van Gogh selbst ein Ohr ab – und zum Bruch. Die immer häufiger auftretenden Nervenkrisen machten Krankenhausaufenthalte, u. a. vom Mai 1889 bis Mai 1890, in der Anstalt von St-Rémy notwendig. In der Folgezeit kümmerte sich in Auvers-sur-Oise der Arzt Dr. Gachet um ihn. Dennoch unternahm van Gogh bald einen Selbstmordversuch mit einem Revolverschuß. Zwei Tage später, am 29. Juli, erlag er den schweren Verletzungen. Nachdem ihn in seiner Jugend die heimatliche Tradition und die romantische Malerei, v. a. Millet, fasziniert hatten, fand van Gogh schon früh zu einer ihm eigenen Darstellungsweise. Natur und Landschaft seiner Umgebung, aber auch das Leben der sozial Benachteiligten und der einfachen Leute wurden zu seinen großen Themen. Besonders in den Jahren in Nuenen entstanden viele düstere, schwermütige Landschaftsszenen und Darstellungen des bäuer-

Vincent van Gogh, DER SÄMANN, *1888, 73×93 (Zürich, Sammlung Bührle). „Ich glaube fast, diese Bilder werden Euch sagen, was ich mit Worten nicht sagen kann, nämlich was ich an Gesundem und Stärkendem auf dem Lande sehe", schrieb der Maler einmal seinem Bruder. Die Sonnenscheibe verklärt den Sämann wie eine Aureole.*

lichen Lebens, hauptsächlich in dunklen Braun- und Grüntönen mit harten Konturen. Das Hauptwerk dieser Periode, DIE KARTOFFELESSER von 1885 (Amsterdam, Stedelijk Museum), ist ein Höhepunkt seiner auf Ausdruck angelegten Kunst. Auch entstand jetzt eine (nicht vollendete) Folge von Lithographien mit Szenen aus dem kargen Bauernleben. In Paris legte der Künstler schließlich seine Abneigung gegen die helle Farbskala der Impressionisten ab und fand zu einer freieren, leichteren Formgebung. Er ging noch über den → Pointillismus der Neoimpressionisten hinaus und entwickelte den für seine Werke so charakteristischen breiten, kraftvollen Pinselstrich; dieser Stil fand seine Vollendung in der Arleser Zeit, in der Bilder der blühenden Landschaft, SOUVENIR DE MAUVE (Otterlo, Rijksmuseum Kröller-Müller), seines gelben Hauses, der Fischboote, BOOTE VON SAINTES-MARIES von 1888 (Amsterdam, Stedelijk Museum), der Menschen seiner Umgebung – DER POSTMEISTER ROULIN von 1888 (Boston, Museum of Fine Arts) – und zahlreiche Selbstporträts entstanden; zeitweise beeinflußte ihn auch Gauguins flächige, → cloisonnistische Malweise. Seine Motive behielt der Maler auch in St-Rémy bei, kam aber hier zu ernsterer, weniger strahlender Farb- und Formgebung: STRASSE MIT ZYPRESSEN, 1890 (Otterlo, Rijksmuseum Kröller-Müller); in seiner letzten Arbeitszeit in Auvers entstanden dann wieder Bilder von großer Leuchtkraft: KIRCHE VON AUVERS, 1890 (Paris, Musée du Jeu de Paume). Die Farbe war für van Gogh stets das wichtigste Gestaltungsmittel gewesen, mit dem er Stimmungen, Natur- und auch Gemütszustände extrem ausdrucksvoll schilderte, z. B. in DAS NACHTCAFÉ von 1888 (New York, Slg. Stephen C. Clark), mit dem van Gogh nach eigenem Bekunden „die furchtbaren menschlichen Leidenschaften zum Ausdruck bringen" wollte. Zugunsten des Ausdrucks löste sich der Maler von der Realität und ihren Farben und fand so zu weit größerer expressiver Kraft. Darüber hinaus gab die Farbe auch seine eigene Entwicklung, künstlerisch wie geistig, wieder; besonders in seinen Selbstporträts, z. B. SELBSTPORTRÄT von 1890, das seinen verwirrten und verzweifelten Gemütszustand wenige Monate vor seinem Selbstmord widerspiegelt. – Mit seinem Werk wurde van Gogh zu einem wichtigen Vorläufer für die folgenden Künstlergenerationen, so für die → Fauves und die → Expressionisten.

Goltzius, Hendrick

(auch Goltz, Golzius, Goltius)

* Januar oder Februar 1558 in Mülbracht bei Venlo, † 29. 12. 1616 oder 1. 1. 1617 in Haarlem. Der holländi-

Vincent van Gogh, BLICK AUF ARLES, *1889 (München, Neue Pinakothek). Aus gesundheitlichen Gründen und der Sehnsucht nach intensiven Farberlebnissen zog van Gogh nach Arles. Von dort schrieb er: „Alle wahren Koloristen müßten hierher kommen, um zu sehen, daß es noch eine andere Farbskala als die des Nordens gibt. Ich zweifle nicht, käme Gauguin, er liebte dieses Land." Das Bild ist in seinem pastosen Auftrag typisch für die Spätphase.*

Vincent van Gogh, LA MOUSMÉ, *1888, 73 × 60 (Washington, National Gallery). Mousmé ist das japanische Wort für Mädchen. Fernöstliche Holzschnitte übten auf van Gogh einen starken Einfluß aus. Er fertigte Kopien nach japanischen Farbholzschnitten an, die sich gelegentlich in seinen Interieurbildern wieder auffinden lassen. Der Japonismus beeinflußte außer dem Impressionismus auch den Symbolismus.*

Vincent van Gogh, SONNENBLUMEN, *1888, 91 × 72 (München, Neue Pinakothek). Die Farbenpracht von van Goghs Werken steht in denkbar scharfem Kontrast zur psychischen und materiellen Notlage des Künstlers in Arles: „Nur dann spüre ich noch das Leben, wenn ich ganz wild die Arbeit herausstoße."*

sche Maler, Zeichner und Kupferstecher gehörte zu den wichtigsten Vertretern des → Manierismus. Nach einer ersten Ausbildung bei seinem Vater ging Goltzius um 1575 bei dem Kupferstecher Dirck Volckertsz. Coornhert in Xanten in die Lehre. Ab 1576/77 ließ er sich in Haarlem nieder, wo er sich 1582 eine graphische Druckerei einrichtete. In seinen frühen Arbeiten von Frans Floris und Maerten van Heemskerck beeinflußt, wandte er sich ab 1585 einem höfisch verfeinerten Spätmanierismus zu. Damals schuf er hauptsächlich graphische Reproduktionen von Gemälden Bartholomäus Sprangers. 1590 reiste er nach Italien und kopierte Bildnisse berühmter Maler in einer Reihe von Kreidezeichnungen. Jetzt nahm er sich die Werke Raffaels in der Villa Farnesina zu Rom und die → Sgraffito-Malereien Polidoro da Caravaggios zum Vorbild. In Werken wie ADAM UND EVA, 1608 (Leningrad, Eremitage) oder ALLEGORIE, 1611 (Basel, Kunstmuseum), vereint er klassizistische Figurenkomposition und venezianische → Koloristik zu einem recht akademisch trockenen → Eklektizismus.

Gonçalves, Nuño
* um 1425, † vor 1492. Dieser bedeutendste portugiesische Maler stand in der Tradition der altniederländischen Schule. 1450 wurde er von Alfons V. zum Hofmaler ernannt. Sein bedeutendstes Werk ist der 1465–67 geschaffene sog. VINZENZ-ALTAR für die Kathedrale von Lissabon (jetzt Lissabon, Museu Nacional de Arte Antiga), eine den besten niederländischen und italienischen Malereien dieser Zeit ebenbürtige Arbeit. Obwohl sich Einflüsse von Jan van Eyck, Rogier van der Weyden, Hugo van der Goes u. a. finden, stellt dieser Altar doch eine äußerst qualitätsvolle Eigenleistung dar.

Gontscharowa, Nathalie
* 4. 6. 1881 in Ladyschkino bei Tula, † 17. 10. 1962 in Paris. Die Künstlerin studierte 1898–1902 an der Moskauer Akademie. 1906 vermittelte Serge Diaghilew ihr und ihrem Mann Michail Larionow eine Einladung zum Pariser

Vincent van Gogh, SELBSTBILDNIS MIT GRAUEM HUT, *1887, 45×37 (Amsterdam, Stedelijk Museum). Noch in seiner Pariser Zeit malte van Gogh dieses Selbstbildnis. Nicht selbstbewußt, sondern fragend und suchend erscheint sein Gesicht im Zentrum eines kreisenden Hintergrundes, den vibrierende Farbstriche bilden.*

Salon d'Automne. Neben Ausstellungen in Moskau und Leningrad war die Zusammenarbeit mit Kasimir Malewitsch von Bedeutung, auf den sie großen Einfluß ausübte. 1912 stellte sie in München mit dem → Blauen Reiter aus. 1915 verließ die Künstlerin Rußland, um überwiegend in Paris zu leben. – Gontscharowas umfangreiches Werk ist von einer starken expressiven Farbigkeit und von → kubistischen Formprinzipien geprägt. Mit ihrem Mann entwickelte sie den → Rayonismus, der im 1912 verfaßten „Rayonistischen und Futuristischen Manifest" seine theoretische Formulierung erhielt. Neben den Gemälden, z. B. ELEKTRISCHE LAMPEN von 1911/12 (Paris, Musée National d'Art Moderne), ist ihr bühnenbildnerisches Werk von großer Qualität.

González y Serrano, Bartolomé
* 1564 in Valladolid, † 1627 in Madrid. González, Schüler von Patricio Caxes, stand im Dienste des Königs Philipp III., für den er zahlreiche Porträts der königlichen Familie für die Schlösser von El Pardo, El Escorial, Burgos malte, darunter das 1610 entstandene Bild der CA. 25JÄHRIGEN SPANISCHEN KÖNIGIN MARGARETHE VON ÖSTERREICH (Madrid, Prado), Ganzfigurenbildnisse der Kinder Maria Anna und Ferdinando von 1621 (im Besitz des Marqués de Viana zu Madrid) sowie ein lebensgroßes Porträt des Königs, 1617 (Madrid, Gobierno Civil). Sein Porträtstil ist von Sánchez-Coello und Juan Pantoja de la Cruz beeinflußt. In diesen Bildern zeigt sich González' Kunst der genauesten Wiedergabe der Hoftrachten. Von seinen noch dem → Manierismus verhafteten religiösen Gemälden, in denen Caravaggios Helldunkel-Malerei nachklingt, ist die 1627 entstandene RUHE AUF DER FLUCHT NACH ÄGYPTEN (Madrid, Prado) zu nennen.

Gorky, Arshile
(eigtl. Vosdanig Manoog Adoian)
* 25. 10. 1904 in Khorkem Vari Haiyotz Dzore in Türkisch-Armenien, † 21. 7. 1948 in Connecticut, USA. Gorky übersiedelte 1920 nach Amerika, wo er in Providence an der Technischen Hochschule studierte. 1922–24 unterrichtete er an der New School of Design in Boston. Hier entstand seine erste Serie von Stillleben, die noch unter dem Einfluß Cézannes stand. Im Jahre 1925 zog Gorky nach New York, wo er den neuen Namen annahm und bis 1931 an der Grand Central School of Art studierte und lehrte. 1932 wurde er Mitglied der Pariser Künstlergruppe → Abstraction-Création, Art Non-Figurativ, zusammen mit Albers, Calder und Hélion. 1935 entstand ein → FAP-Projekt für den Flughafen Newark: Die abstrakte Entwicklung von Formen unter aerodynamischem Einfluß; ein Wandbild, das später zerstört wurde, die Entwürfe sind jedoch im Museum of Modern Art in New York aufbewahrt. Gorky, der zu den Vorläufern des → Action-paintings zählt, glaubt wie die Surrealisten, daß durch automatische Handbewegungen, ohne absichtlichen Eingriff der Vernunft, eine spontane Übertragung aus dem Unbewußten möglich ist. Ähnlich wie Miró abstrahierte er in diesem automatischen Malprozeß die Gegenstände zu sehr bunten, teilweise linearen Kompositionen wie in THE LIVER IS THE COCK'S COMB (Die Leber ist der Hahnenkamm), 1944 (Buffalo, New York, Albright-Knox Art Gallery). Im Jahre 1944 nahm ihn André Breton als einen der letzten Künstler in seine Surrealistengruppe auf. Gorky beging 1948 nach einem Autounfall Selbstmord. Das Whitney Museum of American Art in New York veranstaltete 1951 eine große Gedächtnisausstellung.

Goshun, Matsumura
* 1752 in Owari, † 1811 in Kyoto. G. ist der Begründer der japanischen Malschule Shijo, die versuchte, den Realismus der Okyo-Schule mit dem Idealismus der Nanga-Maler zu vereinen. Als Schüler des Yosa Buson studierte er mit diesem in Settsu und Kyoto die Gedichtform des Haiku, vervollständigte sich in der Schreibkunst, der → Kalligraphie. Seine Tuschemalereien geben eine intime Atmosphäre wieder in Korrespondenz zu den beigefügten Versen, wirken spontan durch den Gebrauch großer Pinsel, die G. schräg ansetzt. Sehr variationsreich

Nathalie Gontscharowa, PFAU IN HELLER SONNE, *1913 (Tretjakow-Galerie). Die russische Künstlerin, die bereits 1906 nach Paris kam, zeigt sich in diesem Werk von den kubistischen Neuerungen weniger beeindruckt. Der Volkskunst verpflichtet, wählt sie hier „fauvistische" Farbigkeit und flächige Vereinfachung.*

sind G.s Bildmotive: Landschaften mit Bambuszweigen, wehendem Gras werden häufig kombiniert mit Fischen, Blumen und Vögeln. DIE WASSERSCHILDKRÖTEN, Tuschzeichnung auf Papier (London, Victoria and Albert Mus.) verweisen auf die äußerst dekorative Handhabung der Themen, resultierend aus dem geschickt gewählten Ausschnitt, der Skizzenhaftigkeit, der Anmut und Zartheit besonders der floralen Bildteile. Als Meister japanischer Malerei zeichnet sich G. aus durch die Tuschlavierungen, Darstellung von Schatten, ein in der chinesischen Kunst nicht gebräuchliches Bildmittel. Mit seinen kleinformatigen Bildern wurde G. zum wichtigen Vertreter des kultivierten, japanischen Geschmacks.

Gossaert, Jan
(gen. Mabuse)
* zwischen 1478 und 1488 in Maubeuge, † 1532 in Breda. Einer der ersten Vertreter der niederländischen → Romanisten, die Elemente der einheimischen Tradition mit solchen der italienischen Renaissance und des Manierismus verschmolzen und wichtige Grundlagen für die flämische Malerei des 17. Jh. schufen. 1503 ist er als Meister in der Antwerpener → Lukasgilde eingetragen. 1508 reiste er nach Italien, um für Philipp von Burgund antike Denkmäler zu zeichnen. Bis 1524 blieb er in dessen Diensten. Nach Arbeiten, die noch ganz in der altniederländischen Tradition stehen, unterlag er ab ca. 1515 verstärkt dem Einfluß der Renaissance, vor allem ihrer oberitalienischen Ausprägung. Er hatte eine besondere Vorliebe für die Aktdarstellung, so etwa in NEPTUN UND AMPHITRITE, 1516 (Berlin-West, Stiftung Staatl. Museen, Gemäldegalerie). Zu seiner Zeit war er berühmt wegen der „wahren Art", unbekleidete Figuren darzustellen.

Jan Gossaert, DER HL. LUKAS MALT DIE MADONNA, *230 × 205 (Prag, Národní Galerie). Bei einer mit Philipp von Burgund unternommenen Romreise verschaffte sich Mabuse gründliche Kenntnisse der antiken Architektur und Skulptur, mit denen er später in seinen Werken brillierte. Einige Bildelemente sind hier jedoch recht konservativ.*

Gottlieb, Adolph
* 14. 3. 1903 in New York, † 4. 4. 1974 in New York. Wichtiger Vertreter des → abstrakten Expressionismus. Nach Studien in New York und Paris gründete er mit anderen abstrakten und expressionistischen Malern 1935 die Künstlergruppe „The → Ten". Seit 1941 arbeitete er an seinen „Pictographes", wo Gitterfelder mit Buchstaben oder figürlichen Zeichen ausgefüllt sind. Ende der vierziger Jahre erfolgte die Hinwendung zu rein abstrakter Gestaltung, bei der erregt vorgetragene Farbstrukturen kosmische Visionen evozieren.

Goya y Lucientes, Francisco José de
* 30. 3. 1746 in Fuendetodos (Zaragoza), † 16. 4. 1828 in Bordeaux. Goya war der Sohn eines armen Vergolder-

Jan Gossaert, Maria mit Kind, *um 1520 (Münster, Landesmuseum). Die Kenntnis italienischer Madonnenbilder der Renaissance setzt dieses Werk voraus. Nicht am niederländischen Marientyp orientiert sich der flämische Maler, sondern an einer romanisierten Weltlichkeit, die von Grazie und „sentimento" schwärmt.*

meisters in Zaragoza. Nach dem Besuch einiger Schulen kam er 1760 in die Lehre zu José Luzán und blieb dort etwa vier Jahre. Anschließend ging er nach Madrid und studierte Bayeu, Mengs, der damals der bedeutendste Maler am Hof Karls III. war, und den in Madrid verweilenden Tiepolo. 1770 unternahm er eine Reise nach Italien, wo er die Technik der Freskomalerei erlernte. 1771 nach Zaragoza zurückgekehrt, erhielt er dort mehrere Aufträge, begab sich aber schon bald nach Madrid. Dort heiratete er am 1. 3. 1775 Josefa Bayeu, die Schwester des Malers, der zur Zeit bei Mengs angestellt war. Durch den Einfluß seines Schwagers kam er 1776 an die königliche Teppichmanufaktur, um → Kartons für Wandteppiche zu entwerfen (heute im Prado in Madrid). Die Bilder zeigen volkstümliche Szenen, Spiele, Jagdpartien u. a. Damit begann für Goya der künstlerische Aufstieg. 1780 wurde er Mitglied der Königlichen Akademie. Ab 1783 begann er auch Porträts für den Hof und den Adel zu malen. Als er 1786 zum Maler des Königs ernannt wurde, begann für ihn ein glanzvolles, sorgenloses Leben, das jedoch nach 6 Jahren eine jähe Unterbrechnung fand. Ein schwerer Schlaganfall 1792 in Sevilla hatte die völlige Taubheit des Künstlers zur Folge. Der Verlust des Hörvermögens schärfte aber um so mehr seine Beobachtungsgabe und seinen kritischen Blick. Nach seiner Genesung kehrte er an den Hof zurück, wo er zahlreiche Bildnisse schuf. 1798 arbeitete Goya im Auftrag des Königs an der Ausmalung der Capilla de S. Antonio de la Florida in Madrid. Ein Jahr später entstanden die Radierungen Caprichos. Im selben Jahr wurde Goya Hofmaler und schuf wiederum viele Porträts von der königlichen Familie. Der Einzug Napoleons und die Widerstandskämpfe des spanischen Volkes fanden in den „Desastres de la Guerra", die die Grausamkeiten und Unmenschlichkeiten dieses Krieges darstellten, ihren Ausdruck. 1814 malte Goya die Erschiessung der Aufständischen am 3. Mai 1808 in Madrid (Madrid, Prado). Nach weiteren Porträts schuf er um 1820 noch mal ein großes Werk mit den Wandgemälden für sein Landhaus „Quinta del Sordo", den sogenannten „schwarzen Malereien". Da er sich der liberalen Bewegung in Spanien angeschlossen hatte, mußte Goya bald emigrieren und ging 1824 nach Bordeaux. Goyas Schaffen ist in seinen Gemälden für die Teppichmanufaktur noch stark der Rokokomalerei verpflichtet, seine hellen, aber kräftigen Farben verraten den Einfluß der Venezianer, z. B. in Der Sonnenschirm von 1777 (Madrid, Prado). Auch in den dann folgenden Porträts ist der Stil des Rokokobildnisses zu spüren. Regungslos und versunken treten die Personen dem Betrachter gegenüber. In dieser Zeit malte Goya u. a. Die Familie des Herzogs von Osuna, 1789 (Madrid, Prado). Die Zeit nach seiner Krankheit war die sogenannte „graue Periode", in der Goya häufig einen silbergrauen Ton in seine Gemälde brachte. Wieder entstanden Bildnisse

Goya, Der Arzt, *1780, 96 × 121 (Edinburgh, National Gallery). Von der königlichen Gobelin- und Teppichmanufaktur erhielt Goya den Auftrag, ca. 45 Entwürfe für Wandteppiche anzufertigen, welche die Königspaläste El Prado und El Escorial schmücken sollten. Auch Szenen aus dem spanischen Leben gehörten dem Zyklus an.*

Goya, DIE BEKLEIDETE MAJA, *um 1797, 95 × 190 (Madrid, Prado). Die bekleidete Maja – wie auch ihr Pendant, die nackte Maja – könnte die Herzogin von Alba darstellen, deren Gatte 1796 verstorben war. Goya folgte ihr für ein halbes Jahr auf ein andalusisches Schloß und hielt sie in vielen Skizzen fest.*

wie das der MARQUESA DE LA SOLANA, um 1794 (Paris, Louvre), aber auch Darstellungen aus dem Alltagsleben, die jedoch eine seltsame Starre und Düsterkeit aufweisen, so etwa bei der KARNEVALSSZENE von 1793 (Madrid, Academia de S. Fernando). Narrheit und Dämonie werden häufige Themen. Goyas 1799 entstandene „Caprichos" zeigen in schonungsloser Weise die menschlichen Laster und Fehltritte. Neben diesen kritischen Werken schuf er – nun als Hofmaler – weiterhin Porträts der königlichen Familie, darunter DIE FAMILIE KARLS IV., 1800 (Madrid, Prado), bei dem der Kontrast von äußerlichem Glanz und innerer Stumpfheit und Dekadenz deutlich zutage tritt. In dieser Zeit entstanden auch die zwei Gemälde der NACKTEN MAJA und der BEKLEIDETEN MAJA, 1797/98 (Madrid, Prado). Mit seinen „Desastres de la Guerra" und den „schwarzen Malereien", wie z. B. SATURN VERSCHLINGT EINEN SEINER SÖHNE, 1819–23 (Madrid, Prado), steht Goya auf dem Höhepunkt seiner kritischen, mit unbarmherziger Offenheit ausgeführten Darstellungsweise. Blau, Grün und Braun sind die bevorzugten Farben. Doch stets arbeitete er gleichzeitig an offiziellen Gemälden für den Hof. In seiner letzten Schaffensperiode hellen sich die Farben nochmals auf; mit seinen zarten Farbtönen macht sich Goya bereits zum Vorläufer des → Impressionismus. Ein Werk aus dieser Zeit ist DAS MILCHMÄDCHEN VON BORDEAUX, 1826/27 (Madrid, Prado). Goyas Malerei, die trotz vieler Einflüsse ihren eigenen Charakter bewahrte, fand ihre Fortsetzung in Malern wie Manet, Edvard Munch, James Ensor sowie über Picasso bis zu den → Surrealisten, und sie wird weiterwirken.

Goya, BILDNIS DER COMTESSE DE CARPIO, *um 1792, 181 × 122 (Paris, Louvre). Zur Entstehungszeit des Standporträts befand sich Goya in den goldenen Jahren seines Schaffens. Er bekleidete das Amt des Kammermalers am Hofe Karls IV. und erhielt Aufträge aus den höchsten Kreisen der Madrider Gesellschaft.*

Goya, Die Erschiessung der Aufständischen am 3. Mai 1808 in Madrid, *1814, 266 × 345 (Madrid, Prado). Napoleon hatte nach Vertreibung des spanischen Königs seinen Bruder, Joseph Bonaparte, inthronisiert. In einer Nacht-und-Nebel-Aktion läßt die französische Armee spanische Freiheitskämpfer erschießen.*

Goya, Der Schrecken, *um 1508, 116 × 105 (Madrid, Prado). Im Spätwerk Goyas verdichten sich die Ängste seiner Zeit, Kriegsnot und poltitische Unterdrückung, zu visionären Phantasmagorien des Grauens. Wie ein Alpdruck lastet die gewaltige Gestalt über der fliehenden Menge der Hilflosen.*

Goyen, Jan Josephsz. van
* 13. 1. 1596 in Leiden, † 27. 4. 1656 in Den Haag. Der Zeichner und Maler war einer der hervorragendsten Vertreter der volkstümlichen holländischen Landschaftsmalerei des Barock. Bereits mit zehn Jahren erhielt er Zeichenunterricht. Um 1615 hielt er sich zu Studienzwecken in Frankreich auf, 1616 lernte er bei dem Landschaftsmaler Esaias van de Velde in Haarlem. 1618 ist er als Meister in der Leidener → Lukasgilde verzeichnet. Ab 1631 lebte er in Den Haag. In seinem Frühwerk, bis etwa 1627, überwogen noch Bilder, in denen szenische Staffagen, eine Überfülle bunter Figurengruppen, vorherrschten, so auch in Dorfstrasse von de Bilt, 1623 (Braunschweig, Herzog-Anton-Ulrich-Museum). Dann wurde Goyen fast ausschließlich zum Schilderer des flachen Landes, dem er jetzt trotz der gleichförmigen, tonigen Farbgebung und einfacher Streifenkomposition reizvolle Effekte durch die stimmungsvollen Lichtwerte in der Behandlung von Atmosphäre und Wasser abzugewinnen wußte, z. B. in Ansicht von Dordrecht (Paris, Musée National du Louvre) oder in der Kanallandschaft von 1636 (München, Alte Pinakothek). Die → Staffagefiguren sind dabei zahlenmäßig reduziert oder ganz verschwunden. Das Spätwerk zeichnet sich durch tiefgelegten Horizont und farbige Akzentuierung aus. Goyen

wurde lange Zeit geringgeschätzt und erst im → Impressionismus in seiner Bedeutung wieder erkannt.

Gozzoli, Benozzo
(eigtl. Benozzo di Lese di Sandro)
* 1420 in Florenz, † 1497 in Pistoia. Dieser bedeutende Maler der Frührenaissance in Florenz ging bei L. Ghiberti und Fra Angelico, mit dem er in Orvieto und Rom tätig war, in die Lehre. Neben zahlreichen Altarbildern wurde G. vor allem durch seine Freskenzyklen berühmt. 1450–52 malte er in Montefalco einen FRANZISKUSZYKLUS, der den Einfluß Fra Angelicos verrät. Legitimiert durch diesen Zyklus wurde ihm 1459 die Ausmalung der Kapelle im Palazzo Medici (heute Medici-Riccardi) in Florenz übertragen. Diese Fresken, die die ANBETUNG DER KÖNIGE, die VERKÜNDIGUNG AN DIE HIRTEN und den ZUG DER HL. DREI KÖNIGE darstellen, bilden den Höhepunkt in G.s Schaffen. In diesem zuletzt genannten Fresko, in dem der höfische Geist der → Internationalen Gotik wieder aufzuleben scheint, hat G. in verschwenderischer Fülle Figuren, reiche Gewänder und kostbaren Schmuck vor und in prachtvollen Gebirgslandschaften ausgebreitet. Unter den zahlreichen Porträts, die der Maler, ähnlich wie sein Zeitgenosse Ghirlandaio, in die Komposition einfügte, sind Mitglieder des Hauses Medici, sowie der Patriarch Josephus von Konstantinopel zu nennen, wohl eine Anspielung auf das 1439 in Florenz abgehaltene Konzil. 1463–67 schuf G. in S. Agostino in San Gimignano einen FRANZISKUS-ZYKLUS. Anschließend von 1468–84 malte er 26 SZENEN AUS DEM ALTEN UND NEUEN TESTAMENT (teilweise zerstört) im Camposanto zu Pisa.

Graf, Urs d. Ä.
* um 1485 in Solothurn, † 1527/28 in Basel. Der Sohn eines Goldschmiedes erlernte vermutlich zunächst den väterlichen Beruf. In Basel erhielt Graf seine weitere Ausbildung. Zu Beginn seiner Wanderjahre schuf der v. a. als Illustrator bekannte Künstler von 1503–06 in Straßburg 25 große Blätter zu einer HOLZSCHNITTPASSION. Es zeigen sich hier Einflüsse Martin Schongauers und v. a. Johann Wechtlins. Im

Jan van Goyen, LANDSCHAFT MIT ZWEI EICHEN, 1641, 88 × 110 (Amsterdam, Rijksmuseum). Mit Jan van Goyen beginnt die eigentliche holländische Landschaftsmalerei. Nicht mehr den Blick auf südländische Gegenden gerichtet, „porträtiert" er das flache Land seiner Heimat, den Regenhimmel oder Hollands Flüsse und Meere. Seine Bilder sind auf einen einheitlichen Grundton abgestimmt, in dessen erdfarbener Skala Goyen nur feinste Verschiebungen der Valeurs vornimmt.

Jan van Goyen, FLUSSANSICHT, 1655, 41 × 56 (Den Haag, Mauritshuis). Jan van Goyen bildete meisterhaft atmosphärische Räume, in denen die Naturelemente zu einem umgreifenden Kontinuum verbunden sind. Einem solch organisch gewachsenen Bildgefüge eignet nichts Additives mehr.

folgenden entstanden Einzelblätter, wie DIE SATYRFAMILIE, 1520, die Folge der dreizehn BANNERTRÄGER, 1521, und die JUNGE FRAU BEIM FUSSBAD, 1513, eine der ersten Eisenradierungen. Selbst an den Zügen der Landsknechte während der Burgunderkriege und der Mailänder Feldzüge beteiligt, hielt Graf die Schrecken des Krieges und das Lagerleben in satirischen Szenen in Zeichnungen und Holzschnitten fest. 1525 entstand in diesem Zusammenhang die MARKETENDERIN AN EINEM GEHENKTEN VORBEIGEHEND. Als Maler betätigte Graf sich nur selten; es sei hier das Gemälde KRIEG (Basel, Öffentliche Kunstsammlung) genannt.

Graff, Anton
* 18. 11. 1736 in Winterthur, † 22. 6. 1813 in Dresden. Sein guter Ruf als Porträtmaler brachte Graff 1766 auf Empfehlung von Christian Ludwig Hagedorn einen Ruf an die noch junge Akademie in Dresden, wo er schließlich Hofmaler wurde. Zu seinem äußerst umfassenden Werk, u. a. über 900 Bildnisse, Hunderte von Kopien, Miniaturporträts und Silberstiftzeichnungen, zählen die Porträts zahlreicher berühmter Persönlichkeiten des Zeitalters der Aufklärung, so von JOHANN GOTTFRIED HERDER, 1785 (Halberstadt, Gleimhaus), FRIEDRICH VON SCHILLER, KLEMENS FÜRST VON METTERNICH u. v. a. Sie zeugen von gewissenhafter Beobachtungsgabe und hohem technischem Können.

Gran, Daniel
(auch Gran delle Torre)
getauft am 22. 5. 1694 in Wien, † 16. 4. 1757 in St. Pölten. Einer der wichtigsten Freskomaler des österreichischen Hochbarock. Nach einer Lehrzeit u. a. bei Sebastiano Ricci in Venedig und Francesco Solimena in Neapel wurde er mit seinen klaren Kompositionen, der Betonung des Figürlichen und der hellen, kühlen → Koloristik zum gesuchtesten Maler beim österreichischen Hochadel und den großen Stiften. Seinen, das Imperiale repräsentierenden, klassisch gerichteten Stil verwirklichte er u. a. im Palais Schwarzenberg in Wien, 1724–26, und im Prunksaal der Wiener Hofbibliothek, 1730.

Granacci, Francesco d'Andrea di Marco
* 23. 7. 1469 in Florenz oder in Villamagna bei Florenz, † 30. 11. 1543 in Florenz. G. war Schüler von Domenico Ghirlandaio, der den Stil seiner frühen Bilder entscheidend bestimmte. Sein ganzes Leben lang war er mit Michelangelo befreundet, dem er 1508 bei dessen Fresken der Decke der Sixtinischen Kapelle helfen sollte. Dessen Einfluß wird in dem Bild RUHE AUF DER FLUCHT MIT DEM KLEINEN JOHANNES (Dublin, National Gallery of Ireland), deutlich. Dort taucht bereits seine helle, fast durchsichtige Farbgebung auf. In seinem Werk verarbeitet er aber auch Anregungen von Raffael, Albertinelli, Fra Bartolomeo, Leonardo und später Pontormo. Für das Kloster S. Apollonia in Florenz schuf er Tafeln mit den SZENEN AUS DEM LEBEN DER VIRGINES MARTYRES. Ein anderer Aufgabenbereich teilte ihm der Medici Lorenzo il Magnifico zu: Er arbeitete für Karnevalszüge. Hiervon ist heute nichts mehr erhalten, wie auch von seinen Bühnenbildern, Standarten, Turnierausstattungen und Kartons für Glasfenster.

Granet, François-Marius
* 17. 12. 1775 in Aix-en-Provence, † 21. 11. 1849 in Aix-en-Provence. → Eklektischer Maler, der sich nach einer Ausbildung u. a. bei Jacques Louis David mit ausgewogenen Kompositionen beschäftigte, aber auch schon → Historienbilder im gotisierenden Stil und romantische Genrebilder schuf. 1820 wurde er in Paris zum Konservator der königlichen Museen ernannt, und er stand in der hohen Gunst König Louis Philippes. Im nichtoffiziellen Bereich seiner Kunst leistete Granet freilich sein Bestes: in lichtdurchfluteten Landschaften, die in ihrem klaren Aufbau und in ihren kubisch festen Formen an Paul Cézanne erinnern, der vielleicht auch durch das Werk Granets maßgeblich beeinflußt und inspiriert wurde.

Greco, El
(eigtl. Domenikos Theotokópoulos)
* 1541 auf Kreta, † 1614 in Toledo. Über Kindheit und Jugend des aus einer griechischen Familie stammenden Malers ist nur wenig bekannt. Womöglich erfuhr er bei Mönchen eine

Benozzo Gozzoli, ZUG DER HL. DREI KÖNIGE, *1459/61 (Florenz, Palazzo Medici-Riccardi). Die Hauskapelle des mediceischen Stadtpalastes überzog Gozzoli mit einem vielfach gewundenen Zug der Hl. Drei Könige, dessen Hauptfiguren Bildnisse der Medici-Familie und von Teilnehmern des Florentiner Konzils von 1439 darstellen. Der Patriarch Josephus von Konstantinopel, der Paläologenkaiser Johann VII., auch Lorenzo il Magnifico – als 12jähriger Knabe stolz zu Pferd – sind zu erkennen. Der Freskant selbst hat sich mit einer roten Mütze porträtiert, die seine Signatur trägt („opus Benotii").*

Anton Graff, Gotthold E. Lessing, *nach 1770 (Wolfenbüttel, Herzog-August-Bibliothek). Das Bildnis zeigt den Aufklärer, als er Bibliothekar war. „Das ist ein Feuergeist", schrieb ein Besucher, „er zeigt mir die gewaltige Bibliothek, und ich habe so viel davon gesehen, als man in einer Stunde sehen kann."*

erste Ausbildung in der → Ikonenmalerei. Schon früh begab er sich nach Venedig und lernte dort bei Tizian. Neben seinem Lehrmeister übten vor allem Tintoretto und Bassano Einfluß auf den jungen Künstler aus, speziell was die Farbgebung anbelangte. 1570 ging El Greco nach Rom, wo er sein heute verschollenes Selbstbildnis malte, das einiges Aufsehen erregte. Da er jedoch der in Rom vorherrschenden, von Michelangelo angegebenen Stilrichtung abweisend gegenüberstand, wurde für ihn das Klima bald unerträglich. Auf den Rat einiger spanischer Freunde hin siedelte er 1577 nach Toledo über, wo er bald seinen ersten großen Auftrag, ein Hochaltar für die Kirche Sto. Domingo el Antiguo, erhielt. Ein Gemälde aus dem Hauptteil, die Himmelfahrt Mariä befindet sich heute in Chicago (Art Institute). Für dieselbe Kirche schuf er kurz danach eine Entkleidung Christi für die Sakristei. Mit diesem Werk stieß El Greco auf Kritik, besonders wegen der eigenwilligen Farbgebung des Gewandes Christi. Im Bildaufbau zeigt sich bereits eine Auflösung des klaren, geordneten Raumgedankens der Renaissance. 1579 malte er für König Philipp II. ein Probebild, den Traum Philipps II. (Escorial, Real Monasterio). Das daraufhin in Auftrag gegebene Gemälde des Martyriums des hl. Mauritius und der thebanischen Legion von 1580–84 (Escorial, Real Monasterio) stieß beim König auf Ablehnung u. a. wegen der grellen Farben, so daß El Greco keine weiteren Aufträge mehr erhielt. Er ließ sich nun endgültig in Toledo nieder und beschäftigte sich in erster Linie mit Themen des Neuen Testaments und der Heiligenlegende. Letzteres Thema wird angesprochen in dem 1586 entstandenen Bild Begräbnis des Grafen Orgaz für die Kirche Sto. Tomé in Toledo. Die der Trauergemeinde erschienenen Schutzpatrone des Grafen, die Heiligen Augustinus und Stephanus, betten den Toten eigenhändig zur Ruhe. Die Trauergemeinschaft selbst enthält einige Porträts von Freunden El Grecos. Auf dieses Werk hin erfolgten mehrere Aufträge. In der Folge entstanden hauptsächlich Bilder mit Passionsszenen, so z. B. eine Kreuzigung (Madrid, Prado). Häufige Themen waren auch die Kreuztragung und der hl. Franziskus. Die Körper der Personen wurden überlängt, die Gesichter schmal, die Hände feingliedrig. Dieser eher düstere Stil wurde abgelöst von Gemälden mit anderen Themen aus der Heilsgeschichte, so z. B. bei dem ab 1584 entstandenen Altar für das Kloster Doña María de Aragón: u. a. Taufe Christi, Auferstehung Christi, Ausgiessung des hl. Geistes (alle im Prado von Madrid) und eine Verkündigung an Maria (Villanueva y Geltrú, Museo Balaguer). Die langen, in weicher Bewegung gehaltenen Körper wirken fast wie züngelnde Flammen, in unruhigen Lichtschein getaucht, mit einem starken Kontur umzeichnet; die Farben sind kräftig. 1597 schuf El Greco Bilder für die Capilla de S. José in Toledo, darunter den Hl. Martin und der Bettler (Washington, National Gallery of Art). Die beiden Figuren bei letzterem sind stark

El Greco, Christus im Hause des Simon, *um 1608. In bewußter Abkehr vom Schönheits- und Proportionskanon der Renaissance verzeichnet Greco bewußt die körperliche Erscheinung seiner Gestalten. Auch in dem gebrochenen Kolorismus und perspektivischen Aufbau verfolgt er antiklassische Tendenzen.*

El Greco, LAOKOON, *137 × 172 (Washington, National Gallery). Vor die Stadtsilhouette Toledos verlegt Greco den Todeskampf des trojanischen Priesters und seiner beiden Söhne. Rätselhaft sind die drei Jünglingsgestalten am rechten Bildrand, die teilnahmslose Zeugen der Tragödie zu sein scheinen.*

an den Bildrand gerückt, die Landschaft tritt weit zurück. Diese Komposition tritt bei El Greco öfter auf, so noch bei dem HL. JOSEPH MIT DEM JESUSKNABEN, 1600 (Toledo, Museo Parroquial de S. Vicente), und der TÖTUNG DES LAOKOON UND SEINER SÖHNE, um 1610 (Washington, National Gallery of Art). Auch die Farbkombination mit Blau, Grün und Weiß wiederholt sich in anderen Gemälden, wie z. B. dem HL. ANDREAS UND FRANZ VON ASSISI (Madrid, Prado) und der ANSICHT VON TOLEDO, um 1600 (New York, Metropolitan Museum of Art). In seiner späten Schaffensperiode reduzierte El Greco seine Figurenanzahl, es entstanden Einzelbildnisse wie das des GROSSINQUISITOR KARDINAL DON FERNANDO NIÑO DE GUEVARA, um 1605 (New York, Metropolitan Museum of Art). El Greco starb 1614 während der Arbeit an einem Altarbild für die Kirche des Hospitals de Afuera. In seinem Stil vereinigen sich Elemente der ihm vertrauten byzantinischen Kunst, wie z. B. die Neigung zum Flächigen, mit den Errungenschaften seines Italienaufenthaltes, vor allem der venezianischen Malerei, von der er die leuchtenden Farben übernahm und mit dunklen Tönen verband. Der spanische Einfluß zeigt sich im Mystischen und zugleich Realistischen seiner Figuren. Doch trotz aller Einflüsse bewahrt das Werk El Grecos seinen eigenwilligen und eigenständigen Charakter, der eine stilgeschichtliche Einordnung des Malers bis heute noch problematisch gestaltet.

El Greco, BLICK AUF TOLEDO, *1604/14, 121 × 109 (New York, Metropolitan Museum). Die Darstellung eines harmonischen Landschaftsidylls war nicht Grecos Absicht. Zerrissene Wolkenfetzen jagen über die in fahlem Grau liegende Stadt. Einzelne Flecken des Grünlandes werden kurz in helles Licht getaucht.*

Greene, Balcomb

* 22. 5. 1904 in Shelby, New York. Nach einem Philosophiestudium und umfänglicher schriftstellerischer Tätigkeit wandte sich Greene ab etwa 1930 ganz der Malerei zu. Die geometrisch-abstrakten Bilder dieser Zeit wurden 1941 bei einem Atelierbrand überwiegend zerstört. Neben Arbeiten für das → Federal Art Project studierte Greene Kunstgeschichte und wurde Professor, 1937–39 war er zudem Vorsitzender der American Abstract Artists. In dieser Zeit arbeitete er vor allem an Wandbildern und Glasfenstern. Seitdem entwickelte sich sein Stil weg von der Geometrie, aus verschwommenen Hintergründen kristallisieren sich grell beleuchtet fragmentarische Figuren wie in INTERIEUR, 1948 (im Besitz des Künstlers).

Greuze, Jean-Baptiste

* 21. 8. 1725 in Tournus, † 21. 3. 1805 in Paris. Der Sohn eines Maurermeisters kam um 1750 nach Paris, wo er fünf Jahre später an der Académie Royale zugelassen wurde. Doch erst 1769 erlangte er die volle Mitgliedschaft als → Genremaler, ein Titel, mit dem der ambitionierte Maler sehr unzufrieden war und daher mit dieser Institution brach. Seinen ersten großen Erfolg beschied ihm sein Bild BIBELLESEN auf dem Salon von 1755, ein Gemälde, das die andächtige Stimmung in einer bäuerlichen Familie

Jean-Baptiste Greuze, DER GITARRENSTIMMER, *71 × 96 (Nantes, Musée des Beaux-Arts). Die Kunst des spontanen, lebensfrischen Genre erwarb sich Greuze bei diesem Frühwerk von den holländischen Barockmalern. Die fast akrobatische Verschränkung des Knaben ist kompositorisch besonders reizvoll.*

schildert und ganz im Gegensatz zur gefühlsleeren Eleganz der → Rokokomalerei eines Boucher u. a. stand. Greuze entsprach damit dem allmählich veränderten Geschmack der Pariser Gesellschaft, die mehr Naturwahrheit und „sentiment" von einem Gemälde verlangte. 1755 reiste Greuze für ein Jahr nach Italien. Einen wahren Triumph feierte er mit der 1761 ausgestellten DORFBRAUT (Paris, Louvre). Das Bild, damals bekannt unter dem Titel EIN VATER, DER SOEBEN DIE MITGIFT SEINER TOCHTER AUSGEZAHLT HAT, wurde von dem Kritiker Diderot als ein ergreifendes Sujet begrüßt: „Man fühlt, wie man von einer heimlichen Erregung ergriffen wird, während man es betrachtet." Der moralisierende Aspekt seiner Kompositionen, auch das sentimentale Pathos sollten in anderen Bildern noch gesteigert werden: DIE VIELGELIEBTE MUTTER, DER UNDANKBARE SOHN, DER BESTRAFTE SOHN, DER VÄTERLICHE SEGEN. Obwohl Greuze, dem man Hochmut nachsagte, mit dieser erzählenden Form der Genremalerei Erfolg hatte, besaß er den Ehrgeiz, an der Akademie als Historienmaler Mitglied zu werden. Gedrängt, endlich ein Aufnahmebild einzureichen, malte er KAISER SEPTIMIUS SEVERUS BESCHULDIGT SEINEN SOHN CARACALLA EINES MORDVERSUCHS IN EINEM SCHOTTISCHEN ENGPASS. Diesem Bild, das thematisch kaum in sein Œuvre paßt, wurde ein erbarmungsloser Verriß bereitet. Zwar wurde Greuze in die Akademie aufgenommen, doch nicht als Historienmaler, sondern mit dem weniger renommierten Titel eines Genremalers, was Greuze als eine Beleidigung empfand und in der Folge Akademie und Salons mied. Selbst Greuzes Bewunderer, Diderot, war von der Historie enttäuscht. Erst nach der Französischen Revolution, als sich im Jahre 1800 der Salon auch den Nichtakademikern öffnete, reichte er wieder Arbeiten ein. Doch das Publikum, mittlerweile völlig für die klassizistische Manier J. L. Davids eingenommen, nahm ihn nicht mehr zur Kenntnis. Nachdem ihn die Revolution um sein Vermögen gebracht hatte, hieß das Alter für ihn Armut. Immerhin erhielt er den Auftrag, zwei Porträts Napoleons zu malen, ein Faktum, das beweist, daß er nicht in dem Maße auf Ablehnung stieß wie Boucher und dessen Schule. Auch wenn Greuze gern eine moralisierende Tendenz zugewiesen wurde, „um uns zu rühren, zu belehren, zu bessern und uns zur Tugend anzuhalten" (Diderot), ist die eigentümliche Ambivalenz – besonders bei seinen Mädchenbildern – unübersehbar. Schon zu seinen Lebzeiten waren jene anmutigen, frommsinnlichen Mädchengestalten bei den Sammlern begehrt. Auch wenn diese in Darstellungen wie DIE KLAGEN DER UHR (München, Alte Pinakothek) oder DER ZERBROCHENE KRUG (Paris, Louvre) den Betrachter das Vergängliche der Reize der Welt lehren sollten, wußte sie Greuze in äußerst koketter Weise zu schildern.

Gris, Juan
(eigtl. José Victoriano Gonzalés)
* 23. 3. 1887 in Madrid, † 11. 5. 1927 in Boulogne-sur-Seine. Der Maler, Bühnenbildner, Illustrator und Plastiker zählt zusammen mit Pablo Picasso und Georges Braque zu den Begründern des → Kubismus. Nach einer künstlerischen Ausbildung in Madrid übersie-

Juan Gris, Pierrot, 1922, 100 × 64 (Wuppertal, Von-der-Heydt-Museum). Verschiedene Brauntöne stellt der Kubist mit Hellblau zusammen, um daraus die vage Verbindung eines Pierrot mit einer Fruchtschale entstehen zu lassen. Die matte, gedämpfte Farbigkeit und die ausgewogene Linearität von sanft-beruhigender Wirkung.

delte er 1906 nach Paris, wo er sich dem Kreis um Picasso anschloß. 1911 entstanden die ersten rein kubistischen Arbeiten, etwa Flasche und Glas (Otterlo, Rijksmuseum Kröller-Müller). Die Werke dieser Zeit sind dem analytischen Kubismus verpflichtet, d. h. einer monochromen, erdigen Koloristik und plastisch modellierten Formen. 1912 malte Gris das Porträt Pablo Picasso (Chicago, Art Institute), ein Hauptwerk des sog. synthetischen Kubismus, in dem die gesamte Bildfläche einheitlich von diagonal laufenden Kuben strukturiert wird. 1922/23 arbeitete Gris für das Diaghilev-Ballett in Monte Carlo. Er schuf zahlreiche Ölbilder, Aquarelle, Gouachen und Illustrationen zu Werken der Weltliteratur. Zusätzlich vertrat er seine künstlerischen Vorstellungen in vielen Vorträgen und Aufsätzen. In seiner Kunst wollte er, wie er sagte, „aus der Abstraktion zur konkreten Wirklichkeit gelangen", aus Grundformen mehr oder weniger zufällig „neue Einzeldinge entstehen lassen". In ihrer kristallinisch verfestigten Räumlichkeit entstehen seine Bilder auf der Suche nach formaler Reinheit, die er als die konstruktive Klärung der Form, als „Farbflächenarchitektur" postuliert. Thematisch bevorzugte er Stilleben und Figurendarstellungen mit Musikinstrumenten, die als reine Formkonstellationen in nuanciertesten farbigen Abstufungen wie musikalische Variationen aufgebaut werden.

Gromaire, Marcel

* 24. 7. 1892 in Noyelles-sur-Sambre, Nord, † 11. 4. 1971 in Paris. Vertreter eines kubisch vereinfachten expressiven Realismus. Zunächst beeinflußt von Paul Cézanne, wandte er sich ab 1920 einer expressiv-monumentalen Formgebung zu, die auch vom Vorbild Fernand Légers geprägt war. Straffe Konturen umreißen nach Plastizität strebende Figuren, die hauptsächlich aus der Welt der Bauern, Arbeiter, Fischer, Zecher und Kartenspieler stammen. Neben vielen graphischen Arbeiten entstand auch eine Reihe eindrucksvoller → Bildteppiche.

Gros, Antoine-Jean

(seit 1824 Baron)

* 16. 3. 1771 in Paris, † 26. 6. 1835 in Bas-Meudon. Klassisch-akademischer Maler, der wesentlich zur Entwicklung der französischen → Romantik beitrug. Nach einer Ausbildung u. a. bei Jacques Louis David wurde er 1787 Akademiemitglied. 1793–96 hielt er sich in Genua auf, wo er Joséphine de Beauharnais und über sie Napoleon kennenlernte, in dessen Auftrag propagandistische Kolossalgemälde und Schlachtenbilder wie Bonaparte an der Brücke von Arcole, 1796 (Paris, Musée National du Louvre), oder Bonaparte bei den Pestkranken von Jaffa, 1804 (Paris, Musée National du Louvre), entstanden. Gros wurde auch zum Porträtisten der kaiserlichen Familie. 1824 vollendete er die Ausmalung der Kup-

George Grosz, Stützen der Gesellschaft, 1926 (Berlin, Nationalgalerie). In Grosz' politisch engagierter Satire werden die konservative Akademikerschaft, die reaktionäre Presse und der Kapitalist boshaft als Totengräber der Republik gedeutet. Auch blutrünstige Militärs und Pfarrer gehören dazu.

George Grosz, MANHATTAN HARBOUR *(Privatbesitz). Nach Amerika emigriert, wandte sich Grosz von der aktuellen Gesellschaftskritik ab. Ein keineswegs optimistisches Bild entwirft er von der aus Rauchschluchten aufsteigenden US-Metropole, die – rußgeschwärzt und menschenfeindlich – selbst das Leben der Möwen bedroht.*

pel von Ste-Geneviève des Pantheons in Paris. Später verherrlichte er in seinen Bildern die Restauration des bourbonischen Königreiches. Hatte er vor allem mit seinen koloristisch betonten Schlachtenbildern die Romantik vorbereitet, so vertrat er jetzt einen trockenen → Klassizismus.

Grosz, George
(eigtl. Georg Ehrenfried Groß)
* 26. 7. 1893 in Berlin, † 6. 7. 1959 in Berlin. Der Maler und Graphiker war Mitbegründer der Berliner → Dada-Gruppe und prangerte in sozialkritischen Bildern die Mißstände während der Weimarer Republik an. Nach Studien in Berlin und Paris schuf er 1912 die ersten Ölbilder. Wichtigstes Ausdrucksmittel jedoch war und blieb die Karikatur. 1917 erschien die sog. „Kleine Grosz-Mappe", deren Lithographien als frühestes Beispiel des Dadaismus in Berlin gelten. Hier und in Ölbildern wie LEICHENBEGÄNGNIS (WIDMUNG AN OSKAR PANIZZA), 1917/18 (Stuttgart, Staatsgalerie), stellt Grosz eine vom → Futurismus übernommene Bildfacettierung zusammen mit einem schonungslosen Verismus in den Dienst sozialkritischer Anklage. Als eines der aktivsten Mitglieder des 1918 gegründeten „Club Dada" gab er auch mehrere satirische Zeitschriften heraus, in denen er die → Collage und die Fotomontage als demaskierendes Mittel einsetzte. 1921 erschien eine Sammlung von Zeichnungen, DAS GESICHT DER HERRSCHENDEN KLASSE, als Angriff auf Spießer und Militaristen. Seit 1925 widmete er sich wieder mehr der Ölmalerei und zeigte in Bildern wie STÜTZEN DER GESELLSCHAFT, 1926 (Berlin, Stiftung Staatl. Museen/West, Nationalgalerie) seine Hinwendung zur → Neuen Sachlichkeit.

Gruber, Francis
. * 14. (15.?) 3. 1912 in Nancy, † 1. 12. 1948 in Paris. Maler des → Realismus mit Anklängen an den → Expressionismus. Er studierte in Paris und hatte schon mit achtzehn Jahren große Erfolge. Neben Georges Braque waren es die alten Meister, die ihn faszinierten. Neben Landschaftsbildern und monumentalen Fresken schuf er auch eine Reihe von Glasge-

Grünewald, STUPPACHER-MADONNA, *um 1518, 185 × 150 (Stuppach, Pfarrkirche). In den 1370 niedergeschriebenen Visionen der hl. Birgitta von Schweden ist von einem Regenbogen über dem Haupt Mariens die Rede. Das gotische Kirchengebäude, die weißen Lilien und Bienenkörbe sind Marien- und Christussymbole.*

mälden. Nach dem Zweiten Weltkrieg bildeten zunächst Porträts seiner Frau das Hauptthema, dann ausgezehrte, räumlich isolierte Akte, meist in düsteren Farben, z. B. MODELL IM ATELIER, 1945 (Privatbesitz).

Grünewald, Matthias
(eigtl. Mathis Gothart oder Nithart) um 1470–80 bis 1528. Erst Anfang dieses Jahrhunderts konnte man den bis dahin „Mathis von Aschaffenburg" genannten Künstler mit Mathis Gothart Nithart identifizieren (Signatur MG od. MGN). Den Beinamen Grünewald gab ihm Joachim von Sandrart (1606 bis 1688), dem wir auch die wenigen biographischen Daten aus Grünewalds Leben verdanken. G. lebte – zumeist in Mainz – sehr zurückgezogen. Er stand in den Diensten des Mainzer Erzbischofs Uriel von Gemmingen und dessen Nachfolgers Albrecht von Brandenburg. Nach kurzem Aufenthalt in Frankfurt siedelte G. nach Halle/Saale über, wo er 1528 starb. Die Zugehörigkeit G.s zu einer Schule ist nicht nachgewiesen, jedoch lassen sich in seinem Werk Einflüsse Altdorfers, Lucas Cranachs d. Ä. und Burgkmairs feststellen. Dürers Werk kannte G. mit Sicherheit auch, da er wohl auch mit ihm persönlich zusammengetroffen war. Zu Hans Holbein d. Ä. scheint G. engere Verbindungen gehabt zu haben, möglicherweise war er sogar dessen Schüler. Die Kenntnis der niederländischen Koloristen (v. a. Hieronymus Bosch) und kompositionelle Übereinstimmungen einiger seiner Figuren und -gruppen mit solchen großer italienischer Maler (v. a. Mantegna) machen größere Reisen G.s wahrscheinlich. Das früheste erhaltene Werk G.s ist eine beidseitig bemalte Tafel, die stilistisch eng an Hans Holbein d. Ä. anlehnt (um 1500–02). Die Vorderseite zeigt eine Abendmahldarstellung, die Rückseite die hll. Dorothea und Agnes (engl. Privatbesitz). Es folgen 1502–05 die Tafeln CHRISTUS AM KREUZ (Basel) und die VERSPOTTUNG CHRISTI (München). Besonders in letzterem kündigt sich schon deutlich die Entwicklung G.s zum größten Koloristen unter den oberdeutschen Malern seiner Zeit an. 1503 entstand auf zwei Flügeln des Lindenhardter Altares die Darstellung der vierzehn Nothelfer, deren Zuschreibung an G. jedoch umstritten ist. Die → Grisaillemalereien mit den hll. Laurentius, Elisabeth, Cyriakus und Lucia auf den vier Standflügeln des sog. HELLERALTARES (Frankfurt) schuf er um 1510/11. Die Datierung für eine Darstellung CHRISTUS AM KREUZ (Washington) schwankt sehr stark. Stilistische Faktoren lassen jedoch die Entstehung vor dem ISENHEIMER ALTAR, also um 1510/12 als die wahrscheinlichste erscheinen. 1512–16 entstand G.s größtes und bedeutendstes Werk, der ISENHEIMER ALTAR, den er für das Antoniterkloster in Isenheim schuf (jetzt in Colmar). Der spätgotische, ursprünglich reich verzierte Flügelaltar zeigt in seinen verschiedenen Wandlungen insgesamt neun Bilder. Geschlossener Zustand: auf den Flügeln die hll. Antonius und Sebastian, auf der Mitteltafel die Kreuzigung Christi, auf der Predella die Beweinung Christi. Erste Wandlung: Auf dem linken Flügel die Verkündigung an Maria, in der Mitte

das Weihnachtsbild mit einem Engelkonzert, auf dem rechten Flügel die Auferstehung Christi. Zweite Wandlung: Auf dem linken Flügel der hl. Antonius beim hl. Paulus, auf dem rechten Flügel die Versuchung des hl. Antonius. Der geöffnete Schrein in der Mitte zeigt nun die geschnitzten Figuren der hll. Antonius (Mitte), Augustinus und Hieronymus, die Predella geschnitzte Büstenfiguren Christi und der zwölf Apostel. Beim ISENHEIMER ALTAR zeigt es sich ganz deutlich, daß G.s eigentliches Ausdrucksmittel die Farbe ist. Es gelingt G. in einmaliger Weise, die extremsten Daseinsbereiche mit kompositionellen und v. a. farblichen Mitteln zu erfassen. So steht z. B. die grünliche Färbung des verwesenden Leichnams Christi im krassesten Gegensatz zu der in überirdisches Licht getauchten Auferstehung. Das hieran anschließende erhaltene Werk G.s ist der MARIA-SCHNEE-ALTAR von 1519 (Freiburg i. Br.), für die Stiftskirche in Aschaffenburg. Der erhaltene rechte Flügel des Altares zeigt das Schneewunder, das zur Gründung von S. Maria Maggiore in Rom geführt hatte. Es ist umstritten, ob die STUPPACHER MARIA mit Kind (um 1518) oder die verlorengegangene Schutzmantelmadonna, von der nur noch eine Zeichnung G.s in Stockholm existiert, die Mitteltafel zum Aschaffenburger Altar gebildet hatte. Um 1520/23 entstand eine Tafel mit der Darstellung der HLL. ERASMUS UND MAURITIUS (München), im Auftrag von Kardinal Albrecht von Brandenburg für das Stift St. Moritz und St. Maria Magdalena in Halle/Saale. Die Monumentalisierung der Figuren, die uns schon bei einigen Figuren des ISENHEIMER ALTARES begegneten, ist hier nochmals gesteigert. Die Farben sind hier gedämpfter und dienen zur Charakterisierung der dargestellten Personen. Die letzten erhaltenen Werke G.s sind eine BEWEI-

Grünewald, ISENHEIMER ALTAR, 1513/15 (Colmar, Unterlinden-Museum). Die Mitteltafel des Altarwerkes zeigt in geschlossenem Zustand die Kreuzigung Christi, deren expressiver Realismus in der abendländischen Kunst kaum ihresgleichen hat. Unstillbar ist die Trauer Maria Magdalenas, die vor dem Kreuz niedergesunken ist. Johannes, der Lieblingsjünger, stützt die ihm anvertraute Muttergottes, während Johannes der Täufer unerschütterlich auf den Herrn hinweist: „Illum opportet crescere, me autem minui" (Jener muß wachsen, ich aber muß abnehmen). Ein nachtschwarzes Dunkel breitet sich über Golgatha aus.

NUNG CHRISTI (Aschaffenburg) von 1524/25 und eine Tafel vom Tauberbischofsheimer Altar von 1525 (Karlsruhe), die auf der Vorderseite die Kreuzigung Christi, auf der Rückseite die Kreuztragung zeigt. Diese letzten, von Düsternis und Leiden geprägten Bilder fallen in die Zeit der blutigen Bauernaufstände, mit denen man Grünewald oft in Verbindung brachte, und die ihn möglicherweise in seinem Schaffen beeinflußt haben. Der mittelalterlichen Tradition verpflichtet, vermochte es G. wie kein anderer deutscher Maler, mit der Farbe als Ausdrucksträger, das Irdische sowie die göttlichen Mysterien in so eindringlicher Weise darzustellen. Da er als „Einzelgänger" unter den Malern seiner Zeit gilt, blieb G. ohne nennenswerte Nachfolge.

Grützke, Johannes
* 30. 9. 1937 in Berlin. Vertreter des → Kritischen Realismus. 1958–64 studierte er an der Hochschule für Bildende Künste in Berlin. Hauptthema seiner Arbeiten sind männliche Figurengruppen, die in ihrer Monumentalisierung die Klischeehaftigkeit und unangebrachte Pathetik ihrer alltäglichen Handlungen um so deutlicher verraten. Das normierte Rollenverhalten artikuliert sich auch in der nichtssagenden Typik der Gesichter, z. B. in UNSER JUNGE IST WIEDER DAHEIM, 1967 (Augsburg, Sammlung Helmut Dudé).

Grützner, Eduard Ritter von
* 26. 5. 1846 in Großkarlowitz bei Neiße, † 3. 4. 1925 in München. Beeinflußt von der Münchner Piloty-Schule, schuf er volkstümliche Genrebilder. 1864–69/70 studierte er an der Münchner Akademie. Zunächst versuchte er sich in der → Historienmalerei, um sich seit den siebziger Jahren ausschließlich mit Genreszenen aus dem Klosterleben, dem Theater und der Jagd zu beschäftigen. Mit technisch gekonnten, aber thematisch platten, volkstümelnden → Interieurstudien und Trinkbildern, z. B. DER SCHLESISCHE ZECHER, 1884 (München, Neue Pinakothek), befriedigte er den Publikumsgeschmack.

Guardi, Francesco
getauft 5. 10. 1712 in Venedig, † 1. 1. 1793 in Venedig. Francesco war der Sohn des Malers Domenico und der Wienerin Anna Maria Pichler. Er dürfte die Anfangsgründe seiner Kunst in der Werkstatt des vierzehn Jahre älteren Bruders Giannantonio (1698 bis 1760) erlernt haben. Die dokumentarische Überlieferung ist spärlich. Der bei den Zeitgenossen unterschätzte Guardi kann als „Neuentdeckung" von Autoren des späten 19. und frühen 20. Jh. bezeichnet

Grünewald, ISENHEIMER ALTAR *(2. Wandlung). In einer mittelalterlichen Legende steht über Antonius zu lesen: „Also lag er, von den Schmerzen seiner Wunden hingestreckt. Aber mit der Kraft des Geistes reizte er die Teufel von neuem zum Streit. Da kamen die Dämonen in mancherlei grausiger Tiere Gestalt ..."*

werden. Auffallend für das Gesamtwerk sind deutliche Anleihen, z. T. wörtliche Motivübernahmen bei Vorgängern wie Longhi aber auch verschiedenen Stechern. Heute allgemein anerkannte Frühwerke wie das NONNENSPRECHZIMMER (Venedig, Ca' Rezzonico) und DER RIDOTTO (Wandelhalle) (New York, Slg. Heinemann) zeigen in ihrer humorvollen Darstellung Anklänge an Longhi, weisen in ihrer flüssigen Pinselschrift jedoch bereits auf den größeren Koloristen. Neben Blumenstücken, religiösen Darstellungen und Theaterdekorationen malte Guardi später vor allem Ansichten von Venedig und ist als → Vedutenmaler dieser Stadt im Bewußtsein der Kunstfreunde verankert. Allein vom Markusplatz gibt es ca. vierzig Darstellungen. Die Stadtansichten Venedigs arbeiten teilweise mit getreuen Wiedergaben der Örtlichkeiten, teilweise aus kompositionellen Gründen mit willkürlichen Hinzufügungen. Immer aber gelingt es Guardi, das Spiel des flimmernden Lichtes über der Lagune von hellsten Silbertönen bis zu goldbraunen Abstufungen meisterhaft einzufangen. Die Schatten bei Architekturdarstellungen nähern sich gelegentlich einem undurchdringlichen Schwarz. Beinahe in Bereiche der Monochromie stößt die Darstellung einer GONDEL AUF DER LAGUNE vor (Mailand, Museo Poldi Pezzoli), wo die silbrig-dunkelblauen Töne des Wassers und des Himmels fast eine einheitliche Farbfläche ergeben. Spritziger, in einzelne Farbtupfer aufgelöst und bunt erscheint die Palette des Malers auf Darstellungen Venedigs mit vielen Figuren wie dem MARKUSPLATZ (London, National Gallery, zweimal) oder dem liebenswürdigen DAMENKONZERT (München, Alte Pinakothek) sowie einer Ansicht des CANALE GRANDE MIT DER SALUTE-KIRCHE (Los Angeles, Norton Simon Foundation). In duftige zerfließende Pinselstriche aufgelöst und in eine wie zerstäubende, hauchartige Farbigkeit getaucht erscheinen die SZENEN AUS DEM LEBEN DES TOBIAS an der Orgelempore der Kirche S. Angelo Raffaele in Venedig, die der Inbegriff des venezianischen Rokoko geworden sind. Mit F. Guardi und G. B. Tiepolo endet die große Zeit

Johannes Grützke, Die Mutter mit den dreissig Kindern, *1977, 205×300. „Die Weiterentwicklung realistischer Kunst der Gegenwart ... bei Abgrenzung von der oft modisch-oberflächlichen Realismuskonjunktur" forderte 1973 die Berliner „Schule der neuen Prächtigkeit" und mit ihr der Maler J. Grützke.*

der venezianischen Malerei. Der Sohn des Malers, Giacomo, und verschiedene Fälscher versuchten die Maniera weiterzuführen, kamen aber über flaue Nachahmungen nicht hinaus. Einflüsse auf M. Marieschi, einen Nachzügler, darf man vermuten.

Guercino
(eigtl. Giovanni Francesco Barbieri) * (getauft) 8. 2. 1591 in Cento, östlich von Bologna, † 22. 12. 1666 in Bologna. G. gehört neben den Carracci und Guido Reni zu den wichtigsten Künstlern des 17. Jh. in Bologna. Weil er auf dem rechten Auge schielte, wurde er „Il Guercino" genannt. Ab 1607 ging er in die Lehre zu dem Maler Paolo Zagnoni in Bologna, wo er Anregungen aus Werken des Ludovico Carracci und dem → Caravaggisten Bartolomeo Schedoni bekam. Dieser für sein Frühwerk so entscheidende Einfluß kommt deutlich in den kräftigen Kontrasten von Licht und Schatten, der warmen Farbgebung mit vielen Brauntönen, aus denen helle und weiße Farbtöne hervorstechen, und der malerischen Wirkung zum Ausdruck. Seine Strichführung ist kräftig. G. bemühte sich immer, in seinen Bildern das Licht genau und realistisch wiederzugeben. Sein frühestes Werk ist das Altarbild Das Wunder des hl. Karl Borromäus (Renazzo di Cento, Chiesa parrochiale di S. Sebastiano). Von 1617/18 arbeitete er in Bologna. 1618 unternahm er eine Reise nach Venedig. Dort traf er mit Palma il Vecchio zusammen. Die nun folgenden Bilder nehmen venezianische Anregungen auf, ein Beispiel ist das 1619 entstandene Bild Et in Arcadia ego (Rom, Galleria Nazionale d'Arte Antica). Sein Malstil änderte sich im Laufe seines Schaffens immer wieder. Von

Francesco Guardi, Die Piazzetta mit dem Dogenpalast, *72×80 (Wien, Akademie). Venezianische Patrizier mit langen Roben und weißen Perücken flanieren hier theatralisch vor dem Palazzo Ducale. Im Rokoko war Venedig so weit gesunken, „daß ihr selbst die Kraft zum Sterben fehlte", wie es ein Doge formulierte.*

Francesco Guardi, Venezianisches Galakonzert, *1782, 68 × 91 (München, Alte Pinakothek). Zu Ehren des russischen Großfürsten Petrowitsch und der Großfürstin Maria Feodorowna, die 1782 Gäste Venedigs waren, wurde im Philharmonischen Saal der Alten Prokuratien ein „Damen-Galakonzert" veranstaltet.*

1619/20 war er in Ferrara tätig. Zwischen 1621–23 lebte und arbeitete er in Rom, wohin ihn der bolognesische Papst Gregor XV. gerufen hatte. Dort wurde er nun der führende Maler im Vatikan. Ein berühmtes Fresko Aurora (Rom, Casino Ludovisi) und die Altartafel für St. Peter Hl. Petronilla (Rom, Pinacoteca Capitolina), sind Beispiele aus seiner römischen Zeit. Nun werden die Farbkontraste immer schwächer, sein Stil wird unter dem Einfluß Domenichinos und dem römischen Werk Renis immer klassizistischer. Die Malweise tendiert nun mehr zum Linearen, zu eindringlichen Gesten und körperhafter Modellierung mit Hilfe des Lichtes. Als der Papst 1623 starb, kehrte G. in seine Heimatstadt Cento zurück. Die Ekstase des hl. Franziskus (Dresden, Gemäldegalerie) und Maria mit Kind und hl. Bruno (Ferrara, Pinacoteca Nazionale) sind Beispiele seiner neuen, in Rom angeeigneten Malweise. Im Laufe der folgenden Jahre näherte sich sein Stil immer mehr dem von Guido Reni. Waren früher die einzelnen lebendigen Pinselstriche zu erkennen, so bekommen seine Werke nun eine glatte, einheitliche Bildoberfläche. Die Bewegung weicht einem mehr statischen Aufbau, die Farbgebung wird härter, das Licht ist kalt, und die einzelnen Farbflächen sind scharf voneinander getrennt, sie gehen nicht mehr wie früher ineinander über. Das Martyrium der hll. Johannes und Paulus (Toulouse, Musée des Augustins) und die Rosenkranzmadonna mit dem hl. Dominikus und der hl. Katharina von Siena (Turin. S. Domenico) sind Zeugnisse dieser Malweise. Als Guido Reni 1642 starb, siedelte G. von Cento nach Bologna über. Wieder veränderte sich sein Stil. Er griff auf das weiche Kolorit seines Frühwerkes zurück, erreichte aber nicht mehr die gleiche Qualität. Sein Frühstil hatte einen großen Einfluß auf nachfolgende Künstler, wie Giuseppe Maria Crespi in Bologna und Mattia Preti in Neapel. Neben seiner Malerei kommt seinem zeichnerischen Werk eine große Bedeutung zu. Mit Lebendigkeit und Spontaneität zeichnete er Landschaften und → Genreszenen. Zehn Bände voller Zeichnungen sind erhalten.

Guido da Siena

tätig in der 2. Hälfte des 13. Jh. in Siena. Der Begründer der sienesischen Malschule zählt zu den frühesten namhaften Künstlerpersönlichkeiten in der Toskana. Beeinflußt wurde er von den Werken seines Zeitgenossen Coppo di Marcovaldo. Zu seinen wichtigsten Arbeiten zählen eine Thronende Madonna mit Kind, um 1280 (Siena, Palazzo Pubblico), die Verkündigung an Maria, um 1280 (Princeton, University), und das → Antependium aus S. Pietro in Banchi in Siena, um 1280 (Siena, Pinacoteca Nazionale). In ihnen verbinden sich leuchtende Farbigkeit mit harmonisch-rhythmisierter Linienführung, byzantinische Elemente und gotische Formensprache, eine Kombination, die charakteristisch werden sollte für die weitere sienesische Malerei.

Guillaumin, Jean-Baptiste Armand
* 16. 2. 1841 in Paris, † 26. 6. 1927 in Paris. Wichtiger Landschaftsmaler des → Impressionismus. Ab 1863 besuchte er in Paris die Académie Suisse, wo er Camille Pissarro und Paul Cézanne kennenlernte. Guillaumin, der zu den frühesten Vertretern der neuen Stilrichtung zählte, malte vor allem Ansichten aus der Umgebung von Paris, wobei er in seiner lebhaften Farbgebung, seiner großflächigen Bildstrukturierung und in einem breiteren Pinselstrich sich von den übrigen Impressionisten unterscheidet. Seine Malerei mündet nahtlos in den → Fauvismus ein.

Günther, Matthäus
(auch Gindter, Ginter, Ginther)
* 7. 9. 1705 in Tritschengreith bei Unterpeißenberg, Oberbayern, † 30. 9. 1788 in Haid bei Wessobrunn, Oberbayern. Tafelmaler, Graphiker und wichtiger Freskant des → Rokoko. Bis 1728 war er Gehilfe Cosmas Damian Asams in München, ab 1732 war er selbständiger Meister in Augsburg, wo er 1762–84 auch der dortigen Kunstakademie vorstand. Häufig arbeitete er im Rahmen seiner Tätigkeiten in Bayern, Schwaben, Franken und Tirol mit den Wessobrunner Stukkateuren zusammen, vor allem mit Franz Xaver Feichtmayr. In seinen frühen Werken wie dem Altarbild mit dem HL. SEBASTIAN, 1730 für die Pfarrkirche in Pförring gemalt, und dem Kuppelfresko in der Deutschordenskirche Sterzing in Tirol von 1733 ist der über Asam vermittelte römische Hochbarock noch ausschlaggebend. DIE SZENEN AUS DEM LEBEN DES HL. BERNHARD, 1745–47, in der Pfarrkirche von Amorbach, zeigen dann Günthers eigenen Rokokostil, in dem sich nicht, wie sonst üblich, der Realraum und der gemalte Raum → illusionistisch zur Einheit verbinden. Seine besten Werke, Fresken in der Pfarrkirche von Wilten bei Innsbruck, 1754, im Schloß Sünching bei Regensburg, 1761, und in der Abteikirche Rott am Inn, 1763, weisen auch schon erste Tendenzen des frühen → Klassizismus auf.

Guston, Philip
* 27. 6. 1913 in Montreal, Kanada. Neben Willem de Koonig, Franz Kline und Jackson Pollock gehört Philip Guston zu den wichtigsten Vertretern der New Yorker Schule und des → abstrakten Expressionismus. Er studierte am Otis Art Institute in Los Angeles und erlernte in Mexiko die Freskentechnik. 1936–40 arbeitete Guston für das → Federal Art Project in New York. Dem Künstler wurden zahlreiche Preise verliehen, u. a. das Guggenheim-Stipendium. Ab etwa 1947 wandte sich der vorher noch vom mexikanischen → Sozialistischen Realismus beeinflußte Maler fast ausschließlich dem abstrakten Expressionismus zu.

Guttuso, Renato
* 2. 1. 1912 in Bagheria bei Palermo. Der neben Ostblockmalern wohl bedeutendste Repräsentant des → Sozialistischen Realismus wurde schon früh von sozialistischen Vorstellungen, auch in seiner Kunst, geprägt. 1931 wandte er sich der Malerei zu. Damals entwickelte er jene Züge, die sein weiteres Schaffen bestimmen sollten: eine Auseinandersetzung mit der Wirklichkeit durch sozialkritisch ausgerichtete realistische Figurationen und die formale Bewältigung elementarer Dingwirklichkeit mit Hilfe eines vom → Futurismus beeinflußten kubistischen → Expressionismus. 1935 übersiedelte Guttuso nach Mailand. Ein erstes wichtiges Beispiel seiner politisch orientierten Kunst stellt das 1938 entstandene und dem Dichter Federico García Lorca gewidmete Bild EXEKUTION AUF FREIEM FELD dar (Rom, Galleria Nazionale d'Arte Moderna). Im gleichen Jahr beteiligte er sich an der antifaschistischen Künstler- und Literatenbewegung „Corrente". In Anspielung zeigt das Ölgemälde FLUCHT VOR DEM ÄTNA-AUSBRUCH, 1939 (Rom, Galleria Nazionale d'Arte Moderna), die Darstellung eines Bauernvolkes im Kampf gegen rohe, ungezügelte Mächte. Das 1941 entstandene Bild KREUZIGUNG (Genua, Sammlung A. Della Ragione) stellt mit seiner expressionistischen Farbigkeit, seinen kubistischen Formen und mit der Intensität eines neu interpretierten Themas ein Hauptwerk dar. Nach dem Zweiten Weltkrieg verstärkte sich in Werken wie der SCHLACHT AM PONTE DELL'AMMIRAGLIO, 1951 (Mailand, Sammlung Giangiacomo Feltrinelli), der Einfluß des Sozialistischen Realismus. In den sechziger Jahren läßt sich sein Interesse an autobiographischen Themen beobachten, aber auch weiterhin sein politisches Engagement in der Kunst.

Gyokudô, Uragami
* 1745 in Bizen, † 1820 in (?), wichtiger japanischer Maler. Gyokudô war Angehöriger der Samurei-Kaste, damit dem Offiziersdienst auserwählt. Die Liebe zur Kunst, vor allem aber zur Musik – er spielte die „Koto", die japanische Harfe – ließen ihn seinen Feudalherrn verlassen und durch das Land ziehen. Ohne jegliche Ausbildung entwickelte er seinen persönlichen Stil in der Tuschmalerei, immer das Thema Berge variierend, oft verlassene Dörfer im Hintergrund. Die Pinselführung wechselt zwischen licht und federweich getupfter Zartheit, rauhem, kurzem Strich und feingliedriger zeichnerischer Linie. Der mehr malerischen Auffassung verhaftet ist REGEN IN DEN BERGEN, zeichnerisch dagegen FROSTWOLKEN SENDEN FRISCHEN SCHNEE (beide Werke in Privatslgn. Japan). G. war einer der ersten Literatenmaler, der im Westen Anerkennung fand.

Guercino, SUSANNA UND DIE BEIDEN ALTEN, *175 × 207 (Madrid, Prado). Die beiden bärtigen Männer, welche die schöngliedrige und gottesfürchtige Susanna bei der Toilette belauschen, werden von Guercino als „Repoussoir"-Figuren weit in den Vordergrund gerückt und erzeugen dadurch eine dramatische Raumtiefe.*

Philipp Hackert, ITALIENISCHER HAFEN BEI MONDSCHEIN, *1773, 48×65 (Köln, Wallraf-Richartz-Museum). Der mit Goethe befreundete Maler verbrachte viele Jahre als Landschafter in Italien. Für pathetische Naturmotive, wie Wasserfälle, Ruinen oder Vollmondnächte, war er besonders empfänglich.*

Gysbrechts, Cornelis Norbertus
Der flämische Maler ist nachweisbar von 1659–75. Zum ersten Mal wird er 1659 erwähnt als Mitglied der Antwerpener → Lukasgilde. 1670–72 war er Hofmaler in Kopenhagen. Gysbrechts' Werk umfaßt in erster Linie → Trompe-l'œil-Kompositionen, also eine so naturgetreue Darstellung von Objekten, daß das Auge nicht mehr zwischen wirklichem und gemaltem Gegenstand unterscheiden kann. Diese Art der → illusionistischen Malerei findet sich in mehreren holländischen Schulen des späten 17. Jh. Daneben schuf Gysbrechts eine Reihe von → Vanitas-Stilleben, Stilleben, die mit Gegenständen wie Totenkopf, zerbrochener Säule, Sanduhr auf die Nichtigkeit und Vergänglichkeit des Lebens hinweisen, wobei häufig gemalte abgerissene Gemäldedecken ins Bild zu rollen scheinen. Eine weitere Entwicklung aus diesem Bildtypus waren die Quodlibetbilder, von denen Gysbrechts zahlreiche schuf und bei denen beliebig angehäufte alltägliche Gegenstände wie Briefe, Spielkarten, Buchseiten täuschend echt dargestellt werden. Gysbrechts, dessen hauptsächliche Werke sich heute im Statens Museum for Kunst in Kopenhagen befinden, zeichnet sich durch eine glatte Malweise aus, die auf Vollkommenheit in der sinnestäuschenden Objektwiedergabe zustrebt.

H

Habermann, Hugo Freiherr von
* 14. 6. 1849 in Dillingen an der Donau, † 27. 2. 1929 in München. Wohnte seit 1859 in München, wo er von 1871–79 die Akademie besuchte. 1873 wurde er Pilotys Schüler und begegnete Wilhelm Leibl, der ihn nachhaltig beeinflußte. Seine meist melancholischen Frühwerke, wie das SELBSTBILDNIS von 1878 (München, Neue Pinakothek) standen formal noch unter dem Einfluß des niederländischen Barockporträts. Später löste er sich von diesem Formenzwang und nimmt Elemente des sozialkritischen → Realismus auf, wie 1886 in seinem SORGENKIND (Berlin, Nationalgalerie). 1892 wurde er Vizepräsident und 1904 Präsident der Münchner → Sezession. In dieser Zeit beschäftigt ihn vor allem das Damenbildnis. Ein Hauptwerk ist die DAME IN GRÜNEM KOSTÜM von 1899 (München, Lenbachhaus). 1905 erhielt Habermann eine Professur an der Münchner Akademie.

Hackert, Jacob Philipp
* 15. 9. 1737 in Prenzlau, † 28. 4. 1807 in S. Pietro di Careggi bei

Dierck Hals, FESTMAHL IN EINEM SAAL, *1628, 78×136 (Wien, Akademie). Frans Hals jüngerer Bruder malte eine Vielzahl solcher Gesellschaftsszenen, welche die Vorliebe des Barocks für ausgelassen-aufwendige Geselligkeit spiegeln. Ein solches Lustgebäude hätte man allerdings in Holland vergeblich gesucht.*

Florenz. Durch seinen Vater, einen Porträtmaler, erhielt H. den ersten Unterricht, von 1754 an studierte er in Berlin bei B. N. Le Sueur an der königlichen Akademie. Nach seiner Ausbildung arbeitete H. als Bildnis- und Landschaftsmaler in Stralsund, bereiste in der Folge Schweden und Frankreich, 1765 war er in Paris erfolgreich tätig. Geschult an den holländischen Landschaftern des 17. Jh., besonders aber am Vorbild Lorrains, stand H. am Beginn der deutschen klassizistischen Landschaftsmalerei, in Italien, wohin er 1768 gereist war, zu seiner Zeit eine der führenden Persönlichkeiten unter den dort tätigen deutschen Malern. In Rom begegnete er Mengs, Reinhart, dessen Frühwerk er beeinflußte, u. a., in Neapel, wo er seit 1786 als Hofmaler bei Ferdinand IV. beschäftigt war, lernte er Goethe kennen, der später eine Biographie über den von ihm geschätzten Künstler verfaßte. Eine Revolution zwang H. 1799 zur Flucht aus Neapel; nahe Florenz ließ er sich endgültig nieder. Vor der Natur gefertigte, genaue Stift- und Federstudien dienten H. als Grundlage für seine allg. beliebten → Veduten oder die frei komponierten, vedutenhaften Landschaften, v. a. der späten Jahre, die sich durch sorgfältige Staffelung des Bildraums und zart abgestufte Farben auszeichnen; z. B.: FLUSSLANDSCHAFT, 1806, Neue Pinakothek, München.

Johann G. Hainz, KLEINODIENSCHRANK, *1666 (Hamburg, Kunsthalle). Kostbare Schätze der Kleinkunst, wie die Pokale und Glasgefäße, Juwelen und Muscheln stehen säuberlich an ihrem Platz. Uhr und Totenschädel gemahnen zur Erkenntnis der Vergänglichkeit der Preziosen und ihres eitel irdischen Schimmers.*

Hagemeister, Karl

* 12. 3. 1848 in Werder an der Havel, † 6. 8. 1933 in Werder. Landschafts- und Marinemaler. Besuchte seit 1871 die Akademie in Weimar, wo Friedrich Preller d. Ä. ihn unterrichtete. 1873 freundete er sich mit Carl Schuch an, der ihn in seiner künstlerischen Entwicklung stark beeinflußte. Gemeinsame Studienreisen führen nach Brüssel, Holland und Italien. 1907 bereiste er die Insel Rügen und entdeckte seine besondere Vorliebe für Wellenmotive. Es entstanden Gemälde wie DIE WOGE, 1911 (Hannover, Niedersächsische Landesgalerie). Er benutzte kraftvolle Pinselstriche und verrieb nicht selten die → pastos aufgetragene Far-

Frans Hals, DIE AMME MIT DEM KIND, *86 × 65 (Berlin, Staatliche Museen). Hals' frühe Bildnisse, zu denen dieses Doppelporträt gehört, zeichnen sich – wenn auch frisch und heiter im Ausdruck – noch nicht durch jenen hohen Grad an Spontaneität aus, den man in seinem späteren Schaffen antrifft.*

be mit Finger oder Handballen. Figürliche Kompositionen sind selten, doch sein WENDISCHES MÄDCHEN MIT SPATEN, 1910 (Hannover, Niedersächsische Landesgalerie), beweist, daß er auch diese Thematik souverän beherrschte.

Haider, Karl
* 6. 2. 1846 in Neuhausen bei München, † 29. 10. 1912 in Schliersee (Obb.). Landschafts- und Porträtmaler. Von 1861–65 studierte er an der Münchner Akademie. Seine Vorbilder waren die alten Meister, vor allem Holbein d. J. Der Einfluß Leibls, mit dem er seit 1869 befreundet war, ist in seinen Werken unverkennbar. Aber auch Courbet beeinflußte den Künstler besonders in seinen Frühwerken. Ein Besuch bei Arnold Böcklin in Florenz blieb hingegen ohne größere Wirkung. Neben stark idealisierten Landschaftsbildern schuf er Bildnisse vor allem einfacher Menschen. 1896 entstand die erste Fassung einer bereits stilisierten Landschaft ÜBER ALLEN GIPFELN IST RUH (München, Neue Pinakothek).

Hainz, Johann Georg
(auch Heintz, Hinz)
nachweisbar 1660–1700 in Altona und Hamburg, † um 1700 in Hamburg. Der norddeutsche Künstler war an der holländischen Barockmalerei ausgerichtet. Er schuf → Stilleben in der Art des Haarlemer Frühstücksbildes, z. B. FRÜHSTÜCK (Hamburg, Kunsthalle), sowie Darstellungen barocker Kunst- und Wunderkammern und ihrer Ausstattungen, beispielsweise im KLEINODIENSCHRANK, 1666 (Hamburg, Kunsthalle). Unmißverständlich ist in diesen Ensembles die enge Verbindung prunkvoller Zurschaustellung und melancholischer Weltangst zum Ausdruck gebracht.

Hall, Peter Adolf
* 23. 2. 1739 in Boras, Schweden, † 15. 5. 1793 in Lüttich. Der → Miniatur- und → Emailkünstler des Rokoko studierte 1756–59 in Berlin und Hamburg. 1766 ließ er sich in Paris nieder, wo er rasch der führende Miniaturist wurde. In Bildern wie dem Porträt BARONESSE FABIER, 1779 (Stockholm, Privatbesitz), entwickelte er eine neue Technik in → Gouachefarben, wobei

der durchschimmernde Elfenbeingrund und der freie Pinselduktus fast impressionistische Wirkungen erreichten. 1775 erhielt Hall den Ehrentitel eines „peintre du roi".

Halpert, Samuel

* 25. 12. 1884 in Rußland, † 5. 4. 1930 in Detroit, USA. Der Porträt-, Stilleben- und Landschaftsmaler studierte in den USA und später in Europa. Vom Einfluß Cézannes wurde er nur langsam frei. Als er 1911 in die USA zurückkehrte, half er, die amerikanische Kunst aus dem Provinzialismus zu führen und wurde Direktor der Society of Independent Artists. Bilder wie BROOKLYN BRIDGE von 1913 (New York, Whitney Museum) sind deutlich von Marquet abhängig und nähern sich dem → Fauvismus an.

Hals, Dierck

* 1591 in Haarlem, † Mai 1656 in Haarlem. Anders als sein älterer Bruder Frans Hals, der durch seine Porträtkunst berühmt wurde, arbeitete Dierck Hals zeitlebens als Genremaler. Bevorzugtes Thema waren die „Lustigen Gesellschaften", bei denen meist elegant gekleidete Holländer rauchend, Karten spielend oder musizierend in lockerer Geselligkeit erscheinen. Thematisch angeregt wurde Hals möglicherweise durch Frans, der 1610 eine Gesellschaftsszene im Freien malte, oder von Esaias van de Velde. Der moralisierende Gehalt von Hals' Genreszenen zeigt sich z. B. in dem in der zweiten Hälfte der 20er Jahre entstandenen Bild FRÖHLICHE TISCHGESELLSCHAFT (Berlin, Staatliche Museen). Eine Darstellung des gekreuzigten Christus zwischen Maria und Johannes auf einem kleinen Flügelbild in einem Nebenraum der Interieurszene ermahnt im Zusammenhang mit der ausgelassenen Gelageszene zu frommem Lebenswandel.

Hals, Frans

* zwischen 1581 und 1585 in Antwerpen, † August 1666 in Haarlem. Seine Eltern gehörten wahrscheinlich zu jenen Emigranten reformierten Glaubens, die Flandern bei der Besetzung durch Spanien (1585) verließen. Carel van Mander, der das sog. „Schilderboek", ein noch heute wichtiges Werk über die Maler der Zeit verfaßte, wurde Lehrer von Hals. Doch blieb dessen Einfluß auf den jungen Künstler relativ beschränkt. Dem im „Schilderboek" den Malern erteilten Rat v. Manders,

Frans Hals, BILDNIS EINES EHEPAARES, *um 1621, 140 × 166 (Amsterdam, Rijksmuseum). Die Zufriedenheit bürgerlichen Wohlstandes spricht aus den Gesichtern der Eheleute, deren unverbrüchliche Lebensgemeinschaft der immergrüne Efeu symbolisiert. Der Ausblick auf die Villa deutet die gesellschaftliche Stellung an.*

sich als Historienmaler Ruhm zu verschaffen, ist Hals jedenfalls nicht gefolgt. Wie viele andere Barockmaler Hollands war er auf ein Sujet zeitlebens spezialisiert, das Porträt. Er sollte zum bedeutendsten Vertreter dieses Faches werden. 1610 trat Hals der Haarlemer → Lukasgilde bei. Im folgenden Jahr entsteht sein erstes datiertes Gemälde, das PORTRÄT DES

Frans Hals, Der lustige Zecher, *um 1628/30 (Kassel, Gemäldegalerie). „Schaut hier Herrn Pickelhering an, er preist die kühlend volle Kann. Der feuchte Krug muß ihn ja locken, denn seine Kehle ist stets trocken", so dichtete ein Nachstich des 17. Jh. über den „Peeckelhaering", den Hanswurst der holländischen Komödie.*

Jacobus Zaffius, Erzdiakon von S. Bavo, der Hauptkirche von Haarlem (Haarlem, Frans-Hals-Museum). Leider ist das Bildnis, das den in einem Sessel Sitzenden mit einem Totenschädel abbildete, nur fragmentarisch erhalten. Das zerstörte Gartenfest (ehemals Berlin) oder die ebenfalls sehr frühe Lustige Gesellschaft gehören zu den wenigen Beispielen von Genremalerei im Werk von Frans Hals. Um 1619/20 entstand das Bildnis der Catharina Hooft mit ihrer Amme, auch Die Amme mit dem Kind genannt. Auch wenn bei diesem Bild der soziale Aspekt, daß die Amme statt der Mutter bildwürdig erscheint, beachtlich ist, ist die Darstellung des Mädchens nicht ohne Konvention. Die in einem überreichen Kleidchen aus Brokat erscheinende Catharina nimmt eine standesgemäße, herrschaftliche Pose ein. In der Frühzeit ist die ungezwungene und vitale Auffassung bei der Menschendarstellung lediglich in Hals' Genreszenen zu finden, die einen porträthaften Zug haben. Erst nach 1640, als das Sittenstück aus seinem Schaffen verschwindet, werden auch die Bildnisse im Auftrag respektabler Bürger unkonventioneller und spontaner. Sein erstes größeres Werk, ein Meilenstein in der Entwicklung des holländischen Gruppenporträts, ist das Festmahl der Offiziere der St. Georgsschützengilde. Das Thema, eine Gruppe von Personen so abzubilden, daß jeder porträtiert erscheint, war 1616 in Holland schon sehr alt. Frans Hals' Leistung besteht darin, daß er die Monotonie und Steifheit früherer Gruppenporträts durch vielfältige Variation in der Gestik und Mimik der Offiziere zu verlebendigen weiß. Rembrandts Nachtwache (Amsterdam, Rijksmuseum) wurde erst aufgrund dieser Pioniertat von Hals möglich. Das erste Monumentalwerk der holländischen Barockmalerei fand bis 1664 in neun lebensgroßen Gruppenporträts eine reiche Nachfolge. Trotz dieser großen Aufträge befand sich Hals fortwährend in finanziellen Schwierigkeiten. 1661 wurden ihm die Beiträge an die Malergilde erlassen, in deren Vorstand er 1644 gewählt worden war. Die zahlreichen Bildnisaufträge von Bürgern und Patriziern, auch der Philosoph René Descartes ließ sich von dem Künstler porträtieren, blieben auf das soziale Ansehen Hals' nicht ohne Einfluß. Von 1616 bis 1625 gehörte er den Haarlemer Rederijkern an. In den 20er Jahren nimmt die Vitalität und Lebensnähe seiner Darstellungen zu. Im Bild Der lachende Kavalier von 1624 (London, Wallace Collection) wird der Porträtierte in lebensvoller Unmittelbarkeit charakterisiert. Sein Blick und sein Lächeln sind augenblickhaft erfaßt. Auch bei dem Lautenspieler (Paris, Sammlung Rothschild), Knabe mit Flöte oder Trinkender Knabe (Schwerin, Staatliches Museum) wird nicht der Eindruck vermittelt, Modelle hätten sich in Pose gesetzt. Auch wenn sich der Einfluß der Utrechter → Caravaggisten (Honthorst, Terbrugghen) in der Vorliebe für Themen wie Musizierende, Trinkende und Figuren der Bühne bemerkbar macht, so wurde er aber nicht von deren starker Helldunkel-Malerei beeindruckt. Nie wird der überschäumende Ausdruck von Hals' Gestalten zur Grimasse, sondern bleibt glaubhaft. Seiner vitalen Auffassung vom Menschen paßte sich auch die Maltechnik an. Sie wird zusehends → pastos, die Reliefs der Pinselstriche bleiben ungeglättet nebeneinander. Die Faktur seines Farbauftrags trägt viel zur sprühenden Wirkung von Bildern wie „Rommelpot-Spieler" (Chicago, Art Institute) oder „Fröhliches Kleeblatt" (New York, Metropolitan Museum) bei. Der gealterte Hals zog das Bildnis und hier besonders die ernste und wie schwermütig wirkende Variante den überschäumenden Themen vor. Mit dem Gruppenporträt Die Regenten des St. Elisabeth Hospitals (Haarlem, Frans-Hals-Museum) aus dem Jahre 1641 tritt eine Entwick-

Frans Hals, Herrenbildnis, *1638, 95×70 (Frankfurt, Städel). Der holländische Porträtmaler ist einer der großen Meister des flüchtigen, oft nur andeutenden Pinselstrichs. So ist die Zeichnung der Hand mit dem weißen Handschuh bei diesem 44jährigen Unbekannten wie auch die seiner Halskrause stark vernachlässigt.*

lung hervor, die in dem ungefähr 1664 gemalten DIE REGENTINNEN DES ALTMÄNNERHAUSES VON HAARLEM ihren Abschluß findet (Haarlem). Wie der späte Rembrandt, so gelingen dem jetzt über 80jährigen Hals Einblicke in menschliches Wesen, die beeindrukkend ungeschminkt sind.

Hamilton, Richard
* 24. 2. 1922 in London. Der Maler und Graphiker zählt zu den wichtigsten praktischen und theoretischen Begründern der britischen → Pop-art, die sich nach der Bildung der „Independents' Group" (IG) am „Institute of Contemporary Arts" (ICA) in London etablierte. Hamilton studierte an den Royal Academy Schools und an der Slade School of Art in London. 1957–61 übte er eine Lehrtätigkeit am Royal College of Art aus. Nach Experimenten mit → kubistischen, → futuristischen und abstrakten Formen setzte er sich zu Beginn der fünfziger Jahre mit den optisch-kinetischen Versuchen Marcel Duchamps auseinander. 1953 entstand die Collage JUST WHAT IS IT THAT MAKES TODAYS' HOMES SO DIFFERENT, SO APPEALING?, die zum Programmbild der britischen Pop-art wurde. Bis 1963 setzte sich Hamilton eingehend und kritisch mit den Manipulationismechanismen der Werbung und dem Warenfetischismus der modernen Konsumgesellschaft auseinander, z. B. in HOMMAGE À CHRYSLER CORPORATION von 1957. Die Kombination von Collage und freiem Farbauftrag wurde seit 1963 – seit Hamiltons Kontakten zur New Yorker Pop-Szene – durch druckgraphische und fotografische Elemente erweitert, etwa in TRAFALGAR SQUARE, 1965–67 (Köln, Wallraf-Richartz-Museum und Museum Ludwig).

Hammershøi, Vilhelm
(auch Hammershi)
* 15. 5. 1864 in Kopenhagen, † 13. 2. 1916 in Kopenhagen. Der dänische Maler, der realistische Bildnis-, Interieur- und Landschaftsdarstellungen schuf, studierte in Kopenhagen. Ende der achtziger Jahre erinnern seine Porträts und Selbstbildnisse an Gemälde von James Abbot McNeill Whistler. Auf Reisen nach Paris und

Hans Hartung, T 1955 – 18, *1955, 163×110 (Essen, Museum Folkwang). Anklänge an die fernöstliche Kunst der Kalligraphie finden sich in den informellen Werken Hartungs, die der Künstler mit Nummern (T = Tableau) statt mit Titeln versehen hat, um auch die entfernteste gegenständliche Assoziation auszuschließen.*

Suzuki Harunobu, Abschied beim Morgengrauen, *27 × 20. Dieses Meisterwerk aus der Blütezeit des japanischen Farbholzschnitts erzählt, wie ein Mädchen – noch hinter dem Moskitonetz – den Liebhaber nur zögernd entläßt. Harunobu stellte am liebsten das zärtliche Beisammensein jugendlicher Liebespaare dar.*

Rom in den neunziger Jahren studierte er die antike und die Renaissancekunst. Sein Spätwerk wird thematisch bestimmt von stimmungshaft betonten → Interieurs, die in gedämpften Grau- und Braunwerten gehalten sind. Daneben entstanden qualitätvolle Aktbilder, wie beispielsweise Artemis, 1893/94 (Kopenhagen, Statens Museum for Kunst).

Han Kan
* um 720 in Lan-t'ien bei Ch'ang-an, † nach 780 in Ch'ang-an. Der Maler der T'ang-Dynastie (618–907) ist neben seinen buddhistischen und taoistischen Wandmalereien vor allem wegen seiner Pferdebilder bekannt. Aus bescheidenen Verhältnissen stammend, geriet er schon früh in die Obhut des Malers und Dichters Wang Wei, der ihn lehrte, Porträts und religiöse Bilder zu gestalten. Geradezu sprichwörtlichen Ruf brachten dem Meister seine Pferdedarstellungen ein. Modelle hierfür fand er in den Ställen des Kaisers Hsüan Tsung (685–762) mit 40 000 Tieren, dem er als Hofmaler diente. Mit einiger Sicherheit H. zugeschrieben wird das kleine Tuschbild Das wie Nacht scheinende weisse Ross, um 750 entstanden (London, Slg. Sir Percival David). Die feine, elegante Zeichnung vermittelt die ungezügelte Kraft, die vitale Energie, den Freiheitsdrang des Tieres so unvermittelt, daß der Ruhm dieses Malers in einem Land der Pferde wohl begründet erscheint.

Hans von Tübingen
(auch Meister Hans, Meister der St. Lambrechter Votivtafel)
Urkundlich erstmals erwähnt 1433, † vor Februar 1462 in Wiener Neustadt. Der Künstler war als Maler, Radierer und Glasmaler des → Weichen Stils in Wiener Neustadt tätig. Die um 1425 entstandene Votivtafel aus St. Lambrecht (Graz, Landesmuseum Joanneum) weist Einflüsse der Murtaler Schule und des Meisters der Wiener Anbetung auf. Weitere Hans von Tübingen zugeschriebene Werke sind eine Kreuztragung und eine Kreuzigung (beide Wien, Österreichische Galerie). Realistische detaillierte Erzählung und Ausdruckskraft verbinden sich mit den eleganten Stilelementen der → Internationalen Gotik.

Hartley, Marsden
* 4. 1. 1877 in Lewiston, Maine, USA, † 2. 9. 1943 in Ellsworth, USA. Der Künstler studierte an der New York School of Art bei William Merritt Chase. Zu dieser Zeit malte er hauptsächlich → impressionistische Landschaften. Bald entdeckte er bei Stieglitz auch Cézanne und Picasso. 1912 stellte Hartley anläßlich einer Europareise mit dem → Blauen Reiter aus. Unter dem Einfluß Kandinskys wurden seine Bilder zunehmend abstrakter. 1913 nahm er an der → Armory Show in New York teil. Angeregt durch das deutsche Militär, begann er 1914 in Europa mit einer Serie grellfarbiger geometrischer Abstraktionen von Fah-

nen und Orden, z. B. PORTRÄT EINES DEUTSCHEN OFFIZIERS (New York, Metropolitan Museum of Art). Nach seiner 1915 erfolgten Rückkehr in die USA wandte sich Hartley mit neuem Patriotismus einer expressionistisch-figurativen Landschaftsmalerei zu.

Hartung, Hans
* 21. 9. 1904 in Leipzig. Einer der bedeutendsten europäischen Repräsentanten des → Informel. Was in Hartung seine vollendete Ausformung erfährt, „ist das durch die lange Entwicklung der modernen Kunst bereitgestellte Verfahren des → Automatismus, ein seismographisches Verfahren, das jeden Impuls von innen als Spur aufzeichnet" (W. Haftmann). Hartung besuchte in Dresden die Akademie, 1928 lernte er in München die technischen Grundlagen der Malerei bei Max Doerner. Damals wandte er sich der abstrakten Kunst zu und ließ sich in spontanen, zeichenhaften Linienkompositionen mehr und mehr von der Inspiration des Zufälligen leiten, wobei auch die ästhetischen Folgerungen des → Kubismus beeinflussend hinzutraten. Die Werke der dreißiger Jahre gehen aus von der Fläche, die durch locker hingestrichene Farben zu einem raumhaltigen Stimmungsgrund wird und von kalligraphischen Linienbündeln überquert ist. Letztere gewinnen zunehmend an Dynamik und Energie, werden zu psychographischen Mitteilungszeichen, etwa in KOMPOSITION G 1936-10, 1936 (Essen, Museum Folkwang). In den Bildern nach 1945 ist die Zeichensprache beherrschter, kalkulierter, die Linienstrukturen gewinnen an malerischem Volumen. Hartung, der international immer größere Anerkennung fand, ritzte seit den sechziger Jahren in die monochromen Farbflächen auch Reihen paralleler Rillen ein, die ans Kalligraphische noch plastische Qualitäten herantrugen.

Harunobu, Suzuki
* um 1725 in Edo (Tokyo), † um 1770 in Edo. Der japanische Maler und Zeichner in der Spezifität des Holzschnitts war zunächst Schüler des Nishimura Shigenaga. Sein Frühwerk zeigt demgemäß in der Hauptsache Schauspieler, das Thema, das er von seinem Meister übernahm. Weiter beeinflußten sein Werk Ishikawa Toyonobu, Nishikawa Sukenobu. Im Jahr 1765 bedient sich H. als erster Meister des → Ukiyo-e erstmals der neu erfundenen Technik des Vielfarbendrucks mit mehreren Platten. Mit dieser neuen Vervielfältigungstechnik beginnt nicht nur das Hauptwerk des H., das sich beschränkt auf die ihm noch verbleibenden 5 Lebensjahre, sondern auch auf die Verbreitung von Bildern in bürgerlichen Kreisen, die vorher nur dem Hof zugänglich waren. In der wohl von H. mitentwickelten neuen Technik entstehen 500 Drucke, puppenhaft zierliche Mädchen, erotische Szenen, Damen bei der morgendlichen Toilette, Kurtisanen. Die stimmungsvolle Zartheit H.s Zeichnungen, die Fröhlichkeit der Farben stehen in neuartigem Kontrast zur Härte und Strenge des traditionellen Holzschnitts. Sie ermöglichen für diese Druckart die Realisierung malerischer Werte wie sie der Farbe zukommen. In eleganter Silhouettierung werden die Farben gegeneinander abgesetzt. Den Anfang im polychromen Holzschnitt bezeichnen Kalenderbilder, „e-goyomi", es folgen Buchillustrationen, „Ehon Seiro Bijin Awase", Bilderbuch zu Gedichten auf die Schönheiten der grünen Häuser, und Einblattholzschnitte, etwa FREUDENHAUS BEI EDO: KURTISANE (Paris, Musee Guimet), ZWEI MÄDCHEN AUF DER VERANDA (Oxford, Ashmolean Museum) u. a. Die Drucke entstanden sowohl auf Papier wie auf Seide. Die farbige Delikatesse der nach H. geschnittenen Blätter stellt H. an den Beginn einer Kunst, die nachhaltig die niederen Volksschichten teilnehmen läßt an kulturellen Schöpfungen. Somit gehört der Meister des Holzschnitts zu den einflußreichsten und attraktivsten Mitgliedern der Ukiyo-e-Schule.

Hasenclever, Johann Peter
* 18. 5. 1810 in Remscheid bei Solingen, † 16. 12. 1853 in Düsseldorf. Der Genremaler und Porträtist lebte – mit Ausnahme eines Aufenthaltes in München und Oberitalien 1838–41 – in Düsseldorf. Vom 1827 begonnenen Architekturstudium wechselte er in die Malschule Wilhelm von Schadows über. Sein Lehrer lehnte ihn jedoch ab wegen seiner Vorliebe für die humorvolle Charakterstudie und das illustrative Genre. Größeren Erfolg erntete Hasenclever mit seinen 1838 erstmalig in Berlin erschienenen Illustrationen zur „Jobsiade" von Kortum, dessen Humor dem seinen ähnelte. (Die bekanntesten, z. B. JOBS ALS STUDENT, 1844, oder JOBS ALS SCHULMEISTER, 1845 [Düsseldorf, Kunstmus.].) Die kritische Beobachtungsgabe mit leichter Tendenz zur Sozialkritik und ironisch überspitzte Darstellungsweise menschlicher Charaktere begründen Hasenclevers Sonderstellung unter den Düsseldorfer → Genremalern, z. B. ATELIERSZENE, 1836 (Düsseldorf, Kunstmus.), DAS LESEKABINETT, 1843 (Berlin Ost, Nationalgal.), DER DICHTER FREILIGRATH, 1851 (Berlin-Ost, Nationalgalerie), ARBEITER UND DER MAGISTRAT, 1848, Skizze (Düsseldorf, Kunstmuseum).

Johann P. Hasenclever, ARBEITER UND MAGISTRAT, *1848 (Münster, Westfälisches Landesmuseum). Im Revolutionsjahr 1848 entstand diese Ölskizze bei enger Tuchfühlung mit den aktuellen Zeitereignissen. Hasenclever macht einen sozialen Konfliktfall zum Thema: Arbeiter rücken dem Großbürgertum zu Leibe, dessen träge Konservativität Karikatur wird.*

Hausbuchmeister, DIE HEILIGE ANNA SELBDRITT *(Oldenburg, Landesmuseum). Vor einem punzierten Brokat-Baldachin thronen die heiligen Frauen mit dem Christusknaben. Die Figuren des Alten Testaments, David mit der Harfe und Moses mit den Gesetzestafeln, weisen im präfigurativen Sinne auf den Gottessohn hin.*

Rudolf Hausner, ADAM MASSSTÄBLICH, *1973, 70 × 71 (Wien, Privatbesitz). „Ich konnte nicht länger ertragen, nicht zu wissen, wer ich bin und wo ich bin“: Hausners Serie der Adam-Bilder, die sein Selbstporträt vielfach variiert zeigen, ist Ausdruck einer steten Selbst-Analyse und Ich-Findung des Wiener Künstlers.*

Hassam, Childe
* 17. 10. 1859 in Dorchester, Mass., USA, † 27. 8. 1935 in East Hampton, New York. Childe, der in Boston und Paris studiert hatte, gehörte zu einer Gruppe amerikanischer Impressionisten, „The → Ten“, der auch William Merritt Chase und Frank Duveneck angehörten. Seine bevorzugten Themen waren New Yorker Straßenszenen, Neuenglands Küste und ländliche Szenen. 1913 stellte er auf der → Armory Show aus. Er wurde Mitglied der National Academy of Design und der American Academy of Arts and Letters, welcher er seinen gesamten Nachlaß vermachte.

Hassebrauk, Ernst
* 28. 6. 1905 in Dresden. Der hauptsächlich → expressionistisch geprägte Künstler verarbeitet in seinen Porträts, Stilleben und Landschaften auch barocke Elemente. 1927–32 studierte er bei Willi Geiger in Leipzig. Seit 1946 übte er eine Lehrtätigkeit in Leipzig aus. 1950 ging er nach Dresden. War er früher schon von der → impressionistischen Farbigkeit angeregt, so steigerte sich nun die Expressivität seiner Farbgebung.

Hauptmann, Ivo
* 9. 2. 1886 in Erkner bei Berlin, † 28. 9. 1973 in Hamburg. Der Maler und Graphiker, Sohn des Dichters Gerhart Hauptmann, ging nach einem Studium an der Weimarer Akademie nach Paris und lernte hier, 1911/12, die aktuelle Richtung des → Neoimpressionismus kennen. Nach seiner → pointillistischen Phase entwickelte er seit etwa 1914 Bildkompositionen in strengem Aufbau und geschlossener Formgebung. Nach 1920 wurde er vom → expressionistischen Einfluß geprägt und intensivierte nun in seinen

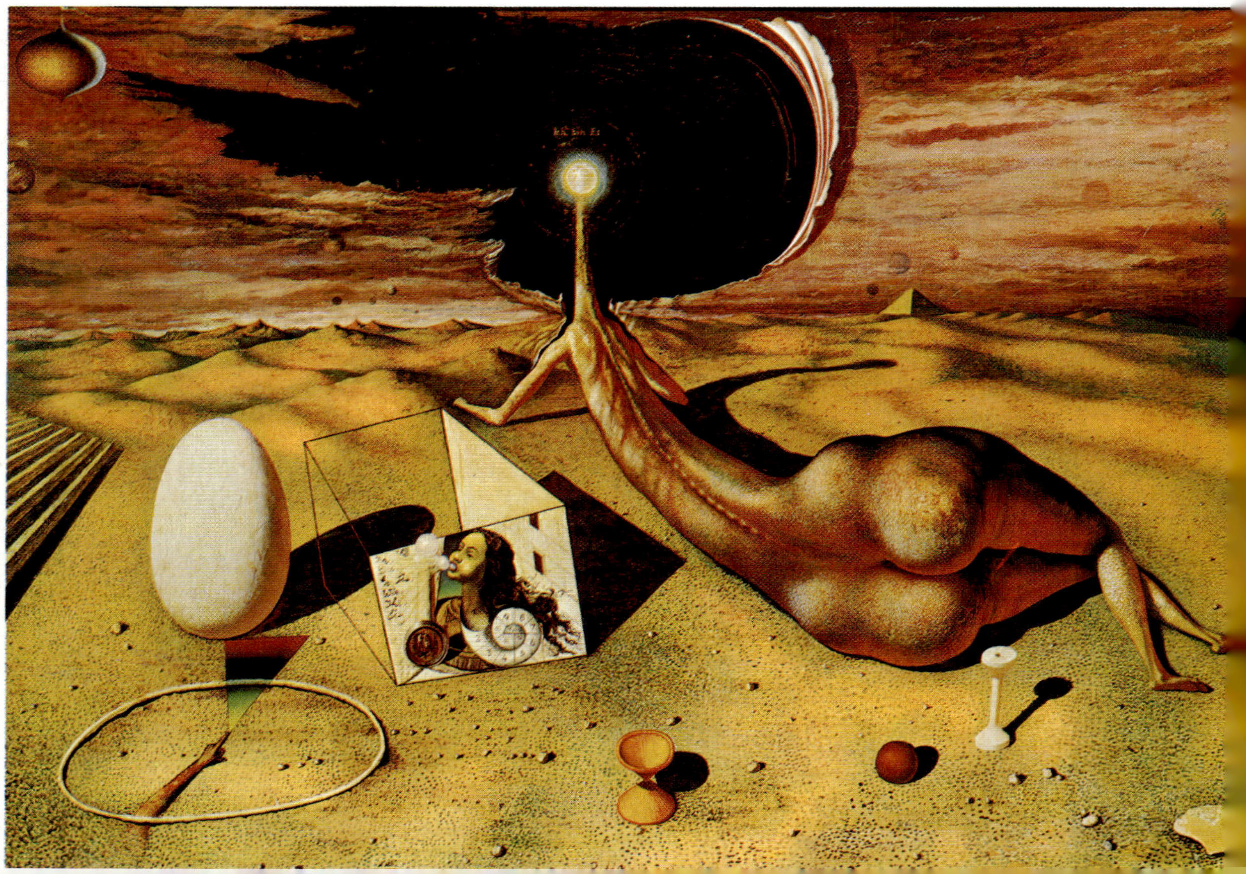

Rudolf Hausner, ICH BIN ES, *1948, 45 × 70 (Wien, Historisches Museum). In die Tiefen- und Höhenräume des menschlichen Unbewußten und seines kosmischen Potentials führt dieses surrealistische Werk. Eine Lichtkugel am Kopfende des Urwesens symbolisiert das unendliche Einssein mit dem Weltraum.*

Erich Heckel, SCHLAFENDER PECHSTEIN, *1910, 100 × 74 (Sammlung Buchheim). Den Malerkollegen nicht bei der künstlerischen Arbeit, sondern schlafend darzustellen, bedeutet die extreme Steigerung von Tendenzen des 19. Jh., die eine schonungslose Freilegung des Privaten und Intimen anstrebten.*

Bildern die Ausdruckskraft des Zeichnerischen und der Farbgebung, so auch in dem 1948 entstandenen SELBSTBILDNIS (Familienbesitz).

Hausbuchmeister
(auch Meister des Amsterdamer Kabinetts)
* um 1445, † nach 1505, tätig am Mittelrhein. Die Notnamen erhielt der Meister von einem Hausbuch im Besitz des Fürsten von Waldberg-Wolfegg bzw. vom Amsterdamer Rijksprentenkabinet, wo sich 82 seiner 89 bekannten Zeichnungen befinden. Die Wanderjahre führten den Künstler um 1470 in die Niederlande. Bevor er sich in der Rheinpfalz niederließ, kam der Meister sicher auch in Berührung mit der oberrheinischen Kunst. Möglicherweise verbrachte er seine Lehrzeit bei Hans Hirtz in Straßburg. Der Hausbuchmeister war als Maler, Reißer und Stecher gleichermaßen bekannt. Sein malerisches Hauptwerk ist der PASSIONSALTAR, um 1475. Die Tafeln befinden sich heute in Freiburg/i. Br. (Augustinermuseum), Berlin (Stiftung Staatliche Museen/West bzw. /Ost, Gemäldegalerie) und Frankfurt/M. (Städelsches Kunstinstitut). Geht hier die Komposition noch ganz vom Menschen aus, gewinnt die Darstellung von Raum und Architektur in seinen späteren Werken zunehmend an Bedeutung. Die Fähigkeiten des Meisters als Porträtist beweist das sog. LIEBESPAAR, um 1480 (Gotha, Schloßmuseum). Die stilistisch durchaus eigenständigen Kupferstiche des Hausbuchmeisters sind für Grünewald und Dürer wegweisend, und der Künstler kann neben Martin Schongauer, Michael Pacher und Hans Holbein d. Ä. als ein Wegbereiter der Kunst der Dürerzeit in Süddeutschland gelten.

Hausmann, Raoul
* 12. 7. 1886 in Wien, † 1. 2. 1970 in Limoges. Wichtiger Vertreter des → Dadaismus, der sich vor allem des Mittels der Fotomontage bediente. 1912 nahm er in Berlin an einer → Futuristen-Ausstellung teil, 1918 war er Mitbegründer der Berliner Dada-Bewegung. 1933 emigrierte er nach Spanien, dann nach Frankreich. Seine frühen Fotomontagen, wie TATLIN AT HOME, 1920 (Berlin, Sammlung Hannah Höch), stehen noch stark unter dem Einfluß kubistischer → Collagen. Hausmann trat auch als dadaistischer Dichter hervor und schuf eine Reihe dadaistischer → Assemblagen.

Hausner, Rudolf
* 4. 12. 1914 in Wien. Wichtiger Vertreter der Wiener Schule des → Phantastischen Realismus. Zwischen 1931 und 1936 studierte er an der Kunstakademie in Wien. Nach expressionistischen Anfängen wurde er von der → Pittura metafisica beeinflußt. Damals fand Hausner seinen Stil und seine Thematik, die nur bedingt unter die Kategorien des Phantastischen einzuordnen sind. Ihm ging und geht es um die systematische Visualisierung der Elemente seines Unterbe-

Erich Heckel, Akte am Strand, *1913, 83×96 (Stuttgart, Staatsgalerie): Die Brücke-Maler verbrachten den Sommer an den Moritzburger Waldseen oder der Ostseeküste, um in unverhüllter Naturnähe zu baden und zu malen. Lebens- und Malweise standen in krassem Gegensatz zu traditionellen Wert- und Stilvorstellungen.*

wußten, nicht um einen phantastischen, sondern um einen psychischen Realismus. Hausner ist besessen von der Exaktheit der technischen Ausführung seiner Bilder, von der Exaktheit in der realistischen Durchbildung der Details, in der lange überlegten Komposition und vom Durchdenken des geistigen Gehalts bis in jede Einzelheit. Die Schulung an alten Meistern ist deutlich sichtbar. In einem oft Jahre in Anspruch nehmenden Entstehungsprozeß schafft er Bilder wie Adam und sein Maschinist, 1963 (Privatsammlung), oder Adam und seine Richter, 1965 (Wien, Privatbesitz), in denen Erinnerungsstücke der Kindheit auftauchen – ein Matrosenanzug eines Knaben z. B. deutet dann auf die Odyssee Adams hin, des Ichs, mit dem sich Hausner identifiziert. Somit wird er zu einem wichtigen Vertreter der → individuellen Mythologie. Seit 1967 ist der Künstler Professor an der Hochschule für bildende Künste in Hamburg.

Hayman, Francis
* 1708 in Exeter, Devonshire, † 2. 2. 1776 in London. Der zu seiner Zeit sehr gesuchte Porträt- und Historienmaler, Graphiker und Illustrator arbeitete früh im Londoner Drury-Lane-Theater als Dekorationsmaler. 1761 war er Gründungsmitglied der Society of Artists in Great Britain, 1768 Gründungsmitglied der Royal Academy of Arts. Einer seiner wichtigsten Aufträge bestand in der Ausmalung des Pavillons, der Rotunde und der Logen des Vauxhall-Theaters (heute London, Tate Gallery und Victoria and Albert Museum).

Hayter, Stanley William
* 27. 12. 1901 in London. Der Maler und Graphiker wandte sich der experimentellen abstrakten Graphik zu, während sein malerisches Werk dem → Surrealismus nahesteht und sich zuletzt Gestaltungsweisen der → Op-art annähert. 1927 gründete er eine Werkstatt für Druckgraphik in Paris. Unter dem Einfluß von Max Ernst und André Masson übte er sich gegen 1933 in dem surrealistischen Verfahren des → Automatismus. 1940 gründete er in New York an der New School for Social Research das „Atelier 17", in dem sich europäische Emigranten und avantgardistische amerikanische Künstler trafen. In den sechziger Jahren entstanden in Paris Bilder, die sich mit Problemen der Farbinterferenzen auseinandersetzten.

Erich Heckel, LANDSCHAFT AUF ALSEN, *1913, 83×91 (Essen, Museum Folkwang). Das Bild des reetgedeckten Hauses auf der dänischen Insel entstand im Jahr der Auflösung der „Brücke". Die Mitglieder der Gruppe verfolgten von nun an einen individuell ausgeprägteren Stil.*

Erich Heckel, DER GLÄSERNE TAG, *1913 (München, Staatsgalerie moderner Kunst). Besonders stark ist Heckel hier von den Errungenschaften der abstrakten Malerei beeindruckt. Himmel und Seeoberfläche erscheinen kaleidoskopartig in Facetten gebrochen.*

Heckel, Erich

* 31. 7. 1883 in Döbeln (Sachsen), † 27. 1. 1970 in Hemmenhofen bei Radolfzell. Heckel lernte in Dresden zu Beginn seines Architekturstudiums im Jahre 1904 Ernst Ludwig Kirchner und Fritz Bleyl kennen, die mit ihm und Karl Schmidt-Rottluff ein Jahr später die Künstlervereinigung Die → Brücke gründeten. 1907 gab der Autodidakt Heckel seine Arbeit in einem Architekturbüro auf und lebte nur noch der Malerei und Graphik. 1911 folgte er den übrigen Brücke-Mitgliedern nach Berlin und zog 1913 nach Auflösung der Gruppe in die Flensburger Förde. Nach der freiwilligen Tätigkeit beim Roten Kreuz in Belgien während des Ersten Weltkrieges kehrte Heckel nach Berlin zurück, hielt sich im Sommer in der Flensburger Förde auf und unternahm Reisen durch Europa. Die Verfemung als Vertreter der → Entarteten Kunst durch die Nationalsozialisten brachte dem Maler ein Ausstellungsverbot und die Entfernung unzähliger seiner Werke aus deutschen Museen, nicht aber ein generelles Arbeitsverbot ein. Nach dem Krieg lehrte Heckel von 1949–55 an der Karlsruher Hochschule der Bildenden Künste. Das frühe Schaffen Heckels war von der Mitgliedschaft in der Brücke bestimmt; die Bilder waren vorwiegend mit extremen, intensiven Farb- und Lichtwerten gestaltet, nach 1907 dann durch etwas ruhigere Farbbehandlung und eine erste Verdeutlichung des Bildraums: LIEGENDES MÄDCHEN, 1909 (München, Staatsgalerie Moderner Kunst). Der Einfluß van Goghs und der französischen → Fauves zeigte sich im → pastosen Auftrag der reinen, kontrastreichen Farben, der Edvard Munchs vor allem in Heckels Holzschnitten dieser Zeit, die von 1909–11 das Œuvre des Künstlers vorwiegend bestimmten und mit ihren scharfen Konturen und vereinheitlichenden Formen auch auf seine Gemälde wirkten: DORFTANZ, DANGAST, 1908 (Berlin, Stiftung Staatliche Museen/West, Nationalgalerie). Die Komposition wurde straffer, Linien und Konturen trugen mit zum Ausdruck bei, Farbwerte und Pinselführung wurden ruhiger und zurückhaltender: ZWEI MÄNNER AM TISCH, 1912 (Hamburg, Kunsthalle). Neben Akt- und heiteren Landschaftsdarstellungen der frühexpressionistischen Zeit, die Heckel durchaus beibehielt, waren nun auch meist düstere Szenen aus der Zirkuswelt und Darstellungen der menschlichen Tragik zum Werk des Künstlers hinzugetreten, verstärkt natürlich unter dem Eindruck des Krieges; Beispiele: die Graphik VERWUNDETER MATROSE von 1915 oder das schon vor dem Krieg entstandene → Triptychon DIE GENESENDE, 1913 (Cambridge, Massachusetts, Harvard University, Busch-Reisinger-Museum). In dieser Zeit wurde Heckels Malkunst durch die von der Begegnung mit Delaunays Werk initiierte Hereinnahme des Gestaltungsmittels „Licht" bereichert, was sich im GLÄSERNEN TAG von 1913 (München, Staatsgalerie Moderner Kunst, Stiftung M. Kruss) deutlich zeigt. – Nach dem Krieg änderte sich die Malweise des Künstlers hin zu größerer Weichheit von Linie und Farbauftrag, die jetzt weniger auf Äußerlichkeit als auf Charakterisierung des nicht Sichtbaren, des Innerlichen und der psychischen Spannungen des Individuums ausgerichtet waren; auch in der bei Heckel so bedeutenden Graphik wurde das deutlich: SELBSTBILDNIS, 1919 (Saarbrücken, Saarlandmuseum). Die Farben, nach wie vor flächig ausgebreitet, waren jetzt leicht und dünn aufgetragen. Auf den zahlreichen Reisen schuf der Künstler darüber hinaus die berühmt gewordenen Landschafts- und Städteansichten, die oft von einem erhöhten Standpunkt aus und mit einer gewissen Tiefenwirkung gestaltet waren, z. B. LANDSCHAFT IN ANGELN 1930 (Hemmenhofen, Privatbesitz); daneben entstanden treffend charakterisierende Porträts, wie das des OTTO MUELLER von 1930 (Hemmenhofen, Privatsammlung), und wieder Zirkusszenen; jetzt aber nicht mehr düster, sondern von Lebensfreude und immer mehr von einem klassischen Schönheitsideal bestimmt, was auch zur Beschäftigung mit dem Genre → Stilleben führte. Das Aquarell wurde zu einer bevorzugten Ausdrucksform des Malers. In seinem Alterswerk, das in den frühen fünfziger Jahren einsetzte, wurde diese Hinwendung zum Lyrischen, Ausgewogenen, oft vom Ornamentalen, Bestimmten deutlich: ARTISCHOCKENBLÜTE, 1958 (Privatbesitz). Auch die Zirkuswelt kehrte in Heckels Bildern immer wieder; in den Darstellungen des Clowns hielt der Künstler den Menschen eine Art Spiegel ihres Charakters vor, z. B. in dem bezeichnenden Werk CLOWN VOR DEM SPIEGEL von 1946 (Essen, Museum Folkwang). Sein Œuvre war stets von einer psychologischen Komponente mitbestimmt. Wenn sich auch seine Formensprache hin zu weicherer, ornamentaler, „lyrischer" Gestaltung und reduzierter Farbskala gewandelt hatte, war Heckels Werk doch von starker Ausdruckskraft gekennzeichnet, vor allem seine bedeutende graphische Arbeit.

Heda, Willem Claesz.

* 1593/94 vermutlich in Haarlem, † 1680/82 ebenda. Unter dem sehr deutlichen Einfluß von Floris van Dyck

Willem Claesz. Heda, STILLEBEN, *1634, 43 × 57 (Rotterdam, Museum Boymans-van Beuningen). Eine Monochromie aus Graugrün beherrscht das aus hochpoliertem Glas und Silber arrangierte Stilleben. Von besonderer Raffinesse ist die Darstellung des zerbrochenen Glases, das wohl den Vanitas-Gedanken vertritt.*

und Pieter Claesz schuf Heda überwiegend → Stilleben mit Frühstückstischen. Seine Wiedergabe von oft kostbarem Tafelgerät aus Glas und Zinn sowie von Speisen und Getränken erfaßt Stofflichkeit und Lichtwirkung mit penibler Feinheit, oft verbunden mit subtiler → Vanitassymbolik. War seine Palette zunächst fast monochrom, so verstärkte sich die Farbigkeit seiner Bilder ab ca. 1650, wie auch die Stilleben nach der Art des Willem Kalf an barocker Fülle gewannen und nun sehr geschätzt wurden.

Heem, Jan Davidsz. de
* um 1606 in Utrecht, † 1683/84 in Antwerpen. Heems frühe Stilleben gehören in Komposition und Monochromie dem Haarlemer Typus an. Ab 1637 in Antwerpen wurden seine Arrangements üppig barock. Prunkgeräte und Früchte komponierte er in warmen Farben und sehr detailgenau zu lebendigen Anordnungen, oft verbunden mit → Vanitasmotiven, so z. B. beim BLUMENSTRAUSS MIT KRUZIFIX UND TOTENKOPF (München, Alte Pinakothek) oder FRÜHSTÜCKSTISCH (Paris, Louvre).

Heemskerck, Maerten van
(auch Heemskerk, Maarten oder Martinus)
* 1498 in Heemskerck bei Haarlem, † 1. 10. 1574 in Haarlem. Bedeutender Vertreter des niederländischen → Romanismus. Er studierte bei Cornelis Willemsz. in Haarlem und bei Jan Lucasz. in Delft, am meisten beeinflußt wurde er von Jan van Scorel, in dessen Haarlemer Atelier er 1527–29 arbeitete. 1532 schulte er sich in Italien an antiken und an Renaissancevorbildern. Nach seiner Rückkehr ließ er sich in Haarlem nieder. Eines seiner Haupt-

Maerten van Heemskerck, FAMILIENBILD, *vor 1532, 119 × 140 (Kassel, Gemäldegalerie). Die Verbindung von detailtreuem Realismus und dem aus der christlichen Bildtradition stammenden Motiv der Mutter mit Kind ist typisch holländisch. Sehr viel menschliche Wärme erfüllt die Beziehung der beiden Kinder.*

werke ist der 1538 vollendete Flügelaltar mit der PASSION CHRISTI und SZENEN AUS DEM LEBEN DES HL. LAURENTIUS, der später in den Dom von Linköping, Schweden, gelangte. Das Triptychon mit einer BEWEINUNG, 1560 (Brüssel, Musée des Beaux-Arts), mit seinen groß in der vorderen Raumzone plazierten Figuren, erweist ihn als den bedeutendsten religiösen Maler der nördlichen Niederlande in dieser Zeit.

Heimbach, Wolfgang
* um 1615 in Övelgönne bei Pinneberg, † nach 1678 in Oldenburg. Der Barockmaler lernte wahrscheinlich in Holland. Sein Werk ist stets stark an Vorbildern orientiert und zeichnet sich – vor allem in den Nachtstücken – durch lebhaftes → Kolorit aus. 1640–51 war er in Italien, wo er 1645 ein Porträt von PAPST INNOZENZ X. malte (Kopenhagen, Statens Museum for Kunst), und für die Adelshäuser Doria-Pamphili und Medici tätig war. In Rom wurde er stark von den → Caravaggisten Gerard von Honthorst und Georges de La Tour beeinflußt. 1651 kehrte er nach Norddeutschland zurück und arbeitete zehn Jahre lang als Hofmaler König Friedrichs III. von Dänemark. 1670 trat er in den Dienst des Fürstbischofs von Münster, für den er bis zu seinem Tode tätig war.

Heintz, Josef d. Ä.
* 11. 6. 1564 in Basel, † 15. 10. 1609 in Prag. Bedeutendster Vertreter der Schweizer Künstlerfamilie. Seit 1578 erhielt er eine Ausbildung bei Hans Bock d. Ä. Seine erste bekannte Federzeichnung von 1582 DAS URTEIL SALOMOS (Basel, Kupferstichkabinett) geht auf eine Vorlage Holbeins d. J. zurück. Von 1584–87 lernte er bei Hans von Aachen in Rom den Umgang mit den Farben. 1591 wurde er Kammermaler Kaiser Rudolfs II. in Prag. 1593 sandte ihn ein Reiseauftrag zurück nach Italien, wo die Antikenzeichnungen PAN UND DAPHNIS sowie JUNGER SATYR MIT PANTHER (Wien, Albertina) entstanden. Wieder in Prag, porträtierte er 1594 KAISER RUDOLF II. (Wien, Kunsthistorisches Museum). Als Dekorationsarchitekt arbeitete er seit 1605 mit Elias Holl in Augsburg zusammen. Heintz, der nach Carel van Manders Bemerkung „alle Deutschen und Niederländer durch den Fleiß und die Mühe übertraf, die er auf das Abzeichnen aller schönen Sachen ... verwendete", versuchte bewußt Holbeins Gestaltungsweise mit der Kunst der italienischen Hochrenaissance zu verbinden. Seine Bilder zeigen in der Lichtführung Correggios Einfluß und die Übernahme einzelner Motive von Paolo Veronese.

Al Held, MAO, 1967, 290 × 290 (New York, André Emmerich Gallery). Der amerikanische Künstler ließ solche geometrischen Formen anfangs mit dem Spachtel bei dickem, pastosem Farbauftrag entstehen. Seine späteren „hard edge"-Bilder sind glatt und lassen die Technik des Malvorgangs nicht mehr erkennen.

Heintz, Josef d. J.
* um 1600 vermutlich in Augsburg, † um 1678 vermutlich in Venedig. Seit 1625 in Venedig tätig. Dort schuf er Gemälde für venezianische Kirchen, so z. B. DAS JÜNGSTE GERICHT in San Antonio. Ein Einfluß Correggios ist erkennbar. Außerdem malte er phantasievolle Spukgestalten nach Art Jan Bruegels d. Ä.

Held, Al
* 12. 10. 1928 in New York. Wichtiger Vertreter der → Hard-edge-Malerei. Nach einem Malerei- und Graphikstudium an der Art Students' League in New York setzte er seit 1949 seine Ausbildung in Paris fort. War er bisher vom → abstrakten Expressionismus beeindruckt, so geriet er nun unter den Einfluß Piet Mondrians. Nach seiner Rückkehr in die USA 1952 wandte er sich von der → Action-painting ab, behielt jedoch noch deren Technik eines → pastosen, großzügigen Farbauftrags bei. Es entstanden geometrische oder freiere, doch scharf umgrenzte Formgebilde. In den sechziger Jahren werden die Bilder immer größer, so auch GENESIS, 1963 (Basel, Kunstmuseum). Durch eine besondere Kompositionsweise scheint der künstliche Bildraum in den Betrachterraum zu fluten, so auch z. B. in VIER DREIECKE, 1965 (Köln, Sammlung A. O. Müller). Nach 1968 verstärkt sich die reliefartige Wirkung der Bilder, indem stereometrische Formen in verschränkten Konstellationen gleichzeitig mehrere Raumebenen konstituieren. Durch die nun ausschließliche Verwendung von Weiß und Schwarz wird die optische Eindringlichkeit noch verstärkt.

Heldt, Werner
* 17. 11. 1904 in Berlin, † 3. 10. 1954 in Sant'Angelo auf Ischia. Vertreter eines lyrischen Realismus. Nach einem Studium an der Berliner Akademie malte er bis 1925/26 anekdotisch gefärbte Stadtszenerien. Die Straßenansichten der folgenden Jahre wandelten sich von einem fast magischen Realismus zu → kubistisch vereinfachten → Veduten. Seit 1930 hellte er seine Palette auf. Nach 1946 konfrontierte er, etwa in BERLIN, 1951 (Singen, Rathaus), Häuserfronten mit riesenhaften Vordergrundstilleben und führte so irreale verfremdende Perspektivverzerrungen herbei.

Hélion, Jean
* 21. 4. 1904 in Couterne, Orne. Der französische Maler vertritt einen abstrahiert → neoplastischen Stil. Nach ersten kubistischen Versuchen beeinflußte ihn Joaquín Torres-García zu abstrakteren Bildkompositionen. Dann wurde Piet Mondrian für ihn ausschlaggebend. 1930 gab er mit Theo van Doesburg das erste Manifest der Gruppe → Art concret heraus und 1932 schloß er sich der Gruppe → Abstraction-Création an. Auf Reisen durch die Sowjetunion kam er in Berührung mit dem → Sozialistischen Realismus, woraufhin wieder gegen-

Werner Heldt, Fensterausblick mit totem Vogel, *1945, 84 × 97 (Hannover, Sammlung Sprengel). Dieses Bild der Trauer und Trostlosigkeit malte der Berliner Künstler noch als Kriegsgefangener. Gesichtslose Häuserwände und ein kahler Baum bezeichnen den traurigsten Moment im Leben dieser Stadt.*

ständliche Formen in seinen Bildern auftauchen. 1943 emigrierte er in die USA, von wo er nach dem Krieg der → Pop-art verwandte Figurationen zurückbrachte. Später nähert er sich einem Realismus mit summarischen, maschinellen Formgebilden.

Heller, Bert
* 30. 3. 1912 in Aachen. Der spätimpressionistische Bildnismaler studierte seit 1927 an der Kunstgewerbeschule in Aachen. 1940 begann er ein erneutes Studium an der Münchner Akademie. 1953 erhielt er eine Professur für Malerei an der Hochschule für bildende und angewandte Kunst in Berlin-Weißensee, der er auch einige Jahre als Direktor vorstand. Seine gegenständlichen Kompositionen mit kristallinisch-kubischen, groß zusammengefaßten Formen erinnern stilistisch auch an den → Sozialistischen Realismus.

Bert Heller, Zwei vom VEB Blütenweiss *(Ost-Berlin, Nationalgalerie). Die Kunst der DDR widmet sich vorwiegend – wenn auch nicht ausschließlich – Themen aus der Arbeitswelt. Dieses einen gemäßigten Impressionismus vertretende Bild schildert das positive Verhältnis zwischen einer älteren und jüngeren Genossin.*

Helst, Bartholomeus van der
* ca. 1613 in Haarlem, † 16. 12. 1670 in Amsterdam. Der Maler ist bekannt durch seine großformatigen Gruppenbildnisse für die Amsterdamer Schützengilden, z. B. Die Vorsteher der Voetboogdoelen, 1656; Die Schützenkompanie des Hauptmanns Bicher, 1639–43 (beide Amsterdam, Rijksmus.). Mittelpunkt der friesartigen Kompositionen Helsts ist die menschliche Gestalt in ihrer selbstbewußten Behäbigkeit, wie sie das Amsterdamer Geldbürgertum verkörperte. Jede Figur ist gleich gewichtig ins Bild gesetzt und nicht einer umfassenden Bildidee eingegliedert. Die Lichtbehandlung dient der plastischen, dokumentarisch-sachlichen Darstellung der Figuren und nicht, wie bei Rembrandt, einer atmosphärischen Stimmung. Die glatte und präzise Malweise unterstützt die Steifheit des Dargestellten. Um die Mitte des Jahrhunderts geht Helst als einer der ersten von der gedämpften Tonigkeit zu kontrastreicherer Farbgebung über, z. B. Die Festmahlzeit der Schützen von Voetboogdoelen, 1648 (Amsterdam, Rijksmus.). Gruppenporträts wie Das Patrizierpaar, 1661 (Karlsruhe, Staatliche Kunsthalle) verraten den Einfluß flämisch orientierter, höfischer Bildniskunst eines Antonis van Dyck, erreichen aber nicht deren Eleganz.

Hemessen, Jan van
(eigtl. Jan Sanders)
* um 1500 in Hemessen bei Antwerpen, † nach 1575 in Haarlem (?). Der Künstler wurde lange, wahrscheinlich zu Unrecht, mit dem Braunschweiger Monogrammisten identifiziert. 1519 wurde er Schüler von Hendrick I. van Cleve, 1551 ließ er sich in Haarlem nieder. Im 2. Viertel des 16. Jh. scheint er zu den meist beschäftigten Künstlern in Antwerpen zu gehören, der auch damals der wichtigste Figuren-

Henning von der Heyde, DAS GASTMAHL DES AHASVER *(Lübeck, St.-Annen-Museum). Das alttestamentarische Thema aktualisiert Henning mit den Requisiten des späten 15. Jh. Trompetenschall war ein Privileg der Fürsten; Tafelgeschirr aus Gold und Silber, auch die Einnahme seltener Früchte sind Indizien seines Status.*

maler großen Stils war. Man kann ihn als Begründer des flämischen Sittenbildes und als Vorläufer von Jacob Jordaens bezeichnen.

Hennequin, Philippe Auguste
* 20. 4. (?) 1762 in Lyon, † 12. 5. 1833 in Leuze bei Tournai. An der Lyoner Akademie wurde Hennequin bei Donat Nonnotte zum Blumenmaler ausgebildet und studierte danach in Paris bei Étienne Pierre Adrien Gois und Jacques Louis David. Bei Ausbruch der Revolution arbeitete er an der Académie de France in Rom, die er nun verlassen mußte. In Lyon wurde er nach Einsetzen der politischen Reaktion verhaftet. Bei der Rückkehr der Bourbonen 1815 mußte Hennequin abermals fliehen und ging von Paris aus zu David nach Belgien. In Tournai lehrte er bis zu seinem Tod an der Akademie. – Hennequin schuf Bilder mit historischen, mythologischen und biblischen Sujets, die aber meist einen politischen Aussagewert besaßen, wie DIE REUE DES OREST von 1800 (Paris, Louvre) oder seine Allegorie FETE DE LA FÉDÉRATION von 1792 (verschollen, nur durch einen Stich bekannt).

Heyde, Henning von der
tätig zwischen 1490 und 1510 in Lübeck. Der als Bildschnitzer und Maler bekannte Meister der norddeutschen Spätgotik gilt als Schüler und Nachfolger von Bernt Notke. Eines seiner Hauptwerke ist der FRONLEICHNAMSALTAR von 1496, Lübeck, St.-Annen-Museum.

Herbig, Otto
* 31. 12. 1889 in Dorndorf a. d. Werra, † 13. 6. 1971 in Weilheim (Obb.). Der Maler und Lithograph lernte bei Lovis Corinth in Berlin und bei Albin Egger-Lienz in Weimar, wo er 1945 selbst Professor an der Akademie wurde. In Öl- und Pastelltechnik malte Herbig Landschaften, und Blumenstilleben → Genreszenen sowie Bildnisse von Frauen und Kindern. 1940 erschien ein Mappenwerk mit dem Thema WELT DES KINDES. Sein Stil war sehr farbenfroh, zeigt expressionistische Tendenzen und wirkt ausgesprochen dekorativ-flächenfüllend, was dem Publikumsgeschmack entgegenkam.

Herbin, Auguste
* 29. 4. 1882 in Quiévy bei Cambrai, † 1. 2. 1960 in Paris. Wichtiger Vertreter der → geometrischen Abstraktion. Nach einem Kunststudium in Lille ging er 1903 nach Paris. Zunächst beeinflußt von Vincent van Gogh, wandte er sich gegen 1906 dem → Fauvismus zu, anschließend dem → Kubismus. Ab 1913 gestaltete er dekorativ geometrische, starkfarbige Bilder, die in den folgenden Jahren zunehmend vom → Orphismus geprägt waren. Nach 1925 malte er ausschließlich abstrakt, wobei er mit seinen „Farbformen" Victor Vasarely und die spätere → Op-art inspirierte. 1931 initiierte er maßgeblich die Gründung von → Abstraction-Création. Ein Bild wie REGEN, 1956 (Paris, Galerie Denise René), zeigt das Vorherrschen von Kreis, Dreieck und Rechteck in seinen späteren Werken.

Herkenrath, Peter
* 18. 4. 1900 in Köln. Repräsentant des deutschen → Informel. Sein Schaffen beginnt in den zwanziger Jahren mit gegenständlichen Stilleben. Nach dem Zweiten Weltkrieg behandelt er die gleiche Thematik, etwa in PASTELL 3 von 1969 (Besitz des Künstlers), aber nun in reliefartiger und raumhaltiger Strukturierung der Farbmaterie. Die Farbskala ist von den Kontrasten kühler und warmer Tonwerte beherrscht.

Herlin, Friedrich
(auch Herlein)
Nachweisbar seit 1459 in Nördlingen, † 1500 in Nördlingen. Aufgrund seiner Kenntnis der niederländischen Meister wird eine Reise Herlins nach Holland vor 1459 angenommen. Sein frühestes erhaltenes Werk ist der MARIENALTAR aus der Herrgottskirche in Nördlingen (Flügelbilder in München, Bayrisches Nationalmuseum und Nördlingen, Stadtmuseum). Der Bildaufbau und Figurentypus setzen die Kenntnis von Werken Rogiers van der Weyden, Robert Campins und Stefan Lochners voraus. Herlins Hauptwerk, die Flügel des GEORGSALTARES, 1462 (Nördlingen, Stadtmuseum) zeigt im Bildaufbau große Annäherung an Rogiers Columba-Altar. Bei gegenstandsgebundener, schlichter Farbgebung versucht der Künstler durch genaue Detailbeschreibung dem Vorbild der niederländischen Malerei nachzueifern. Seine ganz persönliche Leistung zeigt sich in den Stifterbildnissen. Eine rückläufige Entwicklung des Meisters wird in den Flügeln des JAKOBSALTARES, 1466 (Rothenburg ob der Tauber, St. Jakob), deutlich, da er sich wieder mehr an dem Meister von Flémalle orientiert. In der Folgezeit entstanden

◁ Friedrich Herlin, JAKOBSALTAR (Rothenburg o. d. Tauber, St. Jacob). Das Interieurbild stammt von der Werktagsseite des Jakobsaltars, der Szenen aus dem Leben des hl. Jakobus von Compostela und seiner Pilger schildert. An der bürgerlichen Tafel wird aus einer gemeinsamen Schüssel gegessen. Die Gabel ist noch nicht erfunden. Elemente der niederländischen Kunst werden hier deutlich.

△ *Peter von Hess,* Einzug König Ottos in Nauplia, *1835, 277 × 412 (München, Neue Pinakothek). Nach der Befreiung Griechenlands von der Türkenherrschaft bot die Londoner Konferenz 1832 dem bayerischen Kronprinzen die griechische Krone an. Nach einer fast zweimonatigen Reise landete der Sohn Ludwigs I. mit 43 Schiffen in Nauplia, seiner provisorischen Residenzstadt. „Viele Reiter waren bis an die Hälfte des Pferdes, viele Fußgänger bis unter die Arme in das Meer mir entgegengewatet", schrieb der 18jährige Monarch an seinen Vater nach München. Der Schlachtenmaler Peter von Hess gehörte als „Bildberichterstatter" zum Gefolge des Wittelsbachers. In der nüchternen Detailerfassung und panoramaartigen Ausbreitung zeigen sich deutlich Züge des → Biedermeier.*

Hermann Hesse, TESSINER LANDSCHAFT, *1928, 30 × 24 (Privatbesitz). „Selbstgemachte, leuchtende Aquarelle", fertigt Harry Haller in Hesses autobiographischem Roman „Der Steppenwolf" an. Die Landschaft ist Lieblingsmotiv des Malers Hesse, der hier die Tuschfeder zur stärkeren Konturierung einsetzt.*

mehrere Epitaphbilder. Herlins letztes bekanntes Werk, der sog. FAMILIENALTAR von 1488 (Nördlingen, Stadtmuseum), dokumentiert ebenfalls eine gewisse Rückentwicklung des Künstlers zu den niederländischen Vorbildern, beweist aber andererseits seine Fähigkeiten als Porträtist. Friedrich Herlins Bedeutung liegt im besonderen darin, daß er die Kunst Rogiers van der Weyden in Oberdeutschland einführte.

Hermonax
Attischer Vasenmaler des streng-rotfigurigen Stils, tätig in Athen um 470 bis um 455/50 v. Chr. Hermonax stammt wohl aus der Schule des Berliner Malers, was sich besonders in der Formulierung von Gesicht und Auge dokumentiert. Obwohl er einem gewissen Archaismus huldigt, verteilt er seine Gestalten in ruhiger Komposition über die Gefäßwand, gibt ihnen selbst aber viel Bewegung und Dynamik, vor allem sehr lebhafte und ausdrucksstarke Köpfe. Der zart-kurvige Gewandstil scheint das beruhigte Zusammenspiel ionischer Einflüsse mit dem strengen Stil Attikas auszudrücken. Zu den wenigen signierten Arbeiten gehört eine Pelike in Wien mit der VERSAMMLUNG VOR DER SPHINX und ein Stamnos mit PHILOKLET (Paris, Musée National du Louvre), ferner werden ihm Hydrien, Oinochoën, Lekythen und eine Schale zugeschrieben. Die Thematik des Hermonax entstammt vorwiegend den Mythen um die olympische Götterwelt.

Herrera, Francisco de d. Ä.
(gen. El Viejo)
* 1576 in Sevilla, † 1656 in Madrid. Herrera d. Ä. erhielt seine Ausbildung bei Pacheco und Fernández in Sevilla. Sein eigentliches Vorbild war jedoch Juan de las Roelas. Die Bilder Herreras d. Ä. zeigen das Streben nach realistischer Darstellung, wenngleich die Figuren noch wie in Pose gestellt wirken. Neben Heiligenbildern wie DIE APOTHEOSE DES HL. HERMENEGILD (Sevilla, Jesuitenkloster S. Hermenegildo) und DER HL. BASILIUS DIKTIERT SEINE LEHRE, 1639 (Paris, Louvre) schuf Herrera Genreszenen, darunter DER KORBMACHER (Avignon, Musée Calvet).

Herrera, Francisco de d. J.
(gen. El Mozo)
* 1622 in Sevilla, † 22. 8. 1685 in Madrid. Herrera d. J., Sohn und zugleich Schüler seines Vaters Herrera d. Ä., setzte sich bewußt von diesem ab. Während seines mehrjährigen Romaufenthaltes schuf er Fisch- und Blumenbilder. Wieder in Sevilla entstand 1656 das Gemälde TRIUMPH DES HL. SAKRAMENTS (Sevilla, Kathedrale, Capilla Sacramental). Später wechselte er nach Madrid, wo er 1672 Hofmaler Philipps IV. wurde. Für die Atochakirche in Madrid schuf er das Kuppelfresko HIMMELFAHRT MARIÄ. Herreras ganz im barocken Stil gehaltene Werke zeichnen sich durch eine kräftige, an venezianische Malerei erinnernde Farbgebung aus.

Hess, Heinrich Maria von
* 18. 4. 1798 in Düsseldorf, † 29. 3. 1863 in München. Historien- und Porträtmaler der Romantik. Im freundschaftlichen Kontakt zu den → Nazarenern entstanden Frauenporträts in graziler Anmut und vorzüglichem Kolorit, wie das BILDNIS EINES JUNGEN MÄDCHENS, 1825 (München, Lenbachhaus). Ab 1928 malte er die Domfenster in Regensburg aus.

Jean Hey, MARIA MIT KIND UND ENGELN, *1490, 39 × 30 (Brüssel, Musées Royaux des Beaux-Arts). Von einer strengen Anmut ist das Antlitz der Madonna erfüllt. Dem Blick des Jesusknaben verleiht Hey eher den Ernst eines Erwachsenen. Das weiße Kissen wird von einem der Engel zärtlich aufgerichtet.*

Carl Fredrik Hill, EINÖDE, *1876, 54 × 73 (Stockholm, Nationalmuseum). Die Landschaften des bedeutenden schwedischen Malers verzichten auf alles Bravouröse und Gefällige. Bereits eine karge, nur am Rande bewachsene Heidefläche erscheint ihm bildwürdig. Mehr expressiv als lieblich formieren sich die Wolken.*

Hess, Peter von
* 29. 7. 1792 in Düsseldorf, † 4. 4. 1871 in München. Der Schlachtenmaler leitete in München die Epoche des Naturalismus ein, beeinflußt von seinem Lehrer Albrecht Adam. Um naturgetreue Studien für seine Malerei betreiben zu können, erwirkte er 1813 die Genehmigung, den Krieg gegen Napoleon auf dem Schlachtfeld mitzuerleben. 1817 schuf er sein erstes großes Gemälde DIE SCHLACHT BEI ARCIS-SUR-AUBE (München, Residenz). 1833 erreichte er mit dem GEFECHT BEI WÖRGL (München, Residenz) einen Höhepunkt seines künstlerischen Schaffens. 1839 folgte er einer Einladung des Zaren nach St. Petersburg und übernahm den Auftrag einer mehrteiligen Schilderung des Rußlandfeldzuges, den er erst 1855 mit acht großen und vier kleinen Gemälden zu Ende brachte (Leningrad, Eremitage). Nach 1818 griff er auch Motive südlicher Landschaften und erzählerische → Genrethemen auf.

Hesse, Hermann
* 2. 7. 1877 in Calw, † 9. 8. 1962 in Montagnola. Berühmter deutscher Dichter, der mit einer Reihe von Zeichnungen und Aquarellen auch auf dem Gebiet der Malerei Beachtliches leistete. Der Sohn eines Missionspredigers war 1895–1903 in Tübingen im Buchhandel tätig. 1911 unternahm er eine großen Indienreise, 1923 wurde er Schweizer Bürger. Als Hesse 1919 nach Montagnola im Tessin zog, begann er gleichzeitig mit dem Malen. Neben Illustrationen und Zeichnungen entstanden etwa 80–100 Aquarelle, bunte, farbenfrohe Landschaften, Garten-, Blumenbilder usw., die den Einfluß von Emil Nolde, Hans Purrmann und Paul Klee zeigen, aber auf eine ganz persönliche, liebenswert-schöpferische Art jene Worte verdeutlichen, die Hesse über das Malen fand: Es sei „wunderschön, es macht einen froher und duldsamer . . .“

Hey, Jean
(identisch mit dem Meister von Moulins)
tätig seit 1480 in Frankreich, † nach 1504 wahrscheinlich in Moulins. Der Tafelmaler, Miniaturist und Entwerfer von Glasmalereien wurde zu einem typischen französischen Vertreter einer eleganten, höfischen Formensprache, die bereits im Geist der Renaissance gehalten, wenn auch von der spätgotischen flämischen Malweise und Realistik durchdrungen war. Wahrscheinlich stammte der Künstler aus den Niederlanden, möglicherweise aus der Grafschaft Holland. Seit 1483 bis 1485 malte er im Auftrag Peters II. von Borurbon und dessen Gemahlin Anna, der Tochter Ludwigs XI., am Hof von Moulins, der damals praktisch den Rang des französischen Königshofes einnahm. Entsprechend hervorragend war die Stellung des Künstlers. Als Urheber einer stilistisch zusammengehörenden Gruppe von Bildern konnte Jean Hey identifiziert werden, denn die für Hey urkundlich gesicherte Tafel mit der Büstenfigur eines ECCE HOMO, 1494 (Brüssel, Musées Royaux des Beaux-Arts), ist nachweislich in Moulins entstanden und stimmt stilistisch überein mit Werken des „Meisters von Moulins“, die wiederum den Lebensdaten von Jean Hey chronologisch entsprechen. Der ECCE HOMO ist in seiner idealisierten Schönheit ein besonders frühes, deutlich aus der Kunst Jean Fouquets hervorgegangenes Beispiel für die gefühlsbetonte Malerei der Renaissance im Norden. Zu den wichtigsten Arbeiten Jean Heys gehören die GEBURT CHRISTI MIT STIFTER KARDINALERZBISCHOF JEAN ROLIN, um 1480/83 (Autun, Musée Rolin), die um 1485 gemalte Tafel KARL II. VON BOURBON, KARDINALERZBISCHOF VON LYON (München, Alte Pinakothek), das Bildnis MARGARETHE VON ÖSTERREICH ALS KÖNIGIN VON FRANKREICH 1491/92 (New York, Sammlung Lehmann), Miniaturen zu den Statuten des Michaelsordens, 1493 (Paris, Bibliothèque Nationale), die BEGEGNUNG VON JOACHIM UND ANNA AN DER GOLDENEN PFORTE UND KARL D. GR., 1500 (London, National Gallery), sowie der HL. MAURITIUS MIT STIFTER, um 1500 (Glasgow, Art Gallery and Museum). Das Hauptwerk dieses Meisters, der früher mit Jean Pérreal oder Jean Bourdichon gleichgesetzt wurde, ist zweifellos das 1499–1501 für die Kathedrale Notre-Dame in Moulins entstandene → Triptychon, nach dem der Künstler vormals seinen Notnamen erhalten hatte. Auf der Mitteltafel des Flügelaltars erscheint MARIA MIT KIND IN DER GLORIE UND ENGEL, auf dem linken Seiteninnenflügel die Stifterszene DER HL. PETRUS EMPFIEHLT PETER II. VON BOURBON, auf der gegenüberliegenden Seite DIE HL. ANNA EMPFIEHLT ANNA VON BOURBON UND DEREN TOCHTER SUZANNE. Die stilistischen Ähnlichkeiten dieser Tafelbilder zu Spätwerken Hugo van der Goes' aus der Zeit um 1470/80 legen die Vermutung nahe, daß Jean Hey seine Ausbildung in Flandern erhalten habe. Daneben finden sich in der zart-eleganten Linienführung und in der leuchtenden Farbigkeit Anklänge an Nicolas Froment, hauptsächlich aber wieder an Jean Fouquet. Dessen plastisch-harte Körperdurchformung ist jedoch im Sinne weicher Konturierung und einheitlich modellierender Lichtgebung modifiziert. In den zarten Gesichtszügen und der feinen, sensiblen Wiedergabe der Hände seiner Figuren erweist sich schon die spätere, typisch französische Eleganz der Formgebung. Jean Heys Werke sind die bemerkenswertesten Schöpfungen der französischen Malerei am Ausgang dieses Jahrhunderts. Hey war es, der eigentlich die französische Malschule begründete, und er führte sie zu einer eigenständigen Variante der Renaissancekunst. In einem 1504 entstandenen Gedicht von Jean Lemaire wird er neben Pérreal als der bedeutendste lebende Maler Frankreichs gerühmt.

Highmore, Joseph
* 13. 6. 1692 in London, † 3. 3. 1780 in Canterbury. Der Bildnis- und Genremaler vereinte die Elemente des französischen Rokoko mit der englischen Malerei des 18. Jh. Er lernte bei Godfrey Kneller und studierte 1713 an der New Academy of Painting in London. Neben kleinformatigen Ganzfiguren-

Andō Hiroshige, DER WIRBEL VON NARUTO, *33,6 × 22,5 (Privatbesitz). Der gewaltigen Naturdynamik des Meeres setzt dieser Farbholzschnitt aus der Folge* BERÜHMTE LANDSCHAFTEN *den Betrachter unmittelbar aus. Wie schneebedeckte Gebirgsmassive ragen die Wellenberge auf, deren Gischt ornamentalisiert wurde.*

porträts schuf er auch hervorragende Gruppenbildnisse. Seine Spätwerke zeichnen sich durch verstärkten Naturalismus aus. Highmore, der auch kunsttheoretisch tätig war, schuf neben seinen Porträts auch religiöse Bilder, etwa DER GUTE SAMARITER, 1744 (London, Foundling Hospital).

Hill, Carl Fredrik
* 31. 5. 1849 in Lund, † 22. 2. 1911 in Lund. Nach 2jährigem Studium an der Stockholmer Akademie ging Hill 1873 nach Paris. Seine zahlreichen dort entstandenen Landschaftsgemälde, oft mit Motiven aus dem Wald von Fontainebleau zeigen den Einfluß der Schule von → Barbizon. Corot, Courbet und später die ungarischen Maler Paál und Munkácsy bestimmten seinen Stil, in dem Licht-Schatten-Kontraste hervorstechen. Die Impressionisten-Ausstellung 1876 gab Anlaß zu einer Veränderung in Hills Malweise, sie erhielt mehr Helligkeit. Seine Lieblingsthemen wurden die Flußgegenden um Paris und die Strände Nordfrankreichs. So entstand beispielsweise 1877 das Bild SEINE-LANDSCHAFT BEI BOIS-LE-ROI (Göteborg, Konstmuseet). Im selben Jahr erkrankte Hill an Schizophrenie. Nach einem 2jährigen Aufenthalt in einer Anstalt kehrte er 1880 nach Lund zurück, wo er viele Kreide-, Tusch- und Bleistiftzeichnungen schuf. Darin mischt sich Visionäres mit Szenen aus der Wirklichkeit. Ein Werk aus dieser Zeit ist der PROPHET IN VORZEITLICHER LANDSCHAFT (Stockholm, Nationalmuseum).

Hilleström, Pehr
* 18. 11. 1732 in Väddö bei Stockholm, † 13. 8. 1816 in Stockholm. Hilleström erhielt seine erste Ausbildung an der Stockholmer Akademie. Seit 1747 lernte er bei dem französischen Tapetenweber P. L. Duru. Bis 1757 arbeitete er an großen Tapisserien-Zyklen in der königlichen Gobelinmanufaktur. Im folgenden Jahr war er in Paris, wo er Boucher und Chardin studierte. Ab 1758 arbeitete er wieder an der Gobelingestaltung. Neben zahlreichen Gemüse- und Fleischstilleben malte er Zeremonien sowie bürgerliche Szenen, z. B. DIE MODISTIN, im Nationalmuseum von Stockholm.

Hilliard, Nicholas
(auch Hildyard, Heliard, Helier)
* 1547/48 in Exeter, begraben am 7. 1. 1619 in London. Wichtiger Miniaturist der Spätrenaissance. Nach einer Goldschmiedelehre trat Hilliard um 1570 als Maler und Goldschmied in den Dienst der Königin Elizabeth I., als Spezialist für die Verfertigung von Miniaturbildnissen der Königin. In seinen kleinformatigen, präzise gearbeiteten Bildnissen war er stark von der Kunst Hans Holbeins d. J. beeinflußt. Den Höhepunkt seines Schaffens erreichte er um und nach 1580 mit Werken wie dem JÜNGLING UNTER ROSEN, um 1588 (London, Victoria and Albert Museum), oder PORTRÄT DES

GEORGE CLIFFORD, 13TH EARL OF NORTHUMBERLAND, um 1590 (Greenwich, National Maritime Museum).

Meindert Hobbema, DIE ALLEE VON MIDDELHARNIS, *1689, 104 × 141 (London, National Gallery). Als dieses in seiner Raumerschließung frappierende Meisterwerk entstand, war die Blütezeit der Barockmalerei in Holland schon vorüber. Da ihn die Kunst allein nicht ernährte, arbeitete Hobbema auch als Weinkontrolleur.*

Hiroshige, Andō

* 1797 in Edo (Tokyo), † 1858 in Edo. Der neben Hokusai, Utamaro und Harunobu berühmteste Meister des Farbholzschnitts lebte als Sohn eines Feuerwehroffiziers in Edo, dem heutigen Tokyo. Sein erster Lehrer war Okajima Rinsai, dann unterrichtete ihn der Drucker Utagawa Toyohiro. Seine weiteren Studien galten der → Nanga-Malerei, westlicher Kunst und der Arbeit der Shijo-Schule. H.s erste Holzschnittbücher, die von 1820 an erschienen, blieben zunächst unbeachtet. Im Jahr 1833 entstand – nach dem Vorläuferwerk ANSICHTEN DER OSTHAUPTSTADT von 1830 – die berühmte Folge 53 STATIONEN DES TOKAIDO, eine Dokumentation einer 1832 unternommenen Reise auf dem wichtigsten Verkehrsweg Japans zwi-

David Hockney, A BIGGER SPLASH, *1967, 244 × 244 (London, Privatbesitz). Von subtiler surrealer Wirkung ist das Auftreten eines Wasserspritzers (Splash) inmitten eines menschenleeren, nahezu sterilen Ambientes. Die Brechung des Dynamischen in einer statischen Sphäre erzeugt einen reizvollen Verfremdungseffekt.*

schen Tokyo und Kyoto. Erstmals wendet sich H. hier der Landschaft zu und charakterisiert sie mit ihren Stimmungswerten des Dämpfigen, Feuchten, Verhangenen. Die eingegliederten Personengruppen bereichern im Sinne von Realismus, sind aber immer der großen Naturkomposition untergeordnet. Eine Reihe anderer Landschaftsserien beruhen auf eigener Anschauung, die ihm Reisen durch Japan, 1841 nach Kai, 1852 in die Provinzen Kazusa und Awa, 1852 wieder in die Gegend Tokyo-Kyoto bringen. Die Serie ACHT ANSICHTEN VON KANAZAWA, 1857, erstmals im von H. selten benutzten Hochformat und viele andere sind der künstlerische Ertrag dieser Reisen. Eine enorme Produktion, nahezu 8000 bekannte Schnitte in Einzelblättern, Seriendrucken, Zeichnungen kennzeichnen einen Meister der Darstellung japanischer Topographie, die er jedoch nicht naturgetreu gestaltete im Sinne von Nachahmung, sondern in imaginativer Ausdruckskraft in ihrem Wesen zu erfassen suchte. Naturausschnitt und spannungsvolle Raumaufteilung sind ihm hierzu ebenso probate Mittel wie der Einsatz von Farbe im Dienste der Stimmung. Die naturalistische Sehweise gepaart mit technischer Virtuosität fand schon früh Eingang in die westliche Kunst. Die in den japanischen Pavillons der Pariser Weltausstellungen von 1855, 1867 und 1878 gezeigten Arbeiten H.s beeinflußten die Impressionisten wie auch van Gogh und Whistler. – Die als Hiroshige II. und III. benannten Künstler sind Schüler des H.

Hobbema, Meindert

* 1638 in Amsterdam, † 7. 12. 1709 in Amsterdam. Hobbemas Landschaftsmalerei gehört in die Spätzeit der holländischen Barockkunst, als diese bereits ihren Niedergang erlebte. Als sein berühmtestes Werk, die ALLEE VON MIDDELHARNIS (London, National Gallery), 1689 entstand, war den holländischen Malern schon vielfach Originalität und Gestaltungskraft abhanden gekommen. Einer Erklärung des bedeutenden holländischen Landschaftsmalers Jakob van Ruysdael zufolge war Hobbema für einige Jahre sein Schüler und soll „ihm gedient" haben. 1668 wurde der Maler zum

Ferdinand Hodler, SELBSTBILDNIS, *1912, 38 × 29 (Basel, Kunstmuseum). Mit einem Blick von hypnotisierender Intensität stellt sich der 59jährige Schweizer Maler dar. Über Jahrzehnte unbeachtet, hatte wenige Jahre zuvor sein kometenhafter Aufstieg als vielgefragter Künstler begonnen.*

Ferdinand Hodler, Der Genfer See, *um 1905, 60 × 85 (München, Neue Pinakothek). „Es ist die Mission des Künstlers, dem Unvergänglichen der Natur Gestalt zu geben, ihre innere Schönheit zu enthüllen ... Das Kunstwerk wird eine neue Ordnung offenbaren, die den Dingen innewohnt: die Idee der Einheit" (Hodler, 1897).*

städtischen Weinkontrolleur Amsterdams („wijnroeier"). Wie viele andere holländische Künstler des 17. Jh. sicherte er sich so ein Einkommen, da der holländische Kunstmarkt gesättigt war. Seit diesem Zeitpunkt ging sein künstlerisches Schaffen zurück. Anthonie van Borssoms und Cornelisz Vrooms Landschaftsstil hat Hobbema in seiner Frühphase beeinflußt. Erst später wird eine Anlehnung an Jakob van Ruysdael sichtbar, von dem Hobbema 1662 für sein Bild Waldsee (Melbourne, National Gallery) eine Radierung als Vorlage verwendet. Gegenüber Ruysdaels Landschaften sind Hobbemas Kompositionen weniger grandios gesteigert. Seine Baumgruppen sind lockerer und geben den Blick auf dahinter liegendes Land frei. Das Thema Waldweg findet sich sehr häufig in Hobbemas → Œuvre, wohingegen Städte oder Dörfer Hollands seltener dargestellt werden.

Höckert, Johan Fredrik

* 26. 8. 1826 in Jönköping, † 16. 9. 1866 in Göteborg. Höckert malte viele Darstellungen aus dem schwedischen Volksleben, so z. B. Gottesdienst in der Gebirgskapelle von Lövmock in Lappland, 1855 (Norrköping). Kräftiges Kolorit sowie ein breiter Pinselstrich zeichnen seinen Stil aus. Zu seinen reifsten Werken gehört Die Feuersbrunst im Stockholmer Schloss, 1862–66 (Stockholm, Nationalmuseum).

Hockney, David

* 9. 7. 1937 in Bradford, Yorkshire. Einer der wichtigsten Maler, Zeichner und Graphiker der englischen → Pop-art. Nach Studien 1953–57 am Bradford College of Art und 1959–62 am Royal College of Art in London entstanden seit ca. 1957 seine ersten Lithographien und 1961 seine frühesten Radierungen. Seit etwa 1960 malte er auch Ölbilder, die in der formverwischenden Maltechnik von Francis Bacon beeinflußt sind – so auch Cha-Cha, der in den frühen Stunden des 24. März getanzt wurde, 1961 (London, Sammlung Mr. und Mrs. Robert Melville). Zunehmend verfestigt sich dann in seinen Bildern das Figurale zu konturbetonter, flächenbezogener Körperlichkeit. Es entstanden Bildserien über Schwimmbassins, Interieurs und Wohnarchitekturen, z. B. Zwei Jungen in einem Schwimmbad, 1965 (London, Sammlung Lord und Lady Beaumont of Whitley). Seit 1968 näherte sich Hockney in seinen Darstellungen einer fast fotorealistischen Genauigkeit an.

Hodler, Ferdinand

* 14. 3. 1853 in Bern, † 19. 5. 1918 in Genf. 1867 kam Hodler bei einem Landschaftsmaler in Thun in die Lehre,

1871–76 bezog er die Kunstschule in Genf. Damals entstanden realistische → Genrebilder in einem ganz konventionellen Stil. Nach einer weiteren künstlerischen Ausbildung in Bern folgte 1878/79 eine neunmonatige Reise nach Madrid. Das Resultat war eine Aufhellung seiner Palette und eine erste Hinneigung zum → Impressionismus. Aber das dem Mystischen zugeneigte Pathos Hodlers drängte ihn zur großen Szenerie, zum Figurenbild. Sein Ziel war es, den Heroismus des starken, einfachen Menschen zu gestalten. Dazu entwickelte er eine vereinfachende Bildregie, in der wenige großgesehene Figuren als Protagonisten auftreten und in einer gesteigerten Gestik agieren. Die Pathetik wird durch einen stilisierten Kontur unterstrichen und durch rhythmische Wiederholung gesteigert. In diesem Sinne entstand sein erstes aufsehenerregendes Gemälde, DIE NACHT, 1889 (Bern, Kunstmuseum), das als sittenwidrig aus dem Genfer Salon entfernt wurde. Mit diesem Bild, das vom Schlaf verhüllte Menschen zeigt, wobei auf einem von ihnen ein dunkles Phantom, Nacht oder Tod, hockt, hatte Hodler im gleichen Jahr in Paris jedoch einen großen Erfolg. In Paris schloß er sich den Rosenkreuzern an, deren Mystizismus auch auf seine künstlerische Entwicklung von Einfluß war. Daneben waren es die bildnerischen Ideen des Gauguin-Kreises und die Koloristik der → Neoimpressionisten, die ihn beeindruckten. 1901–05 beteiligte sich Hodler an der Wiener → Sezession, und er gehörte der Berliner und Münchner Sezession an. 1908 lernte er seine Lebensgefährtin Valentine Godé-Darel kennen, deren Krankheit und Tod 1915 er in allen Stadien mit Zeichnungen und Gemälden festhielt. Im Todesjahr Hodlers, 1917, fand eine große Retrospektivausstellung in Zürich statt. Die künstlerische Entwicklung Hodlers steuerte kontinuierlich dem → Symbolismus zu. Während er unter dem Einfluß der Freilichtmalerei, vor allem Jean-Baptiste Camille Corots und der Impressionisten, begann, löste er sich gegen 1885 von diesen Strömungen. DIE NACHT zeigt bereits den voll entwickelten Symbolismus, in den sich auch Anregungen des → Ju-

Karl Hofer, ZWEI MÄDCHEN, 1935, 100 × 65 (Mannheim, Kunsthalle). „Der Mensch und das Menschliche war und ist immerdauerndes Objekt meiner Darstellungen", äußerte Hofer über seine künstlerischen Absichten. Hier schildert er zwei Freundinnen – von einer traurigen Nachdenklichkeit umfangen – in zärtlicher Umarmung.

Karl Hofer, TESSINER LANDSCHAFT, *54 × 67 (Privatbesitz). Diesem Schweizer Landstrich, der mit seiner „üppigsten Gartenheiterkeit" beglückte, fühlte sich Hofer zeitlebens auf das engste verbunden. Das Tessin bedeutete ihm „eine paradiesische Welt, die durchaus italienisch und dennoch völlig anders ist" (Hofer).*

gendstils mengten, z. B. in DER TAG, 1900 (Bern, Kunstmuseum). Nun wird Hodler schwerer und pathetischer in der Formgebung, düsterer in der Koloristik. Alle seine Themen sind einem „transzendentalen Idealismus" verpflichtet. Bilder wie DIE ENTTÄUSCHTEN, 1891/92 (Bern, Kunstmuseum), oder JÜNGLING, VOM WEIBE BEWUNDERT, 1903 (Zürich, Kunsthaus), dokumentieren diese Grundhaltung. Ab 1895 wandte er sich verstärkt der Historienmalerei zu, die in dem monumentalen Wandgemälde AUSZUG DER JENENSER STUDENTEN IN DEN FREIHEITSKRIEG 1813, 1908/09 (Jena, Friedrich-Schiller-Universität), gipfelte. Das ganze Bild wird hier zu einer einzigen Pathosgeste. Der expressive Spätstil ist durch noch stärkere Formvereinfachung, durch extremen Linienparallelismus und durch schlichten Realismus gekennzeichnet. Sehr abstrahiert-expressive, modern anmutende Landschaften machten Hodler auch zu einem der bedeutendsten Maler der Alpenlandschaft.

Hoech, Hannah

* 1. 11. 1889 in Gotha, Thüringen. Die Künstlerin war maßgeblich an der Gründung der Berliner → Dada-Gruppe beteiligt. Neben → Collagen und dadaistischen Plastiken entstanden 1918 ihre ersten Fotomontagen. 1920–26 war sie Mitglied der → Novembergruppe. 1922–27 übertrug sie die Montagetechnik auch auf die Malerei, was später den → Kritischen Realismus beeinflussen sollte. 1926–33 kam sie in Holland in engen Kontakt mit der Gruppe De → Stijl. Seit 1946 beteiligte sie sich auch an Ausstellungen der Surrealisten.

Hoefnagel, Jacob

* 1575 in Antwerpen, † um 1630 wahrscheinlich in Holland. Der → manieristische Stecher und Miniaturenmaler trat 1602 in die Dienste Kaiser Rudolfs II. Neben religiösen und mythologischen Gemälden entstanden vor allem Zeichnungen, Stiche und topographische Ansichten.

Hoefnagel, Joris
(Georg)

* 1542 in Antwerpen, † 9. 9. 1600 in Wien. Der → manieristische Maler, Miniaturist, Stecher und Kartograph lernte in Antwerpen bei Hans Bol. 1578 wurde er Hofmaler Herzog Albrechts V. von Bayern. Sein Hauptwerk stellen die über 500 Miniaturen für ein Missale Romanum dar, die 1581–90 für Erzherzog Johann von Tirol wahrscheinlich in Innsbruck gemalt wurden (Wien, Österreichische Nationalbibliothek) und die mit ihrer fast wissenschaftlich genauen Detailbeobachtung der Buchmalerei neue Anregungen gaben.

Hoehme, Gerhard

* 5. 2. 1920 in Greppin bei Dessau. Einer der wichtigsten Vertreter des deutschen → Informel. Befreundet mit

Karl Hofer, Maskerade, *1922, 129×103 (Köln, Wallraf-Richartz-Museum). Nicht die fröhliche Clownerie der Spaßmacher interessiert Hofer, statt dessen ihre melancholische Schwermut und Hilflosigkeit, die dann eintritt, wenn der Bühnenvorhang gefallen oder das Rampenlicht erloschen ist.*

Jean Dubuffet und Jean Fautrier, stellte er seit 1954 in Paris seine tachistischen „Visionären Landschaften" aus. Anschließend wandte er sich raumplastischen Problemen und der Strukturierung pastoser Farbmaterie zu mit den sog. „Farbpfählen" und „Borkenbildern". Anfang der sechziger Jahre folgten die „Schrift- und Strukturbilder", die in Analogie zum surrealistischen → Automatismus gestaltet sind. Der Bezug von Bildraum und Realraum problematisiert die Objektbilder und „Schnurplastiken" der späten sechziger Jahre. Die seit 1968 entwikkelten „Damast-Bilder" greifen wieder kalligraphische Formen auf.

Hofer, Karl
* 11. 10. 1878 in Karlsruhe, † 3. 4. 1955 in Berlin. Der Maler und Graphiker nimmt im deutschen Expressionismus eine Sonderstellung ein, da er sich stets um eine neuartige Bildtektonik bemühte, wobei zwar die einbezogene menschliche Figur expressiv „aufgeladen", immer aber in ihrer natürlichen Gestalt relativ „intakt" erhalten bleibt. Hofer selbst lehnte es ab, als Expressionist klassifiziert zu werden. Er habe, wie er sagt, immer das Romantische gesucht, aber das Klassische gefunden. 1896–1901 studierte Hofer bei Hans Thoma und Leopold Graf von Kalckreuth in Karlsruhe und Stuttgart. 1903–08 hielt er sich in Rom auf. Die anfänglich Thoma und Arnold Böcklin entlehnten romantisch-phantastischen und symbolistischen Gestaltungsprinzipien modifizierte er unter dem Eindruck von Werken Marées' zu monumentaler Strenge und Einfachheit des Bildaufbaus, etwa in Zwei Frauen vor dem Meer, um 1906 (Winterthur, Stiftung Oskar Reinhart). 1909 schloß er sich kurzfristig der Neuen Künstlervereinigung Wassily Kandinskys an und ging noch im gleichen Jahr nach Paris, wo ihn Cézanne und die gerade ins Blickfeld gekommene Kunst der Primitiven faszinierten. Eine Indienreise 1911 verstärkte den mystisch-romantischen Zug seiner Gemälde. 1914–17 war Hofer in Frankreich interniert und durfte anschließend nach Zürich übersiedeln. Zwar wird unter dem Eindruck des Krieges seine Formenwelt nun expressiver, oft in gebrochener Linienführung konturiert, doch bleiben seine stark auch mit lyrischen Elementen durchsetzten Strukturen letztendlich von strenger Sachlichkeit und Klassizität, mit gedämpften Farben und auf der Suche nach neuen Symbolen den Schrecken des Krieges Ausdruck gebend. Nach dem Krieg schloß sich Hofer in Berlin dem Expressionistenkreis an. Er übernahm jedoch nicht dessen grelle Farbigkeit, sondern behielt seine gedämpften Tonwerte bei. Beeinflußt wurde er hauptsächlich vom expressionistischen Themenrepertoire aus Clowns und Masken, aus der Zirkus- und Komödiantenwelt. Diese Sujets formte er zu Symbolen der Einsamkeit und Verlassenheit, etwa in Maskerade, 1922 (Köln, Wallraf-Richartz-Museum und Museum Ludwig). 1919 übersiedelte er nach Berlin und wurde dort ein Jahr später Professor an der Hochschule für bildende Künste, 1923 Mitglied der Preußischen

William Hogarth, Die Orgie, *um 1733, 62×75 (London, National Gallery). Als „modern moral subjects" schuf Hogarth mehrere moralisierend-satirische Bildfolgen. Das vorliegende Werk gehört als dritte dramatische Episode in den Zyklus „Das Leben eines Wüstlings" (The Rake's progress).*

Akademie der Künste. 1929 und 1934 war er Träger des Carnegie-Preises. Nach 1933 zum „entarteten Künstler" gestempelt, wurde er unter Arbeitsverbot gestellt und 1938 aus der Akademie ausgestoßen. Jetzt hielt er sich abwechselnd im Tessin und in Berlin auf und erlebte 1943 die nahezu totale Vernichtung seines → Œuvres, als bei einem Bombenangriff sein Atelier zugrunde ging. Die bedeutendsten Werke, darunter Die schwarzen Zimmer, 2. Fassung 1943 (Berlin, Galerie des 20. Jahrhunderts), versuchte er, mit geringem Erfolg, zu wiederholen. 1945 war er am Neuaufbau der Hochschule für bildende Künste in Berlin beteiligt, mit Otto Nerlinger gab er die demokratische Kunstzeitschrift „Bildende Kunst" heraus. 1948 erhielt er die Ehrendoktorwürde der Berliner Humboldt-Universität, 1952 den Pour le mérite für Kunst und Wissenschaft. Daneben wurde er in Westdeutschland aber auch wegen seines Eintretens gegen den Abstraktionismus häufig scharf angegriffen. Hofer gehört zu den führenden deutschen Vertretern

William Hogarth, The Graham Children, *1742, 64×71 (London, Tate Gallery). Von den artig posierenden Kindern merkt nur die Kleine im Sitzwagen, daß der Vogel, von der Katze panisch geängstigt, im Käfig wild umherflattert. Die Förmlichkeit des Porträts wird durch diese Nebenszene aufgelockert.*

Meister von Hohenfurth, Geburt Christi, *um 1350, 99 × 93 (Prag, Národní Galerie). In dieser Darstellung aus einem Passionszyklus ist das Bemühen des Meisters erkennbar, durch Betonung des Körperlichen die mittelalterliche Flächigkeit aufzuheben. Sehr pittoresk ist das Motiv des hl. Joseph am Zuber.*

eines gemäßigt expressiven Realismus. Neben klar aufgebauten Landschaften mit großzügiger Raumkomposition, neben Stilleben und leuchtenden Blumenstücken ist der – oft vereinsamt dargestellte – Mensch zentrales Thema seiner Arbeiten, die sich immer durch sensible Koloristik und meist durch klassische Ausgewogenheit auszeichnen. In der Zeit nach dem 2. Weltkrieg setzte sich eine Betonung des Linearen und des Primitivistischen als Ausdrucksträger von Leid und Hoffnungslosigkeit durch.

Hofmann, Hans
* 21. 3. 1880 in Weißenburg, Bayern, † 18. 2. 1966 in New York. Der im Jahre 1932 in die USA emigrierte Künstler studierte zunächst in München, dann in Paris. 1915–30 leitete er in München eine eigene Malschule. Nach seiner Übersiedlung unterrichtete Hofmann 1932/33 an der Art Students League in New York, um kurz darauf auch dort eine eigene Schule zu gründen. Diese gehörte zu den einflußreichsten Ausbildungsstätten der neueren amerikanischen Malergeneration. Bis etwa 1935 malte Hofmann vor allem im → fauvistischen Stil, wurde jedoch dann zunehmend abstrakter, und ab etwa 1940 war er einer der einflußreichsten Vertreter des → abstrakten Expressionismus. Hofmann, der es ablehnte, die Kunst als politisches oder soziales Werkzeug zu benutzen, glaubte an die Selbstgenügsamkeit der Kunst, mit einer ihr eigenen Sprache der Form und Farbe. Er glaubte, daß der Künstler sein Innenleben, Intuition und Instinkt und das Mittel, mit dem er arbeitete, erforschen müßte. Beispielsweise meinte er, Ölfarbe habe eine Konsistenz, die man nicht verschleiern, sondern ausbeuten sollte. Seine Bilder erforschen die Natur der Farbe, die Qualität des Materials und die Handlung des Malens, was für die abstrakten Expressionisten typisch wurde.

Hofmann, Ludwig von
* 17. 8. 1861 in Darmstadt, † 23. 8. 1945 in Pillnitz. Stilistisch kam er von einem lyrisch gefärbten, idealisierten Realismus zum Jugendstil. Nach Studien in Dresden, Karlsruhe und München besuchte er 1889 in Paris die → Académie Julian. In München beeindruckten ihn 1892 die Arbeiten von Hans von Marées. Jetzt werden ideale Jünglings- und Mädchenakte in bukolischen Landschaften typisch, z. B. in Weiblicher Akt, 1894 (Berlin, Sammlung Werner Küpper) – Züge, die in den Jugendstil einmündeten.

Hogarth, William
* 10. 11. 1697 in London, † 25. 10. 1764 in London. Der Maler und Kupferstecher historischer und zeitgenössischer „moralischer" Themen, der Bildnismaler und Kunsttheoretiker zählt zu den bedeutendsten und eigenwilligsten Rokokokünstlern. Seine erste Ausbildung erhielt er ab 1712 bei einem Londoner Goldschmied und Silberstecher sowie an der Vanderbank's Academy in der St. Martin's Lane und an der Thornhill-Kunstschule in London. Damals lernte er das Zeichnen nach dem lebenden Modell und nach antiken Vorbildern. Um 1720 entstanden seine ersten eigenständigen Kupferstiche. 1725 begann er – mehr oder weniger als Autodidakt – zu malen. 1731/32 entstand die erste seiner Bildfolgen, die eine zusammenhängende Geschichte darstellen und „moderne moralische Themen" behandeln, nämlich The Harlot's Progress, der Lebenslauf einer Dirne. 1755 verbrannten diese Gemälde. Jedoch schon 1732 hatte Hogarth Stiche nach diesen Bildern angefertigt, die so beliebt waren, daß sie häufig unerlaubt nachgedruckt wurden. So wurde 1735 auf Hogarths Drängen hin vom Parlament ein „Copyright Act" erlassen, der solche Nachdrucke verbot. Dann entstanden weitere Bilderserien: um 1733 The Rake's Progress (London, Sir John Sloane's Museum), die Lebensgeschichte eines Wüstlings mit den einzelnen Titeln Der Erbe, Das Lever, Die Orgie, Die Verhaftung, Die Heirat, Die Spielhölle, Das Gefängnis und Das Irrenhaus; die entspre-

Hokusai, Der Dichter Toba geht in die Verbannung. *Die entschlossene Abkehr Tobas von seiner bisherigen Welt bringt Hokusai durch die schroffe Wendung seines hutbedeckten Kopfes zum Ausdruck.*

Der japanische Künstler, ein großer Meister des Farbholzschnitts von wahrhaft epochaler Bedeutung, hat viele europäische Künstler, vor allem die frühen Expressionisten, beeinflußt.

chende Stichfolge war zwei Jahre später vollendet. 1742–44 folgten Gemälde und Stiche zur Hochzeit à la Mode (London, National Gallery) mit Der Ehevertrag, Kurz nach der Hochzeit, Beim Quacksalber, Im Ankleidezimmer der Gräfin, Duell und Tod des Grafen und Selbstmord der Gräfin, 1755–58 schloß sich die Serie Die Wahlen (London, Sir John Sloane's Museum) mit Wahlgelage, Stimmenfang, Stimmabgabe und Triumphzug an. Viele von Hogarths Kritikern nannten ihn aufgrund dieser Serien einen Karikaturisten, er selbst jedoch bestand darauf, daß seine Bilder nach dem Leben gemalt und gestochen und daher „Lustspiele", aber keine Karikaturen seien. Stilistisch standen seine Arbeiten unter dem Einfluß des französischen Rokoko, obwohl Hogarth ein fanatischer Franzosenhasser war. Freilich weisen sie in ihren plastischeren und realistischeren Tendenzen auch schon auf den frühen → Klassizismus voraus. Hogarth schuf auch – künstlerisch schwächere – religiöse Historienbilder, u. a. Der Teich Bethesda und Der barmherzige Samariter, 1735 für das Treppenhaus des St. Bartholomew's Hospital in London gemalt, oder Moses wird der Tochter des Pharao gebracht, 1748 (London, Foundling Hospital) – Bilder, die häufig von der italienischen Renaissancekunst beeinflußt sind. Hervorragendes leistete Hogarth im Bereich des Porträts. In → pastosem Farbauftrag und in sehr freier Pinselführung werden die Dargestellten, trotz seiner Fülle typisch barocker Pathosformeln, in ihrer physiognomischen Individualität trefflich charakterisiert. Das Porträt Captain Thomas Coram, 1740 (The Thomas Coram Foundation for Children), wurde als direkte Herausforderung an den erfolgreichsten Bildnismaler der Zeit, den Franzosen Jean-Baptiste van Loo, geschaffen. In seiner warmen Natürlichkeit zählt es zu den originellsten und einflußreichsten Bildnissen Englands. Berühmt ist auch Das Krabbenmädchen, etwa 1745 oder später (London, The Trustees of the National Gallery). In der Virtuosität der Pinselführung und der Kühnheit der Koloristik ist es einzigartig in dieser Zeit. Hogarth, eine der bedeutendsten Erscheinungen in der englischen Kunst, leitete 1735–ca. 55 eine eigene Akademie, die vor der Royal Academy 1768 die wichtigste Kunstschule in London war. 1753 schrieb er eine für das Rokoko wichtige ästhetische Abhandlung, „The Analysis of Beauty".

Ambrosius Holbein, Bildnis eines Knaben mit blondem Haar, *1517, 33 × 27 (Basel, Kunstmuseum). Im Jahr, als sich Ambrosius in das Zunftbuch der Basler Malergilde einschrieb, entstand dieses empfindsame Porträt, zu dem als Gegenstück* Knabe mit dem braunen Haar *existiert, wobei dasselbe Wams als Requisit Verwendung fand.*

Hohenfurth, Meister von
Tätig um 1350 in Böhmen oder Österreich. Der Meister erhielt seinen Notnamen von einem Passionszyklus, den er um 1350 für das südböhmische Zisterzienserkloster Hohenfurth geschaffen hat. Die neun erhaltenen Tafeln befinden sich heute in Prag, Národní Galerie. Dieser Zyklus ist ein Hauptwerk des sog. „ersten böhmischen Stils". Der Künstler – der erste faßbare böhmische Maler von internationaler Bedeutung – brachte entscheidende Neuerungen in die gotische Tafelmalerei ein, indem er die traditionelle nordische Auffassung mit der italienischen, v. a. der eleganten sienesischen → Trecentomalerei verschmolz. Als Beispiele des großen Einflußbereiches des Künstlers seien die sog. Glatzer Madonna, um 1350 (Berlin, Stiftung Staatliche Museen/West, Gemäldegalerie), und die Madonna von Kloster Strahov (Prag, Národní Galerie) zu nennen.

Hokusai, Katsushika
* 1760 in Tokyo, † 1849 in Tokyo. Der japanische Maler und berühmteste aller Holzschnittmeister fiel bereits in seinen Jugendjahren wegen seiner Begabung auf. Als 14jähriger trat er als Lehrling in eine Holzschnittwerkstatt ein, 1779 wurde er Schüler des Katsukawa Shunsho, erlernte schließlich bei Kano Kosen die traditionelle → Kano-Malerei. Neuen Einflüssen stets aufgeschlossen, zeigt sein Werk Stilelemente der → Tosa-Schule, auch europäische Anregungen, die schließlich zur Popularität seines Werkes auch in Europa führten. Trotz großen Fleißes, gleichmäßig hochrangiger Arbeit, lebte H. ständig in schlechten finanziellen Verhältnissen, Resultat verschwendungssüchtiger Familienmitglieder, aber auch der Darstellungsweise des → Ukiyo-e, die von höheren Gesellschaftsklassen abgelehnt wurde. Das außergewöhnlich umfangreiche Werk H.s – er illustrierte allein 500 Bücher mit Holzschnitten – gliedert sich in Einzelblätter, etwa 30 000–40 000, Serien, dazu die meist unbeachteten, äußerst preziösen Tuschskizzen und Malereien auf Seide u. a. Stoffen. Obwohl H. häufig Thematik und Stil wechselte, ist seine Handschrift unverkennbar: Eine äußerst sichere Linienführung in den meist im Dreifarbendruck gehaltenen Blättern, die überraschende Perspektive, das Anschneiden der Komposition vermitteln in Direktheit Momentanes, Zeitgebundenes, erschließen sich dem Betrachter unbefangen. Auch die Motivwahl, Landschaften, Alltagsszenen, Vögel und Blumen, Karikaturen stehen dem Volk nahe, geben seine Sicht von Welt phantasievoll und ungezwungen wieder. 1814 erschienen die ersten von insgesamt 15 Bänden der Zufallsskizzen, seit 1823 die besten 36 der 56 Ansichten des Berges Fuji, 1827 die Zeichnungen nach dem Leben. In den Jahren 1827–30 entstanden die Serien Wasserfälle in den Provinzen, Ansichten von bedeutenden Brükken, Die Ryukyo-Inseln, Vögel und Blumen. (Viele der Blätter befinden sich in London, British Museum.) Die meisten und wichtigsten Arbeiten schuf H. nach seinem 60. Lebensjahr, etwa die 100 Ansichten des Berges Fuji und 100 Gedichte, von einer Amme erklärt, die Darstellung der Dichtung, Kombinationen von Malerei und Poesie, die H. auch als Dichter und Novellisten auszeichnen. Das Schaffen des Meisters verband in einzigartiger Weise japanische Traditionen – Naturstudium, verbunden mit sittlicher Wertung – mit dem volkstümlichen Stil im 19. Jh. In engem Kontakt zur Wirklichkeit gelang H. die Synthese des alten mit dem neuen Japan in der wohl ausdrucksstärksten Manier, die je in Japan gepflegt wurde. Bereits zu seinen Lebzeiten wurden H.s Holzschnitte in Europa gehandelt – trotz der vielen schlechten Nachdrucke von abgenutzten Druckstöcken, äußerst begehrt. Der Einfluß reichte von den Impressionisten über die Karikaturisten bis zu den Theoretikern der Linien und Farbe, die in H. einen exemplarischen Vertreter ihrer Richtung sahen.

Holbein, Ambrosius
* vermutl. 1494 in Augsburg, † vermutl. 1519 in Basel. Der Sohn des Malers Hans Holbein d. Ä. lernte in der Werkstatt seines Vaters. 1515 ist der Künstler in Stein am Rhein nachweisbar, wo er dem Schaffhauser Maler Thomas Schmid bei den Wandmalereien im Festsaal des Klosters St.

Hans Holbein d. Ä., Bildnis einer 34jährigen Frau, 1516/17, 35 × 26 (Basel, Kunstmuseum). Die überragende Porträtkunst des jüngeren Holbein wurde durch die Bildnisse seines Vaters vorbereitet. Unpathetisch, mit sparsamen Mitteln hielt dieser die Züge einer Bürgersfrau mit Haube vor neutralem Hintergrund fest.

Hans Holbein d. J., Lais von Korinth, 1526, 36 × 27 (Basel, Kunstmuseum). Das Bild der Hetäre, einer Freundin des Diogenes, malte Holbein zusammen mit dem Gegenstück Venus und Amor. Als „Programm" lag diesen Bildern der Gedanke von der „Wahren und Käuflichen Liebe" zugrunde.

Hans Holbein d. J., Die Frau des Künstlers mit den beiden älteren Kindern, *um 1528, 77 × 64 (Basel, Kunstmuseum). Im September 1520 hatte Holbein die Witwe Elsbeth Schmid geheiratet. Mit viel menschlicher Einfühlung schildert er die um einige Jahre ältere Gattin und seine fast schwermütig blickenden Kinder.*

Georg half. 1516 zog er nach Basel, wo er zunächst in der Werkstatt Hans Herbsters als Geselle arbeitete und 1517 Meister wurde. Neben Zierleisten, Initialen und Titelblättern entstanden in dieser Zeit die beiden Bildnisse Knabe mit braunem Haar und Knabe mit blondem Haar, 1517 (Basel, Kunstmuseum), die mit Abstand gelungensten Porträts des Meisters. Als einer der wichtigsten und bekanntesten Illustratoren in Basel gehört er in die Reihe der bedeutenden Kleinmeister.

Holbein, Hans d. Ä.

* um 1465 in Augsburg, † 1524 am Oberrhein. Ort und Zeit der Ausbildung des Künstlers sind nicht belegbar, doch werden eine Ausbildung im Kreis um Augsburg und Ulm sowie ein Aufenthalt am Niederrhein oder in den Niederlanden angenommen. Schon in seinen frühesten Werken, wie der Anna selbdritt, um 1485 (Kreuzlingen, Sammlung Heinz Kisters), zeigt Holbein d. Ä. künstlerische Eigenständigkeit. Er verarbeitet Einflüsse der Ulmer Malerei, die durch Flächenbetonung und Ausgewogenheit in der Komposition charakterisiert ist, im Kolorit, dem Faltenstil und der Formenbildung die Kunst der Augsburger Meister. Der 1493 entstandene sog. Weingartener Altar (Augsburg, Dom St. Maria), in dem der Künstler Motive der niederländischen Malerei, v. a. Rogiers van der Weyden, übernahm, verbindet in Bildanlage und Inhalt spätgotische Tradition mit realistischen Einzelmotiven und bildnishaft gestalteten Köpfen. In allen folgenden Werken behielt der Künstler eine in ein oder zwei bildparallelen Schichten klar und übersichtlich geordnete Komposition bei. Erst im Kaiserheimer Altar von 1502 (München, Alte Pinakothek) wird der Bildaufbau freier, bleibt aber noch an die Ebene gebunden. Die Figuren werden unter Einbeziehung des Maßwerks locker gruppiert und miteinander verbunden. Auch in der Behandlung des Kolorits steigerte sich Holbein d. Ä. Waren seine Frühwerke noch durch kräftige Farbigkeit gekennzeichnet, so setzt er nun die nuancenreicher gewordene Farbe als Kompositionsmittel ein und schafft durch Staffelungen von Licht und Farbe eine einheitliche Bildwirkung. Der Meister suchte stets nach Übereinstimmung von Farbwirkung und Bildstimmung, was ihn in der sog. Grauen Passion, 1498 (Donaueschingen, Fürstl. Fürstenbergische Gemäldegalerie), dazu veranlaßte, ganz auf Farbigkeit zu verzichten. In seinem Spätwerk, wie dem Hohenburger Altar, 1509 (Prag, Národní Galerie), und dem Katharinen-Altar, 1512 (Augsburg, Gemäldegalerie) gewinnen Holbeins Figuren an Körperhaftigkeit, die spätgotischen dekorativen Elemente werden durch Motive der italienischen Renaissance ersetzt. Ikonographie und Komposition bleiben jedoch der spätgotischen Tradition verpflichtet. Dies zeigen u. a. der Sebastiansaltar, 1516 (München, Alte Pinakothek), und der Lebensbrunnen, 1519 (Lissabon, Museu Nacional de Arte Antiga). Durch die Überwindung des mittelalterlichen → Lokalkolorits und die Bildnishaftigkeit seiner Köpfe bereitet Holbein d. Ä. den Übergang der spätgotischen Malerei zur Kunst und v. a. zur Bildnismalerei der → Renaissance in Deutschland vor. Nicht nur für seinen Sohn Hans Holbein d. J., sondern für die ganze Dürergeneration der 1. Hälfte des 16. Jh. war er vorbildhaft.

Holbein, Hans d. J.

* vermutl. Ende 1497 in Augsburg, † November 1543 in London. Der aus einer Malerfamilie stammende Künstler lernte vermutlich in der Werkstatt seines Vaters Hans Holbein d. Ä. Auf seiner Wanderschaft kam Holbein 1515 nach Basel und trat dort zusammen mit seinem Bruder Ambrosius in die Werkstatt des Straßburger Malers Hans Herbster ein, der den talentierten jungen Künstler nach Kräften förderte. Eine Italienreise ist umstritten, doch hatte Holbein genaue Kenntnis der italienischen Meister, v. a. Andrea Mantegnas und Leonardos. Unter den deutschen Künstlern übten Matthias Grünewald und Hans Baldung Grien den größten Einfluß auf ihn aus. In Basel trat Holbein d. J. in die Malerzunft ein und schuf neben Bildnissen v. a. Buchillustrationen, Entwürfe für Glasmalerei, Wandmalereien und bedeutende Altarwerke. Auf Empfehlung von Erasmus von Rotterdam reiste der Künstler 1524 nach England und Frankreich. Im Herbst 1526 verließ er erneut Basel mit einer Empfehlung des Erasmus, um über Antwerpen, wo er Quentin Massys kennenlernen wollte, nach England zu reisen. In seinem Gastgeber dort, dem späteren Lordkanzler Thomas More, fand er einen Förderer seiner Kunst. 1528 kehrte Holbein nach Basel zurück, wo er bald darauf ein Haus erwarb. Dem Bildersturm vom 9. Februar 1529 fielen einige seiner Werke zum Opfer. Im Herbst 1532 ist der Künstler wieder in London nachweisbar. 1536 trat er in die Dienste Heinrichs VIII., in dessen Auftrag er mehrere Städte auf dem Kontinent bereiste, um heiratsfähige Prinzessinnen zu porträtieren. Zu den frühesten bekannten Werken Holbeins d. J. gehört das Bildnis Junger Mann mit rotem Barett, 1515 (Darmstadt, Hessisches Landesmuseum), das noch unter dem Einfluß seines Vaters entstand. Erste künstlerische Eigenständigkeit zeigte er in den Randzeichnungen zum „Lob der Torheit" des Erasmus von Rotterdam (Basel, Kunstmuseum). Die 1516 entstandene Genreszene Ein Schulmeister erklärt zwei des Lesens und Schreibens unkundigen Gesellen ein Schriftstück (Basel, Kunstmuseum) zeigt die Auseinandersetzung mit Raumperspektive und Lichtwirkung. Das Bildnispaar Der Bürgermeister Jacob Meyer zum Hasen und seine Frau Dorothea Kannengiesser, 1516 (Basel, Kunstmuseum), offenbart schon die große Begabung Holbeins als Porträtist. Unter dem Einfluß Hans Baldung Griens und Dürers entstanden 1517 das Doppelbildnis Adam und Eva (Basel, Kunstmuseum) und eine Reihe von Zeichnungen. Die nur noch teilweise erhaltenen Fresken des Hertensteinhauses entstanden unter dem Eindruck der Stiche „Triumph Cäsars" von Mantegna. Ebenfalls mantegnesk, jedoch verbunden mit einer an Grünewald erinnernden expressiven Mystik, mutet die 1521/22 entstandene Darstellung Der tote Christus im Grabe an (Basel, Kunstmuseum). Während des zweiten Baseler Aufenthaltes von 1519–26 verfeinerte sich Holbeins Stil und wurde reifer. Es entstand eine große Zahl von Porträts, so die Bildnisse Der Baseler Rechtsgelehrte Bonifacius Amerbach, 1519 (Basel, Kunstmuseum), Johannes Zimmermann, gen. Xilotextus, 1520 (Nürnberg, German. Nationalmuseum), und eine Reihe von Porträts des Erasmus von Rotterdam, wie z. B. Der schreibende Erasmus von Rotterdam, 1523 (Basel, Kunstmuseum). An religiösen Werken entstanden u. a. der Oberried-Altar, 1521/22 (Freiburg i. Br., Münster, Universitätskapelle), und die Solothurner Madonna, 1522 (Solothurn, Museum der Stadt). Zu den bedeutendsten Entwürfen für Glasmalerei, die Holbein zwischen 1519 und 1526 schuf, zählen der Hl. Michael als Seelenwäger, eine Maria mit Kind und Zwei Einhörner, die einen leeren Wappenschild tragen. Unter dem Einfluß der italienischen Hochrenaissance entstand eine Folge von zehn Scheibenrissen mit der Passion Christi. Die 51 Bilder der Holzschnittfolge zum Totentanz zählen zu den bedeutendsten deutschen Holzschnittwerken. In Frankreich lernte Holbein die Technik der italienischen Maler kennen. Unter Leonardos Einfluß entstanden die symbolischen Bilder Venus und Amor und Lais von Korinth, um 1526 (Basel, Kunstmuseum). Vornehmheit und Kühle strahlen die in England entstandenen Porträts aus. Die Familie des Sir Thomas More – im Original leider nicht mehr erhalten – war eines der ersten Gruppenporträts in der Kunstgeschichte. In Basel entstanden 1528 neben zahlreichen anderen Porträts das Bildnis der Familie Holbein (Basel, Kunstmuseum) sowie die nur noch fragmentarisch erhaltenen Fresken im Ratssaal. Während Holbeins nächstem Englandaufenthalt entstanden u. a. die Bildnisse Nikolaus Kratzer, 1528 (Paris, Louvre), Der Kaufmann Georg Gisze, 1532 (Berlin, Stiftung Staatliche Museen/West, Gemäldegalerie), die vollendete Form eines → Interieurbildnisses, und die daran anknüpfende Darstellung der Gesandten, 1533 (London, National Gallery). Im Auftrage der deutschen Kaufleute des Londoner Stalhofes malte Holbein in Anlehnung an Mantegnas „Triumph Cäsars" und Dürers „Triumphwagen Kaiser Maximilians" zwei allegorische Grisaillefresken Triumph des Reichtums und Triumph der Armut, die durch eine Vorzeichnung und Kopien überliefert sind. Zu Ehren der Königin Anna Boleyn entwarf der Künstler eine Ehrenpforte, von der noch ein Entwurf zur Darstellung Der Parnass existiert, 1533 (Berlin, Stiftung Staatliche Museen/West, Kupferstichkabinett). In den folgenden Jahren entstanden Werke im Auftrage Heinrichs VIII., wie Heinrich VIII. von England, um 1537 (Lugano, Sammlung Thyssen-Bornemusza), Jane Seymour, 1536 (Wien, Kunsthistorisches Museum), Anna von Cleve, 1539 (Rom, Galleria Nazionale, Palazzo Barberini), und Thomas Howard, Herzog von Norfolk, Cromwells Nachfolger, 1540 (Windsor Castle). Die Kinderbildnisse Eduards VI., 1543 (New York, Metropolitan Museum of Art, und Washington, National Gallery of Art, Mellon Collection) zeigen, daß sich Holbein trotz der Flut von Porträtaufträgen niemals im Schematismus verlor. Neben Gruppenbildnissen, wie der Verleihung eines Freibriefes an die Barbier- und Chirurgengilde in der Barbershall, entstanden Miniaturporträts und Selbstbildnisse des Künstlers (Basel, Kunstmuseum, und Privatbesitz sowie Florenz, Galleria degli Uffizi). Holbeins Kunst unterscheidet sich von der anderer großer deutscher Meister, wie Dürer oder Grünewald, durch eine gewisse sachliche Kühle, dem Streben nach Klarheit der Form und einem Sinn für das Detailhafte. Die Bedeutung dieses Künstlers liegt v. a. in der Bildniskunst. Psychologische Nuancierung und eine vorurteilslose exakte Charakterisierung zeichnen seine Porträts aus, die für die deutsche Kunst zwischen Spätgotik und Renaissance von richtungweisender Bedeutung sind.

Holbein, Sigmund

* um 1470 (?) in Augsburg, † November 1540 in Bern. Bruder und Mitarbeiter von Hans Holbein d. Ä., noch ganz dem spätgotischen Stil verpflichtet. Ab 1504 ist er in Augsburg nachweisbar. Stilkritisch können ihm die Altartafeln mit dem Martyrium des hl. Simeon und dem Martyrium des hl. Judas Thaddäus (Rödelheim bei Frankfurt am Main, Pfarrkirche) zugeschrieben werden. Damit ist er identisch mit dem ehemals als „Meister der Aposte martyrien" bezeichneten Künstler.

Hans Holbein d. J., Der Kaufmann Georg Gisze, *1532, 96 × 86 (Berlin, Staatliches Museum). Zu den Glanzleistungen der altdeutschen Porträtkunst gehört dieses Werk, das wohl kurz nach Holbeins zweiter Rückkehr nach England entstand. Das detailliert beschriebene Interieur spricht beredt vom Beruf des Dargestellten.*

Adolf Hoelzel, FARBIGE KOMPOSITION *(Regensburg, Ostdeutsche Galerie). In den 20er Jahren beschäftigte sich Hoelzel intensiv mit dem Medium der Pastellmalerei, worin er seine abstrakten Vorstellungen zu verwirklichen suchte. Aus feinsten Farbflächen besteht dieser Entwurf eines Glasfensters.*

Hoelzel, Adolf

* 13. 5. 1853 in Olmütz, Mähren, † 17. 10. 1934 in Stuttgart. Vom wichtigsten Vertreter der → Dachauer Schule entwickelte er sich zu einem künstlerischen und theoretischen Bahnbrecher der abstrakten Malerei in Deutschland. Nach einer Schriftsetzerlehre studierte er 1872–75 an der Wiener und 1879–81 an der Münchner Akademie. Während eines Parisaufenthaltes beeindruckten ihn die → Impressionisten, vor allem Édouard Manet und Claude Monet. 1888 begründete er die „Neu-Dachauer Schule". Es entstanden stimmungsvoll-romantisierende Landschaftsbilder in feinst differenzierten Farbabstufungen. Die Farben tendieren bereits zu größerem Flächenzusammenschluß. Zunehmend interessierte ihn nun die Eigengesetzlichkeit der malerischen Mittel. Über Farb- und Formstudien und die Beschäftigung mit Goethes Farbenlehre kam er zu einer eigenen Farbtheorie und zur ungegenständlichen Malerei, so schon in dem frühen Beispiel KOMPOSITION IN ROT I, 1905 (Hannover, Sammlung der Pelikan-Werke) – also wesentlich früher als Wassily Kandinsky! Unter dem Einfluß Paul Sérusiers wandte er sich 1907 religiösen Bildern und Wandmalereien zu. Etwa seit 1920 entstanden großartige Entwürfe für Glasfenster. Hoelzel ist für die Entwicklung der abstrakten Malerei von enormer Bedeutung gewesen.

Homer, Winslow

* 24. 2. 1836 in Boston, USA, † 29. 9. 1910 in Prout's Neck, Maine, USA. Neben Thomas Eakins zählte Homer zu den bedeutendsten amerikanischen Genremalern des 19. Jh. Er erhielt eine Ausbildung in einer graphischen Anstalt in Boston und studierte an der National Academy of Design in New York. Ab 1857 belieferte er regelmäßig „Harper's Weekly", ein bekanntes New Yorker Wochenblatt, mit seinen Illustrationen, die die müßigen Aktivitäten der modisch gekleideten amerikanischen Gesellschaft darstellten. Während des Bürgerkrieges ging er für diese Zeitung als Reportagezeichner an die Front. Die hier gefertigten Skizzen, die später auch als Holzstiche verbreitet wurden, dienten als Grundlage für seine ersten Ölgemälde. In seinem Meisterwerk PRISONERS FROM THE FRONT (Gefangene an der Front) legt Homer wenig Wert auf die Darstellung der Gewalttätigkeit und Brutalität des Krieges. Vielmehr teilt das Bild eher eine starke psychologische Spannung mit, die sich in der realistischen Darstellung der Haltung und Gestik der Personen ausdrückt. 1866 ging Homer erstmals nach Europa, wo er die alten Meister studierte und mit Werken von Courbet, Manet und Monet bekannt wurde. Obwohl dieser Einfluß in seinen Bildern sichtbar ist, entwickelte Homer ganz seinen eigenen Stil. Nach seiner Rückkunft in Amerika befaßte er sich mit Figuren aus der damals populären amerikanischen Literatur, wie z. B. Tom Sawyer. Es entstanden auch schöne Landschaftsbilder mit spielenden Kindern. Seine früher eher blassen Farben wurden durch eine wärmere Palette ersetzt. Die Formen wurden in großzügigen Umrissen dargestellt und wirkten wie von starkem Sonnenlicht durchdrungen. Nach einem längeren Aufenthalt in einem einsamen Fischerdorf Englands ließ sich Homer ab 1833 permanent in Prout's Neck, an der felsigen Küste Neuenglands, nieder. Es entstanden nun viele dramatische Darstellungen mit dem immer wiederkehrenden Thema des Menschen im Kampf mit den Naturgewalten. Seine Gestalten sind oft von drohenden Meereswogen eingeschlossen, die sie in einem Kampf auf Leben und Tod zu verschlingen drohen, z. B. in den Gemälden DER GOLFSTROM, 1899 (New York, Metropolitan Museum of Art), und RETTUNGSSEIL, 1884 (Philadelphia Museum of Art). Auf den Bahamas und in den kanadischen Wäldern entstanden einige seiner schönsten Aquarelle. Er trug seine hellen Farben dünn auf und ließ häufig das Papier durchscheinen, was den Bildern eine damals sehr ungewöhnliche Transparenz und Leichtigkeit ver-

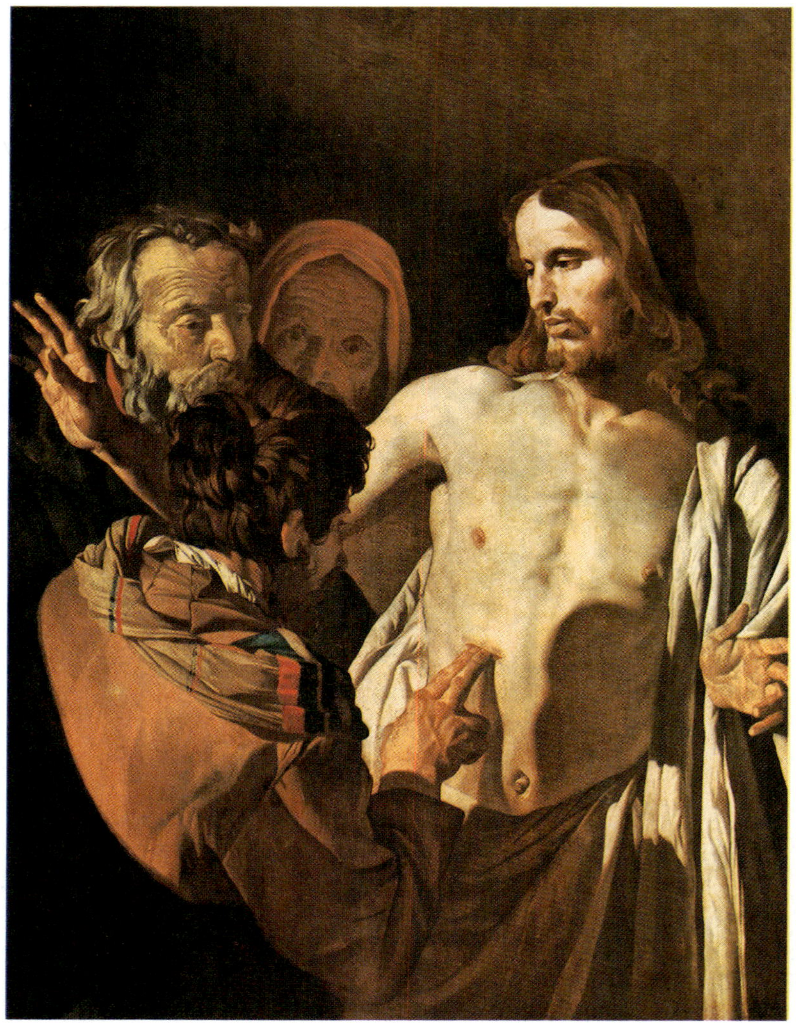

Gerrit van Honthorst, DER UNGLÄUBIGE THOMAS, *125 × 99 (Madrid, Prado). Den italienischen Frühbarockmeister Caravaggio nahm sich eine Gruppe Utrechter Maler, darunter Honthorst, zum Vorbild. Dramatische Lichteffekte und eine eindringliche Körperlichkeit zeichnen ihn aus.*

lieh. Eines seiner bevorzugten Themen waren auch Szenen aus dem Leben der Neger.

Hondecoeter, Gillis Claesz. d'
* um 1575 in Antwerpen, begraben am 17. 10. 1638 in Amsterdam. Der unter dem starken Einfluß von Gillis van Coninxloo stehende Landschaftsmaler schuf vor allem Darstellungen von Wald- und Felsenlandschaften, in denen sich → manieristische Preziosität und Kleinteiligkeit mit Elementen verbinden, die auf die entwickelte flämische Barocklandschaft vorausweisen. Zu seinen wichtigsten Arbeiten zählt u. a. das Bild LANDSCHAFT, 1613 (Antwerpen, Koninklijk Museum voor Schone Kunsten). Häufig fügte er in seine Naturdarstellungen auch Tierszenen in der Art Roelant Saverys ein.

Hondecoeter, Melchior d'
* 1636 in Utrecht, † 3. 4. 1695 in Amsterdam. Er war der Hauptmeister der holländischen Geflügelmalerei des Barock und trug den Beinamen „Vogel-Raffael". Er stellte einheimisches oder exotisches Federvieh in bäuerlichen Hühnerhöfen oder parkähnlicher Umgebung dar. Seine virtuos gemalten Darstellungen umfassen anekdotische Tierszenen, dramatische Tierkämpfe mit allegorischer Bedeutung, totes Geflügel, Wildbret in Form von Jagdstilleben und gemalte Tierparkinventare. Aus einer Malerfamilie stammend, war er 1659–63 in Den Haag tätig, 1662 wurde er Vorsteher der Haager Malergilde. 1663 übersiedelte er nach Amsterdam, wo er 1668 das Bürgerrecht erhielt. Zu seinen Nachfolgern zählt u. a. David Valkenburch.

Hone, Nathaniel I
* 24. 4. 1718 in Dublin, † 14. 8. 1784 in London. Der irische Maler und Graphiker trat hauptsächlich als Porträtist im Stile eines nüchtern-sachlichen → Rokokos hervor. Nach Aufenthalten in Rom und Florenz ließ er sich 1753 in London nieder, wo er schnell zu einem gesuchten Bildnismaler avancierte. 1768 war er Gründungsmitglied der Royal Academy. Unter seinen schlichten und einfachen Porträts finden sich auch viele Selbstbildnisse und Miniaturen in Email, etwa SIR JOHN FIELDING, 1762 (London, National Portrait Gallery). Zusätzlich schuf er eine Reihe witziger und persiflierender Genredarstellungen, beispielsweise in DER ZAUBERKÜNSTLER (Irland, Sammlung J. Maher).

Winslow Homer, DIE SCHALUPPE BERMUDA, *38 × 55 (New York, Metropolitan Museum). Im späteren Schaffen des Amerikaners nimmt die Beschäftigung mit dem Meer einen wichtigen Platz ein: der Kampf der Menschen mit den Gewalten der See, die Arbeit der Fischer oder – wie hier – das Dahindriften eines Kahns.*

Honthorst, Gerrit (Gerard) van
* 4. 11. 1590 in Utrecht, † 27. 4. 1656

Pieter de Hooch, Der Hinterhof, 74 × 60 (London, National Gallery). Den holländischen Bürgeralltag schilderte de Hooch liebenswert von seiner ruhig-besinnlichen Seite. Oftmals steht die Mutter bei der Hausarbeit im Mittelpunkt, wie sie sich ihrem spielenden oder aufmerksam zuhörenden Kind widmet.

in Utrecht. Unter den Utrechter Nachfolgern Caravaggios war Honthorst der zu seiner Zeit erfolgreichste und produktivste. Nach seiner Lehre bei Abraham Bloemaert reiste er um 1610 nach Rom. Caravaggio selbst konnte er nicht mehr persönlich kennenlernen, da dieser 1606 die Stadt bereits verlassen hatte und 1609 verstorben war. In Rom gehörte Scipione Borghese, der Neffe Papst Pauls V., zu seinen bedeutendsten Auftraggebern. Während bei Caravaggio das Licht oft scheinwerferartig als „Kellerlicht" seitlich einströmt, so experimentiert Honthorst gern mit ins Bild hineingenommenen künstlichen Lichtquellen. Diese Eigenart brachte ihm bei den Italienern den Namen „Gherardo della Notte" ein. Die Fackeln, Laternen und Kerzen erscheinen zudem noch häufig verdeckt (z. B. von einer vorgehaltenen Hand). Honthorsts Kompositionen erreichen eine der Kunst Caravaggios fremde Abgeschlossenheit und in sich ruhende, idyllische Form. In der Anbetung der Hirten (Florenz, Uffizien) erscheint das Christuskind im Krippentuch selbst als Lichtträger, von dem die Umstehenden angestrahlt werden. Honthorst steht damit der Renaissance-Tradition näher als Caravaggio. Die Maler Correggio und A. Carracci, auch der Haarlemer Geertgen tot Sint Jans haben schon vor Honthorst den Jesusknaben „leuchtend" gemalt. Es ist daher eine Vereinfachung, wollte man den Utrechter lediglich als einen Nachfolger Caravaggios sehen. Schon seine Reise nach Rom dürfte ihn sicherlich über Bologna und Venedig geführt haben. Mit Guido Reni, dem großen Nachfolger A. Carraccis in Bologna, verband ihn sogar mehr als nur eine stilistische Affinität. Die Befreiung Petri (Shugborough, Earl of Lichfield) gilt als Gemeinschaftswerk beider Künstler. In den Gemälden Madonna mit Kind und hl. Franziskus, Bonaventura und Prinzessin Gonzaga (Albano, Kapuzinerkirche) oder Himmelfahrt des hl. Paulus (Rom, S. Maria della Vittoria) gibt sich der bolognesische Einfluß besonders deutlich zu erkennen. Demgegenüber kann die Enthauptung Johannes des Täufers (Rom, S. Maria della Scala) als die reine Wiedergabe dessen gelten, was aus Caravaggios reifem Stil zu lernen war: die dunkle Schattengebung, die Darstellung bäuerischer Menschentypen, die Vertiefung des Affektes durch drastische Akzentuierung. Der vom Fackelschein der Alten grell beleuchtete Nacken des Heiligen ist dem Hieb des Henkers nackt und wehrlos ausgeliefert. Nachdem also Honthorst zunächst versucht hatte, dem Vorbild Caravaggio möglichst treu zu folgen, fand er später auch an der weniger naturalistischen Malerei in der Art der Malerschule von Bologna Gefallen (Judson). Die Zeit von Honthorsts Rückkehr nach Holland war von der scharfen Auseinandersetzung zwischen dem orthodoxen Calvinismus und dem Remonstrantentum geprägt. Prinz Maurits hatte den Protagonisten der liberaleren Richtung, Oldenbarnevelt, hinrichten lassen. Der Katholizismus war offiziell geächtet. Der Katholik Honthorst, der „katholisch" zu malen gelernt hatte, mußte sich dieser Situation anpassen, was ihm auch gelingt. 1622 wird er Mitglied der Utrechter Malerzunft, die ihn bis 1630 viermal zum Dekan wählt. 1628 hält er sich in London auf, wo er den englischen König und dessen Gemahlin porträtiert. Die Königin Elisabeth nahm mit ihrer Tochter Malunterricht bei dem

Pieter de Hooch, MUTTERPFLICHTEN *(Amsterdam, Rijksmuseum). Ein in der holländischen Genremalerei oft behandeltes Thema ist das Flehen des Kindes. Statt wie Terborch die Szene bildfüllend zu behandeln, schildert de Hooch das Interieur mit Kinderstühlchen, Alkoven und den dunkelgerahmten Gemälden.*

holländischen Meister. Als Honthorst vom Statthalter Frederik Hendrik Aufträge für die Honselersdijk Rijswijk und das Huis ten Bosch in Den Haag erhielt, schrieb er sich dort am 22. 5. 1637 in die Malergilde ein. Sowohl in Utrecht als auch im Haag unterhielt er ein Haus. Schließlich entstanden auch im Auftrag des Kurfürsten Friedrich Wilhelm von Brandenburg eine große Zahl zum Teil lebensgroßer Bildnisse. Honthorsts königliche Aufträge behandeln vor allem → allegorische Themen. Sein Hauptaugenmerk richtet er sodann auf die → Genredarstellung, welche den säkularisierten Bildwünschen der reformierten Holländer entgegenkam. Religiöse Themen treten mit Beginn der Utrechter Zeit in den Hintergrund. Statt der religiösen Tafelmalerei Caravaggios konnte jetzt nurmehr auf die genre- und stillebenhaften Züge in dessen Frühwerk zurückgegriffen werden. Doch teilt Honthorst nach wie vor die Lichtbehandlung, den typischen Bildausschnitt, das kraftvolle Kolorit sowie die kühne Raumauffassung mit dem römischen Meister. An biblischen Stoffen behandelt Honthorst vor allem solche, die sich als Genrebilder präsentieren lassen: LOT UND SEINE TÖCHTER, DER VERLORENE SOHN oder SUSANNA IM BADE. Auf Bestellungen von Katholiken gehen vermutlich die christologischen Szenen (z. B. ANBETUNG DER HIRTEN) oder Heiligenbilder zurück.

Hooch, Pieter de

* 1629 in Rotterdam, † nach 1684, vermutlich in Amsterdam. Nur drei Jahre älter als Vermeer, überlebte de Hooch den Delfter Maler um etwa ein Jahrzehnt, mit dem ihn eine noch nicht endgültig geklärte künstlerische Beziehung verbindet. Gewisse Aspekte von

Pieter de Hooch, BEIM LEINENSCHRANK, *1663 (Amsterdam, Rijksmuseum). Mit großer Präzision erweiterte der holländische Genremaler die Wohnräume durch angrenzende Zimmerfluchten. Hier wird unser Blick durch die absichtsvoll geöffnete Haustür über eine Gracht zur Hausfassade auf dem anderen Ufer entlassen.*

Pieter de Hooch, KAVALIERE UND MÄDCHEN, *74 × 65 (London, National Gallery). Innerhalb einer klar geordneten Raumgeometrie realisiert de Hooch durch feinste tonale Licht- und Farbabstufungen einen Leben atmenden Wohnraum. Nur Vermeer konnte seitlich einfallendes Fensterlicht noch wirkungsvoller gestalten.*

Vermeers Hauptschaffenszeit finden sich schon früh im Werk de Hoochs, doch scheint dieser später deutlich unter dem Einfluß von J. Vermeer zu stehen. De Hoochs Schaffen befindet sich nicht wie das Vermeers auf einer gleichbleibenden qualitativen Höhe, sondern bringt lediglich zwischen 1655 und der Mitte der sechziger Jahre Meisterwerke hervor. In dieser Zeit hat seine Kunst einen ausgesprochen eigenständigen Charakter. Nach seiner Übersiedlung nach Amsterdam sank sein künstlerisches Talent stark, und seine Werke, nun eher die eines zweitrangigen Malers, können dem Vergleich mit seiner Delfter Zeit nicht mehr standhalten. Seine frühen Bilder sind Darstellungen des niedrigen Genres: Wirtshausszenen mit Soldaten in Frauengesellschaft, Reiter im Feldlager, Stallszenen usw. Dem frühen Biographen Houbraken zufolge soll Pieter de Hooch ein Schüler N. Berchems gewesen sein, doch läßt sich dessen Einfluß in diesen frühen Genrebildern nicht nachweisen. 1653 soll Pieter als Diener und Maler für den Tuchhändler Justus de la Grange gearbeitet haben, in dessen Begleitung er sich in Delft, Den Haag und Leiden aufgehalten hat. Seine eigentliche Zeit als Künstler beginnt mit der Übersiedlung nach Delft im Jahre 1654, wo er im folgenden Jahr Mitglied der Malerzunft wird. Nun erst wird er zum Darsteller des häuslichen Lebens Hollands, als der er in die Kunstgeschichte eingegangen ist. Der bürgerliche Alltag in seiner Wohlgeordnetheit und abgeschirmten Stille wird immer wieder thematisiert. Pieter de Hooch öffnet den Blick in enge Straßen, Gärten und Höfe, wobei in den → Interieurbildern oft absichtsvoll offengelassene Türen das Hintereinander mehrerer Zimmer sichtbar werden lassen. De Hoochs Licht, das bei den Interieurs angewandt wird, ist wie bei Vermeer Tageslicht, doch im Tone wärmer und intensiver, wodurch eine stärkere Kontrastwirkung erzielt wird. Auch benutzt er gerne mehrere Lichtquellen, um eine lebendigere Wirkung zu erzielen. Vermeers Farbgebung ist demgegenüber kühler und zurückhaltender, seine Farbskala weniger breit, wobei ihm ein besonderes Verdienst bei der feinen Nuancierung und graduellen Tonabstufung der Farbwerte zukommt. Anders als bei Vermeer herrscht in Pieter de Hoochs Genredarstellungen lebendig-vitales Leben. Kinder kommen in seinen Bildern häufig vor. In den Gemälden DER HINTERHOF (London, National Gallery), MUTTER AN DER WIEGE (Berlin, Staatliche Museen) u. a. wird die Mutter-Kind-Beziehung in zärtlicher Weise geschildert. In zeitlicher Nähe zu seiner Übersiedlung nach Amsterdam gewinnen die Figuren in den Innenräumen ein spürbar deutlicheres Gewicht, und der Wärmegrad der Palette erhöht sich. Die Änderung in der Bewertung des Figürlichen führt man gerne auf den Einfluß Vermeers zurück, der schon immer die perspektivische Erfassung des Rau-

Peter J. Horemans, DAS GARTENKONZERT, *1736 (Berlin, Archiv für Kunst und Geschichte). Der flämische Maler war am kurfürstlichen Hof in München tätig. Ganz aus dem Rahmen der höfischen Musikantengruppe fällt der Geiger mit der Flasche, ein Genremotiv, das Horemans aus seiner Heimat mitbrachte.*

Theodor Hosemann, DER TANZ, 1839. Der Professor an der Berliner Akademie schuf neben Buchillustrationen Schilderungen Alt-Berlins, hier eines Tanzbodens zur Zeit des Biedermeier. Die Dame in Weiß scheint dem Herrn in Frack und Hut die ersten Tanzschritte beizubringen.

mes ein wenig vernachlässigt hatte. Sind bei dem letzteren vor allem vornehme Damen bei gehobenen Verrichtungen dargestellt (Anlegen von Schmuck, Brieflesen usw.), so gibt Pieter de Hooch die holländische Bürgerin bei ihrer täglichen Hausarbeit mit viel menschlicher Einfühlungsgabe wieder. Ihr Sinn für häusliche Wohlgeordnetheit wird von seiner Malerei auf das glaubwürdigste geschildert. Als sich nach der Jahrhundertmitte der französische Geschmack auch auf die holländische Malerei auswirkte und das Pompöse statt des Einfachen, das Galante statt menschlicher Unmittelbarkeit bevorzugt wurden, gewannen die luxuriösen Ausstattungsgüter in de Hoochs Interieurs die Oberhand. Musikgesellschaften werden zum bevorzugten Thema, wobei die → Staffage mit kostbaren Stoffen drapiert erscheint. Mängel der Zeichnung und der Komposition sowie eine Abkühlung der Farbskala sind zu beobachten.

Hoogstraten, Samuel von
* 2. 8. 1627 in Dordrecht, † 19. 10. 1678 in Dordrecht. Nach einer Lehre bei seinem Vater trat Samuel 1640 in Rembrandts Atelier ein und ging 1651 für drei Jahre nach Wien. Stilleben und Selbstporträts dieser Zeit oder auch der MANN AM FENSTER, 1653 (Wien, Kunsthistorisches Museum), zeigen deutlich Rembrandts und Pieter de Hoochs Einfluß. Abgesehen von einem Aufenthalt in London 1662–66 blieb Hoogstraten nun in Dordrecht. Sein reiferes Werk umfaßt biblische und mythologische Darstellungen, Landschaften, Porträts, Tierbilder; seine Stärke sind → Genre- und → Interieurszenen wie DIE BLEICHSÜCHTIGE DAME (Amsterdam, Rijksmuseum) und LESENDE DAME (Den Haag, Mauritshuis).

Hopfer, Daniel
(auch Hopffer)
* um 1470 in Kaufbeuren, † 1536 in Augsburg. Der Radierer, Holzschneider und Harnischätzer zählt zu den Erfindern der Eisenradierung. Stilistisch ist er stark der Tradition der Spätgotik verpflichtet. 1493 erhielt er das Bürgerrecht in Augsburg, von 1532 an war er Abgeordneter der Malerzunft im Augsburger Rat. Er beteiligte sich aktiv an der Reformationsbewegung im Rahmen des Zwinglianismus. Seine Radierungen mit Darstellungen Augsburger Kirchen zählen zu den frühesten derartigen Ansichten in der oberdeutschen Druckgraphik.

Hopper, Edward
* 22. 7. 1882 in Nyack, New York, † 15. 5. 1967 in New York. Nach einer impressionistischen Phase entwickelte Hopper ab etwa 1923 in Öl- und Aquarelltechnik seinen eigenen, stark naturalistischen Stil kontrastreicher → Helldunkel-Malerei, in dem er schonungslos die öde Isolation in amerikanischen Kleinstädten, auf dem Lande, aber, wie in AUTOMATENRESTAURANT, 1927 (Des Moines, Iowa, Art Center), oder MITTERNACHTSVÖGEL, 1942 (Chicago, Art Institute), auch die Einsamkeit des Menschen in der Großstadt zeigt. Mit solchen Bildern stand er in der Nachfolge der → Ash Can School.

Hoppner, John
* 4. 4. 1758 in London, † 23. 1. 1810 in London. Neben Thomas Lawrence und Henry Raeburn war er der gesuchteste Bildnismaler des englischen Rokoko. Ab 1775 besuchte er die Londoner Royal Academy, 1793 wurde er Hofmaler des Prinzen von Wales und damit Konkurrent des königlichen Hofmalers Thomas Lawrence. Unter seinen höfisch-eleganten Porträts, mit denen er vor allem den Hochadel ansprach, waren seine Frauen- und

Gerard Horenbout, JANUAR, um 1510 (Venedig, Biblioteca Nazionale S. Marco). Das erste Monatsbild aus dem kostbar illustrierten Breviarium Grimani führt die reichen Tafelfreuden eines Renaissance-Fürsten vor Augen. Die zahlreiche Dienerschaft sorgt für die Speise, Wärme und Unterhaltung ihres Herrn.

Kinderbildnisse berühmt, etwa PRINZESSIN MARY, PRINZESSIN SOPHIE UND PRINZESSIN AMELIA, alle 1785 (und alle Windsor Castle, Royal Art Collection). Hoppner, der sich zunehmend Thomas Gainsborough und Josuah Reynolds anglich, trat auch als bedeutender Landschaftsmaler hervor.

Horemans, Jan Joseph d. Ä.
* 1682 in Antwerpen, † 7. 8. 1759 in Antwerpen. Der flämische Genremaler und Porträtist malte bevorzugt Künstlerateliers und Handwerkerwerkstätten (z. B. MALERATELIER, Stockholm, Nat. Mus.; SCHUSTERWERKSTATT, 1712, Wien, Kunsthistorisches Mus.), Einzel- und Familienporträts sowie Konzertszenen in dunklen Farben.

Horemans, Jan Joseph d. J.
* 1714 in Antwerpen, † nach 1790 in Antwerpen. Der Sohn und Schüler Jan Joseph Horemans d. Ä. war für die hellere Farbgebung, größere Eleganz und Leichtigkeit des Stils verantwortlich, die die Bilder aus dem Atelier Horemans nach dem Tode des Vaters zeigen. Zum Beispiel DIE VIER JAHRESZEITEN, 1761/62; RÜCKKEHR VON DER JAGD, 1761 (beide New York, Metropolitan Museum).

Horemans, Peter Jakob
* 25. 10. 1700 in Antwerpen, † 3. 8. 1776 in München. Der jüngere Bruder Jan Joseph Horemans' d. Ä. kam als Malergeselle 1724 nach München, wo er ab 1730 als Hofmaler des Kurfürsten Karl Albrecht tätig war. Der Kreis seiner Themen reichte von Hoffesten und Jagdszenen über Historienbilder, religiöse Gemälde und Porträts bis zu Stilleben. Zum Beispiel JAGDSZENEN in der Amalienburg im Nymphenburger Schloßpark, 1732 bis 1739; DIE SIEBEN GABEN DES HL. GEISTES in einer Seitenkapelle der Heilig-Geist-Kirche in München, ca. 1752.

Horenbout, Gerard
(Gheeraert)
* ca. 1460/65 in Gent, † 1540 in England (?). Der zur Gent-Brügger Schule der Buchmalerei zählende Künstler ist ab 1514 als Hofmaler Margaretes von Österreich und ab 1521/22 als Hofmaler Heinrichs VIII. bezeugt. Neben Miniaturen für ein → Stundenbuch in Antwerpen um 1510 (Antwerpen, Mus. Mayer van den Bergh) und ein solches Gebetbüchlein für Jakob IV. von Schottland (Wien, Nat.-Bibl.) wird ihm das Kalendarium im BREVIARIUM GRIMANI von 1510/20 (Venedig, Biblioteca di San Marco) zugeschrieben. Die Monatsbücher dieses Stundenbuchs verarbeiten Einflüsse der burgundisch-flämischen Buchmalerei vom Beginn des 15. Jahrhunderts, wie sie die Stundenbücher des Herzogs von Berry zeigen.

Hosemann, Theodor
(Friedrich Wilhelm Heinrich)
* 24. 9. 1807 in Brandenburg an der Havel, † 15. 10. 1875 in Berlin. Der Maler und Graphiker des Biedermeier studierte seit 1819 an der Düsseldorfer Akademie und machte eine Lehre in einer lithographischen Anstalt. 1828 kam er nach Berlin, seit 1857 war er Professor, seit 1866 Lehrer an der Zeichenschule der Akademie. Mit Graphiken und Aquarellen illustrierte er vorwiegend Kinder- und Jugendbücher, in seinen Ölbildern schilderte er teilweise derb-realistisch Alt-Berliner Szenen. Besonders verdient machte er sich um die Herausbildung der vormärzlichen Karikatur sowie um die Entwicklung der Lithographietechnik.

Houasse, Michel-Ange
(genannt Houasse le fils)
* 1680 in Paris, † 30. 9. 1730 in Arpajon. Der Sohn von René Antoine Houasse war seit ca. 1715 von König Philipp V. berufener Maler, später Hofmaler in Spanien. Neben Porträts – LUIS I., 1717 –, Landschaften z. B. mit Darstellungen des ESCORIAL von 1723 (beide Madrid, Prado) und → Genreszenen waren v. a. biblische und mythologische Motive vorherrschend. Mit frischen Farben und wohldurchdachter Komposition gelangen ihm Bilder wie BACCHUSOPFER, 1720, und HEILIGE

Wolf Huber, ANBETUNG DER KÖNIGE IM SCHNEE, *64 × 44 (Privatsammlung). In eine gotische Kirchenruine bei Mondschein versetzt der Donaumeister die Hl. Drei Könige und ihre beiden Diener. Das scharlachrote Gewand des einen ließ Huber allerdings für die Jahreszeit zu luftig ausfallen.*

FAMILIE MIT DEM JOHANNESKNABEN, 1726 (beide Madrid, Prado), die einen Einfluß Nicolas Poussins aufwiesen, v. a. aber selbst eine große Wirkung auf die zeitgenössische spanische Malerei ausübten.

Houasse, René Antoine
* um 1645 in Paris, † 27. 5. 1710 in Paris. Aus Houasses Werk, das stets von Le Brun beeinflußt war und großenteils aus historischen und religiösen Darstellungen sowie Porträts und einigen Gobelinentwürfen bestand, seien seine Aufnahmearbeit für die Akademie, HERKULES IM KAMPF MIT DER HYDRA von 1673 (Paris, École des Beaux-Arts), das 1675 für die Pariser Goldschmiedezunft gemalte DER HL. STEFAN (Paris, Louvre) und DIANA UND ENDYMION (Narbonne, Musée des Beaux-Arts) genannt.

Hsia Kuei
nachweisbar um 1190–1230 in Ch'ien-t'ang. Als bedeutender Landschaftsmaler der Sung-Zeit vertritt H. die akademische Richtung der chinesischen Naturdarstellungen. Aus seinem Leben ist wenig bekannt, bis auf die Tatsache, daß er in der Akademie mit dem „Goldenen Gürtel" ausgezeichnet wurde. Die ihm zugeschriebenen, kleinformatigen Landschaften, oft als lange Bildrolle, charakterisieren die Landschaft nicht mehr wie früher allumfassend, sondern bedienen sich des Ausschnitts, des einzelnen Motivs, um darin gleichnishaft das Wesen der Natur auszudrücken. So entstehen subtile Stimmungen, indem wenige leicht erkennbare Gegenstände aus dem grenzenlosen, dunstig-nebligen Raum auftauchen, indem idealisierend Elemente von Landschaft nur einen kleinen Teil der weitgeöffneten, leeren Fläche füllen. Beispiele seiner Arbeiten: Das Rollbildfragment der 12 FLUSSANSICHTEN (Kansas City), BLICK ÜBER FLUSS UND HÄUSER AUF FERNES GEBIRGE (Taipeh, Slg. der chines. Nationalregierung). Typisch für die Auffassung H.s ist die Verwendung von außergewöhnlich langen Bildrollen, die die gleichzeitige Betrachtung des Dargestellten unmöglich machen. So bedingt bereits die Rezeption ausschnitthaftes Sehen, was zu einer Intensivierung des Gehalts der weni-

Thomas Hudson, GEORG FRIEDRICH HÄNDEL *(London, National Portrait Gallery). Der englische Barockmaler zeigt den Komponisten vor einer Partitur seines „Messias", der 1742 in Dublin uraufgeführt wurde. Händel kann hier schon auf eine mehrere Jahrzehnte währende Tätigkeit am Londoner Hof zurückblicken.*

gen, kräftigen Pinselstriche führt. Gemeinsam mit seinem Zeitgenossen Ma Yüan, beide beeinflußt von ihrem Vorläufer Li T'ang, begründet er die Ma-Hsia-Schule, die die ,,Malerei der einen Ecke'', d. h. die Ausschnitthaftigkeit in der Komposition lehrt. Unzählige Nachfolger im Laufe der Jahrhunderte folgen diesem Stil, der auch technisch neu fundiert wird: Im Nebeneinander von hellen und dunklen Tuschflecken, in der nassen Tuschlavierung verschmilzt kräftige Lineatur mit der malerischen Wirkung verschwommenen Tuschauftrags. Pinselführung wie Themenwahl dienen der poetischen Naturwiedergabe, für die K. neue Richtlinien setzt.

Hsü Tao-ning
* um 1030 in Ho-chien. Der chinesische Landschaftsmaler der frühen Sung-Periode gehört mit Fan K'u-an zu den Vertretern der Technik der → ,,Luftperspektive''. Die Komposition der meist einsamen Landschaften, verlassenen Ebenen und unwirtlich zerklüfteten Berge wird so angeordnet, daß der Blick von unten nach oben wandert, gleichsam durch atmosphärische Mittel, wie Regen und Nebel in die Tiefe gleitet, wie auf dem Tuschbild auf Seide: HOHE TEMPEL IN VERSCHNEITEN BERGEN (Osaka, Städt. Kunstmuseum). Aus dem Leben des Malers ist wenig bekannt, sein Stil individualisierte sich, nicht zuletzt durch den Ruhm, den Aufträge hoher Beamter mit sich brachte, für die er Wandschirme und Wände bemalte.

Hsü Wei
* 1521 in Shan-yin (Chekiang), † 1593. Der als Kalligraph, Dichter und Maler gleichermaßen begabte chinesische Meister gehört der späten Ming-Dynastie an, kann aber wegen seines exzentrischen Stils kaum einer Schule, einer Periode zugeordnet werden. Sein Leben verlief unkonventionell, zunächst in der Ordnung eines Beamtenlebens, später durch Trunksucht in körperlichem und geistigem Ruin. Entsprechend äußert sich sein künstlerischer Ausdruck in vitalem, kräftigem Pinselstrich, den er ansetzt, um das Wesentlichste im Augenblick gesehen, auszudrücken. Die Landschaften, vor allem Pflanzen, Blüten, aber auch

Friedensreich Hundertwasser, Ich wohne nahe an der Route Nationale, und ein Dampfer fährt durch die Wiese, *1963, 81 × 116 (New York, Privatsammlung). Hundertwasser liebt es, seine Bilder mit phantasievoll ausschmückenden Titeln zu versehen, die keine sachliche Distanz zulassen.*

Insekten, stellen in ihrer dramatischen Expressivität eine Gegenrichtung zu dem im 16. Jh. geübten Akademismus dar, richten sich gegen die Tradition von Akuratesse und Formalismus. Sein Werk Bananenbaum, Pflaumenbaum und Felsen, Tusche auf Papier (Stockholm, Östasiatiska Museet) verkündet in der beigefügten Kalligraphie den Sinn des Bildes: „Obwohl der Winter noch dauert, sendet die üppige Banane ihre Frühlingstriebe aus, und über die trennende Mauer lächelt der alte Pflaumenbaum mit jungen Blüten. Wie können wir dieses Wunder vereinen, wie es begreifen? Hast du genug Fisch, rufst du nicht nach Garnelen!"

Huang Kung-wang
* 1269, † 1354. Als einer der „Vier großen Meister der Yüan-Zeit", Wu Chen (1280–1354), Ni Tsan (1301–74), Wang Meng († 1385), gilt H. als Neuerer chinesischer Landschaftsmalerei. Begabt ebenso in Dichtkunst und Musik wurde der Meister 85 Jahre alt, hinterließ datierte Arbeiten nur aus den letzten 20 Jahren seines Lebens. Das berühmteste Werk ist die lange Rolle der Fu-ch'un-Berge, Tusche auf Papier (Taipeh, Slg. der chines. Nationalregierung), ein topographisch bestimmbarer Ort, südwestlich von Hang-chou gelegen, den der Künstler häufig in seinen Bildern festhielt. Neu in der Landschaftsauffassung der Yüan-Zeit im Gegensatz zur Sung-Periode ist die Wiedergabe der kosmologischen Ordnung in der Natur als Sinnbild übergreifender Macht. Ausgewogenheit, sorgsam getönte Hintergründe, präzise modellierte Bäume in lockerer Komposition kennzeichnen den neuen Stil, den sich der Meister in Meditation und Zurückgezogenheit aneignete.

Johann Erdmann Hummel, Geselligkeit im Freien *(Kassel, Gemäldegalerie). Als Andenken an das fröhliche Treiben der Süditaliener beim Wein und Spiel brachte Hummel dieses Bild aus Neapel in das biedermeierliche Berlin mit. Weniger temperamentvoll als artig und sittsam sind allerdings die Neapolitaner ausgefallen.*

Friedensreich Hundertwasser, STADT VON JENSEITS DER SONNE AUS GESEHEN, *1955, 150 × 135 (Paris, Privatsammlung). „Für mich ist die Spirale ein Symbol des Lebens. Ich glaube, die Spirale ist dort, wo die Materie aufhört zu sein und beginnt, etwas Lebendiges zu werden“: so erläuterte der Maler ein Schlüsselmotiv seines Werkes.*

Huber, Wolf
* um 1485 in Feldkirch (Vorarlberg), † 3. 6. 1553 in Passau. Auf seiner Wanderschaft lernte Huber in Österreich die großen Altäre Michael Pachers kennen, die in seinem Werk deutliche Spuren hinterließen. In Bayern hatte er enge künstlerische Beziehungen zu Albrecht Altdorfer, vielleicht als dessen Geselle oder Mitarbeiter. Um 1510 wurde Huber in Passau ansässig, wo er als bischöflicher Hofmaler bis zu seinem Tode blieb. Erst im 19. Jh. wurde Wolf Huber als Maler wiederentdeckt. Sein erstes großes Werk war der ANNENALTAR für Feldkirch, 1521 (Feldkirch/Vorarlberg, Stadtpfarrkirche, bzw. Wien, Kunsthistorisches Museum), mit Darstellungen aus dem Leben Christi und der hl. Anna. Trotz der Anlehnung an Dürers Holzschnitte zum Marienleben von 1511, zeigen doch die Verbindung von Menschen und Landschaft bzw. der Architektur und die besondere Behandlung der Farbe und des Lichts die ganz persönliche Leistung Wolf Hubers in diesem Hauptwerk der Malerei der → Donauschule. 1525–30 wandelt sich der Stil des Künstlers. Die Komposition wird klarer, es treten Farbkontraste auf, die Raumauffassung zeigt schon manieristische Züge. Die HEIMSUCHUNG MARIÄ (München, Bayrisches Nationalmuseum) und die FLUCHT NACH ÄGYPTEN (Berlin, Stiftung Staatliche Museen/West, Gemäldegalerie) sind Beispiele hierfür. Eine derbere, bis ins Groteske reichende Figurengestaltung zeigt die KREUZAUFRICHTUNG, nach 1525 (Wien, Kunsthistorisches Museum). Eines der wenigen nach 1530 erhaltenen Werke ist die ALLEGORIE DES KREUZES, nach 1540 (Wien, Kunsthistorisches Museum). Die künstlerische Ausdruckskraft tritt hier zugunsten eines reichen theologischen Programms zurück. Den Abschluß des Werkes Wolf Hubers bildet das eindrucksvolle Bildnis des JAKOB ZIEGLER, um 1544–49 (Wien, Kunsthistorisches Museum). Huber ist die originellste und vielseitigste Persönlichkeit der Künstler der Donauschule. Trotz der starken geistigen Verwandtschaft mit Altdorfer, vertritt er doch v. a. in seinen Landschaften eine eigene künstlerische Anschauung. Huber beschäftigt sich mit Dürer und der deutschen Spätgotik sowie mit der italienischen Renaissance, hat sich aber immer seine künstlerische Selbständigkeit bewahrt, die insbesondere das Spätwerk auszeichnet.

Hudson, Thomas
* 1701 in Devonshire, † 26. 1. 1779 in Twickenham bei London. Der Bildnismaler des englischen Rokoko arbeitete im Stil Godfrey Knellers und seines Lehrers und Schwiegervaters Jonathan Richardson d. Ä. Mit Bildern wie KÖNIG GEORG II. (London, National Gallery), oder seinem Meisterwerk DIE FAMILIE DES ZWEITEN HERZOGS VON MARLBOROUGH (Blenheim Castle), wurde er zum gesuchten Porträtisten des Hofes, des Adels sowie des gehobenen Bürgertums. 1741–43 war er der Lehrer von Josuah Reynolds.

Huet, Paul
* 3. 10. 1803 in Paris, † 9. 1. 1869 in Paris. Seit 1820 war Huet Schüler an der Pariser École des Beaux-Arts. 1824 reiste Huet erstmals zu Studien in die Normandie, später folgten Reisen in die Dauphiné, nach England, Belgien, Holland. Immer war die Landschaft Quell für Huets Bilder. Von der holländischen und der englischen Landschaftsmalerei, besonders John Constable und Richard Parkes Bonnington, beeinflußt, schuf er lyrische, empfindsame Naturstudien wie AVIGNON BEI SONNENUNTERGANG, 1842 (Avignon, Musée Calvet), das auch den Einfluß Lorains nicht ganz verleugnet, HOCHWASSER IN ST-CLOUD, 1855 (Paris, Louvre), romantische, dennoch genaue Schilderungen von Naturzuständen und -stimmungen. Mit diesen von der klassizistisch-akademischen Tradition wegführenden → „Paysages intimes“ wurde Huet zum Vorläufer jener Generation, der z. B. Théodore Rousseau angehören sollte.

Hugo, Victor
* 26. 2. 1802 in Besançon, † 22. 5. 1885 in Paris. Der als einer der populärsten Dichter Frankreichs bekannte Künstler schuf auch qualitätvolle Zeichnungen in einem das Phantastisch-Imaginative betonenden Realismus. Autodidaktisch herangebildet, fertigte er zunächst Karikaturen und ab 1836 Landschafts- und Architekturskizzen. Vor allem mittelalterliche Bauwerke, orientalische Märchenarchitekturen und die Welt der verfallenen, sagenumwobenen Burgen am Rhein erweckte er zu gespenstischem Leben. Seine späteren Meerbilder in ihren dramatischen Schwarzweißkontrasten sind in dieser phantastischen Dämonie noch gesteigert. Häufig ließ sich Hugo durch Tintenkleckse zu Phantasien inspirieren. Daneben verwendet er an technischen Gestaltungsmitteln auch verkohlte Streichhölzer u. ä.

Friedensreich Hundertwasser, WOLKENKRATZER UND DORFKIRCHE, *1951, 63 × 45 (New York, Privatsammlung). Als ein „Magier der Vegetation“ sieht sich Hundertwasser selbst. Wahre Farborgien sind seine Bilder, die er gerne auf gewöhnliche Materialien malt. Dieses Aquarell führte er auf grundiertem Packpapier aus.*

Huguet, Jaime
* um 1414 in Valls bei Tarragona, † 1492 in Barcelona. Bei einem Onkel zum Maler ausgebildet, arbeitete Huguet 1440–47 wahrscheinlich in Arragonien, ab 1448 in Barcelona. Von seinen vielen religiösen Darstellungen, meist Altäre, seien genannt: BEWEINUNG CHRISTI, um 1447–50 (Paris, Louvre), VINZENZALTAR, 1455–58, und der AUGUSTINUSALTAR von 1463–86 (beide Barcelona, Museo de Arte de Cataluña). In der Nachfolge Bernardo Martorells wurde Huguet zum bedeutendsten katalonischen Maler seiner Zeit, der mit hochentwickelter Temperatechnik auf reichem Goldgrund ausgewogene Farben auftrug; die Komposition war dramatisch durchdacht und zeugte schon von einer beginnenden Perspektivenanwendung. Huguets Figuren waren sorgfältig gezeichnet. Die spätere Massenproduktion infolge der zahlreichen Aufträge hatte einen gewissen Qualitätsverlust und schließlich das Ende dieser „Schule von Barcelona" zur Folge. Das Werk Huguets kennzeichnet den Übergang von der Gotik zur Renaissance in der spanischen Malerei.

William Holman Hunt, MORGENDÄMMERUNG IN ÄGYPTEN, *185 × 86 (Southhampton, Art Gallery). Bedeutende Künstler des 19. Jh. widmeten sich dem Thema des Orients, dessen exotische Fülle oft zu betörenden Visionen einer Wunschwelt verklärt wurde. Hunt selbst unternahm eine Reise nach Palästina.*

Hummel, Johann Erdmann
* 1. 9. 1769 in Kassel, † 26. 8. 1852 in Berlin. Ein Italienstipendium des Landgrafen von Hessen brachte Hummel 1792 mit dem Kreis der → Deutschrömer in Verbindung und beeinflußte seine Malweise romantisch-klassizistisch, wie das Bild PHILEMON UND BAUCIS, 1795 (Kassel, Schloß Wilhelmshöhe). 1809 wurde Hummel als Lehrer für Optik, Perspektive und Architektur an die Akademie in Berlin berufen. Die Bilder aus dieser Zeit, → Genreszenen im Biedermeierstil, sind von malerischen Experimenten mit dem Licht und seinen Spiegelungen geprägt, z. B. SCHACHPARTIE BEIM GRAFEN JUGENHEIM, 1818/19 (Berlin-Ost, Nationalgalerie).

Hundertwasser, Friedensreich
(eigtl. Friedrich Stowasser)
* 15. 12. 1928 in Wien. Ausgehend von den ornamental-dekorativen und vegetabilischen Linienkonfigurationen Gustav Klimts und des Jugendstils vereinigte Hundertwasser in seinen poetisch-träumerischen, buntfarbigen Bildern Gegenständliches und Abstraktes zu dekorativen Ensembles, in denen die Spiralform als Motiv vorherrscht. „Für mich ist die Spirale ein Symbol des Lebens. Ich glaube, die Spirale ist dort, wo die Materie aufhört zu sein und beginnt, etwas Lebendiges zu werden. Meine Spirale ist keine geometrische Spirale, sie ist eine biologische Spirale. Sie hat Ausbuchtungen, Widerstände und Partikel in der Mitte und an den Rändern. Meine Spirale wächst vegetativ." Der Besuch der Wiener Kunstakademie 1948 bestimmte sein Schaffen weniger als das expressive Vorbild Egon Schieles und Erich Kampmanns. 1949 wandte er sich in Italien der → tachistischen Technik zu. Um 1953 taucht erstmals das zentrale Motiv der Spirale auf, etwa in dem Aquarell DIE SCHWERE SONNE, 1954 (Wiesbaden, Sammlung O. Henkell). 1954 entwickelte er die Theorie des „Transautomatismus", die er 1956 in Paris unter dem Titel „La visibilité de la création automatique" veröffentlichte und ein Jahr später zu einer „Grammatik des Sehens" systematisierte. Hier und in dem 1958 gehaltenen Vortrag des „Verschimmelungsmanifestes gegen den Rationalismus in der Architektur" bekannte er sich zur unmittelbaren Umsetzung kreativer Energien in Bildformen von organischem, statt rational konstruiertem Aufbau. Nach einem Aufenthalt in Japan 1961 benutzte er häufig auch Bambuspinsel als Instrumentarium organisch schwellender Linienführung. 1967 entstanden die ersten farbigen Graphiken und Metallprägungen. Nach elfjähriger Zusammenarbeit mit japani-

Jan van Huysum, BLUMEN UND FRÜCHTE *(Ausschnitt), 81 × 61 (Amsterdam, Rijksmuseum). Die Leistungen der holländisch-barocken Stillebenkunst faßte Huysum noch einmal spät zusammen. Die stofflichen Werte der Früchte – der Flaum der Pfirsiche, die Glätte der Trauben mit ihrem transparenten Schimmer – kommen vollendet zum Ausdruck. Unendliche Akribie der Feinmalerei, dekorative Brillanz in Farbe und Komposition sowie die unproblematische Thematik sicherten Huysums Bildern schon zu seinen Lebzeiten ganz enormes Ansehen und erstaunlich hohe Preise. Die Sammler und Auftraggeber stammten gutteils aus dem gehobenen Bürgertum, ihrem Geschmack kam der Maler entgegen wie kaum ein anderer.*

schen Holzschneidern entstand 1973 die erste Holzschnittmappe mit dem Titel NANA HYAKU MIZU. Bereits seit 1972 setzte sich Hundertwasser im deutschen Sprachraum für Dachbewaldung und individuelle Fassadengestaltung ein. 1971 hatte er das Münchner Olympia-Plakat entworfen.

Hunt, William Henry
* 28. 3. 1790 in London, † 10. 2. 1864 in London. Der Maler der Viktorianischen Zeit war als Aquarellist bedeutend. Er studierte seit 1807 an der Royal Academie in London, wurde 1837 Mitglied der Water-Colour Society und schuf Landschaften, Genreszenen aus dem Leben der Fischer und Schmuggler, Interieurs, Früchte- und Blumenstilleben sowie Porträts.

Hunt, William Holman
* 2. 4. 1827 in London, † 7. 9. 1910 in London. Der Maler und Graphiker gründete 1848 gemeinsam mit John Everett Millais und Dante Gabriel Rossetti die Künstlervereinigung der → Präraffaeliten, die in einem Rückgriff auf die angeblich „naive" Malerei vor Raffael eine Erneuerung der Kunst anstrebte. Hunt bildete sich durch Kopieren im British Museum und in der National Gallery, bis er 1845 das Studium an der Royal Academy aufnahm. Nach der Gründung der präraffaelitischen Bruderschaft stellte er das Bild RIENZI, 1848 (London, Sammlung Mrs. E. M. Clarke), aus, das programmatisch deren Forderung nach Verknüpfung detailgetreuen Naturstudiums und historischer Wahrheit erfüllte. Gegen 1850 entstand eine Reihe symbolischer und religiöser Gemälde, wobei DAS LICHT DER WELT, 1854 (Oxford, Keble College), Hunt große Anerkennung einbrachte. Zwischen 1854 und 1893 fuhr er öfter nach Palästina, um seine biblischen Themen vor den authentischen Hintergrund stellen zu können. Seit 1860 weisen seine Werke einen zunehmend sentimentalen Charakter auf, dem sich hypertrophe Detailgenauigkeit zugesellte. Eines seiner Hauptwerke, DER SCHATTEN DES TODES, 1873 (Manchester, City Art Gallery), läßt hinter solchem Detailüberschwang das religiöse Sujet gänzlich vergessen.

Hutter, Wolfgang
* 13. 12. 1928 in Wien. Zusammen mit Ernst Fuchs, Erich Brauer, Rudolf Hausner und Anton Lehmden Vertreter der Wiener Schule des → Phantastischen Realismus. Stilistisch steht er dem ehemaligen Lehrer all dieser Künstler, Albert Paris Gütersloh, am nächsten. In „künstlichen Paradiesen" aus tropisch-phantastischen Pflanzenwelten halten sich Blumenschiffe, Schmetterlingsmädchen, Hexen und andere poetisch-märchenhafte Figurationen auf, etwa in DIE WETTERHEXE, 1964 (Wien, Privatsammlung). Hutter schuf viele Entwürfe für Bildteppiche und Mosaiken sowie das monumentale Wandbild VON DER NACHT ZUM TAG im Salzburger Festspielhaus. 1969 wurde er Professor für angewandte Kunst in Wien.

Huysum, Jan van
* 15. 4. 1682 in Amsterdam, † 8. 2. 1749 in Amsterdam. Huysum kann man als einen der letzten bedeutenden Vertreter der holländischen barocken Genremalerei bezeichnen, der sich auf Blumen- und Früchtestilleben spezialisierte. Seine Stilleben wurden schon zu seinen Lebzeiten ungewöhnlich hoch bewertet, da sie sich durch einen dekorativen Rahmendekor und eine Überfülle pflanzlicher Details auszeichnen – somit dem Geschmack der bürgerlichen und höfischen Auftragge-

Wolfgang Hutter, DIE BÄUME DES ORAKELS, *1969, 65 × 95 (Privatsammlung). Nicht auf die Reproduktion eines jeder Geheimnis-Dimension beraubten Realitätsbegriffs kam es der Wiener Schule des Phantastischen Realismus an. Auf der Suche nach dem Überwirklichen werden Assoziationen mit mystischen Symbolen möglich.*

ber sehr entgegenkamen. Zudem waren sie mitunter auf Kupfer- oder Mahagonitafeln gemalt, was eine feinste und diffizilste maltechnische Ausführung ermöglichte und ihnen übrigens auch eine hervorragende Haltbarkeit verlieh. Huysum war der Sohn und Schüler des auf Blumenstilleben spezialisierten Dekorationsmalers Justus van Huysum. Seit 1706 sind seine ersten eigenen Gemälde nachweisbar, italianisierende, dem Vorbild des Franzosen Gaspard Dughet und des Holländers Isaac de Moucheron verpflichtete Ideallandschaften, beispielsweise ITALIENISCHE LANDSCHAFT MIT HIRSCHJAGD (Braunschweig, Herzog-Anton-Ulrich-Museum). Charakteristisch wurden dann die Blumenstilleben mit einer dem Naturvorbild verpflichteten Feinmalerei. Mit zeichnerischer Akribie verbindet sich die Freude an kompositionellen Arrangements von Blumen verschiedener Jahreszeiten, die Huysum mit exakt gemalten Tautropfen und Insekten belebte. Auch die dünn aufgetragenen Farben und der neuartige helle Hintergrund begründeten – in Bildern wie BLUMEN IN EINER TERRAKOTTAVASE, 1736/37 (London, National Gallery) – seinen außergewöhnlichen Erfolg. Bilder wie MALVEN UND ANDERE BLUMEN IN EINER VASE (London, National Gallery) sind aber auch weiterhin im traditionellen Stil der barocken Helldunkel-Malerei gehalten. Auch aus einem ikonographischen Grund heraus sind Huysums Werke von Interesse. Auf dem STILLEBEN MIT BLUMENSTRAUSS (Amsterdam, Historisches Museum), findet sich an der Vase ein Bibelwort, das die Allmacht Gottes in einem fast protestantischen Sinne in Verbindung bringt mit der Vergänglichkeit des Irdischen, am Beispiel eben der Blumen. „Ein wichtiger Beleg dafür, daß nicht nur in der Frühzeit des Blumenstillebens, sondern noch im Spätbarock das Stilleben nicht oder doch nicht immer Selbstzweck ist, sondern mit Sinngebungen, überwiegend im Anschluß an Bibelworte, verbunden wird“ (P. Pieper) – Sinngebungen, die meist auf Vanitas-, auf Vergänglichkeitssymbolik hinauslaufen. Zu den größten Bewunderern und Abnehmern der Werke Huysums zählten deutsche Fürsten und Sammler, weswegen sich viele seiner Arbeiten in deutschen Museen befinden (München, Frankfurt, Berlin).

Meister des Imhoff-Altars, MARIENKRÖNUNG *(Nürnberg, St.-Lorenz-Kirche). Der Name des Imhoff-Altars, von dem hier die Mitteltafel zu sehen ist, geht auf den Stifter, einen Nürnberger Patrizier, zurück.*

I

Ibbetson, Julius Caesar
* 29. 12. 1759 in Churchwell Bank, Yorkshire, † 13. 10. 1817 in Masham, Yorkshire. Typischer Landschaftsmaler am Übergang des englischen Rokoko zur Romantik. Er wurde zum offiziellen Maler der ersten britischen Gesandtschaft in Peking. Neben Tierstücken und sentimentalen → Genrebildern schuf er Gemälde und Aquarelle mit Naturansichten oder von aktuellen Ereignissen, etwa in BALLONAUFSTIEG, 1788 (München, Neue Pinakothek).

Imhoff-Altar, Meister des
tätig in der 1. Hälfte des 15. Jh. Seinen Namen erhielt dieser bedeutende deutsche Vertreter der → Internationalen Gotik nach einem zwischen 1418 und 1422 vollendeten Flügelaltar in der Nürnberger St.-Lorenz-Kirche, der von dem Patrizier Konrad Imhoff gestiftet worden war. Dargestellt sind auf der Mitteltafel eine MARIENKRÖNUNG, auf dem linken Flügel der HL. JAKOBUS MINOR, auf dem rechten Flügel der HL. PHILIPPUS. Zusätzlich finden sich auf den Flügeln Bildnisse des Stifters und seiner drei verstorbenen Ehefrauen. Die Oberflächenqualitäten der Dinge sind realistisch herausgearbeitet. Der Meister des Imhoff-Altars bestimmte maßgebend die weitere Entwicklung der Nürnberger Malerei.

Indiana, Robert
(eigtl. Robert Clark)
* 13. 9. 1928 in New Castle, Indiana, USA. Der Künstler studierte 1945–48 an den Kunstschulen von Indianapolis und Utica. Er setzte seine Studien an der Skowhegan School of Painting and Sculpture in Maine fort und beendete sie 1953/54 in Edinburgh, Schottland. In dem Gemälde THE BEWARE – DANGER AMERICAN DREAM NR. 4 (Achtung! – Gefährlicher amerikanischer Traum Nr. 4), 1963 (New York, Hirshhorn Museum) verwendet Indiana in Art der kommerziellen Schilderfabriken knallige Buchstaben, Zahlen und Worte aus der amerikanischen Umgangssprache, um in typischer Manier der → Pop-art alltägliche Ausdrücke aus dem Leben, den Comic strips und der Werbung ins Bewußtsein zu bringen.

Ingres, Jean Auguste Dominique
* 29. 8. 1780 in Montauban, † 14. 1. 1867 in Paris. Ingres ist einer der letzten bedeutenden Repräsentanten des französischen → Klassizismus. Bereits als Neunjähriger wurde er von seinem Vater, einem Bildhauer und Stukkateur, engstens mit antiken Denkmälern vertraut gemacht, und schon mit elf Jahren studierte er an der Akademie in Toulouse. Aufgrund seiner hervorragenden Zeichnungen und Kopien nach alten Meistern und nach Antiken wurde er 1797 von Jacques Louis David in dessen Atelier aufgenommen. 1801 erhielt er für sein Bild ACHILL EMPFÄNGT DIE ABGESANDTEN AGAMEMNONS (Paris, École des Beaux-Arts) den Rompreis. Aber erst 1806 konnte er nach Italien fahren, wo er sich bis 1824 aufhielt. Vor allem in den sauber konturierten, mit einfachsten Mitteln operierenden Porträtzeichnungen dieser Zeit entwickelte er eine akribische Genauigkeit, die ihm den Ruf des besten französischen Zeichners einbrachte. Nach seiner Rückkehr nach Paris fand er insgesamt jedoch noch wenig Anerkennung. Als Wortführer der → Neoklassizisten wurde er in die Auseinandersetzung mit den → Romantikern, besonders mit Eugène Delacroix, verwickelt, was zu

Dominique Ingres, FRANÇOIS-MARIUS GRANET, *72 × 61 (Aix-en-Provence, Museé Granet). Den französischen Malerkollegen porträtierte Ingres während seiner römischen Jahre. Der sich über der Tiberstadt zusammenziehende Regenhimmel ist wirkungsvoll als Hintergrund verwendet.*

Dominique Ingres, DIE QUELLE, *1856, 164×82 (Paris, Louvre). Die allegorische Einkleidung eines weiblichen Aktes als Nymphe ist Vorwand, um nach den Gesetzen der klassischen Proportion und des raffaelischen Schönheitsideals ein Bild von suggestiver Wirkung zu malen. Der linearen Disziplin unterwarf sich Ingres zeitlebens.*

einem unversöhnlichen, auch persönlichen Gegensatz führte. Mit der 1827 geschaffenen, ursprünglich als Dekkendekoration für den Louvre gedachten APOTHEOSE HOMERS (Paris, Musée National du Louvre) schuf er ein Meisterwerk zeichnerischer Darstellung. 1835 wurde Ingres Direktor der französischen Akademie in Rom. Als er 1841 nach Paris zurückkehrte, wurde er zunehmend berühmter. 1853 wurde er u. a. zum Präsidenten der École Nationale des Beaux-Arts ernannt. Während im Frühwerk Ingres' die Arabeske der Konturen und eine teilweise an Tizian erinnernde Farbigkeit bestimmend waren – so in JUPITER UND THETIS, 1811 (Aix-en-Provence, Musée Granet), und in ÖDIPUS DEUTET DAS RÄTSEL DER SPHINX, 1808 (Paris, Musée National du Louvre) –, trat später eine an antike Plastiken erinnernde harte Sachlichkeit mit kühlem Kolorit und glatter Maloberfläche in den Vordergrund, so in der LIEGENDEN ODALISKE, 1814 – eine der bekanntesten Aktdarstellungen des 19. Jh. –, oder in ANGELIKA WIRD VON ROGER BEFREIT, 1819 (beide Paris, Musée National du Louvre). Antike Formenfülle und sinnliches Inkarnat verbinden sich in seinem späten Œuvre zu einem Meisterwerk französischer Aktkunst, zu dem Gemälde DAS TÜRKISCHE BAD, 1862 (Paris, Musée National du Louvre). Beachtliches leistete Ingres auch in der Porträtkunst mit einer sehr sachlich-nüchternen Darstellungsweise, etwa im Bildnis MADEMOISELLE CAROLINE RIVIÈRE, 1805 (Paris, Musée National du Louvre).

Inness, George

* 1. 5. 1825 in Newburgh (Staat New York), † 3. 8. 1894 in Bridge of Allan. Von Studien bei einem französischen Landschaftsmaler abgesehen, war Inness Autodidakt, der unter dem Einfluß der Maler der → Hudson River School – besonders Coles – ab 1842 erste technisch qualitätvolle, aber wenig

Dominique Ingres, MARIE-FRANÇOISE RIVIÈRE, *1805, 116×90 (Paris, Louvre). Das Bildnis der Madame, wie auch das des Gatten und ihrer Tochter, entstand, als sich Ingres auf dem Gebiet der Porträtkunst zu profilieren begann. Gründliches Detailstudium und psychologischer Scharfsinn bewogen ihn, im Salon 1806 ein Bildnis auszustellen.*

Johannes Itten, HORIZONTAL-VERTIKAL, *1917 (Eigentum Land Berlin). Der bedeutende Farbtheoretiker und Kunstpädagoge war auch einige Jahre am Bauhaus in Weimar tätig. Seine ersten abstrakten Arbeiten entstanden 1915, später sollte er zeitweilig auch wieder zum Gegenständlichen zurückkehren.*

ausdrucksvolle Bilder wie DIE ALTE MÜHLE, 1849 (Chicago, Art Institute), malte. Im Jahr 1847 reiste der Künstler nach England und Italien, wo er auch von 1851/52 lebte und seine Kunst romantische Impulse erhielt, die sich in stimmungsvollen, an Claude Lorrain und Salvator Rosa erinnernden Landschaftsdarstellungen niederschlugen, z. B. in ITALIENISCHE LANDSCHAFT, 1850–52 (Philadelphia, Museum of Art). Auf einer Frankreichreise im Jahr 1850 begegnete Inness schließlich den Malern der Schule von → Barbizon – Corot, Daubigny, Rousseau –, die ihn zu charakteristischen, lyrisch-intimen Naturstudien anregten, die ganz auf die jeweilige Stimmung konzentriert waren: SONNE IN WOLKEN, 1891 (Pittsburgh, Pennsylvania, Carnegie Institute), HERBSTSTIMMUNG, 1891 (Privatbesitz). Solche Werke machten den Maler zu einem wichtigen Vertreter der amerikanischen Landschaftsmalerei.

Insho Domoto
(genannt Insho)
* 1891 in Kyoto. I. gehört zu denjenigen Meistern des 20. Jh., die gleichermaßen westliches und östliches Formen- und Gedankengut verarbeiten und doch zu einer spezifisch japanischen Kunstschöpfung vorstoßen. Als Sohn reicher Eltern den konventionellen Künsten Japans vertraut, malte I. zunächst an der Kunstakademie in Kyoto Figuren- und Landschaftsbilder. Ab 1942 verschreibt er sich der „abstrakten Malerei", ihm zugänglich durch Beispiele deutscher Meister, vor allem aber durch das theoretische Werk Kandinskys „Über das Geistige in der Kunst". Seine Arbeiten entstehen mit der altjapanischen Technik des „sumi", packend durch jähe Linienführung und Schwarzweiß-Kontraste, beruhigend durch zurückhaltende Einfachheit der Komposition. Experimente mit reicher Farbskala, Gold und Silber, Schattierungen von Weiß zu Schwarz dienen dem doppelten Zweck der Gelassenheit und Expressivität, ein Grundzug im Werk I.s, der ihn in die Mitte west-östlichen Kunstschaffens stellt und womit er buddhistische Religiosität und moderne Wissenschaft in Einklang bringen will. Werkbeispiele: REACTION AGAINST STANDARD, 1962 (Zürich, Slg. F. Herr), NON-OBSTRUCTION, 1958 (Kyoto, Museum).

Isenbrant, Adriaen
(auch Ysenbrant, Ysenbaert)
urkundlich nachweisbar ab 1510 in Brügge, † Juli 1551 in Brügge. Das Werk dieses flämischen Malers steht in der direkten, durch keine Renaissanceelemente beeinflußten Nachfolge der altniederländischen Malerei. 1520 war er Mitgestalter der Festdekorationen für den Einzug Karls V. in Brügge. Er übernimmt in seinem Werk Motive und ganze Kompositionsschemata von Gerard David, Martin Schongauer, Albrecht Dürer, Jan Gossaert, Jan van Eyck und Rogier van der Weyden. Sein Hauptwerk stellt das Altardiptychon MARIA DER SIEBEN SCHMERZEN (Brügge, Notre Dame und Brüssel, Musées Royaux des Beaux-Arts) dar. Neben religiösen Gemälden schuf er auch traditionsverhaftete Bildnisse.

Isenmann, Caspar
* um 1410 vermutlich in Colmar, † 18. 1. 1472 in Colmar. Die erste urkundliche Nachricht über Isenmann stammt von 1432, die nächste ist ein Vertrag aus dem Jahr 1462 über die Bemalung und Vergoldung eines Flügelaltars für das Colmarer Münster St. Martin. In Isenmanns Vaterstadt sind Tafeln eines Passionsaltars aus dieser Kirche erhalten, die vermutlich Teil dieses Auftrags waren und 1465 datiert sind: EINZUG CHRISTI IN JERUSALEM, ABENDMAHL, CHRISTUS AM ÖLBERG, GEISSELUNG, DORNENKRÖNUNG, GRABLEGUNG und AUFERSTEHUNG CHRISTI (Colmar, Musée d'Unterlinden), außen auf den Seitenflügeln befinden sich Heiligenfiguren. Der Stil des Malers

Jacopo del Sellaio, FESTLICHES BANKETT *(Florenz, Uffizien). Sellaios Werke sind ganz dem Geist der Florentiner Malerei verpflichtet. Von Botticelli und Lippi in der Kunst unterwiesen, ordnete er die Darstellung der Architektur klaren Gesetzen der Perspektive unter.*

lehnt sich an die Tradition der 30er und 40er Jahre und an Konrad Witz an, später – z. B. in der GRABLEGUNG – auch an die Niederländer Petrus Christus und Rogier van der Weyden. Isenmann war wahrscheinlich Lehrer Martin Schongauers.

Israëls, Isaac
* 3. 2. 1865 in Amsterdam, † 7. 10. 1934 in Den Haag. Die Werke der französischen → Impressionisten, aber auch Max Liebermanns, führten Israëls zu seiner charakteristischen Malweise, die Augenblicksstimmungen einfing und mit einer Ton-in-Ton-Malerei und Licht-Schatten-Modellierung atmosphärische, ganz von der Farbe bestimmte Wirkungen erzielte: IM BOIS DE BOULOGNE, 1904/05 (Zeist, Slg. Erben G. Halbertsma).

Israëls, Josef
* 27. 1. 1824 in Groningen, † 12. 8. 1911 in Den Haag. Israëls malte zunächst theatralisch-pathetische Darstellungen wie AM GRABE ENTLANG, 1856 (Amsterdam, Stedelijk Museum), nach einem Aufenthalt in Zandvoort und Katwigh schließlich seine typischen naturalistischen → Genreszenen aus dem Fischer- und Arbeitermilieu wie DER LEBENSABEND, 1907 (Den Haag, Gemeentemuseum), die die Kenntnis Millets verraten. Auch Israëls' biblische, mythologische Landschaftsdarstellungen und Porträts – anfangs von Rembrandt beeinflußt – zeigen eine sichere Farbbehandlung in zarten Tönen und reizvolle Lichtwirkungen.

Itten, Johannes
* 11. 11. 1888 in Südern-Linden, Thun, Berner Oberland, † 25. 3. 1967 in Zürich. Wichtiger Vertreter eines geometrisch-abstrakten und kubistischen Stils, bekannt vor allem als Farbtheoretiker. 1913–16 war er Schüler von Adolf Hoelzel an der Stuttgarter Akademie. 1916–19 leitete er eine eigene Kunstschule, 1919 wurde er ans → Bauhaus in Weimar berufen. 1926 gründete er in Berlin die „Itten-Schule", 1932–36 leitete er die Textilien-Kunstschule in Krefeld, 1938–53 war er Direktor der Kunstgewerbeschule und des Kunstgewerbemuseums in Zürich. Ausgehend vom → Orphismus suchte er ständig nach mathematisch und musikalisch begründbaren Farb- und Formanalysen, wobei die Farbe in ihren Simultan- und Kontrastwerten analysiert wird. Im Spätherbst der Jahre etwa nach 1955 rücken hauptsächlich geometrische Formen oder in kleinteiligen Rasterstrukturen geordnete Farbklänge in sein Blickfeld, etwa in dem Zyklus DIE VIER JAHRESZEITEN von 1963 (Zürich, Privatbesitz).

Jacopo del Sellaio, ORPHEUS UND EURYDIKE, Ausschnitt (Kiew, Museum für westliche und östliche Kunst). Statt des vielköpfigen Zerberus setzt Jacopo eine bocksbeinige Teufelsgestalt als Wächter vor den Eingang der Unterwelt. Orpheus versucht mit dem Klang seiner Leier den Unhold, der die Geliebte in seiner Gewalt hat, zu töten.

J

Jacomart
(gen. Jaime Baçó)
* um 1410 in Valencia, † 17. 7. 1461 in Valencia. Jacomart wurde 1440 von König Alfons V. von Aragon nach Neapel berufen. In der Zeit zwischen 1440 und 1451 wechselte er des öfteren zwischen Valencia und Neapel, um Aufträge für den König auszuführen. Von den vielen Altartafeln, die Jacomart schuf, werden einige seinem Schüler Reixach zugeschrieben. Mit großer Wahrscheinlichkeit von ihm selbst stammen der ALTAR DER HEILIGEN LAURENTIUS UND PETRUS MARTYR, 1460 (Catí, Capilla del Sacramento), der MARTINSALTAR in Segorbe (Museo Diocesano) von 1447? und der ANNENALTAR, 1444–57 (Játiva, Colegiata S. Feliú). Jacomart ist Vertreter der von der altniederländischen Malerei beeinflußten Valencianer Schule. Das zeigt sich in der Anwendung der Öltechnik und der sorgfältigen Ausarbeitung von Details.

Jacopino del Conte
(eigtl. Jacopo di Francesco de' Calvi)
* 1515 in Florenz, † 9. 1. 1598 in Rom. Einer der wichtigsten Vertreter des → Manierismus in Rom. Er war Schüler von Andrea del Sarto in Florenz, ehe er etwa ab 1535 in Rom tätig wurde. 1538 war er hier Mitglied der Accademia di S. Luca, 1543 Gründungsmitglied der einflußreichen Accademia dei Virtuosi al Pantheon. Geprägt von Raffael, Sebastiano del Piombo und vor allem von Michelangelo, wandte er sich später einem etwas formelhaften Manierismus zu. Sein Hauptwerk sind die 1537–41 gemalten Fresken in S. Giovanni Decollato in Rom.

Jacopo del Sellaio
* 1441/42 in Florenz, † 12. 12. 1493 in Florenz. J. bekam seine Ausbildung bei den berühmten Florentiner Malern Filippo Lippi und Sandro Botticelli, wobei vor allem Botticelli seine Malweise entscheidend beeinflußte. Dies wird in der KREUZABNAHME MIT HEILIGEN

(Florenz, Galleria dell'Accademia) deutlich. Es gibt nicht sehr viele gesicherte Werke von ihm. Ein weiteres schuf er 1473: VERKÜNDIGUNG (Florenz, S. Lucia dei Magnoli). 1480 hatte er zusammen mit Filippo di Giuliano eine Werkstatt. Zwischen 1490 und 1493 entstand in S. Frediano in Florenz die KREUZIGUNG MIT ACHT HEILIGEN.

Jacquemart de Hesdin
erstmals erwähnt 1384, † um 1410 in Bourges (?). Französischer Miniaturenmaler flämischer Herkunft, der die Buchmalerei Frankreichs im 14. Jh. einem absoluten Höhepunkt zuführte. Er war Hofmaler des Herzogs von Berry und ist 1399 in Bourges nachweisbar. Dokumentarisch ist seine Autorschaft bei den Miniaturen zu den Stundenbüchern „Les très belles heures du Duc de Berry", vor 1402 (Brüssel, Bibliothèque Royale, ms. 11060/61), und „Grandes heures du Duc de Berry", 1409 (Paris, Bibliothèque Nationale, ms. lat. 919) erwiesen. Als früheste Arbeiten werden ihm zugeschrieben die „Petites heures du Duc de Berry", um 1380/85 (Paris, Bibliothèque Nationale, ms. lat. 18014). Seine Kunst steht in der Nachfolge Jean Pucelle und der sienesischen Malerei des → Dugento.

Jaeckel, Willy
* 10. 2. 1888 in Breslau, † 30. 1. 1944 in Berlin. Der → expressionistische Maler und Graphiker studierte 1908 bis 1909 an der Breslauer Kunstschule und an der Kunstakademie in Berlin. Seit etwa 1912/13 entstanden die ersten Gemälde, monumentale Arbeiten, in denen vor allem menschliches Leid heroisiert und expressiv übersteigert wird, so auch im STURMANGRIFF von 1915 (verschollen). Später trat an die Stelle einer etwas schematischen Pathetik eine psychologisch feinere Durchdringung seiner Themen, z. B. in den vier Wandbildern für den Arbeiterspeisesaal der Bahlsen-Fabrik in Hannover, 1916/17, die im Zweiten Weltkrieg größtenteils zerstört wurden. Damals entstand auch eine Reihe religiöser Bilder, etwa KOSMISCHE LIEBE von 1920.

Jakopič, Rihard
* 12. 4. 1869 in Ljubljana, Slowenien, † 21. 4. 1943 in Ljubljana. Wichtigster Vertreter des slowenischen → Impressionismus. Nach Studien in Wien und München wurde er hauptsächlich vom französischen Impressionismus beeinflußt. In seinem Spätwerk wandte er sich einer expressiven Farbigkeit und traumhaft-visionären Thematik zu.

Janco, Marcel
(eigtl. Iancu)
* 24. 5. 1895 in Bukarest. Der rumänische Maler war 1916 Mitglied der → Dada-Bewegung in Zürich, wobei er Dekorationen, Masken, Kostüme usw. für dadaistische Theaterstücke entwarf. Anschließend entstanden Gemälde auf Gips oder Sackleinen, mit meist geometrisierten Mustern und in gedämpften Farben. 1942 emigrierte er nach Israel, wo lyrisch gestimmte geometrisierende Landschaften, Stillleben und Figurationen entstanden.

Willy Jaeckel, WALDSTÜCK, 1923, 120 × 81 (Berlin, Sammlung Bröhan). Zur Entstehungszeit dieser Naturschilderung war Jaeckel bereits ein arrivierter Künstler in Berlin. In dem Bild fühlte er sich empfindungsvoll in die Naturstimmung ein.

Alexej von Jawlensky, MÄDCHENBILDNIS, *92 × 63 (Düsseldorf, Kunstmuseum). „Äpfel, Bäume, menschliche Gesichter sind für mich nur Hinweise, um in ihnen etwas anderes zu sehen: das Leben der Farbe, erfaßt von einem Leidenschaftlichen, einem Verliebten." Für Jawlensky bedeutet die Kunst auch „Sehnsucht zu Gott".*

Janeček, Ota
* 1919 in Pardubičky. Der tschechische Maler, der einen poetischen Realismus vertritt, studierte 1938–41 in Prag an der Akademie für angewandte Kunst, danach war er als freischaffender Künstler tätig. Auf Reisen nach Paris lernte er Pablo Picasso kennen. Hauptthema seiner Kunst sind kleinteilige Organismen und bewegte Strukturen, die gleichsam Naturvorbilder in mikroskopischer Feinsicht wiedergeben oder das tektonische Lineament von Gebäudeensembles reproduzieren und poetisieren, z. B. auch in der 1950 entstandenen Serie der GRÄSER oder in DER WINTER, 1952 (Prag, Privatslg.).

Janssen, Victor Emil
* 11. 6. 1807 in Hamburg, † 23. 9. 1845 in Hamburg. Nach Studien in Hamburg und München lernte er 1833–35 in Rom die Nazarener kennen. Seine wenigen erhaltenen Bilder zeigen den Einfluß vor allem von Johann Friedrich Overbeck und Peter von Cornelius.

Janssens, Abraham
(gen. Janssens van Nuyssen)
* 1573/74 in Antwerpen, begr. am 25. 1. 1632 in Antwerpen. Janssens gilt als bedeutender Vertreter des „Antwerpener → Romanismus". Seine anfangs noch ganz dem italienischen → Manierismus verpflichtete Malweise – deutlich sichtbar in der ENTDECKUNG DER KALLISTO, 1601 (Budapest, Museum der Schönen Künste) – erfährt einen Wandel unter dem Einfluß Caravaggios. Die Körper beispielsweise von SCALDIS UND ANTWERPIA, 1609 (Antwerpen, Koninklijk Museum voor Schone Kunsten) entsprechen dem antiken Schönheitsideal, hell heben sie sich vor dem dunkleren Hintergrund ab. Die gesamte Figurenkomposition strebt nach Gleichgewicht.

Jawlensky, Alexej von
* 13. 3. 1864 in Torschok, Gouvernement Twer, † 15. 3. 1941 in Wiesbaden. Der dem → Blauen Reiter nahestehende Maler und Graphiker war Gründungsmitglied der „Neuen Künstlervereinigung München". In Moskau, wo er damals noch die Kadettenschule besuchte, kam Jawlensky gegen 1888 erstmals mit zeitgenössischer Kunst in Berührung. 1889 übersiedelte er nach Petersburg und schrieb sich in die Malklasse der dortigen Akademie ein. 1891 lernte er die Malerinnen Marianne von Werefkin und Helene Nesnakomoff, seine spätere Frau, kennen. Mit beiden zog er fünf Jahre später nach München. Hier besuchte er die Malschule von Anton Azbé und lernte Wassily Kandinsky kennen. Auf vielen Reisen in der Zeit zwischen 1899 und 1906 setzte er sich mit dem Werk von Paul Cézanne, Paul Gauguin, Vincent van Gogh sowie mit dem → Fauvismus des Henry Matisse auseinander. All diese Anregungen mündeten in die unmittelbare Farbigkeit seines ca. 1906–10 sich entwickelnden → Expressionismus ein. Die Koloristik erklärt sich aber auch aus Jawlenskys Bindung an altrussische Traditionen. Kraftvolle Pinselstriche und großzügig strukturierte, von kräftigen Konturen umrissene Flächen verbinden sich mit intensiven Orange-, Gelb-, Ultramarin-, Violett- und Grün-

Alexej von Jawlensky, STILLEBEN MIT VASE UND KRUG, *1909, 49 × 54. In expressionistischen Werken sind Menschen und Dinge oft nur Vorwand. Sie dienen lediglich als Träger des Kolorits, denen bei geschickter Auswahl und Verteilung im Zusammenhang eine spannungsvolle Farbpoesie entlockt werden kann.*

tönen zu einer leidenschaftlichen Intensität, die sich zwischen 1907 und 1909 noch steigern sollte. Damals arbeitete Jawlensky mit Kandinsky, Gabriele Münter und Marianne von Werefkin eng in Murnau zusammen. In der Auseinandersetzung mit der französischen Kunst wird zunehmend das Flächenmuster vereinheitlicht und von expressiven Konturen zusammengehalten, z. B. in dem Bild DIE WEISSE FEDER, 1909 (Stuttgart, Staatsgalerie). Hier ist die Palette auf die Grundfarben Rot, Schwarz, Gelb, Ultramarin oder Grün, unterlegt mit Violett, reduziert. 1909 initiierte Jawlensky die „Neue Künstlervereinigung München". 1911 schuf er seine ersten Porträts, Kopfstudien, die von nun an zentrales Thema seines → Œuvres werden sollten. Ein Jahr später trat er aus der „Neuen Künstlervereinigung" aus und schloß sich enger dem „Blauen Reiter" an, ohne sich jedoch ganz mit dessen Zielen zu identifizieren. Während des Ersten Weltkrieges wurde er aus Deutschland ausgewiesen, und er übersiedelte in die Schweiz. Mit Variationen über Landschaftsthemen trennte er sich von seiner expressionistischen Phase und fand zu einer stillen, verinnerlichten Malerei, in der Naturgefühl und Seelenstimmung in Einklang gebracht werden sollten. Die Farben werden matt und gebrochen, konturlos nebeneinandergesetzt, räumlich moduliert. Gleichzeitig wird die wichtige Themenreihe „Kopf" entwickelt. Das menschliche Antlitz wird zur Kreuzform abstrahiert. „Die Senkrechte, die Waagerechte, die Diagonale und der Kreis als Flächenformen sind nunmehr die Grundformen eines Bildtypus, der fast ausnahmslos bis 1937 im Zentrum der malerischen Betrachtung des Künstlers stand" (U. Schmidt). Exemplarisch für diese meditativen, an „Ikonen des 20. Jh." erinnernden Kopfstudien kann das Bild DORNENKRONE, 1918 (Düsseldorf, Sammlung Ernst Schneider), stehen. 1924 gründete Jawlensky mit Kandinsky, Paul Klee und Lyonel Feininger die Gruppe der „Blauen Vier". 1929 war er durch eine arthritische Erkrankung zu sehr kleinen Bildformaten gezwungen, die von weichen, dunklen Tönen erfüllt sind, aus denen einzelne Farben magisch leuchtend in ihrer Eigenwertigkeit hervortreten.

Alexej von Jawlensky, DER TÄNZER ALEXANDER SACHAROFF, *1909 (München, Lenbachhaus). Der russische Tänzer – hier zum Auftritt kostümiert und geschminkt – gehörte in München dem Kreis um Kandinsky an. „Die Jahre der Freundschaft waren sehr interessant, da Sacharoff ein intelligenter, geistreicher, einfühlender und begabter Mensch ist."*

Jeaurat, Etienne

* 9. 2. 1699 in Paris, † 14. 12. 1789 in Versailles. Der einen akademisch-klassischen Stil des Spätbarock vertretende Maler wurde 1733 Mitglied der Pariser Akademie, 1767 „garde des tableaux" in Versailles. Zunächst malte er religiöse, mythologische und antike

Johannes Jelgerhuis, Die Bibliothek von Pieter Meyer Warnars auf dem Vijgendam in Amsterdam, *1820, 48 × 58 (Amsterdam, Rijksmuseum). Bevor sich der holländische Maler dem Schauspielerberuf verschrieb, schilderte er u. a. in Interieurszenen holländisches Leben, das – so scheint es – in äußerst geregelten Bahnen verlief.*

Darstellungen, dann wandte er sich zeitgenössischen → Interieur- und Atelierszenen zu, z. B. in Die Genesende, 1744 (Leningrad, Eremitage).

Jelgerhuis, Johannes
* 24. 9. 1770 in Leeuwarden, † 6. 10. 1836 in Amsterdam. Der Maler, Zeichner, Radierer und Lithograph arbeitete im Stil der → Romantik. Neben Stadtansichten, Landschaften und Interieurs – etwa Die Bibliothek von Pieter Meyer Warnars, 1820 (Amsterdam, Rijksmuseum) – entstanden auch → Historienbilder und Porträts. Seit er 1806 Schauspieler geworden war, schuf er auch eine Reihe von Kostümskizzen.

Jensen, Christian Albrecht
* 26. 6. 1792 in Bredstedt, Schleswig, † 13. 7. 1870 in Kopenhagen. Einer der bedeutendsten dänischen Porträtisten des 19. Jh., der fast alle seine berühmten dänischen Zeitgenossen malte, so auch Hans Christian Andersen, 1836 (Odense, H.-C.-Andersen-Museet). Er studierte an der Kopenhagener Akademie – 1824 wurde er Mitglied –, in Dresden, Wien und Italien.

Johns, Jasper
* 15. 5. 1930 in Allendale, South Carolina, USA. Schon mit seinen frühen Arbeiten ab 1954 erwies sich Johns zusammen mit seinem Freund Robert Rauschenberg als bedeutender Vorläufer der → Pop-art und stellte Möglichkeiten und Sinn der modernen Kunst in Frage. In dieser ersten Phase seiner künstlerischen Tätigkeit entstand 1954 Flag Above White (Paris, Galerie Ileana Sonnabend), wobei die amerikanische Fahne die gesamte Bildfläche abdeckt und so mit ihr identisch wird. Neben den Fahnenbildern malte er Lettern und Zahlen sowie die sog. Schießscheibenbilder, denen er Gipsabgüsse menschlicher Körperteile assoziierte. Später baute er banale Gegenstände des alltäglichen Gebrauchs wie Küchengeschirr, Messer, Büchsen und Lichtschalter in seine Kompositionen ein: Field Painting, 1963/64 erregte auf der Biennale in Venedig 1964 einiges Aufsehen (Privatbesitz). Ferner entstanden zu dieser Zeit monumentale Paraphrasen von Landkarten der Vereinigten Staaten. In allen Arbeiten des Künstlers sind die Symbole mehrdeutig, wird die Diskrepanz von Zeichen und Gegenstand verdeutlicht. In bezug auf die Musik von John Cage und zu den Skulpturen David Smiths experimentierte Johns auch mit Neonlichtfragmenten, die Bildrealität wurde vollends aufgelöst. Sein Einfluß auf die zeitgenössische Kunst besteht wesentlich in der Überprüfung ihres Selbstverständnisses.

Johnson, Jonathan Eastman
* 29. 7. 1824 in Lovell, Maine, † 5. 4. 1906 in New York. Nach einer Ausbildung als Lithograph ging Johnson 1849 nach Düsseldorf, um die → Genremalerei zu studieren. Darüber hinaus empfing er starke Anregungen von der englischen und niederländischen Malerei und schließlich von Couture, in dessen Pariser Atelier

Jacob Jordaens, Die Anbetung der Hl. Drei Könige, *um 1644 (Kassel, Gemäldegalerie). Das Thema der Anbetung gestaltet Jordaens bei einer großen Figurenfülle weitschweifig aus. Kamele, Pferd und Papagei treten zu den traditionellen Motiven von Ochs und Esel – Symbole für jene zur Erkenntnis des Göttlichen unfähigen Menschen.*

Jacob Jordaens, DAS FEST DES BOHNENKÖNIGS, *152 × 300 (Wien, Kunsthistorisches Museum). Dieses Werk des flämischen Barockmeisters ist nicht nur als Preislied auf die genußfreudige Ausschweifung anläßlich des Dreikönigsfestes zu deuten. Die Nachahmung des Trinkens durch das Mädchen stellt die Völlerei didaktisch in Frage.*

er 1855 kurze Zeit arbeitete. Noch im selben Jahr kehrte er nach Amerika zurück und siedelte sich 1860 als Mitglied der National Academy in New York an. Er wandte sich dem Leben der Neger und Indianer zu, das er allerdings eher schönfärberisch denn kritisch darstellte, so in MY OLD KENTUCKY HOME von 1859 (New York, Historical Society). Auch als Maler der Bürgerkriege wurde er bekannt, besonders mit dem Bild DER VERWUNDETE TROMMELKNABE, 1871 (New York, Union Club). In den 70er Jahren entstanden in Maine und Nantucket idyllische Freiluftbilder wie AUF DEM FELDE (Detroit, Institute of Arts), die in ihren Lichtkontrasten impressionistisch anmuten. Seit 1890 entstanden hochbezahlte, fast fotografische Porträts, die nur selten künstlerischen Anspruch erheben können, jedoch den Auftraggebern Eindruck machten.

Jongkind, Johan Barthold

* 3. 6. 1819 in Latrop, Overijsel, begraben am 27. 2. 1891 in La Côte-Saint-André. 1836/37 studierte er an der Zeichenakademie in Den Haag. Anfang der fünfziger Jahre tauchen in seinen Aquarellen die ersten → impressionistischen Elemente auf, die er zu Beginn der sechziger Jahre auch in die Ölmalerei übertrug, etwa in CHÂTEAU DE ROSEMONT, 1861 (Paris, Louvre). Seit 1864 werden die Farben immer heller, immer fleckiger aufgetragen, z. B. in DIE SEINE BEI HONFLEUR, 1864 (Privatbesitz).

Jordaens, Jacob

* 19. 5. 1593 in Antwerpen, † 18. 10. 1678 in Antwerpen. Zusammen mit Peter Paul Rubens und Anthonis van Dyck der bedeutendste flämische Barockmaler. 1607–15 war er Schüler in der Antwerpener Werkstatt des Adam van Noort. 1615 wurde er als Meister für Wasserfarbenmalerei in die → Lukasgilde von Antwerpen eingetragen. Er scheint Wandbehänge aus Leinen mit Wasserfarben bemalt zu haben. Erhaltene Aquarelle können als Entwürfe für Wandteppiche gelten. 1617 entstanden die frühesten, noch etwas steifen Ölgemälde, die den Einfluß Caravaggios verraten. 1620/21 war Jordaens Vorsitzender der Lukasgilde und er führte eine eigene große Werkstatt. Die Blütezeit seines Schaffens liegt in den Jahren zwischen 1620 und 1640, als er maßgeblich von Rubens beeinflußt wurde, in dessen Atelier er früher auch gearbeitet hatte. Nach dem Tode Rubens', 1640, wurde er zum gesuchtesten Maler in Flandern, wurde aber auch vom Ausland mit Aufträgen überhäuft, z. B. PSYCHE-Darstellungen im Gemach der Königin Henrietta Maria in Queen's House in Greenwich. Auch nach seinem Übertritt zum Calvinismus 1645 erhielt er weiter von katholischer Seite viele Aufträge. In seinen frühesten Werken ist er von → manieristischen Effekten abhängig, die er von Pieter Aertsen und Jan van Hemessen übernahm. In der Hinneigung zum → Caravaggismus und zu Vorbildern wie Jacopo Bassano und Rubens wurden seine Figuren kraftvoller, seine Motivgestal-

Jacob Jordaens, DER SATYR BEIM BAUERN, *188 × 168 (Brüssel, Musées Royaux des Beaux-Arts). Ovids „Metamorphosen" ist die Geschichte vom Satyrn, der bei einem Bauern einkehrt, entnommen. Jordaens stellte das Thema einfach dar, weil es ihm erlaubte, Genre- und Historiendarstellung wirkungsvoll zu verbinden.*

tungen drastischer, etwa in der KREUZIGUNG CHRISTI, 1617 (Antwerpen, St. Paulus). In den zwanziger Jahren verstärkten sich die italienischen Einflüsse in Richtung auf nuancierte Lichtgebung und changierende Koloristik. Mit zunehmender Prägung durch das Rubenssche Vorbild verfeinerten sich Jordaens malerische Qualitäten weiter, z. B. in APOLL UND MARSYAS, 1637 (Madrid, Museo del Prado). Nach 1645 werden die Farben wieder kühler vorgetragen, etwa in dem Gemälde SUSANNA UND DIE BEIDEN ALTEN, 1657 (Berlin, Schloß Charlottenburg). Neben religiösen und → Historienbildern schuf er viele reizvolle → Genredarstellungen in einem sehr urwüchsigen, volkstümlichen Barock. Dabei wandelte er meist Biblisches, Mythologisches oder Sprichwörter zu allegorischen Sittenbildern um. Im SATYR BEIM BAUERN etwa (München, Alte Pinakothek) verbinden sich derbe Figurentypen und ein drastischer Realismus mit einem dekorativen Kompositionsschema.

Jorge Inglés
Der Maler mit unbekannter Herkunft stand um 1455 im Dienst des Inigo López de Mendoza, Marqués de Santillana. Für diesen fertigte er sein einziges gesichertes Werk, ein Altarbild, das niederländisch beeinflußte RETABLO DE LOS ÁNGELES (Privatbesitz, Madrid).

Jorn, Asger
(eigtl. Asger Oluf Jørgensen)
* 3. 4. 1914 in Vejrun, Jütland, † 1. 5. 1973 in Århus. Der dänische Maler wurde mit seinem abstrakten → Expressionismus 1948–51 zu einem führenden Mitglied der Künstlergruppe → Cobra. Seine Arbeiten in den dreißiger Jahren zeigen noch das typische Gepräge des an Edvard Munch und Emil Nolde ausgerichteten skandinavischen Expressionismus. Die Legenden- und Sagenwelt seiner Heimat führte Jorn jedoch bereits zu einer surrealistischen Verfremdung. 1936/37 beeindruckte ihn dann das abstrakte Werk Wassily Kandinskys. Max Ernst und Paul Klee vor allem regten ihn zu Improvisationen mit der Farbmaterie an, die Unterbewußtes in Bildwelten umsetzen sollte. 1948 übersiedelte er nach Paris, wo er sich dem Abstraktionismus des → Informel entgegenstellte. Bilder wie LIEBENDE IM RAUM, 1954 (Privatsammlung), zeigen seine typische Gestaltungsweise: Gegenständliche Figurationen, die sich abstrahiert-zeichenhaft aus der → pastosen Farbmaterie herausstrukturieren.

Ernst Josephson, SPANISCHE SCHMIEDEGESELLEN, *1881, 124 × 103 (Stockholm, Nationalmuseum). Der schwedische Maler, der 1881/82 eine Spanienreise unternahm, war von der derben Frische des Motivs fasziniert, so daß er schon in Sevilla eine zweite Fassung malte.*

Josephson, Ernst Abraham
* 16. 4. 1851 in Stockholm, † 22. 11. 1906 in Stockholm. Von 1867–76 studierte er an der dortigen Akademie. Seine bevorzugten Themen waren damals → Interieurs, → Historiendarstellungen und Volksszenen. Auf mehreren Reisen lernte er die großen alten Meister wie Raffael, Tizian, Rembrandt und Velázquez kennen. Sein 1878 entstandenes Bild DAVID UND SAUL (Stockholm, Nationalmuseum) steht noch ganz unter deren Einfluß. Ein Bruch mit dieser Malweise erfolgte mit seiner Übersiedelung nach Paris im Jahre 1879. Die Farben hellten sich auf, → impressionistische Züge treten hinzu. In dieser Zeit entstanden zahlreiche Künstler- und Familienporträts, die die Personen wie momentan erfaßt darstellen. Stilistisch davon abzuheben sind dagegen die zur selben Zeit geschaffenen Werke JEANETTE RUBENSON, 1883 (Göteborg, Konstmuseum), und SPANISCHE SCHMIEDE, 1882 (Oslo, Nasjonalgalleriet).

Jouvenet, Jean
getauft am 1. 5. 1644 in Rouen, † 5. 4. 1717 in Paris. Einer der wichtigsten Repräsentanten der französischen Barockklassik. Nach einer Ausbildung bei seinem Vater wurde er ab 1661 Schüler von Charles Le Brun an der Académie Royale in Paris. 1675 wurde er Mitglied der Akademie, 1681 Professor, 1705 Direktor und 1707 Rektor der Akademie. Neben Le Brun beeinflußten ihn Nicolas Poussin, Peter Paul Rubens und die Gebrüder Caracci. Zu seinen wichtigsten Arbeiten zählen die frühe Mitarbeit an der Dekoration des Salon de Mars in Versailles, CHRISTUS HEILT KRANKE, 1689 (Paris, Musée National du Louvre), LUDWIG XIV. BERÜHRT AUSSÄTZIGE, 1690 für die Pfarrkirche St. Riquier geschaffen, ISAAK SEGNET JAKOB, 1692 (Rouen, Musée des Beaux-Arts), und

die 1694 gemalten Monumentalkompositionen für die Decke der Großen Kammer im Parlement de Bretagne in Rennes.

Juan de Flandes
* in Flandern, † vor dem 16. 12. 1516 in Palencia (?). Juan de Flandes war von 1496–1504 Hofmaler Königin Isabellas der Katholischen. Für sie fertigte er um 1500 46 Täfelchen mit Darstellungen aus dem LEBEN MARIÄ UND CHRISTI an; 15 davon befinden sich heute im Königlichen Palast von Madrid. Die kühle Eleganz der Figuren, die sichere Zeichnung der Köpfe, die Hellfarbigkeit lassen auf eine Beziehung zu den französisch-flämischen Künstlern, besonders den für den burgundischen Hof tätigen Buchmalern schließen. Neben Porträts für das spanische Königshaus entstanden noch die ihm mit großer Sicherheit zugeschriebenen Altäre für die Alte Kathedrale von Salamanca sowie für die Kirche S. Lázaro in Palencia.

Juanes, Juan de
(eigtl. Vicente Juan Masip)
* um 1523 in Fuente la Higuera bei Valencia, † 21. 12. 1579 in Bocairente. Einer der wichtigsten Repräsentanten der Renaissancemalerei in Valencia, der trotz italienischer Einflüsse das Charakteristische der spanischen Malerei bewahrte. Seine hauptsächlich religiösen Gemälde genossen großes Ansehen. Qualitätvoller sind jedoch seine wenigen Porträts, etwa DON LUIS DE CASTELLA DE VILANOVA, (Madrid, Prado).

Justus van Gent
(eigtl. Joos van Wassenhove)
* vermutlich zwischen 1435 und 1440; tätig um 1460–80 in Antwerpen, Gent und Urbino. Im Werk dieses Malers verbinden sich altniederländisch-spätgotischer Realismus und das neue monumentale Körpergefühl der italienischen Frührenaissance. Ab 1464 in Gent tätig, lebte er ab 1468 in Italien und wurde 1473/74 in Urbino als „Giusto da Guento" geführt. Um 1470 entstand in Gent der Kreuztragungsaltar für St. Bavo mit dem KALVARIENBERG als Mitteltafel und dem QUELLWUNDER DES MOSES und der EHERNEN SCHLANGE als Flügeldarstellungen. Die einzige urkundlich belegte Arbeit schuf er in Urbino, DIE EINSETZUNG DES HL. ABENDMAHLS, 1473/74 (Urbino, Galleria Nazionale delle Marche). Zusammen mit Pedro Berruguete fertigte er um 1476 wahrscheinlich auch 28 Idealporträts von Philosophen und Dichtern für das Studiolo des Herzogs Federigo da Montefeltro in Urbino (Paris, Louvre und Urbino, Galleria Nazionale delle Marche).

Wilhelm Kalf, STILLEBEN MIT CHINESISCHER TERRINE, *64 × 53 (Berlin, Staatliche Museen). Kalfs künstlerisches Geschick bei diesem Bild bestand in der starken Abdunklung des Bildlichtes – so schimmern das Blau der Glasur und die Gold- und Rubintöne der Weine besonders kostbar hervor.*

K

Kager, Johann Mathias
* um 1575 in München, † um 1634 in Augsburg. Der Maler, Kupferstecher und Architekt hatte wegweisenden Einfluß auf den süddeutschen Frühbarock. Nach seiner Ausbildung u. a. bei Friedrich Sustris in München wirkten die Eindrücke einer Italienreise 1598 stark auf sein Werk. Seit 1603 in Augsburg ansässig, hatte er auch viele Aufträge aus München, Eichstätt, Zwiefalten und Nürnberg. Sein Hauptwerk wurde die Dekoration des Goldenen Saales im Augsburger Rathaus, die im Zweiten Weltkrieg zerstört wurde.

Kalckreuth, Leopold Karl Walter, Graf von
* 15. 5. 1855 in Düsseldorf, † 1. 12. 1928 Gut Eddelsen bei Hittfeld (Niedersachsen). Nach einer Ausbildung bei seinem Vater und unter dem Einfluß Lenbachs in München lehrte Kalckreuth 1885–90 in Weimar, ab 1895 in Karlsruhe und ab 1899 in Stuttgart, bis er sich auf seinen Landsitz Eddelsen zurückzog. Seine Bilder sind symbolkräftig, an holländischen → Interieurs und am Realismus der Schule von → Barbizon orientiert. Thema ist vielfach der leidgeprüfte Mensch aus dem einfachen Volk, z. B. SOMMER, 1890 (Bremen, Kunsthalle) oder MARIE ZACHARIAS, 1904 (Hamburg, Kunsthalle). Impressionistische Lichtwirkungen zeigt das Bild HEIMKEHRENDE WERFTARBEITER, 1904 (Hamburg, Kunsthalle).

Kalf, Willem
getauft am 3. 11. 1619 in Rotterdam, begraben am 3. 8. 1693 in Amsterdam. Kalf wurde wahrscheinlich bei Hendrick Pot und Frans Ryckhals ausgebildet. Nach dieser Zeit ging er ca. 1640–46 nach Paris, 1653 ist er in Amsterdam bezeugt. – Die Werke der ersten Periode des Künstlers sind noch, ähnlich den Bildern Willem Claes

Wassily Kandinsky, BUNTES LEBEN, *1907, 145 × 160 (München, Lenbachhaus). Vor seiner Hinwendung zur Abstraktion standen Kandinskys Bilder im Zeichen des Jugendstils. Märchenwelt und russisches Volksleben finden sich hier zu einer phantasievoll-bunten Erzählung mit magischen Gestalten vereint.*

Hedas und Pieter Claesz', monochrom gehaltene, etwas kühl und steif wirkende Arrangements von prunkvollen Gefäßen und Frühstückstischen: SILBERGEFÄSSE, 1643 (Köln, Wallraf-Richartz-Museum). In Paris waren es mehr Küchen-, Genre- und Interieurszenen, die den Maler interessierten: INNERES EINER SCHEUNE (Karlsruhe, Kunsthalle). Rembrandts Werke aus den späten 40er und frühen 50er Jahren regten Kalf schließlich zu einer Veränderung der Farbwerte hin zu leuchtenden, kräftigen Farben, zu differenzierterer Lichtbehandlung und zur individuellen Wiedergabe der Stofflichkeit der Objekte an. Auf kostbaren Dingen konnte Kalf das Spiel des Lichts mit einem ganz charakteristischen getupften Farbauftrag wiedergeben. Einige der schönsten Bilder dieses bedeutenden Stillebenmalers Hollands sind: STILLEBEN MIT DELFTER KANNE, 1653 (München, Alte Pinakothek), GEFÄSSE UND FRÜCHTE, 1663 (Schwerin, Staatliches Museum, Gemäldegalerie), und STILLEBEN MIT WEINGLAS, 1658 (Den Haag, Mauritshuis).

Kalkar, Jan Joest van

(auch Joost, Joest Joesten, Calcar, Calcker oder van Haarlem)

* um 1460 in Wesel, † 1519 in Haarlem. Joests Wirkungs- und Einflußbereich erstreckte sich von den Gebieten des Niederrheins bis in die Niederlande. Zwischen 1480 und 1508 ist er immer wieder in Kalkar nachweisbar, ab 1509 war er in Haarlem. Seine Ausbildung erhielt er wahrscheinlich am Niederrhein, vermutlich bei seinem Onkel Derick Baegert. Beeinflußt wurde er auch von dem Holländer Geertgen tot Sint Jans. Eines der früheren Werke Joests ist der ALTAR DER SIEBEN SCHMERZEN MARIÄ für die Kathedrale in Palencia, der 1505 in Brüssel entstand. Raumaufbau und Figurenanordnung zeigen noch gotische Züge. Anders bei seinem Hauptwerk, dem 1505–08 geschaffenen HOCHALTAR VON ST. NIKOLAUS IN KALKAR, nach dem Joest benannt wurde. Das Werk besteht aus 20 Tafeln mit Szenen aus dem Leben und der Passion Christi. Der Aufbau ist klar und symmetrisch, in der Architektur finden sich Renaissanceformen, in

Wassily Kandinsky, ROMANTISCHE LANDSCHAFT, *1911 (München, Lenbachhaus). Kandinsky bedeutete Romantik das Ziel einer „unbewußten Sehnsucht des Menschen", die auf Freilegung des schöpferischen Potentials abzielt.*

Wassily Kandinsky, MURNAU MIT REGENBOGEN, *1909, 33 × 43 (München, Lenbachhaus). In Murnau vollzog sich in Kandinskys Schaffen der letzte Schritt zur Emanzipation von Form und Farbe gegenüber dem Gegenständlichen.*

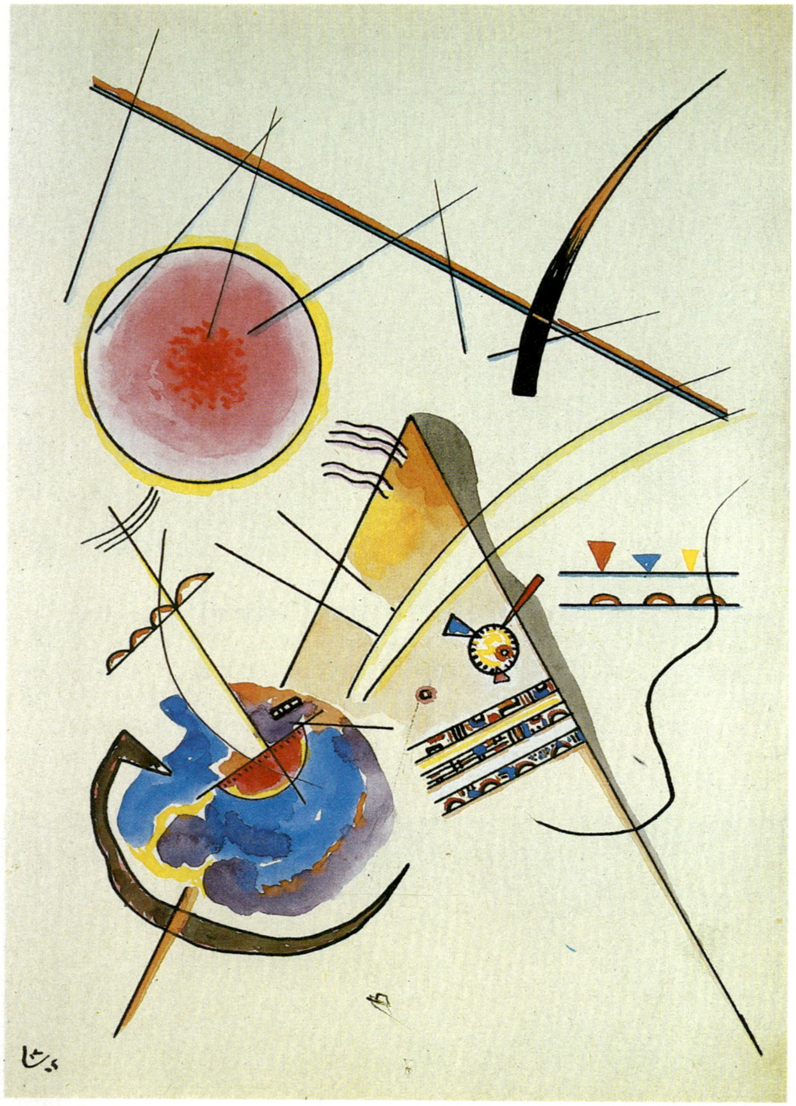

Wassily Kandinsky, KOMPOSITION, *1925 (Berlin, Bauhaus-Archiv). Während seiner Lehrtätigkeit am Bauhaus in Weimar ordnete sich Kandinskys expressiver Farbstil einer linear-geometrischen Organisation der Bildelemente unter. Wie viele seiner Mitstreiter betrachtete er Kunst nach wie vor als eine spirituelle Aufgabe.*

der Lichtbehandlung treten Helldunkel-Kontraste auf. Außerdem malte Joest → Genre- und Landschaftsbilder. Joest verbindet in seinem Stil Elemente der deutschen mit der niederländischen Malerei. J. van Cleve und B. Bruyn waren vermutlich seine Schüler.

Kandinsky, Wassily
* 4. 12. 1866 in Moskau, † 13. 12. 1944 in Neuilly-sur-Seine bei Paris. Der Sohn einer wohlhabenden Familie russisch-mongolischer Herkunft besuchte das Gymnasium in Odessa und wurde schon früh von seinem Vater in seinen musischen Talenten gefördert. 1886 begann er das Studium der Rechte und der Volkswirtschaft, erhielt große Anerkennung und wurde 1893 zum Attaché der juristischen Fakultät Moskaus ernannt. Auf Reisen nach Paris und St. Petersburg hatte Kandinsky bereits mit großem Interesse berühmte Werke der Malkunst studiert. 1896 lehnte er einen Ruf an die Universität Dorpat ab, gab seinen Beruf auf und ging zum Kunststudium nach München. 1901 gründete er die Gruppe „Phalanx", der er eine Malschule anschloß; seine Schülerin Gabriele Münter wurde bis 1914 seine Lebensgefährtin. 1904, nach Auflösung der Vereinigung, begann eine vierjährige Zeit der Studienreisen nach Tunis, Italien, Frankreich, Holland, innerhalb Deutschlands. 1908 zog Kandinsky mit Gabriele Münter nach Murnau, die Freunde Jawlensky und Marianne von Werefkin schlossen sich an, und man gründete 1909 die „Neue Künstlervereinigung München", der sich auch Paul Klee und August Macke anschlossen und aus der u. a. Kandinsky, G. Münter und Marc zwei Jahre später wegen Meinungsverschiedenheiten ausschieden. In der Ausstellung „Der Blaue Reiter" und dem gleichnamigen Almanach artikulierten sie ihre Vorstellungen und gründeten 1912 die Gruppe Der → Blaue Reiter. Zu Beginn des Ersten Weltkrieges ging der Maler nach Rußland, heiratete dort Nina Andreevskaja und wurde u. a. Professor an der Moskauer Universität. 1922 ging er an das von Walter Gropius geleitete → Bauhaus in Weimar. Mit Feininger, Klee und Jawlensky rief er die „Blauen Vier" ins Leben, ging 1925 mit dem Bauhaus nach Dessau und 1933 nach Frankreich ins Exil; 1939 französischer Staatsbürger geworden, starb er 1944 bei Paris.
Zu Beginn in München fertigte Kandinsky Akt- und Naturstudien; 1901 geriet er unter den Einfluß des → Jugendstils, dessen dekorative Gestaltungskunst er mit der Gruppe „Phalanx" übernahm. Daneben experimentierte er mit graphischen Techniken und schuf Holzschnitte: LIEDER OHNE WORTE, 1904, die wie seine Gemälde das russische Leben („Motifs russes") zum Thema hatten und neben dem des Jugendstils den Einfluß der russischen Volkskunst verrieten: DER BRAUTZUG, 1902/03 (München, Städtische Galerie im Lenbachhaus). In Murnau entwickelte sich Kandinskys Kunst in Richtung der → Fauves und ging zu einer immer weniger gegenständlichen Formensprache über: DAS ERSTE ABSTRAKTE AQUARELL, 1910 (Neuilly-sur-Seine, Slg. Nina Kandinsky). Schon zuvor war das Gegenständliche auf geringste Formelemente reduziert worden. In den folgenden Jahren entstanden die gefühlsmäßigen „Improvisationen": IMPROVISATION 9, 1910 (Stuttgart, Staatsgalerie), die von Natureindrücken ausgehenden „Impressionen": IMPRESSION V (PARK), 1911 (Paris, Musée National d'Art Moderne), und die rational durchdachten „Kompositionen", die der Maler als seine Hauptwerke ansah: KOMPOSITION IV, 1911 (Düsseldorf, Kunstslg. Nordrhein-Westfalen). Die Farbe hatte sich vollkommen vom Objekt gelöst, das Zusammenspiel von Farben und Formen war in den „Kompositionen" das zentrale, rational analysierte Thema: BILD MIT ROTEM FLECK, 1914 (Paris, Musée National d'Art Moderne). – Nach dem Krieg waren die Lehrtätigkeit und die Beschäftigung mit kunst- und ästhetisch-theoretischen Schriften von Bedeutung, die sich in Kandinskys Bildern der „kühlen Periode" – ROTER FLECK II, 1921 (Paris, Musée Nat. d'Art Mod., Slg. Nina Kandinsky), oder KOMPOSITION VIII, 1923 (New York, Solomon R. Guggenheim Museum) – niederschlugen; rein von kühlen Farbwerten und geometrischen Formen bestimmten Werken. Kreis, Linie, Dreieck waren neben der Farbe wichtige Ausdruckswerte: VIELFARBIGER KREIS,

Wassily Kandinsky, IMPROVISATION, *1913. „Improvisation" definierte Kandinsky als die unbewußte, spontane Ausdrucksweise innerlich erfahrener Gefühlsinhalte. Im subjektiven Erlebnis, dem „inneren Klang", verkörperte sich ihm eine höhere Wahrheit als in der Wahrnehmung und Reproduktion der äußeren Ding-Welt.*

1921 (New Haven, Yale University Art Gallery). Daneben entstanden Graphikserien (Kleine Welten, 1922) und Bühnenbilder, schließlich die Werke der „romantischen Periode“ in Dessau – Im Blau, 1925 (Düsseldorf, Kunstslg. Nordrhein-Westfalen) –, in wärmeren Farben und hauptsächlich vom Kreis bestimmt. Mathematik, Kosmos und Transzendentales waren in ihnen zu spüren. Kandinskys Alterswerk in Frankreich kann unter dem Begriff der „barocken Epoche“ zusammengefaßt werden: weiche, nicht mehr geometrische, sondern zoomorphe Formen in heiteren, schönen Farbzusammenstellungen charakterisieren sie: Himmelblau, 1940 (Paris, Musée National d'Art Moderne), Gemässigter Schwung, 1944 (Neuilly-sur-Seine, Slg. Nina Kandinsky); teilweise mit Miró oder chinesischer Malerei zu vergleichen. – Kandinsky, der stets nach rationellen, analysierenden Aspekten malte und lehrte, war Wegbereiter der → Abstrakten Kunst, der er in seinen Schriften die theoretische Grundlage gab. Mit seinem Werk übte er auf die Moderne in Deutschland wie in Frankreich großen Einfluß aus.

Wassily Kandinsky, Division-Unité *(New York, Privatsammlung). Kandinskys späte abstrakte Werke erinnern oft an mikroskopische Feinstrukturen, verspielt geordnet und koloriert. Das Entstehen der abstrakten Malerei zu Beginn des 20. Jh. deutete er in Analogie zur Entdeckung der Kernspaltung: Kunst und Wissenschaft rüttelten gleichermaßen am objektiven Wert der äußeren Welt, die für Kandinsky zusammenbrach und ihre Verbindlichkeit verlor. Auf der Suche nach dem unverrückbar Gültigen war er auf die persönliche Erfahrung des Inneren verwiesen, die ihm das „Geistige“ offenbarte. Die hieroglyphischen Bildzeichen gehen in ihrer oft heiteren Verspieltheit auf Joan Miró zurück.*

Kanoldt, Alexander

* 29. 9. 1881 in Karlsruhe, † 24. 1. 1939 in Berlin. Maler und Lithograph der → Neuen Sachlichkeit, der 1889–1904 an der Karlsruher Kunstakademie studierte. 1908–13 gehörte er neben Gabriele Münter, Wassily Kandinsky u. a. zur „Neuen Künstlervereinigung München“. In dieser Zeit wurde er auch von den → Kubisten zu einem harten, geometrischen Bildaufbau angeregt. Ansonsten lehnte er jedoch die modernen abstrakten Richtungen ab und wurde deshalb 1913–20 Mitglied der konservativen Münchner „Neuen → Sezession“. In den zwanziger Jahren arbeitete er u. a. mit Carlo Mense und Georg Schrimpf zusammen. Es entstanden Bilder von einem zeichnerisch-harten, metallischen, das plastische Volumen übersteigernden und sehr manieriert wirkenden Realismus.

Kanovitz, Howard

* 9. 2. 1929 in Fall River, Massachusetts. Wichtiger Vertreter des → Fotorealismus. Er studierte an der Rhode Island School of Design. 1951 wurde er Schüler von Franz Kline in New York. Seine frühesten Arbeiten sind stark an Farbproblemen orientiert. 1963 begann Kanovitz erstmals, fotografische Vorlagen genauestens auf die Leinwand zu übertragen. Ein Jahr später vereinigte er eigene Fotovorlagen mit Pressefotos zu collageähnlichen Kompositionen, z. B. in Zweites Ave, Stilleben, 1965 (Köln, Galerie

M. E. Thelen). 1967–70 kombinierte er silhouettenhaft vom Hintergrund abgehobene Figuren zu Environments, woraus sich in den folgenden Jahren Wandgemälde mit freistehenden Figuren entwickelten.

Kao K'o-kung

Als ältester bekannter Maler der Yüan-Dynastie lebte K. in der Zeit, als die Mongolen mit Kublai Khan den Hof der Sung-Kaiser eroberten. Als Maler bei Hof war K. weitgehend unabhängig von den vielfach zerstörten Malerschulen, entwickelte einen eigenen Stil, der im 16. und 17. Jh. weite Nachfolge erlebte. Sein Gemälde NEBEL IN BEWALDETEN BERGEN, 1333 von Schülern vollendet (Taipeh, Slg. der chines. Nationalregierung), zeigt eine in Wolken, Nebel und Regen eingehüllte Landschaft, voller Atmosphäre durch das Auftauchen und wieder Verschwinden der Formelemente, Ergebnis der Benutzung nasser Pinsel. Dieser Stil stammt von Mi Fei (1051–1107), wird aber dort eigenständig, wo die Naturansicht zum Medium ästhetischer Vorstellungen wird.

Kappenberg, Meister von

(Cappenberg)

* ca. 1465 in Wesel, † ca. 1535 (?). Der in Westfalen und am Niederrhein tätige Maler wird heute mit JAN BAEGERT, dem Sohn des spätgotischen Malers Derick Baegert, identifiziert. Seine noch spätgotischen Gewandfiguren sind im Frühwerk in feierlichen Handlungen befangen und in der Bildfläche verhaftet, z. B. TAFEL DER HL. ANNA SELBDRITT (Münster, Landesmus. für Kunst- und Kulturgeschichte). Später stehen sie klar situiert und akzentuiert im tiefer werdenden, architektonisch gebauten Raum, z. B. FLÜGEL DES ANTONIUSALTARES und des SIPPENALTARES (Xanten, Stiftskirche St. Viktor). Das Spätwerk zeigt eine Neigung zum Dekorativen und Repräsentativen. Aufgrund des umfassenden Werkstattbetriebes nach 1492 sind beträchtliche Qualitätsunterschiede innerhalb des → Œuvres festzustellen.

Wassily Kandinsky, SCHARFE HÄRTE, *1926, 61 × 35 (Ludwigshafen, W.-Hack-Museum). Kandinsky sah die Förderung des geistig-seelischen Wachstums der Individuen als Aufgabe der Kunst an. Die Läuterung des Menschen aus der Begrenztheit zum Gleichklang mit der kosmischen Harmonie erkannte er als das Ziel der Evolution.*

Ida Kerkovius, HÄUSER AM RIGAISCHEN STRAND, *1939 (Regensburg, Ostdeutsche Galerie). Die Künstlerin bekannte zu ihrem Werk: „Die Pastell-Landschaften nenne ich meine Reisebilder, sie entstehen in der Landschaft unmittelbar vor der Natur, sind aber nicht naturalistisch, sondern übersetzt und bildhaft gestaltet."*

Kauffmann, Angelica

(eigtl. Maria Anna Angelica Catharina Kauffmann)

* 30. 10. 1741 in Chur, † 5. 11. 1807 in Rom. Angelica, berühmte schweizerische Malerin und Radiererin, wurde von ihrem Vater, dem Maler Joseph Johann Kauffmann, ausgebildet. Ihr malerisches Talent zeigte sich schon sehr früh; so half sie bereits mit 16

Max Kaus, CAP SUNION, *1971, 53 × 77 (Privatsammlung). Das Alterswerk des Expressionisten wurde nachhaltig von einer gegen Ende der 60er Jahre unternommenen Griechenlandreise geprägt. Die griechische Landschaft, die Kaus „vom Licht gebaut" erschien, faszinierte den Maler durch ihre Klarheit und ungetrübte Weite.*

Howard Kanovitz, Projected Street Scene, *1971, 203 × 350 (Privatbesitz). Die Kasseler Documenta stellte dieses Interieur 1972 innerhalb einer Gruppe von Werken des Fotorealismus aus. Unter Zuhilfenahme der Spritzpistole kamen solche verblüffenden Werke zustande, wie die Papierschablone und ihr schwarzer Abdruck nahelegen.*

Jahren ihrem Vater bei seiner Arbeit. Stilistisch steht sie am Übergang vom → Rokoko zum → Klassizismus. 1762 bereiste sie gemeinsam mit ihrem Vater Italien und kam unter anderem nach Parma, Bologna, Florenz und 1763 schließlich nach Rom. Dort wurde sie in den Kreis um Johann Joachim Winckelmann aufgenommen. Winckelmann machte sie mit der Antike vertraut. Sie lernte Anton Raphael Mengs kennen, der eine große Wirkung auf ihr Schaffen ausübte. Angelica fertigte Kopien von den großen Meistern wie Raffael, Correggio, Reni und den Carraccis an. Sie bekam viele Aufträge von Engländern. 1766 reiste sie nach London, wo sie große Erfolge hatte. Sie nahm in ihren Porträts und Gruppenbildnissen nun Anregungen von den führenden englischen Porträtisten, Gainsborough und Reynolds, auf. 1767 heiratete sie einen gewissen Graf Horn, der sich später als ein Betrüger herausstellte. Ein Jahr darauf wurde die Ehe geschieden, Angelica hatte dadurch große finanzielle Verluste. 1768 wurde sie in die Royal Academy aufgenommen. Die englische Zeit gehört zu ihrer fruchtbarsten Phase. 1781 heiratete sie den venezianischen Maler Francesco Zucchi, mit dem sie erst nach Venedig und schließlich nach Rom ging, wo sie bis zu ihrem Tod blieb. Dort bewohnte sie das ehemalige Haus von Mengs, das zu einem Treffpunkt der Gesellschaft wurde. So besuchten sie Johann Gottfried Herder, Kaiser Joseph II. und Kronprinz Ludwig von Bayern. Sie bekam wieder viele Aufträge für Porträts und Bilder mit mythologischen und religiösen Themen. Sie porträtierte Johann Wolfgang von Goethe (Weimar, Goethe-Nationalmuseum), mit dem sie auch befreundet war. Daneben schuf sie viele Selbstporträts.

Kaulbach, Friedrich Wilhelm
* 2. 6. 1850 in München, † 26. 7. 1920 in Ohlstadt bei Murnau. Der Sohn und Schüler Friedrich Kaulbachs, Neffe Wilhelm von Kaulbachs, ging nach dem Besuch der Kunstschule in Nürnberg nach München und wurde dort 1886 Akademiedirektor. Als vielbeschäftigter Modeporträtist gehörte er den Künstlerkreisen um Franz von Lenbach und Hans Makart an. Eine einheitliche Entwicklung seines Schaffens ist nicht erkennbar. Als technisch perfekter Zeichner und brillanter Karikaturist (z. B. Schützenliesl, 1881, München, Stadtmus.), Genre-, Landschafts- und Blumenmaler und Porträtist der eleganten Damenwelt (z. B. Damenbildnis, 1886, München, Städt. Gal. im Lenbachhaus) spiegelt er die Widersprüchlichkeit seiner Zeit.

Kaulbach, Wilhelm von
* 15. 10. 1804 in Arolsen, † 7. 4. 1874 in München. Nach der Ausbildung bei Peter Cornelius in Düsseldorf, dann in München, avancierte der Sohn armer Leute schnell zum Hofmaler Ludwigs I. Dieser beauftragte ihn mit der Mitwirkung bei der Ausmalung der Hofgartenarkaden, des Odeons und der Residenz. Die Hunnenschlacht, 1834–37 (Posen, Mus. Naradowe), ein Auftrag des einflußreichen Grafen Raczynski, machte ihn schlagartig berühmt. Als von Ludwig I. geadelter Malerfürst und Direktor der Akademie ab 1849 beherrschte er die Münchner Kunstszene um die Jahrhundertmitte. Während sein Stil sich zunächst an der statischen Linearität seines Lehrers orientierte, versuchte er später, durch realistisch-barocke Bewegungen und Farbkontraste die Bilddynamik zu steigern. Sein pathetisch-sentimentaler Historismus wurde schon zu seinen

Lebzeiten von Malern wie Victor Müller und auch seinem Lehrer Cornelius kritisch beurteilt. Die moderne Kritik lehnt seine vielfigurigen, stilistisch uneinheitlichen Monumentalgemälde ab, würdigt dagegen sein Können als Porträtist (z. B. MEDIZINALRAT DR. PFEIFER, 1854, München, Städt. Gal.), Zeichner, Karikaturist und Illustrator.

Kaus, Max
* 11. 3. 1891 in Berlin. Maler und Graphiker des → Expressionismus. Der gelernte Dekorationsmaler schuf nach dem Ersten Weltkrieg Bilder, die deutlich von Erich Heckel beeinflußt sind. In seinen Figurenbildern und Porträts, z. B. im SELBSTBILDNIS von 1919 (Besitz des Künstlers), dominiert dabei der Eindruck von Angst und Melancholie, gemildert durch die stark dekorative Komponente seiner Arbeiten. Seit 1960 integriert er in seine expressive Malweise auch abstrahierende Formstrukturen, etwa im SELBSTBILDNIS von 1967 (Berlin, Privatslg.).

Keller, Albert von
* 27. 4. 1844 in Gais, Kanton Appenzell, † 14. 7. 1920 in München. Wichtiger schweizerischer Maler, der zunächst im traditionellen Stil der Salonmalerei begann, dann stark vom → Impressionismus beeinflußt wurde – etwa in DIE FRAU DES KÜNSTLERS VOR ROTEM GRUND, um 1880 (München, Bayerische Staatsgemäldesammlungen) –, und sich schließlich stark expressiven Darstellungsweisen zuwandte, z. B. in MÄRTYRERIN, um 1895 (Frankfurt am Main, Städelsches Kunstinstitut). In seinen frühen, exzellent gemalten Salonbildern, wie CHOPIN, 1873 (München, Neue Pinakothek), war er von Karl Theodor von Piloty, Hans Makart und Arnold Böcklin geprägt. Seit den achtziger Jahren wandte er sich okkultistischen und mystischen Themen zu.

Kelly, Ellsworth
* 31. 5. 1923 in Newburgh, New York. Neben Al Held, Kenneth Noland und Morris Louis war er der Hauptvertreter der → Hard-edge-Malerei. Nach Studien in den USA begab er sich 1948 nach Paris und belegte Kurse an der École des Beaux-Arts. Zur abstrakten Kunst wurde er geführt durch den Einfluß von Hans Arp, Georges Vantongerloo, Michel Seuphor und vor allem von Victor Vasarely. Seit 1950 entstanden Gemälde und Reliefbilder, bei denen verschiedenfarbige geometrische Flächen aneinandergesetzt wurden. Die Fläche wird zum Träger vibrierender Farbwerte. 1954 war er wieder in den USA, wo er mit seinen hart konturierten Farb-Flächen-Kompositionen einen wichtigen Beitrag zur Hard-edge-Malerei lieferte.

Kerkovius, Ida
* 31. 8. 1879 in Riga, † 7. 6. 1970 in Stuttgart. Ausgehend von den Farbtheorien der Hoelzel-Schule und vom Konstruktivismus des → Bauhauses schuf sie kompositionell ausgewogene Landschaften, Stilleben, Akte und abstrakte Konfigurationen in hellen, leuchtenden Farben. 1908 wurde sie Meisterschülerin von Adolf Hoelzel in Stuttgart. 1920–23 studierte sie am Bauhaus in Weimar unter Paul Klee, Wassily Kandinsky und Johannes Itten. 1933 erhielt sie Ausstellungsverbot.

Georg Friedrich Kersting, CASPAR DAVID FRIEDRICH IM ATELIER, *1819, 51 × 40 (Berlin, Nationalgalerie). Schenken wir Kersting Glauben, so hat der große Landschaftsmaler – visionärer Kraft vertrauend – seine romantischen Naturbilder nicht unter freiem Himmel, sondern in der hermetisch abgeschlossenen und aufgeräumten Stube gemalt.*

Fernand Khnopff, ERINNERUNGEN, *1889, 127 × 200 (Brüssel, Musées Royaux). Der belgische Künstler ist ein Hauptvertreter des Symbolismus, der dem gewohnten Anblick einen Schleier des Rätsel- und Geheimnisvollen überwarf. Wie vom Irrationalen des Traumes geleitet, stellt Knopff seine Schwester gleich siebenfach dar.*

Jan van Kessel d. Ä., Der Name des Künstlers, *1657, 14 × 19 (Privatsammlung). Kessel läßt Vertreter eines Raupen- und Spinnenzoos zum Buchstabenreigen auftanzen. Ihr eigentlicher Aufenthaltsort in der Kunst ist das Blumenstilleben, wo sie – an Blättern nagend – den obligatorischen Hinweis auf die Vergänglichkeit erbringen.*

Kersting, Georg Friedrich
* 31. 10. 1785 in Güstrow (Mecklenburg), † 1. 7. 1847 in Meißen. Der Meister des stimmungsvoll-zarten, romantischen Interieurs ging nach dem Studium an der Akademie von Kopenhagen nach Dresden. Nach dem Krieg gegen Napoleon und einem zweijährigen Aufenthalt in Warschau als Zeichenlehrer im Dienste der Fürstin kehrte er zu seiner Braut zurück. Bis an sein Lebensende führte er ein bürgerliches Leben als Malervorsteher der Porzellanmanufaktur in Meißen. 50 Jahre nach seinem Tode wurde der schon zu Lebzeiten Vergessene wiederentdeckt und in die Reihe Caspar

David Friedrichs und Philipp Otto Runges gestellt. Seine meist kleinformatigen Interieurs entbehren jeglicher erzählender oder anekdotischer Züge und zeigen Menschen, die in einem stimmungsvollen Innenraum sich still, aber hingebungsvoll einer Beschäftigung widmen. Die peinlich sauber ausgestalteten Details verraten den → Biedermeiermaler. C. D. FRIEDRICH IN SEINEM ATELIER, 1811 (Hamburg, Kunsthalle); STICKERIN AM FENSTER, 1812 (Weimar, Staatl. Kunstslg.).

Kessel, Jan van, d. Ä.
getauft am 5. 4. 1626 in Antwerpen, † 17. 4. 1679 in Antwerpen. Der Schwiegersohn von Jan Bruegel d. Ä. erhielt seine Ausbildung bei Simon de Vos, in dessen Werkstatt er 1634 eintrat, sowie bei seinem Onkel Jan Bruegel d. J. 1644/45 wurde er Meister der Antwerpener Lukasgilde. Kessel malte zahlreiche Stilleben mit Blumen, Insekten, Vögeln, in denen sich der Einfluß Bruegels d. J. zeigt. Es entstanden u. a.: FRÜHSTÜCK, 1654 (Dresden, Gemäldegalerie), INTERIEUR MIT KINDERN UND AFFEN, 1661 (Florenz, Uffizien), und FRÜCHTE UND INSEKTEN (Amsterdam, Rijksmuseum). Neben diesen Stilleben fertigte Kessel auch → Kartons zu Teppichen an, so z. B. SZENEN AUS DER GESCHICHTE DES GRAFENGESCHLECHTS MONCADA (Paris, bei Graf Potocki). Weiter lieferte er Zeichnungen zu Kupferstichen, von denen sich einige im Kupferstichkabinett in Amsterdam befinden.

Fernand Khnopff, DIE SPHINX, *1896, 50 × 150 (Brüssel, Musées Royaux des Beaux-Arts). Auch mit den Titeln* DIE KUNST *oder* DIE ZÄRTLICHKEIT *ist dieses schwer deutbare Werk versehen worden. Ein halbnackter Jüngling mit einem Feldzeichen in den Pranken einer liebeshungrigen Sphinx.*

Kessel, Jan van, d. J.
* 23. 11. 1654 in Antwerpen, † 1708 in Madrid. Kessel d. J. war der Sohn des flämischen Malers Jan van Kessel d. Ä. 1686 wurde er Hofmaler in Madrid und malte hauptsächlich Porträts von Mitgliedern der königlichen Familie, darunter ein mit aller Wahrscheinlichkeit von ihm stammendes Reiterstandbild Philipps IV. (Madrid, Prado).

Ernst Ludwig Kirchner, SPIELENDE NACKTE MENSCHEN UNTERM BAUM, *1910, 77 × 89 (München, Staatsgalerie moderner Kunst). Die Maler der Dresdner „Brücke" hielten sich bei der Arbeit im Atelier, auch beim Baden an den Moritzburger Seen, oft gegenseitig im Bilde fest. Mit expressiver Farbigkeit ist dieser Künstlersommer gestaltet.*

Ernst Ludwig Kirchner, DIE STRASSE, *1913, 120×91 (New York, Museum of Modern Art). Szenen aus dem Großstadtleben – hier Kokotten in einer Einkaufsstraße – behandelte Kirchner als einer der ersten im großen Format. Aus Dresden kommend, reagierte der junge Maler sensibel auf die nervöse Unruhe Berlins vor dem Ersten Weltkrieg.*

Key, Adriaen Thomasz.
* um 1544 in Antwerpen (?), † nach 1589 in Antwerpen. Angeblich Neffe und Schüler von Willem Key, kam Adriaen Thomasz. Key 1558 als Lehrling zu Jan Hack. 1580, 1582, 1588 hatte er selber Lehrlinge. Key war in erster Linie Porträtmaler, was ihm in den Jahren zwischen 1570 und 1590 einiges Ansehen in Amsterdam einbrachte. In seinen Werken wiederholen sich bestimmte Merkmale, so die ruhige, fast ausdruckslose Darstellung der Gesichter, die äußerst sorgfältige Stoffmalerei sowie eine glatte, seidige Oberfläche. In den 80er Jahren schuf Key u. a.: BRAUNBÄRTIGER MANN von 1576 (München, Alte Pinakothek), BILDNIS EINES MANNES, 1572 (Wien, Kunsthistorisches Museum), PRINZ WILHELM VON ORANIEN, um 1579 (Den Haag, Mauritshuis). Seine Historienbilder wie etwa das ABENDMAHL von 1575 (Antwerpen, Koninklijk Museum voor schone kunsten; Rückseite der Flügel eines Triptychons) erlangten weniger Bedeutung.

Key, Willem
* um 1515 in Breda, † 5. 6. 1568 (?) in Antwerpen. Key ist vermutlich identisch mit dem Willem van Breda, der 1529 in die Lehre zu Pieter Coecke van Aelst trat. Einige Jahre später war er mit Frans Floris Schüler bei Lambert Lombard in Lüttich. Keys Werk gliedert sich in zwei Themenkreise, religiöse Bilder und Porträts. Die nach klassischem Ideal geformten Körper, der verschönerte Ausdruck des Leidens, die klare Kompositionsart verraten Renaissancegedanken. Neben der SUSANNA IM BADE, 1546 (Pommersfelden, Schloß Weißenstein), stammen von ihm u. a. LAZARO SPINOLA, 1566 (Hampton Court). Keys Farbauftrag ist → pastos mit emailartiger Oberfläche.

Keyser, Thomas de
* 1596/97 in Amsterdam, begraben am 7. 6. 1667 in Amsterdam. Keyser war Maler und Architekt des Barock. In der Zeit zwischen 1640 und 1654 arbeitete er ausschließlich als Architekt, 1662 wurde er Stadtbaumeister von Antwerpen. Keyser malte Reiter- und Historienbilder wie die KOMPANIE DES HAUPTMANN ALLAT CLOECK UND DES LEUTNANTS LUCAS JACOBSZ. ROTGANS, 1632 (Amsterdam, Rijksmuseum), Gruppenporträts, z. B. die ANATOMIE DES DR. DE VRIJ, 1619 (Amsterdam, Rijksmuseum), und Einzelporträts wie CONSTANTYN HUYGENS UND SEIN SEKRETÄR, das 1627 entstand (London, National Gallery). Zahlreiche Werke Keysers befinden sich im Rijksmuseum in Amsterdam und im Mauritshuis in Den Haag.

Khnopff, Fernand
* 12. 9. 1858 in Grembergen (Belg.), † 12. 11. 1921 in Brüssel. Der belgisch-flämische Maler, Bildhauer, Graphiker und Kunsttheoretiker ist einer der Hauptrepräsentanten des → Symbolismus in Belgien. Seit 1878 studierte er bei Xavier Mellery in Brüssel und an der Brüsseler Kunstakademie. Ab

Ernst Ludwig Kirchner, SELBSTBILDNIS ALS KRANKER, *1917, 57 × 66 (München, Staatsgalerie moderner Kunst). Wegen des seelischen und körperlichen Zusammenbruchs aus dem Militärdienst entlassen, fand Kirchner in einer Alphütte oberhalb des Davoser Tales eine Zufluchtsstätte. Das Bild zeigt den Genesenden in seinem Bett.*

Ernst Ludwig Kirchner, DER WANDERZIRKUS *(Oldenburg, Landesmuseum). Ohne das später anzutreffende tragische und bisweilen negative Lebensgefühl schilderte Kirchner die bunte Welt des Zirkus in mehreren Bildern. Das Schwindelerregende des artistischen Kunststücks wird durch die extreme Perspektive optisch gesteigert.*

1879 setzte er seine Ausbildung in Paris fort. Hier empfing er Eindrücke von den Werken Gustave Moreaus und der englischen → Präraffaeliten. Khnopff hatte sein Schaffen mit impressionistischen und betont naturalistischen Gemälden begonnen, u. a. mit großstädtischen Straßenszenen, melancholisch gestimmten → Interieurs und Bildnissen, die sich zu typisch symbolistischen Ausdrucksformen wandelten, etwa in SCHLAFENDE HARPYIE, um 1885 (London, Courtauld Institute Galleries). In den Künstlervereinigungen „L'Essor", „Les Vingt", seit 1883, und „Libre Esthètique" gehörte er zu den führenden Persönlichkeiten. Sphingen, Chimären und mythische Wesen bestimmten nun thematisch seine Bildwelt, ebenso wie die dichterischen Visionen eines Maurice Maeterlinck, Émile Verhaeren oder die esoterische Philosophie Joséphin Péladans. Zu seinen Hauptwerken, die eine kultivierte, fast morbide Feinheit der Farben und eine eigentümlich mystische Verinnerlichung auszeichnet, zählen I LOCK MY DOOR UPON MYSELF, 1891 (München, Neue Pinakothek), und DIE KUNST ODER DIE LIEBKOSUNGEN, 1896 (Brüssel, Musées Royaux des Beaux-Arts). Khnopff, der auch zahlreiche Porträts, Landschaften, polychrom bemalte Büsten, Titelbilder für die Werke symbolistischer Schriftsteller, Radierungen und Exlibris schuf, beeinflußte maßgeblich die Kunst des → Jugendstils.

Kien, Joseph
(eigtl. Kienlechner)
* 30. 7. 1903 in Dessau. Der vom → Fauvismus und → Kubismus beeinflußte Maler studierte 1920–23 an der Akdemie in Berlin bei Leo von König und Karl Hofer. 1926–32 hielt er sich in Paris auf. Anschließend lebte er in München und Murnau, seit 1945 in Bozen. In seinen frühen Werken ist er von André Derain und Othon Friesz geprägt. Dann wandte er sich, in der Auseinandersetzung mit dem analytischen Kubismus, einer formal gebändigten, postkubistischen Darstellungsweise zu, z. B. im STILLEBEN von 1950 (Privatsammlung).

Kienholz, Edward
* 23. 10. 1927 in Fairfield/Washington, USA. Kienholz stieß 1954 in Los Angeles zu einer Gruppe von Künstlern, die sog. „Funk-Art" herstellte, neodadaistische Assemblagen aus Abfallprodukten mit besonderem Hang zum Monströsen. Kienholz bereicherte die Richtung um lebensgroße Figuren und Horrorzutaten, die sehr kritisch und oft politisch engagiert wirken. Ein typisches Beispiel des Bizarren ist DER TAG DER GEBURT von 1964 (Stuttgart, Staatsgalerie).

Kimon
griechischer Maler, tätig in der 2. Hälfte des 6. Jh. v. Chr. in Athen. Kimon stammt aus Kleonai (Thrakien oder Peloponnes) und soll die Tradition des Eumares fortgeführt haben. Die anti-

ken Autoren, vor allem Plinius, rühmen seine Verkürzungen, die Differenzierung der Gesichtstypen und Detailtreue in der Körper- und Gewanddarstellung, Bestrebungen, die ähnlich in der Vasenmalerei festzustellen sind. Obwohl uns keine seiner Arbeiten erhalten ist, steht fest, daß Kimon wesentliche Voraussetzungen für die große Tafelmalerei der Folgezeit geschaffen hat.

Kirchner, Ernst Ludwig
* 6. 5. 1880 in Aschaffenburg, † 15. 6. 1938 in Frauenkirch bei Davos. Kirchner war Sohn eines Papierchemikers, der ihm neben der Schulausbildung Zeichenunterricht geben ließ. Mit 18 Jahren unternahm Kirchner eine Reise nach Nürnberg, wo er von dem graphischen Werk Dürers entscheidende Anstöße erhielt. 1901 begann er ein Architekturstudium in Dresden, wechselte aber 1903 nach München über, um zwei Semester lang Kurse bei Wilhelm von Debschitz und Hermann Obrist an deren „Lehr- und Versuchsatelier für Angewandte und Freie Kunst" zu besuchen. Durch die in München studierten alten Meister sowie eine Ausstellung der französischen → Neoimpressionisten bekam der Künstler erneut Anregungen für seine Entwicklung. 1904 setzte Kirchner sein Architekturstudium in Dresden fort, das er 1905 abschloß. Längst hatte er seine Dresdner Freunde Fritz Bleyl, Erich Heckel und Karl Schmidt-Rottluff für die Kunst begeistert; gemeinsam gründeten sie die Vereinigung Die → Brücke, für die Kirchner als führende Persönlichkeit 1906 auch das theoretische Programm ausarbeitete. 1911 folgten die Freunde Max Pechstein nach Berlin; 1912 malte Kirchner gemeinsam mit Heckel die Kapelle der Sonderbundausstellung in Köln mit einem später zerstörten MADONNA-Fresko aus, seinem einzigen religiösen Sujet. Nach Auflösung der „Brücke" 1913 meldete sich der Künstler ein Jahr später zum Militärdienst, aus dem er 1915 nach dem physischen und psychischen Zusammenbruch entlassen wurde. Während des folgenden Kuraufenthalts im Taunus entstand die bedeutende Holzschnittserie zu Adalbert von Chamissos „Peter Schlemihl". Der Rückkehr nach Berlin 1917 mußten wegen des labilen Gesundheitszustandes wieder Erholungsaufenthalte in Davos und Kreuzlingen folgen; 1918 richtete sich Kirchner in Frauenkirch an der Staffelalp ein; 1923 endgültig im Haus auf dem Wildboden. Der Künstler verließ die Schweiz nur noch 1925/26 zu Reisen nach Frankfurt, Chemnitz, Dresden und Berlin. Unter der beginnenden Verfemung als „entarteter"

Ernst Ludwig Kirchner, BÜNDNER LANDSCHAFT MIT SONNENSTRAHLEN, *1937, 119 × 90 (Privatbesitz). Ein Jahr vor Kirchners Tod entstand dieses Bild der Schweizer Berge. Die Naturkraft der majestätischen Gebirgsregion verschaffte dem Künstler Linderung von inneren Spannungen. Die Begegnung mit den Almbauern und das Leben in Einklang mit den Jahres- und Tageszeiten ließen ihn ein ursprüngliches Naturgefühl erfahren, wovon die Landschaften dieser Jahre Zeugnis ablegen. Erst die politische Verfemung seiner Kunst seit 1933 stürzte den Künstler in zusehends tiefere Depressionen. Sein Alterswerk ist wieder durch eine größere Annäherung an den Gegenstand ausgezeichnet.*

Kiyonaga, DIE DICHTERIN UND MALERIN KUNAI-KYO IM GESPRÄCH MIT IHRER BEGLEITERIN, *um 1784, 37 × 25. Die im Stehen sinnende Künstlerin ist in eine altertümliche Hoftracht gehüllt – sie diente als Hofdame dem Kaiser Go Toba (1184–98). Der Dialog scheint sich im Schweigen und wortlosen Austausch zu vollziehen.*

Künstler durch die Nationalsozialisten 1933 litt Kirchner trotz der räumlichen Entfernung sehr stark; mehr als 600 seiner Werke wurden beschlagnahmt. Der körperliche und geistige Zustand des Künstlers verfiel immer mehr, und im Juni 1938 machte er seinen Leiden durch Selbstmord ein Ende. Neben verschiedensten Anregungen – in München durch die alten Meister, in Dresden die Kunst der Primitiven im Völkerkundemuseum – war das graphische Werk Dürers für Kirchner von großer Bedeutung. Der Holzschnitt war sein adäquates Ausdrucksmittel. Die „Brücke"-Mitglieder malten im Bruch mit den akademischen Traditionen und lehnten sich dabei zunächst an die → Nabis, die → Symbolisten und den → Jugendstil an, aber auch an die flächige Malweise Gauguins und den expressiven Stil Edvard Munchs. Für Kirchner, der um 1907 zu seinem eigenen Stil fand, waren auch van Gogh und die genannten Neoimpressionisten ganz besonders für die Farbbehandlung maßgebend. Die Formen der frühen Bilder waren noch weich und fließend, der Farbauftrag großflächig und von intensiver, immer expressiverer Art: DIE STRASSE, 1907 (New York, Museum of Modern Art). Einflüsse Matisses und der primitiven Kunst verwandte Kirchner in seinen sich den → Fauves nähernden, aber doch persönlichen Bildern: SELBSTBILDNIS MIT MODELL, 1910 (Hamburg, Kunsthalle). In Berlin bot ihm die Großstadt eine reiche Thematik; die Hektik des Großstadtlebens fand dabei ebenso Ausdruck wie die Isoliertheit des Individuums in der Menge: DIE STRASSE (New York, Museum of Modern Art) oder FÜNF FRAUEN AUF DER STRASSE (Köln, Wallraf-Richartz-Museum), beide 1913. Eine einheitliche Perspektive war zugunsten größerer Dynamik aufgehoben, der innere Zustand, der Verfall der menschlichen Beziehungen wurde in den maskenhaft, mit scharfen Konturen in „überzogener" Haltung dargestellten Figuren deutlich, unterstrichen von der kühlen Farbskala. Auch die Stadtansichten dieser Zeit zeigen die Aufhebung einer einheitlichen Bildachse und die daraus resultierende Verzerrung auf: DER ROTE TURM VON HALLE, 1915 (Essen, Museum Folkwang). Kurz vor dem gesundheitlichen Zusammenbruch malte Kirchner unter dem Eindruck der Kriegserlebnisse sein erschreckendes SELBSTBILDNIS ALS SOLDAT, 1915 (Oberlin, Ohio, Allen Memorial Art Museum). – In der Schweiz wandelte sich der Stil des Künstlers zu größerer Weichheit, ruhigerem, großflächigem Bildaufbau und zurückhaltenden Farben, die Stimmungen der Natur festhielten: DAVOS IM SCHNEE, 1923 (Basel, Kunstmuseum). 1924 entstand das graphische Hauptwerk, die Holzschnitte zu Georg Heyms „Umbra Vitae". Kirchners expressiver Stil hatte sich beruhigt: DIE MALER DER KÜNSTLERVEREINIGUNG „BRÜCKE", 1925 (Köln, Wallraf-Richartz-Museum). In

Paul Klee, MOTIV AUS HAMMAMET, *1914, 20×15 (Basel, Kupferstichkabinett). Während seiner Tunesienreise offenbarte sich Klee die gewaltige Kraft und Lebendigkeit der Farbe in einem tiefgreifenden persönlichen Erlebnis: „Das ist der glücklichen Stunde Sinn: Ich und die Farbe sind eins." Der Maler Klee war geboren.*

den dreißiger Jahren wurden auch Anklänge des → Kubismus eines Picasso und Braque deutlich: LIEBESPAAR, 1930 (Campione, Slg. R. N. Ketterer), FARBENTANZ II, 1932–34 (Kirchner-Nachlaß). Das Alterswerk des Künstlers war erneut von Naturbetrachtung bestimmt: HIRTEN AM ABEND, 1937 (Campione, Slg. R. N. Ketterer). – Kirchner, die führende Kraft der „Brücke", der auch unter dem Pseudonym Louis de Marsalle seine eigenen Werke in Zeitschriften und Katalogen kritisierte, war einer der bedeutendsten deutschen → Expressionisten.

Kisling, Moise
* 22. 1. 1891 in Krakau, Polen, † 29. 4. 1953 in Sanary-sur-Mer, Var, bei Lyon. Polnischer Maler der → École de Paris, der in einem melancholisch-lyrisch gestimmten, formal aber sehr harten Realismus arbeitete. Geschult am → Impressionismus und an Paul Cézanne, wandte er sich ab 1911 → kubistischen Experimenten zu. In den Porträts, Blumenstücken, Bildnissen, Landschaften und Akten, die nach dem Zweiten Weltkrieg entstanden, näherte er sich mit seinem eher traditionellen Realismus der → Neuen Sachlichkeit an.

Kitaj, Ronald B.
* 29. 10. 1932 in Chagrin Falls, Ohio. Nach einem Studium am Cooper Union Art Institute, New York, und 1951–57 an der Akademie in Wien siedelte Kitaj 1958 nach London über und besuchte das Royal College of Art. Dort schloß er sich jener Gruppe von Künstlern der → Pop-art an, die sich am Institute of Contemporary Art schon Mitte der 50er Jahre gebildet hatte, behielt jedoch manche Anregungen seiner Wiener Zeit, besonders in der Farbigkeit, bei, die an Klimt und Schiele erinnert. Im Gegensatz zu seinen Freunden widmet Kitaj seine Popkunst einer engagierten Kritik und den politisch-sozialen Fragen. Seine Reaktionen auf die medienbedingte Massenkultur äußert sich in ERIE SHORE, 1966 (Berlin-West, Nationalgal.) oder PRIMO DE RIVERA, 1969 (London, Marlborough Fine Art Ltd.). Vielfach arbeitet er versatzstückhaft mit fotografischen Vorlagen im Stil von Illustrierten und verwendet sie als Zitate, oft auch in die Serigraphie übersetzt. Unter dem Titel IN OUR TIME veröffentlichte er eine Reihe von 50 Siebdrukken, vergrößerte Originale von Buchumschlägen, bei denen lediglich zwei Fotos ausgetauscht sind, und bezeichnete sie ironisch als „Buchumschläge für eine kleine Bibliothek, fast alle nach der Natur".

Kiyomasu, Torii
tätig zwischen 1696–1716. Der Holzschnittmeister K. wird häufig mit Kiyonobu verwechselt, dessen ältester Sohn oder jüngster Bruder er ist. Offensichtlich sehr talentiert, verstarb er schon jung, illustrierte in seinem kurzen Leben Bücher und Alben mit Drucken von Schauspielern, Kurtisanen, Theaterszenen, Vögeln und Blumen. Subtiler und anmutiger als Kiyonobu, fehlt dem Japaner nicht auch eine gewisse Kraft und federnd gespannte Dynamik in der Linienführung.

Kiyomitsu, Torii
* 1735, † 1785. Der japanische → ukiyo-e-Maler und Holzschnittmeister lebte als Sohn und Schüler Kiyonobus in Edo, dem heutigen Tokyo. Seine Arbeiten schildern Szenen aus dem Theater und aus dem Bad und sind häufig mit kurzen Gedichten illustriert. Die Qualität seiner Drucke differiert – wesentlich sind K.s Neuerungen auf technischem Gebiet: Er hat als einer der Pioniere des Farbholzschnitts zu gelten.

Paul Klee, Kartenspiel im Garten, 1913, 21 × 28 (Sammlung Felix Klee). Das auf Briefpapier ausgeführte Aquarell zeigt den damals sechsjährigen Sohn des Künstlers, Felix, der später als Opern- und Schauspielregisseur tätig wurde, in der Mitte Paul Klees Schwester Mathilde und daneben seine Mutter Lily.

Paul Klee, Tod im Feuer, 1940, 46 × 44 (Bern, Klee-Stiftung). Klees Schaffen hat ungezählte Facetten und entzieht sich in seiner bunten Vielfalt von Ideen und Techniken radikal gängigen Etikettierungen. Die Gebärde seiner Chiffren ist besonders in den späten Werken frech und voll kecken Übermuts.

Kiyonaga, Torii
* 1752 in Uraga, † 1815 in Edo (Tokyo). Der japanische Meister des Farbholzschnitts, Sohn eines Verlegers und Bibliothekars, gelangte 1765 nach Edo als Schüler des Torii Kiyomitsu. Nach dem Tode seines Lehrers wurde er Mitglied der Torii-Schule, zugleich Erbe und letztes Mitglied dieser Richtung, die sich ausschließlich um die Illustration des Theaterlebens kümmerte. Von 1781–88 war er der größte aller Farbholzschnittmeister und beeinflußte seine Zeitgenossen aller Kunstrichtungen auf das stärkste. Anscheinend gab er um 1790 die Druckgraphik auf und widmete sich ausschließlich der Malerei. Sowohl als Zeichner wie als Kolorist ragt er heraus durch Originalität, durch ausgewogene Kompositionen voller Ruhe und Anmut der Figuren. Die sorgfältig beobachteten Details in den Interieurs geben einen guten Einblick in das Leben in Edo im ausgehenden 18. Jh. Die große Anzahl an erhaltenen Drucken zeigt junge Männer im Teehaus, in den Geschäften und Straßen von Edo, Schauspieler, begleitet von Musikanten und Sängern. Die Malweise K.s läßt Einflüsse Harunobus, Koryusais und Shigenagas vermuten.

Kiyonobu, Torii
* 1644 in Osaka, † 1729. Der → ukiyo-e-Maler und Meister des Holzschnitts wurde bei seinem Vater ausgebildet, mit dem er seit 1687 in Tokyo lebte. Einflüsse Moronobus und Kaigetsudos zeigen sich in seinem Werk, das sich thematisch auf Szenen aus dem Theater beschränkt. K. hat als Begründer der Torii-Schule zu gelten, der Schule, die sich ausschließlich Sujets aus dem Theaterleben bediente, die auf dem Feld der Holzschnitte dominierte bis Shunsho, einem Zeitraum von nahezu 75 Jahren. K. zeichnete in kräftigen, machtvollen Linien, schwarz geränderten Umrissen, kolorierte die Holzschnitte anschließend mit der Hand. Im Jahre 1700 wurden zwei große Bücher mit Drucken veröffentlicht: „Furyo Yomo no Byobu“ und „Keisei Ehon“. Häufig vermischte er seine Farben mit Leim, um einen Lackcharakter zu erzielen.

Paul Klee, BOTANISCHES THEATER, *1924–34 (München, Lenbachhaus). In Weimar während der Bauhauszeit begonnen, wurde das aus feinsten Schraffuren aufgebaute Bild erst 10 Jahre später in der Schweiz vollendet. Ein Szenarium von magischer Ausstrahlung!*

▽ *Paul Klee,* BLICK IN DAS FRUCHTLAND, *1932 (Frankfurt, Städel). Die Grundidee, bunt gestreifte Fluren mit Pyramiden, hat Klee einer akkuraten Strukturierung unterworfen. Abstraktion und Gegenständlichkeit sind ausbalanciert.*

Paul Klee, ZWEI VÖGEL STOSSEN ZUSAMMEN, *1925 (Berlin, Bauhaus-Archiv). Der Titel des in Spritztechnik ausgeführten monochromen Bildes verleiht der Darstellung – wie oft bei Klee – eine amüsante Note. Die Luftgestalt ist Symbiose aus Vogel und technischem Flugkörper.*

Klähn, Wolfgang
* 13. 10. 1929 in Hamburg. Der nachexpressionistische Maler schuf starkfarbige Landschaften und symbolisch verschlüsselte Darstellungen, in denen sich anthropomorphe Figurationen fein strukturiert miteinander verklammern, z. B. im Triptychon KANON DES GEBOGENEN SEINS: EMPFÄNGNIS, GEBURT, ERBE, 1958 (Bonn, Sammlung F. Elles).

Klee, Paul
* 18. 12. 1879 in Münchenbuchsee bei Bern, † 29. 6. 1940 in Muralto bei Locarno. Der Sohn eines Bayern und einer Schweizerin, ebenso musikalisch wie künstlerisch begabt, ging 1898 nach München und besuchte ab 1900 die Malklasse Franz von Stucks an der Akademie. 1901/02 reiste Klee mit dem Bildhauer Remann Haller nach Italien. 1905 fuhr er nach Paris. Nach der Hochzeit mit Lily Stumpf 1906 kehrte er nach München zurück, wo er in der Münchner → Sezession erste Radierungen ausstellte. 1912 fand der Künstler Anschluß an den → Blauen Reiter und fuhr erneut nach Paris, wo er Delaunay und die Bilder Picassos kennenlernte. 1914 unternahm er mit August Macke und Louis Moilliet eine Reise nach Tunis und Kairuan; 1916–18 diente er in der deutschen Armee. Im November 1920 rief ihn Walter Gropius als Professor an das → Bauhaus in Weimar, das ab 1925 in Dessau weiterbestand. 1924 reiste Klee nach Sizilien und Elba und gründete zwei Jahre später mit Feininger, Jawlensky und Kandinsky die Gruppe Blaue Vier. Nach einer Reise nach Ägypten 1928 nahm er 1931 eine Professur an der Düsseldorfer Akademie an, die er unter dem Druck der Nationalsozialisten 1933 abgeben mußte. Bis zu seinem Tod durch eine schwere Hautkrankheit 1940 war Klee in Bern. Klees bildnerisches wie kunsttheoretisch-literarisches Werk begründeten gleichermaßen seine große Bedeutung für die Kunst des 20. Jh.

Paul Klee, Maske mit Fähnchen, *1925, 65×49 (München, Staatsgalerie moderner Kunst). Mit wenigen Schablonen, Kreis- und Mandelformen, hat Klee die Malfläche abgedeckt und mit Farbe übersprüht. Das so entstandene mondrunde Kindergesicht ist voll transparenter Leichtigkeit.*

Nachdem er Stucks strengen akademischen Unterricht verlassen hatte, entstanden in Bern zahlreiche anatomische Studien, die sich allerdings bald von der naturalistischen Betrachtungsweise entfernten. Das Imaginäre sollte bald Klees Kunst beherrschen, getreu dem später formulierten Grundsatz, „Kunst gibt nicht das Sichtbare wieder, sondern macht sichtbar". 1903–05 entstanden die zehn Inventionen, darunter Zwei Männer, einander in höherer Stellung vermutend, begegnen sich (Bern, Kunstmuseum, Paul-Klee-Stiftung), satirisch-groteske, teilweise scharf karikierende Radierungen. Goyas Tonwerte, durch seine Schwarzweiß-Technik entstanden, regten Klee 1905 zum Gebrauch geschwärzten Glases als Radiergrund und zu der überwiegend schwarzweißen Glasmalerei der Jahre bis 1910 an. Ganz besonders übte der Blaue Reiter nachhaltige Wirkung auf seine Kunst aus, und Delaunays Farbtheorien griff der Künstler für die Farbgebung ebenso auf wie Picassos → Kubismus für seine Formensprache. Die Farbtheorien entwickelte er unter dem Eindruck der Tunesienreise weiter, die ihn zu vielen Aquarellen inspirierte: Vor den Toren von Kairuan, 1914 (Bern, Paul-Klee-Stiftung). Unter dem Einfluß des Krieges schuf der Maler Darstellungen der Bedrohung des Menschen: Unter schwarzem Stern, 1918 (Basel, Kunstmuseum). Nach dem Krieg wuchs sein Interesse an Arbeit mit Öl und anderen Materialien, die ihn zu immer neuen Mischtechniken anregte. Ein Hauptwerk dieser Periode: Villa R, 1919 (Basel, Kunstmuseum). Seine fruchtbarsten Anregungen gaben Klee die Kontakte am Bauhaus, Künstler wie Schlemmer, Kandinsky, Feininger. Neue Bilderfindungen dieser Zeit waren die aus ungewöhnlichen, „paradoxen" Perspektiven gezeichneten Räume – Zimmerperspektive mit Einwohnern, 1921 (Bern, Paul-Klee-Stiftung) –, die „Magischen Quadrate", die seit 1922 immer wiederkehrten und die Streifen- und Rasterbilder. Elemente des → Surrealistischen traten hinzu, so die Uhr in dem ansonsten als Aquarium verständlichen Raum des Fischzaubers von 1925 (Philadelphia, Museum of Art). In Dessau begann der Maler sich mit dem → Divisionismus auseinanderzusetzen, indem er die Farben nach → pointillistischer Manier nebeneinandersetzte: Tänzerin, 1932 (USA, Privatslg.). 1937 setzte eine neue Phase ein, die Klees Spätwerk bestimmte, schon äußerlich durch die größeren Formate sichtbar. Die sog. „Balkenbilder" entstanden – Park bei Luzern, 1938 (Bern, Paul-Klee-Stiftung) –, die von zarten Farben umgebene schwar-

Johann Adam Klein, Bayerische Postkutsche nach der Ausfahrt aus Nürnberg *(Nürnberg, Stadtmuseum). Schon beim Malen des pittoresken Motivs war sich Klein sicherlich bewußt, daß bald die aufstrebende Eisenbahn Post- und Personenbeförderung übernehmen würde. Bereits 1835 fuhr der erste Dampfzug von Nürnberg nach Fürth.*

ze Balken als Zeichen für Figuren und andere dargestellte Elemente angaben. In der Voraussicht des politischen Untergangs malte Klee nun ahnungsvolle, düstere Bilder wie Tod im Feuer, 1940 (Bern, Paul-Klee-Stiftung), Revolution des Viadukts, 1937 (Hamburg, Kunsthalle); in der Ahnung seines eigenen Todes Der Todesengel von 1940 (Bern, Slg. F. Klee). – Klee war niemals der Darsteller der realen Welt, sondern des Imaginären, der seine Bilder nach malerischen Gesichtspunkten gestaltete und so Wegbereiter der sog. „abstrakten" Kunst wurde, ohne aber eine direkte Nachfolge zu besitzen. In seiner Bildwelt waren Zeit, Raum, physikalische Gegebenheiten wie die Schwerkraft und die Perspektive ausgeschaltet. Obwohl man Klee in keine der gängigen Kunst-„Kategorien" der Zeit einordnen kann, war seine Kunst doch ein überaus wichtiger Beitrag für das 20. Jh.

Klein, Johann Adam
* 24. 11. 1792 in Nürnberg, † 21. 5. 1875 in München. Der Maler, Radierer und Lithograph K. erhielt bereits im Alter von acht Jahren seinen ersten Zeichenunterricht. Er ging dann zu dem Kupferstecher Ambrosius Gabler in die Lehre und später nach Wien an die Akademie. Auf vielen Wanderungen fertigte er Tier- und Landschaftszeichnungen an. Von 1819–22 war er in Italien. Er kehrte nach Nürnberg zurück und blieb dort, bis er 1837 nach München zog. Seine Zeichnungen sind wesentlich qualitätvoller als seine Ölbilder. Die Themen sind bei beiden ähnlich: Landschaften, bäuerliche Szenen und besonders die Darstellung von Tieren, aber auch zeitgenössische historische Themen. Der Reiz der Zeichnungen liegt in ihrer Schlichtheit und dem Realismus. Ein frühes seiner etwas harten Ölgemälde ist das Bild Bauer mit Pferd an der Tränke, (Nürnberg, Germanisches Museum).

Klein, Yves
* 28. 4. 1928 in Nizza, † 6. 6. 1962 in Paris. Einer der wichtigsten Vertreter der → monochromen Malerei, Aktionskünstler, Vorläufer der → Concept-art und der Body-art. 1944–46 studierte Klein in Nizza. Nach vielen Reisen ließ er sich 1954 in Spanien nieder. Dort veröffentlichte er das Buch „Yves peintures" in 150 Exemplaren und mit zehn Farbdrucken, zugleich veröffentlichte er dasselbe Buch unter dem Titel „Haguenault peinture". 1955 ging er nach Paris, wo er für den Salon des Réalités Nouvelles ein monochrom orangefarbenes Bild einreichte. Ein Jahr später schuf er eine ganze Serie monochromer Gemälde, die in der Pariser Galerie Collette Allendy gezeigt wurden. 1957 organisierte er in Mailand die Ausstellung „Epoca blu", die aus elf ultramarinfarbenen, gleichformatigen Tafeln bestand. Im gleichen Jahr wurde er mit seinen einfarbigen Bildgründen, in die auch bemalte Schwämme integriert wurden, wie in Schwammrelief, 1958 (Köln, Wallraf-Richartz-Museum, und Museum Ludwig), in Deutschland bekannt. Zunehmend wandte er sich dann experimentellen Kunstaktionen zu, so, wenn er z. B. 1960 blau bemalte Frauenkörper auf weißer Leinwand „abdruckte".

Yves Klein, Schwammrelief, monochrom blau, *1960 (Düsseldorf, Kunstmuseum). Ein Kennzeichen moderner Kunst ist auch die Einbeziehung trivialer und gewöhnlich nur Gebrauchszwecken dienender Objekte – hier der Schwamm. Blau ist Yves Kleins Kardinalfarbe. Sie bedeutet für ihn „das Unsichtbare, sichtbar werdend".*

Kleophon-Maler, ABSCHIEDSSZENE, *440/430 (München, Antikensammlungen). Der rotfigurige Stamnos aus hochklassischer Zeit schildert, wie sich ein zum Krieg ausziehender Soldat von seiner Familie verabschiedet. Mit Schwert, Schild und Lanze gerüstet, hebt er eine Schale zum Abschiedstrunk. Links der greise Vater mit einem Krückstock.*

Kleitias
Attischer Vasenmaler des hocharchaischen schwarzfigurigen Stils, tätig zwischen 580 und 560 v. Chr. Kleitias führte den Stil seines Lehrers Sophilos und die Formgebung des Gorgo-Malers fort, befreite die attische Vasenkunst jedoch endgültig vom korinthischen Vorbild und wies der schwarzfigurigen Technik neue Wege. Von den wenigen erhaltenen Arbeiten muß der Volutenkrater aus Vulci, die sog. Françoisvase (Florenz, Museo Archeologico), als sein Hauptwerk gelten. Auf dem um 570 für den Töpfer Ergotimos bemalten und signierten Gefäß beginnt die Loslösung der figuralen Motive aus der ornamentalen Bindung zu freier rhythmischer Komposition, und die menschliche Gestalt wird zum Individuum und bewußt agierenden Partner der mythischen Umwelt.

Kleophon-Maler
Anonymer attischer Vasenmaler, tätig um 440 bis um 410 v. Chr., benannt nach einer Lieblingsinschrift auf einem Stamnos in Leningrad. Dem Polygnotos-Schüler werden über 60 Gefäße und Fragmente zugeschrieben, meist großen Formates wie Kratere, Peliken und Amphoren. Sein Stil verbindet die Formgebung der ausgehenden Klassik mit dem Beginn des sog. Reichen Stils. So ist seine Gewandzeichnung gelöst-fließend, die Figuren und ihre Gesichter verklärend idealisiert. Seine Themen werden – sofern überhaupt noch dem Mythos zugehörig – psychologisch verallgemeinert. Trotz der Harmonie von Gefühl und Komposition ist der ABSCHIED EINES KRIEGERS von seiner jungen Frau (München, Antikensammlung) von fast pathetischer Wehmut bestimmt.

Kleophrades-Maler
Attischer Vasenmaler, tätig zwischen 510/05 und 475/70 v. Chr. in Athen. Obwohl die Forschung seinen eigentlichen Namen Epiktetos von der Signatur auf einer Berliner Pelike kennt, benennt man ihn weiterhin nach dem Töpfer, für den er eine Zeitlang gearbeitet hat, um Verwechslungen mit einem älteren Meister gleichen Namens zu vermeiden. Neben etwa 20 schwarzfigurigen Bildern auf Panathenäenamphoren schreibt man dem K. über 100 rotfigurige Gefäße und Frag-

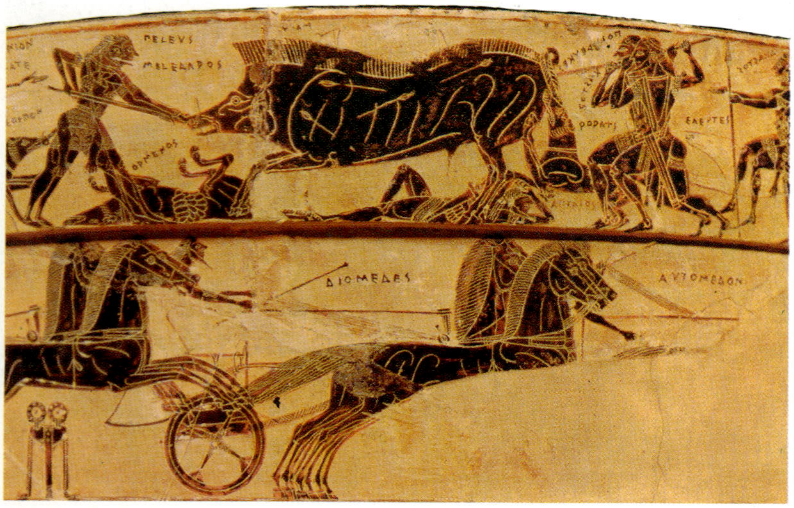

Kleitias, EBERJAGD UND WAGENRENNEN, *um 570 v. Chr. (Florenz, Museo Archeologico). Auf der berühmten „Francois-Vase", einem schwarzfigurigen Volutenkrater, sind diese Szenen zu finden. Peleus und Meleager töten den kalydonischen Eber. Darunter nimmt Diomedes an einem Wagenrennen zu Ehren des gefallenen Patroklos teil.*

mente zu. Auf einer frühen Spitzamphora mit der ekstatischen Schilderung dionysischen Treibens (München, Antikensammlung) ist noch der Einfluß seines Lehrers Euthymides zu spüren, während in den reifen und späten Arbeiten die dynamische Unmittelbarkeit verlorengeht und an dem Konflikt zwischen stärkster Expression und strengster Form leidet. Dennoch versucht der Künstler mit allen Raffinessen der rotfigurigen Technik die Ausdrucksmöglichkeiten zu steigern, und es gelingt ihm wie wohl keinem je zuvor.

Klimt, Gustav

* 14. 7. 1862 in Baumgarten bei Wien, † 6. 2. 1918 in Wien. Hauptmeister des Wiener → Jugendstils und Vorläufer des → Phantastischen Realismus. Klimt war der Sohn eines Graveurs und Goldschmieds. 1876–82 besuchte er die Kunstgewerbeschule in Wien, wo er besonders unter dem Einfluß des stark ornamental gestaltenden Ferdinand Laufenberger und an Hans Makart seinen Personalstil auszubilden begann. Zusammen mit seinem jüngeren Bruder und dem Maler Franz Matsch eröffnete er 1883 ein Atelier für Wanddekorationen. Unter dem Einfluß der europäischen Jugendstilbewegung verstärkte sich sein Gegensatz zur akademischen Tradition, bis er 1897 zusammen u. a. mit Joseph Maria Olbrich und Josef Hoffmann die neue „Vereinigung Bildender Künstler Österreichs", bekannt als die „Wiener → Sezession" ins Leben rief, deren Präsident er bis 1905 war. Er schuf das Plakat für ihre erste Ausstellung und beteiligte sich an der Illustration der Zeitschrift „Ver Sacrum". Seine Gemälde PHILOSOPHIE, MEDIZIN und JURISPRUDENZ, 1900–03 im Auftrag von Wiener Universitätsinstituten gemalt, führten zu einem Skandal und wurden später von den Nationalsozialisten zerstört. Auch der 1902 geschaffene BEETHOVEN-FRIES (Genf, Sammlung Erich Lederer, deponiert in Wien, Unteres Belvedere), rief eine ähnliche offizielle Ablehnung hervor. 1910 nahm er an der Biennale in Venedig teil. Trotz seiner Ablehnung durch öffentliche Stellen wurde er jetzt zum gesuchtesten Porträtisten vornehmer Wiener Damen. 1917 wurde er Ehrenmitglied der Wiener und der Münchner Akademie. Klimts Stil basiert auf der Verbindung naturalistischer, zartfarbiger, das Erotische betonender Körperdarstellung mit ornamental gestalteten Flächen aus hart begrenzten, starkfarbigen, geometrischen und spiraligen Formen, die sich mosaikartig zusammenfügen und nach 1905 – im „Goldenen Stil" – häufig als Goldflächen gegeben sind. Inhaltlich stellen seine

Gustav Klimt, BARONIN ELISABETH BACHOFEN-ECHT, *um 1914, 180 × 128 (Wien, Privatsammlung). Weniger streng charakterisierend als gefällige Anmut betonend, schmeichelt Klimt der Wiener Aristokratin durch einen reichen dekorativen Zierat, das Ornament spricht ein gewichtiges Wort mit.*

Bilder meist traum- und symbolhafte Szenen dar. Neben solchen symbolistischen Gemälden wie JUDITH MIT DEM HAUPT DES HOLOFERNES, um 1901 (Wien, Österreichische Galerie), DER KUSS, 1908 (Wien, Österreichische Galerie), oder DIE DREI LEBENSALTER, 1908 (Rom, Galleria Nazionale d'Arte Moderna), neben Porträts, die die überzeugendsten Leistungen im Rahmen des Jugendstils überhaupt darstellen, schuf er auch Landschaftsbilder in mosaikartig-tupfender Farbgebung. Klimt, der auch ein exzellenter Graphiker war, hatte großen Einfluß nicht nur auf die kommende Malerei, sondern auch auf das Kunstgewerbe, wobei er teilweise sogar abstrakte Tendenzen vorwegnahm.

Kline, Franz

* 23. 5. 1910 in Wilkes-Barre, Pennsylvania, † 13. 5. 1962 in New York. Einer der wichtigsten Maler des → abstrakten Expressionismus, der hauptsächlich großformatige, fast monochrome Bilder schuf, deren Farbflächen durch erregte Pinselzüge strukturiert werden. 1931–35 besuchte er in Boston die School of Fine and Applied Arts der Universität. 1937/38 studierte er in London an der Heatherly's School of Fine Arts. 1939 kehrte er nach New York zurück. Ab 1952 lehrte er am Black Mountain College in North Carolina, wo er Willem de Kooning, Robert Motherwell, Clement Greenberg und John Cage kennenlernte. Nach weiteren Lehrtätigkeiten stellte sich auch großer künstlerischer Erfolg in den USA und in Europa ein. Seine ersten rein abstrakten Bilder entstanden um 1945–47 und waren vor allem durch kalligraphische Schwarzweiß-Strukturen bestimmt. Später bereicherte er seine Farbigkeit und intensivierte die Energie des Pinselduktus.

Klinger, Max

* 18. 2. 1857 in Leipzig, † 5. 7. 1920 in Großjena bei Naumburg. Der Maler, Graphiker und Bildhauer des → Symbolismus suchte in seiner Malerei einerseits thematisch antike Mythologie und christliche Gedankenwelt zu vereinen, andererseits verknüpfte er formal Tendenzen des Realismus und der → Freilichtmalerei mit neuklassizistischen bzw. neubarocken Auffas-

Max Klinger, CHRISTUS IM OLYMP (Detail), 1897, 550 × 900 (Leipzig, Museum der Bildenden Künste). Das von monströsem Pathos erfüllte Hauptwerk Klingers übte zu seiner Zeit auf das Publikum eine geradezu magische Wirkung aus. Christus, vor dem sich Apollon abkehrt, kündigt Zeus das Ende seiner Herrschaft an.

sungen. Zusammen mit Max Slevogt, Ferdinand Hodler, Wilhelm Voltz und Christian Krohg studierte er im Atelier des realistischen Genremalers Karl Gussow in Karlsruhe und kopierte in Zeichnungen antike Skulpturen und Abgüsse. 1875 ging er nach Berlin, wo er von Arbeiten Adolf von Menzels inspiriert wurde. Sein erstes großes Ölgemälde, ÜBERFALL AN DER MAUER, 1878 (Berlin, Stiftung Staatl. Museen/ Ost, Nationalgalerie), entsprach noch den Anforderungen der zeitgenössischen → Genremalerei. 1879 arbeitete er in Brüssel im Atelier von E. Ch. Wauters. Damals entstand, neben einer großen Reihe graphischer Zyklen, auch das monumentale Gemälde CÄSARS TOD (Leipzig, Museum der bildenden Künste), ein Hauptwerk auch des deutschen historisierenden Symbolismus. 1880 ging er nach München, wo ein Jahr später die aufsehenerregenden Federzeichnungen zu der PARAPHRASE ÜBER DEN FUND EINES HANDSCHUHES erschienen. Nach einem Aufenthalt in Berlin übersiedelte er 1883 nach Paris. 1884 kehrte er nach Berlin zurück und schuf vier, an Arnold Böcklin orientierte Landschaften als ALLEGORIEN DER WELTALTER für die Villa Albers. Zusammen mit anderen Innendekorationen versuchte er hier erstmals ein Gesamtkunstwerk aus Malerei, Plastik und architektonischen Elementen zu kreieren. Dieser Idee entsprach auch sein CHRISTUS IM OLYMP, 1897 (Aufbau zerstört, Tafelbilder und Predella in Leipzig, Museum der bildenden Künste). Das Raumerlebnis der Szene wird im Sinne allumfassender Illusion durch → Trompe-l'œil-Effekte in der Sockelzone und durch plastische Halbfiguren seitlich der Predella gesteigert. In Bildern wie DIE BLAUE STUNDE, 1890 (Leipzig, Museum der bildenden Künste), oder AM STRAND, 1890 (München, Neue Pinakothek), erweisen die Licht- und Farbwirkungen Klinger als einen der eindrucksvollsten Koloristen des deutschen Symbolismus.

Knaths, Karl

* 21. 10. 1891 in Eau Claire, Wisconsin/USA, † 9. 3. 1971 in Hyannis, Massachusetts. Knaths besuchte ab 1911 die Kunstakademie in Chicago und stand zunächst unter dem Einfluß von Paul Cézanne und Henri Matisse sowie der theoretischen Schriften von Kandinsky, Klee und Severini. Blieb er mit seinen recht eigenständigen Bildern, z. B. BANANEN UND BLAUE WEINTRAUBEN, 1929 (Washington, Phillips Collection), noch sehr im Gegenständlichen, so näherte er sich von da an rasch einer Abstraktion in sich überschneidenden Farbflächen, wobei er zunächst von einer Reduktion der natürlichen Gestalt seiner Objekte ausging, wie im SEEBILD IN BLAU von 1931 (Washington, Phillips Collection). Knaths nahm auch an der Ausstellung der → American Abstract Artists teil.

Wilhelm von Kobell, TERRASSE BEI FÖHRING, *um 1830 (München, Graphische Sammlung). In heimatliche Tracht gekleidete Vordergrundfiguren verbindet Kobell in seinen bayerischen Ansichten oft mit einem weiträumigen Landschaftsausblick. Im Hintergrund ergießt sich ein Regenschauer über die turmreiche Silhouette Münchens.*

Kneller, Sir Godfrey

(eigtl. Gottfried Kniller)
* 8. 8. 1646 in Lübeck, † 26. 10. 1723 in London. Der deutsche Künstler wurde zu einem der führenden Barockporträtisten Englands. 1668 lernte er in Amsterdam bei dem Rembrandtschüler Ferdinand Bol. 1674 übersiedelte er nach England, wo er zunehmend von Sir Peter Lely beeinflußt wurde. 1688 wurde er Hofmaler, 1715 als erster Maler zum Baronet ernannt. Sein größter Auftrag war eine

Joseph Anton Koch, DER SCHMADRIBACHFALL, *1794, 49 × 41 (Basel, Kupferstichkabinett). Die Schweizer Alpen galten den Dichtern und Malern zur Zeit des Sturm und Drang als Stätte eines freien, von geistiger und politischer Enge gelösten Geistes. Der Sinn für die Urkraft der Bergwelt entsprach diesem neuen Menschenideal.*

Anzahl von Porträts, die er 1705–17 für die Mitglieder des Kit Kat Clubs malte (London, National Portrait Gallery).

Knoller, Martin
* 8. 11. 1725 in Steinach am Brenner, † 4. 7. 1804 in Mailand. Mit seinen Fresken und Ölbildern stand er an der Wende vom Rokoko zum Klassizismus. Nach einer Lehre bei seinem Vater wurde er 1744 Schüler von Paul Troger. 1752/53 besuchte er die Wiener Akademie. 1755 lernte er in Rom Johann Joachim Winckelmann und Anton Raphael Mengs kennen. 1765 wurde er Hofmaler des österreichischen Statthalters Graf Firmian in Mailand. Während sein Frühwerk noch ganz in der Rokokotradition stand, zeigt das Fresko in Volders bei Hall, 1765, bereits beginnende klassizistische Tendenzen. Zu seinen wichtigsten Arbeiten zählen das Chorkuppelfresko von 1769 und die Altartafeln, 1765–86, in der Klosterkirche Ettal, die Ausfreskierung der fünf Ovalkuppeln in der Abteikirche Neresheim, 1775, sowie die Fresken im Palazzo Belgioso in Mailand, 1781–83.

Kobell, Ferdinand
* 7. 6. 1740 in Mannheim, † 1. 2. 1799 in München. Der Landschaftsmaler und Radierer erlangte als Autodidakt solche Fertigkeit als Maler, daß der Münchner Kurfürst ihn zum Theaterdekorateur und schließlich zum Kabinettsmaler machte. Auf einer Reise durch die Niederlande lernte er die holländischen Landschafter des Spätbarock kennen, die seine Phantasielandschaften beeinflußten, z. B. GEBIRGSLANDSCHAFT MIT WASSERFALL, 1779 (Karlsruhe, Kunsthalle). Erst nach 1780 entwickelte er eine neue, naturgetreuere und farbenfrohere Landschaftsauffassung, die der realistischen Landschaftsmalerei des 19. Jh. den Weg ebnete, zum Beispiel BLICK AUF ASCHAFFENBURG, 1786 (Aschaffenburg, Nationalgalerie), MAINBRÜCKE, 1786 (München, Neue Pinakothek).

Kobell, Wilhelm Alexander Wolfgang von
* 6. 4. 1766 in Mannheim, † 15. 7. 1855 in München. Nach dem Studium zunächst bei seinem Vater Friedrich Kobell, dann an der Mannheimer Akademie ging Wilhelm nach München, wo er eine Bürgerstochter heiratete und Hofmaler wurde. Als Lehrer an der Münchner Akademie ab 1814 prägte er die Landschaftsmalerei der Münchner Schule für die erste Hälfte des 19. Jh. Auf die frühe, an den Holländern, besonders Philipp Wouwerman, orientierte Landschaftsauffassung folgt eine plastischere, klarere Gestaltungsweise, zum Beispiel DIE FURT, 1798 (Kassel, Gemäldegalerie). Seinen Ruhm begründeten jedoch die im Auftrag des bayrischen Kronprinzen Ludwig I. entstandenen Schlachtenbilder. Sie entwickeln die für Kobell typische Komposition einer Überschaulandschaft: Die biedermeierlich akkurat ausgearbeiteten Vordergrundsfiguren öffnen von ihrem erhöhten Standpunkt aus den Blick auf eine weite Landschaft mit oft stimmungsvoller Tiefenperspektive, z. B. DIE ÜBERGABE VON BRIEG, 1809; DIE SCHLACHT BEI WAGRAM, 1811; DIE SCHLACHT BEI REGENSBURG, 1813 (alle München, Residenz). Das Spätwerk ist in kühleren Farben gehalten, und die → Staffagefiguren des Vordergrunds führen in eine biedermeierliche Vertrautheit des Naturraumes zurück, z. B. BLICK AUF DEN TEGERNSEE, 1833 (München, Neue Pinakothek).

Johann Koerbecke, GEBURT CHRISTI, *um 1457 (Nürnberg, Germanisches Nationalmuseum). Die Tafel war bis zur Barockzeit Bestandteil des Marienfelder Altares. Der westfälische Meister ist bemüht, im Sinne der niederländischen Malerei den Bildraum logisch aufzubauen und dem Körperlichen Greifbarkeit zu verleihen.*

Koch, Joseph Anton

* 27. 7. 1768 in Obergiblen bei Elbigenalp im Lechtal, Tirol, † 12. 1. 1839 in Rom. Neben Caspar David Friedrich der größte deutsche Landschaftsmaler des 19. Jh. Nach einer kurzen Bildhauer- und Malerlehre 1784 in Augsburg besuchte er 1785–91 die Stuttgarter Karlsschule. 1795 ließ er sich in Rom nieder, wo er Schüler des Klassizisten Asmus Jakob Carstens wurde. Seine erste Schaffensphase bis etwa 1803 ist bestimmt von dem starken Einfluß Carstens'. Umfangreiche Illustrationsfolgen zu Erzählungen Ossians, Dichtungen Homers, Dantes, Shakespeares entstehen, deren harte ausdruckssteigernde Zeichenweise sich schon vom eigentlichen → Klassizismus abzusetzen beginnt. Zeichnungen mit mythologischen oder biblischen Szenen in klassizistischem Landschaftsambiente sind auch maßgeblich durch das Vorbild Nicolas Poussins geprägt. Seit 1803 konzentrierte er sich auf die Ölmalerei. Ab jetzt malt er → „heroische Landschaften", in Anlehnung auch an Claude Lorrain und Gaspard Dughet, in denen die Figuren nur noch → Staffage bilden. Aus Motiven der römischen Campagna werden weite, aber klar begrenzte Räume ausgebreitet. Mehrere perspektivische Einheiten, deren jede als Teilbild mit eigenem Gehalt gedeutet werden kann, werden vereint, die Farben sind leuchtend. Landschaft wird in Bildern wie DER SCHMADRIBACHFALL, 1805–11 (1. Fassung: Leipzig, Museum der bildenden Künste, 2. Fassung: München, Neue Pinakothek), heroisiert oder wie in HEROISCHE LANDSCHAFT MIT DEM REGENBOGEN, 1805 (Karlsruhe, Kunsthalle), zu einem „italienischen Arkadien" monumentalisiert. Die seit 1804/05 hauptsächlich entstehenden Alpenlandschaften sind aus einer Addition von Anschauungseinheiten gefügt, die Natur wird mit neuartigem Verständnis für das Elementare ihrer Phänomene, geologische Strukturen, Wasserfälle u. ä., und für die Wildheit ihrer Kräfte gesehen. In letzterem schlagen auch stark romantische Empfindungen durch, wie z. B. in DAS LAUTERBRUNNERTAL BEI UNTERSEEN MIT MÖNCH UND JUNGFRAU, 1813 (Dessau, Staatliche Galerie). Die Details sind in gläserner Klarheit wiedergegeben. Das seit den dreißiger Jahren einsetzende Spätwerk ist durch etwas größere Konventionalität gekennzeichnet.

Koekkoek, Barend Cornelis

* 11. 10. 1803 in Middelburg, † 5. 4. 1862 in Kleve. Koekkoek war ein Sohn des Marinemalers Johannes Hermanus Koekkoek, der ihm auch den ersten Unterricht erteilte. Später war Koekkoek einige Jahre an der Akademie in Amsterdam. Nach Studienreisen nach Holland, Belgien, Mitteldeutschland und ins Rheinland ließ er

Oskar Kokoschka, SELBSTBILDNIS, *1913, 80×49 (New York, Museum of Modern Art). In einer ungewöhnlichen Selbstdarstellung präsentiert sich Kokoschka als 27jähriger Künstler. Mit expressiver Schnelle wurden die Farbstriche gesetzt. Von fast seherischem Ausdruck sind die Augen erfüllt.*

sich 1834 in Kleve nieder. 1841 gründete er eine Zeichenakademie. Koekkoek malte fast ausschließlich Wald- und Buschlandschaften, die den Einfluß Hobbemas und Wijnants' verraten. Ein weiteres Motiv waren stimmungsvolle Winterlandschaften.

Koeppel, Matthias

* 12. 9. 1937 in Hamburg. Vertreter der Künstlergemeinschaft → Schule der Neuen Prächtigkeit, die sich 1973 in Berlin konstituierte und neben Koeppel noch aus Manfred Bluth, Johannes Grützke und Karlheinz Ziegler besteht. Koeppel setzte der Berliner Malergruppe ein monumentales Denkmal mit dem schon ein Jahr nach ihrer Gründung entstandenen großformatigen → Triptychon DAS JÜNGSTE GERICHT DES LUCAS VAN LEYDEN, NACHGESTELLT DURCH DIE „SCHULE DER NEUEN PRÄCHTIGKEIT" AM ANHALTER BAHNHOF (Besitz des Künstlers). Vorbereitet durch eingehende Fotostudien und zahllose Skizzen entstand hier in meisterhafter Detailerfassung ein Bild, das die dargestellten Personen wie auf einer Theaterbühne arrangiert, von einem tiefgelegenen Blickpunkt aus gesehen, so daß – wie immer bei Koeppel – der weite Himmel dominiert. Präziser, fast magischer Realismus verbindet sich mit historisch vorgegebenen Kompositionsschemata.

Koerbecke, Johann

* um 1415 in Münster oder Coesfeld, † 13. 7. 1491 in Münster. Koerbeckes Werke lassen sich anhand von verstreuten Tafeln in etwa rekonstruieren. Zu seinen Frühwerken gehören der LANGENHORSTER ALTAR um 1440/50 (Münster, Landesmuseum für Kunst und Kulturgeschichte) und die Mitteltafel des AMELSBÜRENER ALTARS mit einer Kreuzigung Christi, ebenfalls in Münster. Typisch ist die reiche Farbigkeit seiner Bilder und die eher eckige Faltengebung der Gewänder. Sein Hauptwerk ist der Hochaltar für das Kloster Marienfeld, den er 1457 schuf. Die Innenseiten zeigen Darstellungen aus dem Marienleben, die Außenseiten Passionsszenen Christi (heute in Avignon, Krakau, Berlin, Lugano, Chicago, Moskau, Münster, Nürnberg, Washington). Zu den Spätwerken Koerbeckes gehört der ebenfalls rekonstruierte JOHANNESALTAR von etwa 1470 (Münster, Den Haag, Oxford). Koerbecke brachte erste Elemente des Realismus in die westfälische Malerei, wobei der Einfluß der niederländischen Zeitgenossen und Stefan Lochners hinzukommt.

Kokoschka, Oskar

* 1. 3. 1886 in Pöchlarn an der Donau, † 22. 2. 1980 in Villeneuve am Genfer

Oskar Kokoschka, POLPERRO IN CORNWALL, *1939, 60 × 86 (London, Tate Gallery). Zunächst von Wien nach Prag ausgewichen, emigrierte Kokoschka 1938 nach England. Dort widmete er sich einem intensiven Studium der Natur. Vor allem die wildromantischen Gegenden Cornwalls und Schottlands hinterließen in ihm einen bleibenden Eindruck.*

See. Der österreichische Maler, Graphiker, Illustrator und Schriftsteller zählt zu den bedeutendsten Künstlern des → Expressionismus. 1905–09 besuchte er die Kunstgewerbeschule in Wien. 1910 kam er in Berlin in Kontakt zu Künstlern der Neuen → Sezession wie Emil Nolde, Max Pechstein, Ernst Ludwig Kirchner, Erich Heckel und Karl Schmidt-Rottluff. Er lernte auch den Herausgeber der expressionistischen Zeitschrift Der → Sturm, Herwarth Walden, kennen, in dessen Zeitung er viele Zeichnungen und sein erstes Theaterstück „Mörder, Hoffnung der Frauen", 1910, publizierte. 1911 kehrte er als Assistent an die Wiener Kunstgewerbeschule zurück. Nach einer schweren Kopfverletzung im Ersten Weltkrieg ließ er sich in Dresden nieder, wo er 1919 zum Professor der dortigen Akademie ernannt wurde. Nach großen internationalen Ausstellungserfolgen ließ er sich 1931 in Wien nieder. 1934 floh er vor dem Faschismus nach Prag, 1938 emigrierte er nach England. In dieser Zeit war er politisch stark engagiert, 1937 z. B. schuf er das herausfordernde SELBSTBILDNIS EINES ENTARTETEN KÜNSTLERS (Wigtownshire, Schottland, Privatsammlung). 1953 bis 1963 leitete er in Salzburg in der Sommerakademie die „Schule des Sehens". In seinem Werk vollzieht sich eine ständige Auseinandersetzung realistischer Grundtendenzen mit den Kunstströmungen seiner Zeit. Zunächst ist es der → Jugendstil etwa eines Gustav Klimt, der aber bald mit ausdrucksstark-expressiver Farbigkeit und Freiheit der Form kombiniert wird, etwa in STILLEBEN MIT TOTEM HAMMEL, 1909 (Wien, Österreichische Galerie),

Leo von König, BOHÈME-CAFÉ, *1909, 88 × 108 (Privatbesitz). Der Berliner Sezessionist schuf neben Porträts berühmter Zeitgenossen vor allem Kaffeehausszenen, die der Atmosphäre früher Bilder des französischen Impressionismus ähneln. Das Motiv dürfte er im „Café des Westens" am Kurfürstendamm angetroffen haben.*

Jörg Kölderer, KREBSFANG AN DER LIENZER KLAUSE, *um 1504 (Wien, Österreichische Nationalbibliothek). Kaiser Maximilian I. ließ sich sein Tiroler Fischereibuch mit „naiven" Illustrationen ausschmücken. Mit unbefangener Detailfreude wird hier geschildert, wie unter Fackellicht den hummergroßen Krebsen zuleibe gerückt wird.*

oder in sensiblen, psychologisch stark erregten Porträts wie HERWARTH WALDEN, 1910 (London, Tate Gallery), oder AUGUSTE FOREL, 1910 (Mannheim, Kunsthalle). In der zunehmenden Dramatisierung der Farbe seit ca. 1914 verstärken sich diese expressionistischen Tendenzen, z. B. in DIE AUSWANDERER, 1917 (München, Neue Staatsgalerie). Die Städtebilder erreichen in ihrer leuchtenden Koloristik und im Breiterwerden des ehemals zeichnerischen Pinselduktus einen Höhepunkt etwa in PRAG, KARLSBRÜKKE MIT BOOT, 1934 (Prag, Národní Galerie). Ab 1950 entstanden große allegorische Kompositionen, die impressionistische und barocke Traditionen ebenso verarbeiten wie die Porträts – z. B. BUNDESPRÄSIDENT THEODOR HEUSS, 1950 (Karlsruhe, Kunsthalle), oder Landschaften. Kokoschka, zu den wichtigsten Künstlern der Moderne zählend, schuf auch Theaterdekorationen und Bühnenbilder.

Kölderer, Jörg
* 2. Hälfte des 15. Jh. bei Inzing (Oberinntal), † vor dem 18. 8. 1540 in Innsbruck. Der Maler, Architekt und Miniator arbeitete überwiegend im Auftrag Kaiser Maximilians I., so z. B. im „Jagdbuch" des Kaisers (Brüssel, Bibliothèque Royal) um 1500. Neben den Fresken der Kapelle von Mitterburg stammen auch die Wandmalereien am Goldenen Dachl und am Wappenturm in Innsbruck von ihm. Kölderers Werk gilt als wichtige Vorstufe und Anregung für die → Donauschule.

Kolle, Helmut
(auch Helmut vom Hügel)
* 24. 2. 1899 in Berlin-Charlottenburg, † 17. 11. 1931 in Chantilly. Der in der Nachfolge des → Impressionismus und Spätimpressionismus stehende Maler studierte in Bern. In Paris beeindruckten ihn die Impressionisten sowie die Werke Jean-Baptiste Camille Corots. 1923 übersiedelte er ganz nach Paris und gab hier zusammen mit Wilhelm Uhde die Zeitschrift „Die Freude" heraus. Bilder wie DREI TOREROS, 1925 (Frankfurt am Main, Städelsches Kunstinstitut), zeigen lokkere Formen und helle, leuchtende Farbigkeit.

König, Leo von
* 28. 2. 1871 in Braunschweig, † 19. 4. 1944 in Tutzing am Starnberger See. → Eklektischer Bildnis- und Tiermaler, der Einflüsse von Anselm Feuerbach über Édouard Manet und Paul Cézanne bis zu Wilhelm Trübner in seinem Werk verarbeitete. 1889–94 studierte er an der Berliner Akademie, 1894–97 an der → Académie Julian in Paris. 1900–11 war er als Lehrer am Kunstgewerbemuseum in Berlin tätig. Seine größten Qualitäten zeigte er auf dem Sektor des Porträts, in Bildern wie ALEXANDER MOISSI ALS HAMLET, 1914 (Linz, Neue Galerie der Stadt), oder RUDOLF GEORG BINDING, 1937 (Frank-

Konrad von Soest, Anbetung der Könige – Darstellung im Tempel, *1403 (Bad Wildungen, St. Nikolaus). Szenen aus der Kindheitsgeschichte Jesu gibt der Wildunger Altar in geöffnetem Zustand wieder. Mit zarter Anmut versieht Meister Konrad elegant gekleidete Figuren, deren Gewänder in weichfallenden Bahnen drapiert werden.*

furt am Main, Städelsches Kunstinstitut), wo Halb- oder Dreiviertelfiguren wie von einem impressionistisch wirkenden Lichtschleier überlagert sind.

Koninck, Jacob I.
* zwischen 1610 und 1615, † nach 1690 in Kopenhagen. Sohn des Goldschmieds Aert Koninck und Bruder von Philips Koninck. Bis 1645 in Rotterdam, 1647 in Den Haag, seit 1682 am dänischen Hof in Kopenhagen tätig. Neben einigen Bildnissen wie z. B. das einer alten Wucherin (Leningrad) schuf er Landschaftsbilder wie Bauerngehöft unter Bäumen (Rotterdam, Museum Boymans-van Beuningen) und einige Federzeichnungen im Stil Rembrandts.

Koninck, Jacob II.
* um 1648 in Den Haag, † 16. 7. 1724 in Kopenhagen. Sohn von Jacob I. Wie sein Vater Bildnis- und Landschaftsmaler, ist er ab 1690 in Kopenhagen nachzuweisen. Er arbeitete dort für König Christian V. und schuf zahlreiche Bilder und Zeichnungen von Festungen und Städten Norwegens. So z. B. Die Festung Sponviken, 1702, und Frederikshald von Norden, 1699 (beides in Oslo, Nasjonalgalleriet).

Koninck, Philips
* 15. 11. 1619 in Amsterdam, begraben am 6. 10. 1688 in Amsterdam. Wichtiger Landschaftsmaler des Barock. Er bekam seine erste Ausbildung um 1637 als Schüler und Gehilfe seines Bruders Jacob in Rotterdam. In den fünfziger Jahren gelangt er mit der Darstellung holländischer Flachlandschaften in weiten Panoramablicken und in monumentaler Wirkung zu einem eigenen Stil, etwa in Landschaft mit Hütten am Wegrand, 1655 (Amsterdam, Rijksmuseum). Im Spätwerk greift er das Thema z. T. idyllischer Waldlandschaften im Sinne der italianisierenden holländischen Landschafter auf. Seine Genre- und biblischen Figurenbilder sind konventionell, seine Porträts der Rembrandtschule verpflichtet.

Koninck, Salomon
* 1609 in Amsterdam, begraben 8. 8. 1656 in Amsterdam. Koninck war der Sohn des Antwerpener Goldschmieds Pieter de Koninck und lernte die Malerei bei David Colijns, François Vernant und Nicolaes Moyart. Mitglied der → Lukasgilde in Amsterdam wurde er schon 1630. In der Art von Rembrandts Frühwerk malte er Einzelfiguren, besonders Porträts, und mit Vorliebe bärtige alte Männer, z. B. Der Astronom (Dresden, Gemäldegalerie). Mit großem Ausstattungsaufwand und reichen Phantasiekostümen versah er seine Historienbilder meist biblischer Thematik, wie die Allegorie Das Gleichnis vom Weinberg (Leningrad, Eremitage). Die kräftige → Helldunkel-Gestaltung und das harmonische Kolorit dient ganz dem Ausdruck seiner oft pompösen Gestalten.

Konrad von Soest
* um 1370 in Dortmund (?), † nach 1422 in Dortmund. Konrad von Soest gehört zu den großen Vertretern der westfälischen Malerei des beginnenden 15. Jh. Sein Name von Soest darf nur mehr als Familienname aufgefaßt werden, er selbst ist nicht aus Soest. Als junger Mann unternahm er Studienreisen nach Frankreich und Burgund. In dieser Frühphase war er der westfälischen Malerei der vorangehenden Jahrhunderte verbunden. Ein Werk aus dieser Zeit, Der hl. Nikolaus mit Heiligen von etwa 1390 (Soest, Nikolaikapelle) zeigt noch eher eckige, ungelenke Züge in der Architektur und Gewandbehandlung. Nach weiteren Reisen nach Frankreich und Burgund machte sich allmählich der Einfluß dieser Malerei bemerkbar. Sein Stil wird lockerer, weicher, eleganter. Die Gesichter sind feingezeichnet, von vornehmem Ausdruck. Die Farbabstufung ist differenzierter. Um diese Zeit, etwa 1400, entstand der Hausaltarflügel Hl. Paulus und hl. Reinoldus (München, Alte Pinakothek), Konrad von S.s Hauptwerk ist der Niederwildunger Passionsaltar (Bad Wildungen, Stadtpfarrkirche), der 1403 gemalt wurde und zu den ältesten gemalten Flügelaltären gehört. Er zeigt 13 Szenen aus dem Leben und der Passion Christi: der linke Flügel stellt 4 Szenen aus der Jugend Christi dar, beginnend mit der Verkündigung an Maria. Er entspricht dem sogenannten Weihnachtskreis. Die Mitteltafel zeigt die Kreuzigung Christi, umrahmt von 4 Passionsszenen. Auf dem rechten Flügel wiederum 4 Passionsszenen bis zur Erlösung Christi. Er stellt den sogenannten Osterkreis dar. In diesem großen Werk sind die Einflüsse der niederländischen und burgundischen Malerei zu erkennen. In feiner, fast zierlicher Malweise sind die Figuren und ihr Beiwerk wiedergegeben, eine leichtschwingende Bewegung liegt in ihrer Haltung, ihren gezierten Gebärden und der Gewandfaltung. Die Farben sind hell und zart, so z. B. das Blau, Grün und Rot, durchsetzt von kräftigeren Gelbtönen. Die reichen und kostbaren Gewänder erinnern an die burgundische Hofkultur. Mit diesen Merkmalen zählt das Werk zum Stil der Internationalen Gotik. Kurz nach dem Passionsaltar entstand ein weiterer Hausaltarflügel mit den Hll. Dorothea und Ottilie (Münster, Landesmuseum für Kunst und Kulturgeschichte). In der Spätphase Konrad von S.s wurde sein Stil schlichter. Das dekorative Beiwerk wurde reduziert, die Komposition gestraffter, symmetrischer. Die Figuren erhielten eine monumentale, feste Form, sie nehmen den Großteil der Bildfläche ein. In dieser Zeit malte er den Marienaltar, um 1420 (Dortmund, Marienkirche; in Teilen vorhanden). Kurz nach diesem Werk starb Konrad von Soest. Seine Werke übten starken Einfluß auf die norddeutsche Kunst aus, bis in die Mitte des 15. Jh. war er in der westfälischen Malerei tonangebend.

Kooning, Willem de
* 24. 4. 1904 in Rotterdam. Zusammen mit Jackson Pollock, Robert Motherwell, Franz Kline und Arshile Gorky der bedeutendste Vertreter des → abstrakten Expressionismus in Amerika, eines Stils, der nach seiner technischen Verfahrensweise auch als → Action-painting bezeichnet wird.

Isoda Koriyusai, Kurtisane im grossen Festgewand, begleitet von zwei Skinzo und zwei Kaburo, *um 1773/75, 32 × 22. Der Nachfolger des berühmten Holzschneiders Suzuki Harunobu war ein Samurai, der seinen Rang aufgab, um in die Dienste der Kunst zu treten. Großformatige Modedarstellungen markieren den Höhepunkt seines Schaffens.*

1916–24 studierte er an der Akademie der bildenden Künste in Rotterdam, 1924/25 in Brüssel und Antwerpen. 1926 wanderte er in die USA aus. In den dreißiger Jahren schuf er expressive Bilder, die aber noch am Gegenständlichen orientiert waren. 1945 experimentierte er mit abstrakten Formprinzipien, wobei er im folgenden gestisch erregte weiße Linienspuren über schwarze Bildgründe führte. Später bezog er die Buntfarben wieder mit ein. 1950 begann er mit seinen bekanntesten Serien, den Frauen, wobei sich aus dem spontanen Linienduktus und aus Farbwischern archaisch anmutende Figurenelemente herausschälen.

Korin, Ogata

* 1658 in Kyoto, † 1716 in Kyoto. K. gilt als der bedeutendste dekorative Maler in Japan, das mit diesem Meister seinen Höhepunkt in der Edo-Zeit (1615–1868) erreichte. Als Maler, Keramiker, Lackkünstler und Textildesigner war er vielseitig genug, erhielt weitere Anregung durch seinen Vater, der einen florierenden Textilhandel in Kyoto betrieb. Sein künstlerisches Vorbild war Sotatsu; er trieb den von seinem Lehrer geschaffenen Stil zur Vollendung. In der künstlerischen Atmosphäre der Eltern und einer glänzenden Ausbildung wird er schließlich in Armut alt, wird zu einem Priester unter dem Namen Nichiju. Als weitere Lehrer werden in seiner Biographie genannt: Yamamoto Soken, Kano Tsunenobu und Sumiyoshi Gukei. Besonders eindrucksvoll zeigt sich K.s Arbeitsweise in dem Stellschirmpaar Pflaumenbäume an einem Wasserlauf (Shizuoka-shi, Museum) und dem Paravent mit dem Thema Wogen (New York, Metropolitan Mus.). Exakte Naturbeobachtung paart sich hier mit dem Talent für Musterung und Anordnung, wächst zu einem kraftvoll abstrakten Design dekorativer Prägung. Sowohl das Wellenmotiv wie die Pflaumenblüten gingen in die Musterbücher der Kunsthandwerker und Dekorateure ein und bilden noch heute häufigst verwendeten Formenschatz für Malerei, Lackkunst, Keramiken und Textilien. Im Gegensatz zu seinem Lehrer Sotatsu arbeitet K. genauer. Die sorgfältig exakt gestalteten Bildmotive heben sich durch scharfe Umrißlinien, vor allem aber durch kontrastreiche Farbgebung vom Untergrund ab. Dabei verwendet er wenige Farben – oft nur drei – wählt häufig goldenen Untergrund, was in der geringen Tiefenwirkung dieser Farbe zu enorm dekorativem Effekt verhilft. Neben den genannten Stellschirmen sind auch die Porträts und Tuschmalereien dieses Meisters von nicht geringer Qualität, etwa das Bildnis Nakamura Kuranosuke aus dem Jahr 1704 (Nara-shi, Yamato Bunkakan) mit Farben auf Seide gemalt, die Studie Der buddhistische Mönch Yuima, Tusche auf Papier (Tokyo, Slg. Sorimachi). Richtungweisend für spätere Zeiten bleibt jedoch ausschließlich das Dekorationstalent K.s, resultierend aus der umfassenden Begabung dieses Meisters.

Koriyusai, Isoda

* 1764, † 1788 in Edo (Tokyo)? Der japanische Holzschnittmeister, Illustra-

Georg Melchior Kraus, Anna Amalias Tafelrunde, *35 × 47 (Weimar, Zentralbibliothek). Die Mutter des sächsischen Fürsten Karl August bildete in Weimar den geistvollen Mittelpunkt einer gebildeten, illustren Gesellschaft, die sich häufig im Tafelrundenzimmer des Wittumspalais zusammenfand und alle Künste gemeinsam pflegte.*

tor und Maler, ursprünglich Samurai, zog nach Edo (heute Tokyo), um → Ukiyo-e-Künstler zu werden. K.s Themenkreis umfaßt Mädchenporträts, etwa die 1770 entstandene Serie Mannequins, Vögel, Blumen und andere dekorative Sujets. Kennzeichnend für K. ist die Verwendung eines kräftigen Orangetons, daneben die Wirklichkeitstreue seiner Figuren. Nach 1780 widmete sich K. ausschließlich der Malerei, zeichnete in freier Linienführung im Stil der → Kano-Schule. Die äußerst umfangreiche Produktion an Holzschnitten und Buchillustrationen befindet sich hauptsächlich in amerikanischen und japanischen Sammlungen.

Kowarski, Felicjan Szczesny
* 8. 9. 1890 in Starosielce/Bialystok, † 22. 9. 1948 in Konstancin bei Warschau. Nach seinem Studium in Odessa und St. Petersburg ließ sich Kowarski 1918 in Krakau nieder und wurde 1923 an die Kunstakademie berufen. Zwischen den beiden herrschenden Strömungen der → Formisten und der → Neoimpressionisten nahm er eine Sonderstellung ein, indem er monumentale Formen zu klassizistischen Kompositionen verband, in seiner Themenwahl und Darstellungsart jedoch nie den Romantiker verleugnete, auf der Grundlage freilich einer impressionistischen Farbbehandlung. Tragische Schicksale verdeutlichen der Verdorrende Baum von 1930, der Kopf einer Jüdin, 1944, und Elektra, 1947 (alle Warschau, Muzeum Narodowe).

Kramskoj, Ivan Nikolaevič
* 8. 6. 1837 in Ostrojoz'k, Rußland, † 5. 4. 1887 in St. Petersburg. Nach einer Lehre der Ikonenmalerei und dem Studium an der Kunstakademie in Petersburg befreite sich Kramskoj von den akademischen Zwängen und gründete zusammen mit 14 gleichgesinnten jungen Malern ein „Artel", ein Künstlerkollektiv, das gemeinsam lebte und die Einnahmen teilte. Es bestand fast zehn Jahre lang. Ebenso gehörte er den → Peredvizniki an, die ebenfalls den Traditionalismus bekämpften und einen → Kritischen Realismus pflegten. Im Gegensatz zu ihnen, die → Genrebilder malten, bevorzugte Kramskoj jedoch das stark psychologisierende Porträt, besonders von Schriftstellern und Künstlern.

Kraus, Georg Melchior
* 26. 7. 1737 in Frankfurt am Main, † 5. 11. 1806 in Weimar. K. war nicht nur Maler, sondern auch Stecher. Ausgebildet wurde er bei Tischbein d. Ä. sowie in Paris bei den berühmten Malern François Boucher und Jean-Baptiste Greuze. Stilistisch steht er am Übergang von spätbarocker zu klassizistischer Malerei. Er beschäftigte sich vor allen Dingen mit der → Genre- und der → Historienmalerei. Daneben schuf er auch Porträts, wie z. B. das von Johann Wolfgang von Goethe (Weimar, Goethe-Nationalmuseum), das 1775/76 entstand.

Krohg, Christian
* 13. 8. 1852 in Vester Aker, † 16. 10. 1925 in Oslo. Bedeutender norwegischer Vertreter eines häufig sozialkritisch gefärbten Realismus. 1874–79 absolvierte er Malereistudien in Oslo, Karlsruhe und Berlin. Beeinflußt wurde er durch seine Freundschaft mit Max Klinger und durch den → Impressionismus. Thematisch bevorzugte er Alltagsszenen und Darstellungen aus dem Seemannsleben, beispielsweise in Ruder backbord (Oslo, Nasjonalgalleriet), aber auch sozialkritische Milieuschilderungen, wie in Albertine im Wartezimmer des Polizeiarztes, 1886/87 (Oslo, Nasjonalgalleriet). Krohg war auch ein hervorragender Bildnismaler.

Krüger, Franz
* 10. 9. 1797 in Großbadegast bei Köthen, † 21. 1. 1887 in Berlin. K. besuchte von 1812–14 die Berliner Akademie. Er ist berühmt geworden für seine Bilder, die das bürgerliche

Christian Krohg, Zwei Fischer auf der Bank, *1887, 32 × 45 (Skagens Museum). Krohg gehört zu einer um die Jahrhundertwende in Nordjütland blühenden Malerkolonie, die auf ganz Skandinavien künstlerisch ausstrahlte. Die Skagener Maler gestalteten Motive aus dem Dorfleben, die Fischerei, das Meer in stets Leben atmenden Schilderungen.*

Franz Krüger, AUSRITT DES PRINZEN WILHELM IN BEGLEITUNG DES MALERS, *1836, 31 × 24 (Berlin, Nationalgalerie). Krüger, den später ein fast privates Verhältnis mit dem preußischen Thronfolger verband, zog es während seiner Zeit an der Berliner Akademie vor, statt antiker Gipsabgüsse die Pferde der königlichen Marställe zu zeichnen.*

Milieu im Berlin nach der Befreiung von der Herrschaft Napoleons im Stil des → Biedermeier schildern. Dies tat er mit peinlicher Genauigkeit, ohne theatralische Übersteigerung, sondern mit einer gewissen Nüchternheit. Er legte sehr viel Wert darauf, einzelne Details genau wiederzugeben und zu charakterisieren. Einen zweiten großen Bereich seines Werkes stellen Reiter- und Paradebilder dar. In jungen Jahren, 1819, malte er bereits ein ausgezeichnetes Reiterbild AUSRITT ZUR JAGD (Berlin, Staatliche Museen/West, Nationalgalerie), auf dem er das Grau des Nebels realistisch wiedergibt. 1825 wurde er preußischer Hofmaler. Auch als Porträtmaler war er sehr gefragt. So bekam er Aufträge, August Graf Neithardt von Gneisenau und Prinz August von Preußen zu malen.

Minutiöse Genauigkeit und das Bemühen um große Ähnlichkeit mit dem Dargestellten kennzeichnen diese Arbeiten. Der spätere Zar Nikolaus I. bestellte 1824 das große Bild PARADE AM OPERNPLATZ (Berlin, Staatliche Museen/Ost, Nationalgalerie). Auf seine Einladung kam K. mehrmals an den russischen Hof. 1839 entstand seine zweite PARADE AM OPERNPLATZ (Potsdam, Neues Palais). Hier gibt er die mittlerweile entstandenen architektonischen Veränderungen und vor allem, wodurch er sehr populär wurde, die zu jener Zeit in Berlin wichtigen Persönlichkeiten, vom Militär über den Dichter bis zur Sängerin, wieder.

Krusemann, Jan A.
* 12. 2. 1804 in Haarlem, † 17. 3. 1862 in Haarlem. Krusemann erhielt seine erste Ausbildung bei seinem Vetter. 1822 ging er nach Brüssel, um bei J. L. David zu arbeiten, später zu Navez. Es war vor allem der klassizistische Stil von David und Ingres, der ihn in seiner frühen Phase beeinflußte; die Zeichnung ist scharf und klar. Auch seine plastische Formgebung geht auf die beiden französischen Maler zurück. In seiner Spätzeit lockerte sich sein Stil etwas, die Malweise wurde flüssiger. Krusemann war Landschafts-, Historien- und Bildnismaler. Er schuf zahlreiche Porträts von Angehörigen und Gästen des Hofs.

Kubin, Alfred
* 10. 4. 1877 in Leitmeritz, † 20. 8. 1959 auf Schloß Zwickledt bei Wernstein am Inn, Oberösterreich. Der vor allem als Zeichner, Buchillustrator und Schriftsteller einer grotesk-phantastischen Thematik berühmte Künstler zählt auch mit seinen Aquarellen zu den Vorläufern des → Surrealismus. Nach einer Ausbildung als Fotograf in Klagenfurt arbeitete er seit etwa 1902 in München am „Simplizissimus" mit. In Paris lernte er Odilon Redon kennen, 1909 gehörte er zu den Gründungsmitgliedern der „Neuen Künstlervereinigung München", 1911 schloß er sich dem → Blauen Reiter an.

Kuen, Franz Martin
* 8. 11. 1719 in Weißenhorn bei Ulm,

Wilhelm von Kügelgen, KINDERPORTRÄT *(Bremen, Privatbesitz). Ein reizendes Gruppenbildnis aus der Zeit des Biedermeier ist dieses Werk. Die Mädchen mit Blumen einander zugewandt, die Buben mit Buch und Trompete in erhöhter Position, sagt es viel über die Familienstruktur und die Rolle des Kindes in dieser scheinbar so idyllischen Zeit aus.*

† 30. 1. 1771 vermutlich in Weißenhorn. K., ein Freskomaler des Rokoko in Bayerisch-Schwaben, wurde zuerst von seinem Vater und seinem Onkel, später in Augsburg von Johann Georg Bergmüller ausgebildet. Von 1745–47 reiste er nach Italien, nach Rom und Venedig, wo er bei Giovanni Battista Tiepolo arbeitete. Dieser Aufenthalt übte einen entscheidenden Einfluß auf seine Malweise aus. So hat das 1771 entstandene Bild GASTMAHL DER KLEOPATRA (München, Privatsammlung) ein Fresko von Tiepolo im Palazzo Labia zum Vorbild. Sein Werk, viele Fresken und Altarbilder in schwäbischen Klöstern, Kirchen und Schlössern, zeichnet sich durch eine weiche Farbgebung und große Erzählfreude aus.

Kügelgen, Carl von
* 6. 2. 1772 in Bacharach am Rhein, † 9. 1. 1832 auf dem Gut Friedheim bei Reval. K. ist nicht nur Maler, sondern auch Graphiker. Er ist der Zwillingsbruder von Gerhard von Kügelgen, mit dem er von 1791–94 in Rom lebte. Von 1803–06 hielt er sich auf der Halbinsel Krim auf und unternahm 1818 eine Reise nach Finnland. Die Eindrücke seiner Reisen verarbeitet er in seinen stimmungsvollen Landschaften.

Kügelgen, Gerhard von
* 6. 2. 1772 in Bacharach am Rhein, † 27. 3. 1820 in Loschwitz bei Dresden. K. kam vor allem aufgrund der Lebensnähe seiner → klassizistischen Porträts, aber auch wegen seiner Miniaturmalerei zu Ruhm. Ausgebildet wurde er bei Januarius Zick in Koblenz und später zusammen mit seinem Zwillingsbruder bei dem Hofmaler Christoph Fesel in Würzburg. Die beiden Brüder hielten sich ab 1791 drei Jahre in Rom auf, wo Gerhard Kopien von Werken Raffaels anfertigte. Von 1798–1803 arbeitete er in St. Petersburg. Er malte Porträts von Goethe, Wieland, Herder und Schiller. In seiner Spätzeit schuf er daneben auch Madonnenbilder. Er wirkte auch in Dresden, Weimar und Berlin.

Kügelgen, Wilhelm von
* 20. 11. 1802 in Petersburg, heute Leningrad, † 25. 5. 1867 in Ballenstedt, Sachsen-Anhalt. Wilhelm, der Sohn von Gerhard von Kügelgen, war nicht nur Maler, sondern auch Schriftsteller. Von 1833–53 war er als Hofmaler des Herzogs von Sachsen-Anhalt in Ballenstedt beschäftigt. Sein Werk weist einmal viele religiöse Bilder auf, daneben aber auch Porträts, die durch Nüchternheit und Klarheit gekennzeichnet sind. Berühmt wurde er hauptsächlich wegen seines Buches „Jugenderinnerungen eines alten Mannes".

Ku K'ai-chih
* um 345 in Wu-hsi, † um 406. Der chinesische Maler der Ch'in-Dynastie erreichte Ruhm als taoistischer Porträtist, als Maler buddhistischer Heiliger und als Darsteller religiöser Inhalte. Er ist als einziger Maler dieser Dynastie überliefert, vermag so den Stil seiner Zeit zu vermitteln. Ein Hauptwerk, die ERMAHNUNGEN DER LEHRERIN AN DIE HOFDAMEN (London, Brit. Museum), ist eine Kopie, zwischen dem 7. und 10. Jh. entstanden, eine Querrolle, Tusche auf Seide gemalt. Sie enthält die für K.s Zeit so typische Verbindung von Text und Malerei. Das Thema, praktische Moralunterweisungen für die Haremsdamen, findet seine malerische Übersetzung in zierlich gestalteter feiner Zeichnung, sparsamer Verwendung von Farbflächen. Weitere Kopien nach K. sind bekannt, etwa DIE GÖTTIN VOM LO-FLUSS (u. a. Washington, Freer Gall. of Art), ebenso ein Rollbild, die Figuren in sanften Umrißlinien, die Binnenzeichnung minutiös behandelt.

Kung, Hsien
* um 1620 in K'un-shan, † 1689 in Nanking. K. zählt zu den „acht Meistern aus Nanking" als bekanntester der in dieser Gruppe vereinten chinesischen Landschaftsmaler. Gleichzeitig → Kalligraph und Dichter, verbrachte er sein Leben in tiefster Einsamkeit und Armut, wovon die schwermütigen, düsteren Naturwiedergaben zeugen. In Sung-Traditionen stehend, entwikkelte er den ihm eigenen Stil der Punkt-Strich-Technik, der Nuancierung der Farbintensität der Tusche. So

Jan Kupezky, Bildnis einer jungen Polin, *95×76 (Braunschweig, Herzog-Anton-Ulrich-Museum). Bei der eleganten Erscheinung handelt es sich wahrscheinlich um Anna Constanze Gräfin Cosel, die – später mit einem Freiherrn vermählt – zu den Liebschaften Augusts des Starken zählte. Sehr selbstbewußt ist ihre Pose.*

gelingt ihm die Darstellung atmosphärischer Momente, wie Nebel, Dunst, Regen, die Stimmungen in der Natur abzubilden vermögen. Mehrere seiner Werke sind erhalten und befinden sich in japanischen Sammlungen. Die Querrolle Berge und Bäume an einem Fluss (Kansas City, Nelson Gall. of Art), Berge im Nebel, in das Jahr 1689 datiert (Honolulu, Academy of Art), sind Beispiele aus amerikanischen Sammlungen. Neben den Landschaftsmalereien verfaßte K. ein theoretisches Werk, das „Hua-chüeh", Büchlein über die Malerei.

Kuniyoshi, Utagawa
* 1798 in Edo (Tokyo), † 1861 in Edo. Der japanische Maler und Zeichner in der Technik des Holzschnitts war Sohn eines Stoffärbers und schon als Kind mit Entwürfen zu Färbemustern beschäftigt. 1811 trat er als Schüler des Toyokuni in die Utagawa-Schule ein, deren Themen Landschaften, Theaterszenen und Frauendarstellungen bildeten. 1814 entsteht K.s erstes illustriertes Buch, von etwa 1818 an datieren Einzelblätter. Ab 1830 treten Karikaturen zu seinem künstlerischen Repertoire, phantastische Gespensterbilder, die seinen Ruhm weitgehend begründen (etwa die K. zugeschriebenen Gespensterbilder in der Bremer Kunsthalle). Im Alter tritt K. nochmals in die Schule eines wesentlich jüngeren Meisters ein, studiert europäische Perspektive, die er vor allem in seinen Landschaften verwirklicht und kombiniert mit unvermittelten Kompositionen in der Art des Hokusai und Hiroshige. Die hohen technischen Fertigkeiten K.s, seine originelle Wahl des Ausschnitts kennzeichnen ihn als typischen Vertreter der Holzschnittkunst Japans.

Kuniyoshi, Yasuo
* 1893 in Okayama, † 1953 in New York. Der japanische Landschafts-, Figuren- und Stillebenmaler, Radierer und Lithograph erlernte in seiner Heimatstadt das Weben und Färben, bevor er 1906 nach Amerika auswanderte. In Los Angeles zeichnete er nach Gips an einer privaten Kunstschule, in New York studierte er an der National Academy of Design und an der Independent School of Art, der Art Students League, bis er sich um 1918 selbständig machte. Reisen nach Europa ab 1925 vertieften die Kenntnisse über alte Meister Italiens und Frankreichs, überlagerten vollständig japanische Maltraditionen. Auch → Impressionismus und → Surrealismus wurden zu prägenden Tendenzen. Beispiele seines Werkes: Ich bin müde, 1938, Öl auf Leinwand, und Frau in der Wüste, 1943 (beide New York, Whitney Mus. of American Art).

K'un-ts'an
* um 1610 in Wu-ling, Hunan, † um 1696 bei Nanking. K. gehört in die Reihe der Zen-Maler-Mönche, die ihre religiöse Gesinnung in kühnen, überzeugenden Pinselstrichen dem Blatt mitteilen. Als Priester im Tempel des

Lung-shan lebend, bereiste K. China zu Landschaftsstudien, trat schließlich in dem Niu-shou-ssu, einem Kloster in Nanking ein. K. gilt als Meister der Landschaftsmalerei der Mandschu-Zeit, schuf großformatige Kompositionen, in denen sich Erfahrung und Erleben von Natur durch naturgetreue Schilderung und stimmungsvolle Elemente ausdrückt. Ihm zugeschrieben werden: HERBSTLANDSCHAFT IM REGEN, 1696 (Oxford, Ashmolean Mus.), ANSICHT DES PAO-ÈN KLOSTERS, 1664 (Oiso, Slg. Sumitomo).

Kuo Hsi
um 1020–90. In Nordchina lebend, wurde K. an die Malerakademie in K'ai-feng, der Hauptstadt der älteren Sung-Dynastie berufen. Li Cheng wurde für K. Lehrer und Vorbild. Von Kaiser Shen-tsung (1068–85) erhielt er den Auftrag, zunächst einen Stellschirm für den Palast zu malen, schließlich einen ganzen Saal zu freskieren. Auch die Rollbilder des K., sorgsam und detailliert gemalt, waren begehrtes Sammelobjekt bei Hofe. Das Traktat „Über die Landschaftsmalerei", eine Sammlung von Meinungen und Aussprüchen des K., von seinem Sohn gesammelt und festgehalten, erreichte klassische Bedeutung. Das Werk K.s ist nicht nachweisbar im Original überliefert, jedoch sind die Landschaftsmalereien – oft auf Seide – Baumgruppen, Felspartien, Wasser in ungemein kontrastreicher Linienführung und Akkuratesse im einzelnen, der großen Form der Gesamtkomposition mit Sicherheit maßgebend für vieles später Entstandene in der chinesischen Landschaftsmalerei.

Kupelwieser, Leopold
* 17. 10. 1796 in Piesting, Niederösterreich, † 17. 11. 1862 in Wien. Der Maler schloß sich 1823–25 in Rom den → Nazarenern an und hatte mit seinen lebhaften, farbstarken Bildern betont religiöser Thematik große Erfolge. Ein Hauptwerk ist die MARIA ALS HIMMELSKÖNIGIN von 1854 (Wien-Döbling, Votivkapelle).

Kupezky, Jan
(auch Kupecký)
* 1667 in Pezinok oder in Prag, † 16. 7. 1740 in Nürnberg. K. war ein berühmter Porträtmaler des → Barock. Er besuchte in Wien eine Lehre bei Benedikt Klaus. Anschließend war er von 1686–1709 in Italien, zuerst in Rom, später in Florenz, Mantua und Venedig. In Rom wurde er in eine Gruppe deutscher Maler aufgenommen. In seinem Werk lassen sich italienische Anregungen erkennen. Er verleiht seinen Figuren bewegte Gesten und hebt sie durch starke Helldunkel-Kontraste hervor. Er gelangte schon zu Lebzeiten zu so großem Ruhm, daß er viele seiner Aufträge von Mitarbeitern ausführen lassen mußte. In seinem Spätwerk machen sich Einflüsse von Rembrandt und flämischen Malern bemerkbar, wie in seinen z. T. düsteren Farben deutlich wird. Von ihm stammen viele Selbstbildnisse, wie z. B. eines in Florenz, Uffizien, oder DER KÜNSTLER UND SEINE FAMILIE (Budapest, Museum der Schönen Künste).

Jan Kupezky, DER MINIATURENMALER K. BRUNI, *1709, 165 × 127 (Prag, Národní Galerie). Im Jahr seiner Rückkehr aus Italien nach Wien porträtierte Kupetzky den Miniaturisten in sehr privater, lässiger Attitüde mit dem kleinen Bildnisoval in der Hand. Ein starkes Helldunkel betont die Wirkung des Inkarnats.*

Kupka, Frank
(eigtl. František)
* 23. 9. 1871 in Opočno, Böhmen, † 21. 6. 1957 in Puteaux, Frankreich. Wichtiger Bahnbrecher der → abstrakten Malerei. Ausgehend vom → Neoimpressionismus, aber auch von der Kunst der Wiener → Sezession, gelangte er zu ungegenständlichen, den Eigenwert der Farbe betonenden Gestaltungen. In Paris lernte er Robert Delauney und andere gleichgesinnte Maler kennen, mit denen er 1912 die Ausstellung → Section d'Or organisierte. Seither galt er als Maler des → Orphismus. Der Kritiker Valensi bezeichnete seine Kunst besser als „Musikalismus", abgeleitet von Kupkas Bildtiteln wie AMORPHA, WARME CHROMATIK, 1912 (USA, Privatbesitz). Seine Bilder wollten analog zur Musik visuelle Farb-Ton-Kompositionen sein, die er später diagonal oder kreis- und spiralenförmig strukturierte. 1930 wurde er Mitglied von → Abstraction-Création.

Frank Kupka, MADAME KUPKA ZWISCHEN VERTIKALEN, *1910/11, 135 × 85 (New York, Museum of Modern Art). In die ersten Reihen der Vorkämpfer für die abstrakte Kunst gehört dieser tschechisch-französische Maler. Neben Kompositionen, die sich auf gekurvten Linien aufbauen, schuf er Werke mit einem streng vertikalen Farbraster.*

L

Labille-Guiard, Adélaïde
* 11. 4. 1749 in Paris, † 24. 4. 1803 in Paris. Die Künstlerin zählt neben Elisabeth Vigée-Lebrun zu den bedeutendsten französischen Porträtmalern am Ende des 18. Jh. 1787 wurde sie die offizielle Malerin der Großtanten Ludwigs XVI., der Prinzessinnen Adélaide und Victoire. Sie malte das Bildnis der PRINCESSE INFANTE, (Versailles), das wegen der anmutigen Komposition und der Wirkung des Lichts meisterhaft ist. Als 1789 die Revolution ausbrach, änderten sich ihre Auftraggeber. Sie malte nun Robespierre, Talleyrand u. a. Am 10. August 1792 kam jedoch der Aufstand, der die Monarchie stürzte. Sie zog aufs Land, und man schenkte ihr kaum noch Beachtung.

Laer, Pieter van
(gen. il Bamboccio, der Knirps)
* 13. 7. 1582 in Haarlem, † 30. 6. 1642 in Haarlem. Laer reiste 1623 über Frankreich nach Rom, wo er bis 1638 blieb. Dort hielt er im wesentlichen an seinem von Esaias van de Velde beeinflußten Stil fest. Er ahmte den Naturalismus Caravaggios nach und verband ihn mit der holländischen Tradition zu einem eher volkstümlichen, derbkräftigen Stil. Seine Figuren sind sehr plastisch gestaltet und nehmen eine Zentralstellung ein. Laers realistische Darstellungen von Bauern, Händlern, Handwerkern und Bettlern, wie z. B. DIE SCHWEMME (Florenz, Uffizien), die bei den führenden Künstlern in Rom wenig Anklang fanden, wurden anderswo viel nachgeahmt.

La Fosse, Charles de
* 15. 6. 1636 in Paris, † 13. 2. 1716 in Paris. L. ging zu Charles Le Brun in die Lehre. 1658–63 hielt er sich in Italien in Rom und Venedig auf. Dort lernte er Poussin und Lorrain kennen und nahm Anregungen vom Werk Pietro da Cortonas und Correggios auf. 1673 wurde er Hofmaler und in die Académie Royale aufgenommen, der er später selbst als Direktor und Rektor vorstand. Gegen die Poussinisten, die die Zeichnung für vorrangig hielten, trat er für die entscheidende Bedeutung der Farbe ein. Das 1680 entstandene Gemälde DIE OPFERUNG DER IPHIGENIE (Versailles) läßt bereits das kommende Jahrhundert vorausahnen.

Lagrenée, Louis Jean François d. Ä.
* 21. 1. 1725 in Paris, † 19. 6. 1805 in Paris. Als Schüler von Carle van Loo wurde auch Lagrenée ein beliebter → Historienmaler, der in seinen frühen Bildern allegorischen und mythologischen Inhalts sich stark an die barocke → Helldunkel-Malerei italienischer Prägung anlehnte. Großen Erfolg hatte er als Hofmaler der Zarin Elisabeth und Direktor der Kunstakademie in St. Petersburg 1760–62. Konnte er in den folgenden glanzvollen Jahren in Paris den beginnenden → Klassimus noch ignorieren, so wurde er als Direktor der Académie Française in Rom 1781–87 u. a. durch David oder Dronais mit der neuen Richtung konfrontiert, konnte sie aber niemals ganz annehmen, seine Malerei blieb immer kühl.

La Hyre, Laurent de
* 27. 2. 1606 in Paris, † 28. 12. 1656 in Paris. Im Werk dieses Malers verschmolz das manieristische Vorbild der Schule von → Fontainebleau mit den Strömungen der französischen Barockklassik. Schon früh hatte er Erfolg, so schmückte er z. B. 1636 den großen Saal der Wachen im Pariser

Johann Baptist Lampi d. Ä., BILDNIS DER CONTESSA GIUSEPPINA POTOCKI, *79 × 61 (Darmstadt, Hessisches Landesmuseum). Die dem polnischen Adel angehörige Dame ließ sich als Malerin mit Zeichenmappe und Pinsel „konterfeien". Mehr als die Standes- oder Berufsattribute hat ihr weltoffenes, leicht verträumtes Gesicht Gewicht, das von musischen Interessen kündet.*

Kardinalspalast mit Gemälden aus. 1654 erhielt er den Auftrag für das traditionelle Schöffenbild der Pariser Stadtverwaltung. 1648 zählte er zu den Gründungsmitgliedern der Académie Royale des Peintres et Sculpteurs. In seinem Spätwerk, etwa in der KREUZABNAHME von 1655 (Rouen, Musée des Beaux-Arts), ist er von Charles Le Brun beeinflußt. Berühmt war er u. a. durch die meisterhafte Beherrschung der Perspektive.

Lam, Wilfredo
* 8. 12. 1902 in Sagna la Grande auf Kuba. Nach seinem Studium 1920–24 in Havanna lebte Lam bis 1941 in Europa. Nach seiner Rückkehr prägte er die differentesten Erfahrungen europäischer Malereigeschichte und afroamerikanischer Kunst zu einem sehr eigenen und eigenartigen surrealistischen Stil um. Seine phantastisch wuchernde Farbigkeit, verbunden mit totemistischer Symbolik, die tropischvitale Welt seiner Bilder wurde von Fidel Castro als kubanische Nationalkunst anerkannt. 1966 entstand das Fresko DIE DRITTE WELT im Präsidentenpalast zu Havanna.

Lami, Eugène
* 12. 1. 1800 in Paris, † 19. 12. 1890 in Paris. Seit 1830 Hofmaler von Louis-Philippe wurde Lami zum Chronisten der französischen Aristokratie, malte Schlachtenbilder für das geplante historische Museum in Versailles, aber auch große Aquarelle von gesellschaftlichen Ereignissen wie den MASKENZUG, 1834 (Paris, Privatsammlung).

Lampi, Joh. Bapt. d. Ä.
(eigtl. Lamp, Joh. Bapt. d. Ä.)
* 31. 12. 1751 in Romeno, Südtirol, † 12. 2. 1830 in Wien. Als Porträtist noch dem Rokoko verpflichtet und zum Bürgerlichen neigend, war Lampi sehr beliebt und arbeitete außer in Österreich auch in St. Petersburg. Am bekanntesten wurde er durch Bildnisse von JOSEPH HAYDN (Wien, Historisches Museum) oder von THERESE BRUNSWICK, Beethovens „Unsterblicher Geliebter" (Bonn, Beethovenhaus).

Lancret, Nicolas
* 1690 in Paris, † 1745 in Paris. Wie Antoine Watteau war auch dieser französische Maler des Rokoko zu Beginn seiner Laufbahn im Atelier von C. Gil-

Nicolas Lancret, SPIEL IM FREIEN, *27 × 32 (Kopenhagen, Statens Museum for Kunst). Der französische Rokokomaler, der in der Nachfolge Watteaus steht, schildert das heitere Treiben von Kindern des Adels in einem höfischen Garten. Anders als in den „fêtes galantes" der Erwachsenen kommt hier naive Unbefangenheit zum Ausdruck.*

◁ *Nicolas Lancret,* MÄDCHEN MIT DEM BRENNGLAS, *um 1740 (Berlin, Schloß Charlottenburg). Friedrich der Große war ein leidenschaftlicher Sammler der Kunst des französischen Rokoko. Werke Watteaus und seiner Nachfolger gelangten in die preußischen Sammlungen, darunter auch dieses Bild, bei dem es sich um eine Allegorie des Feuers handeln könnte.*

lot, dessen Vorliebe für die Darstellung von Figuren der Bühne er übernehmen sollte. Zwei Jahre nach Watteau wird auch Lancret Mitglied der Académie Royale mit dem Titel eines „peintre des fêtes galantes" (1719). 1735 erhält er den Status als deren „conseiller" (Ratgeber). Seine Ambitionen, als → Historienmaler Anerkennung zu finden, waren indes nicht von Erfolg gekrönt. Obwohl er in Anlehnung an Watteau die leichtlebige Gesellschaft der Régence- und frühen Louis-XV.-Zeit verbildlichte und die Darstellung des Erotischen nicht scheute, betont sein zeitgenössischer Biograph, Ballot de Sovot, die Stetigkeit seines ganz der Arbeit gewidmeten Lebens sowie die Beständigkeit und Einfachheit seiner Sitten. An seinen Bildern wußte man das Vergnügliche (plaisir) und Erheiternde sehr zu schätzen. Auch wenn er die malerische „finesse" und „délicatesse" seines Vorbildes Watteau nicht ganz erreichte, sind sie doch dessen Themen zum Verwechseln ähnlich. Das Thema der ländlichen Feste („fêtes galantes") wird von ihm vielfach variiert. Gerne treten die Kavaliere und ihre Damen dabei im Schäferkostüm auf und ahmen in spielerischer Weise eine ländliche Lebensweise nach (Pastorale).

Lanfranco, Giovanni

* 1582 in Parma, † 1647 in Rom. Als Mitarbeiter der frühbarocken, Bologneser Carracci-Schule erhielt L. seine Ausbildung hauptsächlich bei Agostino Carracci. Gemeinsam mit der Schule arbeitete er im Palazzo Farnese zu Rom, schuf Dekorationen im Camerino degli Eremiti (heute Neapel, Gall. Nazionale). Ab 1634 in Neapel, schuf er das Kuppelfresko der Cappella di S. Gennaro im Jahr 1641. 1646 wieder in Rom, arbeitete er mit Gianlorenzo Bernini und A. Sacchi zusammen, trieb gemeinsam mit P. da Cortona die illusionistische Deckenmalerei zu ihrer hochbarocken Form, dokumentiert in den Werken: Kuppel in S. Andrea della Valle, Rom, 1624–28, Fresken in S. Martino, Neapel, in S. Carlo ai Catinari, Rom, 1647 vollendet.

Carl Larsson, MALER UND TOCHTER, *1895 (Stockholm, Privatbesitz). Auch hierzulande recht populär, wird Larsson von den Schweden als ihr beliebtester Maler angesehen. Das heitere Aquarell mit seiner Jüngsten, Kersti, täuscht über Larssons schwere wirtschaftliche und seelische Krisen hinweg. Sein Lieblingsthema: das Leben in einer großen Familie.*

Michail Larionow, DER HAHN, *1912 (Moskau, Tretjakow-Galerie). In seinen rayonistischen Werken versuchte der russische Avantgardist das Licht als eine vierte Dimension des Bildes zu fassen. Splitterartig sich ausbreitende Farbstrahlen konstituieren anfangs noch gegenständliche Motive, später verselbständigten sie sich zu abstrakten Zeichen.*

Lanskoy, André

* 31. 3. 1902 in Moskau. Wichtiger Vertreter der → Lyrischen Abstraktion innerhalb der → École de Paris. 1919 war er vor der russischen Revolution nach Paris geflohen. Zunächst war er von Vincent van Gogh, dann von Henri Matisse beeinflußt. Seine → Interieurs, Stilleben und Porträts zeichneten sich durch eine leuchtende Farbigkeit aus. Ende der dreißiger Jahre, angeregt durch Paul Klee und Wassily Kandinsky, näherte er sich zunehmend einer Ablösung vom Gegenständlichen. Die ersten rein abstrakten Gemälde entstanden 1942.

Largillière, Nicolas de

* 10. 10. 1656 in Paris, † 20. 3. 1746 in Paris. Neben Hyacinthe Rigaud der gesuchteste Porträtist des französischen Hochbarock. 1674–78 arbeitete er in London im Atelier des Flamen Peter Lely. 1682 nach Paris zurückge-

Georges de La Tour, DER GEFANGENE *oder* HIOB WIRD VON SEINER FRAU VERHÖHNT, *vor 1644, 145×97 (Epinal, Musée). Als sei im 17. Jh. Frankreichs Sonne verloschen: Der Hofmaler La Tour ist ein Spezialist des Nachtstücks. Biblische und Genrethemen finden bei katakombenhaft künstlicher Beleuchtung (Kerzen, Fackeln, Öllampen usw.) statt.*

kehrt, wurde er 1683 mit dem Bildnis von CHARLES LE BRUN (Paris, Musée National du Louvre) in die Académie Royale aufgenommen, 1705 wurde er Professor. Mit seinen repräsentativen, dabei aber auch sachlich-nüchternen Porträts kam er sowohl dem Geschmack des Adels als auch des Bürgertums entgegen.

Larionow, Michail
* 22. 5. 1881 in Tyraspol' bei Odessa, Ukraine, † 10. 5. 1964 in Fontenay-aux-Roses bei Paris. Mitbegründer des → Futurismus und des → Rayonismus in Rußland. 1898–1908 studierte er an der Moskauer Kunstschule. 1907/08 enstanden die ersten bewußt „primitiv" gehaltenen Bilder mit starker Flächenbetonung und karikierender Abstrahierung der Gestalten – frühe Beispiele des Futurismus in seinem Land. In seinen ersten rayonistischen Arbeiten, etwa GLASSCHEIBE, 1911 (New York, Solomon R. Guggenheim Museum), strukturieren splittrige Strahlenfacetten in Gelb-, Grün- und Blautönen die Bildfläche. Fast noch wichtiger als seine Bilder wurde für die Entwicklung der modernen Malerei jedoch sein 1913 zusammen mit Nathalie Gontscharowa veröffentlichtes rayonistisches Manifest, in dem er die ausschlaggebende Rolle des Lichtes und die Angleichung der Malerei an Harmonieprinzipien der Musik propagierte.

Laroon, Marcellus d. J.
* 2. 4. 1679 in London, † 1. 6. 1774 in Oxford. Nach einem recht abenteuerlichen Soldatenleben ließ sich Laroon erst 1732 endgültig nieder und widmete sich ausschließlich der Kunst. Schon während dieser Zeit hatte er Knellers Kunstakademie besucht und 1725 mit dem Gemälde TAFELGESELLSCHAFT (London, Kensington Palace) das erste englische Gesellschaftsstück geschaffen, ein Bildtyp, der in den Niederlanden schon lange verbreitet war. Obwohl Laroon zeitweise von Watteau beeinflußt wurde, blieb er doch überwiegend dem Stil seines Lehrers Godfrey Kneller verpflichtet. Im Spätwerk vereinfachte er seinen Stil zu einer fast karikaturhaften Wirkung.

Larsson, Carl Olof
* 28. 5. 1853 in Stockholm, † 22. 1. 1919 in Sundborn bei Falm. Während L. in seiner Akademiezeit Illustrationen, dann historische Szenen malte, entdeckte er nach seiner zweiten Parisreise eine Vorliebe für Freiluftmalerei. In Fontainebleau entstanden bedeutende Bilder, die ganz im Sinne der Schule von → Barbizon aufgefaßt sind. Zurückgekehrt nach Schweden, bekam L. viele öffentliche Aufträge. Ab den 90er Jahren entstanden die Aquarelle, die seine Popularität bewirkt und den Begriff Larssonstil geprägt haben: Blätter, die durch zarte Linien, lichte Farben und heitere Darstellungen bestechen. Einen ergänzenden Eindruck der aus einfachen Verhältnissen stammenden Künstlerpersönlichkeit vermittelt uns L.s Selbstbiographie

Georges de La Tour, BIBLISCHE SZENE *oder* DIE FRAU MIT DEM FLOH, *120×90 (Nancy, Musée des Beaux-Arts). Wie bei einigen anderen Gemälden La Tours ist die Frage, ob eine religiöse Szene oder ein Sittenbild vorliegt, noch nicht entschieden. Die Typen, die der Caravaggio-Nachfolger häufig wiederholt, sind auf wenige Modelle beschränkt.*

„Ich". Hier offenbart sich der Maler düster und bitter. Bezeichnenderweise war L. ein enger Freund Strindbergs.

Lastmann, Pieter Pietersz.
* 1583 in Amsterdam, begraben am 4. 4. 1633 in Amsterdam. Holländischer → Historienmaler des Barock; Lehrer von Jan Lievens und Rembrandt. Durch einen Italienaufenthalt von etwa 1603–07 wurde er mit Arbeiten Adam Elsheimers, Caravaggios und Annibale Carraccis bekannt, was ihm die Überwindung des holländischen → Manierismus ermöglichte. Bevorzugt gestaltete er episch-dramatische Szenen, z. B. in ODYSSEUS VOR NAUSIKAA, 1619 (München, Alte Pinakothek). Muskulöse Gestalten sind meist pyramidenförmig gestaffelt. Das Kolorit ist zunächst leuchtend mit bisweilen metallischen Glanzeffekten, später wird es wesentlich gedämpfter.

La Tour, Georges de
* 1593 in Vicsur-Seille bei Nancy, † 30. 1. 1652 in Lunéville, Meurthe-et-Moselle. Der historische Werdegang des bedeutendsten Vertreters der französischen → Caravaggisten ist ebensowenig deutlich wie sein → Œuvre, gutteils aufgrund der unruhigen Geschichte Lothringens zu seiner Zeit. Der Sohn eines Bäckers heiratete 1617 die Tochter des Finanzministers der lothringischen Herzöge, Diane Le Nerf, und ließ sich 1620 in Lunéville nieder. Schon zu dieser Zeit scheint er sehr bekannt gewesen zu sein und führte in der Folgezeit ein großes Atelier mit vielen Schülern. Nach der Pest von 1631/32 und der gleichzeitigen Besetzung Lothringens durch französische Truppen fand La Tour bald Anschluß an einflußreiche Persönlichkeiten und Zugang zum Hof in Paris. Sein Ansehen dokumentierte sich in den außerordentlichen Preisen für seine Bilder und in seinem aufwendigen Lebensstil, bis er dem nächsten Krieg 1652 zum Opfer fiel. Obwohl kein Lehrverhältnis zu einem bekannten zeitgenössischen Maler bekannt ist, muß La Tour zu flandrischen oder italienischen Künstlern der → Helldunkel-Malerei Kontakt gehabt haben; eine Romreise um 1615 muß angenommen werden. Schon in den Tagstücken seiner ersten Werkperiode setzt er sich stilistisch sehr deutlich von der Art anderer lothringischer Maler wie Jacques Callot, Claude Dernet oder Jean Leclerc ab. So ist der HL. HIERONYMUS, 1620/30 (Stockholm, Nationalmuseum), sehr realistisch und ohne jegliche Idealisierung, DER DREHLEIERSPIELER, vor 1630 (Nantes, Musée des Beaux-Arts), von dem es einige Werkstattvarianten gibt, von erstaunlicher Knappheit bei großer technischer Brillanz. Ab etwa 1635 wandte er sich überwiegend dem → Nachtstück zu, das den Helldunkel-Effekten mehr Möglichkeiten einräumt. Mit Hilfe einer gebündelten Lichtquelle, meist einer Kerze, sind die Figuren partiell stark beleuchtet, die Plastizität wird gesteigert, der Bildraum nur mehr angedeutet: DIE FRAU MIT DEM FLOH (Nancy, Musée des Beaux-Arts). Gleichzeitig wurden die Kompositionen immer einfacher, der Verzicht auf ikonographische Details läßt religiöse von profanen Szenen nicht mehr unterscheiden, so daß Bildtitel wie die ANBETUNG DER HIRTEN oder eine GEBURT CHRISTI (beide Paris, Louvre) fast spekulativ sind. Die extreme Gegenlichttechnik und eigenwillige Sparsamkeit der Mittel ließ La Tour und sein so eigenwilliges Werk rasch in Vergessenheit geraten, sein Ruhm wurde erst zu Beginn des 20. Jh. erneuert.

Georges de La Tour, ESSENDES BAUERNPAAR, *um 1620 (Berlin, Staatliche Museen). Bei der Entstehung der Barockmalerei spielte die Rückbesinnung auf die Grundsituation des Menschen eine tragende Rolle.*

La Tour, Maurice-Quentin de
(auch Latour)
* 5. 9. 1704 in St-Quentin, Aisne, † 17. 2. 1788 in St-Quentin. Einer der bedeutendsten Porträtisten des französischen Rokoko, der hauptsächlich in der → Pastelltechnik arbeitete und eindrucksvolle physiognomische Charakterstudien erstellte. Bereits mit fünfzehn Jahren ging er in Paris bei dem Radierer Tradieu in die Lehre. Dann begab er sich an den englischen Hof. 1724 war er in Paris bereits zum anerkannten Pastellmaler geworden, eine Technik, in der er es zu absoluter Meisterschaft brachte. Bildnisse wie MADAME DE POMPADOUR, 1755 (Paris, Musée National du Louvre), oder MADAME MARIE FEL, 1757 (St-Quentin, Musée Antoine-Lecuyer), zeichnen sich aber nicht nur durch ihre Technik, sondern auch durch die kühle Souveränität in der Erfassung des typisch Persönlichen aus.

Marie Laurencin, MÄDCHEN MIT BLUMEN, *1948, 76 × 94 (New York, Privatsammlung). Wie die französische Künstlerin auch Lyrik unter dem Pseudonym Louise Lalanne veröffentlichte, so schuf sie hier ein Gedicht über eine von Blüten verklärte Welt der Freundschaft. Die feenhaften Mädchen sind wie im Reich der Flora entrückt.*

Jens Lausen, Kaskadien, *1968, 210×180 (Nordhorn, Privatsammlung). „Unfreiheit und Elend des Menschen haben ihren Ursprung in der Verletzung einfacher Gesetze der Menschlichkeit." Um die „Lustfeindlichkeit" der Städte zu verringern, fordert Lausen dazu auf, „neue Farben und Formen einer physischen Schönheit" zu schaffen.*

Laurencin, Marie
* 31. 10. 1883 in Paris, † 8. 6. 1956 in Paris. Mitbegründerin des → Kubismus. Sie besuchte die Académie Humbert in Paris, wo sie über Georges Braque auch Pablo Picasso kennenlernte. Mit dem Gemälde Die Eingeladenen, 1908 (Baltimore, Museum of Art), schuf sie gleichsam ein Erinnerungsbild des frühen kubistischen Künstlerkreises. Innerhalb dieser neuen Stilrichtung entwickelte sie bald eine sehr eigene, lyrische Note. In fast pastellhaft gehaltenen Farbtönen wird häufig ein graziler Mädchentypus gestaltet, etwa in Zwei Mädchen, 1915 (London, Tate Gallery). In diesen sehr melancholisch anmutenden Kompositionen intensiviert sich die Linie immer mehr zur dekorativen Arabeske, z. B. auch in Mademoiselle Coco Chanel, 1923 (Paris, Musée de l'Orangerie). Die Künstlerin entwarf auch Buchillustrationen, Bühnenbilder, Tapeten, Stoffe und Kleider.

Lausen, Jens
* Hamburg, 18. 8. 1937. Nach dem Studium in Hamburg und der Tätigkeit als Industrie-Designer wandte sich Lausen der → Signalkunst zu, die → Pop-art und → Hard edge nahesteht. Seit 1964 entstanden die ersten „künstlichen Landschaften", die der menschenfeindlichen Umgebung entgegengesetzt werden sollen.

Lawrence, Sir Thomas
* 13. 4. 1769 in Bristol, † 7. 1. 1830 in London. Porträtist europäischer Fürsten und Berühmtheiten, einer der höchstbezahlten Künstler der Neuzeit, der auf die englische Tradition des 18. Jh., vor allem auf Josuah Reynolds, ja bis auf Anthonis van Dyck zurückgreift, ohne freilich deren Qualitäten zu erreichen. Er galt als Wunderkind und verdiente von etwa 1778 an für seine Familie Geld, indem er Bildnisse in Bleistift und Pastell ausführte. Im wesentlichen bildete er sich autodidaktisch, auch sein Besuch der Royal Academy Schools in London, wo er seit 1787 lebte, dauerte nur kurze Zeit. Reynolds und Benjamin West gehörten zu seinen ersten Förderern. 1787 hatte er mit dem Ganzfigurenporträt der Lady Cremorne (Bristol, City Art Gallery) einen derartigen Erfolg, daß die königliche Familie auf ihn aufmerksam wurde. So konnte er 1790 eines seiner Hauptwerke schaffen, das Bildnis der Königin Charlotte (London, National Gallery). Dieses Bild oder z. B. auch das gleichzeitige Porträt der Eliza Farren (New York, Metropolitan Museum of Art) zeichnet sich durch die Brillanz der Farben, eine fast impressionistisch wirkende Hintergrundlandschaft und die geistreiche Pinselführung aus, wobei auch noch romantische Züge hinzutreten können. 1792 wurde Lawrence Erster Maler des Königs, 1794 ordentliches Mitglied der Royal Academy. Jetzt folgten zahlreiche Bildnisse von Damen der gehobenen Gesellschaft, z. B. Sarah Moulton Barrett, um 1795 (San Marino, Kalifornien, Henry E. Huntington Library and Art Gallery), Kinderbildnisse wie Charles William Lambton, 1824/25 (London, Sammlung Earl of Durham), die sog. Herrenbildnisse wie z. B. Der Schauspieler John Philip Kemble als Hamlet, um 1801 (London, Tate Gallery), oder Sir Walter Scott, um 1828 (Windsor Castle), u. a., die sich häufig einer gefährlichen Sentimentalität nähern. Den Höhepunkt seiner Karriere erreichte er 1814, als er im Auftrag des englischen Prinzregenten mehrere der alliierten Herrscher und Generäle malte, die sich nach Napoleons Abdankung in London versammelt hatten. Die Bildnisse, unter denen Papst Pius VII., 1819 (Windsor Castle), hervorragt, wurden in den 1830er Jahren zum „Waterloo Chamber" in Windsor Castle vereinigt. In der malerischen Freiheit der Farben beeindruckte er Eugène Delacroix, insgesamt übte er einen großen Einfluß auf die viktorianische Porträtkunst aus. Das kann jedoch nicht darüber hinwegtäuschen, daß „das blendende Feuerwerk der Farben weder einer Erhöhung objektiver Wirklichkeit noch einer Vertiefung subjektiver Erfahrung" (F. Baumgart) dient.

Le Brun, Charles
* 24. 2. 1619 in Paris, † 12. 2. 1690 in Paris. Dieser zu den bedeutendsten Repräsentanten der französischen Barockklassik zählende Maler, in dessen Werk sich Einflüsse des italienischen Frühbarock und der stark an der Antike ausgerichteten Arbeiten Nicolas Pous-

sins zu einem klassizistischen, aber von barocken Pathosformen dynamisierten Stil verbinden, war nicht nur der einflußreichste französische Künstler in der 2. Hälfte des 17. Jh., sondern auch derjenige, der mit seiner einzigartigen Machtstellung im Bereich aller bildenden Künste unter Ludwig XIV. den künstlerisch-repräsentativen Bedürfnissen des Absolutismus den adäquatesten Ausdruck verlieh. Dies äußert sich auch in seiner Ämterhäufung: Er war Hofmaler, Mitbegründer und Ideenträger der Académie Royale des Peintres et Sculpteurs, Generalinspektor der königlichen Sammlungen, Direktor der Gobelinmanufaktur, Ausstattungsleiter sämtlicher königlicher Bauten – kurz: „Kunstpapst" des Sonnenkönigs, der somit die Vorbilder für alle absolutistischen Höfe Europas bereitstellte. Er war der Sohn eines Bildhauers und erhielt seine erste Ausbildung ab 1632 bei François Perrier. 1634 trat er in das Atelier von Simon Vouet ein. 1638 wurde er Peintre du Roi. Maßgeblich wurden jetzt für ihn Einflüsse von Rubens und die auf einer Italienreise 1642 gesammelten Eindrücke sowie Arbeiten Poussins. 1646 kehrte er nach Paris zurück, gelangte rasch zu großem Ansehen und wurde 1648 Gründungsmitglied der Académie Royale. Es folgte eine Reihe wichtigster kirchlicher und profaner Aufträge. Kardinal Mazarin vermittelte ihm 1660 Aufträge für Ludwig XIV., zunächst Zyklen im Schloß Fontainebleau. 1661 malte er im Beisein des Königs DIE KÖNIGIN VON PERSIEN ZU FÜSSEN ALEXANDERS (Paris, Louvre), ein Bild, an dem der Kunsttheoretiker André Felibien die Regeln der klassischen Malerei verdeutlichen zu können glaubte. Als Meisterwerk dieser Zeit gilt DER KANZLER SÉGUIER BEIM EINZUG LUDWIGS XIV. IN PARIS IM JAHRE 1660, 1660 (Paris, Louvre). Ab 1661 stand Le Brun ganz im Dienst des Königs, 1662 wurde er geadelt und zum Ersten Hofmaler ernannt. Nach Aufträgen für die Tuilerien und den Louvre sowie Arbeiten für Jean-Baptiste Colberts Schloß in Sceaux war er praktisch ausschließlich mit der Ausstattung von Versailles beschäftigt. 1666 gründete er die Académie de France in Rom, 1676 und 1677 wurde er zum „principe" der römischen Accademia di S. Luca gewählt. Seine Hauptleistung war es, die barocke Kunst zu einer Barockklassik umzuformen als Verherrlichungsinstrument der absolutistisch-monarchistischen Idee.

Leck, Bart Anthony van der

* 26. 11. 1876 in Utrecht, † 14. 11. 1958 in Blaricum bei Hilversum. Der Maler, Lithograph und Ent-

Sir Thomas Lawrence, THE COUNTESS OF BLESSINGTON, 91 × 71 (London, Wallace Collection). Der englische Porträtist der Aristokratie verstand es vorzüglich, bei jungen Frauen Gesicht und Schulterlinie zu animieren und zum Sprechen zu bringen. Die Hände sind ein besonders subtiles Ausdrucksmittel.

Fernand Léger, Hommage à Louis David, *1948/49, 154 × 185 (Paris, Musée National d'Art Moderne). „Mir gefiel David, weil er anti-impressionistisch ist" – Léger verehrte den Hauptmeister des französischen Klassizismus wegen der Einfachheit und Statik seiner Figuren. Diese Stilmerkmale suchte er auch in dieser „Huldigung" zu verwirklichen.*

werfer von Keramiken und Textilien war Mitglied der Gruppe De→Stijl, um sich später einer monumental gegenständlichen Gestaltungsweise zuzuwenden. 1896–98 studierte er bei einem Dekorationsmaler, ab 1898 an der Kunstakademie in Amsterdam. 1916 wurde er Mitglied von De Stijl und konzentrierte sich in seinen Bildern auf geometrische Elementarformen und auf Primärfarbigkeit, z. B. in Geometrische Komposition, 1917 (Otterlo, Rijksmuseum Kröller-Müller). Schon ein Jahr später nahm er jedoch wieder Figürliches in seine Kompositionen auf.

Le Corbusier
(eigtl. Charles Edouard Jeanneret)
* 6. 10. 1887 in La Chaux-de-Fonds,

Fernand Léger, Das Dorf, *1914 (Hannover, Kunstmuseum). In der Nachfolge von Braque und Picasso reduzierte auch Léger die Vielfalt der Erscheinungsformen auf die geometrischen Grundelemente von Zylinder, Kegel und Kugel, wobei er auch die Farben bestimmten Formen zuordnete. Légers Kriegserfahrungen brachten eine Abkehr vom Kubismus mit sich.*

Fernand Léger, FRAU MIT VASE, *1924/27, 131 × 89 (Basel, Kunstmuseum). Seit 1918 spiegelt sich die Begegnung mit der Welt der Technik, des Verkehrs und der Industrie in Légers Werk. Seine Figuren ähneln metallartig modellierten Oberflächen, architektonisch streng in ihrem Aufbau, und bilden geradezu eine Synthese mit dem klassischen Körperideal.*

† (ertrunken) 27. 8. 1965 bei Cap Martin. Le Corbusier war nicht nur als Architekt, sondern auch als Maler erfolgreich. 1917–25 widmete er sich zusammen mit Amédée Ozenfant dem → Purismus. Ab 1925 löste er sich von dieser nüchternen Malweise und entwickelte freiere, dramatischere Ausdrucksformen. Sein Werk besteht vor allem aus Stilleben sowie Entwürfen für Wandteppiche und Wandmalereien. STIER III, 1952/53, (London, Tate Gallery).

Le Fauconnier, Henri Victor Gabriel

* Juli 1881 in Hesdin, Pas-de-Calais, † Januar 1946 in Paris. Seit 1901 in Paris, malte Le Fauconnier zunächst überwiegend stark vereinfachte, auf ihre Grundelemente reduzierte Landschaften, adaptierte ab etwa 1910 den → Kubismus auf nicht ganz konsequente Weise, indem er die perspektivischen Prinzipien teilweise beibehielt, wie in dem Bild ÜBERFLUSS, 1910 (Den Haag, Gemeentemuseum). Während seines Aufenthaltes in Holland 1914–19 wandte er sich ganz einer expressionistisch-realistischen Malweise zu. So stark er dort die jungen holländischen und flämischen → Expressionisten beeinflußte, in Paris war und blieb er auch nach seiner Rückkehr vergessen.

Léger, Jules Fernand Henri

* 4. 2. 1881 in Argentan, Normandie, † 17. 8. 1955 in Gif-sur-Yvette. Der Maler, Graphiker und Keramiker zählt zu den wichtigsten Künstlern der Moderne. Ausgehend vom → Impressionismus kam er über den → Fauvismus und den → Kubismus zu einer sehr persönlichen Formensprache, in der sich konstruktiv-geometrische Elemente mit vor allem technologisch und maschinell bestimmten Dingzeichen zu einer neuartigen formalen Monumentalität vereinigen. 1897 ging Léger bei einem Architekten in Caen in die Lehre. Ab 1903 studierte er an der École des Arts décoratifs in Paris. Von der École des Beaux-Arts abgewiesen, lernte er als freier Schüler in den Ateliers von Jean-Léon Gérôme, Gabriel Ferrier und an der → Académie Julian. Damals entstanden seine ersten, noch stark vom Impressionismus geprägten Bilder. Von großem Einfluß auf sein weiteres Schaffen war die Cézanne-Ausstellung im Pariser Herbstsalon von 1907 sowie seine Freundschaft mit Robert Delauney, durch den er auch Henri Rousseau kennenlernte. Bilder wie FRUCHTSCHALE AUF EINEM TISCH, 1909 (Minneapolis, Institute of Arts), oder DIE NÄHERIN, 1909 (Paris, Privatbesitz), zeigen seine Auseinandersetzung mit Cézanne und dem Kubismus. Ein zukunftsweisendes Gemälde entstand 1910: AKTE IM WALD (Otterlo, Rijksmuseum Kröller-Müller). Hier versucht er, die Lehren Cézannes und Rousseaus in Einklang zu bringen. Die figurale Komposition, die sonore Farbigkeit, das Magische

Wilhelm Leibl, DIE DREI FRAUEN IN DER KIRCHE, *1881, 113×77 (Hamburg, Kunsthalle). Dieses beliebte Meisterwerk malte Leibl im oberbayerischen Dorf Berbling bei Bad Aibling innerhalb von drei Jahren. Sein Realismus geht so weit, daß selbst der Staub in den Furchen des Holzgestühls sichtbar ist und man die Spuren des Schnitzmessers zu erkennen glaubt.*

der Bildatmosphäre sind Anleihen bei Rousseau, die rigorose Vereinfachung des Gegenständlichen auf das Stereometrische geht auf Cézanne zurück. Hinzu kommt die technisierende Abstraktion der Gegenstandsformen zu einem Geflecht von Kuben, Zylindern, Röhren, Kugeln. Das auf Grundfiguren reduzierte Sichtbare wird im folgenden mit einer vom → Orphismus Delauneys und vom → Futurismus herrührenden reinen und leuchtenden Koloristik verknüpft. Die technologische Ausrichtung der Bildformen intensivierte sich in den folgenden Jahren. Der Mensch selbst wird nun in seiner Kunst als Werkzeug des Krieges mit der Maschine gleichgesetzt. In der zwischen 1917 und 1923 anzusetzenden „mechanischen Periode" werden die Objekte der modernen Industriezivilisation zu Kontemplationsgegenständen. „Ich meinte", sagte Léger, „daß es das vernachlässigte, falsch bewertete Objekt sei, das geeignet wäre, an die Stelle des Motivs zu treten." Sicher hat der → Dadaismus auf diese „Dingmagie" des mechanischen Objektes bei Léger fördernd eingewirkt, und zwar dahin, „in funktionierende Strukturen verwandelte und kristallisierte menschliche Gebärden zu erfassen" (Léger). Das monumentale Hauptwerk dieser Zeit, DIE STADT, 1919/20 (Philadelphia, Museum of Art), zeigt das Zusammenwachsen von Eisenkonstruktionen, irrational bewegten Maschinenteilen, Leuchtreklamen usw. zu simultanen Geometrien. Die menschliche Gestalt wird als „plastisches Mittel" der gleichen Geometrie unterworfen, z. B. auch in DER TYPOGRAPH, 1919 (Otterlo, Rijksmuseum Kröller-Müller). Etwa ab 1920 werden die Bilder dann sehr großformig und ruhig. Jetzt sollte die menschliche Gestalt „bestimmendes Element in der hieratischen Ordnung der dinglichen Formen werden und in ihr die anonyme Würde des Dinges gewinnen" (W. Haftmann). Einflüsse und Querverbindungen von und zu De → Stijl, → Bauhaus und → Konstruktivismus liegen auf der Hand. Seit etwa 1928 schweben die nun weicher und fließender vorgetragenen Bildgegenstände losgelöst im Raum. Neben

Walter Leistikow, MÄRKISCHE ABENDLANDSCHAFT, *1897 (Regensburg, Ostdeutsche Galerie). Das Mitglied der „Berliner Sezession" verwirklichte als einer der wenigen die Ästhetik des Jugendstils auch in der Landschaftskunst. Seine in Silhouette und Kolorit stilisierten Darstellungen der märkischen Seen enthalten einen symbolisierenden Beiklang.*

dieser normalen Objekt-Raum-Relation, wie in der GROSSEN JULIE, 1945 (New York, Museum of Modern Art), zeigen sich freilich auch gewisse spielerisch surrealistische Tendenzen. Nach dem Ende des Zweiten Weltkrieges verstärkte sich der soziale Aspekt in der Kunst Légers, der inzwischen der kommunistischen Partei beigetreten war. Léger, einer der wichtigsten modernen Künstler, schuf auch Theaterdekorationen und -kostüme, Glasfensterentwürfe und farbige Skulpturen.

Leibl, Wilhelm Maria Hubertus
* 23. 10. 1844 in Köln, † 4. 12. 1900 in Würzburg. Einer der bedeutendsten Vertreter des deutschen → Realismus im 19. Jh. Schon während seines Studiums an der Münchener Akademie, 1864–69, zeigte sich Leibls außerordentliche Begabung. Bereits damals entstand ein Meisterwerk, BILDNIS DES VATERS, 1866 (Köln, Wallraf-Richartz-Museum). In der Meisterklasse von Arthur von Ramberg, im Atelier Karl Pilotys und Wilhelm Kaulbachs und vor allem durch das Studium der alten Meister in der Alten Pinakothek in München, von Peter Paul Rubens und Anthonis van Dyck, erhielt er wesentliche Impulse und entwickelte seine Tonmalerei und seine Koloristik zu absoluter Reife. In diesen Studienjahren formierte sich auch der sog. Leibl-Kreis, zu dem 1869–73 u. a. Johann Sperl, Karl Hagemeister, Wilhelm Trübner, Fritz Schider, Carl Schuch, Hans Thoma und Mihály Munkácsy gehörten. Am Ende der Studienjahre entstand als seine damals bedeutendste Leistung, gleichzeitig auch als schöpferische Auseinandersetzung mit der Malweise Pilotys, das Bildnis MINA GEDON, 1868/69 (München, Bayerische Staatsgemäldesammlungen). Dieses psychologisch so differenziert charakterisierende Porträt erregte u. a. 1869 auf der Internationalen Kunstausstellung im Münchener Glaspalast die Bewunderung von Gustave Courbet. Die Bekanntschaft mit diesem Künstler festigte Leibls realistisches Streben. Courbet vermittelte ihm auch einen Auftrag in Paris. Hier beschäftigte er sich mit dem frühen Impressionismus, aber auch mit Werken von Frans Hals, wie DIE KOKOTTE, 1869/70, oder DIE ALTE PARISERIN, 1869 (beide Köln, Wallraf-Richartz-Museum), belegen. Nach seiner Rückkehr nach München arbeitete er an der Vervollkommnung einer realistischen → Pleinairmalerei und steigerte vor allem in Porträts wie BÜRGERMEISTER KLEIN, 1871 (Berlin, Stiftung Staatl. Museen/West, Gemäldegalerie), seine malerische Brillanz. 1873 verließ er München. In Opposition zur offiziellen Kunstauffassung der Gründerzeit zog er sich immer mehr in entlegene oberbayerische Dörfer zurück: 1873/74 Graßlfing, 1875–77 Unterschorndorf, 1878–91 Berbling und Aibling und 1892–1900 Kutterling. Diese intensivierte Begegnung mit der Natur und dem einfachen Leben führte zu einer Aufhellung seiner Palette und zur Themenreihe der Bauern- und Jägerbilder, z. B. ANTON VON PERFALL oder DER JÄGER, 1876 (ehemals Berlin, Nationalgalerie, verschollen), oder die sog. DORFPOLITIKER, 1876/77 (Winterthur, Stiftung Oskar Reinhart). Die Feinheit und Exaktheit in der Detailwiedergabe nimmt zu, unterstützt durch die Vervollkommnung der Alla-prima-Malweise und der zeitweilig bevorzugten Temperatechnik. Einen Höhepunkt dieses künstlerischen Weges stellen die in Berbling gemalten DREI FRAUEN IN DER KIRCHE, 1878–82 (Hamburg, Kunsthalle), dar, ein Bild, in dem sich glatter Farbauftrag, minuziöse Detailerfassung und strenge Plastizität zu einem an Hans Holbein d. J. erinnernden Stil vereinen. Diese Gestaltungsweise suchte Leibl noch zu intensivieren in dem Gemälde DIE WILDSCHÜTZEN, 1882–86 (Fragmente in Berlin, Stiftung Staatl. Museen/West, Gemäldegalerie; Hamburg, Kunsthalle; Frankfurt am Main, Städelsches Kunstinstitut und Köln, Wallraf-Richartz-Museum und Museum Ludwig). Die Perfektion in der Detailbehandlung und der Erfassung der stoff-

Peter Lely, ZWEI DAMEN DER FAMILIE LAKE, *128 × 184 (London, Tate Gallery). Der Nachfolger van Dycks in England setzt hier eine Folge früher Gemälde fort, die musizierende Personen darstellte. Diese aus der holländischen Kunst übernommene Thematik wird mit viel zeremoniellem Aufwand und einem ausgeprägten Repräsentationssinn fortgeführt.*

Franz von Lenbach, SELBSTBILDNIS MIT FRAU UND TÖCHTERN, *1903, 96×122 (München, Lenbachhaus). Dem Familienporträt lag eine per Selbstauslöser aufgenommene Fotografie zugrunde. Nach der Ehe mit Gräfin Moltke hatte er 60jährig Charlotte, geb. Freiin von Hornstein, geheiratet.*

lichen Oberflächenstruktur führte hier jedoch zu perspektivischen Fehlern, so daß Leibl das Bild zerschnitt. Anfang der neunziger Jahre wurde sein Stil wieder lockerer, blieb aber realistisch präzise. Die in Kutterling entstandenen Werke weisen impressionistische Tendenzen auf, so das großartige Bild LEIBL UND SPERL AUF DER HÜHNERJAGD, 1892–95 (München, Alte Pinakothek). Eines der beeindruckendsten Alterswerke, MÄDCHEN AM FENSTER, DIE „WABN“, 1899 (Köln, Wallraf-Richartz-Museum), dokumentiert die tiefe Wirkung, die Leibl vor Gemälden Rembrandts empfangen hatte.

Leistikow, Walter

* 25. 10. 1865 in Bromberg, † 24. 7. 1908 in Schlachtensee, Berlin. L.s künstlerische Entwicklung verlief ausgehend von der traditonsgebundenen Landschaftsmalerei über eine allmähliche Reduktion von Ausschmückungen und Stilisierung der Formen bis hin zur umrißhaften, graphischen Malerei, ohne aber auf die Landschaft jemals ganz zu verzichten. Vor allem als Maler der dänischen und märkischen Landschaft um Berlin bekannt, erweiterte L. seinen künstlerischen Radius um ein beliebtes Ausdrucksmittel des → Jugendstils: er fertigte Entwürfe für Plakate, Tapeten und Textilien. Über seine malerische Tätigkeit hinaus, engagierte er sich literarisch für zeitgenössische Kunst.

Lely, Sir Peter

(eigtl. Pieter van der Faes)

* 14. 9. 1618 in Soest in Westfalen, † 7. 12. 1680 in London. Der Sohn eines holländischen Armeeoffiziers wurde zum erfolgreichsten Barockmaler lebensgroßer Bildnisse in England. In Haarlem war er Schüler von Pieter Fransz. Greber. 1641 übersiedelte er nach England. Seinen ersten englischen Jahren gehört das mythologische Gemälde KIMON UND IPHIGENIE (Knole, Kent, Sammlung Lord Sackville) an, das sich noch am Stil der Utrechter → Caravaggisten orientiert. Dann zeichnet sich der Einfluß van Dycks immer deutlicher ab, etwa in den beiden Hauptwerken dieser Zeit: DIE KINDER KARLS I. (Petworth, Sussex, National Trust Collection) und dem Doppelbildnis KARL I. MIT DEM HERZOG VON YORK (London, Syon House, Sammlung Duke of Northumberland). Der Höhepunkt seines Schaffens liegt in den fünfziger Jahren, mit Bildern wie DER KÜNSTLER MIT SEINER VIOLA (London, Courtauld Institute Galleries) oder ZWEI DAMEN DER FAMILIE LAKE (London, Tate Gallery).

Le Moal, Jean

* 30. 10. 1909 in Authon du Perche, Eure-et-Loire. Der Maler, Freskomaler, Bühnen-, Glas- und Textilentwerfer ist ein Vertreter der → Lyrischen Abstraktion im Rahmen der → École de Paris. Er studierte an der École des Beaux-Arts in Lyon und seit 1929 an der École des Arts Décoratifs in Paris. Zusätzlich besuchte er an der Académie Ranson das Atelier von Roger Bissière. Daneben wurde er vom Kubismus, Fauvismus und Expressionismus beeinflußt. 1941 gehörte er zum „Mouvement des Jeunes Peintres de la Tradition Française“. Über den poetischen → Orphismus gelangte er schließlich zur Abstraktion, die in einer mystischen und christlich-mythischen Grundhaltung universale Harmonie ausdrücken sollte, vor allem auch in seinen zahlreichen Entwürfen für Glasfenster.

Lemoyne, François

* 1688 in Paris, † 4. 6. 1737 in Paris. Französischer Maler und Freskant, der im Gegensatz zu dem nur vier Jahre älteren Watteau die offizielle Kunst des 17. Jh. mit ihren klassisch-mythologi-

schen Stoffen und einem monumentalen Anspruch noch in die Zeit des Rokoko fortsetzte. Seit 1701 war er Schüler von Galloche in der Académie Royale, an der er schon früh mehrere Preise gewann, 1711 den mit einer Romreise dotierten Grand Prix. Doch reiste er erst 1723 nach Italien, wo er besonders Pellegrini (Venedig) und die röm. Barockmaler Pietro da Cortona und Lanfranco bewunderte. Sein Hauptwerk stellt das kolossale Dekkengemälde im Salon d'Hercule im Schloß von Versailles dar, eine Apotheose des Herkules, 1733/36 entstanden. Ludwig XV. fand Gefallen an dem Fresko und ernannte F. Lemoyne zum „Premier Peintre du Roi", dem ersten Hofmaler. Für den Friedenssaal von Versailles war 1729 bereits die Allegorie Ludwig XV. gibt Europa den Frieden entstanden, für die Marienkapelle der Pariser Kirche St-Sulpice die Himmelfahrt Mariä, 1731/32. Schon 1723 hatte er für ein geringes Entgelt seine Fähigkeit als Dekorateur großen Stils unter Beweis stellen können. Die Transfiguration im Chor der Jakobinerkirche St. Thomas d'Aquin fand allgemeinen Beifall. Seine Staffeleibilder behandeln u. a. die Themen Herkules und Omphale (Paris, Louvre), Perseus und Andromeda (London, National Gallery), Narziss (Hamburg, Kunsthalle), wobei sich jene warme Farbbehandlung zeigt, die später sein Schüler Boucher so anziehend fand. Die Zeichen geistiger Verwirrung, die sich am Ende seines Lebens zusehends mehrten, steigerten sich bis zum Verfolgungswahn, so daß der Künstler 1737 Selbstmord beging.

Le Nain, Antoine
* um 1588 in Laon, † 25. 5. 1648 in Paris. Zusammen mit seinen Brüdern Louis und Mathieu einer der wichtigsten Barockmaler Frankreichs. Wahrscheinlich lernte er bei einem Niederländer. Seit 1629 ist er in Paris als „Maître peintre" der Abtei St-Germain-des-Prés verzeichnet. Neben religiösen Bildern schuf er hauptsächlich Porträts.

Le Nain, Louis
* um 1593 in Laon, † 23. 5. 1648 in Paris. Einer der bedeutendsten klassischen Barockmaler Frankreichs. Sein Stil ist von italienischen Künstlern in Frankreich geprägt worden. Ein Bild wie Venus in der Schmiede Vulkans, 1641 (Reims, Musée St-Denis), zeigt auch Querverbindungen zu Diego Velázquez. Hinter allem aber steht die → Helldunkel-Malerei Caravaggios. Louis Le Nain malte vor allem ärmliche Figuren, verleiht ihnen aber eine monumentale Würde, z. B. in der Bauernfamilie, 1642 (Paris, Louvre).

Le Nain, Mathieu
* 1607 in Laon, † 20. 4. 1677 in Paris. Der Barockmaler gilt als der unselbständigste unter den Brüdern Le Nain. Er war Mitglied der Académie Royale. In Bildern wie Der Gärtner, 1655/60 (Köln, Wallraf-Richartz-Museum und Museum Ludwig), oder Die kleinen Kartenspieler (Paris, Musée National du Louvre) zeigt sich deutlich der Einfluß Anthonis van Dycks.

Franz von Lenbach, Hirtenknabe, 1860, 107 × 154 (München, Schackgalerie). Das liebenswerte Motiv entstand während Lenbachs erster Italienreise, die er mit seinem Freund und Förderer Piloty unternahm.

Lenbach, Franz von
* 13. 12. 1836 in Schrobenhausen bei München, † 6. 5. 1904 in München. Bedeutender Vertreter des sog. Münchener Realismus, der zum meistbegehrten Porträtisten der Großen Europas, vor allem der wilhelminischen Ära, wurde. Nach einer kurzen Lehrzeit bei dem Tiermaler Johann Baptist Hofner und bei dem Münchener Bildhauer Anselm Sickinger schuf er Votivtafeln, Schützenscheiben und Porträts. Seine eigentliche künstlerische Tätigkeit begann 1857 mit dem Eintritt in das Atelier von Karl Theodor von Piloty an der Münchener Akademie. 1858/59 unternimmt er eine Romreise, wo er sich, in später teilweise in Gemälde

Franz Lenk, MÄRKISCHE LANDSCHAFT, *1929 (Privatsammlung). Bei aller Sachlichkeit und getreuer Naturwiedergabe erhält diese Ansicht durch einen tiefliegenden Blickwinkel und den gewaltigen Himmelsraum eine Nuancierung ins Pathetische. Lenk, obwohl in der NS-Zeit geduldet, verweigerte prinzipiell Ausstellungen seiner Bilder.*

umgesetzten Skizzen mit Lichtproblemen auseinandersetzt. Eine kräftige Farbigkeit verbindet sich dann mit einem ausgeprägten Naturalismus, etwa in den idyllischen Kompositionen HIRTENKNABE AUF EINEM HÜGEL VOR BLAUEM HIMMEL, 1859/60 (München, Städtische Galerie im Lenbachhaus), oder HIRTENKNABE, 1859/60 (München, Schack-Galerie). 1862 erhält er von Baron von Schack den Auftrag, Gemälde alter Meister in Italien und Spanien für dessen Sammlung zu kopieren. Dieser Auftrag bleibt nicht ohne Einfluß auf seine spätere Entwicklung: Seine Farben werden dunkler, meist von tiefbraunen Tönen beherrscht. Seit 1867 konzentrierte er sich zunehmend auf die Bildnismalerei. In seinem etwa 4000 Gemälde umfassenden Œuvre gibt es dabei allein 80 Bildnisse des Reichsgrafen Otto Fürst von Bismarck. Typisch für seine Porträts, z. B. JOSEFINE LENBACH, 1867 (München, Städtische Galerie im Lenbachhaus), ist die Hervorhebung der Kopfpartien in einem ansonsten dunkel verschwimmenden Ambiente. Als Vorlage verwendete Lenbach häufig und insgeheim Fotografien. Sein kunstpolitischer Einfluß in München, auch was die Unterdrückung moderner Kunstbestrebungen angeht, ist bis kurz nach der Jahrhundertwende außerordentlich groß.

Lenk, Franz

* 21. 6. 1898 in Langenbernsdorf, Vogtland, † 13. 12. 1968 in Schwäbisch Hall. Nach seinem Akademiestudium in Dresden schloß sich Lenk der → Neuen Sachlichkeit an. Seine Landschaften, Porträts und Stilleben sind ebenso wie Ruinen- oder Hinterhofschilderungen von realistischer Genauigkeit bestimmt, z. B. HAUS IM ERZGEBIRGE, 1926 (Thierberg, Slg. Thomas Lenk).

Leonardo da Vinci

* 1452 in Vinci bei Empoli (Toskana), † 1519 in Cloux, heute Clos-Lucé bei Amboise/Loire. L. wurde als Sohn des begüterten Piero da Vinci und eines Bauernmädchens namens Caterina geboren, wuchs bei seinen Großeltern auf, gelangte aber bereits früh in das Atelier Andrea Verrocchios nach Florenz. Dort erfuhr seine Begabung reichhaltige Anregung, so daß er 1472 in die Malerzunft „Compagnia di S. Luca" aufgenommen werden konnte. 5 Jahre später verließ L. die Werkstatt seines Lehrers, blieb bis 1481 als Selbständiger in Florenz. Aus der Frühzeit seines Schaffens sind durch den Biographen Vasari überliefert ein Karton ADAM UND EVA, das MEDUSENHAUPT, beides nach seinen Worten „Wunderwerke des Realismus". Ebenso in die Frühzeit L.s fallen die nicht gesichert eigenhändige MADONNA MIT DER NELKE (München, Alte Pinakothek), VERKÜNDIGUNG AN MARIA (Florenz, Uffizien), die VERKÜNDIGUNG AN MARIA (Paris, Louvre) und der HL. HIERONYMUS (Rom, Vatikan). Alle diese Arbeiten zeigen Anklänge an die Meisterschaft Verrocchios, ebenso Einflüsse Pollaiuolos, Piero dela Francescas, bilden aber durchaus eigenständige Formulierungen, die unverkennbar mit L. in Verbindung gebracht werden müssen. Im Zusammenklang solider Schulung, aufgeschlossener Atmosphäre und außergewöhnlicher Begabung entstanden Werke feinsinnigster Beobachtung, Ausdruck, Anmut und Frische. Die zweite Schaffensperiode L.s ist mit dem Aufenthalt in Mailand ab 1482 bezeichnet. Hier trat er in den Dienst Francesco Sforzas, an dessen Hof er als Maler, Bildhauer, Architekt und Ingenieur berufen wurde. Die

Leonardo da Vinci, VERKÜNDIGUNG, *98 × 217 (Florenz, Uffizien). Wohl noch während seiner Zeit in der Werkstatt Andrea del Verrochios schuf Leonardo dieses Werk, das jene für den reifen Stil des Meisters charakteristische Sfumato-Technik noch kaum erkennen läßt. Sehr typisch allerdings schon das Gebirgsmassiv im Hintergrund.*

Arbeit an einem Reiterdenkmal kollossaler Größe – allein das Pferd sollte 5 m hoch werden! – für den Begründer der Dynastie Francesco Sforza nahm nahezu 12 Jahre in Anspruch, kam aber, wohl wegen des zu hohen Anspruchs sowohl als Idee wie auch als technisches Konzept, nie zur Ausführung. Neben L.s Arbeit an einer Reihe von Nutzbauwerken, diente er seinem Herrn auch als Musiker, als Arrangeur von Festen, als Dombauberater in Mailand, Pavia und Piacenza. Als Dekorateur war er in den Schlössern von Pavia und Vigevano beschäftigt. 1498 malte er im Kastell zu Mailand die „Sala delle assi" aus, ein – heute vollständig erneuertes – Geschling von Ästen, Bändern und Wappen. In der für L. so fruchtbaren Mailänder Zeit entstanden auch die malerischen Werke, die seinen Ruf begründeten: Das Altarbild FELSGROTTENMADONNA (Paris, Louvre) für die Confraternità della Madonna della Concezione und das ABENDMAHL 1495–98 für das Refektorium S. Maria delle Grazie in Mailand als Wandgemälde, Tempera auf Stein, gearbeitet. Das Geschehen selbst erscheint gegenüber Darstellungen seiner Vorgänger vereinfacht. Durch Vertiefung und Verlebendigung der einzelnen Personengruppen in die Spannweite des Psychischen entsteht jedoch eine innere Einheit, die des äußeren Zusammenhalts in ein Kompositionsschema nur mehr accessorisch bedarf. Zwei Porträts, EIN MUSIKER (Mailand, Biblioteca Ambrosiana) und DIE DAME MIT DEM HERMELIN, um 1485 entstanden (Krakau, Muzeum Narodowe), zeugen von der sicheren Handhabung der Komposition, von der Verwobenheit seelischer Stimmung mit äußerer Situation. Das malerische Mittel für diesen Einklang bildet L.s berühmtes → „Sfumato", das Verwischen des klaren Konturs zugunsten atmosphärisch-plastisch orientierter Umrißgestaltung. Ebenfalls in der ersten Mailänder Zeit sammelte L. umfangreiches Material für sein wichtigstes theoretisches Werk, das „Buch von der Malerei". Es bildet die Grundlage zum Verständnis L.s Kunst, die in der Mannigfaltigkeit verschiedenster Beobachtung wurzelt, ihr Zentrum in der Erscheinung des menschlichen Körpers hat in seiner physiologisch differierenden Konzeption, in der Bewegung, die zu so unterschiedlicher Darstellungsmöglichkeit führt. Von höchster Bedeutung sind die Studien über die Anatomie des Menschen, womit er zum Begründer der modernen wissenschaftlichen Illustration wurde, weiter geophysikalische, botanische, hydro- und aerologische Traktate. Nach der Besetzung durch die Franzosen

Leonardo da Vinci, DIE MADONNA IN DER FELSENGROTTE, *189 × 120 (London, National Gallery). Gegenüber der Pariser* FELSGROTTENMADONNA, *die als eigenhändiges Werk Leonardos anzusehen ist, wird hier die Mitarbeit seiner Werkstatt angenommen. Vermutlich für die Kapelle von San Francesco Grande in Mailand gemalt, handelt es sich bei dieser Londoner Fassung um eine Wiederholung des Pariser Bildes. Der kniende Johannesknabe mit dem Stabkreuz betet Christus an, über dessen Kopf die Madonna – im Zenit der pyramidalen Komposition – die Hand behütend ausbreitet. Ein „sentimento" verklärt das Beieinander der Heiligen, die zudem in ein Sfumato eingebettet sind.*

verließ L. Mailand und ging über Mantua, Venedig, Bologna zurück nach Florenz. Von 1500–06 verbrachte er in Florenz die Zeit mit Studien zum menschlichen Körper – er sezierte systematisch in der Leichenhalle des Krankenhauses S. Maria Nuova – und diente dem päpstlichen Condottiere Cesare Borgia als Festungsbauinspizient. Bereits die Zeitgenossen bewunderten die Gemälde L.s, bedauerten die verhältnismäßig geringe Anzahl, die der Meister wegen seiner umfangreichen Nebentätigkeiten vollendete. Es enstanden in Florenz: Die HL. ANNA SELBDRITT, 1501–07 (Paris, Louvre), die MONA LISA (La Gioconda), um 1503 (Paris, Louvre). Wurde die ANNA SELBDRITT zum kompositionellen Lehrschema für kommende Malergenerationen, so schuf L. mit der MONA LISA den Idealtypus für ein Porträt, das möglicherweise die Gemahlin des Kaufmanns Giocondo darstellt. Die ANGHIARISCHLACHT, Verherrlichung des Siegs der Florentiner über die Mailänder, stellt ein Kompendium an Bewegungsmomenten dar, Roß und Reiter im Kampf, Feuer, Rauch und Staubwolken verschmelzen zu einem Sinnbild von Schlacht, Vorläufer für zahlreiche barocke Interpretationen, wie Rubens sie einleitete. Das Motiv des Reiters nahm L. in dem Entwurf für sein zweites bedeutendes statuarisches Konzept wieder auf: Das Reiterstandbild für das Grabmonument Giangiacomo Trivulzio, an dem er zwischen 1505 und 1513 arbeitete und das ebenfalls nicht zur Ausführung kam. Mit dem zweiten Aufenthalt in Mailand, diesmal als Statthalter des Königs von Frankreich, der Reise nach Rom, schließlich dem letzten Wohnsitz in Frankreich ist die Spätzeit L.s bezeichnet. Sie brachte in Mailand Arbeiten mit der Werkstatt, die zweite Fassung der FELSGROTTENMADONNA (London, Nat. Gall.), in Rom untätige Jahre in der Hoffnung, in Kardinal Giuliano de'Medici einen Auftraggeber zu finden. Auf Einladung des jungen französischen Königs Franz I. verließ L. Italien, verbrachte die ihm verbleibenden drei Jahre in dem Villenschlößchen Cloux. Hier vollendete er das in Rom begonnene Gemälde HL. JOHANNES D. T. (Paris, Louvre), beschließt

Leonardo da Vinci, MONA LISA, *um 1503, 77 × 53 (Paris, Louvre). Solch ein Ausdruck kosmischer Sanftmut und Güte scheint nicht dem Antlitz einer Irdischen zu entströmen. Wer weiß, vielleicht hat Leonardo in dieser Inkunabel der Weltkunst wie einst der hl. Lukas die göttliche Mutter selbst vor Augen gehabt und ihren Glanz der Nachwelt überliefert.*

Rudolf Levy, BILDNIS EUGENIE LEVY *(Regensburg, Ostdeutsche Galerie). Der im Dritten Reich vergeblich nach Italien geflüchtete Maler hatte in Paris mit Purrmann und Moll zu den „Jüngern" von Henri Matisse gezählt. Von der leuchtenden Farbigkeit der Fauvisten unterscheidet ihn eine gewisse Schwerblütigkeit des koloristischen Temperaments.*

sein Lebenswerk mit den „Sintflut"-Blättern, die noch einmal L.s Anliegen, die Kräfte und Gesetze der Natur in ihren erlebbaren Wirkungen darzustellen, zum grandiosen Manifest werden lassen. 1519 stirbt L. Sein Grab ging mit dem Abbruch der Kirche St-Florentin zu Amboise verloren.

Lépicié, Michel Nicolas Bernard
* 1. 6. 1735 in Paris, † 15. 9. 1784 in Paris. → Historien- und → Genremaler des Rokoko. Er erhielt seine Ausbildung zunächst bei seinem Vater, einem Stecher, dann bei Carle van Loo. 1769 wurde er Mitglied der Académie Royale des Peintres et Sculpteurs in Paris und zum Hofmaler ernannt. Mit seinen Historienbildern stieß er auf Ablehnung, zum einen wegen einer gewissen Monotonie der Farbgebung, zum anderen auch wegen einer für seine Zeit häufig ungewöhnlichen Thematik, wie etwa in dem Bild LANDUNG WILHELMS DES EROBERERS AN DER ENGLISCHEN KÜSTE, 1763 (Amiens, Musée de Picardie). Mit Porträts hatte er wesentlich mehr Erfolg. Seine Genredarstellungen zeichnen sich durch eine betonte Schlichtheit aus. Berühmt wurde aber vor allem sein erotisches Genrebild DAS ERWACHEN DER FANCHON von 1773 (St-Omer, Musée).

Le Prince, Jean
(auch Jean-Baptiste Leprince)
* 17. 9. 1734 in Metz, † 30. 9. 1781 in St-Denis-du-Port bei Lagny. Der Maler und Radierer L. wurde berühmt, weil er eine neue Technik, die Aquatinta, entdeckte. Er ging zu dem berühmten Maler François Boucher in die Lehre. Ein wichtiger Einschnitt in seinem Leben war ein Aufenthalt in Rußland von 1758–63, wo er für den Hof in Petersburg malte, aber auch durch das Land reiste und viele Zeichnungen anfertigte. Wieder in Frankreich, schuf er viele → Genrebilder mit russischen Szenen, wie z. B. RUSSISCHE TAUFE (Paris, École des Beaux-Arts). Nicht nur diese malerischen Bilder mit russischen Themen, Kostümen und Landschaften brachten ihm große Erfolge, sondern auch seine Aquatinta-Blätter, die sich durch feine Tonabstufungen auszeichneten. 1765 wurde er Mitglied der Académie Royale. In der Spätzeit war er jedoch nicht mehr sehr gefragt. Er starb zurückgezogen, in Krankheit und sehr verschuldet.

Le Sueur, Eustache
* (getauft) 16. 11. 1616 in Paris, † 30. 4. 1655 in Paris. Von 1630–32 war L. Schüler von Simon Vouet, mit dem ihn auch ein sehr freundschaftliches Verhältnis verband. L. ist ein Vertreter des französischen → Klassizismus. Seine Bilder haben oft strenge, klare Kompositionen, wirken statisch und kühl, streben aber nach klassischer Harmonie und Ausgewogenheit zwischen Inhalt und Ausdruck. Die Farben sind fein abgestuft. Er beschäftigte sich hauptsächlich mit religiösen Themen. So schuf er von 1645–48 für das Kartäuserkloster in Paris 22 SZENEN AUS DEM LEBEN DES HL. BRUNO. Die Darstellungen befinden sich heute alle in Paris im Louvre. L. gehörte zu den 12 „Ältesten", die 1648 die berühmte Akademie für Malerei und Bildhauerei gründeten. Er schuf auch viele Bilder mit Themen aus der Mythologie, wie die Ausmalung im Hôtel Lambert von 1644–49. So malte er dort SZENEN AUS DER GESCHICHTE AMORS, APOLL ÜBERLÄSST PHAETHON DIE FÜHRUNG SEINES WAGENS, das wohl bekannteste Bild der drei Musen KLIO, EUTERPE UND THALIA und viele andere. Sie sind alle bis auf eine Ausnahme im Pariser Louvre untergebracht. L. war ein sehr fleißiger Maler, nach der Überlieferung soll er an Überarbeitung gestorben sein.

Leu, Hans d. Ä.
* um 1465–75, † um 1510. Spätgotischer Maler, Vater von Hans Leu d. J., stammte aus einer in Baden im Aargau ansässigen Familie und wird ab 1488 in Zürich erwähnt. Aus seinem Frühwerk sind zwei topographisch genaue Stadt-

Lucas van Leyden, SELBSTBILDNIS, *29 × 22 (Braunschweig, Herzog-Anton-Ulrich-Museum). Zu den großen Stationen im Leben Albrecht Dürers gehört eine Begegnung mit diesem niederländischen Maler in Antwerpen (1521). Vor allem die Graphik des Deutschen wirkte in Lucas' Schaffen nach, dessen Malerei den Höhepunkt der niederländischen Renaissance markiert.*

ansichten von Zürich erhalten, Fragmente des 1497 begonnenen Altars der Stadtheiligen im Großmünster. Ein Bild wie der HL. MICHAEL IM KAMPF MIT LUZIFER (Zürich, Kunsthaus) zeigt deutlich den Einfluß Martin Schongauers. Eine beachtliche Leistung stellt das Porträt HANS SCHNEEBERGER, 1501 (Zürich, Schweizerisches Landesmuseum), dar.

Leu, Hans d. J.
* um 1490 in Zürich, † in der Schlacht von Kappel 1531. Der Sohn von Hans Leu d. Ä. lernte bei Albrecht Dürer und Hans Baldung Grien. Ab 1514 lebte er in Zürich. Neben religiösen Gemälden wie dem HL. MAURITIUS, 1510 (Zürich, Schweizerisches Landesmuseum), entstand 1519 ein ikonographisch nördlich der Alpen ausgefallenes Bild: ORPHEUS UND DIE TIERE (Basel, Kunstmuseum), eine Antikenrezeption, vermittelt über die italienische Renaissance. Er schuf auch Wandbilder und Scheibenrisse für Glasgemälde.

Lucas van Leyden, DIE ANBETUNG DES GOLDENEN KALBES, *93 × 67 (Amsterdam, Rijksmuseum). In dieser Mitteltafel eines Flügelaltares ist die altbiblische Episode (2. Mose 32) nur von sekundärem Rang. Weit wichtiger war dem Maler die in burlesker Genrehaftigkeit geschilderte und von italienischer Formensprache geprägte Gelageszene im Vordergrund, wo vor der Rückkehr des Moses noch einmal tüchtig zugelangt wird.*

Levy, Rudolf
* 15. 7. 1875 in Stettin, † 1944. Aus einer gutbürgerlichen, orthodox-jüdischen Familie stammend, die sich dem Künstlerberuf widersetzte, lernte Levy als Kompromiß zunächst Kunstschreinerei, bis er mit Hans Purrmann 1897 nach München ging und doch zur Malerei fand. Ab 1903 in Paris wurde das Werk Cézannes bestimmend, stärker aber noch die Begegnung mit Matisse 1907, dessen Atelier er fortan eng verbunden blieb. Waren seine Bilder wie AN DER SEINE, 1910 (Duisburg, Wilhelm-Lehmbruck-Museum), flächig-rhythmisch in sehr subtilen Farben gehalten, so brachten die Reisen nach Tunis und Sanary 1910–13 den Durchbruch zu der typischen Verknappung des Ausdrucks, ohne daß Levy jemals zur Abstraktion geneigt hätte. Nach dem Ersten Weltkrieg, an dem Levy als Freiwilliger teilnahm, stellten sich auch in Deutschland Ausstellungserfolge ein, doch wurde er 1933 ausgebürgert, seine Bilder beschlagnahmt oder vernichtet. Im Exil auf Mallorca, in Ischia und ab 1940 in Florenz entstanden die reifsten und schönsten Bilder, überwiegend Stillleben mit Blumen und Früchten in oft heftigen, manchmal auch düster glühenden Farben. Dennoch fand seine kultivierte Malweise über die vereinfachten Formen zur farbigen Einheit von Ästhetik und Ausdruck. 1944 verschleppten als Kunsthändler getarnte SS-Leute den Maler in ein KZ, wo er umkam.

Leyden, Lucas Hugensz. van
* um 1489 oder Mai/Juni 1494 in Leiden, † zwischen Ende Mai und 5. 8. 1533 in Leiden. In der Künstlerbiographie Karel van Manders, der das Geburtsjahr 1494 nennt, wird Lucas als Wunderkind bezeichnet, das erste Anleitungen vom Vater, dem Maler Hughe Jacobsz. empfing. Sein frühester datierter Kupferstich entstand 1502. Mit zwölf Jahren bereits soll er das erste Auftragsgemälde ausgeführt haben. 1508 tritt er in die Werkstatt von Cornelis Engebrechtsz. in Leiden als geschätzter Mitarbeiter ein. 1509 schuf er die sog. runde Passion, eine Vorlage für Glasschneider. Stärker als der Einfluß seines Werkstattleiters wirkte sich für ihn als Vorbild das graphische Werk Albrecht Dürers aus. 1514–29 ist Lucas mehrfach in Leiden urkundlich erwähnt. 1521 begegnete er Albrecht Dürer in Antwerpen. In dem 1526/27 geschaffenen → Triptychon DAS JÜNGSTE GERICHT für die Pieterskerk in Leiden (heute Leiden, Stedelijk Museum) zeigt sich deutlich der Einfluß Jan Gossaerts, ebenso in dem Gemälde MOSES SCHLÄGT WASSER AUS DEM FELSEN (Boston, Museum of Fine Arts).

Roy Lichtenstein, Okay, Hot Shot, Okay, *1963, 203 × 173 (Turin, Privatsammlung). Lichtensteins monumentalisierte Comic strips gehören mittlerweile zu den Klassikern der Moderne. Die Werbe- und Mediengraphik, Industrie- und Konsumdesign lieferten der amerikanischen Avantgarde oft das Ausgangsmaterial für ihre Kreationen.*

Seine Gemälde, die überwiegend religiösen Inhalts sind, aber auch Bildnisse und Genredarstellungen bringen, sind selten datiert und bieten, im Gegensatz zu seinen Kupferstichen, keinen lückenlosen Überblick über sein Schaffen. Zudem sind die unterschiedlichsten Anregungen in ihnen verarbeitet. Bereits im Frühwerk ist Lucas darauf bedacht, seelische Regungen zu gestalten und besonders biblische Szenen genrehaft auszubreiten. Die plastisch hervorgehobenen Figuren werden in einer malerischen Gesamtwirkung, in einer Art → Sfumato, mit ihrer räumlichen Umgebung zur Einheit verbunden, z. B. in Lot und seine Töchter, um 1509 (Paris, Louvre). Trotz anfänglich noch mangelhafter Beherrschung der Körperbildung wagt er sich an kühne Überschneidungen und Verkürzungen, die seinen Gestalten teilweise eine eckige Unbeholfenheit mitteilen. Das Blatt Die Milchmagd von 1510 zählt zu den frühesten Beispielen der Genrekunst, eine Thematik, die auch in den Gemälden auftaucht, etwa in Schachpartie, um 1508 (Berlin, Stiftung Staatl. Museen/West, Gemäldegalerie). In seinem Spätwerk vertritt er einen gemäßigten, an Marcantonio Raimondi orientierten → Romanismus, der eine gewisse Hinführung seines Werkes zum → Manierismus impliziert. In seinen Ornamentformen ist Lucas, dessen eigentliche kunstgeschichtliche Bedeutung in seiner Graphik zu suchen ist, den Nürnberger Kleinmeistern, also der Dürernachfolge, verpflichtet.

Lhote, André
* 5. 7. 1885 in Bordeaux, † 24. 1. 1962 in Paris. Lhote hatte zunächst als Bildhauer gearbeitet, fand aber unter dem Einfluß Gauguins zur Malerei. Die konstruktive Strenge Cézannes jedoch führte ihn zum → Kubismus, den er später mit der Idee eines klassischen Realismus verband. In diesem Sinne entstand 1935 die Badende (Bordeaux, Musée des Beaux-Arts) und seine großen Wandgemälde in Paris und Bordeaux. Fast bedeutender noch ist Lhotes Wirken als Theoretiker und Kunstpädagoge sowie als Kritiker.

Liang K'ai
tätig im frühen 13. Jh. Der → Zen-Maler L. ist um 1201–04 im chinesischen Hang-chou nachweisbar, wo er sowohl den offiziellen Stil der Akademie wie die Tuschmalerei der Zen-Mönche pflegte. Als Schüler des Li Lung-mien lernte er präzise Pinselführung, zeichnete Figuren ohne Binnengliederung und Farbe in der traditionellen Süd-Sung-Schule. Der spätere Umgang mit Zen-Malerei, die Expressivität durch Konzentration auf die Essenz erreicht, ließ ihn sein bedeutendstes Werk schaffen: Der Dichter Li T'ai-po (Tokyo, Nat.-Mus.). In diesem Stil auch: Der 6. Patriarch, Bambus schneidend (Tokyo, Nat.-Mus.).

Liberale da Verona
* 1445 in Verona, † zwischen 1526 und 1529 in Verona. Laut Giorgio Vasari war er Schüler des Venezianers Jacopo Bellini, doch wahrscheinlich wurde der als Mönch im Olivetanerkonvent von S. Maria in Organo zu Verona lebende Künstler von ferraresischen und paduanischen Einflüssen geprägt. 1467–69 illustrierte er zusammen mit Girolamo da Cremona in Siena die Choralbücher des Monastero di Monte Oliveto Maggiore mit Miniaturen (heute Chiusi, Sakristei des Domes). Die Altartafeln Anbetung der Könige (Verona, Dom) und Pietà (München, Alte Pinakothek) verraten neben Einflüssen Pisanellos, Andrea Mantegnas, Antonello da Messinas unter anderem auch liberales Schwanken zwischen Tendenzen der Renaissance und der Spätgotik.

Libri, Girolamo dai
* 1474 in Verona, † 2. 7. 1555 in Verona. Libri ging bei seinem Vater Francesco in die Lehre und arbeitete zunächst als Miniaturist. Seine späteren Tafelbilder, überwiegend Marienszenen wie Maria mit Heiligen (Verona, S. Anastasia) und Maria mit Bäumen in mehreren Variationen (u. a. London, National Gallery) verbinden die Härte der ferraresischen Schule mit dem älteren Stil der venezianischen → Quattrocentomalerei.

Max Liebermann, Selbstbildnis, *1929 (Berlin, Museum). Der Mitbegründer der „Berliner Sezession“ war das führende Haupt der deutschen Impressionisten, ein gefragter, äußerst wohlhabender Maler und Aristokrat. Weniger positiv ist seine Ablehnung des Expressionismus zu bewerten, gegen den er auch kunstpolitisch seinen Einfluß geltend machte.*

Max Liebermann, Papageienallee, *1902, 88 × 72 (Bremen, Kunsthalle). Alleebilder, wie sie Liebermann seit den 90er Jahren malte, boten dem impressionistischen Auge den Reiz eines weiten Spektrums von Lichtwerten: das durch die Baumkronen gefilterte Licht, direktes Sonnenlicht oder das Farbspiel auf dem hell reflektierenden Kiesweg.*

Lichtenstein, Roy
* 1923 in New York. L. gehört zu den Hauptvertretern der → Pop-art in den USA. Zum Graphiker und Bildhauer in der Art Students' League in New York ausgebildet, wechselte L. 1940 an die Ohio State University, der er bis 1943 angehörte. L. bedient sich der Technik der Ölmalerei, Graphik und des Collagierens um seine bevorzugte Thematik, die Welt des Konsums, der Comics und der Klischees darzustellen. Anliegen ist nicht Werbung in Kunst umzudeuten, sondern durch Ausschnitte, Vergrößerungen die Banalität dieser Zeichen zu entlarven. Hot Dog, 1964 (Darmstadt, Hess. Landesmus.), Golfball, 1962 (Beverly Hills, Slg. Hirsch), zeigen in grobkörniger Rasterung die Trivialität der Zeichnung. Demaskierung durch Verfremdung ist auch Grundprinzip der Werke Non Objective 11. von 1964 (Paris, Galerie I. Sonnabend) und Ertrinkendes Mädchen, 1963 (Seattle, Slg. Beagley Wright), die Schemen bekannter Maler übernehmen, etwa das orthogonale System Mondrians, die Wogen des Hokusai. Ab 1964 kommt L.s Wunsch zum Ausdruck, die „Indifferenz, diese konventionelle, stereotype und letzten Endes leere Emotion" zu zeigen, im Rückgriff auf traditionelle Bildthemen bei Verwendung inadäquater Materialien, wie Kunststoff, Glas, Messing. Beispiele für diese Stilphase: Seestück, 1965 (Zürich, Slg. A. Esselier), Grosses Bild Nr. 6, 1965 (Slg. R. C. Scull).

Licini, Osvaldo
* 22. 3. 1894 in Monte Vidon Corrado/Piemont, † 11. 10. 1958 in Monte Vidon Corrado. Nach einem Studium an der Bologneser Akademie malte Licini zunächst realistisch in starker Vereinfachung und wurde zum Mitbegründer der Richtung → Novecento Italiano, mit der er 1926 auch ausstellte. Gegen 1930 wurden seine Formen zunehmend geometrisch und näherten sich unter dem Einfluß von F. Kupka der Abstraktion, wie in dem Bild Der Drachen von 1933 (Mailand, Slg. R. Jucker).

Liebermann, Max
* 20. 7. 1847 in Berlin, † 8. 2. 1935 in Berlin. Liebermann war von 1866 bis 1868 Schüler von Carl Constantin Heinrich Steffeck in Berlin, danach bis 1872 von P. Thumann und F. Pauwels an der Kunstschule Weimar; außerdem unternahm er für seine Ausbildung wertvolle Reisen nach Paris und Holland. 1873–78 folgte ein Parisaufenthalt, unterbrochen durch fast alljährliche Fahrten nach Holland. Daran anschließend verbrachte der Maler einige Monate in seiner Vaterstadt, bevor er nach München zog. 1884 ging er nach Berlin zurück, wo er bis zu seinem Tod blieb. Unter dem Eindruck der Begegnung mit dem ungarischen Maler Munkâcsy und dessen Bild Die Charpiezupferinnen (Budapest) malte Liebermann 1871 sein erstes großes Werk, Die Gänserupferinnen (Berlin, Stiftung Staatliche Museen/Ost, Nationalgalerie); in Paris erhielt er Anregungen durch Gustave Courbet, Wilhelm Leibl, Charles François Daubigny, Camille Corot und vor allem von Jean François Millet. Liebermanns Skala bewegte sich noch hauptsächlich in schwarzen und blassen Gelb-Weiß-Tönen. Bei den zahlreichen Holland-Aufenthalten studierte der Maler die Niederländer des 17. Jh., von denen v. a. die Landschafter von großer Bedeutung für seine Entwicklung waren. Bilder wie Hof des Waisenhauses in Amsterdam, 1876 entstanden (nur noch in einer Wiederholung aus

Max Liebermann, Reiter und Reiterin am Strand, *um 1903, 72×101 (Köln, Wallraf-Richartz-Museum). Während der frühe Liebermann einfache Lebensthemen unsentimental und realistisch darstellte –* Frau mit Ziegen *oder* Schusterwerkstatt *– widmet er sich später auf der Höhe der Freilichtmalerei der vornehmen Gesellschaft und ihren mondänen Vergnügungen.*

dem Jahr 1883 erhalten, Hannover, Niedersächsische Landesgalerie), daneben immer wieder Kopien der holländischen Meister. Zurück in München, wurde die realistische → Genredarstellung sein Hauptthema – Münchner Biergarten, 1883 (Berlin, Privatslg.); der Maler hatte sich hier mit Franz von Lenbach und besonders mit Wilhelm Leibl, den er erstmals in Paris getroffen hatte, angefreundet. Auch religiöse Themen regten ihn an: Der zwölfjährige Jesus im Tempel von 1878 (ehemals Hamburg, Kunsthalle), ein realistisches, gegen traditionelle idealisierende Malweise verstoßendes Gemälde, wurde scharf kritisiert. – In Berlin schließlich wandte sich Liebermann mehr und mehr der → Freilichtmalerei zu; in Bewunderung Manets und Degas' wurden seine Farben heller und die Darstellungen durch Bewegungselemente und Lichtwirkungen belebt: Frau mit Ziegen, 1890 (München, Neue Pinakothek), Papageienmann, 1902 (Essen, Museum Folkwang). 1898 war Liebermann Mitglied der Akademie und gleichzeitig Mitgründer der Berliner → Sezession. Mit Lovis Corinth und Max Slevogt wurde er zum bedeutendsten Vertreter dieser Richtung, des sog. „Berliner Impressionismus". Zu Anfang des neuen Jahrhunderts schätzte man den nun künstlerisch ausgereiften Maler als Porträtist: Alfred von Berger, 1905 (Hamburg, Kunsthalle); Liebermann hatte zu seiner ganz persönlichen, gelösten Malweise gefunden, die sich in der Holländischen Landschaft von 1912 (München, Neue Pinakothek) zu einem gewissen Höhepunkt entwickelt hatte; ein kraftvoller freier Pinselstrich und Farbauftrag charakterisieren das Bild. Seit 1914 verarbeitete er vorwiegend Motive aus der Umgebung seines Landhauses am Wannsee. 1920 Präsident der Preußischen Akademie der Künste geworden, wurde der Künstler zu Beginn der nationalsozialistischen Herrschaft als Jude verfemt und mit Arbeitsverbot belegt. 1935 starb Liebermann. – Neben der Tätigkeit als Maler publizierte er auch kunsttheoretische Schriften.

Liesborn, Meister von
* zwischen 1440 und 1450, † vor 1500. Der Meister von Liesborn zählt zu den bedeutendsten Malern Westfalens in der zweiten Hälfte des 15. Jh. Sein Hauptwerk, der Liesborner Passionsaltar (6 Teile in London, 8 Teile in Münster), der in den 70er Jahren

Brüder von Limburg, Mai-Kavalkade, *1413/16 (Chantilly, Musée Condé). Ein Hauptwerk der Kunst um 1400 sind die „Très riches heures", ein Stundenbuch, das glänzende Miniaturisten für Jean de Berry, den kunstliebenden Mäzen und Herzog von Burgund schufen. Mit verschwenderischer Pracht werden höfische Lebensformen geschildert.*

Brüder von Limburg, Monatsbild Juli, *1413/16 (Chantilly, Musée Condé). Das Stundenbuch des Duc de Berry stellt eine authentische Galerie der französischen Schlösser am Ende des Mittelalters dar, hier Schloß Poitiers. Die detailfreudige Naturtreue der Buchkünstler läßt selbst Kornblumen und Klatschmohn im Erntebild nicht außer acht.*

entstanden sein dürfte, verweist auf Einflüsse von Bouts, Memling und Konrad von Soest. Letzterer zeigt sich bei der Verwendung von milden und zarten Farben. Der Altar gilt insofern als eine Besonderheit, als er, was die mittlere Kreuzigungsgruppe betrifft, vom Charakter her eher der Kölner Schule angehört als der Westfalener. Weiter wurden frührealistische Elemente von Koerbeke mit hineingenommen, allerdings verzichtete der Meister von Liesborn auf jeglichen Gefühlsausdruck bei den Figuren. Neben diesem Passionsaltar malte er noch weitere Altäre, die jedoch nur schwer zu belegen sind. Zu nennen ist noch ein kleiner Auferstehungsaltar, den er für das Franziskanerinnenkloster in Köln schuf. (Teile in Köln, Wallraf-Richartz-Museum und Museum Ludwig.)

Lievens, Jan

* 1607 in Leiden, † 1674 in Amsterdam. Der Porträt-, Historien-, Genre- und Landschaftsmaler war kein eigentlicher Schüler Rembrandts. Lievens und Rembrandt teilten in Leiden ihre Werkstatt, benutzten dieselben Modelle und retuschierten einander sogar ihre Werke. Vom später größeren Ruhm Rembrandts auf dessen Überlegenheit in dieser Frühzeit zu schließen, ist verfehlt. Constantin Huygens, von dem eine zeitgenössische Charakterisierung der beiden Maler überliefert ist, vermerkt lediglich ihre unterschiedliche Mentalität: „Während Rembrandt den Lievens an Urteil und Lebhaftigkeit der Affekte übertrifft, so ist dieser jenem an Großartigkeit der Erfindung, einem gewissen Übermaß der Komposition und bei der Gestaltung der Formen überlegen. In jugendlichem Drang nach Großartigkeit und Pracht übertreibt Lievens die Form, wogegen Rembrandt in seinen Bildern kleineren Formats einen Gemütsausdruck erreicht, den man beim anderen vergebens sucht.“ Jan Lievens' Übertreibung des Formalen zeigt sich in Samson und Delilah (Amsterdam, Rijksmuseum), demgegenüber Rembrandts Fassung des Themas (Berlin, Staatliche Museen) bei einer weniger verblüffenden Komposition mehr innerliche Beseelung zeigt. Lievens ist in stärkerem Maße dem Vorbild der Utrechter → Caravaggisten verpflichtet. Dies zeigt sich vor allem an der Vorliebe für ein Übermaß an Körperlichkeit der plastisch stark hervortretenden Halbfiguren. Etwa um 1630/31 wird Lievens' Auffassung anspruchsloser, die Linienführung knapper und straffer. Das 1631 datierte lebensgroße Bild des Hiob zeigt in rücksichtslosem Naturalismus den geplagten und abgehärmten Leib eines Greises. Seit 1632 arbeitet Lievens für drei Jahre in England und ist 1635–43 in Antwerpen nachweisbar. Dort bringt er viele religiöse Gemälde hervor, doch paßt er sich dem dort herrschenden flämisch-katholischen Stil völlig an und wird zu einem merkwürdig schwankenden → Eklektizisten. Seine ersten Landschaftsbilder entstehen. 1644 kehrt er wieder in seine Heimat zurück. Der angelernte flämisch-barocke Modestil kommt gerade rechtzeitig, um den nach 1650 in Holland auftretenden französisierten Geschmack zu befriedigen. Lievens wird zum gefragten Porträt- und Historienmaler. Seine Beiträge für den „Oranjesaal“ im Huis ten Bosch zu Den Haag (1650) und für das Amsterdamer Rathaus zeigt nun die Kluft, die sich zwischen dem internationalen Monumentalstil und Rembrandt aufgetan hat.

Brüder von Limburg, ANBETUNG DER KÖNIGE, *1413/16 (Chantilly, Musée Condé). Wieder aus den „Drei reichen Stunden" ist diese von Grazie und Noblesse zeugende Miniatur entnommen. Die für einen Herzogshof arbeitenden Künstler konnten sich Maria nur mit einem „Hofstaat" und die drei Orientalen nur mit Gefolgschaft vorstellen.*

Li Lung-mien
* um 1040 in Shu-ch'êng, Anhui, † 1106 in Lung-mien Shan (?). Als bedeutendster Figurenmaler der Nord-Sung-Zeit gilt L. als umfassend gebildeter, in allen Arten der Kunst versierter Meister. Sowohl Literat als auch Kunstkenner schuf er Malereien in der Art des Han Kan, zeichnete mit feinem, ungewöhnlich geschicktem Pinselstrich religiöse Kunst, VIMALAKIRTI, (Tokyo, Nat.-Mus.), auch kleine Landschaften, UNSTERBLICHE IN EINER PHANTASIELANDSCHAFT, (Washington, Freer Gall. of Art). Kennzeichnend für L. ist die Art, Umrißlinien ohne Binnengliederung oder Farbe zu setzen.

Limburg, Brüder von
* um 1385 in Nijmwegen, † 1416 in Bourges. Die drei Brüder Paul, Herman und Jan waren Söhne eines Bildschnitzers aus Limburg. Um die Jahrhundertwende waren sie in der Lehre bei einem Goldschmied in Paris. Etwa 2 Jahre später traten sie in den Dienst von Philipp dem Kühnen, Herzog von Burgund. Nach dessen Tod 1404 arbeiteten sie für den Herzog Jean de Berry in Bourges. Man nimmt an, daß sie um 1410 die Nachfolge des Hofmalers Jacquemart de Hesdin einnahmen. Für den Herzog entstanden ihre beiden Hauptwerke, die zwei Stundenbücher LES BELLES HEURES DU DUC DE BERRY (New York, Metropolitan Museum of Art) und LES TRÈS RICHES HEURES DU DUC DE BERRY (Chantilly, Musée Condé). Diese Miniaturen gehören zu den Meisterwerken der Internationalen Gotik. Die feingliedrigen Figuren sind in ihrer Haltung, ihren Bewegungen gelegentlich schon manieristisch. Ihre Darstellung ist Ausdruck eines höfisch empfindsamen Stils. Dazu kommt eine liebevolle, sorgfältige Ausführung der Details wie hier die Wiedergabe der Natur. Die einzelnen Kalenderblätter geben eine Schilderung des Landlebens der damaligen Zeit, im Hintergrund sind jeweils Burgen und Schlösser des Herzogs zu erkennen, wobei die teils komplizierte Architektur in perspektivischer Verkürzung gegeben sind. Die Verwendung von lichten Farben und der Verzicht auf Schattengebung verleihen den Bildern eine Helligkeit, deren Leuchtkraft in den später entstandenen TRÈS RICHES HEURES noch gesteigert ist. Zu den 71 Miniaturen dieses Stundenbuches fügte Jean Colombe 1485 noch weitere hinzu. In den Werken der Brüder von Limburg ist der Einfluß von Broederlam und Hesdin sowie der sienesischen Malerei des → Trecento zu spüren, letzterer z. B. bei Darstellungen aus dem Neuen Testament. Mit ihrer neu erschlossenen Bilderwelt gelten die Brüder von Limburg als Vorläufer der Brüder van Eyck. Ihr Beitrag für die Entwicklung auch der niederländischen Tafelmalerei ist unabsehbar.

Limosin I, Léonard
* um 1505 in Limoges, † zwischen 1575 und 1577 in Limoges. Limosin war im 16. Jh. der bedeutendste französische → Emailmaler und schuf erstmals echte Porträts in dieser diffizilen Technik. Zunächst arbeitete er in alter Limosiner Tradition an herkömm-

Richard Lindner, AND EVE, 1971, 183×179 (Paris, Musée National d'Art Moderne). Im Spiegel des Computerzeitalters ist das „Urelternpaar" – halb in Uniform, halb im Raumfahrtanzug – einander entfremdet. Die Definition des Bösen ist schwierig geworden, die Schlange in diesem versachlichten Ambiente ein Anachronismus.

lichem Emailschmuck für Gefäße, Spiele, Beschläge usw. und benutzte dafür überwiegend Vorlagen von Dürer, z. B. aus der KLEINEN PASSION, aber auch von Raffael, Primaticcio und aus der Schule von → Fontainebleau. 1441 verließ er – vermutlich auf königlichen Wunsch – seine Heimatstadt und siedelte sich in Paris an, wo er 1548 als Hofemailleur erwähnt wird und seitdem Bildnisse der Adelsgesellschaft anfertigte. Seine Farben sind leuchtend, besonders in den Blautönen, und von reizvoller Transparenz, jedoch schuf er auch → Grisaillen. Höchste technische Schwierigkeiten meisterte Limosin in Emailplatten von einem Meter Höhe, die Henri II. 1552/53 für die Ste-Chapelle in Paris in Auftrag gegeben hatte.

Linard, Jacques
* 1600 in Paris (?), begraben 12. 9. 1645 in Paris. Über Herkunft und Ausbildung des vorzüglichen Stillebenmalers ist nichts bekannt, erst ab 1627 ist er urkundlich in Paris belegt. Aus dieser Zeit stammt auch das erste bekannte Bild, DIE FÜNF SINNE UND DIE VIER ELEMENTE (Algier, Musée Nat. des Beaux-Arts), das in der üblichen Symbolistik der Zeit aus allegorischen Anspielungen schöpft. Die in altertümlich flämischer Manier gemalten Stilleben bestechen durch die realistische Darstellung der Gegenstände, Früchte, Blumen, Gefäße, durch ihre feine Koloristik und die knappe Genauigkeit. Auf ihnen basiert die hohe Stillebenkunst Chardins.

Lindner, Richard
* 11. 11. 1901 in Hamburg. Nach Studien in Nürnberg und München verließ Lindner 1933 Deutschland und emigrierte 1941 nach New York. Sein Werk wird nicht ganz zu Recht der → Pop-art zugerechnet, ist jedoch wesentlich von der → Neuen Sachlichkeit und vom → Surrealismus bestimmt. Seine Themen stammen aus der Großstadtwelt, typisch sind die monumentalen Figuren, panzerartig verschnürt, verkleidet und verpackt, in kalten, grellen Farben gehalten, die beunruhigend lockend und gleichermaßen abstoßend wirken. Ein „Sexualfetisch als Ikone der Versagung" (P. Gorsen) ist z. B. die LEOPARDEN-LILY, 1966 (Köln, Wallraf-Richartz-Museum), deformierte Körperlichkeit in irrealem Raum ohne Kommunikationsmöglichkeiten.

Linnell, John
* 16. 6. 1792 in London, † 20. 1. 1882 in Redhill, Surrey. Realistischer Porträt- und Landschaftsmaler, Schüler von Benjamin West. Bis 1846 war er hauptsächlich als Bildnismaler tätig, Hauptwerke dabei sind: ANN HAWKINS (London, Tate Gallery) und SAMUEL ROGERS (London, National Gallery). Dann wandte er sich Landschaftsdarstellungen zu, wobei frühe Beispiele wie SANDGRUBE VON KENSINGTON, 1812 (London, Tate Gallery), am holländischen Realismus des 17. Jh. orientiert, späte Bilder wie AUFZIEHENDES GEWITTER, 1873 (Glasgow, Art Gallery and Museum), stark romantisch geprägt sind.

Liotard, Jean-Etienne
* 22. 12. 1702 in Genf, † 12. 6. 1789 in Genf. Als junges Talent kam Liotard zur Ausbildung bei Jean-Baptiste Massé nach Paris und fand mit seinen naturalistischen Porträts in → Pastelltechnik rasch Anklang in der Gesellschaft. Auf einer Romreise 1736 studierte er die alten Meister, 1738 ließ er sich für fünf Jahre in Istanbul nieder. Fortan lebte er auf türkische Weise und erregte mit seinem orientalischen Habitus später in Wien und Paris beträchtliches Aufsehen. In Wien entstand ein Porträt von MARIA THERESIA (Weimar, Staatl. Kunstsammlungen) und das berühmte SCHOKOLADENMÄDCHEN (Dresden, Gemäldegalerie) in Liotards typischer Detailtreue und glatter Bildoberfläche.

Lippi, Filippino
* 1457 (?) in Prato, † 1504 in Florenz. F. L., Sohn des Malers Fra Filippo Lippi und der Nonne Lucrezia Buti, war einer der dominierenden Maler in den letzten Jahren des → Quattrocento in Florenz. 1472 wird F. L., der seine erste Ausbildung bei seinem Vater erhielt, als Gehilfe Botticellis erwähnt, unter dessen künstlerischem Einfluß seine frühesten Werke, vorwiegend Madonnenbilder, auch stehen. Um 1482–84 vollendete er Masaccios' Freskenzyklus (1425–28) in der Brancacci-Kapelle von S. Maria del Carmine in Florenz. Er vervollständigte die Szene ERWECKUNG DES SOHNES DES KAISERS THEOPHILUS DURCH PETRUS und schuf vier weitere PETRUS-SZENEN, wobei er sich ganz dem Stil der vergangenen Zeit anpaßte. Sein erstes Meisterwerk ist die VISION DES HL.

BERNHARD, 1485/86 (Florenz, Badia). Dieses Bild zeigt auch den Einfluß der flämischen Malerei und ist somit bezeichnend für die Malerei in Florenz im späten 15. Jh. F. L.s Kunst erreichte ihren Höhepunkt in den großen Freskenzyklen. 1488 wird er aufgrund einer Empfehlung von Lorenzo il Magnifico nach Rom berufen, wo die Antike einen nachhaltigen Einfluß auf ihn ausübte. 1488–93 malte er in der Caraffa-Kapelle zu S. Maria sopra Minerva EPISODEN AUS DEM LEBEN DES HL. THOMAS VON AQUIN (rechte Wand), weiterhin in der Wölbung VIER SIBYLLEN und an der Altarwand SZENEN AUS DEM MARIENLEBEN. Bis 1493 hielt sich F.L. in Rom auf. Bereits 1487 erhielt er den Auftrag zur Ausmalung der Cappella Strozzi in der Florentiner Kirche S. Maria Novella, er konnte aber wegen seines Romaufenthalts diesen erst 1502 vollenden. In der Decke malte er ADAM, NOAH, ABRAHAM UND JACOB, an der linken Wand SZENEN AUS DEM LEBEN DES HL. PHILIPPUS, gegenüber DARSTELLUNGEN AUS DEM LEBEN DES EVANGELISTEN JOHANNES. Der Entwurf für das Glasfenster stammt ebenfalls von ihm. Diese Fresken zeugen in dem phantastischen Dekor der Architektur von der zeitgenössischen Hinwendung zur römischen Antike, was besonders in der Anlehnung an antikes → Groteskenornament zum Ausdruck kommt. Seine Formensprache gewinnt hier stark an Kraft und erfährt eine geradezu barocke Übersteigerung. 1496 entstand eine etwas spröde ANBETUNG DER KÖNIGE (Florenz, Uffizien). Zu seinen spätesten Gemälden zählen die Tafel mit der MYSTISCHEN VERMÄHLUNG DER HL. KATHARINA, 1501 (Bologna, S. Domenico), und das MARTYRIUM DES HL. SEBASTIAN (Genua, Palazzo Bianco). In seinem Todesjahr nahm er an der Beratung wegen der Aufstellung des David von Michelangelo (1501–04) teil. Mit seinem Werk beeinflußte Filippino Lippi sehr stark die erste Generation der Florentiner Manieristen.

Fra Filippo Lippi, MADONNA MIT KIND, *um 1452, ∅ 135 (Florenz, Palazzo Pitti). Das Bildformat des Tondo war gerade in der Renaissance beliebt, als Balance und Kräfteausgleich im Bildaufbau gefordert wurden. Das Rundbild stellt höchste kompositionelle Ansprüche.*

Fra Filippo Lippi, MADONNA MIT KIND UND ZWEI ENGELN, *um 1465, 92 × 63 (Florenz, Uffizien). Das Bild zeigt den typisch-linearen, hellfarbigen Stil der Florentiner Frührenaissance.*

Filippino Lippi, TOD DER LUKREZIA *(Ausschnitt), 42 × 126 (Florenz, Palazzo Pitti). Zu den Aufgaben selbst großer Künstler gehörte es, Haustruhen (Cassone) mit meist weiblicher Ikonographie zu bemalen.*

Lippi, Filippo

(Fra)

* um 1406 in Florenz, † 1469 in Spoleto. Dieser wichtige Vertreter der florentinischen Frührenaissance nimmt unmittelbar von Masaccio seinen Ausgang. Als Achtjähriger kam er in das Karmeliterkloster zu Florenz, 1421 legte er das Gelübde ab und blieb bis 1432 dem Konvent angehörig. F. L. hat in diesem Kloster die Entstehung von Masaccios bahnbrechendem Hauptwerk, den Zyklus der Brancacci-Kapelle (1425–28) direkt miterlebt und seine entscheidenden Eindrücke erhalten. Das verdeutlichen die Fragmente des Freskos BESTÄTIGUNG DER ORDENSREGEL, 1432 im Kreuzgang dieses Klosters (heute Florenz, Belvedere), oder die gleichzeitig gemalte MADONNA DELL' UMILTÀ (sog. Madonna Trivulzio) in Mailand (Castello Sforzesco). F. L. trug als einer der ersten Künstler den Formenkanon der Florentiner Frührenaissancemalerei nach Venetien. 1437 kehrt er zurück nach Florenz, wo er eine Malerwerkstatt unterhält. Es entstanden das Altarbild MADONNA MIT DEM JESUSKIND, ENGEL UND ZWEI HEILIGEN, 1437/38 (Paris, Louvre), und die MADONNA DI TARQUINIA, 1437 (Rom, Galleria Nazionale), die sich durch klare Artikulierung des körperlichen Aufbaus und durch ihre nordisch beeinflußte Raumauffassung auszeichnet. In dieser Phase nimmt F. L. Anregungen Donatellos, Fra Angelicos und Paolo Uccellos auf. Aus den vierziger Jahren stammen die KRÖNUNG MARIENS (Florenz, Uffizien), die dem Schema von Fra Angelicos Marienkrönung im Louvre (ca. 1435) folgt, und die VERKÜNDIGUNG (München, Alte Pinakothek), die Architekturformen Brunelleschis als Rahmung der Darstellung benützt. 1452 entstand das Tondo MADONNA MIT KIND UND SZENEN AUS DEM LEBEN DER HL. ANNA (Florenz, Palazzo Pitti). 1452–67 schuf F. L. sein Hauptwerk, den Freskenzyklus mit SZENEN AUS DEM LEBEN DES HL. STEPHANUS (linke Wand) und EPISODEN AUS DEM LEBEN JOHANNES DES TÄUFERS (rechte Wand) im Chor des Domes zu Prato. Hier erreicht F. L.s Kunst in der Wiedergabe des Raumes und der seelischen Regungen der einzelnen Personen ihren Höhepunkt. In Prato verband er sich auch mit der Nonne Lucrezia Buti, die er in mehreren Mariendarstellungen gemalt haben soll und die ihm einen Sohn, den ebenfalls berühmten Maler Filippino Lippi gebären sollte. Von seinen Spätwerken verdient die ANBETUNG DES KINDES UND DER HL. BERNHARD, 1459 (Berlin), daneben die um 1465 gemalte MADONNA MIT KIND UND ZWEI ENGEL, (Florenz, Uffizien), eine seiner bekanntesten Schöpfungen, besondere Erwähnung.

Fra Filippo Lippi, DIE VERKÜNDIGUNG, *203 × 186 (München, Alte Pinakothek). Ludwig I. schon erwarb die Tafel für seine Münchner Sammlung. Es handelt sich um das ehemalige Hochaltarbild der Klosterkirche der Suore Murate in Florenz, das ursprünglich von dem Kaufmann Giovanni d'Amerigo de'Benci bestellt worden war.*

Johann Liss, DAS MORRASPIEL, *um 1620, 74 × 54 (Kassel, Gemäldegalerie). Das Gesellschaftsspiel, bei dem es darum geht, die Anzahl ausgestreckter Finger zu erraten, gestaltet Liss als luftige Laubenszene. Der Fingerzeig des jungen Mannes (rechts) auf das im Giebel sitzende Vogelpaar deutet auf die Liebesthematik hin.*

Liss, Johann

(auch Jan Lys)

* um 1597 im Oldenburger Land, nördlich von Lübeck, † 1629/30 in Venedig. Neben Adam Elsheimer der bedeutendste deutsche Maler des Frühbarock, der mit seinem Werk auch die zeitgenössische venezianische Malerei stark prägte und bis ins 18. Jh. hinein der europäischen Malerei wichtige Anregungen vermittelte. Über seine künstlerische Herkunft gibt es nur Vermutungen. Etwa 1615–19 scheint er in Haarlem, Amsterdam und Antwerpen gewesen zu sein, wo er offensichtlich von Hendrick Goltzius, Dirck Hals und Willem Pietersz. Buytewech beeinflußt und durch Jacob Jordaens mit dem flämischen → Caravaggismus bekannt gemacht wurde. Dann ging Liss über Paris nach Venedig, das er 1621 erreichte. Hier traf er mit Domenico Fetti zusammen, dessen Werke später häufig mit den seinen verwechselt wurden. 1622 hielt er sich in Rom auf. Spätestens Ende der zwanziger Jahre hat sich Liss ganz in Venedig niedergelassen. Sein Frühwerk ist stark von holländischen Vorbildern geleitet. Die Gemälde dieser Zeit unterscheiden sich aber durch den → pastosen Farbauftrag und die kontrastreiche Farbigkeit. Dann gewinnt das flämisch-romanische Element zunehmend an Bedeutung. Mit der in

Antwerpen geschaffenen Komposition DER SATYR BEIM BAUERN (Berlin, Stiftung Staatl. Museen/West, Gemäldegalerie), gelang ihm der erste Gemäldeentwurf von ganz eigener Prägung. Mit dem in Venedig gemalten MORRASPIEL (Kassel, Gemäldegalerie) glückte es ihm, das moralisierende Gesellschaftsbild des Nordens in die Sprache des Südens zu übersetzen. Die Palette wird zunehmend heller, die Farben sind lockerer aufgetragen. Mit dem wohl in Rom entstandenen SOLDATENGELAGE (2 Fassungen: Nürnberg, Germanisches Nationalmuseum und Kassel, Gemäldegalerie) suchte er Anschluß an den italienischen Caravaggismus. Zusätzlich überschreitet dieses Bild in seinem erotischen Freimut weit die Grenzen des damals Gewohnten. Das Zusammenspiel römischer und flämischer Elemente kennzeichnet ein weiteres Hauptwerk, die JUDITH (mehrere Fassungen, darunter eine in Wien, Kunsthistorisches Museum). Neben religiösen Gemälden und moralisierenden Gesellschaftsstücken malte er häufig auch mythologische Themen, so in DER STURZ DES PHAETON (London, Sammlung Denis Mahon), DIE TOILETTE DER VENUS (Schloß Pommersfelden) oder AMOR VINCIT (Cleveland, Museum of Art). In seinem Spätwerk, etwa in DIE INSPIRATION DES HL. HIERONYMUS (Venedig, S. Niccolò da Tolentino), schuf er in flockiger Malweise und subtiler Farbigkeit seiner Zeit vorausgreifende Bilder, die im Rokoko verstärkt wieder als Anregung aufgegriffen wurden.

Lissitzky, El

(eigtl. Elieser Markovič Lissitzky)

* 23. 11. 1890 in Potschinok, Smolensk, † 30. 12. 1941 in Moskau. Einer der wichtigsten Repräsentanten des russischen → Konstruktivismus. Nach der russischen Oktoberrevolution war er als Mitglied der Kunstkommission maßgeblich am neuen Kulturprogramm der UdSSR beteiligt. 1919 entstand sein erstes „Proun"-Blatt, eine Kombination meist schräg im Bildraum angeordneter geometrischer Figuren. Nach 1928 beschäftigte er sich vor allem mit innenarchitektonischen, typographischen Film- und Fotogestaltungen.

Li T'ang

* 1049 in Ho-yang, Honan, † 1130 in Hang-chou. L. gehört beiden Phasen der chinesischen Landschaftsmalerei der klassischen Sung-Periode an. Wegen seiner Vielseitigkeit an der Akademie von K'ai-fêng vom Kaiser geschätzt, wurde er auch zur bestimmenden Gestalt an der Hang-chou-Akademie im Süden nach dem Einfall der Mongolen 1127. In L.s Werk finden

Johann Liss, DIE VERZÜCKUNG DES HL. PAULUS, *1627/29, 80 × 59 (Berlin, Staatliche Museen). „Ich kenne einen Menschen in Christo; vor vierzehn Jahren ... ward derselbige entzücket bis in den dritten Himmel ... Und ich kenne denselbigen Menschen ... Er ward entzücket in das Paradies und hörte unaussprechliche Worte, welche kein Mensch sagen kann" (Korinther 12,1–4).*

Stephan Lochner, MARIA IM ROSENHAG, *um 1448, 51 × 40 (Köln, Wallraf-Richartz-Museum). Zu den innigsten Bildschöpfungen spätmittelalterlicher Frömmigkeit gehört auch die Madonna im Paradiesgärtlein. Engelskinder erweisen Maria und ihrem Sohn musizierend ihre Referenz. Der „hortus conclusus" ist ein Mariensymbol.*

sich erste Ansätze zum Eineckstil, seine straffe Formulierung, innere Strukturierung der Felsen und Bäume finden weite Nachahmung. Beispiel aus seinem Werk: WIND IN DEN KIEFERN VON TAUSEND TÄLERN, 1124 datiert (Taipeh, Nat. Pal. Mus.).

Li Ti

* 1100 in Ho-yang, Honan, † 1197 in Hang-chou. L.s Malereien, Hirten, Blütenzweige, idyllische Landschaften, bewahren die chinesische Tradition der Landschaftsmalerei der klassischen Sung-Periode. Von 1119–25 weilte L. an der Akademie von K'ai-fêng. Nach dem Mongoleneinfall übersiedelte er mit dem Hof nach Hang-chou, wurde dort Vizedirektor der Akademie und Träger der Auszeichnung des „Goldenen Gürtels". Seine Blumen, ZWEI WEISSE HIBISKUSBLÜTEN u. a. (Tokyo, Nat.-Mus.), signiert und auf das Jahr 1197 datiert, künden von der preziösen, äußerst hingebungsvollen Malweise des L., oft auch auf Albumblättern oder Fächern sich ausbreitend. HEIMKEHRENDER HIRTE IM SCHNEE, Pendants, zeigen die offene Komposition des Eineckstils.

Lochner, Stephan

* 1400/15 in Meersburg od. Konstanz am Bodensee, † 1451/52 in Köln. Über die künstlerischen Anfänge des Künstlers ist nichts bekannt. Es werden aber Einflüsse der ulmischen, der elsässischen und v. a. der niederländischen Kunst von Meistern wie Robert Campin und den Brüdern van Eyck angenommen. In erster Linie ist Lochner jedoch der kölnischen Maltradition verpflichtet. Das früheste bekannte Werk des Meisters ist der in seiner Zuschreibung noch umstrittene HIERONYMUS IM GEHÄUS (Köln, Sammlung Erben Edith von Schröder). Das Rahmengehäuse erinnert an Robert Campin und Rogier van der Weyden. Ein frühes Hauptwerk Lochners ist das JÜNGSTE GERICHT, um 1435 (Köln, Wallraf-Richartz-Museum). Hier werden niederländische Einflüsse in der detailhaften Beschreibung der vom Tageslicht grell beleuchteten Figuren und der Landschaft mit dem traditionellen Goldgrund verbunden, der die Folie für die Figuren des Weltenrichters und der knienden Maria und Johannes d. T. bildet. Diese drei Gestalten werden gemäß der Bedeutungsperspektive durch ihre Größe sowie durch die kräftige Farbe der Gewänder hervorgehoben. Der warme Gesamtton des Bildes wird durch Oliv-, Braun- und Grauabstufungen erreicht. Das JÜNGSTE GERICHT gilt als Mitteltafel eines → Triptychons, dessen Flügel auf den Innenseiten HEILIGENMARTYRIEN (Frankfurt/Main, Städelsches Kunstinstitut) und auf den Außenseiten HEILIGENDARSTELLUNGEN (München, Alte Pinakothek) zeigen. Die Gewänder der Heiligenfiguren weisen strenge → Lokalfarbigkeit und die → Helldunkel-

Stephan Lochner, DARSTELLUNG IM TEMPEL, *1447, 139 × 124 (Darmstadt, Hessisches Landesmuseum). Der kultische Ernst, der viele Fassungen der Darbringung bestimmt, ist im Werk des Kölner Meisters gemildert. Die Prozession der kleinen Kinder mit den Kerzen und die schwebenden Cherubine tragen viel zur Verniedlichung bei.*

Malerei des →Weichen Stils auf. Ebenfalls in die frühe Schaffenszeit Lochners gehört die Tafel CHRISTUS AM KREUZ MIT DEN HLL. URSULA, MARIA MAGDALENA, MARIA, JOHANNES D. E., DOROTHEA UND CHRISTOPHORUS (Nürnberg, Germanisches Nationalmuseum), die der Künstler für die Kölner Familien von Dallem und Struyss zum Campe schuf. In der um 1439 entstandenen sog. VEILCHENMADONNA (Köln, Erzbischöfliches Diözesanmuseum) verbindet der Künstler die Monumentalität einer überlebensgroßen Figur mit der traditionellen zierlichen Bildung von Gesicht und Armen sowie dem Goldgrund, hier in Form eines goldenen, der Gestalt hinterlegten Vorhangs. Sein Hauptwerk schuf Lochner um 1442 mit dem Dreikönigsaltar (Köln, Dom). Die Mitteltafel des Triptychons zeigt in streng symmetrischer Anordnung die ANBETUNG DER KÖNIGE. Die Innenseiten der Seitenflügel tragen die Darstellungen der Kölner Stadtpatrone, links die HL. URSULA MIT GEFÄHRTEN, rechts der HL. GEREON MIT GEFÄHRTEN. Auf den Außenseiten ist eine VERKÜNDIGUNG AN MARIA dargestellt. Goldgrund und Maßwerk sind traditionell, während die Figuren durchaus naturalistisch aufgefaßt sind. Der scheinbar selbstleuchtende Goldgrund setzt die sich durch alle drei Tafeln erstreckende Szene in eine seltsame von Licht und Schatten bestimmte Beleuchtung. Die Körperlichkeit der Figuren und die auf die Bildebene fixierte Komposition – ein Kennzeichen des Spätstils Lochners – charakterisiert auch die 1447 datierte DARSTELLUNG IM TEMPEL (Darmstadt, Hessisches Landesmuseum). Zu den berühmten Marienbildern des Künstlers gehören die MUTTERGOTTES AUF DER RASENBANK (München, Alte Pinakothek), ein Frühwerk, und vor allem die MARIA IM ROSENHAG, um 1448 (Köln, Wallraf-Richartz-Museum). Die Darstellung einer Landschaft oder eines Innenraumes wird durch den Goldgrund verhindert. Auch die Rosenlaube – ein Hinweis auf den hortus conclusus – ist nur ornamentales Beiwerk und bietet keine räumliche Definition. Die Verwendung des Goldgrundes bei detaillierter Beschreibung und voller Körperlichkeit der Figuren stellt die Kunst Stephan Lochners zwischen die Malerei des Weichen Stils und einer neuen naturalistischen Kunstauffassung, wie sie z. B. Konrad Witz vertrat.

Lohse, Richard Paul
* 13. 9. 1902 in Zürich. Lohse gilt als kompromißloser Vertreter→konstruktivistischer Bildgestaltung, die auf streng mathematischer Kombination von Formen und Farben besteht und dem Künstler in ihrer „anonymen" Präzision keinerlei emotionalen Einfluß gestattet. Die reinste Entfaltung dieser Ordnungsprinzipien zeigen die Arbeiten KONSTRUKTION MIT DREIECKEN um 1946/47 (Zürich, Kunsthaus) und FÜNFZEHN SYSTEMATISCHE FARBENREIHEN MIT BLAUEM ZENTRUM, 1950–67 (Düsseldorf, Kunstmuseum), und verdeutlichen die Nähe zu Mondrians Architekturideen.

Lomazzo, Giovanni Paolo
* 26. 4. 1538 in Mailand, † 13. 2. 1600 in Mailand. Wichtiger lombardischer Maler und Kunsttheoretiker des Manierismus. Er wurde von Cosimo de' Medici als Direktor seiner Bildersammlung nach Florenz berufen. Unter seinen erhaltenen Werken ragen die Fresken in der Capella Foppa in S. Marco in Mailand, um 1570, hervor. In seinem 1584 verfaßten Kunsttraktat legte er die Ästhetik des Manierismus nieder, während die 1591 entstandene „Idea del tempio della pittura" auch noch auf den Barock weiterwirkte.

Longhi, Alessandro
(eigtl. Alessandro Falca)
* 1733 in Venedig, † 1813 in Venedig. Als bedeutender Porträtist im Venedig des ausgehenden 18. Jh. erhielt L. seine Ausbildung bei seinem Vater Pietro und Giuseppe Nogari. Ab 1759 spezialisierte sich L. auf Bildnisse, die sich durch einfühlsame Charakterisierung und delikate Farbnuancierung auszeichnen, wie etwa CARLO GOLDONI, 1762 (Venedig, Ca' Rezzonico). Ebenfalls zu erwähnen: L.s Graphiken, Reproduktionen der Genreszenen Pietro Longhis und eine Serie von Porträtstichen bedeutender Maler im Venedig des 18. Jh., erschienen 1762.

Longhi, Pietro
(eigtl. Pietro Falca)
* 1702 in Venedig, † 1785 in Venedig. L. gilt als bedeutendster Repräsentant des Venedig im 18. Jh. mit seinen Genreszenen, die nicht nur von künstlerischer, sondern auch von historischer Wichtigkeit sind. Wenig ist aus seinem Leben bekannt: Sein Lehrer Antonio Balestra schickte ihn, das Unvermögen seines Schülers in der

Pietro Longhi, DAS RHINOZEROS, *1751, 62 × 50 (Venedig, Palazzo Rezzonico). Zu den ausgelassenen Ereignissen während des venezianischen Karnevals gehörte auch die Präsentation exotischer Tiere, die in Schaubuden gegen ein Entgelt zu bestaunen waren. Auch andere Kuriositäten und „Schnappschüsse" aus dem sprühenden Leben Venedigs hielt Longhi fest.*

monumentalen Malerei erkennend, nach Bologna zu Giuseppe Crespi. Dieser führte ihn zu dem ihm eigenen Stil: Unmittelbare, intime Malerei, die in Bildern kleiner Formate Ereignisse aus dem Sittenleben Venedigs schildern. Jedoch pflegte L. in den Anfangsjahren, aber auch später, neben den für ihn typischen volkstümlichen Satiren auch den traditionellen Malstil. Seit 1741 datieren die detailgetreuen Szenen aus dem venezianischen Alltag, wie DAS KONZERT, 1741 (Venedig, Accademia), DER ZAHNZIEHER (Mailand, Brera) und DAS RHINOZEROS von 1751 (Venedig, Ca' Rezzonico). 1756 war L. einer der ersten Maler in der Akademie von Venedig, der er in den Jahren 1758–80 als Lehrer vorstand. L.s Bedeutung ist nicht nur in der delikaten Malweise, in der feinen Farbigkeit, venezianische Traditionen weiterführend, zu sehen, sondern in seiner Nähe zum Spiel des Theaters, das humorvoll und raffiniert auch alltägliche Szenerien ausdrucksvoll und hintergründig schildert und damit ein typischer Vertreter des Rokoko in venezianischer Variante.

Loo, Carle van
(auch Vanloo, eigtl. Charles André van Loo)
* 15. 2. 1705 in Nizza, † 15. 7. 1765 in Paris. Er war der anerkannteste französische Rokokomaler seiner Zeit. Nach einer Lehre bei seinem Bruder Jean-Baptiste van Loo ging er 1714 nach Rom. Ein zweiter Italienaufenthalt 1727–34 vertiefte seine Kenntnisse italienischer Meister. 1735 wurde er Mitglied der Académie Royale, 1737 Professor. 1762 wurde er Hofmaler, 1763 Akademiedirektor. In seinen perfekten Kompositionen gestaltete er religiöse und historische Themen, aber auch orientalisierende Sujets.

López y Portaña, Vicente
* 19. 9. 1772 in Valencia, † 22. 6. 1850 in Madrid. López studierte an der Akademie von Valencia, ab 1789 in Madrid. 1802 wurde er Kammermaler, 1815 Hofmaler und damit Nachfolger von Goya. Neben einigen Fresken und religiösen Bildern war er in erster Linie Porträtist der führenden Gesellschaft seiner Zeit, darunter auch KÖNIGIN MARÍA JOSEFA AMALIA (Madrid, Prado). Der Einfluß des Klassizismus ist noch zu spüren, und so gelang López auch keine tiefere Charakterisierung seiner Personen. Als ein bedeutenderes Porträt wäre zu nennen: FRANCISCO DE GOYA, 1826 (Madrid, Prado).

Lorenzetti, Ambrogio
* um 1290 in Siena, † 1348 (?) in Siena. Jüngerer Bruder von Pietro L. und einer der Hauptmeister des → Trecento in Siena. Der von Ghiberti gefeierte Maler scheint bei seinem Bruder, mit dem er später häufig zusammenarbeitete, die erste Ausbildung erfahren zu haben. Erstmals tritt A. L. mit der 1319

Ambrogio Lorenzetti, ANSICHT EINER STADT, *1337/39 (Siena, Palazzo Pubblico). Im Rathaus von Siena hatte dieses Fresko die Aufgabe, Wohlstand und Sittsamkeit der Bürger als Früchte einer guten Regierung vor Augen zu führen. Als Pendant malte Lorenzetti die* FOLGEN DER SCHLECHTEN REGIERUNG.

Claude Lorrain, LANDSCHAFT MIT NOLI ME TANGERE, *83 × 139 (Frankfurt, Städel). Mit Poussin und Lorrain erreicht der Typus der „klassischen Landschaft" seine reifste Formulierung. Nähe und Ferne, Figur und Vegetation stehen in einem wohlausgewogenen Verhältnis zueinander. Monumental ist Claude Lorrains Lichtauffassung.*

datierten Altartafel mit MARIA UND DEM KIND hervor. In diesem Gemälde für die Pfarrkirche Vico l'Abate bei Florenz dokumentiert sich der Einfluß Duccios. Sein Hauptwerk ist der 1337–39 über drei Wände sich erstreckende Freskenzyklus mit der DARSTELLUNG DER GUTEN UND DER SCHLECHTEN REGIERUNG im Palazzo Pubblico in Siena; er bildet einen Höhepunkt italienischer Malerei des 14. Jh. In diesem allegorisch vielfältig verschlüsselten Zyklus, in dem die mittelalterlichen Hierarchievorstellungen deutlich zutage treten, und der Symbolisches im Geiste Dantes widerspiegelt, weist A. L. in der lyrisch-erzählerischen Darstellungsform weit über das Trecento hinaus. Besonders gelungen sind die Darstellungen der Landschaft. Zu seinen letzten Werken gehört eine DARBRINGUNG IM TEMPEL, 1342, und eine VERKÜNDIGUNG AN MARIA, 1344.

Lorenzetti, Pietro
* um 1280 in Siena, † 1348 (?) in Siena. Älterer Bruder von Ambrogio L. Als seine erste gesicherte Arbeit gilt das 1320 in Auftrag gegebene → Polyptychon für den Hochaltar der Pieve di S. Maria von Arezzo. 1326–30 malte P. L. mit großer Beteiligung seiner Werkstatt Fresken in der Unterkirche von S. Francesco in Assisi, unter anderem SZENEN AUS DER PASSION CHRISTI. Die in Siena aufbewahrte GEBURT DER MARIA, 1335–42, gehört zu seinen Hauptleistungen. In dem um 1341 entstandenen Umiltà-Polyptychon oder der etwa gleichzeitigen THRONENDEN MADONNA zeigt P. L., der sich bis 1344 in Siena nachweisen läßt, große Fertigkeiten im Aufgreifen von Raum- und Figurenproblemen.

Lorenzo di Credi
* 1459 in Florenz, † 12. 1. 1537 in Florenz. Er stammte aus einer Goldschmiedefamilie und lebte in Florenz. Bei Andrea del Verrocchio erhielt er seine Ausbildung und war so ein Mitschüler Leonardo da Vincis, der ihn auch beeinflußte. Als engster Mitarbeiter seines Lehrers erbte L. nach dessen Tod die Leitung der Werkstatt. Seine Bilder hatten vor allem religiöse Inhalte. Sie zeichnen sich durch Feinheit und Weichheit der Modellierung aus sowie durch Ausdrucksstärke. Die VERKÜNDIGUNG DER MARIA (Florenz, Uffizien) zeigt dies. Im Alter wiederholte er sich oft, und sein Stil verlor an Feinheit. L. gehört zu den Vertretern der Florentiner Renaissancemalerei.

Lorenzo Monaco
(eigtl. Piero di Giovanni)
* um 1370 in Siena, † um 1425. Seit 1391 Mönch des Camaldulenser Klosters S. Maria degli Angeli, malte Lorenzo eine MARIA UND ZWEI ENGEL, 1395 (Florenz, Uffizien), und das GASTMAHL DES HERODES, 1408 (Paris, Louvre), ausgehend vom Werk Giottos, doch mehr lyrisch-dekorativ in der Linienführung und weitgehend unter Verzicht auf perspektivische Raumdarstellung. 1414 entstand für den eigenen Konvent die KRÖNUNG MARIENS (Florenz, Uffizien). Das Spätwerk nimmt in der Altartafel ANBETUNG DER KÖNIGE, 1420/22 (Florenz, Uffizien), und in den Fresken der Bartolini-Kapelle zu S. Trinità in Florenz mit klarer Flächen- und Raumgliederung Anregungen von Ghiberti und Simone Martini auf.

Lorenzo Veneziano
Nachweisbar zwischen 1356 und 1372 in Venedig. L. war wahrscheinlich der Schüler des Paolo Veneziano. 1356 schuf er in Verona die MADONNA MAFFEI, die heute aber verloren ist. Er malte viele → Polyptychen, z. B. des DOMENICO LION in Venedig, 1357.
In den Bildern L.s ist der Einfluß byzantinischer Tradition, der → manie-

Claude Lorrain, EINSCHIFFUNG DER HL. PAULA IN OSTIA, *1639/40, 211 × 145 (Madrid, Prado). Nicht als pittoreske Ruinenromantik erscheint die Antike in Lorrains Gemälden. Sie ersteht gleichsam – intakt, verklärt und von den zurückgekehrten Bewohnern mit edler Menschlichkeit belebt.*

ra greca, spürbar, der sich hier mit gotischen Merkmalen vereint. Diese Art der Malerei hatte Einfluß auf die Kunst des 15. Jahrhunderts in Venedig.

Lorrain, Claude
(eigtl. Claude Gellée, auch le Lorrain) * 1600 in Chamagne, Lothringen, † 23. 11. 1682 in Rom. Der französische Landschaftsmaler des Barock führte in einem lyrisch-romantischen Stil die Gestaltung idealer, klassizistischer Landschaften einem absoluten Höhepunkt zu. Aus ärmlichen Verhältnissen stammend, ging er bei einem Pastetenbäcker in die Lehre. Mit zwölf Jahren folgte er seinem Bruder nach Freiburg im Breisgau. Gegen 1615 kam er nach Rom, wo er von nun an, mit zwei relativ kurzen Unterbrechungen, sein ganzes Leben lang bleiben sollte. In Rom wurde er Schüler des Dekorations- und Landschaftsmalers Agostino Tassi. 1620–22 begleitete er den Vedutenmaler Goffredo Wals (eigtl. Gottfried Wals), einen gebürtigen Kölner, nach Neapel, um dann wieder in das Atelier von Tassi zurückzukehren. 1625 weilte er für zwei Jahre in seiner Heimat, wurde Gehilfe bei Claude Deruet in Nancy und beteiligte sich bei der später zerstörten Ausstattung der dortigen Karmeliterkirche. Wieder in Rom, malte er einige Fresken mit Landschaftsdarstellungen im Palazzo Crescenzi und im Palazzo Muti, um 1630. 1634 ist er als Mitglied der Accademia di S. Luca verzeichnet. Wenig später ist er bereits zum absolut führenden Landschaftsmaler in Rom avanciert, der seine Aufträge hauptsächlich von der römischen Aristokratie, aber auch von den Päpsten Urban VIII., Alexander VII. und dem späteren Clemens IX. erhielt. Der spanische König bestellte für sein Schloß Buen Retiro sieben religiöse Gemälde mit Themen aus dem Alten und dem Neuen Testament. Ansonsten aber schuf Lorrain fast ausschließlich Landschaftsdarstellungen, die zunächst stark von Paul Bril, Adam Elsheimer, Annibale Carracci und Domenico Zampieri beeinflußt sind. Die römischen → Bambocciaden, kleinformatige, reich staffierte Bilder, hinterließen als Vorbild ebenso ihre Spuren wie die Arbeiten von Jacques Callot. Durch Nicolas Poussin wurde er für die Antike begeistert, doch im Gegensatz zu dem mehr heroischen Stil seines Landsmannes wählte Lorrain mit Vorliebe Motive aus der mittelitalienischen Landschaft, mit Tempeln, Palästen, Ruinen und prächtig gemalten Bäumen – Sujets, die ihm lyrisch-romantische Entfaltung erlaubten. Dazu kamen stimmungsvolle, dunstig verschleierte Lichtwirkungen, romantische Morgen- und Abendlichtstimmungen. Seine weiträumigen, duftig behandelten und überlegt komponierten Landschaften führen den Blick des Betrachters in sonnenbeglänzte Fernen oder auf lichtschimmernde Meeresspiegel. In seinem Frühwerk finden sich häufig in die Natur eingebettete Hirten-, Fischer- und Wanderszenen,

Claude Lorrain, AENEAS UND DIDO IN KARTHAGO, *1676 (Hamburg, Kunsthalle). Claude liebte vor allem die Darstellung gemessener Feierlichkeit, die er aus vielen klassischen Vorlagen – hier aus Vergils 4. Buch der Aeneis – zu entnehmen wußte. Weit weniger poetisch und festlich wäre die Szene des Selbstmords der Dido nach Aeneas' Abreise ausgefallen.*

Lorenzo Lotto, BILDNIS EINER DAME, *90 × 75 (Mailand, Brera). Kann Lotto in den Entwurfsskizzen für das Chorgestühl in Bergamo seinem Einfallsreichtum freien Lauf lassen, so erlegt ihm die Gattung Porträt Schranken auf. Der Porträtierte will auf die traditionellen Accessoires nicht verzichten und wünscht eine standesgemäße Repräsentation.*

manchmal auch → Veduten, wobei die → Staffagefiguren oft von anderen Malern, etwa von Filippo Lauri, eingefügt wurden. Die wichtigsten Gemälde dieser Zeit sind DIE KIRCHE S. TRINITÀ-DEI MONTI IN ROM, 1632 (London, National Gallery), DER HAFEN VON GENUA, 1634, CAMPO VACCINO, 1636, und LÄNDLICHER TANZ, 1639 (alle Paris, Louvre). Meisterleistungen einer hochgradigen Lichtpoesie stellen die in warmem Goldton gehaltenen Hafenbilder dar, die zwischen 1640 und 1660 von Lorrain gemalt und häufig mit mythologischen und biblischen Vordergrundszenen angereichert wurden, etwa EINSCHIFFUNG DER HL. URSULA, 1641, ISAAC UND REBECCA, 1648, EINSCHIFFUNG DER KÖNIGIN VON SABA, 1648 (alle London, National Gallery), ODYSSEUS ÜBERGIBT CHRYSEIS IHREM VATER, 1646 (Paris, Louvre), ACIS UND GALATHEA, 1657 (Dresden, Staatliche Kunstsamml.), oder VERSTOSSUNG DER HAGAR, 1668 (München, Alte Pinakothek). 1661–70 malte Lorrain eine Allegorie der vier Jahreszeiten mit den Einzelbildern RUHE AUF DER FLUCHT, 1661, TOBIAS MIT DEM ENGEL, 1663, JAKOB AM BRUNNEN, 1666, und JAKOBS KAMPF MIT DEM ENGEL, 1670 (alle Leningrad, Eremitage). Zu den Hauptwerken der Spätzeit gehören auch die PROZESSION IN DELPHI (Chicago, Art Institute) und DER PARNASS, 1680 (Boston, Museum of Fine Arts). Seit etwa 1660 beherrschen in den Gemälden kühlere, silbergraue Töne den Gesamteindruck. Zwar behielt Lorrain das klassische Kompositionsschema mit fest umrahmter Bildbühne und in die Tiefe des Raums leitenden Blickbahnen bei, doch löste er sich zunehmend von dem im Barock üblichen diagonalen Bildaufbau zugunsten hintereinander gestaffelter Raumschichten, die bei allem Gefühl der Unendlichkeit eine zeitenthobene Ruhe und Stille vermitteln. Es entsteht vor unseren Augen eine verklärte Welt, in der die idyllisch-arkadische Natur zum idealen, durch das Licht fast zur Sakralität gesteigerten „irdischen Paradies" wird – freilich von einem melancholischen Hauch des Träumerisch-Unwirklichen, utopisch Fernen überlagert. Lorrain, der auch als Zeichner und Radierer Hervorragendes leistete, vereinigte als eine Art → Œuvreverzeichnis 200 lavierte Federzeichnungen und Pinselskizzen nach seinen Gemälden zum sog. LIBER VERITATIS (London, British Museum), das 1777 mit Schabkunstblättern von Earlom veröffentlicht wurde. Die Landschaftsmalerei vor allem des 18. Jh. und des frühen 19. Jh., besonders in England, hat starke Anregungen von Lorrains Kunst empfangen, in der es erstmals voll gelang, die vielfältigen Wirkungen von Licht und Atmosphäre umzusetzen und die Landschaft mit Stimmung und Gefühl zu sättigen.

Loth, Johann Carl
(gen. Carlotto)
getauft am 8. 8. 1632 in München, † 6. 10. 1698 in Venedig. Der deutsche Künstler wurde zum führenden Barockmaler Venedigs in der 2. Hälfte des 17. Jh. Nach einer Lehre bei seinem Vater Johann Ulrich Loth kam er 1653 nach Italien, wo ihn, in Rom, die Werke Caravaggios und dessen Nachfolger beeindruckten. 1657 übersiedelte er nach Venedig, wo er die → Helldunkel-Malerei Caravaggios mit der venezianischen Koloristik verband. Seine biblischen und mythologischen Bilder werden von den Figurendarstellungen dominiert, so auch in DER TOD DES HL. ANDREAS AVELLINUS, 1677 (München, Theatinerkirche). Er erfreute sich eines hohen Ansehens,

Lorenzo Lotto, SACRA CONVERSAZIONE, *1508, 53 × 67 (Rom, Galleria Borghese). Qualitäten, wie sie die Renaissancekunst kennt – Anmut, klassische Schönheit oder „sentimento" – werden bei Lotto fragwürdig. Die höhere religiöse Sphäre des Madonnenbildes wird dem profanen Gefühl der Genredarstellung angenähert und verliert die Eignung zum Andachtsbild.*

das sich in zahlreichen Bildaufträgen aus ganz Europa kundtat.

Lotto, Lorenzo
* um 1480 in Venedig, † um 1556 in Loreto. Über den bedeutenden venezianischen Maler der Hochrenaissance gibt es einige biographische Unklarheiten. Künstlerische Beeinflussung durch Melozzo da Forli und Luca Signorelli, weitaus bedeutendere Anregungen zeigt sein Frühstil jedoch von Giovanni Bellini. Ab 1503 weilt L. in Treviso, wird dort bereits als „pittore celeberrimo" bezeichnet, wohl aufgrund der Freskomalereien PAGEN beim Onigo-Grabmal in S. Nicolò, MARIA MIT DEM KIND UND DEM HL. PETRUS MARTYR (Neapel, Museo Nazionale) und dem MARIENALTAR von S. Cristina al Tiverone. Von 1506–08 hält sich L. in Recanati auf, am Rande des Ausstrahlungsgebietes umbrischer Kunst, wo das 1508 beendete Altarwerk von S. Domenico entsteht. Mit diesen Arbeiten ist das Frühwerk L.s abzugrenzen, das in der strengen Monumentalität der Komposition, in den kühlen und kräftigen Farben die Anregungen der großen Meister Venedigs nicht verhehlt. – Von 1509–11 datiert ein nicht sicher nachweisbarer Romaufenthalt L.s, seine Mitarbeit an den vatikanischen Stanzen gleichzeitig mit Sodoma und Bramantino ist Vermutung. Für einen Aufenthalt in Perugia auf der Rückreise von Rom nach Recanati und Jesi spricht die 1512 entstandene Altartafel in Jesi, die sich deutlich an Raffaels Grablegung von 1507 anlehnt, damals noch in Perugia befindlich. L.s Gestalten verlieren ihre statische Strenge, gewinnen unter dem Eindruck Raffaels eine weiche Bewegtheit. In den Jahren 1513–26 arbeitet L. nach Einladung Alessandro Martinengos in Bergamo, wo er eine Vielzahl kirchlicher und profaner Aufträge entgegennimmt: MARIA MIT KIND UND HEILIGEN, 1516, für S. Bartolomeo, MARIA MIT KIND UND HEILIGEN, 1521, für S. Bernardino, das gleiche Thema im selben Jahre für S. Spirito. In den bergamesken Altartafeln zeigt sich eine künstlerische Reife und Ruhe, die jedoch nie eine einmal gefundene Formel variiert, sondern stets suchend Einheit erreicht durch eine strahlende Lichtführung, die die harten, kräftigen Farben weich zusammenschmiegt. Ab 1526 taucht L. in Venedig auf, wohnt und malt bei den Dominikanermönchen von SS. Giovanni e Paolo, denen er sich ein Leben lang verbunden fühlt. 1529 entsteht die Altartafel für die Chiesa del Carmine. Hier in Venedig trifft L. mit seinen Malerkollegen Palma Vecchio, Veronese, J. Sansovino und auch Tizian zusammen, denen er höchste Aufmerksamkeit zollt. L.s Lebensbereich ist jedoch ein anderer: Er malt einfache Bürger, Kaufleute und Handwerker, Ausländer, Protestanten und Juden, also Menschen, die wie er dem mittleren Bürgertum angehören oder Außenseiter der Gesellschaft sind. Im

Lorenzo Lotto, JÜNGLINGSPORTRÄT, *28 × 33 (Florenz, Uffizien). Die Vita des venezianischen Malers der Spätrenaissance gleicht in vielen Punkten der eines modernen Bohemiens. Sein unstetes Wanderleben brachte ihm für die Porträtkunst wichtige Voraussetzungen ein: Menschenkenntnis und Einfühlungsgabe in die verschiedenen Charaktere.*

Gegensatz zu Tizian, der die Großen seiner Zeit porträtiert, das strahlende Leben Venedigs bildlich fixiert, arbeitet L. abseits, nicht nur was seinen Aufenthaltsort betrifft, sondern auch die Wahl seiner Themen. Der geringe Erfolg seiner Gemälde, bedingt durch Geschäftsuntüchtigkeit, läßt ihn verarmen und zu einem verbitterten, grübelnden Menschen werden in tiefer Rastlosigkeit und Einsamkeit. Bis 1549 hält sich L. abwechselnd in Treviso, Jesi und Venedig auf, 1538 reist er nach Ancona, wo er ein Kostenbuch zu führen beginnt, das Aufschluß über mancherlei Werke, eingestreute Bemerkungen zu seinem Leben bringt. In diesen Jahren entsteht 1532 die Altartafel HL. LUCIA VOR PASCASIUS in Jesi mit den drei Predellentafeln SZENEN AUS DEM LEBEN DER HL. LUCIA, 1531 die KREUZIGUNG CHRISTI auf dem Monte S. Giusto, 1531 die ROSENKRANZMADONNA von Cignoli, die in 15 Tondi Szenen aus dem Leben Mariä und Christi zeigt. 1542 malt L. die ALMOSENVERTEILUNG DES HL. ANTONIUS für Venedig, SS. Giovanni e Paolo. In diesen vielfigurigen Tafeln zeigt sich L.s Sinn für vielschichtige Kompositionen, durchaus in der malerischen Tradition stehend, den Ausstattungsluxus der Hafenstadt Venedig mit einbeziehend. Nach L. wird eine Gruppe von Orientteppichen benannt, deren typisches Ornament speziell auf seinen Gemälden nachweisbar ist. Venedig verlassend, zog L. zunächst nach Ancona, um schließlich 1552 nach Loreto überzusiedeln, wo er sein Leben in klösterlicher Abgeschiedenheit beschloß. Aus dieser Zeit sei als Beispiel genannt die DARBRINGUNG IM TEMPEL von 1555, noch einmal ein Kompendium L.s Malkunst in nahezu impressionistischer Virtuosität. – Der Hauptakzent im künstlerischen Schaffen des Malers liegt jedoch im Porträt. Die lockere Malweise, die zeichnen, modellieren und kolorieren in einem Akt vereint, kündet bereits die Nähe zum Barock, wenngleich die Darstellung seelischer und körperlicher Bewegung erst in späterer Zeit darstellungswürdig wird. Jedoch paart sich bei L. das zeitlos Immerwährende der Renaissance mit einem Willen zur Dynamik, zum Ansprechen des Beschauers, was bereits auf spätere Stilphasen, so auf den oberitalienischen Barock, weist. Beispiele der Bildnisse: BILDNIS EINES JÜNGLINGS (Mailand, Pinacoteca Castello Sforzesco), BILDNIS DES ANDREA ODONI (Hampton Court Palace), BILDNIS EINES LEBERKRANKEN (Rom, Gall. Doria Pamphili), BILDNIS EINES GREISES (Mailand, Brera), FAMILIENPORTRÄT DE LA VOLTA (London, Nat. Gall.).

Joachim Luhn, FAMILIENBILD, *um 1673, 126 × 152 (Braunschweig, Herzog-Anton-Ulrich-Museum). Der Hamburger Maler zeigt sich mit den Malutensilien neben seiner Braut und deren Eltern. Der Maler Jakob Weyer schuf Schlachten- und Lagerbilder und war zum Entstehungszeitpunkt des Bildes bereits verstorben, worauf der Totenschädel hinweist.*

Louis, Morris

(eigtl. Morris Bernstein)

* 28. 11. 1912 in Baltimore, Maryland, USA, † 7. 9. 1962 in Washington D.C.

Louis, der Mitbegründer des → Color field paintings, studierte von 1929 bis 1933 an der School of Fine and Practical Arts in Baltimore. Entscheidend für seine künstlerische Entwicklung war 1953 die Begegnung mit Jackson Pollock, Helen Frankenthaler

und dem Color field painting. Zusammen mit Kenneth Noland gründete er die Washington Color School. Louis begann, Acrilyc-Farben auf ungrundierte Leinwand zu gießen und erlaubte den Farben, miteinander zu verschmelzen und die Leinwand zu durchtränken. Vom Zufall gebildete Formen, hauchdünner, fast durchsichtig leuchtender Farbschichten waren das Resultat, z. B. WHERE, 1960 (New York, Hirshhorn Museum). Später erweiterte er diese Technik, indem er die Farbe diagonal über die stets großformatigen Bilder fließen ließ und große Teile der Leinwand als Teil des Gesamtbildes freiließ.

Loutherbourg, Philippe Jacques de
(auch Philip James)
* 31. 10. 1740 in Straßburg, † 11. 3. 1812 in London. Der vor allem als Bühnen- und Landschaftsmaler des späten Rokoko tätige Künstler arbeitete 1771–81 am Drury Lane Theatre in London. 1781 wurde er in die Royal Academy aufgenommen. Im gleichen Jahr entstand sein „Eidophusikon", ein Guckkastentheater, das bewegliche Landschaftsbilder durch unterschiedliche Beleuchtung veränderte. Zu seinen Gemälden gehören auch frühe Beispiele von Industrielandschaften, etwa in EISENHÜTTEN VON COALBROOKDALE, 1801 (London, Science Museum).

Morris Louis, PFEILER DER DÄMMERUNG, *1961, 122 × 222 (Köln, Wallraf-Richartz-Museum und Museum Ludwig). Seit den späten 50er Jahren gab Louis die amorphen Farbstrukturen, die seine Bilder bis dahin bestimmt hatten, zugunsten einer deutlichen Tektonisierung der aufgetragenen Farbflüssigkeiten auf.*

Lucas y Padilla, Eugenio
* 1824 in Alcalá de Henares bei Madrid, † 11. 9. 1870 in Madrid. Lucas wird allgemein als ein Epigone Goyas bezeichnet. Obwohl er in Madrid an der Akademie war, blieb seine Kunst davon unberührt. Auf Reisen nach Paris 1825, Italien 1856 und 1868 und Afrika 1859 kam er in Berührung mit Werken von Manet, Tiepolo sowie mit marokkanischen Motiven. Er konzentrierte sich in Anlehnung an Goya auf Szenen aus dem Stierkampf, Volksfesten, der Inquisition und dem Krieg wie z. B. in dem Gemälde IM KERKER (Madrid, Museo Romántico). Seine oft grelle Farbgebung milderte Lucas später etwas.

Luini, Bernardino
* um 1485 vermutlich in Mailand, † 1532. L. war der herausragendste Künstler der Hochrenaissance in der Lombardei. Über die Frühzeit seines Lebens und Schaffens wissen wir nichts. Die erste Nachricht stammt von 1507, als er das Fresko der MADONNA MIT KIND UND HEILIGEN für die Kirche Beata Vergine del Soccorso in Geranzano schuf. Er ahmte die Malweise Leonardo da Vincis nach und eiferte seinem Vorbild Foppa nach. Weitere Anregungen gingen von Bramantino und Raffael aus, die bei L. in einem eigenen charakteristischen Malstil verschmolzen. 1516 entstanden in Mailand vier Altarbilder und die Fresken in der Sakramentskapelle von S. Giorgio al Palazzo. Seine Malweise ist gekennzeichnet durch gedämpfte Farben, die seinen Bildern Ruhe und Ausgewogenheit verleihen, und einem Realismus, mit dem er die Maltradition der Lombardei mit neuem Leben erfüllt.

Bernardino Luini, MADONNA MIT DER HL. MARTHA, GIOVANNI EVANGELISTA UND EINE NONNE, *106 × 83 (Mailand, Brera). Als „feinfühlig und lieblich" lobt Vasari die Kunst dieses lombardischen Meisters, der hier ein unerschütterlich positives Verhältnis zu frommen Bildern und ihrer Ausstrahlung auf den Gläubigen bekundet. Sehr zart sind die Frauen gebildet.*

Bernardino, Luini, HL. FAMILIE *(Madrid, Prado). Luinis fast sklavische Imitation Leonardos täuschte die Sammler, so daß das in starkem Chiarosairo gemalte Bild in alten Inventaren als Werk des bedeutenderen Meisters geführt wurde. Vor allem das Antlitz der Madonna trägt in seiner Weichheit ausgesprochen leonardeske Züge.*

Luks, George
* 13. 8. 1867 in Williamsport, Pennsylv., † Okt. 1933 in New York City. Luks studierte an der Pennsylvania Academy of Fine Arts und vervollständigte sein Studium an der Düsseldorfer Akademie, in München, Paris und London. Zusammen mit Robert Henri, John Sloan und anderen Künstlern galt sein größtes Interesse dem Leben der einfachen Einwanderer und der „niederen Klasse". Die → Ash Can School (Mülltonnen-Schule) wurde gegründet, ihre Mitglieder galten in weiten Kreisen als Apostel der Häßlichkeit. In seiner Auffassung, ein Künstler müsse genauso hart arbeiten wie jeder gewöhnliche Arbeiter, hatte Luks auf die kommende Generation amerikanischer Künstler großen Einfluß.

Lundberg, Gustaf
* 17. 8. 1695 in Stockholm, † 18. 3. 1786 in Stockholm. Lundberg ging 1712 bei David von Krafft in die Lehre und reiste dann nach Paris. Die 1720 bis 1721 dort verweilende venezianische Porträtistin Rosalba Carriera brachte ihn zur → Pastellmalerei. Lundberg wandte sich vom eher dunkelfarbigen Barockstil hin zu der duftigeren und graziösen Malweise des Rokoko. 1725 malte er u. a. den französischen König und seine Gemahlin (Versailles, Schloß). 1745 kehrte er nach Stockholm zurück. Er porträtierte drei schwedische Könige und seinen Mäzen, den Grafen Carl Gustaf Tessin. Die zahlreichen Aufträge beeinträchtigten die Qualität seiner Malerei.

Lundbye, Johan Thomas
* 1. 9. 1818 in Kalundborg/Seeland, † 26. 4. 1848 bei Bedstedt/Nordschleswig. Lundbye erhielt seine Ausbildung bei dem Landschaftsmaler Johan Lund an der Kopenhagener Akademie, wo er fünf Jahre blieb. Zu seinen Lieblingsmotiven gehörten Hügellandschaften, Hügelgräber, die er in weiter, schwingender Linienführung darstellte; so z. B. das 1842 gemalte Bild DIE DÄNISCHE KÜSTE (Kopenhagen, Statens Museum for Kunst), das zu seinen Meisterwerken zählt. In späterer Zeit bevorzugte er eher idyllische Motive wie das eines ALTEN BAUERNHOFS, 1847 (Kopenhagen, Statens Museum for Kunst). Lundbyes Vorbild war Christen Købke.

Lüneburger Goldenen Tafel, Meister der tätig zu Beginn des 15. Jh. Ein ursprünglich mit „Goldener Tafel" bezeichneter Klosterschrein war im 17. Jh. zerstört worden und so übertrug sich der Name auf die vier geretteten Altarflügel (Hannover, Landesgalerie). Sie stellen u. a. Szenen aus dem Leben Christi und Mariä sowie zwanzig Heiligenfiguren dar. Der unbekannte Maler dürfte mit Sicherheit Einfluß von den zeitgenössischen Westfalener, Kölner und burgundisch-flämischen Schulen erfahren haben, doch verzichtete er auf den zierlichen, feingeschwungenen Ausdruck, sein Stil war eher herb und gemäßigt. In klarer, überschaubar angeordneter Komposition bieten sich die jeweiligen Geschehnisse und Handlungen dem Betrachter dar. Durch den Verzicht auf Tiefenwirkung und die Betonung des Flächigen verliert die einzelne Darstellung an realistischer Wirkung, wird mehr zum Bildhaften. Die „Goldene Tafel" gehört zu den wichtigsten Werken der niederdeutschen Gotik.

Lurçat, Jean
* 1. 7. 1892 in Bruyères, Vogesen, † 6. 1. 1966 in St-Paul, Alpes-Maritimes. Maler und wichtiger Vertreter der modernen Teppichkunst. Er vereinte

in seinen Arbeiten flächig-dekorative, abstrakte, surrealistische und realistische Elemente. Nach einem Kunststudium in Nancy wandte er sich seit 1913 vor allem der Wandmalerei zu. Ab 1930 schuf er verstärkt Gemälde mit Seeansichten sowie Illustrationen zu zeitgenössischen Dichtungen. Seine Hauptleistung aber liegt auf dem Gebiet der Tapisserie. Mit Marcel Gromaire und Pierre Dubreuil reorganisierte er 1940 die Teppichmanufaktur von Aubusson.

Lydos

Attischer Vasenmaler, tätig zwischen 560 und 530 v. Chr. in Athen. Auf den Maltraditionen des Sophilos und des Gorgomalers basierend, wurde Lydos zu einem der wichtigsten Künstler des archaischen schwarzfigurigen Stils. Obwohl nur zwei Arbeiten mit Malersignatur erhalten sind, können ihm aufgrund seines unverwechselbar prägnanten, fast herben Strichs und seiner kompakten, klaren Kompositionsweise eine Anzahl Gefäße sowie bemalte Tontafeln von einem Grabbau recht eindeutig zugewiesen werden. Mit den zu seiner Zeit eben neu formulierten Themen aus der Iliupersis und Heraklesszenen wurde Lydos zu einem großen Gestalter des Mythos, dem die griechische Vasenkunst trotz seiner geradezu puritanischen Beschränkung auf das Wesentliche eine Fülle von Bilderfindungen verdankt. Lydos malte für die Töpfer Nikosthenes, Kolchos und Amasis, daneben war er wohl aber auch gelegentlich selbst als Töpfer tätig.

Lysippides-Maler

Attischer Vasenmaler, tätig um 530/20 v. Chr. in Athen. Benannt nach der Lieblingsinschrift auf einer Halsamphora (London, Britisches Museum) wurden dem Lysippides-Maler 23 selbständig bemalte Gefäße zugeschrieben, zu denen auch eine Hydria mit Dionysos und Hephaistos gehört (London, Britisches Museum). Der – spätarchaischem Geschmack entsprechende – sehr detail- und ornamentfreudige, immer etwas tänzelnde Stil des L.-M. steht in Feinheit und Sorgfalt der Ausführung sowohl dem Amasis-Maler wie auch der Schule des Exekias nahe, ohne freilich deren Ausdruckskraft zu erreichen. Kennzeichnend für die Übergangszeit zum rotfigurigen Stil ist, daß der L.-M. vermutlich auf sechs Amphoren und einer Schale des Andokides-Malers die schwarzfigurige Seite schuf. Als typischer Exponent des reichen spätarchaischen Stils, widmet sich der Künstler ausführlich der geritzten Binnenzeichnung, besonders bei Gewändern und ihren Ornamenten, aber auch den Haaren und Bärten.

Meister der Lüneburger Goldenen Tafel, Verkündigung an die Hirten, *um 1418, 69 × 52 (Hannover, Landesgalerie). „Annuncio vobis gaudium magnum" (Ich verkünde Euch große Freude) – steht auf dem Spruchband des Engels zu lesen. Erst die Generationen nach dem norddeutschen Anonymus empfanden solche Hilfsmittel als altmodisch und unrealistisch. Tiefenillusionismus oder gar realistische Darstellungsweise liegt denn auch keineswegs im Bestreben des Meisters. Er breitet flächig dekorativ und sehr wohlkomponiert das Wunder des Heilsgeschehens vor dem Betrachter aus.*

M

Macchietti, Girolamo
(gen. Del Crocefissaio)
* um 1535 in Florenz, † 1592 in Florenz. Macchietti lernte in der Werkstatt des Michele Tosini, war dann 6 Jahre lang Vasaris Gehilfe und ging 1563–67 studienhalber nach Rom, wodurch seine ANNA SELBDRITT (Budapest, Museum der Schönen Künste) deutlich beeinflußt wurde. Er arbeitete auch in Süditalien und Spanien und verbreitete dort den Florentiner → Manierismus.

Macke, August
* 3. 1. 1887 in Meschede/Ruhr, gefallen am 26. 9. 1914 in der Champagne. Macke studierte 1904/05 an der Düsseldorfer Kunstakademie, anschließend bis 1906 bei F. H. Ehmcke an der dortigen Kunstgewerbeschule. 1905 war der Maler erstmals nach Italien gereist, 1906 nach Holland, Belgien, London. Ab 1906 arbeitete er als Bühnenbildner am Düsseldorfer Schauspielhaus. Nach einer weiteren Reise nach Paris nahm Macke 1907 das Studium bei Lovis Corinth in Berlin auf. 1908/09 leistete er seinen Militärdienst, im Oktober 1909 heiratete er. Auf einer Reise in die Schweiz lernte der Künstler Louis Moilliet kennen; 1909/10 hielt sich Macke am Tegernsee auf, daran anschließend lernte er in München Franz Marc kennen und beteiligte sich 1911/12 an den Ausstellungen des → Blauen Reiter. Im gleichen Jahr organisierte Macke die die rheinische und die gesamte europäische Avantgarde vorstellende → Sonderbundausstellung in Köln, an der er sich auch beteiligte. Auf einer Parisreise 1912 machte er die Bekanntschaft Delaunays; 1913 übersiedelte er für acht Monate an den Thuner See und unternahm im April des darauffolgenden Jahres die berühmte Tunesienreise mit Moilliet und Paul Klee. Danach hielt sich der Maler in Bonn und im Schwarzwald auf; bereits im September des ersten Kriegsjahres fiel er an der Westfront. In Paris hatte Macke die Werke der → Impressionisten und Matisses gesehen, deren Behandlung der reinen Farbe als starkes Ausdrucksmittel ihn faszinierte. Seine zu Beginn noch impressionistische Maltechnik veränderte er durch den flächigeren Einsatz der reinen Farbwerte und durch einen klareren Kompositionsstil. In München hatte der Maler Kontakt zur Neuen Künstlervereinigung und dem unter Wassily Kandinsky davon abgespaltenen Blauen Reiter – dem Macke allerdings immer distanziert gegenüberstand –, an dessen Ausstellung 1911 auch Delaunay teilnahm, dessen Orphismus Macke beeindruckte. Schon vor der persönlichen Bekanntschaft mit Delaunay hatte er die von jedem Künstler benutzte Art des Farbeinsatzes mit → kubistischen Konstruktionsprinzipien verbunden: PAAR IM WALDE, 1912 (München, Privatslg.), ohne aber völlig abstrakt zu werden. Die Menschen auf diesem Bild waren flächig, ohne Detailbehandlung vor einen in kubistischer Art „zerlegten" Wald gestellt. Die Motive des Malers waren immer von seiner Beschäftigung mit dem Menschen in seiner täglichen Umgebung bestimmt; Menschen beim Spaziergang, beim Einkauf usw. waren Mackes Themen, was sich auch nach dem Umzug in die Schweiz nicht änderte. Die Farbe blieb sein stärkstes Gestaltungsmittel, dem er die kubistische Konstruktion überzeugend an die Seite stellte, wie z. B. im GARTEN AM THUNER SEE von 1913 (Bonn, Städtische Kunstsammlungen). Weitere fruchtbare Impulse erhielt der Künstler auf der mit Moilliet und Klee 1914 unternommenen Tunesienreise, die in 38 Aquarellen, z. B. KAIRUAN I (München, Neue Pinakothek), und vielen Zeichnungen erkennbar zum weiteren Reifen des Malers beitrug. Helle, reine Farben bestimmen diese Werke. Macke wurde in seiner durch den Krieg allzu früh beendeten Schaffenszeit zu einem der bedeutendsten Vertreter des rheinischen → Expressionismus, der in der

Girolamo Macchietti, DIE HL. ANNA SELBDRITT *(Ausschnitt), 1563/65. 174 × 117 (Budapest, Museum der Schönen Künste). Luther, Calvin und andere Kritiker des Katholizismus betrachteten den Bildkult der römischen Kirche als eine Verfälschung des Glaubenslebens. Heiligenbilder sollten aus den Kirchen entfernt werden.*

August Macke, Mädchen unter Bäumen, *1914 (München, Staatsgalerie der modernen Kunst). Zwei Monate vor seinem tragischen Tod schuf Macke dieses letzte größere Werk. Kein Gesicht der Mädchen ist genauer ausgeführt – und doch ist ihr anmutiges Wesen durch die sparsame Gebärdensprache und den farblichen Ausdruck spürbar gemacht.*

Verbindung verschiedener vorgegebener Elemente – des → Orphismus Delaunays, des analytischen Kubismus und des italienischen → Futurismus – zu einer neuen, ihm eigenen Ausdruckskunst fand.

Macke, Helmut
* 29. 6. 1891 in Krefeld, † 8. 9. 1936 im Bodensee ertrunken. Nach einer Ausbildung an der Kunstgewerbeschule in Krefeld bei Jan Thorn-Prikker lebte der Künstler ab 1910 in Bayern, hatte Verbindung mit dem → „Blauen Reiter" und wohnte zeitweise bei seinem Vetter August Macke in Sindelsdorf. Über die Freundschaft mit Erich Heckel hatte er jedoch auch Kontakt zur → „Brücke". 1933 ließ er sich in Hemmenhofen am Bodensee nieder. Neben figürlichen Kompositionen bevorzugte er Landschaftsbilder wie Oberbayerische Landschaft, 1925 (Bonn, Städtische Kunstsammlungen), in denen er den Natureindruck differenziert-farbig und trotz aller Strenge der Flächenverteilung mit besinnlicher Heiterkeit wiedergab. Sein Stil blieb immer dem rheinischen Expressionismus eines Heinrich Nauen, Heinrich Campendonk und Paul Adolf Seehaus verbunden.

Mackensen, Fritz
* 8. 4. 1866 in Greene, Braunschweig, † 12. 5. 1953 in Bremen. Landschafts- und Porträtmaler. Studierte an der Akademie in Düsseldorf bei Peter Janssen, in München bei Friedrich August von Kaulbach und in Karlsruhe bei Christian Ludwig Bokelmann. War neben Otto Modersohn, Hans am Ende, Fritz Overbeck und Heinrich Vogeler Mitbegründer der Künstlerkolonie in → Worpswede. Sein 1893 entstandenes Bild Gottesdienst im Moor (Hannover, Historisches Museum) zeigt eine romantisch empfundene Naturauffassung, die besonders in der stimmungsvoll nuancierten Farbgebung gebrochener Töne zum Ausdruck kommt.

Mactaggart, William
* 25. 10. 1835 in Campbeltown, † 2. 4. 1910 in Broomieknowe bei Edinburgh. Der schottische Maler lernte an der Akademie in Edinburgh und malte zunächst kleinteilig naturalistische → Genrebilder im Stil der → Präraffaeliten. Ab etwa 1870 ging er zu Küstenszenen und Seestücken über, gleichzeitig malte er lockerer – oft sogar skizzenhaft flüchtig – im Sinne der → Impressionisten ausschließlich im Freien, wie Das Gewitter, 1890 (Edinburgh, Nat. Gallery).

Madrazo y Agudo, José
* 22. 4. 1781 in Santander, † 8. 5. 1859 in Madrid, klassizistischer Maler, Radierer und Lithograph, Stammvater der Künstlerfamilie Madrazo. Schüler u. a. von J. L. David in Paris. Malte in Rom klassizistische Bildnisse wie Tod der Lucretia, 1819. Führte in Spanien die Lithographie ein und leitete zusätzlich die Herstellung der Reproduktionswerke.

August Macke, Dame in grüner Jacke, *1913, 44 × 43 (Köln, Wallraf-Richartz-Museum). Das Bild liest sich nicht nur als rein formales Farbexperiment mit dem komplementären Klang von Rot und Grün, sondern ist auch eine Studie zum Thema menschlicher Gemeinschaft und Isolation. Vor den zwei Paaren steht eine Frau einsam zurück.*

Madrazo y Garreta, Raimundo
* 24. 7. 1841 in Rom, † 15. 9. 1920 in Versailles. Er war Schüler seines Vaters Frederico M. und lebte größtenteils in Paris. Von der Nachahmung der väterlichen Malweise gelangte er zu der zeitgenössischen französischen → Genremalerei. Ab 1870 schuf er zahlreiche Porträts.

Madrazo y Kuntz, Frederico de
* 9. 2. 1815 in Rom, † 10. 6. 1894 in Madrid. Der frühtalentierte Knabe begab sich bereits mit 17 Jahren nach Paris, wo er bei Ingres lernte. 1837 war er ein zweites Mal in Paris, um für König Louis Philippe zwei Kreuzzugsschilderungen zu malen, darunter WAHL GOTTFRIEDS VON BOUILLON ZUM KÖNIG VON JERUSALEM (Versailles, Musée National). 1840 übersiedelte er nach Rom, wo er mit deutschen → Nazarenern Kontakt aufnahm. Zwei Jahre später ließ er sich in Madrid nieder und wurde bald Hofmaler. Er schuf nun zahlreiche Porträts von Mitgliedern der königlichen Familie, unter denen das Porträt der GRÄFIN VILCHES von 1835 hervorzuheben ist (Madrid, Prado). Madrazo gibt genauestens die Kleidung wieder, der vornehme Charakter wird unterstrichen durch ein prächtiges Purpurrot und Stahlblau.

Maes, Nicolaes
* 1634 in Dordrecht, † 1693 in Am-

August Macke und Franz Marc, PARADIES, *1912 (Münster, Landesmuseum). In einem Wandbild seiner Bonner Mansardenwohnung schilderte Macke zusammen mit dem Freund Marc bezeichnenderweise nicht den Sündenfall, sondern die paradiesische Urharmonie von Mensch und Natur. Tiere und Landschaft gehen auf Marcs Beteiligung zurück.*

August Macke, ST-GERMAIN BEI TUNIS, *1914 (München, Lenbachhaus). Ähnlich wie Paul Klee erlebte auch Macke während seiner Tunesienreise eine Vertiefung seines Form- und Farbempfindens, wobei ihn die afrikanische Sonne und das bunte Leben inspirierten.*

August Macke, PROMENADE, *1913 (München, Lenbachhaus). Macke fordert vom Kunstwerk, daß es „eine gut getroffene Auswahl, ein Spiegel der Empfindungen" der Natur sei. „Vom Kunstwerk verlangen wir keine genaue Aufzählung alles dessen, was in der Natur vorhanden ist."*

Nicolaes Maes, MÄDCHEN AM FENSTER, *123 × 96 (Amsterdam, Rijksmuseum). Auf einen warmen, gesättigten Goldton hat der Rembrandtschüler sein Werk eingestimmt. Das Zinnober von Mund, Wangen und Kopfband des Mädchens ist auch im Fensterladen, dem Spalierobst und den Backsteinen hinter dem abblätternden Verputz zu entdecken.*

sterdam. Nach anfänglicher Ausbildung bei einem nicht genau bekannten Meister kam Maes 1648 nach Amsterdam zu Rembrandt in die Lehre. Die in dieser Zeit bis 1653 geschaffenen Jugendwerke sind nicht sicher belegt. 1653 kehrte er nach Dordrecht zurück. Es entstanden nun zahlreiche Familien- und Genrebilder, die die häusliche Atmosphäre eines friedlichen, wohlgeordneten Bürgerlebens wiedergeben; z. B. MUTTER AN DER WIEGE (Amsterdam, Rijksmuseum). Die Farbgebung ist noch stark an Rembrandt orientiert: Warmes Zinnoberrot und Gelb wechselt mit tiefem Schwarz und gedämpftem, cremefarbigem Weiß, die Licht-Schatten-Übergänge sind fein abgestimmt. Erst in späterer Zeit treten kühlere Farben wie Blau und Violett hinzu. Häufig verwendete Maes als Motiv eine weibliche Figur wie z. B. DIE SPINNERIN (Amsterdam, Rijksmuseum). Seit 1660 wandte sich Maes mehr der Porträtmalerei zu. Die Figuren begegnen einem in oft flämisch moderner Tracht, elegant und in gestellter Pose. Zu nennen ist etwa SECHS VORSTEHER DER CHIRURGENGILDE (Amsterdam, Rijksmuseum). Diese krasse Stiländerung wurde vielfach auf eine Antwerpener Reise nach 1665 zurückgeführt, wo er mit Jordaens zusammentraf. Es ließ sich jedoch anhand von weiteren Werken eine allmähliche Entwicklung vom Stil eines Rembrandt hin zu einem eher dekorativen, italianisierenden Spätstil aufzeigen. Dieser späte Stil wird am deutlichsten in dem Skizzenbuch von Maes, das Rötelzeichnungen enthält.

Mafai, Mario

* 12. 2. 1902 in Rom, † 31. 3. 1965 in Rom. Unter dem Einfluß des französischen → Expressionismus von Chaim Soutine arbeitete Mafai zunächst mit Scipione zusammen, wandte sich dann aber klassizistischen Traditionen zu, um nach 1945 auf die Linie des → abstrakten Expressionismus einzuschwenken.

Maffei, Francesco

* um 1600 in Vincenza, † 2. 7. 1660 in Padua. M. ist einer der herausragendsten Frühbarockmaler im Veneto. In die Lehre ging er zu dem → Manieristen Alessandro Maganza in Vincenza. Seine Malweise stand aber im wesentlichen unter dem Einfluß venezianischer Malerei, etwa von Paolo Veronese, Jacopo Bassano und Jacopo Tintoretto. Seine Bilder zeichnen sich durch eine phantastische Farbigkeit, Figurenreichtum und kräftige, lebendige Pinselstrichführung aus. DIE HEIMSUCHUNG MARIÄ, (Pfarrkirche von Arzignano) und die GLORIE DES INQUISITORS ALVISE FOSCARINI, (Vicenza, Museo Civico) sind seine Hauptwerke.

Magnasco, Alessandro

(gen. il Lissandrino)

* 1667 in Genua, † 12. 3. 1749 in Genua. Von seinem Vater, dem Maler Stefano Magnasco, bekam er seine erste Ausbildung. 1677 besuchte er eine Lehre bei dem Porträtmaler Filippo Abbiati. Er wandte sich aber bald von der Bildnismalerei ab und beschäftigte sich mit → Capricci, Landschafts- und → Genremalerei. Seine Bilder haben phantastischen, bizarren, fast irrationalen Charakter. Er setzt seine Pinselstriche locker und schnell, sein

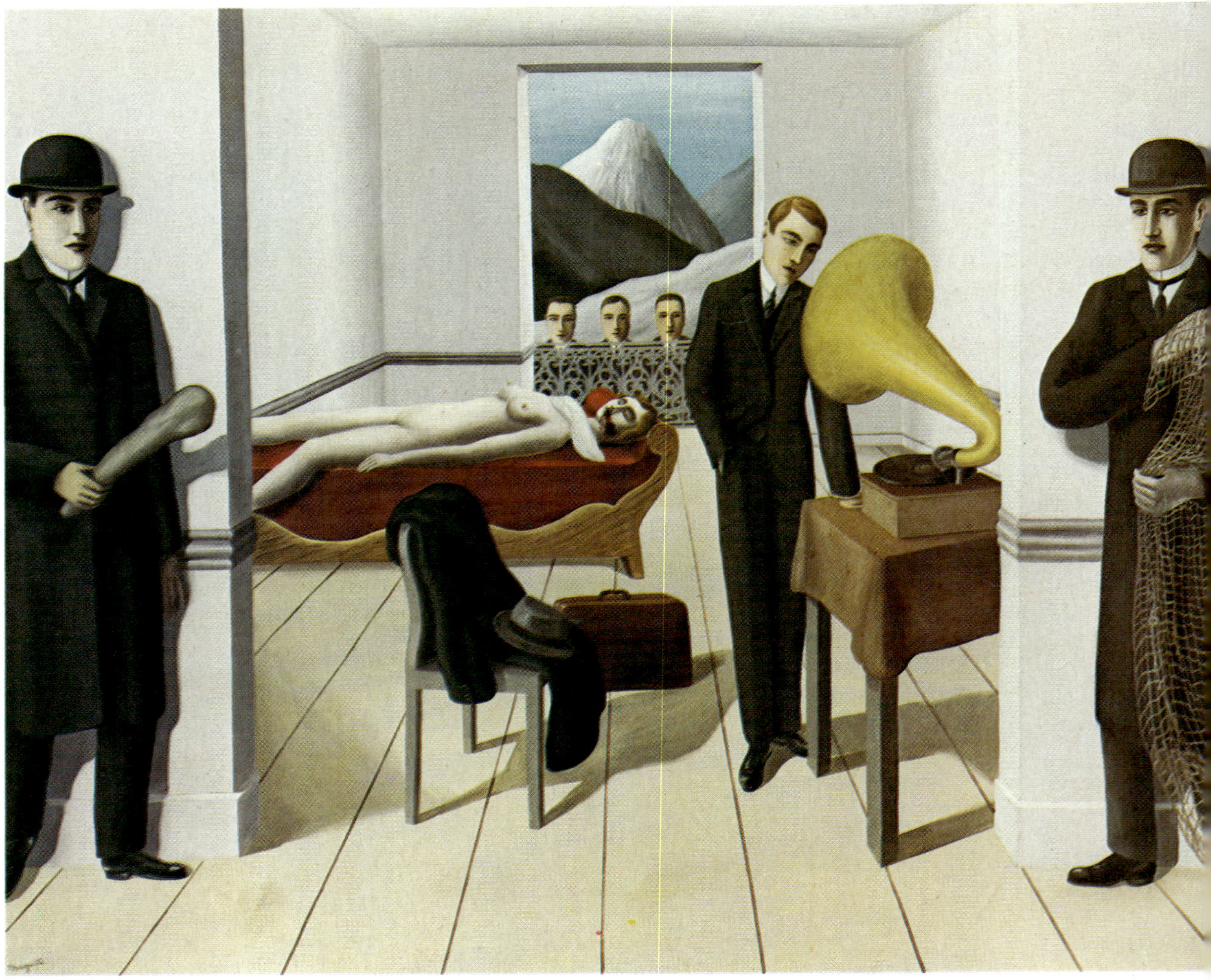

René Magritte, DER BEDROHTE MÖRDER, *1926, 150 × 195 (New York, Museum of Modern Art). Magritte bedeutete das Gegenwärtige ein „absolutes Mysterium". Seine rätselvollen, bisweilen magischen Darstellungen, sollen eine Herausforderung an den gesunden Menschenverstand sein, „der mich unendlich langweilte" (Magritte).*

Kolorit ist düster. Wenige helle Töne stechen hervor und verleihen dem Gemälde Lebendigkeit. Ein Beispiel ist der HOCHZEITSZUG DER ZIGEUNER (Berlin, Staatliche Museen/West, Gemäldegalerie).

Magnelli, Alberto
* 1. 7. 1888 in Florenz, † 20. 4. 1971 in Paris. Wichtiger Vertreter der abstrakten Malerei. Ab 1910 wurde er vom → Kubismus und → Futurismus beeinflußt, seit 1914 auch stark vom Werk Pablo Picassos und Fernand Légers, z. B. in ARBEITER AUF EINEM KARREN, 1914 (Paris, Sammlung Mme. Magnelli). Zu Beginn des Ersten Weltkrieges wandte er sich ganz der ungegenständlichen Malerei zu mit sich überschneidenden Elementarformen. Vorherrschende Diagonalen erzeugen dabei eine ausgesprochene Bilddynamik. Die hinzukommende plastische Monumentalität ist von alter Freskomalerei angeregt. Gegen 1918 kehrte er zu freilich stark abstrahierten Gegenstandsfigurationen zurück. 1933 trat er in Paris der Gruppe → Abstraction-Création bei. Intensiv orientiert er sich nun in seinen Gemälden und → Collagen am → Konstruktivismus.

Magritte, René
* 21. 11. 1898 in Lessines (Belgien), † 15. 8. 1967 in Brüssel. 1916–18 studierte Magritte an der Accadémie des Beaux-Arts in Brüssel, wo er Victor Servranckx kennenlernte. Als er 1922 Georgette Berger heiratete, mußte er sich seinen Lebensunterhalt in verschiedenen Berufen erwerben, z. B. als Zeichner einer Tapetenfabrik. In seiner Freizeit arbeitete er zusammen mit Servranckx an → abstrakten Gemälden. Durch einen Freund, Marcel Lecomte, lernte er die Malerei des

René Magritte, DIE LIEBENDEN, *1928, 54 × 73 (Privatbesitz). Gegen Ende der 20er Jahre stand Magritte, der nun in Paris wohnte, in intensivem Austausch mit der surrealistischen Gruppe um Breton. Das Bild der beiden verhüllten Gesichter könnte als symbolisch für menschliche Entfremdung verstanden werden.*

Italieners Giorgio de Chirico kennen, die Magritte sehr beeindruckte und die erste Periode seines Schaffens, 1925–27, bestimmte. Unzufrieden mit der sterilen Abstraktion wandte er sich nun der konkreten Gegenstandsbeschreibung zu: SCHWIERIGE ÜBERFAHRT, 1926 (Brüssel, Sammlung Mme. Jean Krebs). Seit 1926 konnte sich Magritte ganz auf seine Malerei konzentrieren dank der Unterstützung der Brüsseler Galerie „Le Centaure", in der er zusammen mit seinen Malerfreunden Lecomte, Camille Goemans, Paul Nogué u. a. ausstellte. Von 1927–30 wohnte er in Perreux-sur-Marne am Rande von Paris und knüpfte dort Beziehungen zu den Pariser → Surrealisten, die sich um André Breton sammelten. In diesen und den folgenden Jahren entwickelte er die Elemente seines surrealistischen Stils. Indem er Gegenstände und Erlebnisse aus ihrem üblichen Rahmen isoliert und Beziehungen schafft, wo scheinbar kein Zusammenhang besteht, bewirkt er in seinen Bildern diese eigentümlich traumhafte Atmosphäre: DAS MUSEUM EINER NACHT, 1927 (Brüssel, Sammlung M. Mabille). Er verblüfft seine Betrachter durch eine häufig willkürliche Farbgebung oder durch Veränderungen in den Größenordnungen, z. B. eine Feder in der Höhe des Turms von Pisa, gegen den sie lehnt. Ebenso durch seine Raumgestaltung, indem er z. B. beim Einblick und Ausblick aus dem Fenster Nah- und Fernsicht vertauscht: DIE DOMÄNE VON ARNHEIM, 1949 (Philadelphia, Sammlung A. Young). In DIE GROSSE FAMILIE, 1947 (Knokke-Le Zoute, Sammlung Nellens) hebt er die Schwerkraft und Körperfestigkeit auf. Während des Zweiten Weltkrieges malte er in → impressionistischer Manier, kehrte aber dann wieder zum Surrealismus zurück. Neben Max Ernst und Salvador Dalí ist René Magritte der bedeutendste Vertreter des Surrealismus, dessen zum Denken anregende Werke bis heute nicht an Interesse und Einfluß verloren haben.

Makart, Hans

* 29. 5. 1840 in Salzburg, † 3. 10. 1884 in Wien. Makart erhielt seine

René Magritte, DIE SCHWARZE MAGIE, *1933/34, 73 × 54 (Privatbesitz). Deutungen und Bildinterpretationen im herkömmlichen Sinne waren dem belgischen Maler äußerst unerwünscht. Salvador Dalí scheuchte er bei der Eröffnung einer New Yorker Ausstellung (1965) von einem seiner Bilder weg, als dieser Erklärungen dazu abgab.*

Hans Makart, Dame am Spinett, *1871, 83×36 (Wien, Österreichische Galerie). Obwohl man die Malerei Makarts gemeinhin mit dem halb abwertenden Begriff Salonkunst belegt, existieren Werke von seiner Hand, die von hoher künstlerischer Qualität sind. Dieses Frühwerk mit einer lesenden Rückenfigur gehört ohne Zweifel dazu.*

Ausbildung 1859–65 an der Münchner Akademie in dem Atelier des → Historienmalers Karl Theodor von Piloty. Zu seinem Vorbild wählte er die farbenprächtige Kunst des Venezianers Paolo Veronese, die er auf Reisen kennengelernt hatte. 1869 begann mit seiner Berufung nach Wien sein Aufstieg zum tonangebenden Malerfürsten. Makart, der als ein Hauptvertreter des Neubarock gilt, prägte mit seinem zum festumrissenen Begriff gewordenen „Makartstil" die Gründerjahre in allen Fragen des Geschmacks. In seinen monumentalen historischen und → allegorischen Gemälden entfaltete er phantasievoll mit leuchtenden Farben und luxuriösem Gepränge nahezu opernhaften Prunk – Einzug Kaiser Karls V. in Antwerpen, 1878 (Hamburg, Kunsthalle); Der Sommer (Skizze 1880/81 (Berlin, Staatliche Museen/Ost, Nationalgalerie). Daneben schuf er zahlreiche, häufig sinnlich reizvolle Damenbildnisse – Römische Dame, 1875–80 (Bautzen Stadtmuseum). Nach dem frühen Tode des Künstlers wurde der Makartstil schon um die Jahrhundertwende vom aufstrebenden → Jugendstil abgelöst.

Makron
attischer Vasenmaler des strengrotfigurigen Stils, tätig zwischen 495 und 475 v. Chr. in Athen. Makron bemalte fast ausschließlich Schalen für den Töpfer Hieron, über 300 Arbeiten können ihm zugeschrieben werden. Seine Themen stammen überwiegend aus dem dionysischen Kreis der Zecher,

Hans Makart, Die Falknerin *(München, Neue Pinakothek). Makarts aufwendiger Farbstil und seine gefälligen, bravourösen Themen entsprachen dem Geschmack des Wiener Großbürgertums und Adels in der Gründerzeit. Sein Salon war ein Mittelpunkt des Gesellschaftslebens.*

Tänzer, Satyrn und der Erotik, wie auf der Schale mit SATYR UND MÄNADE, um 490–85 (München, Antikensammlung), Szenen, die auch im etruskischen Ausland sehr gefragt waren. Die Bilder sind von sprühender Vitalität, dynamisch komponiert und von großer Feinheit in der Zeichnung der Gewänder, die oft durchscheinend gegeben sind.

Malczewski, Jacek

* 15. 7. 1854 in Radom (Polen), † 8. 10. 1929 in Krakau. Malczewski lernte Malerei in Krakau und Paris und bevorzugte zunächst naturalistische → Genreszenen. In den 90er Jahren malte er → Historienbilder zum nationalen Befreiungskampf der Polen und spielte eine führende Rolle in der neoromantisch-symbolistischen Bewegung „Junges Polen". In diesem Sinne entstanden Zyklen wie ELLENAIS TOD und NYMPHEN, 1894, sowie das Gemälde IRRKREIS, 1895–97 (alle Werke in Posen, Muzeum Narodowe). Starke Dynamik und grelle, abstrakte Farben wirken nahezu surrealistisch.

Maler, Hans

* um 1490 in Ulm, † um 1530. M. war wahrscheinlich ein Schüler des Bartholomäus Zeitblom und lernte später in der Werkstatt Bernhard Strigels. Auch Albrecht Dürer beieinflußte ihn. In Schwaz am Inn in Tirol lebte und arbeitete er wohl bis zu seinem Lebensende, ohne sich von bekannten Tiroler Malern, wie Michael Pacher, beeinflussen zu lassen. M. malte hauptsächlich Porträts neben einigen Darstellungen religiösen Inhalts. Die porträtierten Fürsten und Bürger sind meist in Halbfigur oder bis zur Brust dargestellt. Als reife Werke sind die Porträts der ANNA VON UNGARN, 1520 (New York, Solomon R. Guggenheim Museum), des ANTON FUGGER, 1525 (Karlsruhe, Staatliche Kunsthalle), und des WOLFGANG RONNER, 1529 (München, alte Pinakothek), zu bezeichnen. Ein Hauptwerk ist auch der Apostelaltar der Franziskanerkirche in Schwaz, 1525–30 entstanden. M.s Darstellungen sind schlicht und zurückhaltend. Er legte Wert auf die Feinheiten der Kleidung und die dekorative Ausstattung der Figuren. Die Bilder zeigen wenig Plastizität und die Porträts nur Hinweise auf Individualität. Die Farben wirken kühl. Seine Malweise ist etwas trocken und nicht sehr phantasiebegabt. M. blieb in der Tradition der süddeutschen Malerei verhaftet.

Kasimir Malewitsch, SUPREMATISTISCHE KOMPOSITION, *um 1915/16, 49 × 44 (Ludwigshafen, W.-Hack-Museum). 1522 verfaßte Malewitsch seine Schrift „Suprematismus – die gegenstandslose Welt oder das befreite Nichts", worin er seine Idee von der Selbstgenügsamkeit geometrischer Formen niederlegte.*

Jacek Malczewski, ELLENAIS TOD, *1894. Bis vor einigen Jahren war dieser polnische Maler im Westen fast unbekannt. In seiner Jugend hatte Malczewski die europäischen Kunstzentren besucht und gehörte mit seinen bedeutungsschweren Gemälden in den Kreis der Symbolisten. 1911 wurde er Professor in Krakau.*

Mäleßkircher, Gabriel

* um 1425, † 1495 in München. Über M.s Lebensweg ist nicht viel bekannt. Er war in München und Umgebung tätig und lernte wahrscheinlich in der Weilheimer Malerschule. 1455 malte er eine Initiale im Rechtsbuch der Stadt München, war aber sonst vor allem als Altartafelmaler tätig. Die wichtigsten Tafeln malte M. für die Klosterkirche St. Quirin am Tegernsee, um 1470. Ein Teil befindet sich in München, Alte Pinakothek. Er malte zudem für die Klöster Raitenhaslach bei Altötting und Rottenbuch bei Schongau. Ab 1461 war M. in München auch politisch tätig und erwarb sich ein hohes Ansehen. M.s Bilder sind sehr detailreich und erzählerisch. Er malte fein und modellierte weich und zart. Sein Stil untersteht auch niederländischem Einfluß.

Malewitsch, Kasimir Sewerinowitsch

(transl.: Malevič, Kazimir Severinovič)
* 23. 2. 1878 in oder bei Kiew,

Alfred Manessier, DORNENKRONE, *1951, 58 × 48 (Essen, Museum Folkwang). Schon früh von den Werken Rembrandts beeindruckt, die er im Louvre kopierte, steigerte Manessier später seine religiöse Empfänglichkeit während eines längeren Aufenthaltes in einem Trappistenkloster. Mit abstrakten Mitteln gestaltete er christliche Themen.*

† 15. 5. 1935 in Leningrad. Der Maler, Graphiker und Kunsttheoretiker zählt zu den konsequentesten Vertretern des → Konstruktivismus, der mit der Entwicklung des → Suprematismus den Beginn der abstrakten Malerei in der Sowjetunion initiierte. Nach impressionistischen Anfängen begann er sich mit dem → Fauvismus und der verwandten russischen Richtung, dem Primitivismus Nathalie Gontscharowas und Michail Larionovs, auseinanderzusetzen, der im Protest gegen etablierte Kunstauffassungen Elemente der russischen → Ikonen- und Bilderbogenmalerei mit reinen leuchtenden Farben kombinierte. Wahrscheinlich vermittelt durch einen Parisaufenthalt 1912 gelangte er zu einer immer stärkeren Geometrisierung der menschlichen Figur, die sein Interesse für den Kubismus bezeugt. Die kubistische → Collagetechnik zusammen mit futuristischen Bildkomponenten bestimmen auch Werke wie ENGLÄNDER IN MOSKAU, 1913 (Amsterdam, Stedelijk Museum), wobei die Kombination von realen Dingfragmenten und Buchstaben an → dadaistische Praktiken erinnern. 1913 entstand ein Schlüsselwerk der modernen Kunst, ein Bühnenbild aus einem schwarzen Quadrat auf weißem Grund, das Malewitsch später als „nackte gerahmte Ikone“, als Zeichen einer neuen Vorherrschaft der reinen Empfindung in der Kunst, des Suprematismus also, bezeichnete. Nun entstanden auch suprematistische Tafelbilder wie das berühmte SCHWARZE QUADRAT AUF WEISSEM GRUND, 1913 (Leningrad, Russisches Museum). Die Bilder von 1915 sind beherrscht von einfachen geometrischen Elementen, die in ihrem schwebenden Eindruck Prinzipien der kinetischen Kunst vorwegnehmen. 1916 werden diese Gebilde zunehmend räumlich verschränkt. In der sog. puristischen Phase malte er monochrome, in Weiß modulierte Bilder. Anschließend widmete er sich vor allem utopischen Architekturentwürfen. Mit seinen Theorien beeinflußte er maßgeblich die avantgardistische Kunst ganz Europas.

Mander, Karel van (I)

* 1548 in Meulebeke (Westfalen), † 2. 9. 1606 in Amsterdam. Mander war Maler und Künstlerbiograph. Nach anfänglicher Ausbildung – bis 1583 – in Gent bei Lukas de Heere ging er 1573 nach Italien, wo er sich hauptsächlich in Rom aufhielt. 1583 ließ er sich in Haarlem nieder. Er gründete dort eine Aktzeichenakademie. Ab 1604 war er in Amsterdam. Die Ansätze zu einem neuen Realismus in Manders Stil machten ihn zu einem Wegbereiter der holländischen Kunst des 17. Jh. In seiner frühen Phase findet sich eine Mischung aus flämisch-romanistischen und italienisch-manieristischen Elementen, welch letztere ab 1591 zurückgingen und klassizistischen Platz machten.

Mánes, Josef

* 12. 5. 1820 in Prag, † 9. 12. 1871 in Prag. Der von der deutschen Spätromantik und der aktuellen belgischen Historienmalerei beeinflußte Maler und Graphiker wurde zum Hauptmeister der nationaltschechischen Malerei im 19. Jh. Er studierte an der Prager Akademie und arbeitete anschließend in München bei Peter von Cornelius und Moritz von Schwind. Unter literarhistorisch orientierten Gemälden entstand nach seiner Rückkehr nach Prag

1846 das im Geist der Spätromantik gehaltene Bild BEGEGNUNG PETRARCAS MIT LAURA (Prag, Národní Galerie). Seine realistische Gestaltungsweise verbindet sich mit idealistischer Überhöhung des Inhalts und ausgeprägtem Streben nach Monumentalität, z. B. auch in dem Hauptwerk der MONATSSCHEIBE für die Kunstuhr am Prager Rathaus, 1865/66 (Prag, Městské Museum).

Manessier, Alfred
* 5. 12. 1911 in St-Quen, Somme. Wichtiger französischer Vertreter einer hauptsächlich religiös orientierten abstrakten Malerei. 1929 übersiedelte er nach Paris und schrieb sich an der École des Beaux-Arts ein, um Architektur zu studieren. Parallel dazu bildete er sich im Malen weiter, indem er im Louvre vor allem Werke Rembrandts kopierte. 1935 besuchte er die Académie Ranson, wurde Schüler von Roger Bissière, der ihn nachhaltig beeindruckte und prägte, und befreundete sich mit Jean Le Moal. Die farbintensiven Arbeiten dieser Periode sind am → Kubismus ausgerichtet, während sich um 1938 Einflüsse des → Surrealismus stellenweise bemerkbar machen. Schon 1937 hatte er unter der Leitung von Bissière an der Dekoration des „Pavillon de l'Air et des Chemins de Fer" auf der „Exposition internationale de Paris" mitgearbeitet. Ausschlaggebend für sein weiteres Schaffen wurde der Besuch des Trappistenklosters La Grande Trappe in Soligny. Seine Malerei nahm ab jetzt vorherrschend eine religiöse Ausrichtung. Kräftige, wie von Licht durchtränkte Farben werden in ihrer Eigenwertigkeit mosaikartig zusammengesetzt, und in diesem Farbmosaik tauchen Formzeichen als evokative Gebilde auf. Die Assoziation an die magische Leuchtkraft mittelalterlicher Glasfenster stellt sich ein. Seit etwa 1950 wird die formale Struktur der Gemälde etwas lockerer, die Farbgebung nimmt an Differenziertheit und Subtilität zu, so daß die einzelnen Farbkompartimente gleichsam zu Leuchtzentren werden, z. B. in dem Bild DIE DORNENKRONE von 1951 (Essen, Museum Folkwang). Auf Lichtimpressionen hin, die Manessier während verschiedener Reisen nach Holland, in die Provence und nach Spanien gewonnen hatte, verstärkt sich die Luminaristik in seinen Bildern zu einer Raumkonstitution aus transparenten Farbplänen. Ein weiterer Spanienaufenthalt im Jahre 1966 brachte den Anfang lyrischer, ein pantheistisches Harmoniegefühl ausdrükkender Arbeiten mit sich, so etwa in dem Bild LÄNDLICHE FREUDE von 1974 (Privatsammlung). Der christliche Symbolgehalt vieler seiner Werke, der einer überzeugenden bildnerischen Bewältigung zugeführt wird, verleiht Manessier eine gewisse Ausnahmestellung in der modernen Kunst. „Aus der Meditation der heiligen Zeichen und Metaphern und der in der Natur eingeschlüsselten · Schöpfungsworte tritt da ein Werk ans Licht, das in seinem Bau wieder die hieratische, aber liebedurchwärmte Strenge kultischer Bilder hat" (W. Haftmann).

Alfred Manessier, HAHNENKAMPF, *1944, 81 × 100 (Paris, Musée National d'Art Moderne). Das inhaltliche Motiv des Werkes befindet sich in einer Art Auflösungsprozeß, der von der Dynamik der Farbe erzeugt wird. Das aggressive Gegeneinander der Kräfte entsteht durch scharfe Formen und einen intensiven Rotton.*

Edouard Manet, NANA, *1877 (Hamburg, Kunsthalle). Die Romanfigur Emile Zolas ist eine Kokotte, die hier mit einem Verehrer in Erscheinung tritt. Die Anmut ihrer Weiblichkeit steht im bewußt gesuchten Kontrast zum unsentimental-kalten Eindruck des Mannes mit Frack und Zylinder, den der Bildrand überschneidet.*

Edouard Manet, DER BALKON, *1868/69, 169 × 123 (Paris, Louvre). Während die beiden stehenden Personen eher „unscharf" erfaßt sind, gilt die Aufmerksamkeit des Malers vor allem der sitzenden Dame, bei der es sich um Berthe Morisot handelt. Sie war selbst eine ausgezeichnete Malerin und diente Manet häufig als Modell.*

Manet, Edouard

* 23. 1. 1832 in Paris, † 30. 4. 1883 in Paris. Der als Wegbereiter der modernen Malerei geltende Künstler stammte aus dem gehobenen Pariser Bürgertum. Bald geriet er in Konflikt mit seinem Vater, der ihn zum Jurastudium anhielt. Nachdem sich der Wunsch des jungen Manet, Seemann zu werden, nicht erfüllen sollte, gab die Familie schließlich ihre Zustimmung zum Beruf eines Malers. 1850–56 erhielt Manet eine akademische Ausbildung im Atelier Thomas Couture. Daneben arbeitete er im Atelier Suisse, im Wald von Fontainebleau, und im Louvre, wo er sich ausgiebigen Studien vor allem von Tizian, Velázquez, Tintoretto, Giorgione und Delacroix widmete. Auf Reisen nach Holland, Italien und Österreich 1853, Bologne-sur-Mer 1864 und 1868/69, Madrid 1865 und Venedig 1874 setzte er die Kopiertätigkeiten fort. Zeugnis davon geben z. B. SELBSTPORTRÄT NACH TINTORETTO, 1854 (Mus. de Dijon), PHILIPP IV. NACH VELÁZQUEZ, 1860/61, Zeichnung (Louvre, Paris), oder DANTE UND VERGIL IN DER HÖLLE NACH DELACROIX, 1854 (New York, Metropolitan Mus. of Art). Besonders die spanische Malerei muß Manet stark beeindruckt haben. Den Einfluß von Velázquez verraten u. a. DER ALTE MUSIKANT, 1861/62 (Washington, Nat. Gall.), und DER KNABE MIT DEGEN, 1861 (New York, Metropolitan Mus.). An Goyas Frauenporträts erinnern das Bildnis der Primaballerina eines spanischen Balletts, LOLA DE VALENCIA, 1861/62 (Paris, Jeu de Paume), und SPANISCHES BALLETT (Washington, Philipps Memorial Gall.). Manets Vorliebe für spanisch-folkloristische Motive spiegeln Bilder wie DIE JUNGE FRAU MIT DEGEN, 1862 (New York, Metropolitan Mus.), und der in velázquezschem Rosa, Schwarz und Gelb gemalte TOTE TORRERO, 1863 (Washington, Widener Coll.), ein Fragment aus der von Manet in Stücke geschnittenen EPISODE EINES STIERKAMPFES. Nach dem Tode seines Vaters 1862 wurde Manet unabhängig und konnte seine holländische Klavierlehrerin Suzanne Leenhoff heiraten, nachdem die Mutter eines Sohnes 13 Jahre lang seine Geliebte gewesen war. In seinen letzten Lebensjahren litt

der Maler an einer Lähmung und mußte mit dem Malen im Atelier vorliebnehmen. Kurz vor seinem Tode wechselte er auf die leichter zu handhabende → Pastelltechnik über. Er starb an den Folgen einer Beinamputation. Fast seine ganze Malerlaufbahn lang kämpfte Manet vergeblich um die Anerkennung seiner fortschrittlichen Malerei durch den konservativ-akademischen SALON. Die Ehrung eines seiner ersten Werke, DER GITARRENSPIELER, 1861 (New York, Slg. Osborn; auch DER SPANISCHE SÄNGER genannt), das neben Velázquez den Einfluß des Realismus Coutures verrät, sollte ein Einzelfall bleiben. 1863 stellte er das FRÜHSTÜCK IM FREIEN (Paris, Jeu de Paume) im Salon des Refusés aus, einer Galerie, in der die vom offiziellen Salon abgewiesenen Bilder besichtigt werden konnten. Die nackte Frau neben den beiden angekleideten Männern war der Anlaß zum Skandal. Die Komposition steht in der Tradition klassischer Werke: Marcantonios Stich nach Raffaels URTEIL DES PARIS und Giorgiones LÄNDLICHES KONZERT. In der linken vorderen Bildecke sind die Kleider der Frau und ein umgefallener Korb mit Früchten wie ein Stilleben arrangiert. Ebenfalls Kritik und Spott erntete im Salon von 1865 die OLYMPIA, 1864, (Paris, Jeu de Paume). Die kindlich-zarte Kurtisane unter dem Decknamen einer Allegorie aus der Antike ist hier Ursache für den Anstoß, den Paris an diesem Bild nahm. 1866 wurde DER PFEIFER (Paris, Jeu de Paume) zurückgewiesen, der, spanisch inspiriert, Charakteristika der Manetschen Malweise, Flächigkeit und Betonung der Konturen, deutlich macht. Die ERSCHIESSUNG KAISER MAXIMILIANS VON MEXICO, 1868/69 (Mannheim, Kunsthalle), für die wohl Goyas, 3. MAI 1808 IN MADRID Vorbild war, und das FRÜHSTÜCK IM ATELIER, 1868 (München, Neue Pinakothek), spiegeln genial die Kühle, mit der der Maler die Fühllosigkeit des Menschen des 19. Jahrhunderts darstellt. Die Figuren werden wie Elemente eines Stillebens behandelt, scheinen kein Eigenleben zu besitzen, sondern ausschließlich als Kompositionswerte und Farbträger zu fungieren. Sie sind → „nature morte" und befinden sich wie zufällig auf dem vom Maler gewählten Bildausschnitt. Die für Manet charakteristische Bedeutungslosigkeit des Sachinteresses und der menschlichen Anteilnahme stellt ihn an den Beginn des → „l'art pour l'art". Der Knabe im Vordergrund des FRÜHSTÜCK IM ATELIER scheint mit maskenhaft-starrem Gesichtsausdruck ins Leere zu blicken, während die Frühstücksreste auf dem Tisch vor dem rauchenden Herrn den Stillebencharakter des Gemäldes symbolisieren. Die impressionistische Malerin Berthe

Edouard Manet, MONET MALT IN SEINEM BOOTSATELIER, *1875, 82 × 100 (München, Neue Pinakothek). Monet wurde in diesen Jahren zum wichtigsten Vertreter des Pleinairismus, der Freiluftmalerei. Manet begab sich 1875 nach Argenteuil, wo er sich Monet, der die Tage malend auf einer Barke verbrachte, anschloß.*

Morisot, die Manet 1866 kennenlernte und die seinen Bruder heiratete, saß Modell für die sitzende Figur im Vordergrund des Bilds DER BALKON, 1868/69 (Paris, Louvre). Nach Manets Offizierszeit im Generalstab der Garde Nationale während des Deutsch-Französischen Krieges 1870 zeichnete sich 1871 ein Erfolg ab, trotz immer noch heftiger Angriffe von seiten des offiziellen Salons. Im selben Jahre trennte sich Manet jedoch von der Gruppe junger Künstler, die sich als die → Impressionisten zusammenschlossen, da er ihre Absonderung vom offiziellen Salon mißbilligte. Von 1868/69 hatte Manet regelmäßig den Freitagsstammtisch der Gruppe im Café Guerbois besucht. Zeugnis des freundschaftlichen Verhältnisses zwischen Manet und der Gruppe geben DAS ATELIER von Bazille und ATELIER BEI BATIGNOLLES von Fantin Latour, die Manet mit Gliedern der Gruppe zeigen. Manet nahm jedoch an den Ausstellungen der Impressionisten nie teil. Nichtsdestoweniger begann er 1871, als er sich aufs Land zurückzog und dort kein Atelier fand, mit der → Pleinairmalerei. Wohl unbewußt näherte er sich impressionistischen Maltechniken, die neben der Farbe dem Pinselstrich gesteigerte Bedeutung als Gestaltungsmittel zumessen. Seine schon seit den 70er Jahren bevorzugt der Lebenswelt entnommenen Themen und Motive greift er jetzt schnappschußartig, wie zufällig auf und präsen-

Edouard Manet, IM WINTERGARTEN, *1879, 115 × 150 (Berlin, Nationalgalerie). 1878/79 wohnte Manet in der Pariser Rue d'Amsterdam, wo sich im Hause eines Malerkollegen ein Wintergarten befand, der auch gelegentlich als Hintergrund für Porträts diente. Der Pariser Salon von 1879 nahm dieses Bild Manets wohlwollend auf.*

Edouard Manet, BAR IN DEN FOLIES-BERGÈRE, *1882 (London, Courtauld Institute). In Manets Schaffen finden sich vielfach Reminiszenzen an alte Meister, z. B. Goya oder Frans Hals – dieses Motiv hingegen ist ganz aus dem Leben der Zeit gegriffen. Das Pariser Revuetheater Folies-Bergère war bei den Impressionisten sehr beliebt.*

tiert sie im Eindruck des Augenblicks. Beispiele der Befreiung von den alten Meistern und des Aufgreifens neuer Ausdrucksmittel des Impressionismus sind ARGENTEUIL, 1874 (Tournai, Mus. des Beaux-Arts), und CLAUDE MONET MALT IN SEINEM BOOTSATELIER, 1875 (München, Neue Pinakothek). Eine aufgehellte Palette und das subtile Gespür für Lichtwirkungen zeigen IM BOOT, 1874 (New York, Metropolitan Mus.), und DIE BLONDE MIT DEN NACKTEN BRÜSTEN, 1875 (Paris, Jeu de Paume). Trotzdem kann Manet nicht als Impressionist im eigentlichen Sinne bezeichnet werden. Er mischte seine Farben auf der Palette und splitterte sie nicht auf wie die Impressionisten, legte immer Wert auf saubere Konturierung, verwendete Schwarz als eine seiner Lieblingsfarben und betrachtet nicht die Landschaft, sondern den Menschen als seinen zentralen Bildgegenstand. Allerdings stellt er diesen Menschen in unkonventioneller Weise dar. Diese Kunst spiegeln die vielen Porträts z. T. berühmter Persönlichkeiten seines Jahrhunderts: EMILE ZOLA, 1868/69 (Paris, Jeu de Paume), und DIE FÄCHERDAME, 1873 (Paris, Jeu de Paume), GEORGE MOORE, 1879 (New York, Metropolitan Mus. of Art), MALLARMÉ, 1876 (Paris, Jeu de Paume) u. a. Nachdem 1877 NANA (Hamburg, Kunsthalle) vom Salon zurückgewiesen wurde, hatte Manet 1879 mit IM WINTERGARTEN Erfolg. 1880 stellte er in der Galerie der Zeitschrift „La Vie Moderne" aus. Er ist jetzt ein vielbesuchter und berühmter Mann, der 1882 mit BAR IN DEN FOLIES-BERGÈRES (London, Courtauld Institute) ein letztes Meisterwerk schafft. Dieses Gemälde bildet die Krönung einer Reihe von Interieurs wie IM KONZERT-CAFÉ, 1878 (Baltimore, Walters Art Gall.), oder DIE KELLNERIN, 1878/79 (London, Nat. Gall.). In den FOLIES-BERGÈRES stützt sich eine adrette Kellnerin auf die Theke, auf der sich meisterhaft gemalte Flaschen, eine Kristallschale mit Apfelsinen und ein Glas mit Blumen befinden. Diese Gegenstände, der Rücken der Kellnerin und ein Teil des Saales und der Galerie mit Menschenmassen und dem darüberschwebenden Kronleuchter spiegeln sich in einem großen Wandspiegel, der hinter der Kellnerin angebracht ist. Das Mädchen scheint ihres Gegenübers, das sie beobachtet, nicht gewahr zu werden, sondern in ernste, melancholische, fast schmerzliche Gedanken versunken. Manets Gespür für Farbharmonien hat seinen Höhepunkt erreicht. Neben diesem Bild malte Manet 1882/83 vor allem Stilleben: EIN SPARGEL (Paris, Jeu de Paume), NELKEN UND CLEMATIS IN EINER KRISTALLVASE (Paris, Jeu de Paume) u. a.

Andrea Mantegna, DER HL. SEBASTIAN, *um 1460, 68 × 30 (Wien, Kunsthistorisches Museum). Rechts:* HL. GEORG, *66 × 32 (Venedig, Accademia). Noch keine 20 Jahre alt, erhielt Mantegna mit anderen Künstlern bereits seinen ersten monumentalen Freskoauftrag. Sein Interesse an der Antike hatte bereits einen archäologischen Charakter. Das Sebastiansbild, in dem der antike Proportionskanon bereits anklingt, signierte er in griechischen Buchstaben.*

Niklaus Manuel, DIE ENTHAUPTUNG JOHANNES DES TÄUFERS, *32 × 26 (Basel, Kunstmuseum). Der Schweizer Maler, der – von ganz besonders urwüchsigem Temperament – auch Truppenführer, Ratsherr, Landvogt und Reformator war, ließ hier die Sonne angesichts der Freveltat sich verfinstern, eine Parallele zur Kreuzigung.*

Mantegna, Andrea

* ca. 1431 in Isola di Cartura bei Padua, † 13. 9. 1506 in Mantua. Mantegna, der Sohn eines Tischlers namens Biagio, ist neben Giovanni Bellini der bedeutendste oberitalienische Maler der Frührenaissance. 1441 wurde er als Lehrling des F. Squarcione bei der Paduaner Malerinnung eingeschrieben. 1448 wird eine Altartafel des siebzehnjährigen Malers erwähnt. 1453 heiratete M. Nicolosia, die Schwester Giovanni Bellinis. 1459 übersiedelte M. nach Mantua, wo er bald ein eigenes Haus besaß und 1460 Hofmaler der Gonzaga wurde.

Niklaus Manuel, DAS URTEIL DES PARIS, *223 × 160 (Basel, Kunstmuseum). Der Einfluß der reformatorischen Kunstlehre, die den katholischen Bildkult scharf kritisierte, äußert sich bei Manuel in einer Verringerung religiöser Thematik im späteren Schaffen. Statt dessen treten, nach dem Vorbild der Renaissance weltlich-antike Szenen in den Vordergrund, hier: der Prinz und die Göttinnen.*

1466–68 hielt M. sich im Auftrag der Gonzaga in Florenz auf. 1488–90 war er in Rom mit der Ausmalung (zerstört) der Privatkapelle Innocenz' VIII. beschäftigt. Von 1497 bis zu seinem Tode arbeitete er vor allem für Isabella d'Este. Er wurde in einer eigenen Kapelle, der ersten links vom Eingang, in S. Andrea in Mantua bestattet. Zu den frühesten und zugleich bedeutendsten Werken M.s gehörten die Fresken der Ovetari-Kapelle der Eremitani-Kirche in Padua (ca. 1448 bis 1459), die leider im 2. Weltkrieg weitgehend vernichtet wurden. Die noch erhaltene HIMMELFAHRT MARIENS zeigt in den wild durcheinandertaumelnden Jüngern das heftige Temperament des Malers, der sich an Castagno, Uccello, Filippo Lippi und Donatello geschult hatte. Scharfgratiger Faltenwurf und metallisch kühle Farbigkeit sind stilistische Kennzeichen der Kunst M.s. Diese Merkmale gelten für weitere Frühwerke wie das → Triptychon mit der ANBETUNG DER HL. DREI KÖNIGE (Florenz, Uffizien), die PALA DI SAN ZENO (Verona, S. Zeno) und CHRISTUS AM ÖLBERG (London, National Gallery). Vor allem die letztgenannte Darstellung offenbart den an Donatellos Plastik orientierten Stil M.s, der messerscharf gezeichnete Gestalten in eine atmosphärelos anmutende, wie erstarrte Landschaft setzt, ganz anders, als dies Giovanni Bellini in seinem Bild gleichen Themas in derselben Galerie tat. Zwischen 1465 und 1474 entstanden die Fresken der sog. Camera degli Sposi (Mantua, Castell San Giorgio). Es handelt sich um einen der größten und eindrucksvollsten Fresken-Zyklen der italienischen Malerei. An den Wänden des Gemachs, das offenbar für rein private Zwecke gedacht war, sind Mitglieder der herzoglichen Familie dargestellt. Die größte Szene zeigt LODOVICO III. GONZAGA MIT SEINER GEMAHLIN BARBARA VON BRANDENBURG UND DEM HOFSTAAT. Das Ganze eine menschlich bewegende Darstellung eines trotz aller Prachtentfaltung sich jovial um seine Privat- und Staatsangelegenheiten kümmernden Landesfürsten. Von den späteren Werken M.s verdient vor allem der TRIUMPH CÄSARS (Hampton Court, Schloß) von ca. 1486–92 Erwähnung. Auf neun großen Bildern erscheinen der Feldherr und sein Gefolge. In Anlehnung an antike Triumphdarstellungen führt man Trophäen und Beutestücke mit; Elefanten, Opfertiere und Streitwagen vervollständigen den farbenprächtigen Aufzug. Zu den späten Werken des Meisters gehört der SEBASTIAN (Venedig, Ca' d'Oro), dessen zerfetztes Lendentuch den Ausdruck rasenden Schmerzes des Gemarterten unterstreicht. Die MADONNA DELLA VITTORIA

Franz Marc, Blaues Pferd, *1911, 112×85 (München, Lenbachhaus). Ähnlich wie der Dichter H. Löns entwickelte Marc einen tiefen Sinn für das psychische Eigenleben des Tieres. Die existentielle Vorbildlichkeit des Tieres bringt er formal durch Monumentalisierung zum Ausdruck.*

(Siegesmadonna) (Paris, Louvre) war von Francesco Gonzaga anläßlich der Schlacht von Fornovo am 6. 7. 1495 in Auftrag gegeben worden, um den Ausgang der Schlacht günstig zu beeinflussen. Die demütige Haltung des hier als Feldherr auftretenden Fürsten hat die Entwicklung späterer Votivdarstellungen dieser Art stark beeinflußt. Von den Arbeiten für das Studiolo der Isabella d'Este, die bereits ein Nachlassen der künstlerischen Kräfte zu belegen scheinen, ist die wohl bedeutendste der sog. Parnass (Paris, Louvre), dessen in stampfendem Rhythmus einen Reigen tanzenden Nymphen überschäumende Lebenslust zu verkörpern scheinen. Auch als Porträtist war M. bedeutend, wie das des Kardinals Mezzarota (Berlin, Gemäldegalerie Dahlem) vor Augen führt. Die prüfenden Augen und die energisch zusammengepreßten Lippen verraten den wachen Verstand und mit Nüchternheit gepaarte Tatkraft des der Wirklichkeit zugewandten Kirchenfürsten der Zeit. M.s Malerei hat die gesamte oberitalienische Kunst nach ihm beeinflußt. Vor allem der von ihm ausgearbeitete Typ der → Sacra conversazione beherrschte zwischen Verona und Padua alle Schulen. Das umfangreiche Stichwerk M.s vermittelte nicht nur den oberitalienischen Schulen ein an antiken Darstellungen geschultes Körpergefühl, sondern wirkte vor allem auf die nordalpine Kunst (z. B. Dürer), der Szenen wie die Grabtragung Christi oder die verschiedenen Bacchanalien grundlegende Anregungen für die Entwicklung eines eigenen Formenschatzes sowie mythologischer Darstellungen vermittelten. Mit der illusionistischen Deckenöffnung der Camera degli Sposi brach M. der vor allem im Barock zu höchster Vollendung geführten Dekkenmalerei die Bahn, deren riesige Spiegelgewölbe oft Fresken aufnahmen, die den Raum bis ins Unendliche zu öffnen scheinen. Schließlich hat die gestisch bewegte Einzelfigur M.s für die gesamte oberitalienische Kunst kanonische Bedeutung erlangt.

Manuel, Niklaus
(auch Nikolaus Manuel Deutsch, oder Alleman)
* 1484 in Bern, † 1530 in Bern. Der außerordentlich vielseitige Maler, Zeichner und Holzschneider hat vermutlich in der Werkstatt von Hans Fries in Bern gelernt, deutlicher noch zeigt sein Werk jedoch Anregungen der → Donauschule und ihrer Renaissance-Errungenschaften. So zeigen schon seine frühen Arbeiten, wie die Flügel des Marienaltars von 1515 (verteilt in Bern, Kunstmuseum, und Winterthur, Slg. Oskar Reinhart), betonte Körperlichkeit und eine erstaunlich freie Auffassung der Thematik. Seit etwa 1515 neigte Manuel stark zu Szenen der humanistisch geprägten Ideale, allegorischen und moralisierenden Bildinhalten. In souveräner Beherrschung des Symbol- und Formenschatzes sowie der Raumdarstellung entstanden weiß gehöhte Farbtonzeichnungen, aber auch monumentale Altäre, wie der Märtyrer-Altar von Grandson oder der Antonius-Altar, 1520 (beide Bern, Kunstmuseum), und die späten Temperabilder. Kontrastreiche Lichtführung, differenzierte Farbigkeit und eine geradezu expressive Linienführung kennzeichnen Manuel als einen der prägnantesten Maler seiner Zeit, der in der Verbindung von Renaissance und Spätgotik zu einem typisch nördlichen Manierismus vordrang.
Kennzeichnend für die Vitalität des Malers ist, daß er auch als Krieger, Politiker, Dichter und Reformator auftrat.

Franz Marc, FÜCHSE, *1913, 87 × 65 (Düsseldorf, Kunstmuseum). Mehr als bei seinen anderen Tierbildern machte sich Marc hier die kaleidoskopartig zerlegende Sicht der Kubisten zu eigen. Die spitzwinklige Physiognomie des Fuchses eignete sich wohl besonders für ein solches geometrisches Experiment.*

Maratta (Maratti), Carlo
* 1625 in Camerano, † 1713 in Rom. Als Vertreter der klassizistischen Richtung der römischen Barockmalerei ist M. seit 1637 Schüler des A. Sacchi. Zu seinen Werken zählen Porträts, vor allem aber religiöse Themen, wie die Fresken in Rom in S. Giovanni in Fonte, 1648, S. Isosoro, 1653/54, die Allegorien im Palazzo Altieri von 1676. Zahlreiche Altäre, etwa seit 1650, stehen in der Tradition der streng gegliederten Komposition, des ruhigen Konturs, wie TOD DES FILIPPO NERI, um 1670 (Florenz, Pal. Pitti), BATHSEBA, um 1690 (Wien, Kunsthist. Mus.). M.s Freundschaft mit dem Kunsttheoretiker P. Bellori erklärt die bewußte Anlehnung an klassische Größen wie Raffael, Reni und Poussin.

Marc, Franz
* 8. 2. 1880 in München, gefallen am 4. 3. 1916 bei Verdun. Marc begann im Jahre 1900 sein Studium bei G. von Hacke und Wilhelm von Diez an der Münchner Akademie. 1903 fuhr er erstmals nach Frankreich – nach Paris und in die Bretagne –, 1907 zum zweiten Mal nach Paris. Drei Jahre später machte der junge Maler die Bekanntschaft August Mackes und Wassily Kandinskys und trat der bedeutenden Neuen Künstlervereinigung München bei, deren Spaltung Ende 1911 zur Gründung der „Redaktion des → Blauen Reiters" führte. Erste Ausstellungen dieser Gruppe folgten bald, und 1912 erschienen die Ziele und das künstlerische Programm der Vereinigung in dem Almanach „Der Blaue Reiter". Ab 1914 lebte Franz Marc in Ried bei Benediktbeuern (Oberbayern), wurde dann zum Militärdienst eingezogen und fiel 1916 vor Verdun. – Während seiner ersten Schaffensperiode hatte Marc noch nicht zu seinem eigenen Stil gefunden; naturalistische Motive waren seine Sujets, die er nach Art der französischen → Impressionisten, teilweise mit → pastosem Pinselstrich wie etwa van Gogh, gestaltete: REITER AM MEER, 1907 entstanden (München, Nachlaß Franz Marc), zeigt dieses Suchen nach einer künstlerischen Identität. Diese Arbeit genügte Marcs künstlerischen Zielen allerdings nicht; ab etwa 1908 begann seine Entwicklung weg vom Impressionismus und der naturalistischen Sehweise hin zu einer Kunst, die Ausdruck des „Transzendentalen" sein wollte und die sich im GROSSEN PFERDEBILD LENGGRIES von 1908 (Stuttgart, Privatsammlung) bereits ankündigte. Die Begegnung mit August Macke und dem Kreis um Wassily Kandinsky gab dem Maler dann entscheidende Anstöße und führte zu seinem eigenen reifen Stil. Marcs Thema war nach wie vor die Natur, besonders die Tierwelt, und die Darstellung des Einsseins von Kreatur und

Franz Marc, DER GELBE TIGER, *1912, 111 × 112 (München, Lenbachhaus). Nicht die Bestie sieht Marc in dem Tier der Wildnis, sondern das friedvoll-stille, verletzbar erscheinende Wesen. Weniger lauernd als in sich gekehrt mutet der ruhig schweifende Blick an.*

Umwelt, jetzt jedoch in einer ganz neuen Art: die Farbe wurde nicht mehr als realistischer Eigenwert des Dargestellten behandelt, sondern befreite sich vom Objekt und wurde zum reinen Ausdruckselement der Gestaltung; diese Entwicklung nahm ihren Anfang in AKTE AUF ZINNOBER im Jahr 1910 (Kaiserslautern, Privatbesitz) und brachte Marc mit dem Bild DREI ROTE PFERDE von 1911 (Cincinnati, Sammlung Paul E. Glier) den Durchbruch zu seiner flächenhafteren, mehr auf Ausdruck denn auf realistische Wiedergabe angelegten Kunst. Beispiele dafür sind REHE IM SCHNEE von 1911 (Hannover, Niedersächsische Landesgalerie) und DIE KLEINEN BLAUEN PFERDE aus dem gleichen Jahr (Hamburg, Privatsammlung). Sie führte außerdem zur Abspaltung von der Künstlervereinigung; zusammen mit Kandinsky begann Marc sich nun im Blauen Reiter zu verwirklichen, teilweise von Delaunays Behandlung der Farbe, die auf der Theorie des Chemikers Chevreul basierte und sich den Simultankontrast der Farbe zunutze machte – KÜHE – ROT, GRÜN, GELB, 1912 (München, Städtische Galerie im Lenbachhaus) –, teilweise auch vom → Kubismus und → Futurismus beeinflußt – TURM DER BLAUEN PFERDE, 1913 (verschollen), REHE IM WALD II, 1912 (Karlsruhe, Kunsthalle). Seitdem wurde das Werk des Künstlers immer mehr von der bizarren Formgestaltung bestimmt und trug somit zur Vorbereitung der → abstrakten Kunst bei, z. B. mit dem Bild TIROL von 1913/14 (München, Staatsgalerie moderner Kunst) und in der KOMPOSITION III von 1914 (Hagen, Karl-Ernst-Osthaus-Museum). Neben diesem bedeutenden Œuvre von Gemälden hinterließ Marc auch Zeichnungen – STELLA PEREGRINA (München, Staatliche Graphische Sammlung) –, Holzschnitte, Lithographien und Plastiken. Auch er gehörte zu den Künstlern, deren früher Tod eine große Lücke in der Kunst des 20. Jh. hinterließ. Sein Œuvre wurde auch für die Entwicklung der abstrakten Malerei Deutschlands von großer Bedeutung.

◁ *Franz Marc,* DER TURM DER BLAUEN PFERDE, *1913/14 (ehemals Berlin, Nationalgalerie). Das Werk wurde schon sehr früh von dem Berliner Museumsdirektor Justi, der sich für die Expressionisten einsetzte, gegen den Widerstand impressionistischer Kreise erworben. Seit der Beschlagnahmung durch die Nationalsozialisten ist es verschollen.*

△ *Franz Marc,* TIROL, *1913/14, 136 × 145 (München, Staatsgalerie moderner Kunst). Im Zentrum der explosiven Komposition ist eine Muttergottes zu erkennen, die Marc vor seinem Aufbruch an die Front in das bereits vollendete Bild eingefügt haben soll: ein Hinweis auf die im universalen Sinn religiöse Intention seines Werkes.*

Hans von Marées, Das Goldene Zeitalter, *1879/85, 188 × 149 (München, Neue Pinakothek). Innerhalb der Gruppe der Deutsch-Römer war Marées derjenige, der einem klassischen Körperideal am konsequentesten huldigte. Tatenlos, in ernster Beschaulichkeit verharrend, schauen die Heroen aus einem undurchdringlichen Dunkel.*

Marcoussis, Louis
(eigtl. Ludwig Markus)
* 14. 11. 1883 in Warschau, † 22. 10. 1941 in Cusset, Allier. Ab 1903 in Paris lebend, fand Marcoussis nach impressionistischen Anfängen zur geometrischen Zerlegung in → kubistischer Art. Der kleinteiligen Rastertechnik des Kubismus setzte er in dem Bild Zwei Dichter, 1929 (London, Redfarn Gallery) größere Farbfelder und klar abgegrenzte Bildelemente entgegen. Hartes Licht und abgesetzte Flächen kennzeichnen seine Landschaften.

Marées, Hans von
(eigtl. Johann Hans Reinhard von Marées)
* 24. 12. 1837 in Wuppertal-Elberfeld, † 5. 6. 1887 in Rom. 1854/55 war er Schüler von Karl Steffeck in Berlin. 1857 übersiedelte er nach München und arbeitete frei nach der Natur, wie seine Freunde, die Münchner Landschaftsmaler Franz von Lenbach und Adolf Lier. Gleichzeitig widmete er sich der Porträtmalerei: Doppelbildnis Marées und Lenbach, 1863 (München, Neue Pinakothek). Im Auftrag seines Mäzens Friedrich Graf von Schack befaßt er sich seit 1864 in Italien mit den alten italienischen Meistern (Tizian, Raffael u. a.). Nach dem Bruch mit Graf von Schack gewährt ihm ab 1868 der Kunstschriftsteller Konrad Fiedler seine finanzielle Unterstützung, die ihm auch weitere Reisen in Europa ermöglicht. 1873–75 hält er sich wiederum in Italien auf und freundet sich dort mit Arnold Böcklin an. Für die neu erbaute zoologische Station in Neapel malt er 1873 die wohl schönsten Fresken des 19. Jh.: Die Ruderer, u. a., in welchen sich seine Entwicklung zu einem monumentalen idealistischen Stil manifestiert, die sowohl von Konrad Fiedler als auch von Adolf von Hildebrand angeregt wurde. 1875 läßt er sich endgültig in Rom nieder und schafft dort seine großartigsten Werke, die sich durch klare Komposition sowie Harmonie zwischen Mensch und Natur auszeichnen: Die Hesperiden, 1884–87 (München, Neue Staatsgalerie), Parisurteil, 1880/81 (Berlin, Nationalgalerie). Hans von Marées, der dem Künstlerkreis der → Deutschrömer zuzuordnen ist, vereinigt in seinem Werk die Einflüsse der Landschaftsmaler und der alten italienischen Meister zu einem ausdrucksvollen, persönlichen Stil, der ihn zu einem der bedeutendsten Künstler des 19. Jh. werden ließ.

Marienleben, Meister des
tätig zwischen 1460 und 1480 in Köln. Der Künstler lernte in den Niederlanden, wo er entscheidend von Rogier van der Weyden und Dieric Bouts beeinflußt wurde. Dies zeigt sich in seiner Liebe zum Detail und in der eleganten Schlankheit der voneinander distanzierten Figuren. Das Lyrische in seinen Bildern wurzelt noch in der alten kölnischen Tradition. Das namengebende Werk ist der Marienaltar aus der St.-Ursula-Kirche in Köln, der um 1460 entstand und acht Darstellungen mit Szenen aus dem Leben

MARIÄ trägt (sieben Tafeln in München, Alte Pinakothek; eine in London, National Gallery). Das Altarwerk, besonders die Szene der GEBURT MARIÄ, zeichnet sich durch eine knappe, sachliche Schilderung und eine, durch eine gewisse Nüchternheit bedingte Zeitlosigkeit aus. Auch die 1465 und 1470–75 entstandenen beiden KREUZIGUNGS- → TRIPTYCHEN (Bernkastel-Kues, St.-Nikolaus-Hospital, Kapelle, und Bonn, Jesuitenkolleg) entbehren jeglichen Pathos und dienen in erster Linie zur Veranschaulichung des Geschehnisses. Das gilt auch für die 1470–75 entstandene KREUZIGUNG CHRISTI (Köln, Wallraf-Richartz-Museum). Um 1470 entstand das kleine → Diptychon mit dem MARTYRIUM DES HL. SEBASTIAN und der KREUZABNAHME CHRISTI (Bonn, Rheinisches Landesmuseum). Es ist, anders als die großen Altarwerke des Meisters, kleinteiliger und in der Komposition dichter. Dieser Gegensatz zeigt sich auch bei dem monumental gestalteten KREUZABNAHME-ALTAR – die Mitteltafel entstand um 1480, die Flügel um 1490 – (Köln, Wallraf-Richartz-Museum) und der kleinen Tafel MARIA MIT DEM KIND UND DEM HL. BERNHARD, um 1480 (Köln, Wallraf-Richartz-Museum), in der sich wieder die Detailfreudigkeit des Künstlers und sein Hang zum Lyrischen zeigen. Die Porträts des Meisters, wie

Hans von Marées, PERGOLA, *1873 (Wuppertal, Von-der-Heydt-Museum). Marées' aufwendigstes Werk ist ein Freskenzyklus, den er im Auftrag des Zoologen Dohrn für dessen Forschungsinstitut in Neapel ausführte. Das gezeigte Bild ist eine vorbereitende Ölskizze für ein lebensgroßes Fresko, das Marées, Dohrn und seine Freunde darstellt.*

Meister des Marienlebens, GEBURT MARIÄ, *um 1460 (München, Alte Pinakothek). Zu den Perlen der Münchner Pinakothek zählt diese fast aus dem Geist der Genremalerei geschaffene Darstellung einer Wochenstube. Von den der hl. Anna hilfreich zur Seite stehenden Frauen bereitet eine das Wasser, eine andere prüft die Temperatur, die nächsten halten Tücher bereit.*

Marino Marini, ZWEI REITER (Privatbesitz). Wie ein roter Faden zieht sich das Thema des Pferdes mit Reiter durch die römisch-italienische Kunstgeschichte: vom Marc Aurel des kapitolinischen Hügels in Rom über Donatellos Gattamelata in Padua bis hin zu Marinis Bildern und Skulpturen mit Pferdedarstellung, die im Zeichen der Abstraktion stehen.

das BILDNIS EINES MANNES, um 1480 (Karlsruhe, Kunsthalle), und das BILDNIS EINES BAUMEISTERS, um 1480 (München, Alte Pinakothek), gehören zu den ersten Bildnissen der kölnischen Malerei überhaupt. Aufgrund der großen Werkstattbeteiligung und enger stilistischer Verwandtschaft ist das Werk dieses Meisters nur schwer von dem des Meisters der Lyversberger Passion zu trennen. Die Verdienste des Meisters des Marienlebens liegen vor allem in der Integration der niederländischen Kunst in die kölnische Maltradition, wodurch er eine neue gotisierende Stilströmung entscheidend mitprägte.

Marin, John

* 23. 12. 1870 in Rutherford, New Jersey, † 1. 10. 1953 in Cape Split, Maine, USA. John Marin gehörte neben Georgia O'Keeffe und Arthur Dove zum engeren Kreis der von Alfred Stieglitz in seiner avantgardistischen „Galerie 291" vertretenen Künstlern. Von 1905–11 lebte Marin in Europa, vornehmlich in Paris, wo er 1909 im Salon des Indépendants ausstellen konnte. Nach seiner Rückkehr in die Vereinigten Staaten hatte Marin, der inzwischen zu seinem eigenen Stil gefunden hatte, seine erste Einzelausstellung in der Galerie 291. Inspiriert durch die Energie, die er in New York City vorfand, entstanden Städtebilder mit neuer Dynamik. Seine New-York-Aquarelle zeigen Wolkenkratzer als aufwärtsstrebende durch dynamische Pinselstriche in Bewegung gesetzte Kolosse, die die Spannung des Großstadtlebens reflektieren. Aber auch in der Natur, an der Küste Neuenglands, fand Marin die Vitalität, die seine Aquarelle in Farbe und Licht explodieren ließen. In Bildern wie REGION OF THE BROOKLYN BRIDGE FANTASY, 1932 (New York Whitney Museum of American Art), oder PERTAINING TO STONINGTON HARBOR, erfaßt er lieber die grundlegenden Qualitäten einer Szene, anstatt eine spezifisch genaue Wiedergabe zu geben. Obwohl seine Bilder bereits den → abstrakten Expressionismus vorwegnehmen, verlieren sie nie ganz die Verbindung zum gegenständlichen Ausdruck.

Marini, Marino
* 27. 2. 1901 in Pistoia. Stilistisch sind die archaisierend gegenständlichen Bilder dieses Bildhauers, Malers und Graphikers nur schwer einzuordnen. 1917 besuchte er die Accademia di Belle Arti in Florenz. Erst ab 1928/29 widmete er sich, angeregt durch die Eindrücke einer Parisreise, vorrangig der Bildhauerei. 1929–40 war er Lehrer an der Kunstschule der Villa Reale in Monza, 1940 erhielt er eine Professur für Bildhauerei an der Accademia di Brera in Mailand. 1942–46 übersiedelte er in die Schweiz, um dann wieder nach Mailand zurückzukehren. Seine frühen Bilder orientierten sich an klassischen, vor allem aber an archaisch-etruskischen Vorbildern. Thematisch entstanden hauptsächlich Akte, Pferde- und Reiterdarstellungen, etwa in RITTER MIT PFERD, 1938 (Besitz des Künstlers). Später wurde seine Linienführung expressiver, die Farbigkeit gebrochen, wobei häufig monochrom dunkle Töne vorherrschen.

Maris, Jacob
* 25. 8. 1837 in Den Haag, † 7. 8. 1899 in Karlsbad. Bruder von Matthijs und Willem. Bis 1865 malte er vornehmlich → Interieurbilder in feiner Behandlung des Inkarnats, z. B. IN DER KÜCHE, um 1860 (Amsterdam, Rijksmuseum). Nach Aufenthalten in Frankreich zurück nach Den Haag. In dieser späten Zeit malte er Porträts und Landschaften in Öl und Aquarell, wobei die Kompositionen strenger und die Gegenstände summarischer werden.

Maris, Matthijs
* 17. 8. 1839 in Den Haag, † 22. 8. 1917 in London. Maris war bis 1858 in Den Haag und Antwerpen. 1859 Rückkehr nach Den Haag. Eine Rheinreise 1860 brachte ihn in Kontakt mit den deutschen Romantikern Schwind und Kaulbach, was sich in seinen Werken niederschlug. Als Vertreter der Haager Schule ist er in seiner romantisch-märchenhaften Grundstimmung dennoch gänzlich unholländisch.

Maris, Willem
* 18. 2. 1844 in Den Haag, † 10. 10. 1910 in Den Haag. Maris war in erster Linie Landschafts- und Tiermaler, wobei er sich die Motive aus seiner natürlichen Umgebung holte. Der Frühstil ist gekennzeichnet durch die Betonung des Plastisch-Zeichnerischen und die Verwendung kräftiger Farben, z. B. KÄLBER AM MILCHTROG, 1863. Später hellen sich die Farben auf, der Stil wird malerischer, die Formbeschreibung lockerer und fließender gehandhabt.

John Marin, BOOT VOR DEER ISLAND, *44 × 57 (New York, Metropolitan Museum). Im Werk des amerikanischen Künstlers setzt sich in einem frühen Stadium die impressionistische Tradition des 19. Jh. fort. Später fand Marin zu einem sehr persönlichen Stil. Von einer gedämpften Farbigkeit ist dieses mit breiten Bürstenstrichen entworfene Aquarell.*

Albert Marquet, AM STRAND VON FÉCAMP, *1906 (Paris, Musée d'Art Moderne). Zumeist weniger grell und sprühend als bei den Fauvisten ist die Farbigkeit wie in Derains Bildern. Diese Strandansicht, die vielleicht eine sonntägliche Regatta zum Anlaß hatte, ist auf einen kühlen Grau-Blau-Wert abgestimmt. Statt atmosphärischer Raumtiefe ist die Fläche betont.*

Marmion, Simon
* um 1425 in Valenciennes oder Amiens, † 1489 in Valenciennes. Miniaturenmaler und Maler, der zwischen der altniederländisch-flämischen Tradition eines Dieric Bouts und Rogier van der Weyden und der spätgotischen französischen Malerei vermittelt. Sein Hauptwerk ist der 1454–59 geschaffene Bertin-Altar der Abteikirche von St-Bertin mit SZENEN AUS DEM LEBEN DES HL. BERTIN (heute Berlin, Stiftung Staatl. Museen/West, Gemäldegalerie). Zu seiner Zeit war Marmion hauptsächlich als Miniaturenmaler geschätzt.

Marquet, Albert
* 27. 3. 1875 in Bordeaux, † 14. 6. 1947 in Paris. Marquet kam 1890 mit 15 Jahren nach Paris, wo er die Kunstgewerbeschule besuchte. Dort lernte er 1892 Henri Matisse kennen, mit dem ihn seitdem eine tiefe Freundschaft verband. 1895 wechselte Marquet an die École des Beaux-Arts. 1898 wurde er Schüler in dem Atelier

Albert Marquet, NEAPEL *(Paris, Atelier Marquet). Unabhängig davon, wie sein Reiseziel hieß – ob London, Algier oder Marseille –, Marquet suchte dasselbe Motiv immer wieder aufs neue zu gestalten: den Hafen. 1908 unternahm Marquet seine erste Italienreise. Mit dem Zusatztitel „Couleurs de Naple" (Farben von Neapel) versah er dieses Werk.*

von Gustave Moreau, der als Vorläufer des französischen → Symbolismus und Anreger der modernen Malerei gilt. Mitschüler von Marquet waren u. a. Matisse, Rouault, Camoin und Marguin. Nach dem Tode von Gustave Moreau studierte Marquet zusammen mit Matisse 1898/99 an der Académie Carriere. Anfänglich, ca. bis 1906, malte Marquet in der Stilrichtung der → Fauves, deren Vorbild insbesondere Paul Gauguin war. Die Malweise der Fauves drückt sich in Gemälden mit kraftvoll vereinfachter Zeichnung aus sowie leuchtenden, kontrastierend gegeneinander gesetzten Farben, die ungebrochen, in großen Flächen zusammengehalten werden: DER 14. JULI IN LE HAVRE, 1906. 1900 malten Matisse und Marquet dekorative Friese im Grand Palais. 1903 waren sie Mitbegründer des → Salon d'Automne. Marquet schlug ab 1906 eine mehr gemäßigte Richtung ein. Er strebte nach einer Beruhigung der Fläche und klarer Bildordnung und suchte nicht mehr den Ausdruck durch Übersteigerung der Farbe. Wann immer es Marquet möglich war, liebte er es, auf Reisen zu gehen und Eindrücke von Landschaftsansichten in Gemälden einzufangen. Selten fehlt das Wasser auf seinen Bildern. So malte er häufig Hafenansichten, Strände und die Pariser Quais: PONT NEUF IM NEBEL, 1947; DER STRAND VON FÉCAMP, 1906. Marquet gelangte zu einem beruhigten → Impressionismus mit gedämpften Farben, den er bis zu seinem Lebensende beibehielt.

Marsyas-Maler
attischer Vasenmaler, tätig im 3. Viertel des 4. Jh. v. Chr. Der anonyme Künstler wird nach einer Pelike in der Leningrader Eremitage mit einer Darstellung des Marsyas benannt. Ein typisches Beispiel für den „Alexanderbarock", seiner prachtvollen Gestalten und die frappante Art, gewagte Verkürzungen zu beherrschen, ist eine Pelike aus Kamiros auf Rhodos mit THETIS UND PELEUS, um 340–30 v. Chr. (London, British Museum). Die badende Thetis, die von Peleus entführt werden soll, entspricht dem beliebten Typus der „kauernden Aphrodite", die Tiefenräumlichkeit ist sicher aus der hellenistischen Tafel- oder Wandmalerei übernommen und weist direkt weiter zur pompejanischen Kunst, etwa der Villa dei Misteri, sowohl in der Motivik als auch in der Virtuosität.

Martini, Simone
* um 1285 in Siena, † 1344 in Avignon

Simone Martini, VERKÜNDIGUNG, *265 × 305 (Florenz, Uffizien). Ein Ausdruck zeremonieller Vornehmheit erfüllt Gestalt und Gebärde des Erzengels und der thronenden Maria. Die seitlichen Heiligenfiguren des Altarwerkes, die hll. Ansanus und Julitta darstellend, stammen vermutlich von der Hand Lippo Memmis, des Schwagers und Mitarbeiters Martinis.*

M. kann als wichtigster Vertreter der sienesischen Malerei im → Trecento bezeichnet werden. Neben Duccio (* um 1255), bei dem er vermutlich in die Lehre ging, war es sein überragender Zeitgenosse Giotto, der am stärksten auf ihn eingewirkt hat. Ein weiteres stilbildendes Element war die Formensprache der Gotik, die bereits in

Masaccio, DER ZINSGROSCHEN, *1425/28 (Florenz, S. Maria del Carmine – Cappella Brancacci). Masaccio und Masolino stellten in der Brancacci-Kapelle Szenen aus dem Leben des hl. Petrus dar. Dieser Freskoausschnitt schildert, wie der Apostel eine wunderbarerweise in einem Fisch gefundene Münze zum Begleichen der Steuerschuld einem Söldner übergibt.*

seinem ältesten erhaltenen Werk, der 1315 datierten MAESTÀ, einer thronenden Madonna mit Kind, umgeben von Heiligen (Siena, Palazzo Pubblico) festzustellen ist. Zu jener Zeit war M. schon ein berühmter Künstler. 1317 war er als Hofmaler König Roberts von Anjou in Neapel tätig. Dort vollendete er das Tafelbild des HL. LUDWIG VON TOULOUSE (Neapel, Capodimonte), den 1317 heiliggesprochenen Bruder des König Robert. Anschließend kehrte er nach Mittelitalien zurück, wo er 1319 das Altarbild für die Dominikaner-Klosterkirche S. Caterina in Pisa und 1320 das → Polyptychon für S. Domenico in Orvieto malte. Vermutlich 1322–26 entstand sein Hauptwerk, der Freskenzyklus der Martinskapelle in der Unterkirche von San Fracesco in Assisi mit zehn SZENEN AUS DEM LEBEN DES HL. MARTIN. M. verstand hier auf höchst kunstvolle Manier nicht nur Eleganz der Farbgebung und Linienführung zu betonen, sondern auch Lichtverhältnisse und räumliche Gegebenheiten exakt zu gestalten. Der Zyklus stellt im Zusammenspiel von Architektur und Malerei, in der Einheitlichkeit der Gesamtkomposition eine kaum je wieder erreichte stilistische Synthese dar (Oertel). Er bildet einen Höhepunkt der ital. Gotik. 1328 malte M. gegenüber der Maestà im Palazzo Pubblico in Siena ein zweites Fresko, das den Feldherrn GUIDORICCIO DA FOGLIANO bei der Belagerung von Montemassi zeigt. 1333 schuf er die VERKÜNDIGUNG für den Dom zu Siena (Florenz, Uffizien) und das POLYPTYCHON ORSINI. 1339/40 reiste M. in kirchlichem Auftrag an den päpstlichen Hof in Avignon, wo er in die Dienste Benedikt XII. trat. Dort gehörte er zu den Begründern der Schule von Avignon und lernte auch den großen ital. Dichter Francesco Petrarca kennen. Eines seiner letzten Gemälde ist die RÜCKKEHR DES ZWÖLFJÄHRIGEN JESUS AUS DEM TEMPEL, 1342 (Liverpool), das zu den wichtigsten Werken der in Avignon begründeten Tradition gehört. M.s Ausstrahlung auf die französische Kunst wurde zu einem entscheidenden Faktor bei der Ausbildung der → Internationalen Gotik und des

→ Weichen Stils. Bei der Entstehung der burgundischen Hofkunst stellt es ebenfalls eine wesentliche Komponente dar.

Martorell, Bernardo
* um 1400, † um 1453 in Barcelona. Über den katalanischen Maler ist nur wenig Gesichertes zu erfahren. So werden ihm verschiedene Altarwerke in Barcelona zugeschrieben, weiter arbeitete er für die Schuhmacherzunft und das Kloster Pedralbes. Das einzig gesicherte Werk Martorells ist eine → Miniatur von 1448 im Städtischen Archiv von Barcelona, JAIME MARQUILLES ÜBERREICHT DEM STADTRAT SEINEN COMENTARIO A LOS USATGES. Er ist der bedeutendste katalanische Vertreter der → Internationalen Gotik.

Masaccio und Masolino, HEILIGE ANNA SELBDRITT, *175 × 103 (Florenz, Uffizien). Wie der Geist der florentinischen Frührenaissance in die Malerei Einzug hält, läßt sich in diesem Werk unschwer erkennen. Gehören die Engel noch ganz dem Weichen Stil an, so tut sich in der Gestalt des Kindes und der Anna ein neuer Wirklichkeitsbezug kund.*

Masaccio, WOCHENSTUBE EINER VORNEHMEN FLORENTINERIN, *um 1426 (Berlin, Staatliche Museen). Nicht mit letzter Sicherheit ist dieser Holztondo Masaccio zugeschrieben worden. Er diente als „Desco da parto“ (Geburtsteller), auf dem den Wöchnerinnen Geschenke überreicht wurden, so wie es die Figur hinter den Fanfarenbläsern veranschaulicht.*

Masaccio
(richtiger Name Tommaso di Ser Giovanni Cassai)
wurde 1401 in der Provinz Arezzo, Toskana, geboren. Für die Entwicklung der abendländischen Malerei ist M. von eminenter Bedeutung, mit seiner neuartigen Formensprache, die sich durch perspektivisch exakt berechnete Räume, Licht- und Schattenmodellierung zur Steigerung der Plastizität und Ansätze zur psychologischen Deutung auszeichnet, wurde er zum Begründer der Frührenaissance. Vermutlich 1417 nach Florenz gekommen, läßt sich M. dort 1422 in die Zunft eintragen. Wahrscheinlich ging M. bei Masolino da Panicale in die Lehre, mit dem er häufig zusammenarbeitete, der aber seinerseits unter den Einfluß des Jüngeren geriet. Neben Giotto übten der Architekt Filippo Brunelleschi und die Bildhauer Donatello und Nanno di Banco den nachhaltigsten Einfluß auf M. aus, der bereits 1428 in Rom starb. Sein wohl ältestes erhaltenes Werk, ein TRIPTYCHON für die Kirche von S. Giovenale a Cascia di Reggello im Valdarno stammt aus dem Jahre 1422. Eine Gemeinschaftsarbeit von M. und Masolino ist die um 1425 entstandene HL. ANNA SELBDRITT UND FÜNF ENGEL (Florenz, Uffizien). 1426 erhielt M. den Auftrag für ein POLYPTYCHON, das für S. Maria del Carmine in Pisa bestimmt war, und dessen Teile sich seit dem 18. Jh. im Besitz mehrerer Museen befinden. Die ursprünglich den Gesamtaufbau bekrönende KREUZIGUNG, wo der Künstler ikonographisch ungewöhnliche, expressive Motive verwendet, wird in Neapel (Museo di Capodimonte) aufbewahrt. Um 1427 malt M. in S. Maria Novella zu Florenz das Fresko mit der HL. DREIFALTIGKEIT zwischen Maria und Johannes sowie den seitlich davor knienden Stiftern. Die Trinitätsgruppe wird von einer triumphbogenartigen Architektur gerahmt, diese ist aus antikisierenden Baugliedern gebildet und öffnet den Blick in einen gemalten, tonnengewölbten Raum, der den Eindruck einer realen Wanddurchbrechung suggeriert. In dieselbe Zeit fallen die Arbeiten an seinem Hauptwerk, dem FRESKENZYKLUS MIT SZENEN AUS DER GENESIS UND DER GESCHICHTE PETRI in der Brancacci-Kapelle von S. Maria del Carmine in Florenz. Diese Fresken, vermutlich

Quentin Massys d. Ä., MARIA MIT KIND, *41 × 28 (Rotterdam, Museum Boymans-van Beuningen). Die ihr Kind fütternde Madonna ist eine originelle, wenn auch in der abendländischen Kunst sehr selten behandelte Ausdeutung des traditionellen Motivs. Nicht zufällig stößt man gerade in der für das Alltagsleben aufgeschlossenen niederländischen Kunst häufiger darauf.*

schon 1425 von Masolino begonnen, hinterließ M. 1427/28 unvollendet, die Fertigstellung besorgte Filippino Lippi erst in den achtziger Jahren. Masaccio kann mit Sicherheit DIE VERTREIBUNG AUS DEM PARADIES, DER THRONENDE PETRUS, DIE GÜTERVERTEILUNG UND DER TOD DES ANANIAS, DIE TAUFE DER NEUBEKEHRTEN, DIE SCHATTENHEILUNG und der ZINSGROSCHEN zugeschrieben werden. Im ZINSGROSCHEN findet M.s Kunst ihre Vollendung. Das Thema (nach Matthäus 17, 24–27), das die von Christus anerkannte Tributpflicht des Bürgers gegenüber staatlicher Obrigkeit zum Gegenstand hat, ist selten und nie in solcher Ausführlichkeit dargestellt worden. Von Fra Angelico, Fra Filippo Lippi und Andrea del Castagno bis zu Leonardo da Vinci, Raffael und Michelangelo schulten sich alle Meister an diesen Fresken. Quellen des späten 15. und frühen 16. Jh. haben M. ähnlich gefeiert wie Giotto, den einzigen adäquaten Maßstab, um die entwicklungsgeschichtliche Bedeutung M.s abzuschätzen. In der Mitte des Freskos, das drei aufeinanderfolgende Ereignisse zusammenfaßt, die sich vor einer weiträumigen Berglandschaft abspielen, fordert der Zöllner von Christus den Tribut, links holt Petrus die Münze aus dem Rachen des Fisches, rechts zahlt er dem Zöllner den Zins. Die revolutionäre Behandlung von Farbe und Licht, von Zeichnung und Relief, von Raum und Körper gibt dieser Malerei ihre einzigartige Monumentalität und Würde.

Masanobu, Kano

* um 1434 in Kano, † um 1530 in Kyoto. Der japanische Landschaftsmaler gilt als der Begründer der → Kano-Schule, die jedoch erst unter seinem Sohn Motonobu sich akademisch firmierte. Von einer Soldatenfamilie abstammend, zog er vom Dorf Kano in der Provinz Izu nach Kyoto, um dort dem Shogun zu dienen. Bei seinem Vater Kano Kagenobu und Shubun ausgebildet, wurde er Nachfolger von Sotan im Amt eines öffentlichen Malers im Shogunat. Geschult an Werken des Ma Yüan und Hsia Kuei übte er sich in der traditionellen Malerei des japanischen Süd-Sung-Stils. Wenige seiner Werke sind überkommen. Einzig gesichert ist die Tuschzeichnung: CHOU MAO-SHU BEWUNDERT LOTOSBLÜTEN (Tokyo, Slg. A. Ogura). Hier vereinigt der Maler ausgewogene Komposition und Thema – beides der Kunst Chinas entlehnt – mit sauberen Pinselstrichen, klarem Ausdruck, jedoch deutlich dekorativer Manier, künstlerisches Gut Japans.

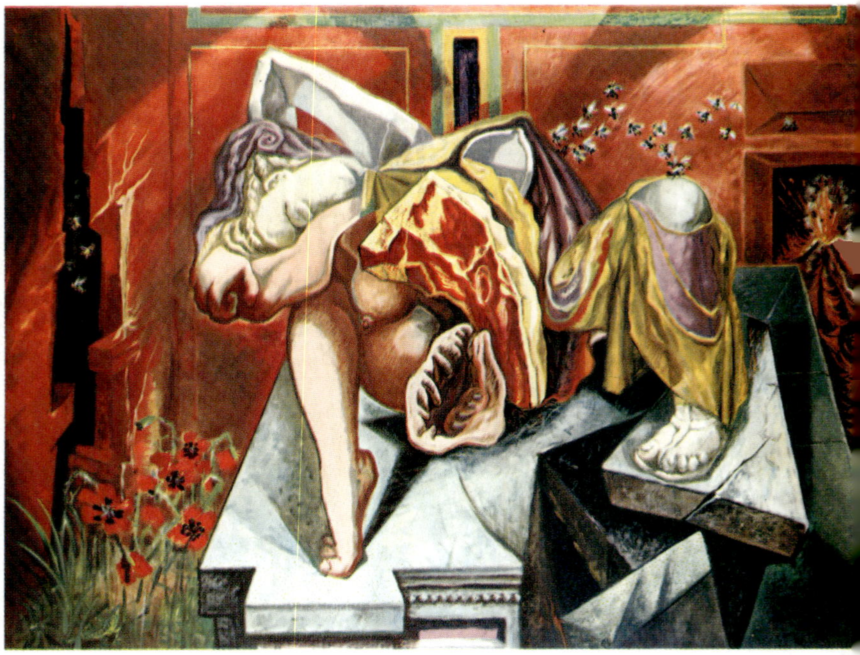

André Masson, GRADIVA, *1939, 97 × 130. In den Jahren 1930–36 setzte der surrealistische Künstler u. a. erotische deformierte Vorstellungen, die skurrilem Traumleben zu entspringen scheinen, in das Bild-Medium um. Diese Phase „schreiender" Formen und Farben löste seine mehr lyrisch gestimmte Kunst der 20er Jahre ab.*

Quentin Massys d. Ä., DER GOLDWÄGER UND SEINE FRAU, *1514, 71 × 68 (Paris, Louvre). Dieses berühmte niederländische Bild ist mehr als nur ein Doppelporträt. In epischer Breite wird ein Stilleben wiedergegeben, das sich in mühelosem Übergang mit der Genredarstellung verbindet. Ein illuminiertes Gebetbuch gehört zum kostbaren Hausbesitz.*

Quentin Massys, MARIA MIT KIND, *130×86 (Brüssel, Musées Royaux des Beaux-Arts). Wie Jan van Eyck in der* ROLIN-MADONNA, *so plaziert auch Massys die Muttergottes in ein von Fensterarkaden geöffnetes turmartiges Gebäude mit Ausblick über ein Landschaftspanorama: Symbol für die Erhöhung Mariens in eine himmlische Region, die der Erde entrückt ist.*

Maso di Banco

nachweisbar zwischen 1336 und 1350 in Florenz. Wichtiger → Trecentomaler in der Nachfolge Giottos. Er war auch Schüler Giottos und der bedeutendste Fortsetzer von dessen Gestaltungsprinzipien. Sein Hauptwerk sind die Fresken der Bardi-Kapelle in S. Crocè zu Florenz, entstanden vermutlich um 1330. Hier erweist er sich als Meister dramatischer Erzählung, der Giottos tektonischen und monumentalen Stil mit einer Fülle perspektivischer Überschneidungen und einem hellen Kolorit verband. Dargestellt sind in den Fresken die WUNDERTATEN DES HL. SYLVESTER UND DES KAISERS KONSTANTIN.

Masolino

(richtiger Name Tommaso di Cristofano Finc)

wurde 1383 in Panicale di Valdarno geboren und starb um 1440 in Florenz. Sein Werk, das zwar Elemente der italienischen Frührenaissance aufnahm, blieb weithin der Kultur seiner Zeit, der → Internationalen Gotik, verhaftet. In Florenz ausgebildet, kam er vor 1407 in die Werkstatt Lorenzo Ghibertis und wurde 1423 Mitglied der Zunft der Medici e Speziali. Aus diesem Jahr datiert die MARIA MIT KIND (Bremen, Kunsthalle), sein frühestes bekanntes Werk. Im folgenden Jahr arbeitete M. an einem nur fragmentarisch erhaltenen Freskenzyklus mit Szenen aus der LEGENDE DES HL. KREUZES in der Kirche S. Stefano in Empoli. Um diese Zeit muß sich die künstlerische Verbindung mit Masaccio angebahnt haben, denn das erste gemeinsame Werk der beiden, die HL. ANNA SELBDRITT (Florenz, Uffizien) entstand 1425/26. Die Forschung geht davon aus, daß Masaccio zwar bei M. in die Lehre ging, M. aber selbst unter den Einfluß des bedeutenderen Schülers geriet. Wohl ab 1425 arbeiteten beide an einem Freskenzyklus in der Brancacci-Kapelle der Florentiner Kirche S. Maria del Carmine. M. werden der SÜNDENFALL, die AUFERWECKUNG DER TABITA und die HEILUNG EINES LAHMEN sowie die PREDIGT PETRI zugeschrieben. Von 1425 bis 1427 war er Hofmaler in Budapest. 1428 schuf M. in Rom in der Cappella Branda in S. Clemente einen Freskenzyklus. Seine letzten nachweisbaren Arbeiten entstanden in Oberitalien, so 1435 ein Johanneszyklus im Baptisterium von Castiglione Olona bei Mailand, wo sich die erzählfreudige Kunst M.s noch einmal frei entfalten konnte. Daneben zeichnet sich der Zyklus durch sorgfältige Schilderung zeitgenössischer Kostüme und eine weiträumige, perspektivisch konstruierte Renaissance-Architektur aus. Seine dekorativen Elemente kennzeichnen aber die anhaltende Beziehung zur Gotik.

Masson, André

* 4. 1. 1896 in Balagny-sur-Thérain, Oise. Einer der bedeutendsten → surrealistischen Maler und Zeichner, der auch als Illustrator, Bildhauer und Bühnenbildner tätig war und an der Entwicklung der „écriture automatique" (→ Automatismus) maßgeblich beteiligt war. 1934–36 lebte er in Spanien, wo er apokalyptische Landschaften und Insekten darstellte. In dem Bild SOMMERZERSTREUUNG, 1934 (Paris, Privatbesitz), zeigt sich seine Affinität zu Hieronymus Bosch. 1941–45 lebte er in den USA, wo er traditionelle chinesische Malerei studierte und die ostasiatische Kalligraphie zu zuckendnervöser Linienführung modifizierte. Darstellungen des Grauens überwiegen in dieser Phase. In der Nachkriegszeit setzte sich einerseits, in der Auseinandersetzung mit dem Spätimpressionismus, eine heitere Grundstimmung in Landschaftsbildern durch, andererseits wurde er mit Formmetamorphosen und spontaner Bildgestaltung zu einem Wegbereiter des → abstrakten Expressionismus.

Georges Mathieu, POTENCÉ CONTRE POTENCÉ, *97 × 195 (Privatbesitz). Auch wenn es den Tachisten im allgemeinen mehr auf den halbbewußt-spontanen Vorgang des Farbauftrags ankam und die Aufmerksamkeit vom eigentlichen Kunstergebnis abrückte, so sind doch Mathieus Farbstrukturen auffallend gegliedert. Sie erinnern an japanische Kalligraphie.*

Massys d. Ä., Quentin
(auch Quinten Metsys, Messys, Matsys)
* 10. 9. 1465 oder 1466 in Löwen, Südbrabant, † 13. 7. oder 16. 9. 1530 in Antwerpen. Bedeutendster niederländischer Maler und Porträtist des → Manierismus zu Beginn des 16. Jh. und Begründer der Antwerpener Schule. In seinem Werk verbinden sich spätgotisch-realistische Traditionen der altniederländischen Malerei mit einer ausgesprochen renaissancehaften, auf Naturstudien und einer neuen Schönheitsvorstellung beruhenden Auffassung vom Menschen. Wahrscheinlich war er Schüler von Dieric Bouts, an dessen Kunst er z. B. im Bild des HL. CHRISTOPHORUS, 1490/1500 (Antwerpen, Koninklijk Museum voor Schone Kunsten), anknüpft. 1491 wurde er als Meister in die Antwerpener → Lukasgilde aufgenommen. Während sich in seinem frühesten Gemälde, MARIA MIT KIND, 1485/90 (London, National Gallery), die spätgotische Gestaltungsweise noch deutlich artikuliert, tritt bei der MADONNA MIT KIND 1490/95 (Brüssel, Musées Royaux des Beaux-Arts), bereits der Renaissanceeinfluß in der psychologischen Durchdringung der Mutter-Kind-Beziehung zutage. Seine Reifezeit offenbart sich in den großen Altären, die als Auftragsarbeiten gesichert sind: 1507/09 entstand der Annenaltar (Brüssel, Musées Royaux des Beaux-Arts). Hier entfaltet sich bereits eine sehr subtile Farbgebung und eine weiträumige Sehweise in der Landschaftsdarstellung. Als zweites großes → Triptychon entstand 1508/11 der Johannesaltar (Antwerpen, Koninklijk

Henri Matisse, DIE GRÜNE BLUSE, *1936, 81 × 65 (Kopenhagen, Statens Museum for Kunst). Wie sehr die Fauvisten der Gegenständlichkeit des Bildes eine zweit- und drittrangige Bedeutung einräumten, belegt dieses Bild, das sehr wahrscheinlich die Russin Lydia Delectorskaja darstellt. Die im Grün der Bluse zentrierte Farbkomposition war für Matisse primär ausschlaggebend.*

Museum voor Schone Kunsten) mit der BEWEINUNG CHRISTI auf der Mitteltafel. In der gedrängten, reliefartigen Figurenanordnung zeigt sich Spätgotisches, die Staffelung des Bildraumes aber verweist auf die Hochrenaissance. Koloristisch stellt der Altar in seinem Nuancenreichtum einen Höhepunkt der flämischen Malerei dieser Zeit dar. Die manieristischen, auf altniederländische Züge zurückgreifenden Tendenzen artikulieren sich besonders in der sich fast zur Karikatur steigernden Verzerrung der Gesichter, in Bildern wie DAS UNGLEICHE LIEBESPAAR, 1510/15 (Paris, Sammlung Gräfin Pourtalès), oder HÄSSLICHE FRAU, 1515 (London, National Gallery). Mit dem bekannten Gemälde DER GOLDWÄGER UND SEINE FRAU, 1514 (Paris, Louvre), lieferte Massys einen wichtigen Beitrag zum sich entwickelnden „Spruchwörterbild". In seine Bilder fügte häufig Joachim Patenier die Landschaften ein, so in der VERSUCHUNG DES HL. ANTONIUS, 1515/24 (Madrid, Privatsammlung). Dem neuen Lebensgefühl der Renaissance näherte sich Massys am stärksten in seinen Porträts an, etwa in ERASMUS VON ROTTERDAM, 1517 (Rom, Galleria Corsini).

Henri Matisse, STILLEBEN *(Frankfurt, Städel). Matisses erstes überliefertes Gemälde war ein Stilleben mit Büchern, später kopierte er Stilleben Chardins im Louvre. Das Für-sich-Sein einfacher Dinge faszinierte ihn offenbar besonders. Von äußerer Dynamik ungestört, konnte er in diesem Sujet die Kräfte der Farben zur vollen Entfaltung bringen.*

Matabei, Iwasa

* 1578 in Itami (Provinz Settsu), † 1650 in Edo (Tokyo). Der japanische Maler, der in verschiedenen Stilen arbeitete, gilt als Vater des → ukiyo-e aufgrund einiger Genreszenen in seinem Werk. Als Sohn des Fürsten Itami in der Provinz Settsu geboren, verließ er nach dem Untergang seiner Familie die Heimat und lebte in Kyoto u. a. Städten. Zuletzt arbeitete er im Shogunat in Edo. In einer Mischung des → Kano- und des → Tosa-Stiles malte er Porträts, wie etwa die der Dichter KINO TSURAYUKI und HITOMARO, Tuschbilder in leichter, eleganter Pinselführung, sparsam koloriert. Die Hauptwerke M.s zeigen Illustrationen zu historischen Ereignissen, zu klassischen chinesischen und japanischen Sagen auf Fächern, Stellschirmen und auf Einzelblättern, wie etwa MATSUURA BYOBU, um 1650 (Nara-Shi, Yamato Bunkakan), Stellschirme mit Frauen bei täglichen Verrichtungen auf Goldgrund in kräftigen Farben dekorativ behandelt. In diesem Werk manifestiert sich ein bestimmter Figurentyp M.s mit langen Köpfen und sorgfältig abgegrenzter Umrißlinie. Im Kreise dieses Malers ist das Vorfeld für die Entstehung des Farbholzschnitts zu sehen, der auf den von M. entwickelten thematischen und formalen Grundlagen aufbaute.

Matejko, Jan

* 24. 6. 1838 in Krakau, † 1. 11. 1893 in Krakau. Der polnische Historienmaler studierte an den Akademien von Krakau, München und Wien und widmete sich in spätromantischer Manier heroischen Bildern aus der polnischen Geschichte. So entstanden neben den Wandgemälden in der Krakauer Marienkirche die SCHLACHT BEI GRUNWALD, 1878 (Warschau, Muzeum Narodowe), oder der TRIBUT DER PREUSSEN, 1882 (Krakau, Muzeum Narodowe) mit historisch getreuen Requisiten und großem Pathos.

Henri Matisse, FRAU MIT EXOTISCHER PFLANZE, *um 1925, 66 × 51 (Washington, National Gallery). Bei diesem auf Papier ausgeführten Pastell erscheint das sitzende Modell von ornamentalen Feldern eingerahmt. Die dargestellte Frau verharrt in ihrer anonymen Sphäre, und Matisse unternimmt keinen Versuch, sie psychologisch näher zu differenzieren.*

Mathieu, Georges

* 27. 1. 1921 in Boulogne-sur-Mer. Nach einem Philosophie- und Literaturstudium wandte sich Mathieu 1942 der Malerei zu und entwickelte als Gegensatz zur abstrakt-geometrischen Richtung zusammen mit Hartung, Vols, Tàpies u. a. eine Malweise, die er → „Lyrische Abstraktion" nannte und die seit 1950 unter dem Begriff → Tachismus oder → Informel läuft. Unter Einbeziehung des Zufalls, der Meditation, Improvisation und vor allem einer enormen Geschwindigkeit setzt Mathieu kalligraphische Zeichen, die, an japanischen Formen und Methoden orientiert, von vehementer Explosivität sind. Indem er seine Bildtitel nachträglich erfindet, stellt er den Vorgang der Kunstproduktion auf den Kopf. Nicht der Inhalt des Bildes ist maßgebend, sondern die Assoziation, die sich beim Betrachten des Gemäldes einstellt.

Matisse, Henri

(eigtl. Henri-Emile-Benoit Matisse)
* 31. 12. 1869 in Cateau-Cambrésis, † 3. 11. 1954 in Cimiez, bei Nizza. Wie viele andere Künstler gelangte auch Matisse, der Begründer des → Fauvismus, erst über Umwege zur Malerei. Zunächst studierte er von 1887–89 Jura in Paris. Anschließend arbeitete er in St-Quentin in einer Rechtsanwaltskanzlei, was ihm jedoch nicht viel Freude bereitete. Während der Gene-

Henri Matisse, Odaliske *(Baltimore, Museum of Art). Matisse verglich einmal seine Bilder mit einem Lehnstuhl, der zum Ausruhen einlade. Sein Werk, in dem er „Gleichgewicht, Reinheit und Mäßigung" verwirklichen wollte, soll damit eine geradezu kontemplative Wirkung auf den Betrachter ausüben, die aus dem Wohlklang der Farbe erzeugt wird.*

sung von einer Blinddarmoperation 1890, begann er aus Langeweile zu malen. Daraus wurde jedoch bald mehr als nur ein Zeitvertreib. Kurz entschlossen unterbrach er seine juristische Laufbahn, kehrte nach Paris zurück und fing an Malerei zu studieren. 1891 nahm er an der → Académie Julian an Vorbereitungskursen für die Aufnahme in die École des Beaux-Arts teil. 1893 trat er dort ein und wurde Schüler von Gustave Moreau. Mitschüler von ihm waren Rouault, Camoin, Manguin und Marquet, mit welchem ihn bald eine tiefe Freundschaft verband. Der liberale Unterricht von Moreau zielte hauptsächlich auf die Schulung des Auges, d. h., er hielt seine Studenten dazu an, im Louvre alte Meister zu kopieren, aber auch das Leben auf den Straßen und den Cafés zu beobachten und in Bildern festzuhalten. Matisse malte hauptsächlich Kopien von Werken französischer Meister des 18. Jh. Nach einer Reise in die Bretagne distanzierte er sich 1896 vom Einfluß des Louvre und beschäftigte sich stärker mit → impressionistischer Darstellungsweise und den Ausdrucksmöglichkeiten der Farbe. 1897 entstand sein erstes bedeutendes impressionistisches Werk, La Desserte, in dem er einen schwer beladenen Eßtisch darstellt, an dessen unterem Ende ein Dienstmädchen Blumen arrangiert. 1898, nach dem Tode Moreaus, wechselte Matisse zusammen mit Marquet in die Académie über, wo er bis 1899 blieb. In diesem Jahr entstand das Bild Der Invalide (Baltimore/Maryland, Museum of Art), um 1900 Männliches Modell, (Kopenhagen, Statens Museum for Kunst), das hauptsächlich in Blau gehalten ist. Diese beiden Bilder zeigen die Anfänge einer gewissen willkürlichen Farbgebung und bereiteten schon den Fauvismus vor. Die Jahre 1901–04 waren für Matisse eine schwere Zeit, sowohl in finanzieller als auch in künstlerischer Hinsicht. 1904 bekam er wieder Antrieb, als er den Sommer zusammen mit Signac und Cross in St-Tropez verbrachte. Diese malten beide in der → pointillistischen Manier Seurats, der sich nun auch Matisse vorübergehend anschloß. Das

Matteo di Giovanni, MUSIZIERENDE ENGEL, *um 1474 (London, National Gallery). Dieser Ausschnitt aus Matteos Bild der Gürtelspende ist von einem festlich-freudigen Rhythmus der Farben und Linien erfüllt. Der sienesische Meister hat die Engel – wenn auch nicht im Kopftypus – so doch im Wechsel der Ansicht vom en face bis zum Profil variiert.*

bekannteste Werk dieser Zeit ist LUXE, CALME ET VOLUPTÉ, 1904 (Privatslg.), in dem sich Matisse durch seine freie Farbgebung von seinen Freunden abhob. Signac war von diesem Werk so begeistert, daß er es kaufte und nicht mehr weggab. Im Sommer 1905 vollzog sich der Durchbruch zum Fauvismus. Matisse vereinheitlichte den pointillistischen Farbauftrag zu Flächen, die durch Komplementärkontraste gesteigert wurden, wie z. B. in LEBENSFREUDE, in dem er seine Figuren mit farbkräftigen Linien umrandet und die Formen vereinfacht. In den Werken der Jahre 1913–17 ist der Einfluß der → kubistischen Kunstrichtung des Picasso spürbar, die sich in Matisses Werk DIE MAROKKANER, 1916 (New York, Museum of Modern Art), in Strenge und Architektonik äußert. Die Werke, die 1935–40 entstanden, können als neofauvistisch bezeichnet werden, da sie heller, farbintensiver und lebendiger erscheinen und die Zeichnung nicht mehr so verschwommen ist, DAME IN BLAU, 1937 (Philadelphia, Museum of Art). Als sein Meisterwerk bezeichnete Matisse selbst die in hohem Alter ausgeführte Ausstattung der Dominikanerkapelle in Vence bei Nizza, 1945–51, die durch Grazie, Schlichtheit und Gelöstheit besticht.

Mattá, Roberto
(eigtl. Mattá Echaurren)
* 11. 11. 1912 in Santiago de Chile. In Frankreich und Spanien aufgewachsen, studierte Mattá zunächst be Le Corbusier Architektur, wandte sich dann aber der → surrealistischen Malerei zu. Trotz einer gewissen Abhängigkeit von Tanguy entwickelte er einen recht eigenen, markanten Stil. 1939 ging Mattá in die USA und malte, beeindruckt von den Arbeiten Duchamps, biomorphe, transparente Bilder mit vagen Liniengittern. Dunstig verwoben erscheint LISTEN TO LIVING von 1941 (New York, Museum of Modern Art), während die Arbeiten nach 1946 von utopischer, visionärer Dämonie sind, phantastisch vieldeutig mit fragmentarischen, insektenähnlichen Wesen. Seit 1949 lebt Mattá wieder in Europa, seine Formen und Farben wurden jetzt weicher.

Matteo di Giovanni
(auch Matteo da Siena)
* um 1433 in Borgo S. Sepolchro, bei Arezzo, † um 1495 in Siena. Der seit 1453 in Siena nachweisbare Künstler gehört zu den wichtigsten Persönlichkeiten der sienesischen Malerei der zweiten Jahrhunderthälfte. Sein Œuvre zeigt den Dualismus zwischen der gotischen Malerei Sienas einerseits und der Ausstrahlung, der von Masaccio bestimmten florentinischen Malerei andererseits. 1457 war M. mit der Ausmalung der Bernhardskapelle im Dom zu Siena beschäftigt. 1460 tritt er uns mit seinem ersten datierten Werk entgegen, einer THRONENDEN MADONNA MIT ZWEI HEILIGEN (Siena), die noch unter dem Einfluß Domenico di Bartolos steht. 1479 entstand die HL. BARBARA. Seine Neigung zu figurenreichen Szenen und zu Details mit derbem Realismus zeigt sich am besten in seinem berühmtesten Werk, dem BETHLEHEMITISCHEN KINDERMORD, von dem mehrere Versionen existieren. Den Einfluß Pollaiuolos verraten insbesondere die komplizierten Bewegungen der Figuren und der Linienstil der Gewänder. Verglichen aber mit Werken Pollaiuolos oder Botticellis offenbart sich bei M. der altertümliche Charakter dieser Periode der sienesischen Malerei.

Maulpertsch, Franz Anton
(auch Maulbertsch)
getauft am 7. 6. 1724 in Langenargen, Bodensee, † 8. 8. 1796 in Wien. Der bedeutendste Vertreter und Vollender der spätbarocken Fresko- und Altarmalerei in der zweiten Hälfte des 18. Jh. nördlich der Alpen studierte nach einer Grundausbildung als Maler seit 1739 an der Wiener Akademie. Seine Entwicklung steht unter dem Einfluß von Paul Troger, als dessen wichtigster Nachfolger er zu betrachten ist. Das Schaffen Maulpertschs umspannt sowohl die Vollendung der spätbarocken Malerei und ihre Wendung zum Rokoko wie auch zunehmend seit etwa 1770 die komplizerte Auseinandersetzung mit dem bürgerlichen Rationalismus und dem Klassizismus. Seine suggestive koloristische, expressiv-malerische, die Farbe rauschhaft übersteigernde Kunst vereinigt vielerlei Impulse, die süddeutsch-österreichischen Traditionen der Freskomalerei besonders eines Paul Troger und Johann Michael Rottmayr, das Formenvokabular niederländischer Künstler, vor allem Peter Paul Rubens', Anthonis van Dycks, aber auch Rembrandts und Elemente der venezianischen Malerei. Besonders an den frühen Altären und den ersten Fresken, z. B. den 1753 vollendeten Arbeiten in der Piaristenkirche in Wien, zeigt sich im rauchigen Kolorit, der malerischen Massenkomposition und in der Figurenmodellierung seine Auseinandersetzung mit Troger, Giovanni Battista Piazzetta, Sebastiano Ricci und Giovanni Battista Pittoni. Diese vielfältigen Anregungen verarbeitete Maulpertsch zu einem ganz eigenen, genialen Stil, der sich durch eine ungewöhnlich expressive Kraft der malerischen Verve sowie durch äußerste Weichheit und Zartheit der Farben, durch sensible Bewältigung von Stimmungslagen und durch poetische Entfaltung selbst höchst repräsentativer Themen auszeichnet. Als der bedeutendste europäische Kolorist und Freskant des 18. Jh. neben Giovanni Battista Tiepolo brachte er die spätbarocke Malerei zu einem abschließenden Höhepunkt. Zunächst für kleinere Orden, Bruderschaften, in Wallfahrtskirchen usw. tätig, verbreitete er seine Kunst von Österreich aus verstärkt nach Mähren, in die Slowakei, besonders nach Ungarn und schließlich nach Böhmen, wobei er die Farbgebung zunehmend in ihrer Virtuosität steigerte und in den Fresken von Sümeg in Ungarn, 1757/58, und für die erzbischöfliche Residenz von Kroměříž/Kremsier, 1758–60 zu pastellhafter, atmosphärischer Duftigkeit modifizierte. Dieser Hinwendung zum Rokoko, wie sie z. B. auch die Deckenfresken des Theologiesaales der Alten Universität in Wien, 1766/67, zeigen, korrespondiert eine zunächst noch traditionelle spätbarocke Altargestaltung, einzig in Sümeg sind auch die Altäre als Fresko gemalt. Seit den sechziger Jahren wird das Licht als hauptsächlicher Ausdrucksträger immer wichtiger, was gleichsam zu einer Umkehrung der

Matteo di Giovanni, BETHLEHEMITISCHER KINDERMORD, *1488, 237 × 238 (Neapel, Galleria Nazionale). Matteo versucht, die grausame Begebenheit in ein historisches Gewand zu kleiden, indem er die Soldaten wie römische Legionäre ausstaffiert. Der thronende Herodes erscheint wie ein antiker Imperator im Befehlsgestus mit der Strahlenkrone.*

Franz Anton Maulpertsch, DIE HIMMELFAHRT MARIENS, *1764, 68 × 33 (Wien, Barockmuseum). Für die 1944 zerstörten Deckenfresken der Pfarrkirche von Schwechat bei Wien diente diese Ölskizze als Vorentwurf. Maulbertsch gehört neben Tiepolo oder Troger zu den bedeutendsten Freskanten des Rokoko. Bemerkenswert ist die Duftigkeit seines Farbstils.*

Franz Anton Maulpertsch, SIEG DES HL. JAKOB VON COMPOSTELA ÜBER DIE SARAZENEN IN DER SCHLACHT VON CLAVIGO, *1764, 32 × 48 (Wien, Barockmuseum). Zusammen mit Architektur und Skulptur war die Freskomalerei ein unverzichtbarer Bestandteil der Kirchen des Spätbarock, die als Gesamtkunstwerke konzipiert waren und meist einem theologischen Programm folgten.*

Helldunkel-Malerei führt. Die Ekstatik in der Licht- und Farbbehandlung äußerte sich in ihrer ganzen visionären Kraft auch in brillanten Ölskizzen, die Maulpertsch als Vorstudien für seine Fresken dienten. Dann vollzieht sich allmählich ein Wandel: Die allegorischen Bildprogramme werden einfacher, die Komposition stabilisierter – Tendenzen des Klassizismus kündigen sich an. In den Fresken für die Innsbrucker Hofburg, 1775/76, mit dem Thema DIE ALLEGORISCHE VEREINIGUNG DER ÖSTERREICHISCHEN UND LOTHRINGISCHEN FÜRSTENHÄUSER und in den Deckenmalereien der Kirche von Dyje von 1777 gibt er diesen Tendenzen nach, überspielt aber, ebenso wie in den 1782/83 geschaffenen Fresken von Pápa (Ungarn), mit der phantasievollen Leichtigkeit und Schwungkraft seiner Szenerien die strengen klassizistischen Raumgrenzen. Da seit ca. 1785 die kirchlichen Aufträge spärlicher wurden, verlegte sich Maulpertsch zunehmend auf das Gebiet des Tafelbildes, der Radierung und gelegentlich auch des Porträts. Das Deckengemälde der Strahover Klosterbibliothek in Prag, 1794, ist nicht nur die letzte monumentale Arbeit Maulpertschs, sondern eine der spätesten Monumentalfresken des 18. Jh.

Mayno, Fray Juan Bautista
(auch Maino)
* 1568 bei Mailand, † am 1. 2. 1649 in Madrid. Über Maynos Leben existieren nur wenige gesicherte Angaben. So wird er 1608 zum ersten Mal erwähnt als Mönch des Dominikanerklosters S. Pedro Martír in Toledo. Später kam er nach Madrid als Zeichenlehrer des künftigen Königs Philipp IV. Er starb 1649 im Colegio de Sto. Tomás. Maynos Stil zeichnet sich durch eine klar umrissene Zeichnung und Modellierung sowie durch getreue Wiedergabe der Anatomie des menschlichen Körpers und der Gewandstoffe aus. In der Behandlung des Lichts finden sich Einflüsse Caravaggios, doch bevorzugt Mayno hellere Farben und ein eher bleiches Licht. Zu nennen ist die ANBETUNG DER KÖNIGE, 1612 (Madrid, Prado).

Ma Yüan
* um 1150 in Hang-chou (?), † 1224 in Hang-chou. Der chinesische Maler gehört zu den bedeutendsten Vertretern des Süd-Sung-Stils, beispielhaft für die herkömmliche chinesische Landschaftsmalerei schlechthin. In der Nachfolge Li T'angs werden die Naturdarstellungen mit Stimmungswerten angefüllt, präzise gestaltete Felsen- und Baummotive häufig in eine Ecke des Vordergrundes zusammengedrängt und gegen den leeren Raum

gesetzt, wie LANDSCHAFT IM REGEN (Tokyo, Nat.-Mus.). Bei M. ist der Mensch nicht Staffage, sondern steht in einem Wechselverhältnis zur Natur, was zu einer alleinheitlichen Auffassung des Kosmologischen führt, Grundlegung zen-buddhistischen Gedankenguts.

Mazzolino, Ludovico
(auch Mazzuoli, Manzlin da Ferrara)
* um 1480 in Ferrara, † um 1530 in Ferrara. M. folgte in seiner Malweise Cosmè Tura und Ercole de' Roberti. Von 1523/24 malte er in Bologna für S. Francesco das Altarbild DER ZWÖLFJÄHRIGE JESUS IM TEMPEL, (Berlin-Ost, Staatliche Museen, Gemäldegalerie), das eines seiner schönsten religiösen Bilder ist. Auf seinen Gemälden sind viele Figuren gedrängt angeordnet, entweder vor Landschaften oder weißen, verzierten Architekturen, die einen starken Gegensatz zu dem Figurengedränge bilden. Die kräftige Farbgebung und die etwas derben Gestalten erinnern an den Stil Dosso Dossis.

Meidias-Maler
attischer Vasenmaler, tätig um 420–400 v. Chr., möglicherweise identisch mit dem Töpfer Meidias, auf dessen Keramik etwa 20 Arbeiten dem Maler zugewiesen werden. Deutlich beeinflußt von der Monumentalmalerei seiner Zeit staffelt er seine Figurengruppen übereinander, um Raumtiefe zu suggerieren. Die Anmut des spätrotfigurigen „Reichen Stils", wie ihn eine Hydria mit dem LEUKYPPIDENRAUB (London, British Museum) zeigt, weicht im Spätwerk einer gezierten Pose, die allerdings in Attika wie in Unteritalien und Sizilien viel Nachahmung fand.

Meissonier, Jean Louis Ernest
* 21. 2. 1815 in Lyon, † 31. 1. 1891 in Paris. Stark von der holländischen → Genremalerei beeinflußt, stellte Meissonier zunächst – wegen der großen Nachfrage geradezu serienmäßig – kleinformatige Bilder mit Themen des 17. und 18. Jh. her. Unter Napoleon III. widmete er sich in seinem kaltvirtuosen Repräsentationsstil

Georg Meistermann, FARBIGE NOTIZEN ZUR BIOGRAPHIE DES BUNDESKANZLERS, *1969/73, 120 × 70 (im Besitz des Künstlers). Im Auftrag des Bundeskanzleramtes entstand das „Porträt" des damaligen Kanzlers Willy Brandt – zwölf Sitzungen, die längste 6 bis 7 Stunden, sollen dafür aufgewendet worden sein. Eine höchst eigenwillige Deutung des Politikers!*

Melozzo da Forli, Musizierender Engel, *1480 (Rom, Vatikanische Museen). Neben anderen Resten ist auch dieses Fragment vom ehemaligen Apsis-Fresko der Apostelkirche in Rom erhalten geblieben. Die Himmelfahrt Christi begleitete der blonde Engel mit der Laute. Seine freie Körperwendung bezeugt Melozzos Beherrschung der Raummittel.*

der Schlachten- und Historienmalerei, wie Napoleon III. mit seinem Generalstab in der Schlacht von Solferino, 1863 (New York, Metropolitan Museum). Lebhafter sind Die Barrikade, 1848, oder die Belagerung von Paris, 1870 (beide Paris, Louvre).

Meistermann, Georg
* 16. 6. 1911 in Solingen. Nach seinem Studium an der Akademie in Düsseldorf erhielt Meistermann Ausstellungsverbot, seine Arbeiten wurden 1944 zerstört. Mit dem Kriegsende wandte er sich einer modifizierten Abstraktion zu, die sich u. a. in den Porträts von Politikern äußert. In Bildern wie Der goldene Baum, 1952 (Köln, Privatbesitz), tritt eine gewisse Neigung zum Symbolhaften auf, die sich in den – unter dem Einfluß von Manessier entstandenen – großen Glasgemälden für profane und kirchliche Gebäude (z. B. Marienkirche, Köln-Kalk) fast zum Mystischen steigert. Andere Bilder sind nahezu monochrom, vegetabile Formen lebhaft bewegt, die Komposition niemals starr oder auf Abstraktion festgelegt.

Melanthios
griechischer Maler aus Sikyon (?), tätig Mitte des 4. Jh. v. Chr. Melanthios setzte die sikyonische Tradition seines Lehrers Pamphilios fort. Wie üblich ist von seinen Bildern nichts erhalten, bekannt ist nur ein Bildthema, das den Tyrannen von Sikyon, Aristratos als Viergespannsieger, zeigt und an dem auch Apelles mitgearbeitet haben soll. Immerhin rühmen die Zeitgenossen seine Perspektivik, Apelles seine überlegene Kompositionsweise. Melanthios war auch als Kunstschriftsteller und -theoretiker tätig und bedeutend. Offenbar in Opposition zum „Reichen Stil" seiner Zeit fordert er von der Malerei eine gewisse Herbheit, Härte und Trockenheit, wohl auch in der Beschränkung auf die vier Farben Rot, Gelb, Schwarz und Weiß.

Meléndez, Luis Eugenio
(auch Menéndez)
* 1716 in Neapel, † 1780 in Madrid. Meléndez' Vater war Miniaturmaler, und bei ihm erhielt Meléndez auch

Hans Memling, Die Heiligen Johannes der Täufer und Laurentius, *je 57 × 17 (London, National Gallery). Der wie eine Statue aufragende Täufer mit dem Lamm ist eine Variante derselben Gestalt von Memlings* Marienaltar von Sir John Donne of Kidwelly. *Beide Male trägt Johannes einen violetten Umhang und strahlt unumstößliche Ruhe aus.*

seine erste Ausbildung. Aus dieser frühen Zeit, in der er ebenfalls Miniaturen malte, stammt auch ein Selbstbildnis von 1746 (Paris, Louvre). Nach einem Italienaufenthalt kam er zurück nach Madrid, wo er als Hofmaler unter Karl III. tätig war. Er konzentrierte sich nun in seiner Arbeit auf Stillebendarstellungen, so z. B. Meerbrassen und Apfelsinen, 1772 (Madrid, Prado). Die Gegenstände sind außerordentlich realistisch dargestellt in sorgfältiger Wiedergabe der Details, die Farbpalette ist breitgestreut.

Melozzo da Forli
* 1438 in Forli bei Ravenna, † 1494 in Forli. Die Bedeutung dieses Malers, der bereits zu Lebzeiten gerühmt wurde, steht im Widerspruch zur fragmentarischen Erhaltung seines → Œuvres. Neben Luca Signorelli und Piero della Francesca ist M. einer der wichtigsten mittelitalienischen Maler des → Quattrocento. Möglicherweise in Padua ausgebildet, wurden ihm die perspektivischen Kenntnisse der Paduaner Schule, vor allem die Kunst Andrea Mantegnas und das Werk Piero della Francescas vermittelt. 1460–65 in Forli beschäftigt, ist er 1470 erstmals in Rom nachweisbar, wo sich unter dem Eindruck der antiken Architektur die Formierung seines Stils vollendet. Urkundlich gesichert ist das 1477 in Rom entstandene Fresko Papst Sixtus IV. ernennt Platina zum Präfekten der Bibliothek (auf Leinwand übertragen, heute im Vatikan). Dieses → Historienbild bedeutet in der Monumentalität des Innenraumes und in der ruhigen Würde der kräftig modellierten Personen einen erstaunlichen Vorgriff auf die Hochrenaissance. Vorbild waren wohl Mantegnas 1474 vollendete Fresken in der Camera degli Sposi im Palazzo Ducale in Mantua. 1475 bzw. 1480 wird M. an den Hof von Urbino berufen. Was M. hinsichtlich perspektivischer Darstellung und illusionistischer Raumerweiterung zu leisten imstande war, ist nur noch zu ahnen, da sein 1480 gemaltes Hauptwerk, die Auferstehung Christi in der Apsis von S. Apostoli in Rom, lediglich in Fragmenten überliefert ist. Stellvertretend für M.s Raumwirkung soll die

nach 1484 zusammen mit seinem Schüler Palmezzano ausgemalte Kuppel der Sakristei von S. Marco in Loreto (bei Ancona) erwähnt werden, die Michelangelos Deckenmalerei in der Sixtinischen Kapelle beeinflussen sollte.

Memling, Hans
(auch Jan van Memmelynghe, Jan van Mimnelinghe, Johannes Memmelinc) * um 1433 in Seligenstadt am Main (?), † 11. 8. 1494 in Brügge. Bedeutender, vom Mittelrhein stammender niederländischer Maler der Spätgotik. Es ist fraglich, ob er schon in Deutschland, vielleicht bei Stephan Lochner in Köln, gelernt hat. Seit 1465 ist er in Brügge als Bürger erwähnt, möglicherweise war er zuvor in der Werkstatt von Rogier van der Weyden in Brüssel und hatte sich dort mit der altniederländischen Tradition vertraut gemacht. 1467 wurde er Mitglied der → Lukasgilde in Brügge. Sein erstes gesichertes Werk ist das → Triptychon für Sir John Donne of Kidwelly, ein 1468 gemalter Marienaltar (London, National Gallery), der mit starken perspektivischen Verkürzungen arbeitet, um eine kontinuierliche Tiefenerstreckung zu erzeugen. Bereits zu dieser Zeit muß Memling ein hohes Ansehen genossen haben, denn 1467/68 erhielt er von dem Handelsvertreter der Medici in Brügge, Jacopo Tani, den Auftrag zu seinem berühmtesten Werk, dem monumentalen Weltgerichtsaltar (Danzig, Muzeum Pomorskie), den er 1471/72 vollendete. Der Aufbau des Mittelbildes ist zweizonig: oben Christus als Weltenrichter, unten der hl. Georg, der die zur Hölle Verdammten von den Seligen scheidet. Die überzeugende Charakterisierung der Phy-

Hans Memling, DIE DARSTELLUNG IM TEMPEL, *60 × 48 (Washington, National Gallery). Das statische Element überwiegt bei weitem in dieser mehrfigurigen Komposition. Fast wirken die Personen etwas hölzern. Memling versucht nicht, die Gesichter zu verlebendigen oder im mimischen Ausdruck zu differenzieren. Ihr Blick ist nicht frei von einer gewissen Monotonie.*

Hans Memling, URSULA-SCHREIN, *1489 (Brügge, St.-Janshospitaal). Ein Hauptwerk Memlings ist die Bemalung des Ursula-Reliquiars, eines vergoldeten gotischen Schreines, der mit 14 Bildfeldern geschmückt ist. Eine Längsseite stellt in drei Episoden die erste Ankunft Ursulas in Köln dar, rechts die Begegnung mit dem Papst in Rom.*

siognomien der Seligen und die drastische Schilderung aller Stadien der Verzweiflung bei den Verdammten kündigen bereits Memlings spätere Bedeutung als Porträtist an. Zugleich zeigt sich hier sein entwickelter Stil, mit einer strengen symmetrischen Bildkomposition, einem schwingenden Bildrhythmus und einer brillanten Kennzeichnung materialer Oberflächenqualitäten. Charakteristisch wird weiterhin die formal zusammenhanglose Verteilung von Figurengruppen vor einem weiten Landschaftsgrund oder vor dem Häusermeer einer aus der Vogelperspektive gesehenen Stadt, z. B. in der PASSION CHRISTI, 1475 (Turin, Galleria Sabauda). Durch die Rahmung einzelner Figurengruppen in Nischen oder Vorhallen wird der Eindruck räumlicher Isolierung noch verstärkt. Auf der Tafel der SIEBEN FREUDEN MARIÄ, vor 1480 (München, Alte Pinakothek), sind mehrere Szenen zu einer fortlaufenden Erzählung vereint. Bilder wie das MARTYRIUM DES HL. SEBASTIAN, 1475 (Brüssel, Musées Royaux des Beaux-Arts), zeigen dagegen die Tendenz zur plastischen Monumentalisierung der menschlichen Gestalt. Der Maria- und Johannesaltar, 1479 (Brügge, Museum van het St.-Janshospitaal), mit der ENTHAUPTUNG JOHANNES DES TÄUFERS, der MYSTISCHEN VERMÄHLUNG DER HL. KATHARINA und den VISIONEN JOHANNES DES EREMITEN AUF PATMOS kündigt bereits die phantastische Formenwelt eines Hieronymus Bosch an. Im letzten Viertel des 15. Jh. wurde Memling zum führenden Porträtisten der Brügger Gesellschaft, vor allem auch der dort lebenden italienischen Kaufleute. In Bildnissen wie PORTRÄT EINES JÜNGLINGS (London, National Gallery), MARTIN VAN NIEUVENHOVEN, 1487 (Brügge, Museum van het St.-Janshospitaal), oder MEDAILLENSAMMLER, um 1471 (Antwerpen, Koninklijk Museum voor Schone Kunsten), sind durch scharfe Charakterisierung der Physiognomien und eine tektonisierende Bildkomposition ausgezeichnet. Die Aktdarstellung in BATHSEBA IM BADE, 1485 (Stuttgart, Staatsgalerie), zeigt in der vereinfachenden Zusammenfassung und Idealisierung des Körperlichen Anregungen durch die italienische Renaissance. In dem in Form einer gotischen Kirche gestalteten und acht Szenen bergenden Ursula-Schrein, 1489 (Brügge, Museum van het St.-Janshospitaal), wird die Koloristik differenzierter, die Bildoberfläche zu einem kleinteiligen Farbmuster, und in den → Kontrapostmotiven der Figuren zeigt sich die Anwendung von Gestaltungsprinzipien, die sich aus seiner Kenntnis der italienischen Quattrocentomalerei erklären lassen. Sein letztes Hauptwerk ist der 1491–94 geschaffene PASSIONSALTAR DES HEINRICH GREVERADE (Lübeck, St.-Annen-Museum). In der Dramatik des Leidausdruckes erhebt sich hier Memlings Kunst zu einer ergreifenden Eindringlichkeit.

Memmi, Lippo
nachweisbar 1317–47 in Siena. Bedeutender Maler des → Trecento in der Nachfolge seines Schwagers und Lehrers Simone Martini. 1317 war er im Rathaus von S. Gimignano künstlerisch tätig. Im selben Jahre malte er eine MAESTÀ (S. Gimignano, Museo Civico), die sich stark an Martinis Vorbild von 1315 anlehnt. Unter den Werken, die er mit Martini ausführte, ragt die für die Cappella di S. Ansano im Dom von Siena bestimmte VERKÜNDIGUNG, 1333 (Florenz, Galleria degli Uffizi), heraus, wobei wahrscheinlich die Heiligen und Propheten der Seitenflügel von ihm stammen. 1347 ist er in Avignon nachweisbar. Mit seinen empfindsamen, dekorativen Madonnenbildern leistete er einen wichtigen Beitrag zur sienesischen Malerei des 14. Jh., ohne freilich die meisterhafte Verinnerlichung Martinis zu erreichen.

Menabuoi, Giusto di Giovanni de'
(auch Giusto de Padova)
nachweisbar ab 1363, † vor dem 22. 4. 1393 in Padua. Der wesentlich in der Giotto-Nachfolge stehende, vermutlich aus Florenz gebürtige Maler schuf 1367 die Fresken im Baptisterium des Doms zu Padua und jene der Cappella Belludi mit der Hauptdarstellung einer KRÖNUNG MARIÄ, 1380 (Padua, S. Antonio). Ihm wird auch das → Triptychon mit der KRÖNUNG MARIÄ

Anton Raphael Mengs, MARIA LUISA VON PARMA, PRINZESSIN VON ASTURIEN, *152 × 110 (Madrid, Prado). Die italienische Prinzessin wurde später Gemahlin des spanischen Königs Karl III., den Mengs schon als Thronanwärter in Neapel kennengelernt hatte. Als sein Hofmaler avancierte er später in Madrid zum unbestrittenen Präzeptor der Künste.*

Adolph von Menzel, Die Schwester des Künstlers, *1847 (München, Neue Pinakothek). Neben den „Fridericus"-Bildern, die dem historischen Geschmack seines Publikums entgegenkamen, schuf Menzel eine Vielzahl von Impressionen aus seinem persönlichen Lebenskreis. Sie sind überraschend modern und begründen Menzels Bedeutung aus heutiger Sicht.*

von 1367 (London, National Gallery) zugeschrieben. In seinem Spätwerk zeigen sich sienesische Einflüsse.

Mengs, Anton Raphael
* 22. 3. 1728 in Aussig, Böhmen, † 29. 6. 1779 in Rom. Einer der Begründer des → Klassizismus in der Malerei. Bereits mit zwölf Jahren wurde er von seinem Vater, einem Miniaturenmaler und Akademiedirektor in Dresden, angehalten, in den Stanzen des Vatikan Fresken von Raffael zu kopieren. 1744 wieder in Dresden, erregte er mit einer Reihe von Pastell-Bildnissen Bewunderung. 1746 wurde er dort Hofmaler. Zwei Jahre später trat er in Rom zum Katholizismus über. 1754 erhielt er ein Lehramt an der Accademia Capitolina. In Rom schloß er auch Freundschaft mit dem deutschen Archäologen Johann Joachim Winckelmann und arbeitete mit ihm eine ästhetische Theorie aus, die sich auf die antike Kunst als absoluten Maßstab berief, und von der der Klassizismus seinen Ausgang nahm. Mengs selbst veröffentlichte 1762 die „Gedanken über die Schönheit und den Geschmack in der Malerei". Bereits 1761 hatte er in der Villa Albani in Rom das Deckenfresko Der Parnass vollendet, in dem er völlig mit den Stilprinzipien der barocken Freskomalerei brach: Statt Unteransicht und Verkürzung der Figuren wählte er die Perspektive des Staffeleibildes. Kühles Kolorit und strenge Komposition ersetzten barockes Form- und Farbpathos. 1761 wurde Mengs Hofmaler in Madrid, wo er, teilweise in erbittertem Wettstreit mit Giovanni Battista Tiepolo, die Schlösser von Madrid und Aranjuez mit Deckengemälden und Altarbildern ausstattete.

Menn, Barthélémy
* 20. 5. 1815 in Genf, † 11. 10. 1893 in Genf. Landschafts- und Porträtmaler. Menn erlebte die intensive Auseinandersetzung zweier verschiedener Kunstauffassungen zwischen Ingres und der Schule von → Barbizon. Die Suche nach einer Synthese zeigt sich auch in seinen Werken. Seine Landschaften bewahren die klassische

Ruhe und leidenschaftliche Formensprache in Verbindung mit dem neuen Element einer natürlichen Realität. Als er 1843 in seine Heimatstadt Genf zurückkehrte, wird der „Revolutionär" Menn nicht verstanden. Sein SELBSTBILDNIS (Genf, Musee d'Art et d'Historie) zählt zu den eindrucksvollsten Bildern des 19. Jh.

Menzel, Adolph Friedrich Erdmann von

* 8. 12. 1815 in Breslau, † 9. 2. 1905 in Berlin. Menzel, der der Sohn eines Breslauer Schulvorstehers war, kam mit 15 Jahren nach Berlin. Dort eröffnete sein Vater 1830 eine lithographische Anstalt, in der Adolph Menzel erste Unterweisungen in den graphischen Techniken erhielt. Mit Ausnahme eines nur kurz andauernden Akademiebesuchs erwarb er seine Fertigkeiten in Selbststudium. Als sein Vater schon 1832 starb, mußte er das Unternehmen alleine weiterführen und für den Unterhalt seiner Familie aufkommen. 1833, als er beauftragt wurde, sechs Federzeichnungen auf Stein zu Goethes Gedicht „Künstlers Erdenwallen" anzufertigen, kam sein Talent erstmalig zum Vorschein. Ebenso erntete er Erfolg, als er 1834–36 eine Serie von Kreidelithographien zu den „Denkwürdigkeiten aus der Brandenburgisch-Preußischen Geschichte" mit viel Einfallsreichtum gestaltete. Seit 1836 begann er, angeregt durch einen Freund, sich mit Ölmalerei zu beschäftigen. In den Jahren 1838/39 folgten weitere Illustrationen zu Adelbert von Chamissos „Peter Schlemihls wundersame Geschichte" sowie zu Franz Kuglers „Geschichte Friedrichs des Großen". In den drei Jahren schuf er mehr als 400 Zeichnungen, die ihm, als dem anerkannten Interpreten und Zeichner der friderizianischen Ära, zu seinem künstlerischen Durchbruch verhalfen. Im nächsten Jahrzehnt wurde sein Stil malerischer. Seine Ölstudien seit 1836 verrieten noch ganz die Verbundenheit mit der akademischen → Historienmalerei. Durch die Auseinandersetzung mit der realistischen Darstellungsweise der Holländer des 17. Jh. und durch die Bekanntschaft mit John Constables Kunst, die 1839 in Berlin ausgestellt wurde, wandelte sich sein Stil. Seit 1840 beschäftigte er sich intensiv mit der malerischen Wiedergabe von Lichtreflexen und der Umsetzung optischer Eindrücke in Tonwerte. In diesen Jahren entstanden Gemälde, in denen er unmittelbare Augenblickseindrücke einfing und die heute als Vorläufer des deutschen → Impressionismus gelten, so z. B. BALKONZIMMER, 1845 (Berlin, Stiftung Staatliche Museen/West, Nationalgalerie). Dieses Werk war von Menzel nur als Studie gedacht und der Öffentlichkeit lange Zeit verschlossen geblieben. In diesem bezaubernden Bild, stellt er meisterhaft das hell einfallende Sonnenlicht und die von einem leichten Windhauch bewegte Tüllgardine dar. Menzel war auch als Porträtist enger Freunde und Verwandten tätig, ABENDGESELLSCHAFT, 1848 (Berlin, Stiftung Preußischer Kulturbesitz), in dem er sich als zwergenhafte Gestalt mit dem Rücken zum Betrachter sitzend darstellte. Anläßlich der Revolution 1848 entstand das unvollendet gebliebene Geschichtsbild AUFBAHRUNG

Adolph von Menzel, DAS BALKONZIMMER, *1845, 58 × 47 (Berlin, Nationalgalerie). Das Bild von Menzels Wohnzimmer in der Schöneberger Straße ist unvollendet – das Sofa ist nicht ausgeführt, an der Wand „fehlt" das im Spiegel sichtbare Bild – und doch ist dieses lichtdurchflutete Interieurbild durch die Signatur als abgeschlossen gekennzeichnet.*

Adolph von Menzel, DAS EISENWALZWERK, *1875, 153 × 253 (Berlin/Ost, Staatl. Museen). Menzel entdeckte für die deutsche Kunst einen neuen Bereich: die Arbeitswelt. Der optische Effekt des glühenden Eisens steht im Brennpunkt der Darstellung. Im Bild der sich zu einer Essenspause versammelnden Arbeiter hat er auch die soziale Problematik angerührt.*

Meister von Meßkirch, DER HL. BENEDIKT IM GEBET, *um 1530, 106 × 75 (Stuttgart, Staatsgalerie). Das an Landschaften der Donauschule erinnernde Bild zeigt außer dem Heiligen den frommen Greis Romanus, welcher der Legende zufolge den Eremiten mit Brot versorgte. Der Teufel zerschlägt die Glocke, womit Romanus sein Kommen anzukündigen pflegte.*

DER MÄRZGEFALLENEN, 1848 (Hamburg, Kunsthalle). Zwischen 1850–60 fertigte er acht monumentale Tafelbilder an, die das Leben Friedrich II. zum Thema hatten. Menzel griff dabei auf alte Ideen zurück und nahm Rücksicht auf seine neuen Kenntnisse über Lichtreflexion, DAS FLÖTENKONZERT FRIEDRICHS II. IN SANSSOUCI, 1852 (Berlin). 1855 und 1867 besuchte er in Paris die beiden Weltausstellungen, die ihn mit dem französischen Impressionismus bekannt machten. In Anlehnung an das DRAMA von Daumier malte er 1856 THÉÂTRE DU GYMNASE, (Berlin), bei dem es ihm besonders um Schein und Widerschein des Kerzenlichts ging. Im Anschluß an seine Parisaufenthalte begann er in freier Natur zu malen und unternahm zu diesem Zweck auch Reisen. Als sein Meisterwerk darf sicher DAS EISENWALZWERK, 1875 (Berlin) bezeichnet werden, mit dem er den Typus des modernen Industriebildes schuf. Menzel, der neben Wilhelm Leibl der bedeutendste deutsche Maler zwischen → Realismus und Impressionismus war, hinterließ ca. 4000 Blätter und zahlreiche Skizzenbücher.

Mercier, Philippe

* 1689 in Berlin, † 18. 7. 1760 in London. Porträt-, Genremaler und Kupferstecher des Rokoko. Der Sohn französischer Emigranten studierte in Berlin bei dem dortigen Hofmaler Antoine Pesne. Dann setzte er sein Studium in Italien fort. In Hannover porträtierte er 1720 den späteren König Georg III. von England, der ihn 1725 nach London berief. Hier wurde er für einige Jahre offizieller Hofporträtist. Ein Gemälde wie DER TASCHENSPIELER (Paris, Musée National du Louvre) dokumentiert den stilistischen und thematischen Einfluß, den Antoine Watteau auf ihn ausübte.

Meßkirch, Meister von

tätig in der ersten Hälfte des 16. Jh. Deutscher → manieristischer Maler, der nach seinem Hauptwerk benannt wurde, den 1530–38 geschaffenen Haupt- und Nebenaltären der ehemaligen Stiftskirche von Meßkirch, Landkreis Sigmaringen. Der Meister wurde

Gabriel Metsu, Die Cisterspielerin, *1660/67 (Kassel, Gemäldegalerie). „Amor docet musicam“ (Die Liebe lehrt die Musik), heißt es in einer barocken Spruchweisheit. Dem Ton der Saite, die sie stimmt, und der Annäherung des Kavaliers widmet die Dame gleichermaßen ihre Aufmerksamkeit. Sehr fein ist dieser Moment psychologisch erfaßt.*

um 1500 vermutlich in Franken geboren. Ausgebildet wurde er wohl im Umkreis von Hans von Kulmbach und bei Hans Schäufelein in Nördlingen. Stilistisch ist er sehr stark der Kunst Albrecht Dürers und Hans Baldung Griens verpflichtet. Verschiedene Versuche, den anonymen Künstler namentlich zu fixieren, blieben hypothetisch. Nach einer neueren These wird er mit Peter Strüb von Veringen, einem Bruder des Hans Strüb, gleichgesetzt. 1530–38 war er in Meßkirch für die Grafen von Zimmern tätig. Die Ausstattung der dortigen Stadtkirche mit einem Haupt- und acht Seitenaltären stellt als erhaltenes Ensemble einen Sonderfall dar. Freilich befindet sich nur mehr die Mitteltafel des Hochaltars mit der Anbetung der Könige in situ, die anderen Tafeln sind über Museen in München, Berlin, Donaueschingen und in Privatbesitz zerstreut. Die farbensprühende Koloristik, die sich hier zeigt, erscheint auch in den Fresken im Chor der Zisterzienserinnenkirche zu Heiligkreuztal, um 1532, und findet sich besonders stark im Falkensteiner Altar, um 1525, und im Wildensteiner Altar, 1536 (beide Donaueschingen, Fürstlich Fürstenbergische Gemäldegalerie). Diese Farbgebung weist auf Baldung Grien hin. Seine Figuren sind manieristisch proportioniert, etwa in der Benedikt-Tafel, 1538 oder später (Stuttgart, Staatsgalerie). In seinem Spätwerk werden die ehemals bunt changierenden Farben kühler. Der Künstler, der auch Entwürfe für Glasmaler fertigte, ist im ornamentalen Bereich und in seinen prachtvollen Rahmendekorationen von der Graphik Dürers, Daniel Hopfers und Hans Burgkmairs beeinflußt. In seiner ausgeprägten Koloristik erweist er sich jedoch als recht eigenständig.

Metsu, Gabriel

* 1629 in Leiden, † 1667 in Amsterdam. Der Maler gehört 1648 zu den Gründungsmitgliedern einer → Lukasgilde in seiner Vaterstadt, die er 1650 verläßt. Vier Jahre später ist er in Leiden wieder nachweisbar, doch übersiedelt er wohl schon Mitte der 50er Jahre nach Amsterdam, wo er bis zu seinem frühen Tode lebt. Wie auf Pieter de Hooch und andere Maler aus den holländischen Provinzstädten hatte Amsterdam als kulturelle Metropole auch auf Metsu eine starke Anziehungskraft ausgeübt. Metsus künstlerischer Entwicklungsgang ist schwer nachvollziehbar, eine Chronologie der Werke daher nur unter Vorbehalt möglich. Die Werke der Leidener Zeit, unter denen sich neben → Genrebildern auch religiöse und mythologisch-allegorische Themen befinden, zeigen nur beschränkt den Einfluß der polierten Kleinmeisterkunst G. Dous, den man einmal als Lehrer Metsus vorgeschlagen hat (Houbraken). Statt dessen wird in der breiten und tonigen Malweise der Einfluß der Rembrandt- und Hals-Schule sichtbar. Erst als sich Metsu in Amsterdam niedergelassen hatte, tritt die Technik der Leidener Feinmalerei deutlich zutage. Schon von den behandelten Themen her steht er anderen, holländischen Genremalern sehr nahe: Terborch, Vermeer, Pieter de Hooch u. a. Wechselwirkungen haben sicherlich stattgefunden, doch ist die Frage, wer der Gebende und wer der Nehmende war, jeweils nur vage zu beantworten. Auch wenn Metsu die malerische Raffinesse Terborchs oft erreicht, bleibt er insgesamt hinter diesem zurück. Vor allem ist die Subtilität und Originalität von Terborchs psychologischer Gestaltungsweise von Metsu nicht erreicht worden. Das Hauptthema Metsus sind mehrfigurige Genreszenen, die in ihrer vornehmen Gestaltungsweise den Geschmack des Amsterdamer Bürgertums trafen: Der Eindringling (Washington, National Gallery), Austernesser (Leningrad, Eremitage), Der Arztbesuch (Leningrad, Eremitage). Die Liebesthematik bildet gleichsam den roten Faden im Œuvre des Meisters. Sie tritt bald deutlicher als „galantes Anerbieten“ auf: Offizier und junge Frau (Paris, Louvre) oder zurückhaltend wie in den Bildern Duett (London, National Gallery) oder Austernesser (Leningrad, Eremitage). Metsu übernahm bei einer Reihe seiner Werke jenen Kunstgriff G. Dous, der Personen hinter einem Fensterrahmen darstellte und diese den Betrachter anschauen ließ. Daneben finden sich häufig Darstellungen

Martin van Meytens, Maria Theresia und ihre Familie, *um 1750 (Wien, Kunsthistorisches Museum). Kurz vor dem Siebenjährigen Krieg entstand das Porträt der kaiserlichen Familie. Von den 16 Kindern der Monarchin sind 11 zu sehen. Im Zentrum des Sternmusters der Thronfolger Joseph. Links Maria Theresias Gemahl Franz I.*

häuslicher Alltags- und Marktszenen. Seine Küchenstücke verbinden das Genre mit dem Stilleben, indem neben der Figurenstaffage viel Sorgfalt auf die möglichst täuschende Verbildlichung von Tieren und Küchengerät verwendet wird. Eine geradezu klassische Höhe erreichte Metsu mit dem Bild KRANKES KIND (Amsterdam, Rijksmuseum), das zu seinen populärsten Werken gehört. Voller Sinn für die Wiedergabe des kindlich-naiven Ausdrucks wird ein im Schoß der Mutter liegendes Mädchen gezeigt. Vor Krankheit oder Müdigkeit schlaff, schaut es den Bildbetrachter mit großen Augen an. In Bildern wie BRIEFSCHREIBER (Blessington, Sir Alfred Beit) oder BRIEFLESERIN rückt die Gestaltungsweise in die Nähe Vermeers, der es verstand, einer Interieurfigur monumentale Würde zu verleihen. Die Wirkung des vom Fenster einfallenden Lichtes und die geschickte Verteilung der Gegenstände im Raum waren dabei von besonderer Bedeutung. Der BRIEFLESER macht den Reichtum der holländischen Bürger des 17. Jh. sichtbar, ihre Liebe zu komfortabler Ausstattung und gediegenen Materialien. Für eine solche Käuferschicht entstanden auch eine Reihe von Porträtdarstellungen, von welchen das BILDNIS EINER PATRIZIERFAMILIE (Berlin, Staatliche Museen) vielleicht die bedeutendste ist. Prestige und Würde einer gehobenen gesellschaftlichen Stellung bilden die Leitmotive, wobei Metsu die Pose repräsentativer Förmlichkeit hervortreten läßt. Daneben wirkt die liebevolle Wiedergabe der Alltagsgegenstände geradezu intim.

Metzinger, Jean

* 24. 6. 1883 in Nantes, † 1. 11. 1956 in Paris. Metzinger kam 1903 nach Paris, lernte und malte zunächst neoimpressionistisch, 1906–08 → fauvistisch und gehörte 1911 der ersten Gruppenausstellung der → Kubisten an. Der neuen Stilrichtung der Protagonisten Braque und Picasso widmete er auch theoretische und fast propagandistische Schriften. Er selbst pflegte mit der Gruppe → Section d'Or eine mehr intellektuelle und oft dekorative Variante wie die KUBISTISCHE LANDSCHAFT, 1911 (New York, Galerie Sidney Janis), Arbeiten, die letztlich vereinfacht naturalistisch blieben. Auch nach einer kurzen Zeit des „konstruktiven Realismus" in den 20er Jahren fand er zur Geometrisierung und Facettierung zurück.

Frans van der Meulen, DER ALTE PFERDEMARKT *in Brüssel, um 1666 (Vaduz, Fürstlich-Liechtensteinische Sammlungen). Als in Frankreich Molière mit seiner Theatergruppe umherzog, waren auch andernorts englische oder italienische Truppen unterwegs, da fest installierte Ensembles noch die Ausnahme bildeten. Pferde und Kutschen sind hier zu „Logen" umfunktioniert.*

Meulen, Adam Frans van der

* 11. 1. 1632 in Brüssel, † 15. 10. 1690 in Paris. Geschätzter flämischer Schlachten- und Landschaftsmaler des Barock, dessen Vorliebe der Darstellung von Pferden galt. Nach einer Lehrzeit bei Pieter Snayers wurde er 1651 in Brüssel urkundlich als Meister

erwähnt. 1664 übersiedelte er nach Frankreich, wo er zum Hofmaler Ludwigs XIV. avancierte. Er begleitete den „Sonnenkönig" auf seinen Reisen und Feldzügen und fertigte dabei eine Reihe topographischer Darstellungen. Diese wurden dann in Gemälden und als Vorlagen für Gobelins weiterverarbeitet, so beispielsweise auch die Schlachtenszene DIE ARMEE LUDWIGS XIV. VOR TOURNAI (Brüssel, Musées Royaux des Beaux-Arts). In seinen Schlachtenbildern versetzt Meulen dabei den Betrachter nicht ins Zentrum des Geschehens, sondern gleichsam in die Rolle des Feldherrn, der die dramatischen Aktionen von einem distanzierten Überblick her erlebt.

Meytens, Martin van
(auch Mytens oder Mijtens)
* in Stockholm 24. 6. 1695, † in Wien 23. 3. 1770. Der niederländisch-schwedische Maler lernte bei seinem Vater Martin M. die Porträtmalerei, spezialisierte sich jedoch auf Bildnisse und Miniaturen auf Email. Mit dieser Technik erwarb er sich in Wien, wo er sich 1721 niedergelassen hatte, große Beliebtheit und kleinen Wohlstand.

Michalowski, Piotr
* 2. 7. 1800 in Krakau, † 9. 6. 1855 in Krzyztoporzyce bei Krakau. Michalowski, der erst spät zu malen anfing, gilt als ein Hauptvertreter der polnischen → Romantiker. In Selbststudium übte er sich 1825–30 während seiner Reisen in Westeuropa in Aquarellen und Skizzen. 1832–35 und 1846–48 lebte er in Frankreich, wo er sich die Romantiker Delacroix und Géricault zum Vorbild nahm. In seinen dunkeltonigen, breit und rauh gepinselten Werken stellte er gerne bewegte Pferde oder Schlachtenszenen dar. Außerdem malte er Bildnisse und → Genrebilder, in welchen sich mit zunehmendem Alter realistische Züge zeigen. PARADE VOR NAPOLEON, nach 1835 (Warschau, Muzeum Narodowe).

Michaux, Henri
* 24. 5. 1899 in Namur, Belgien. Erst nach unterschiedlichsten Berufsversuchen wandte sich Michaux seit 1937 intensiv der Malerei zu. Sein Interesse am Visionären und Unterbewußten wird schon in den frühen Gouachen und Aquarellen wie FÜRST DER NACHT, 1939 (Paris, Privatslg.), deutlich und steigerte sich zu experimentellen Arbeiten unter Einfluß halluzinogener Medikamente 1956–66. Verschiedene Strömungen vom → Surrealismus bis zum → Tachismus finden sich in den jüngeren → Acryl-Bildern, doch bleibt die bewußtseinserweiternde Tendenz vorrangig, die auch seine Gedichte auszeichnet.

Michelangelo, HEILIGE FAMILIE, *um 1504, ∅ 120 (Florenz, Uffizien). Dieser Tondo gibt den Kunsthistorikern einige schwer lösbare ikonographische Rätsel auf. In einer fast akrobatischen Gebärde wird der Christusknabe über die Schulter Mariens gereicht. Was bedeuten die „ignudi", die nackten Jünglinge, weshalb verläßt der kleine Johannes den Ort?*

Michel, Georges
* 12. 1. 1763 in Paris, † 7. 6. 1843 in Paris. Landschaftsmaler und Aquarellist. Trat 1775 als Lehrling bei Nicolas Antoine Taunay ein. Salomon von Ruysdael, Rembrandt und Jan van Goyen waren seine Vorbilder. Seine frühen Werke zeigen bis etwa 1810 eine außerordentliche Detailgenauigkeit, die sich in der Reifezeit bis etwa 1830 in weiträumige Landschaftsschilderungen auflöst, wie bei der UMGEBUNG VON CHARTRES (Bayeux, Musée des Beaux-Arts). Ab 1830 verwendete er u. a. auch Motive der Romantik, wie Ritterburgen, Ruinen und dramatische Schilderungen, so das GEWITTER (Straßburg, Musée des Beaux-Arts). Die Datierung seiner Werke ist wegen zahlreicher Fälschungen erschwert.

Michelangelo
(Buonarroti)
* 6. 3. 1475 in Caprese, † 18. 2. 1564 in Rom, gehört neben Raffael und Leonardo da Vinci zu den Vollendern der Hochrenaissance. Als „uomo universale" in ähnlicher Weise begabt wie Leonardo tritt er als Bildhauer, Maler, Architekt und Dichter hervor. Seine malerische Laufbahn begann er bei seinem Lehrer Dom. Ghirlandaio, wesentliche Einflüsse verdankt er Donatello, J. della Quercia, Masaccio, ebenso seinem Zeitgenossen Leonardo. Ursprünglich in Florenz beheimatet, Hausgast der Medici, arbeitet er 1494–96 in Bologna – er vollendet dort den Altar von S. Petronio – um nach weiteren Florenz- und Rom-Aufenthalten schließlich bis zu seinem Lebensende nach Rom überzusiedeln. Seine Auftraggeber stammten aus Adel (Medici) und Kirche (Päpste), was oft zu konfliktreicher Auseinandersetzung des Künstlers mit politischen Gegebenheiten führte. M.s Vorstellungen von Macht und Aktivität des Menschen, ein Grundzug aller seiner Schöpfungen, empfing er aus humanistischen Traditionen, wie sie seit Dante und Petrarca Allgemeingut Italiens waren, und aus dem Antikenstudium. Hieraus gewann er seine aktionserfüllte Dynamik, seine heroische Monumentalität, Ausdrucksformen, die seine gesamte Kunst prägen, Plastik wie Malerei und Architektur. Die gewisse Tragik in seinen Werken, die Gedankentiefe, die viele seiner Arbeiten unvollendet ließ, entsprang der Zeit des Umbruchs, in der er lebte. Als

Michelangelo, LIBYSCHE SIBYLLE, *1508–12, Deckenfresko in der Sixtinischen Kapelle. Zu den grandiosen Figuren der Sixtinischen Kapelle gehört die Reihe der Sibyllen, die als heidnische Weissagerinnen wie die altbiblischen Propheten das Kommen Christi angekündigt hatten. Weitausladende, schwere Bewegungen und pathetische Formen charakterisieren ihre Körpersprache, die Michelangelo zum Wegbereiter der barocken Monumentalkunst werden läßt. Der florentinische Bildhauer verfolgt auch in seiner Malerei ein plastisches Ideal.*

Sympathisant von Savonarola, als Patriot und Utopist durchlebte er nicht nur die Zeit der vollkommenen harmonischen Schöpfungen der Hochrenaissance, sondern gilt ebenso als Vater des → Manierismus, als Vater des Barock. – Sein malerisches Werk wird faßbar im Jahre 1504 mit dem Rundbild einer Heiligen Familie, dem sog. TONDO DONI (Florenz, Uffizien), in Auseinandersetzung mit Leonardos Mariendarstellungen. Mit der SCHLACHT VON CASCINA entsteht ein Hauptwerk, ein Kompendium an bewegten Haltungen menschlicher Figuren. Die Kartons, die für den Palazzo Vecchio/Florenz ab 1504 geschaffen waren, sind nur noch aus Kopien bekannt. Hier entfaltet sich erstmals im Wettstreit mit anderen Künstlern seiner Zeit M.s Talent. Den Höhepunkt allen malerischen Schaffens bildet die Ausmalung der Sixtinischen Kapelle im Auftrag von Papst Sixtus V. Die Fresken, die den Raum an Seitenwänden und Decke überziehen, stellen die Schöpfungsgeschichte dar, Sibyllen, Propheten, nackte Jünglinge, neuplatonisch-humanistische Vorstellungen finden sich umgesetzt in Handlung und Verantwortung der Menschen. Höchste geistige Kraft paart sich mit physischen Impulsen, mit Bewegungsmächtigkeit, die alles durchwaltet. „Ohne die Sixtinische Kapelle gesehen zu haben, kann man sich keinen anschauenden Begriff machen, was ein Mensch vermag" (Goethe). In Vollendung der Sixtina freskierte M. die Stirnwand hinter dem Altar in den Jahren 1535–41, eine gewaltige Heroisierung des politisch-religiösen Anspruchs des Auftraggebers. Christus als Weltenherrscher in antikischer Nacktheit (die Gewandung spätere Zutat des D. da Volterra) ist Zentrum eines irrealen Raums, in dem die Heiligen, die Auferstehenden und Verdammten gleichsam um Christus kreisen. – Das malerische Spätwerk M.s bilden zwei Fresken in der Cappella Paolina (Rom, Vatikan). Die BEKEHRUNG DES SAULUS und die KREUZIGUNG PETRI entstanden 1542–50. Noch mehr als im JÜNGSTEN GERICHT verankert sich hier ein religiös-weltanschauliches Bekenntnis. M.s malerischer Stil ist geprägt von den Momenten des Plastischen. Die präzise Bestimmung der Form läßt keine stufenlose Verwandlung von Form und Farbe im Atmosphärischen zu, sondern verdichtet sich in reliefhafter Schichtung. Gleichmäßige Helligkeit durchzieht die farbige Fläche, dient der Klärung, der Plastizität der Körper. Sie liefern M. die Ideen von Größe, Macht und Schönheit des Menschen, nicht im Sinne einer bloßen Imitation von Natur, sondern als substanzielles und existenzielles Verhältnis des Renaissancemenschen zur Wirklichkeit.

Jean-François Millet, ÄHRENLESERINNEN, *84 × 111 (Paris, Louvre). Die Salonkritik witterte in Millets Darstellungen ländlicher Arbeiter sozialistische Tendenzen und warf ihnen Heroisierung vor. Neben dem frühen van Gogh und Courbet hielt er als früher Realist solche Themen für bildwürdig und verlieh ihnen einen fast klassischen Zug.*

Michelino da Besozzo
(eigtl. Michelino Molinari)
nachweisbar 1388–1445. Der lombardische Maler ist vielleicht identisch mit Michele da Pavia. Vor allem in Miniaturenbildern verbreitete er den Stil der → Internationalen Gotik in Norditalien, speziell in der Lombardei. In seinem Werk verbinden sich stark linear-dekorative Komponenten mit einem ausgeprägten spätgotischen Naturalismus. Nur wenige Arbeiten können ihm sicher zugeschrieben werden, darunter DIE MYSTISCHE VERMÄHLUNG DER HL. KATHARINA (Siena, Pinacoteca Nazionale) und DIE VERMÄHLUNG MARIÄ (New York, Metropolitan Museum of Art). Als berühmter Miniaturenmaler illustrierte er etwa das heute in der Bibliothek von Avignon aufbewahrte Stundenbuch.

Michiel Jansz. van Miereveld, BILDNIS EINER ALTEN DAME MIT SPITZENKRAGEN, *1641 (Oldenburg, Landesmuseum). Wie die meisten der bedeutenden holländischen Barockmaler hatte Miereveld einen dem Manierismus verpflichteten Lehrer. Doch statt kühler, distanzgebietender Glätte zeichnet eine sympathische, psychische Wärme seine Porträts aus.*

Miereveld, Michiel Jansz. van
(auch Mierevelt)
* 1. 5. 1567 in Delft, † 27. 6. 1641 in Delft. Gesuchter holländischer Bildnismaler des → Manierismus. Er ging in Utrecht bei dem Manieristen Anthonis van Blocklandt in die Lehre. 1583 kehrte er nach Delft zurück. Zunächst schuf er in erster Linie Historienbilder, z. B. das URTEIL DES PARIS, 1588 (Stockholm, Nationalmuseum), um sich dann ausschließlich dem Porträt zuzuwenden. Er wurde Hofmaler des Prinzen von Oranien und erhielt zahlreiche Aufträge der Haager Gesellschaft. Seine traditionellen, nüchtern charakterisierenden, meist halbfigurigen Bildnisse im Dreiviertelprofil wurden von seinen Schülern, u. a. von Paulus Moreelse, häufig kopiert und in Stichen reproduziert.

Mieris, Frans van, d. Ä.
* 16. 4. 1635 in Leiden, † 12. 3. 1681

Joan Miró, FRAUEN UND VOGEL BEI MONDSCHEIN, *1949, 81 × 65 (London, Tate Gallery). Von sprühender Naivität sind die Farbvisionen des spanischen Abstrakten. Ähnlich wie Paul Klee verbindet er koloristische Spielereien mit linearen Gebilden, die an Kinderzeichnungen erinnern. Die Kunst war Miró nie etwas Ernstes, Schwermütiges.*

in Leiden. In der Nachfolge des Gerard Dou malte Mieris kleinformatige Porträts, → Historien- und → Genrebilder in perfekt glatter Technik. In Bildern wie DAME VOR EINEM SPIEGEL (München, Alte Pinakothek) wird seine meisterhaft genaue, stofflich fast greifbare Wiedergabe von textilen Oberflächen besonders deutlich. Später geraten seine Arbeiten etwas ins Preziöse und nähern sich einem gewissen Klassizismus.

Mieris, Frans van, d. J.
* 24. 11. 1689 in Leiden, † 22. 10. 1763 in Leiden. Der Enkel des älteren Frans M. setzte die Tradition der Feinmalerei – auch seines Vaters Willem – fort, lehnte sich aber später an französische Vorbilder an.

Mi Fei
(Mi Fu)
* 1051 in Kiangsu, † 1107 in Kaifeng (?). Der chinesische Maler und Kalligraph gehört zu den dilettierenden Künstlern, die in ihrer Eigenschaft vielseitig gebildet zu sein, vorbildhaft für alle Malergenerationen wurde. Als Staatsbeamter tätig, sammelte er schon früh Kalligraphien und Gemälde und übte sich im Kopieren besonders der Meister der T'ang-Dynastie. Von Kaiser Hui Tsung an die Kunstakademie von Kai-feng berufen, widmete er sich der Landschaftsmalerei, führte die ihm eigene Maltechnik des Lavierens und Tupfens ein, meisterhaft die Tusche oft in mehreren Schichten übereinanderlegend. Nur ein Werk M.s gilt als authentisch: BERGE UND KIEFERN IM FRÜHLING, Tusche und Farben auf Papier, (Taipeh, Nat. Pal. Mus.). In seinem Sohn und unmittelbaren Nachfolger Mi Youren läßt sich eine Vorstellung von M.s Thematik ermitteln, Felsen, Berge und Bäume in oft regenfeuchter Witterung, summarisch wiedergegeben mit breiten, quer verlaufenden Pinselstrichen ohne Konturierung. In M. vereint sich der Grundsatz chinesischer Würdigung eines Künstlers: Nicht das Werk allein, die Ganzheit menschlicher Begabung geht in die Kunstgeschichte ein, beeinflußt nachfolgende Künstlergenerationen.

Mignard, Pierre d. Ä.
* 1612 in Troyes, † 1695 in Paris. Als bedeutender französischer Bildnismaler im 17. Jh. lernte M. bei J. Boucher in Bourges und bei S. Vouet in Paris. Ab 1635 lebte er in Rom, orientierte sich an den italienischen Meistern des Hochbarock. Von Mazarin 1657 nach Paris zurückberufen, übernimmt er 1663 gemeinsam mit Ch. A. Dufresnoy die Kuppelausmalung von Valde-Grâce. Besonderen Ruhm erreicht M. als Porträtist, in lebendiger Charakterisierung der Dargestellten bei heller Farbpalette; neben Largillière Wegbereiter des Rokokobildnisses: LE GRAND DAUPHIN ET SA FAMILLE, SELBSTBILDNIS, (beide Paris, Louvre), COLBERT, (Versailles), MME DE MONTESPAN MIT SOHN (Avignon). Ab 1690 als „Premier Peintre du Roi" entstanden allein 10 Porträts von Ludwig XIV.

Millais, Sir John Everett
* 8. 6. 1829 in Southampton (Hampshire), † 13. 8. 1896 in London. Schon mit sechzehn Jahren nahm der frühbegabte Künstler an Ausstellungen der Royal Academy in London teil. Die Eltern waren von Jersey dorthin gezogen, um Millais den Unterricht an der Sass-Zeichenschule und seit 1838 an den Schulen der Royal Academy zu ermöglichen. 1847 errang er eine Goldmedaille für → Historienmalerei. Doch schon in dieser Zeit distanzierte er sich von den Traditionen der Akade-

Joan Miró, Zwei Frauen, *1935 (Hannover, Kunstmuseum). Miró beschrieb einmal, wie er in der ersten Phase der Entstehung eines Bildes den Zufall regieren läßt, „indem ich z. B. meinen Pinsel über der Leinwand reinige". Allmählich bilden sich wie von selbst Strukturen, die er dann mit bewußter Phantasie ausarbeitet.*

miemalerei. Unter dem Einfluß der romantischen Ästhetik John Ruskins, wie sie in dessen Buch „Modern Painters" formuliert war, suchte Millais zusammen mit William Holman Hunt nach einer Neuorientierung der Malerei an den Werten der Frömmigkeit, des Gefühls und der Naturwahrheit. Zusammen mit Hunt, Dante Gabriel Rossetti und anderen Gleichgesinnten gründete er 1848 die „Pre-Raphaelite Brotherhood". In Millais' → präraffaelitischer Zeit entstanden seine besten Werke. Bevorzugt wurden literarische Sujets. Das Thema des Bildes Ophelia (London, Tate Gallery) war Shakespeares Hamlet entnommen, die 1851 gemalte Mariana stellte die vernachlässigte Heldin des Gedichtes „Mariana" von dem Lieblingsautoren der Präraffaeliten, Tennyson, dar. Frühchristlichen Geist hingegen vermittelt das 1849/50 entstandene Gemälde Christus im Hause seiner Eltern (London, Tate Gallery). Millais versetzt den Betrachter in eine von Holzspänen übersähte Schreinerwerkstatt, die eine Atmosphäre der Demut und Einfachheit erfüllt. Sein Realismus bei der Darstellung der Hl. Familie brachte dem Künstler den Vorwurf der Blasphemie ein. 1853 unternahm Millais mit John Ruskin eine Schottlandreise. Millais' Wiederannäherung an die Akademie führte bald zu einem Bruch mit der präraffaelitischen Bruderschaft. Ende der 50er Jahre entwickelte sich Millais zusehends zu einem Bildnismaler der vornehmen englischen Gesellschaft. Kostüm- und Genrebilder entstehen, daneben Illustrationen für Zeitschriften wie „Good Words" oder „Once a Week". In Bildern wie Die kleine Prinzessin im Tower von London (Egham, Picture Gallery) entsprach Millais einem etwas sentimentalen Publikumsgeschmack. Doch seine akademische Karriere setzte sich ununterbrochen fort. 1863 erfolgte die Ernennung zum ordentlichen Mitglied, 1896 zum Präsidenten der Royal Academy. Als erster englischer Künstler war Millais im Jahre 1885 zum Baronet geadelt worden.

Millet, Jean-François

* 4. 10. 1814 in Gruchy bei Cherbourg, † 20. 1. 1875 in Barbizon. Der Bauernsohn studierte zunächst in Cherbourg und mit Hilfe eines Stipendiums ab 1836 bei Paul Delaroche in Paris. Angeregt von den alten Meistern im Louvre, nach denen er zeichnete und kopierte, entstanden eklektische Bilder mit galanten Szenen im Stil des 18. Jh. sowie mythologische Themen, die ihm wenig Erfolg einbrachten, aber auch eine Fülle von gut charakterisierenden Porträts. Einigermaßen plötzlich wandte er sich 1848 von dieser seichten Thematik ab und nahm sich den Bauern bei seiner Arbeit und im Alltag zum Sujet. Gleichzeitig änderte sich auch sein Stil hin zu einem kräftigen sozial engagierten Realismus, der jedoch nicht im sozialkritischen Sinne zu interpretieren ist. 1848 entstand Der Getreideschwinger, 1850 Die Reisigsammler (beide Paris, Louvre), Bilder, die vielfach auf Kritik stießen, da sie nicht der genrehaften Bauernromantik huldigten, sondern von harter und mühseliger Arbeit berichteten. Sie brachten Millet in den Geruch des „Sozialismus". 1849 zog er nach Barbizon, freundet sich dort mit Théodore Rousseau an, betrieb jedoch keine echte → Freilichtmalerei. Seine Gestalten wie Die Ährenleserinnen, 1857 (Paris, Louvre), wurden nun monumentalisiert, aber auch mystifiziert, ohne an Realismus einzubüßen, wie die Erschöpfung des Mannes mit der Hacke von 1863 zeigt. In seinen Landschaftsbildern scheint Millet dem → Impressionismus nahezustehen, doch war für ihn das Licht niemals zufällig, sondern eher mystisch zu deuten und zu behandeln.

Paula Modersohn-Becker, Sitzender Mädchenakt mit Blumen, *1907, 89 × 109 (Wuppertal, Von-der-Heydt-Museum). Persönlichkeit und Kunst der Worpsweder Künstlerin war von einem tiefempfundenen Gefühl für die Ganzheit des Lebens inspiriert, die sie in Farbe ausdrücken wollte: „Ich möchte das Rauschende, Volle, Erregende der Farbe geben, das Mächtige."*

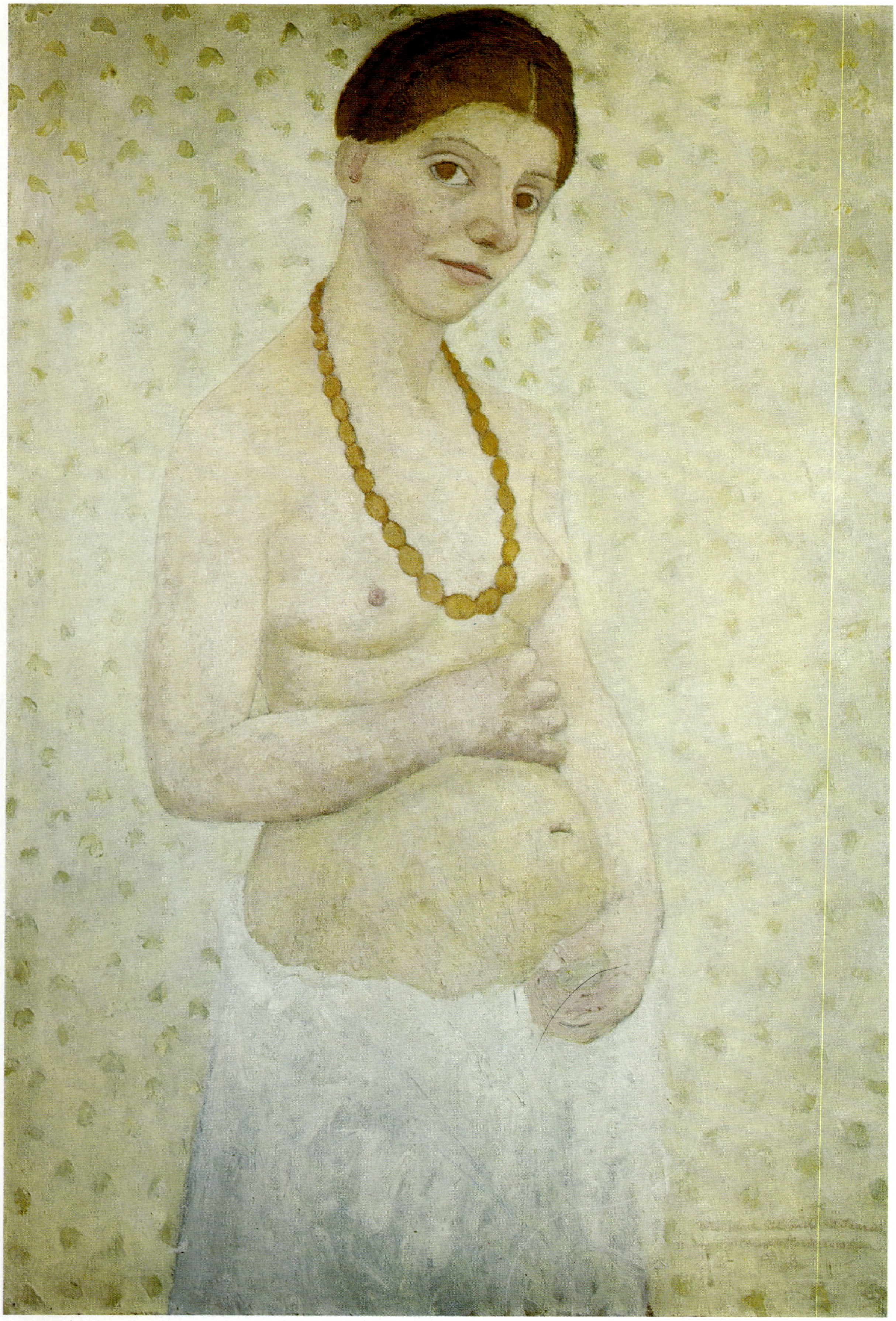

Paula Modersohn-Becker, SELBSTBILDNIS AM 6. HOCHZEITSTAG, *1906, 101 × 70 (Bremen, Privatsammlung). Mit unentwegter Strenge rang die Malerin um ihre persönliche Selbstverwirklichung. „Dieses unentwegte Brausen dem Ziele zu, das ist das Schönste im Leben. Dem kommt nichts anderes gleich.“ Malen war für sie auch eine existentielle Praxis.*

Miró, Joan

* 20. 4. 1893 in Montroig bei Barcelona. Maler, Graphiker und Bildhauer, einer der bedeutendsten spanischen Künstler des 20. Jh. und einer der wichtigsten Vertreter des → Surrealismus. Schon früh wandte er sich der Töpferkunst zu, die handwerkliche Komponente und ein stark kunstgewerblicher Zug sollten für seine weitere künstlerische Tätigkeit stets wichtig bleiben. Mit vierzehn Jahren besucht er die Kunstakademie in Barcelona, unterbricht jedoch sein Studium und beginnt erst 1912 wieder mit dem Malen. Er wird damals vom → Impressionismus, → Fauvismus und → Kubismus angezogen, Quelle seiner Kunst bleibt aber immer auch die romanisch-katalanische Malerei und die Volkskunst seiner Heimat. 1919 kommt er nach Paris und lernt u. a. Pablo Picasso kennen. Bis 1924 entstehen Bilder in einer präzisen, kleinteiligen Zeichenschrift, die bei allem Naturalismus im einzelnen auf Stilisierung und kubistischer Raumauffassung beruhen. Die strahlend klare Farbigkeit verleiht ihnen eine zusätzliche Faszination, so in dem berühmten Gemälde DER BAUERNHOF, 1921/22 (New York, Sammlung Mrs. Ernest Hemingway). 1924 lernte er die Pariser Surrealisten und Arbeiten von Hans Arp kennen. Nun setzt sich endgültig die Inszenierung einer phantastischen und traumhaften Welt in seinen Werken durch, mit schwebenden, kindlich-naiv wirkenden Formen auf indifferentem Grund, mit poetischen Metaphern von suggestiver Kraft und seltsamer Lebendigkeit. 1928–31 wird das Gegenständliche zunehmend aufgegeben zugunsten kräftig konturierter, surreal-absurder Zeichen, die häufig in → Collagen ihr adäquates Medium finden. Gegen die reine Abstraktion ohne jeglichen Objektbezug wandte sich Miró jedoch stets. Während des spanischen Bürgerkriegs, ab 1936, tauchen in seinen Bildern die grausamsten, unbändigsten Formphantasien surrealistischer Natur auf, so in dem großen Wandbild DER SCHNITTER, 1937 (verschollen), für den spanischen Pavillon auf der Pariser Weltausstellung. Nach dem Zweiten Weltkrieg gewann das Experimentieren mit dem Material verstärkte Bedeutung. Auch Ende der sechziger und Anfang der siebziger Jahre behielt Miró seine magische Bilderschrift bei, reduzierte sie jedoch teilweise auf wenige Formen und monochrome Gründe, wobei er auch zuweilen die Technik des → Dripping einbezog.

Modersohn-Becker, Paula

* 1876 in Dresden, † 1907 in Worpswede. M.-B.s eigentliche Laufbahn als Malerin begann 1898 mit ihrer Umsiedelung nach Worpswede, wo sich die Künstlergruppe Fritz Overbeck, Hans am Ende, Heinrich Vogeler, Fritz Makkensen und Otto Modersohn, ihr spä-

Amedeo Modigliani, LIEGENDER FRAUENAKT AUF WEISSEM KISSEN, *1917, 60×92 (Stuttgart, Staatsgalerie). In der stark plastischen Modellierung des Frauenkörpers ist erkennbar, daß Modigliani auch als Bildhauer tätig war. Die Nackte – obwohl der Gegenwart eines Betrachters und vielleicht Bewunderers bewußt – erübrigt nur einen melancholisch müden Blick.*

terer Mann, aufhielt. Als 16jährige hatte M.-B. zwar bereits Zeichenunterricht in Bremen, 1892 besuchte sie die Londoner School of Arts und 1896/97 die Berliner Malerinnenschule, dazwischen lag aber eine Zeit, die sie zur völligen Aufgabe ihrer künstlerischen Tätigkeit zwang: Sie mußte auf Wunsch der Eltern von 1893–95 ein Lehrerseminar absolvieren. Obwohl die Familie Becker in Bremen ein offenes Haus für Künstler und Wissenschaftler führte, mußte sich Paula Zeit ihres Lebens bei ihren Eltern für ihre Malerei rechtfertigen. Auch aus der Worpsweder Gruppe erhielt sie wenig Zuspruch. Mackensen erteilte M.-B. zwar zwei Jahre lang Zeichenunterricht, aber im Grunde interessierte sich außer Otto M. keiner in Worpswede für ihre Arbeit. Prägender für ihre künstlerische Entwicklung wurden die Werke Millets, van Goghs, Gauguins und vor allem Cézannes, die sie während mehrerer Parisaufenthalte von 1900–06 kennenlernte. Clara Westhoff, Rilkes spätere Frau, die sie auf ihrer zweiten Parisreise begleitete, erklärte die Entdeckung Cézannes „für sie eine unerwartete Bestätigung ihres eigenen künstlerischen Schaffens".

Amedeo Modigliani, ZIGEUNERFRAU MIT KIND, *1919, 116×73 (Washington, National Gallery). Das Zigeunerkind auf dem Schoß der Mutter ist in eine dunkle Decke eingewickelt und gerade noch unter einer Zipfelmütze zu erkennen. Modiglianis Porträts zeichnen sich durch starke Vereinfachung und Reduktion aus und geraten in den Bereich des Anonymen.*

Paula M.-B. setzte wie die französischen Maler folgende Präferenzen: → Pastoser, flächiger Farbauftrag, klar umrissene Formen und lebensnahe Themen. In ihren letzten Jahre näherte sie sich mehr und mehr der vereinfachten Form und einer Betonung von Licht und Schatten – z. B. KIND MIT GOLDFISCHGLAS, 1906/07 (Hannover, Sammlung H. v. Garvens), und STILLLEBEN MIT BIRNEN, 1907 (Worpswede, Sammlung Bernhard Hoetger). Paula M.-B. wählte bevorzugt Landschaften, Bildnisse und Selbstporträts als Sujets. Ein Jahr vor ihrem Tod zeigte sie zusammen mit ihrem Mann in der Kunsthalle Bremen einige ihrer Werke. Die Ausstellung wurde kaum beachtet von der Öffentlichkeit. Paula M.-B. starb 31jährig kurz nach der Geburt ihres ersten Kindes. 30 Jahre später verbrannte man zahlreiche Gemälde von ihr als „entartet". Erst heute weiß man ihre Einzigartigkeit zu schätzen. Sie ging ihren Weg, nahezu unangetastet von den verschiedenen Kunstströmungen der Jahrhundertwende.

Modigliani, Amedeo
* 12. 7. 1884 in Livorno, † 25. 1. 1920 in Paris. „Wenn M. zeichnet, verzerrt er die Gesichter nicht, er greift ihre Unregelmäßigkeit nicht an, sticht keine Augen aus, zieht keine Hälse in die Länge. Alles geschieht in seinem Herzen. So . . . beurteilte er uns, empfand, liebte oder widerlegte uns . . ." (Jean Cocteau). M., ein Maler, der bereits zu Lebzeiten Legende wurde, war ein Bohemien, wie man ihn aus der Literatur kennt: Lungenkrank und ohne Geld führte er ein Leben mit viel Alkohol und starkem Drogenkonsum, oft am Rande des Ertragbaren. 1902 besuchte M. die Kunstakademie Florenz, 1903 die Kunstakademie in Venedig. 1906 reiste er zum ersten Mal nach Paris, wo er sich auf dem Montmartre ein Atelier mietete. M. lernte dort Picasso und Kees van Dongen kennen, später kam Juan Gris dazu. M. hatte damals seine Richtung noch nicht gefunden. Die Figuren dieser Bilder sind von harten Konturen umrissen, besitzen volle Münder, eine kräftige Körperlichkeit und entbehren noch völlig ihre spätere Transparenz und Überlängungen, z. B. TETE DE

Amedeo Modigliani, DIE ALGERIERIN ALMAISA *(Köln, Wallraf-Richartz-Museum). Eine gewisse Gleichförmigkeit ist den Bildnissen Modiglianis eigen, die gelegentlich an afrikanische Masken erinnern – für die Skulptur der Primitiven war er besonders aufgeschlossen. Das Individuelle wird ausgeschlossen, ein urtypischer Kern herausgeschält.*

László Moholy-Nagy, Z 1, 1922 (Berlin, Bauhaus-Archiv). Der Leiter des Vorkurses im Weimarer Bauhaus war zeitlebens um die Balance kinetischer Kräfte in seinen Kompositionen bemüht. Mechanisch-technische Bildelemente entsprachen einem ausgeprägten Sinn für klare und durchsichtige Rationalität im konstruktiven Bildaufbau.

JEUNE FEMME, 1908 (Monvaux, Privatbesitz). Ein entscheidendes Erlebnis wurde ihm die Bekanntschaft mit dem rumänischen Bildhauer Brancusi. Brancusi riet M. zur Bildhauerei. Ab diesem Zeitpunkt schuf M. zahlreiche Skulpturen, vor allem in den folgenden drei, vier Jahren. Die Kopfskulpturen erinnern einerseits an afrikanische Plastiken, andererseits weisen sie kubistischen Einfluß auf. Auf eine lange Nase, einen winzigen Mund, eng zusammenliegende, mandelförmige Augen in einem überlängten Gesicht, das aus einem ebenso langen Hals wächst, reduziert, erwecken die Köpfe, vor allem von 1911/12 in keiner Weise die Illusion von Lebendigkeit. Ab 1910 läßt sich eine ähnliche Entwicklung in der Malerei M.s erkennen: Alles Traditionelle, Körperhafte, Proportionierte wird zurückgedrängt zugunsten der Linie, der Vereinfachung und der überlängten Gliedmaßen und Köpfe. Im Gegensatz zu dieser Entwicklung experimentierte M. gleichzeitig in der Manier der → Fauves. Zu den Ergebnissen dieser Phase gehören die Porträts von DIEGO RIVERA (São Paulo, Museu de Arte) und FRANK HAVILAND, 1914 (Mailand, Sammlung Gianni Mattioli). Die Konturen sind hier zwar klar umrissen, aber die entstehenden Felder, vor allem für die Gesichter, löste M. durch gegeneinandergesetzte Farbflächen auf. Ab 1915 entstanden die Bilder, die Jean Cocteau angesprochen hatte. Die Hälse werden überdimensional lang, die Körper verwinden sich in Extremhaltungen, die Augen der Dargestellten sind versetzt und oft nicht ausgeführt, so daß man die Assoziation von ausgestochenen oder blinden Augen hat. Bei manchen Porträts erscheinen die Gesichter regelrecht entgleist und aus den Fugen geraten, z. B. CELSO LAGAR, 1917 (London, The Lefevre Gallery). Während die Akte und Porträts jahrelang vor allem kräftige Braun- und Rottöne aufwiesen, hellte sich die Palette M.s in den letzten zwei, drei Jahren auf. Seine Bilder wurden transparenter. M. starb qualvoll an einer Erkältungskrankheit. Seine Frau folgte ihm einen Tag später in den Tod. Das Nachwirken von M.s Kunst ist nicht auffallend, aber anhaltend.

Moholy-Nagy, László

* 20. 7. 1895 in Bácsborsod, † 24. 11. 1946 in Chicago. Ungarischer konstruktivistischer Maler, Plastiker, Bühnenbildner, Typograph und Fotograf, der im Experimentieren mit den unterschiedlichsten (modernen) Materialien ästhetische Fragen zu lösen und in Beziehung zu aktuellen, ihn beschäftigenden Ideen zu setzen suchte: zu Problemen des Dynamischen, des Raum-Zeitlichen, des Simultanen, Durchsichtigen, der Kraft- und Raummodulation. Nach 1914 entstanden Arbeiten, die von rhythmisierten Liniengefügen strukturiert waren. Durch die Begegnung mit den Arbeiten von Kasimir Malewitsch und El Lissitzky kam er zum → Konstruktivismus. In F IM FELD, 1920 (New York, Privatsammlung), vollzog er den Schritt zur abstrakten Kunst. Aus kla-

László Moholy-Nagy, KUPFERBILD, 1937 (Berlin, Bauhaus-Archiv). Wie ein Lehrexempel zu Moholy-Nagys ästhetischen Theorien mutet dieses auf einer geritzten Kupfertafel angelegte Ölbild an. Er suchte ein Gefühl für die Struktur eines Materials zu erwecken, seine Textur und sog. Faktur.

Pierfrancesco Mola, DIONYSOS UND ARIADNE (Braunschweig, Herzog-Anton-Ulrich-Museum). Nachdem Theseus mit Ariadnes Hilfe den Minotauros getötet hatte, entführte er sie auf die Insel Naxos, wo der athenische Held die Kreterin verließ. Bald erschien Dionysos und nahm Ariadne zur Frau.

Jan Miense Molenaer, DAME AM SPINETT, *39 × 30 (Amsterdam, Rijksmuseum). Molenaers Genredarstellungen stehen gelegentlich an der Grenze zum Gruppenporträt. Die musizierende Holländerin, die ihre Füße über einem Kohle-Topf wärmt, bietet sich im Sonntagsputz dar. Sie widmet sich einer reicheren Bürgersfrauen gemäßen schöngeistigen Beschäftigung.*

ren geometrischen Formen baute er nun wohlgefügte architektonische Gebilde auf, die eine enge Verwandtschaft zu Werken Lissitzkys und Naum Gabos zeigen. Neben konstruktivistischen und suprematistischen Einflüssen, die das Hantieren mit maschinellem Vokabular implizieren, z. B. in DIE GROSSE GEFÜHLSMASCHINE, 1920 (Eindhoven, Stedelijk van Abbe-Museum), kamen auch bald dadaistische Anregungen hinzu. Das Problem der Transparenz als Lichtphänomen beschäftigte ihn in den folgenden Jahren, so schichtete er z. B. bemalte Glasplatten übereinander, um die „plans superposés" der Kubisten in passendem Material realiter zu verwirklichen. Gleichzeitig experimentierte er, von den Ideen Man Rays ausgehend, mit der Fotografie und dem Photogramm. 1923 wurde er an das → Bauhaus in Weimar berufen. Hier war er maßgeblich an der Wendung zum Funktionalismus beteiligt, der „Kunst" nur als experimentelle Steigerungsform industrieller Formgebung ansah. Er beschäftigte sich weiter mit Materialexperimenten, die u. a. in die → Kinetische Kunst und die → Op-art einmündeten. 1928 ging er nach Berlin und betätigte sich erfolgreich als Bühnenbildner. 1934 emigrierte er nach Amsterdam, 1935 nach London, 1937 wurde er Direktor des „New Bauhaus" in Chicago. Im gleichen Jahr eröffnete er auch in Chicago seine eigene „School of Design". Dieser ungeheuer vielseitige und experimentierfreudige Künstler kann als Wegbereiter vieler moderner Kunstströmungen gelten, u. a. auch des Environments und des Happenings.

Moilliet, Louis René

* 6. 11. 1880 in Bern, † 1962 in La Tour-de-Peilz. Nach seiner künstlerischen Ausbildung in → Worpswede und nach mehreren Reisen durch Südeuropa ließ er sich 1910 in Gunten in der Schweiz nieder. Hier schuf er auch seine frühesten Ölgemälde. Ein Jahr später lernte er über Paul Klee die bedeutendsten Vertreter des → Blauen Reiter kennen. Jetzt orientierte er sich am → Orphismus Robert Delauneys und am Kubo-Futurismus. Zusammen mit August Macke und Klee unternahm er 1914 eine berühmt gewordene Tunisreise, die alle drei Künstler zu reinen, leuchtenden Farben, aus denen sich kubisch geschichtete, transparente Räumlichkeiten aufbauen, animierte. Diese Gestaltungsweise abstrahierte Moilliet zunehmend, etwa in SITGES, 1933 (Schönenberg-Pratteln, Privatbesitz). Moilliet war kein Bahnbrecher moderner Kunst, aber er schuf das wohl einheitlichste und qualitätvollste Aquarellœuvre der neueren Schweizer Malerei.

Oskar Moll, Stilleben mit Kamelie, *1918 (Regensburg, Ostdeutsche Galerie). Im Jahr seiner Ernennung zum Professor an der Breslauer Kunstakademie entstand dieses ganz in der Tradition von Cézanne und Matisse stehende Werk. Die Verehrung von Matisses Kunst veranlaßte Moll und seine Malerfreunde zur Gründung der Pariser „Académie Matisse".*

Joos de Momper, Landschaft mit Grotte *(Bonn, Rheinisches Landesmuseum). Im letzten Jahrzehnt des 16. Jh. schuf der Flame einige bisweilen phantastisch gesteigerte Gebirgslandschaften. In der schichtweisen Abfolge vom Braun des Vordergrundes, Grün des Mittel- und Blau des Hintergrundes folgt er einem traditionellen System der Farbperspektive.*

Piet Mondrian, Komposition mit Rot, Blau und Gelbgrün, *1920, 67 × 57 (Ludwigshafen, W.-Hack-Museum). Mondrian wollte mit dem „universellen Gestaltungsmittel" von Form und Farbe die „Kompliziertheit der Natur auf den reinen gestaltenden Ausdruck bestimmter Verhältnisse" zurückführen.*

Moillon, Louise

* 1610 in Paris, † 1696 in Paris. M. ist eine der besten französischen Stillebenmalerinnen des 17. Jh. Es sind ca. 25 Bilder mit Stilleben erhalten, andere Themen malte sie nicht. Sie gleichen sich alle im Aufbau: auf einer Platte aus Holz oder Stein sind in einer Schale oder in einem Korb Früchte oder Gemüse angeordnet. Einfachheit, Klarheit und Nüchternheit, die bis zur Strenge geht, charakterisieren ihre Bilder. 1629 entstand ihr frühestes: Stilleben mit Pfirsichen, (Paris, Louvre).

Mola, Pierfrancesco

* in Coldrerio/Tessin, getauft 9. 12. 1612, † in Rom 1666 oder 1668. Der Schüler von G. Cesari malte unter dem Einfluß von Guercino und den Venezianern außer Altarbildern vorzugsweise Bilder mythologischen Inhalts, z. B. Dionysos und Ariadne (Braunschweig, Herzog-Anton-Ulrich-Mus.) im Stil des klassischen römischen Hochbarock.

Molenaer, Jan Miense

* 1609 oder 1610 in Haarlem, † 15. 9. 1668 in Haarlem. Der von Frans Hals beeinflußte holländische Barockmaler schuf vor allem Gesellschaftsstücke und, in seinem späteren Werk, bäuerlich derbe Genredarstellungen. Vermutlich war er Schüler von Frans Hals. 1637 übersiedelte er nach Amsterdam, wo er sich bis 1648 aufhielt, danach war er in Heemstede und Haarlem ansässig. In seinem Frühwerk – die datierten Bilder beginnen 1629 – schuf er neben wenigen Porträts und religiösen Themen hauptsächlich Gesellschaftszenen allegorischen Charakters mit lebensprühenden, bildnishaft aufgefaßten Genrefiguren, in lockerer Pinselführung und kräftigem Kolorit. An der bildnishaften Ausformung der Figuren war spätestens seit 1636 auch seine Frau, die Malerin Judith Leyster, beteiligt. Das Hauptwerk der Frühzeit ist wohl der Hamlet, etwa 1628–30 (Schleißheim, Bayerische Staatsgemäldesammlungen). Zu Beginn der Amsterdamer Zeit entstanden sorgfältig ausgeführte, repräsentative Gruppenbildnisse vornehmer holländischer Familien, z. B. Fest der Familien van Loon, Alewyn und Geelvinck, 1637 (Amsterdam, Rijksmuseum). Seit Ende der dreißiger Jahre widmete er sich der Schilderung des bäuerlichen Lebens in der Art Adriaen van Ostades und Adriaen Brouwers. Die Lokalfarben werden jetzt gedämpfter, ein brauner Gesamtton dominiert, und die Figuren sind kompositionell zu Gruppen zusammengeschlossen.

Piet Mondrian, Tableau 1 *(Köln, Wallraf-Richartz-Museum). Es wirkt zunächst überraschend, vor den präzise gegliederten Flächen Mondrians – hier unter Verwendung der drei Kardinalfarben – von einer geradezu mystischen Weltauffassung ihres Schöpfers zu hören: Kunst habe nicht nur eine ästhetische, sondern auch eine religionsähnliche Funktion.*

Moll, Oskar
* 21. 7. 1875 in Brieg bei Breslau, † 19. 8. 1947 in Berlin. Nach dem Studium bei Lesser Ury, W. Leistikow und L. Corinth in Berlin empfing Moll 1907 in Paris starke Impulse von Henri Matisse und den französischen → Fauvisten. Seine Stilleben, Landschaften und figürlichen Kompositionen sind nur leicht abstrahiert, von kontrapunktischen Farbakkorden und ornamentalen Werten bestimmt. 1918 wurde Moll an die Kunstakademie Breslau berufen, als deren Leiter (ab 1926) er Schlemmer, Kanold, Molzahn u. a. zu Lehraufträgen verhalf. 1918 entstand das Stilleben mit Kamelie, 1932 Das kleine Welttheater (beide Regensburg, Ostdeutsche Galerie). 1936 als „entartet" eingestuft, zog sich Moll nach Berlin zurück.

Molyn, Pieter de
(auch Molijn)
getauft am 6. 4. 1595 in London, begraben am 23. 3. 1661 in Haarlem. Wegbereiter der realistischen barokken Landschaftsmalerei in Holland. Über seine Ausbildung wissen wir nichts. Nach seiner Niederlassung in Haarlem, 1616, scheint er von Esaias van de Velde beeinflußt worden zu sein. In seinem Gemälde Dünen, 1626 (Braunschweig, Herzog-Anton-Ulrich-Museum), verwirklichte er als erster die Kompositionsprinzipien einer neuartigen bildnerischen Landschaftsauffassung: diagonale Tiefenstaffelung und atmosphärisch-tonige Farbgebung.

Momper, Joos de
* 1564 in Antwerpen, † 5. 2. 1635 in Antwerpen. Bedeutender niederländischer Landschaftsmaler, der stilistisch den Übergang vom → Manierismus zur realistischen Schilderungsweise des Frühbarock vertritt. Aus einer Malerfamilie stammend, lernte er bei seinem Vater Bartholomäus. 1581 und 1590 hielt er sich in Italien auf und ging bei dem in Treviso lebenden Flamen Lodewijk Toeput (Pozzoserrato) in die Lehre. 1581 wurde er Mitglied der → Lukasgilde in Antwerpen und 1611 deren Dekan. Künstlerisch baut er auf Pieter Bruegel d. Ä. auf, dessen Landschaftsthematik er verselbständigt und weiterbildet. In Italien kam er über Toeput mit der venezianischen Farbgebung vor allem des späten Tintoretto in Berührung. In seinen Bildern taucht immer wieder die Hochgebirgswelt der Alpen auf, die er in phantastisch-bizarrer Weise übersteigert. Diese Gebirgslandschaften sind in der damals üblichen Dreiteilung der Farben aufgebaut: brauner Vorder-, grüner Mittel-, blauer Hintergrund. Mit feinen Lasuren, die die helle Grundierung durchscheinen lassen, unterstützt durch eine differenzierte Lichtverteilung, werden atmosphärische Erscheinungen sichtbar gemacht, z. B. in Gebirgslandschaft mit Brücken

Meister von Mondsee, DIE FLUCHT NACH ÄGYPTEN, *um 1497, 57 × 45 (Wien, Österreichische Galerie). Nach dem 1497 geweihten Altar der Stiftskirche von Mondsee zu dessen Sonntagsseite diese Tafel einmal gehörte, erhielt der Anonymus seinen Hilfsnamen. Vor einem bühnenartig angelegten Landschaftsprospekt zieht die Hl. Familie ins Exil.*

(Köln, Wallraf-Richartz-Museum und Museum Ludwig). Dunkle Kulissen im Vordergrund bilden den Rahmen für eine helle Raumfolie, charakteristisch sind auch die häufigen Weißhöhungen und die Punktierung der Konturen. Sowohl Jan Bruegel d. Ä. als auch Jan Bruegel d. J. füllten seine Landschaften oft mit kleinen → Staffagenfiguren an. Momper ist der bedeutendste flämische Landschafter seiner Zeit, der sich mit seinen südlichen Ideallandschaften bereits Adam Elsheimer und Paul Bril annähert und dessen Art später von Herkules Seghers weiterentwickelt wurde.

Mondrian, Piet
(eigtl. Pieter Cornelis Mondriaan)
* 7. 3. 1872 in Amersfoort, Niederlande, † 1. 2. 1944 in New York. Mondrian war einer der Hauptbegründer der Bewegung De → Stijl und wichtigster Theoretiker des → Neoplastizismus. 1892–97 wurde er Schüler an der Amsterdamer Akademie. 1897 stellte er erstmals seine Gemälde aus, die noch ganz konventionell, im Stil der Zeit gehalten waren. Erst 1907 verließ er seinen lokal bedingten und konventionellen Stil und näherte sich, vielleicht durch Edvard Munch beeinflußt, in Farbe und Linienführung dem → Jugendstil und dem Frühexpressionismus an. 1908 kam er in Amsterdam in Berührung mit Künstlern wie Kees van Dongen, Jan Toorop u. a., die sein Interesse auf den → Symbolismus und den französischen → Pointillismus lenkten. Wenig später arbeitete er an drei großen Motiven: dem LEUCHTTURM VON WESTKAPELLE (mehrere Versionen in Den Haag, Gemeentemuseum), der KIRCHE IN DOMBURG, um 1910, und der „Düne" bzw. dem „Strand", etwa in DÜNE II, DÜNE III, 1909 (alle Den Haag, Gemeentemuseum). Die Grundtendenzen dieser Bilder beschreibt Mondrian selbst so: „Ich gab die natürliche Farbe auf zugunsten der reinen Farbe. Ich begann zu spüren, daß die Farben der Natur auf der Leinwand nicht reproduziert werden können." 1910 sah er erstmals Werke der Kubisten, die ihn stark beeindruckten. Seine Kompositionen, in gedämpften Farben und oft ovalen Formaten, führten den analytischen Kubismus über seine Grenzen hinaus, fast bis zur reinen Abstraktion. In einzigartiger Konsequenz vollzog er diesen Schritt in der Serie der „Bäume". Der ROTE BAUM, 1908 (Den Haag, Gemeentemuseum), ist formal noch relativ darstellungswertig, farblich bereits stark vom Naturvorbild abweichend, eine Haltung, die sich im GRAUEN BAUM, 1912 (Den Haag, Gemeentemuseum), noch verstärkt, während im sog. BLÜHENDEN APFELBAUM, 1912 (Den Haag, Gemeentemuseum), die Komposition nach einer zentralen geometrischen Kreuzform ausrichtet. Noch weiter vereinfacht wird das Kompositionsschema, in dem ein visueller Eindruck in Formgebilde von Linienfragmenten umgesetzt ist, in dem Bild PIER UND OZEAN (KOMPOSITION NR. 10),

1915 (Otterlo, Rijksmuseum Kröller-Müller), eine reine Konfiguration aus farbigen Vertikalen und Horizontalen, die sich häufig kreuzförmig überlagern. Während der Kriegsjahre kam er mit den Malern Theo van Doesburg, Bart van der Leck u. a. in Berührung. Dieser Kreis erstrebte eine Erneuerung der Kunst und des Lebens im Sinne einer universellen, dem Individualismus entgegengesetzten → Weltanschauung. Daraus entstand 1917 die Zeitschrift und die Gruppe De Stijl. Ihre Grundlagen sind die völlige Abstraktion und die Beschränkung der künstlerischen Mittel auf die gerade Linie und den rechten Winkel sowie auf die drei Primärfarben Rot, Gelb, Blau und auf die drei primären Nichtfarben Schwarz, Grau, Weiß. Später hat Mondrian diese Gestaltungsprinzipien unter dem Begriff „Neoplastizismus" theoretisch zusammengefaßt. 1917 schuf er erstmalig Bilder, in denen Rechtecke in primären Farben auf weißem Grund stehen. Ab 1918 verband er diese Rechtecke und den weißen Grund durch ein Gerüst von schwarzen Linien, die das ganze Bild zu einer durchorganisierten Fläche zusammenfügen, ab 1921 wurden diese schwarzen Linien stärker, z. B. in KOMPOSITION, 1922 (New York, Sammlung Herbert M. Rothschild). Die Quadrate werden leicht asymmetrisch und damit formbelebend angeordnet, die Farbe ist in kaum sichtbarem Pinselduktus aufgetragen. Um 1925 wird das zentrale Rechteck von zwei durchlaufenden sich überschneidenden Linien horizontal und vertikal begrenzt. Dieses asketische Spiel mit dem fast meditativ wirkenden Gleichgewicht aus Linien und Farbflächen nimmt seit 1940, als Mondrian in New York lebte, eine neue Wendung: eine variantenreichere Farbigkeit verdrängte die schwarzen Linien und löste sie in einen Rhythmus bunter Felder auf, z. B. in BROADWAY BOOGIE-WOOGIE, 1942/43 (New York, Museum of Modern Art).

Claude Monet, REGATTA, *48 × 74 (Paris, Louvre). Monet brachte oft ganze Tage mit Palette und Leinwand auf einem Boot zu, um Uferlandschaften, Brücken und Schiffe darzustellen. Der Wasserspiegel – glatt oder vom Wind gekräuselt – verdoppelte die Lichtreflexion der Objekte und erlaubte interessante Farbspielereien.*

Mondsee, Meister von

tätig am Ende des 15. Jh. im Salzburger Raum. Seinen Notnamen erhielt er nach einem Altarwerk, das er im Auftrag des Abtes Benedikt Eck von Piburg für das Kloster Mondsee ausführte. Von dem Altar, der 1497 geweiht wurde, sind sieben Tafeln bekannt: die drei wahrscheinlichen Haupttafeln DARBRINGUNG CHRISTI IM TEMPEL (ehemals Paris), BESCHNEIDUNG CHRISTI (Wien, Museum mittelalterlicher österreichischer Kunst) und CHRISTUS UNTER DEN SCHRIFTGELEHRTEN (Vaduz, Sammlung Fürst Liechtenstein) sowie vier Teile der vermutlich dazugehörenden → Predellenflügel, von denen einer die Stifterdarstellung enthält (Wien, Museum mittelalterlicher österreichischer Kunst). Stilkritisch läßt sich eine künstlerische Ausbildung dieses Meisters in Wien erschließen, jedenfalls zeigt sich in seinem Werk deutlich der Einfluß des dortigen Meisters des Schottenaltars. Daneben lassen sich Anregungen durch die Malerei des oberdeutsch-schwäbischen Raumes feststellen. In der Landschaftsdarstellung orientiert er sich an der Salzburger Schule um Rueland Frueauf d. Ä., in der linear betonten Großformigkeit, ebenso in der Entwicklung einer stimmungshaften, fast schon atmosphärischen Naturschilderung bei gedämpfter Farbgebung. Von der Kunst des gleichzeitig in Salzburg tätigen und Elemente der italienischen Frührenaissance mit den einheimischen gotischen Traditionen verbin-

Claude Monet, DER BAHNHOF SAINT-LAZARE, *1877, 60 × 80 (Chicago, Institute of Art). Nicht die Faszination an der modernen Verkehrstechnik, am schnaubenden Getöse der Lokomotiven und dem Bahnhofslärm teilt Monet in seinem Bild mit. Das wäre ein Thema der futuristischen Malerei. Ihn beeindruckt die optische Sensation von Wasserdampf und Sonnenlicht.*

denden Michael Pacher ist der Meister von Mondsee aber noch in keiner Weise geprägt. Letztendlich bleibt er ganz dem von den Niederlanden herrührenden, über deutsche Rezeption modifizierten, spätgotischen Realismus verbunden.

Monet, Claude

* 1840 in Paris, † 1926 in Giverny. Das Leben des Haupts der → Impressionisten ist gekennzeichnet durch finanzielle Schwierigkeiten am Beginn der

Claude Monet, DIE HÜTTE DES DOUANIERS BEI VARENGEVILLE, *1882, 60 × 78 (Rotterdam, Museum Boymans-van Beuningen). Jahrzehntelang kämpfte der französische Impressionismus um seine Anerkennung – erst am Ende des Jahrhunderts wurde sie ihm zuteil. Die getupfte, „unpräzise" Malweise, die Abkehr vom Historienbild, provozierte die Akademiemaler.*

Laufbahn als Maler, Schicksalsschläge wie den Tod seiner ersten Frau Camille 1879, seiner zweiten Frau Alice Hoschedé 1911 und seines Sohnes Jean 1914 und unermüdliche Arbeit. Erst im letzten Jahrzehnt des 19. Jh. genießt er die offizielle Anerkennung und zählt Schriftsteller wie Gustave Geffroy, Octave Mirbeau und Stéphane Mallarmé zu seinen Freunden. Die wichtigsten Stationen seiner Tätigkeit sind Le Havre, Honfleur, Paris, Bougival, Argenteuil, Vétheuil und Giverny. 1856–58 verkaufte Monet Karikaturen in Le Havre, die die Aufmerksamkeit Boudins erregten. Er gab dem Schüler erste malerische Anleitungen. Im Atelier Suisse in Paris begegnete er Pissarro, im Atelier Gleyre 1862/63 Bazille, Renoir und Sisley und in Le Havre Jongkind. Im Gegensatz zu Manet und Degas Autodidakt, verließ Monet nach kurzer Zeit das akademische Atelier Gleyre, um sich ausschließlich seiner Methode des Experiments zu widmen. Gegenstand seiner Malerei sind die verschiedenen, durch Lichtwirkungen beeinflußten Erscheinungsweisen der Natur. FRÜHSTÜCK IM FREIEN, 1865/66 (Moskau, Skizze Puschkin-Mus.) FRAUEN IM GARTEN, 1866/67 (Paris, Jeu de Paume), und DAS FRÜHSTÜCK, 1873/74 (Paris, Jeu de Paume), zeigen bei ähnlicher Thematik Monets steigendes Interesse an Licht- und Schattenreflexen. 1869–72, als Monet mit Renoir in Bougival weilte, entstand u. a. LA GRENOUILLÈRE (New York, Metropolitan Mus. of Art). 1870 heiratete der Maler Camille Doncieux, die z. B. in CAMILLE, 1866 (Bremen, Kunsthalle), MEDITATION. FRAU MONET AUF DEM CANAPÉ, 1870/71 (Paris, Jeu de Paume), und DAS ROTE KOPFTUCH, 1870 (The Cleveland Mus. of Art), abgebildet ist. Auf der Flucht vor dem Kriegsdienst mit Pissarro in London, begegnete Monet der suggestiven Malerei William Turners, die ihn zu IMPRESSION. SOLEIL LEVANT, 1874 (Paris, Mus. Marmottan), inspirierte. Das Bild erregte bei seiner Ausstellung 1874 im Atelier des Pariser Fotografen Nadar Proteststürme und gab über eine Kritik Anlaß zur Spottbezeichnung „Impressionisten" für die Gruppe junger, unkonventioneller Künstler um Monet. Die während

Gustave Moreau, GALATHEA, 1880/81, 85 × 67 (Paris, Sammlung Robert Lebel). Mit floraler Phantasie bettet der französische Symbolist die vom Riesen Polyphem begehrte Nereide ein. Moreau umhüllt die antike Legende mit dem Zauber einer orientalischen Märchenwelt, statt ihr nur klassizistisch nachzueifern.

Monets Aufenthalt in Argenteuil 1872–76 entstandenen Bilder REGATTA und PONT D'ARGENTEUIL (beide in Paris, Louvre) zeigen, wie der Maler Lichtreflexe auf und Spiegelungen in seinem geliebten Medium Wasser mit kleinen Strichen als funkelnde Farbharmonien interpretiert. Gleichzeitig zeichnend und malend, mißt Monet der Pinselschrift die eigentliche Aussagekraft in Farbe und Form zu. Die Bedeutung des meist aus der Natur gegriffenen Gegenstands schwindet bis zu der eines Vorwands bei den Serien. Allerdings sind von Motiv zu Motiv Unterschiede in der Malweise festzustellen. Der Himmel z. B. ist in KIRCHE VON VÉTHEUIL, 1878/79 und DIE SEINE BEI VÉTHEUIL, 1879/82 (beide in Paris, Jeu de Paume), flächig behandelt, in einer anderen Version der SEINE BEI VÉTHEUIL, 1879 (Roûen, Mus. des Beaux-Arts), dagegen mit wilden, richtungsverschiedenen Strichen, die nicht den Eindruck einer Fläche entstehen lassen. Die in der zweiten Impressionisten-Ausstellung gezeigten vier, für die Dekoration des Schlosses von Monets Freund Ernest Hoschedé in Montgeron bestimmten Bilder DIE TRUTHÄHNE, 1877 (Paris, Jeu de Paume), GARTENECKE IN MONTGERON, 1877, DER TEICH IN MONTGERON, 1877 (beide Leningrad, Eremitage), und DIE JAGD oder AVENUE IM PARK, MONTGERON, 1876 (Coll. Durand-Ruel), sind Musterbeispiele der spezifisch Monetschen Pinselschrift. Das Kräftespiel zwischen Meer und Felsen ist Thema einiger in Etretat und Belle-Ile gemalter Bilder, z. B. AUFGEWÜHLTES MEER BEI ETRETAT, 1883 (Lyon, Mus. des Beaux-Arts), DIE FELSEN VON BELLE-ILE, 1886 (Paris, Jeu de Paume), oder STURM, KÜSTE VON BELLE-ILE, 1866 (Paris, Jeu de Paume). Daneben stehen lyrische Motive, in zarten Farben wiedergegeben, wie DIE TULPEN, 1873, FRAU MIT SCHIRM, NACH RECHTS GEWENDET, 1886, oder DIE BARKE IN GIVERNY, 1887 (alle drei in Paris, Jeu de Paume). Den adäquatesten Ausdruck der Methode des Experiments, mit der er ein wichtiges Moment der modernen Kunst vorwegnahm, stellen seine Serien dar: DER BAHNHOF ST-LAZARE, 1877 (Chicago, Institute of Art, Mus. Marmottan), DIE EISBRUCHBILDER, 1880 (Paris, Jeu de Paume), DIE HEUHAUFEN, 1890 (u. a. Paris, Jeu de Paume), DIE PAPPELN, 1891 (Paris, Privatsammlung), DIE KATHEDRALE VON ROUEN, 1892/93 (u. a. Paris, Jeu de Paume), ANSICHTEN VON LONDON, 1903/04 (u. a. Paris, Jeu de Paume; Lille, Mus. des Beaux-Arts), ANSICHTEN VON VENEDIG, 1908 (u. a. Nantes, Mus. des Beaux-Arts) und die 19 Bilder des „großen Wassergedichts", DIE SEEROSEN (u. a. Paris, Orangerie; Caen, Mus. des Beaux-Arts; Nantes, Mus. des Beaux-Arts). Monet hatte sich 1883 in Giverny durch einen japanischen Gärtner einen Garten nach seinem Wunsche anlegen lassen, mit den auf den letzten Serienbildern zu sehenden Seerosenteichen, japanischen Brükken und Blumenmeeren. Dort verbrachte der Maler seine letzten Lebensjahrzehnte, um bei verschiedenen Tageszeiten, Licht- und Wetterverhältnissen den Eindruck der Wirklichkeit und ihre im Wasser gespiegelte Illusion festzuhalten. Die Seerosenbilder, die z. T. nur um einen Schritt hinter der abstrakten Kunst zurückbleiben, stellen die Synthese von Monets poetischer Welt aus Licht und Schweigen dar.

Gustave Moreau, ORPHEUS AM GRABE EURYDIKES, *1890, 173 × 128. Der Altmeister der symbolistischen Dichtung, Huysmans, bemerkte zu der phosphoreszierenden, schweren Farbigkeit Moreaus: „. . . niemals ist es derart gelungen, solch funkelnde Steine, so sagenhafte, so blendende Pracht von Stoffen und Farbtönen der Haut darzustellen."*

Monsù Desiderio

* um 1593 in Metz, lebte seit 1620 in Neapel. Einer der faszinierendsten Maler des → Manierismus, der in seinen Gemälden fast ausschließlich alptraumhafte, apokalyptische Visionen gestaltete. Der Name „Monsù" wurde in Süditalien für „Monsieur" und „Desiderio" für „Didier" gebildet. Lange Zeit wurden zwei in Metz geborene Maler mit diesem Namen identifiziert: Didier Barra (auch Barrat), der im Alter von siebzehn Jahren Metz verließ, und François Didier de Nomé, der 1612 seine Ausbildung bei einem flämischen Maler in Rom erhielt und mit siebzehn Jahren, wahrscheinlich zusammen mit Barra, nach Neapel übersiedelte. Ihre gemeinschaftliche Tätigkeit – Barra malte konventionelle Landschaftsbilder, die Nomé mit phantastischen Architekturen füllte – erschwerte eine kunstgeschichtliche Händescheidung, doch spricht mittlerweile vieles dafür, in Nomé den hauptsächlichen Urheber der unter „Monsù" laufenden Gemälde zu sehen. Die religiösen Szenen, die den Hintergrund für die Katastrophendarstellungen Monsùs bilden, etwa für DAS MARTYRIUM DER HL. CÄCILIA, legen die Interpretation nahe, diese Sujets als spezifische → Vanitasdarstellungen zu verstehen, wo etwa die Zerstörung römisch-heidnischer Bauwerke als Ausdruck der Vergänglichkeit im Rahmen göttlicher Vergeltung fungiert: Z. B. in DIE ZERSTÖRUNG VON SODOM UND GOMORRHA (Rom, Sammlung Anfus). Bilder wie DER UNTERGANG TROJAS (Rom, Galleria l'Obelisco) oder DIE UNTERWELT, 1622 (Besançon, Musée des Beaux-Arts), zeigen auch die Beeinflussung durch manieristische Bühnenbildentwürfe.

Montagna, Bartolomeo

* um 1450 in Orzinuovi bei Brescia, † 11. 10. 1523 in Vicenza. M. ist der Hauptmeister der Renaissance in Vicenza. Man nimmt an, daß M. eine Lehre bei Domenico Morone in Verona besuchte. Beeinflußt wurde sein Frühwerk hauptsächlich von Alvise Vivarini. Sein Stil ist gekennzeichnet durch klare Kompositionen, reines Kolorit, scharfe Trennung der dargestellten Gegenstände und Betonung der Umrisse. Seine besondere Vorliebe galt der Wiedergabe von Felsen, die er oft für den Marienthron verwendete. In seinem Spätwerk widmet er immer mehr Aufmerksamkeit dem Detail. Aus dieser Zeit stammen seine HIERONYMUSDARSTELLUNGEN. Ein besonders schönes Beispiel befindet sich in Ottawa, National Gallery.

Monticelli, Adolphe Joseph

* 14. 10. 1824 in Marseille, † 29. 6. 1886 in Marseille. Besuchte von 1841–44 die Zeichenschule in Marseille. 1846 ging er nach Paris, wo er bis 1849 die Werke der alten Meister studierte. 1856 lernte er Diaz kennen, der ihn neben Delacroix und Watteau besonders beeinflußte. In seiner „Pariser Epoche" von 1862–72 schuf er phantasievolle Themen und romantische Szenen. Mit derselben Vorliebe malte er aber auch Stilleben, wie GELBE MAGERITEN, um 1878 (Lyon, Musée des Beaux-Arts), und Landschaften.

Mor, Anthonis

(auch Antonio Moro, Anthonius Mor van Dashorst, Anthony More)

* um 1519 in Utrecht, † um 1576/77 in Antwerpen. Einer der bedeutendsten niederländischen Porträtisten, in dessen Werk sich Elemente des niederländischen Realismus, der italienischen Spätrenaissance und des Manierismus, vor allem aber auch Anregungen durch Tizian, verbinden. 1547 ist er in der Antwerpener → Lukasgilde verzeichnet. Sein bewegtes Leben führte ihn an die Höfe in den Nieder-

Gustave Moreau, Zeus und Semele (Ausschnitt), 1896, 212 × 118 (Paris, Musée National Gustave Moreau). An mythischen Stoffen übte gerade die Gestalt der Frau eine große Faszination auf Moreau aus. Semele, der sich Zeus in Menschengestalt näherte, gebar Dionysos. Sie starb, als sie den Olympier als Gottheit zu sehen wünschte.

landen, in Italien, Spanien, Portugal und England. In seinen repräsentativen Bildnissen wußte er die Darstellung zum Ausdruck geistiger Überlegenheit, Würde, zuweilen auch vornehmer Melancholie zu steigern, z. B. in Maria Tudor, 1554 (Madrid, Museo del Prado).

Morandi, Giorgio
* 20. 7. 1890 in Bologna, † 18. 6. 1964 in Bologna. Der Maler, Bildhauer und Graphiker vertrat eine nuancenreiche, lyrisch-figurative Tonmalerei. 1907–13 studierte er an der Akademie von Bologna und wurde von der Kunst Paul Cézannes beeinflußt. Da ein Großteil seines Frühwerkes vernichtet ist, fällt es schwer, seine künstlerischen Anfänge klar aufzuzeigen. Gegen 1914 wandte er sich dem → Kubismus und → Futurismus zu, dann, etwa 1916–18, lockerte er das kubistische Formenvokabular dekorativ auf und verband es mit einer subtilen, pastellhaften Farbigkeit. In einem Hauptwerk dieser Zeit, Stillleben mit Manichino, 1918 (Mailand, Sammlung Emilio Jesi), zeigen sich deutlich sein Streben nach Ausgewogenheit, gedämpften Farben und, in der Isolierung von Objekten in einem unergründlichen Raumambiente, auch erste Einwirkungen der → Pittura metafisica. Ab 1920 wurden seine Bilder immer subtiler, meditativer. In der stillebenhaften Zuordnung von Dingen, in der strengen Tektonik trotz häufig fleckig aufgelöster Konturen, verrät sich jetzt auch ein tiefes Verständnis von klassischer italienischer Kunst.

Moreau, Gustave
* 6. 4. 1826 in Paris, † 18. 4. 1898 in Paris. Einer der wichtigsten französischen Repräsentanten des → Symbolismus. Der Sohn eines Architekten trat 1844 in die École des Beaux-Arts in Paris ein. Ab 1849 studierte er bei Théodore Chassériau, der ihm entscheidende künstlerische Impulse vermittelte, ihn in seiner romantischen Grundhaltung, in der Beschäftigung mit östlicher Religion und östlicher Kunst, insbesondere mit persischen Miniaturen, bestärkte und ihn mit der von Eugène Delacroix entwickelten

Alessandro Moretto, THRONENDE MADONNA MIT DEM KINDE UND VIER LATEINISCHEN KIRCHENVÄTERN *(Frankfurt, Städel). „Sacra conversazione" nannten die Italiener seit alters her einen Bildtyp, bei dem Maria zwischen Heiligen thront. Moretto, dessen Bild aus der römischen Kirche San Carlo al Corso stammt, hielt sich an die „Conversazione" der Venezianer.*

Koloristik vertraut machte. Aufgrund dieser intensiven Anleitung konnte Moreau bereits 1852 im Salon debütieren mit Werken wie PIETÀ, 1852 (Paris, Musée Gustave Moreau), deren Abhängigkeit von Delacroix und Chassériau sehr deutlich ist. 1857 reiste er nach Italien. Während des dreijährigen Aufenthaltes studierte er in erster Linie Vittore Carpaccios Zyklus der Ursula-Legende in der Galleria dell'Accademia in Venedig, Werke Andrea Mantegnas, Benozzo Gozzolis, dessen Fresken im Palazzo Medici-Riccardi zu Florenz deutlich in Moreaus ZUG DER HL. DREI KÖNIGE, nach 1860 (Paris, Musée Gustave Moreau), nachwirken, und Michelangelos Fresken in der Sixtinischen Kapelle. Wieder in Paris, begann er in relativer Zurückgezogenheit ein bis ins Alter rastloses Schaffen, das durch die mehr oder weniger regelmäßige Teilnahme an den großen Jahresausstellungen von zunehmendem Erfolg begleitet wurde. 1864 brachte das mythologische Gemälde ÖDIPUS UND DIE SPHINX (New York, Metropolitan Museum of Art) den endgültigen Durchbruch. Es folgten 1866 die THRAKERIN MIT DEM HAUPT DES ORPHEUS (Paris, Musée National du Louvre) und 1868 PROMETHEUS (Paris, Musée Gustave Moreau). Im Salon von 1874 hatte er mit drei Hauptwerken, SALOME, 1870 (New York, Sammlung H. Hartford), HERAKLES UND DIE HYDRA (eine Fassung in Marseille, Sammlung Louis Monte) und SEBASTIAN UND DIE ENGEL (Paris, Musée Gustave Moreau) einen aufsehenerregenden Erfolg. 1888 wurde Moreau zum Mitglied der Académie des Beaux-Arts gewählt, wo er 1892 als Nachfolger von Elie Delaunay auch zum Professor berufen wurde. Nach seinem Tode wurde er von der Kunstkritik meist als schwülstiger Akademiker und platter Allegoriker abqualifiziert. Erst André Breton, Salvador Dalí und Max Ernst wandten ihm als einem geistigen Ahnherrn des Surrealismus wieder ihr Interesse zu. Sein Werk verkörpert heute das Streben nach Ethik, Philosophie und Poesie, Mythen und Träumen als künstlerischen Ausgangspunkt. Seine bizarre Bildwelt ist erfüllt von magischen Reizen, düsterer und verbotener Wollust, blutiger Raserei, Hirngespinsten, von einer Überfülle dekorativen Beiwerks, das an die Aufmachung prunkvoll-phantastischer Bühnenbilder erinnert. Seine Landschaften sind von einer tiefen Melancholie überschattet. Die häufig übergenaue Detailwiedergabe in einzelnen Partien seiner Ölgemälde weicht bei seinen vielen Aquarellen oft einer ganz spontanen Handschrift. Der Bildaufbau ist im allgemeinen klar und streng. Das Bemühen um die formale Durchdringung bleibt ein stetes Anliegen. Zwei Prinzipien beherrschen die Ästhetik Moreaus: die schöne Reglosigkeit und der Reichtum der Bildelemente. Sein Ziel war die Heraufbeschwörung des Gedanklich-Thematischen im Medium der Linie, der Arabeske – Einflüsse auf den → Jugendstil konnten sich hier auswirken – und des Bilddekorativen. Die kostbar gemalten Details überwuchern zunehmend wie prächtiges Filigran die gesamte Bildfläche, beispielsweise auch in GALATEA, 1880/81 (Paris, Sammlung Robert Lebel). Die Farbgebung ist reich nuanciert, mit edelsteinhaft leuchtenden Akzenten vor und in dunklem Grund. In der malerischen Herausarbeitung materieller Oberflächenqualitäten ließ er sich häufig von konkreten Werkstoffen, vor allem vom Schimmer des Emails, aber auch von asiatischen Stickereien und Brokaten, neapolitanischen Mosaiken usw. sowie von der Textur von Vogelgefieder oder Schmetterlingsflügeln anregen.

Giovanni Battista Moroni, DER HERZOG VON ALBURQUERQUE, *1560 (Berlin, Staatliche Museen). Das Bildnis des spanischen Gouverneurs von Mailand zeigt den Typ des Machtmenschen mit Schwert und Handschuh, der – laut Inschrift – „weder Furcht noch Todesangst kennt". Moronis Porträts, oft von unnahbarer Eleganz, sind vom Florentiner Manierismus geprägt.*

William Morris, QUEEN GUINEVERE, *1858, 72×50 (London, Tate Gallery). Die Entwertung des Individuums, welche die industrielle Revolution gerade in England mit sich brachte, fand in einer dialektischen Antithese in der Malerei der Präraffaeliten ihren Niederschlag: als „Kult" idealer Menschlichkeit und erhabener Tugend.*

Moreau, Louis-Gabriel, d. Ä.
* vor dem 24. 4. 1739 in Paris, † 12. 10. 1805 in Paris. Der Landschaftsmaler und Radierer wurde von dem Ruinenmaler Pierre-Antoine de Machy ausgebildet. Über sein Leben ist nicht sehr viel bekannt. Er arbeitete in den verschiedensten Techniken: Ölbilder, Radierungen, Aquarelle und → Gouachen. Seine Themen dagegen beschränkten sich auf Landschaften, meist Parks und Stadtansichten von Paris. Seit 1780 malte er im Auftrag des Grafen d'Artois, dem Bruder des Königs, und durfte nun im Louvre wohnen – ein Vorrecht, das nur wenige Maler hatten. Seine Landschaften haben eine malerische Atmosphäre. Er legte mehr Gewicht auf die einfache reine Natur als auf die Wiedergabe von Menschen. Kleine Figuren werden nur als Personenstaffagen zu der Landschaft hinzugefügt, wie z. B. bei ANSICHT DES SCHLOSSES VON VINCENNES (Paris, Louvre). Durch seine Naturstudien kann man ihn als einen der frühesten Freilichtmaler ansehen. Nach der Natur zu malen wurde erst durch die Schule von → Barbizon und den → Impressionismus allgemein üblich. Als 1789 die Französische Revolution kam, blieben die Aufträge aus, und er mußte sein Geld als Restaurator für Gemälde verdienen.

Moretto, Alessandro
(auch Moretto da Brescia, eigtl. Alessandro Bonvicino)
* ca. 1492–98 in Brescia, † zwischen 9. 12. und 22. 12. 1554 in Brescia. Moretto, neben Romanino und Savoldo der bedeutendste Maler der Hochrenaissance in der Lombardei, hat neben dem Erbe der altlombardischen Malerei Foppas vor allem Einfluß von Palma Vecchio, Romanino, Savoldo, Giorgione und Tizian aufgenommen. Er teilt mit den anderen beiden großen Malern seiner Heimatstadt die silbrige Farbpalette und die nicht selten elegische Stimmung. Zu seinen Hauptwerken zählen die HL. JUSTINA UND EIN STIFTER (Wien, Kunsthistorisches Museum), wo die religiöse Inbrunst des Stifters überzeugend verinnerlicht wird, DER SCHLAFENDE ELIAS (Brescia, Alter Dom), ein Nachtbild von fast nordischer, spätgotischer Naturstimmung, und das verträumte PORTRÄT EINES MANNES IM HERMELINPELZ (London, National Gallery).

Morland, George
* 26. 6. 1763 in London, † 29. 10. 1804 in London. Genre-, Landschafts- und Marinemaler, der sich die holländische Genrekunst des 17. Jh. zum Vorbild nahm und sie mit einer gewissen sentimentalen Note auflud, was noch entfernt an die spielerische Idealisierung der Rokoko-Idylle erinnert, aber durch stärkeren Realismus gekennzeichnet ist. Nach einer Lehrzeit bei seinem Vater arbeitete er 1785 als Porträtist in Margate und St-Omer. Morland führte ein unruhiges, bohemienhaftes Leben und starb im Londoner Schuldgefängnis. Beliebt wurde er durch seine Sittenbilder, die er gerne in Zyklen schuf und als Stichvorlagen plante. Bevorzugt malte er Kinderszenen und Tierbilder, wie BLINDEKUHSPIEL, 1788 (Detroit, Institute of Arts), oder IM PFERDESTALL, um 1791 (London, Tate Gallery), ländliche Szenerien wie WIRTSHAUS AN DER LANDSTRASSE, 1790 (London, Tate Gallery), oder COTTAGE DOOR, 1790 (University of Lon-

don, Royal Holloway College). Hier und in seinen Porträts und Seestücken zeichnet er sich durch spontane Kompositionsweise und lebendige Farbgebung aus.

Moroni, Giovanni Battista
* um 1525 in Bandio bei Albino, † 5. 2. 1578 in Bergamo. Der → Historien- und Porträtmaler aus der Lombardei erhielt eine Ausbildung vermutlich bei Alessandro Moretto in Brescia. Danach lebte er in Bergamo, wo er Anregungen von Lorenzo Lotto aufnahm. Seine Porträts zeichnen sich durch ihre Genauigkeit und Lebensnähe aus, z. B. KAVALIER IN ROSA (Bergamo, Sammlung Moroni). Seine Farbgebung ist ruhig und harmonisch, er verwendet viel Grau und Braun. Im 16. Jh. war er der bedeutendste Porträtmaler.

Morris, William
* 24. 3. 1834 in Walthamstown, Essex, † 3. 10. 1896 in London. In den Anfängen seiner künstlerischen Laufbahn → Präraffaelit, sympathisierte M. in reiferen Jahren mit den Gedanken des Sozialismus und wandte sich als Architekt gegen die Häßlichkeit der modernen Industrielandschaft und als Kunstgewerbler gegen eine Produktion durch Maschinen. M. folgte der romantischen Idee einer Wiederherstellung der vorindustriellen Welt. Er gründete die kunstgewerblichen Werkstätten Morris, Marshall, Faulkner u. Co. Nach dem Vorbild des mittelalterlichen Bauhüttenwesens suchte er eine neue Verbindung zwischen Künstlern und Handwerkern zu schaffen, im Sinne einer kollektiven Zusammenarbeit. M. war für die Entstehung des Jugendstils durch seine Entwürfe für Tapeten, Textilien, Möbel usw., vor allem aber auch durch sein theoretisches Werk „The decorative arts", von großer Bedeutung. Henry van de Velde trat durch die Gründung einer kunstgewerblichen Schule in Weimar die geistige Nachfolge M.s an.

Samuel Morse, MRS. DANIEL DE SAUSSURE BACOT, *76 × 63 (New York, Metropolitan Museum). Künstler und Techniker zugleich, war Morse ein echtes „allround"-Talent. Früh hörte er Vorlesungen über Elektrizität, wandte sich dann der Malerei zu, um später als Erfinder des Morse-Telegrafen berühmt zu werden. Er war ein vorzüglicher Porträtist.*

Lukas Moser, DIE MEERFAHRT DER HEILIGEN, *1431 (Tiefenbronn, Pfarrkirche). Der linke Seitenflügel des Magdalenenaltars schildert, wie die Heilige, als Christin verfolgt, segel- und steuerlos mit ihren Geschwistern Martha und Lazarus, den heiligen Maximinus und Sidonius Marseille entgegentreibt. Sehr scharf ist Mosers Beobachtungsgabe.*

Morse, Samuel Finley Breeze
* 27. 4. 1791 in Charlestown, Mass., USA, † 2. 4. 1872 in New York. Der Künstler war ein Schüler des Landschaftsmalers Washington Allston. Seinen ersten, auch finanziellen Erfolg konnte er erst 1825/26 mit der klassizistisch-romantischen Darstellung des Marquis de Lafayette erringen. Während einer Europareise 1829–32 schuf er eine Anzahl romantischer Landschaftsgemälde wie die MARIENKAPELLE BEI SUBIACO, 1830 (Worcester, Art Museum). Sein 1832/33 entstandenes Werk DIE GROSSE GALERIE IM LOUVRE stellt eine genaue Wiedergabe von 37 Hauptwerken alter Meister dar. Im letzten Drittel seines Lebens widmete sich Morse mit großem Erfolg nur noch seinen technischen Erfindungen, vor allem dem Schreibtelegrafen.

Mortensen, Richard
* 23. 10. 1910 in Kopenhagen. Nach seinem Studium an der Kopenhagener Akademie lernte Mortensen auf einer Studienreise durch Europa das Werk Kandinskys kennen und wandte sich nun einer expressiv-abstrakten Richtung zu. Seit 1947 in Paris, entwickelte er einen kühlfarbigen, aber dynamisch-spannungsgeladenen Stil von strenger Geometrisierung. Seit 1964 lehrt Mortensen an der Akademie in Kopenhagen. Bilder wie CALVADOS, 1955/58, oder EVISA, 1960 (beide Paris, Galerie Denise René), sind typische Beispiele seiner Eigenständigkeit.

Moser, Lucas
* um 1390 in Ulm (?), † nach 1434 (?). Bedeutender spätgotischer Maler, über dessen Herkunft und Schulung nur Vermutungen anzustellen sind. Das einzige sicher von ihm stammende Werk ist der Magdalenenaltar von 1432 (Tiefenbronn bei Pforzheim, Dorfkirche St. Maria Magdalena), der die Stilwende zwischen der sakralen Idealität des Hochmittelalters und dem neuen Realismus des 15. Jh. markiert und somit für die Weiterentwicklung der deutschen Malerei von großer Bedeutung war. Die ungewöhnliche Form des Altars, eine Mischung aus → Triptychon und spitzbogigem

Meister M. S., HEIMSUCHUNG, *139 × 95 (Budapest, Museum der Schönen Künste). Der ungarische, lediglich durch sein Monogramm bekannte Meister führt die Freundinnen auf einer kräuter- und blumenbewachsenen Wiese vor einer wildromantischen Gebirgslandschaft zusammen. Elisabeth, „vom Heiligen Geist berührt“, liebkost den Bauch der schwangeren Maria.*

Alphonse Mucha, DIE APOTHEOSE DER SLAWISCHEN NATION, *1913, 610 × 400 (Sammlung der Stadt Prag). In einem Zyklus monumentaler Leinwände besann sich der aus Mähren stammende und in Paris populär gewordene Jugendstilkünstler auf seine slawische Herkunft. Von der Modekunst ermüdet, kehrte er 1910 in seine Heimat zurück und schuf patriotische Gemälde.*

→ Retabel mit → Predella erklärt sich wahrscheinlich aus der Einpassung des Altars in den Gewölbeschildbogen des Vorgängerbaus der jetzigen Kirche. Dargestellt sind im Giebelfeld DAS GASTMAHL IM HAUS SIMONS, auf der linken Tafel DIE SEEFAHRT DER HLL. MARIA MAGDALENA, MARTHA, LAZARUS, MAXIMINUS UND SIDONIUS, auf der Mitteltafel DIE SCHLAFENDEN HLL. SIDONIUS, MAXIMINUS, LAZARUS UND MARTHA AN DER STADTMAUER, MARIA MAGDALENA ERSCHEINT DEM FÜRSTENPAAR IM TRAUM, rechts DIE LETZTE KOMMUNION DER HL. MARIA MAGDALENA. Auf der Predella erscheint CHRISTUS MIT DEN KLUGEN UND TÖRICHTEN JUNGFRAUEN. Auf der Innenseite finden sich die Bilder der HL. MARTHA und des HL. LAZARUS. Angeregt von niederländisch-burgundischer Buchmalerei löst sich Moser hier von den Prinzipien des → Weichen Stils und findet zu einem zukunftsweisenden Realismus mit genauester Detailerfassung, plastischer Farbmodellierung und einheitlich durchgehendem Tiefenraum. Daneben zeigen sich freilich noch in der Linienführung und in der verschwenderischen Anwendung von Blattgold hochgotische Elemente. Sein Realismus fand in seiner Zeit noch wenig Anerkennung, erst Konrad Witz wurde zum adäquaten Nachfolger.

Motherwell, Robert
* 24. 1. 1915 in Aberdeen, Staat Washington. Wichtiger Vertreter der → Action-painting. 1940 lernte er Roberto Matta kennen, der ihn mit der Technik des → Automatismus vertraut machte. 1942 beteiligte er sich in New York an der internationalen Surrealistenausstellung. In Bilderserien der späten vierziger Jahre, etwa in ELEGIEN FÜR DIE SPANISCHE REPUBLIK, ab 1949, versperren unruhig konturierte, schwarze Balken und Ovale einen stumpf-weißen Grund. In den Landschaftsthemen der sechziger Jahre werden die Farben zunehmend leuchtkräftiger.

Motonobu, Kano
* 1476 in Kyoto, † 1559 in Kyoto. Der japanische Meister gilt als Stammvater der → Kano-Schule, deren Ziel die Vereinigung japanischer mit chinesischer Malweise war. Bei seinem Vater in der Lehre, fiel bereits der 5jährige durch seine Begabung auf, wurde in späterer Zeit Hofmaler und war mit 30 Jahren bester Maler seiner Zeit. Im Jahre 1511 unternahm M. eine einjährige Reise zu Landschaftsstudien und beschäftigte sich daneben mit der chinesischen Tuschmalerei eines Ma Yüan und Hsia Kuei, bedeutendste Vertreter der Süd-Sung-Schule. Aus seinem äußerst produktiven Gesamtwerk ist zu nennen: DER GROSSE UND DER KLEINE WASSERFALL, zwei Tuschzeichnungen (Nara-Shi, Yamato Bunkakan) und die Ausmalung des Tempels Reiun-in in Kyoto, Arbeiten, die in besonderem Maße die Möglichkeit der Verbindung chinesischer Tuschtechnik mit der dekorativen Auffassung japanischer Komposition demonstrieren.

Mount, William Sidney
* 26. 11. 1807 in Setauket, Long Island, N. Y., † 19. 11. 1868 in Setauket, Long Island, N. Y. Neben George Caleb Bingham gehört Mount zu den ersten und besten → Genremalern Amerikas. Er ging bei seinem Bruder, einem Schildermaler, in die Lehre und studierte anschließend an der National Academy of Design in New York. Von 1829–36 verdiente er seinen Lebensunterhalt als Porträtist, konnte sich jedoch ab 1937 ganz den Genrebildern widmen. Als einer der ersten Freilichtmaler Amerikas gab er seinen Bildern eine klare, frische Atmosphäre. Viele seiner Bilder sind liebliche, anekdotische Studien des einfachen Lebens auf dem Lande. Sein Bild KRAFT DER MUSIK, 1847 (New York, Century Association), zeigt einen Neger, der an der Gesellschaft der Weißen nicht teilnehmen kann, dennoch durch die Kraft der Musik mit ihnen verbunden ist. William Sidney Mounts Bilder waren sehr beliebt, und sein Werk fand in ganz Amerika als Druckgraphik Verbreitung.

Otto Mueller, BADENDE IM SCHILFGRABEN, *92 × 79 (Berlin, Nationalgalerie). Der altägyptischen Malerei verdankt Mueller die Anregung, mit Leimemulsionen gebundene Farben auf grobem Rupfen zu malen, um den Farbglanz zu verringern. Zärtlicher und introvertierter als bei Heckel oder Kirchner sind die Akte in Muellers meditativen Naturbildern.*

M. S., Meister
tätig Anfang des 16. Jh. Bedeutendster Vertreter der ungarischen Tafelmalerei an der Wende von der Spätgotik zur Renaissance. Die sechs von ihm erhaltenen Tafelbilder gehören vermutlich zu zwei Zyklen, wovon der Passionszyklus von 1506 wahrscheinlich für den Hochaltar der Katharinenkirche in Selmecbánya gearbeitet wurde. Zu einem zweiten Zyklus gehört u. a. DIE HEIMSUCHUNG MARIÄ, 1506 (Budapest, Museum der Schönen Künste). Stilistisch zeigen seine Werke Verwandtschaft zur Kunst der → Donauschule und Albrecht Dürers. Der der mittelalterlichen Malerei verhaftete Goldgrund wird zwar beibehalten, doch zeigen sich in den realistischen Landschaftshintergründen und einzelnen Architekturmotiven auch schon auffallende Renaissanceelemente.

Mucha, Alfons Maria
* 24. 7. 1860 in Ivančice in Mähren, † 14. 7. 1939 in Prag. Vor allem mit seiner Plakatkunst war er ein wichtiger Vertreter des → Jugendstils. 1883 studierte er an der Münchener Akademie, 1887 in Paris an der → Académie Julian. Nach einer Tätigkeit als Zeitungsillustrator wandte er sich 1894 fast ganz der Plakatkunst und kunsthandwerklichen Entwürfen zu. 1900 nahm der inzwischen bekanntgewordene Künstler an der Weltausstellung in Paris teil. Stilistisch ist er nicht nur dem Jugendstil, sondern auch dem → Symbolismus zuzuordnen.

Muche, Georg
* 8. 5. 1895 in Querfurt bei Halle a. d. Saale. Nach seinem Studium in München begann Muche ab 1915 in Berlin abstrakte Bilder zu malen wie FLIESSENDES ROT, 1916 (Krefeld, Kaiser-Wilhelm-Museum). 1919 an das → Bauhaus in Weimar berufen, wandte er sich 1921/22 wieder dem Gegenständlichen zu und schuf poetische Darstellungen vielfach vegetabiler Art, die er aber irreal verfremdete. Von 1938–58 leitete er die Meisterklasse für Textilkunst in Krefeld, ein typisches Bild dieser Zeit: BILD MIT DEM TOTEN VOGEL, 1954 (Schlüchtern, Slg. L. Steinfeld).

Mu Ch'i
* um 1220 in Sse-ch'uan, † um 1290 in einem Kloster bei Hang-chou. M. ist einer der ersten chinesischen Tuschmaler im Zen-Stil. In der Regierungszeit der Sung-Kaiser geboren, wurde M. Zen-Mönch in der Mitte seines Lebens, nahm den Künstlernamen „Mu Ch'i" an. Mit Ausnahme seiner religiösen Aktivitäten ist aus seiner künstlerischen Laufbahn wenig bekannt. Charakteristika seines Stils sind: verschiedene Lagen von Tuschstrichen, um Dreidimensionalität zu erzeugen, Formalismus und Emotionalität zu vermeiden, Idealität durch Bescheidenheit und Andeutung im Sinne ostasiatischen Gedankenguts zu erreichen. Bedeutendste Werke: DIE SECHS DATTELPFLAUMEN (Kyoto, Daitoku-ji) und die ebenfalls dort befindlichen Rollbilder AFFEN und KRANICH.

Muelich, Hans
(auch Mielich oder Müelich)
* 1516 in München, † 10. 3. 1573 in München. Aufgewachsen in der Werkstatt seines Vaters, des Malers Wolfgang Muelich, in der u. a. um 1528 Bartel Beham und Ludwig Refinger arbeiteten. Um 1536–39 in Regensburg, wo er dem Kreis um Albrecht Altdorfer angehört. Spätestens seit 1540 wieder in München. Anregungen Altdorfers lassen sich erkennen, in der Hintergrundlandschaft HL. HIERONYMUS, von 1536 (München), doch ist seine Naturauffassung eine andere.

Auf Veranlassung Herzog Wilhelms IV. von Bayern geht er 1541 nach Rom, kehrt 1542 zurück, wird 1543 Meister und wohl gleichzeitig Hofmaler. Seit 1545 fast ausschließlich im Dienste Herzog Albrechts V. von Bayern. Muelichs Haupttätigkeit liegt in der Porträtmalerei, wobei Ganzfigurenbildnisse die Ausnahme bilden. Die Bildnisse zeigen ein festes Schema: Die zunächst flächig angelegten Porträts nehmen die gesamte Tafelbreite ein, werden jedoch dann zunehmend als plastische Körper im umgebenden

Hans Multscher, WURZACHER PASSIONSALTAR: AUFERSTEHUNG, *1437, 148 × 140 (Berlin, Staatliche Museen). Der Ulmer Künstler war von Hause aus Bildhauer und hat wohl in erster Linie den plastischen Schmuck des Wurzacher Altares erstellt. Umstritten ist, ob er auch als Maler der acht Christus- und Marienszenen in Anspruch genommen werden darf. Jedenfalls stellen diese Tafeln eines der wichtigsten Beispiele des die internationale Gotik ablösenden Realismus dar.*

Raum gesehen. BILDNISSE DES ANDREAS LIGSALZ UND SEINER GEMAHLIN, 1540 (München, Alte Pinakothek), Ganzfigurenbild HERZOG ALBRECHT V. VON BAYERN, 1556 (Wien, Kunsthistorisches Museum), Ganzfigurenbild der HERZOGIN ANNA VON BAYERN, 1556 (Wien, ebenda), BILDNIS DES LADISLAUS VON FRAUNBERG, Graf zu Haag (Vaduz, Slgen. des Reg. Fürsten zu Liechtenstein). In den 50er und 60er Jahren entstehen die Miniaturen, die zu den bedeutendsten der Zeit gehören: 1546–55 EINZELBLÄTTER ZU KLEINODIEN (München, Bayerisches Nationalmuseum), KLEINODIENBUCH DER HERZOGIN ANNA, 1552–55 (München, Bayerische Staatsbibliothek), MOTETTEN DES CYPRIAN DE RORES, 1557–59, und die BUSSPSALMEN DES OLANDO DI LASSO, 1565–70 (beide München, Bayer. Staatsbibl.). Große ganzseitige Illustrationen mit reichen ornamentalen Rahmen zeigen den Phantasiereichtum Muelichs und gleichzeitig das höfische Leben. Seit 1560 Planungen und Entwürfe für den Hochaltar der Liebfrauenkirche in Ingolstadt, an dessen Ausführung er jedoch nur partiell beteiligt ist (1572 vollendet). Muelich ist Münchens bedeutendster Maler für die von Albrecht V. kulturell nachhaltig geprägte Zeit.

Mueller, Otto

* 16. 10. 1874 in Liebau in Schlesien, † 24. 9. 1930 in Breslau. Mitglied der Künstlergemeinschaft Die → Brücke und einer der bedeutendsten Vertreter des deutschen → Expressionismus. 1890–94 absolvierte Mueller eine Lithographenlehre in Görlitz. Anschließend studierte er bis 1896 an der Kunstakademie in Dresden. Mueller, der ein Vetter zweiten Grades von Gerhart Hauptmann war, erhielt gerade in jenen für ihn schweren Jahren von dem Dichter Zuspruch, Hilfe und mancherlei Anregungen. 1898/99 siedelte er nach München über. Er beabsichtigte, dort bei Franz von Stuck an der Akademie zu studieren, konnte sich jedoch dem dortigen künstlerischen Zwang nicht fügen und bildete sich zehn Jahre lang in Dresden selbständig zum Maler heran, wobei er sich zunächst Hans von Marées und Arnold Böcklin zum Vorbild nahm. 1908 ging Mueller nach Berlin, wo er die Bekanntschaft u. a. mit dem Bildhauer Wilhelm Lehmbruck und dem Maler Erich Heckel machte. Zwei Jahre später lernte er weitere „Brücke"-Künstler kennen. 1910 wurde er Mitglied dieser Künstlervereinigung. Doch bereits 1913 löste sich die Gruppe auf. 1919 hatte er seine ersten Erfolge durch eine Ausstellung bei Paul Cassirer in Berlin. Im gleichen Jahr erhielt er eine Professur an der Breslauer Akademie. Seine künstlerischen Anfänge waren

Edvard Munch, ALLEE IM SCHNEE, *80 × 100 (Oslo, Munch-Museum). Der dominierende Eindruck des Werkes geht von der gähnenden Leere der perspektivisch extrem stark fluchtenden Straße aus. Sie „drängt" die beiden Figuren in den Vordergrund, die vom Bildrand „zerschnitten" werden. Ein Wintermotiv einmal nicht als beschauliches Stimmungsbild.*

Edvard Munch, Angstgefühl, *1894, 94×74 (Oslo, Munch-Museum). Selten ist der Übergang von der subjektiven Erfahrungswelt zum Werk eines Künstlers derart bruchlos und ehrlich wie bei Munch. Die geisterhaften Passanten mit frontal gerichtetem, bleichem Blick spiegeln die psychische Leidenssituation des norwegischen Expressionisten.*

vom → Jugendstil geprägt. Die daraus resultierende Betonung des Linearen und des dekorativen Elements bestimmte auch sein späteres Werk. Sehr wichtig wurde dann der Einfluß von Lehmbruck, der zu einer Betonung der Silhouettenformen, einer gewissen Klassizität der Figurenbildung, zum Elegant-Grazilen der Gestalten führte. Durch die Hinwendung zum Expressionismus wurden die Konturen straffer, das Figurale großflächiger, von einer spröden Herbheit getragen. Jetzt schuf er seine typischen Sujets, hauptsächlich grazile Mädchenakte in freier Landschaft – meisterhafte Aktkompositionen von melancholischer Zartheit, etwa in Akte im Freien, 1920 (Wuppertal, Von-der-Heydt-Museum). Immer ist der gleiche Menschentypus wiedergegeben mit dreieckig abstrahierten Gesichtern, schwarzen Haaren, weit auseinanderstehenden dunklen Augenschlitzen und kaum angedeuteten Nasenrükken. Diese Bilder sollten die natürliche Harmonie von Kreatur und Natur beschwören, eine Haltung, die sich in vielem mit den Südseebildern Paul Gauguins traf. Auch eine neue Einstellung zum Erotischen kam dabei zum Ausdruck, z. B. in den ungezwungen-natürlichen Aktdarstellungen in Zwei Schwestern, 1919 (Köln, Wallraf-Richartz-Museum und Museum Ludwig), oder in Zwei Badende, eine schreitend, 1926 (Krefeld, Slg. H. Lange). Aus seiner Bewunderung für die altägyptische Malerei mit ihrer stumpffarbigen, rauhen Oberfläche verwendete Mueller die Technik der Leimfarbenmalerei und als Bildträger oft einfachen Rupfen. Die Farben werden matter, scheinen aber leise aus sich heraus zu schimmern. In seinem Spätwerk wandte sich Mueller immer mehr der lyrisch-primitivistischen Darstellung von Zigeunern zu – etwa in Zigeunerin mit Sonnenblume, 1927 (Saarbrücken, Saarlandmuseum) –, was für ihn eine romantische Flucht in eine fremde Welt zu sein scheint. Mueller wird zwar zu den Expressionisten gezählt, doch trennt ihn auch vieles von ihnen: Statt Leidenschaftlichkeit erstrebte er eine große harmonische Vereinfachung von Form, Farbe und Konturenspiel.

Mulready, William

* 1. 4. 1786 in Ennis, Irland, † 7. 7. 1863 in London. Romantisch-klassizistischer Maler und Zeichner, der seine Ausbildung bei dem Bildhauer Thomas Bank mit Zeichnungen nach der Antike begann. Nach dem Erfolg Wilkies mit den Dorfpolitikern, 1806, begann auch Mulready → Genreszenen, vor allem spielende und raufende Straßenkinder, zu malen. Etwa um 1840 wandte er sich erneut, wie schon zu Beginn seines künstlerischen Schaffens, der Buchillustration zu. Hier kommt seine Meisterschaft in der Technik und die Präzision seiner Beobachtung besonders deutlich zum Ausdruck.

Multscher, Hans

* um 1400 in Reichenhofen bei Memmingen, † um 1467 in Ulm. Gleichermaßen als Bildhauer wie als Maler berühmt, ist M. der beherrschende Meister der schwäbischen Plastik im 2. Drittel des 15. Jh., gilt als Überwinder des → Weichen Stils und Vertreter des frühbürgerlichen Realismus. Geschult

an den frühen Niederländern, insbesondere auch an C. Sluter, steht im Mittelpunkt der frühen Arbeiten die Bildhauerei: Prachtfenster im Ulmer Rathaus, 1427–30, Steinwerke für das Ulmer Münster, besonders der „Schmerzensmann", um 1429. Weitere Werke bewahrt das Münchner Nat. Museum im sog. Multscher-Saal, Schnitzarbeiten, der Entwurf zu einer Grabplatte für Herzog Ludwig den Gebarteten von 1435. Das malerische Werk M.s gliedert sich in zwei erhaltene Altäre, die 8 Tafeln des WURZACHER ALTARS, 1437 datiert (W.-Berlin), und ebensoviele am STERZINGER MARIENALTAR von 1456–59. Viele weitere Altäre fielen den Bilderstürmern 1531 zum Opfer. Im Wurzacher Altar, dessen geschnitzter Schrein verlorenging, zeigen die inneren Tafeln Bilder aus der Passion Christi, die äußeren solche des Marienzyklus. Plastisch körperliche, derbe Gestalten bewegen sich auf gedrängter Raumbühne in für diese Zeit überraschend kühner Realistik. Dagegen orientiert sich der Sterzinger Altar bei nahezu gleichem Thema (Marienzyklus innen) an den gemäßigteren niederländischen Vorbildern (Rogier van der Weyden), präsentiert sich ruhiger und idealisierter. Dieser stilistische Umschwung brachte die zeitweise Aberkennung der Eigenhändigkeit M.s am Sterzinger Altar (sog. Meister des Sterzinger Altars), muß jedoch in der Abgrenzung von Meisterhand und Schülerwerkstatt problematisiert werden.

Munch, Edvard

* 12. 12. 1863 in Løten (Hedmark), † 23. 1. 1944 in Ekely bei Oslo. Edvard Munchs Persönlichkeit wurde stark von seiner Herkunft aus einer angesehenen norwegischen Familie geprägt, der viele Künstler und Wissenschaftler entstammten; sein Vater beschäftigte sich neben seiner Tätigkeit als Arzt intensiv mit der Geschichte. Kurz nach Edvards Geburt war die Familie nach Oslo, damals noch Kristiania, gezogen. Schon früh wurde der junge Munch mit dem Tod konfrontiert: Als er fünf Jahre alt war, starb seine Mutter, neun Jahre später seine liebste Schwester im Alter von nur 15 Jahren, der Vater 1889 und der Bruder Andreas 1895. Diese Reihe von Todesfällen hatte eine prägende Wirkung auf Edvards psychischen Zustand und auch auf seine Kunst. – Nach einem Jahr verließ er die Technische Hochschule und begann, siebzehnjährig, bei dem spätklassizistischen Bildhauer Julius Middelthun seine künstlerische Ausbildung, die er 1882 bei Christian Krohg fortsetzte. Dieser führte ihn in die Boheme-Kreise Kristianias ein. 1889 hatte Munch eine erste eigene Ausstellung, besuchte einen Zeichenkurs bei Léon Bonnat in Paris und studierte die in der französischen Hauptstadt ausgestellten → Impressionisten und alten Meister. Von diesem Jahr an verlebte der Maler die Sommermonate in Åsgårdstrand am Oslofjord, hielt sich aber u. a. in Oslo und an der Riviera und 1892–95 auch in Berlin auf, wo er mit seinen Bildern im Kunstverein einen Skandal hervorrief, der schließlich zur Gründung der Berliner → Sezession führte. 1896/97 lebte Munch wieder in Paris, 1899/1900 in Italien, 1901–08 erneut in Deutschland, wo er einflußreiche Gönner gefunden hatte. 1908 wurde nach einer seelischen und körperlichen Krise ein etwa halbjähriger Klinikaufenthalt in Kopenhagen nötig; danach ging Munch nach Norwegen – nach Kragerø an der Südküste – zurück, um 1916 nach Ekely bei Oslo zu übersiedeln, wo er auch sein Leben beschloß. – Edvard Munch schuf während seines Lebens eine ganze Reihe von Selbstbildnissen, die die wechselnden Einflüsse und Entwicklungsstufen des Künstlers widerspiegeln – das erste 1881/82, ein späteres, seinen elenden Zustand zeigendes 1906: SELBSTBILDNIS BEIM WEIN (beide Oslo, Munch-Museet). Seine Kunst war stets davon bestimmt, „eine Erklärung für das Leben und seine Bedeutung zu suchen". So gab Munch mit äußerster Sensibilität Seelenzustände der Menschen wieder, oft ohne vor Tabus zurückzuschrecken. Zunächst ganz dem → Naturalismus verpflichtet, war sein erstes reifes Werk MORGEN von 1884 (Bergen, Slg. R. Meyer), das sich vor allem dem Ausdruck von Atmosphäre und Licht widmete. Nach dem ersten Parisaufenthalt zeigte sich ein impressionistischer Einfluß: TANZABEND, 1885 (Oslo, Privatbesitz). Mit der ersten Fassung von DAS KRANKE KIND, 1885/86 (Oslo, Nasjonalgalleriet), einem Werk jener sehr persönlichen Thematik Munchs um Krankheit und Tod, fand der Maler zu der ihm adäquaten Ausdruckskunst; er nannte das Bild „expressionistisch in der Auffassung, kubistisch im Aufbau". Werke dieses strengen Aufbaus wie PUBERTÄT (Oslo, Nasjonalgalleriet) und DER TAG DANACH (Oslo, Munch-Museet) – beide nur in Wiederholungen von 1894/95 erhalten –, die die Überwindung des Naturalismus und die Hinwendung zu einer expressionistischen Darstellungsweise dokumentieren, folgten. Daneben entstanden weiter realistische Landschaften und Porträts und sogar auf den → Pointillismus hinweisende Szenen wie PROMENADE VON ANGLAIS, 1891 (Oslo, Privatslg.), und am Oslofjord gemalte Stimmungsbilder: ABENDSTUNDE, 1889 (Kopenhagen, Statens Museum for Kunst). Die tief in den Bereich menschlicher Triebe und Gefühle eingreifende Thematik kehrte allerdings immer wieder: DIE NACHT IN ST-CLOUD, 1890 (Oslo, Nasjonalgalleriet). In Berlin schuf Munch im Kreise der ihm bekannten Intellektuellen und Künstler viele Porträts, so das des einzigen sich offen zu Munchs umstrittener Kunst bekennenden Freundes STANISLAW PRZYBYSZEWSKI 1895 und das von dessen von Munch geliebter Frau DAGNY JUELL, 1893 (beide Oslo, Munch-Museet), die den Maler häufig zu Werken über die Frau und die von ihr im Mann provozierten Triebe inspirierte: DIE MADONNA, 1894/95 (Oslo, Nasjonalgalleriet), oder VAMPYR, 1894 (Oslo, Privatslg.). Diese beiden Bilder gehören neben vielen anderen zu dem Munch schon in der Berliner Zeit beschäftigenden LEBENSFRIES, der die menschlichen Gefühlszustände – Angst, Liebe, Haß, Todesahnungen – reflektierte und, auf 22 Einzelbilder angewachsen, erst 1902 vollendet wurde. Genannt seien noch: DER SCHREI, 1893 (Oslo, Nasjonalgalleriet), DER KUSS, 1892 (ebd.), MELANCHOLIE, 1891/93, TANZ DES LEBENS, 1899 (alle Oslo, Nasjonalgalleriet). Viele dieser Sujets kehrten im bedeutenden graphischen Werk des Künstlers wieder, das seit 1894 einsetzte und in hervorragender Weise Stimmungen und Zustände durch die Kombination verschiedener Techniken mit immer neuen Bildwirkungen widerspiegelte: DER KUSS, 1895 (Oslo, Munch-Museet). Von den in der Folgezeit entstandenen Gemälden in hellerer, kräftigerer Skala seien das Porträt WALTHER RATHENAU von 1907 oder das Tryptichon voller Lebensfreude BADENDE MÄNNER von 1907–09 (beide Bergen, Slg. R. Meyer) genannt. Nachdem Munch auch in seinem Vaterland anerkannt wurde, bekam er den Auftrag zu den Dekorationen für die Osloer Universität – die Hauptbilder: DIE SONNE, DIE FORSCHER (beide Oslo, Universität) und DIE GESCHICHTE (Oslo, Munch-Museet), 1910–16 –, in denen er mit hellen, leuchtstarken Farben eine äußerst sinnlich-lebensbejahende Stimmung hervorrief und die auf die norwegische Wandmalerei großen Einfluß hatten. Zu seinen wieder auf die Sommer in Åsgårdstrand verweisenden romantischen späteren Werken zählen die Wandmalereien in der Osloer Schokoladenfabrik Freia, 1921/22, und die Selbstanalyse ZWISCHEN STANDUHR UND BETT, um 1940 (Oslo, Munch-Museet). – Munch nimmt als Begründer des → Expressionismus neben Gauguin und van Gogh eine überaus wichtige Stellung in der Moderne Europas und die überragende Rolle für die Kunst seiner Heimat ein. In seinen Gemälden wie in der Graphik ging er immer neue Wege, ohne die der Expressionismus um vieles ärmer wäre.

Munkácsy, Mihály von

(eigtl. Michael Lieb)
* 20. 2. 1844 in Munkács (Ungarn), † 1. 5. 1900 in Endennich bei Bonn. Munkácsy war der bedeutendste realistische Maler Ungarns und Vater der modernen, nationalen ungarischen Schule. Nach einer ersten handwerklichen Ausbildung in Budapest, widmete er sich 1865 in München mit Wilhelm Leibl, 1867 in Paris in Anlehnung an Gustave Courbet, und 1868 in Düsseldorf zusammen mit Ludwig Knaus, der realistischen Malweise. Sein Frühwerk ist bestimmt durch Bilder, in denen er mit großem psychologischem Einfühlungsvermögen sozialkritisch gesellschaftliche Konflikte behandelte und häufig mit viel Sinn für Humor Charaktere entblößte: DER LETZTE TAG EINES VERURTEILTEN, 1870 (Budapest, Magyar Nemzeti Galéria). Gemäß seinem gesellschaftlichen Aufstieg – 1874 Ehe mit der Baronin de Marches –, wandte er sich der dekorativen Salonmalerei zu. Werke dieser Zeit sind vom herrschenden Geschmack geprägt und stellen das Leben des Pariser Großbürgertums dar, PARISER INTERIEUR, 1877 (Budapest, Magyar Nemzeti Galéria). Zu seinem Gesamtwerk zählen auch Porträts – FRANZ LISZT, 1884 (Budapest, Magyar Nemzeti Galéria) – und Landschaftsimpressionen.

Münter, Gabriele

* 19. 2. 1877 in Berlin, † 19. 5. 1962 in Murnau a. Staffelsee. Gabriele M. ist vor allem als Mitbegründerin des → „Blauen Reiter" bekannt. Sie besuchte 1897 eine Damenkunstschule in Düsseldorf, ging dann für zwei Jahre von 1898–1900 nach Amerika, – in dieser Zeit gab sie die Malerei vollkommen auf, und schloß sich nach ihrer Rückkehr 1902 der in München gegründeten Phalanx-Schule an. Leiter der Schule war Kandinsky. Zunächst arbeitete sie in der Bildhauerklasse Hüsgens, wurde dann aber bald Schülerin Kandinskys. Als Kandinsky mit seiner Malklasse im Sommer 1902 in die Gegend von Kochel, später nach Kallmünz zog, folgte sie ihm, auf sein Drängen hin, ein Jahr später. Die folgenden vier Jahre von 1904–07 unternahmen sie zusammen Reisen nach Holland, Tunis, Frankreich und in die Schweiz. 1908 begann ein ruhigeres Leben in ihrer gemeinsamen Wohnung in München, wo sie regen Kontakt mit Klee, Marc, Macke, Jawlensky und Marianne von Werefkin pflegten. Zu einem Refugium, in dem sie beide ungestört arbei-

Gabriele Münter, BILDNIS DER MALERIN MARIANNE VON WEREFKIN, *1909, 82 × 55 (München, Lenbachhaus). Die russische Baronin gehörte in den Kreis des „Blauen Reiters", dessen Haupt Kandinsky darstellt. Bis zum 1. Weltkrieg seine Gefährtin, behielt Gabriele Münter nach der Trennung Kandinskys Vorkriegsproduktion.*

ten konnten, wurde ihnen das von Gabriele M. 1909 gekaufte Landhaus in Murnau. Bei Kriegsausbruch flohen sie in die Schweiz. Hier trennten sich ihre Wege. Erst im Winter 1915/16 trafen sie sich für ein letztes Mal in Stockholm wieder. Ein Jahr später heiratete Kandinsky die Tochter eines russischen Generals. M.s Entwicklung verlief über die zu Anfang in impressionistischer Manier gespachtelten, lichtdurchfluteten Bildern, z. B. ALLEE IM PARK VON ST-CLOUD, 1906 (München, Städt. Galerie), bis hin zur Betonung von kräftigen, meist düsteren Farbflächen durch schwarze Konturen. M. schuf vorrangig Landschaften, daneben einige wenige Porträts, z. B. KANDINSKY AM TISCH, 1911 (München, Städt. Galerie). 1952 vollzog sie den Schritt zur → Abstraktion. Sie malte zahlreiche Farbstudien, die oft mit Werken Klees verglichen werden.

Munthe, Gerhard Peter Frantz Vilhelm

* 19. 7. 1849 in Elverum, Østerdal, † 15. 1. 1929 in Oslo-Lysaker. Der norwegische Maler studierte in Düsseldorf und München und betrieb naturalistische Freilichtmalerei. Noch vor 1900 wurde sein Stil flächig-ornamental, die abstrahierenden Formen und bunten Farben stehen dem → Jugendstil nahe. Im Rückgriff auf die altnorwegische Volkskunst schuf er Entwürfe für Bildteppiche. Auch seine Bilder schöpfen aus norwegischen Überlieferungen und Balladen wie DER MÄRCHENGARTEN, 1892/93 (Oslo, Nasjonalgalleriet).

Murillo, Bartolomé Estéban

getauft 1. 1. 1618 in Sevilla, † 3. 4. 1682 in Sevilla. Murillo war das jüngste von 14 Geschwistern. Nach dem frühen Tod des Vaters, des Baders Caspar Esteban Perez kam er als 10jähriger zu seinem Onkel, dem Wundarzt Juan Augustín Lazares. Nach einer Urgroßmutter väterlicherseits nannte er sich schon bald „Murillo". Der Onkel schickte ihn in die Lehre zu dem sonst weniger bekannten Meister Juan del Castillo. Schon früh mußte Murillo sich seinen Lebensunterhalt durch den Verkauf seiner Bilder auf den Jahrmärkten von Sevilla ver-

Bartolomé Estéban Murillo, Die kleine Obsthändlerin *(München, Alte Pinakothek). Von der Produktion der religiösen und historischen Sujets in den Schatten gestellt, sind doch die wenigen Beispiele spanisch-barocker Genrekunst von erstaunlicher Qualität. Die staubigen Straßen Sevillas boten Murillo zahlreiche Kindermotive dieser Art.*

dienen. Mit großer Wahrscheinlichkeit unternahm er 1648 eine Studienreise nach Madrid, wo er sich an Werken von Raffael, Tizian, Correggio, Rubens und van Dyck schulte. Er hatte aber auch in Sevilla Gelegenheit, in den dortigen Slg. diese Künstler zu studieren, die ihn stark beeindruckten. 1645 heiratete Murillo in Sevilla Beatriz Cabrera, die ihm zahlreiche Kinder schenkte. In der Familie Murillos herrschte ein tief religiöser Geist. Einige seiner Kinder ergriffen später geistliche Berufe. Murillo, der nicht im höfischen Bereich tätig war wie etwa Velázquez, konzentrierte seine Thematik auf religiöse Darstellungen sowie auf Szenen aus dem Alltag des einfachen Volkes. Zahlreiche Aufträge für Heiligenbilder von Leuten aus verschiedensten Schichten enthoben ihn finanzieller Sorgen. Schon früh wurden seine religiösen Gemälde kopiert. 1660 entstand eine Malerakademie in Sevilla, deren Präsident Murillo wurde. Über die Umstände seines Todes herrscht noch Unklarheit. 1681/82 unternahm er eine Reise nach Cádiz, um für das dortige Kapuzinerkloster zu malen. Angeblich stürzte er bei der Arbeit vom Gerüst und erlag bald darauf seinen Verletzungen. Er wurde in der Kirche Sta. Cruz in Sevilla beigesetzt. Murillos frühe Schaffensperiode steht neben den bereits genannten italienischen und flämischen Meistern noch sehr unter dem Einfluß seiner Landsleute Juan de Las Roelas, Francisco de Herrera d. Ä., besonders aber Ribera und Zurbarán. Mystische und naturalistische Elemente vermengen sich, letzte Spuren des „tenebrismo", der → Helldunkel-Malerei sind noch zu erkennen. Die Farben sind eher kühl und gedämpft. Aus dieser Zeit stammen die Darstellungen Fray Lauterio vor der Madonna mit dem hl. Franziskus und Dominikus, vor 1642 (Cambridge, Fitzwilliam Mus.), sowie Die Madonna überreicht dem hl. Dominikus den Rosenkranz, nach 1642 (Sevilla, Erzbischöflicher Pal.). 1645/46 erhält Murillo seinen ersten größeren Auftrag. Für den Kreuzgang des 1810 zerstörten Klosters S. Francisco in Sevilla malte er Legendenbilder aus dem Leben des hl. Franziskus, hl. Diego und hl. Gil. Außerdem entstanden für das Kloster noch Einzelgemälde, darunter Tod der hl. Klara (Dresden, Gemäldegal.), Die Engelsküche (Paris, Mus. du Louvre), Hl. Petrus von Alcalá speist die Armen (Madrid, Real Accad. de Bellas Artes de S. Fernando). In dieser Zeit schuf Murillo auch die Trauben- und Melonenesser (München, A. P.) aus der Serie seiner Genrebilder. Murillos anfänglich noch herber Naturalismus erhält hier schon weiche, abgeklärte Züge, seine Figuren wirken liebenswürdig, sanft. Die 1655 für die Kathedrale von Sevilla gemalten figürlichen Darstellungen des hl. Isidor und des hl. Leander erinnern zwar an die Thematik Zurbaráns, doch steht der plastischen Ausdruckskraft Zurbaráns eine Anmut, Zartheit in den Bildern Murillos gegenüber. Murillo ist damit bei seinem reifen Stil angelangt. Zu den weichen Konturen tritt eine diffuse Lichtführung, die die Figuren wie in einen farbigen Rauch eintaucht (estilo vaporoso). 1665–70 entstehen 22 Gemälde für das Kapuzinerkloster in Sevilla (die meisten davon befinden sich heute im Mus. Provincial von Sevilla). Zur Feier des Erlasses von Papst Alexander VII. zugunsten der Unbefleckten Empfängnis (Immaculata) malt Murillo 1665 sechs Bilder für Sta. María la Blanca. Das Thema der „Concepción" (Immaculata) wurde Murillos berühmtestes Thema neben den Darstellungen der Madonna m. Kind. So zum Beispiel die Concepción aus dem Franziskanerkloster von Sevilla, 1652 (Sevilla, Erzbischöflicher Pal.), die der Kathedrale von Sevilla, 1667/68 (Kapitelsaal), sowie die Concepción Soult von 1678 (Madrid, Mus. del Prado). Charakteristisch für Murillos Madonnendarstellungen mit Kind ist die mütterliche Ausstrahlung der Gottesmutter und das natürliche Verhalten des Kindes. 1670–74 entstehen 11 Gemälde für das Hospital de la Caridad. Die Reihe der Genrebilder setzt Murillo fort mit den Pastetenessern, 1670–82 (München, A. P.), und der Häuslichen Toilette, 1670/75 (München, A. P.). In farblich fein abgestuften Zügen zeigt sich eine eher gütige Natur, Murillos Gassenbuben strahlen heitere Liebenswürdigkeit aus. Zu Murillos Hauptmotiven gehören neben der Immaculata die Hl. Familie, Visionen und Wunder von Heiligen, Genrebilder. Dem Ernst eines Ribera, Velázquez und der asketischen Strenge eines Zurbarán steht Sanftheit, Heiterkeit, natürliche Anmut in Murillos Bildern entgegen – ein Malstil, der nur in den allermeisten Fällen durch süßliche und glatte Kopien verkannt wurde.

Myson
attischer Vasenmaler, tätig um 500–480 v. Chr. Die Signatur eines Trinkbechers von der Akropolis in Athen weist darauf hin, daß Myson sowohl Maler als auch Töpfer gewesen ist. Er schuf überwiegend Kolonetten-Kratere mit Kampfspielen und Gastmählern, jedoch auch Schalen und eine Amphora mit König Kroisos auf dem Scheiterhaufen, um 500/490 (Paris, Louvre). Sein Stil ist in der Gestik etwas geziert und steht dem Andokides-Maler sowie seinem Lehrer (?) Phintias nahe, dessen manierierte Art er steigert und so zum „Vater der Manieristen" (Beazley) wird, eine Mode des Ausdrucks, die in der Übergangszeit zum sog. Strengen Stil sehr beliebt war und von dem so bezeichneten „Schweine-Maler" fortgesetzt wird.

N

Nattier, Jean-Marc d. J.
* 17. 3. 1685 in Paris, † 7. 11. 1766 in Paris. Neben La Tour und Tocqué war J. M. Nattier der bedeutendste Bildnismaler des französischen Rokoko. Er war vermutlich Schüler von Jean Jouvenet, wurde 1715 an der Académie Royale akkreditiert und schließlich 1718 ordentliches Mitglied mit dem Bild Perseus verwandelt Phineus in einen Felsen. Das Mythologische sollte später auch noch in seinen Porträts eine wichtige Rolle spielen. In Amsterdam saßen ihm 1717 Zar Peter der Große und Katharina I. für Bildnisse Modell (Leningrad, Eremitage). Für den russischen Zaren entstand außerdem eine Darstellung der Schlacht bei Pultawa. Doch schlug er dessen Angebot aus, ihm nach Petersburg zu folgen. Mit seiner typischen Porträtauffassung hatte Nattier erstmals auf dem Salon von 1737 großen Erfolg, als er Mademoiselle de Lambesc als Minerva darstellte. Diese Form mythologischer Einkleidung der dargestellten Personen im Gewand antiker Götter und Heroen fand besonderen Anklang in den Hofkreisen, so daß Nattier nach und nach vom Maler der Mesdames (Töchter Ludwigs XV.), der königlichen Mätressen (allen voran Madame de Pompadour) endlich zum Maler des Königs, der Königin und des Thronfolgers (Dauphin) aufstieg. Doch blieb die Heroisierung eines Modells nur eine vorübergehende Vorliebe seiner Auf-

Jean-Marc Nattier d. J., Françoise Renée, Marquise d'Antin, *118 × 96 (Paris, Musée Jacquemart-André). Die mythologische Einkleidung der Porträtierten war am Hofe Ludwigs XIV., aber nicht mehr im Rokoko en vogue.*

Bartolomé Estéban Murillo, Concepción Soult, *um 1678, 274 × 190 (Madrid, Prado). In Spanien entstanden zur Barockzeit Heiligenbilder, die selbst Rubens an Orthodoxie übertrafen.*

traggeber, worüber die Zeitgenossen schon früh ihren Spott äußerten. Der alternde Meister erlebte, daß diese Porträtauffassung, welche das Individuelle des Dargestellten, das Momentane seiner Gefühle absichtsvoll überging, bald aus der Mode kam.

Nauen, Heinrich

* 1. 6. 1880 in Krefeld, † 26. 11. 1940 in Kalkar. Vertreter des sog. rheinischen Expressionismus. Durch das Vorbild Vincent van Goghs gelangte er zu einer festen Bildstruktur und leuchtenden, rhythmisch bewegten Farben als Grundlage seiner Arbeiten. 1913 erhielt er seinen größten Auftrag, sechs Wandbilder für Burg Drove in der Eifel. Seit 1921 übte er eine Lehrtätigkeit an der Düsseldorfer Akademie aus. 1933 galt er als „entarteter Künstler". Um 1911/13 schuf er seine besten Werke, z. B. HERBSTWALD, um 1911 (Bonn, Städtische Kunstsammlungen).

Navarrete, Juan Fernández de

(gen. El Mudo, der Stumme)

* um 1526 in Logroño, † 28. 3. 1579 in Toledo. Navarrete, Hofmaler Philipps II., der seine Ausbildung in Italien erhielt, arbeitete ab 1566 im Escorial. 1576 bekam er vom König einen Auftrag über 30 Gemälde für die Altäre der Kirche S. Lorenzo im Escorial. Davon konnte Navarrete nur 8 Bilder vollenden, darunter DIE HEILIGEN LUKAS UND MARKUS (El Escorial, Real Monasterio, S. Lorenzo), dann überraschte ihn der Tod. Vor 1575 entstand noch eine HL. FAMILIE (Real Monasterio, Claustro Alto). Navarrete zeichnet sich aus durch eine realistische Malweise, die auf Kontrasten beruhende

Ernst Wilhelm Nay, MIT BLAUER DOMINANTE, *1951, 75×75 (Hannover, Kunstmuseum). Nays Farbkompositionen sind seit den 50er Jahren vom Gegenständlichen völlig gelöst. Zu den drei Grundfarben treten hier lediglich Grün, Weiß und Rosa. Schwarz verwendet Nay einerseits umrändernd als graphisches Mittel, andererseits, um mit der einzigen Nicht-Farbe optische Ruhepunkte zu setzen.*

Lichtführung verweist auf den Anfang der → Helldunkel-Malerei.

Nay, Ernst Wilhelm
* 11. 6. 1902 in Berlin, † 8. 4. 1968 in Köln. Unter den Künstlern, die nach 1945 der deutschen Malerei wieder zu internationalem Ansehen verholfen haben, war Nay ohne Frage der bekannteste und erfolgreichste. Seine Bedeutung liegt darin, daß er der einzige deutsche Maler war, dem eine Synthese aus dem späten → Expressionismus und der abstrakten Malerei gelang. Nach bestandenem Abitur begann er 1921 in Berlin eine Buchhändlerlehre. Nebenbei befaßte er sich mit Malerei und besuchte ab 1923 Abendkurse für Aktmalerei in der Berliner Kunstgewerbeschule. Ab 1925 gab er seine Buchhändlertätigkeit auf und konzentrierte sich hauptberuflich auf die Malerei. 1925–28 war er Schüler von Karl Hofer an der Berliner Kunstakademie. 1928 besuchte er als Abschluß seiner Studien Paris und lernte dort die Kunst von Henri Matisse kennen. Die in den folgenden zwei Jahren entstandenen → Stilleben lehnen sich eng an diesen Künstler an. 1931 erhielt er den Rompreis, der mit einem einjährigen Aufenthalt in der Villa Massimo verbunden war. Mit dem Bild DER LIEBESAKT von 1930/31 begann sein Wandel von der Gegenständlichkeit zur reinen Form. Seine Figuren nähern sich stereometrischen Formen, die aus Farbe gestaltet sind. In den Jahren 1936–38 erlebte Nays Schaffen einen ersten Höhepunkt. Nachdem Nay 1936 als „entartet" gebrandmarkt und mit Ausstellungsverbot belegt worden war, folgte er einer Einladung von Edvard Munch, nach Norwegen zu reisen. In den dort entstandenen, sog. Lofotenbildern, gewinnt die Farbe stärker an Eigenständigkeit und läßt den Bezug zum Thema schon manchmal vergessen. Er malte dort großgesehene Berglandschaften, Fischer mit Booten, Fjorde, weibliche Akte usw., wobei er sich mehr und mehr vom rein Abbildhaften, Gegenständlichen entfernte: LOFOTENLANDSCHAFT, 1937; AUSFAHRT DER FISCHER, 1936 (Hannover, Niedersächsische Landesgalerie). 1939–45 leistete Nay seinen Kriegsdienst als Kartenzeichner ab, konnte dabei aber 1942–45 in Le Mans in der Bretagne als Maler weiterarbeiten. In diesen Jahren erreichte die Farbe entschiedenen Vorrang über das Thematische, und der Raum wurde allein durch den Distanzwert der Farbe bestimmt. Er entfernte sich kontinuierlich von der Gegenständlichkeit. Motive wie Häuser, Menschen, Himmel dienen nur zu bewegten, blühenden Farbkompositionen. Nach Kriegsende kam Nay nach Hofheim im Taunus, wo er das ehemalige Atelier von Karl Schmidt-Rottluff benutzen konnte. Dort entstanden 1945–48 ekstatische, leuchtende Bilder, in welchen Nay Motive aus Mythos, Legende und Dichtung verarbeitete, z. B. Prometheus, Hekate, Apoll und Daphne u. a. Nach der Göttin der Leidenschaft wird diese Phase als „Hekate-Periode" zusammengefaßt. Nay reduzierte das Gegenständliche bis zum bloßen Zeichen und läßt die Farbe noch mehr hervortreten. Seine Motive werden zu poetischen Arabesken verwandelt. Seit den 50er Jahren malte Nay vollkommen gegenstandsfrei, die Farbe wurde autonom und bestimmte schließlich in den sogenannten Scheibenbildern die Komposition allein. Bezeichnende Bildtitel sind beispielsweise PURPURMELODIE, TROPFENKETTEN, KASKADEN. Um 1955 entstanden die ersten Kreisscheibenkompositionen. Die Aquarelltechnik, bei der er den weißen Bildgrund durchscheinen lassen konnte, verwendete er dafür besonders gern. Später werden die Kreis- und Ovalformen zerfranst und zu neuen Gebilden verdichtet, die zuweilen an Blumenbilder von Nolde erinnern: AKKORD IN ROT UND BLAU, 1958 (Hamburg, Kunsthalle); EINES GARTEN, 1952; MIT FEDERNDEM GRÜN, 1954; GELBE CHROMATIK, 1960. Zu Beginn der 60er Jahre ist eine Stagnation in Nays Kunst zu spüren. Seine Malweise wirkt formlos, ja sogar brutal, und ist vermischt mit Einflüssen von → Tachismus und „art → informel". Doch in den Augenkompositionen von 1964 wird seine Bildrhythmik wieder dynamischer, dramatischer und farbintensiver. Im Laufe seines künstlerischen Schaffens erhielt Nay zahlreiche Auszeichnungen, so z. B. 1955 Lichtwark-Preis der Hansestadt Hamburg; 1960 den Guggenheim-Preis der deutschen Sektion; 1964 den Kunstpreis der Stadt Berlin. Nay war auf fast allen repräsentativen deutschen Ausstellungen im In- und Ausland vertreten. Seine künstlerische Auffassung legte Nay literarisch in seiner Schrift „Vom Gestaltwert der Farbe" 1955 nieder.

Neefs, Pieter d. Ä.
* ca. 1578 in Antwerpen, † ca. 1659 in Antwerpen. Der flämische Barockmaler spezialisierte sich, ausgehend von den beiden Steenwyk, auf Innenraumansichten gotischer Kathedralen. An-

Ernst Wilhelm Nay, MIT FEDERNDEM GRÜN, *1954, 58×70 (Privatbesitz). Von milder, beruhigender Farbigkeit ist diese aus Rund- und Rechteckformen bestehende abstrakte Komposition. Wie schon aus dem selbstgewählten Titel hervorgeht, ordnete Nay der Farbe eine dynamisch-poetische Qualität zu, die er gerade in den späteren Jahren erforschte.*

dere Maler statteten die 3–7schiffigen Interieurs z. T. unterschiedlicher Qualität mit Figuren aus. Zum Beispiel KIRCHENINNERES, 1644 (London, Nat. Gall.); ANTWERPENER KATHEDRALE (London, Brian Koetser Gall.).

Neefs, Pieter d. J.
getauft 23. 5. 1620 in Antwerpen, † ca. 1675 in Antwerpen (?). Der Sohn und Schüler Pieter Neefs d. Ä. ist von letzterem kaum zu unterscheiden, so daß eine Verwechslung der Werke beider unvermeidbar ist. Eine glättere und härtere Malweise sowie schematischere Beleuchtung kennzeichnen die qualitativ schlechteren Bilder des Sohnes.

Aert van der Neer, WINTERLANDSCHAFT, *128 × 97 (Braunschweig, Herzog-Anton-Ulrich-Museum). Der holländische Maler schwor im Alter von fünfundfünfzig für vier Jahre der Kunst ab, in der trügerischen Hoffnung, als Weinschenk ein besseres Auskommen zu finden. Seine eigentliche Spezialität sind Mondlandschaften, die er dreihundertmal zum Bildthema machte.*

Neer, Aert van der
(Aernout)
Der holländische Landschaftsmaler versuchte zunächst als Verwalter in Gorkum und dann als Pächter einer Amsterdamer Weinschenke seinen Lebensunterhalt zu verdienen. Seine Kunst trug nichts zur Linderung seiner permanenten finanziellen Notlage bei, da sie zu seinen Lebzeiten keinen Anklang fand.
Das Frühwerk steht noch unter dem Einfluß der Gorkumer Brüder Camphuysen und nach 1640 der Haarlemer Malerei. Dann entwickelt Neer einen persönlichen Stil, der den holländischen Realismus mit manieristischen Elementen durchsetzt. Thema ist die Landschaft in ungewöhnlichen Erscheinungsbildern: Unter dem Mondlicht, der Abend- und Wintersonne, im Widerschein des Feuers. Ein Flußlauf lenkt die Blicke des Betrachters in die Tiefe der symmetrisch angelegten Komposition. Licht- und Wasserreflexe unterstützen die Zentralperspektive. Die Tonmalerei verzichtet auf Kennzeichnung des Gegenstands durch die Lokalfarbe, z. B. DORF BEI MONDSCHEIN (Wien, Kunsthistorisches Mus.), WEIHER VOR EINEM DORF, 1652 (Frankfurt a. M., Städelsches Kunstinstitut). Der Einfluß Neers reicht von der deutschen Romantik über die Schule von → Barbizon bis zu den Impressionisten.

Nerlinger, Oskar
* 23. 3. 1893 in Schwann, Württemberg, † 25. 8. 1969 in Berlin. Maler und Graphiker, der ab ca. 1930 → Konstruktivismus und sozialkritische, plakativ-figürliche Gestaltung miteinander verband. Er studierte bei Emil Orlik, 1921 schloß er sich dem → Sturm an, und 1924 leitete er die Gruppe „Die Abstrakten" in Berlin. Unter dem Pseudonym Nilgreen veröffentlichte er politisch-satirische Zeichnungen. 1947–49 gab er mit Karl Hofer die Zeitschrift „Bildende Kunst" heraus. Typisch für seinen Stil ist das Bild BRÜCKEN-EMIL, 1924 (Halle, Staatliche Galerie Moritzburg).

Nesch, Rolf
* 7. 1. 1893 in Oberesslingen am Nekkar, † 27. 10. 1975 in Oslo. Maler und Graphiker, der figürliche Elemente mit lyrisch-abstrakten Tendenzen in Einklang bringt. Nach einer Lehrzeit als Dekorationsmaler studierte er 1913/14 an der Dresdener Akademie, wo er 1920–23 Meisterschüler wurde. 1929 wurde er Mitglied der Hamburger → Sezession. 1933 emigrierte er nach Norwegen, wo er 1946 die Staatsbürgerschaft erhielt. Hauptsächlich schuf er farbige Metalldrucke von märchenhafter Phantastik und Montagearbeiten.

Netos-Maler
attischer Vasenmaler, tätig gegen Ende des 7. Jh. v. Chr., benannt nach

Niccolò dell'Abbate, LANDSCHAFT MIT DAMEN UND REITERN, *116 × 159 (Rom, Galleria Borghese). Als Franz I. von Frankreich an die Ausmalung des Schlosses Fontainebleau ging, war ihm der erste Stil seiner Zeit und seine besten Vertreter gerade gut genug. Auf Empfehlung Primaticcios wirkte der oberitalienische Manierist Niccolò an der Dekoration mit.*

einer Amphora mit HERAKLES UND NETOS (Athen, Nationalmuseum). Dem Hauptmeister der altattischen Vasenmalerei können wenigstens 12 Arbeiten zugewiesen werden. Er löste die reine Pinselmalerei durch die Konturenritzung ab und wies den Weg zum hocharchaisch-schwarzfigurigen Stil. Seine Gestalten sind drängend mächtig, Tiere und Fabelwesen von Ornamentbäumen umgeben.

Netscher, Caspar

* 1635 oder 1636 in Heidelberg, † 15. 1. 1684 in Den Haag. → Genre- und Porträtmaler des Barock. 1655 wurde er Schüler von Gerard Terborch in Deventer. 1662 ließ er sich in Den Haag nieder. In seinen frühen Arbeiten ist er vollkommen von Terborch beeinflußt. Nach 1660 kommen in seiner Genremalerei auch Anregungen durch Gérard Dou, Gabriel Metsu, Pieter de Hooch und Jan Vermeer van Delft hinzu, z. B. in DIE SPITZENKLÖPPLERIN, 1664 (London, Wallace Collection). Nach 1670 widmete er sich vor allem dem Porträt und orientiert sich hier in der repräsentativen Aufmachung an Anthonis van Dyck.

Newman, Barnett

* 29. 1. 1905 in New York, † 4. 7. 1970 in New York. Newman war einer der Mitbegründer des → abstrakten Expressionismus, des → Color field painting und der → Minimal art. Nach langwierigen malerischen Versuchen und mehreren Unterbrechungen seiner künstlerischen Aktivität gelangte er Ende der vierziger Jahre zur Verwendung riesiger, manchmal die gesamte Wandfläche füllender Leinwandformate. Diese monochromen Farbflächen wurden manchmal von dünnen vertikalen Streifen durchbrochen, die Newman „zips" nannte. Er beabsichtigte durch die enorme Ausdehnung, Reinheit und Intensität einer einzigen Farbe das gesamte Blickfeld des Betrachters zu dominieren und einen nichtverbalen Ausdruck des Unendlichen und Sublimen zu vermitteln. Für Newman bedeutete die reine Idee die Grundlage einer ästhetischen Kunst.

Niccolò da Foligno

(gen. Alunno, auch Niccolò di Liberatore)

* um 1430 in Foligno, † 1502 in Foligno. Einer der wichtigsten Vertreter der umbrischen Schule in der Frührenaissance. Seine erste Ausbildung erhielt er vermutlich bei Pietro di Giovanni Mezzaforte, dessen Mitarbeiter er später auch war, beispielsweise beim Polyptychon MARIA IN DER GLORIE, UMGEBEN VON HEILIGEN UND ENGELN, 1461–65 (Mailand, Pinacoteca di Brera). Hier verwendete er edelsteinhaft leuchtende Farben auf Gold-

grund, wobei sein erzählerisch-dekorativer Stil auf Benozzo Gozzoli zurückgeht. Dann geriet er unter den Einfluß von Carlo Crivelli, in seinem Spätwerk, etwa der MADONNA MIT KIND UND HEILIGEN (Cambridge, Massachusetts, Fogg Art Museum), ist er von Antonio und Bartolomeo Vivarini geprägt.

Niccolò dell'Abbate
(auch Abate)
* zwischen 1509 und 1512 in Modena, Oberitalien, † 1571 in Fontainebleau. A. gehört zu den führenden oberital. → Manieristen und neben Primaticcio und Rosso Fiorentino zu den bedeutendsten Vertretern der ersten Manieristen-Generation von → Fontainebleau. Er arbeitete zunächst mit Erfolg als Freskomaler in Modena und Umgebung, wo er Palazzi, Kirchen und Landhäuser ausmalte. Erhalten sind aus der Frühzeit die heute abgelösten Fresken der Rocca di Scandiano (Modena, Galleria d'Este), die 1546/47 entstandenen Fresken im Palazzo del Commune in Modena und DAS MARTYRIUM DER HLL. PETER UND PAUL (Dresden, Gemäldegalerie), das er 1547 für die Kirche S. Pietro in Modena schuf. Dann übersiedelte er nach Bologna, wo zwischen 1547 und 1552 die Freskenzyklen des Palazzo Poggi (heute Univ.-Bibl.), des Palazzo Leoni und des nicht mehr existenten Palazzo Torfanini entstanden. Die Zyklen in den vier Prachtsälen des Pal. Poggi markieren den Höhepunkt der Bologneser Zeit. Diese Frühwerke zeigen in der gestaffelten Komposition und dem effektvollen Kolorit den Einfluß Correggios, während die figürlichen Darstellungen auf Parmigianino weisen. A. hatte schon einen bedeutenden Ruf, als er 1552 von Heinrich II. an den Hof von Fontainebleau berufen wurde; dort schmückte er den Ballsaal und die Galerie d'Ulysse neben Primaticcio mit Fresken nach dessen Entwurfskizzen. N. dell'Abbate verdankte seinen Auftrag am französischen Hof einer ausgesprochenen Begabung, → Genrebilder der Aristokratie in einer Manier zu schaffen, die eine auffällig höfische Eleganz und ein Raffinement des Kolorits sowie eine große Leichtigkeit in der Erfindung aufweisen. Bei den Werken der Spätzeit tritt die Landschaft immer mehr in den Vordergrund; sie wirkt lyrisch und zeigt A.s Auseinandersetzung mit den Niederländern. Der zwanzigjährige Aufenthalt in Frankreich ist (abgesehen von zahlreichen Handzeichnungen im Louvre) durch sehr wenige Werke belegt. Die erhaltenen Beispiele DIE HIRSCHJAGD (Rom, Galleria Borghese), EURIDIKE UND ARISTÄUS (London, National Gallery) und DER RAUB DER PROSERPINA (Paris, Louvre) zeigen, daß A. die Natur nicht mehr additiv auffaßt, sondern als einen in sich schlüssigen Kosmos. Die romantisierend aufgefaßte Schilderung dieser mythologischen Landschaften weist auf das Studium Dosso Dossis. A. war ein Manierist, der seine Kunst mit keinen intellektuellen Inhalten untermauerte, sondern einen individuellen Stil entwickelte, der den

Ben Nicholson, ABSTRAKTE KOMPOSITION, *1953, 75 × 42 (London, Tate Gallery). Die Biographie dieses englischen Malers zeigt, wie ein Künstler durch das Werk eines anderen ganz plötzlich zu großer schöpferischer Aktivität angeregt werden kann. Ein Picasso-Erlebnis steht am Beginn von Nicholsons – später sehr individuellem – gegenstandslosem Schaffen.*

Emil Nolde, STEINPLASTIK UND ALPENVEILCHEN, *23 × 26 (Seebüll, Nolde-Museum). Nolde war von der Kunst der Naturvölker fasziniert. Er schuf selbst Skulpturen, wie die aus einem Ziegelstein gehauenen Köpfe eines Bärtigen und einer Frau, die er diesem Stilleben beifügte. Die Verbindung von Plastik und Blumen ist ein bei Nolde beliebtes Verfahren.*

Emil Nolde, Bewegte See, *34 × 45 (Hannover, Kunstmuseum). Das Aquarell war für Nolde ein ideales Medium, um sein auf hochpotenzierten Farbausdruck eingestelltes Sehen zu realisieren. Durch die Lavier-Technik war es möglich, fließende Übergänge zwischen den Farbbereichen zu schaffen und so atmosphärischen Raum zu suggerieren.*

zeitgenössischen Niederländern und der zweiten Schule von Fontainebleau neue Impulse gab.

Nicholson, Ben

* 10. 4. 1894 in Denham, Buckinghamshire. Hauptvertreter der → Konkreten Malerei in England. Er absolvierte ein kurzes Studium an der Gresham School in Holt und an der Slade School of Fine Arts. Zunächst wurde er vom → Vortizismus beeinflußt, bis er 1921 in Paris ein kubistisches Gemälde Pablo Picassos sah. Diese Entdekkung, ebenso die von Bildern Georges Braques und von Collagen von Juan Gris, initiierte nun einen immensen Schaffensprozeß. Überaus wichtig wurden dann auch der Einfluß von Piet Mondrian und die Tendenzen des → Neoplastizismus. Nicholson gelangte immer mehr zur Autonomisierung des Bildes mit einem eigenständigen und -wertigen Bildraum. Ab 1928 entstanden Stilleben und Landschaften, in denen das Naturvorbild der Zweidimensionalität des Bildträgers unterworfen und so in eine neue, bildimmanente Ordnung gebracht wird. Ein Schlüsselwerk dieser Periode, Zum Gestiefelten Kater, 1932 (Manchester, City Art Gallery), zeigt den Übergang vom „klassischen" Stilleben zur reinen Abstraktion. Nicholson wurde Mitglied der Gruppe → Unit One und 1933 Mitglied der Pariser Vereinigung → Abstraction-Création. Ab 1933 schuf er mehrschichtige Reliefs aus aufeinandergeklebten Hartfaserplatten, aus denen dann geometrische Formen ausgeschnitten wurden. Seit 1937 bildete sich um Nicholson, seine zweite Frau, die Bildhauerin Barbara Hepworth, und Naum Gabo in Cornwall ein Zentrum der abstrakten Kunst, die „Maler von St. Yves". Nach 1945 verbinden sich in seinen Arbeiten geometrische Abstraktionen mit konkreten, vom Kontur und der Struktur her geformten Gegenstandszeichen. N. suchte jetzt nach dem Ausdruck der „musikalischen" Beziehungen von Form-, Ton- und Farbwerten.

Nikomachos

griechischer Maler, war tätig um 330 v. Chr. Nikomachos kommt aus der attisch-thebanischen Schule, gerühmt wurde von den Zeitgenossen seine Schnelligkeit im Malen, worin ihn sein Schüler Philoxenos allerdings noch übertroffen haben soll. Er war für Antipater und den Tyrannen Aristratos tätig und malte Bilder von Göttern und Heroen, Odysseus, den Raub der Persephone, Apoll und Artemis usw. Das Bild einer Nike, die das Viergespann in die Lüfte reißt, kam später nach Rom und wurde möglicherweise das Vorbild für die Denare des L. Plautius Plaucus.

Niobiden-Maler

attischer Vasenmaler, tätig zwischen 470 und 450 v. Chr. in Athen. Der wichtige Vertreter des frühklassischen rotfigurigen Stils wurde nach einem Kelchkrater aus Orvieto benannt, der den Niobidenmord durch Apoll und Artemis zum Hauptthema hat (Paris, Louvre). Stärker noch als andere Vasenkünstler scheint sich der Niobiden-Maler an den zeitgenössischen monumentalen Wandbildern zu orientieren, und manche verlorenen Gemälde eines Polygnot von Thasos und des Mikon von Athen dürften uns auf seinen Gefäßen überliefert sein. Dafür spricht u. a. die großzügige Komposition seiner Bilder und die Anordnung der Figurengruppen auf verschiedenem Niveau in einer angedeuteten Landschaft, wie es von Polygnots Fresken in der Lesche der Knidier in Delphi überliefert ist. Um seine figuren-

Emil Nolde, Abendmahl, *1909, 86 × 108 (Kopenhagen, Statens Museum for Kunst). Nolde, der sich vorwiegend dem Naturbild widmete, schuf auch religiöse Darstellungen – keine „Andachtsbilder" im traditionellen Sinne, sondern Bekenntnisse einer persönlichen Gotterfahrung, die uns in die Glaubenswelt urchristlicher Gemeinschaften zu führen scheint.*

reichen Szenen ausbreiten zu können, bevorzugte der Niobiden-Maler Gefäße großen Formates, überwiegend Kratere. Allein das Thema der Amazonenschlacht behandelte er viermal, wobei die Ähnlichkeit der Komposition auf den Krateren in Palermo (Nationalmuseum) und in Ferrara auffällt. Sie geht höchstwahrscheinlich auf das Fresko des Mikon im Hephaistostempel der Athener Agora zurück. Im Gegensatz zur Lebhaftigkeit der Bilder steht die etwas spröde, trockene Linienführung des Niobiden-Malers.

Ni Tsan

* 1301, † 1374 in Kiangsu (?). Der Kalligraph, Dichter und Maler gehört zu den Begründern der Literatenmalerei und zu den „Vier großen Meistern der Yüan-Zeit". Die Landschaften mit Flußufer, Bäumen, Wasser und Hügeln wirken fragmentarisch durch nur wenige Details, durch den minimalen technischen Aufwand mit extrem trokkener und nasser Tusche. Die Atmosphäre idealer, menschenleerer Natur findet sich in allen seinen Werken, etwa die Landschaft von 1361 (Kyoto, Slg. Nagao), die von 1371 im Museum von Peking und vielen anderen.

Noland, Kenneth

* 10. 4. 1924 in Asheville, N. Carolina, USA. Noland studierte am Black Mountain College in North Carolina bei Josef Albers und Ilya Bolotowsky und von 1948/49 bei dem Bildhauer Ossip Zadkine in Paris. Anläßlich eines Lehrauftrags am Institute of Contemporary Art und der Catholic University in Washington lernte er Morris Louis kennen, mit dem er 1953 nach New York, dem Zentrum neuer amerikanischer Kunst, ging. Hier lernte er Helen Frankenthaler und Jackson Pollock kennen, deren Technik des → Actionpaintings und → Drippings auf teilweise ungrundierter Leinwand die beiden Künstler zu Experimenten veranlaßten. Noland bevorzugte große Formate und ließ seine Acrylic-Farbkreise mandoralförmig vom Zentrum nach außen strahlen. In diesem immer wiederkehrenden Standardmuster legte er besonderen Wert auf das Spiel der ungemischten, nebeneinander verlaufenden Farben, durch das er starke optische Effekte erzielen konnte. Später wurden seine Bilder geometrisch exakter, die leuchtenden Farben gleichmäßig dicht, die Einfachheit der Formen blieb. Mit Louis Morris zusammen gründete Noland die Washington Color-School.

Nolde, Emil

(eigtl. Emil Hansen)

* 7. 8. 1867 in Nolde (Nordschleswig), † 15. 4. 1956 in Seebüll (Holstein). 1884 trat Nolde als Schnitzerlehrling in

Emil Nolde, BLUMENGARTEN AM BLAUEN ZAUN, *1919, 74 × 89 (Ludwigshafen, Wilhelm-Hack-Museum). Noldes Kunst schließt anders als die der eigentlichen „Brücke"-Maler soziale Themen, die Großstadt oder den Menschen des Alltags aus. Ländliche Motive stehen im Vordergrund.*

Emil Nolde, NORDER MÜHLE, *1932 (München, Staatsgalerie moderner Kunst). Seit 1926 verbrachte Nolde die Sommer in Seebüll, wo er inmitten der Marschlandschaft unweit der Nordsee eine leerstehende alte Werft zu einem idyllischen, weltabgeschiedenen Künstlerdomizil ausbaute.*

eine Flensburger Möbelfabrik ein und besuchte gleichzeitig die gewerbliche Fortbildungsschule in dieser Stadt. 1888 war er kurze Zeit an der Karlsruher Kunstgewerbeschule. In St. Gallen trat er 1892 schließlich eine Stelle als Kunstgewerbelehrer an, die er sechs Jahre später aufkündigte, um nach München zu gehen. Es folgten Studienaufenthalte in Paris und Kopenhagen; nach seiner Hochzeit mit Ada Vilstrup im Jahre 1902 verwandte der Maler den Namen Nolde. Seitdem lebte er meist in Berlin, erwarb aber 1903 ein Fischerhäuschen auf der dänischen Insel Alsen. 1905–07 hielt Nolde sich in Dresden auf und unternahm 1913/14 eine große Reise, die ihn nach Rußland, Sibirien, Japan und durch die Südsee führte. Danach lebte er im Wechsel im Sommer in Schleswig, im Winter in Berlin. In der nationalsozialistischen Ära wurde der Künstler mit Arbeitsverbot belegt. Zu Beginn seines künstlerischen Schaffens fertigte Nolde groteske und karikierende Darstellungen – so die in St. Gallen entstandene Postkartenserie mit den in groteske Köpfe verwandelten Schweizer Bergriesen, die er mit großem Erfolg verkaufte. In München studierte Nolde die Bilder von Wilhelm Leibl, Arnold Böcklin, Max Liebermann, die ihn neben den großen Meistern im Pariser Louvre, wie Edouard Manet, zeitweise beeinflußten. Seit 1904 betätigte er sich auch graphisch. Zwei Jahre später forderte ihn die Dresdener Künstlergemeinschaft → Die Brücke zum Beitritt auf; ihr blieb er auch nach seinem baldigen Austritt 1907 verbunden. In diesem Jahr entstanden zahlreiche Holzschnitte. Seine ersten religiösen Bilder von 1909 zeigten schließlich den weitgehend gereiften Stil des Malers; flächige, detailarme Darstellungen mit Farben von großer Leuchtkraft, die in scharfe Konturen gefaßt sind, lassen einen Vergleich mit dem → cloisonnistischen Stil zu: DAS ABENDMAHL, 1909 (Kopenhagen, Statens Museum for Kunst), das Triptychon MARIA AEGYPTIACA, 1912 (Hamburg, Kunsthalle), das Polyptychon DAS LEBEN CHRISTI, 1911/12 (Neukirchen, Stiftung Ada und Emil Nolde); diesen Bildern folgten viele religiöse Motive, von denen auch noch CHRISTUS UND DIE KINDER von 1910 genannt werden sollen (New York, Museum of Modern Art). In der Öffentlichkeit stieß Nolde jedoch auf Ablehnung; Liebermanns Berliner → Sezession schloß ihn sogar wegen seiner Kritik an deren Kunstpolitik aus. Unterstützung wurde dem Künstler dagegen von dem Kunsthistoriker Sauerlandt zuteil, so daß er eine gewisse gesicherte Basis als Künstler besaß. Nach seiner Reise in die Südsee schuf Nolde Aquarelle in größerer Zahl; allmählich wurde er mehr und mehr anerkannt. 1933 dagegen wurde Nolde wie so viele andere Opfer der nationalsozialistischen Hetze gegen die sog. „entartete Kunst", so daß er sich aus der Öffentlichkeit zurückzog und ganz nach Seebüll übersiedelte. Nun bestimmten hauptsächlich Aquarelle sein Œuvre, darunter die zahlreichen UNGEMALTEN BILDER, zwischen 1938 und 1945 entstanden, die alle Bereiche des menschlichen Lebens

Emil Nolde, DER GROSSE GÄRTNER, *1940 (Hannover, Kunstmuseum). Noldes lyrisch-symbolisch gestimmtes Naturempfinden stellt sich hier den Schöpfergeist als Behüter des Pflanzenreiches vor. Wie eine große Blumenseele ist dieser in die Betrachtung der Vegetation versunken.*

Bernt Notke, GNADENSTUHL, *um 1483, 201 × 71 (Lübeck, St.-Annen-Museum). Die Tafel entstand als Flügel zum Johannesaltar der Schonenfahrer. Den monumentalen Figuren des Bildhauer-Malers eigen ist eine gewisse Derbheit und wuchtige Kraft. Auf Assistenzfiguren, Engel oder andere Jünger des Täufers wird verzichtet.*

zum Thema hatten. Noldes Werk ist nur schwer in die Kunst seiner Zeitgenossen einzuordnen; sein ureigenster Stil ist von der flächigen Komposition mit harten Konturen in grellen Farben – hauptsächlich Gelb, Orange, Rot – von intensivster Leuchtkraft bestimmt. Mit seinen leidenschaftlichen, ausdrucksstarken Bildern war Nolde einer der bedeutendsten Vertreter des → Expressionismus.

Nordström, Karl Fredrik
* 11. 7. 1855 in Hoga auf Tjörn, Bohuslän, † 16. 8. 1923 in Drottningholm bei Stockholm. Der im spätimpressionistischen Stil arbeitende schwedische Maler und Zeichner war eines der bedeutendsten Mitglieder des gegen die akademischen Normen gerichteten „Konstnärsförbundet". 1875–77 studierte er an der Akademie in Stockholm. Dann ging er nach Paris und geriet unter den Einfluß der Schule von → Barbizon und von Jules Bastien-Lepage. Ab 1886 schuf er naturalistische Landschaftsschilderungen aus der Umgebung Stockholms, z. B. WINTERABEND IN ROSLAGSTULL BEI STOCKHOLM, um 1900 (Göteborg, Konstmuseum). 1893 war er Mitbegründer einer einflußreichen Malervereinigung, der sog. Varberg-Schule.

Notke, Bernt
* ca. 1436 in Lassahn (Pommern), † 1508/09 in Lübeck. Der spätgotische Altarmaler und -bildschnitzer war, mit Ausnahme eines Aufenthaltes in Schweden 1483–98, in Lübeck tätig, dem damaligen künstlerischen Zentrum des Ostseegebiets. Seine Werke zeigen keine malerische Entwicklung. Ein derber, drastisch überzeichneter Realismus kennzeichnet seine Figuren. Stürmisch-impulsive Zeichnung und düsteres, aber dramatisches Kolorit stehen im Einklang mit exakter Wiedergabe der Maßverhältnisse des Raumes und Sorgfältigkeit in der Detailausführung. Die noch erhaltenen Hauptwerke sind: Der TOTENTANZ für die Lübecker Marienkirche, 1463 (Tallin, St. Nicolai); Die AARHUSER TAFEL mit Szenen aus dem Leben des hl. Clemens und der Passion Christi, 1479 (Aarhus, Dom); DER SCHONENFAHRERALTAR mit den Darstellungen der Dreifaltigkeit, der Taufe Christi und der Propheten, 1483 (Lübeck, St.-Annen-Mus.). Die 1942 in Lübeck verbrannte GREGORSMESSE ist nur noch aus Beschreibungen zu erschließen. Ein großer Werkstattbetrieb, dem u. a. SZENEN AUS DEM LEBEN DER HL. ELISABETH und PASSIONSSZENEN im Dom zu Reval zugeschrieben werden, erschwert die Identifikation seiner Werke. Auch Holzschnitte zur Lübekker Bibel werden ihm zugewiesen.

O

Oelze, Richard
* 29. 6. 1900 in Magdeburg. Bedeutender Repräsentant des → Surrealismus. 1921–25 studierte er bei Johannes Itten am → Bauhaus in Weimar. 1933 ging er nach Paris, wo er André Breton, Paul Éluard, Salvador Dalí und Max Ernst kennenlernte. Er schloß sich dem Surrealismus an und nahm 1936 an der Internationalen Surrealistenausstellung in London teil. Nach dem Zweiten Weltkrieg ließ er sich in Worpswede nieder. Seit 1962 lebt er in der Nähe von Hameln. In den Bildern seiner Pariser Zeit tauchen häufig visionäre Gestalten wie KASSANDRA, 1934 (Bremen, Privatsammlung), oder phantastische Traumszenerien wie TOURMENTS QUOTIDIENS, 1934 (Laren, Privatsammlung), auf. In der Technik der Frottage, d. h. der Durchreibung einer rauhen Unterlage auf Papier oder Leinwand, und der Decalcomanie, d. h. dem Aufpressen eines Bildträgers auf eine nasse Farbschicht, wobei amorphe farbige Strukturen zurückbleiben, verschmolz Oelze organische und dämonisch-visionäre Figurationen zu meist anthropomorphen Landschaften. Unter dem Einfluß des → Magischen Realismus entstand das Bild ERWARTUNG, 1935/36 (New York, Museum of Modern Art), das eine reglose Menschenmenge in Erwartung einer Katastrophe zeigt. Angst als Thema verstärkt sich in den Arbeiten während des Krieges. Später verschwindet die menschliche Gestalt, dafür tauchen Masken und Köpfe in einer diffusen Umgebung auf. Die Malweise ist nun glatt-lasierend. Ruinenlandschaften, durchsetzt mit Spukgestalten, nehmen überhand, wobei sich detaillierte Überschärfe und verwischte Unschärfe in der Formbildung verbinden.

Oeser, Adam Friedrich
* 17. 2. 1717 in Preßburg, † 18. 3. 1799 in Leipzig. Der Maler, Bildhauer und Radierer O. ist einer der Vorbereiter des → Klassizismus. Nach einer Ausbildung an der Wiener Akademie ging er nach Preßburg zu dem Bildhauer Georg Raphael Donner in die Lehre, der ihm kunsttheoretische Ideen vermittelte. Seine Bedeutung liegt weniger in seinem künstlerischen Werk als in den kunsttheoretischen Anregungen, die er seinen Schülern Goethe und Winckelmann weitergab. 1764 wurde er in Leipzig Akademiedirektor und Hofmaler.

Okada, Kenzō

* 28. 9. 1902 in Yokohama. Der japanische abstrakte Maler studierte 1922–24 an der Akademie der Künste in Tokyo. 1924–27 arbeitete er in Paris mit Tsuguharu Foujita zusammen. 1950 kam er, in New York lebend, zur abstrakten Malerei, wobei er Natur- und Landschaftsvorbilder zu poetisch-stimmungsvollen Kompositionen umsetzte, z. B. in SONNENUNTERGANG, 1954 (New York, Solomon R. Guggenheim Museum), oder DYNASTIE, 1956 (Buffalo, Albright-Knox Art Gallery). Mit den ostasiatischen Elementen, die er in die abstrakte Malerei einbrachte, übte er auf die amerikanische Kunst Einfluß aus und lieferte einen wichtigen Beitrag zur modernen, abstrahierenden Landschaftsmalerei.

O'Keeffe, Georgia

* 15. 11. 1878 nahe Sun Prairie, Wisconsin. „Endlich – eine Frau auf Papier!" war der legendäre Ausspruch des berühmten Avantgarde-Fotografen Alfred Stieglitz, als er Georgia O'Keeffes Zeichnungen sah. Die Künstlerin, die eine formelle Ausbildung am Art Institute von Chicago und an der Art Students League in New York erhalten hatte, zählt zu den Hauptfiguren der Evolution amerikanischer Kunst des 20. Jh. Vor ihrem 30. Geburtstag zerstörte sie ihre gesamte Arbeit, um unbeeinflußt von anderen nur noch das auszudrücken, was in ihrem eigenen Kopf war. Sie fand ihre Inspiration vor allen Dingen in der Natur und in der weiten Wüstenlandschaft ihrer zeitweiligen Wahlheimat New Mexicos. In Gemälden wie BLAUE UND GRÜNE MUSIK stellt sie visuelle Formen und Farben mit nichtsichtbaren Erfahrungen gleich. Ihre Arbeit seit 1915 wurde von vielen Kritikern wegen der vielen Assoziationen mit dem weiblichen Körper als „feminin" bezeichnet. Eines ihrer schönsten Gemälde, SCHWARZE IRIS, 1926 (N. Y., Metropolitan Mus. of Art), zeigt ihre Technik, sich auf Nahausschnitte, ähnlich wie in der Fotografie, zu konzentrieren, womit sie eine neuartige Bedeutung visueller Erfahrung schuf. 1924 heiratete sie Alfred Stieglitz, in dessen „Galerie 291" sie schon vorher regelmäßig mit Erfolg ausgestellt hatte. Georgia O'Keeffes Arbeiten sind heute in den wichtigsten Museen Amerikas zu sehen. Sie gewann viele Preise und wurde 1970 vom National Institute of Arts and Letters mit einer Goldmedaille ausgezeichnet. Heute lebt die Künstlerin, deren Kunst als licht, herb, unsentimental und ursprünglich bezeichnet wird, in New Mexico.

Richard Oelze, ERWARTUNG, *1935/36, 81 × 100 (New York, Museum of Modern Art). Anfang der 30er Jahre begab sich Oelze von Dresden nach Paris, wo er die Mitglieder der surrealistischen Bewegung kennenlernte. Die Werke dieser Zeit – etwa mit Magrittes surrealen Visionen vergleichbar – versuchen das numinos rational nicht Erfaßbare auszudrücken.*

Georgia O'Keeffe, LAKE GEORGE BLUE, *1926, 46×76 (New York, Privatsammlung). Der im Staate New York gelegene See besitzt in der Deutung der amerikanischen Künstlerin eine Aura ungebrochenen Schweigens und Ruhens. In irrealem, dämmrigem Zwielicht erhebt sich ein mächtiger Bergrücken, den O'Keeffe unbewachsen läßt und in seiner Massigkeit betont.*

Okyo, Maruyama Masataka
* 1733 in Anatamura, † 1795 in Kyoto. O. zählt zu den ersten realistischen japanischen Meistern. Als Sohn eines Farmers studierte er unter dem Kano-Maler Ishida Yutei. Entscheidend für O.s Malweise war seine Berührung mit europäischer Kunst, ihrer Technik der Perspektive, dem Anatomieverständnis, formale Prinzipien, die über den Hafen von Nagasaki hauptsächlich auf holländischen Kupferstichen nach Japan gelangten. Seine unzähligen Werke, Arbeiten an der Ausgestaltung des Tempels Onjoji bei Otsu, DREI STELLSCHIRME MIT DEN SIEBEN FORMEN VON LEID UND GLÜCK; KIEFERNBÄUME IM SCHNEE (Tokyo, Slg. Mitsui), ein Stellschirmpaar, zeigen die Kombination exaktester Naturbeobachtung nach abendländischen Schemata und chinesisch-japanische Maltradition. O.s leicht verständliche Werke waren populär und fanden – nicht zuletzt wegen des exzellenten Malstils – reiche Nachahmung.

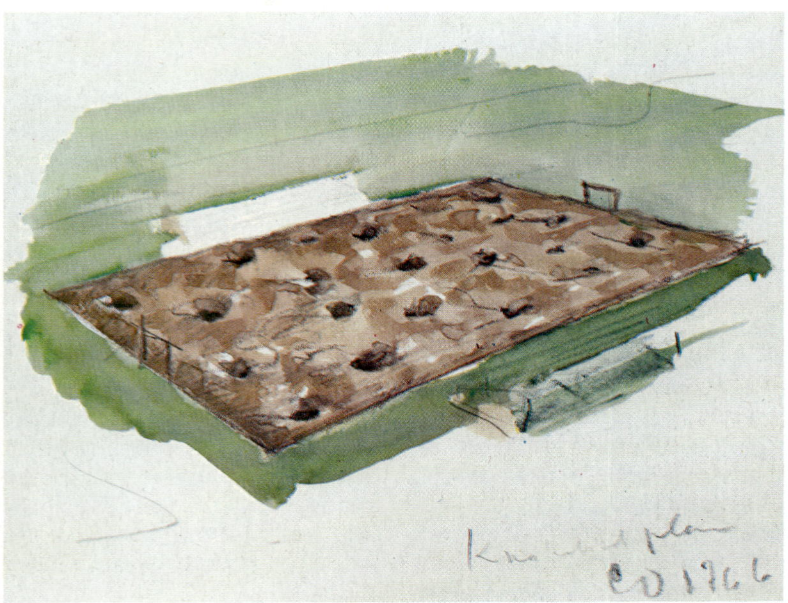

Claes Oldenburg, KNÄCKEBROT-SPIELFELD, *1966 (Frankfurt, Städel). Der vor allem durch seine Bildobjekte und Environments bekanntgewordene Vertreter der Pop-art ist auch in seiner Graphik ein Nachfahre des Dadaismus. Verfremdete, gelegentlich belustigende Wirkungen entstehen durch Erscheinen gewohnter Dinge in dafür ungewohnter Umgebung.*

Oldenburg, Claes Thure
* 28. 1. 1929 in Stockholm, lebt in New York. Wichtiger Vertreter der amerikanischen → Pop-art. Nach Abschluß seiner Studien an der Yale University in New Haven begann er als Journalist zu arbeiten. 1952 belegte er einen Kurs am Art Institute in Chicago, veröffentlichte eine Reihe von Zeichnungen in verschiedenen Zeitschriften und stellte seine ersten, vom → abstrakten Expressionismus beeinflußten Bilder aus. 1956 übersiedelte er nach New York. 1958/59 schuf er seine ersten plastischen, neodadaistischen Assemblagen aus Papiermaché und Abfällen. Seit 1960 lassen sich seine Arbeiten nach Themenkreisen ordnen: Zunächst das Thema „Straße", in Assemblagen aus Abfallgegenständen und zerknüllten Zeitungen gestaltet. Dann ab 1961 das „Ladenthema", bei dem banale Objekte in Papiermaché, Gips u. ä. vergröbert nachgebildet und reklamehaft-bunt bemalt wurden. In dem Zyklus „Das Heim", 1962/63, verfremdete er Trivialgegenstände der Konsumwelt durch Überpointierung, grellste Bemalung mit Leuchtfarben und Monumentalisierung. Der Anprangerung der „Warenhaus-Subkultur" dient die fetischhafte Herausstellung von Waschbecken, Klosetts, Apparaten aller Art, die in ihrer Verfremdung die Trivialrealität der Konsumgesellschaft zur Diskussion stellen wollen.

Olitski, Jules
* 27. 3. 1922 in Snovsk, Sowjetunion. Der bereits als Kind in die USA gekommene Künstler wurde zu einem wichtigen Vertreter der amerikanischen abstrakten Malerei. Er besuchte

die National Academy of Design in New York und lernte dann 1949/50 in Paris Bildhauerei bei Ossip Zadkine. Später wurde er Professor am College von Bennington in Vermont, dann an der New Yorker Universität. Von Anfängen in der geometrischen Abstraktion entwickelte er sich über den → abstrakten Expressionismus zur → Hard-edge-Malerei. Zusammen mit Morris Louis und Kenneth Noland vertrat er schließlich die Tendenzen der „Post Painterly Abstraction", die sich der Pop-art entgegenstellte, und von der die → Minimal art ihren Ausgang nahm.

Oliver, Isaac d. Ä.

* zwischen 1556 und 1565 in Rouen, begraben am 2. 10. 1617 in London. → Manieristischer Maler, der für die Entwicklung des englischen Miniaturporträts wegweisend war. 1568 flüchtete seine Familie vor den Hugenottenverfolgungen nach England. Wahrscheinlich lernte er bei Nicholas Hilliard, von dem er in seinen frühen Bildern auch stark beeinflußt ist. 1596 hielt er sich in Italien auf. Auf italienische und niederländische Anregungen hin brachte er in seine Porträts auch stimmungsvolle Landschaftshintergründe ein. Zu seinen bevorzugten Motiven gehört die wohlartikulierte Eleganz juwelengeschmückter Hofdamen, z. B. in FRANCES HOWARD, GRÄFIN VON ESSEX UND SOMERSET, um 1605 (London, Christie, Manson u. Woods).

Olivier, Ferdinand Johann Heinrich

* 1. 4. 1785 in Dessau, † 11. 2. 1841 in München. Der Maler und Zeichner nahm eine führende Rolle ein in der Entwicklung der romantischen und nachromantischen Landschaftsmalerei Deutschlands. 1804–06 studierte er in Dresden, wobei er vor allem Landschaftsbilder Claude Lorrains und Jacob van Ruysdaels kopierte. 1806 kam er in Kontakt mit Caspar David Friedrich und der Kunst der Romantik. 1807–10 setzte er seine Studien in Paris am Musée Napoléon fort. Damals entstanden religiöse Bilder im Stil der → Nazarener. 1811 wandte er sich, angeregt durch Joseph Anton Koch, der heroischen Landschaftsmalerei zu, etwa in PILGER ZIEHEN DURCH EINEN WALD, 1814 (Frankfurt am Main, Städelsches Kunstinstitut). 1814 und 1817 leiteten Studienreisen ins Salzburger Land die wichtigste Schaffensperiode ein, wobei Olivier versuchte, klassizistische und romantische Landschaftsschilderung in Einklang zu bringen, z. B. in SALZBURGISCHE LANDSCHAFT: BLICK VOM KAPUZINERBERG, 1817/18 (Dresden, Albertinum). 1830 wurde er Zeichenprofessor an der Münchener Akademie. Nun entstanden pseudoklassische Landschaftsbilder im Stil Nicolas Poussins, die ein qualitatives Absinken bedeuten.

Ferdinand Olivier, LANDSCHAFT MIT TRAUERNDEN JUDEN, *um 1830, 99 × 132 (Lübeck, Behnhaus). Die Babylonische Gefangenschaft der Juden beklagt der 137. Psalm: „An Wasserflüssen Babylons saßen wir und weinten, wenn wir an Zion gedachten. An die Weiden im Lande hängten wir unsere Harfe. Denn dort hießen uns singen, die uns hinweggeführt."*

Oltos
attischer Vasen- und Schalenmaler, tätig um 530–500 v. Chr. Der Schüler des Andokidesmalers hat für mehrere Töpfer gearbeitet, zweimal ist seine Signatur erhalten. Die Augenschalen seiner frühen Schaffensperiode sind z. T. noch schwarzfigurig und streng symmetrisch komponiert und haben meist dionysische Szenen zum Thema, wie Trinkgelage, Silene und Tänze, jedoch auch Wettkämpfe oder Darstellungen aus dem Mythos, wie auf der signierten Schale in Ost-Berlin mit Achilles und dem Kampf um die Leiche des Patroklos oder auf der ebenfalls signierten Schale mit der Götterversammlung (Torquinia, Museo Archeologico). Sein Stil ist lebhaft, aber etwas trocken, die feine Detailwiedergabe eines Euphronios erreicht Oltos nicht.

Onesimos
attischer Vasen- und Schalenmaler, tätig um 500–475 v. Chr. Der Meister des streng-rotfigurigen Stils setzt die Tradition des Panaitiosmalers fort und ist möglicherweise sogar mit ihm identisch. Zumindest zeitweise hat er für den Töpfer Euphronios gearbeitet. Er bemalte überwiegend Trinkschalen mit dionysischen Szenen und Kosmosmotiven sowie Darstellungen aus Alltag und Mythos. Als typisches Frühwerk gilt die Schale mit dem Silen (Boston, Museum of Fine Arts), der mächtig erregt auf einer Weinamphora hockt, mit bewegter Gestik das unstabile Gleichgewicht auspendelnd. Der ungestüme Ausdruck des Animalischen im athletischen Körper und im Gesicht läßt leicht vergessen, wie genau kalkuliert Onesimos hier beginnt, den Tiefenraum zu erobern, in dem seine Gestalten agieren können. Die späteren Arbeiten zeigen ein mehr gebändigtes Temperament, doch bleibt auch bei den Athletenbildern, Flötenspielern, Reitern und Komasten oder der Darstellung eines Mädchens vor dem Bad (Brüssel, Musées Royaux d'Art et d'Histoire) die Spannung zwischen rhythmisch bewegten Gewandlinien und der Anatomie kraftvoller Körperlichkeit erhalten. Die emotionelle Beruhigung bedeutet keinesfalls ein Nachlassen künstlerischer Kraft, sondern Schritte auf dem Weg zur Klassik. Eine Signatur des Künstlers findet sich auf einer Schale im Louvre zu Paris.

Jacopo Orcagna, Der hl. Matthäus, *1368 (Florenz, Uffizien). Andrea Orcagna, war über der Arbeit an den* Szenen aus dem Leben des hl. Matthäus *verstorben. Die Fertigstellung des in großen Teilen unvollendeten Werkes fiel Jacopo zu, dessen Stil sich kaum von dem seiner Brüder unterscheidet.*

Emil Orlik, Intarsia, *1902 (Regensburg, Ostdeutsche Galerie). Das aus verschiedenen Edelhölzern, Perlmutt und Halbedelsteinen bestehende Intarsienbild war Teil eines Raumkunstwerkes, das zu Ehren von Max Klingers* Beethoven-Plastik *Künstler der Wiener Sezession errichteten.*

Meister des Ortenberger Altars, Die hl. Sippe, *um 1420 (Darmstadt, Hessisches Landesmuseum). Die Mitteltafel des Ortenberger Altares knüpft thematisch an die Vision der seligen Colette Boilet an, die 1408 die hl. Anna mit ihren drei Töchtern sah: Maria Jakobi mit vier Kindern, Maria Salome mit den Söhnen Jakobus und Johannes Evangelista, sowie Maria.*

Opie, John

* Mai 1761 in St. Agnes bei Truro, Cornwall, † 9. 4. 1807 in London. Porträt-, Genre- und Historienmaler, der die präzis-realistische Komponente des späten Rokoko mit frühromantischen Stimmungswerten durchsetzte. 1781 übersiedelte er nach London, 1805 erhielt er hier eine Professur für Malerei. Bekannt wurde er vor allem als Bildnismaler, wobei er sich an Werken von Joshua Reynolds, aber auch an denen alter Meister schulte. Bilder wie Bauernfamilie, 1783–85, oder Selbstbildnis, 1791 (beide London, Tate Gallery), zeigen die für ihn charakteristische Abstufung dunkler, erdiger Farben und einen kraftvollen Pinselduktus. Ab 1800 näherte er sich dem Klassizismus an und schuf Historienbilder und Literaturillustrationen.

Orcagna, Andrea

(eigtl. Andrea di Cione)
* 1308 in Florenz, † nach 1368 in Florenz. Der Maler, Architekt, Bildhauer und Dichter wurde, was seine malerische Tätigkeit betrifft, wahrscheinlich bei seinem Bruder Nardo ausgebildet. Nachgewiesenermaßen zählte O. 1347 zu den besten florentinischen Malern in der Nachfolge Giottos, fortschrittlicher im lebendigen Kolorit, in der rhythmischen Linienführung gotisch beeinflußt. Als Baumeister arbeitete er am Dom in Florenz und Orvieto, war Oberbauleiter an Orsanmichele 1356–59. Als Bildhauer schuf er dort ein Tabernakel, dem A. Pisano nahestehend. Als Maler ist O. in Zusammenhang mit seinem Bruder Nardo zu sehen, dem Einfluß Maso di Bancos und vor allem Giottos, was die Plastizität der Körper betrifft und den Gesichtsschnitt. Einzig gesichertes Werk O.s ist der Altar der Strozzi-Kapelle in S. Maria Novella in Florenz: Christus mit Maria und Heiligen aus dem Jahr 1357. Die Mitarbeiterschaft an den Fresken dort an der Hauptchorkapelle, wie in S. Croce, dem Refektorium von S. Spirito, Florenz, ist in ihrem Ausmaß nicht mehr nachvollziehbar. Andrea Orcagna übte einen großen Einfluß auf seine zeitgenössische Malerei aus.

Orcagna, Jacopo

(eigtl. Jacopo di Cione)
1368–98 in Florenz nachgewiesen. In Abhängigkeit seiner Brüder Andrea und Nardo schuf Jacopo ikonenhafte Andachtsbilder mit allen Merkmalen zunfthafter Strenge, wie die Madonna dell'Umiltà und die Krönung Mariä, 1368 und 1373 entstanden (Florenz, Gall. dell Academia).

Orcagna, Nardo

(eigtl. Nardo di Cione)
1343–65 in Florenz nachgewiesen, † 1365/66 in Florenz. Nardos im Vergleich zu Andrea O.s zartere Tönung, poetisch-sensiblere Auffassung verrät sienesische Einflüsse. Hauptwerk: Die Ausmalung der Cappella Strozzi in S. Maria Novella in Florenz.

Orley, Barend van

(auch Barent, Bernard, Bernart, Bernaert)
* um 1488 in Brüssel, † 6. 1. 1542 in Brüssel. Vor 1518 muß eine Italienreise vermutet werden, durch deren Eindrücke seine Kunst von den altniederländisch-spätgotischen Voraussetzungen zu den Kunstidealen der italienischen Renaissance entwikkelte und beide Komponenten zu einem beginnenden typisch nordischen Manierismus hinführte. Somit zählt er auch zu den bedeutendsten Vertretern der niederländischen → Romanisten. Er ging bei seinem Vater in die Lehre und erhielt bereits 1515 Aufträge für den Hof der Regentin der Niederlande, Margarethe von Österreich. 1518 wurde er Hofmaler, später fiel er in Ungnade. 1530 wurde er von der Regentin Maria von Ungarn wieder

Adriaen van Ostade, FRÖHLICHES LANDVOLK, *um 1648 (Kassel, Gemäldegalerie). Von dem deftigen Wirklichkeitssinn ihres Malers zeugen die Genrebilder van Ostades. Man gibt sich albernem Schabernack hin, liebeständelt auf der Holzbank, indes der Gastgeber aus der Tür zuprostet und ein Geiger aufspielt. Spontaneität in Bildinhalt und Form!*

in Dienst genommen. Seine frühesten Altartafeln, wie der THOMAS-UND-MATTHIAS-ALTAR DER ZIMMERLEUTE, zwischen 1515 und 1526 (Mittelteil Wien, Kunsthistorisches Museum, Seitenflügel Brüssel, Musées Royaux des Beaux-Arts), sind noch ganz der Tradition des 15. Jh. verhaftet. In dem reifen, 1525 vollendeten Triptychon des JÜNGSTEN GERICHTES (Antwerpen, Koninklijk Museum voor Schone Kunsten), setzt er sich bei der Darstellung formal ausgeprägter Aktfiguren mit der italienischen Figurenauffassung der Renaissance auseinander. Diese Tendenz verstärkte sich in dem TRIPTYCHON FÜR PHILIPP HANETON (Brüssel, Musées Royaux des Beaux-Arts), mit einer für sein Werk einzigartigen Monumentalität der Figurenkomposition. Er war auch ein hervorragender Porträtist und ein bedeutender Entwerfer von Bildteppichen.

Orlik, Emil
* 21. 7. 1870 in Prag, † 28. 9. 1932 in Berlin. Orlik war Maler, Zeichner, Druckgraphiker, Illustrator und mit besonderer Vorliebe Kunstgewerbler. Bekannt v. a. durch seine Bühnen- und Kostümentwürfe für Max Reinhardts „Deutsches Theater", reiste Orlik als erster europäischer Künstler (noch vor E. Nolde und M. Pechstein) nach Ostasien, um die Technik der japanischen Holzschnitte zu erlernen. Seine ausgereifte Meisterschaft auf diesem Gebiet bewies er mit zahlreichen, ganz der japanischen Kunst angelehnten Graphiken. Orliks großes Repertoire umfaßte darüber hinaus das Stilleben, Landschafts- und Straßendarstellungen und vor allem das Porträt. Orlik wählte einfühlsam entsprechend dem Charakter und der Ausstrahlung der darzustellenden Persönlichkeit die individuelle Technik.

Adriaen van Ostade, RASTENDE WANDERER, *1671, 36×30 (Amsterdam, Rijksmuseum). Ostades unstilisierte, zivilisatorisch unverdorbene Menschentypen haben in den Figuren seines Lehrers Frans Hals und Brouwers zünftigen Bauernszenen ihre Vorläufer. Gleichwohl sind viele „Sittenbilder" seine ureigensten Schöpfungen.*

Orlowski, Aleksander
* 9. 3. 1777 in Warschau, † 1. 3. 1832 in Petersburg. Polnischer Maler, Zeichner und Lithograph der Romantik. 1793–1801 wurde er u. a. bei Jean-Pierre Norblin de la Gourdaine ausgebildet. 1802 ging er nach Petersburg, wo er für den Adel und den Hof arbeitete und 1809 Mitglied der Akademie wurde. Als erster Künstler wandte er in Polen und Rußland seit 1806 die Lithographie an. Auf die Zeichnung und Graphik übte er hier auch als Mittler der Traditionen des 17./18. Jh. einen großen Einfluß aus. In seinem Werk dominieren Reiter- und Schlachtenszenen. Selbstbildnisse, Genre- und, teilweise karikierende, Sittenbilder, Pferde und Landschaftsstudien. Seine orientalisierenden Sujets stehen der Romantik nahe, gleichzeitig kann er als Wegbereiter des Realismus im 19. Jh. gelten.

Orozco, José Clemente
* 23. 11. 1883 in Ciudad Guzmán, Provinz Jalisco, † 7. 9. 1949 in Mexico City. Einer der führenden Repräsentanten des mexikanischen → Muralismo. Ab 1914 entstanden Karikaturen und gesellschaftskritische Satiren. 1922–26 zählte er in der Escuela Nacional Preparatoria zu den Mitbegründern des Muralismo. Seine Hauptwerke, Symbole des Kampfes und Leides, entstanden in den dreißiger Jahren in Guadalajara, wobei er sich häufig auch mit Problemen der Mission und der Konquista sowie ihren Konsequenzen für die gegenwärtige einheimische Bevölkerung auseinandersetzte.

Orrente, Pedro de
getauft am 18. 4. 1588 in Murcia, † 19. 1. 1645 in Valencia. Orrente gehörte zur Toledaner Malschule. Er war in ganz Spanien tätig. So schuf er in Murcia 8 Gemälde mit Darstellungen aus der Schöpfungsgeschichte. 1616 war er in Valencia, um für die Kathedrale zu malen, darunter das Bild des HL. SEBASTIAN, das ihn berühmt machte. In Madrid arbeitete Orrente für den nicht mehr existierenden Palacio del Buen Retiro. In Toledo verband ihn enge Freundschaft mit El Greco, dessen Einfluß in seinen Werken deutlich wird, besonders, was die Behandlung des Lichts angeht.

Friedrich Overbeck, FAMILIENBILD, *1820/22, 46×37 (Lübeck, Behnhaus). Der religiösen Kunstidealen nachstrebende „Nazarener" trug sich ursprünglich mit dem Gedanken, ins Kloster zu gehen. Das Bild seiner Wiener Frau mit dem Söhnchen erinnert an Darstellungen der Hl. Familie. Overbeck schickte es aus Rom an seine Angehörigen in Lübeck.*

Ortenberger Altar, Meister des
tätig in der 1. Hälfte des 15. Jh. Benannt ist der unbekannte, vermutlich in Mainz tätige Maler nach einem Flügelaltar aus der oberrheinischen Gemeinde Ortenberg (heute Darmstadt, Hessisches Landesmuseum). Der um 1425 entstandene Altar ist ein Hauptwerk der mittelrheinischen Kunst des → Weichen Stils. Die Vorderseite der breiten Mitteltafel zeigt die Szene VIRGO INTER VIRGINES UND DER BESUCH DER VERWANDTEN BEI DER MADONNA, auf dem linken Flügel ist die ANBETUNG DES KINDES dargestellt, auf dem rechten Flügel die ANBETUNG DER KÖNIGE, auf der Rückseite die zweiteilige Komposition mit der VERKÜNDIGUNG AN MARIA. Im Mittelbild gruppieren sich um Maria in übereinander gelagerten Raumschichten in isokephaler Reihung Heilige und Gläubige. Den stoffreichen Gewändern ist eine Silberfolie unterlegt, die mittels lasierender Farben golden schimmert. Die eleganten Konturen und Binnenzeichnungen sind im Metallgrund vorgeritzt und mit schwarzbraunen, das Inkarnat mit rotbraunen Strichen nachgezogen.

Ostade, Adriaen van
(eigtl. Adriaen Hendricx)
getauft am 10. 12. 1610 in Haarlem, begraben am 2. 5. 1685 in Haarlem. Holländischer Maler, Zeichner und Radierer des Barock, der sich fast ausschließlich der genrehaften Schilderung des bäuerlichen Lebens widmete. Zusammen mit seinem Bruder Isaak und vermutlich auch mit Adriaen Brouwer ging er um 1627 bei Frans Hals in die Lehre, wobei er mehr von der derb-volkstümlichen Bauernmalerei Brouwers beeinflußt wurde. 1634 wurde er Mitglied der Haarlemer → Lukasgilde. Er bevorzugte damals kleine Bildformate mit winzigen, heftig bewegten, leicht karikierten Figuren in bäuerlichen Innenräumen. Um die Mitte des Jahrzehnts werden Formate und Figuren größer, starke Lichteffekte in blaß bläulichen oder rosafarbenen Tönen kommen hinzu. In den vierziger Jahren wandte sich Ostade der → Helldunkel-Malerei Rembrandtscher Provenienz zu. Der Farbton wird wärmer, wenige, aber fein durchgeführte Gestalten bevölkern seine Gemälde. Neben Interieurbildern wie BAUER UND BÄUERIN MIT KIND IN EINER GROSSEN HÜTTE, 1642 (Paris, Louvre), oder LUSTIGE BAUERNGESELLSCHAFT, 1641 (München, Alte Pinakothek), tauchen jetzt auch Volksszenen im Freien auf. Zwischen 1650–70 liegt der Höhepunkt seines Schaffens mit ausgeglichenen Kompositionen und differenzierten Helldunkel-Effekten, z. B. in FEIERABEND AUF DEM LANDE, 1659 (Kassel, Gemäldegalerie), oder DER MALER IN SEINER WERKSTATT, 1663 (Dresden, Gemäldegalerie). Nach 1670 hellt sich seine Palette weiter auf, die Lichtführung wird vereinheitlicht, z. B. in dem berühmten Bild BAUERN UNTER DER SOMMERLAUBE, 1676 (Kassel, Gemäldegalerie). Ostade schuf auch häufig die Figurenstaffage für Gemälde anderer Künstler, in seiner Zeit ein ganz geläufiges Vorgehen.

Ostade, Isaak van
(eigtl. Isaak Hendricx)
getauft am 2. 6. 1621 in Haarlem, begraben am 16. 10. 1649 in Haarlem. Landschafts- und Genremaler des holländischen Barock. Sein frühestes erhaltenes Bild ist DAS GESCHLACHTETE SCHWEIN, 1639 (München, Alte Pinakothek). Nach 1640 zeigt sich der Einfluß Rembrandts in dem bräunlichen Grundton seiner Arbeiten, der differenzierten Licht-Schatten-Gebung und der malerischen Auflösung der Konturen. Mit qualitätvollen Winterlandschaften entwickelte er im Spätwerk eine ganz eigene Note.

Oudry, Jean-Baptiste
* 17. 3. 1686 in Paris, † 30. 4. 1755 in Beauvais. Bedeutender Maler des französischen Rokoko. Bei seinem Lehrer Nicolas de Largillière lernte er u. a. die Landschafts- und Tierbilder von Nicolaes Pietersz. Berchem kennen und schätzen. 1719 wurde er in die Académie Royale aufgenommen. Ab 1722 wurde er mit Gemälden, in denen er die königlichen Jagden verherrlichte, in ganz Europa bekannt. Seine Jagdserien dienten auch als

Friedrich Overbeck, DER TRIUMPH DER RELIGION IN DEN KÜNSTEN, *1831–40, 392 × 392 (Frankfurt, Städel). Raffaels Gestalten in den Fresken der vatikanischen Stanzen boten Overbeck eine beständige Orientierungshilfe. Raffaels* SCHULE VON ATHEN *verdankt dieses Werk die Anregung in Thema und Komposition.*

Michael Pacher, Die versuchte Steinigung Christi, *um 1480 (St. Wolfgang, Wallfahrtskirche). Zu den Höhepunkten der europäischen Kunst gehört der Pacher-Altar von St. Wolfgang. Die Sonntagsseite bietet acht Christusszenen dar.*

Vorlagen für Tapisserien, er selbst wurde 1734 Direktor der Wandteppichmanufaktur in Beauvais.

Ouwater, Aelbert van
* um 1415, vermutlich in Oudewater bei Gouda, † um 1475 in Haarlem. Herausragender altniederländisch-spätgotischer Maler der Haarlemer Schule, dem bisher nur ein einziges Gemälde sicher zuzuschreiben ist: Die Auferweckung des Lazarus (Berlin, Stiftung Staatl. Museen/West, Gemäldegalerie). Deutlich zeigen sich hier Anregungen durch Dieric Bouts, Jan van Eyck, Rogier van der Weyden und Petrus Christus.

Overbeck, Johann Friedrich
* 3. 7. 1789 in Lübeck, † 12. 11. 1869 in Rom. Mitbegründer und führendes Mitglied der → Nazarener. 1804–06 nahm er Zeichenunterricht in Lübeck. 1806 studierte er u. a. bei Heinrich Füger an der Wiener Akademie. Mit F. Pforr und anderen Künstlern gründete er 1809 den Lukasbund, der eine Erneuerung der Kunst in Rückbesinnung auf die altdeutsche und die italienische Renaissancemalerei erstrebte. 1810 gingen diese Maler nach Rom, erweiterten ihren Kreis und erhielten nun den Beinamen „Nazarener". Seine persönliche Variante der romantischen Kunst konzentrierte sich formal auf die Dominanz der Linie und der Lokalfarbigkeit – wobei Raffael sein großes Vorbild war – und thematisch auf eine didaktische, moralisch-religiöse Seite. Seine humanistische Tendenz offenbarte sich in Richtung auf das direkte oder allegorisch transformierte Religiöse und Göttliche, der auch die Vereinigung altdeutscher und italienischer Tradition programmatisch unterstellt wird, z. B. in Italia und Germania (Sulamith und Maria), 1811–28 (München, Neue Pinakothek). Mit seiner Mitarbeit an den Fresken der Casa Bartholdy, 1814–17 (jetzt Berlin, Stiftung Staatl. Museen/Ost, Nationalgalerie), leistete er auch einen wichtigen Beitrag zur Erneuerung der Monumentalmalerei. Zu seinen bedeutendsten religiösen Werken zählt Der Triumph der Religion in den Künsten, 1831–40 (Frankfurt/Main, Städelsches Kunstinstitut). Overbeck, der vor allem auch als Zeichner bedeutend war, beeinflußte maßgeblich alle idealistischen Kunstströmungen des 19. Jh. mit vorwiegend zeichnerisch-linearer Ausrichtung.

Ozenfant, Amédée
* 15. 4. 1886 in St-Quentin, † 4. 5. 1966 in Cannes. Französischer Maler und Kunstschriftsteller, der zusammen mit Le Corbusier den → Purismus begründete. Nach einem Architektur- und Malereistudium lernte er André Dunoyer de Segonzac und Roger de La Fresnaye kennen, deren rational-klassizistische Modifikation des Kubismus ihn entscheidend prägte. 1915 gründete er die avantgardistische Kunstzeitschrift „L'Élan". In dem 1918 verfaßten Essay „Nach dem Kubismus" („Après le cubisme") legte er mit Le Corbusier das Konzept des Purismus dar, das aus der Kritik des synthetischen Kubismus entstanden war. In einer übersteigerten Strenge ästhetischer Prinzipien sollte jegliches emotionale, sensualistische und dekorative Element aus der Kunst ausgeklammert werden. 1928 erschien sein schriftstellerisches Hauptwerk „Art".

P

Pacheco, Francisco
* 1564 in Sanlúcar de Barrameda, † 1654 in Sevilla. Pacheco stammte aus bescheidenen Verhältnissen. Nach dem frühen Tod des Vaters Juan Perez kam er nach Sevilla zu seinem Onkel, dem Kanonikus Pacheco, dessen Familienname er annahm. Dieser schickte ihn in die Werkstatt des Luis Fernández. Er studierte ältere Meister wie Peter de Kempener und Luis de Vargas. Pacheco war ein Förderer der italienischen Kunst, obwohl er nie nachweisbar in Italien war. Er lernte sie aus Zeichnungen und Stichen kennen. 1611 reiste er nach Madrid und Toledo, wo er mit El Greco zusammentraf. Im selben Jahr wurde Velázquez sein Lehrling. 1618 heiratete dieser Pachecos Tochter. 1619 wurde Pacheco zum königlichen Hofmaler ernannt. Mit seinem Schwiegersohn Velázquez reiste er 1623 nach Madrid, wo Velázquez Hofmaler wurde. Nach 2 Jahren Aufenthalt kehrte Pacheco 1625 nach Sevilla zurück und starb dort 90jährig. Pacheco gilt als einer der letzten Vertreter der Renaissancemalerei in Sevilla. Sein an der italienischen Hochrenaissance orientierter Stil erfuhr einen Wandel, als er 1611 in Toledo El Greco besuchte. Seine anfänglich manieristische Malweise bekam erste realistische Züge. Große Leistungen erbrachte Pacheco auf dem Gebiet der Porträtmalerei. In seinem „Buch der Bildnisse" findet man 170 Porträts berühmter Zeitgenossen und deren Biographie. Seine Bedeutung als Kunstschriftsteller beruht nicht zuletzt auf seiner in 30jähriger Arbeit entstandenen Abhandlung über die „Kunst der Malerei", die er 1637 vollendete. Seine eigentliche Bedeutung erlangte Pacheco als Lehrmeister von Velázquez.

Pacher, Friedrich
* ca. 1440 in Neustift bei Brixen (Südtirol), † ca. 1510 in Bruneck im Puster-

Meister des Pähler Altars, Die Kreuzigung Christi, um 1410 (München, Bayerisches Nationalmuseum). Lange Zeit war der Entstehungsort des Pähler Altars, von dem die Mitteltafel zu sehen ist, umstritten – auch Salzburg und Prag wurden vorgeschlagen. Das wichtige Beispiel des „Weichen Stils" entstand in Süddeutschland unter böhmischem Einfluß.

Jacopo Palma il Vecchio, Porträt eines Mannes, *1512/15, 93×72 (Leningrad, Eremitage). Palmas Bildnisse weisen gelegentlich hermaphroditische Züge auf, da er sie einem allgemeinen Schönheitsideal anzunähern suchte. Auf Giorgione und letztlich Leonardo geht sein „Sfumato" zurück, der sich um die Körperkonturen schmiegende Halbdämmer.*

tal. Der spätgotische Maler stammt sicher aus derselben Familie wie Michael Pacher, arbeitete aber zum Teil unabhängig von jenem. Seine im Vergleich zu der Michael Pachers konservative Kunst bleibt Jakob Sunter und der Alt-Brixener Schule verpflichtet. Kennzeichnend sind gedrungene Proportionen, Verkürzungen und spiralige Körperdrehungen, z. B. Altarflügel der hll. Johannes und Nikolaus, 1464–69 (Nürnberg, German. Nat.-Mus.), Tafeln des St.-Wolfgang-Altares (St. Wolfgang, Salzkammergut).

Pacher, Michael
* 1435/40 in Bruneck im Pustertal, † 1498 in Salzburg. Michael Pacher gilt als bedeutendster Maler der Südtiroler Spätgotik, der die italienischen Errungenschaften der Frührenaissance dem Raum nördlich der Alpen vermittelte und so zum Wegweiser für die weitere Entwicklung der Malerei nicht nur Südtirols wurde. Nach einer ersten Ausbildung, wohl im Pustertal, führten Wanderjahre den Maler und Bildhauer sicher auch nach Oberitalien. Seine Werke verraten das perspektivische Können Jacopo Bellinis sowie die neue Art der Körpermodellierung, wie Andrea Mantegna sie in seinen Ermitanifresken erstmals versucht. Dazu tritt bei Pacher ein malerisches Raumempfinden, das seine Figuren mit dem sie umgebenden Raum zu einer Einheit verschmelzen läßt. Während er an den Architekturformen heimischer Gotik festhält, wagt er eine klare Aufteilung der Figuren in einzelnen Gruppen. Die klaren Farben sowie die sorgfältig ausgearbeiteten Gewandstoffe und eine differenzierte Charakterisierung der Figuren lassen eine Kenntnis der Niederländer vermuten. Alle Details sind jedoch dem monumentalen Bildganzen untergeordnet. Zum Frühwerk zählen die Flügel des Laurentius-Altares, 1460/65 (München, Alte Pinakothek, und Wien, Unteres Belvedere), die den Einfluß Multschers zeigen; Flügel des Thomas-Beckett-Altars (Graz, Gal. am Landesmus., Johanneum); Predellenflügel aus dem ehemaligen Besitz des Klosters Wilten, ca. 1465 (Wien, Kunsthistorisches Mus., und Innsbruck, Landesmus.); Reste des Marienkrönungsaltars für die Pfarrkirche von Gries bei Bozen, 1475 (München, Alte Pinakothek). Als Hauptwerke gelten der unter bedeutender Beteiligung seiner Werkstatt und Friedrich Pachers entstandene St.-Wolfgang-Altar, 1477–81 (Pfarrkirche St. Wolfgang a. Abersee, Salzkammergut), und der Kirchenväteraltar, ca. 1480–85 (München, Alte Pinakothek). Mit Pacher wird häufig der Meister von Uttenheim in bezug gebracht, der noch nicht genügend klar von der Forschung erfaßt und von Pacher abzugrenzen ist, ebenso wie manche seiner guten Mitarbeiter.

Meister des Pähler Altars
tätig zu Beginn des 15. Jahrhunderts in Süddeutschland. Die stilistische Anlehnung des bedeutendsten Werkes der süddeutschen Tafelmalerei zu Anfang des 15. Jh. an den böhmischen Meister von Wittingau läßt die Hypothese zu, daß der Pähler Altar das Werk eines von Prag nach Westen

Giovanni Paolo Pannini, WASSERFEST AUF DER PIAZZA NAVONA IN ROM, *1756 (Hannover, Niedersächsische Landesgalerie). Erst Napoleon setzte der „Festa del Lago" ein Ende. Die Römer pflegten die auf ein Stadion Domitians zurückgehende Piazza unter Wasser zu setzen, wo am Sonntagmorgen eine Parade von Prunkkarossen um den Vier-Ströme-Brunnen Berninis begann.*

gezogenen Wanderkünstlers sei. Als möglicher Entstehungsort wird Augsburg deshalb angenommen, weil Pähl bei Dießen a. Ammersee, in dessen Schloßkapelle sich der Altar befand, zum Bistum Augsburg gehört. Der Altar (München, Bayer. Nationalmus.) zeigt in der Mitte Christus am Kreuz zwischen Maria und dem Evangelisten Johannes, auf den Flügelinnenseiten Johannes den Täufer und die hl. Barbara, auf den Außenseiten den Schmerzensmann und Maria mit Kind. Das freie Spiel der weichen Linien ordnet das Werk dem sog. → „Weichen" oder „Internationalen Stil" zu, die dekorativere Form und veräußerlichte Haltung der Figuren unterscheiden es vom Meister von Wittingau.

Palma, Jacopo
(genannt Palma il Giovane)
* 1544 in Venedig, † 1628 in Venedig. Palma, der Großneffe Palma Vecchios, gehört zu den Malern, die das von Giorgione und Tizian entwickelte Helldunkel und den Formenkanon der Renaissance und des Manierismus zu einer mit auswechselbaren Formeln arbeitenden Malerei von akademischem Zuschnitt ausmünzten. Das riesige Werk P.s erweist diesen als → Eklektiker, z. B. in VERKÜNDIGUNG und DIE EHERNE SCHLANGE von 1592/93 (Venedig, Sakristei der Jesuitenkirche) und dem TRIUMPH DAVIDS von 1595 (Venedig, San Zaccaria).

Palma, Jacopo
(genannt Palma il Vecchio, eigtl. Jacopo d'Antonio Nigreti)
* 1480 in Serinalta bei Bergamo, † 30. 7. 1528 in Venedig. Palma zählt – beeinflußt von dem ca. fünf Jahre älteren Giorgione – mit diesem zu den Begründern der venezianischen Hochrenaissance-Malerei. Das umfangreiche Werk umfaßt heute noch ca. hundert erhaltene Arbeiten, in der überwiegenden Mehrzahl religiöse Darstellungen vom Typ der → Sacra conversazione. Die verschmelzenden, leuchtenden Lokalfarben und in schimmerndes Goldlicht getauchte Landschaftshintergründe steigern und verklären solche Darstellungen zu feierlich hieratischer Wirkung. Besonders eindrucksvoll das BARBARA-TRIPTYCHON (Venedig, S. M. Formosa), die sog. DREI SCHWESTERN (Dresden, Gemäldegalerie) und die ANBETUNG DER HL. DREI KÖNIGE (Mailand, Brera). Von den Porträts ist vielleicht das bedeutendste das eines DICHTERS (?) (Bezeichnung als Ariost zweifelhaft) (London, National Gallery), das jene lässige Haltung und innere Versunkenheit zeigt, wie sie als „typisch" venezianisch bis heute unsere Vorstellung bestimmen.

Palmer, Samuel
* 27. 1. 1805 in London, † 24. 5. 1881 in Redhill, Surrey. Landschaftsmaler und Radierer der englischen Romantik. Bereits mit vierzehn Jahren stellte er Aquarelle im British Institute und in der Royal Academy aus. Besonders beeinflußt wurde er durch William Blake. 1827–37 lebte er in Shoreham auf dem Land und schuf Bilder und Graphiken irreal-phantastisch wirkender Landschaften wie DER MAGISCHE APFELBAUM, 1830 (Cambridge, Fitzwilliam Museum). Nach einem Romaufenthalt 1837 wandte er sich einem recht qualitätslosen Akademismus zu.

Pannini, Giovanni Paolo
* 1691/92 in Piacenza, † 21. 10. 1765 in Rom. Der römische → Vedutenmaler P. ging vermutlich bei Francesco Galli Bibiena in die Lehre. Ab ca. 1717 hielt er sich in Rom auf, wo Canaletto große Wirkung auf sein Schaffen ausübte. P. stellt in seinen Bildern viele römische Ruinen dar, malt → Capricci, bei denen er Ruinen, Architekturen und Statuen malerisch zusammenkomponiert, daneben aber auch topographisch genaue Veduten und Darstellungen von Kunstsammlungen, von Szenen aus dem Leben oder Festen, wie z. B. DAS WASSERFEST AUF DER PIAZZA NAVONA IN ROM, 1756 (Hannover, Niedersächsische Landesgalerie).

Pantaleon
nachweisbar im letzten Drittel des 10. Jh. Der byzantinische Buchmaler war maßgeblich an der Ausgestaltung einer Prachthandschrift beteiligt, des Synaxarium oder Menologion des Simeon Metaphrastes (Rom, Biblioteca Apostolica Vaticana, Cod. Vat. gr. 1613), die 986 vollendet wurde. Von den 436 Bildern auf Goldgrund stammen 87 von Pantaleon. Sie zeichnen sich durch plastische Körperbildung und antike Architekturformen aus.

Pantoja de la Cruz, Juan
* 1553 in Madrid, † 26. 10. 1608 in Madrid. Pantoja de la Cruz war Schüler von Sánchez Coello, dessen Traditon der Porträtmalerei er fortsetzte und die ihren Höhepunkt in Velázquez fand. Als Hofmaler Philipps II. schuf er Bilder wie PHILIPP II. (Escorial, Real Monasterio) oder ERZHERZOGIN ISABELLE CLARA EUGENIA, 1599 (München, Alte Pinakothek).

Paolo Veneziano
(eigtl. Paolo da Venezia oder Paulus de Veneciis)
1333–58 in Venedig nachweisbar, † vermutlich 1362 in Venedig. Gilt als Begründer der venezianischen Malschule, zugleich ist er der bedeutendste Maler Venedigs im → Trecento, der zunächst Einflüsse Giottos verarbeitet, sich dann an byzantinische Kunst anlehnt, um schließlich italienisch-gotische Tendenzen in den Vordergrund zu stellen, wobei in der dekorativen Pracht die besondere venezianische Komponente stets mitspricht. Sein wahrscheinlich erstes Werk ist ein Polyptychon von 1333 aus S. Francesco in Vicenza (Vicenza, Museo Civico), von dem noch der TOD MARIÄ, der HL. FRANZISKUS und der HL. ANTONIUS erhalten ist. Den Höhepunkt seines Schaffens stellen die Vorsatztafeln zum Schutz der Pala d'oro in S. Marco in Venedig dar, die er mit seinen Söhnen Giovanni und Luca fertigte, 1345 (Venedig, Museo di S. Marco), sowie die Tafel MARIA MIT KIND, 1347 (Carpineta, Chiesa Parrocchiale). Paolos delikate Farben und die Feinheit der Linie können bereits als unverkennbar venezianisch gelten.

Paret y Alcázar, Luis
* 11. 2. 1746 in Madrid, † 14. 2. 1799 in Madrid. Paret erhielt seine Ausbildung bei González, Velázquez und François de la Traverse in Madrid. Er malte hauptsächlich Szenen aus dem Hofleben wie z. B. DER MASKENBALL von 1766 (Madrid, Prado), stark vom französischen Rokoko beeinflußt. Die elegante Liebenswürdigkeit seiner Darstellung, die üppige, doch fein gezeichnete Ausstattung der Räumlichkeiten brachten ihm den Beinamen „der spanische Watteau" ein.

Parmigianino
(eigtl. Francesco Mazzola)
* 11. 1. 1503 in Parma, † 28. 8. 1540

Paolo Veneziano, POLYPTYCHON MIT DER KRÖNUNG MARIÄ UND SZENEN AUS DEM LEBEN CHRISTI UND DES HL. FRANZISKUS, *120 × 310 (Venedig, Accademia). Einflüsse des Florentiners Giotto sind in diesem Werk des Begründers der venezianischen Schule greifbar, die dazu führen, daß ein neuer Körpersinn entdeckt und die Flächigkeit überwunden wird.*

Francesco Parmigianino, MADONNA MIT DEM LANGEN HALS, *1534/40, 216×132 (Florenz, Uffizien). Die seelische Wärme und vertrauensvolle Geborgenheit, welche die Maler bis in die Hochrenaissance in Darstellungen der Maria mit Kind obwalten ließen, weicht im Manierismus einer formalisierten Deutung. Preziöse Stilisierungen überzeichnen die Körperglieder.*

in Casal Maggiore (bei Parma). P. fand schon sehr früh seinen eigenen Stil. Dies zeigen einige frühe Fresken mit Heiligendarstellungen in Parma und Umgebung. 1523/24 entstand sein einzigartiges SELBSTBILDNIS (Wien, Kunsthist. Museum), das große Erfindungsgabe und eine virtuose Maltechnik verrät. 1524–27 arbeitete P. in Rom und ließ sich von Raffael, Giulio Romano u. a. anregen. Neben einigen sakralen Aufträgen, wie z. B. die VISION DES HL. HIERONYMUS (London, National Gallery), entstanden eindrucksvolle Porträts: 1523 LORENZO CIBÒ (Kopenhagen, Gemäldegalerie), 1524 GALEAZZO SANVITALE (Neapel, Museo di Capodimonte). Nach 4jährigem Aufenthalt in Bologna – wo er u. a. die MADONNA DELLA ROSA malte (Dresden, Gemäldegalerie), lebte P. ab 1531 wieder in Parma. In dieser späten Periode entstanden so charakteristische Werke wie der BOGENSCHNITZENDE AMOR (Wien, Kunsthist. Mus.) und um 1534 die berühmte Florentiner MADONNA MIT KIND UND ENGELN in den Uffizien sowie das imposante Bildnis der ANTEA (Neapel, Museo di Capodimonte). Charakteristisch für P.s Manierismus ist die anmutige Eleganz seiner Personen, sowohl in den Andachtsbildern als auch bei den Porträts. Zuweilen entsteht der Eindruck einer gekünstelten Glätte, ein Aspekt, der besonders bei den Sakralwerken auffällt: P.s Madonnen erscheinen fast ohne jeden Anschein der Heiligkeit – ganz als preziöse Damen der Gesellschaft.

Pascin, Jules
(eigtl. Julius Pincas)
* 31. 3. 1885 in Vidin, Bulgarien, † 20. 6. 1930 in Paris. Maler und Graphiker, wichtiges Mitglied der École de Paris. Er studierte in Wien und Paris und arbeitete zunächst für die Münchener satirische Zeitschrift „Simplizissimus". Damals entstanden auch bedeutende Buchillustrationen. 1914 bis 1921 lebte er in New York, dann wieder in Paris. In seinem Werk verbinden sich Elemente des → Fauvismus mit romantischen Zügen und einer Vorliebe für sinnlich betonte Darstellungen von Mädchenakten, z. B. in HERMINE DAVID, 1918 (Paris, Musée National d'Art Moderne). Typisch sind dünner Farbauftrag, pastellartig graue Töne, verbunden mit sensiblem, zeichnerischem Kontur.

Pasmore, Victor
* 3. 12. 1908 in Chelsham, Surrey. Einer der bedeutendsten englischen Vertreter der abstrakten Malerei, der sich später dem → Konstruktivismus zuwandte. Er begann seine Ausbildung mit Abendkursen an der Central School in London. Nach einer kurzen

Jules Pascin, SITZENDER MÄDCHENAKT, *vor 1913, 24 × 26 (Köln, Wallraf-Richartz-Museum). Der aus Bulgarien stammende Künstler wurde vor allem durch seine Zeichnungen weiblicher Akte berühmt. Für kurze Zeit der Berliner Sezession zugehörig, ging er bereits 1905 nach Paris, wo er eher am Rande der rapiden Kunstentwicklungen stand.*

Phase abstrakten Malens schuf er unter dem Einfluß von Edgar Degas und Pierre Bonnard impressionistische Stilleben, Akte und Landschaften. 1937 war er Mitbegründer der → Euston Road School. 1948 wandte er sich endgültig der geometrischen Abstraktion zu, wobei zunehmend Piet Mondrian sein Vorbild wurde.

Pa-Ta Shan-jen
* 1624, † 1705. Der chinesische Maler und Kalligraph gehört zu den sog. „Individualisten" der Ch'ing-Zeit, die zwar auf Vorbilder der klassischen Zeit zurückgreifen, sie aber in einen eigenen Stil umwerten. P.s Leben ist sagenumwoben, faßbar jedoch sein künstlerisches Werk von außerordentlicher Qualität. Seine Alben, Vögel, Fische, Blumen, Landschaften künden von einer sicheren Pinselführung bei vollendetem Bildaufbau: FISCHE IM TEICH (Oxford, Slg. P. C. Swann).

Pater, Jean-Baptiste
* 29. 12. 1695 in Valenciennes, † 25. 7. 1736 in Paris. Wie N. Lancret ist Pater ein wichtiger Nachfolger A. Watteaus im Genre der „fêtes galantes". Von diesem ebenfalls aus Valenciennes gebürtigen Künstler erhielt Pater einige Monate Unterricht. Nach anfänglichen wirtschaftlichen Schwierigkeiten ließ sich Pater in Paris nieder, wo er 1728 als „peintre des fêtes galantes" zum Mitglied der Académie Royale ernannt wird. Sein Aufnahmebild SOLDATENFREUDEN zeigt die liebreichen Vergnügungen dieses Berufsstandes in galanter Weise. Für die kleine Galerie Ludwigs XV. in Versailles entstand 1736 DIE CHINESISCHE JAGD. Wenige Themen sind es, die Pater in vielen Varianten wiederholt: das Fest auf dem Lande, wobei ein Liebespaar gerne die Mitte der Komposition einnimmt und von einer Reihe anderer Figuren umgeben ist, außerdem das ländliche Konzert und der Tanz im Freien. Darstellungen von Damen auf der Schaukel oder Theaterszenen, die oft bestimmte Momente einer Bühnenhandlung wiedergeben, sind ebenso typisch wie die mitunter recht pikanten BADESZENEN, von denen gesagt wird, daß der Künstler viele Bilder dieses Sujets vor seinem Tode vernichtet habe. Er zählt nicht zu den ersten, doch zu den wichtigen Künstlern der Zeit.

Patinir, Joachim
(auch Patenier)
* um 1485 in Bouvignes oder Dinant, † vor dem 5. 10. 1524 in Antwerpen. Über die Ausbildung dieses wegweisenden Landschaftsmalers ist nichts bekannt. Ausgehend von den weiten Hintergrundlandschaften des Hieronymus Bosch und den Berglandschaften Quentin Massys', entwickelte er um 1515–20 die sog. „Weltlandschaften", d. h. Themen aus der biblischen Historie, die in panoramaartige Landschaften mit hochgelegtem Horizont eingebettet sind, z. B. in MARIA MIT DEM SCHLAFENDEN CHRISTUSKIND IN EINER LANDSCHAFT, um 1520 (Darmstadt, Hessisches Landesmuseum). Kennzeichnend ist auch die farbige Abstufung mit braunem Vorder-, grünem Mittel- und zartblauem Hintergrund. In der lasierenden, genauen Technik der altniederländischen Kunst hielt er sich im Figürlichen gern an Vorbilder. Die Szene der VERSUCHUNG DES HL. ANTONIUS (Madrid, Museo del Prado) stammt von Quentin Massys, mit dem er auch sonst öfter zusammenarbeitete.

Pausias
griechischer Maler aus Sikyon, tätig um die Mitte des 4. Jh. v. Chr. Seine Tafelbilder waren in der Technik der → Enkaustischen Malweise von leuchtenden Farben und brillantem Realismus. Berühmtheit erlangte die Darstellung eines schwarzen Stieres in Vorderansicht und perspektivisch überzeugender Verkürzung sowie ein Bild der METHE, der personifizierten Trunkenheit, in Epidauros, deren Gesicht durch die transparente Glasschale hindurch sichtbar gewesen sei, über die erotischen Bilder („libidines") des Pausias äußern sich die antiken Autoren zurückhaltend.

Jean-Baptiste François Pater, BADENDE MÄDCHEN *(Ausschnitt), 1730/35 (Berlin, Staatliche Schlösser und Gärten). Tizians* BACCHANAL *ließe sich für eine Reihe „galanter Feste" des Rokoko als Vorbild denken. Eine delikate Variante der „fêtes galantes" ist die Badeszene, welche Pater hier vor den Requisiten eines französischen Gartens inszeniert.*

Max Pechstein, POMMERSCHE LANDSCHAFT, *1919 (Privatbesitz). Was für van Gogh Tahiti bedeutete, für Macke und Klee eine Tunesienreise, das waren für den Brücke-Maler die Palau-Inseln im Pazifischen Ozean, die er 1914 besuchte. Die heimatliche Landschaft blieb auch für den Heimgekehrten attraktiv – Himmel und Erde sind koloristisch gesteigert.*

Giovanni Antonio Pellegrini, BATHSEBA IM BADE, *um 1730 (Rom, Privatsammlung). Die von König David geheiratete Hethiterfrau, die spätere Mutter König Salomos, ist seit der Renaissance der altbiblische Vorwand für eine profane Absicht: der weibliche Akt. Pellegrini bereitet die Barbusige mit Pastelltönen im Geschmack des venezianischen Settecento auf.*

Peale, Charles Willson
* 15. 4. 1741 in St. Paul's Parish, Queen Anne County, Maryland, † 22. 2. 1827 in Philadelphia. Amerikanischer Porträtmaler des späten Rokoko. Seit 1762 widmete er sich der Malerei, 1767–70 studierte er bei Benjamin West in London. Dann ließ er sich in Maryland als Bildnismaler nieder. Seine Porträts zeichnen sich durch Detailerfassung und intensives Studium von Lichteffekten aus. Mit dem PORTRÄT DER ZWEI SÖHNE DES KÜNSTLERS, 1795 (Philadelphia, Museum of Art), gelang ihm ein Meisterwerk des → Trompe-l'œil, im Übergang von Realraum und Kunstraum.

Pechstein, Max
* 31. 12. 1881 in Eckersbach bei Zwickau, † 29. 6. 1955 in Berlin. Pechsteins künstlerische Laufbahn begann 1896 mit einer Malerlehre in Zwickau. 1900

lernte er auf der Dresdner Kunstgewerbeschule, 1902 trat er in die Akademie ein, wo er Schüler von Otto Gußmann war. Für die Dresdner Kunstgewerbeausstellung von 1906 schuf er ein Deckenbild, das wegen seiner kühnen Farbgebung auf Veranlassung der Auftraggeber wieder übermalt wurde. Erich Heckel wurde dadurch auf Pechstein aufmerksam und gewann ihn als Mitglied der 1905 gegründeten Künstlervereinigung → „Die Brücke". Prägend für ihn war aber weniger die stark expressionistische Malweise dieser Gruppe, sondern vielmehr die Kunst Vincent van Goghs; DAS GRÜNE HAUS, 1909 (Köln, Wallraf-Richartz-Museum); DREI AKTE IN EINER LANDSCHAFT, 1919 (Paris, Musée National d'Art Moderne). Seit 1908 lebte Pechstein in Berlin. Die Sommermonate verbrachte er zumeist in Nidden in Ostpreußen, wo er sich mit der malerischen Darstellung der Naturgewalten auseinandersetzte: DAS RETTUNGSBOOT, 1913 (New York, Van Diemen-Lilienfeld Galleries). Nachdem 1910 seine Bilder von der Berliner → Sezession abgelehnt wurden, gründete er zusammen mit anderen den Salon der Zurückgewiesenen, der Ursprung der „Neuen Sezession". 1914 reiste er zu den Palau-Inseln in der Südsee. Der Eindruck dieser Reise wirkte sich in seiner Malerei durch Vereinfachung der Formen und noch intensivere Farbgebung aus. Während der Kriegsjahre 1916/17 kämpfte er an der Westfront. 1932 wurde er Mitglied der Preußischen Akademie der Künste, erhielt aber 1933 als „entarteter" Künstler Berufsverbot. Ab 1945 war er als Lehrer an der Berliner Akademie tätig.

Pietro Perugino, GRABLEGUNG CHRISTI, *1495, 214 × 195 (Florenz, Palazzo Pitti). Die Maler der Renaissance, denen es um die Verwirklichung des klassischen Schönheitskanons ging, befanden sich in einem Dilemma, wenn ein emotionsgeladenes, von Tragik erfülltes Thema dargestellt werden sollte. Oft gingen „grazie" und „bellezza" auf Kosten der Realistik.*

Pellegrini, Giovanni Antonio
* 29. 4. 1675 in Venedig, † 5. 11. 1741 in Venedig. Rokokomaler der venezianischen Schule, der sich an den Arbeiten Sebastiano Riccis und am Spätwerk Luca Giordanos orientierte. Seine ersten bekannten Werke sind drei Tafeln in der Scuola del Cristo in Venedig mit allegorischen Themen, 1701, ein Jahr später, folgten die Dekkenmalereien in der Bibliothek des Santo in Padua. 1708 malte er in England Kimbolton Castle, Howard Castle und Norfolk Hall aus. 1722 schuf er zwei Altartafeln für St. Mang in Füssen, 1724 zwei mythologische Gemälde in Pommersfelden. Des weiteren arbeitete er in Österreich, Mannheim und Würzburg.

Pencz, Georg
* um 1500, † zwischen 10. und 15. 10. 1550 in Leipzig. Einer der Nürnberger „Kleinmeister", Vertreter des frühen deutschen Manierismus. 1521 war er an der Ausfreskierung des Nürnberger Rathaussaales beteiligt. Nach zwei vermutlichen Italienreisen wurde er 1532 Nürnberger Ratsmaler, 1550 Hofmaler des preußischen Herzogs Albrecht in Königsberg. Zunächst wurde er stark von Albrecht Dürer beeinflußt, dann kamen zeitgenössische oberitalienische Einflüsse hinzu, vor allem von Lorenzo Lotto und Angelo Bronzino. Die Deckenmalereien im Nürnberger Hirschvogelsaal, 1534/35, zeigen Anregungen durch Giulio Romano. Ziemlich sicher ist Pencz identisch mit dem Monogrammisten I. B.

Penthesilea-Maler
attischer Vasenmaler des frühklassischen Stils, tätig in Athen zwischen 470 und 440 v. Chr., benannt nach einer großen Schale aus Vulci mit der Darstellung ACHILLS, DER DIE AMAZONENKÖNIGIN PENTHESILEA TÖTET (München, Antikensammlung). Aus der Zeit um 460/50 v. Chr. stammt auch die Schale mit dem KAMPF APOLLONS GEGEN TITYOS (München). Fast ausschließlich auf Schalenbildern stellt der P.-M. auch sportliche und dionysische Themen dar, bevorzugt jedoch – parallel zur Monumentalmalerei eines Polygnot – die jeweils dramatischen Höhepunkte der Mythen. Im Sinne der zeitgenössischen Tragödien von Aischylos und Sophokles bemüht er sich um den Ausdruck der psychischen Spannung im Geschehen.

Permeke, Constant
* 31. 7. 1886 in Antwerpen, † 4. 1. 1952 in Ostende. Ab 1906 besuchte er die Akademien in Brügge und Gent. Dann hielt er sich in der Künstlerkolonie von → St.-Martens-Latern auf. Die damaligen Werke standen unter dem Einfluß des expressiv-düsteren Realismus und Symbolismus dieser Schule, des Impressionismus und der altniederländischen Realisten. 1912 wandte er sich in Ostende endgültig dem

Expressionismus zu und schuf hauptsächlich Bilder aus dem Leben armer Fischer, z. B. MONDSCHEIN AUF SEE, 1913 (Brüssel, Sammlung I. Gandy). Sein Expressionismus ist von oft dunkler Schwermut und mächtigem Pathos, die Gestalten sind wuchtig, zu großen Formen geschlossen. In seinem Spätwerk gelangt er zu einer mehr lyrischen Auffassung der Landschaft.

Perronneau, Jean-Baptiste

* 1715 in Paris, † 20. 11. 1782 in Amsterdam. P. war neben Maurice Quentin de La Tour der berühmteste französische Pastellmaler des ausgehenden Rokoko. Den größten Teil seines Lebens war er auf Reisen im In- und Ausland, unter anderem nach London, Holland, Italien und Rußland, weil er in Paris wegen der großen Konkurrenz von de La Tour zu wenig Aufträge bekam. Er porträtierte Adel und Bürgertum. Ein Beispiel ist das 1767 entstandene Bildnis ABRAHAM DE ROBAIS (Paris Louvre). P. gibt hier einen alternden Menschen wieder ohne zu idealisieren. Seine kräftigen Farben und das auf den Gesichtern reflektierende Licht geben seinen Porträts Lebendigkeit.

Perugino, Pietro

(eigtl. Pietro di Cristoforo Vannucci)
* um 1445 in Citta della Pieve (Provinz Perugia), † 1523 bei Citta della Pieve. Der 1472 in Florenz nachweisbare Künstler wurde von Piero della Francesca und Andrea del Verrocchio ausgebildet. 1473 malte er die SZENEN AUS DEM LEBEN DES HL. BERNHARDIN (Perugia, Galleria Nazionale). 1481/82 gehörte er zu den ausgewählten Malern, die Sixtus IV. nach Rom zur Ausmalung der Sixtinischen Kapelle berief. P.s Fresko der SCHLÜSSELÜBERGABE, das sich durch klare Aufgliederung der Komposition und sichere Anwendung der Perspektive auszeichnet, darf den ersten Platz innerhalb des gesamten Zyklus beanspruchen. Der zu jener Zeit mit Aufträgen überhäufte Maler, er unterhielt zeitweise zwei Ateliers (Florenz und Perugia), galt als „der berühmteste Maler ganz Italiens“. 1489 schuf er sein zweites Hauptwerk, die VISION DES HL. BERNHARD (München, Alte Pinakothek). Die kleine Tafel APOLLO UND MARSYAS (Paris, Louvre), um 1495 ist wie die Bernhardsvision charakterisiert durch

Phintias, MUSIKUNTERRICHT, *um 510 (München, Antikensammlungen). Die rotfigurige Hydria schildert einen Moment aus dem Tagesablauf vornehmer athenischer Patriziersöhne. Von dem älteren Hauslehrer (mit Bart) wird Unterricht im Kythara-Spiel erteilt. Der jüngere Kythara-Spieler benutzt ein Plektron zum Zupfen der Saiten des Instruments.*

Antoine Pesne, BILDNIS DER GRÄFIN JULIANA WILHELMINE VON BOSE *(Privatbesitz). Friedrichs des Großen Verehrung der französischen Kultur wird durch die Bevorzugung eines Franzosen als Hofmaler bestätigt. Die Schlösser des Preußenkönigs stattete Pesne mit Historiengemälden aus, deren Bewohner hielt er in unzähligen Porträts fest.*

Giovanni Battista Piazzetta, Rebekka am Brunnen, *102 × 137 (Mailand, Pinacoteca di Brera). Piazzettas kraftvolle Gestalten, sein natürliches Kolorit, heben ihn von der geschmeidigen Art seiner Zeitgenossen Ricci, Amigoni oder Pellegrini ab. Und doch war es kein Geringerer als Tiepolo, der Piazzettas Lichtführung und seine herbe Farbigkeit eingehend studierte.*

die Darstellung schlanker, von tiefer Empfindung beseelter Figuren und weiter Landschaftsausblicke. Beide Werke stehen an der Schwelle zur Hochrenaissance, Raffael, der gegen 1500 in die Werkstatt P.s eintrat, sollte hier nachhaltige Eindrücke erfahren. Raffael assistierte P. auch 1496–1500 bei der Ausmalung des Audienzsaales im Collegio del Cambio (Wechslerzunft) in Perugia.

Pesellino
(eigtl. Francesco di Stefano)
* um 1422 in Florenz, † 29. 7. 1457 in Florenz. Einer der dekorativsten, da viele Elemente der Spätgotik beibehaltende Künstler der Florentiner Frührenaissance. Zwei Arbeiten können ihm sicher zugeschrieben werden, die → Predella zu Fra Filippo Lippis Pala Medicea, um 1445 (Florenz, Galleria degli Uffizi und Paris, Louvre), sowie eine Tafel von einem Dreifaltigkeitsaltar in Pistoia, die 1455 in Auftrag gegeben und 1458–60 in Lippis Werkstatt vollendet wurde (London, National Gallery). Mit seinem leuchtenden Kolorit und der eleganten Linienführung wurde er zu einem Vorläufer Botticellis.

Pesne, Antoine
* 23. 5. 1683 in Paris, † 5. 8. 1757 in Berlin. Ausgebildet wurde der Rokokomaler bei seinem Vater, dem Bildnismaler Thomas Pesne, seinem Onkel Charles de la Fosse und an der Pariser Akademie, wo er 1703 den Rompreis gewann. Von 1705–10 hielt er sich in Italien auf. 1710 wurde er von Friedrich I. von Preußen zum Hofmaler ernannt. Fortan lebte er in Berlin. Seine Aufgabe war zunächst, viele Porträts für Hof, Adel und die Gesellschaft zu malen. Er hatte bald eine große Werk-

Pablo Picasso, Die Familie Soler, *1903, 150 × 200 (Lüttich, Musée des Beaux-Arts). Inmitten Picassos „Blauer Periode" entstand dieses nüchterne, Prestige- und Statusdenken in den Hintergrund weisende Familienporträt. Wie zum Picknick lagern die mit Picasso freundschaftlich verbundenen Solers mit den vier Kindern um ein weißes „gedecktes" Tuch.*

Pablo Picasso, SELBSTBILDNIS, *1896, 33×24 (Barcelona, Picasso-Museum). Schon früh beherrschte Picasso die Maltechnik der alten Meister. Man denkt an den fluiden Pinselstrich von Frans Hals bei diesem Porträt des erst 15jährigen Frühreifen. Schon ein Jahr später wurde er in die Königliche Akademie in Madrid aufgenommen.*

statt mit 46 Mitarbeitern. 1733 wurde er Direktor der Kunstakademie in Berlin. Ein Werk aus dieser Zeit ist das 1739/40 entstandene Porträt FRIEDRICH D. GR. ALS KRONPRINZ (Berlin-West, Staatliche Museen, Gemäldegalerie). Friedrich d. Gr. bestieg 1740 den Thron. Von ihm wurde P. mit der Dekoration der neuerbauten Schlösser beauftragt, im Charlottenburger und im Potsdamer Schloß. Eines seiner berühmtesten Bilder ist das 1745 entstandene Porträt der TÄNZERIN BARBARA CAMPANINI, GENANNT „LA BARBARINA" (Berlin, Schloß Charlottenburg). Seine Bildnisse zeichnen sich durch lichte Farbigkeit, durch Grazie und Leichtigkeit aus. P. beeinflußte die gesamte Berliner Porträtmalerei bis in die zweite Hälfte des 18. Jh.

Pettoruti, Emilio
* 1. 10. 1892 in La Plata, Argentinien. Vertreter zunächst des Kubismus, dann der abstrakten Malerei. Nach einem kurzen Kunststudium in Buenos Aires ging er 1913 nach Florenz und machte sich mit Meisterwerken der Renaissance vertraut. Gleichzeitig entstanden erste abstrakte Zeichnungen. Ab 1914 gehörte er mit Giacomo Balla zu den frühesten Künstlern in Italien, die völlig ungegenständlich arbeiteten. Dann wandte er sich, z. B. in Collagen wie WEINTRAUBEN, 1914 (Paris, Privatsammlung), dem → Kubismus zu, wobei er im Sinne des → Futurismus seine Bildmotive zunehmend dynamisierte.

Pforr, Franz
* 5. 4. 1744 in Frankfurt a. M., † 16. 6. 1812 in Albano Laziale bei Rom. Der deutsche Maler und Graphiker erhielt seine Ausbildung bei Joh. Heinr. Tischbein in Kassel und Heinr. Friedr. Fuger in Wien. An der dortigen Akademie lernte er Friedr. Overbeck kennen, mit dem er 1810 in Rom, als Ausdruck der Opposition zum akademischen Manierismus, den Lukasbund gründete. Die gildenhafte, klösterliche Arbeitsgemeinschaft im Kloster S. Isidoro bei Rom, aus der der Bund der → Nazarener hervorging, setzte sich eine Erneuerung der Malerei zum Ziel: Eine „Wahre Malerei" sollte durch Klarheit der Linie und des Bildaufbaus, Flächigkeit, Symbolfarben und Farbkontraste erreicht werden. Das Hauptwerk Pforrs fällt aufgrund seines frühen Todes noch weit überwiegend in die Wiener Zeit, z. B. EINZUG KAISER RUDOLFS VON HABSBURG IN BASEL IM JAHRE 1273, 1808–10; DER HL. GEORG UND DER DRACHE, 1810 (beide Frankfurt a. M., Städelsches Kunstinstitut).

Philipsen, Theodor Esbern
* 10. 6. 1840 in Kopenhagen, † 2. 3. 1920 in Kopenhagen. Der dänische Landschafts- und Tiermaler, Bildhauer und Töpfer brachte den Impressionismus in sein Heimatland. Nach einer Ausbildung als Landwirt studierte er 1862–69 an der Kopenhagener Akademie und 1874–76 bei Léon Bonnat in Paris, wo er mit den Realisten der Schule von → Barbizon in Berührung kam. Eine duftige Pinselschrift und helle, leuchtende Farben kennzeichnen Bilder wie z. B. DER WEG VON KASTRUP NACH KOPENHAGEN, 1890 (Kopenhagen, Statens Mus. for Kunst).

Philoxenos von Eretria
griechischer Maler, tätig um 330

Pablo Picasso, LES DEUX FRÈRES, *1905 (Basel, Kunstmuseum). Dieses Werk der „Rosa Periode" spiegelt nicht den spielerischen Übermut von Kindern. Ein würdiger, erwachsener Ernst umfängt den seelischen Ausdruck des älteren Knaben, melancholisch, fast schwermütig, schaut er uns entgegen – um so mehr, als der Raum vollständig kahl gelassen ist.*

v. Chr. Der Schüler des „Schnellmalers" Nikomachos wurde berühmt durch eine großformatige Darstellung der ALEXANDERSCHLACHT, gemalt im Auftrag des Kassandros. Das berühmte Mosaik aus Pompeji (Neapel, Nationalmuseum) geht vermutlich auf dieses Gemälde zurück. Erwähnt wird ferner eine „lascivia" mit drei Silenen, das Jagdmosaik in Palermo könnte vielleicht sogar ein Original des Philoxenos sein.

Phintias

attischer Vasenmaler und Töpfer des spätarchaisch-rotfigurigen Stils, tätig zwischen 525 und 510 v. Chr. Eine signierte Amphora mit dem DREIFUSSKAMPF (Tarquinia, Museo Archeologico) zwischen Apollon und Herakles zeigt, daß der Zeitgenosse und Freund des Euthymides nicht dessen geniale Ausdruckskraft erreicht. Auch auf einer Hydria mit Leierspiel und zechenden Hetären (München, Antikensammlungen) erscheint sein Stil vergleichsweise akademisch glatt und von kleinlich-stilisierender Konvention bestimmt.

Piazzetta, Giovanni Battista

* 13. 2. 1683 in Venedig, † 28. 4. 1754 in Venedig. P. ist in Venedig neben Tiepolo der herausragende Maler des Spätbarock. Er ging zunächst zu Antonio Molinari in die Lehre und trat 1703 in Bologna in die Werkstatt von Giuseppe Maria Crespis ein, der großen Einfluß auf seine Malweise hatte. Dies zeigte sich in den warmen Brauntönen, in dem wirkungsvollen Helldunkel und im Einfallsreichtum. Ab 1711 lebte er in Venedig. Dort unterschieden sich seine monumentalen Kompositionen und seine dunkle Farbgebung von der graziösen und hellfarbi-

Pablo Picasso, GAUKLERFAMILIE, *um 1905, 213 × 230 (Washington, National Gallery). Die „Saltimbanques" zeigt Picasso nicht in Ausübung ihres Berufes, der die Menge vergnügt und zum Lachen reizt. Sie sind unterwegs, mit „Sack und Pack", wissen vielleicht nicht wohin. Ihre bunten Narrenkostüme stehen im Kontrast zur tristen Melancholie der Gesichter.*

Pablo Picasso, DREI FRAUEN, *1908 (Hannover, Kunstmuseum). Die Möglichkeit zur vollständigen Abstraktion war in allen Phasen des Kubismus latent vorhanden. Hier ist die Grenze zum Ungegenständlichen so gut wie überschritten. Die Assoziation mit menschlichen Figuren verleiht den abstrakten Zeichen lediglich Zusammenhalt und innere Dynamik.*

Pablo Picasso, LES DEMOISELLES D'AVIGNON, *1907 (New York, Museum of Modern Art). Dieses epochemachende Werk war die Initialzündung für den Kubismus. Erstmals splitterte Picasso den menschlichen Körper prismatisch auf, reduzierte sein Volumen zur reinen Fläche, ja fügte sogar mehrere Ansichten des Gesichts synthetisch zusammen.*

gen Rokokomalweise seiner Zeitgenossen, wie etwa Amigoni, Ricci und Pellegrini. Das 1717 entstandene Werk MARTYRIUM DES HL. JAKOBUS (Venedig, S. Stae), zeigt dies deutlich. Später werden seine Farben heller und kühler, wie in dem großartigen Deckengemälde TRIUMPH DES HL. DOMINIKUS (Venedig, SS. Giovanni e Paolo). P. gelangte schon zu Lebzeiten zu großem Ruhm. Ab 1740 widmete er sich der → Genremalerei. Ein Werk aus der Glanzzeit seines Schaffens ist REBECCA AM BRUNNEN (Mailand, Pinacoteca di Brera). In seiner Spätzeit ließ die Qualität seiner Bilder nach. Neben seinen Gemälden schuf er viele Illustrationen zu Büchern, z. B. Miltons „Paradise Lost".

Picabia, Francis
(eigtl. Francis Martínez de Picabia)
* 22. 1. 1879 in Paris, † 30. 11. 1953 in Paris. Maler, Graphiker, Schriftsteller, wichtiger Vertreter des → Dadaismus. 1911 schloß er sich der → Section d'or an und wurde vom analytischen Kubismus und → Orphismus beeinflußt. 1914 kam er nach New York und arbeitete ein Jahr später mit Marcel Duchamp an der Dada-Zeitschrift „291". Damals tauchen in seinen Bildern und Zeichnungen häufig mechanische Konstruktionselemente in ironisch-distanzierter Sicht auf. Zu seinen wichtigsten Leistungen zählen Materialcollagen.

Pablo Picasso
* 1881 in Malaga, † 1973 in Mougins (Côte d'Azur). Picasso gilt als Inbegriff

des modernen Künstlers, der stets auf der Suche ist nach neuen Ausdrucksformen für sein eigenes Ich und das Wesen der zeitgenössischen Welt. Das Werk des Künstlers ist so revolutionär, so widerspruchsvoll und so gewaltigen Ausmaßes, daß es nur schwer zu fassen ist. Mit zügelloser Heftigkeit sprengt es alle akademischen Fesseln, kämpft es für die absolute Freiheit der Kunst und führt dabei die Kunstgeschichte als Geschichte von Meisterwerken ad absurdum. Dennoch tut eben diese seinem Werk Gewalt an und versucht, es in Perioden einzuteilen, um es überschaubar zu machen. Sein Vater José Ruiz, Professor an der Kunstakademie in Barcelona, regte Pablo schon früh zum Zeichnen an. Bald greift der Junge die unterschiedlichsten Darstellungstechniken mit gleicher Leichtigkeit auf. Gemälde aus den ersten Pariser Jahren 1900–03 spiegeln den Einfluß Toulouse-Lautrecs und Gauguins, z. B. DIE ABSINTHTRINKERIN (New York, Slg. Mrs. M. Hall) oder DER HARLEKIN UND SEINE GEFÄHRTIN (Moskau, Puschkin-Mus.). 1901–04 ist der elende, magere blutleere Mensch der sog. Blauen Periode Bildthema. Die monochrome Farbgebung und Manieriertheit der Ausführung spiegeln eine pessimistische Grundhaltung, eine Fin-de-siècle-Stimmung: z. B. DAS FRUGALE MAHL, 1904 (New York, The Mus. of Modern Art), DIE BÜGLERIN, 1904 (New York, Solomon R. Guggenheim Mus.). 1904/05 entstehen schwach modellierte Zirkusbilder in zarten Pastelltönen, die unter der Bezeichnung Rosa Periode zusammengefaßt werden: z. B. KNABE MIT HALSKRAUSE, 1905 (Worcester Art Mus.), SITZENDER GAUKLER MIT KIND, 1906 (Kunsthaus Zürich). Eine struktur-, gewicht-, und bewegungslose Welt, deren Gestalten erst 1906 wieder etwas Substanz bekommen, z. B. KNABE, EIN PFERD FÜHREND, 1906 (New York, Mus. of Modern Art). Das erste revolutionäre Werk Picassos, DEMOISELLES D'AVIGNON, 1907 (New York, Mus. of Modern Art), bricht radikal mit dem Naturalismus und sucht nach einer neuen, herberen Ausdrucksform, die allein aus der schöpferischen Einbildungskraft lebt. Anregungen zu diesem neuen Ausdruckswillen lieferten außer dem Primitivismus Gauguins die altiberische Skulptur und Cézanne. Die Bedeutung der DEMOISELLES D'AVIGNON liegt jedoch weniger in Inhalt und Ausführung, als in der Aufforderung an die zeitgenössische Malerei, auf unbekannten Wegen weiter fortzuschreiten. Die Weiterentwicklung brachte den Kubismus, auf den Picasso, den ständig die Probleme des Raumes, der Komposition und Form bewegten, notgedrungen stoßen mußte. Der sog. analytische Kubismus 1909/10, den Picasso zusammen mit Braque erarbeitete, zerstückelt die Bildoberfläche in rhythmisch geordnete Flächenteile, splittert die Formen in Zeichen und die Farben in Grau-, Braun- und Grüntöne auf. Perspektive und Plastizität werden zugunsten der reinen Form und des absoluten Volumens aufgegeben: z. B. MÄDCHEN MIT MANDOLINE, 1910 (New York, Mus. of

Pablo Picasso, STILLEBEN MIT ZITRONE UND ORANGEN, *1936, 54 × 65 (Paris, Musée National d'Art Moderne). Die hart konturierte geometrische Zersetzung der Bildobjekte, die in einer frühen Phase des Kubismus anzutreffen ist, weicht hier einer lyrisch-weichen Sehweise. Organische und lineare Formen stehen in einem harmonischen Wechselspiel.*

Pablo Picasso, LANDSCHAFT *(Basel, Privatsammlung). Nach dem Ende der Besatzungsherrschaft in Frankreich begibt sich Picasso in den Süden, wo nach einer politisch orientierten expressionistischen Phase (*GUERNICA*, 1937) der Ausdruck von Daseinsfreude hervortritt. Heitere Seiten des Lebens, Landschaften, Porträts der Familie, nehmen Picasso gefangen.*

Pablo Picasso, Liegende Frau mit Blumenstrauss, *1958 (Berlin, Nationalgalerie). Das Thema des liegenden Frauenaktes zieht sich wie ein roter Faden durch die Kunstgeschichte. Von Giorgiones* Schlafender Venus *über Goyas* Nackte Maja *zu Manets* Olympia *spannt sich ein weiter Bogen, der in eine weitgehende Profanisierung der Frau einmündet.*

Pablo Picasso, Dora Maar, *1941 (München, Staatsgalerie moderner Kunst). Unzählige Male versuchte sich Picasso an der Darstellung der sitzenden Frau – hier eine besonders schöne Fassung. Blau erscheint auf perlmuttartigem Hintergrund vielfach gebrochen. Ein magisches Grün entströmt dem verschobenen Augenpaar.*

Modern Art), Porträt Daniel-Henry Kahnweiler, 1910 (Chicago, Art Institute). Die Auflösung der Gegenstände und rein intellektuelle Neuordnung, die nicht mehr von einer Zusammenschau der dargestellten Dinge in einer Zentralperspektive ausgeht, bergen die Gefahr in sich, daß das Bild zu einer rein dekorativen Fläche wird, von der kein Bezug zur Wirklichkeit mehr hergestellt werden kann. Eine Lösung dieses Problems fand Picasso mit den papiers collés (Klebebilder, Collagen), die Gegenstände wie z. B. ein Stück Zeitung oder Violinsaiten in die abstrakte Komposition einfügen und so das Dargestellte wieder lesbar machen: z. B. Glas und Suze-Flasche, 1912 (Washington, University St. Louis), Violine und Notenblatt, 1912 (Paris, Mus. Picasso). Neben den wirklich geklebten Bildern existieren z. T. gemalte und vollständig gemalte Collagen des sog. synthetischen oder eidetischen Kubismus. Die Farbe tritt wieder in den Vordergrund, und barokke Linien gesellen sich zu den kubistischen Formen: z. B. Kartenspieler, 1914/15 (New York, Mus. of Modern Art), Stilleben mit Geige, 1914 (Paris, Mus. d'Art Moderne). Auch Buchstaben und sogar Worte werden z. T. zufällig, z. T. sinnvoll ins Bild gesetzt,

Piero della Francesca, MADONNA MIT KIND UND HEILIGEN UND DEM STIFTER FEDERIGO DA MONTEFELTRO, *248 × 270 (Mailand, Brera). Statuarische Würde der Figuren, monumentale Symmetrie und klassisch-strenge Balance kennzeichnen Pieros Stil. Das Ei – Symbol der Schöpfung – war in christlichen Kirchen des Ostens oft in der Apsis aufgehängt.*

wie z. B. der Refrain eines bekannten Liedes „Ma Jolie", der eine Serie betitelt: z. B. MA JOLIE. FRAU MIT ZITHER ODER GITARRE, 1911/12 (New York, Mus. of Modern Art). Wie BASS, FLASCHE, GLAS UND ZEITUNG, 1914 (Paris, Mus. Picasso) zeigt, ist die Grenze zwischen papier collé und Plastik bisweilen fließend. Ziel Picassos ist, eine geistige Wirklichkeit zu schaffen. Dazu bedient er sich der unterschiedlichsten Stilmittel: 1. der geometrischen Abstraktion, z. B. HARLEKIN, GITARRE SPIELEND, 1918 (Mougins, Slg. Jacqueline Picasso); 2. des klassischen bzw. klassizistischen Realismus, besonders in Zeichnungen und Porträts wie BADENDE FRAUEN, 1918 (Harvard University, Fogg. Art Mus.), OLGA PICASSO IM SESSEL, 1917, PAUL ALS PIERROT, 1925 (Paris, beide im Mus. Picasso); 3. einer expressionistischen Manier, die titanische Gestalten mit gewaltigen Gliedern in klaren, weichen Farben darstellt: z. B. SCHLAFENDE BAUERN, 1919, DREI FRAUEN AN DER QUELLE, 1921 (New York, beide im Mus. of Modern Art). Von ca. 1918 an verzichtet der Künstler auf jegliche Systematik. Ständig wechselt er Themen und Ausführung, er fertigt Zeichnungen, Pastelle und Radierungen wie z. B. zu Ovids Metamorphosen 1930, zum Thema Stierkampf und Minotaurus 1933–35. Er malt Landschaften wie z. B. WINTERLICHE LANDSCHAFT, 1950 (New York, Slg. V. W. Gant), und neben den Porträts immer wieder Stilleben, z. B. KRUG, KERZE UND KASSEROLLE, 1945 (Paris, Mus. Nat. d'Art Moderne). 1917 entwirft er für Serge de Diaghilew Dekorationen und Kostüme zum Ballett „Parade". Die skandalumwitterte Aufführung brachte ein größeres Publikum mit dem Kubismus in Berührung. Gleichzeitig distanzierte sich Picasso jedoch vom Kubismus mit seinem nichtkubistischen Bühnenvorhang. Bilder wie BADENDE MIT STRANDBALL, 1932, oder SITZENDE BADENDE, 1930 (New York, beide im Mus. of Modern Art), lassen surrealistischen Einfluß erkennen. Picasso bewahrte jedoch immer seine Eigenpersönlichkeit und hielt sich dem Neoakademismus der Surrealisten fern. Der spanische Bürgerkrieg trifft auf sein Spiegelbild in

Piero della Francesca, Landschaft mit dem hl. Hieronymus, *1450, 51 × 38 (Berlin, Staatliche Museen). In eigenen Briefen berichtet der Kirchenvater (um 347–420), wie er in der Wüste bei Antiochia ein Büßerleben führte. Daneben kennt die Kunst den Bibelübersetzer als „Hieronymus im Gehäus". Hier ist er harmonisch in die Landschaft gefügt.*

erschreckenden, alptraumhaften Szenen von 1937: Traum und Lüge Francos und Guernica (New York, beide im Mus. of Mod. Art). Die Farben Schwarz/Weiß/Grau im letztgenannten Gemälde steigern den Ausdruck der mit knappen, kräftigen Linien gesetzten Komposition. Wahnsinn der Zerstörung und rächende Wut stehen sich gegenüber. 1918 hatte Picasso die Ballettänzerin Olga Kochlowa geheiratet, 1936 begegnete er nach der Episode mit Marie-Thérèse Walther (Bildnis Marie-Thérèse, 1937, Paris, Mus. Picasso) seiner zweiten Lebensgefährtin, der Fotografin und Malerin Dora Maar (Mlle Dora Maar, 1942, New York, Slg. S. Hahn). Die Wände des Palais Grimaldi in Antibes spiegeln mit ihrer zauberhaften Welt antiker Pastorale und Idylle Picassos neues Glück mit Françoise Gilot. 1961 heiratete er schließlich Jacqueline Roque (Jacqueline mit Blumen und Jacqueline mit schwarzem Schal, beide 1954 (Mougins, Slg. Jacqueline Picasso). Von 1937 an entstehen Bilder von sitzenden Frauen mit brutal entstellten Gesichtern, in Weiterentwicklung der kombinierten Vorder- und Profilansichten von 1928–30. Das menschliche Antlitz soll im vielfältigen Spiel seiner Ausdrucksweisen geschildert werden, z. B. Weinende Frau, 1937 (Privatbesitz), Sitzende, 1938 (Genf, Slg. N. Granz). Monster wie Frau, sich kämmend, 1940 (New York, Slg. B. Smith), stoßen den Betrachter ab und faszinieren ihn gleichzeitig. Andere Bilder bezeugen trotz der Deformierungen zärtliche Anteilnahme von seiten des Malers: z. B. Maia mit Puppe, 1938 (Privatbesitz), Der Dichter Jaime Sabartés, 1939 (Barcelona, Museo Picasso). 1944 tritt Picasso der kommunistischen Partei Frankreichs bei. In den letzten Jahrzehnten seines Lebens genießt der Maler, Bildhauer, Graphiker und Töpfer weltweiten Ruhm durch zahlreiche Ausstellungen in den bedeutendsten Museen der Welt. Sein Werk ist ein Bekenntnis voller Schmerz, Hohn, Zorn und Herausforderung, ist das launische und phantasievolle Werk eines Zauberkünstlers, der Wahrheiten enthüllt, aber die seines eigenen Wesens verbirgt. Das kühne Unterfangen Picassos spiegelt das Dilemma des modernen Menschen.

Piero della Francesca, Schlacht gegen die Perser, *1452/59 (Arezzo, S. Francesco). Pieros umfangreichstes Werk sind die* Szenen aus der Legende des hl. Kreuzes *in Arezzo. Eine Episode schildert den Kampf des byzantinischen Kaisers Herakleios gegen den Perserkönig Chosroes, der ein Stück des Christus-Kreuzes aus Jerusalem geraubt hatte.*

Piene, Otto

* 18. 4. 1928 in Laasphe, Westfalen. Einer der bedeutendsten deutschen Vertreter der → Kinetischen Kunst und der → Op-art. 1958 gründete er zusammen mit Heinz Mack die Gruppe → Zero. Zu seinen frühesten Arbeiten zählen die sog. Rauchbilder, seltsam diffuse, runde Gebilde, die mit Hilfe von Kienruß auf die Leinwand projiziert wurden, meditative Formen, die in ihrer häufig flockigen Struktur und ihren verwischten Konturen den Eindruck von Bewegung und Lichteffekten hervorrufen, z. B. in Rauchbild, 1962 (Brüssel, Musées Royaux des Beaux-Arts). Durchgehend gilt sein Interesse kinevisuellen, chromatischen Effekten, die in Environments mit sog. Lichtballetten kulminieren.

Piero della Francesca

(eigtl. Piero di Benedetto dei Franceschi, auch Piero Borgliese)
* um 1415/20 in Borgo San Sepol-

Piero della Francesca, Federigo da Montefeltre und seine Gemahlin Battista Sforza, *1460/75, je 47 × 33 (Florenz, Uffizien). Das Ehe-Diptychon trägt auf der Rückseite zwei „trionfi", Triumphzüge des Herzogpaares. Federigo wird von der Ruhmesgöttin geehrt und den Kardinalstugenden begleitet. Ein lateinischer Vers lobt die Züchtigkeit der Battista.*

chro, † dort 1492. Der 1497 von Pacioli als der „Monarch der Malerei unserer Tage" bezeichnete Künstler, war einer der bedeutendsten Maler der Frührenaissance in Italien, der seine Erkenntnisse auch in theoretischen Schriften niederlegte. Ausgehend von Masaccio, nahm er weiterhin Anregungen Uccellos und Venezianos auf, dazu treten die humanistischen Ideale seiner Zeit, die in seinem Werk ihren vollkommensten Ausdruck erfahren haben. Erstmals wird er 1439 als Gehilfe Venezianos in Florenz erwähnt. Die TAUFE CHRISTI, 1448/50 (London, National Gallery), gilt als eines seiner frühesten Gemälde. 1445 erhielt er den Auftrag zum sog. Polyptychon Misericordia, an dem er bis gegen 1460 arbeitete. Den Mittelteil nimmt die SCHUTZMANTELMADONNA, 1460 (?) ein. Feierlich und erhaben breitet die Madonna ihren Mantel über die darunter knienden Stifter aus. 1451 malte P. d. F. das Fresko SIGISMONDO MALATESTA IM GEBET VOR SEINEM NAMENSPATRON im Tempio Malatestiano in Rimini. Dem Namenspatron Sigismund gab der Künstler die Züge des römisch-deutschen Königs Sigismund (1410–37), der Malatesta vor Jahren die Markgrafenwürde verliehen hatte; dieser verehrt also im Heiligen zugleich seinen weltlichen Schutzherrn (Heydenreich). Die GEISSELUNG CHRISTI, 1455 (Urbino, Galleria Nazionale), erweist P. d. F. als einen Meister der Perspektive. Nicht gänzlich geklärt ist, ob die drei Personen rechts im Vordergrund politisch wichtige Zeitgenossen darstellen. 1452–59 malte er sein wohl großartigstes Werk, den Freskenzyklus mit zehn SZENEN AUS DER KREUZLEGENDE im Chor der Franziskanerkirche zu Arezzo. Der Zyklus folgt im wesentlichen der Legend aurea des Jacobus de Voragine (um 1270). P. d. F. ordnete die Szenen jedoch nicht nach der zeitlichen Abfolge in der Legende, sondern nach künstlerischen Gesichtspunkten an. Zu jener Zeit versuchte Papst Pius II. Piccolomini die Christen zu einem Kreuzzug aufzurufen, so dürfte ein Stück Kreuzzugspropaganda jenem Zyklus zugrunde liegen. Die Reihen-

Pinturicchio, BILDNIS EINES KNABEN, *50 × 36 (Dresden, Gemäldegalerie). Früher galt das Porträt als ein Werk der Raffael-Schule. Der herrliche Landschaftsausblick und die umbrischen „Federbäumchen" im Stile Peruginos mögen zu diesem Urteil geführt haben. Die Verwechslung mit Raffael zeugt vom hohen malerischen Können des Pinturicchio, der vor allem auch als Freskant Bedeutendes schuf.*

folge beginnt in der rechten Lünette mit dem Tode Adams, auf dessen Grab ein Reis vom Baum der Erkenntnis gepflanzt wird, das zum Kreuzesbaum heranwuchs. Über den Besuch der Königin von Saba bei Salomon, Constantins Traum – dem ersten Nachtbild der ital. Malerei – und dem Sieg über Maxentius führt der Zyklus weiter zur Auffindung des Kreuzes und schließt mit der Schlacht zwischen dem Perserkönig Chosroes und dem byzantinischen Kaiser Herakleios, der das geraubte Kreuz nach Jerusalem zurückbringt. Etwa zur gleichen Zeit entstanden die MADONNA DEL PARTO (Friedhofskapelle Monterchi) und die AUFERSTEHUNG CHRISTI (San Sepolchro, Pinacoteca). Um 1465 malte er das Diptychon mit FEDERIGO DA MONTEFELTRE UND SEINER GEMAHLIN BATTISTA SFORZA, dazu auf den Rückseiten den TRIUMPHZUG DES HERZOGSPAARES (Florenz, Uffizien). Aus den siebziger Jahren sollen die IDEALE STADTANSICHT, die MADONNA DI SENIGALLI, die GEBURT CHRISTI und die PALA DI MONTEFELTRO, ein Meisterwerk perspektivischer Konstruktion, Erwähnung finden. P. d. F. übte einen nachhaltigen Einfluß auf die Malerei des späten Quattrocento aus.

Piero di Cosimo
(eigtl. Piero di Lorenzo)
* 1462 in Florenz, † 1521 in Florenz. Seinen Namen nahm der Florentiner Maler der beginnenden Hochrenaissance von seinem Lehrer Cosimo Roselli an. Zusammen mit ihm arbeitete er von 1481/82 an Fresken in der Cappella Sixtina in Rom. Sein Werk beeinflußten zunächst Filippino Lippi und Domenico Ghirlandaio und dann der niederländische Maler Hugo van der Goes, dessen Hauptwerk, der Portinari-Altar, in Florenz aufgestellt war. Daneben nimmt er auch Anregungen von Signorelli und Leonardo da Vinci auf. In seiner Frühzeit verwendet er kräftige Farben, später wird sein Kolorit gedämpfter und unruhiger. Er schuf Bilder mit religiösen, mythologischen und allegorischen Inhalten und viele Porträts. Sein berühmtestes Werk ist SIMONETTA VESPUCCI (Chantilly, Musée Condé). Er hatte bedeutende Schüler: Andrea del Sarto und Jacopo da Pontormo.

Pietro da Cortona
(eigtl. Pietro Berrettini)
* 1596 in Cortona, † 1669 in Rom, Maler und Architekt des römischen Hochbarock. Als Schüler des Malers Andrea Commodi zog C. um 1613 nach Rom, wo er sich unter B. Ciarpi weiterbildete. Etwa 1640–47 hielt er sich in Florenz auf. Unter dem Einfluß der Carracci entstanden zunächst Altarwerke: S. Agostino, Rom, 1628, S. Salvatore in Lauro, Rom, ca. 1626. In den 20er Jahren zu wachsendem Ansehen gelangt, erfuhr er die Gunst des Hauses Barberini, die Protektion der Sacchetti, entwickelte sich zum Schöpfer kühner illusionistisch-raumöffnender Deckenfresken. Sein Hauptwerk, die Ausmalung des großen Saales im Pal. Barberini, 1633–39 erhob ihn über alle anderen römischen Maler. C. füllt den gesamten Gewölbespiegel mit einem einzigen Thema, erreicht eine Mächtigkeit der Wirkung, der man sich als Betrachter nirgends entziehen kann. Erstmals verschleift C. die Grenze von Realem zu Bildhaftem durch die Illusion von Architektur im Fresko. Weitere Dekorationsaufträge: 1641–47 die Säle des Pal. Pitti in Florenz, 1647–65 die Ausmalung von S. M. in Vallicella in Rom, 1651–54 die große Galerie im Pal. Pamfili. Alle Kompositionen sind vielfigurig, stark bewegt, dabei geschlossen durch die einheitliche Farbpalette, die sich in späteren Werken aufhellt. Als Architekt entwarf C. SS. Martino e Luca, die Fassade S. Maria della Pace, baute Altäre und Festdekorationen, verfaßte einen architekt. Traktat, war 1634–38 im Vorstand der Accademia di S. Luca, wie Bernini ein „uomo universale", ohne dessen Genialität ganz zu erreichen.

Pignon, Édouard
* 12. 2. 1905 in Bully bei Arras, Pas-de-Calais. Wichtiger französischer Maler, Graphiker, Keramiker, Theaterdekorateur und Schriftsteller des Expressionismus mit stark sozialkritischer Ausrichtung. Bis 1927 war er Bergmann, dann arbeitete er in Fabriken und nahm Zeichen- und Bildhauerunterricht. 1934 wurde er Mitglied der Vereinigung revolutionärer Künstler und Schriftsteller. In den dreißiger Jahren schuf er wenige, geometrisch vereinfachende Bilder in nachkubistischem Stil. 1948–50 entstanden zahlreiche stark abstrahierte Ansichten des Hafens von Ostende. 1952 malte er eines seiner Hauptwerke, DER TOTE ARBEITER (Paris, Galerie de France). Seit den fünfziger Jahren wird sein Pinselduktus zunehmend dynamischer.

Karl von Piloty, SENI AN DER LEICHE WALLENSTEINS, *1855, 312 × 365 (München, Neue Pinakothek). Das von Schillers Drama angeregte Riesenwerk des Münchner Historienmalers beeindruckte die Zeitgenossen tief. Der Astrologe Seni hatte den Freund – kommendes Unheil ahnend – beschworen, zu fliehen. Den Lauf des Schicksals zu ändern, war er machtlos.*

Pilo, Carl Gustav
(auch Pilou, Pihlou)
* 5. 3. 1711 oder März 1714 in Runstuna, Södermanland, † 2. 3. 1793 in Stockholm. Bedeutendster schwedischer Bildnismaler des Rokoko. Seine erste Ausbildung erhielt er wahrscheinlich bei seinem Vater, etwa ab 1735 studierte er an der Stockholmer Zeichenakademie. Seit 1741 arbeitete er in Kopenhagen, wo er 1745 Hofmaler des dänischen Königs wurde. Seine wichtigste Leistung liegt in seinen charaktervollen Porträts, z. B. dem Bildnis STAATSMINISTER JOHAN LUDVIG HOLSTEIN, um 1750 (Kopenhagen, Universität). Sein Hauptwerk und zugleich der Höhepunkt der schwedischen Kunst des 18. Jh. ist das unvollendet gebliebene Kolossalgemälde DIE KRÖNUNG KÖNIG GUSTAVS III. IN DER STORKYRKAN ZU STOCKHOLM, 1782–93 (Stockholm, Nationalmuseum).

Piloty, Karl Theodor von
* 1. 10. 1826 in München, † 21. 7. 1886 in Ambach. Piloty war der bedeutendste deutsche → Historienmaler des 19. Jh. Ab 1840 studierte er an der Münchner Akademie bei Julius Schnorr von Carolsfeld, einem → Nazarener. Mit besonderer Vorliebe kopierte er Werke von Peter Paul Rubens, aber auch von Paolo Veronese, Paul Delaroche und Louis Gallait, Künstlern also, die der farbigen Gestaltung eine bestimmende Rolle einräumten. Mit seinem ersten Historienbild SENI AN DER LEICHE WALLENSTEINS, 1855 (München, Neue Pinakothek), errang er sensationellen Erfolg, mit dem ihm zugleich die führende Rolle im Münchner Kunstleben zufiel. 1856 wurde er Professor an der Akademie, 1860 erhielt er den Adelstitel, 1874 wurde er Direktor der Akademie. In seinen von Pathos durchdrungenen Gemälden, hielt er sich mit peinlichster Genauigkeit an die historisch getreue Darstellung von Details, Requisiten, Möbeln und Kostümen. Der Aufbau der Szenen wirkt oft theaterhaft: THUSNELDA IM TRIUMPHZUG DES GERMANICUS, 1873 (München, Neue Pinakothek). Im Auftrag König Maximilians II. stattet er das Maximilianeum mit histo-

Pinturicchio, SILVIO PICCOLOMINI AUF DEM WEG ZUM KONZIL VON BASEL, *1502/05 (Siena, Piccolomini-Bibliothek). Der spätere Papst Pius II. war hier – erst 27jährig – als Sekretär eines Kardinals unterwegs. Er besaß ein glänzendes diplomatisches Geschick und wollte ursprünglich Dichter werden. Kaiser Friedrich III. krönte ihn denn auch zum „Poeta laureatus“.*

Pisanello, Bildnis eines Mädchens, *um 1433, 43×30 (Paris, Louvre). Bei der Dargestellten schwankt die Identifikation zwischen Ginevra d'Este, wofür das gestickte Wacholderreis (ginepro) spricht, und Margherita Gonzaga – die Farben ihres Hauses finden sich in dem Rand des Gewandes. Das Profilporträt steht in Beziehung zu Pisanellos Gemmenkunst und zur Miniaturmalerei.*

rischen Gemälden aus. 1875–79 malte er für das Münchner Rathaus die Allegorie Monachia. Besondere Erwähnung verdient auch Pilotys Lehrtätigkeit. Zu seinen Schülern zählten u. a. Franz von Lenbach und Hans Makart.

Pinturicchio, Bernardo
(eigtl. Bernardino di Betto)
* um 1454 in Perugia, † 1513 in Siena. Dieser bedeutende umbrische Renaissancemaler ging bei Perugino in die Lehre. Sein Œuvre zeichnet sich durch eine unerschöpfliche dekorative Phantasie, Erzählfreudigkeit und eine Vorliebe für leuchtende Farben aus. 1481 ging er mit seinem Lehrer nach Rom, wo er an der Ausmalung der Sixtinischen Kapelle teilnahm, hier malte er u. a. die Taufe Christi. In der Kirche S. Maria in Aracoeli schuf er 1484 Szenen aus dem Leben des hl. Bernhard und des hl. Franziskus. 1492–95 arbeitete P. für Papst Alexander VI., erhalten von diesen Werken blieben lediglich die Dekorationen der Appartamenti Borgia im Vatikan. Hier wurden die Räume mit aufwendigem Schmuck versehen, wobei Malerei und Stuck einander ergänzen. Anschließend kehrte P. nach Umbrien zurück, es entstanden die Fresken in der Cappella Troili im Dom zu Spoleto, die Friedensmadonna und die Fresken der Cappella Baglioni in der Kirche S. Maria Maggiore in Spello; aus jener Zeit datiert auch ein Selbstbildnis. Sein Hauptwerk bilden die 1502–08 gemalten Fresken in der 1492 begonnenen Bibliothek des Kardinals Piccolomini im Dom zu Siena. Die Fresken, die u. a. Episoden aus dem Leben von Enea Silvio Piccolomini, dem späteren Pius II., schildern, zeichnen sich durch geschickte Figurenregie und festliche Farbigkeit aus.

Pisanello
(eigtl. Antonio di Puccio Pisano)
* vor dem 22. 11. 1395 in Pisa, † zwischen dem 14. 7. und dem 31. 10. 1455 in Rom (?). Maler und Zeichner, einer der bedeutendsten italienischen Künstler an der Wende von der Spätgotik zur Frührenaissance, wichtiger Vertreter der frühen Porträtmalerei in Italien und Begründer der Medaillenkunst der Renaissance. Vermutlich war er Schüler von Stefano da Zevio in Verona. Er verkörperte den Typus eines Wanderkünstlers, der in rasch wechselnder Folge u. a. in Verona, Venedig, Mantua, Mailand, Ferrara, Rimini, Rom und schließlich Neapel tätig war und dabei zahlreiche Fresken und Porträts schuf. In seinem Stil verbindet er scharfe Wirklichkeitsauffassung und präzise zeichnerische Technik mit z. T. überreicher dekorati-

Camille Pissarro, DIE OISE BEI PONTOISE, *1876, 53×64 (Rotterdam, Museum Boymans-van Beuningen). Zur Entstehungszeit des Bildes rang Pissarro und mit ihm die gesamte impressionistische Bewegung noch um ihre öffentliche Anerkennung. Seiner achtköpfigen Familie machte der mangelnde Erfolg besonders schwer zu schaffen.*

ver Wirkung. Sein frühestes erhaltenes Werk ist die Ausschmückung des Grabmals Niccolò di Brenzonos und seiner Nachkommen in Verona, 1423/24. 1431/33 vollendete er die Fresken Gentile da Fabrianos in der Lateransbasilika zu Rom. 1443–45 stand er in Diensten Lionello d'Estes, für dessen Familie er Porträts fertigte. Gleichzeitig schmückte er das Schloß von Mantua mit Fresken. Seine Eigentümlichkeiten finden sich mit am vollständigsten in der märchenhaft aufgefaßten LEGENDE DES HL. GEORG, Fresken in S. Anastasia zu Verona. Im Porträt erreichte er eine damals einzigartige psychologische Durchdringung, die Landschaftswiedergabe steigerte er zu einem wegweisenden Realismus, wie er erst in den folgenden Jahrhunderten wieder aufgegriffen wurde.

Pissarro, Camille

* 10. 7. 1830 auf St. Thomas (Kleine Antillen), † 13. 11. 1903 in Paris. Während der Schulzeit in Paris erhielt Pissarro ersten Zeichenunterricht. Pissarro lebte hauptsächlich in Pontoise und Louveciennes, von einem Englandaufenthalt während des Krieges 1870/71 abgesehen. Die Landschafts- und Dorfszenen des Malers waren lange von Courbet, Corot und Daubigny beeinflußt: HÜGEL DER EREMITAGE BEI PONTOISE, 1867 (London, Slg. Balzan). Die in England gesehenen Turner-Werke regten Pissarro zur detaillierten Wiedergabe der Lichtreflexe an, und die Arbeit mit Cézanne unter freiem Himmel beeinflußten seinen systematischen Bildaufbau: STRASSE NACH LOUVECIENNES, 1872 (Paris, Jeu de Paume). Der Pinselstrich wurde allmählich unruhiger und kürzer; von 1885–88 schloß Pissarro sich den → Neoimpressionisten an, → Divisio-

Camille Pissarro, LIEGENDES MÄDCHEN AM ROSENHANG, *1882, 64×78 (Bremen, Kunsthalle). 1867 war Pissarro nach Pontoise gezogen, wo ihm die ländliche Umgebung beim Malen im Freien ständig neue Motive bot. Im Laufe der Zeit eignete er sich eine getupfte Malweise an, welche die Pinselstriche kurz und prägnant auf die Leinwand setzte.*

nismus und → Pointillismus bestimmten seine Malweise: FRAU IM OBSTGARTEN, 1887 (Paris, Jeu de Paume). Nach der Lösung von diesen wissenschaftlichen Methoden und Theorien kehrte der Maler zur Gefühlswelt des Impressionismus zurück: BAHNHOF SAINT-LAZARE, 1893, BOULEVARD MONTMARTRE, NACHTSTIMMUNG, 1897 (beide London, National Gallery), und viele andere Stadtansichten. Mit diesem Œuvre gehörte Pissarro neben Sisley und Monet zu den „klassischen" Impressionisten.

Pistoxenos-Maler
attischer Vasenmaler des streng-rotfigurigen Stils, tätig um 480–455 v. Chr., benannt nach der Töpfersignatur auf einem Skyphos in Schwerin mit Darstellungen von Herakles und Linos. Wie der ihm nahestehende Penthesilea-Maler arbeitete er besonders bei den Schalen gerne auf weißem Grund und gab der Farbe (gelb, hellrot, violett) ein bis dahin ungewöhnlich starkes Gewicht, sicher wirkte dabei der Eindruck von Polygnots Fresken wesentlich mit. So wirkte er der Tendenz zur Gleichgültigkeit und Erstarrung gleichzeitiger Vasenbilder lebhaft erneuernd entgegen.

Pittoni, Giovanni Battista
* 1687 in Venedig, † 17. 11. 1767 in Venedig. P. ist ein wichtiger Vertreter des venezianischen Rokoko, in der Nachfolge von Tiepolo und Piazetta. So verleiht er seinen Bildern durch kräftiges Helldunkel Dramatik und Bewegung. Sein Kolorit ist fein abgestuft, er verwendet in seinen lichtreichen Darstellungen viel Blaugrün und Rosa. Um 1730 entstand das Werk WUNDERBARE BROTVERMEHRUNG (Venedig, Galleria dell'Accademia).

Pleydenwurff, Hans
(auch Pleidenwurff)
* um 1420 in Bamberg, † (begraben) 9. 1. 1472 in Nürnberg. Die Vorbilder des Künstlers waren in erster Linie Rogier van der Weyden und Dieric Bouts. 1465 entstand die äußerst realistisch gestaltete Figur des HL. MICHAEL (München, Alte Pinakothek) am Kreuzigungsaltar für die Hofer Trinitäts-Kirche, eine Werkstattarbeit. Die späte Darstellung der KREUZIGUNG CHRISTI, um 1470 (München, Alte Pinakothek), knüpft in Farbe und Komposition an bambergische Tradition an. Hans Pleydenwurff vermittelte der südostdeutschen Malerei die Kunst der Niederländer und trug damit entscheidend zu ihrer weiteren Entwicklung bei.

Polack, Jan
(auch Pollack, Polegkh, Polonus)
* um 1435 wahrscheinlich in Krakau, † 1519 in München. Der aus Polen

◁ Hans Pleydenwurff, *KREUZIGUNG, 1465, 178 × 114 (München, Alte Pinakothek). Das vom niederländischen Realismus befruchtete Werk beeindruckt vor allem durch seinen volltönenden Kolorismus.*

Jan Polack, PETRI-ALTAR, 1492 (München, Bayerisches Nationalmuseum). Der Ausschnitt aus der HEILUNG EINES BESESSENEN macht die miniaturhafte Detailfreude des Münchner Malers sichtbar: die Figürchen eines Reiters oder des Hundebesitzers. Auch die Szene am Ziehbrunnen wäre als Momentaufnahme aus einer mittelalterlichen Stadt denkbar. Die Ausführung der Gebäudekulisse überließ Polack dem Maler Mair von Landshut.

stammende Künstler war seit etwa 1470 in München ansässig, wo er eine große Werkstatt unterhielt und 1485 als Stadtmaler nachweisbar ist. Sein Werk ist charakterisiert durch starke Farbkontraste, ein angespanntes Mienenspiel der Figuren, einen meist konservativen Bildaufbau und eine oft düstere, starre Stimmung. Neben einer Anzahl nicht mehr erhaltener Fresken an Münchner Stadttoren, im Rathaus und in der Fronveste, schuf er große Altarwerke, wie den WEIHENSTEPHANER HOCHALTAR, 1483–85 (Freising, Priesterseminar und München, Alte Pinakothek), den PASSIONS-ALTAR, 1492 (München, Bayerisches Nationalmuseum), und den PETER-UND-PAULS-ALTAR, um 1490 (München, St. Peter und Bayerisches Nationalmuseum). Die Darstellung des → GNADENSTUHLS (Blutenburg, Schloßkapelle) entstand 1491.

Poliakoff, Serge
* 8. 1. 1906 in Moskau, † 12. 10. 1969 in Paris. Bedeutender Vertreter der abstrakten Malerei. 1918 verließ er Rußland und kam 1923 nach Paris, wo er ab 1929 an der Académie de la Grande Chaumière und an der Académie Frochot u. a. bei Othon Friesz studierte. 1935 schloß sich ein Studium an der Slade School of Art in London an. 1937 wieder in Paris, lernte er Wassily Kandinsky, Sonia Delaunay-Terk, Robert Delaunay und Otto Freundlich kennen, die ihn der abstrakten Malerei zuführten. Die Bilder seines entwickelten Stils sind von der Formenwelt des analytischen Kubismus geprägt, weisen ein zwar zurückhaltendes, aber leuchtendes Kolorit auf. Die Farben sind gespachtelt und treten zu konzentrierten geschichteten Formgebilden zusammen, z. B. in KOMPOSITION, 1957 (Paris, Galerie Creuzevault).

Pollaiuolo, Antonio del
(eigtl. Antonio di Jacobo d'Antonio Benci)
* 1432 in Florenz, † 1498 in Rom. Dieser vielseitige Künstler der florentinischen Frührenaissance begann seine Tätigkeit in einer Goldschmiedewerkstatt; P. war als Goldschmied, Graphiker, Bildhauer und spätestens ab 1460 auch als Maler tätig. Nachhaltig beeinflußt wurde er von Andrea del Castagno und Donatello. Aus dem Jahre 1460 datieren drei Szenen aus dem HERAKLES-MYTHOS, von diesen verlorenen Arbeiten vermitteln zwei kleine Tafeln, ebenfalls aus dem Herakles-Mythos, 1460/70, noch einen Eindruck von P.s Kunst, die den menschlichen Körper in komplizierten Bewegungen zeigt. 1470 malte er die Darstellung der SECHS TUGENDEN (Flo-

Antonio del Pollaiuolo, MARTYRIUM DES HL. SEBASTIAN, *1475, 292 × 203 (London, National Gallery). Als habe Pollaiuolo ein Schaustück anatomischer Körperstudien liefern wollen! Die um den Marterpfahl stehenden Schützen scheinen ein einziges Modell in verschiedenen Stellungen und Ansichten unter Anwendung der Verkürzung zu variieren.*

renz, Uffizien). Der gegen 1475 entstandene Kupferstich KAMPF DER NACKTEN MÄNNER war für die Entwicklung der Aktdarstellung im späten Quattrocento von großer Bedeutung. Der Stich, der zu den bedeutendsten Erzeugnissen dieser Technik überhaupt zählt, ist voller Kraft und Dynamik und spiegelt P.s anatomische Studien wider. Aus dem gleichen Jahr datiert das MARTYRIUM DES HL. SEBASTIAN (London, National Gallery). 1484 ging er zusammen mit seinem Bruder nach Rom, wo er die ersten monumentalen Papstgrabmäler der Renaissance schuf.

Pollock, Jackson
* 28. 1. 1912 in Cody (Wyoming), USA, † 11. 8. 1956 in New York. Unter dem Einfluß seines Lehrers T. H. Benton und des mexikanischen Wandmalers Orozco fand Pollock zur abstrakten Malerei und versuchte mit Hilfe mythischer Symbole Unterbewußtes sichtbar zu machen, wie in WASSERFIGUR, 1945 (New York, Hishhorn-Museum). Der Akt des Malens wurde im Sinne des → Action-paintings zum Ritual des

Antonio del Pollaiuolo, DAMENBILDNIS, *um 1470, 50 × 34 (Florenz, Uffizien). Bevor in der Geschichte der Kunst das Porträt „en face" oder die Darstellung in ganzer Gestalt aufkommt, pflegte man – soweit von der italienischen Malerei gesprochen wird – am Beginn der Renaissance fast ausschließlich das Profilbildnis nach antikem Münzvorbild.*

Jacopo da Pontormo, CHRISTUS IN EMMAUS, *1525, 230 × 175 (Florenz, Uffizien). Einfache Fischer oder Handwerker als Jünger Christi finden sich in Gemälden aus der Zeit des Manierismus selten. Diese vom Höfischen geprägte Kunst fand Gefallen an eleganten, möglichst komplexen Figuren, die kapriziöse Bewegungen ausführen.*

Jackson Pollock, Search, *146 × 228 (New York, Privatsammlung). Die Kunst des amerikanischen abstrakten Expressionismus stellt den absoluten Gegensatz zur Malerei der alten Meister dar. Dort die möglichst spurenlose Verschleierung des Bildaufbaus, hier die nachhaltige Betonung des Werkprozesses, der im pastosen Farbauftrag manifestiert bleibt.*

Schöpfungsprozesses. So ließ er Farbe auf die Leinwand tropfen oder warf sie darauf, verarbeitete Sandpasten, Glasscherben und Hölzer. Mit seinen rhythmischen Spuren und spontaner Kalligraphie erforschte er die Linie als Energieträger, versuchte Raum, Maßstab und Inhalt neu zu definieren.

Polygnotos von Thasos
griechischer Maler, tätig zwischen 470 und 450 v. Chr., war einer der wichtigsten und berühmtesten Monumentalmaler der griechischen Antike. Seine Werke sind uns nur in – allerdings oft ausführlichen – Beschreibungen überliefert, außerdem orientierten sich einige Vasenkünstler wie z. B. der Niobidenmaler an seinen Bildern. Die bedeutendsten Neuerungen, die Polygnot der Malerei gebracht haben soll, sind u. a. die Höhenstaffelung mit Hilfe von Geländelinien, die Rhythmisierung der Figurengruppen und die Einführung der gelben Farbe zum traditionellen Rot-weiß-schwarz-(blau-)Akkord. Seine bekanntesten Gemälde waren Szenen aus dem Trojanischen Krieg in der Lesche der Knidier in Delphi wie auch in der Stoa Poikile auf der Athener Agora. Aristoteles rühmt den „Ethos" in Polygnots Bildern, womit wohl der Ausdruck des Charakteristischen und Individuellen des Menschen im Allgemeingültigen gemeint ist.

Pontormo, Jacopo da
(eigtl. Jacopo Carucci da Pontormo) * 24./25. 5. 1494 in Pontormo bei Empoli, begraben am 2. 1. 1557 in Florenz. Bedeutender Maler, Zeichner und hervorragender Porträtist des Florentiner Frühmanierismus. 1508/09 kam er mit Leonardo da Vinci und Piero di Cosimo in Berührung. 1509–12 lernte er in der Werkstatt von Mariotto Albertinelli und Fra Bartolommeo, 1512/13 wechselte er zu Andrea del Sarto über. 1514 entstand seine erste größere Arbeit, die Allegorien der Caritas und Fides an der Fassade der SS. Annunziata in Florenz (heute Florenz, Galleria degli Uffizi). Zu seinen Hauptwerken zählt das Lünettenfresko mit Vertumnus und Pomona, um 1521, für die Villa in Poggio a Caiano, fünf Passionsfresken in der Certosa S. Lorenzo al Monte in Galluzzo, 1523–25, und das Altarbild mit der Grablegung Christi, um 1528, in S. Felicità in Florenz. Hier zeigt sich sein manieristischer Stil voll entwickelt, mit stark gebrochenen Farben und ausgefallener Komposition.

Pordenone
(eigtl. Giovanni Antonio de' Sacchis) * 1483/84 in Pordenone, Provinz Udine, † Jan. 1539 in Ferrara. P. ist ein herausragender Maler der norditalienischen und venezianischen Renaissance. Sein Stil charakterisiert sich durch große Figuren, gewagte Verkürzungen, bewegte Kompositionen und kräftiges Helldunkel. Um 1516 reiste er nach Rom, wo ihn Michelangelos Sixtinische Decke anregte, wie in seinen folgenden Werken deutlich wird. Meisterwerke sind die Freskenzyklen in Treviso und im Dom von Cremona.

Potter, Paulus
getauft am 20. 11. 1625 in Enkhuizen, begraben am 17. 1. 1654 in Amsterdam. Spezialist des Tierbildes und Schöpfer der barocken holländischen Tierlandschaft. Seine Ausbildung erhielt er bei seinem Vater, beeinflußt wurde er u. a. von Pieter Lastman und Claes Cornelisz. Moeyaert. Die Tierstichserien Pieter van Laers von 1636

Nicolas Poussin, DER RAUB DER SABINERINNEN, *154 × 210 (New York, Metropolitan Museum of Art). Ein Hauptkennzeichen der französischen Malerei ist eine dezediert klassische Tendenz, die sich – am Ende des 16. Jh. an den Carracci und Raffael orientiert – bis in die Zeit des Klassizismus konstant auswirkt. Ihr Protagonist war Nicolas Poussin.*

regten ihn vermutlich zur Entwicklung des reinen Tierbildes an, wobei die Tiere nicht mehr Staffage, sondern Hauptmotiv sind. Sein bekanntestes Bild ist der lebensgroße JUNGE STIER, 1647 (Den Haag, Mauritshuis), ansonsten bevorzugte er das kleine Kabinettformat.

Poussin, Nicolas

* vermutlich Juni 1594 in Villers-en-Vexin, Eure, † 19. 11. 1665 in Rom. Der bedeutendste französische Maler des 17. Jh. vertrat innerhalb der Barockmalerei in genialer Art deren klassizistische Richtung. Während seiner Lehrzeit bei verschiedenen unbedeutenden Malern studierte er Stiche nach Werken Raffaels und Giulio Romanos sowie Hauptwerke der italienischen Malerei und der Antike. Durch Vermittlung des Dichters Giovanni Battista Marino gelangte er 1624 nach Rom. Befreundet mit Claude Lorrain, Gaspard Dughet und anderen barock-klassizistischen Künstlern, einen Kreis exklusiver und befreundeter Auftraggeber – u. a. den Kardinal Francesco Barberini und den Cavaliere del Pozzo – gewinnend, blieb Poussin, mit Ausnahme eines kurzen Parisaufenthaltes 1640–42, in Rom. Sein Werk ist thematisch und in der Formensprache vielgestaltig. Seit den Anfängen zieht sich das Antikenstudium durch, das Thematik und Motivschatz z. B. der Schlachten- und Raubszenen oder der festlichen Sujets bestimmt. Zu seinen frühesten erhaltenen römischen Arbeiten zählt z. B. JOSUAS SIEG ÜBER DIE AMALETIKER, 1625/26 (Leningrad, Eremitage), ein Bild, das von den Reliefs der Trajanssäule beeinflußt ist. Mit dem TOD DES GERMANICUS, 1627 (Minneapolis, Institute of Arts), erreichte er erstmals in typischer Weise die Ausge-

Nicolas Poussin, DIE INSPIRATION DES DICHTERS, *184 × 214 (Paris, Louvre). Von Tizians koloristischem Genie ist dieses Historienbild inspiriert, das einen Dichter im Moment göttlicher Inspiration darstellt. Der lorbeerbekränzte Apollo mit der Leier gibt ihm Verse ein, indes eine Muse und ein Putto der Epiphanie des Musengottes beiwohnen.*

Andrea Pozzo, ENTWURF FÜR EIN DECKENGEMÄLDE *(Wien). Pozzos Freskomalerei stellt die Krönung der barocken Illustrationskunst dar. Mit zauberischem Geschick täuschte er das Auge über die Grenzen zwischen realem Kirchenraum und dem Irrealen seiner perspektivischen Phantasien hinweg. Der Einbruch des Überirdischen in das Diesseitige!*

wogenheit von bewegten, aber statuenhaft wirkenden Figurengruppen und Leerraum. Gefühlsreichtum und kultivierte, anfangs tief sonore, dann gegen 1630 sich aufhellende Farbigkeit bestimmen seine zahlreichen poetisch und sinnenhaft gefaßten Mythologien, etwa DAS REICH DER FLORA, 1631 (Dresden, Gemäldegalerie), CEPHALUS UND AURORA, 1630/35 (London, National Gallery), oder DER TRIUMPH DER FLORA, 1630/35 (Paris, Louvre) – letzteres auch ein Hauptbeispiel für seine Intellektualisierung der Kunst. Mehrfach beschäftigte er sich mit dem Arkadienmotiv als melancholischem Vanitassymbol, wichtig vor allem in der zweiten Fassung um 1640 (Paris, Louvre). Zu seinen bedeutendsten religiösen Werken zählen die SIEBEN SAKRAMENTE, zweite Serie 1644–48 (Mertoun House, Sammlung Earl of Ellesmere). In den vierziger Jahren verstärkten sich zeitweilig akademisch-klassizistische Tendenzen, die Poussin durch eine entschiedene Orientierung auf die ideale bzw. heroische Landschaft überwand. Als Inbegriff französischer klassischer Malerei genoß seine Kunst nicht nur bei den Poussinisten, sondern bis in die Gegenwart hinein höchste Anerkennung.

Pozzo, Andrea
* 30. 11. 1642 in Trient, † 31. 8. 1709 in Wien. Als Maler, Bühnenbildner, Architekt, Entwerfer von Altären, Kirchenausstattungen und Schaugerüsten einer der bedeutendsten Dekorationskünstler und Malereitheoretiker des Barock. 1665 trat er in Mailand als Laienbruder dem Jesuitenorden bei, 1675 legte er die Gelübde ab. Sein Hauptwerk ist die Ausgestaltung von S. Ignazio, Rom, mit einer Scheinkuppel und Fresken für die Apsis, die Kuppelzwickel und das Langhaus, 1684–94, mit dem zentralen Thema der HIMMELFAHRT DES HL. IGNATIUS VON LOYOLA. 1702 wurde er an den Hof in Wien berufen. Seine Leistung liegt in der hochillusionistischen Verbindung der Realarchitektur mit der gemalten Scheinarchitektur über die perfekte Beherrschung der Perspektive. 1693 veröffentlichte er ein Lehrbuch über die Perspektive in der Malerei.

Primaticcio, Francesco
* 30. 4. 1504/05 in Bologna, † 1570 in Paris. P. war von 1525 bis 1531 der Gehilfe G. Romanos bei den umfangreichen Dekorationsarbeiten im Palazzo del Te und Pal. Ducale in Mantua. Die dort gesammelten Erfahrungen konnte er ab 1532 in Schloß Fontainebleau erweitern, wo er unter Leitung Rosso Fiorentinos wiederum mit einem gesamtkünstlerischen Dekorationsprogramm – alle Kunstgattungen umfassend – befaßt war. Ein bekanntes Beispiel ist die DANAE in der Galerie Franz I. (Musée National du Château de Fontainebleau). Nach dem Tod Rossos übernahm P. 1540 die Leitung der weiteren Arbeiten, die deutlich eine stilistische Abkehr von Giulio R. und Raffael hin zu Parmigianino und Rosso Fiorentino aufweisen. Von P.s Tafelbildern ragt bes. das allegorische Porträt des JEAN DE DINTEVILLE ALS HL. GEORG (New York, Wildenstein Gallery) hervor, das 1545/50 entstand. P. begründete die sog. „Erste Schule von → Fontainebleau", die den Zeitraum

Hans Purrmann, BLICK AUF DEN LUGANER SEE, *1948, 100 × 81 (München, Staatsgalerie moderner Kunst). Wären nicht die südländischen Palmstauden, so könnte dieses Landschaftsbild aus dem Rheingau, der Umgebung von Purrmanns rheinpfälzischer Heimat entstanden sein. Die sprühende Palette von Matisse erweckte bei ihm ein expressiv gesteigertes Farbempfinden.*

von 1530–1570 umfaßte. P. brachte die zeitgenössische manierist. Kunst nach Frankreich und formte sie dort zu höchster höfischer Eleganz um.

Prud'hon, Pierre-Paul
* 4. 4. 1758 in Cluny, † 16. 2. 1823 in Paris. Der französische Klassizist mit lyrisch-weicher, protobarocker Eigenart studierte bei François Devosge in Dijon, 1780–84 an der Pariser Akademie und 1784–89 als Stipendiat in Rom. Durch Kleinarbeit hielt sich der Maler leidlich über Wasser, bis WEISHEIT UND WAHRHEIT STEIGEN AUF DIE ERDE HERAB, 1799 (Paris, Louvre), eine Serie von Aufträgen eröffnet. GERECHTIGKEIT UND RACHE VERFOLGEN DAS VERBRECHEN, 1803 (Paris, Louvre), bildet den Anfang des großen Erfolgs. Die nicht lineare, sondern malerisch-tonige Malweise unterscheidet Prud'hon von David. Besondere Lasur- und Wachstechniken bedingten den schlechten Erhaltungszustand der Gemälde.

Purrmann, Hans
* 10. 4. 1880 in Speyer, † 17. 4. 1966 in Basel. Seine erste künstlerische Ausbildung erwarb Purrmann im väterlichen Geschäft in Karlsruhe; 1900–05 studierte er in München, u. a. bei Franz von Stuck, 1906–14 in Paris, wo er dem Kreis um Henri Matisse angehörte. 1935 übernahm er die Leitung der Villa Romana in Florenz. Sein Werk besteht aus Landschaften, Stilleben, Interieurs, Akten und Bildnissen, wobei er eine heile Welt darzustellen versuchte.

Puvis de Chavannes, Pierre Cécile
* 14. 12. 1824 in Lyon, † 24. 10. 1898 in Paris. Bedeutender Maler des → Symbolismus und einer der wichtigsten Wandmaler des 19. Jh., wobei er aber keine Fresken schuf, sondern Leinwände auf die Mauern klebte. Auch seine Tafelbilder sind in der Monumentalität von Wandbildern gehalten: in einer großflächigen Zusammenfassung, einem flächenbetonenden Farbauftrag, einem Zurücktreten der Details. Auch inhaltlich scheidet er allzu private, intime Themen aus. Seine Werke sind durch eine strenge Tektonik, jugendstilhafte Elemente, antikisierende Figurenwelt, idealisierende Thematik ausgezeichnet, etwa in MASSILIA, GRIECHISCHE KOLONIE, 1868/69 (Marseille, Musée des Beaux-Arts).

Puvis de Chavannes, HOFFNUNG, *um 1871, 70 × 82 (Paris, Louvre). Der Ölzweig in der Hand der Jungfrau macht die Dargestellte zur Allegorie der Hoffnung, die weiter gefaßt ist als die christliche „Sperantia". Vor einer dunklen, kahlen Landschaft mit Grabkreuzen und ruinöser Architektur versinnbildlicht sie pazifistische Ideale.*

Puvis de Chavannes, DER ARME FISCHER, *1889, 153 × 190 (Paris, Louvre). Eine mystische Atmosphäre umgibt diese Uferlandschaft mit dem irreal glatten Wasserspiegel. Die kultischen Gebärden des Paares, der numinose Hintersinn beeindruckte den Kreis der Symbolisten tief, so daß mehrere Kopien nach diesem Schlüsselwerk angefertigt wurden.*

P. Puvis de Chavannes

Q

Quaglio, Domenico
* 1. 1. 1787 in München, † 9. 4. 1837 in Hohenschwangau. Das bedeutendste Glied der Künstlerfamilie Quaglio wurde von seinem Vater in Perspektive, Baukunst und Theatermalerei unterrichtet und lernte bei J. M. Mettenleitner und G. Heß die Techniken des Kupferstiches und der Lithographie. Die sichere Stellung als Theatermaler 1808–19 gab Domenico Quaglio auf, um sich nach Reisen durch Deutschland, Frankreich, Italien und die Niederlande ganz der Architekturmalerei zu widmen. Mit G. F. Ziebland leitete Quaglio von 1833 an bis zu seinem Tode den Wiederaufbau des Schlosses Hohenschwangau im Auftrage des Kronprinzen Maximilian, was ihn zum Malen kaum mehr Zeit finden ließ. Als einer der Wegbereiter der zu Beginn des 19. Jh. in München aufblühenden Landschaftsmalerei steht Domenico Quaglio in der Tradition der → Vedutenmalerei des 18. Jh. Im Geist der Romantik verbindet er jene mit den Erkenntnissen der Freilichtmalerei, z. B. WALDKAPELLE, 1817; DIE RESIDENZSTRASSE IM JAHR 1826 GEGEN DEN MAX-JOSEPH-PLATZ, 1826; BLICK AUF DIE VILLA MALTA IN ROM, 1830 (alle München, Neue Pinakothek).

Quarton, Enguerrand
(auch Charonton, Charton, Charretier)
* um 1410 in der Diözese Laon, † 1466 oder später in Avignon (?). Einer der wichtigsten Maler der französischen Spätgotik und einer der Hauptmeister der Schule von Avignon. Nachweisbar ist er vor 1440 in Aix-en-Provence, 1447–66 in Avignon. Wahrscheinlich kam er schon frühzeitig mit dem flämischen Realismus eines Robert Campin, Jan van Eyck und Rogier van der Weyden in Berührung. Auch Einflüsse von Simone Martini und Matteo Giovanetti vermochte er in seinem Werk zu assimilieren. Zwei dokumentarisch belegte Altäre sind erhalten. Die 1452 gemalte SCHUTZMANTELMADONNA (Chantilly, Musée Condé), die in Zusammenarbeit mit Pierre Villate entstand und noch stark in der mittelalterlichen und der sienesischen Trecentotradition steht. Des weiteren stammt von ihm die KRÖNUNG MARIÄ, 1453/54 (Villeneuve-lès-Avignon, Musée de l'Hospice). Stilistisch lassen sich ihm der sog. REQUIN-ALTAR, um 1447/50 (Avignon, Musée Calvet), sowie die berühmte sog. PIETÁ VON AVIGNON, 1454–56 (Paris, Louvre), zuschreiben. In einer monumentalen Komposition und in einer von der flämischen Kunst herrührenden realistischen Detailerfassung heben sich, hart silhouettiert, ausdrucksvolle Gestalten in arabeskenhafter Linienführung vom Goldgrund ab.

Domenico Quaglio, ANSICHT VON FRANKFURT, *1831, 26 × 77 (Frankfurt, Städel). Quaglio hielt vor allem seine Geburtsstadt München in vielen Veduten fest. Während ausgedehnter Reisen lernte er auch andere Städte kennen und überlieferte ihre architektonische Gestalt der Nachwelt. Akribie und Sachtreue zeichnen ihn aus.*

R

Radziwill, Franz
* 6. 2. 1895 in Strohausen, Oldenburg. Wichtiger Vertreter der → Neuen Sachlichkeit. Ab 1931 gehörte er in Berlin der → Novembergruppe an. Der von den Nationalsozialisten als „entartet" gebrandmarkte Künstler lebt seit 1945 in Dangast. Seit 1972 gab er die Malerei wegen eines Augenleidens auf. Mit seinem Frühwerk steht er dem Expressionismus nahe. Die Bilder sind naiv erzählend, voll symbolischer Phantasie. Seit ca. 1922 wandte er sich einer Gestaltungsweise zu, in der sich scharf beobachtete Realität mit inneren Visionen verbindet. Klare Konstruktion der Bilder, Präzision der Zeichnung und Lokalfarbigkeit gewinnen an Gewicht. Dazu kamen eine altmeisterliche Lasurtechnik und Einflüsse der deutschen Romantik. Aus realen und surrealen Elementen baut er symbolträchtige Bilder auf, mit magischen Beleuchtungseffekten und beängstigender Atmosphäre – apokalyptische Visionen, Kriegsszenen, z. B. DER MORGEN, 1937 (Modena, Galerie Mutina), oder Ruinenlandschaften.

Raeburn, Sir Henry
* 4. 3. 1756 in Stockbridge bei Edinburgh, † 8. 7. 1832 in Edinburgh. Gesellschaftsporträtist. Nach einer Goldschmiedelehre wurde Raeburn Schüler von David Martin, den er jedoch bald an technischem Können übertraf. 1785 ging er nach Rom, wobei Joshua Reynolds ihn finanziell unterstützte und ihn an Batoni empfahl. 1789 kehrte er nach Edinburgh zurück, wo er mit Ausnahme einiger kurzer Besuche in London bis zum Ende seines Lebens blieb. Raeburn, der von der italienischen Kunstauffassung unbeeinflußt geblieben war und lediglich als besserer Maler aus Rom zurückkehrte, blieb ein nüchterner Porträtist mit gelegentlicher Sentimentalität. Naturgetreue Darstellung und Charakterisierung seines Modells betrachtete er als seine Kunstaufgabe. Skizzen und Drapierungen für Landschaften als Porträthintergrund lehnte er ab. „Nur der Effekt ist maßgebend", soll er einmal diesbezüglich gesagt haben. Deshalb übertrug er auch die Farbtöne unmittelbar und achtete erst in zweiter Linie auf Licht und Schatten. 1821 wurde Raeburn von Georg IV. in den Adelsstand erhoben, 1822 zum „Ersten Zeichner und Maler Seiner Majestät in Schottland" ernannt.

Franz Radziwill, SELBSTBILDNIS MIT ROTER BLUSE, *1930, 65 × 54 (Oldenburg, Landesmuseum). In Radziwills Gemälden, in denen sich oft Sachlichkeit und Imagination in eigentümlicher Synthese verbinden, verdichtet sich gerade in den 30er Jahren die Angst vor dem drohenden Unheil mit prophetisch-eindringlicher Scharfsichtigkeit.*

Franz Radziwill, DER STREIK, *1931 (Münster, Westfälisches Landesmuseum). Die Realistik der Maschinen und Verkehrsanlagen kontrastiert mit der Phantastik des Himmels und seinen atmosphärischen Erscheinungen.*

Henry Raeburn, BRYCE MCMURDO, *240 × 148 (London, Tate Gallery). Erst das Aufkommen der romantischen Naturphilosophie und ein wachsendes Mißtrauen gegen den Zwang von Etikette, Stand und Konvention machten es möglich, daß sich ein Lieutenant-Colonel in legerer Manier als Sportangler darstellen läßt. Ein bemoster Felsen ersetzt den Prunksessel.*

Raffael
(eigtl. Raffaello Santi, auch Sanctius, Sanzio)
* 6. 4. 1483 in Urbino, † 6. 4. 1520 in Rom. Der Sohn des eher mittelmäßigen Malers Giovanni Santi erhielt den ersten Unterricht wohl bei seinem Vater. Wichtiger für die künstlerische Entwicklung Raffaels waren aber die Eindrücke, die er aus dem damals noch in Blüte stehenden Kulturleben Urbinos und der Begegnung mit Malern und Dichtern in seinem Elternhaus schöpfte. Seine Lehrzeit verbrachte der Künstler bei Pietro Perugino in Perugia. Doch schon bald findet Raffael seinen eigenen Malstil und läßt die Werke seines Lehrers weit hinter sich. Es wird angenommen, daß Raffael um 1500 nach Urbino zurückkehrte, um dort die Werkstatt seines Vaters weiterzuführen. Im Herbst 1504 ließ er sich in Florenz nieder, wo für ihn eine Zeit intensiven Studiums der Werke der florentinischen Renaissance begann. Er fing an, sich mit den Problemen der Anatomie, der plastischen Durchformung und Bewegung der Figuren, der Perspektive sowie der Komposition auseinanderzusetzen. Die Aufträge, die er erhielt, verlagerten sich mehr und mehr von den großen Altarwerken auf die kleineren Andachtsbilder und Porträts für das florentinische Patriziat. Obwohl sich Raffael bei allen großen Malern in Florenz, wie Michelangelo, Leonardo und Fra Bartolomeo, Anregungen holte, ahmte er diese nicht nur nach, sondern vertiefte seinen persönlichen Stil. Seine Werke wurden in dieser Zeit selbstsicherer und gewannen an Ausdruckskraft und Harmonie. Auf dem Höhepunkt seiner Kunst wurde Raffael 1508 – wohl durch die Vermittlung Bramantes, der zu dieser Zeit den Bau von St. Peter leitete – nach Rom an den päpstlichen Hof berufen, um dort die Repräsentationsräume, die sog. Stanzen, auszumalen. Diese Arbeit begleitete ihn bis zu seinem Tode. Die künstlerischen Fähigkeiten dieses großen Meisters erkennend, überhäuften die römischen Patrizier ihn bald mit Aufträgen für Madonnenbilder und Porträts. Nach dem Tod Bramantes im März 1514 wurde Raffael die Baulei-

tung von St. Peter übertragen. Wohl nicht zuletzt wegen dieser großen Arbeitsbelastungen erkrankte er 1520 an Fieber und verstarb am 6. April, seinem Geburtstag. In seinem Frühwerk nimmt Raffael den Malstil seines Lehrers Perugino als Ausgangspunkt für seine eigenen, weiterführenden schöpferischen Leistungen. Als Beispiel dafür sei die 1504 entstandene Darstellung des SPOSALIZIO, der Vermählung Mariä, genannt (Mailand, Pinacoteca di Brera). Der Bildaufbau entspricht ganz dem Gemälde gleichen Themas von Perugino. Raffael überwindet jedoch dessen schematische Aufreihung der Figuren, indem er sie locker gruppiert und tiefenräumlich staffelt. Die Gestalten erhalten Leben und Körperlichkeit, die in den Tiefenraum gestellte Architektur wird plastisch, das Licht atmosphärisch. Ein weiteres frühes Altarwerk des Meisters ist die 1503 entstandene KRÖNUNG MARIÄ (Rom, Pinacoteca Vaticana). Einen besonderen Stellenwert im Schaffen Raffaels hatten die Madonnendarstellungen inne. In ihnen kommt ganz besonders der menschliche Aspekt, die innige Beziehung zwischen Mutter und Kind, zum Ausdruck. Noch in Perugia entstanden die MADONNA SOLLY, 1501/02, die MADONNA DIOTALEVI, 1504 (beide Berlin-West, Stiftung Staatliche Museen, Gemäldegalerie), und die MADONNA CONNESTABILE (Leningrad, Eremitage). Die Eindrücke der florentinischen Malerei wirkten sich auf die Madonnendarstellungen Raffaels nur positiv aus. Der Künstler nahm den Typus der ganzfigurigen Madonna in der Landschaft auf und gab ihr Begleitpersonen bei. Der oft pyramidale Aufbau der Figurengruppen läßt auf Einflüsse Leonardos schließen. Die Behandlung der Landschaft und die Auffassung der Figuren rücken diese jedoch, anders als bei Leonardo, in einen eher irdischen Bereich. Ein Beispiel für die halbfigurige Madonnendarstellung ist die MADONNA TEMPI von 1508 (München, Alte Pinakothek), mehrfigurige Kompositionen sind u. a. die MADONNA JARDINIÈRE, 1507 (Paris, Louvre), und die HL. FAMILIE CANIGIANI, 1507 (München, Alte Pinakothek). Als ein wichtiges Altarwerk dieser Zeit sei die für Perugia ausgeführte GRABLEGUNG CHRISTI von 1507 (Rom, Galleria Borghese) genannt. Mit dem Auftrag, in Rom die Stanzen des Vatikan auszumalen, hatte Raffael den Höhepunkt seiner Karriere erreicht. In den Jahren 1508–11 schuf er die Fresken der Stanza della Segnatura. Den → Allegorien der THEOLOGIE, PHILOSOPHIE, GERECHTIGKEIT und POESIE sind die Wandbilder mit den Darstellungen der DISPUTA, der SCHULE VON ATHEN, der DREI KARDINALTUGENDEN und des PARNASS zugeordnet. Besonders in den Fresken der DISPUTA und deren Gegenstück, der SCHULE VON ATHEN, gelingt Raffael in einzigartiger Weise die Synthese von individueller Durchbildung der einzelnen Figuren mit einer übergeordneten logischen Komposition sowie die Darstellung komplizierter Bewegungsabläufe bei den Gestalten, ohne daß sie zum Selbstzweck werden. In der Gestaltung der Fresken und ihren Bezug zueinander sowie in der Vermittlung antiken Gedankengutes erfüllte Raffael alle Ideen der Hochrenaissance. Die 1511 begonnene Stanza d'Eliodoro mußte sich auf ein engeres, rein theologisches Programm be-

Raffael, VERMÄHLUNG MARIÄ, *1504, 170 × 117 (Mailand, Brera). Dieses Frühwerk Raffaels steht noch ganz unter dem Eindruck des Lehrers Perugino, der in der Sixtinischen Kapelle eine vergleichbare Komposition mit hinterlassen hat. Die Kunst der Renaissance ist auf ihrer wahrhaft klassischen Höhe.*

schränken. Die Decke schmücken alttestamentarische Szenen, die Wandbilder zeigen die AUSTREIBUNG DES HELODOR AUS DEM TEMPEL, die MESSE VON BOLSENA, die BEFREIUNG PETRI und die BEGEGNUNG PAPST LEOS I. MIT ATTILA. Anders als die eher zuständlich-überzeitlichen Darstellungen in der Stanza della Segnatura werden hier in Ereignisbildern Geschehnisse der Vergangenheit geschildert und durch gezieltes Einsetzen von Licht und Farbe – ganz besonders in der BEFREIUNG PETRI – dramatisiert. In diesen Bildern wird das moderne Historienbild vorbereitet. Die Fresken der im Auftrag des neuen Papstes, Leo X., entstandenen Stanza dell'Incendio di Borgo haben Ereignisse im Leben der Päpste Leos III. und Leos IV. zum Thema: DER BORGO-BRAND, DIE SCHLACHT VON OSTIA, die KRÖNUNG KARLS DES GROSSEN DURCH LEO III. und die RECHTFERTIGUNG LEOS III. Abgesehen von einer thematischen Verflachung wird auch in der künstlerischen Qualität der Bilder das Niveau der vorhergehenden Stanzen nicht mehr erreicht. Das ist wohl nicht zuletzt auf den zunehmenden Anteil der Werkstatt an den Arbeiten zurückzuführen. 1515 schuf Raffael im Auftrage des Papstes Entwürfe für Wandteppiche, die die Sixtinische Kapelle schmücken sollten. Sieben der insgesamt zehn → Kartons blieben erhalten (London, Victoria and Albert Museum). Sie behandeln SZENEN AUS DEM LEBEN DER APOSTEL PETRUS UND PAULUS. In der Erzählkunst und der Klarheit der Komposition knüpfen sie wieder an die Bilder in den ersten beiden Stanzen an. Raffaels wichtigster privater Auftraggeber war Agostino Chigi. Für ihn schuf er, ganz dem Geiste der Antike folgend, in der Villa Farnesina 1512 das Fresko TRIUMPH DER GALATHEA und 1517 die Entwürfe für die Deckenfresken der Loggia mit den Hauptszenen HOCHZEIT VON AMOR UND PSYCHE und RAT DER GÖTTER. Ebenfalls im Auftrage Chigis entstanden 1514 die Darstellung der PROPHETEN UND SIBYLLEN in der Kirche S. Maria della Pace und 1516 der Entwurf für die Deckenmalerei in der Kuppel der Chigi-Kapelle in S. Maria del Popolo. 1518/19 schuf Raffael Fresken in den Loggien des Vatikans, deren detaillierte Ausführung er jedoch seiner Werkstatt überließ. Zwölf der insgesamt dreizehn Joche zeigen Darstellungen aus dem Alten Testament, das letzte Joch Szenen aus dem Leben Jesu. Die illusionistischen Ausblicke in Gewölbe oder in den Himmel bereiten die barocke Deckenmalerei vor. Die großen mehrfigurigen Altarwerke dieser Zeit, wie die MADONNA DI FOLIGNO, 1511/12 (Rom, Pinacoteca Vaticana), oder die berühm-

Raffael, SIXTINISCHE MADONNA, *um 1513, 265 × 196 (Dresden, Gemäldegalerie). Nazarener und Präraffaeliten, wie überhaupt die religiös gestimmte Kunstphilosophie des 19. Jh. fanden in diesem Werk ihre Ideale frommer Sammlung und Erhabenheit, Stille und christlicher Kraft verwirklicht. In dem ursprünglich für den Hauptaltar von San Sisto in Piacenza bestimmten Werk tritt die Madonna lebensgroß zwischen dem hl. Sixtus und der hl. Barbara auf – als Epiphanie und lichtstrahlende Erscheinung vor den himmlischen Scharen der Cherubim. Die beiden Putti sind besonders amüsant ausgefallen.*

Raffael, TRIUMPH DER GALATEA, *1512, 229 × 225 (Rom, Villa Farnesina). Nicht nur in den Stanzen und Loggien des vatikanischen Palastes, auch im Dienste des Bankiers Agostino Chigi führte Raffael Freskenausstattungen für dessen Villa in Trastevere aus. Raffaels früher Tod war für die Römer ein Schock, als habe Apollo sein Leben gelassen.*

te SIXTINISCHE MADONNA, 1513/14 (Dresden, Gemäldegalerie) sind monumentaler gestaltet und werden durch klassische Überhöhung dem Betrachter entrückt. Beispiele für kleinformatige Madonnenbilder sind die MADONNA D'ALBA, 1511 (Washington, National Gallery of Art), und die MADONNA DELLA TENDA, 1514 (München, Alte Pinakothek). Die wohl in den Fresken der Stanza della Segnatura vorbereiteten Porträts werden bei aller Schärfe der Charakteristik von Einfachheit und Klarheit bestimmt. Es seien hier die Bildnisse BALDASSARE CASTIGLIONE, 1514/15 (Paris, Louvre), und DONNA VELATA, um 1516 (Florenz, Galleria Paletino, Palazzo Pitti), genannt. Das bedeutendste Gruppenporträt Raffaels ist das Bildnis PAPST LEO X. MIT DEN KARDINÄLEN GIULIO DE' MEDICI UND LUIGI DE' ROSSI, 1518/19 (Florenz, Galleria degli Uffizi). Das letzte Werk des Meisters, die monumentale VERKLÄRUNG CHRISTI (Rom, Pinacoteca Vaticana) wurde von seinen bedeutendsten Schülern Penni und Giulio Romano vollendet. Raffael, der mit Michelangelo und Leonardo zu den wichtigsten Künstlern der Hochrenaissance zählt, brachte die Ideale dieser, sich auf die Antike rückbesinnenden Zeit am gültigsten zum Ausdruck. Sein Werk wirkte nicht nur auf die nachfolgende Generation ein, sondern war noch im 19. Jh. von stilprägender Bedeutung.

Ramos, Mel

* 24. 7. 1935 in Sacramento, Kalifornien. Der Künstler studierte 1954/55 am San Jose State College und 1955 bis 58 am Sacramento State College. Nach einer ausgedehnten Europareise unterrichtete er am California State College in Hayward. Als einer der bekanntesten → Pop-art-Künstler der Westküste stellt Ramos oft in Manier der Werbegraphik Helden aus den amerikanischen Comic strips dar. Oft wird auch in seinen konsumkritischen Bildern die Frau zum Sexobjekt degradiert, dargestellt in Verbindung mit Genußartikeln, z. B. sieht man in der Serigraphie TABACCO ROSE, 1965, ein Glamourgirl auf einer übergroßen Zigarettenschachtel sitzend, oder in VIRNABURGER die Schauspielerin Virna Lisi auf einem riesigen Hamburger (amerik. Nationalgericht).

Ramsay, Allen

* 13. 10. 1713 in Edinburgh, † 10. 8. 1874 in Dover. Maler und Zeichner am Übergang vom Spätbarock zum Rokoko. Nach einem Studienaufenthalt in Italien war er seit 1739 in London als Bildnismaler tätig. Er zählt zu den ersten Künstlern, die ihre Modelle nach dem Vorbild antiker Statuen posieren ließen. Staffagen, Drapierungen, dekoratives Beiwerk ließ er wie zu seiner Zeit häufig üblich, von seinen Schülern anfertigen. Seine eleganten Frauenporträts verraten deutlich französischen Einfluß. Ab 1761 war er Hofmaler König Georgs III. 1766 entstand sein berühmtes Porträt von JEAN-JACQUES ROUSSEAU IN ARMENISCHER TRACHT (Edinburgh, National Gallery of Scotland).

Ratgeb, Jerg

(gen. Schützjürgen)

* vor 1480 in Herrenberg oder Schwäbisch Gmünd, hingerichtet 1526 in Pforzheim. Er vertrat einen zwischen dem spätgotischen Realismus und dem Manierismus angesiedelten Stil. Sein Werk weist Einflüsse des Hausbuchmeisters, Matthias Grünewalds, und Hans Holbeins d. Ä. auf. Um 1500 hielt er sich in Italien, 1512/13 möglicherweise in den Niederlanden auf. 1526 wurde er als Freund der revolutionären Bauern gefangengenommen und gevierteilt. Sein Hauptwerk ist der 1519 entstandene HERRENBERGER ALTAR (Stuttgart, Staatsgalerie).

Raffael, GRABLEGUNG CHRISTI, *1507, 184 × 176 (Rom, Galleria Borghese). Das noch während Raffaels Florentiner Tagen entstandene Werk zeigt bereits eine Steigerung von Körperdramatik und Bewegungsvielfalt. Unter dem Eindruck Michelangelos sollte sich Raffaels Stil noch zu pathetischem Ausdruck und protobarocker Dynamik steigern.*

Rauschenberg, Robert
* 22. 10. 1925 in Port Arthur, Texas. Zusammen mit Jasper Johns gilt er als Vorläufer der Pop-art. Genauer ist sein Stil mit dem Aufleben eines Neodadaismus zu umschreiben, der am Rande der Pop-art die Kombinations- und Collagetechnik weiterentwickelte und in der Behandlung der Farbe und in der Spontaneität des Malvorgangs ein Bindeglied zwischen → Action-painting und Pop-art darstellt. 1946/47 studierte er am Kansas City Art Institute, 1947 in Paris an der Académie Julian. Dann wurde er in den USA Schüler von Josef Albers. Zu seinen bedeutendsten Leistungen zählt die Entwicklung der → Combine paintings. Eines der wichtigsten Bilder ist SCHWARZMARKT, 1961 (Köln, Wallraf-Richartz-Museum und Museum Ludwig).

Ray, Man
* 27. 8. 1890 in Philadelphia, † 18. 11. 1976 in Paris. Als Maler, Fotograf, Filmemacher und Objektkünstler einer der wichtigsten Vertreter des → Dadaismus. Nach kubistischen Anfängen lernte er 1915 Marcel Duchamp kennen und kam so zum Dadaismus. Aus seiner Beschäftigung mit der Fotografie resultierte die Erfindung des Rayogramms, um 1919/20, einer Art Fotografie ohne Kamera, aus der heraus abstrakte oder surrealistische Bilder entstanden. Bilder wie ZUR STUNDE DES OBSERVATORIUMS, ZWEI LIEBENDE, 1932/34 (Paris, Privatsammlung), stellen abgegriffene Symbole in einen überraschenden, neuen und verfremdenden Zusammenhang.

Rayski, Louis Ferdinand von
* 23. 10. 1806 in Pegau (Sachsen), † 23. 10. 1890 in Dresden. Rayski wurde vor allem mit seiner Bildniskunst bekannt, daneben schuf er jedoch auch noch Landschaftsansichten, Tierbilder und Historienmalereien. Sein Stil ist bestimmt durch einen malerischen Realismus, der im 18. Jh. wurzelt. Entscheidend für seine künstlerische Entwicklung war sein Aufenthalt in Paris 1834/35, wo er Werke von Delacroix, Géricault und Gros kennenlernte, die ihn zu einer größeren, malerischen Freiheit führten: DER GARDEREITER, 1835/40 (München, Neue Pinakothek). In den 40er Jahren spezialisierte er sich auf die Bildniskunst, deren Auftragsausführung ihn häufig auf Reisen schickte.

Raffael, MADONNA ESTERHÁZY, *1508, 28 × 21 (Budapest, Museum der schönen Künste). Gerade erst 21 Jahre alt geworden, malte Raffael in Florenz ein anmutiges Madonnenbild nach dem anderen: idyllisch-erbauliche Szenen Mariens mit dem heiligen Knaben, die sich einem unbeschwerten Spiel hingeben. In vielen Kompositionen wird diese Grundidee variiert.*

Redon, Odilon
(eigtl. Bertrand-Jean Redon)
* 22. 4. 1840 in Bordeaux, † 6. 7. 1916 in Paris. Maler und Graphiker, einer der Hauptvertreter des → Symbolismus. Bereits mit fünfzehn Jahren erhielt er Malunterricht. Stark beeinflußt wurde er von Rodolphe Bresdin. Seine ersten Arbeiten zeigen die Wirkung der geheimnisvoll-visionären Bilder dieses Künstlers. 1871 übersiedelte er nach Paris und erlernte die Technik der Lithographie. Eine phantasmagorische Welt von Traumgesichten und Visionen, mit Monstren und Zwitterwesen, erotischen Motiven und Todesallegorien wurde im folgenden Inhalt seiner lithographischen Werke. Ab 1902 widmete er sich der bis dahin vernachlässigten Ölmalerei. In seinem malerischen Œuvre gibt es nur wenige Landschaften, aber zahlreiche Blumenbilder, vor allem aber mythische und phantastische Sujets, wobei die Farbe sparsam eingesetzt wurde und magisch glühend aus gedämpftem Bildgrund aufleuchtet, z. B. in DER ZYKLOP, um 1898 (Otterlo, Rijksmuseum Kröller-Müller). Daneben entstanden auch Porträts und Wandmalereien.

Reichlich, Marx
* ca. 1460 nahe Neustift bei Brixen, † nach 1520 (?). Der Südtiroler Maler auf der Schwelle zwischen Spätgotik und Renaissance, zeichnet sich aus durch eine fast impressionistisch zu nennende Maltechnik: Durch nebeneinandergesetzte Pinselstriche gelangt er zu einem ausdrucksstarken Kolorit. Seine Eigenart begründet sich daneben in den Stifterbildnissen und der Darstellung modischer Details der Kleidung. 1480–85 in der Brunecker

Robert Rauschenberg, QUOTE, *1964, 239 × 183 (Düsseldorf, Kunstsammlung Nordrhein-Westfalen). Zitate aus der amerikanischen Medienwirklichkeit fügt Rauschenberg additiv aneinander. Mit Hilfe des Siebdruckverfahrens übersetzt er Fotoaufnahmen auf die Leinwand, die in ihrer Zusammenstellung disparat und suggestiv zugleich sind.*

Odilon Redon, DIE BARKE, *um 1900 (Hamburg, Kunsthalle). „Was legte ich in meine Werke, daß Sie soviel Subtilität darin zu entdecken meinen? Ich öffnete eine schmale Tür zum Mysterium; ich stellte Fiktionen dar. Es ist an ihnen, den Weg weiterzugehen" (Odilon Redon, 1902). Redons Werke sind nicht nur ästhetisch, sondern auch spirituell zu würdigen.*

Werkstatt bei Friedrich Pacher tätig, geht er zu Michael Pacher nach Salzburg und ist 1489 als Meister eingetragen. Sein Frühwerk zeigt den Einfluß M. Pachers, z. B. HL. ANNA SELBDRITT, 1499 (Brixen, Diözesanmus.). SZENEN AUS DEM LEBEN MARIÄ vom Altar der Haller Pfarrkirche, 1501/02, bilden die Stadt Hall und die Pfarrkirche realitätsgetreu als Kulisse für das sakrale Geschehen ab. Die Figuren Reichlichs sind bereits vollständig in den Raum integriert. Nach einer Venedigreise entsteht 1506 der JAKOBUS- UND STEPHANUS-ALTAR (Kloster Neustift, Kirche). Die drastischen Marterdarstellungen an den Außenseiten der Flügel mit SZENEN AUS DEM LEBEN CHRISTI (München, Alte Pinakothek; Neustift, Kirche) kehren das nördliche Element

des Malers in den Vordergrund, im Gegensatz zum MARIENALTAR von 1511 (München, Alte Pinakothek). M. Reichlich wird heute aufgrund der Stifterbildnisse und der Maltechnik mit dem sog. Meister der Angrer-Bildnisse identifiziert.

Reinhardt, Ad

* 24. 12. 1913 in Buffalo, New York, † 30. 8. 1967 in New York. Wichtiger Vertreter einer stark mit den Gesetzmäßigkeiten der Farbe operierenden Version der abstrakten Malerei. Nach Studien an der National Academy of Design und an der American Artists' School in New York war er seit 1937 Mitglied der American Abstract Artists und Inhaber verschiedener Lehraufträge. In den späten dreißiger Jahren schuf er die ersten konstruktiv-geometrischen Bilder, die vom Kubismus und → Neoplastizismus beeinflußt waren. Gegen 1947 wandte er sich einem mehr dem → abstrakten Expressionismus angenäherten Stil zu. Um 1950 kehrte er wieder zu einer geometrischen Formstruktur zurück. Mit der berühmten Serie seiner „schwarzen Bilder" versuchte er, den Unendlichkeitsanspruch meditativer Natur als ästhetische Norm zu fixieren.

Reinhart, Johann Christian

* 24. 1. 1761 in Hof (Bayern), † 9. 6. 1847 in Rom. Einer der ersten deutschen klassizistischen Landschaftsmaler. In Leipzig Schüler von Adam Friedrich Oeser, der ihn in die Schriften Winckelmanns eingeführt haben dürfte. 1789 ging Reinhart nach Rom, wo er dem Kreis um J. A. Koch angehörte, mit dem ihn ähnliche künstlerische Ideale verbanden: Heroisierung der Landschaft, vor allem an Motiven antiker Ruinen der Campagna und ihre Verbindung mit mythologischen Themen. Damit überwand Reinhart die bis dahin herrschende → Vedutenmalerei. Aber auch friedliche Hirtenszenen mit antiken → Staffagen entstanden in dieser Zeit.

Rembrandt Harmensz. van Rijn

* 15. 7. 1606 in Leiden, † 4. 10. 1669 in Amsterdam. Der Müllerssohn war eigentlich nach elterlichem Wunsch dazu ausersehen, eine akademische Laufbahn einzuschlagen. Sieben Jahre lang besuchte er die Lateinschule und schrieb sich 1620 an der Universität von Leiden ein. Doch schon bald gab er das Studium auf und begab sich in die Malerlehre. In Leiden war er zunächst drei Jahre lang bei Jacob van Swanenburgh und danach bei dem Amsterdamer Maler Pieter Lastman. 1624/25 führt er bereits ein eigenes Atelier, das er in der Anfangszeit mit dem Malerkollegen Jan Lievens teilt. Sein erster Schüler ist Gérard Dou, der die miniaturhafte Manier des jungen

Marx Reichlich, DIE HEIMSUCHUNG, *nach 1501, 66 × 77 (Wien, Österreichische Galerie). Die Tafel ist Teil eines ehemaligen Altars mit Szenen aus dem Marienleben. Das untere der drei an dem Torturm befestigten Wappen bezieht sich auf die Stadt Hall in Tirol: eine zeitgenössische Umgebung für das biblische Geschehen.*

Rembrandt, DER MANN MIT DEM GOLDHELM, *um 1650, 67×51 (Berlin, Staatliche Museen). Die finster blickende Gestalt mit dem eisernen Halskragen trägt einen reichverzierten Renaissancehelm, keinen Helm aus Rembrandts Zeit! In Anspielung auf den Westfälischen Frieden (1648) könnte der Kriegsgott Mars gemeint sein.*

Rembrandt mit der Vorliebe für eine poliert glatte Malweise zeitlebens fortsetzen sollte. Als der Meister 1631 nach Amsterdam zog, bildete Dou das Haupt der „Leidener Feinmalerei". Die ANATOMISCHE VORLESUNG DES DR. NICOLAES TULP, ein 1632 entstandenes großes Gruppenporträt, weist den Künstler bereits als großen Menschendarsteller aus. Die Anerkennung seiner Bildniskunst durch die Amsterdamer Auftraggeber spiegelt sich in der Vielzahl der in den 30er Jahren entstandenen Porträts. Mit der Tochter eines Kunsthändlers, Saskia van Uylenburgh, schloß er 1634 die Ehe. In einer Reihe von Porträts zu denen Saskia Modell stand ist uns das Bild der Ehefrau Rembrandts überliefert. Nachdem beide 1639 ein aufwendiges Haus bezogen hatten, starb die Ehegattin schon 1642, in einer Zeit, als der Künstler auf der Höhe seines Ruhmes stand. In diesem Jahr entstand auch Rembrandts berühmtestes Bild, DIE NACHTWACHE, ebenfalls ein Gruppenporträt, das den Auszug der Schützenkompanie des Kapitäns Frans Banningh Cocq darstellt. Zwar sehen wir Heutigen in diesem Werk neben den Spätwerken von Frans Hals den Gipfel des holländischen Gruppenporträts, doch waren die Auftraggeber nicht ganz damit zufrieden. Weil Rembrandt die Dargestellten in einer Handlungssituation schilderte, vernachlässigte er es, die Mitglieder der Schützengilde mit gleichwertiger Betonung zu porträtieren. Da er in der Folgezeit mehr der eigenen künstlerischen Auffassung statt dem eleganten Geschmacks- und Lebenswandel der Zeit folgte, ging die Zahl der Aufträge zurück. Um 1649 tritt Hendrickje Stoffels als zweite Lebensgefährtin in das Leben Rembrandts, auch wenn er sich mit ihr nicht verehelichen sollte. Der 1656 eintretende finanzielle Ruin Rembrandts machte die Versteigerung von Haus und Besitz notwendig. Das damals erstellte Inventar der bei Rembrandt befindlichen Gegenstände, Bücher usw. liefert der Rembrandt-Forschung wichtige Hinweise. Daß Rembrandt von dieser Zeit an immer mehr verarmte und im Elend starb, gehört aber eher der Legende an. Auch weiterhin versammelten sich Schüler in seiner Werkstatt. An Grup-

Rembrandt, DER SEGEN JAKOBS, *1656, 178 × 211 (Kassel, Gemäldegalerie). Von der Weihe einer sakramentalen Handlung ist der Segen des alttestamentarischen Patriarchen erfüllt. Rembrandt läßt die erzählerischen Details von Moses' erstem Buch weg und schält den gleichsam kultischen Kern heraus. Die Figur der Asnath fügte der Maler erst in einem späteren Stadium dazu.*

Rembrandt, FRAU MIT NELKE, *92 × 74 (New York, Metropolitan Museum of Art). Magdalena van Loo, die Gattin von Rembrandts Sohn Titus, könnte hier dargestellt sein. Ist ihr Haar auch kostbar geschmückt, so hat der Meister doch dem still-beseelten Gesicht, das aus einem Halblicht tritt, den Vorrang verliehen. Neben F. Hals war Rembrandt Hollands größter Porträtist.*

penporträts entstanden die ANATOMISCHE VORLESUNG DES DR. DEYMAN 1656 und 1662 die STAALMEESTERS, ein Werk, das die Vorstandsmitglieder der Amsterdamer Tuchmachergilde darstellte. Zu einem Mißerfolg wurde der 1661 eingegangene Auftrag, für das neue Amsterdamer Rathaus die VERSCHWÖRUNG DER BATAVER zu malen. Das später wieder abgenommene Werk, ganz dem Stil von Rembrandts Helldunkel-Technik verpflichtet, lief dem am französischen Barockvorbild orientierten Geschmack der Zeit zuwider. Als Hendrickje 1663 und sein Sohn Titus 1668 starben vereinsamte der Meister bis zu seinem Tode immer mehr. Man unterscheidet gerne zwischen einem Früh- und Spätstil Rembrandts, letzterer zeichnet sich durch gesteigerte Geistigkeit, Spiritualität und Introversion aus. Rembrandts religiös-theologischer Standort ist schwer zu bestimmen. Wie seine katholischen Malerkollegen in Flamen oder Italien malte er Heilige und Kirchenväter, Mönche und Themen der biblischen Legende. Doch malte er den Christus der Passion keineswegs wie Rubens in heroischer Weise; typisch ist sein Verismus, der den Gekreuzigten als menschhaft leidend erscheinen läßt. Einer Vorliebe des calvinistischen Holland folgend, stellt Rembrandt in einem großen Teil seiner Werke Themen aus dem Alten Testament dar. Seine Genredarstellungen sind eher ernsthaft, das „ausgelassene" Genre vom Typ Jan Steens gibt es bei ihm nicht. Echte, nicht der Bibel entnommene Genredarstellungen kommen in seiner Malerei nur selten vor. Schon von seiner Ausbildung her, ist in Rembrandt daher vor allem ein Historienmaler zu sehen. Die Beschäftigung mit der Porträt-, Stilleben- und Landschaftsmalerei setzt erst in den Amsterdamer Jahren ein. Auch wenn in seiner Kunst Tendenzen zutage treten, die seine calvinistische Umgebung erklärt, ist Rembrandts religiöse Kunst „nicht protestantisch, wie die gegenreformatorische Kunst katholisch ist" (Weisbach). Rembrandts Kunst hat einen überkonfessionellen Charakter. In Rembrandts Œuvre erscheint keine Hochzeit zu Kana oder Hochzeit des Tobias, die Szene des reichen Mannes mit Lazarus – für J. Steen noch Gelegenheit zu prächtiger Entfaltung üppigen Lebens – wurde nicht verbildlicht. Das um 1650 entstandene Bild TOBIAS UND SEINE FRAU (Richmond), zeigt nicht die Fröhlichkeit jugendlicher Verliebtheit, sondern ein altgewordenes Paar. Auch im JAKOBSSEGEN (Kassel, Gemäldegalerie), wird das biblische Geschehen auf den essentiellen Kern reduziert. In Vereinfachung des im Text der Genesis verwickelt gegebenen Vorganges

Rembrandt, DAVID SPIELT DIE HARFE VOR SAUL, *nach 1658, 130 × 164 (Den Haag, Mauritshuis). Gegenüber einer früheren dramatisierten Fassung des Themas gibt Rembrandt in diesem Spätwerk eine verinnerlichte Deutung des Musizierens: „So erquickte sich Saul, und ward besser mit ihm, und der böse Geist wich von ihm" (Sam. 16,23).*

verbildlicht Rembrandt einen fast mysterienhaften Akt in sublimer Reinheit. Er macht die Magie und urtümliche Kraft eines altbiblischen Segens greifbar, den Symbolgehalt der fast sakramentalen Weihe. Rembrandt fand erst allmählich zu dieser Art verinnerlichter Schau, wo sich Handlung nicht mehr äußerlich vollzieht, sondern auf die psychische Ebene der erscheinenden Figuren transponiert ist. In seiner Leidener und frühen Amsterdamer Zeit liegt der Schwerpunkt mehr auf äußerer Dramatik, Spannung in der Konfrontation von Personen. Dies zeigt z. B. der Vergleich des Bildes DAVID, VOR SAUL DIE HARFE SPIELEND (Frankfurt, Städelsches Kunstinstitut), mit der etwa dreißig Jahre später entstandenen Fassung. Aus der äußerlichen Konfrontation, bei der Saul in theatralischer Pose

Rembrandt, GEWITTERLANDSCHAFT, *um 1639, 52 × 72 (Braunschweig, Herzog-Anton-Ulrich-Museum). Die Beschäftigung mit der Landschaft tritt in Rembrandts Schaffen erst allmählich auf. Nicht die Ebene seiner Heimat wählend, stellte er meist in Schwermut getauchte Berggegenden in starker Valeur-Malerei dar. Sein Landschaftsstil differiert von Rubens' Auffassung beträchtlich.*

Rembrandt, SELBSTBILDNIS MIT SASKIA, *um 1635, 161 × 131 (Dresden, Gemäldegalerie). 1634 heiratete Rembrandt Saskia, die Tochter eines wohlhabenden Juristen. Die Selbstdarstellung im Offizierskostüm ist voll lauten Übermuts und typisch für den frühen Rembrandt, der Maskeraden und äußere Effekte im Sinne von Frans Hals' ausgelassenen Genrebildern liebte.*

Rembrandt, SELBSTBILDNIS MIT ROTER MÜTZE, *um 1660, 68 × 56 (Stuttgart, Staatsgalerie). Rembrandts zahlreiche Selbstdarstellungen bezeugen die beständige Selbsterforschung und -bestätigung des Meisters. Tritt er uns in jungen Jahren bisweilen keck und übermütig entgegen, so bringt das Altersporträt tiefe menschliche Erfahrung zum Ausdruck.*

erscheint, wurde ein „erschütterndes Seelengemälde" (Weisbach). Der Einfluß der Utrechter → Caravaggisten macht sich ebenso in der frühen Fassung des Emmausthemas bemerkbar. Die beiden um 1648 entstandenen Fassungen tendieren in Richtung auf Beruhigung und Kontemplation. Die letzte Darstellung (Paris, Louvre) ist bar jeder Theatralik, auf scharfe Lichtkontraste ist verzichtet, und eine mystische Atmosphäre bestimmt den Bildraum. Rembrandts Christusauffassung entspricht durchaus der Reformtheologie. Statt eines repräsentativ nach außen wirkenden Heilandes drückt er besonders in den porträthaften Christusbildern eine subjektive und verinnerlichte Frömmigkeit aus. Der Jesustypus Rembrandts ist das Gegenteil einer barocken Auffassung. Dort der heroische, als sieghafter Gottmensch erscheinende Christus, hier das Ideal der Niedrigkeit, Schlichtheit und Demut als Antithese zur Ecclesia triumphans. Außer durch seine Malerei erlangte Rembrandt nicht zuletzt durch sein graphisches Werk Berühmtheit. Er gilt als größter Radierer überhaupt. Seine Radierungen befanden sich fortwährend in einem Prozeß der Überarbeitung und Vervollkommnung. Oft sind von einer Radierplatte Abzüge aus mehreren Zuständen und Arbeitsphasen erhalten, die den Gestaltungsprozeß bis zur endgültigen Fassung nachvollziehbar machen. Wie in der Chronologie seines Schaffens, so macht sich hier im kleinen Rembrandts Entwicklung zu einer Auffassung bemerkbar, die das biblische Geschehen als im Menschen sich ereignende Vorgänge deutet. Rembrandt hat fast ebenso viele Selbstbildnisse wie neutestamentliche Szenen gemalt. In vielfältigen Verkleidungen, ja Maskeraden, zeigt er sich vor allem in seiner frühen und mittleren Zeit. Die Selbstporträts des alten Rembrandt (u. a. Köln, Wallraf-Richartz-Museum) geben erschütternde Einblicke in menschliches Schicksal frei. Seine Vorliebe zur Selbstdarstellung zeugt vom Selbstbewußtsein des bedeutendsten holländischen Barockmalers, der als einer der größten Künstler aller Zeiten gelten kann.

Reni, Guido

* 1575 in Calvenzano bei Bologna, † 1642 in Bologna. Meister des römischen-bolognesischen Barock, der bei D. Calvaert studierte und 1595 in die Schule der Carracci eintrat. Als gelehrigster Schüler des L. Carracci wuchs er in formaler wie farbiger Energie über diesen hinaus. 1599 selbständiger Meister, 1600 erstmals für kurze Zeit in Rom, arbeitet er um 1604 mit der Carracci-Schule im Klosterhof von S. Michele in Bosco. 1605 erfolgt die entscheidende Übersiedlung nach Rom, die Förderung durch Papst Paul V., dessen Privatkapelle im Quirinal er ausmalt. Zurückgekehrt nach Bologna, wächst R.s Ruhm, gleichzeitig seine Habgier und Freigebigkeit, die ihn verarmt 1642 sterben lassen. Der vorrömischen Zeit verhaftet ist das ROSENKRANZBILD in der Madonna di S. Luca, dem Stil Calvaerts nahestehend, caravaggesk das während des Romaufenthalts entstandene, nur in Stichen und Kopien erhaltene Chorfresko von S. Michele in Bosco. Carraccis Gut entspringen die weichen, blühenden Frauentypen in den 1611 entstandenen Gemälden BETHLEHEMISCHER KINDERMORD und SAMSON ALS SIEGER (beide Bologna, Pinak.). R.s Hauptwerk datiert ab 1610 mit der AURORA DES CASINO BORGHESE, ab 1613, im Palazzo Rospigliosi in Rom, PIETA MIT HEILIGEN, 1614–16, (Bologna, Pinak.). Die Klarheit im figuralen Aufbau, die Trennung von manieristisch Verflochtenem im Rückgriff auf die symmetrische Eindeutigkeit der Renaissance, läßt R. in Verbindung mit Ausdrucksmomenten wie Mächtigkeit, Energie und Pathos zu einem typischen Vertreter des barocken Ideals werden. Die helle, brillante Farbigkeit verhärtet im Spätwerk, Gefühl wandelt sich in Sentimentalität. So vollzieht sich in R.s Werk der Übergang vom bewegten Frühbarock zum klassisch ausgewogenen Hochbarock mit der Tendenz der Übertreibung, Dokument sowohl Bologneser wie römischer Schulung.

Renoir, Pierre-Auguste

* 1841 in Limoges, † 1919 in Cagnes bei Nizza. 1844 zog der Maler mit

Guido Reni, KLEOPATRA, *122 × 96 (Florenz, Palazzo Pitti). In der Galerie schöner Frauen kann seit der Renaissance neben Bathseba und Susanna, Lukrezia oder Danae auch die ägyptische Königin nicht fehlen. Hatte sie zunächst die Gunst Caesars gewonnen, so war ihr später Antonius ergeben, an dessen Nachfolger Octavian Kleopatra scheiterte.*

seiner Familie nach Paris. Nach einer Lehrzeit bei einem Porzellanmaler, der mit dem Aufkommen der mechanischen Farbdruckverfahren arbeitslos wurde, verzierte er Leinwandrollen mit religiösen Motiven. Mit 18 Jahren widmete er sich als Student im Atelier von Charles Gleyre an der École des Beaux-Arts ganz der Malerei. Dort lernte er seine Impressionistenfreunde Bazille: BAZILLE, 1867 (Paris, Jeu de Paume), Monet: CLAUDE MONET BEIM ZEITUNGSLESEN, 1867 (Paris, Mus. Marmottan), und Sisley kennen. Mit ihnen verließ er 1863 das Atelier Gleyre, um in Fontainebleau → pleinair zu malen. Seine Frühwerke zeigen Einflüsse von Courbet: DIANA, 1867, (Washington, Nat. Gall. of Art), Corot, Manet, von Delacroix: ODALISKE oder FRAU AUS ALGIER, 1870, (Washington, Nat. Gall. of Art), Rubens und den Venezianern. 1868 gelang Renoir der Durchbruch im Salon mit LISE MIT SONNENSCHIRM (Essen, Mus.), die bereits sein Ziel verdeutlicht: Eine Synthese aus vorimpressionistischem und impressionistischem Stil und seinen klassizistischen Neigungen zu schaffen. Die großformatigen Gemälde von 1876 zeigen, daß der Maler sich mit den Ausdrucksmöglichkeiten der Lichtwirkung befaßte und die impressionistische optische Farbmischung benutzte, z. B. DIE SCHAUKEL, LE MOU-

Auguste Renoir, DAS EHEPAAR SISLEY, *1868, 105 × 75 (Köln, Wallraf-Richartz-Museum). Sisley, der Sohn eines vermögenden Kaufmanns, lernte in Gleyres Atelier Renoir und Monet kennen, mit denen er oft im Wald von Fontainebleau malte. Er gehörte zum Kern der Impressionisten und ließ sich hier von dem zwei Jahre jüngeren Renoir porträtieren.*

Auguste Renoir, DIE LESENDE, *um 1875/76, 47 × 38 (Paris, Louvre). Renoirs künstlerische Entwicklung verlief keineswegs geradlinig. War er bis zu seiner Italienreise von der Berechtigung der Freiluftmalerei überzeugt, so verunsicherte ihn die Begegnung mit der klassischen Kunst, Raffael und der pompejanischen Wandmalerei, nachhaltig.*

Auguste Renoir, ANNA, *1876, 92×73 (Leningrad, Eremitage). Im Gegensatz zu Degas, der sich in seinen Darstellungen von Frauen bei der Morgentoilette wenig um das Decorum kümmerte, war Renoir stets um die würdige Erscheinung seiner Aktmodelle bemüht, die oft etwas von der Hoheit von Nymphen oder griechisch-römischen Göttinnen bewahren.*

LIN DE LA GALETTE (beide in Paris, Jeu de Paume), DIE MAHLZEIT DER BOOTSFAHRER, 1881 (Washington, The Phillips Coll.). Mit Hilfe seines reichen Impressionisten-Freundes Caillebotte und einiger Gönner wie Victor Choquet: VICTOR CHOQUET, 1876, (Winterthur, Slg. Oskar Reinhart), oder des Verlegers Georges Charpentier: FRAU CHARPENTIER UND IHRE KINDER, 1878 (New York, Metropolitan Mus. of Art), bekam Renoir Aufträge und wurde finanziell unabhängig. 1881 und 1882 reiste er nach Algerien und 1881 nach Italien: SAN MARCO, (The Minneapolis Mus. of Art). Der Eindruck der Fresken Raffaels in der Villa Farnesina und der pompejanischen Wandmalereien führten ihn zum Bruch mit dem Impressionismus und zur Aufwertung von Zeichnung, Form und Komposition unter dem Einfluß Ingres', z. B. DIE BLONDE BADENDE, 1882, (Privatbesitz), DIE GROSSEN BADENDEN, 1885–1902 (Nizza, Mus. Masséna), 1887 (Philadelphia Mus. of Art). 1883 heiratete der Maler die um 20 Jahre jüngere Aline Chargot: FRAU RENOIR MIT HUND, 1880 (Paris, Privatbesitz). Nun bildeten seine Familie, seine Frau, seine drei Söhne Pierre, Jean und Claude sowie das Kindermädchen Gabrielle unerschöpflichen Vorrat an Bildmotiven: z. B. MUTTER UND KIND, 1885 (London, Privatbesitz), PIERRE RENOIR BEIM ZEICHNEN, 1888 (New York, Privatbesitz), GABRIELLE MIT BLOSSEN BRÜSTEN, 1906 (Paris, Slg. Mme. Walter). Um 1889 fand Renoir wieder zum freieren Stil seiner impressionistischen Periode zurück, bewahrte aber das feine Gespür für lebensvolle, harmonisch gerundete Formen. 1903 ließ sich Renoir aufgrund seines bis zur Lähmung fortschreitenden Rheumatismus in Cagnes und 1907 in Les Collettes bei Cagnes in Südfrankreich nieder. In seinen letzten Lebensjahren beschränkte er sich vornehmlich auf Ansichten von Cagnes: CROS DE CAGNES, 1905 (Lausanne, Privatbesitz), Porträts: PAUL DURAND-RUEL, 1910 (Paris, Slg. Durand-Ruel); A. VOLLARD ALS TOREADOR, 1917 (Paris, Mus. du Petit Palais), und Versuche, die antiken Idyllen eines Anakreon zu neuem Leben zu erwecken: DAS URTEIL DES PARIS, 1908 (New York, Slg. Mrs. Louis R. Smith). Renoir gilt als der Maler der lichten Seiten des Lebens, der Gesundheit, des Lichts und der Freude und im besonderen als der Maler der Frauen in der Lieblichkeit ihrer reifen Fülle. Von 1913 an betätigte er sich auch als Bildhauer, Radierer und Lithograph.

Repin, Ilja Efimovič

* 5. 8. 1844 in Čuhujiv bei Charkow, Ukraine, † 29. 9. 1930 in Kuokkala, Finnland. Bedeutender Maler eines Kritischen Realismus in Rußland, Mitglied der Peredvižniki. Seine erste Ausbildung erhielt er bei einem Ikonenmaler. 1864–71 studierte er an der Petersburger Akademie, wo er 1893–1907 eine Professur erhielt. 1873–76 hielt er sich in Italien und Frankreich auf. Hier lernte er den Impressionismus kennen, was zu einer Aufhellung seiner Koloristik führte. Neben einer Vielzahl von Porträts schuf er u. a. mehrfigurige Darstellungen, die dem Leben des russischen

Volkes, aktuell-politischen Ereignissen und historischen Themen gewidmet sind, z. B. WOLGATREIDLER, 1870–73 (Leningrad, Russisches Museum), oder DIE ZAPOROGER KOSAKEN SCHREIBEN EINEN BRIEF AN DEN SULTAN, 1880/91 (Charkow, Kunstmuseum).

Rethel, Alfred
* 15. 5. 1816 in Diepenbenden bei Aachen, † 1. 12. 1859 in Düsseldorf. Spätromantischer Historienmaler. Unter dem Einfluß seines Lehrers Wilhelm Schadow entstanden zunächst Bilder im Stil der → Nazarener. 1836 siedelte Rethel nach Frankfurt in das Städelsche Kunstinstitut über. Dort erhielt er die ersten Freskoaufträge und gewann 1839 den Wettbewerb zur Ausmalung des Kaisersaales im Aachener Rathaus. 1848 siedelte Rethel nach Dresden über, wo 1849 die berühmte Holzschnittfolge AUCH EIN TOTENTANZ entstand. Rethels Fresken sind charakterisiert durch kühle Klänge der Farbgebung, Strenge der Komposition und Überwinden alles Dekorativen und Pathetischen.

Reynolds, Sir Joshua
* 16. 7. 1723 in Plympton, Devonshire, † 23. 2. 1792 in London. Einer der wichtigsten englischen Maler des 18. Jh., der noch in den Traditionen des Spätbarock verwurzelt war. 1740–43 lernte er in London bei dem Porträtisten Thomas Hudson. 1743–49 war er selbständig in London und Devonshire tätig. 1750 kam er nach Rom und studierte die Werke Raffaels und Michelangelos. 1753 ließ er sich in London nieder und gewann als Porträtmaler rasch Ansehen. 1768 wurde er Präsident der neugegründeten Royal Academy. Seine Frühwerke sind elegant-konventionell im Sinne eines repräsentativen Spätbarock, doch bereits das SELBSTBILDNIS von 1748 (London, National Portrait Gallery), zeigt in der warmen Farbigkeit und im Rembrandtschen Helldunkel neue Züge. In den Jahren bis zur Akademiegründung entstehen seine malerisch kraftvollsten Bildnisse, z. B. NELLY O'BRIEN, 1760/62 (London, Wallace Collection). In den siebziger Jahren wird sein Stil strenger, antikisierender, mitunter allegorisch motiviert, etwa in DIE DREI GRAZIEN SCHMÜCKEN EINE HYMEN-HERME, 1774 (London, National Gallery). Die stärkere Ungezwungenheit der Alterswerke geht auf die 1781 erfolgte Berührung mit der niederländischen Kunst, vor allem der Peter Paul Rubens', zurück. Reynolds hinterließ über 2000 Gemälde.

Ribalta, Francisco
* zwischen 1551 und 1555, † 1628 in Valencia. Neben Navarrete waren es besonders Raffael, Sebastiano del Piombo und Correggio, die Ribalta beeinflußten. Dies wird deutlich in Werken wie z. B. DER MÄRTYRERTOD DES SANTIAGO DE COMPOSTELA von 1603 (Algemesí, Pfarrkirche). Zu seinen Spätwerken gehört die Gemäldereihe, die er 1625/27 für die Kartause Porta Coeli schuf, darunter die HL. PETRUS UND PAULUS (Valencia, Museum). In seinem künstlerischen Schaffen löste sich Ribalta vom klassischen italienischen Formalismus, seine Malerei wurde realistisch, naturalistisch. Mit der Plastizität seiner Figu-

Joshua Reynolds, BILDNIS DER NELLY O'BRIEN, *1760/62, 126 × 100. Obwohl er vom Königshause keine Aufträge erhielt, gilt Reynolds als der bedeutendste englische Porträtist des 18. Jh. Allein im Jahre 1759 brachte er Bildnisse von 150 Personen zustande. Innerhalb von zehn Jahren hatte er seinen Bildpreis versechsfacht.*

Jusepe de Ribera, HL. HIERONYMUS, *1646, 146 × 198 (Prag, Národní Galerie). Riberas mönchische Einsiedler sind Glaubenspersönlichkeiten von der Kraft altbiblischer Patriarchen und dies ganz im barocken Sinne. Sein Naturalismus und die Helldunkel-Technik verdankt er der Anregung Caravaggios, dessen Malstil Ribera sehr bewunderte.*

Jusepe de Ribera, DAS MARTYRIUM DES HL. BARTHOLOMÄUS, *234 × 234 (Madrid, Prado). Die Kunst des 17. Jh., besonders die vom spanischen Katholizismus geprägte, suchte in Bildern der Märtyrer die Idee des geistigen Triumphes bei äußerer Erniedrigung zu veranschaulichen. Die Märtyrer sind daher oft von Körperpathos erfüllte, herkulische Gestalten.*

ren, dem starken religiösen Ausdruck und einer kraftvollen, fast harten → Helldunkel-Malerei bildete er einen eigenen spanischen Malstil heraus.

Ribera, Jusepe (José) de
(gen. „lo Spagnoletto")
* 17. 2. 1591 in Játiva (Valencia), † 2. 9. 1652 in Neapel. Über das Leben Riberas vor seiner Übersiedlung nach Neapel ist wenig bekannt. Erste Unterweisungen im Malen erhielt er aller Wahrscheinlichkeit nach bei Francisco Ribalta, Vertreter der Valencianer Malschule. Von Ribalta, der selbst in Italien große Meister wie Raffael, Tizian und Correggio studiert hatte, dürfte auch die Anregung ausgegangen sein, nach Italien zu gehen. Nach einer längeren Studienreise durch Oberitalien, wo er einige Zeit in Parma, Padua, Venedig verbrachte, und einem Aufenthalt in Rom ließ er sich schließlich in Neapel nieder. 1616 heiratete er dort die Tochter des Malers und Bildhauers Bernadino Azzolino, Catalina Azzolino. Ribera fand bald einen Gönner im damaligen Vizekönig von Neapel, dem Herzog von Osuna, sowie auch in dessen Nachfolgern. Da die Stadt unter spanischer Hoheit stand, erhielt Ribera ebenfalls Aufträge aus seinem Geburtsland Spanien. (So beispielsweise die 1635 für das Augustinerkloster in Salamanca gemalte CONCEPCIÓN.) 1626 wurde Ribera in die Accad. di S. Luca in Rom aufgenommen. In seinen letzten Lebensjahren wurden die Aufträge in Italien immer spärlicher, nicht zuletzt wegen des Aufstandes Masaniellos gegen die Spanier, der der spanischen Bevölkerung von Neapel große Schwierigkei-

Hyacinthe Rigaud, LUDWIG XIV. IM KRÖNUNGSORNAT, *1701, 279 × 190 (Paris, Louvre). Der Glanz dieses Gemäldes rührt nicht etwa von der Charakterisierungskunst Rigauds her – worin es versagt –, sondern von der Bravour seines Illusionismus im Darstellen von Brokat und Seide, Hermelin und Spitzenwerk. Das Werk ist Prototyp absolutistischer Selbstverherrlichung.*

ten einbrachte. Ribera starb 61jährig als verarmter Mann. Die erste Schaffensperiode Riberas ist noch stark vom Einfluß des „tenebrismo" der → Helldunkel-Malerei Ribaltas geprägt, der wiederum Anregung dazu bei Caravaggio gefunden hatte. Es überwiegen die dunklen Farben. In seinen hauptsächlich düsteren, schwermütigen Themen zeigt sich bereits der ständig wachsende Drang zur realistischen Darstellung. Ribera ist damit ein Vertreter der naturalistischen Gegenbewegung zum Idealismus der Renaissance sowie zum → Manierismus. Zu seinen Jugendwerken gehören vor allem Radierungen, die von seiner außerordentlichen zeichnerischen Begabung zeugen. In den Jahren 1620–30 entstanden u. a. die Radierungen MARTYRIUM DES HL. BARTHOLOMÄUS, 1624 (Madrid, Mus. del Prado), und HL. HIERONYMUS, 1624 (Leningrad, Eremitage), sowie die Gemälde ARCHIMEDES, 1630 (Madrid, Mus. del Prado), und TRUNKENER SILEN, 1626 (Neapel, Gall. Naz.), letzteres ein Beispiel für die Behandlung mythologischer Themen. Mit der CONCEPCIÓN des Augustinerklosters in Salamanca (1635) setzt Riberas mittlere Schaffenszeit ein. Die dunklen Farben hellen sich auf, bekommen Leuchtkraft, silbergraue und bernsteinfarbene Töne treten hinzu. Die düstere Thematik geht zurück, seine Figuren entwickeln eine kraftvolle Bewegung. An die Stelle von Martyriendarstellungen treten Gemälde mit anderen religiösen sowie profanen und mythologischen Szenen. Dazu gehören die 1637 entstandenen Aposteldarstellungen PETRUS UND PAULUS (Vitoria, Diputación Provincial), die Bild-

Ludwig Richter, DIE ÜBERFAHRT AM SCHRECKENSTEIN, *1837, 116 × 156 (Dresden, Gemäldegalerie). Die Maler der Romantik suchten – an der empirischen Welterfahrung zweifelnd – die Natur als eine geheimnisträchtige Macht darzustellen. Die Welt der Märchen und Sagen, die Begegnung mit Natureinsamkeit und Stille erfüllte ihre Ursehnsucht nach dem Ursprünglichen.*

nisse der zwölf PROPHETEN von 1638 (Neapel, Mus. Naz. di S. Martino), die man häufig als Philosophen interpretiert, die 1637 gemalte PIETÀ (Neapel, Mus. Naz. di S. Martino) und JAKOBS TRAUM, 1639 (Madrid, Mus. del Prado). In seiner letzten Schaffensperiode, dem reifen Stil, tritt das Finstere gänzlich zurück. Ruhe, Würde, Vergeistigung geht von den Figuren des Gemäldes ANBETUNG DER HIRTEN (Paris, Mus. du Louvre) aus, das Ribera 1650 malte. Sein nie aufgegebener Drang zur realistischen Darstellung, der sich bereits in den Martyrienszenen zeigte, findet einen Höhepunkt in dem Werk DER KLUMPFUSS, 1652 (Paris, Mus. du Louvre). Trotz der fast schonungslosen Wiedergabe seiner körperlichen Gebrechen entbehrt die Gestalt des Jungen nicht einer gewissen Würde. Zu den Spätwerken Riberas gehören u. a. noch die CONCEPCIÓN, 1646 (Madrid, Klosterkirche S. Isabel), und HL. ANDREAS, 1647 (Madrid, Mus. del Prado). Bezeichnend für Ribera sind seine starke religiöse Empfindung, die kraftvolle, dramatische Darstellung. Seine mit klar und präzise geführtem Pinselstrich entworfenen Figuren geben in Bewegung und Gesichtsausdruck Riberas hervorragende anatomische Kenntnisse wieder und verweisen zugleich auf seine zeichnerische Begabung. In der Behandlung des Lichts und der nichts beschönigenden Detailwiedergabe hat er den von Caravaggio und Ribalta entworfenen Weg weitergeführt.

Ludger tom Ring d. J., BLUMENSTRAUSS, *1565, 37 × 24 (Münster, Westfälisches Landesmuseum). Das bedeutendste Mitglied der Münsteraner Malerfamilie hat hier keinesfalls einen zuvor gepflückten Feldblumenstrauß in die Nische gestellt und gemalt. Nelken, Kleeblüten und Stiefmütterchen blühen zu verschiedenen Jahreszeiten und wurden vielleicht nacheinander gemalt.*

Ricci, Marco
* 5. 6. 1676 in Belluno, † 21. 1. 1730 in Venedig. Der venezianische Landschaftsmaler R. steht am Beginn des Rokoko. Sein Lehrer war sein Onkel Sebastiano Ricci. Seine Malweise wurde von den bewegten Landschaften Salvator Rosas angeregt. 1708 ging er auf Einladung des Diplomaten Montagu nach London, wo er als Mitarbeiter von Pellegrini für die italienische Oper beschäftigt war. Später schuf er viele Ruinenbilder, wie z. B. die ALLEGORIE MIT DEM GRABMAL DES HERZOGS VON DEVONSHIRE, (Birmingham University).

Ricci, Sebastiano
* 1. 8. 1659 in Belluno, † 15. 5. 1734 in Venedig. R. bereitet mit seiner Kunst das venezianische Rokoko vor. Nach einer Ausbildung in Venedig ging er 1678 nach Bologna, wo er von Carracci und Reni angeregt wurde. Er unternahm viele Reisen und bekam auswärtige Aufträge. Wieder in Venedig setzte sich in seiner Malweise der Einfluß Veroneses durch, besonders in der Lichtgebung und dem Kolorit. Er wandte sich vom Helldunkel ab und verwendete Farben wie Blau, Graugrün, Zinnober und Silber. 1734 entstand sein letztes Bild: HIMMELFAHRT MARIÄ, (Wien, Karlskirche).

Richter, Adrian Ludwig
* 28. 9. 1803 in Dresden, † 19. 6. 1884 in Loschwitz bei Dresden. Maler und Zeichner der bürgerlichen Spätromantik. Begleitete 1820 den Fürsten Narischkin auf einer Reise durch Deutschland und Frankreich als Zeichner von Erinnerungsblättern. Bereiste 1823–26 Italien, wo er Kontakt zu den → Nazarenern im Rom hatte. 1828 bekam Richter eine Anstellung als Zeichenlehrer in der Meißner Porzellanmanufaktur, und 1836 erhielt er eine Professur für Landschaftsmalerei an der Dresdner Akademie. Seine ersten Werke lassen den Einfluß des Tirolers J. A. Koch erkennen. Später malte er italienische Landschaften nach Stu-

Diego Rivera, CANTINFLAS SORGT FÜR DEN SOZIALEN AUSGLEICH, *1955 (Mexiko, Teatro Insurgentes). Der in Europa und der Sowjetunion ausgebildete mexikanische Künstler stellte sich nach der Rückkehr in den Dienst der Revolution. Mit einer volkstümlichen, oft der aztekischen Kunst verpflichteten Bildersprache schuf er auch Mosaiken für öffentliche Gebäude.*

Hubert Robert, DIE GROTTE DER „APOLLONBÄDER“, *1774/75 (Privatsammlung). Robert gilt selbst als Entwerfer der 1781 vollendeten „Apollonbäder“ im Garten von Versailles. Bereits am Ort befindlich ist die von Gaspard Marsy geschaffene Skulptur* PFERDE DES APOLLON UND DIE TRITONEN, *die zuvor in der Thetis-Grotte des Schlosses aufgestellt war.*

dien und Skizzen. Richters zweite Schaffensperiode begann 1838 mit der Tätigkeit als Illustrator (ca. 150 Bücher mit 3000 Holzschnitten). Hier, in der graphischen Bilderzählung, fand er seine wahrhafte und volle Ausdruckskraft.

Rigaud, Hyacinthe
(eigtl. Jacinto Rigau y Ros)
* 18. 7. 1659 in Perpignan, † 29. 12. 1743 in Paris. Bedeutender Proträtmaler des Barock. Mit vierzehn Jahren kam er bei einem Maler in die Lehre, 1681 übersiedelte er nach Paris und studierte dort an der Académie Royale, wobei ihn Charles Le Brun förderte. Den Höhepunkt seiner Laufbahn bilden die Porträts von Ludwig XIV., so das bekannte Staatsbildnis LUDWIG XIV., 1701 (Paris, Louvre). Der König ist hier in vollem Ornat, mit allen zum Topos gewordenen barocken Pathosformeln dargestellt. Daneben entstanden aber auch intimere, mehr das Persönliche betonende Porträts, wie ELISABETH CHARLOTTE, HERZOGIN VON ORLÉANS, um 1713 (Braunschweig, Herzog-Anton-Ulrich-Museum).

Ring, Hermann tom
* um 1520 in Münster, † um 1596 in Münster. Sohn von Ludger tom Ring d. Ä., bedeutendster westfälischer Maler des 16. Jh., der, von der Renaissance und dem Vorbild Lucas van Leydens ausgehend, zum → Manierismus kam. Neben biblischen Themen bevorzugte er das Porträt, wobei das Viererbildnis der FAMILIE RIETBERG, 1564 (Münster, Landesmuseum für Kunst und Kulturgeschichte), zu seinen bedeutendsten, deutlich schon manieristischen Arbeiten gehört. Unter seinen religiösen Werken ragt z. B. der WELTGERICHTSALTAR in Utrecht, nach 1550 (Aartsbisschoppelijk Museum), heraus.

Ring, Ludger tom d. Ä.
* um 1496 in Münster, † 1547 in Münster. Stammvater der bekannten westfälischen Malerfamilie, in dessen Schaffen sich altniederländischer Realismus, Einflüsse der Renaissance und mittelalterliche Traditionen zur Synthese vereinigen. Die wenigen erhaltenen Gemälde datieren alle in sein letztes Lebensjahrzehnt und zeichnen sich durch ausgeprägte Natürlichkeit, sorgfältige Malweise und Detailerfassung und durch kräftig-kühle Farbwirkung aus, z. B. in DOMSCHOLASTER ROTGER DOBBE, 1538 (Münster, Dom), oder BILDNIS DER FRAU DES KÜNSTLERS ANNA TOM RING, GEB. RORUP, um 1541 (Köln, Wallraf-Richartz-Museum und Museum Ludwig). Gewisse zum → Manierismus hin tendierende Bildelemente lassen auf Einflüsse durch Jan Mostaert und Cornelis Engebrechtsz. schließen.

Ring, Ludger tom d. J.
* 19. 11. 1522 in Münster, † 1583 in Braunschweig. Der Sohn von Ludger tom Ring d. Ä. und der Bruder von Hermann trat vor allem als Bildnismaler am Übergang von der Renaissance zum Manierismus hervor. Mit Bildern wie ZWEI BLUMENVASEN, 1562 (Münster, Landesmuseum für Kunst und Kulturgeschichte), trug er auch Wesentliches zur Entwicklung des Blumenstückes bei. In seinen Porträts bevorzugt er drei Typen: das Brustbild im kleinen Rundformat, die Halbfigur mit Heraushebung der Hände und das ganzfigurige Bildnis.

Riopelle, Jean-Paul
* 7. 10. 1923 in Montreal, Kanada. Riopelle studierte zunächst Mathematik, besuchte dann aber ab 1940 die Kunstakademie in Montreal. Heute ist er als kanadischer Vertreter des → Action-paintings und des → Automatismus bekannt. In Paris, das er besuchte, lernte er die Surrealisten kennen. Sein Werk besteht in erster Linie aus großflächigen abstrakten Bildern, die durch kräftige Spachtelauftragungen und einen spontanen Malrhythmus gekennzeichnet sind. Dicke, ungemischte Farben wirken wie abstrahierte Landschaften und Phänomene der Natur, z. B. DER BERG, 1966 (Paris, Privatsammlung). Riopelles Werk umfaßt auch Lithographien, Aquarelle und Gouachen; ab 1960 wandte er sich auch der Plastik zu.

Rippl-Rónai, József
* 24. 5. 1861 in Kaposvár bei Pećs, Ungarn, † 25. 11. 1927 in Kaposvár. Wichtiger ungarischer Maler, der sich hauptsächlich am Stil der → Nabis orientierte. Nach einem Studium an der Münchner Akademie ging er 1887 nach Paris und wurde Schüler von Mihály Munkácsy. Dann schloß er sich den Nabis an. Beeinflußt wurde er hauptsächlich von Édouard Vuillard. Seine Formen sind von strengen, aber dekorativen Konturen zusammengefaßt und in differenzierten Farben gehalten. Ab 1900 werden die Farben heller, die Bildatmosphäre duftiger, z. B. in DER KÜNSTLER MIT ROTER MÜTZE, 1924 (Budapest, Magyar Nemzeti Galéria). Der Künstler zählt zu den führenden modernen Malern seines Landes.

Ritschl, Otto
* 9. 8. 1885 in Erfurt, † 1. 7. 1976 in Wiesbaden. Vertreter der abstrakten Malerei, der sich zunächst autodidaktisch weiterbildete im Stil des Expressionismus, dann in dem der → Neuen Sachlichkeit. 1925 zerstörte er alle seine Bilder, da er nun in der abstrakten Richtung sein Ziel erkannte. Zuerst orientierte er sich am Kubismus, dann am abstrakten Surrealismus, um sich in den dreißiger Jahren immer einfacheren gegenstandslosen Formgebilden zuzuwenden. 1950 gelangte er zu rein flächig geometrischen Strukturen in leuchtenden Farben, ab 1959 wurde seine Gestaltungsweise wieder „meditativ“ differenzierter.

Rivera, Diego
* 8. 12. 1886 in Guanajuato, † 24. 11. 1957 in Mexico City. Mitbegründer des mexikanischen → Muralismo. Bereits mit zehn Jahren studierte er an der Akademie von S. Carlos in Mexico City, ab 1907 an der Akademie von S. Fernando in Madrid. 1911–21 lebte er erneut in Europa. In dieser Zeit entstanden zunächst Landschaftsbilder in der Nachfolge Paul Cézannes, dann ab 1913 kubistische Figurenbilder und Stilleben und schließlich realistische Porträts. Nach Mexiko zurück-

Hermen Rode, Inspiration des Hl. Lukas, *1484 (Lübeck, St.-Annen-Museum). Mit weiteren sieben Szenen aus dem Leben des hl. Lukas gehört diese Darstellung zum Lukas-Altar, den die Malergilde Lübecks ihrem Schutzpatron für ihre Kapelle in der Katharinenkirche stiftete. Hier ist Lukas nicht als Maler der Madonna, sondern als Evangelist zu sehen.*

gekehrt, wurde er im Streben nach einer „neuen Kunst für alle" zum Mitbegründer des Muralismo. Seit 1922 KP-Mitglied, kam er zu einer marxistischen Interpretation von Themen aus der Arbeit, dem Kampf und dem Leben des mexikanischen Volkes. In einem monumentalen Stil verbindet er folkloristisch-narrative Elemente mit einer summarischen Formensprache. In seinen didaktisch-agitatorischen Fresken taucht neben typisierten ideologischen Motiven auch die Sehnsucht nach dem verlorenen präkolumbischen Paradies in mythologisierender Form auf.

Robert, Hubert
* 22. 5. 1733 in Paris, † 15. 4. 1808 in Paris. Als Maler und Entwurfzeichner vor allem berühmt wegen seiner Ruinenlandschaften, die die Vanitasthematik des Rokoko zu einer fast schon stimmungsmäßigen Romantik weiterführen. Daneben war er ab 1784 als Gartenarchitekt und Verwalter der königlichen Gärten tätig. Beeinflußt wurde er hauptsächlich von den Werken Giovanni Paolo Panninis und Giovanni Battista Piranesis, die er in Italien kennenlernte. Seine Vorliebe für die Ruinenthematik verstärkte sich durch eine Reise, die ihn 1760 zu den Ruinen von Herculaneum und Pompeji führte. 1766 wurde er in die Académie Royale aufgenommen, 1784 zum Leiter der im Louvre neu zu errichtenden Galerie ernannt. Nach Ausbruch der Revolution wurde er 1793 verhaftet, 1794 jedoch wieder in seinem Amt bestätigt. 1801 wurde er Konservator der Louvregalerie. Neben den protoromantischen Ruinenbildern schuf er auch Werke, die außer ihrem malerischen

Marinus van Roemerswaele, Der Geldwechsler und seine Frau *(Madrid, Prado). Das 16. Jh. verzeichnete einen rapiden Anstieg der Geldwirtschaft. Was die Fugger im großen bedeuteten, waren die Geldwechsler im kleinen. Ihrer sozialen Stellung bewußt, suchten sie ihrem Prestige bildhafte Gestalt zu geben und wurden Auftraggeber des Malers.*

Reiz auch dokumentarisch-aufsehenerregenden Charakter besitzen, wie BRAND DER OPER, 1781, oder DIE SCHLEIFUNG DER BASTILLE, 1789 (beide Paris, Musée Carnavalet). Daneben fertigte er auch anmutige Genredarstellungen. Mit Bildern wie WÄSCHERINNEN IN EINEM PARK, um 1770 (Paris, Musée des Beaux-Arts), zählt er zu den stimmungsvollsten und bekanntesten Landschaftsmalern des französischen Rokoko.

Roberti, Ercole de'
* um 1450 in Ferrara, † 1496 in Ferrara. R. war neben Cosmè Tura und Francesco del Cossa der herausragende Maler in Ferrara. 1470 schuf er im Palazzo Schifanoia in Ferrara einige Fresken in der Nachfolge von Cossa, mit dem er zusammenarbeitete. R. hielt sich zeitweise in Bologna auf, um unter anderem eine Kapelle im Dom S. Pietro auszumalen. 1480/81 entstand das Altarbild MARIA MIT KIND UND HEILIGEN, (Mailand, Brera). Die früher eher starren und steifen Figuren sind nun weicher. Zwischen 1480–86 schuf er die Tafeln zu Cossas Hochaltar für S. Giovanni in Monte in Bologna, die von großer Ausdruckskraft und Dramatik zeugen.

Rodakowski, Henryk
* 9. 7. 1823 in Lemberg, † 28. 12. 1894 in Krakau. Einer der wichtigsten polnischen Bildnismaler des 19. Jh. In Wien wurde er Schüler von Joseph Danhauser, Friedrich von Amerling und Franz Eybl. Ausgehend vom Biedermeier, wandte er sich dem Klassizismus und der Romantik zu, wobei er Elemente der venezianischen Renaissancemalerei in sein Werk integrierte. In Europa bekannt wurde er vor allem durch das Bildnis des berühmten Generals HENRYK DEMBIŃSKI, 1852 (Krakau, Muzeum Narodowe). Seine Historienbilder sind stark sentimental gefärbt.

Rode, Hermen
* um 1430 wahrscheinlich in Lübeck, † 1504 in Lübeck. Norddeutscher Maler der Spätgotik, der sich von einem streng dekorativen Stil zu einem neuen Realismus hin entwickelte, der von der altniederländischen Kunst seinen Ausgang nahm. So zeichnet sich sein Œuvre aus durch die meisterhafte

Christian Rohlfs, Strasse in Rothenburg, *1921, 75 × 110 (Hannover, Privatsammlung). Die fränkische Stadt wird im Spiegel der expressionistischen Jahre von Rohlfs' Kunst zu einem vibrierenden Farbpanorama. Seine blauen, roten und grellgelben Pinselstriche „züngeln und flackern" über einem nur vage bezeichneten Gerüst der Dächer und Fassaden.*

Verquickung einer ornamentalen Grundstruktur – teppichartiger, golddurchwirkter Farbmuster – mit realistischen Details, beispielsweise in der Inspiration des hl. Lukas, 1484 (Lübeck, St.-Annen-Museum). In kleinformatigen Werken, meist Stifterbildnisse mit der Madonna, steigert sich die Kostbarkeit der Farbgebung, die ornamentalisierte Eleganz der Figuren und die dekorative Fülle, etwa in Ein Kartäuser im Gebet mit der Muttergottes, um 1485 (Schloß Mährisch-Sternberg).

Roelas, Juan de las
(auch Juan de la Ruela)
* 1558 oder 1560 in Sevilla, † 23. 4. 1625 in Olivares (Sevilla). Über das Leben dieses Malers ist wenig bekannt. Sicher ist, daß er Geistlicher war. Er malte ausschließlich religiöse Bilder, meist Altarwerke. 1611 vollendete er die Vision des hl. Bernhard (Sevilla, Hospital de Ancianos de S. Bernardo), 1612 das Martyrium des hl. Andreas (Sevilla, Museo Provincial). Roelas' Malerei stand stark unter dem Einfluß der italienischen Maler, besonders Tintoretto, Veronese und Correggio. Seine reich angelegten, teils komplizierten Kompositionen, deren meist zahlreiche Figuren eine ausdrucksvolle Gebärdensprache zeigen, sind farbenfroh, die Lichtkontraste erinnern an Veronese.

Roemerswaele, Marinus Claesz. van
(auch Reymerswaele)
* 1490 in Reymerswael in Zeeland, † nach 1567. Niederländischer Maler des nordischen → Manierismus, der stilistisch zwischen Frans Floris und Quentin Massys steht. Neben religiösen Gemälden schuf er in erster Linie → Genrebilder. Von Massys übernahm er das Sujet Der Goldwäger und seine Frau und wandelte es in mehreren Variationen zu dem Thema Der Steuereinnehmer und seine Frau um: so u. a. 1538 (München, Alte Pinakothek), 1539 (Madrid, Museo del Prado) und 1541 (Dresden, Gemäldegalerie). Ob es sich bei diesen Bildern um versteckte Allegorien oder um Aufträge für Amtsstuben handelt, ist immer noch umstritten. Sie zeichnen sich aus durch die bestechend naturgetreue Wiedergabe der vielen dargestellten Einzelheiten. Zu seinen besten religiösen Werken zählt Der hl. Hieronymus im Gehäus von 1521 (Madrid, Museo del Prado).

Rohlfs, Christian
* 22. 12. 1849 in Niendorf, Holstein, † 8. 1. 1938 in Hagen, Westfalen. R. war ein Einzelgänger inmitten all der Kunstrichtungen des späten 19. und beginnenden 20. Jh. Eine Knieverlet-

zung, die er sich im Alter von 15 Jahren zuzog, fesselte ihn 2 Jahre ans Bett. Diesem unglücklichen Umstand verdankte R. seine ersten Schritte zur Malerei. Die Produkte seines Krankenlagers fielen dem Dichter Th. Storm in die Hände, der sich darauf 1869 für eine Ausbildung R.s in Berlin, dann auf der Weimarer Akademie, einsetzte. In Weimar blieb R. 30 Jahre und malte in seinem Freiluftatelier Landschaften in der Art der Weimarer Schule. Gegen Ende des Jahrhunderts integrierte R. unabhängig von den französischen Impressionisten verstärkt Licht und Farbe in seine Malerei. Was seinen Mäzenen mißfiel, erregte die Aufmerksamkeit eines renommierten Künstlers: Henry van der Velde empfahl R. an den großen Mäzen der modernen Kunst, K. E. Osthaus, nach Hagen. Hier kam R. mit der Welt der französischen Impressionisten und → Pointillisten in Kontakt. Gleichzeitig lernte er E. Nolde kennen. Nach 1900 schöpfte er immer mehr Mut. Nach einer pointillistischen Phase um 1902 wurde sein Pinselstrich breit und großzügig, der Farbauftrag → pastos. Gleichzeitig wandte er sich anderen Kunsttechniken zu, v. a. dem Holz- und Linolschnitt – beides Techniken, die R.s zunehmender Expressivität entgegenkamen. 1919 erst fand R. seine um vieles jüngere Lebensgefährtin. Die Verbindung fand reichen künstlerischen Niederschlag auf gemeinsamen Reisen durch Deutschland. Erst jetzt entstanden die für R. charakteristischen Bilder: Lichtdurchflutete Landschaften und Blumenstilleben, deren Materialität wie durch einen ätherischen Schleier aufgelöst erscheinen.

Rokotov, Fëdor Stepanovič
* 1735/36 in Voroncov bei Moskau, † 24. 12. 1808 in Moskau. Bedeutender russischer Porträtmaler, der in der poetischen Durchdringung und der psychologischen Ausdrucksschärfe seiner Bilder den Rokokostil mit einer neuen Realistik durchsetzte. Er studierte an der Petersburger Akademie, wo er später auch lehrte. Er begann mit ganzfigurigen höfischen Galaporträts wie ZARIN KATHARINA II., 1763 (Moskau, Tretjakow-Galerie). 1765 übersiedelte er nach Moskau und schuf nun zahlreiche intime Bildnisse voll farbiger Differenziertheit, in denen er die Individualität der Dargestellten glänzend erfaßte.

Romako, Anton
* 20. 10. 1832 in Atzgersdorf bei Wien, † 8. 3. 1889 in Wien. 1847 wurde er Schüler von Ferdinand Georg Waldmüller an der Wiener Akademie, von dem er die akribisch genaue Erfassung des Naturvorbildes erlernte. Sein Hang zur Historienmalerei brachte ihn 1850 in die Privatschule für Monumentalmalerei von Carl Rahl. 1857 ließ er sich als hochgeschätzter Künstler in Rom nieder. Späte Landschaften wie DAS GASTEINER TAL, 1877 (Wien, Österreichische Galerie), nähern sich schon dem Impressionismus.

Romanino, Girolamo
(eigtl. G. Romani)
* zwischen 1484–87 in Brescia, † 1559 oder später in Brescia. Beeinflußt von Tizian, Lotto, Pordenone und nordischer Kunst schuf R. einen eigenwilligen Stil labiler Figuren, deren stark geneigte Köpfe nicht selten einen für die Lombardei typischen, untektonischen Gestaltungswillen erkennen lassen. Zu seinen bedeutendsten Werken zählen die Fresken mit der LEIDENSGESCHICHTE CHRISTI in der Kathedrale von Cremona (1519/20), die in breitem Erzählstil mit dichtgedrängten Figuren das Geschehen vorführen. Von epischer Ausführlichkeit und Detailfülle und daher unmonumental ist auch das KREUZIGUNGSFRESKO in S. M. della Neve in Pisogne bei Brescia (ca. 1534). Weitere Bilder Romaninos kamen nach Berlin, Leningrad und Richmond.

Romney, George
* 15. 12. 1734 in Delton-in-Furness, Lancashire, † 15. 11. 1802 in Kendal, Westmoreland. Hervorragender englischer Porträtmaler, der sich an der Wende zwischen Rokoko, Neoklassizismus und Frühromantik einem bürgerlichen Realismus zuwandte. Nach einer Lehre bei seinem Vater wurde er 1751 Schüler des Wanderporträtisten Christopher Steele. 1762 kam er nach London. Nach einer Parisreise 1764 zeigt sein Werk klassizistische Züge, die später einem sehr nüchternen und eindrucksvoll sachlichen Realismus wichen. Sein bevorzugtes Modell war Lady Hamilton.

Rosa, Salvator
* 21. 6. 1615 in Arenella bei Neapel,

James Rosenquist, SCHEUKLAPPEN, *1968/69, 275 × 2530: Gesamtlänge (Köln, Sammlung Ludwig). Vier Wände eines Raumes bedeckt diese mit Öl- und Fluoreszenzfarbe bemalte Leinwand- und Aluminiumfläche. Überdimensionierung verleiht dem Environment im Verbund mit malerischer Präzision und rauschhafter Farbigkeit seine stark suggestive Wirkung.*

Alexander Roslin, DAME MIT SCHLEIER: MARIE SUZANNE ROSLIN, *1768, 65 × 54 (Stockholm, Nationalmuseum). Während seines ersten Pariser Aufenthaltes, der Roslin einen großen künstlerischen Erfolg bescherte, entstand dieses charmante Porträt der Ehefrau, das seinen Reiz dem geschickten Wechselspiel von Verkleiden und Enthüllung verdankt.*

† 15. 3. 1673 in Rom. Maler, Radierer und Dichter, der in die italienische Barockmalerei eine stark romantisch gefärbte Note einbrachte. Seine Ausbildung erhielt er u. a. bei Aniello Falcone in Neapel. 1635 ging er nach Rom, 1640 wurde er an den Hof von Florenz berufen, wo er die Accademia dei Percossi gründete. 1649 kehrte er nach Rom zurück. Eine besondere Stellung nehmen in seinem Werk Schlachten- und Landschaftsbilder ein, die von starken Helldunkel-Kontrasten, ins Gelb-Braune gebrochenen Farben, dunstiger Atmosphäre, phantastischen, bizarren oder makabren Motiven geprägt sind, z. in BANDITEN AN FELSIGER KÜSTE (New York, Metropolitan Museum of Art). Seine Spätwerke sind auf ruhigere und monumentalere Wirkung berechnet.

Rosenquist, James
* 29. 11. 1933 in Grand Forks, North Dakota. Wichtiger amerikanischer Vertreter der → Pop-art war zunächst als Plakatmaler und Industriedesigner tätig. Ab 1960 wandte er sich der Popkunst zu. Fünf Jahre später schuf er sein monumentalstes Werk von 26 m Länge und fast 3 m Höhe, F-111 (New York, Sammlung Robert C. Scull), in dem sich seine wichtigsten Themenkreise vereinigt finden: die Welt der Maschinen und Kriegsgeräte, der Konsumartikel und des zur Ware degradierten Menschen. In der Übergröße von Details, in der Kombination von Objekten zu einer „Story", in der Verbindung grellster Leuchtfarben und verschiedenster Materialien zu environmentartigen Gestaltungen demaskiert er die modernen Konsumauswüchse.

Roslin, Alexander
*15. 7. 1718 in Malmö, † 5. 7. 1793 in Paris. Einer der bedeutendsten Bildnismaler des 18. Jh. und ein wichtiger Vertreter des Rokoko. Seine erste Ausbildung erhielt er in Karlskrona, dann in Stockholm. 1745 wurde er an den Hof nach Bayreuth berufen. 1747–52 hielt er sich in Italien auf, 1752 ging er nach Paris, wo er zum Modeporträtisten der vornehmen Gesellschaft und ein Jahr später Mitglied der Akademie wurde. Seine zahlreichen Porträts in Öl-, Pastell- oder Wachstechnik zeichnen sich durch eine virtuose Stoffmalerei, durch Eleganz und psychologisch intensive und unmittelbare Darstellungsweise aus, so auch DAME MIT SCHLEIER: MARIE SUZANNE ROSLIN, 1768 (Stockholm, Nationalmuseum).

Rosselli, Cosimo
* 1439 in Florenz, † 7. 1. 1507 in Florenz. Der Florentiner Maler des 15. Jh. R. war Schüler von Neri di Bicci. 1481 ging er nach Rom, um an der Ausmalung der Sixtinischen Kapelle mitzuwirken. Sein Hauptwerk ist das 1485/86 entstandene Fresko SAKRAMENTSWUNDER in S. Ambrogio in Florenz. Neben Fresken schuf er viele Altartafeln und Porträts. Zwei seiner Schüler waren sehr bedeutend: Fra Bartolommeo und Piero di Cosimo.

Rosselli, Matteo
* 10. 8. 1578 in Florenz, † 18. 1. 1650 in Florenz. Der Florentiner Maler R. steht an der Wende vom → Manierismus zum → Barock. Nach einer Ausbildung bei Gregorio Pagani ging er für ein halbes Jahr nach Rom, um dort mit Passignano zusammenzuarbeiten. Von R. stammen viele Andachtsbilder und Fresken, so z. B. die große Folge in Florenz in S. Marco mit SZENEN AUS DEM LEBEN DES HL. ANTONIUS.

Rossetti, Dante Gabriel
* 12. 5. 1828 in London, † 9. 4. 1882

Dante Gabriel Rossetti, Astarte Syriaca, *1877, 183 × 107 (Manchester, City Art Gallery). Anders als in der gleichzeitigen impressionistischen Malerei Frankreichs zeichnen die englischen Präraffaeliten kein Alltagsbild der Frau. Rossettis hehre Idealgestalten scheinen erst in nordischen Sagas oder Wagners Opern einen adäquaten Lebensraum zu finden.*

in Birchington-on-Sea, Kont. Trotz seines Schulverhältnisses zu F. Madox Brown blieb Rossetti weitgehend Autodidakt. Zur Mystik neigend wurde er malerisch wie literarisch stark von William Blake beeinflußt, und wie dieser widmete er sich auch der Poesie. Zusammen mit Hunt und Millais lehnte er die akademische Historienmalerei in ihrer Überladenheit ab. Sie gründeten 1848 die „Pre-Raphaelite Brotherhood" (→ Präraffaeliten), die sich an der frühen italienischen Malerei orientierte und die Natur zu ihrem Vorbild nahm: Die Kindheit Mariä, 1849 (London, National Gallery), oder Ecce Ancilla Domini, 1850 (London, Tate Gallery), sind mit ihren religiösen Themen typische Bilder dieser Zeit. Später entstanden unter dem Eindruck von Dantes Dichtung Dantis Amor, 1859, und Beata Beatrix, 1863 (beide London, Tate Gallery), in klaren Farben und Linien. Die Ideen von William Morris und die Freundschaft mit Burne-Jones ließen Rossetti in der Folgezeit zu einem romantischen → Symbolismus finden, der dem Jugendstil recht nahe stand. Diese ganz auf Schönheit ausgerichtete Malweise etwa in Daydream, 1880 (London, Victoria and Albert Museum), fand in dieser Zeit viel Anklang.

Rosso, Fiorentino
(eigtl. Giovanni Guasparre)
* 8. 3. 1494 in Florenz, † 14. 11. 1540 in Paris. Der → Manierist R. lernte bei Andrea del Sarto und empfing wichtige Impulse von Michelangelo, Dürer u. a. Bis 1530 war R. in Florenz und Oberitalien tätig und entwickelte die künstlerischen Tendenzen Pontormos weiter, jedoch ist der Grundcharakter seiner meist religiösen Arbeiten ein anderer: intellektueller und gleichzeitig von starken Emotionen geprägt. Ein Frühwerk, das 1523 entstand, veranschaulicht dies: Moses verteidigt die Töchter Jethros (Florenz, Uffizien) ist ein Beispiel für auf die Spitze getriebene künstlerische Abstraktion; R. gab alle formalen Schematismen auf zugunsten äußerst komplizierter Figurenanordnungen, die seine Werke mit einer nervösen Energie erfüllen. Auch das Verhältnis der Farbe zum Licht –

Hans Rottenhammer, RUHE AUF DER FLUCHT NACH ÄGYPTEN, *um 1597 (Kassel, Gemäldegalerie). Wie A. Elsheimer, der in Venedig Gehilfe Rottenhammers war (1598/1600), und andere vor ihm, gestaltet dieser die Rast der Hl. Familie als ein beschauliches Idyll. Der Himmel öffnet sich und spendet den Fliehenden Labung. Recht selten ist allerdings die Erscheinung des kleinen Johannes bei dieser Szene.*

Rosso Fiorentino, KREUZABNAHME, *1521, 333 × 195 (Volterra, Pinacoteca Comunale). Zu den Meisterwerken aus Rossos Frühzeit gehört dieses Altarwerk. Die vertikale Streckung der Bildkomposition erlaubte es dem Manieristen, die Figuren in geradezu akrobatischen Körperwendungen zu variieren. Sehr expressiv die Gruppe der trauernden Marien.*

voller harter, kantiger Kontraste – ist neuartig. 1530 wurde R. von Franz I. als Hofmaler nach Frankreich berufen; dort entstand sein Hauptwerk, die Dekoration der Galerie Franz' I. in Fontainebleau, mit allegorisch verschlüsselten Freskenzyklen, die in eine vollplastische Stuckdekoration eingebettet sind.

Rothko, Mark
* 25. 9. 1903 in Dvinsk, Litauen, † 25. 2. 1970 in New York. Bedeutender Vertreter des → Color field painting. 1921–23 absolvierte er ein Kunststudium an der Yale University in

Johann Michael Rottmayr, DER HL. BENNO, *1702, 117×99 (München, Alte Pinakothek). Fisch und Schlüssel sind Attribute des im bischöflichen Ornat erscheinenden Patrons von Altbayern und München. Auf das Wahrzeichen der Isarstadt, die Liebfrauenkirche, weist der jugendliche Engel hin. Rottmayr gehört zu den großen barocken Freskanten.*

New Haven. 1925 ließ er sich in New York nieder. Nach einer surrealistischen Phase entstanden 1947 Bilder mit räumlich schwebenden Formen, die kurz darauf formal beruhigt und zu Rechtecken geometrisiert wurden. Ab 1949 fand er zu seinem eigentlichen Stil: Bilder mit großen, koloristisch differenzierten Farb-Raum-Modulationen. Diese Abstraktionen bestehen aus wenigen übereinander angeordneten Rechteckfeldern, deren Grenzen faserig ineinander verlaufen, z. B. in NO. 8, 1952 (Meriden, Connecticut, Sammlung Burton Tremaine). Das immaterielle Farblicht, die aus den Farbblöcken auftauchenden farbigen Fleckenmuster, bewegen unmerklich den flächigen Farbauftrag, der sich optisch über die Grenzen der Leinwand hinaus zu erstrecken beginnt.

Rottenhammer, Hans
* 1564 in München, † 14. 8. 1625 in Augsburg. Maler, Zeichner und Entwerfer für Kunstgewerbe im Stil des deutschen Manierismus, der in seinem Werk venezianische und niederländische Einflüsse vereinigte. Nach einer Lehrzeit in München ging er 1589 bis 1606 nach Rom und Venedig. In Rom arbeitete er mit Paul Bril und Jan Bruegel zusammen, deren Art der Landschaftsdarstellung und deren Technik, auf Kupferplatten zu malen, er übernahm. In Venedig, wo er offensichtlich hoch geachtet und künstlerisch angesehen war, wurde er auch von Paolo Veronese und Tintoretto beeindruckt. Ab 1606 lebte er meist in Augsburg, wo er auch das Bürgerrecht erwarb. Damals entstanden großformatige Altarbilder für Münchener und Augsburger Kirchen, etwa HEILIGE DES FRANZISKANERORDENS (Augsburg, St. Max), sowie Fresken u. a. für das Augsburger Rathaus und das Bückeburger Schloß, 1609–13. Mit seinen miniaturhaft feinen Kabinettbildern war er vor allem bei prominenten Sammlern wie Herzog Wilhelm V. von Bayern oder Kaiser Rudolf II. beliebt.

Carl Rottmann, DIE INSEL SANTORIN, *1835 (München, Graphische Sammlung). Die letzte Etappe von Rottmanns Griechenlandreise, die der Landschaftsmaler im Auftrag König Ludwigs I. unternahm, führte ihn 1835 nach Santorin. Ein Zyklus griechischer Landschaften sollte nach dem Wunsche des bayerischen Monarchen den Nordtrakt seines Münchner Hofgartens schmücken.*

Rottmann, Carl Anton Joseph
* 11. 1. 1797 in Handschuhsheim bei Heidelberg, † 7. 7. 1850 in München. Einer der hervorragendsten deutschen Landschaftsmaler des 19. Jh. Sein Werk spielte eine große Rolle für die Weiterentwicklung der klassizistisch-idealistischen Landschaftsdarstellung, in die er alle Merkmale der Spätromantik einbrachte. Schon früh wurde er beeinflußt von der romantischen Stimmung in Werken Carl Philipp Fohrs und der Wiedergabe atmosphärischer Effekte bei G. A. Wallis. 1821 begann er an der Münchener Akademie zu studieren. Hier war es Joseph Anton Koch, der ihn tief beeindruckte. Im Auftrag König Ludwigs I. reiste er mehrmals nach Rom und Palermo und 1834/35 nach Griechenland. 1841 wurde er Hofmaler. Nach → Veduten in romantisierender Manier, z. B. WERTHEIM AM MAIN, 1822 (Hamburg, Kunsthalle), malte er Landschaften aus Oberbayern und Tirol, die sein Interesse an Formverfestigung und klaren tektonischen Strukturen erweisen, wie

Georges Rouault, DIE DREI CLOWNS (St. Louis, Privatsammlung). Rouault besaß eine Vorliebe für mittelalterliche Kunst, er selbst ging zunächst bei einem Glasmaler in die Lehre. Die irisierende Farbigkeit seiner Palette, die kräftige Umränderung der Körper läßt an alte Glasfenster denken.

in EIBSEE (München, Neue Pinakothek). Mit dem Freskenzyklus italienischer Landschaften für die Hofgartenarkaden in München, 1830–33 (heute München, Residenzmuseum), gelangte er zu einem voll entwickelten klassizistisch-idealistischen Monumentalstil in der Landschaftsschilderung. Diesem Zyklus folgte die Serie der auf Schieferplatten gemalten griechischen Landschaftsbilder, 1838–50 (München, Neue Pinakothek), die in ihrem Bemühen um malerische Werte in der deutschen Kunst großen Widerhall fanden. In seinem Spätwerk ist die landschaftliche Weiträumigkeit, die tektonisierte Bildform und die Kühnheit der Koloristik ins Grandiose gesteigert, so auch in GRIECHISCHE KÜSTE BEI STURM, 1849 (München, Schackgalerie). Rottmanns Bilder fanden in ganz Deutschland begeisterte Anerkennung und wurden für die folgende Generation von Landschaftsmalern vorbildlich.

Rottmayr, Johann Michael
getauft am 11. 12. 1654 in Laufen an der Salzach, Oberbayern, † 25. 10. 1730 in Wien. Einer der bedeutendsten deutschen Barockmaler. 1675 bis 88 lernte er in Venedig u. a. bei Johann Carl Loth. Besonders in seinen Tafelbildern verarbeitete er in kräftigen Farben und wuchtigen, bewegten Gestalten Einflüsse der venezianischen Malerei und Peter Paul Rubens'. 1696 wurde er in Wien kaiserlicher Hofmaler. Ein Hauptwerk stellen die Deckenfresken in Schloß Frain von 1696 dar. Hier verband sich, gestützt auf die Kenntnis der illusionistischen Gestaltungsmittel eines Andrea Pozzo und Pietro da Cortona, die kühne Gestaltenwelt und die intensive Koloristik der Bilder mit der genialen Raumkonstruktion zu einer untrennbaren Einheit. Dieser dramatisch vorgetragene Illusionismus steigerte sich zunehmend in den Fresken von St. Matthias in Breslau, 1704–06. In den Deckenmalereien der Salzburger Residenz, 1711, des Schlosses Weißenstein in Pommersfelden, 1716/18, in der Stiftskirche von Melk, 1716/22, oder in der Karlskirche in Wien, 1726/30, dient die Vereinheitlichung der Deckenfelder und die Erschließung des Illusionsraumes mit farbigen und dekorativen Mitteln einer Intensivierung des Triumphgedankens innerhalb der mythologisch-allegorischen Thematik.

Rouault, Georges
* 27. 5. 1871 in Paris, † 13. 2. 1958 in Paris. Stilistisch wurde der Maler, Graphiker, Entwerfer von Glasmalereien und Keramiken häufig dem → Fauvismus zugerechnet, da er aber in seiner Malerei nicht in erster Linie ein Medium

ästhetischer Experimente sah, wie die Fauvisten, sondern die Möglichkeit, religiöse, theologische und existentielle Erfahrungsbereiche mit expressionistischen Mitteln bildnerisch umzusetzen, ist er eigentlich als ausgesprochener Einzelgänger unter den Künstlern des 20. Jh. zu bezeichnen. 1885 belegte er Abendkurse an der École des Arts Décoratifs, 1885–90 kam er zu einem Glasmaler in die Lehre. 1890 trat er in die École Nationale Supérieure des Beaux-Arts ein, 1892 wurde Gustave Moreau sein Lehrer. Später befreundete er sich mit dem Schriftsteller Léon Bloy, von dessen düster alttestamentarischer, apokalyptisch überschatteter Katholizität er stark beeinflußt wurde. Ersten Erfolg hatte er mit dem Bild JESUS UNTER DEN SCHRIFTGELEHRTEN, 1894 (Colmar, Musée d'Unterlinden), in dem er Helldunkel-Effekte in der Art Rembrandts mit einer Eugène Delacroix verpflichteten Komposition verband. 1895–1911 stellte er ziemlich regelmäßig im „Salon des Artistes Français" seine Ölgemälde mit biblischer oder klassisch-mythologischer Thematik aus. Zudem malte er viele Landschaften direkt nach der Natur. Seit 1902 – jetzt entstanden vor allem Aquarelle und Gouachen – dominieren in seiner nun aggressiven Farbgebung die Blautöne. In harten Kontrasten und von starken schwarzen Konturen eingefangen sind die Farben nebeneinandergesetzt. Thematisch bevorzugt wird die Darstellung von Prostituierten, Clowns, Personen der „Commedia dell'Arte" sowie von Gerichtsszenen. In all diesen Darstellungen, die stark von Honoré Daumier beeinflußt sind, umkreist er die dunkle und leidvolle Seite der Welt, die Einsamkeit des Menschen in einer atheistischen Umwelt. Im ZIRKUSMÄDCHEN von 1902 (Winterthur, Privatsammlung), ist aller Glanz und Flitter abgefallen, das fast karikaturhaft häßliche Geschöpf wird zu einem Zerrbild seiner selbst. Im KOPF EINES TRAGISCHEN CLOWNS, um 1904 (Zürich, Kunsthaus), wird das Gesicht zu einer düsteren Maske, von dunklen Konturen in ein beengendes Gitterwerk eingefangen, aus dem einzelne verwischte Farbpartien expressiv hervorleuchten. In DIE DIRNE VOR DEM SPIEGEL, 1906 (Paris, Musée National d'Art Moderne), ist in dem seltsam fahlen, aufgeblähten nackten Körper der Frau Empörung vor dem Fall des Menschlichen zusammen mit tiefem Mitleiden ausgedrückt. 1905 wurden Rouaults Arbeiten im „Salon d'Automne" zusammen mit den der Fauves ausgestellt, ansonsten waren seine Kontakte zu dieser Künstlergruppe jedoch nur locker. Die Expressivität seiner Kunst erreicht

Henri Rousseau, DER TRAUM DER JADWIGHA, *1910, 204 × 298 (New York, Museum of Modern Art). Einen „paradeisos"-Garten, wo einander sonst feindliche Tiere und der Mensch friedlich miteinander leben, wo neben einem Salonsofa ein exotischer Flötist erscheint, ersann sich der Urvater der Naiven. Man glaubt, in diesem Dickicht Vogelstimmen zu hören.*

1905/06 ihren Höhepunkt. In ungeheuer ausdrucksstarken Farben, die aber allgemein heller sind als vorher und in größeren transparenten Flächen aufgetragen, und in hastigen, leidenschaftlichen Pinselhieben wird eine visionäre Bilderwelt erstellt, z. B. in MÄDCHEN MIT ERHOBENEN ARMEN, um 1906 (Paris, Musée d'Art Moderne de la Ville de Paris). In Bildern wie DER

Théodore Rousseau, DER FRÜHLING, *um 1850. In vielen seiner Landschaften kommt Rousseau ohne figürliche Staffage aus. Von holländischen Landschaftsbildern inspiriert, gibt er einen scheinbar zufälligen Naturausschnitt wieder mit steinigen Hügeln und unbewachsenen Flecken. Rousseau ist Wegbereiter der impressionistischen Freilichtmalerei.*

ANGEKLAGTE, 1907 (Paris, Musée d'Art Moderne de la Ville de Paris), steht Rouault dem Berufsstand des Richters mit derselben Abneigung gegenüber wie Daumier. Seit etwa 1910 erhalten seine Gemälde eine opakere Farboberfläche, die glühenden Farbtöne werden von immer kräftigeren dunklen Konturen umrissen, womit sie sich häufig der Wirkung magisch leuchtender mittelalterlicher Glasfenster annähern, z. B. in DIE TAUFE CHRISTI, 1911 (Paris, Musée d'Art Moderne de la Ville de Paris). Auch das „sakrale" Rundformat taucht nun öfter auf. 1930–39 wird die Chromatik immer leuchtender und differenzierter, satter und gleichzeitig transparenter, etwa in dem Meisterwerk von 1937, DER ALTE KÖNIG (Pittsburgh, Pennsylvania, Museum of Art, Carnegie Institute). Auch in den späteren Jahren blieben die Thematik und Spiritualität in den Arbeiten dieses Malers gleich. Sie wurden nur in einer anderen Farbvalenz vorgetragen.

Rousseau, Henri-Julien-Félix
(gen. le Douanier, der Zöllner)
* 21. 5. 1844 in Laval, † 2. 9. 1910 in Paris. Einer der bedeutendsten Vertreter der → Naiven Malerei, der seine realistischen Schilderungen häufig ins Märchen- und Traumhafte, ins Exotisch-Phantastische übersteigerte. Rousseau arbeitete bei der Pariser Stadtverwaltung und war mit der Erhebung der städtischen Wassersteuer befaßt. Neben seinem Beruf malte er – sein erstes signiertes Bild datiert ins Jahr 1880 –, bis er mit etwa vierzig Jahren in Pension ging und sich ganz der Malerei widmen konnte. Er hatte keine künstlerische Ausbildung und so gut wie keine kunsttheoretischen Kenntnisse, aber er kopierte seit 1884 Gemälde alter Meister im Louvre. 1885 beteiligte er sich erstmals an einer Ausstellung, am „Salon libre des Beaux-Arts des Champs-Elysées". 1886 konnte er im „Salon des Indépendants", einem Sammelbecken aller nichtoffiziellen Kunst, ausstellen. Im gleichen Jahr entstand eines seiner bekanntesten Bilder, EIN ABEND IM

Peter Paul Rubens, DIE KRÖNUNG DER TUGENDHELDEN, *um 1613/14 (Kassel, Gemäldegalerie). Das Barock ist eine Blütezeit der Allegorie, die Abstraktes sinnfällig zu veranschaulichen wußte. Der über die Untugenden – darunter die schlangenköpfige Zwietracht (discordia) – siegreiche Held wird von Victoria und dem Genius der Eintracht (concordia) erhoben.*

KARNEVAL (New York, Samml. Louis E. Stern). Durch weitere Ausstellungen bei den Indépendants erregte er die Aufmerksamkeit von Paul Signac, Henri de Toulouse-Lautrec, Camille Pissarro, Odilon Redon und Paul Gauguin, die seine naive, ursprüngliche und dabei doch kunstvolle Art ebenso bewunderten wie später Pablo Picasso, Robert Delaunay oder der Dichter Guillaume Apollinaire u. a. Als sein eigentlicher Entdecker kann Wilhelm Uhde gelten, der bereits 1911 eine Monographie über ihn verfaßte. Im Rahmen der sog. „naiven Malerei" ragen seine Arbeiten durch die Mischung von laienhaften und professionellen Zügen, vor allem aber durch ihre hohe Qualität als Besonderheit heraus. Der meist farbenfreudigen Heiterkeit seiner Gemälde entspricht die unbefangen gesehene und detailreich aufgefaßte und häufig durch Pflanzenstudien vorbereitete Naturschilderung. Die meist frontal wiedergegebenen Figuren sind selten anatomisch richtig, aber in ihren Stimmungswerten aussagekräftig. Den Himmel seiner Landschaften beleben häufig wie aus Papier ausgeschnittene Wolken, Luftballons und Flugzeuge. Die streng lineare und flächige Rhythmik monumentalisiert seine Figurationen. In Bildnissen und Gruppenbildnissen – z. B. ICH SELBST, PORTRÄT-LANDSCHAFT, 1890 (Prag, Národní-Galerie), oder DAS GEFÄHRT DES PÈRE JUNIET, 1908 (Paris, Musée National du Louvre) – herrscht eine statische Komposition vor. Diese Statik nähert auch seine Urwaldszenen und exotischen Bilder – SCHLANGENBESCHWÖRERIN, 1907 (Paris, Musée National du Louvre), oder TRAUM DER YADWIGHA, 1910 (New York, Museum of Modern Art) – der Stille des Traumhaften und der erstarrten Verzauberung des Magischen an.

Rousseau, Théodore

* 15. 4. 1812 in Paris, † 22. 12. 1867 in Barbizon. Einer der wichtigsten Vertreter der Schule von → Barbizon. Nach einer Ausbildung bei seinem Vetter, einem Landschaftsmaler, wurde für seine weitere Entwicklung die Auseinandersetzung mit Werken Jacob und Salomon von Ruysdaels äußerst befruchtend. 1832/33 malte er zum ersten Mal im Wald von Fontainebleau, wobei er die landschaftlich-geologischen Strukturen und vor allem die Lichtverhältnisse bei wechselnden Tages- und Jahreszeiten zu erfassen suchte. 1837 entstanden zwei seiner bedeutendsten Bilder: DAS TAL VON TIFFANGE (Cincinnati, Art Museum) und DIE KASTANIENALLEE (Paris, Louvre), Bilder, in denen sich das Alltägliche pantheistisch zu erhabener Größe

Peter Paul Rubens, MARIA DE' MEDICI ALS SIEGERIN NACH DER EROBERUNG VON JÜLICH *(Ausschnitt), 1622/24 (Paris, Louvre). 1621 erhielt Rubens den Auftrag zu einem 21 Bilder umfassenden Monumentalzyklus für das Palais du Luxembourg: Szenen aus dem Leben von Heinrich IV. und Maria de' Medici.*

steigert und in den schweren, dunklen Braun- und Rottönen mit pathetischem Ernst durchtränkt. 1847 ließ er sich in Barbizon nieder und wurde geistiger Führer der hier entstehenden Schule. Mit seinen einsamen, menschenleeren Landschaften kommt er zu einer fast visionären Schau der Natur mit phantastisch geformten Ästen und irreal schillernden Lichteffekten. Mit Bildern wie GEWITTERSTIMMUNG IN DER EBENE VON MONTMARTRE, um 1845–48 (Paris, Louvre), zählt er nicht nur zu den ersten Vertretern der → Freilichtmalerei, sondern nimmt auch Wesentliches des Impressionismus vorweg.

Rowlandson, Thomas
* 14. 7. 1756 in London, † 22. 4. 1827 in London. Aquarellmaler und Karikaturist. Studierte 1772 an der Royal Academy. Seit 1780 beschäftigte er sich mit Karikaturen für satirische Zeitschriften, wahrscheinlich unter dem Einfluß William Hogarths. Seine Themen und Gesichter erinnern an Ghezzi, seine Technik an Mortimer. 1786 entstand sein EISLAUF IM HYDE PARK (London, Museum), in dem sein charakteristischer Stil vervollkommnet erscheint: der Kontrast zwischen der Schönheit der Jugend und der Häßlichkeit des Alters, ein leichter, beschwingter Kontur und zusammenhanglose Gruppierungen. 1808 erschien die Serie „The Microcosm of London" in Zusammenarbeit mit Pugin d. Ä., der die architektonischen Hintergründe schuf. Rowlandson stand mit dieser Serie auf dem Höhepunkt seines künstlerischen Schaffens. Sein Spätwerk erreichte selten diese Kraft und Frische.

Rubens, Peter Paul
* 28. 6. 1577 in Siegen (Westfalen), † 30. 5. 1640 in Antwerpen. Die Bedeutung von Rubens, dem Hauptmeister des flämischen Barock, kann nicht hoch genug geschätzt werden. Zweifelsohne gehört er zu den größten Künstlerpersönlichkeiten, die das Abendland hervorgebracht hat. Sein Werk ist so umfangreich, daß man es geradezu mit einer, aus Bildern bestehenden Enzyklopädie vergleichen kann. Es besteht aus religiösen, geschichtlichen, mythologischen und allegorischen Gemälden, ferner aus Bildnissen und Landschaften. Es ist geprägt von sublimierter Sinnlichkeit, klassisch-humanistischem Geist und ist von leidenschaftlichem Leben erfüllt. Rubens wurde als sechstes Kind einer angesehenen, reichen und teilweise akademisch gebildeten Familie geboren. Bis zu seinem 14. Lebensjahr besuchte er eine humanistische und katholische Schule. Anschließend kam er als Page in den gräflichen Haushalt der Margarete von Ligne, was ihm jedoch nicht gefiel. Schließlich gelang es ihm, seinen Wunsch, die Malerei zu erlernen, bei seiner Mutter durchzusetzen. Erste künstlerische Unterweisung erhielt er vermutlich von dem Landschaftsmaler Tobias Verhaecht, der mit seiner Familie verschwägert war. Weitere Lehrer waren die → Romanisten Adam von Noort und Otto van Veen, deren Einfluß in Rubens Frühwerk zu spüren ist. Seine gesamte Ausbildungszeit kann nicht mehr als sieben oder acht Jahre gedauert haben, denn schon 1598 wurde er als Meister in die → Lukas-Gilde von Antwerpen aufgenommen. In dieser ersten Schaffensperiode, die durch einen klassizistisch-manieristischen Stil geprägt ist, fällt die Entstehung des Werkes KAMPF JAKOBS MIT DEM ENGEL, das sich in Berliner Privatbesitz befindet. 1600–08 hielt sich Rubens in Italien auf, wo er sich in Venedig, Florenz und in Mantua als Hofmaler und Diplomat des Herzogs Vincenzo Gonzaga betätigte. Dieser schickte ihn – teilweise zur Weiterbildung, teilweise in politischer Mission – 1601 nach Rom, 1603 an den spanischen Königshof in Valladolid. Ab 1606 hielt sich Rubens vorwiegend in Rom auf, wo er die antiken Denkmäler studierte und die Werke zeitgenössischer Maler wie Zuccari, Cesari, Caravaggio, Carracci, Reni u. a. kennenlernte. Die Anregungen, die er während dieses Italienaufenthaltes aufnahm, führten zur Überwindung seines manieristischen Stils der Frühzeit. Erste große Werke dieser Phase sind das ALTARBILD FÜR DIE JESUITENKIRCHE IN MANTUA (1604/05), das HAUPTALTARWERK FÜR DIE CHIESA NUOVA in Rom (1607/08) und, im Bereich der Bildniskunst, REITERBILD DES HERZOGS VON LERMA (1603). Auf die Nachricht von der schweren Erkrankung seiner Mutter, kehrte Rubens 1608 zurück nach Antwerpen. Nun begann er sich einen Namen als überragender Meister der flämischen Malerei zu schaffen. 1609 wurde er zum Hofmaler des Erzherzogs Albert ernannt und gründete seine Werkstatt. Eine Lehre in seiner Werkstatt zu absolvieren, war so begehrt, daß er sich vor dem Andrang der Bewerber kaum retten konnte. Im selben Jahr heiratete er die 18jährige Isabella Brant, die ihm drei Kinder gebar: SELBSTBILDNIS MIT SEINER FRAU IN DER GEISSBLATTLAUBE, 1609/10 (München, Alte Pinakothek). In den Jahren 1608–20 bildete er seinen Stil aus, wobei aber noch zu Anfang dieser Periode unruhige Bewegtheit mit klassischer Gemessenheit wechselte. Die starken Helldunkel-Kontraste wurden allmählich aufgegeben. Auch ging er dazu über, in seinen Bildern statt der tiefen, dunklen, nur gelegentlich erhellten Töne der italienischen Zeit, hellere Farben mit klarer Leuchtkraft zu verwenden, die er zumeist auf Holz und Kreidegrund auftrug. Einige Bilder dieser ersten reifen Schaffensperiode sind die KREUZAUFRICHTUNG (1610/11) und die KREUZABNAHME (1611–14) für die Kathedrale in Antwerpen; aus dem mythologischen Themenbereich entnommen, malte er URTEIL DES PARIS, Satyrszenen u. a; ferner entstanden Jagdszenen und Bildnisse. Ab 1622 unternahm er als Diplomat des französischen, englischen und spanischen Hofes mehrere Reisen. So führte er z. B. 1629/30 als außerordentlicher Gesandter die Friedensverhandlungen zwischen den Kronen Spaniens und Englands erfolgreich zu Ende. Rubens hatte mittlerweile mehrere akademische und Adelstitel erhalten. Nach dem Tod seiner Frau, die vermutlich ein Opfer der Pest war, heiratete er 1630 die 16jährige Helene Fourment, die ihm fünf Kinder gebar. 1635 erwarb er das Landschlößchen Steen bei Antwerpen, in das er sich während seiner letzten Lebensjahre zurückzog. Sein Grab befindet sich in einer eigenen Kapelle in der Jakobskirche in Antwerpen. In den Jahren um 1620 hatte sich seine Kunst in den Akt- und Halbfigurenbildern immer freier und kraftvoller entfaltet, wie z. B. in DER TRUNKENE SILEN, 1618, DER RAUB DER TÖCHTER DES LEUKIPPOS, 1618, AMAZONENSCHLACHT, 1618, HÖLLENSTURZ DER VERDAMMTEN, 1620; (alle in München, Alte Pinakothek); ferner entstanden Kampf- und Jagdbilder wie z. B. DIE LÖWENJAGD, 1616 (München). In den 20er Jahren behaupten sich bewegter werdende, große belebte Kompositionen in rauschender Farbigkeit, wie in dem MEDICI-ZYKLUS, 1621/25 (Paris, Louvre), der aus 21 Bildern für Maria von Medici besteht und in dem Historisches mit Mythologischem verbunden ist. Weiterhin malte er Entwürfe für eine Folge von Wandteppichen, die die Geschichte Kaiser Konstantins behandelte; als Landschaftsbild entstand PHILEMON UND BAUCIS (Wien, Kunsthistorisches Museum). Im Spätstil der 30er Jahre lockerte er immer mehr den Aufbau seiner Bilder, denen er durch Erhellung und Brechung der Farben höchste Leuchtkraft verlieh, insbesondere der Farbe Rot. Das erste Werk

Peter Paul Rubens, RAUB DER TÖCHTER DES LEUKIPPOS, *222 × 209 (München, Alte Pinakothek). Ein für den „Rubens-Stil" exemplarisches Bild. Das Bildformat wird prall mit Figuren gefüllt, deren stark verschränkte, mächtige Gebärden von wuchtigem Pathos und enormer plastischer Kraft erfüllt sind. Die Dioskuren rauben die Töchter des kretischen Königs Leukippos.*

Peter Paul Rubens, LANDSCHAFT MIT KÜHEN UND ENTENJÄGERN, *1620/30, 113 × 176 (Berlin, Staatliche Museen). Rubens' Landschaften sind keine naturnahen Abbilder seiner Heimat im Sinne der gleichzeitigen holländischen Landschaftskunst. Er kommt nicht ohne die dazuerfundene Staffage aus, die in eine heroisierte und luministisch veredelte Umgebung eingebaut wird.*

Peter Paul Rubens, SELBSTBILDNIS, *1638/40, 109 × 85 (Wien, Kunsthistorisches Museum). Das Bild zeigt den Maler wenige Jahre vor seinem Tode. Geadelter Hofmaler, Mitglied in der Gilde der Romanisten, dazu ein Diplomat von internationalem Ruf, konnte Rubens hier auf eine außergewöhnliche Karriere als Mensch und Künstler zurückblicken.*

seines letzten Jahrzehnts war der ILDEFONSO-ALTAR 1630/32, (Wien). Ferner schuf er Porträts seiner zweiten Frau, die er u. a. als Akt – ANDROMEDA, um 1638 – und Mutter –, HELENE FOURMENT MIT IHREM ERSTGEBORENEN SOHN FRANS, 1635, (München, Alte Pinakothek), darstellte. Weitere Werke sind u. a. DER LIEBESGARTEN (Madrid, Prado) und einige Landschaften wie z. B. LANDSCHAFT MIT SCHLOSS STEEN (1636). Der Einfluß seiner Kunst wirkte sich in ganz Europa aus, auch durch die sogenannten „Rubensstecher", die graphische Wiedergaben seiner Werke schufen. In seinem ausgedehnten Werkstattbetrieb fanden sich einige bedeutende Mitarbeiter und Schüler, wie A. van Dyck, J. Bruegel d. Ä. und F. Snyders.

Rublew, Andrej

*um 1360/70 in der Gegend von Moskau, † um 1427/30 in Moskau. Der Mönch des Dreifaltigkeitsklosters in Sagorsk trat die Nachfolge der spätbyzantinischen Tradition Theophanes' des Griechen an, schuf mit ihm zusammen 1405 die (verlorengegangenen) Wandbilder der Verkündigungs-Kathedrale im Moskauer Kreml, trug aber dennoch zur Überwindung des byzantinischen Stils und damit zur Entwicklung einer eigenständig russischen Kunst wesentlich bei. Schon die um 1411 entstandene DREIFALTIGKEITSIKONE (Moskau, Tretjakow-Galerie) zeigt in weichmodellierenden Linien und fast psychologisierender geistiger Verbindung der Engelsgestalten eine Intimität, die der byzantinischen Reichskunst auch der Palaiologenzeit unzulässig erschienen wäre. Von Rublews Wandgemälden blieb weniges gut erhalten, doch zeigen die Ikonen aus der Kathedrale in Wladimir und im Troize-Sergiev-Kloster 1425 bis 1427 die fortschreitende Selbständigkeit.

Ruisdael (Ruysdael), Jacob van

* 1628/29 in Haarlem, † im März 1682 in Haarlem. Künstlerisch angeregt wurde Ruisdael vermutlich von seinem Onkel Salomon van Ruysdael und von Cornelisz Vroom, zwei Landschaftsmalern. 1648 wurde er in die Haarlemer Malerzunft aufgenommen. Nachdem ihn mehrere Reisen nach Ostholland und Westdeutschland geführt hatten, ließ er sich um die Mitte der 50er Jahre in Amsterdam nieder und erhielt dort 1659 das Bürgerrecht. Seine ersten Bilder entstanden um 1646, in denen er gerne waldbewachsene Dünenlandschaften mit wolkenverhangenem Himmel darstellte, und welchen er durch ausgeprägte Helldunkel-Kontraste eine dramatische Stimmung verlieh: DÜNENLANDSCHAFT, 1646 (Leningrad, Eremitage). Seit 1647 malte er auch Seestücke, meist mit aufgewühltem Wellengang und tiefhängenden Wolken: DIE KÜSTE DES MEERES BEI EGMOND-AAN-ZEE, undatiert, (London, National Gallery). Schloß Bentheim war für ihn ein faszinierendes Motiv, das er Anfang der 50er Jahre wiederholte Male darstellte. Dabei strebte er auf Kosten der realistischen Wiedergabe der Örtlichkeit eine Steigerung der Landschafts- und

Naturformen an, die eine dramatische, pathetische, manchmal geradezu unheilvolle Stimmung bewirkte und die ihm seinen individuellen und oft nachgeahmten Platz innerhalb der holländischen Landschaftsmalerei einräumte: WASSERFALL BEI SCHLOSS BENTHEIM, undatiert, (Amsterdam, Rijksmuseum). Unter dem Eindruck der Arbeiten von Philip Koninck entstanden um 1655 Panoramalandschaften der holländischen Ebenen, deren Weite und Einsamkeit nur durch vereinzelt aufragende Kirchtürme oder Windmühlen unterbrochen ist. Später folgten noch Darstellungen von Winterlandschaften, Stadtansichten, Waldsümpfen, welchen allen eine an Vergänglichkeit gemahnende Stimmung anhaftet: JUDENFRIEDHOF, undatiert (Dresdner Gemäldegalerie).

Runge, Philipp Otto
* 23. 7. 1777 in Wolgast bei Greifswald, Neu-Vorpommern, † 2. 12. 1810 in Hamburg. Als Maler, Dichter, Kunsttheoretiker, Zeichner, Aquarellist und Meister des Scherenschnitts war er einer der Wegbereiter der romantischen Malerei. Neben Caspar David Friedrich ist er der bedeutendste Künstler der norddeutschen Frühromantik. Er unternahm den vergeblichen Versuch, die deutsche Malerei

Peter Paul Rubens, MELEAGER UND ATALANTA *(München, Alte Pinakothek). Rubens' Spätwerk zeigt den Sohn des aitolischen Königs Oineus, welcher der Jägerin Atalanta, die auch an der Jagd auf den kalydonischen Eber teilgenommen hatte, den Kopf des erlegten Untiers überreicht. Auf den tragischen Ausgang der Liebesgeschichte verweist die Moira (rechts oben).*

Peter Paul Rubens, DIE VIER PHILOSOPHEN, *um 1602, 164 × 139 (Florenz, Palazzo Pitti). In diesem frühen Meisterwerk stellte Rubens sich selbst dar (links), neben seinem Bruder Philipp und dem Gelehrten Lipsius, der unter einer Büste Senecas sitzt. Daneben dessen Lieblingsschüler Jan van der Wouwere. In dieser Zeit war Rubens noch in Mantua.*

Peter Paul Rubens, JUDITH MIT DEM HAUPT DES HOLOFERNES *(Braunschweig, Herzog-Anton-Ulrich-Museum). Wie Caravaggio bedient sich Rubens einer die Dramatik der Handlung intensivierenden Lichtregie, die hier auch thematisch gerechtfertigt ist. Die vom Kerzenflacker beleuchtete Szene entspricht der Heimlichkeit und List des Attentates.*

von dem beherrschenden Einfluß des akademischen Klassizismus zu befreien, indem er seinen Werken stark von der Dichtung und Philosophie seiner Zeit geprägte, zutiefst romantische Bildideen, mit einer dominierenden Sinnbildlichkeit, unterlegte. 1799 bis 1801 studierte er an der Kopenhagener Akademie bei Nicolai Abraham Abildgaard und Jens Juel. Beeinflußt wurde er damals auch von dem klassizistischen Figurenideal John Flaxmans und William Blakes. Seit 1801 besuchte er die Dresdener Akademie, nahm Kontakt mit Goethe in Weimar und Ludwig Tieck auf und schulte sich an den Meisterwerken der dortigen Gemäldegalerie. Die Bekanntschaft mit Caspar David Friedrich brachte ihn zur romantischen Landschaftsmalerei. 1802/03 zeichnete er die ersten Entwürfe für sein Hauptwerk, DIE VIER TAGESZEITEN. Zu ihnen gehört auch die erste gemalte Fassung von DER MORGEN, 1808, die zweite Fassung von 1808/09 wurde inzwischen aus Fragmenten rekonstruiert (beide Hamburg, Kunsthalle). In einer streng symmetrischen und ornamentalen Komposition, in der, vor allem in der Gestaltung der Randleisten, viel von mittelalterlicher Buchmalerei nachklingt, ist ein Kind auf einer Wiese am Morgen dargestellt, mit Genien zu beiden Seiten. Symbolisch ist in dem ganzen Zyklus ein Gleichnis geschaffen für die Rolle des Menschen im unbegrenzten kosmischen Raum, im MORGEN speziell ein Gleichnis für die Erschaffung des Menschen. Der Zyklus war als Raumdekoration gedacht, zu deren Verwirklichung es jedoch nie kam. 1803 kehrte Runge nach Hamburg zurück und nahm wieder Malunterricht. Verstärkt tritt nun die Bildgattung des Porträts in seinem Werk in den Vordergrund. Es entstanden DIE HÜLSENBECKSCHEN KINDER, 1805/06, DIE ELTERN DES KÜNSTLERS, 1806, und ein SELBSTBILDNIS, 1809/10 (alle Hamburg, Kunsthalle). Diese Bildnisse zeigen eine herbe und zugleich pathetische Auffassung, die dem gleichzeitigen Klassizismus verwandt ist, aber in ihren charaktervollen Zügen auch einen Reflex des bürgerlichen Wirklichkeitssinnes jener Zeit darstellt. Die tief religiöse Haltung Runges spiegelt sich in Bildern wie CHRISTUS AUF DEM SEE GENEZARETH, 1806/07, oder der unvollendeten RUHE AUF DER FLUCHT, 1805/06 (beide Hamburg, Kunsthalle), in denen auch frühmittelalterliche Gestaltungselemente auftauchen. Sein dichterisch-phantastisches und allegorisch-symbolisch zu deutendes Verhältnis zur Natur äußert sich vor allem in Pflanzen- und Naturausschnitten und in künstlerisch bedeutenden Scherenschnitten. Von Wichtigkeit sind auch seine z. T. von Goethe angeregten theoretischen Untersuchungen zur Farbenlehre, die in der

Andrej Rublew, DIE HL. DREIFALTIGKEIT, *um 1411, 142 × 114 (Moskau, Tretjakow-Galerie). Bildvorschriften der ostkirchlichen Orthodoxie verboten mit Ausnahme von Christus die Darstellung des höchsten Gottes. Beim Thema der Dreifaltigkeit treten die drei Jünglingsengel, die Abrahams Haus im Hain Mamre aufsuchen, an die Stelle von Vater, Sohn und Hl. Geist.*

Jacob van Ruisdael, DIE MÜHLE VON WIJK, *83 × 110 (Amsterdam, Rijksmuseum). Neben Jan van Goyen gilt Ruisdael als der bedeutendste holländische Landschaftsmaler der Barockzeit. Im Unterschied zu seinem Kollegen zeichnen sich Ruisdaels Darstellungen durch eine gewisse Schwermütigkeit aus, die verhangene Himmel und dunkeltonige Landstriche bevorzugt.*

Philipp Otto Runge, DER MORGEN, *1808, 106 × 81 (Hamburg, Kunsthalle). Runges erstes von vier geplanten Bildern der Tageszeiten ist ein Werk süßlicher Geistigkeit und märchenhafter Poesie. Niedliche Putten – halb Blumenwesen, halb Engelskinder – bilden einen Reigen um den aufgehenden Tag in Gestalt der Aurora. Allegorie und Poesie sollen in Einklang gebracht werden.*

Salomon van Ruysdael, BREITE FLUSSMÜNDUNG MIT KÄHNEN, *um 1660 (Kassel, Gemäldegalerie). Der Onkel Jacob van Ruisdaels hat nichts von der düsteren Phantasie des Neffen. Seine Naturbilder sind durchsichtig und hell. Wie van Goyen läßt er den hölzernen Malgrund durch den Farbauftrag durchschimmern, so daß ein schöner Einheitston entsteht.*

Philipp Otto Runge, DIE HÜLSENBECKSCHEN KINDER, *1805/06, 131 × 141 (Hamburg, Kunsthalle). Die romantische Kunst, für die eigene Welt der Kinder besonders aufgeschlossen, schuf hier erstmals ein Kinderporträt aus der Perspektive der Kinder. Die drei sind weder sentimentalisiert noch ins Artig-Sittsame stilisiert, sondern bringen ihr Wesen recht ungezwungen an den Tag.*

1810 herausgegebenen Schrift „Farbenkugel oder Construktion des Verhältnisses aller Mischungen der Farben zueinander" zusammengefaßt sind. Erst Ende des 19. Jh. wurde dem Werk Runges wieder größere Beachtung geschenkt.

Ruskin, John
* 8. 2. 1819 in London, † 20. 1. 1900 in Brantwood (Lancashire). Ruskin war einer der bedeutendsten Kunsttheoretiker des 19. Jh. In Briefen und Schriften verteidigte er die Malerei Turners und verhalf den → Präraffaeliten zum Durchbruch. 1843–60 erschien die Buchfolge der „Modern Painters", 1849 das Architekturtraktat „Seven Lamps of Architecture", 1851 „The Stones of Venice", das die mittelalterliche Architektur Venedigs verherrlichte. Auf seinen zahlreichen Reisen durch Europa entstanden viele Zeichnungen und Aquarelle, vor allem als Architektur- und Naturstudien. Copley Fielding und J. D. Harding waren darin seine Lehrer. Von 1873/84 nahm er an Ausstellungen der „Old Water-Colour Society" teil. Ruskins Annäherung an den Stil Turners zeigt sich u. a. in dem 1841 entstandenen Aquarell AMBOISE, das die räumlichen Verhältnisse von Felsschloß, Flußtal und untergehender Sonne pathetisch übersteigert.

Ruysdael, Salomon van
(auch Ruisdael)
* zwischen 1600 und 1603 in Naarden im Gooiland, begraben am 3. 11. 1670 in Haarlem. Einer der bedeutendsten holländischen Landschaftsmaler des Barock, der neben Jan van Goyen in der tonalen Brechung der Farbigkeit und in der Darstellung von Flachlandschaften mit Baumgruppen, Figuren- und Tierstaffage stilbildend wirkte. 1631/32 fand er zu seinem eigenen Stil mit Flußlandschaften, die meist einer Diagonale entlang komponiert sind und entsprechenden Werken Jan van Goyens ähnlich sind. Höhepunkt seines Schaffens sind die nach 1645 gemalten Flußlandschaften von silbrig-grauem Kolorit, z. B. SEGELBOOTE AUF DEM WYKERMEER (Berlin, Stiftung Staatl. Museen/West, Gemäldegalerie). Später tritt eine romantisierende, pathetische Überhöhung der Natur in den Vordergrund, z. B. in DER WACHTURM AN DER LANDSTRASSE (München, Alte Pinakothek).

Rabula
ein frühbyzantinischer Miniaturmaler; nachweisbar um 586 n. Chr. als Kalligraph eines Evangeliars, des sog. Rabula-Codex (Florenz, Biblioteca Laurenziana). Der Mönch des Johannesklosters von Beth Zabga dürfte jedoch der Hauptmeister dieses syrischen Evangeliars sein und fällt durch lebhaft dramatische Schilderung sowie durch kräftige Farbigkeit auf. Seine Miniaturen sind deutlich von den spätantik-hellenistischen Überlieferungen des Vorderen Orients beeinflußt.

S

Saburoff-Maler
attischer Vasenmaler, tätig zwischen 475 und 440 v. Chr., benannt nach einer Hochzeitsvase aus der ehemaligen Slg. Saburoff. Er bemalte überwiegend Schalen und Lekythen und verwandte erstmals matte Farben für die Umrißlinien seiner Gestalten auf weißem Grund. Als Hauptwerke gelten die Darstellung der Hera auf einer Schale in München (Antikensammlung) und das rotfigurige Bild eines jungen Ehepaares – wohl eine Abschiedsszene – auf einer Lekythos (New York, Metropolitan Museum), die eine gewisse in sich gekehrte Stille der Anmut zeigen. Dem sehr produktiven Meister werden weit über 250 Gefäße zugeschrieben, dennoch sank er nicht in die Massenherstellung ab, sondern bemühte sich in differenzierter Farbigkeit um Vertiefung des seelischen Ausdrucks.

Sacchi, Andrea
* 1599 in Nettuno bei Rom, † 1661 in Rom. Als Schüler des Bolognesen F. Albani, unter dem Einfluß der klassizistischen Barockmalerei Deomenichinos und Renis stehend, schuf S. ruhige Kompositionen mit wenigen Figuren. Die kraftvoll ausgewogene, leuchtende Farbigkeit entspringt venezianischer Malertradition. Im Gegensatz zur pomphaften Fülle des P. da Cortona malte S. am gleichen Objekt, dem Palazzo Barberini, unter dem gleichen Auftraggeber, Papst Urban VIII., seine harmonisch strengen Fresken, wie etwa DIE GÖTTLICHE WEISHEIT, 1629–33, Pendentif-Mosaiken in St. Peter, Rom, Altargemälde wie die MADONNA DES HL. ISIDOR, 1622 (S. Isidor, Rom), GREGORSMESSE, 1625–27, VISION DES HL. ROMUALD, nach 1638 (beide Rom, Vatikan), und der TOD DER HL. ANNA, 1649 (S. Carlo ai Catinari), sind von einer menschlichen Wärme verbunden mit der edlen Noblesse der akademischen Richtung der römischen Barockmalerei. Leitet Cortona zu den Spätbarockmeistern Gaulli und Pozzo über, so liegt S.s historische Bedeutung in der Tradierung römisch-klassischen Formenguts.

Saenredam, Pieter Jansz.
* 9. 6. 1597 in Assendelft, begraben am 31. 5. 1665 in Haarlem. Saenredam, seit 1609 in Haarlem ansässig, steht in der Geschichte des → Architekturbildes an erster Stelle. Mit ihm beginnt die bis ins Detail genaue und objektive Wiedergabe von Bauwerken in sorgfältiger Zeichnung und Perspektive: INNERES DER ST. MARIAKERK IN UTRECHT, 1637 (Kassel, Gemäldegalerie). Mit Vorliebe malte Saenredam seine Objekte in einer eine Raumillusion hervorrufenden Nahsicht.

Saint-Aubin, Gabriel de
* 14. 4. 1724 in Paris, † 9. 2. 1780 in Paris. Der französische Maler, Zeichner, Aquarellist und Radierer des Rokoko war Schüler von François Boucher und Étienne Jeaurot. In seiner künstlerischen Bedeutung steht er nur kurz hinter Watteau, Chardin und Fragonard. Seine Szenen des Pariser Lebens sind voller Natürlichkeit, Anmut und Lebensfreude. Er vermischt meisterhaft Phantasie und Wirklichkeit. Eines seiner Hauptwerke ist das 1760 entstandene Bild LA PARADE DU BOULEVARD, (London National Gallery).

Joachim von Sandrart, DER NOVEMBER, *1643, 149 × 123 (München, Schloß Schleißheim). Für Kurfürst Maximilian I. von Bayern schuf Sandrart zwölf Monatsallegorien. Bei der Übergabe des* NOVEMBER *hätten die anwesenden Windspiele „den Hasen für natürlich und lebendig haltend, danach gesprungen und gebissen", behauptet Sandrart.*

Roeland Savery, BERGLANDSCHAFT IN BÖHMEN, *38 × 41 (Amsterdam, Rijksmuseum/Kupferstichkabinett). Die mit Farbe lavierte Kreidezeichnung könnte während einer in kaiserlichem Auftrag unternommenen Reise nach Tirol oder Böhmen entstanden sein. Mit Vorliebe stellte der Flame schroffe Gebirge mit zerklüfteten Felsen und wildwüchsigem Gehölz dar.*

Sandby, Paul
* 1725 in Nottingham, † 9. 11. 1809 in London. Der Autodidakt Sandby war zunächst Militärzeichner in London und Schottland; nach 1745 lebte er in England und Wales. Hier entwickelte er seine Aquatinta- und besonders die → Aquarelltechnik weiter, mit denen – neben der Öltechnik – er die Landschaft einfach und genau in klassizistisch-realistischer Art wiedergab: ALTE BUCHE, 1794 (London, Victoria and Albert Museum). Er blieb hauptsächlich der akademischen Tradition treu und zeigte nur selten romantische Anklänge.

Sandrart, Joachim von
* 12. 5. 1605 in Frankfurt am Main, † 14. 10. 1688 in Nürnberg. Maler und Kupferstecher des Barock. U. a. war er Schüler von Gerard van Honthorst in Utrecht. 1629–35 hielt er sich in Italien auf, wo er Umgang mit allen namhaften Künstlern der Zeit hatte. Zu seinen bekanntesten Werken in einem großen Œuvre, das vor allem durch die Helldunkel-Malerei der → Caravaggisten geprägt ist, zählt das Gemälde MINERVA UND SATURN SCHÜTZEN KUNST UND WISSENSCHAFT, 1644 (Wien, Kunsthistorisches Museum). Mit seiner großangelegten Abhandlung „Teutsche Academie der edlen Bau-, Bild- und Mahlereykünste", 1675–79 in Nürnberg erschienen, schuf er das erste große Quellenwerk der deutschen Kunstgeschichte.

Saraceni, Carlo
(auch Carlo Veneziano)
* 1580/85 in Venedig, † 16. 6. 1620 in Venedig. S. steht am Übergang vom → Manierismus zum Barock. 1602 in Rom, wurde er entscheidend von der Kunst Caravaggios und Elsheimers beeinflußt, was sich in seinen Helldunkel-Bildern, wie z. B. JUDITH (Wien, Kunsthistorisches Museum), zeigt. Elsheimer war Vorbild für seinen besonderen Landschaftsstil mit großen Figuren auf kleinformatigen Bildern.

Sargent, John Singer
* 12. 1. 1856 in Florenz, † 15. 4. 1925 in London. Der Sohn amerikanischer Eltern verbrachte einen Großteil seines Lebens in Europa, wo er in Florenz und Paris studierte. Beeinflußt von der Kunst Velázquez' und Frans Hals' widmete er sich vor allen Dingen der repräsentativen und oft beschönigenden Porträtmalerei. In realistischer Helldunkel-Manier verstand er durch Ästhetisierung die Gunst des Publikums zu gewinnen. Sein berühmtestes Gemälde MADAME X, 1884 (New York, Metropolitan Museum of Art), führte in Frankreich zu einem Skandal, worauf er nach England ging.

Christian Schad, SELBSTBILDNIS, *1927 (Privatbesitz). Vor der kargen Großstadtkulisse ist hier kein besonders romantisches Rendezvous gestaltet, das den in der Kunstgeschichte recht seltenen Anlaß für ein Künstlerporträt bildet. Entfremdung und Ichbezogenheit (Narzisse – Narzißmus) dominieren: kein Freundschaftsbild der Romantik!*

Wilhelm von Schadow, Die Kinder des Künstlers, Sophie und Johann Gottfried, *um 1832 (Düsseldorf, Kunstmuseum). Das Programm Schadows forderte von der Darstellung des Idealen die Verbindung mit „sinnfälligem Leben" und „naturgetreuer Wirklichkeit". Dem romantischen Klassizismus wurde hier der Weg zum Realismus gewiesen.*

Schad, Christian
* 21. 8. 1894 in Miesbach in Oberbayern. Zunächst war er Anhänger des → Dadaismus, später wandte er sich der → Neuen Sachlichkeit zu. Sein Studium hatte er 1913 bei Heinrich Zügel an der Münchener Akademie begonnen. Im Rahmen des Dadaismus entwickelte er neben Reliefbildern auch die „Schadographie": Dabei werden direkte Objektabdrücke auf lichtempfindlichen Fotoplatten hergestellt und zu Collagen vereint. Ab 1928 in Berlin, gehörte er mit Bildern wie Die Freundinnen, 1930 (Mailand, Galleria del Levante), zur Neuen Sachlichkeit.

Schadow, Wilhelm von
* 6. 9. 1788 in Berlin, † 19. 3. 1862 in Düsseldorf. Der Sohn des Bildhauers Johann Gottfried Schadow erhielt von seinem Vater die künstlerische Ausbildung. In Rom, wo er 1811–19 lebte, schloß er sich dem Kreis der → Nazarener an. 1826 erhielt der Maler das Direktorenamt an der Düsseldorfer Akademie. Neben der Malerei – meist religiöse Sujets und Porträts: Die Kinder des Künstlers, um 1832 (Düsseldorf, Kunstmuseum) – betätigte sich Schadow als Kunstschriftsteller.

Schaffner, Martin
* um 1477/78, † zwischen 1546 und 1549 in Ulm. Maler, Bildschnitzer und Medailleur der deutschen Renaissance. 1499–1546 ist er in Ulm nachweisbar, wo er bei Jörg Stocker lernte. Künstlerisch faßbar wird er erstmals als Mitarbeiter am Ennetacher Altar von 1496. Eines seiner frühesten selbständigen Werke ist der Abschied Christi von Maria, 1507/08 (München, Bayerisches Nationalmuseum). Dieses Bild und Die Ausgiessung des Hl. Geistes, 1510 (Stuttgart, Staatsgalerie), zeigt im

Sassetta
(eigtl. Stefano di Giovanni)
* 1392 in Siena (?), † 1450 in Siena. Sassettas Werk spiegelt die Auseinandersetzung sienischer Maltradition mit den Errungenschaften der Florentiner Frührenaissance im → Quattrocento. So bleibt seine Madonna della Neve, 1430–32 (Florenz, Uffizien) ganz „gotisch", führt aber Masaccios perspektivische Neuerungen ein. Der Franziskusaltar, 1437–40 für Borgo San Sepolcro gemalt und heute auf mehrere Museen verteilt, bezaubert durch fein differenzierte Farben und lyrische Hintergrundlandschaften. Die sieben Tafeln mit Episoden aus dem Leben des hl. Antonius (Berlin, New Haven, New York) verraten Einflüsse der französischen Miniaturmalerei.

Saura, Antonio
* 22. 9. 1930 in Huesca. Wichtiger spanischer Vertreter des → Informel. Nach einer surrealistischen Phase wurde er in Spanien Mitbegründer der Gruppe → El Paso. Jetzt entstanden expressiv-abstrakte Gemälde mit teilweise harten Schwarzweißkontrasten und in spontanem Pinselduktus, der noch vom surrealistischen → Automatismus herrührt. Thematisch herrscht bei ihm die Evokation des Grauens, die Dämonie, die deformierende Expressivität vor, die Werke wie Philipp II. Nr. 3, 1967 (Paris, Galerie Stadler), mit Bildern Picassos, aber, in ihren tieferen Schichten, auch mit solchen Francisco de Goyas auf eine Linie stellen.

Savery, Roelant
(auch Ruelandt)
* 1576 in Kortrijk, † 25. 2. 1639 in Utrecht. Flämischer Landschafts-, Stillleben- und Tiermaler, der den spätmanieristischen Stil eines Gillis van Coninxloo auch in Holland verbreitete. Er arbeitete auch in Wien und Prag, wo er Hofmaler Kaiser Rudolfs II. wurde. Typisch sind bizarre Landschaften, die von einem Gewimmel teils exotischer Tiere sowie mit Ruinenarchitekturen erfüllt sind, z. B. in Landschaft mit Tieren, 1618 (Wien, Kunsthistorisches Museum).

Martin Schaffner, Allegorie der Arithmetik, *1533 (Kassel, Gemäldegalerie). In der gemalten Tischplatte des Asamus Stedelin verdichten sich Vorstellungen des 16. Jh. über Astrologie, Alchimie oder Ethik. Zu den Allegorien der sieben Tugenden und freien Künste, die ein strahlendes Gestirn als Symbol des Göttlichen im Zentrum haben, gehört diese Darstellung.*

satten Kolorit und in Details deutliche Anklänge an die Kunst Hans Holbeins d. Ä., dem er vermutlich nach Augsburg folgte. Nach 1510 werden seine Farben kühler, matter und zu toniger Gesamtwirkung verbunden. Einflüsse Albrecht Dürers traten hinzu. Sein Hauptwerk ist der Hutz-Altar im Ulmer Münster, 1521, der von Leonardo da Vincis ABENDMAHL Anregungen empfing. Die Wendung zur Renaissance ist vollzogen.

Scharl, Josef
* 9. 12. 1896 in München, † 6. 12. 1954 in New York. Scharl, der in München als Dekorationsmaler begann, besuchte 1919–20 die Münchner Kunstakademie. Er gehörte zeitweilig der Neuen → Sezession an, machte sich aber bald selbständig. Seine expressionistischen Bilder sind anfangs noch stark von van Gogh, Munch und Beckmann beeinflußt. Scharl stellte häufig sozialkritische Themen dar. Seine ursprünglich dumpfen und schweren Erdfarben entwickeln sich im Laufe seines Lebens zu einer zunehmend leuchtenderen, transparenteren Palette. Als „entarteter Künstler" deklariert, wanderte Scharl 1938 nach Amerika aus, wo er mit Buchillustrationen großen Erfolg hatte. Mit Albert Einstein, der seine Totenrede verfaßte, verband ihn eine tiefe Freundschaft.

Schäuffelein, Hans Leonhard
(auch Schäufelein, Scheuffelein, Schauffele u. ä.)
* 1480/85 vermutlich in Nürnberg, † 1538/40 in Nördlingen. Bedeutender Maler und Holzschneider der Renaissance, der in der Dürer-Nachfolge stand. Überwiegend gestaltete er religiöse Themen, er schuf aber auch qualitätvolle Porträts wie die Bildnisse LORENZ TUCHER und KATHARINA TUCHER, beide 1534 (und beide Nürnberg, Germanisches Nationalmuseum). 1508–10 arbeitete er an den Holzschnitten für den „Theuerdank", ab 1515 für den „Weißkunig" und den „Triumphzug" Kaiser Maximilians I. Zu seinen ausgereiftesten Arbeiten zählt das ABENDMAHL im Ulmer Münster, 1515. Ins gleiche Jahr datiert sein einziges erhaltenes Fresko in der Stube des Schwäbischen Bundes im Nördlinger Rathaus. Bedeutende

Hans Schäuffelein, GEBURT CHRISTI *(Hamburg, Kunsthalle). Von einem nur mehr in Teilen erhaltenen Altar stammt diese Tafel, in welcher der Dürer-Schüler eine Szene schlichter Frömmigkeit entwirft. Das jugendschöne Gesicht Mariens hebt sich von den markanten Köpfen Josephs und der Hirten ab, die im Fensterdurchblick das Geschehen kommentieren.*

Spätwerke sind der CHRISTGARTNER ALTAR von 1525/30 (München, Alte Pinakothek) und der ZIEGLER-ALTAR von 1521 (Nördlingen, Reichstadtmuseum und St. Georg).

Schick, Christian Gottlieb
* 15. 8. 1776 in Stuttgart, † 11. 4. 1812 in Stuttgart. Wichtiger Vertreter des deutschen Klassizismus. Seine erste Ausbildung erhielt er bei Philipp Friedrich von Hetsch an der Stuttgarter „Hohen Karlsschule" des Herzogs von Württemberg. Dann wurde er Schüler des berühmten Jacques Louis David in Paris, ab 1802 ging er für neun Jahre nach Italien, wo er sich romantischen Strömungen annäherte. Seine ganzfigurigen Porträts, wie FRAU VON COTTA, 1802 (Stuttgart, Staatsgalerie), zählen zu den herausragenden Beispielen des deutschen Klassizismus.

Schiele, Egon
* 12. 6. 1890 in Tulln a. D., † 31. 10. 1918 in Wien. Früher als Pornograph verpönt, greifen die modernen Medien heute fast ausschließlich eben diese Aspekte S.s Kunst heraus, um sie unter ein voyeuristisches Publikum zu streuen. Damals wie heute wird S. durch einseitige Interpretation völlig verkannt. S. machte eine steile Karriere: Nach drei Jahren Akademie (1906–09) in Wien, sah er sich aufgrund der herrschenden Konventionen veranlaßt, auszutreten und gründete mit Gleichgesinnten die „Neukunstgruppe". Schon 1907 begegnete er dem etablierten G. Klimt, der sich für ihn einsetzte und künstlerisch bis etwa 1910 S.s Vorbild wurde. Ab 1912 nahm er regelmäßig an großen Ausstellungen teil. Neben seinen großartigen, mit erotischer Spannung geladenen Akten, widmete sich S. den Landschafts-, Straßendarstellungen, Kinderbildnissen, Porträts und v. a. dem Selbstbildnis, dem er sich in sezierender, schonungsloser Expressivität aussetzte. In seinen Anfängen, noch dem → Jugendstil verhaftet, entwickelte sich S. vielleicht zum expressivsten Expressionisten: Man denke an die verrenkten Glieder, die gesträubten Haare, die grotesken Gesichtsausdrücke und v. a. den ekstatischen Duktus.

Schilf-Maler
attischer Vasenmaler, tätig zwischen 430 und 410 v. Chr., einer der letzten großen Meister der weißgrundigen Lekythen. Man benannte ihn nach den Schilfdarstellungen am Ufer des Unterweltflusses, die in seinen Bildern häufig begegnen. Meist handelt es sich dabei um Abschieds- und Grabessze-

Egon Schiele, UMARMUNG, 1917, 100 × 170 (Wien, Österreichische Galerie). Schieles Körpersprache ist radikal und desillusionierend: Anatomische Extreme – Verzerrung, Verrenkung, erschreckende Magerkeit – wurden zum Regelfall. Ihr expressiver Realismus, der zuweilen schockierend ist, spiegelt seelische Deformationen.

Oskar Schlemmer, ZWEI PIERROTS, 1923 (Berlin, Bauhaus-Archiv). Das Aquarell entstand, als Schlemmer die Bildhauerwerkstatt und von 1923 bis 1929 die Bühne des Bauhauses leitete. Ein Sinn für das Komödiantische verband sich bei ihm mit avantgardistischen Versuchen zu einer neuen Tanzkunst.

nen, die er in skizzenhaft-flüchtigem Strich, dabei durchaus plastisch modellierend und nicht ohne Pathos lokker auf die Gefäßoberfläche setzt. Typisch für die Silhouettenauflösung des „Reichen Stils" ist der trauernde Krieger auf einer Lekythos aus Eretria in Athen (Nationalmuseum).

Schinkel, Karl Friedrich
* 13. 3. 1781 in Neuruppin, † 9. 10. 1841 in Berlin. Schinkel, Schüler Friedrich Gillys und seit 1830 Leiter des Berliner Staatsbauamts, war einer der bedeutendsten klassizistischen Architekten. Daneben malte und zeichnete er auch: MARIE (DIE TOCHTER DES KÜNSTLERS,) 1816 (Berlin, Stiftg. Staatl. Museen/West, Kupferstichkabinett); zu seinen idealistisch-romantischen Gemälden zählt neben den Panoramaschaubildern: DOM AM MEER, um 1805 (1931 verbrannt).

Schlemmer, Oskar
* 4. 9. 1888 in Stuttgart, † 4. 4. 1943 in Baden-Baden. Eine treffende Bezeichnung ist für den individuellen Stil dieses Künstlers nur schwer zu finden. Sein Werk wurzelt z. T. in einer neoklassizistischen und romantischen Rückbesinnung. Am besten läßt sich sein reifer Stil als eine vom frühen Kubismus Pablo Picassos und André Derains stark beeinflußte geometrische Abstraktion von gegenständlichen Bildzeichen umschreiben. Ab 1905 studierte er an der Stuttgarter Akademie. Sein Ziel wurde es, in abstrakten Gestaltungen Lebendig-Organisches und Idealistisch-Geometrisches meditativ zu verbinden. 1913 begann sein Bemühen um das menschliche Figurenbild, das für Schlemmer so wichtig werden sollte. Gleichzeitig näherte er sich am weitesten dem Expressionismus, entwickelte aber die Bloßlegung der formalen Struktur und ihre geometrische Vereinfachung weiter. 1920 wurde er ans → Bauhaus berufen. Das 1923 entstandene Bild TÄNZER: WEISSE FIGUR (Stuttgart, Staatsgalerie), zeigt Einflüsse der → Pittura metafisica, die bis in die dreißiger Jahre anhielten. Ab 1924 fand er dann in Bildern wie FRAUENTREPPE, 1925 (Basel, Kunstmuseum), zu seinem typischen Stil: Der zum

Oskar Schlemmer, TREPPENSZENE, *1932, 122 × 56 (Hamburg, Kunsthalle). Ähnlich wie Léger versuchte Schlemmer die menschliche Figur auf einen konstruktiven Kern zu reduzieren. Individualität und Dynamik sind eingeschränkt, anonyme Körper „schweben" dem Treppengeländer entlang.*

Karl Schmidt-Rottluff, Sommersonne, *Aquarell, 1909 (Düsseldorf, Kunstmuseum). Ein im Liegestuhl sich sonnendes Mädchen hätte einen Impressionisten dazu bewogen, die Lichtverhältnisse des Moments, den flüchtigen optischen Eindruck zu fixieren. Anders der Brücke-Maler; die Farbe selbst und ihr breiter Auftrag wird zum Ausdrucksträger.*

kurvig-geometrischen Zeichen reduzierte Mensch wird figurales Zentrum einer geometrischen Ordnung, deren Maßbeziehungen sich als elementares Abbild universaler Harmonie versteht. Nach einer „barocken" Phase kehrte er in dem berühmten Bild Bauhaustreppe, 1932 (New York, Museum of Modern Art), wieder zu diesen Gestaltungsprinzipien zurück. Er schuf auch hervorragende Aquarelle, Graphiken, Wandbilder und Entwürfe für Ballettkostüme.

Schmidt, Martin Johann
(gen. Kremser-Schmidt)
* 25. 9. 1718 in Grafenwörth bei Krems, † 28. 6. 1801 in Stein an der Donau. S. ist nach Maulbertsch der bedeutendste österreichische Altarmaler in der zweiten Hälfte des 18. Jh. Um 1746 reiste er nach Venedig, wo seine Malweise entscheidend beeinflußt wurde. Von nun an tauchen venezianische und oberitalienische Anregungen in seinem Werk auf. 1749 zog er nach Stein bei Krems, wo er bis zu seinem Tod mit Ausnahme kleinerer Reisen blieb. 1755 entstanden seine Deckenfresken im Kloster Dürnstein und das Altarbild Taufe Christi (Melk a. d. Donau, Stiftskirche). 1768 wurde er in die Wiener Akademie aufgenommen. Schon zu seinen Lebzeiten wurden seine Bilder durch eine große Zahl Radierungen bekannt und verbreitet.

Schmidt-Rottluff, Karl
* 1. 12. 1884 in Rottluff b. Chemnitz, † 10. 8. 1976 in Berlin. S.-R. zählt zu den bedeutendsten Vertretern des deutschen Expressionismus und gründete 1905 in Dresden mit seinem Freund E. Heckel, Kirchner und Bleyl „Die → Brücke", was soviel wie der Brückenschlag zum Sammler heißen sollte. In ihrer aktivsten Zeit hatte „Die Brücke" 68 passive Mitglieder, die gegen einen Jahresbeitrag alljährlich eine Sammelmappe mit Graphiken erhielten. „Die Brücke" verstand sich als Malergemeinschaft, jedoch ohne politische Ziele. Spätere Mitglieder waren E. Nolde, M. Pechstein und O. Mueller. Während S.-R. in den Anfängen in der zarten Aquarelltechnik sehr gegenständlich arbeitete: Mühlengehöft auf einer Anhöhe, 1902 (Karl-Marx-Stadt, Graphik-Kabinett d. Städt. Kunstsamml.), erfährt seine Kunst ab 1905 mit der Gründung der „Brücke" eine fortschreitende Distanzierung von Materialität und fester Kontur. Der Einfluß des Impressionismus machte sich bemerkbar. Ab 1908 löste die reine Farbfläche die pastos aufgetragenen, deutlich abgegrenzten, pastellfarbigen Pinselstriche ab: Leuchtendes Rot, Blau, Gelb und Grün, eingefaßt in formgebende schwarze Konturen, treffen in harten Gegensätzen aufeinander. Nach 1910 setzte, wie bei den anderen Mitgliedern der Künstlergruppe, der einheitliche „Brückestil" ein: Bizarre, scharfkantige konturierte Formen gliedern die Komposition Mädchen bei der Toilette, 1912 (West-Berlin, Brückemu-

Karl Schmidt-Rottluff, Norwegische Landschaft *(Skrygedal), 87 × 95. Die Unabhängigkeit der Farbe von der Gegenstandsbezeichnung erlaubt es den Expressionisten, ihre Kompositionen ganz aus dem Kolorit aufzubauen. Diese versunkene Hügellandschaft lebt aus dem komplementären Harmonieverhältnis von Grün und Rot.*

Julius Schnorr von Carolsfeld, FRAU BIANCA VON QUANDT, *1820, 37 × 26 (Berlin, Nationalgalerie). Einer Mode folgend, ist die Dresdnerin nach dem Vorbild von Raffaels Porträt* JOHANNA VON ARAGON *mit weiten geschlitzten Ärmeln, derselben Frisur und Kopfbedeckung dargestellt. Auch ein nazarenisches Madonnenbild malte von Carolsfeld für diese Dame.*

seum). 1920 begann sich S.-R. allmählich zu emanzipieren – seine Farben hellen sich auf, die Formen werden plastischer und runder. In seiner Themenwahl blieb sich S.-R. jedoch treu: Er bevorzugte v. a. Landschaften und Akte, später kam ein stärkeres Interesse an Stilleben und Interieurs hinzu. 1943 erhielt S.-R. von den Nationalsozialisten Malverbot.

Schneider, Herbert
* 12. 6. 1924 in Griesbach im Rottal, lebt und arbeitet in München. Maler und Graphiker der → Pop-art. 1949 bis 1953 studierte er bei Willi Baumeister an der Stuttgarter Akademie. Nach Anfängen im Stil des → Informel und des → Kubismus wandte er sich der → Pop-art zu, wobei er sich vor allem in witziger Art mit erotischen Themen auseinandersetzt. In seinen Aquarellen und Zeichnungen dominieren ornamentale Silhouetten, die an volkstümliche Hinterglasmalerei erinnern, z. B. in HOMMAGE À KUDDELDADDELDU, 1965 (München, Städtische Galerie im Lenbachhaus).

Schnorr von Carolsfeld, Julius
* 26. 3. 1794 in Leipzig, † 24. 5. 1872 in Dresden. Der Maler und Entwurfszeichner für den Holzschnitt zählt zu den wichtigsten Mitgliedern der → Nazarener. Nach einer Ausbildung bei seinem Vater studierte er ab 1811 an der Wiener Akademie. 1818 kam er nach Rom und schloß sich dort den Nazarenern an. 1825 berief ihn König Ludwig I. nach München. Hier malte er 1827–67 fünf Säle in der Residenz mit Fresken aus, die Ereignisse aus der Nibelungensage darstellen. 1846 erfolgte seine Berufung nach Dresden als Akademieprofessor und Direktor der Gemäldegalerie. Carolsfeld ging von der spätklassizistischen Manier der Wiener Akademie aus. Bald jedoch trat er schon in Opposition zu deren Tendenzen und fand über das Vorbild Kochs und Oliviers zu einem neuen Landschaftsverständnis. Hierfür war auch seine Auseinandersetzung mit der Kunst Albrecht Dürers von großer Wichtigkeit. Nach seinem Anschluß an den nazarenischen romantischen Stil bezog er verstärkt religiöse Themen in sein Werk ein, z. B. in dem Gemälde DIE HOCHZEIT ZU KANA, 1819 (Hamburg, Kunsthalle), oder MARIA MIT KIND, 1820 (Köln, Wallraf-Richartz-Museum). Seine später auch getuschten Federzeichnungen zeigen in ihrer Genauigkeit, Sensibilität und lebendigen Natürlichkeit ebenso wie seine zwischen Idealität und eindringlicher Psychologie vermittelnde Porträtkunst bereits alle Möglichkeiten der Romantik, die in seinem ersten Monumentalauftrag, Fresken für das Ariost-Zimmer im Casino Massimo in Rom, 1820–25, dann voll entwickelt sind. Mit den Münchener Nibelungenfresken beginnt dann eine gewisse Stagnation in offiziöse Idealisierung.

Schnorr von Carolsfeld, Ludwig Ferdinand
* 11. 10. 1788 in Königsberg, † 13. 4. 1853 in Wien. Nach einer Ausbildung bei seinem Vater studierte er seit 1804 an der Wiener Akademie. Geprägt wurde er durch Joseph Anton Koch, Ferdinand Olivier sowie durch philosophische und religiöse romantische Weltanschauungslehren. Zunächst schuf er vor allem religiöse Werke und gestaltete Themen aus Geschichte, Sage und Dichtung – z. B. FAUST UND MEPHISTO, 1821 (Wien, Galerie des 19. Jahrhunderts) –, später jedoch wandte er sich verstärkt der Landschaftsmalerei zu.

Martin Schongauer, DIE GEBURT CHRISTI, *um 1480, 38 × 28 (Berlin, Staatliche Museen). Schongauer plaziert den Ochsen zwischen Christusknaben und den Esel: der Legende zufolge soll er mit seinem Atem den Neugeborenen erwärmt haben. Die Helligkeit des weißen Tuches, worauf das Kind liegt, symbolisiert den Glanz der Ausstrahlung, der die Umgebung blendete.*

Martin Schongauer, MARIA IM ROSENHAG, 1473, 200 × 115 (Colmar, Münster St. Martin). Vor Albrecht Dürer hat kein deutscher Maler außer Schongauer die Madonna mit einem fast klassischen Empfinden dargestellt. Zur Anpassung an den neugotischen Rahmen wurde das Bild beschnitten.

Schönfeld, Johann Heinrich

* 23. 3. 1609 in Biberach an der Riß, † 1682/84 in Augsburg. S. ist ein wichtiger süddeutscher Maler und Radierer des Barock. Ausschlaggebend für sein künstlerisches Schaffen war sein Studienaufenthalt in Rom und Neapel, wo er mit Werken von Salvator Rosa und Poussin in Berührung kam. Sein Themenkreis umfaßte Darstellungen aus dem Alten Testament und der antiken Mythologie; später kamen Genreszenen hinzu. Eine reiche Farbskala und kunstvolle Figuren sind Merkmale seines Stils.

Schongauer, Martin

* um 1450 in Colmar, † 2. 2.1491 in Colmar. Der Künstler sollte zunächst Theologie studieren, konnte dann aber seinen Neigungen folgen und – vielleicht bei Caspar Isenmann in Colmar – eine Ausbildung als Maler beginnen. Nach seiner Wanderschaft, die ihn wohl durch die Niederlande, Burgund und Spanien führte, ließ er sich 1471 in Colmar nieder und betrieb dort eine große Werkstatt. Neben vielerlei Anregungen, die der Künstler in seinen Wanderjahren empfing, wurden Dieric Bouts, Hugo van der Goes und in besonderem Maße Rogier van der Weyden seine Vorbilder. Den Ruhm Schongauers begründete v. a. sein graphisches Werk, die 115 Kupferstiche und 52 gesicherten Zeichnungen. Da seine Stiche in allen Werkstätten auslagen, wirkten sie in großem Umkreis stilprägend, und Meister wie Dürer, Raffael, Michelangelo und Hieronymus Bosch wurden von ihnen beeinflußt. Von Schongauers malerischem Werk blieb nur wenig erhalten. Die Verbindung von niederländischem Realitätssinn und burgundischer Eleganz mit der heimatlichen spätgotischen Tradition zeichnen seine Altarwerke aus. Die den Madonnen Rogiers nachempfundene MADONNA IM ROSENHAG, 1473 (Colmar, St. Martin), ist das einzige wirklich unumstrittene Werk des Künstlers und wohl auch sein großartigstes. Wenig später entstanden die Flügel zum sog. ORLIAC-ALTAR für das Isenheimer Antoniterkloster (Colmar, Musée d'Unterlinden). Die 24 Tafeln für den Hochaltar der Colmarer Dominikanerkirche (Colmar, Musée d'Unterlinden) müssen größtenteils als Werkstattarbeiten gelten. Sie zeigen zwei Zyklen zu den FREUDEN MARIÄ und den LEIDEN CHRISTI. Neben einer Anzahl kleiner Andachtsbilder, wie einer GEBURT CHRISTI (Berlin, Stiftung Staatliche Museen/West, Gemäldegalerie) und zwei Darstellungen der HL. FAMILIE (München, Alte Pinakothek und Wien, Kunsthistorisches Museum) schuf Schongauer auch Porträts, z. B. das BILDNIS EINER JUNGEN

Georg Schrimpf, Mädchen am Fenster, *1925, 70 × 52 (Basel, Kunstmuseum). Eine gesammelte Ruhe strahlen die Figuren Schrimpfs aus, die in ihrer ausgewogenen Plastizität ein elementares Bewußtsein reflektieren. Einfachheit und Nüchternheit sind auch Kriterien der Farbauswahl, die den kontemplativen Bildcharakter unterstützt.*

Frau (Kreuzlingen, Sammlung Heinz Kisters). Auch in der monumentalen Freskenmalerei bewies Schongauer Meisterschaft. Er schmückte drei große Wandfelder des Breisacher Münsters St. Stephan mit Darstellungen zum Jüngsten Gericht. Ohne das Werk Schongauers, seine nahezu klassische Bildgestaltung, seine harmonischen, klaren Formen und Farben sowie seinen ausgeprägten Sinn für die Würde des Menschen wäre das Werk eines Albrecht Dürer, der in künstlerischer Hinsicht Schongauers Erbe antrat, so, wie es sich uns heute zeigt, wohl nicht zu denken.

Schrimpf, Georg
* 13. 2. 1889 in München, † 19. 4. 1938 in Berlin. Der Autodidakt Schrimpf, von Beruf Bäcker, widmete sich nach dem Ersten Weltkrieg ganz der Kunst und schuf zunächst Bilder in rein ornamentaler Konstruktion. Nach dem Kontakt mit dem Kreis der Zeitschrift „Valori Plastici" in Italien entstanden ab 1922 meist Landschafts- und Figurenbilder mit sachlich durchdachter, ruhiger Komposition und plastischer Gestaltung der Figuren in flächig aufgetragenen Farben: Mädchen am Fenster (München, Galerie G. Franke), die der → Neuen Sachlichkeit zugehören.

Schuch, Carl
(auch Charles)
* 30. 9. 1846 in Wien, † 13. 9. 1903 in Wien. Bedeutender Maler am Übergang von Realismus zum Impressionismus. 1866–68 nahm er Malunterricht in Wien, dann ging er für zwei Jahre nach Italien, wo er Landschaftsbilder im Stil der Spätromantik schuf, z. B. Landschaft mit Brückenruine, 1870 (Hannover, Niedersächsische Landesgalerie). Anschließend kam er nach München und wurde hier zu einem der wichtigsten Vertreter des sog. Leibl-Kreises. Über die realistische Tonmalerei erreichte er damals einen besonders für Süddeutschland charakteristischen Impressionismus. Nach Aufenthalten in Rom, 1872/73, und Olevano, 1873 und 1875, malte er mehrere Landschaften am Hintersee bei Salzburg und in der Mark Brandenburg. 1876–82 hielt er sich in Venedig auf und schuf vor allem großzügig aufgefaßte Stilleben mit wenigen Gegenständen, die aus reich nuanciertem dunklem Hintergrund hervortreten. Der Aufbau der Bildkomposition hauptsächlich aus Farbwerten intensivierte sich nach einem Parisaufenthalt 1882–94, wo er sich an Werken Claude Monets und Gustave Courbets orientierte.

Schultze, Bernhard
* 31. 5. 1915 in Schneidemühl, Westpreußen; lebt in Köln. Als Maler, Bildhauer, Zeichner und Graphiker Mitbegründer des deutschen → Tachismus. Bis 1939 studierte er an den Kunsthochschulen in Berlin und Düsseldorf. Sein seit ca. 1952 entwickelter Stil ist gekennzeichnet durch tachistische Farbbehandlung in Verbindung mit an organische Strukturen erinnernden

Carl Schuch, Bauernhaus in Ferch, *1878 (München, Lenbachhaus). In den Künstlerkreis um Wilhelm Leibl gehörte der aus Wien gebürtige Schuch. Von einem intellektuelleren Temperament als seine Freunde, suchte er Farbtheorien in seiner Malerei zu erproben. In die Nähe Courbets reicht sein Realismus, den er gerade im bäuerlichen Milieu unter Beweis stellt.*

Moritz von Schwind, Die Rose, *1847, 216×137 (Berlin/Ost, Nationalgalerie). Der Romantik erschien das Mittelalter als eine Goldene Zeit. Rittertum, Minnesang und frommer Lebensglaube waren die verklärten Wunschideale einer Generation, die dem zunehmenden Materialismus im 19. Jh. verständnislos gegenüberstand.*

Reliefs, so auch in seinem Hauptwerk Das grosse Migof-Labyrinth, 1966 (Berlin, Stiftung Staatl. Museen/West, Nationalgalerie).

Schumacher, Emil
* 29. 8. 1912 in Hagen, Westfalen. Vertreter eines → abstrakten Expressionismus. Er studierte an der Kunstgewerbeschule in Dortmund. Nach 1945 setzte sein künstlerisches Schaffen ein, zunächst mit kubistischen Landschaften, dann, ab 1951, mit Bildern im Stil des → Informel. Zunehmend verstärkte sich nun die Rolle der eigenwertig vorgetragenen Farbe und der spontane Gestus von Schraffuren und Einritzungen in die Farbmaterie.

Schwarz, Christoph
* um 1548 in München, † 15. 4. 1592 in München. Als Sohn eines Goldschmieds geht er 1560 für ca. sechs Jahre nach Salzburg in die Lehre zu Melchior Bocksberger. 1568 erste Erwähnung anläßlich der Festdekorationen für die Hochzeit Herzog Wilhelms V. von Bayern. 1569 erhält er das Meister- und Bürgerrecht. 1570–73 Aufenthalt in Italien u. a. in Venedig und Padua, in der Werkstatt Lambert Sustris. In dieser Zeit entstehen Tafelbilder mit mythologischer Thematik. 1573 Stadtmaler in München, seit 1574 Hofmaler und Nachfolger Mielichs. Schwarz, der die Traditionen der venezianischen Maler und auch Bocksbergers fortsetzt, wird mit dem Regierungsantritt Herzog Wilhelms V. von Bayern zum tonangebenden Künstler in München. Er arbeitet gelegentlich nach Entwürfen des Sustris und ist an der Ausmalung des Grottenhofes der Münchner Residenz beteiligt. Das Martyrium des hl. Andreas in München, St. Michael ist in Zusammenarbeit mit Alessandro Paduano nach Entwürfen Sustris entstanden. Gleichzeitig ist er für die Fugger in Augsburg tätig. Es entstehen Altarblätter für die Augsburger Jesuitenkirche, heute Bayerische Staatsgemäldesammlungen, und für die Benediktuskapelle in Augsburg, St. Ulrich und Afra, heute Georgenkapelle. 1585 Kreuzigung, München, um 1582 Hl. Sebastian und Nikolaus von Tolentino, 1587–89 Hl. Michael im Kampfe

Kurt Schwitters, MERZBILD MIT GRÜNEM RING, *1926 (Münster, Westfälisches Landesmuseum). „Das Wort Merz bedeutet wesentlich die Zusammenfassung aller erdenklichen Materialien für künstlerische Zwecke und technisch die prinzipiell gleiche Wertung der einzelnen Materialien ... Der Künstler schafft durch Wahl, Verteilung und Entformung der Materialien" (Schwitters).*

MIT LUZIFER, (St. Michael, München, Hochaltar). Zeitlebens bleibt Schwarz dem venezianischen Stilcharakter in der Art des Tizian und mehr noch Veroneses verhaftet. Allmähliche Durchsetzung heimischer Traditionen, wie das erzählerische Beiwerk zeigt. Arbeiten für die Residenz und die Jesuiten stehen im Vordergrund. Er verkörpert in seiner Kunst die gegenreformatorischen Bestrebungen, als deren Vorkämpfer Herzog Wilhelm V. der Fromme anzusehen ist.

Schwind, Moritz von

* 21. 1. 1804 in Wien, † 8. 2. 1871 in München. S. zählt zu den Hauptmeistern der deutschen → Romantik. Er war Maler, Radierer, Illustrator, Freskenmaler und schuf Entwürfe für Kirchenbilder. Bereits als Kind fühlte er sich zur Malerei hingezogen. 1821 ging er auf die Wiener Kunstakademie, wo er durch L. Schnorr auf die Themenkreise des Mittelalters mit den dafür typischen Sagen- und Märchenstoffen aufmerksam gemacht wurde. Als 18jähriger zeichnete er bereits Illustrationen zu Ritter- und Heldensagen, zu E. T. A. Hoffmanns „Meister Martin der Küfner u. seine Gesellen" und zu „1001 Nacht". Sein zweiter Lehrer war P. Krafft, der ihm die Naturbeobachtung nahebrachte. S. pflegte Kontakt mit den großen Romantikern Schubert, Grillparzer und Lenau. Zunächst ließ sich S. von Cornelius' Monumentalmalerei faszinieren und wurde für einige Jahre in München dessen Schüler. Durch die Verbindung mit Cornelius folgte der Auftrag für die Ausmalung der Decke des ehemaligen Bibliothekszimmers der Königin in der Residenz. In den folgenden Jahren lieferte er Entwürfe für Wandbilder im Schloß Hohenschwangau (mit den Themen der Lohengrin- und Wilkinasage) und einen Kinderfries für den Habsburgsaal der Residenz. Ab jetzt folgte ein Auftrag dem anderen. 1841

Jan van Scorel, BILDNIS EINES SCHÜLERS, *1531, 46 × 35 (Rotterdam, Museum Boymans-van Beuningen). Ehemals Schüler an der Lateinschule in Alkmaar, entwickelte sich Scorel zu einem geachteten Maler-Humanisten, wovon die lateinischen Unterschriften seiner Bilder zeugen. Die italienische Kunst der Zeit war ihm vertraut. Jan van Scorel,* MARIA MAGDALENA, *67 × 76 (Amsterdam, Rijksmuseum).*

Sebastiano del Piombo, BILDNIS EINER JUNGEN DAME, *52 × 42 (Budapest, Museum der schönen Kunst). 1511 reiste der Venezianer nach Rom, um dort später Siegelbewahrer der päpstlichen Kanzlei zu werden. Noch vor diesem Zeitpunkt dürfte dieses Porträt gemalt worden sein, das sich auf der Höhe der Meisterschaft eines Bellini oder Giorgione befindet.*

zog S. nach Karlsruhe und malte acht Rundbildmedaillons mit den Tugenden für den Ständesaal. Spätere Höhepunkte seiner Karriere waren eine Berufung an das Städelsche Kunstinstitut im Jahre 1844 und eine Professur an der Münchner Akademie 1847. Sieben Jahre später bemalte S. auf Wunsch des Erbgroßherzogs von Weimar zwei Säle und einen Gang in der Wartburg mit den Themen DER SÄNGERKRIEG, SZENEN AUS DEM LEBEN DER HL. ELISABETH und den Taten berühmter thüringischer Fürsten aus. Sein letzter Monumentalauftrag war die Ausmalung der Wiener Hofoper. Zu seinen qualitativ besten Bildern zählt sein Selbstbildnis von 1822, das eine objektive Beobachtungsgabe verrät und völlig auf pathetische Zusätze verzichtet und die Reisebilder der 60er Jahre RÜBEZAHL, die HOCHZEITSREISE, EINSIEDLER TRÄNKT DIE ROSSE EINES RITTERS, DES KNABEN WUNDERHORN, (alle München, Schackgalerie).

Schwitters, Kurt
* 20. 6. 1887 in Hannover, † 8. 1. 1948 in Ambleside, England. Einer der wichtigsten deutschen Vertreter des → Dadaismus, der sich später mehr geometrisierenden und konstruktivistischen Tendenzen zuwandte. Ab 1908 studierte er an der Akademie in Hannover, 1909–14 an der Dresdener Akademie. Ab 1917 malte er im Stile eines expressionistischen Kubismus, 1918 entstanden die ersten abstrakten Gemälde. Gleichzeitig schuf er die frühesten Collagen und 1919 die ersten großformatigen Assemblagen aus Altmaterial und Objekten jeder Art. Auf einer von ihnen fanden sich zufällig die Schriftzeichen MERZ, weshalb Schwitters dieses Werk DAS MERZBILD (verschollen) und seine ganze Kunstproduktion „Merz“ nannte. 1923 kam er in Kontakt zur De → Stijl-Bewegung, aber auch zum → Konstruktivismus. 1930 wurde er Mitglied der Pariser Gruppe → Cercle et Carré und 1932 der Gruppe → Abstraction-Création.

Scorel, Jan van
(auch Schorel, Schoorl u. ä.)
* 1. 8. 1495 in Schoorl bei Alkmaar, † 6. 12. 1562 in Utrecht. Maler, Architekt und Ingenieur, bedeutender Vertreter des niederländischen → Romanismus und wichtiger Vermittler der Antike und der italienischen Renaissance nach den Niederlanden. War um 1517/18 in Utrecht tätig, wo er von Jan Joest van Kalkar und von Jan Gossaert beeinflußt wurde. Dies zeigt sich schon in seinem frühesten bekannten Werk, dem sog. SIPPENALTAR von 1520 (Obervellach, Kärnten, St. Martin). Im Landschaftshintergrund zeigen sich Anklänge an die → Donauschule. 1519/20 besuchte er Albrecht Dürer in Nürnberg. Die Renaissanceeinflüsse – venezianische Malkultur und römische plastische Figurenauffassung – kulminieren in der 1527–29 in Haarlem entstandenen DARBRINGUNG IM TEMPEL (Wien, Kunsthistorisches Museum). Scorel war auch ein hervorragender Porträtist, beispielsweise mit den monumentalen Porträts der Haarlemer Jerusalemfahrer, der MITGLIEDER DER BRUDERSCHAFT VOM HL. LAND, 1527/29 (Haarlem, Frans-Hals-Museum). Zu seinen bedeutendsten Schülern gehörten Anthonis Mor und Maerten van Heemskerck.

Scott, Samuel
* um 1702 in London, † 12. 10. 1772 in Bath. Das schon zu Lebzeiten überaus erfolgreiche Werk Scotts bestand zunächst hauptsächlich aus → Marinebildern; nachdem er 1731/32 mit George Lambert gearbeitet hatte, entstanden seine eigenen, von den Holländern Adriaen und Wilhelm II. van de Velde beeinflußten Seestücke: FLAGGSCHIFF BEIM EINHOLEN DER SEGEL, 1736 (London, National Maritime Museum). Später traten → Veduten von London und Themseansichten hinzu, die nur mittelbar von dem damals in London arbeitenden Canaletto beeinflußt waren und sich durch äußerst feine Lichtbehandlung auszeichnen, beispielsweise in der ANSICHT VON COVENT GARDEN (London, London Museum).

Scott, William
* 15. 2. 1913 in Greenock, Schottland. Vertreter der abstrakten Malerei. Nach Studien am Belfast College of Art, 1928–31, und an der Royal Academy in London, 1931–35, bereiste er Italien und Frankreich und arbeitete bis 1939 in Pont-Aven. Damals war er stark von Paul Cézanne beeinflußt. Durch seine Bekanntschaft mit Ben Nicholson näherte er sich dessen abstrakter Gestaltungsweise an. Die gegenständlichen Elemente seiner Bilder geometrisierte und ornamentalisierte er, steigerte dabei jedoch auch die Textur der Farbmaterie.

Sebastiano del Piombo
(eigtl. Sebastiano Luciani)
* um 1485 in Venedig, † 21. 6. 1547 in Rom. Seinen Beinamen „del Piombo" erhielt er durch sein Amt als päpstlicher Siegelbewahrer, das er 1531 in Rom bekam. Sein Lehrer war vermutlich Giovanni Battista Cima. Deutliche Anregungen von Giorgione tauchen in seinem Werk auf, wie z. B. in der 1510/11 entstandenen → SACRA CONVERSAZIONE (Venedig S. Giovanni Crisostomo). 1511 ging S. nach Rom. Es begann eine Freundschaft mit Raffael, die aber um 1516 in die Brüche ging, worauf sich S. mehr Michelangelo zuwandte. So stammen Entwürfe für einzelne Teile eines seiner bedeutendsten Bilder, die GEISSELUNG CHRISTI, (Rom S. Pietro in Montorio), von Michelangelo. In Rom wurde seine bisher venezianische helle Farbgebung kühler, und er nahm Elemente der römischen Hochrenaissance in sein Werk auf.

Georges Seurat, EIN SONNTAGNACHMITTAG AUF DER ILE DE LA GRANDE JATTE, *1885, 206 × 306 (Chicago, Art Institute). Nach dem* BADEPLATZ IN ASNIÈRES *ist dieses Bild Seurats zweites großformatiges Werk im Stil des Pointillismus. Sein Ziel war, unter Wahrung der Konsistenz der Figuren wie bei Ingres, die lichtvolle Farbigkeit der Impressionisten zu verwirklichen.*

Segantini, Giovanni
* 15. 1. 1858 in Arco, Provinz Trient, † 28. 9. 1899 auf dem Schafberg bei Pontresina, Engadin. Wichtiger Vertreter des → Symbolismus. Nach einem Besuch der Abendschule der Accademia di Brera in Mailand begann er im konventionellen Stil zu malen. Um

Georges Seurat, STEHENDE VON VORN, *25 × 16 (Privatbesitz). Dieses Spätwerk Seurats gehört zu einer kleinen Gruppe von Atelierstudien mit nackten Modellen. Wie Schneeflocken übersäen kurze Pinselstriche den Malgrund, dessen Lehmgelb das vibrierende Hellblau statisch hinterfängt. Eine farblich sehr wirkungsvolle Aktskizze!*

1886 lernte er den → Pointillismus kennen und entwickelte seine typische Thematik: offene Landschaften mit Bauern und Hirten, die er inhaltlich und formal auf das Wesentliche konzentrierte und zum Symbol von Sein, Werden und Vergehen stilisiert, z. B. im ALPEN-TRIPTYCHON, 1898/99 (St. Moritz, Segantini-Museum), oder in BÖSE MÜTTER, 1894 (Wien, Neue Galerie des Kunsthistorischen Museums). In den ornamentalen Tendenzen seiner Werke zeigen sich auch Einflüsse des → Jugendstils.

Seghers, Daniel
getauft am 6. 12. 1590 in Antwerpen, † 2. 11. 1661 in Antwerpen. Stillebenmaler des flämischen Barock. Er war Schüler Jan Bruegels d. Ä. In seinem Werk nahm das Blumenstilleben eine so dominierende Rolle ein, daß er neben reinen Stilleben auch von Blumen umrankte sakrale Themen – etwa HL. FAMILIE IM BLUMENSCHMUCK, 1644 (Karlsruhe, Staatliche Kunsthalle) – oder ähnliche Porträts schuf.

Seghers, Herkules Pietersz.
(auch Hercules Segers)
* 1589/90 vermutlich in Haarlem, † 1635/39 in Den Haag. Maler und Radierer, bedeutendster und fortschrittlichster Landschafter Hollands vor Rembrandt, der Seghers' Werke sehr schätzte. Rembrandts Landschaften sind in starkem Maße von Seghers beeinflußt, so wurde ein Spätwerk, die GEBIRGSLANDSCHAFT, um 1630 (Florenz, Galleria degli Uffizi), bis 1871 Rembrandt zugeschrieben. Auch als Radierer war Seghers bahnbrechend. Bis 1606 nahm er Malunterricht bei Gillis van Coninxloo in Amsterdam und schulte sich an Bildern von Adam Elsheimer und Joos de Momper. Seine Landschaften sind meist aus der Vogelperspektive gesehen. Figuren fehlen entweder ganz oder sind nur untergeordnete → Staffage.

Segonzac, André Dunoyer de
* 7. 7. 1884 in Boussy-St-Antoine, Essone, † 17. 9. 1974 in Paris. Vom Impressionismus und Kubismus ausgehender Maler, der ab etwa 1920 zu einem gemäßigten Expressionismus mit schweren, aber nuancierten Far-

Ben Shahn, BERGARBEITERWITWEN, *1948, 122×91 (Philadelphia, Museum of Art). Innerhalb einer weitgehend dem Formalismus verpflichteten amerikanischen Kunstszene war Shahn der große Realist, der mit sozialkritischer Tendenz auf menschliches Leid und politische Mißstände aufmerksam machte. So stand er in der Nachfolge Daumiers, Barlachs oder der K. Kollwitz.*

ben und schwungvoller Linienführung gelangte. 1901–06 studierte er in Paris an der École des Beaux-Arts und an der → Académie Julian. Nach dem Ersten Weltkrieg wurden seine Farben heller, vor allem von transparenten Blau- und Grüntönen beherrscht, so auch in seinem vielleicht bedeutendsten Werk, DIE KAHNFAHRER AUF DEM MORIN, 1924 (Paris, Privatbesitz).

Sérusier, Paul
* 1864 in Paris, † 6. 10. 1927 in Morlaix (Finistere). Unter dem Einfluß der Kunst Gauguins, den er 1888 in Pont-Aven kennengelernt hatte, gründete Sérusier die Pariser Künstlergruppe → Nabis. Entgegen der impressionistischen Farbauflösung strebte er Flächenhaftigkeit, Vereinfachung und Umgrenzung der Formen an, wie in seinem Schlüsselwerk BOIS D'AMOUR BEI PONT-AVEN, mit dem Beinamen LE TALISMAN, 1888 (Paris, Sammlung Boulet). In seinem Gemälde MEDITATION, 1892 (Sammlung H. Boutaric), näherte er sich in der Gestaltung der Felsen dem → Kubismus an.

Sesshu
(auch Unkoku, Toyo)
* 1420 in Akahama (Prov. Bitchu), † 1506 in Masuda (Prov. Iwami). Der schon zu seinen Lebzeiten als bedeutendster Künstler Japans gewertete Maler war zugleich Dichter, Zen-Priester und Gartenkünstler. Von bäuerlicher Herkunft genoß er seine Ausbildung als Tuschmaler bei Shubun, 1467–69 ging er nach China, um die berühmten Zen-Kloster zu besuchen. S.s äußerst umfangreiches Werk, Landschaften, aber auch Figuren-, Pflanzen- und Tierbilder stellt die gelungenste Kondensation von chinesischem und japanischem Stil dar. Das Hauptwerk, SANSUI-CHOKAN (Yamaguchi, Bofu Mori Hokokai Found.), eine 15 m lange Querrolle mit Ideallandschaften von 1486 zeigt die → haboku-Manier, eine Tuschlavierungstechnik, die S. kombinierte mit einem abgesetzten, harten Pinselstrich. Aus S.s Schule sollen der Überlieferung nach nahezu 100 bedeutende Künstler hervorgegangen sein.

Sesson
* um 1505 in Ota (Prov. Hitachi), † um 1590 Prov. Hitachi (?). Der jap. Tuschmaler gehört zu den abseits der Akademie wirkenden Autodidakten, dessen Stil sich entwickelte an Werken Sesshus, Shubuns, der chinesischen Sung- und Yüan-Malerei. Aus der Fürstenfamilie Satake stammend, malte er für Adelsfamilien Landschaften, Tiere, Blumen, Figuren in Tusche, daneben farbige Gemälde und Stellschirmbilder. Die typische Malweise und bevorzugte Thematik zeigt das Bild STURM AN DER KÜSTE (Tokyo, Slg. Nomura).

Seurat, George
* 2. 12. 1859 in Paris, † 29. 3. 1891 in Paris. Hatte Seurat zu Beginn noch Ingres, Holbein, Raffael und Poussin nachgeahmt, beeindruckten ihn schließlich die Theorien Delacroix', Baudelaires, Arbeiten über den Goldenen Schnitt und Werke der Naturwissenschaftler Henry, Chevreul und Rood so sehr, daß er sein Werk dem Versuch widmete, den in Routine verfallenden → Impressionismus durch eine auf streng wissenschaftlicher theoretischer Methode basierende Neuordnung wiederzubeleben. Dabei stützte sich der Maler u. a. auf die Erkenntnis Baudelaires, daß die Farbtupfen, aus gewisser Entfernung betrachtet, miteinander verschmelzen und die Farbe so ausdrucksvoller und frischer wird. Seurat strebte eine Betonung der Farben wie die Impressionisten und die vollkommene Form wie Ingres an. Sein erstes großes Werk, BADEPLATZ IN ASNIÈRES von 1883/84 (London, National Gallery) zeigte er 1884, vom offiziellen Salon abgelehnt, im Salon des Indépendants. Als eines der ersten Bilder, in denen er seine Theorien systematisch verwirklichte und die somit den → Divisionismus und → Pointillismus begründeten,

Sharaku, DIE SCHAUSPIELER BANDO ZENJI UND SAWAMURA YODOGORO II ALS ONI SADABO UND HOGEN, *um 1794, ca. 38×26. Die Vermutung, daß Sharaku mit dieser Darstellung aus dem Joruri-Spiel, das im Mai 1794 in Edo aufgeführt wurde, Karikaturen liefern wollte und den Haß der Schauspieler auf sich zog, ist höchst unwahrscheinlich.*

muß auch SONNTAGNACHMITTAG AUF DER ILE DE LA GRANDE JATTE von 1885 (Chicago, Art Institute, Helen Birch Bartlett Memorial Collection) gelten. 1886 begann Seurat die POSEUSES (Paris, Jeu de Paume); im ZIRKUS von 1891 (Paris, Jeu de Paume) wandte der Künstler den → Goldenen Schnitt an und schuf so eine strenge Komposition, die dennoch das Thema der Bewegung überzeugend darstellte. Seurats auf wissenschaftlichen Überlegungen aufgebaute Kunst wurde von den Impressionisten zwar abgelehnt, sollte aber für viele folgende Kunstrichtungen Anregungen bergen, so vor allem für die abstrakte Malerei und für konstruktive Strömungen.

Severini, Gino

* 7. 4. 1883 in Cortona, † 26. 2. 1966 in Paris. Maler, Zeichner und Bildhauer, Mitbegründer des → Futurismus. 1900 lernte er Giacomo Balla kennen, von dem er die Technik des → Divisionismus übernahm. 1906 übersiedelte er nach Paris und malte nun hauptsächlich Tänzerinnen und Szenen aus dem Nachtleben. Vor allem in Bildern wie BLAUE TÄNZERIN, 1912 (Mailand, Sammlung Gianni Mattioli), wandte er sich dem Futurismus zu, wobei die Bildfacettierung Simultaneffekte evoziert. Nach einer kubofuturistischen Phase richtete er sein Augenmerk mehr auf die Harmonie geometrischer Konstruktionen wie des Goldenen Schnitts, die er mit Gegenständlichkeit zusammenbrachte, z. B. in MUSIZIERENDER GAUKLER, 1924 (Rotterdam, Museum Boymans-van Beuningen).

Shahn, Ben

* 12. 9. 1898 in Kowno, Litauen, † 4. 3. 1969 in New York. Shahn, der eine Lehre als Lithograph und ein Studium an der New York University, dem City College und der National Academy of Design absolviert hatte, befaßte sich in erster Linie mit sozialkritischen Themen. 1931/32 entstand seine bekannte Sacco-Vanzetti-Serie (New York, Whitney Museum of American Art). Eine realistische, in düsteren Farbtönen gehaltene Darstellung eines legendären Prozesses gegen zwei italienische Einwanderer, die durch ein Fehlurteil der amerikanischen Justiz wegen angeblichen Mordes hingerichtet wurden.

Sharaku, Toshusai

* um 1770 in Edo (Tokyo) (?), † nach 1825 in Edo (Tokyo) (?). Der zu den bedeutendsten frühen Farbholzschnittmeistern in Japan gehörende Künstler war eigentlich No-Spieler. Die Schauspielerei am Hofe des Fürsten von Awa vermittelte ihm intimste Einsicht in das Theaterleben, ließ Schauspielerporträts von höchstem Realismus, meist ins Groteske übersteigert, entstehen. Aus den Jahren 1794/95 stammt sein bekanntes Werk: 136 signierte Einzelblätter, dazu 8 Zeichnungen und 2 Fächer. Die Charakterisierung des einzelnen Schauspielers

über seine Bühnenrolle hinaus, geradezu als Karikatur, brachte S. viel Unverständnis unter seinen Theaterkollegen ein, die ihn schließlich ermordeten. Bezeichnend für S. ist die Verwendung farbiger Hintergründe aus dunklen Glimmerfarben, ebenso unverwechselbar die Intensität des Ausdrucks, wie etwa Der Schauspieler Segawa Tomisaburo, 1794 (London, Brit. Mus.), die harte Konturierung und ausgewogene Farbigkeit.

Shen Shou
* 1427 in Hsiang-ch'eng-li (Prov. Kiangsu), † 1509 in Chang-chou (Prov. Kiangsu). Der chinesische Landschaftsmaler der Ming-Dynastie gehört zu den für China vorbildhaften Künstlerpersönlichkeiten, in allen Arten musischen Schaffens bewandert. Er widmete sich ausschließlich der Kunst auch in ihrer Aufgabe, ethische Funktion zu übernehmen. Seine Landschaften, etwa Ansichten aus der Umgebung von Suchou, 1488 (Tokyo, Slg. Hashimoto), zeigen subtile Eingliederung des Menschen in die Natur, mit feinem, zartem Pinselstrich in ausgewogener Komposition gezeichnet.

Shubun
* 1390, † 1464. Der Maler und Holzschnitzer gehört zu den Wegbereitern der Malerei des Zen-Buddhismus in Japan und Begründern der jap. Tusch-Landschaftsmalerei. Als Zen-Priester bei Kyoto lebend, erhielt er seine Ausbildung als Maler bei Josetsu. Seine Schüler waren Sesshu und Sotan. In offizieller Mission in Korea, wird er vom dortigen Ma-Hsia-Stil beeinflußt. Ein Beispiel aus seinem Werk, der Stellschirm Winter- und Frühlingslandschaft (Cleveland, Mus.) zeigt die chinesische Tradition der „Ablesbarkeit" der verschiedenen Bildgründe, die jap. Art der großflächigen Darstellung und zeichnerischen Genauigkeit.

Shumman (Schunman), Kubo
* 1757 in Edo (Tokyo), † 1820 in Edo (Tokyo). Der Holzschnittmeister des → Ukiyo-e lebte und wirkte in Edo, dem heutigen Tokyo. Als Schüler des Katori Nahiko und Kitao Shigemasa, zeigen seine Arbeiten doch wesentliche Einflüsse des Torii Kiyonaga. Seine silbrigen, oft matten Farben, seine Licht-Schatten-Valeurs zeugen ebenfalls von einer distinguierten Malauffassung, wie die Sujets, schöne Frauen, und die limitierte Auflage seiner Holzschnitte, meist für Buchillustrationen vorgesehen. Bekannt sind auch S.s Gedichte und Satiren.

Shunsho, Katsukawa
* 1726, † 1792. Wenig ist aus dem Leben des Malers für den Farbholzschnitt bekannt. Als Maler des → Ukiyo-e unterrichtete er namhafte Meister wie Hokusai. Sein Themenkreis umfaßt Frauenporträts, Genreszenen und Schauspielerdarstellungen in der Tradition des Harunobu. Gleichbleibend hohe Qualität, große Popularität sind seinen Zeichnungen zuzuschreiben, die delikate Farbgebung und exzellente Strichführung vereinen zu kraftvollen Vorlagen für den Holzschnitt, vornehmlich Schauspieler in ihren Rollen, in den Umkleideräumen, in ihrer Individualität darstellend. Die Buchillustration: Spiegel schöner Frauen der grünen Häuser, die Bildreihe 12 Monate sind Beispiele der Kunst S.s.

Sickert, Walter Richard
* 31. 5. 1860 in München, † 22. 1. 1942 in Bathampton. Führender englischer Maler des Nachimpressionismus, der die Traditionen der französischen und englischen Malerei des ausgehenden 19. Jh. in Einklang brachte. Seit 1868 lebte er in London, wo er an der Slade School of Fine Art studierte. 1883 übersiedelte er nach Paris. Hier wurde er von Édouard Manet und Edgar Degas beeinflußt. 1904 übernahm er in London Lehrtätigkeiten an der Slade School of Fine Art und am Westminster Technical Institute. Mit Bildern wie Der Strand von Dieppe, 1885 (Manchester, City Art Gallery), bereitete er dem Impressionismus in England den Weg und rückte auch das Werk James Abbot McNeil Whistlers und William Turners wieder in den Blickpunkt.

Kubo Shumman, Zwei Frauen und ein Kind beim Betrachten von Bildern, um 1795, 18 × 20. Hierbei handelt es sich um ein Surimono. Diese „Drucksachen" waren kleinformatige Glückwunschblätter, welche von japanischen Literaten oder Sammlern meist zu Neujahr verschickt wurden: auf kostbarste Papiere gezogene Farbholzschnitte.

Alfred Sisley, ÜBERSCHWEMMUNG MIT BOOT, *1876 (Paris, Louvre). Die Jahre 1875–77 verbrachte Sisley in Marly-le-Roi, nachdem mehrere Versuche, Bilder zu verkaufen, fehlgeschlagen waren. Anders als bei Monet und anderen Impressionisten stellte sich sein Erfolg erst nach dem Tode ein.*

Paul Signac, SEGELBOOTE IM HAFEN VON SAINT-TROPEZ, *1893, 56 × 47 (Wuppertal, Von-der-Heydt-Museum). Als Seurat, das Haupt der Pointillisten, 1891 starb, hielt man das Ende der Bewegung für gekommen. Doch Signac führte die Prinzipien tatkräftig weiter, wie dieses Werk beweist.*

Signac, Paul

* 11. 11. 1863 in Paris, † 15. 8. 1935 in Paris. Nachdem er 1882 unter dem Eindruck impressionistischer Werke zu malen angefangen hatte, besuchte Signac 1883 das Atelier Bins; durch seinen Freund Guillaumin und den Farbenhändler Tanguy lernte er die Impressionisten kennen – im Jahr 1884 Georges Seurat, mit dem er unter anderem die „Société des Artistes Indépendants" gründete und die → Salons des Indépendants organisierte. Signac löste sich, zusammen mit Seurat, von den festgefahrenen Bahnen des Impressionismus und suchte nach neuen Wegen, die schließlich in den Techniken des → Divisionismus und des → Pointillismus – von den Farbtheorien Chevreuls und Henrys ausgehend – ihren Ausdruck fanden. 1899 veröffentlichte Signac sein Buch „Von Eugène Delacroix zum Neoimpressionismus", das „Programm" der neuen Richtung. Ende der 80er Jahre wurden Hafen-, Schiffs- und Küstenszenen der bevorzugte Themenkreis des Künstlers: FISCHERBOOTE BEI SONNENUNTERGANG, 1891 (New York, Slg. J. H. Whitney); auch Porträts entstanden: FÉLIX FÉNÉON VOR EMAILGRUND, RHYTHMISIERT IN MASSEN, WINKELN, TÖNEN UND FARBEN, 1890 (New York, Slg. Joshua Logan). Bis zum Tod behielt Signac seine Thematik bei, die er immer im Verzicht auf Farbmischungen und dem Gebrauch reiner Farben, die er nebeneinandersetzte, ausdrückte. So verschmolzen die Farbpunkte erst in der Entfernung vom Bild, größere Leuchtkraft und Intensität waren die Folge: ABEND IN ANTIBES, 1914 (Straßburg, Musée des Beaux-Arts). Mit Seurat war Signac so Wegbereiter des → Neoimpressionismus.

Signorelli, Luca

(eigtl. Luca d'Egidio di Maestro Ventura de'Signorelli)

* um 1450 in Cortona, † 1523 in Cortona. Wichtiger Vertreter der umbrisch-florentinischen Schule des Quattrocento. Eine GEISSELUNG CHRISTI, 1470/75 (Mailand, Brera), und eine MADONNA MIT KIND 1470/75 (Mailand, Brera), gehören zu seinen frühesten Werken. 1481/82 war er in Rom bei der Ausmalung der Sixtinischen Kapelle beteiligt. Zusammen mit B. della Gatta und Pinturicchio schuf er dort zwei SZENEN AUS DEM LEBEN MOSES'. Zeugnis des Einflusses der frühen niederländischen Malerei ist die 1484 gemalte MARIA MIT KIND UND HEILIGEN (Perugia). 1499–1504 erreichte seine Kunst bei der Ausmalung der Cappella di S. Brizio im Dom zu Orvieto ihren Höhepunkt; S. malte dort u. a. die TATEN DES ANTICHRIST, ENDE DER

Luca Signorelli, HEILIGE FAMILIE, *∅ 124 (Florenz, Uffizien). Vasari betrachtete den Schüler Piero della Francescas als einen direkten Vorläufer Michelangelos. Seine den Bildrahmen oft sprengende Körperlichkeit schien ihm auf den Meister der Sixtina hinzudeuten. Sehr lyrisch ist Signorelli in diesem Werk.*

Max Slevogt, DER „WEISSE" D'ANDRADE IN DER ROLLE DON GIOVANNIS *(Champagnerlied), 1902, 215×160 (Stuttgart, Staatsgalerie).*

Der auch als Sänger und Pianist begabte Maler genoß die Freundschaft des portugiesischen Baritons Francisco d'Andrade, von dem er mehrere Rollenbildnisse schuf. Soeben war Slevogt nach dem für Realismus offeneren Berlin gezogen.

MENSCHHEIT, AUFERWECKUNG DER TOTEN, DIE VERDAMMTEN und die BEKRÖNUNG DER AUSERWÄHLTEN. Ergänzt werden diese Szenen mit Idealbildnissen berühmter Männer (Ovid, Horaz...), daneben Darstellungen aus der Literatur (Ovid, Metamorphosen; Dante, Göttliche Komödie), die S. in die Sockel- bzw. Rahmenzone einfügte. Der Zyklus zeichnet sich durch herben Realismus, Dramatik und genaue anatomische Kenntnisse und Proportionsstudien aus.

Signorini, Telemaco
* 18. 8. 1835 in Florenz, † 10. 2. 1901 in Florenz. Landschaftsmaler, Aquarellist, Kupferstecher und Schriftsteller, einer der wichtigsten Vertreter der → Macchiaioli. Nach einer ersten Ausbildung bei seinem Vater unternahm er seit 1854 unkonventionelle, antiakademische Studien vor der Natur – Tendenzen, die zur Gründung der Macchiaioli führten. Längere Aufenthalte in Paris machten ihn mit der Kunst von Jean-Baptiste Camille Corot, Gustave Courbet und Edgar Degas vertraut. Mit impressionistischen Gestaltungsmitteln und Farbwerten schuf er bevorzugt Darstellungen aus dem sozialen Bereich, beispielsweise in GEFÄNGNIS IN PORTOFERRAIO, 1894 (Florenz, Galleria d'Arte Moderna).

Siqueiros, José David Alfaro
* 29. 12. 1886 in S. Rosalía de Camargo, Chihuahua, † 6. 1. 1974 in Cuernavaca. Einer der wichtigsten Repräsentanten des mexikanischen → Muralismo. Seine Teilnahme an der mexikanischen Revolution unterbrach seine Kunststudien. 1922–24 schuf er in der Escuela Nacional Preparatoria von Mexico City sein erstes Wandbild, eine ALLEGORIE DER ELEMENTE. 1932 entstanden mehrere Arbeiten in den USA. Neben der Verwendung neuartiger Materialien und Techniken zeichnet sich sein Werk auch durch die Übertragung der filmischen Perspektive auf die Malerei aus.

Sironi, Mario
* 12. 5. 1885 in Sassari (Sardinien), † 15. 8. 1961 in Mailand. Sironi, zunächst von den Futuristen und der → Pittura metafisica beeinflußt, schuf schließlich immer mehr von einem archaischen realistischen Expressionismus geprägte Bilder, die mit Helldunkel-Wirkung und oft getrennten Kompositionen auf einer Fläche arbeiteten: KOMPOSITION (Privatslg.).

Sisley, Alfred
* 30. 10. 1839 in Paris, † 29. 1. 1899 in Moret-sur-Loing. Der Sohn englischer Eltern ging 1857 nach London in eine kaufmännische Lehre, kehrte 1862

nach Paris zurück und studierte hier zusammen mit Bazille, Monet und Renoir bei Charles Gleyre, den er nach einem Jahr wieder verließ. 1866–70 hatte Sisley mehrere Ausstellungen im Salon. Die frühen Werke Sisleys waren von Corot und Daubigny beeinflußt: PLACE D'ARGENTEUIL, 1872 (Paris, Jeu de Paume), DIE STRASSE VON LOUVECIENNES IM SCHNEE, 1873 (ebd.). Jährlich zog er mit Monet, Renoir und Bazille zum Malen in den Wald von Fontainebleau, später in den Wald von Marly und die Umgebung seiner jeweiligen Heimat; so wurde er zum Landschaftsmaler der Ile-de-France. – Nach den gemeinsamen Ausstellungen mit den Impressionisten ab 1874 bekamen seine Bilder eine Atmosphäre, die häufig von Licht und Wasser bestimmt wurde: DIE ÜBERSCHWEMMUNG IN PORT MALY, 1876 (Paris, Jeu de Paume), SCHNEE IN LOUVECIENNES, 1874 (London, Courtauld Institute). Seine heiteren, leichten Farben gaben seinen Werken einen ätherischen, flüchtigen Eindruck. Erst nach seinem Tod wurde die große Bedeutung Sisleys für den französischen Impressionismus erkannt.

Skovgaard, Joakim Frederik
* 18. 11. 1856 in Kopenhagen, † 9. 3. 1933 in Kopenhagen. Maler, Graphiker und Keramiker im Stil des → Symbolismus, der das Formenvokabular der italienischen Wandmalerei der Frührenaissance mit der volkstümlichen Genremalerei Dänemarks zu verbinden trachtete. Nach einer ersten Ausbildung bei seinem Vater und Reisen nach Italien und Griechenland widmete er sich vor allem der biblischen Historienmalerei, wobei seine monumentalen Fresken im Dom von Viborg, 1897–1906 und 1912/13, die Mosaiken in der Apsis des Doms von Lund, 1921–27, und die Fresken im Kopenhagener Rathaus die skandinavische Kunst stark beeinflußten.

Škréta, Karel Šotnovský
* 1610 in Prag, † 1. 8. 1674 in Prag. Einer der bedeutendsten tschechischen Maler des Hochbarock. 1630–35 hielt er sich in Italien auf. Sein dramatisch-realistischer Barockstil bildete sich am Prager Spätmanierismus, am venezianischen Kolorismus und am römischen Barock zwischen Caravaggio und den Carracci. Nach seinem Übertritt zum Katholizismus erhielt er in Prag große Aufträge. In seinem Spätwerk steigert sich die expressive und dramatische Handhabung des Helldunkels.

Slevogt, Max
* 8. 10. 1868 in Landshut (Bayern), † 20. 9. 1932 in Neukastel (Pfalz). Slevogt wuchs in Würzburg und München auf, wo er von 1884–90 an der Akademie unter Wilhelm von Dietz studierte. 1889 hielt er sich in Paris auf, danach mit Robert Breyer bis 1890 in Italien. Zwei Jahre später folgte die erste eigene Ausstellung in München. Seit 1896 hatte Slevogt für die „Jugend" und den „Simplizissimus" gezeichnet. Nach einem Aufenthalt in Frankfurt/Main von 1900/01 siedelte er nach Berlin über und fertigte in der Folgezeit auch erste Buchillustrationen und Radierungen, später Fresken an. Einer Ägyptenreise 1913/14 folgte der Kriegsdienst als Melder an der Front, 1917 die Berufung an die Berliner Akademie. Seit 1914 hielt sich der Maler allerdings häufig in Neukastel in der Pfalz auf, wo er 1932 auch starb. –

Max Slevogt, JÄGER AM HANG *(Bremen, Kunsthalle). Dem bürgerlichen Realismus des Leibl-Kreises verdankt Slevogt die Abwendung vom akademischen Stil. Die Bekanntschaft mit den Malern der Berliner Sezession, allen voran Liebermann, ließ ihn zu einem Hauptrepräsentanten des deutschen Impressionismus werden.*

Frans Snijders, EIN FISCHMARKT *(Wien, Kunsthistorisches Museum). Snyders Stilleben – das Spezialfach des flämischen Künstlers – berücken nicht durch die Ausgewogenheit der Komposition weniger Dinge. Aus der Zeit des Manierismus stammt eine Vorliebe für die pralle Leibesfülle toter Tiere, die uns heute befremdlich erscheint.*

Im Frühwerk Slevogts zeigt sich der Einfluß der Münchner Wilhelm Leibl und Wilhelm Trübner; zu den Bildern dieser Zeit zählt die RÜCKKEHR DES VERLORENEN SOHNES von 1898/99 (Stuttgart, Staatsgalerie). In der Frankfurter Zeit malte Slevogt Zoobilder von großer Leuchtkraft, wie den PAPAGEIENMANN, 1901 (Hannover, Städtische Galerei), mit freiem, skizzenhaftem Pinselstrich, der auch in den Porträts der Berliner Periode beibehalten wurde. Wesentliche Impulse erhielt das Werk des Künstlers durch seine vielfachen musischen Interessen, die auch zur Freundschaft mit dem portugiesischen Sänger Francisco d'Andrade führten, der mehrmals Slevogts Modell war: DER „WEISSE" D'ANDRADE IN DER ROLLE DON GIOVANNIS, 1902 (Stuttgart, Staatsgalerie). Einen Höhepunkt erlebte die Kunst des Malers dann in den Ägypten-Bildern – z. B. GETREIDEHAFEN IN ASSUAN, 1914 (Dresden, Gemäldegalerie) –, die als „Apotheose des Lichts" bezeichnet wurden und eine helle, heitere Farbgebung aufweisen. – Nach der Rückkehr aus Ägypten widmete sich Slevogt u. a. religiösen Themen, darunter einem PASSIONSZYKLUS, 1922/23; in den späten Schaffensjahren kamen die Landschaftsdarstellungen zu einer letzten Blüte: WEINLESE IM LEINSWEILER TAL, 1927 (Mannheim, Kunsthalle).

Ślewiński, Wladislaw

* 1854 in Bialynin, Polen, † 24. 3. 1918 in Paris. Polnischer Vertreter der Schule von → Pont Aven. 1888 ließ er sich in Paris nieder. Durch die Bekanntschaft mit Paul Gauguin kam er zur Kunst. Autodidaktisch bildete er sich zum Maler heran und schuf zunächst flächig-dekorative Stilleben, Blumenstücke, Landschaften und dunkelfarbige Bildnisse. 1905 kehrte er nach Polen zurück und lehrte 1908–10 an der Warschauer Kunstschule. 1910 schloß er sich in der Bretagne wieder der Schule von Pont Aven an.

Sloan, John

* 2. 8. 1871 in Lock Haven, Pennsylvania, † 7. 9. 1951 in Hannover, New Hampshire. Amerikanischer Maler, Graphiker und Zeichner, dessen Arbeiten mit Elementen des Impressionismus und des Jugendstils Szenen vor allem des New Yorker Alltagslebens karikierend widerspiegeln. In seiner Heimatstadt studierte er an der Central High School. 1888 erlernte er autodidaktisch die Radiertechnik und machte sich bald einen Namen als Illustrator. 1897 wandte er sich der Ölmalerei zu, wobei figürliche Themen und Großstadtszenen im Vordergrund stehen.

Snijders, Frans

(auch Snyders)

getauft am 11. 11. 1579 in Antwerpen, † 19. 8. 1657 in Antwerpen. Der an den Werken Peter Paul Rubens' geschulte Künstler gilt als der Hauptvertreter der barocken flämischen Stilleben- und Tiermalerei. Seine Lehrer waren Pieter Bruegel d. J. und Hendrik van Balen. Die allgemeine Beliebtheit seiner Bilder mit Darstellungen von Jagdtieren, Katzen, Hunden, Geflügel, Fischen, Früchten, Gemüse, Küchen, Speisekammern u. ä. als Ausstattungsstücke für Schlösser und Paläste ermöglichte ihm ein sorgenfreies Leben. War sein Frühwerk noch von der manieristischen Feinmalerei bestimmt, so wurde später der Einfluß von Rubens ausschlaggebend für seine virtuose Malweise. Die Stilleben und Jagdbilder sind von intensiver

Frans Snijders, HIRSCHJAGD, *220 × 420 (Brüssel, Musées Royaux des Beaux-Arts). Schon das Bildformat deutet an, welche Bedeutung dieser Bildgattung im Flandern zur Zeit der Glaubenskriege zukam. Die Monumentalität dieses „Wandfrieses“ läßt sich lediglich mit Rubens' Historienmalerei vergleichen. Ausschließlich als Wanddekoration in einem Schloß läßt sich das Werk vorstellen.*

Sodoma, HL. SEBASTIAN, *um 1525–27, 206 × 154 (Florenz, Palazzo Pitti). Das lebensgroße Bild des Märtyrers entstand als Prozessionsfahne der Bruderschaft von S. Sebastiano in Siena. Auf der Rückseite befindet sich eine Madonna, die von der Bruderschaft verehrt wird. Mehr die Schönheit eines Jünglingskörpers denn das Martyrium ist Sodomas künstlerisches Thema.*

Francesco Solimena, SELBSTBILDNIS, *um 1730 (Neapel, Museo di S. Martino). Als habe man den Künstler beim Malen an der Staffelei aufgeschreckt: die Hände sind noch bei der Arbeit – das Bild einer Götterromanze entsteht –, während sich der Kopf schroff und ernst zum Betrachter wendet. Der neapolitanische „gentiluomo“ besaß einen selbstentworfenen Palast in der Via S. Potito.*

Farbigkeit und durch eine dekorative, rhythmische Komposition, mit meist pyramidaler oder friesartiger Anordnung der in ihrer stofflichen Wirkung prächtig charakterisierten Gegenstände, gekennzeichnet, z. B. in BLUMEN, FRÜCHTE UND GEMÜSE (Antwerpen, Koninklijk Museum voor Schone Kunsten). Mit Bildern wie DER TOTE SCHWAN (Dresden, Gemäldegalerie) begründete er die Gattung des Wild- und Geflügelstückes. In seinen spannungsreichen Jagdbildern gelingt ihm, bei aller dynamischen Komposition, nicht immer der überzeugende szenische Zusammenschluß von Mensch und Tier. Mit den 1616–21 geschaffenen vier Marktbildern: OBSTMARKT, GEMÜSEMARKT, WILDBRETHÄNDLER und FISCHMARKT (alle Leningrad, Eremitage) wendet er sich dem großen Format zu. Die Gemälde seines Altersstils sind ruhiger, der Farbauftrag ist pastoser. Kurz vor seinem Lebensende entstanden kleinformatige Stilleben im Freien mit Landschaftsausblick.

Sodoma
(eigtl. Giovanni Antonio Bazzi)
* 1477 in Vercelli, † 1549 in Siena. Hauptsächlich in der Toskana arbeitender, vielseitiger Künstler der Hochrenaissance, dessen Werke von unterschiedlicher Qualität sind. Nach 7jähriger Lehre bei dem piemont.-lombard. Maler G. M. Spanzotti gelangte S. um 1500 nach Siena, wurde 1508 nach Rom berufen, wo er Gemälde in der Stanza della Segnatura des Vatikans ausführte, in der Villa Farnesina freskierte. 1515 entstand sein bedeutendstes bildhauerisches Werk, die Bronzestatue „Hl. Petrus“ am Dom zu Siena. Aufträge führten S. 1539/40 nach Volterra, 1540–43 nach Pisa, 1545 nach Lucca und Piombino. Im Frühwerk finden sich Einflüsse Leonardos und Bramantes, in den nach 1525 entstandenen Arbeiten sind die Figuren von gelöster Haltung, die dichten, reich ornamentierten Kompositionen sicher konstruiert: PROZESSIONSFAHNE, 1525, (Florenz, Gall. Pal. Pitti), Fresken GEISSELUNG CHRISTI und CHRISTUS IN DER VORHÖLLE, (beide Siena, Pinacoteca Nazionale).

Sohlberg, Harald
* 29. 11. 1869 in Oslo, † 19. 6. 1935 in Oslo. Der norwegische Maler schuf vor allem Landschaftsbilder und Architekturansichten im realistischen Stil. 1895/96 hielt er sich in Paris auf, 1897 war er in Weimar. Als sein Hauptwerk gilt WINTERNACHT IM GEBIRGE von 1914 (Oslo, Nasjonalgalleriet).

Soldati, Atanasio
* 25. 8. 1896 in Parma, † 27. 8. 1953 in Mailand. Vertreter der geometri-

Chaim Soutine, Chorknabe, *1927, 69×49 (Paris, Louvre). Rembrandt, auch Greco, verdankt der französische Maler eine Vertiefung seiner künstlerischen Vision. Expressionistisch zerrissen ist sein Menschenbild, der Halt an der Tradition ist verlorengegangen. Angst und Tragik deutet Soutine in die verzerrte Gestalt des Chorknaben.*

schen Abstraktion. Nach einem Architekturstudium an der Akademie in Parma begann er ab 1920 mit der Malerei. 1925 wurde er von Werken Paul Cézannes, 1930 von der → Pittura metafisica beeinflußt. Dann wandte er sich einer konsequenten geometrischen Abstraktion zu. Seine Einzelausstellung 1931 in der Galleria Milione in Mailand wurde zur ersten Ausstellung rein abstrakter Malerei in Italien und damit vorbildgebend.

Solimena, Francesco
(gen. L'Abbate Ciccio)
* 4. 10. 1657 in Canale di Serino bei Avellino, Kampanien, † 3. 4. 1747 in Barra bei Neapel. Der Maler und Architekt S. ist einer der Hauptkünstler des Spätbarock in Neapel. Nach einer Ausbildung bei seinem Vater ging er zu Luca Giordano in Neapel in die Lehre. 1725 malte er die Kirche Gesû Nuovo in Neapel mit hervorragenden Fresken aus. Der Themenkreis seines Werkes umfaßt allegorische und religiöse Darstellungen, Porträts und Stilleben. Sein Stil ist geprägt durch kräftige Farbgegensätze und starke perspektivische Verkürzung. Unzählige Figuren sind gedrängt angeordnet und schräg nach hinten gestaffelt. S. übte eine große Wirkung auf die neapolitanische Kunst des 18. Jh. aus.

Sophilos
attischer Vasenmaler, tätig um 580 v. Chr. Außer den drei erhaltenen signierten Fragmenten werden dem Sophilos 37 Arbeiten zugewiesen, die seine überragende Bedeutung für die Entwicklung des schwarzfigurigen Stils in Attika deutlich machen. Neben einer Reihe von Gefäßen, die noch ganz in korinthischer Tradition stehend einigermaßen monoton Tiere zu Friesen reihen, erweist sich Sophilos auf den Bruchstücken mit mythologischen Szenen (Athen, Nationalmuseum) als erzählerisches Naturtalent, dem der wenig jüngere Kleitias viel zu verdanken hat. Die Darstellungen von der Hochzeit des Peleus und der Thetis sind besonders im ornamentalen Gewanddekor äußerst akkurat, die psychischen Reaktionen der Menschen scharf charakterisiert, der Ausdruck der Gesichter – für die Zeit – unerhört wirkungsvoll. Wenn Sophilos auch kein genialer Zeichner war, so ist es doch seinem Esprit zu danken, daß in die Vasenmalerei Bewegung kam.

Sotatsu, Tawaraya
* 1576, † 1643 in Kyoto. Der japanische Maler begründete die Rimpa-Schule gemeinsam mit dem Kalligraphen Koetsu, die neben dem Farbholzschnitt als dekorative Malerei wesentlichste Kunstströmung vom 17.–19. Jh. in Japan war. Als Sohn eines wohlhabenden Händlers geboren, wurde S. Maler der Reichen in Kyoto. An der Tuschmalerei Chinas geschult, entnahm er auch die Sujets chines. Vorbildern. Neben reinen Tuschbildern bemalte er Fächer und

Carl Spitzweg, Dachstubenleben *(München, Schackgalerie). Spitzwegs biedermeierlicher Realismus suchte die kleine Welt der Mansardenwohnungen und Hinterhöfe, deren Alltag schon durch einen Sonnenstrahl vergoldet wird. Der alte Kauz, der an seinem Fenster Blumen zieht, beobachtet ein Stubenmädchen.*

Stellschirme unter Verwendung von Gold. Keine Umrißlinien begrenzen die kräftigen Farben bzw. die Tuschstriche, die flächig dekorativ nebeneinandergesetzt werden. Hauptwerk: Die Stellschirme Die Götter des Donners und des Windes (Kyoto, Kenni-ji).

Soutine, Chaim
* 1893 in Smilavičy bei Minsk, † 9. 8. 1943 in Paris. Bedeutender Maler der → École de Paris. 1910 besuchte er die Kunstschule in Wilna. 1913 übersiedelte er nach Paris und schrieb sich an der École des Beaux-Arts ein. Er lernte Marc Chagall, Moïse Kisling, Jacques Lipchitz, Amedeo Modigliano, Ossip Zadkine, Henri Laurens und Jules Pascin kennen, alles jüdische Vertreter der École de Paris, die sich als „peintres maudits" bezeichneten. Seine Malerei ist aggressiv-brutal, dabei doch tief melancholisch. In einer leidenschaftlichen Malweise, einer vehementen Farbmodellierung, in verzerrten Formen, in der Vorliebe für das Häßliche, Alte, Skelettierte, Anormale entstanden deformierende Menschenbilder wie Der Dorftrottel, 1920/22 (Avignon, Musée Calvet), apokalyptische Landschaften oder Todesallegorien wie Der Hahn, um 1926 (Chicago, Art Institute).

Spadini, Armando
* 29. 7. 1883 in Poggio a Cajano bei Florenz, † 31. 5. 1925 in Rom. Er stand in Kontakt zum florentinischen Spätimpressionismus, tendierte aber auch zum → Jugendstil. 1909 übersiedelte er nach Rom und versuchte jetzt, Naturalismus mit der Renaissancetradition zu verbinden. Den Brechungen des Lichts, einer erlesenen Farbmaterie und alltäglichen Szenen gewann er immer neue Nuancen ab, z. B. in Unter der Laube, 1914 (Rom, Galleria Comunale d'Arte Moderna), oder in Mutterschaft, 1918 (Turin, Galleria Civica d'Arte Moderna).

Spinello, Aretino
(auch Spinello di Luca Spinelli)
* um 1346 in Arezzo, † 1410 in Arezzo. S., einer der letzten Nachfolger Giottos, ist ab 1373 nachweisbar. Er konnte die Ansätze Giottos zu perspektivischer Raumgestaltung kaum

Carl Spitzweg, DER SCHMETTERLINGSJÄGER, *um 1840, 31 × 25 (Wiesbaden, Städtisches Museum). Zu dem Sinn für Komik und Witz, der in den Werken Spitzwegs latent vorhanden ist, tritt hier eine geradezu surreal-phantastische Note. Die beschränkte Kleinwelt eines Schmetterlingsfängers gerät unvorbereitet mit dem magischen Zauber der Natur in Berührung.*

weiterentwickeln. Eines seiner ältesten Bilder ist eine THRONENDE MUTTERGOTTES, 1384/85. Gegen 1387 malte er SZENEN AUS DEM LEBEN DER HL. KATHARINA in Antella (bei Florenz). Sein Hauptwerk bildet der um 1386 entstandene Freskenzyklus mit EPISODEN AUS DEM LEBEN DES HL. BENEDIKT in der Sakristei von S. Miniato al Monte in Florenz. S., der zahlreiche Aufträge aus der ganzen Toskana erhielt, malte um 1405 eine KRÖNUNG MARIÄ (Siena, Pinacoteca). Zusammen mit seinem Sohn Parri schuf er seit 1408 im Palazzo Pubblico zu Siena SZENEN AUS DEM LEBEN PAPST ALEXANDERS III.

Spitzweg, Carl

* 5. 2. 1808 in München, † 23. 9. 1885 in München. Einer der bedeutendsten Maler des → Biedermeier, der zahlreiche Bilder, Ölstudien, Zeichnungen und Aquarelle schuf, deren eigenartiger skurril-versponnener Charme ihn zum volkstümlichsten Vertreter der bürgerlichen Genre- und Landschaftsmalerei im süddeutschen Raum machte. Sein umfangreiches Œuvre reicht stilistisch von der Spätromantik bis zum Impressionismus. Zunächst arbeitete er als Praktikant der Pharmazie in München und ab 1830 als Provisor in Straubing. Gleichzeitig studierte er Pharmazie an der Universität München. In der Malerei bildete er sich hauptsächlich autodidaktisch, u. a. durch das Kopieren holländischer Meister des 17. Jh. Beeinflußt wurde er auch durch Eduard Schleich und Christian Morgenstern. Zunächst arbeitete er vor allem als Illustrator und Zeichner für satirische Zeitschriften wie die „Fliegenden Blätter", den „Nürnberger Trichter" und die „Fränkischen Blätter". 1836 wurde der Mitglied des Münchener Künstlervereins. 1839 entstand sein berühmtestes Bild, DER ARME POET (München, Neue Pinakothek). Mit grimmigem und doch einfühlsamem Humor zeigt er in der Behandlung dieses Themas Anklänge an die holländische Genremalerei des 17. Jh., thematisch eine Karikatur auf das biedermeierliche Kleinbürgertum. Seine Bilder stellen in der Schilderung teilweise verharmloster anekdotischer Motive und komischer Situationen, trotz scharfer Beobachtung menschlicher Eigenheiten, eine gewisse, freilich liebenswürdig vorgetragene Flucht vor der sozialen und politischen Wirklichkeit dar: so z. B. DER RABE, 1840/45; DER WITWER, nach 1845 (beide München, Neue Pinakothek); DER KAKTUSLIEBHABER, um 1845 (Privatsammlung), u. a. Aufgrund französischer und englischer Anregungen gelangte er zu einer meisterhaften Wiedergabe des Atmosphärischen und von Licht-Farb-Effekten, z. B. in DAS PICKNICK, um 1864 (München, Neue Pinakothek). Sein Spätstil wird immer aufgelockerter, fast impressionistisch, wobei thematisch das erzählende Moment zunehmend in den Hintergrund tritt, etwa in WÄSCHERINNEN AM BRUNNEN, um 1880 (Darmstadt, Hessisches Landesmuseum). Bilder wie die GEBIRGSLANDSCHAFT, um 1870 (München, Neue Pinakothek), gehören zum koloristisch Kühnsten in der damaligen deutschen Malerei, was jedoch erst später gewürdigt wurde.

Nicolas de Staël, DAS ATELIER IN ANTIBES, *1955, 130 × 89. Im Todesjahr des Künstlers entstand diese aus Rottönen komponierte Farbsymphonie. Die Farben, deren physische Intensität die Bildwirkung bestimmt, sind in Feldern angelegt, das gegenständliche Motiv wird nur grob umrissen. Eine räumliche Wirkung strebt de Staël nicht an.*

Spranger, Bartholomäus
* 21. 3. 1546 in Antwerpen, † zwischen Juli und Mitte August 1611 in Prag. Maler und Radierer, einer der Hauptmeister des niederländischen → Romanismus und wichtiger Vertreter des Manierismus. Nach einer Ausbildung in Antwerpen schulte er sich an Stichen der Manieristen Frans Floris und Parmigianino. In Italien schuf er eine Reihe von Fresken, die ihm hohe Anerkennung einbrachten. So wurde er 1570 von Pius V. zum päpstlichen Maler ernannt, 1575 erhielt er eine Stellung am Kaiserhof Maximilians II. in Wien, seit 1581 am Hof Rudolfs II. in Prag. Seine mythologischen Arbeiten zeichnen sich durch kühle Farbigkeit und raffinierte Hervorhebung des erotischen Moments aus.

Squarcione, Francesco
* 1397 in Padua, † 1468 in Padua. S. ist der Hauptvertreter der Frührenaissance in Padua. Auf Reisen nach Griechenland, Rom und in die Toskana studierte er die antike Kunst. Um 1460 schuf er sein wichtigstes Werk: Die Fresken in der Vorhalle von S. Francesco in Padua. Von 1463–66 hielt er sich in Venedig auf. Seine Bedeutung liegt weniger in seinem künstlerischen Werk, als vielmehr in seiner Funktion als Lehrer, besonders Mantegnas. Er ließ seine Schüler Antiken kopieren und lehrte sie die Grundregeln der Perspektive.

Staël, Nicolas de
* 5. 1. 1914 in Petersburg, † 16. 3. 1955 in Antibes, Grasse. Abstrakter französischer Maler baltischer Herkunft. Nach einem Besuch der Brüsseler Akademie und mehreren Reisen entdeckte er in Paris das Werk von Paul Cézanne, Henri Matisse und Georges Braque. Dann orientierte er sich am Kubismus. Seine frühesten erhaltenen rein abstrakten Bilder entstanden 1942. Zehn Jahre später malte er z. B. DIE DÄCHER, 1952 (Paris, Musée National d'Art Moderne), ein fast monochromes Gemälde mit kleinteiligen Farbspachtelungen. In der Folgezeit versuchte er, Gegenständliches und Abstraktes zu vereinen. Mehr und mehr verfiel er einer persönlichen und künstlerischen Krise, die mit seinem

Selbstmord endete. Sein abstraktes Œuvre weist, trotz hoher Qualität der einzelnen Bilder, keine einheitliche Linie auf. Alle Bilder vor 1941 hatte er vernichtet. Das Porträt JEANNINE, 1941/42 (Paris, Privatsammlung), zeigt seine Bewunderung für El Greco und den frühen Pablo Picasso. Meist sind seine abstrakten Kompositionen gespachtelt, manchmal dominieren geometrische Formen. Zu seinen besten Arbeiten zählen Grisaille-Bilder wie HIMMEL BEI HONFLEUR, zwei Versionen 1952 (Zürich, Galerie Gimpel und Privatsammlung).

Stauffer-Bern, Karl
* 2. 9. 1857 in Trubschachen, Emmental, Schweiz, † 24. 1. 1891 in Florenz. Maler und Graphiker, der vor allem in seinen Bildnissen zwischen realistischen und idealistischen Vorstellungen zu vermitteln suchte. 1875–80 besuchte er die Münchener Kunstakademie und ging dann nach Berlin. Hier gründete er eine Malschule für Frauen, zu deren Schülerinnen 1885 auch Käthe Kollwitz zählte. Bekannt wurde er vor allem als Porträtist mit Bildern berühmter Zeitgenossen, z. B. GOTTFRIED KELLER, 1886 (Zürich, Kunsthaus), die sich durch intensive Lebendigkeit und eine an Anthonis van Dyck erinnernde Farbgebung auszeichnen. 1888 ging er nach Rom, wo er im neuklassizistisch-humanistischen Sinne den Plan faßte, einen neuen Tempelbezirk in Paestum als Wallfahrtsort höchster Kunst zu schaffen.

Steen, Jan
* 1625/26 in Leiden, † 1679 in Leiden. Jan Steen ist vor allem als Darsteller von Genreszenen bekannt geworden, die er oft mit schalkhaftem Humor und mitunter derbem Spaß anzureichern wußte. Dem Sohn katholischer Eltern (auch die eigenen Kinder ließ er katho-

Jan Steen, MÄDCHEN MIT AUSTERN, 20 × 14 (Den Haag, Mauritshuis). Als gelte der kokette Blick der Austernesserin einem anonymen Galan in der Schar der Betrachter! Ihr samtenes Jäckchen, Krug und Glas sind mit stillebenhafter Meisterschaft behandelt – selbst die Brösel auf der glänzenden Silberplatte wurden minuziös dargestellt.

Jan Steen, „SOO GEWONNEN, SOO VERTEERT", 1661, 79×104 (Rotterdam, Museum Boymans-van Beuningen). Das Glücksspiel im Nebenzimmer und ein Gemälde mit einer Darstellung der Fortuna über einem Würfel legen nahe, daß in diesem Genrebild mehr als nur eine Gelageszene zu entdecken ist. Auf die Unbeständigkeit menschlichen Wohlstands soll angespielt werden.

lisch taufen) ging trotz seiner reformierten holländischen Umgebung jede kalvinistische Sittenstrenge ab, ungebrochen war sein Verhältnis zur sinnenfreudigen Lebendigkeit des Menschen. Nach dem Unterricht bei Weyermann soll Steen zunächst bei Nikolaus Knüpfer in Utrecht, später bei Adriaen van Ostade in Haarlem und schließlich in der Werkstatt Jan van Goyens in Den Haag gelernt haben. 1646 wurde er als Student an der Universität von Leiden immatrikuliert und gehört 1648 zu den Gründungsmitgliedern der Leidener Malerzunft → Lukasgilde. Ein Jahr darauf heiratet er Margaretha, die Tochter seines Lehrers Jan van Goyen. Keineswegs nur der Malerei ergeben, wird er 1654 wie sein Vater Bierbrauer: Er pachtet die Delfter Brauerei „de Slange". 1672 erwirbt er in Leiden sogar die Lizenz zur Unterhaltung einer Gastwirtschaft. 1671–73 übte er daneben das Amt des Obmannes der Leidener Malergilde aus und wird 1674 ihr Dekan. Jan Steens Szenen aus dem holländischen Volks- und Bürgerleben entsprachen der Vorliebe des Zeitgeschmackes für einen unerhöhten, unverschönerten und unheroischen Alltag. Anders als Vermeer oder Terborch unternimmt Steen selten den Versuch, das Genre durch Sublimation und Konzentration der Bildmittel auf eine höhere Stufe zu heben, sondern bleibt zeitlebens der Darstellung des „Menschlich-Allzumenschlichen" treu. Auch eine Reihe Bilder biblischen Inhalts sind bekannt, wobei stets Themen mit Genrecharakter bevorzugt worden sind. Trotz Steens Vorliebe für die Darstellung des Derben und Deftigen kommt das Thema Liebe keines-

Frank Stella, ARPOADOR I., 1975 (Basel, Kunstmuseum). Gegen klassische Kompositionsprinzipien und traditionelle Deutungsabsichten setzte sich der Künstler der „Nonrelational art" ausdrücklich zur Wehr: „Meine Bilder gründen auf der Tatsache, daß nur das, was man sehen kann, auch dort ist." Stellas Leinwände scheuen die Rechteckform.

Bernhard Strigel, BILDNIS LUDWIGS II. VON UNGARN, 1515, 29×22 (Wien, Kunsthistorisches Museum). Auf Geheiß Kaiser Maximilians I. reiste der Maler 1515 aus Memmingen nach Wien, um Zeuge der habsburgischen „Doppelhochzeit" zu werden. Der ungarisch-böhmische Erbprinz Ludwig II. – erst 9 Jahre alt – wurde mit der Habsburgerin Maria verheiratet. 1526 kam er in der Türkenschlacht bei Mohács ums Leben.

Franz von Stuck, DER WÄCHTER DES PARADIESES, *1889 (München, Villa Stuck). Die Ausstellung des Engelsjünglings mit dem flammenden Schwert im Münchner Glaspalast machte den 26jährigen Müllersbuben aus einem niederbayerischen Dorf berühmt.*

wegs immer in seiner vulgären Variante vor. Seine Tobias-Szenen zeigen ein hingebungsvoll verliebtes Paar. Oft ist eine moralisch-didaktische Grundhaltung seiner Darstellungen erkennbar. Das Bild DER WIRTSHAUSGARTEN (Berlin, Staatliche Museen) zeigt, wie einem Kind Bier oder Wein angeboten wird. Die spottende Gestalt eines Fischverkäufers im Vordergrund übermittelt dem Betrachter den moralisierenden Bildgedanken. Das Thema der Kindererziehung findet sich häufig in Jan Steens Werk. Daß der Maler als Bierbrauer und Schankwirt wie geschaffen war, gerade das Trinken zu thematisieren, wurde häufig bemerkt. Rollende Fässer, Weinkrüge, zuprostende und Gläser leerende Personen enthält die HOCHZEIT ZU KANAA (Los Angeles). Bei vielen seiner Bilder läßt sich ein Bezug zum Theater herstellen. Vielfach erscheint eine Ableitung von Steens Bildkulissen aus der Bühnenarchitektur der „Schouwburg" in Amsterdam möglich, die von 1637 bis 1665 bestanden hat. Festspielartige Fassungen der Hochzeit zu Kanaa wurden auch von den „Rederijkern" bei Hochzeiten aufgeführt. Es ist denkbar, daß sich Steen für seine Darstellungen von Gastmahlsszenen hierdurch Anregungen verschaffte. Gegen Ende seiner Schaffenszeit wendet sich der Maler gerne großen dramatischen Szenerien zu. Stellt man bei Rembrandt eine zunehmende Verinnerlichung im reifenden Werk fest, so ist es bei Jan Steen umgekehrt. Seine Aufnahmebereitschaft für die oberflächige Eleganz des von Frankreich ausgehenden neuen Geschmacks nimmt Steens Werken den typisch holländischen Charakter. Gleichwohl gehört Jan Steen durch den Reichtum seiner Bildgedanken, seinen Humor und technisches Können zu den größten Künstlern, welche die Blütezeit der holländischen Genremalerei hervorgebracht hat.

Stella, Frank
* 12. 5. 1936 in Malden bei Boston, Massachusetts. Vertreter der → Hardedge-Malerei. Nach Studien an der Philips Academy in Andover, 1950 bis 54, und an der Princeton University, 1954–58, geriet er unter den Einfluß des → abstrakten Expressionismus. Durch die Begegnung mit Jasper Johns, Mark Rothko und Barnett Newman entwickelten sich seine Arbeiten auf eine geometrische Abstraktion hin. Ab 1960 entstanden Bilder auf Leinwand, deren äußere Begrenzungsformen von der bildinternen Formstruktur evoziert wurden, ein Verfahren, das mit dem Begriff → Shaped canvas bezeichnet wird. Die Bildstrukturen beruhen auf schmalen, häufig schwarzen Linien in symmetrischer Anordnung und sich wiederholender Reihung. Ab 1962 schuf er farblich intensive Bilder mit unregelmäßigen Umrissen, ausgesparten Bildzentren und Zickzack-Formationen, wie in SANBORNVILLE II, 1966 (Münster, Landesmuseum). 1965 lehrte Stella am Department of Design an der Yale University.

Stosskopf, Sebastian
getauft am 13. 7. 1597 in Straßburg, † 10. 2. 1657 in Idstein, Hessen-Nassau. Wichtiger deutscher Stillebenmaler und Kupferstecher, der sich stilistisch vom Spätmanierismus zum Barock entwickelte. 1619 ging er nach Paris und Venedig. Beeinflußt wurde er jedoch hauptsächlich durch die niederländische Kunst. Während Bilder wie DIE FÜNF SINNE: ALLEGORIE DES SOMMERS, 1633 (Straßburg, Musée des

Beaux-Arts), in der trockenen Präzision der Zeichnung noch an französischen Vorbildern orientiert sind, sind monumental aufgefaßte Werke wie STILLEBEN MIT SPANSCHACHTEL, um 1644 (Stockholm, Sammlung B. Stenman), dem festlichen Barockstil der Niederlande verpflichtet.

Strigel, Bernhard

* 1460 in Memmingen im Allgäu, † 1528 in Memmingen. In seinen Anfängen arbeitete er an Altarwerken der Werkstatt Ivo Strigel und 1493/94 am Blaubeurer Altar Bartholomäus Zeitbloms mit. Auch seine folgenden Werke stehen deutlich unter Zeitbloms Einfluß: Der DREIKÖNIGSALTAR (Memmingen, Stadtmuseum) und der PFULLENDORFER MARIENALTAR (Sigmaringen, Museum; Stuttgart, Württembergisches Landesmuseum und Frankfurt am Main, Städelsches Kunstinstitut). Etwa 1505 wurden die Renaissanceeinflüsse stärker. Die Bilder gewinnen an räumlicher Tiefe, der mittelalterliche Goldgrund wird teilweise durch Landschaftsszenerien ersetzt und die Koloristik wandelt sich von spätgotischer Lokalfarbigkeit zu gebrochenen, differenzierten, formmodellierenden Valeurs. Um 1505 entstand der von Ulrich von Frundsberg gestiftete SIPPENALTAR für St. Stephan in Mindelheim (Nürnberg, Germanisches Nationalmuseum), es folgten um 1507/08 die GEBURT CHRISTI (Salem, Markgräflich Badisches Schloßmuseum), DIE SCHLAFENDEN WÄCHTER, drei Tafeln vom Sarg eines Hl. Grabes in der Frauenkirche von Memmingen (München, Alte Pinakothek) und 1520 die Altarflügel mit der VERKÜNDIGUNG AN ANNA, der BEGEGNUNG AN DER GOLDENEN PFORTE und dem Stifterbild GRAF ULRICH VON MONTFORT (Schloß Maihingen). Bedeutender noch sind seine Porträts.

Strozzi, Bernardo

(gen. il Cappuccino oder il Prete genovese)

* 1581 in Genua, † 2. 8. 1644 in Venedig. S. ist einer der wichtigsten italienischen Maler des 17. Jh. Nach einer Ausbildung bei dem → Manieristen Pietro Sorri trat er 1598 in den Kapuzinerorden ein. Bereits 1610 verließ er das Kloster. 1630 ging er nach Venedig, wo nun seine schöpferischste Phase folgte. In seiner Malweise nahm er unterschiedlichste Einflüsse auf und verband sie zu einem eigenen Stil, so von flämischen Stillebenmalern, Rubens, van Dyck und besonders Caravaggio, was sich in dem starken Helldunkel zeigt, wie z. B. in dem Altarbild HL.. LAURENTIUS, (Venedig S. Niccolò da Tolentino). Seine Fresken sind fast ausnahmslos verloren.

Franz von Stuck, DIE SÜNDE, *1893, 89 × 53. Zahlreiche Fassungen dieses Werkes existieren, das Stuck 1893 in der neugegründeten „Sezession“ mit grandiosem Erfolg ausstellte. Der Fin-de-siècle-Begriff der Frau als einer überlegenen, dämonischen Verführerin hat sich in dieser Figur verdichtet.*

Stuart, Gilbert

* 3. 12. 1755 in North Kingston bei Newport, Rhode Island, † 9. 7. 1828 in Boston, Massachusetts. Bedeutender Bildnismaler in der englischen Tradition des 18. Jh. In frühen Bildern wie MRS. BANISTER UND SOHN, um 1774 (Newport, Redwood Library), ist er von John Singleton Copley beeinflußt. 1775 ging er nach London und wurde hier zwei Jahre später Schüler von Benjamin West. Aufsehen erregte er erstmals mit dem Handlungsporträt SCHLITTSCHUHLÄUFER von 1782 (Washington, National Gallery of Art). In duftiger, eleganter Malweise, die Thomas Gainsborough nahesteht, schuf er nun Bildnisse führender Persönlichkeiten, womit er zum Konkurrenten von Gainsborough und Sir Joshua Reynolds wurde. In Amerika entstand 1793 sein Meisterwerk, das Porträt MRS. RICHARD YATES (Washington, National Gallery of Art).

Stubbs, George

* 25. 8. 1724 in Liverpool, † 10. 7. 1806 in London. Englischer Porträtist, Tiermaler und Stecher im neoklassizistischen Stil, dessen Streben nach möglichst naturgetreuer Darstellung durch intensive medizinische und anatomische Studien gefördert wurde. Sowohl in Stichfolgen zu wissenschaftlichen Abhandlungen als auch in der Malerei bildeten Pferde und andere Tiere sein bevorzugtes Thema. Auf einer Marokkoreise hatte er ein prägendes Erlebnis, das dann zum zentralen Inhalt seines späteren Œuvres wurde: LÖWE GREIFT EIN PFERD AN, u. a. 1769 (London, Tate Gallery), und 1770 (New Haven, Connecticut, Yale Uni-

versity Art Gallery). Neben Ben Marshall wurde er zum bedeutendsten Tiermaler Englands. Sein technisches Interesse führte ihn auch zu Malversuchen in Emailfarben, zuerst auf Kupfer, dann, in Zusammenarbeit mit Josuah Wedgwood, auf Porzellanplatten.

Stuck, Franz von
* 23. 2. 1863 in Tettenweis b. Burghausen, † 30. 8. 1928 in München. Der aus einfachen Verhältnissen stammende Stuck stieg die Stufen des Erfolges vom Schüler an der Kunstgewerbeschule und des Polytechnikums in München (von 1881 bis 84) über das Studium an der Akademie 1885, die Gründung der „Münchner → Sezession“ 1892, seine Berufung zum Akademieprofessor 1895 bis hinauf zur Erlangung des Adelstitels. Als „Malerfürst“ erhielt S. eine Villa in der Prinzregentenstraße, damals noch außerhalb der Stadt. Mit dem Bau dieser Villa wollte S. den Gedanken des Gesamtkunstwerks realisieren. Er stattete sie ausschließlich mit eigenen Kunstgegenständen und selbstentworfenen Möbeln aus. S.s Kunst wurzelt v. a. im Symbolismus. Darüber hinaus wurde er von Diez, Lenbach und v. a., was Themenwahl und malerische Gestaltung betrifft, von A. Böcklin geprägt. Wie B. bevorzugte er mythologische und allegorische Darstellungen. Zu S.s größten Leistungen gehören seine Werke DER KRIEG, 1894 (München, Bayerische Staatsgemäldeslg.), und DIE SÜNDE, 1893 (München, Neue Pinakothek). Farblich entwickelte sich S. von einer kontrastarmen hellen Palette zu einer sehr kräftigen, tonigen Farblichkeit.

Subleyras, Pierre
* 25. 11. 1699 in St.-Gilles-du-Gard bei Nîmes, † 28. 5. 1749 in Rom. Der französische Maler und Radierer S. steht an der Wende vom Spätbarock zum Neoklassizismus. Nach einer Lehre bei seinem Vater und bei Antoine Rivalz gewann er 1727 den Rompreis. 1740 ernannte man ihn zum Mitglied der Accademia di S. Luca. Neben Altarbildern malte er viele hervorragende Porträts, wie z. B. PAPST BENEDICT XIV. (Chantilly Musée Condé). Er war schon zu Lebzeiten einer der gefragtesten Maler in Rom.

Sugai, Kumi
* 11. 3. 1919 in Kobe. Japanischer Maler, in dessen Werken sich Abstraktes und Figürliches verbinden. 1937–42 studierte er an der Kunstakademie in Osaka, dann arbeitete er in Kobe, bis er 1952 nach Paris übersiedelte. Hier entstanden Bilder, die in ihrer Verquickung abstrakter und dingbezeichnender Komponenten an halb-

Kumi Sugai, PARKING DANS FORÊT AU SOLEIL, 1967, 265 × 200 (Berlin, Nationalgalerie). Zu vegetativen Symbolen ist die Natur in Sugais „Landschaftsbildern“ erstarrt. Waren seine Gärten der 50er Jahre mit Blumen und japanischen Motiven belebt, so tritt in den 60er Jahren eine zunehmende Beschränkung auf die abstrakte Figuration ein. Damit wird Sugai zu einem der wichtigsten Vertreter der École de Paris.

verlassene Gärten erinnern – kühle, graue Szenerien, in denen vereinzelt farbige Blumen auftauchen. Daneben evozierte er in seinen Arbeiten altjapanische Bildsymbole, gehörnte Teufel, Samurais, Wappentiere u. ä. Doch bald vereinfachte und abstrahierte er diese Motive. Ab 1962 werden seine Formen härter, monumentaler, die Farben greller, jede lyrische Gestimmtheit verschwindet nun aus seinen Bildern.

Sully, Thomas
* 17. 6. 1783 in Horncastle (England), † 5. 11. 1872 in Philadelphia. Der Sohn eines Schauspielerehepaares und Schüler von Gilbert Stuart und Thomas Lawrence betätigte sich hauptsächlich als Porträtmaler. Er schuf etwa 2600 Bildnisse von teilweise berühmten Zeitgenossen wie Edgar Allan Poe und Lawrence. Sully malte auch die Porträts des Marquis de Lafayette, 1824 (Philadelphia, Independence-Hall), und mehrerer Präsidenten. Sein skizzenhaft malerischer Stil dürfte auf Lawrence zurückführen. In späteren Jahren wandte sich Sully mehr den Historien- und Genrebildern zu.

Süss, Hans
(gen. von Kulmbach)
* um 1480, vermutl. in Kulmbach, † zwischen dem 29. 11. u. 3. 12. 1522 in Nürnberg. Der Schüler Albrecht Dürers und Jacopo de' Barbaris ist seit 1505 in Nürnberg nachweisbar. Für 1514–16 wird ein Aufenthalt in Krakau angenommen, wo er einige Altarwerke, wie den Katharinenaltar und den Johannesaltar (beide Krakau, Muzeum Narodowe), schuf. Der Peter-und-Pauls-Altar, um 1510 (Florenz, Uffizien), zeigt in der Auffassung von Architektur und Landschaft erstmals eine eigenständige künstlerische Leistung. 1511 entstand die Anbetung der Könige (Berlin, Stiftung Staatliche Museen/West, Gemäldegalerie), 1513 der italienisch beeinflußte Tucheraltar (Nürnberg, St. Sebald). Unter den Porträts des Künstlers ragt das Bildnis des Markgrafen Kasimir von Brandenburg, 1511 (München, Alte Pinakothek), heraus. Im späteren Werk deutet die Längung der Figuren auf einen manieristischen Stilwandel hin, die Behandlung der Landschaften läßt auf die Kenntnis der Kunst der → Donauschule schließen.

Sustris, Friedrich
* 1540 in Oberitalien (?), † 1599 in München. Der Sohn des Lambert S. lernte bei Vasari in Florenz und wurde 1568 von Hans Fugger nach Augsburg geholt. Im Auftrag der bayerischen Herzöge leitete er die Ausschmükkung der Burg Trausnitz über Landshut und war ab 1579 in München äußerst vielseitig, u. a. als Festdekorateur und Architekt der Michaelskirche, tätig. Seine Bilder, wie die Anbetung der Hirten, um 1570 (Augsburg, Kreuzkirche), zeigen den Einfluß von Vasaris → Manierismus und den der niederländischen → Romanisten.

Sustris, Lambert
* um 1515 in Amsterdam, † um 1568 in Padua (?). Der niederländische Maler kam schon früh nach Italien und gilt als Schüler Tizians. Seine Landschaften und Bildnisse verraten auch den Einfluß Tintorettos und verbinden auf glückliche Weise die angestammte nordische Tradition mit der venezianischen Kunst und Koloristik.

Sutherland, Graham
* 24. 8. 1903 in London. Das Werk dieses bedeutenden modernen englischen Malers läßt sich stilistisch einem abstrahierenden Expressionismus zuweisen. 1921–26 studierte er in London an der Goldsmith's School of Art. Erst während eines Aufenthaltes in Wales 1935 wandte er sich der Ölmalerei zu. Bis 1940 entstanden hauptsächlich phantastische, oft Landschaftliches assoziierende Gebilde in leuchtenden Farben und in der Verbindung abstrakter und surrealistischer Elemente. Zugleich tauchen jene Motive auf, die sein späteres Werk charakterisieren: Bedrohlich wuchernde Wurzelformationen und aggressiv wirkende Stechginsterlabyrinthe. 1940–45 hielt er im Auftrag der englischen Regierung Szenen aus dem Kriegsgeschehen fest, in denen er die irreale, trostlose Stimmung zerstörter Städte gestaltet, z. B. in Devastation-City-Burnt-out-Interior, 1941 (London, Imperial War Museum). Ab 1945 werden hauptsächlich Themen aus der Passion Christi zum Gleichnis der Kriegsgreuel, so auch in dem Hauptwerk Kreuzigung Christi von 1945 in der St. Matthew's Church in Northampton. Die Dornenkrone verselbständigt sich im folgenden als Symbol des menschlichen Leidens. Bekannt wurde er auch durch seine Porträts berühmter Zeitgenossen, z. B. mit Somerset Maugham, 1949 (London, Tate Gallery).

Graham Sutherland, Somerset Maugham, *1949, 137 × 65 (London, Tate Gallery). Das Werk des englischen Malers, der expressionistische und abstrakte Tendenzen verarbeitete, widmete sich auch mit Erfolg dem Porträt großer Zeitgenossen. Den englischen Erzähler und Dramatiker hielt er in einer äußerst „sprechenden" Kopfgeste fest.*

T

Taddeo di Bartolo
* um 1362/63 in Siena. † zwischen dem 26. 8. 1422 und dem 13. 5. 1423 in Siena. Vertreter der → Internationalen Gotik. Er schulte sich an der sienesischen → Trecentokunst. 1386 wird er erstmals urkundlich erwähnt, als er den Auftrag für die Fresken im Domchor von Siena erhielt. Zwischen 1385 und 1397 arbeitete er in Pisa, 1398 war er in Genua, 1401–09 in Perugia und Siena tätig. In seiner HIMMELFAHRT UND KRÖNUNG MARIÄ, 1401 für den Hauptaltar des Doms von Montepulciano gemalt, stellte er sich selbst in der Gestalt des hl. Thaddäus dar – das erste frontale Selbstbildnis der christlichen Kunst. Sein Spätwerk verflacht qualitativ immer mehr.

Taeuber-Arp, Sophie Henriette Gertrud
* 19. 1. 1889 in Davos, † 13. 1. 1943 in Zürich. Die mit Hans Arp verheiratete Künstlerin zählt zu den wichtigsten Vertretern der abstrakten Malerei der zwanziger und dreißiger Jahre. Nach kunstgewerblichen Studien in St. Gallen, München und Hamburg lehrte sie 1916–29 textiles Entwerfen an der Kunstgewerbeschule in Zürich. 1916 bis 20 nahm sie an der → Dada-Bewegung in Zürich teil. 1931–36 gehörte sie den Pariser Gruppen → Cercle et Carré und → Abstraction-Création an.

Tai Ch'in
tätig um 1430–55 in Hangchou. Der chinesische Maler der Ming-Dynastie steht in der Tradition der Sung-Malerei, die in dieser Zeit kopiert und umgewertet wurde. Anfangs in den Diensten Kaiser Hsüan-tes stehend, zog er sich später in die Heimat zurück. Sein berühmtes Werk LEBEN AUF DEM FLUSS, ist eine 11 m lange Rolle in Sung-

Taddeo di Bartolo, DER EVANGELIST MARKUS *(Oldenburg, Landesmuseum). Sein Evangelistensymbol – den Löwen – als Lesepult verwendend, schaut der Heilige in sein Schriftwerk. Der Sieneser Maler und dessen Werkstatt haben den Nimbus der Wendung des Kopfes perspektivisch noch nicht angeglichen. Er bleibt als punziertes Filigran ganz in der irrealen Goldfläche.*

Yves Tanguy, RENDEZVOUS DER PARALLELEN, *1935, 28 × 36 (Basel, Kunstmuseum). Spuren menschlicher Gegenwart scheinen auf Ewigkeiten ausgelöscht in Tanguys surrealen Welträumen. Kaugummiartige Weichkörper sind die einzigen Zeugen eines „Rendezvous" von unendlicher Anonymität und abstrakter Körperlosigkeit.*

Rufino Tamayo, MÄDCHEN, VON EINEM VOGEL ANGEGRIFFEN, *1947, 178 × 127 (New York, Museum of Modern Art). Der mexikanische Künstler verleugnet in seinem Werk die präkolumbische Kunst seiner Heimat nicht. Das Naive, traditionell Unvorbereitete, spielt bei ihm eine ebenso große Rolle wie Abfärbungen der großen Kunstströmungen in der Moderne.*

David Teniers d. J., Dorflandschaft in Abendbeleuchtung, *25 × 29 (Köln, Wallraf-Richartz-Museum). Der niederländische Maler, der vor allem das Genrestück pflegte, stellte die Landschaft stets in Verbindung mit figürlicher Staffage dar. Das abendliche Stimmungsbild erschien ihm als idealer Hintergrund für eine disputierende Herrengesellschaft.*

Manier mit Tusche bemalt, die Erzählung jedoch nicht als Ausdruck von Gefühlswerten wiedergegeben, sondern klar gegliedert, detailliert gezeichnet (Washington, Freer Gall. of Art).

Taiga, Ikeno
* 1723, † 1776 in Kyoto. Der Japaner T. ist neben Buson und Gyokudo der bedeutendste Vertreter der Literatenmalerei. Als Schüler von Nankai und Ryurikyo übten wesentlichen Einfluß die Chinesen aus, etwa Ni Tsan und Hsiao Chih-mu, deren Themen und Komposition er übernahm. Spezifisch für T. ist die Kombination von Gebirgslandschaften mit selbstverfaßten Gedichten, die er in einer individuell gestalteten Technik wiedergab: der Punktierung. Das Rollbild Fischen im Frühling (Cleveland, Mus. of Art) gibt die von T. erfundene Technik wieder, die den Japaner – in gewisser Überschätzung – einreiht als ersten modernen Maler seines Kulturkreises.

Tamayo, Rufino
* 26. 8. 1899 in Oaxaca, Mexiko. Einer der wichtigsten Vertreter der modernen Malerei Mexikos und bedeutender Repräsentant des mexikanischen → Muralismo. 1917–21 studierte er an der Akademie von S. Carlos in Mexico City. 1926–28 lebte er in New York, anschließend wurde er Professor an der Escuela Nacional de Bellas Artes in Mexico City. 1933 schuf er Wandbilder im Konservatorium von Mexico City, 1938 ein Fresko Revolution im Museo de las Culturas. Im Kontakt zu modernen Kunstströmungen wie Kubismus und Surrealismus und in der Auseinandersetzung mit der präkolumbischen Kultur entstand sein reifer Stil voll expressiv phantastischer Metaphorik, z. B. in Schlafende Musikanten, 1950 (Mexico City, Museo de Arte Moderno). Viele seiner Werke sind charakterisiert durch Symbole der Fruchtbarkeit und der Zerstörung, exemplifiziert an menschlichen Grenzsituationen, kosmischen Visionen und mythischen Entwürfen.

Tanguy, Yves
* 5. 1. 1900 in Paris, † 15. 1. 1955 in Waterbury, Connecticut. Einer der wichtigsten Vertreter des → Surrealismus. Durch die Bekanntschaft mit dem Dichter Jacques Prévert und durch die Faszination vor einem Gemälde Giorgio de Chiricos kam er 1923 zur Malerei. Zwei Jahre später zählte er schon zum engsten Kreis der Surrealisten und setzte sich mit der Technik des → Automatismus auseinander. 1939 ging er nach New York. In seinen Bildern dominieren unendlich weite Flächen, die mit einem unendlichen Himmel zusammenfließen. Er bevölkerte diese Landschaften mit phantastischen, teils organischen, teils stereometrisch-technoiden Gebilden von fotografischer Exaktheit, die Traumassoziationen entsprechen, z. B. in Langsame Tage, 1937 (Paris, Musée National d'Art Moderne).

Tao Chi
* 1641, † um 1717 in Yangchou. Der Chinese T. gehört zu den „Individualisten", die nach den „Formalisten" der Ming-Dynastie der chines. Malerei wieder neue Lebendigkeit verliehen. Aus vornehmer Familie stammend, wurde er buddhistischer Mönch, widmete sich den schönen Künsten umfassend. Seine meist kleinformatigen Landschaften, etwa Frühling am Min-Fluss (Cleveland, Mus. of Art) demonstrieren nur eine seiner Malweisen, hier die traditionelle, die T. nach dem Gesichtspunkt: vollkommen ist, keine Methode zu haben, wechselte.

Tàpies, Antoni(o)
* 23. 12. 1923 in Barcelona. Wichtiger Maler und Graphiker des → Informel. Ab 1945 fand er zu seinem Stil mit pastosem Farbauftrag und mit Integrie-

Gerard Terborch, DIE APFELSCHÄLERIN, *36 × 30 (Wien, Kunsthistorisches Museum).*

Terborch verlieh dem holländischen Genrebild wie Vermeer den Gestus des Zeitlosen, der sonst nur dem Andachtsbild eignet. Der Alltag wird mit vornehmer, subtiler Demut geschildert.

rung verschiedenster Materialien. Hinzu kamen in die Farbe eingeritzte graphische Strukturen, die seinen Bildern den Charakter alter zerkratzter Hauswände geben. 1948 wurde er Mitbegründer der Gruppe → Dau al Set. In seinen expressiven Arbeiten, in die auch banale Alltagsobjekte einbezogen sein können, kommen gelegentlich auch religiöse Momente zum Durchbruch, z. B. in KREUZ AUS ZEITUNGSPAPIER, 1946/47 (Barcelona, Privatbesitz).

Tegernseer Tabula Magna, Meister der

tätig in der 1. Hälfte des 15. Jh. in Oberbayern. Der Meister erhielt seinen Notnamen nach dem ehemaligen Hochaltar der Klosterkirche in Tegernsee, 1445/46 (Nürnberg, Germanisches Nationalmuseum und München, Alte Pinakothek). Ebenfalls aus Tegernsee stammt die Darstellung CHRISTUS AM KREUZ ZWISCHEN DEN BEIDEN SCHÄCHERN (München, Alte Pinakothek). Die Kunst dieses unbekannten Meisters zeichnet sich durch großen Realismus und durch die besondere Behandlung des Kolorits aus.

Teniers, David d. J.

getauft am 15. 12. 1610 in Antwerpen, † 25. 4. 1690 in Brüssel. David Teniers wurde wahrscheinlich von seinem Vater David d. Ä. ausgebildet. 1632/33 wurde er Meister in der → Lukasgilde seiner Vaterstadt und 1645 ihr Dekan, um sechs Jahre später nach Brüssel zu übersiedeln. Hier wurde Teniers Hofmaler und Verwalter der Kunstsammlungen Erzherzog Leopold Wilhelms. Zu Teniers' frühem Werk, das von den → Genrebildern des Adriaen Brouwer und den Landschaften Jan Bruegels und Paul Brils beeinflußt war, zählen WALDLANDSCHAFT MIT RÄUBERN (Berlin, Stiftung Staatliche Museen/West, Gemäldegalerie) und ZWEI SINGENDE BAUERN (München, Alte Pinakothek), beide vor 1633. Nachdem Teniers in den 40er Jahren seinen persönlichen, von einer warmen Farbskala geprägten Stil gefunden hatte, traten neben die vielen Darstellungen aus dem Bauernleben, dem Zauberer- und Alchimistenbereich, die Landschaften, Ärzte- und Gelehrtenbilder usw. – BAUERNHOCHZEIT, 1648 (Wien, Kunsthistorisches Museum), DREI MUSIZIERENDE BAUERN (München, Alte Pinakothek) u. a. m. – auch Allegorien, Porträts, historische – ERZHERZOG LEOPOLD WILHELM BEIM VOGELSCHIESSEN IN BRÜSSEL, 1652 (Wien, Kunsthistorisches Museum) – sowie mythologische und religiöse Themen: VERSUCHUNG DES HL. ANTONIUS, um 1647 (Brüssel, Musées Royaux des Beaux-Arts). Die Gemälde des Erzher-

Gerard Terborch, Der Einzug des holländischen Gesandten Adriaen Pauer in Münster, *um 1646 (Münster, Westfälisches Landesmuseum). Terborch, der auch den Abschluß des Westfälischen Friedens in einem Gruppenporträt historisch dokumentierte, hielt hier eine Station der Vorverhandlungen fest. Pauer war Wortführer der Vereinigten Niederlande.*

zogs kopierte Teniers mehrmals, u. a., um sie für das Werk „Theatrum Pictorium" (1660) stechen zu lassen. – Das Werk des bedeutenden flämischen Genremalers wurde durch viele Schülerarbeiten, Kopien und Reproduktionen verbreitet und ergänzt.

Terborch, Gerard

* 1617 in Zwolle, † Dez. 1681 in Deventer. Dieser zu den bedeutendsten holländischen Genre- und Porträtmalern der Barockzeit gehörige Künstler ist anders als seine Kollegen sehr viel gereist. 1635 hielt er sich in London auf und 1636–40 in Italien. Danach findet man ihn in Spanien und Flandern. Im Jahre 1648 hält er sich auf deutschem Boden auf, wo er Die Beeidigung des Friedens zwischen den Niederlanden und Spanien malt, ein historisches Dokument zum Westfälischen Frieden (London, National Gallery). 1654 ließ sich Terborch in Deventer nieder, wo ihm ein großer künstlerischer und beruflicher Erfolg beschieden war. Landschaft, Stilleben oder Bilder biblischen Inhalts kommen in seinem Œuvre nicht vor. Dagegen ist das Genrethema am stärksten vertreten. Kennzeichnend für seine Auffassung dieses Sujets ist, daß er wenige Personen, zumeist vornehm gekleidet, in einen gesellschaftlich anspruchsvollen Innenraum gruppiert,

Gerard Terborch, Das Konzert, *56 × 44 (Berlin, Staatliche Museen). Eine der schönsten weiblichen Rückenfiguren hat Terborch mit der ganz ihrem Spiel hingegebenen Cellospielerin gestaltet. Anstelle der Klavizimbelspielerin – eine Zutat des vergangenen Jahrhunderts – befand sich ursprünglich ein junger Mann mit Hut im Bildhintergrund.*

Gerard Terborch, Die Unwillkommene Nachricht, *1653, 66 × 59 (Den Haag, Mauritshuis). Ein Feldbote mit der Fanfare am Schulterband bereitet den Freuden der Einquartierung ein Ende. Die „Begeisterung" über den Stellungsbefehl steht dem Paar sichtlich im Gesicht geschrieben. Nicht nur die Musik oder der häusliche Besuch variierten die Liebesthematik.*

wobei der raffinierten Wiedergabe der malerischen Reize von Stoffen, Seide und Brokat, viel Geduld gewidmet wurde. Nur dem oberflächlichen Betrachter seiner Genrebilder entgeht, daß darin vielfach ein Hintersinn verborgen ist. Bei dem im 18. Jh. mit dem Titel Väterliche Ermahnung versehenen Bild (Amsterdam, Rijksmuseum), eine stehende junge Frau, eine ältere sitzende und einen jungen Mann darstellend, enthüllte sich der erotische Gehalt des Themas erst, als man die Münze in der Hand des Kavaliers berücksichtigte. Viele Bilder Terborchs sind als Bordell-Szenen zu deuten, wobei ihnen stets eine vornehme Dimension verliehen wird. Auch in den Gemälden Das Konzert (Toledo, Museum of Art) oder Trinkende Dame mit Brief (Helsinki) wird die Liebesthematik angesprochen. Das „galante Anerbieten" von Männern bei einer Dame wird in der Gesellschaft mit einem tanzenden Paar (Polesden Lacey, The National Trust) oder Das Glas Limonade (Leningrad, Eremitage) verbildlicht. Daneben gehen auch eine Reihe vollkommen unbefangener Genrebilder auf Terborch zurück. Bei den meist einfigurigen Szenen dieser Gruppe handelt es sich um Situationen, in denen die Bildfiguren, ungestört und still, ihrem eigenen Innenleben überlassen sind. In dem Bild Die Briefeschreiberin (Den Haag, Mauritshuis) fühlt sich der Betrachter als ungesehener Beobachter. Terborch fand hier eine Formulierung für ein in der holländischen Barockmalerei oft behandeltes Thema. Auch das Thema der Mutter, die ihr Kind laust oder kämmt, war der Haarlemer Schule oder den Leidener Malern wohlvertraut. Terborch gibt die alltägliche Szene mit ungemeinem Realitätssinn wieder, wobei das psychologische Moment, die hinausstrebende Ungeduld des ruhig abwartenden Kindes besonders subtil erfaßt ist (Den Haag, Mauritshuis). In den Werken Die Familie des Schleifers (Berlin, Staatliche Museen), Der Kuhstall (Essen, Gesellschaft Kruppsche Gemäldesammlung) oder Der Junge, der seinen Hund floht (München, Bayerische Staatsgemäldesammlung) füllen einfachere Menschen den Bildraum. Innerhalb seiner Bildnisse läßt sich eine Unterteilung in zwei Gruppen vornehmen: die Ganzporträts und die Brustbilder. Erstere zeigen die Figur des Auftraggebers in aufrecht selbstbewußter Haltung vor einem völlig leeren, neutralen Hintergrund wie z. B. das um 1640 entstandene Porträt eines Herrn (Richmond, The Virginia Museum of Fine Arts). Daneben ist jener Porträttypus zu finden, der sich bei meist ovalem Format auf die Physiognomie des Kopfes konzentriert. Das Bildnis des Hugo Eberhard Kratz von Scharfenstein zeigt bei miniaturhaftem Format den katholischen Gesandten des Kurfürsten von Mainz bei den Friedensverhandlungen in Münster (Privatbesitz).

Terbrugghen, Hendrik

* 1588, † 1629 in Utrecht. In der Nähe von Deventer geboren, war Terbrugghen bei A. Bloemaert in der Lehre, bevor er 1604 nach Italien reiste. Erst 1614 ist er wieder in Utrecht nachweisbar. Bis an sein Lebensende dort ansässig, blieb er unter dem Einfluß der Begegnung mit der Kunst des römischen Frühbarockmeisters Caravaggio. Nur ein einziges Werk aus Terbrugghens italienischer Zeit ist bekannt. Die Dornenkrönung, die rein im caravaggesken Stil gemalt wurde, ist wohl zwischen 1610–14 entstanden (B. Nicolson). Obgleich unter den Utrechter → Caravaggisten derjenige, welcher den römischen Meister hätte persönlich kennenlernen können, hat Terbrugghen den Caravaggio-Stil keineswegs am reinsten zum Ausdruck gebracht. Erst nach der Rückkehr von Honthorst und Baburen aus Italien (1620/21) vollzieht sich bei ihm der Stilwandel in deutlich sichtbarer Weise. Neben Genrefiguren und Genreszenen schuf der Utrechter eine

Hendrik Terbrugghen, Flötenspielender Knabe in gestreiftem Gewand, *1621 (Kassel, Gemäldegalerie). Sind die Musizierenden des in etwa altersgleichen Frans Hals sprühende, weltoffene Gestalten, so ist der Flötenspieler Terbrugghens in sich gekehrt und ernst. Ein stiller Austausch vollzieht sich zwischen dem Knaben und seinem Instrument.*

Hans Thoma, RUHE AUF DER FLUCHT, *1907, 298 × 157 (Karlsruhe, Landesmuseum). Das Karlsruher Museum bewahrt als ein vollständig erhaltenes neuromantisches Ensemble die Hans-Thoma-Kapelle, deren Bildzyklus Szenen aus der Heilsgeschichte erzählt. Realismus und naive Verklärung, Märchen- und Alltagswelt sind spielerisch verwoben.*

Theoderich von Prag, HL. HIERONYMUS, *115 × 105 (Prag, Nationalgalerie). Aus der Kreuzkapelle der Burg Karlstein, die Kaiser Karl IV. als Residenz diente, stammt diese Tafel. Theoderich war an der Ausstattung des 1367 eingeweihten Sanctuariums maßgeblich beteiligt, das über hundert kleinformatigen Tafelbildern Platz bot.*

große Anzahl alt- und neutestamentlicher Darstellungen. Dabei gelang es ihm, südländische und nördliche Traditionen zu verschmelzen. Terbrugghens Vorliebe für naturalistische „Typen", Menschen mit fast befremdlicher Physiognomie, zeigt sich in seinem Deventer Zyklus der vier Evangelisten. Bei den 1621 entstandenen FLÖTENSPIELERN (Kassel, Gemäldegalerie) fällt hingegen auf, daß der Vorgang des Musizierens in äußerst verinnerlichter Weise gegeben wird. Die Musikanten des Baburen wirken demgegenüber eher posenhaft, oberflächig, mehr Allegorie vom Typus der Fünf-Sinne-Darstellung als in der psychischen Dimension erfaßter menschlicher Ausdruck. Terbrugghens Malerei ist origineller und realistischer als die seiner Utrechter Freunde. Die Aussage seiner Bilder entfernt sich stark vom katholischen Erbe, während z. B. Baburen weit eher der italienischen Tradition treu bleibt. Sicherlich war es weniger der expressive Gehalt der Bilder des Utrechters, was Rubens veranlaßte, gerade Terbrugghen lobend zu erwähnen. Die Idealität späterer Bilder wie der VERKÜNDIGUNG (Diest, Begijnhofkeerk) oder BEFREIUNG PETRI (Schwerin, Mecklenburgisches Landesmuseum) hat den Flamen in erster Linie beeindruckt. Die psychische Vertiefung bei Frans Hals oder im reifen Werk Rembrandts wurde am Beginn des 17. Jh. zuerst in Utrecht erprobt. Terbrugghen kommt dabei die größte Leistung zu.

Theoderich von Prag
1359 erstmals urkundlich belegt, † vor dem 11. 3. 1381 in Prag (?). Einer der Hauptmeister der böhmischen Schule der → Internationalen Gotik. 1367 vollendete er für Kaiser Karl IV. die Ausstattung der Heiligkreuzkapelle in Burg Karlstein bei Prag, die als Residenz und Aufbewahrungsort der Reichskleinodien sowie einer umfangreichen Reliquiensammlung diente. Von den erhaltenen Malereien können der Theoderichwerkstatt die Fresken des APOKALYPTISCHEN GOTTES, die VERKÜNDIGUNG, HEIMSUCHUNG und ANBETUNG DER KÖNIGE sowie 130 Bilder mit der KREUZIGUNG und Halbfiguren von Heiligen zugeschrieben werden. Theoderich entwarf auch die Architektur und das symbolisch bedingte Beleuchtungssystem der Kapelle, wo das Licht von mehr als 500 Kerzen von den vergoldeten Glasbuckeln am Gewölbe und der Halbedelstein-Inkrustation der Wände widergespiegelt wird. Die intensive Farbigkeit seiner Malereien ist auf diese Beleuchtung hin berechnet.

Theophanes der Grieche
(Feofan Grek)
byzantinischer Maler, nachweisbar 1370–1405 in Rußland. Ausweislich zeitgenössischer Quellen war Theophanes zunächst in Konstantinopel und Chalkedon tätig und ist über die Krim nach Nowgorod und Moskau gekommen, wo sich sein expressiver Stil freier entfalten konnte, als in der

vorschriftengefesselten Reichskunst von Byzanz. 1378 malte er die Erlöserkirche zu Nowgorod aus, deren Wandbilder wenigstens fragmentarisch erhalten sind und sich durch ausdrucksvoll ekstatische Gesichter auszeichnen. Besonders die krassen Kontraste von dunklem Inkarnat und dynamisch hingeworfener Weißhöhung geben den Köpfen einen fast karikaturhaft verhäßlichenden, aber ungemein kraftvollen Ausdruck. Die Ikonen des Griechen sind sehr viel mehr der Konvention verhaftet, beeinflußten jedoch die nachfolgende russische Malerei intensiv, zumal Andrej Rublew 1405 an der → Ikonostasis der Verkündigungskathedrale im Moskauer Kreml mitgearbeitet hat. Seine Malerei wirkt bis heute in der griechisch-orthodoxen Kirchenkunst nach.

Hans Thoma, TAUNUSLANDSCHAFT, *1890, 113 × 88 (München, Neue Pinakothek). Schon C. D. Friedrich malte das Motiv des aus der Höhe in die Ferne blickenden Wanderers. Der dem Romantiker geistesverwandte Thoma glaubte, daß schon „das Wesen und die Farbe und das Licht" zur Entstehung eines wahren Kunstwerkes ausreichten.*

Theophanes der Kreter
(eigtl. Theophanes Strelitzas oder Bathas)
* Ende 15. Jh. in Candia (Iraklion), † 1559 am Athos (?). Als Vater zweier Söhne (später seine Mitarbeiter) ging Theophanes als reifer Mann als Mönch in das Kloster Lawra auf der Athoshalbinsel und schuf die Fresken der Klöster Anapausas (1527), der Großen Lawra (1535) in Stauronikita (1545/46) und Meteoron (1552). Sein kraftvoller Stil spätbyzantinischer Prägung verbunden mit venezianischen Renaissanceanleihen wirkte als → „Kretische Schule" über Generationen auf die gesamte Athos-Malerei.

Thoma, Hans
* 2. 10. 1839 in Bernau, Schwarzwald, † 7. 11. 1924 in Karlsruhe. Der aus der süddeutschen Spätromantik und der Düsseldorfer Malschule herkommende Künstler entwickelte sich über die Errungenschaften des malerischen Realismus zur Neuromantik eines Arnold Böcklin. Der aus ärmlichen Verhältnissen stammende Bauernsohn studierte 1859 an der Kunstschule in Karlsruhe. Ab 1870 lebte er in München und hatte enge Beziehungen zu Arnold Böcklin und zum Leibl-Kreis. 1899–1920 war er Professor an der Karlsruher Kunstschule. Mit der aufkommenden Heimatkunst wurde er ab 1890 berühmt und als typischer Vertreter der deutschen Kunst gefeiert. Seine weitere Beurteilung schwankte zwischen Provinzialität und Herausstellung gegenüber dem französischen Impressionismus. Von den Nationalsozialisten wurde er für ihre Blut-und-Boden-Theorie in Anspruch genommen. Erst in letzter Zeit setzte man sich wieder sachlich mit seiner Kunst auseinander. Der Realismus seiner Frühzeit ist stets romantisch geprägt, von atmosphärischen Licht- und Farbeffekten bestimmt, ohne daß sich Thoma jemals dem Impressionismus angeschlossen hätte. Der Höhepunkt seines Schaffens liegt Ende der sechziger bis Mitte der siebziger Jahre als er in schlichtem Naturalismus atmosphärisch stimmungsvolle Schwarzwaldlandschaften malte sowie Porträts seiner Familienmitglieder,

Jan Thorn-Prikker, KREUZABNAHME, *1892, 88 × 147 (Otterlo, Museum Kröller-Müller). In seinen frühen Werken war der holländische Symbolist bemüht, die Technik des Pointillismus mit der ornamentalen Flächigkeit des Jugendstils in Einklang zu bringen. Pflanzliche Arabesken stehen in diesem Werk den weinenden Marien formal gleichwertig gegenüber.*

z. B. MUTTER UND SCHWESTER DES KÜNSTLERS, 1866 (Karlsruhe, Staatliche Kunsthalle). Durch seine Anpassung an die von Böcklin vorgegebenen allegorischen und symbolischen Gehalte entstanden belanglose, sentimental-romantisierende Bilder voller mythischer Helden, Engeln, Putten, Vanitasmotiven, Nymphen usw. Doch immer wieder kehrte er auch zu schlichten Landschaftsdarstellungen zurück.

Thornhill, Sir James

* 25. 7. 1675 in Malcombe Regis, Dorset, † 13. 5. 1734 in Thornhill Park bei Stalbridge. Er war der erste englische Maler, der sich ganz der barocken monumentalen Wandmalerei zuwandte. 1689–96 war er Schüler von Thomas Highmore. Daran schlossen sich Studienreisen durch Holland, Flandern und Frankreich an. 1720 wurde er Hofmaler und in den Adelsstand erhoben. Charakteristisch für seine Werke ist die häufige Verwendung von Scheinarchitekturen, z. B. in SZENEN AUS DEM LEBEN DES HL. PAULUS, 1715–21 (London, St.-Pauls-Kathedrale).

Thorn-Prikker, Jan

* 5. 6. 1868 in Den Haag, † 5. 3. 1932 in Köln. Maler und Glasmaler, der mit seinen vorwiegend religiösen Werken zum → Symbolismus zählt. Er studierte in Den Haag und wurde von japanischen Holzschnitten und den religiösen Ideen der → Nabis beeinflußt. Nach pointillistischen Anfängen verband er diese Gestaltungsprinzipien mit der dekorativen Linearität des Jugendstils. 1904–10 war er Lehrer an der Kunstgewerbeschule in Krefeld,

Giovanni Battista Tiepolo, RINALDO IM ZAUBERBANN ARMIDAS, *105 × 140 (München, Alte Pinakothek). Torquato Tasso erzählt in seinem Epos „Das befreite Jerusalem" die Geschichte des Kreuzritters, den ein Kristallspiegel der Macht der Zauberin Armida zu willenloser Liebe auslieferte. Im Bild des Venezianers ist Rinaldo selbstverloren ihren Künsten erlegen.*

Giovanni Battista Tiepolo, Überführung des Heiligen Hauses von Nazareth nach Loreto, *124 × 85 (Venedig, Accademia). Der Entwurf diente als Vorbereitung eines Deckengemäldes in der Scalzi-Kirche in Venedig, das 1915 zerstört wurde. Oft sind solche Ölskizzen – da vollständig von der Hand des Meisters – gegenüber den ausgeführten Bildern höherstehend.*

1910–19 an der Folkwangschule in Hagen und Essen, 1919–23 an der Akademie in München und 1925–32 an der Kunstschule in Köln.

Tiepolo, Giovanni Battista
* 1696 in Venedig, † 1770 in Madrid. T. gehört zu den vielseitigsten und bedeutendsten Malern des 18. Jh. In Venedig geboren, gilt er als der letzte große Vertreter venezianischer Maltradition. In wohlhabenden Verhältnissen als Sohn eines Schiffsmaklers aufgewachsen, erhält er seine Ausbildung als Maler bei Gregorio Lazzarini, die er selbst vervollständigt unter dem Einfluß von Giovanni Battista Piazzetta, Sebastiano Ricci und Federico Bencovich. Weitere Anregung fand T. im Werk Tizians und Veroneses, das er in Zeichnungen kopierte. 1719 heiratet T. Cecilia Guardi, eine Schwester der Malerbrüder Guardi. Schon früh festigt sich der Ruhm des Künstlers: Seit 1717 in der venezianischen Malerzunft nachweisbar, erhält er 1720 den Auftrag, sich an der Publikation des Domenico Lovisa „Il grande teatro delle pitture e prospettive di Venezia" zu beteiligen, wird von Zeitgenossen als „berühmter Maler, beispiellos in Italien" bezeichnet. Die Aufträge häufen sich, die Honorare steigen. T.s Dekorationskunst bleibt nicht auf Venedig beschränkt. Mit seiner Werkstatt, der auch die Söhne Domenico und Lorenzo angehören, reist er nach Würzburg, 1750–53, und nach Madrid, 1762, wo er unerwartet stirbt. T.s Frühwerk entsteht in Venedig und anderen oberitalienischen Städten. Die ersten Arbeiten, Ölgemälde, zeigen das düstere Kolorit, die diffuse Lichtauffassung der italienischen Maler um 1700, wie etwa die 1715/16 entstandene Opferung Isaaks (Venedig, Accademia), die Verstossung der Hagar, 1717–19 (Mailand, Slg. Rasini), das Martyrium des hl. Bartholomäus (Venedig, S. Stae). In den kraftvoll, kühn verkürzten Kompositionen zeigen sich Anklänge an T.s Lehrer, aber auch schon die Erfindungsgabe eines großen Künstlers, hinzielend auf die Überraschung des Betrachters, auf eine Bildwirkung, wie sie dem Rokoko zu eigen ist. Hauptwerke aus der Frühphase sind die Fresken im Palazzo Sandi, die biblischen Szenen im erzbischöflichen Palais und im Dom zu Udine (nach 1725), die zehn Gemälde nach Stoffen aus der römischen Geschichte für die Ca'Dolfin (Venedig, jetzt in Fragmenten in Leningrad, New York und Wien), die Fresken im Palazzo Dugnani, Mailand, von 1728. Die folgenden Jahrzehnte sind der Freskomalerei gewidmet, der thematischen Bearbeitung in Zyklen. Die zunehmende Aufhellung der Palette spiegeln die Wandmalereien der Colleoni-Kapelle in Bergamo von 1732/33, die in lichtdurchfluteten Freiraumszenen das Leben Johannes des Täufers schildern. 1739 vollendet T. die Bemalung der Decke der Jesuitenkirche Venedig, in etwa der gleichen Zeit entstehen ein → Triptychon mit Szenen aus der römischen Geschichte (Washington, Nat. Gall., und Mailand, Slg. Crespi), ein Passionstriptychon (Venedig, Accademia). Als Einzelwerke sind zu nennen die Altarblätter Martyrium des hl. Sebastian von 1739 in Diessen, Stiftskirche, das Opfer Melchisedeks und die Mannalese von 1738–40 in S. Parrocchiale in Verolanuova bei Brescia. Das Hauptwerk T.s zählt eine umfassende Liste von Arbeiten, Glanzpunkt nicht nur im Leben des Künstlers, sondern der Epoche. Noch einmal die Künste vereinend werden Themen aus der Mythologie, der Geschichte inszeniert

vor lichtdurchfluteten Architekturen oder Landschaften. Die Leichtigkeit des Pinselstrichs, die lichten Farben, das rokokohaft Spielerische der Szenen vermitteln in erster Linie die Fresken, die Paläste und Villen schmücken. Zwei KREUZTRAGUNGEN entstehen in Venedig 1743 (Accademia und S. Alvise). Das SONNENWAGENFRESKO, 1740 (Mailand, Pal. Chierici), die Ausstattungen der Villen Montecchio Maggiore und Valmerana (Vicenca) und der Paläste Barberigo, Ca'Pesaro (heute Ca'Rezzonico), Pisani und Moretta in S. Polo u. a. zeugen von der Dekorationskunst T.s. Größte Leistung in der Monumentalmalerei ist T.s Arbeit in Würzburg. Von Fürstbischof Carl Philipp von Greiffenklau berufen, entwarf T. ein Bildprogramm für den Kaisersaal, das Treppenhaus, stattete die Hofkapelle mit zwei Altargemälden aus. Mit dem 1753 signierten und datierten Altarbild ANBETUNG DER KÖNIGE (München, Pinakothek) endet sein Besuch in Deutschland, der einen wesentlichen Einfluß der venezianischen Malerei auf die süddeutsch-österreichische spätbarocke und Rokokomalerei ausgeübt hat. Im von Balthasar Neumann erbauten Kaisersaal sind Szenen aus dem Leben Barbarossas dargestellt, im Deckenfresko Apoll, der Barbarossas Braut Beatrix von Burgund dem Kaiser zuführt. Des Deckengemälde im Treppenhaus, wohl das größte, das je stützenlos errichtet wurde, schafft T. eine Kosmologie von Erdteilen, allegorischen und historischen Figuren, von mythologischen Szenen gepaart mit Porträts lebender Personen. Noch einmal erscheint hier voller Vitalität die Vorstellungswelt des 18. Jh., nicht nur in thematischer Komplexion, sondern auch in der Einheit der Kunstgattungen Architektur, Plastik und Malerei. T.s Sohn Domenico war mitverantwortlich für die Ausführungen im Würzburger Schloß. Mit der 1761 erfolgten Einladung Karls III. nach Madrid zur Ausschmückung des königlichen Palastes beginnt das Spätwerk des Meisters. Es zeigt Ermüdungserscheinungen, wie übermäßige Routiniertheit, eine gewisse Eitelkeit, entbehrt aber nichts von jenem Glanz und Großzügigkeit, die schon frühere Werke auszeichnete. Der Thronsaal des Madrider Schlosses mit der APOTHEOSE SPANIENS und die Fresken ÄNEAS WIRD VON VENUS IN DEN TEMPEL DER UNSTERBLICHKEIT GEFÜHRT und TRIUMPH DER SPANISCHEN MONARCHIE sind die bedeutendsten Spätwerke. – T. war der letzte große italienische Maler, der die großartige Entwicklung der italienischen Kunst seit Giotto abschloß, zugleich ist er der einflußreichste Dekorationskünstler des 18. Jh. überhaupt, der im Übergang vom Spätbarock zum Klassizismus noch einmal die Welt des Rokoko in seinem festlichen Glanz und seiner kunstvollen Spielerei aufleben läßt. Das silbrig-graue Licht, die Farbe verselbständigen sich, werden als selbständiges Sujet verstanden, nicht länger den traditionsgebundenen Figuren verpflichtet. Noch dem im weitesten Sinne „sakralen Leuchtlicht" verbunden, ergibt sich hier jedoch schon die Vermittlung zur „neuren" Auflösung des Gegenständlichen in Farbwerte.

Giovanni Battista Tiepolo, DER OLYMP, *86 × 62 (Madrid, Prado). In den letzten Madrider Lebensjahren fertigte Tiepolo diese Ölskizze an. Sein antiklassischer Figurenstil hat eine extreme Grenze erreicht, wo die Körper kaum mehr in edler Gefälligkeit, sondern unter artistischer Anwendung der Verkürzung und ungewohnter Ansichten erscheinen.*

Giovanni Battista Tiepolo, MÄCENAS STELLT KAISER AUGUSTUS DIE FREIEN KÜNSTE VOR, *um 1745, 69 × 89 (Leningrad, Eremitage). Das Werk entstand wahrscheinlich für August III. in Anspielung auf dessen kunstfreundliche Politik am Hof in Dresden. Die Frauen stehen für Malerei, Bildhauerei und Architektur, die Dichtkunst vertritt der blinde Homer.*

Jacopo Tintoretto, SUSANNA UND DIE BEIDEN ALTEN, *um 1560/62, 146 × 193 (Wien, Kunsthistorisches Museum). Tintorettos Schaffensjahre waren nicht mehr die Zeit, da die Künstler antike Dichter oder die Hl. Schrift zum Vorwand der Darstellung unverhüllter Nacktheit bedurften. Wiewohl dies geschieht, haben die venezianischen Schönen einen höchst irdischen Reiz.*

Tiepolo, Giovanni Domenico
* 1727 in Venedig, † 1804 in Venedig. Als ältester Sohn des Giovanni Battista Tiepolo geboren, steht dessen Werk ganz im Einflußbereich des Vaters, der sein Lehrer war. Als Mitarbeiter bei den großen Aufträgen läßt sich Eigenart des T. erst in späten Werken erkennen, etwa dem Gästehaus der Villa Valmerana von 1757, an der einfacheren Komposition, der weicheren Farbgebung. Nach dem Tod des Vaters entsteht Eigenständiges, Phantasiegestalten, Genreszenen, aktuelle und historische Begebenheiten, die schon auf die Darstellung des moralischen und politischen Verfalls eines Goya verweisen.

Timanthes von Kythnos
griechischer Maler, tätig 2. Hälfte 5. Jh. v. Chr. Die antiken Schriftsteller erwähnen, daß man auf den Werken des Timanthes „mehr erkennt als eigentlich gemalt ist" (Plinius), was sich wohl auf die subtile Darstellung seelischer Qual bezieht, wie sie auf dem berühmten Bild der OPFERUNG DER IPHIGENIE noch in der pompejanischen Nachschöpfung erkennbar ist. Darüber hinaus muß dem Maler die Schaffung eines verbindlichen Proportionskanons zugeschrieben werden.

Timomachos von Byzanz
griechischer Maler, tätig vermutlich um 300 v. Chr., eine Datierung in die Zeit Cäsars hat sich als falsch erwiesen. Immerhin soll Cäsar zwei Bilder des Timomachos, eine MEDEA und einen auf SELBSTMORD SINNENDEN AJAS in das Heiligtum der Venus Genetrix in Rom geweiht haben. Beide Bilder sind auf Gemmen und Lampenreliefs überliefert und klingen, wie auch eine IPHIGENIE AUF TAURIS, in der pompejanischen Malerei nach.

Tintoretto, Jacopo
(eigtl. J. Robusti)
* Sept./Okt. 1518 in Venedig, † 31. 5. 1594 in Venedig. Tintoretto, der Sohn eines Färbers (T. bedeutet Färberlein), ist neben Giorgione, Tizian und Veronese der bedeutendste Maler des 16. Jh. in Oberitalien und eine der größten Gestalten der europäischen Malerei überhaupt. Am 22. 5. 1539 bezeichnete er sich als Meister. Um 1550 heiratete er. 1574 besaß er ein Haus bei S. M. dell'Orto. In dieser Kirche wurde er auch begraben. Eine Lehrzeit bei Tizian ist nicht gesichert. Dagegen kann eine Schulung bei Bonifazio de'Pitati, Paris Bordone oder Andrea Schiavone vermutet werden. T. soll nach glaubhafter Quelle über seiner Ateliertür das Motto stehen gehabt haben „Die Zeichnung Michelangelos und die Farbe Tizians". Hieraus wird ein Bemühen um zeichnerische Erfassung seiner Figuren ersichtlich, wie es für Venedig ungewöhnlich ist. Für die Verwirklichung seiner Bildgedanken fertigte T. oft Modell-Püppchen aus Wachs an, die er dann in

Jacopo Tintoretto, DIE BERGUNG DES LEICHNAMS DES HL. MARKUS, *um 1562, 398 × 315 (Venedig, Accademia). Tintoretto, dessen Kunst die Phase des Manierismus in der venezianischen Malerei vertritt, wurde in seinem Körperideal stark von Michelangelo beeinflußt. Wuchtige Figuren mit weitausladenden Gesten entsprechen dem vorbarocken Charakter der Sixtina-Fresken.*

Johann F. A. Tischbein, Der Leipziger Kaufherr Jacob Ferdinand Dufour Feronce *(Kassel, Gemäldegalerie). Auf englische Gemälde des 18. Jh. geht die Art zurück, die Dargestellten in und vor einen Garten im Landschaftsstil zu postieren. Der Leipziger Bürgerliche mit der Tochter Constance-Aimée wird durch diesen Kunstgriff nobilitiert.*

einen kleinen bühnenartigen Kasten einstellte, um so Raumwirkung und Lichtführung studieren zu können. Im Alter von dreißig Jahren malte T. das Wunder des hl. Markus für die gleichnamige Scuola (Venedig, Akademie). Bereits hier bekundet sich das heftige Temperament des Malers in der jähen Verkürzung des am Boden liegenden Mannes, der „Gassenbildung" der anwesenden Zuschauermassen und dem dunkel vor hellem Grund erscheinenden, vom Himmel herabstoßenden Heiligen. Vollkommen neuartig in starker Untersicht gestaltet T. das Thema des Tempelgang Mariens (Venedig, S. M. dell'Orto), vor 1556 vollendet. In der gleichen Kirche zeugen die Anbetung des Goldenen Kalbes und das Jüngste Gericht von einer geradezu entfesselten, ekstatischen Ausdruckskunst, die den Einfluß Michelangelos und das Gedankengut der Gegenreformation nie verleugnet. Die Einzelgestalt wird deformiert, zerdehnt und einer starken Torsion unterworfen. Figuren schließen sich zu Figurenknäueln zusammen, verbinden sich zu Figurenketten, die sich in den Raum hineinzuschrauben und in diesem zu verschwinden scheinen. Verstärkt durch das dramatische Helldunkel – einige Gestalten erscheinen gleißend hell vor fast schwarzem Hintergrund und umgekehrt – erfährt man hier den Charakter der Kunst Tintorettos als einer von aller irdischen Schwere losgelösten Vision. Tintorettos Hauptwerk ist die schon als reine Arbeitsleistung bewundernswerte Ausschmückung der Scuola di San Rocco in Venedig. In über fünfzig z. T. riesigen Gemälden werden Szenen des Alten und des Neuen Testaments dargestellt, weshalb man den gigantischen Zyklus als „concordia veteris et novi Testamenti" bezeichnet hat (v. d. Bercken). Neben volkstümlichen und fast derben Szenen wie der Geburt Christi stehen visionäre wie Die Aufrichtung der ehernen Schlange oder Die Flucht nach Ägypten, wo das phosphoreszierende Licht eine unwirkliche und fast gespenstische Stimmung erzielt. Das Abendmahl (Venedig, San Giorgio) (1591–94), stellt buchstäblich das Unmalbare dar, nämlich den wunder-

Tizian, KAISER KARL V., *1548, 205 × 114 (München, Alte Pinakothek). Gegenüber dem von Tizian gemalten Reiterbildnis Karls V., hat dieses Porträt einen privateren, persönlicheren Charakter.*

baren Vorgang der Verwandlung von Brot und Wein. Diese überwältigende Verbildlichung eines metaphysischen Vorgangs zählt zu jenen absoluten Gipfelpunkten abendländischer Kunst, wo diese selbst zum Mysterium zu werden scheint. T.s einsame Kunst konnte keine qualitätvolle Nachfolge haben. Seinen Formenschatz und teilweise seine Lichtbehandlung übernahmen u. a. Palma Giovane. T.s Sohn Domenico führte die Werkstatt des Vaters weiter. Gelegentliche Berührungen mit Veronese und Tizian haben stattgefunden, sind aber bisher kaum untersucht worden.

Tischbein, Johann Heinrich Wilhelm

* 15. 2. 1751 in Haina, Hessen, † 26. 6. 1829 in Eutin. Maler und Radierer am Übergang von der Romantik zum Biedermeier. Nach Studien bei seinen Onkeln Johann Jakob und Johann Heinrich Tischbein d. Ä. und einem Aufenthalt in Holland war er 1777–79 in Bremen und Berlin als Porträtist tätig. 1779 trat er als Stipendiat der Kasseler Akademie eine Studienreise nach Italien an, wo er sich bis 1799 fast ohne Unterbrechung aufhielt und mit Johann Wolfgang von Goethe befreundete. In Rom entstand 1787 auch sein berühmtestes Gemälde, GOETHE IN DER CAMPAGNA (Frankfurt am Main, Städelsches Kunstinstitut). 1789 wurde er Direktor der Malerakademie in Neapel. 1801 ließ er sich in Hamburg nieder, und 1808 wurde er in Eutin Hofmaler des Herzogs von Oldenburg.

Tizian

(eigtl. Tiziano Vecellio)

* ca. 1488/90 Pieve di Cadore (Dolomiten), † 27. 8. 1576 in Venedig. Der aus einer bedeutenden Familie von Rechtsgelehrten und Offizieren stammende T. kam schon als Kind nach Venedig, wo er u. a. im Atelier von Giovanni Bellini und Giorgione gearbeitet hat. Das früher angenommene Geburtsdatum T.s um 1477 wird heute zu Recht nicht mehr für wahrscheinlich gehalten. 1516 wurde T. Staatsmaler der Republik Venedig. Aus dem gleichen Jahr rühren seine Beziehungen zum Hof der Este in Ferrara. Ab 1523 trat er in Beziehungen zu den Gonzaga in Mantua. 1530 war er in Bologna bei der Kaiserkrönung Karls V. anwesend und malte den Herrscher, von dem er 1533 zum comes palatinus ernannt, d. h. geadelt wurde. 1545 hielt T. sich auf Einladung des Farnese-Papstes Paul III. in Rom auf. 1548 und 1550/51 nahm T. an den Reichstagen in Augsburg teil, wo er mehrfach den Kaiser und andere hochgestellte Persönlichkeiten porträtierte. Er wurde in der

Tizian, Danae, *um 1553, 129 × 180 (Madrid, Prado). Nicht erst die modernen Realisten wie Lovis Corinth gaben dem Danae-Motiv die profane Wendung mit einer Alten, sprich: Kupplerin, die den Goldregen des Zeus in barer Münze mit ihrer Schürze einfängt. Das erotische Werk, von dem es einige Repliken gibt, entstand für Philipp II. von Spanien.*

Frari-Kirche in Venedig begraben, was die frühere Vermutung, er sei an der Pest gestorben, zumindest fraglich erscheinen läßt. Schon diese wenigen biographischen Angaben machen deutlich, daß T. einer der gesuchtesten Maler seiner Zeit war. Von seinem Lehrer Giorgione unterscheidet sich T. durch größeres Temperament, Robustheit und stärkeres Pathos. Die Himmlische und irdische Liebe (Rom, Galleria Borghese), dat. 1514, zeigt das von seinem Lehrer übernommene, aber noch lokalfarbige Kolorit bei deutlicher Flächenbindung der beiden Gestalten. Zu „protobarocker“ Monumentalität gereift erweist sich T. mit den Hauptwerken der Frühzeit, der Himmelfahrt Mariens (Assunta) von 1516–18 (Venedig, Frari-Kirche) und der am gleichen Ort befindlichen Madonna des Hauses Pesaro, (1519–26), deren Riesensäulen für unzählige Nachfolgewerke das Vorbild abgaben. Von den für Alfonso d'Este gemalten Mythologien sei vor allem Bacchus und Ariadne genannt (London, National Gallery), deren sicher ausgewogene Körperlichkeit und strahlendes Kolorit das Werk zu den schönsten Verbildlichungen überschäumender Lebensfreude in der europäischen Malerei machen. Um 1530 tritt eine Abkehr von der Pathetik der „Sturm- und Drangzeit“, eine Beruhigung sowohl der Palette als auch der Komposition und eine Wendung zum Intimen hin ein. Diese veranschaulichen die Venus von Urbino (Florenz, Uffizien), die Kaninchenmadonna (Paris, Louvre) und Mariä Tempelgang (Venedig, Akademie). Gleichzeitig gewinnt die Landschaft ein immer größeres Gewicht. Zu den Höhepunkten der Porträtmalerei dieses Abschnitts zählen das Porträt eines Mannes, der sog. Engländer (Florenz, Palazzo Pitti), Paul III. mit seinen Nepoten (Neapel, Museo Capodimonte), wo das Mißtrauen des greisen Papstes und die intrigante Unterwürfigkeit Ottavios mit psychologischer Meisterschaft festgehalten sind, und das monumentale Reiterporträt Karls V. in Rüstung (Madrid, Prado), das diesen zu einem miles christianus überhöht, aber dennoch die innere Einsamkeit des Herrschers sinnfällig werden läßt. Im Gegensatz zu Tintorettos Porträts, die eher die Zerbrechlichkeit des Menschen zeigen, behaupten sich Tizians Gestalten sieghaft gegen ihr Schicksal. Den Spätstil T.s kann man um 1548/50 ansetzen. Am Beginn dieses Abschnitts steht das erst 1560 fertiggestellte Martyrium des hl. Laurentius (Venedig, Jesuitenkirche), eine großartige, von verschiedenen Lichtquellen gespeiste Nachtszene von beklemmender Wirkung. T.s Farbigkeit, die in den ersten Jahrzehnten durch den einfachen Grundakkord Rot-Blau bestimmt war, wandelt sich jetzt mehr und mehr zu einer tonigen, auf Gold-Braun-Harmonien beruhenden Skala, die sich der Monochromie annähert. Der Farbauftrag wird immer pastoser, zum Teil mit dem Spachtel, sogar mit den Fingern aufgetragen. In diese Zeit

Tizian, Flora, *um 1515, 79 × 63 (Florenz, Uffizien). Tizians Göttin der Blumenwelt offenbart höchsten Adel weiblicher Anmut und Schönheit. Ein verhaltenes Lächeln geht wie der Frühling über ihr Antlitz. Von zartem, fast perlmuttartigem Schimmer ist das Inkarnat, silbrig glänzt das plissierte Gewand, von sonorer Tiefe die Brokatdraperie.*

fallen eine Reihe von Arbeiten für Philipp II. von Spanien, so die DANAE von 1553 (Madrid, Prado) und die großartige GRABLEGUNG (ebd.). Zu den wahrscheinlich letzten Arbeiten T.s gehören das SELBSTBILDNIS (Madrid, Prado), das trotz des hohen Alters von mehr als achtzig Jahren die ungebrochene Lebenskraft des seherisch in die Ferne blickenden Meisters verbildlicht, die DORNENKRÖNUNG (München, Alte Pinakothek) und die PIETÀ (Venedig, Akademie), die für T.s eigene Grabstätte in der Frari-Kirche bestimmt war. In diesen Werken scheint die Farbe ein von den Gegenständen losgelöstes Eigenleben zu führen und wird zu einer seelischen Ausdruckskraft gesteigert, die sich jeder sprachlichen Bestimmung entzieht. Die in ihrer unerschöpflichen Themenvielfalt und Ausdrucksfülle in keine Kategorie einzuordnende Kunst Tizians hat nicht nur auf die Zeitgenossen Paolo Veronese und Tintoretto eingewirkt, ihr Einfluß reicht bis weit ins das 19. Jh. Rubens hat Tizian studiert und kopiert. Seine dithyrambischen Figurenreigen schließen sich eng an Tizians Mythologien der zwanziger Jahre an. Velázquez und Goya studierten T. im Prado. Watteau und die Franzosen des 19. Jh. bis zu Delacroix und Corot verdanken Tiepolos Palette entscheidende Impulse.

Tizian, DIE HIMMLISCHE UND IRDISCHE LIEBE, *118 × 279 (Rom, Galleria Borghese). Das berühmte Frühwerk Tizians gehört zu den ungelösten Rätseln der Kunstgeschichte. Der Hilfstitel darf nicht darüber hinwegtäuschen, daß wohl ein verschollener humanistischer Text den Vorwurf des Bildes lieferte, ohne welchen über den Bildinhalt nur spekuliert werden kann.*

Tizian, ITALIENISCHER EDELMANN, *um 1550 (Kassel, Gemäldegalerie). Nur ein bedeutender Feldherr konnte sich von Tizian mit solcher Imposanz darstellen lassen. Mit Kettenhemd, Lanze und Schwert gerüstet, ist er als Mars stilisiert: Amor spielt mit dem Helm des Kriegsgottes. Von schöner atmosphärischer Wirkung die Hintergrundlandschaft.*

Tobey, Mark

* 11. 12. 1890 in Centerville, Wisconsin, † 24. 4. 1976 in Basel. Vertreter des → Tachismus, der seine entscheidenden Anregungen von der japanischen Kalligraphie her erhielt. 1918 wandte er sich der Baha'i-Religion zu, einer im wesentlichen vom Islam geprägten Lehre von einer universellen Synthese östlicher Religionen. 1934 reiste er nach Japan, wo er einen Monat in einem Zen-Kloster zubrachte. Ab jetzt verbindet sich östliche Formensprache mit Figurationen des Kubismus, z. B. in FORMEN FOLGEN DEM MENSCHEN, 1942 (Seattle, Art Museum). Seit 1958 wurde er international bekannt, 1960 übersiedelte er nach Basel. Zarte Liniengewebe überziehen nun in vollständiger Deckung seine Bilder.

Tohaku, Hasegawa
* 1539 in Nanao, † 1610 in Edo (Tokyo). Als Hauptmeister der Momoyama-Epoche in Japan führte T. die chinesische Landschaftsmalerei in Tuschmanier ein. Bislang erhabene Kunstform für religiöse Sujets, malt T. in vollendeter Technik mit sanftem schnellem Pinselstrich Bäume mit verschwimmendem Kontur, etwa den Stellschirm KIEFERNHAIN (Tokyo, Nat. Mus.). Als Sohn eines Färbers, übersiedelte T. schon jung nach Kyoto, schulte sich, von der überfeinerten Malweise der Akademie abgestoßen, hauptsächlich am Stil Sesshus und Mu Ch'i's. Die Epoche der Dekorationsmalerei der Edo-Zeit leiten die mehrfarbigen Werke auf Goldgrund T.s ein, wie BLUMEN UND FEIGENBLÄTTER (Kyoto, Chishaku-in).

Tommaso da Modena
* zwischen dem 9. 3. 1325 und dem 6. 5. 1326 in Modena, † vor dem 16. 7. 1379. Einer der bedeutendsten italienischen Vertreter der → Internationalen Gotik, der die venezianische und böhmische Malerei der Zeit wesentlich beeinflußte. 1349–58 arbeitete er hauptsächlich in Treviso, 1358–60 in Modena. In der Freskenreihe BERÜHMTE DOMINIKANER im Kapitelsaal der Dominikaner in Treviso, 1352, ist die Charakterisierung der Figuren von einer derartigen psychologischen Eindringlichkeit und von einem derartigen Realismus, daß sie bereits auf die Frührenaissance vorausweisen. Mit seinem Hauptwerk, dem Fresko aus S. Margherita mit der URSULALEGENDE (Treviso, Museo Civico) erweist er sich in der feinen Naturbeobachtung, in den psychologischen Nuancen und der weltlichen, sinnenfrohen Stimmung als einer der fortschrittlichsten Künstler seiner Zeit.

Toorop, Jan
* 20. 12. 1858 in Purworedjo, Java, † 3. 3. 1928 in Den Haag. Wichtiger holländischer Vertreter des → Jugendstils und des → Symbolismus. Mit vierzehn Jahren kam er nach Holland, blieb aber zeit seines Lebens von der javanischen Volkskunst geprägt. 1880–85 studierte er an den Akademien in Amsterdam und Brüssel, wo er

Tommaso da Modena, HL. HIERONYMUS (Treviso, S. Nicolò). Auf einem der massigen Rundpfeiller in der Dominikanerkirche von Treviso stellte Tomaso den „Hieronymus im Gehäus" al fresco dar. Von gelehrten Schriften umgeben, thront der Kirchenvater mit der Würde eines Patriarchen und übersetzt die Bibel ins Lateinische.

Henri de Toulouse-Lautrec, Tanz im Moulin Rouge, *1892, 93 × 80 (Prag, Národní Galerie). Ein Plakatentwurf für das in seinen Anfängen volkstümliche Vergnügungsviertel „Moulin Rouge" war es, der Toulouse-Lautrec mit einem Schlag berühmt machte. Danach hielt er das vergnügte Treiben in vielen Einzeldarstellungen fest.*

u. a. Fernand Khnopff kennenlernte. 1885 wurde er Mitglied der belgischen Gruppe Les → Vingt. Seine Hinneigung zum Symbolismus wurde durch die Auseinandersetzung mit der Kunst der → Präraffaeliten in London noch bestärkt. Nach seiner Rückkehr wurde er zum Hauptrepräsentanten des holländischen Jugendstils, wobei er sich auch der Technik des → Pointillismus bediente. Sein bekanntestes Bild ist die mystische Komposition Die drei Bräute, 1893 (Otterlo, Rijksmuseum Kröller-Müller).

Toulouse-Lautrec, Henri de

* 24. 11. 1864 in Albi, † 9. 9. 1901 auf Schloß Malromé (Gironde). Der aus einem der ältesten Adelsgeschlechter Frankreichs stammende Maler und Graphiker gilt als heiter-ironischer bis beißend-satirischer Chronist der Pariser Vergnügungs- und Lebewelt des Fin-de-Siècle. Zwei Beinbrüche und eine Knochenerkrankung führten zur Verkürzung seiner Beine bei sonst normaler Körpergröße, was ihn für das feudale Gesellschaftsleben untauglich machte. Er lernte bei René Pinceteau und dem Praktiker Cormon, bildete sich daneben aber autodidaktisch nach seinen Vorbildern Manet und Degas sowie japanischen Farbholzschnitten. Sein Frühwerk gleicht impressionistischen Darstellungen von Landschaften, Tieren und der impressionistischen Porträtkunst. Nach der Einführung ins Pariser Nachtleben durch den Chansonnier Aristide Bruant konzentriert sich seine Beobachtung auf den Menschen der Konzert-Cafés, Bordelle, Pferderennen und des Zirkus. Dessen animalisch-triebhafte Natur hält der Künstler mit treffsicherem, sachlichem, ironischem Strich in unzähligen Skizzen, Ölbildern und Farblithographien fest. Nur die ungewöhnlichen Raumausschnitte mit dem Effekt des Augenblicksbildes verbinden ihn noch mit dem Impressionismus. Seine flächenhafte, leuchtend farbige Plakatkunst gilt als Markstein des internationalen Jugendstils, z. B. Le Moulin de la Galette 1888, (Chicago, Art Institute); Tanz der Goulue, 1895 (New York, Whitney Mus.); Tanz im Moulin Rouge 1892 (Prag, Národní Galerie). Nach einer Alkohol-Entziehungskur als Folge seines vergnügungssüchtigen Lebens stirbt der Künstler 37jährig auf einem Schloß seiner Mutter.

Traini, Francesco

tätig um 1321 bis um 1365 in Pisa und Bologna. Einer der bedeutendsten Maler des italienischen → Trecento, der stilistisch von Giovanni Pisano und der sienesischen Kunst, thematisch von Andrea Orcagna beeinflußt ist. Sein einziges gesichertes Werk ist das 1345 vollendete Triptychon mit dem hl. Dominikus aus S. Caterina in Pisa. Zugeschrieben werden ihm die 1340/50 entstandenen Fresken des Camposanto in Pisa mit dem Triumph des Todes, dem Jüngsten Gericht, dem Inferno und dem Leben der Anachoreten, die sich durch eine dramatisch-eindringliche Erzählweise und gekonnte Körper- und Raummodellierung auszeichnen.

Traut, Wolf

* zwischen 1480 und 1485 in Nürnberg, † 1520 in Nürnberg. Maler und Entwurfzeichner für Holzschnitte und Glasgemälde, der in der Dürer-Nachfolge steht. Seine erste Ausbildung erhielt er bei seinem Vater Hans Traut, dann kam er 1504 in die Dürerschule und 1505 zu dem Maler Hans Süss von Kulmbach. Zu seinen bedeutendsten Arbeiten zählt der 1516/17 geschaffene Johannesaltar für die Nürnberger Johanneskirche (Nürnberg, Germanisches Nationalmuseum), der durch sein helles Kolorit und zahlreiche formale Anleihen bei Albrecht Dürer und Hans Süss gekennzeichnet ist.

Troger, Paul

getauft am 30. 10. 1698 in Welsberg, Österreich, † 20. 7. 1762 in Wien. Einer der wichtigsten Repräsentanten der spätbarocken österreichischen Monumentalmalerei. Beeinflußt von Francesco Solimena und vor allem von Giovanni Battista Pittoni, entwickelte er einen Stil, in dem stark plastische und malerisch-dekorative Elemente eine charakteristische Verbindung eingehen. Die intensive Farbigkeit seiner frühen Arbeiten wich später einem kühl silbrigen Kolorit, das er zu visionärer Wirkung steigerte, wie seine virtuosen, in einem „Skizzenstil" von höchster Spontaneität und subjektiver Ausdruckskraft gehaltenen Figurationen zeigen, etwa im Fresko Abendmahl, 1748/49 (Zwettl, Zisterzienserabtei). Hauptziel seiner Malerei war die Aufhebung der tektonisierenden Bildgrenzen und damit die Verwirklichung eines räumlich unbegrenzten Illusionismus. Mit seiner verfeinerten Farbgebung beeinflußte er maßgeblich die österreichische Malerei des ausgehenden Barock.

Trübner, Wilhelm

* 3. 2. 1851 in Heidelberg, † 21. 12. 1917 in Karlsruhe. In seinem Werk verbinden sich Züge des Realismus und des Impressionismus. Nach einem Studium an der Karlsruher Kunstschule ging er 1868 an die Münchener Akademie und wurde hier bei der ersten internationalen Kunstausstellung 1869 besonders vom Realismus Wilhelm Leibls und Gustave Courbets beeindruckt. Die Arbeiten dieser Zeit zeichnen sich durch eine Neigung zum ruhig Zuständlichen, zu gedämpfter, toniger Koloristik, zu fleckigem Farbauftrag und zu Helldunkel-Effekten aus. Dann folgten bis gegen 1890 religiöse und mythologische Kompositionen als Konzession an den Publikumsgeschmack. 1892 schloß er sich mit Lovis Corinth und Max Slevogt zur Münchener → Sezession zusammen. Jetzt entwickelte er einen farbig gedämpften, zurückhaltenden Impressionismus und bevorzugte Landschaften und Bildnisse.

Paul Troger, Die Speisung der Fünftausend *(Oldenburg, Landesmuseum). Die Skizze für das Deckenfresko im Marmorsaal des ehemaligen Refektoriums von Stift Geras in Niederösterreich zeigt Christus am Fuße eines Baumes. Ein Jünger reicht ein Brot zur Segnung dar.*

Paul Troger, CHRISTUS AM ÖLBERG, *um 1750, 230 × 157 (Wien, Österreichisches Barockmuseum). Bis in die Renaissance wurden bei Christi Begegnung mit dem Engel zugleich die drei schlafenden Jünger dargestellt. Troger verzichtete auf diese narrative Ausschmückung und bringt die mystisch gesteigerte seelische Situation des Heilands konzentriert zur Anschauung.*

Trumbull, John
* 6. 6. 1756 in Lebanon (Connecticut), † 10. 11. 1843 in New York. Als Sohn des Gouverneurs von Connecticut kannte T. die wichtigsten Leute seiner Zeit persönlich. Er graduierte 1773 von der Harvard Universität. Im amerikanischen Unabhängigkeitskrieg diente er General Washington als Adjutant. 1780 ging Trumbull nach Europa, um in England bei Benjamin West zu studieren. Seine Aufmerksamkeit galt der Historienmalerei. Er vervollständigte seine Studien, indem er Copley und später Werke der italienischen Kunst kopierte. Als bekannteste Arbeiten gelten die Wandbilder in der Rotunda des Capitols von Washington, die die heroisch-patriotischen Taten seiner zeitgenössischen Helden darstellen. Das Gemälde THE DECLARATION OF INDEPENDENCE (die Unabhängigkeitserklärung) ist eines der wichtigsten Dokumente amerikanischer Geschichte.

Tucheraltar, Meister des
tätig Mitte des 15. Jh. in Nürnberg. Seinen Namen erhielt er nach einem Altar in der Nürnberger Frauenkirche, den er um 1445 ausführte. Dargestellt sind auf dem dreiteiligen inneren Mittelstück die VERKÜNDIGUNG AN MARIA, KREUZIGUNG UND AUFERSTEHUNG. Die gedrungenen, monumentalen Gestalten stehen in faltenschweren Gewändern vor großrankig ornamentiertem Goldgrund und sind beseelt von einem tiefen, eindringlichen Ernst. Hinzu kommen Einflüsse der böhmischen, niederländisch-burgundischen und vor allem der Malerei Robert Campins. Insgesamt ist der Altar in seiner kostbaren und glühenden Farbgebung eine der größten Leistungen der deutschen Malerei dieser Zeit. Dem Meister werden noch zahlreiche weitere Werke zugeschrieben. So vor allem auch der bekannte Haller-Altar, 1440–45, und das nicht weniger berühmte Epitaph der Clara Imhoff, um 1440 (beide Nürnberg, St. Sebald).

Tung Ch'i-Ch'ang
* 1555 in Hua-t'ing, † 1636 in Hangchou. Als wichtiger chinesischer Kunsttheoretiker und Maler bildete T.

Meister des Tucheraltars, VERKÜNDIGUNG AN MARIA, KREUZIGUNG UND AUFERSTEHUNG *(Nürnberg, Frauenkirche). Im Auftrag der Augustinereremiten schuf der Anonymus für St. Veit einen Altar, den der Rat der Stadt später der Nürnberger Familie Tucher anbot. Der mittlere Teil zeigt ein Novum: ein frühes Beispiel, daß Gabriel von rechts auf die Maria zukommt.*

den Begriff „wen-jen", Grundlage für die innere Bildung eines Malers in China seit T. Aus wohlhabendem Haus stammend, war er Kalligraph, Maler, Dichter – umfassend gelehrt –, der nach der Haltung eines „wen-jen" auf Äußerlichkeiten verzichtete, allein seiner Inspiration folgte. Das Tuschbild BEGINNENDER REGEN IN SOMMERLICHEN BERGEN (Osaka, Slg. Abe) zeigt den Stil der Zen-Malerei.

Tung Yüan
Tätig in der 2. Hälfte des 10. Jh. in Nanking. Der chinesische Maler der T'ang-Dynastie war einer der Begründer der Landschaftsmalerei. Als hoher Beamter am Hof des letzten Herrschers der T'ang-Dynastie widmete er sich doch ausschließlich der Malerei, die er monochrom, aber auch vielfarbig gestaltete. Ruhige Stimmung, Harmonie und minuziöse Technik strahlen seine oft kopierten Rollbilder aus, wie etwa TAL BEI KLAREM WETTER, (Boston, Mus. of Fine Arts). Wieweit die ihm zugeschriebenen Werke Originale sind, muß freilich offenbleiben. Gute Kopien galten als durchaus gleichwertig.

Tura, Cosmè
(eigtl. Cosimo Tura)
* vor 1430 in Ferrara, † April 1495 in Ferrara. Neben F. del Cossa und E. de' Roberti war T. der Hauptvertreter der Frührenaissance-Malerei in Ferrara. Er war möglicherweise Schüler von M. Pannonio, von dem er die Vorliebe für üppige Dekoration aber auch den Hang zu phantastischem und skurrilem Beiwerk geerbt zu haben scheint. Nach Reisen im Veneto – wahrscheinlich nach Padua und Venedig – war T. ab 1465 Hofmaler des Borso d'Este in Ferrara. Von den Darstellungen für dessen Schloßbauten hat sich die ALLEGORIE DES FRÜHLINGS erhalten (London, National Gallery; 1460–63), eine weibliche Gestalt, deren scharfgeschnittene Züge und wie gedrechselt wirkende Einzelheiten den Einfluß Mantegnas verraten. Ähnliches gilt für die VERKÜNDIGUNG, zwei Orgelflügel von 1469 (Ferrara, Dom). Das Mittelbild des Roverella-Triptychons, eine THRONENDE MADONNA (London, National Gallery), vor 1474, erhebt diese hoch über den Betrachter und entrückt sie damit in unnahbare Ferne. Von dramatischem Ausdruck ist die PIETÀ (Venedig, Museo Correr), deren ausgezehrte Christusgestalt ohne deutsche Pietà-Darstellungen, die zahlreich nach Italien importiert wurden, kaum denkbar ist.

Turner, Joseph Mallord William
* 23. 4. 1775 in London, † 19. 12. 1851 in London. Gehört zu den großen Malern des 19. Jh., die Farbe und Licht von der reinen Gegenstandsbezeichnung befreiten. Schon früh lernte er an

J. M. William Turner, FELSIGE BUCHT, *um 1830, 90 × 123 (London, Tate Gallery). An jenem Befreiungsprozeß der Farbe von der Form, der im 19. Jh. stattfindet, hatte Turner einen maßgeblichen Anteil. Seine Aquarelle, später auch die Ölgemälde, wurden ganz aus der Farbe herausentwickelt und kulminieren im Spätwerk zu ekstatischen Lichtvisionen.*

den Schulen der Royal Academy in London und nahm seit 1789 Unterricht bei dem Aquarellisten Thomas Malton. Erst seit 1796 malt Turner auch Ölgemälde, während er sich zuvor ganz dem Aquarell widmete. 1790 beteiligte er sich erstmals an einer Ausstellung der Royal Academy, die 1796 zum ersten Mal ein Ölbild von ihm zeigt. Mit dem Landschaftsmaler Girtin kopierte er Mitte der 90er Jahre Zeichnungen von J. R. Cozens im Auftrag eines gewissen Dr. Monro. In dieser Zeit begannen auch Turners ausgedehnte Reisen, die ihn später die Länder des Kontinents sehen ließen. Nach einer Schottlandreise (1801) kam er 1802 in die Schweiz und nach Frankreich. Im Louvre skizzierte er Gemälde alter Meister. 1807 erfolgte Turners Ernennung zum Professor der Perspektive an der Royal Academy. In der Nachfolge Claude Lorrains steht er als Verfasser des „Liber studiorum", in welchem er eine Klassifizierung der Malerei nach akademischen Kriterien niederlegt. In dem 1812 entstandenen Ölgemälde SCHNEESTURM: HANNIBAL UND SEINE ARMEE ÜBERQUEREN DIE ALPEN (London, Tate Gallery) zeigt sich eine für Turner typische Verschmelzung von grandios empfundener Landschaft mit Elementen der → Historienmalerei. In Turners künstlerischer Entwicklung setzt sich allmählich eine Auffassung durch, welche die historisch-mythologische Dimension zugunsten eines unmittelbar empfundenen Landschaftserlebnisses zunehmend vernachlässigt. Für seine Bildfolge „Picturesque Views of the Southern Coast of England" unternahm Turner 1811 eine Reise durch Südwestengland, 1817 zum zweiten Male durch Europa. Zwei

J. M. William Turner, FRIEDEN: BEISETZUNG AUF SEE, *1841/42, 87 × 86 (London, Tate Gallery). Turner widmete sich mit Vorliebe dem Meer, das er in allen Aggregatszuständen – still, bewegt, dramatisch aufbrausend – und zu allen Tages- und Jahreszeiten malte. Die See war ein Widerhall verschiedenster – auch symbolisierender – Stimmungslagen.*

J. M. William Turner, GOLDAU MIT ZUGER SEE *(Aquarell), um 1842, 23×29 (London, British Museum). Darstellungen europäischer Städte und Dörfer, die Turner auf ausgedehnten Reisen besuchte, dienten dem Maler oft nur als Vorwand, um den umgebenden Luftraum zur grandiosen Farb- und Lichtsphäre zu verwandeln. Die Vedutentradition ist ihrem Ende nahe.*

Jahre später ist er erstmals in Italien zu finden, wo ihn zunächst Rom interessierte. Turner hat eine große Anzahl von Darstellungen Venedigs geschaffen in Form von Skizzen, Aquarellen und Ölgemälden. Die topographische Situation Venedigs (als Synthese von Stadt, Luftraum und Meer) kam in geradezu idealer Weise den auf dingliche Auflösung und Erfassung des Atmosphärischen orientierten stilistischen Tendenzen von Turners späteren Jahren entgegen. Auf all seinen Reisen fertigte Turner Skizzen an, die der Künstler später für Aquarelle oder Gemälde verwertete. Allein während seines ersten Italienaufenthaltes entstanden ca. 2000 Zeichnungen in 22 Skizzenbüchern. Oft sind die Aquarelle stilistisch fortschrittlicher als die Gemälde, welche, weniger privat im Charakter, für die Öffentlichkeit bestimmt waren. In dieser Gattung zeigt sich erst später Turners radikale Negation der substanzhaften, materiellen Qualitäten der Dingwelt zugunsten des Aufgelösten, Fließenden, Luftigen und Atmosphärischen. In seiner Abkehr von der Realität seiner Zeit war der Maler in Einklang mit Dichtung und Philosophie der romantischen Zeit, von denen er sich auch für seine Bilder Anregung verschaffte. Besonders in den Untertiteln zu ausgestellten Gemälden finden sich oft Referenzen an Byron oder andere romantische Dichter. Turners Spätstil war einer massiven Kritik seitens des Publikums ausgesetzt, die um so aggressiver wurde, je freier sich sein Stil entfaltete. Dem Bild THE GRAND CANAL, VENICE warf man vor, daß es wie mit Finger und Nagel gemalt erscheine. Die Wiedergabe von Atmosphäre, Wasserspiegelungen, Dunst und Bewölkung „zersetzte" geradezu die Fassaden von Palästen und Kirchen Venedigs. Die Farbe emanzipierte sich vom Träger. Die Farbkompositionen Turners wurden zunehmend abstrakt und von den Gegenständen losgelöst formuliert. John Ruskin, der Turners Malweise leidenschaftlich verteidigte, vertrat die Auffassung, daß Turner durch die Auseinandersetzung mit Venedig zu dieser Kühnheit der Koloristik gefunden habe. Doch zeigen schon Turners frühe Aquarelle eine Bildkonzeption „ganz aus der Farbe heraus". Im Spätwerk Turners finden sich Bildlösungen, die wegen ihres Grades an Gegenstandsauflösung nicht mehr an der Royal Academy zur Ausstellung gelangten. Bei dieser Gruppe von Werken ist der Übergang zu unvollendeten Gemälden fließend geworden. Turners Landschaften und Seestücke fanden auch als Stiche eine reiche Verbreitung. Sein vielleicht berühmtestes Werk ist das 1844 entstandene Gemälde RAIN, STEAM AND SPEED (Regen, Dampf und Geschwindigkeit), das zu den frühesten Eisenbahndarstellungen gehört.

Paolo Uccello, DER HL. GEORG TÖTET DEN DRACHEN, *um 1456, 58×63 (London, National Gallery). Auch wenn Uccellos Kunst durch ihren ungestümen Drang nach Naturalismus und Perspektive sehr diesseitsbezogen ist, so schuf er hier ein unvergleichlich poetisches Werk. Der Drachentöter und die Jungfrau scheinen der Märchenwelt anzugehören, das Ungeheuer der Phantasie.*

U

Paolo Uccello
(eigtl. Paolo di Dono)
* um 1397 bei Arezzo, † 1475 in Florenz. Ein Florentiner Maler des → Quattrocento, den die Zeitgenossen als Meister in der Beherrschung der Perspektive und als Tiermaler bewunderten. Er war einer der ersten Maler, welche die mathematisch-exakte Perspektive als Stilmittel einsetzten. 1407 kam er in die Werkstatt L. Ghibertis, 1415 trat er der Zunft der Medici e Speziali bei. 1425–30 arbeitete er in Venedig an den Mosaiken des Markusdomes. Nach Florenz zurückgekehrt schuf er um 1430 einen Freskenzyklus mit SZENEN AUS DER GENESIS im Chiostro Verde von S. Maria Novella, in dem Einwirkungen Donatellos und Masaccios zu spüren sind. 1436 entstand eines seiner bedeutendsten Werke, das monumentale Wandbild (heute auf Leinwand übertragen) des CONDOTTIERE GIOVANNI ACUTO (John Hawkwood) für den florentinischen Dom. Dieses Reiterbildnis, das U. als einen Meister der Perspektive erweist, erweckt die Illusion eines plastischen Denkmals. 1446–50 arbeitete er wiederum für den Chiostro Verde, diesmal EPISODEN AUS DEM LEBEN NOAHS. 1456–60 (?) entstanden im Auftrage Cosimo Medicis drei Gemälde der SCHLACHT VON SAN ROMANO für den Palazzo Medici (heute in Florenz, London, Paris). Gegenstand der Darstellung ist ein Sieg, den die Florentiner 1432 über die Sieneser errungen hatten. U.s Neigung zum Märchenhaften dokumentieren zwei Gemälde des gleichen Themas, der HL. GEORG UND

Fritz von Uhde, ZWEI MÄDCHEN IM GARTEN, *1892, 145 × 117 (München, Neue Pinakothek). Die sonnendurchhellte Szene bot sich Uhde im Garten seines in Percha vor Starnberg gelegenen Hauses dar, als er die älteren Töchter, Clara Eva und Henriette Eva, bei der Lektüre antraf. Er versuchte, das Momentane der luministischen und menschlichen Situation zu erfassen.*

Meister von St. Severin und Meister der Ursula-Legende, ERSCHEINUNG DES ENGELS, *um 1500, 123 × 114 (Köln, Wallraf-Richartz-Museum). Eine 19teilige Bildfolge, noch ganz in spätgotischer Tradition, der Ursula-Zyklus, erzählt die Geschichte der Königstochter, die mit ihren Gefährtinnen in Köln das Martyrium erleidet. Hier gebietet ihr im Traum ein Engel, nach Rom zu wallfahrten.*

DER DRACHE aus den späten fünfziger Jahren (Paris bzw. London). 1460 schuf er die → Cassone-Tafel der NÄCHTLICHEN JAGD (Oxford), die den Zauber höfischer Kunst in sich birgt. Zu seinen letzten Werken gehören sechs → Predellentafeln mit dem WUNDER DER ENTWEIHTEN HOSTIE, 1465–69 (Urbino, Galleria Nazionale).

Uden, Lucas van
* 21. 10. 1595 in Antwerpen, † gegen Ende 1672/73 in Antwerpen. Flämischer Landschaftsmaler des Barock, der vermutlich in der Werkstatt von Peter Paul Rubens arbeitete und von diesem maßgeblich beeinflußt wurde. Für einige von Rubens' Gemälden fertigte er auch die Landschaftshintergründe. Seine eigenen, meist kleinformatigen Landschaftsdarstellungen schildern die flachen und hügeligen Ansichten seiner Heimat, z. B. in dem Gemälde GEBIRGIGE STRANDLANDSCHAFT BEI AUFZIEHENDEM GEWITTER, 1635 (München, Alte Pinakothek).

Lesser Ury, ABENDLICHE STRASSENSZENE AM KURFÜRSTENDAMM *(Berlin, Museum). Das nächtliche Großstadtleben Berlins, das Spiel der Straßenbeleuchtung im Regen, Verkehr und die Ströme der Passanten – all das faszinierte den Berliner Impressionisten gerade in seinen letzten Jahren. Über die Hälfte seines Œuvres fiel der NS-Zeit zum Opfer.*

Uhde, Fritz
(eigtl. Friedrich Karl Hermann von)
* 22. 5. 1848 in Wolkenburg (Sachsen), † 25. 2. 1911 in München. Uhde ist einer der bekanntesten Vertreter des deutschen Impressionismus und einer der Mitbegründer der Münchner → Sezession. 1866 studierte er an der Dresdner Akademie; 1867–76 diente er als Soldat. Nach dem Krieg kopierte er zunächst alte holländische Meister. 1876 lernte er in Wien Hans Makart

Kitagawa Utamaro, EIN MALER STELLT DEN TEUFELSAUSTREIBER CHOKI DAR, *um 1789, 36×24. Äußerst fein sind die Farben dieses japanischen Holzschnitts nuanciert. Möglicherweise stellte sich Utamaro selbst beim Malen dar, neben ihm eine „oiran“, eine Dame aus Edos Vergnügungsviertel Shin Yoshiwara, an dessen Eingang der Künstler wohnte.*

kennen, 1878 in Paris den ungarischen Maler Munkáscy, dessen Stil er nachahmte. Der Maler Max Liebermann in München wies ihm den Weg zur → Freilichtmalerei. In seinen bedeutungsvollen religiösen Werken übertrug er die biblischen Themen in das zeitgenössische Leben der Bauern und Handwerker – LASSET DIE KINDLEIN ZU MIR KOMMEN, 1884 (Leipzig, Museum der bildenden Künste).

Unold, Max
* 1. 10. 1885 in Memmingen, † 18. 5. 1964 in München. Maler, Graphiker und Schriftsteller, der mit seinem realistischen Stil zur → Neuen Sachlichkeit tendierte. 1911–13 wandte er sich in Frankreich der Kunst Paul Cézannes zu, um dann wieder zum Realismus zurückzukehren. Seine Porträts, wie z. B. das SELBSTBILDNIS von 1936 (München, Städtische Galerie im Lenbachhaus) und seine Stilleben sind betont schlicht.

Ursula-Legende,
Meister der Kölner, tätig in Köln Ende 15. /Anf. 16. Jh. Der anonyme Meister wird nach 19 auf Leinwand gemalten Bildern eines URSULA-ZYKLUS benannt, der aus St. Severin oder St. Brigiden in Köln stammt und heute auf mehrere Museen verteilt ist (Köln, Wallraf-Richartz-Mus., Bonn, London, München, Nürnberg, Paris). Der Ursula-Meister war wohl Leiter einer größeren Werkstatt, der auch der jüngere Meister (und Schüler?) von St. Severin angehörte, eine Händescheidung ist nicht immer möglich. Als Frühwerk des spätgotischen Malers gilt das FRAUENBERGER TRIPTYCHON, um 1480/85 (Frauenberg, St. Georg), sein ausgeprägter Stil verbindet sich in lockerer Skizzenhaftigkeit und sehr trockener Malweise der nordniederländischen wie der oberrheinischen Technik. Seine Koloristik ist lebhaft und geistreich, kräftig im Helldunkel-Kontrast, das → Inkarnat oft seltsam blaß.

Ury, Lesser
* 7. 11. 1861 in Birnbaum, Posen, † 18. 10. 1931 in Berlin. Einer der frühesten Vertreter des deutschen Impressionismus. 1878 studierte er an der Düsseldorfer Akademie. 1881 entdeckte er in Paris die Kunst der Impressionisten und damit die Bedeutung der Farbe für seine Bilder. Neuartig in seinen Werken war neben Motivwahl und Kompositionsprinzipien seine Farb- und Lichtbehandlung in Straßenbildern, Blumenstücken und Nachtbildern, eigentümlich zwischen Naturalismus und Impressionismus vermittelnd. Vor allem die Großstadtdarstellungen stattete er mit farbig sprühenden und zuckenden Lichtern aus, die meist aus Brauntönen entwickelt sind. Auch die Schatten wurden zunehmend farbig aufgefaßt. 1896 gestaltete Ury als überzeugter Jude alttestamentarische Szenen. In den folgenden Jahren erreichte er in der flimmernden Aufhellung der Farben und des Bildlichtes seinen künstlerischen Höhepunkt, z. B. in Bildern wie LIEGENDER AKT, 1900 (München, Sammlung R. Neumeister).

Maurice Utrillo, RUE DE L'ABREUVOIR/ MONTMARTRE, *1910/12, 66×76 (Kopenhagen, Statens Museum for Kunst). Die Straßenansicht aus dem Pariser Boheme- und Künstlerviertel entstand in den künstlerisch wertvollsten Jahren von Utrillos Schaffen. Die spätere Zeit brachte neben Wohlstand und Ansehen auch einen gewissen Originalitätsverlust mit sich.*

Utamaro, Kitagawa
* 1753 in Kawagoe, † 1806 in Edo (Tokyo). Der japanische → Ukiyo-e-Maler lebte in Edo, dem heutigen Tokyo, und war einer der zentralen Künstler im Leben der Dichter und Artisten in dieser Stadt. Als Schüler, vielleicht auch Verwandter des Toriyama Sekien war er weitgehend beeinflußt von Masanobu und Kiyonaga. 1804 wurde er vom Shogunat inhaftiert wegen Beleidigung der Regierung. Seine frühen Drucke zeigen junge Kurtisanen, elegant und attraktiv stilisiert in reicher Farbnuancierung – angelehnt an Kiyonaga. In feinen kalligraphischen Linien variierte er immer wieder die Frauengestalten aus dem Vergnügungsviertel Shin Yoshiwara. Von U. typisiert, wurde dieses Thema dominierend für Generationen von Druckern. 1788 erschienen zwei bedeutende Werke U.s, ein Buch der Gedichte, „Uta Makura", und ein Insektenbuch „Mushi Erabi", letzteres eine Holzschnittfolge von Insekten und Blumen, außerordentlicher zeichnerischer Qualität. Utamaro ist der erste japanische Künstler, der in Europa bekannt wurde. Sein Werk beeinflußte Toulouse-Lautrec. In seiner Heimat beherrschte sein Stil, seine klaren frischen Farben lange den Farbholzschnitt.

Utrillo, Maurice
* 26. 12. 1883 in Paris, † 5. 11. 1955 in Paris. Utrillo war der uneheliche Sohn von Suzanne Valadon, die als Modell von Henri de Toulouse-Lautrec bekannt war und die sich auch als Malerin einen Namen machte. Er hatte eigentlich nie so richtig den Wunsch verspürt, zu malen, doch konnte seine Mutter

Maurice Utrillo, VUE DE MONTMARTRE, *1910, 73×102 (Paris, Musée National d'Art Moderne). Utrillos Zugang zur Kunst war der eines Insiders. Er wuchs mit der Malerei auf. Seine Mutter, Suzanne Valadon, war ein Modell Toulouse-Lautrecs und selbst eine vorzügliche Künstlerin. Naiv und unbekümmert malte der Sohn in der impressionistischen Manier.*

ihn 1902 dazu überreden; sie versprach sich dadurch eine heilsame Wirkung auf das Gemüt ihres Sohnes, der an Trunksucht litt. Erste Anleitung erhielt er somit von seiner Mutter, später bildete er sich autodidaktisch weiter. Utrillo begann, seine Umwelt darzustellen, z. B. Landschaften von der Pariser Bannmeile, Ansichten von Pariser Stadtteilen, wie das Armenviertel Montmartre, Montmagny und Pierrefitte, Kirchen und Kathedralen, kleine Provinzstädte. Die Bilder dieser ersten Schaffensperiode, 1903–06, erinnern in der Wiedergabe der Leere und poetischen Eintönigkeit seiner Umwelt an Straßenbilder Pissarros: LE PONT ST.-MICHEL, 1905 (Paris, Galérie Paul Pétrides); DÄCHER, 1906/07 (Paris, Musée National d'Art Moderne). Am bekanntesten wurden die Bilder der „weißen" Periode, die etwa 1907 einsetzte und bis 1914 anhielt. Die Themen dieser Werke waren die Häuser, Cafés und Kirchen auf dem Montmartre, mit ihren blicklosen Fenstern und leeren Straßen. In reichen Abstufungen der Farben Grau und Weiß, denen er Sand und Gips beimischte, um den Eindruck der Realität zu steigern, malte er Mauern und Wände. Diese Bilder geben meisterhaft den Ausdruck der schmucklosen Architekturen von Montmartre wieder und verschafften ihm Anerkennung und viele Ausstellungen: DIE KATHEDRALE ST.-DENIS, 1908 (Zürich, Kunsthaus); ANSICHT VON MONTMARTRE, 1910 (Paris, Musée National d'Art Moderne). In den 20er Jahren ging er dazu über, mit kräftigeren Farben zu malen. Doch dann schien seine Entwicklung zu stagnieren, denn er wiederholte nur noch Themen aus seiner früheren Schaffenszeit, bis er zu einem Souvenirmaler für Touristen absank.

V

Valadon, Suzanne
(eigtl. Marie Clémentine Valade)
* 23. 9. 1865 in Bessines-sur-Gartempe, Haute Vienne, † 19. 4. 1938 in Paris. Wichtige französische Malerin von Stilleben, Porträts, Akten und Landschaften, die einem expressionistischen Stil zuneigte. Sie war die Mutter von Maurice Utrillo. Als junges Mädchen kam sie nach Paris, arbeitete u. a. als Zirkusakrobatin, stand Modell für Künstler wie Puvis de Chavannes, Renoir und Toulouse-Lautrec und bildete sich autodidaktisch zur Malerin heran. Beeinflußt wurde sie durch die Schule von → Pont-Aven, vor allem durch Paul Gauguin. In ganz unmittelbarer Weise erfaßte und gestaltete sie das sichtbare Vorbild ohne alle symbolistischen Tendenzen, z. B. in WEIBLICHER AKT, 1922 (Paris, Musée d'Art Moderne de la Ville de Paris).

Valckenborch, Lucas van
* um 1530/35 in Löwen, † 2. 2. 1597 in Frankfurt a. Main. Der Landschafts-

Lucas van Valckenborch, HERBSTLANDSCHAFT MIT WEINLESE, 1585, 116 × 198 (Wien, Kunsthistorisches Museum). Valckenborch war Hofmaler des habsburgischen Erzherzogs Matthias, dem er nach Linz folgte. So kamen seine vier großen Jahreszeitenbilder in die Wiener Sammlung. Im Bild des Herbstes ist eine Zahl reizender kleiner Genreszenen zu entdecken.

Félix Vallotton, SELBSTBILDNIS, *1885, 71×56 (Lausanne, Musée Cantonal des Beaux-Arts). Eine zutiefst nüchterne, ja skeptische Weltauffassung legt der erst 20jährige Künstler an den Tag: Eigenschaften, die verständlich machen, daß Vallotton in den frühen Jahren ein scharfer Satiriker war. Später traten versöhnliche Tendenzen in den Vordergrund.*

und Porträtmaler stammt aus der südniederländischen Künstlerfamilie Valkenborch und ist ein wichtiger Vertreter des Spätmanierismus zwischen Joachim Patenier und Gillis van Coninxloo. 1577 wurde er Hofmaler von Erzherzog Matthias. 1593 übersiedelte er nach Frankfurt, wo er bis zu seinem Tod blieb. Einerseits malte er topographisch genau bestimmbare → Veduten, wie z. B. ANSICHT VON LINZ (Frankfurt, Städelsches Kunstinstitut), andererseits phantastische Landschaftskompositionen wie DIE VIER JAHRESZEITEN (Wien, Kunsthistorisches Museum).

Valdés Leal, Juan de
* 4. 5. 1622 in Sevilla, † 15. 10. 1690 in Sevilla. Letzter bedeutender Vertreter der andalusischen Barockmalerei, der in seinem dramatisch-expressiven Stil die spanischen Gestaltungsprinzipien dieser Zeit zu höchstmöglicher Ausdruckskraft steigerte. 1660 wurde er Gründungsmitglied der Akademie in Sevilla, 1663–66 ihr Präsident. Er schuf vor allem Historien- und Heiligenbilder sowie Porträts, so z. B. für das Kloster S. Jerónimo ganzfigurige Mönchsbilder. Seine Werke, die sich häufig zu einem makabren Naturalismus steigern können, sind koloristisch z. T. von der venezianischen Malerei beeinflußt.

Valentin de Boulogne
(auch Jean de Boullongne oder Moise Valentin) * 3. 1. 1591 in Coulommiers, Seine-et-Marne, † 18./19. 8. 1632 in Rom. Der → Genre- und Historienmaler V. ist einer der Hauptvertreter der französischen → Caravaggisten. Seit 1612 lebte er in Rom. Er war viel mit Dirnen und Dieben zusammen, die er in seinen Bildern darstellte, wie z. B. DIE WAHRSAGERIN (Paris, Louvre). Seine Meisterwerke sind die Bilder DAS URTEIL SALOMONS (Paris, Louvre) und JUDITH UND HOLOFERNES (Valletta, Malta, Nationalmuseum).

Vallotton, Félix
* 28. 12. 1865 in Lausanne, † 29. 12. 1925 in Paris. Vallotton kam 1882 nach Paris und wurde Schüler der Académie Julian. 1893 nahm er Beziehun-

Victor Vasarely, VEGA – 200, *1969, 200 × 200 (Privatsammlung des Künstlers). Vasarelys konstruktivistische Experimente führen in ihrer Vehemenz an die Grenze optischer Raumillusion. Ingenieurgeist bestimmt den Aufbau dieses Bildrasters, ein Gitterwerk aus reinfarbenen Scheiben, dessen Zentrum sphärisch „gezoomt" wurde.*

gen zu den → Nabis auf, die an Gauguins Kunst anknüpften. Gegen Ende der 90er Jahre näherte er sich dem späten → Symbolismus und dem → Jugendstil und wurde so zum Vorläufer der → Neuen Sachlichkeit. In seinem Werk, das aus Akten, Landschaften, Stilleben, Interieurs und Holzschnitten besteht, strebte Vallotton nach unpathetischer, plastisch bestimmter Verdinglichung und einer nüchternen, oft stilisierten Formensprache: LESENDE, 1906 (Bern, Kunstmuseum). Im Bereich der Graphik war Vallotton einer der genialsten Holzschneider der ersten Hälfte des 20. Jh.

Vanderlyn, John

* 15. 10. 1775 in Kingston, New York, † 23. 9. 1852 in Kingston. Vanderlyn, ein Schüler Gilbert Stuarts, brachte der amerikanischen Kunst über die englische Tradition hinaus eine Erweiterung ins Französisch-Klassizistische. Sein berühmtestes Gemälde DIE SCHLAFENDE ARIADNE AUF NAXOS, 1808–12 (Philadelphia, Academy of Fine Arts), fertigte er nach einem Stich von Jan van Neck. Vanderlyn starb verarmt in seiner Heimatstadt Kingston.

Vantongerloo, Georges

* 24. 11. 1886 in Antwerpen, † 6. 10. 1965 in Paris. Der Maler und Bildhauer war zuerst Mitglied der Gruppe De → Stijl, später der Gruppe → Abstraction-Création. Nach einer traditionellen Ausbildung an der Kunstakademie in Antwerpen und ersten fauvistischen Anfängen unterzeichnete er 1918 das erste De-Stijl-Manifest. Jetzt entstanden seine frühesten vertikal und hori-

Victor Vasarely, TIGER, *1938, 82 × 122 (Privatsammlung des Künstlers). Vor seiner Hinwendung zur rein geometrischen Op-art suchte Vasarely in den 30er Jahren figürliche Formen zu abstrahieren und mit durchdachten Farbstrukturen zu verbinden. Der rhythmisierte Farbwechsel führt zur Fluktuation und optischen Pulsation einer visuell dynamisierten Bildfläche.*

Diego Velázquez, Der Triumph des Bacchus, *um 1629, 165 × 225 (Madrid, Prado). Gerade in seiner Sevillaner Frühzeit schuf Velázquez eine Anzahl Genrebilder, die durch ihren krassen Naturalismus brillieren. Dieses klassisch verbrämte Sittenbild brachte dem Hofmaler ein Stipendium Philipps IV. für eine Italienreise ein, die er 1629 antrat.*

zontal geometrisierten Gemälde, die jedoch nicht die strengen Rasterstrukturen und die Beschränkung auf die Primärfarben in der vollen Konsequenz des Neoplastizismus übernehmen.

Vasarely, Victor
* 9. 4. 1908 in Pécs (Fünfkirchen), Ungarn. Der Maler und Plastiker ist einer der Hauptvertreter der → Op-art. 1927 besuchte er in Budapest die Akademie Poldini-Volkmann. Zwei Jahre später wurde er an der Mühely-Schule in die Prinzipien des Bauhauses eingeführt. 1930 ging er nach Paris und war zunächst als Werbegraphiker tätig. 1929–39 betrieb er Strukturexperimente, wobei er reine Schwarzweiß-Kontraste und geometrische Muster in figürliche Gebilde – Harlekine, Zebras usw. – übertrug. Die jeweilige Schichtung der Streifen und ihre parallele Verlagerung ergab dynamische Formrhythmen, die er in seinem „kinetisch-abstrakten" Stil ab 1951 und verstärkt seit 1955 weiter verfolgte. Eine Zeitlang beschäftigte er sich auch statt mit solchen graphischen Ordnungen mit den malerischen Strömungen des Spätkubismus und Surrealismus. Doch bald kehrte er zu seinen bewegten Strukturen zurück. „Liniennetze und die Idee der Wellenbewegung kreuzen sich und bilden Gitter und suggerieren dabei Übergänge durch Variation kleinster Formen ... Zwei Netzüberlagerungen, die räumlich voneinander getrennt sind, rufen Bewegungseffekte hervor, die vor allem deshalb faszinieren, weil das Kinetikphänomen durch die Bewegung der Augen hervorgerufen wird" (Vasarely).

Vasari, Giorgio
* 30. 7. 1511 in Arezzo, † 27. 6. 1574 in Florenz. G. Vasari, dessen Name zumeist in Verbindung mit seinen 1550 erschienenen Künstlerviten genannt wird, war auch als Architekt und Maler tätig. Dabei fällt jedoch eine große Abhängigkeit von seinen Zeitgenossen und ein unübersehbarer Eklektizismus auf. In seinen großformatigen Fresken, z. B. im Palazzo Vecchio in Florenz, wird das jeweilige Thema von überspitzt-geistreichen Anspielungen und allegorischen Verkleidungen regelrecht erdrückt. Vasaris Kunst ist reine „Bildungsmalerei", zu deren Verständnis eine humanistisch-literarische Bildung nötig ist. Viele seiner Werke sind Vorstufen der Barockmalerei. Die Weiterentwicklung blieb seinen vielen Schülern vorbehalten, wie Stradanus, Zucchi und Sabatini.

Vecchietta, Il
(eigtl. Lorenzo di Pietro)
* um 1412 in Castiglione di Val d'Orcia bei Siena, † 6. 6. 1480 in Siena. Maler, Bildhauer, Goldschmied und Architekt, der die Gestaltungsprinzipien der florentinischen Frührenaissance nach Siena vermittelte. Er lernte bei Sassetta und wird 1428 als selbständiger Maler erwähnt. 1432–35 war er der Gehilfe Masolinos bei der Ausmalung der Stiftskirche von Castiglione Olosa bei Mailand.

Vedova, Emilio
* 9. 8. 1919 in Venedig. Italienischer Vertreter des → Informel. Er begann autodidaktisch zu malen und wurde 1942 Mitglied der antifaschistischen Mailänder Künstlergruppe „Corrente". Die spontanen Pinselzüge in seinen Bildern sind vom Ausdrucksgestus her bestimmt, die Farben sind, vor allem in Schwarzweiß, scharf kontrastiert, z. B. in Vom Zyklus des Widerstandes, 1956 (Mailand, Privatbesitz).

Velázquez, Diego Rodríguez de Silva y

* 1599 in Sevilla, † 1660 in Madrid. Velázquez, unter dem Familiennamen seiner Mutter berühmt geworden, stammte aus vornehmen und glücklichen Verhältnissen. Mit 12 Jahren kam er zur Ausbildung zu Herrera d. Ä., den er schon bald verließ und dann zu Pacheco ging. 1617 legte er die Meisterprüfung ab, ein Jahr später heiratete er Pachecos Tochter Juana. Aus der frühen Zeit Velázquez' sind relativ wenige Werke erhalten. Es handelt sich in erster Linie um Stilleben mit Figuren, z. B. DAS FRÜHSTÜCK, um 1616 (Leningrad, Eremitage). Von den religiösen Bildern aus dieser Zeit ist die ANBETUNG DER KÖNIGE, 1617 (Madrid, Prado), zu nennen. Selbst in dieser frühen Phase ist kein Einfluß seines Lehrers Pachecos, dessen Stil sich am Italien des 16. Jh. orientierte, zu erkennen. Die Verwendung dunkler Farben erinnert eher an Ribera. Mit einer Einladung 1623 nach Madrid von seiten des Herzogs von Olivares begann für Velázquez eine neue Schaffensperiode. Er bekam u. a. den Auftrag, ein Porträt König Phillips IV. anzufertigen (1734 verbrannt), was ihm die Gunst des Königs verschaffte. 1627 trat er in seinen Dienst. Er malte hauptsächlich Bildnisse von Angehörigen des königlichen Hofs, vor allem aber den König selbst, dessen zahlreiche Darstellungen in verschiedenen Altersstufen einen Einblick in seine Persönlichkeitsstruktur geben. In würdevoller, etwas steifer Haltung, den Blick offen und frei dem Betrachter zugewandt, zeigen sich die einzelnen Personen. Zu nennen sind u. a. die Gemälde PHILIPP IV., um 1623, DER INFANT DON CARLOS, um 1625 (beide Madrid, Prado), und DER HERZOG OLIVARES, um 1627 (New York, Hispanic Society of America). 1628 traf Velázquez in Madrid mit Rubens zusammen. Dieser erweckte in ihm den Wunsch, eine Italienreise zu unternehmen. Mit Genehmigung des Königs brach er 1629 auf. In den verschiedenen Städten studierte er die Werke von Tintoretto, Raffael und Michelangelo. Besonders letzterer veranlaßte ihn zur Beschäftigung mit Studien des nackten, männlichen Körpers, was z. B. in der SCHMIEDE VULKANS, um 1630 (Madrid, Prado) zum Ausdruck kommt. Unter dem Einfluß der venezianischen Malerei hellten sich seine Farben auf, bekamen Leuchtkraft. 1631 kehrte Velázquez nach Spanien zurück. Die nun folgenden Jahre gehören zu seiner reifsten Schaffensperiode. Es entstanden religiöse Bilder wie CHRISTUS AM KREUZ, um 1638 (Madrid, Prado), Historienbilder, wie die ÜBERGABE VON BREDA, um 1635 (Madrid, Prado), sowie Reiterbildnisse wie PRINZ BALTHASAR CARLOS, 1635 (Madrid, Prado), mit dem immer wiederkehrenden Motiv des aufsteigenden Pferdes. Daneben setzte er seine Porträtmalerei fort. 1644 begann er mit seinen Studien der Hofnarren, wie z. B. DER IDIOT VON CORIA, um 1657 (Madrid, Prado), mit denen er als Hofangestellter zusammenlebte. Aus

Diego Velázquez, ÜBERGABE VON BREDA, *1635, 307 × 367 (Madrid, Prado). Sein berühmtestes Historienbild malte Velázquez zum zehnten Jahrestag der Einnahme der niederländischen Festung durch General Spinola. Der spanische Heerführer empfängt aus der Hand des unterlegenen Gouverneurs von Breda, Justin von Nassau, den Stadtschlüssel.*

Diego Velázquez, DIE INFANTIN MARGARITA THERESIA IM BLAUEN KLEID *(Wien, Kunsthistorisches Museum). Das Bildnis der Achtjährigen im Seidengewand schickte der spanische Hof als Vorbereitung der Verlobung nach Wien, welche die Infantin als 13jährige mit Kaiser Leopold I. von Österreich vollzog. Der tiefgelegte Augenpunkt betont ihre Hoheit.*

diesem täglichen Zusammensein heraus erklärt sich das tiefe menschliche Verständnis, frei von falscher Sentimentalität, in diesen Bildern. Offen ist auch hier wie in anderen Porträts der Blick der Dargestellten auf den Betrachter, ihre Züge verraten ebenso menschliches Elend wie der blasse, stets kränkliche Ausdruck Philipps IV. in seinen Bildern. Ein weiteres Gebiet in dieser Zeit waren Kinderbilder, so z. B. die verschiedenen Darstellungen der Infantin Margarita, aus denen eine tiefe Liebe zu Kindern spricht. Weiche und zarte Farbtöne treten auf, ein leichter Grauton überzieht alles. Zu seinen wohl bekanntesten Werken zählt das 1656 gemalte Bild LAS MENINAS (Madrid, Prado). Der dargestellte Raum mit den Figuren öffnet sich in einer Weise, daß der Übergang von der realen Welt hin zur Welt des Dargestellten fließend wird, die im Saal aufgehängten Bilder – Bilder im Bild – unterstreichen dies. Mit Velázquez hat die Porträtmalerei ihren Höhepunkt erreicht. Er vermochte nicht nur seinen Figuren Vitalität und Individualität zu verleihen, er bezog auch ihre Umwelt in diese Lebensnähe mit ein. Mit seiner bahnbrechenden Behandlung der Farbe und des Lichtes wirkte er auf den späteren → Kolorismus ein.

Velde, Adriaen van de
* (getauft) 30. 11. 1636 in Amsterdam, † (begraben) 21. 1. 1672 in Amsterdam. Der Maler und Radierer ist der Bruder Willems d. J. und gilt als der Hauptmeister der holländischen Landschaftsmalerei des 17. Jh. Sein Themenkreis umfaßt neben den Landschaften, Tierdarstellungen, mythologische und biblische Inhalte. Getreue Wiedergabe von kleinsten Details, einfacher Bildaufbau und gleichmäßige Lichtführung geben seinen Kompositionen eine ruhige und intime Atmosphäre.

Velde, Bram van
* 19. 10. 1892 in Zoeterwoude bei Leiden. Vertreter des → Informel. Nach impressionistischen Anfängen kam er 1920 nach → Worpswede und arbeitete im Stil der dortigen Künstlerkolonie. 1924 entstanden in Paris fauvistisch geprägte Arbeiten. Seit 1940 verschwanden alle vordergründig gegenständlichen Reminiszenzen in seinen Bildern, in denen sich Linienfigurationen magisch-urtümlich zu Masken und Vogelköpfen verdichteten, z. B. in MALEREI NO. 214, 1958 (Basel, Sammlung Franz Meyer).

Velde, Willem van de d. J.
* (getauft) 18. 12. 1633 in Leiden, † 6. 4. 1707 in London. Der Bruder von Adriaen zählt zu den bedeutendsten holländischen Seeschlachtenmalern. Sein Lehrer Simon de Vlieger prägt seinen frühen Stil: ruhige Kompositionen, genaue Wiedergabe der Einzelheiten und tonige Farbgebung. 1673 wurde er Hofmaler Karls II. von England. Seine Farben werden nun kräftiger, und er bevorzugt Themen wie Seeschlachten und Naturereignisse, z. B. DIE STURMBÖ (Amsterdam, Rijksmuseum).

Venecianov, Aleksej Gavrilovič
(eigtl. Fornaki-Veneciano)
* 18. 2. 1780 in Nižyn, Ukraine, † 16. 12. 1847 in Poddub'e bei Tver, Rußland. Der Sohn eines griechischen Emigranten war einer der ersten Genremaler in Rußland und Begründer einer nach ihm benannten Schule. Stilistisch ging er von der holländi-

Willem van de Velde d. J., DER KANONENSCHUSS, *79 × 67 (Amsterdam, Rijksmuseum). Zunächst nur Maler von Seestücken, wandte sich van de Velde später der Aufzeichnung von Seeschlachten zu. Minuziös beschriebene Kriegsschiffe mit Segel, Masten und Getäu sind die Hauptakteure von Bildern, denen bühnenartige Effekte willkommen sind.*

Adriaen van de Velde, DER STRAND VON SCHEVENINGEN, *1658 (Kassel, Gemäldegalerie). Den ungebrochen naturnahen Eindruck holländischer Landschaften des Barock bringt Adriaens Strandansicht rein zum Ausdruck. Das von Menschen belebte Land, Meer und Himmel bilden ein organisch gefügtes Raumkontinuum von selten natürlicher Geschlossenheit.*

schen Barockmalerei aus und entwikkelte sich auf dieser Grundlage zur Frühromantik und zum Klassizismus weiter. Seine ersten romantischen Porträts, z. B. V. PUTJATINA, nach 1820 (Moskau, Tretjakow-Galerie), zeigen Einflüsse seines Lehrers Vladimir Borovikovskij. Seine klassizistischen Genrebilder der folgenden Jahre setzen sich erstmals in Rußland mit der idealisierenden Schilderung des bäuerlichen Milieus auseinander.

Vermeer, Jan (Johannes)
getauft 31. 10. 1632 in Delft, begraben 15. 12. 1675 in Delft. Vermeer war der Sohn eines Seidenwirkers, Kunsthändlers und Gastwirts. Von seinem Leben weiß man nur, daß er 1650 heiratete und im selben Jahr in die Lukasgilde aufgenommen wurde. Die zunehmenden finanziellen Probleme des kinderreichen Haushalts zwangen Vermeer in späterer Zeit zu mehr Auftragswerken. Als er 1675 starb, hinterließ er seiner Witwe hohe Schulden. Vermeer gehört mit Rembrandt und Hals zu den bedeutendsten Vertretern der holländischen Malerei des 17. Jh. Von seinen 36 bekannten Gemälden sind alle bis auf eines undatiert. In seiner Frühzeit entstanden Historienbilder wie die RAST DER DIANA, um 1654 (Den Haag, Mauritshuis), eine ruhige und ausgewogene Komposition, deren Farben an die der venezianischen Maler erinnern. Ein ebenfalls aus dieser Zeit stammendes Werk, CHRISTUS BEI MARTHA UND MARIA (Edinburgh, National Gallery of Scotland) zeigt in der Lichtbehandlung noch den Einfluß der Utrechter → Caravaggisten. Das Interesse an den Problemen der Perspektive führte Vermeer bald zur Innenraumdarstellung. Seine Genrebilder zeigen Figuren, die völlig in sich oder in ihre Tätigkeit versunken sind, es ist eine Welt für sich. Im Gegensatz zur früheren Malerei sind sie vor hellem Hintergrund dargestellt, meist dazu noch im Zentrum des Lichts, wie es etwa bei den Bildern DIE KÜCHENMAGD, um 1660 (Amsterdam, Rijksmuseum), oder JUNGE FRAU UND SOLDAT, um 1656/60 (New York, Frick Collection), zu sehen ist. Als Lichtquelle dient meist ein Fenster, an den Bildrand gerückt. Das Licht übernimmt bei Vermeer weiter die Funktion, kontrastiv gesetzt Raumtiefe zu erzeugen, wobei selbst dunkle Stellen immer noch Farbe besitzen. So z. B. in der ALLEGORIE DER MALEREI von

Jan Vermeer, JUNGE FRAU MIT WASSERKRUG, *46 × 40 (New York, Metropolitan Museum of Art). Vermeer sublimiert die vornehme Alltagswelt seiner Figuren zu Bildern der Stille und Andacht. Der Eindruck des Statischen wird von einer strengen Bildfügung in Vertikalen und Horizontalen erzeugt. Ein sanftes Fensterlicht verleiht den Konturen Weichheit.*

Jan Vermeer, Ansicht von Delft, *um 1660, 98 × 117 (Den Haag, Mauritshuis). Diese Vedute ist eine Rarität im Werk Vermeers, da er sich fast ausnahmslos Genrethemen widmete. Seine Heimatstadt hält Vermeer in herrlichen Tonwerten vom jenseitigen Ufer des Rotterdamer Kanals aus bei abziehendem Gewitter und hervorbrechender Sonne fest.*

Jan Vermeer, Die Spitzenklöpplerin, *um 1664/65, 24 × 21 (Paris, Louvre). Vermeers Darstellungen von Frauen bei der Hausarbeit repräsentieren ein Bewußtsein, das Theresa von Avila mit den Worten ausdrückte: „Wenn du in der Küche geschäftig tätig bist, wisse, daß der Herr auch zwischen den Kochtöpfen wandelt, um dir innerlich wie äußerlich zu helfen."*

etwa 1666 (Wien, Kunsthistorisches Museum). Ebenfalls zur Tiefenillusion diente Vermeer die perspektivische Verkürzung, wie es in dem Bild Herr und Dame am Spinett, um 1660 (London, Buckingham Palace) deutlich wird. Neben Interieurs schuf Vermeer in dieser Zeit auch einige Freilichtszenen – aus dem Fenster gemalt –, wandte sich jedoch bald wieder der Genremalerei zu. Zu nennen ist die Ansicht von Delft, um 1660 (Den Haag, Mauritshuis). Der erhöhte Standpunkt, von dem aus das Bild gemalt wurde, verleiht ihm große Distanz und Raumwirkung. In den 60er Jahren setzte Vermeers spätere Schaffensperiode ein. Die Farben wurden kühler – Blau und Ocker waren bevorzugt – und in einheitlichem Ton gehalten, ohne größere Nuancierung. Ein Beispiel dafür ist das Mädchen mit der Perle von etwa 1665 (Den Haag, Mauritshuis). Der Kontakt mit dem Betrachter ist auch hier eigentlich vermieden, der eher rätselhafte Blick ist nicht frontal, sondern wie abweisend über die Schulter gerichtet. Kein Pinselstrich, der diese Ruhe stören würde, ist zu sehen. Auch der Bildaufbau wird vereinfacht, wie es die Gemälde Die Briefleserin (Amsterdam, Rijksmuseum) und Die Spitzenklöpplerin (Paris, Louvre), beide von etwa 1664, zeigen. In den letzten Jahren schuf Vermeer zahlreiche Auftragswerke, darunter wahrscheinlich auch die Allegorie des christlichen Glaubens, um 1670 (New York, Metropolitan Museum), die wieder in die Thematik der Historienmalerei einzuordnen ist. Seine bedeutendsten Werke blieben jedoch seine Interieurs, in denen er alltägliche, unbedeutende Situationen und Handlungen zum Stilleben erhöhte. Dennoch waren sie schon bald nach seinem Tode vergessen, und erst zu Anfang des 19. Jh. fanden sie zahlreiche Nachahmer und Fälscher.

Vernet, Claud Joseph

* 14. 8. 1714 in Avignon, † 1789 in Paris. Der bedeutende französische Landschaftsmaler empfing seinen ersten Unterricht zunächst bei seinem Vater, einem bescheidenen Dekorationsmaler in Avignon, dann von R. Vialy in Aix und P. Sauvan in Avignon. Kunstliebhaber, die sein Talent erkannten, ermöglichten ihm eine Reise nach Italien, die er 1734 antrat. Vernets Schiff geriet bei der Überfahrt in einen Seesturm. Der Künstler ließ sich an einen Mast festbinden, um die Naturgewalten zu studieren. Der spätere Maler von Sturm und Meer schöpfte gerne aus der direkten Erfahrung der Naturvorgänge. Bis 1753 blieb er, von kurzen Aufenthalten in Frankreich unterbrochen, in Italien, wo sein Ruhm allmählich wuchs. Viele Engländer gehörten zu seinen Kunden, auch der französische Botschafter in Rom. Die Tochter des Kapitäns der päpstlichen Flotte wurde seine Frau. Im Jahr 1753 ließ sich Vernet in Marseille nieder und wurde Mitglied der Académie Royale in Paris. In diesem Jahr erhielt er auch seinen bedeutendsten Auftrag, einen Zyklus von fünfzehn Gemälden mit Darstellungen der Häfen Frankreichs. Neun Jahre beschäftigte ihn diese Aufgabe, wobei der Maler mit Familie und Dienerschaft oft länger als ein Jahr in jeder Hafenstadt blieb und zahlreiche Aufträge reicher Bürger entgegennahm. 1761/62 gelangte Vernet schließlich nach Paris und erwarb das Recht, im Louvre Wohnung zu nehmen. 64jährig unternahm der Künstler noch eine Reise in die Schweiz, um die grandiose Landschaft dieses Landes zu studieren, wobei ihm sein Bewunderer Voltaire begegnete. Zur Erforschung seines Werkes sind die „livres de raison" unersetzlich, in denen der Maler von 1735 bis 1788 die wichtigsten Daten über Besteller, Maße und Preise von 761 Bildern registriert hat (Gesamtwerk: 2160 Gemälde). Vernets Malerei weicht durchaus vom allgemeinen Zeitgeschmack des Rokoko ab. Dem zeitgenössischen Kritiker Grimm waren seine Ansichten zu naturnah, ein Vorwurf, den man heute eher als ein Lob betrachten würde. Vernet, der aus England, Deutschland, Polen, den Niederlanden, Schweden und vom Erben des spanischen Thrones Aufträge erhalten hatte, bewahrte sich eine Naturauffassung, die Frische und Unmittelbarkeit auszeichnen. Dabei haben die visuellen Erfahrungen aus seiner italienischen Zeit das Gesamtwerk am nachhaltigsten geprägt. Felsige Uferlandschaften und Hafenszenen, Gewitter über dem Meer, wobei die Wettergewalten pathetisch gesteigert sind, gehören mit zu den am häufigsten behandelten Themen. Sein Zeitgenosse Diderot sah in Vernet einen Maler, der für Frankreich das bedeute, was Appelles und Zeuxis für Griechenland oder Raffael und Correggio für Italien bedeutet hätten.

Paolo Veronese, Die Predigt Johannes des Täufers, *208 × 140 (Rom, Galleria Borghese). Schon das italienische Cinquecento traf die klassische Unterscheidung zwischen dem „disegno" (Zeichnung), das die Kunst Michelangelos verherrlichte, und „colore", der Farbe, als deren Vertreter die Venezianer als Meister angesehen wurden.*

Jan Vermeer, Die Allegorie der Malerei, *120 × 100 (Wien, Kunsthistorisches Museum). Vermeer zeigt auf der Staffelei ein Bild, das für die holländische Kunst des 17. Jh. ganz und gar untypisch ist. Allegorien – hier die Fama (Ruhm) mit Posaune und Buch – mochten Lieblinge des italienischen Barock, doch nicht des unpathetischen Holländers sein.*

Vernet, Horace

(eigtl. Émile Jean Horace)

* 30. 6. 1789 in Paris, † 17. 1. 1863 in Paris. Schlachten-, Porträt- und Genremaler und Lithograph der Romantik. In seinen Schlachtenschilderungen, Marine- und Militärbildern ist er von der Gestaltungsweise Eugène Delacroix' beeinflußt. 1827–35 war er Direktor

Paolo Veronese, Die Hochzeit zu Kana *(Paris, Louvre). Die verschwendungssüchtige Lebensart der venezianischen Nobilität spiegelt sich in Veroneses Gastmahlsszenen mit orientalischer Faszination. Prunkende Gewänder und prächtige Juwelen betören das Auge, indes das biblische Thema nur als „Aufhänger" dient.*

der Académie de France in Rom, 1831 hielt er sich jedoch wieder in Paris auf. Hier erhielt er den Auftrag, an der Umgestaltung des Schlosses von Versailles zu einem Museum der französischen Geschichte mitzuwirken. Dazu malte er die afrikanischen Schlachten im Saal Konstantins. Mehr und mehr wurde er mit seiner Militärthematik zum offiziell anerkannten Spezialisten, und er erhielt den Beinamen „Maler der französischen Soldaten".

Veronese, Paolo
(eigtl. Paolo Caliari)
* wahrscheinlich 1528 in Verona, † 19. 4. 1588 in Venedig. Der Maler, Sohn eines Steinmetzen, dürfte seine Lehrzeit bei A. Badile, dessen Tochter er 1566 heiratete, oder bei F. Brusasorci verbracht haben, deren manieristische Formensprache sich in seinen frühen Werken spiegelt. Ab 1553 hielt sich V. ohne längere Unterbrechung bis zu seinem Tode in Venedig auf. Seine frühen Arbeiten für den Dogenpalast, die Bibliothek von S. Marco und die Marienkrönung von 1555 (Venedig, S. Sebastiano, Sakristei) zeigen in ihren starken Verkürzungen V.s Auseinandersetzung mit den Formproblemen des Manierismus, zugleich seine auf helle und kühle Töne gestimmte Farbskala, die ihn bis ins Spätwerk hinein von den Stadtvenezianern unterscheidet. Diese lichte Farbigkeit zeichnet auch die Fresken der Villa Masèr bei Treviso (ca. 1560/61) aus. Während hier die Deckenzone der Welt der Götter vorbehalten bleibt, schmücken heitere Szenen des Landlebens und der vornehmen Gesellschaft die Wände. Illusionistische Landschaftsausblicke schaffen eine ebenso humorvolle wie festliche Atmosphäre heiteren und unbeschwerten Lebens. Glanz und Fülle des Daseins spiegeln die von Farbe und bunten Details strotzenden Gastmähler V.s, wie die Hochzeit zu Kana, 1563 (Paris, Louvre), das Gastmahl Gregors des Grossen (Vicenza, Refektorium des Klosters auf dem Monte Berico), und das Gastmahl im Hause des Levi (Venedig, Akademie) von 1573. Obwohl diese Bilder für religiöse Orte wie Refektorien bestellt waren, scheinen sie für V. eher der Vorwand für die Darstellung leichten, sinnlichen Lebensgenusses, für die glänzende Zurschaustellung von Reichtum und Luxus eines problemlosen Daseins gewesen zu sein. Es verwundert daher nicht, daß der Künstler sich wegen der letzten Szene vor dem Inquisitionsgericht wegen Areligiösität zu verantworten hatte! Entsprechend seiner robusten und unproblematischen Natur geraten V. auch Szenen wie Die Anbetung der Könige (Vicenza, S. Corona) und die Apotheose Venedigs (Venedig, Dogenpalast) zu pompösen Aufzügen von theatermäßiger Anordnung. In Spätwerken, wie der Taufe und Versuchung Christi (Mailand, Brera) wird die Farbe dumpfer und zum Grau hin gebrochen,

Paolo Veronese, Gastmahl im Hause des Levi, *1573, 555 × 1280 (Venedig, Accademia). Die erzählfreudigen Zutaten der monumentalen Leinwand – „Papageien, Zwerge, Germanen, Narren" – beanstandete ein inquisitorisches Tribunal, vor dem sich im Zuge der Gegenreformation die Künstler zu verantworten hatten. Weltlichkeit sollte aus religiösen Bildern ausgemerzt werden.*

bleibt aber auch jetzt jeder hintergründigen Religiösität fern, wie sie Tintoretto erstrebte. Als Verherrlichung und Steigerung des Lebens, als Ausdruck unbekümmerter Diesseitsfreude hat sich V.s Malerei der Nachwelt eingeprägt. Seine an Sansovino und Palladio geschulten, weißschimmernden Architekturkulissen gaben der venezianischen Malerei bis zu Ricci und Tiepolo Anregungen. Sein glänzendes, emailartig schillerndes Kolorit hat bis zu Watteau der europäischen Malerei seinen Stempel aufgedrückt.

Veronika mit dem Schweißtuch, Meister der

tätig um 1395–1415. Bedeutendster Kölner Maler der → Internationalen Gotik. Benannt wird der Künstler nach dem Gemälde Hl. Veronika mit dem Schweisstuch, um 1420, das für St. Severin in Köln bestimmt war (heute München, Alte Pinakothek) und ursprünglich die Mitteltafel eines → Triptychons bildete. Für das bis dahin in der Kölner Kunst ungewöhnliche Thema scheint die französische Hofkunst vorbildlich gewesen zu sein, stilistisch ist die Tafel mehr der Tradition verbunden, als daß sie vorwärtsweisende Merkmale aufweist. In jüngster Zeit konnten dem Meister eine ganze Reihe weiterer Werke zugeschrieben werden, die sich alle durch einen klaren tektonischen Aufbau, durch eine zurückhaltende Figurenbildung und eine zarte, sensible Farbgebung auszeichnen, darunter die Madonna mit der Erbsenblüte, um 1400 (Nürnberg, Germanisches Nationalmuseum), die Madonna mit der Wickenblüte, um 1415–20 (Köln, Wallraf-Richartz-Museum), oder die Veronika mit dem hl. Antlitz (London, British Museum).

Verrocchio, Andrea del

(eigtl. Andrea di Michele Cioni)
* 1435 in Florenz, † 7. 10. 1488 in Venedig. Der italienische Maler, Zeichner, Bildhauer und Goldschmied der

Meister der hl. Veronika, Die hl. Veronika mit dem Schweisstuch, *um 1420, 78 × 48 (München, Alte Pinakothek). Die von Ludwig I. schon früh für seine Münchener Sammlung erworbene Tafel diente vermutlich als Tür eines Reliquienschreins in der Kölner Kirche St. Severin. Der lieblich-anmutige Stil ist typisch für die spätmittelalterlichen Maler Kölns.*

Alvise Vivarini, THRONENDER HL. AMBROSIUS ZWISCHEN MUSIZIERENDEN ENGELN UND ACHT HEILIGEN, *1503 (Venedig, S. Maria dei Frari). Vivarinis „Frari-Triptychon" entstand gemeinsam mit seinem Schüler Marco Basaiti. Während dem Stil Vivarinis eine gewisse Herbheit eigen ist, versucht Basaiti, den Formen Weichheit zu verleihen.*

Renaissance hatte eine große Bedeutung als Lehrer von vielen berühmten Schülern. Von seinem malerischen Werk ist nur sehr wenig erhalten. 1470/80 schuf er zusammen mit Leonardo die TAUFE CHRISTI (Florenz, Uffizien). V. bemühte sich um harmonische Kompositionen und genaue Wiedergabe der Anatomie der Figuren.

Vieira da Silva, Maria Elena
* 18. 6. 1908 in Lissabon. Malerin der → Lyrischen Abstraktion. In ihren Werken dominieren graphisch betonte Liniengerüste, die imaginäre, geometrisierte Räume erzeugen und an ähnliche surreal-poetische Raumkonstruktionen Paul Klees erinnern. 1928 studierte sie in Paris Bildhauerei. Gleichzeitig wandte sie sich der Malerei zu und lernte bei Othon Friesz und Fernand Léger. Auf der Académie Ranson lernte sie Roger Bissière kennen. 1943 entstand das erste Bild, LA PARTIE D'ÉCHECS (Paris, Musée National d'Art Moderne), in dem jenes die klassische Raumperspektive verfremdende Gitterwerk auftaucht. In den späteren Arbeiten läßt die Raumspannung etwas nach, beispielsweise in JE NACHDEM, 1963 (New York, Sammlung Knoedler).

Vien, Joseph-Marie
* 18. 6. 1716 in Montpellier, † 27. 3. 1809 in Paris. Der französische → Historienmaler und Radierer gilt als Wegbereiter des → Neoklassizismus. Auf zwei Aufenthalten in Rom lernte er Mengs kennen und kam durch Winckelmann mit der Antike in Berührung, die neben der Natur sein zweites Vorbild war. Ein Werk ist die HEIMKEHR DES PRIAMOS MIT DEM TOTEN HEKTOR (Angers, Musée). Sein Schüler Jacques Louis David beschritt den Weg, den Vien vorbereitet hatte.

Vigée-Lebrun, Élisabeth-Louise
* 16. 4. 1755 in Paris, † 30. 3. 1842 in Paris. Bedeutende Porträtistin des Rokoko, dann eines an Jacques Louis David orientierten Klassizismus. 1779 entstand ihr erstes bedeutendes Bildnis, KÖNIGIN MARIE-ANTOINETTE MIT SATINKLEID UND EINER ROSE IN DER HAND (Versailles, Musée National). In der Folgezeit fertigte sie viele weitere, vor allem weibliche Porträts von Mitgliedern des Adels und des Königshauses. Die Künstlerin, die stark von Rubens beeinflußt war, wurde auch Mitglied der Akademie.

Vitale da Bologna
(auch Vitale delle Madonne, Vitalis de Bononia, Vitalis de Equis, Mimo de'Cavalle, eigtl. Vitale d'Aimo de' Cavalli)
* um 1308/09 in Bologna, † vor Juli 1361. Bedeutender Maler, Freskant, Holzschnitzer und wahrscheinlich auch Buchmaler des → Trecento. Beeinflußt wurde er durch die Kunst der Brüder Lorenzetti und Francesco da Riminis. Mit seinen Werken, zu deren wichtigsten der HL. GEORG TÖTET DEN DRACHEN und vier Tafeln mit SZENEN AUS DEM LEBEN DES HL. ANTONIUS ABBAS, alle um 1350 (und alle Bologna, Pinacoteca Nazionale), zählen, entfernte er sich in der Raum- und Körperbehandlung von der byzantinischen Tradition und bereitete den → Weichen Stil vor.

Joseph Vivien, KURFÜRST MAX EMANUEL VON BAYERN ALS FELDHERR, *1706 (München, Residenz). Seit 1698 war der französische Porträtmaler – in der Pastelltechnik ein Vorläufer La Tours – wiederholt für den Barockfürsten tätig. 1704 hatte dieser in der Entscheidungsschlacht im Spanischen Erbfolgekrieg verloren und war seitdem in einer tiefgreifenden politischen Mißlage.*

Vivarini, Antonio
* ca. 1418 in Murano, † zwischen 1476 und 1484 in Murano.

Vivarini, Bartolommeo
* ca. 1432 in Murano, † ca. 1499.

Vivarini, Alvise
* ca. 1445 in Murano, † zwischen 6. 9. 1503 und 14. 11. 1505 in Murano. Antonio, seinen jüngeren Bruder Bartolommeo und Antonios Sohn Alvise faßt die Kunstgeschichte zur sog. Schule von Murano zusammen. Mit Jacopo Bellini darf man in dem Begründer der Schule, Antonio V., den Überwinder der spätbyzantinischen Malerei in Venedig und den Bahnbrecher zur Frührenaissance sehen. Antonio arbeitete in enger Werkstattgemeinschaft mit dem Deutschen Hans (Giovanni d'Alemagna) zusammen, dessen Person und Werkanteil bisher ungeklärt sind. 1446 datiert ist das Hauptwerk der beiden Künstler, die THRONENDE MADONNA MIT DEN KIRCHENVÄTERN (Venedig, Akademie), ein monumentales Werk von klarer Räumlichkeit trotz der kleinteiligen Hintergrundarchitektur. 1444 entstand die MARIENKRÖNUNG (Venedig, S. Pantaleone), die in den fünffach übereinandergestaffelten Heiligen noch ganz altertümliche Züge aufweist. Von liebenswürdiger, zugleich kraftvoller Frische ist die MADONNA MIT KIND (Mailand, Museo Poldi Pezzoli). Nach dem Tod Giovanni d'Alemagnas übernahm offenbar Bartolommeo die Führung des Ateliers. Seine Vorliebe für die plastische Durchmodellierung der Figur, für scharfe Zeichnung und harten Faltenwurf verrät bereits den Einfluß Mantegnas. Bei der MADONNA MIT HEILIGEN (Neapel, Museo Capodimonte) von 1465 mildert er ihre herbe Strenge durch leuchtendes Kolorit und liebevoll ausgeführte Details. Von würdevoller Monumentalität ist der HL. AUGUSTINUS (Venedig, SS. Giovanni e Paolo). Die späteren Arbeiten B.s erstarren mehr und mehr zur Schablone und verraten die umfangreiche Produktion einer großen Werkstatt. Das jüngste Mitglied der Familie, Alvise, schulte sich an Antonello da Messina und Giovanni Bellini und stellte damit den Anschluß an die von atmosphärischem Sehen bestimmte venezianische Kunst des ausgehenden Quattrocento her. Bereits der junge Alvise versucht, die etwas derbe Kunst seines Onkels Bartolommeo ins Elegante und Geschmeidige umzusetzen, so in der SACRA CONVERSAZIONE von 1480 (Venedig, Akademie). DER AUFERSTANDENE CHRISTUS (Venedig, S. Giovanni in Bragora) von 1498 zeigt schon das geschmeidigere Figurenideal der neuen Zeit. DIE MADONNA MIT KIND (Venedig, Il Redentore) mit dem weiten Ausblick in eine sonnendurchstrahlte Landschaft läßt die Annäherung an Giovanni Bellini erkennen.

Vivien, Joseph
* 1657 in Lyon, † 1734 in Bonn. Der französische Porträtist wurde an der Académie Royale ausgebildet bei F. Bonnement und Chr. Lebrun, stieg bereits 1697 zum „peintre du Roi" auf. 1715–17, 1719, 1723/34 war V. Hofmaler Kurfürst Max Emanuels in München und verfertigt in der Art des H. Rigaud Bildnisse in Öl und Pastelltechnik, ebenso Miniaturen. Das repräsentative Gemälde DIE WIEDERVEREINIGUNG MAX EMANUELS MIT SEINER FAMILIE, 1716 entstanden (München, Staatsgem.-Slg.), weist auf den älteren Stil V.s, die physiognomische Detaillierung des Porträts CLEMENS AUGUST V. BAYERN (Schloß Falkenlust b. Brühl) kündigt die Nähe zum Rokoko an.

Vlaminck, Maurice de
* 4. 4. 1876 in Paris, † 11. 10. 1958 in Reuil-la-Gadelière. Vlamincks Werk beeindruckt durch die heftige expressionistische Wildheit und die Freiheit, die er sich dadurch gegenüber der akademischen Kunst herausnimmt. Zusammen mit seinem Freund A. Derain malte er in Chatou, in der Nähe von Paris, wo sich die ersten Ansätze des → Fauvismus entwickelten: MANN MIT PFEIFE, 1900. Die Jahre 1901–07 sind durch die Kunst Vincent van Goghs geprägt, deren Einfluß sich in seiner Malweise durch pastos aufgetragene, reine Farben ausdrückte, die Vlaminck unmittelbar von der Tube auf die Leinwand spritzte: DIE ROTEN BÄUME, 1906. Seit 1908 wurde sein Stil, in Anlehnung an die Kunst Cézannes, gemäßigter und zurückhaltender. 1914–18 diente Vlaminck in der Armee. Nach dem Krieg tendierte er zum → Expressionismus. Um 1950 kehrte Vlaminck noch einmal zu seiner jugendlichen fauvistischen Vitalität zurück.

Vordemberge-Gildewart, Friedrich
* 17. 11. 1899 in Osnabrück, † 19. 12. 1962 in Ulm. Einer der frühesten deutschen Vertreter der abstrakten Malerei. Mit seiner konstruktivistischen Zielrichtung näherte er sich der De → Stijl-Gruppe, der er 1924 beitrat. 1930 wurde er Mitglied von → Cercle et Carré, und 1932 war er Mitbegründer von → Abstraction-Création. In den dreißiger Jahren dominieren in seinen hellfarbigen Bildern geometrische Formen, die meist in der Diagonale angeordnet sind.

Vos, Cornelis de
* 1584 in Hulst bei Terneuzen, Zeeland, † 9. 5. 1651 in Antwerpen. Der Bruder von Paul de Vos und Schwager von Frans Snijders war ein relativ zweitrangiger Porträt- und Historienmaler des flämischen Barock. Nur in seinen Bildnissen ragt er etwas über den Durchschnitt hinaus, indem er in sehr natürlicher Art psychologische Nuancen zu erfassen wußte, z. B. in DER GOLDSCHMIED ABRAHAM GRAPHEUS, 1620 (Antwerpen, Koninklijk Museum voor Schone Kunsten).

Vouet, Simon
* 9. 1. 1590 (getauft) in Paris, † 30. 6. 1649 in Paris. V. war ein Wegbereiter der französischen Barockmalerei. Schon in jungen Jahren zeigte sich seine große Begabung. Ausgebildet wurde er von seinem Vater. Von 1613–26 lebte und wirkte er in Italien. Dort bekam er viele Aufträge von der Kirche und von Adelshäusern, so z. B. eines seiner Hauptwerke, die 1622 entstandene KREUZIGUNG in der Kirche S. Ambrogio. In Rom gründete er eine Schule, in der Maler wie Charles Mellin und Jacques de Lestin nach dem lebenden Modell zeichneten. Seine Malweise wurde sehr von Werken italienischer Meister geprägt, wie von Caravaggio, Annibale Carracci und Guido Reni. 1624 wurde er zum Rektor der Accademia di S. Luca ernannt. 1627 kehrte er auf Ruf Ludwigs XIII. nach Frankreich zurück, wurde Hofmaler und bekam das Vorrecht, im Louvre zu wohnen. In seinen nun entstandenen Werken gelangte er zu einer ausgeglichenen harmonischen klassizistischen Malweise. Viele seiner großen Werke sind verlorengegangen.

Edouard Vuillard, BLICK AUF DIE BINNENALSTER, *1913 (Hamburg, Kunsthalle). Auf Einladung des für die zeitgenössische Kunst sehr aufgeschlossenen Direktors der Hamburger Kunsthalle, A. Lichtwark, kam Vuillard 1913 in die Elbstadt, um Porträts und „Bilder aus Hamburg" zu malen. Die Ansicht vom Jungfernstieg ist Vuillards schönstes künstlerisches Ergebnis.*

Vuillard, Edouard
* 11. 11. 1868 in Cuiseaux, † 21. 6. 1940 in La Baule. Vuillards künstlerische Ausbildung begann 1886 an der École des Beaux-Arts in Paris und wurde 1888 in der Académie Julian fortgesetzt. 1889 war er Mitbegründer der Künstlergruppe der → Nabis, die unter dem Einfluß von Gauguin stand und sich sehr für die Technik des japanischen Farbholzschnitts interessierte. Zugleich war er Mitarbeiter an der Zeitschrift „La Révue Blanche", für die er auch Plakate entwarf. Seine anfänglichen Werke stehen noch in der Tradition Chardins, doch schon 1891 änderte sich sein Stil merklich. Abstrakte Elemente wie z. B. Verzerrung der Gegenstände, Vermeidung einer Tiefenillusion, Vereinfachung der Formen, Farbexperimente tauchen auf – IM BETT, 1891 (Paris, Musée National d'Art Moderne). Im Unterschied zu den anderen Nabis finden sich bei Vuillard kaum symbolistische Tendenzen. Sein Stil ist raffiniert dekorativ; seine Themen sind säkular-intim oder mondän. Um die Jahrhundertwende löste sich Vuillard von seiner radikalen Malweise der „Nabi-Zeit" und schuf gemäßigtere, ansprechendere Bilder, wie DER KLEINE JACQUES ROUSSEL AUF FRAU VUILLARDS SCHOSS, 1904 (Musée National d'Art Moderne). Bedeutend und sehr gefragt waren auch Vuillards lithographische Arbeiten.

W

Waldmüller, Ferdinand Georg
* 15. 1. 1793 in Wien, † 23. 8. 1865 in der Hinterbrühl, Baden bei Wien. Der österreichische Maler und Aquarellist gilt als einer der Hauptmeister des Wiener Biedermeier. Nach einer Ausbildung an der Wiener Akademie wurde W. zunächst Theatermaler in Brünn und Prag. Ab 1817 hielt er sich wieder in Wien auf. Es folgten Reisen nach Deutschland und Italien. 1829 ernannte man ihn in Wien zum Professor. Mehrere Strafverfahren wurden gegen ihn eingeleitet, da er sich in Streitschriften gegen die Akademie und die herrschenden Kunstvorstellungen richtete; er wollte neue Unterrichtsformen schaffen. Seine Porträts zeichnen sich durch Naturtreue und einen scharfen, beinahe kühlen Realismus aus, z. B. das SELBSTBILDNIS (Wien, Österreichische Galerie). Feine Farbnuancen und helles Licht unterstreichen die Klarheit und Exaktheit seiner Bilder. Neben Bildnissen für Adel und das Wiener Bürgertum malte er → Stillleben, → Genreszenen und Landschaftsbilder.

Ferdinand G. Waldmüller, AM FRONLEICHNAMSMORGEN, *1857, 65 × 82 (Wien, Österreichische Galerie). Der biedermeierliche Frieden, der aus Waldmüllers Werken spricht, steht im Gegensatz zu dessen kämpferischem Temperament. Beständig führte er Offensiven gegen die Akademiekunst und forderte, „die uns umgebende Natur, unsere Zeit, unsere Sitte" darzustellen.*

Wang Hui
* 1632 in Ch'ang-shu (Prov. Kiangsu), † 1717 in Ch'ang-shu (?). Der Chinese gehört zu den vier großen Literatenmalern des 17. Jh., Wang Shih-min, Wang Chien, Wang Hui und Wang Yüan-ch'i. Als Sohn eines reichen Kunsthändlers konnte er sich weitgehend der Malerei widmen, verstand sich als Künstler im Sinne des → „wen-jen". Die Querrolle TAUSEND MEILEN DEN JANGTSE ENTLANG (New York, Slg. H. C. Weng) zeigt in dem äußerst geschickten Bildaufbau der über zwei Meter langen Rolle, in Technik und weicher Farbgebung alle Elemente der chinesischen Landschaftsmalerei, die hier nicht als reine Stimmungswerte zusammengetragen wurden, sondern eine neue vom Verstand her zu fassende Einheit bilden.

Ferdinand G. Waldmüller, DIE FAMILIE DES NOTARS DR. ELTZ, *1835, 124 × 110 (Wien, Österreichische Galerie). Waldmüllers Darstellungen sind allesamt Sonntagsbilder: idyllisch, friedlich und idealer Ausdruck einer die Geborgenheit des häuslichen Familienkreises über alles schätzenden Zeit. Wie bei Stifter wird die politische Unruhe aus der heilen Welt ausgeblendet.*

Wang Wei

* 699 in T'ai-yüan (Provinz Shansi), † 759 in Ch'ang-an, heute Sian. Der chinesische Maler, gleichermaßen als Dichter berühmt, gilt als Vorbild für die Landschaftsmalerei. Sowohl Staatsbeamter als auch Buddhist und später Eremit, lebte er ausschließlich im Dienste der schönen Künste. Die Bildrolle FRISCHER SCHNEE AUF DEN BERGEN AM FLUSS ist nur in Kopien erhalten. Sie zeigt die harmonische Ausgeglichenheit der Naturelemente, die geistige Ebene des Zen-Buddhismus, ausgedrückt in kräftiger Pinselführung und hartem Kontur.

Wang Yüan-ch'i

* 1642 in T'ai-ts'ang (Prov. Kiangsu), † 1715 in Peking (?). Der chinesische Maler der Ch'ing-Dynastie zählt zu den bedeutendsten Vertretern der „Traditionalisten", die Auffassung und Stil der Literatenmaler pflegten. Als Akademiemitglied, Staatssekretär und Kammerherr am Hofe K'ang-hsis zeugen seine Landschaften von technischer Vielseitigkeit, jedoch gewisser Trockenheit im Bildaufbau.

Ferdinand G. Waldmüller, DIE GROSSE PRATERLANDSCHAFT, *1849 (Wien, Österreichische Galerie). Den ursprünglich höfischen Jagdzwecken dienenden, 1766 dem Publikum freigegebenen Wiener Volkspark, hielt Waldmüller mit fast fotografischer Genauigkeit fest. Anders als bei den französischen Realisten (Courbet u. a.) ist der Pinsel einer strengen Kontrolle unterworfen.*

al-Wasiti DER SKLAVENMARKT VON ZABID IM JEMEN, *1237 (Paris, Bibliothèque Nationale). Die lebensnahen Illustrationen der Maqâmât des al-Hariri, ein Meisterwerk der Buchmalerei von Bagdad, vermitteln ein anschauliches Bild des islamischen Lebens im 13. Jh., das von seiner häuslichen, öffentlichen und religiösen Seite in vielen Szenen geschildert wird.*

Ward, James
* 23. 10. 1769 in London, † 23. 11. 1859 in London. Maler und Radierer der Romantik. Beeinflußt durch George Morland, begann er zunächst mit naturalistischen Tierbildern. Ab 1795 wandte er sich zunehmend romantischen Tendenzen zu. Durch den Eindruck von Bildern Peter Paul Rubens' dominierten in seinen Arbeiten expressive, emotionsgeladene Motive, die sich vor allem in Tierdarstellungen äußerten, z. B. in DER TRIUMPH DES HERZOGS VON WELLINGTON, 1815–21 (ehemals London, Chelsea Hospital).

al-Wāsitī
(eigtl. Yahya ibn Muhammad)
Buchmaler aus Wasit im Irak, tätig gegen Mitte des 13. Jh. Von ihm stammt eines der Hauptwerke der Schule von Bagdad, das 1237 entstandene Manuskript der Maqâmât des al-Hariri (Paris, Bibliothèque Nationale) mit seinen 99 Miniaturen zu den Schelmenstreichen des Abu Zaid. Häufig im Rahmen ausführlicher Architektur zur Ortsangabe schildert der Künstler trotz der recht festen Formelhaftigkeit von Haltungen und Gesten auf verblüffend lebendige Weise das Leben seiner Zeit mit scharfer Beobachtungsgabe: Nomaden, Händler, Gauner, Gelehrte und Beamte in verschiedenen Gesichtstypen, Privatszenen neben Staatsakten oder Pilgerkarawanen und Kamelherden.

Wasman, Friedrich
* 8. 8. 1805 in Hamburg, † 10. 5. 1886 in Meran. Der deutsche Maler W. besuchte die Dresdner und die Münchner Akademie. 1832 kam er in Rom durch Overbeck in den Kreis der → Nazarener. W. beschäftigte sich hauptsächlich mit der → Genremalerei, z. B. DER DUDELSACKPFEIFER (Hamburg, Kunsthalle), daneben auch mit der Porträt- und Landschaftsmalerei. Reiche, leuchtende Farbgebung und malerische Darstellungsweise zeichnen das Werk aus.

Watteau, Antoine
* 1684 in Valenciennes, † 1721 in Nogent-sur-Marne. Der Sohn eines flandrischen Dachdeckers, der zunächst in seinem Heimatort die ersten Unterweisungen in der Malerei erhielt, gilt als Hauptmeister der Régence, jener Frühzeit des französischen Rokoko, als die Hofgesellschaft nach dem Tode des Sonnenkönigs Versailles fluchtartig verlassen hatte, um in den Salons von Paris das Intime statt des Monumentalen und das freizügig

Ungezwungene anstelle höfischen Zeremoniells zu finden. Eine diesen gelockerten Lebensformen entsprechende Malerei bot Watteau in seiner neugeschaffenen Bildform, den „fêtes galantes" an. Diese „ländlichen Feste" zeigen, wie vornehm gekleidete Herrschaften vor dem Hintergrund von Parklandschaften ihren Vergnügungen nachgehen. Von Gillot, einem Lehrer Watteaus in Paris, stammte die Vorliebe für die Welt des Theaters. Watteau behandelt oft Figuren der italienischen Komödie, der „commedia dell'arte" (Harlekin, Mezzetino u. a.). Sein berühmtes Bild DER GILLES zeigt, wie der Künstler dem Theatergenre seinen reifsten Ausdruck verleiht. 1717 wird Watteau Mitglied der Académie Royale mit dem Titel eines „peintre des fêtes galantes". Sein Aufnahmebild EINSCHIFFUNG NACH KYTHERA zeigt, wie eine liebeständelnde Gesellschaft, am Ufer jener griechischen Insel angelangt, das Heiligtum der Venus besucht. Die Bewegungen der Paare sind tänzerisch, Putten schweben in der Luft, die Atmosphäre ist in ein duftiges Licht getaucht. Watteau, obwohl eher ein schwieriger und mißtrauischer Mensch, wohnte zeitweise im Palais des reichen Bankiers Crozat, bei dem sich die Spitzen des geistigen und künstlerischen Lebens von Paris ein Stelldichein gaben. Die üppigen Feste, Aufführungen der Oper und des Theaters, die der Mäzen in Paris und auf seinem Landsitz veranstaltete, spiegeln sich in den Themen von Watteaus Malerei. Einige Darstellungen waren beispielhaft für die Maler des französischen Rokoko: DIE SCHAUKEL (Helsinki), DER PLÜNDERER DES SPERLINGSNESTES (Edinburgh). In dem letzteren Bild fungiert ein Vogelnest, das ein Kavalier seiner Dame zeigt, als Liebessymbol. In Watteaus festliche Gesellschaften mischen sich oft die Figuren der Bühne (Pandalone, Mezzetino und andere), so daß sich die Grenzen zwischen Realität und Schein verwischen. Musizierende und tanzende Gestalten gehören neben der Darstellung von Liebespaaren zum ständigen Repertoire des Künstlers. Nach dem frühen Tode Watteaus sind es vor allem die Maler Lancret und Pater, die jene „fêtes galantes" weiterführen. Vielfach verschaffte sich das Kunstgewerbe Anregungen bei Watteau, wie z. B. das Meißner Porzellan. Manche Gartenanlage des 18. Jh. ließ sich von seinen gemalten Parklandschaften inspirieren (Sanssouci, Rheinsberg).

Antoine Watteau, GILLES, *184 × 149 (Paris, Louvre). Der „Hanswurst" der Commedia dell'arte ist wahrscheinlich das Porträt eines Schauspielers, das als Theaterschild diente. Über das Rollenbild und Bildnis hinaus ist es ein wesentliches Werk von existentieller Aussage.*

Antoine Watteau, GERSAINTS LADENSCHILD, *1720, 163 × 308 (Berlin, Staatliche Museen). In nur acht Tagen soll Watteau dieses Bild für den befreundeten Kunsthändler Gersaint gemalt haben, der es als Reklametafel über der Tür seines Ladens anbrachte. Schon 1745 erwarb der „Alte Fritz" das Gemälde und hängte es in das Konzertzimmer im Charlottenburger Schloß.*

Meister der weiblichen Halbfiguren, Die hl. Katharina, *1. Drittel 16. Jh. (Mailand, Pinacoteca di Brera). Die Attribute Buch und Rad weisen die Dargestellte unter den sechs christlichen Heiligen namens Katharina als jene von Alexandrien aus, die unter Maxentius das Martyrium erlitt. Eine äußerst gebildete Frau; sie wurde zur Patronin der Philosophen auserkoren.*

Watts, George Frederic
* 23. 1. 1817 in London, † 1. 6. 1904 in Compton. Maler und Bildhauer des englischen → Symbolismus. 1843 bis 47 hielt er sich in Italien auf. Von nun an setzte er sich mit der italienischen, speziell der venezianischen Malerei auseinander und versuchte vergeblich, die monumentale Freskokunst des Quattrocento in England zu assimilieren. Zugleich schuf er idealisierende Porträts berühmter englischer Persönlichkeiten, z. B. Thomas Carlyle, 1877 (London, National Portrait Gallery). In seinem Spätwerk wandte er sich allegorischen und mythologischen Themen voller symbolischer Mystik zu.

Weenix, Jan Baptist d. Ä.
(auch Weeninx)
* 1621 in Amsterdam, † vor dem 19. 11. 1663 in Huis ter Mey bei Utrecht. Bedeutender Landschafts- und Genremaler, Porträtist und Radierer des holländischen Barock. Mit Vorliebe gestaltete er Seehäfen, Strandansichten sowie Landschaften aus der Campagna mit Hirten und Ruinen, die er während eines Romaufenthaltes 1643–47 kennenlernte.

Weenix, Jan d. J.
(auch Weeninx)
* nach 1640 in Amsterdam, begraben am 19. 9. 1719 in Amsterdam. Der Sohn von Jan Baptist Weenix d. Ä. war ein wichtiger holländischer Stilleben- und Bildnismaler des späten Barock, der zusammen mit seinem Vetter Melchior d'Hondecoeter die Stillebenmalerei seiner Zeit maßgeblich prägte. In seinen wirklichkeitsnahen Bildern wurde er von Willem van Aelsts Realismus nachhaltig beeinflußt.

Weibliche Halbfiguren, Meister der
tätig im 1. Drittel des 16. Jh. in Antwerpen. Der Name des Künstlers stammt von den häufig in seinen Werken auftretenden Frauen, die in Halbfigur wiedergegeben sind. Diese zierlichen, anmutigen weiblichen Figuren wurden zumeist musizierend dargestellt. Ein Beispiel ist das Konzert von drei Frauen (Wien, Sammlung Harrach). Es werden ihm auch einige Landschaftsbilder zugeschrieben, die Einflüsse von Pateniers aufweisen. Ob sich hinter dem Notnamen nur ein einziger Künstler oder mehrere verbergen, läßt sich nicht entscheiden; vermutlich waren es mehrere, da man zu jener Zeit eine allgemeine Vorliebe für solche Frauentypen hatte.

Weisgerber, Albert
* 21. 4. 1878 in St. Ingbert bei Saarbrücken, † (gefallen) 10. 5. 1915 bei Framelles, Belgien. W. ist ein Vertreter des deutschen Frühexpressionismus. Ausgebildet wurde er in München an der Akademie von Hackl und Stuck. Er schloß sich durch Hans Purrmann der Pariser Matisse-Schule an. 1913 wurde er erster Präsident der Neuen → Sezession. Seine großfigurigen, expressiven Bilder haben meist mythologische oder religiöse Themen, z. B. Absalom (Hamburg, Kunsthalle).

Theodor Werner, GEMÄLDE *XIV/58, 1958, 100×73 (Berlin, Galerie des 20. Jahrhunderts). Eine gefühlvoll-lyrische Variante abstrakter Malerei ist in den Werken Werners zu finden. An Miros Phantasiegebilde entfernt erinnernd, läßt er ein filigranes Geflecht organischer Farb- und Linienformen über einem porösen Hintergrund erscheinen, der die Muster vielfach durchbricht.*

Wen Cheng-ming
* 1470 in Chang-chou, † 1559 in Chang-chou (?). Der Maler der Ming-Dynastie gilt als vollendeter „wen-jen“, d. h. Literatenmaler. Aus wohlhabender Familie stammend, war sein Lehrer Shen Chou, der ihm Vorbild war in allen Arten von Künsten, gegründet auf Vornehmheit und Lauterkeit des Produzierenden. Der Eklektizismus seiner Werke entsprach den Forderungen der Süd-Schule der Mingzeit.

Werefkin, Marianne von
* 29. 8. 1860 in Tula, südl. v. Moskau, † 6. 2. 1938 in Ascona. Die russische Malerin W. ging nach einer Ausbildung in St. Petersburg und Moskau 1896 nach München, wo sie sich den russischen Künstlern um Kandinsky anschloß. Hier wandte sie sich dem → Fauvismus zu. Kräftige, dunkle Farben kennzeichnen ihr Werk. 1914 ging sie in die Schweiz.

Werner, Theodor
* 14. 2. 1886 in Jettenburg bei Tübingen, † 15. 1. 1969 in München. Einer der Wegbereiter der abstrakten Malerei in Deutschland. 1908/09 studierte er an der Stuttgarter Akademie. Bis 1914 lebte und arbeitete er dann in Paris. Zunächst von Adolf Hoelzel beeinflußt, kam er später über den Kubismus zur abstrakten Malerei. 1930–35 lebte er erneut in Paris und wurde nun stark von Joan Miró beeinflußt. 1940 übersiedelte er nach Berlin. In den fünfziger Jahren wurden seine Formen wieder freier, organischer und natürlicher, z. B. in STERNBLUMEN, 1951 (Mannheim, Städtische Kunsthalle). Dennoch blieben seine symbolischen Chiffren im Bereich der abstrakten Kunst. 1959 zog Werner nach München.

Wesselmann, Tom
* 23. 2. 1931 in Cincinnati, Ohio. Einer der Hauptvertreter der New Yorker → Pop-art. 1956–59 studierte er an der Cooper Union School of Art and Architecture in New York. Mit Bildern wie GREAT AMERICAN NUDE, NO. 54, 1964 (New York, Sidney Janis Gallery), zeigt er in bezug auf die plakativen Werbepraktiken der Massenmedien

Tom Wesselmann, GREAT AMERICAN NUDE NO. 98, *1968, 250 × 380 × 130 (New York, Sidney Janis Gallery). Das fünfteilige Ensemble reproduziert die künstliche Plastik- und Zelluloidwelt, wie sie dem US-Medienkonsumenten zur oralen Scheinbefriedigung suggeriert wird. Erotische Symbole werden auf ihren Reizkern reduziert und massiv präsentiert.*

seinen typischen Stil: In monumentalen Collagen, in die Dinge des Alltags einbezogen sind, wird der moderne Sexkult angeprangert durch die Überbetonung sexueller Details, so auch in BATHTUB COLLAGE, NO. 3, 1963 (Köln, Wallraf-Richartz-Museum und Museum Ludwig).

West, Benjamin
* 10. 10. 1738 in Springfield Township (Pennsylvania), † 11. 3. 1820 in London. West, ein Sohn puritanischer Quäkereltern, war der erste Amerikaner, der in Europa studierte. 1760 ermöglichten ihm Gönner eine Reise nach Rom, wo er die alten Meister studierte. 1763 ließ er sich permanent in London nieder. Er gilt als Begründer der Historienmalerei, und seine frühklassizistischen Gemälde enthalten oft in ihrer Komposition Elemente der Renaissance und des Barock. Aus seiner berühmten und beliebten Schule gingen Maler wie Allston, Copley, Morse, Peale, Pratt, Stuart und Sully hervor. 1772 wurde er von König Georg III. zum königlichen Historienmaler ernannt, und 1792 wurde er Reynolds Nachfolger als Präsident der Royal Academy.

Weyden, Rogier van der
* 1399/1400 in Tournai, † 18. 6. 1464 in Brüssel. Rogier war nach Jan van Eyck der bedeutendste niederländische Maler des 15. Jh. und hatte entscheidenden Einfluß auf die Kunst der zweiten Hälfte des 15. Jh. Er begann 1427 eine Lehre bei Robert Campin in Tournai. 1432 wurde er Mitglied der → Lukasgilde. 1435 wird er in Dokumenten in Brüssel erwähnt, wo er das Amt des Stadtmalers bekam.

Rogier van der Weyden, ANBETUNG DER KÖNIGE, *138 × 153 (München, Alte Pinakothek). Nach dem ursprünglichen Standort in einer Kölner Kirche wird Rogiers* DREIKÖNIGSALTAR *– hier die Mitteltafel – auch* COLUMBA-ALTAR *genannt. Realitätssinn und getragene Feierlichkeit verbinden sich im Werk des alten Niederländers, der die deutsche Malerei nachhaltig befruchtete.*

Rogier van der Weyden, MIDDELBURGER ALTAR (Detail der Mitteltafel), 15. Jh. (Berlin, Staatliche Museen). D. Bladelin, Schatzmeister Philipps des Guten und mutmaßlicher Stifter des Altares, gründete 1444 die Stadt Middelburg. In einem Stich von 1641 wird der in der topographisch exakten Stadtansicht sichtbare Burgturm als sein Kastell bezeichnet.

Er erhielt viele Aufträge für Hof, Stadt, Klöster, italienische Handelsreisende und Patrizier. Zum Heiligen Jahr, 1450, ging er nach Rom, was einen wichtigen Einschnitt in seinem künstlerischen Schaffen bedeutete. Schwierigkeiten bereitet die Festlegung seines Werkes, da kein von ihm signiertes Bild erhalten ist. Ein frühes Werk ist die Mitteltafel eines → Triptychons, dessen Flügel nicht mehr vorhanden sind, mit der KREUZABNAHME CHRISTI (Madrid, Prado). Schon hier zeigt sich sein persönlicher Stil. Die kleinsten Details, wie z. B. Grashalme, sind mit großer Genauigkeit wiedergegeben. Die Farben sind eher gedämpft, wobei häufig Rot und Blau kontrastieren. In der Raumgestaltung nimmt er Anregungen von Jan van Eyck auf. Nach 1450, nach seiner Reise nach Italien, lassen sich italienische Einflüsse in seinem Werk feststellen. Als das großartigste Beispiel seines künstlerischen Schaffens gilt der Columba-Altar (München, Alte Pinakothek). Neben seinen Werken mit religiösen Themen sind uns noch einige hervorragende Porträts erhalten, z. B. PORTRÄT EINES BETENDEN (New York, Metropolitan Museum of Art).

Wheatley, Francis
* 1747 in London, † 28. 6. 1801 in London. Ein in der Rokokotradition verwurzelter Maler von Gesellschaftsstücken, moralisierenden Genreszenen, Porträts, Landschaften und Historienbildern. 1791 wurde er Mitglied der Londoner Royal Academy. Seinen größten Erfolg hatte er mit der 1793–97 entstandenen Serie THE CRIES OF LONDON (DIE WARENAUSRUFER). Mit Bildern wie ARTHUR PHILIPP, 1786 (London, National Portrait Gallery), tendierte er zum Klassizismus, blieb aber insgesamt trotzdem den Rokokoprinzipien treu.

Whistler, James Abbot McNeill
* 10. 7. 1834 in Lowell (Massachusetts), † 17. 7. 1903 in London. Whistler bildete sich 1855 in Paris aus und lebte seit 1859 überwiegend in London. Er war einer der ersten Künstler dieser Zeit, die den japanischen Farbholzschnitt entdeckten und einer der

bedeutendsten Künstler des 19. Jh. im Bereich der Porträt- und Landschaftsmalerei, der Radierung und Lithographie. Seine Gemälde sind Farbharmonien. In seinen Themsedarstellungen, denen er musikalische Bezeichnungen gab, strebte er nach einer vollkommenen, ästhetischen farblichen Wiedergabe atmosphärischer Effekte – NOCTURNE IN BLUE AND GOLD: OLD BATTERSEA BRIDGE, um 1865 (London, Tate Gallery). In seinen Porträts war es für ihn von größter Wichtigkeit, daß jede Einzelheit der Szenerie sich zu einem harmonischen, ästhetischen Ganzen fügte – SYMPHONIE IN WHITE NO. II: THE WHITE GIRL, 1864 (London, Tate Gallery).

Wilkie, Sir David
* 18. 11. 1785 in Cults bei Edinburgh, † 1. 6. 1841 auf einer Schiffsreise bei Gibraltar. Schottischer Genre-, Porträt-, Historien- und Landschaftsmaler; Radierer und Aquarellist der Romantik. Zunächst orientierte er sich an der barocken holländischen Genremalerei, dann an spanischen Künstlern wie Velázquez und Murillo. 1811 wurde er Mitglied der Royal Academy. Mit Werken wie DAS MÄDCHEN VON SARAGOSSA, 1828/29 (Windsor Castle), leistete er in der dramatischen Lichtführung einen wichtigen Beitrag zur romantischen Kunst.

Willmann, Michael Lukas Leopold
* 27. 9. 1630 (getauft) in Königsberg, † 26. 8. 1706 in Kloster Leubus, Schlesien. W. gilt als der Hauptmeister des Hochbarock in Südostdeutschland. Geschult wurde er in den Niederlanden, wo Werke von Rembrandt, Rubens und van Dyck eine große Wirkung auf seinen Stil ausübten. 1660 trat er zum katholischen Glauben über und war fortan Maler des Fürstlichen Zisterzienserklosters Leubus. Er schuf Fresken, Ölbilder, Zeichnungen und Radierungen mit Landschaften, Bildnissen, religiösen und mythologischen Themen.

Willumsen, Jens Ferdinand
* 7. 9. 1863 in Kopenhagen, † 4. 4. 1958 in Le Cannet bei Cannes. Dänischer Maler, Graphiker, Architekt und Kunsthistoriker, der, ausgehend vom Naturalismus, einen dekorativen Stil aus Elementen des → Jugendstils und des → Symbolismus entwickelte und stark von Paul Gauguin beeinflußt war. Später tendierte er zum Expressionismus mit starken Anklängen an El Greco, über den er auch eine Monographie verfaßte. Sein eigenartigstes Werk ist die Trilogie DER STERBENDE TIZIAN, 1937/38 (Frederikssund, J. F. Willumsens Museum).

Meister des Wilton-Diptychons, MADONNA MIT ENGELN, *um 1395, 46 × 29 (London, National Gallery). Auf der linken Seite des Wilton-Diptychons kniet Richard II. von England vor seinen Schutzheiligen, die ihn der Madonna anempfehlen. Dem König Gnade erweisend, präsentiert sie den Christusknaben, der einen Segen spendet. Eines der edelsten Werke des „Weichen Stils".*

Fritz Winter, AFRICANA, *1957 (Privatsammlung). Der deutsche Abstrakte war Gründungsmitglied der Gruppe Zen (1949), in der die spontane, skizzenhafte Kalligraphie des alten Japan belebt wurde. Die Affinität zur fernöstlichen Meditationskunst mag zur Verleihung des Graphik-Preises von Tokyo im Jahr der Entstehung dieser Komposition geführt haben.*

Wilson, Richard
* 1. 8. 1714 in Penegoes, Wales, † 15. 5. 1782 in Colomendy, Wales. Schöpfer poesievoller Landschaftsbilder, die bereits in die Romantik vorausweisen. Er verarbeitete in seinen Bildern Anregungen durch Claude Joseph Vernet, Nicolas Poussin, Francesco Zuccarelli, Claude Lorrain und Aelbert Gerritsz. Cuyp. Seine äußerst qualitätvollen Landschaften sind meist von beschaulich in die Natur blickenden Rückenfiguren akzentuiert, zu seinen bekanntesten Arbeiten zählt BLICK VON LLYN NANTLLE AUF DEN SNOWDON, um 1766 (Nottingham, Castle Museum).

Wiltoner Diptychon, Meister des
tätig um 1380/95 am englischen Hof. Der Vertreter der → Internationalen Gotik wurde nach dem um 1380 geschaffenen, aus dem Wilton House (Sitz des Grafen von Pembroke) stammenden Diptychon benannt (heute London, National Gallery). Dargestellt ist auf dem linken Flügel RICHARD II. WIRD VON SEINEN SCHUTZHEILIGEN DER MADONNA EMPFOHLEN, auf dem rechten Flügel MARIA MIT KIND. Trotz französischer und italienischer Einflüsse kann das Diptychon, das durch sensible Farbgebung, ornamentale Linienführung und flächige Grundhaltung charakterisiert ist, einem englischen Künstler des Spätmittelalters zugewiesen werden.

Emanuel de Witte, GOTTESDIENST IN DER OUDE KERK IN AMSTERDAM, *1683. Der calvinistische Gottesdienst in Holland war liturgisch streng auf die Predigt bezogen und daher antikatholisch. Zeitgenössische Darstellungen wählen in der Regel die „Werktagsseite" dieser Zusammenkünfte mit Haustieren, gelangweilten Zuhörern und anderem allzumenschlichen Beiwerk.*

Wink, Johann Christian Thomas
* 19. 12. 1738 in Eichstätt, † 6. 2. 1797 in München. Der bedeutende Künstler des bayerischen Rokoko lebte vor allem in München, wo er 1769 kurfürstlicher Hofmaler wurde, daneben auch in Augsburg und Freising. Fresken, Altarblätter, Buchillustrationen, Stiche, Radierungen und Theatermalerei bilden das Werk des vielseitigen Künstlers.

Winter, Fritz
* 22. 9. 1905 in Altenbögge, Kreis Unna, Westfalen, † 1. 10. 1976 in Dießen-St. Georgen am Ammersee. Einer der wichtigsten deutschen Repräsentanten der abstrakten Malerei. Ab 1927 studierte er am → Bauhaus in Weimar. 1933 ging er nach München, 1935 übersiedelte er nach Dießen, zwei Jahre später erhielt er von den Nationalsozialisten Malverbot. Nach einer schweren Verwundung in Rußland hielt er sich 1944 in Dießen zum Genesungsurlaub auf. Jetzt entstanden seine wichtigsten Arbeiten, abstrakte Kompositionen auf ölimprägniertem Schreibmaschinenpapier. Diese Bilder von höchster Sensibilität wurden später unter dem Titel TRIEBKRÄFTE DER ERDE zusammengefaßt. 1949 war er Mitbegründer der Gruppe → Zen. In den fünfziger Jahren zeigten sich Einflüsse von Hans Hartung und Jean Bazaine in seinem Werk. Seine abstrakte Thematik verstand Winter als „Naturessenz" von Kristallen und Pflanzen.

Witte, Emanuel de
* um 1617 in Alkmaar, † 1692 in Amsterdam. Witte, der seit den 40er Jahren in Delft lebte, wurde bekannt durch seine Architekturansichten, zu denen ihn vermutlich die Perspektivmalereien des Carel Fabritius angeregt hatten. Die Raumwirkung seiner Kircheninterieurs erreichte er durch perspektivische Schrägansicht, komplizierte Verkürzungen und Überschneidungen, Lichteinfall und Belebung mit Kirchgängern, 1650/51 siedelte er um nach Amsterdam, wo er sich mit Motiven des Geschäftslebens befaßte. In den 60er Jahren malte er phantasievoll erfundene Architekturen.

Wittingauer Altar, Meister des
tätig um 1380 in Prag. Neben Altichiero ist der Meister des W. einer der wichtigsten europäischen Maler des 14. Jh., da er der Wegbereiter des → Weichen Stils ist. Benannt wurde er nach dem um 1390 entstandenen → Polyptychon-Altar der Augustinerkirche St. Ägidien in Wittingau, von dem die drei heute noch erhaltenen Tafeln mit SZENEN AUS DER PASSION CHRISTI in der Prager Národní-Galerie aufbewahrt werden. Dargestellt ist CHRISTUS AM ÖLBERG, GRABLEGUNG CHRISTI und AUFERSTEHUNG CHRISTI. Vermutlich stammt der Künstler aus dem Kreise der Hofmaler Karls IV. in Prag. Weitere beachtliche Werke werden ihm zugeschrieben: so die um das Jahr 1385 entstandene MADONNA aus Raudnitz, die als grundlegender Idealtypus der „Schönen Madonnen" angesehen wird, und der KREUZIGUNGSALTAR aus St. Barbara bei Wittingau.

Witz, Konrad
* um 1400 in Rottweil am Neckar, † 1445/46 in Genf oder Basel. Über die Jugend- und Lehrjahre des Künstlers ist nichts bekannt. Zwischen 1434 und 1446 hielt er sich in Basel und Genf auf. Das erste große Werk des Meisters, der sog. HEILSSPIEGELALTAR entstand wohl um 1435. Trotz einer detaillierten Schilderung der Gewänder und Ornamente erinnern die als reine Gewandfiguren gebildeten Gestalten in ihrer Wuchtigkeit eher an burgundische Plastik, z. B. die des Claus Sluter, als an die gleichzeitige niederländische Malerei. Dies gilt auch

Meister von Wittingau, AUFERSTEHUNG CHRISTI, *um 1380, 132 × 92 (Prag, Národní-Galerie). Die Augustiner-Chorherrenstiftskirche St. Ägidius im südböhmischen Wittingau (Třeboň) enthielt einen Flügelaltar, der – im 18. Jh. aufgelöst – nurmehr in Einzeltafeln faßbar ist. Sein hervorragender Meister besaß eine weitreichende künstlerische Ausstrahlung. Niederländische Elemente in der Ikonografie und realistische Naturbeobachtung werden, durch Helldunkel vertieft, zu vorrangigen Merkmalen seiner Werke.*

für die um 1400 entstandene VERKÜNDIGUNG AN MARIA (Nürnberg, Germanisches Nationalmuseum). Zu dieser Darstellung gehört die Tafel JOACHIM UND ANNA AN DER GOLDENEN PFORTE (Basel, Kunstmuseum). In den Bildern HL. CHRISTOPHORUS, um 1435 (Basel, Kunstmuseum), und KREUZIGUNG CHRISTI (Berlin, Stiftung Staatliche Museen/West, Gemäldegalerie) kommt – in Anlehnung an van Eyck – die Landschaftsdarstellung hinzu, die aber Hintergrundsfolie bleibt. Im WUNDERBAREN FISCHZUG von 1444 (Genf, Musée d'Art et d'Histoire), einer der frühesten Landschaftsporträts, gelingt

Konrad Witz, KREUZIGUNG CHRISTI, *34 × 26 (Berlin, Staatliche Museen). Witz, der eines der frühesten topographischen Landschaftsporträts schuf, empfing von Campin und Eyck die Anregung zu weiten Landschaftsräumen, mit denen er biblische Szenen hinterfing. Die Verschmelzung von Figur und Natur fiel indes nicht leicht.*

Caspar Wolf, BERGBACH MIT SCHNEEBRÜCKE UND REGENBOGEN, *1778 (Basel, Kunstmuseum). Ein für das 18. Jh. überraschend realistischer Natursinn offenbart sich in 190 Alpenansichten dieses Schweizers. Auf der Suche nach dem Pittoresken scheute er noch vor William Turner den mühsamen Bergaufstieg nicht.*

Grant Wood, TOD AUF DER RIDGE ROAD, *1935, 81 × 99 (Williamstown, Museum of Art). Der große Schilderer ländlicher Szenerien des Mittleren Westens widmete sich hier einmal keinem „provinziellen, melodramatischen und sentimentalen Sujet" – so ein Kritiker der sog. „Regionalisten". Die spannungsgeladene Unfallszene wurde durch den Tod eines Freundes initiiert.*

es Witz erstmals, die Figuren mit einer tiefenräumlich realistisch gegebenen Landschaft harmonisch zu verbinden.

Wolf, Caspar
* 1735 in Muri, Kanton Aargau, † 1798 in Mannheim. Der Schweizer Maler W. wird zu den Bahnbrechern der Alpenlandschaftsmalerei ohne → Staffage gezählt. Seine Landschaften werden auf der einen Seite realistisch getreu wiedergegeben, auf der anderen Seite romantisch verklärt.

Wolgemut, Michael
* 1433/34 in Nürnberg, † 30. 11. 1519 in Nürnberg. Der Künstler lernte zunächst bei seinem Vater Valentin Wolgemut und studierte auf seiner anschließenden Wanderschaft v. a. die Kunst der Niederländer. Am nachhaltigsten wurde Wolgemut von Dieric Bouts, Rogier van der Weyden und Martin Schongauer beeinflußt. Seit 1465 arbeitete er in der Werkstatt des Nürnberger Malers Hans Pleydenwurff, die er nach dessen Tod übernahm. Als einer der ersten erhob Wolgemut den Holzschnitt zu künstlerischem Rang. Er schuf Holzschnitte für den „Schatzbehalter" und die berühmte „Schedelsche Weltchronik", an der bereits der junge Dürer, der bedeutendste Schüler Wolgemuts, mitarbeitete.

Wols
(eigtl. Alfred Otto Wolfgang Schultze) * 27. 5. 1913 in Berlin, † 1. 9. 1951 in Paris. Wichtiger Wegbereiter des → Tachismus. Er war einige Monate Schüler von Ludwig Mies van der Rohe und László Moholy-Nagy am → Bauhaus, bevor er 1932 nach Paris ging. Hier betätigte er sich als Fotograf und kam unter den Einfluß des Surrealismus. 1939 wurde er interniert, er flieht und hielt sich bis 1942 in Cassis bei Aix-en-Provence versteckt, dann in Dieulefit. Damals entstanden kleinformatige Aquarelle und winzige Zeichnungen auf Papierfetzen – phantastische, von Hieronymus Bosch oder Alfred Kubin geprägte Improvisationen. Auch Ähnlichkeiten zu Paul Klee zeigten sich. Dann aber wird das Gegenständliche mehr und mehr eliminiert. Unter Drogen- und Alkoholeinfluß schuf er abstrakte Gebilde aus feinem Strichwerk und evokativen Farbmodulationen, aus irritierenden Farbflecken, voller Traumvisionen und erotischer Symbole. Erst 1946, wieder in Paris, ging er zur Ölmalerei über.

Wood, Grant
* 13. 2. 1892 in Anamosa, Iowa, † 12. 2. 1942 in Anamosa. Amerikanischer realistischer Maler. 1912 studierte er am Art Institute in Chicago. Gegen 1920 kam er nach Paris, wo er die → Académie Julian besuchte. Damals

Wols, KOMPOSITION, *1947, 81 × 65 (Hamburg, Kunsthalle). Wols verwendete den Pinsel in diesem Spätwerk auch als graphisches Instrument, um sgraffitoartige Strukturen in den wirbelnden Farbgrund zu graben. Im bildnerischen Prozeß wird die rationale Kontrolle so weit wie möglich ausgeschaltet, um authentische Projektionen des Unbewußten zu garantieren.*

wurde er vom Impressionismus beeinflußt. In seine Heimat zurückgekehrt, entwickelte er gegen 1928 seinen typischen Stil. Ausgehend vom Realismus der niederländischen und deutschen Meister des 15. und 16. Jh. und vom Stil der deutschen → Neuen Sachlichkeit, gestaltete er Figuren und Physiognomien seiner provinziellen Umwelt in einem strengen, in seiner Präzision bereits wieder stilisierten Realismus. Zum Beispiel in dem Gemälde AMERICAN GOTHIC, 1930 (Chicago, Art Institute), und wurde so einer der bedeutendsten amerikanischen sog. „Regionalisten".

Wörn, Walter
* 19. 7. 1901 in Stuttgart, † 15. 10. 1963 in Stuttgart. Vertreter einer monumentalen, kubistisch abstrahierten Figuration. 1918–23 studierte er an der Stuttgarter Akademie. 1924–33 setzte er sich mit der Malerei des Impressionismus und Paul Cézannes auseinander und schuf vorwiegend männliche Gruppenakte in neoklassizistischer Manier, z. B. in BADENDE MÄNNER, um 1925 (Stuttgart, Galerie der Stadt), wobei vor allem auch Anregungen durch Hans von Marées und Oskar Schlemmer hinzutraten. Seit 1951 war es der Expressionismus Max Beckmanns und seit 1957 der Postkubismus Fernard Légers, die ihn prägten.

Wouwerman, Philips
* 1619 in Haarlem, † 19. 5. 1668 in Haarlem. Seine erste Ausbildung erhielt der holländische Maler bei seinem Vater, später ging er zu Frans Hals in die Lehre. Seine Bilder haben Bauernszenen, → Genredarstellungen, Schlachten-, Jagd- und vor allem Reiterszenen als Themen. Insbesondere kommt bei ihm immer wieder ein Schimmel vor und wird gleichsam zu seinem Erkennungszeichen, z. B. in den Gemälden DER SCHIMMEL und DER SCHMIED (beide Amsterdam, Rijksmuseum). Ca. 1000 Bilder sind von ihm erhalten.

Wright, Joseph
(gen. Joseph Wright of Derby)
* 3. 9. 1734 in Derby, † 29. 8. 1797 in

Philips Wouwerman, HEIMKEHR VON DER FALKENJAGD *(Kassel, Gemäldegalerie). Das „Markenzeichen" des Barockmalers ist der Schimmel, der in vielen seiner Reiter- oder Lagerszenen auftaucht. Nicht die zupackende Art des Genre, mehr Eleganz und gefälliger Duktus ist für dieses Bild charakteristisch, das sich der vornehmsten unter den Jagdarten widmet.*

Derby. Der englische Maler schuf Porträts, Landschaften und vor allem kleinformatige → Genreszenen, die zeitgenössische wissenschaftliche Experimente wiedergaben, wie z. B. DAS EXPERIMENT MIT DEM VOGEL IN DER LUFTPUMPE (London, Tate Gallery).

Wunderlich, Paul
* 10. 3. 1927 in Berlin. Maler, Graphiker und Bildhauer, in dessen sehr eigenständigem Œuvre Tendenzen des Surrealismus, des phantastischen Realismus, aber auch der Romantik etwa Philipp Otto Runges nebeneinander begegnen. 1947–51 studierte er an der Landeskunstschule in Hamburg, wo er 1951–60 einen Lehrauftrag für graphische Techniken erhielt. 1960–63 lebte und arbeitete er in Paris. 1963–68 war er Professor an der Hochschule für Bildende Künste in Hamburg. Daran schlossen sich wichtige internationale Ausstellungen und große Erfolge an. Sein Werk ist gekennzeichnet durch einen ästhetisierenden neomanieristischen Stil. Häufig setzt er sich in einer wunderlich akkuraten Anatomie mit Vorbildern der Kunstgeschichte und mit erotischen und sexuellen Themen auseinander, z. B. in LEDA UND DER SCHWAN, 1966 (Grünwald bei München, Privatbesitz). Ebenso arbeitet er nach fotografischen Vorlagen seiner Frau, der Fotografin Karin Székessy.

Paul Wunderlich, BOSOM FRIENDS. *Dem ästhetisierenden Manierismus des zeitgenössischen Künstlers mußte das Bild der Gabrielle d'Estrées aus der → Schule von Fontainebleau (Paris, Louvre), das hier verfremdet wiederkehrt, artverwandt vorkommen. Schon in dem rätselhaften Doppelbildnis vom Ende des 16. Jh. ist der weibliche Akt preziös und erotisch überfeinert empfunden.*

Y

Yañez de la Almedina, Fernando
nachweisbar von 1506 bis 1536 in Valencia. 1506 war Yañez mit Hernando Llanos am COSMOS-UND-DAMIANS-ALTAR für die Kathedrale von Valencia beschäftigt, im folgenden Jahr am Hochaltar. Yañez ist 1526 in Cuenca nachzuweisen, wo er einige Altäre für die Kathedrale schuf. In seiner Entwicklung zeigt Yañez den Weg von einer von Leonardo beeinflußten Malweise – deutlich in der HL. KATHARINA (Madrid, Prado) – hin zu einem persönlichen, kräftigen und realistischen Stil.

Yen Li-pen
* um 600 in Ch'ang-an, † 673 in Ch'ang-an (?). Der bedeutende Porträtist der T'ang-Dynastie vertritt eine der wichtigsten Epochen chinesischer Kunst. Zugleich hoher Staatsbeamter und Künstler, erfuhr er seine malerische Ausbildung bei seinem Vater Pi, bei Chan Tzu-ch'ien und Chang Fa-shih. Sein Werk – teilweise aus den Annalen rekonstruierbar – ist nur noch in einer Rolle erhalten: KAISERPORTRÄTS, mit Tinte und Farben auf Seide gemalt (Boston, Mus. of Fine Arts).

Z

Zampieri, gen. Domenichino
(eigtl. Domenico Zampieri)
* 1581 in Bologna, † 1641 in Neapel. Neben G. Reni gilt D. als der einflußreichste und höchstgeschätzte Maler der barocken, bolognesischen Carracci-Schule. Nach einer kurzen Lehrzeit bei D. Calvaert und Ludovico Carracci übersiedelte D. 1602 nach Rom, wo er seine wesentlichsten Eindrücke unter Annibale Carracci empfing. Gemeinsam mit seinem Lehrmeister gestaltete er dort die Wände der Galleria Farnese, die Fresken ANDROMEDA, PHINEUS, JUNGFRAU MIT DEM EINHORN. Bei aller stilistischen Übereinstimmung mit Annibale zeigt sich jedoch eine eigene, entschieden sich äußernde Hand: Zurückhaltende, noble Farben, Kompositionen von einfacher Größe kehren schwelgende Üppigkeit in römische Klassizität. Ebenso „klassisch" D.s Landschaften: Natur wird idealisiert, mit Tempelarchitektur angereichert, wie im Gemälde DER HL. GEORG TÖTET DEN DRACHEN, um 1610 (London, Nat. Gall.), MOSES UND DER BRENNENDE DORNBUSCH, 1610–15 (Rotterdam. Mus. Boymans-van Beuningen).

Domenichino Zampieri, DIANA AUF DER JAGD, *1617, 225 × 320 (Rom, Galleria Borghese). Tendenzen der Rokokomalerei vorwegnehmend, gibt Domenichino dem heroischen Thema eine Wendung ins Illustre, ähnlich den „fêtes galantes" Watteaus.*

Später entstehen „reine“ Landschaften, wie etwa LANDSCHAFT MIT HIRTEN um 1635 (London, Nat. Gall.). Das umfangreiche Freskowerk D.s, Ausschmückung von S. Andrea della Valle, Rom, 1624–28, von S. Carlo ai Catinari, Rom, 1628–30, Cappella del Tesoro, Neapel, ab 1631, beweist die Gönnerschaft Papst Gregors XV., weitet die Auswirkung D.s Malkünste, die einerseits Meister der Hochrenaissance wiedererstehen lassen, andererseits Quellgrund für die Barockklassizisten N. Poussin und C. Lorrain bilden.

Zao Wou-ki
* 13. 2. 1921 in Peking. Vertreter der → Lyrischen Abstraktion. 1948 übersiedelte er nach Paris und nahm die französische Staatsbürgerschaft an. 1954 wandte er sich der Abstraktion zu. Bilder wie ZUR ERINNERUNG AN CHU YAN, 1956 (Montreal, Sammlung Larivière), vereinen in sensibelster Weise die Abstraktion der modernen amerikanischen und europäischen Malerei mit Tendenzen der altchinesischen kalligraphischen Landschaftsmalerei.

Januarius Zick, DIE REMY-FAMILIE, 1776 (Berlin, Archiv für Kunst und Geschichte). Die gepflegte Konversation zum Kaffee, Billardspiel und ein Streichquartett bilden den äußeren Anlaß zu diesem häuslichen Gruppenporträt, bei dem der Maler sichtlich Schwierigkeiten hatte, alle Mitglieder der Großfamilie unterzubringen.

Zeiller, Johann Jakob
* 8. 1. 1708 in Reutte in Tirol, † 8. 7. 1783 in Reutte. Nach ersten Ausbildungen bei seinem Vater und in Rom bei Jakob Frey und Sebastiano Conca, war der Freskenmaler des Spätbarock in Neapel Schüler von Francesco Solimena, der den entscheidendsten Einfluß auf seinen Stil ausübte. Seit 1755 lebte er wieder in Reutte. Seine Hauptwerke sind die Fresken im Kloster Ettal und die Fresken und das Hochaltarbild der Benediktinerstiftskirche Ottobeuren. Erweiterung des Raumes ins Unbegrenzte und Verzicht auf Architekturelemente und eine monotone Farbgebung sind seine Stilmerkmale.

Shibata Zeshin, GEISHAS, 19. Jh., Höhe: 121 (New York, Metropolitan Museum of Art). Das Detail von einem sechsteiligen Wandschirm zeigt Geisha-Schülerinnen beim Teetrinken. Wandschirme wurden in Japan von den bedeutendsten Künstlern bemalt: Ein zur inneren Sammlung anregender Mittelpunkt des sparsam ausgestatteten japanischen Wohnraums.

Zeitblom, Bartholomäus
* 1455/60 in Nördlingen, † 1518/22 in Ulm. Z. ist der Hauptvertreter der Ulmer Malerei an der Wende der Spätgotik zur Renaissance. Zunächst hatte er in Nördlingen, dann in Ulm eine Werkstatt übernommen. Seine Hauptwerke sind der KILCHBERGER, der ESCHACHER (1496 datiert) und der HEERBERGER ALTAR (1497/98 datiert – Stuttgart, Staatsgalerie).

Zeshin, Shibata
* 1807 in Edo (Tokyo), † 1891 in Edo. Zeshin kam schon im Alter von zehn Jahren bei dem Meister Koma Kwansai in die Lehre und wurde Lackmaler. Trotz seiner Erfolge bei Auftraggebern der Oberschicht avancierte er erst ein Jahr vor seinem Tod zum Hofmaler. Einen großen Anteil seines Werks machen die Stell- oder Wandschirme aus, die im sparsam eingerichteten japanischen Haus eine große Rolle spielen. Die Malereien auf Papier haben überwiegend Gesellschaftsszenen zum Thema.

Zeuxis von Herakleia
griechischer Maler, tätig im letzten Drittel des 5. Jh. v. Chr. Der Schüler des Apollodoros von Athen gilt als virtuoser Techniker naturalistischer Darstellung vor allem in der Stillebenkunst – an seinen gemalten Weintrauben sollen Vögel gepickt haben –, als Meister der Licht-Schatten-Modellierung und der psychologischen Erfassung von Mischwesen in der IDYLLE EINER KENTAURENFAMILIE, die Lukian ausführlich beschreibt. Erwähnt wird ferner ein ROSENBEKRÄNZTER EROS, vor 425 und eine sehr berühmte HELENA, die im Auftrag der Krotoniaten gemalt, das absolute Idealbild der weiblichen Schönheit gewesen sein soll. Als wichtiger Neuerer der Nachklassik begründete Zeuxis die Illusionsmalerei und schuf damit ganz wesentliche Voraussetzungen für die gesamte hellenistische Malkunst.

Johann Baptist Zimmermann, DAS REICH DER NYMPHE FLORA, *1756/57 (München, Schloß Nymphenburg). In den Städtischen Kunstsammlungen Augsburgs findet sich der Entwurf dieses Deckenfreskos aus dem „Steinernen Saal" des Wittelsbachischen Sommerschlosses. Das Spätwerk zeigt den Stukkateur und Freskanten auf der Höhe seines unbefangenen und farbdichten Erzählstils.*

Mac Zimmermann, A LOT COMES FROM DREAMING, *1971 (Regensburg, Ostdeutsche Galerie). Pastellfarbene weibliche Wesen – halb Feen, halb Schaufensterpuppen – geben sich zum Sphärenballett ein traumwandlerisch-schwereloses Stelldichein. Kostümfigurinen und anatomische Fragmente werden assoziativ zueinander gruppiert und ergeben ein rätselvolles Phantasiegebilde.*

Zick, Januarius
* 6. 2. 1730 in München, † 14. 11. 1797 in Koblenz-Ehrenbreitstein. Schüler seines Vaters Johann Zick und Maurergeselle in Schussenried. 1749 Übersiedlung nach Würzburg, Freskierung des Gartensaales der fürstbischöflichen Residenz durch Johann Zick. 1750 Tafelbild BENEDIKTWUNDER (Koblenz, Mittelrheinmuseum), 1755 TANZ UND STREIT VOR DER SCHENKE (Stuttgart, Staatsgalerie). 1778–80 Fresken im Schloß Wiblingen bei Ulm. In der Auffassung seiner Genremalerei von Rembrandt herkommend, findet seine Tafelmalerei in einer zartfarbigen, reizvollen schwebenden Malerei ihren persönlichen Ausdruck. Dagegen wird in der Freskenmalerei eine Entwicklung vom Rokoko zum Klassizismus gesehen.

Zimmermann, Johann Baptist
* 3. 1. 1680 in Gaispoint bei Wessobrunn, † 2. 3. 1758 (begraben) in München. Der hervorragende Stukkateur, Fresko- und Altarblattmaler des süddeutschen Rokoko stammt aus einer berühmten Wessobrunner Stukkateurschule, aus der viele namhafte Barockkünstler hervorgingen. Nach einer Lehre in Augsburg war Z. zunächst nur als Stukkateur tätig, erst um 1720 begann er mit der Freskomalerei. Zu seinen ersten Höhepunkten zählt man die Deckenfresken in den Kirchen von Dießen und von Steinhausen, die beide sein Bruder, der Architekt Dominikus Zimmermann erbaut hatte. Schon sehr früh zeigen sich hier Stilelemente des Rokoko. Er verzichtet auf den geschlossenen illusionistischen Architekturraum und setzt seine Figuren in einen offenen Freiraum, wodurch sie schwerelos zu schweben scheinen. Er bevorzugt lichte, helle Farben. Zwei seiner Meisterwerke aus der Spätzeit sind die Fresken in der Wallfahrtskirche Wies bei Füssen und die Deckengemälde im Großen Saal des Nymphenburger Schlosses.

Zimmermann, Mac
(eigtl. Max)
* 28. 12. 1912 in Stettin. Maler und Graphiker, wichtiger Vertreter des deutschen Surrealismus. Im wesentlichen bildete er sich autodidaktisch weiter. 1934 war er in Hamburg als Bühnenbildner, Pressezeichner und Lehrer an einer privaten Zeichenschule tätig. 1938 geht er nach Berlin, wo ab 1940 seine ersten phantastischen Bilder und Zeichnungen entstehen, die von der → Pittura metafisica, später auch von Yves Tanguy und Salvador Dalí beeinflußt sind: Menschliche Torsi in visionären, gespenstischen Landschaften – z. B. in VERSUCHUNG DES HL. ANTONIUS, 1940 (Düsseldorf, Dr. Gerd Bruhn) –, die dann staffagehafte, schemenhafte, linear betonte Gruppen in indifferenten Räumen bilden und farbig subtil differenziert sind. 1949 übersiedelte er nach München. 1959 ist er auf der „documenta II" in Kassel vertreten, 1963 erhält er eine Professur an der Münchener Akademie, 1965 beteiligt er sich an der internationalen Surrealistenausstellung in Paris, 1972 an der großen Surrealistenausstellung in Paris und München.

Zoffany, Johann Joseph Edler von
(auch Zauffely)
* 15. 3. 1733 in Frankfurt a. Main, † 11. 11. 1810 in Strand-on-the-Green bei Kew, London. Der Porträtmaler kam 1761 nach England, wo er das Schauspielerbildnis einführte. Berühmt wurde er auch durch seine Theaterbilder und seine „Conversation Pieces", auf denen mehrere Personen im Gespräch gruppiert sind. 1772 malte er DIE MODELL-KLASSE DER ROYAL ACADEMY (Windsor Castle).

Zoppo, Marco Ruggiero
* 1433 in Cento, † 1478 in Venedig. Der oberitalienische Frührenaissancemaler wurde wegen eines Gebrechens „il Zoppo", der Lahme, genannt. Nach einer Ausbildung in Padua, arbeitete er in Bologna und Venedig. Er malte hauptsächlich religiöse Themen, daneben aber auch Porträts. 1471 entstand für die Kirche S. Giovanni Battista in Pesaro ein Altar, von dem Teile in Berlin, Staatliche Museen/Ost, Gemäldegalerie sind.

Zorn, Anders Leonard
* 18. 2. 1860 in Mora, Schweden, † 22. 8. 1920 in Mora. Der Maler, Graphiker und Bildhauer Z. gilt als Hauptmeister des schwedischen → Impressionismus. Nach einer Ausbildung an der Stockholmer Akademie unternahm er Reisen nach Spanien, Portugal, Ungarn, in die Türkei, nach England und Frankreich. Er gelangte sehr schnell zu internationalem Ruhm. Vorwiegend malte er Porträts, so von berühmten Dichtern und Künstlern, schwedische → Genreszenen, z. B. SONNTAGMORGEN (Stockholm, Nationalmuseum), und Freilichtakte mit üppigen Mädchen in schwedischen Landschaften, z. B. das hervorragende Bild IN DEN SCHÄREN: MEERNYMPHE (Oslo, Nationalgalerie).

Zuccari, Federico
(auch Zuccaro, Zuccheri)
* nach 1540 in Sant'Angelo in Vado bei Urbino, † 20. 7. 1609 in Ancona. Bruder von Taddeo Zuccari, bedeutender Maler, Freskant, Zeichner und Kunsttheoretiker, der den Stil seines Bruders und Lehrers in der Art des römischen

Francisco de Zurbarán, DIE JUGEND DER JUNGFRAU MARIA, *um 1660, 73 × 53 (Leningrad, Eremitage). Ähnlich wie Murillo erzählte Zurbarán von seinen Glaubenshelden in einem aufs Liebliche gestimmten Märchenton. Die kindhafte Maria hält ein Stickkissen und eine Handarbeit auf dem Schoß. Auch G. Reni stellte Maria als Mädchen mit Freundinnen beim Nähen dar.*

Francisco de Zurbarán, Die hl. Casilda, *184 × 90 (Madrid, Prado). In Zurbaráns Heiligen manifestiert sich die fast asketische Strenge des spanischen Katholizismus. Die maurische Königstochter Casilda gab den christlichen Sklaven ihres Vaters Brot zu essen, das sich in Blumen verwandelte, als man ihren Ungehorsam ahnden wollte.*

Manierismus weiterentwickelte. Dabei ließ er sich auch von Werken Correggios, Michelangelos, Raffaels, Federico Baroccis, Parmigianinos und der venezianischen Malerei anregen. Zu seinen wichtigsten Leistungen zählt die Mitarbeit an den Fresken mit der Mosesgeschichte im großen Saal des Belvedere im Vatikan, 1561–63, und die Malereien für den Hochaltar der Kirche S. Lorenzo im Escorial, Spanien, 1585–87.

Zurbarán, Francisco de

* 1598 in Fuente de Cantos (Estremadura), † 1664 in Madrid. Zurbarán, der Sohn eines Krämers, ließ sich 1636 in Sevilla nieder. Dort erwuchs ihm bald ein Konkurrent mit gänzlich ähnlichem Stil: Murillo. Dies war einer der maßgeblichen Gründe seiner Übersiedlung nach Madrid im Jahre 1658, wo er bis zu seinem Tode blieb. Zurbaráns bevorzugte Themen waren Einzeldarstellungen Heiliger, Mönche und Szenen aus dem Ordensleben. So schuf er 1628 die Szenen aus dem Leben des hl. Petrus Nolaskus, darunter die Vision des hl. Petrus Nolaskus (Madrid, Prado). In ruhiger Komposition erscheinen die Figuren, im Hintergrund in einer Wolke eine Stadt. Eine mystische Tendenz ist immer wieder in seinen Werken spürbar. Die Figuren seiner Mönchsporträts erscheinen erhaben, streng, würdevoll, fast wie Statuen. Blau, Braun, Schwarz, fahles Weiß sind häufig. Kleidung und Gesichter wirken wie gemeißelt, ein Eindruck, der aus der stark kontrastiven Verwendung von Hell und Dunkel entsteht. Eine schweigsame Welt wie die verinnerlichte seiner religiösen Bilder, bot sich Zurbarán auch in dem Stilleben. In scharfem Schlaglicht leuchten kräftige Farben vor dunklem Hintergrund auf – der Einfluß Caravaggios ist zu spüren. Anfang der 50er Jahre verliert sein Stil etwas von der asketischen Strenge. Die Farben werden diffuser, die Zeichnung weicher. Dies zeigt sich in Werken wie Christus sucht nach der Geisselung seine Kleider, 1661 (Jadraque, Pfarrkirche), seinem letzten Bild. Zurbaráns Einfluß wirkte besonders auf die moderne Kunst, so den Kubismus und den Surrealismus.

Begriffslexikon der Malerei

Benutzungshinweis zum Begriffslexikon

Die alphabetische Systematik folgt der des Künstlerlexikons, ebenso die Behandlung der Namen und Bildtitel. Das Begriffslexikon enthält lediglich Verweise auf weiterführende Begriffe. Im einzelnen sind im Begriffslexikon folgende Stichwörter aufgenommen: Notnamen, Künstlergruppen, Bildgattungen, Bildformate, Maltechniken, Stil- und Epochenbegriffe sowie gängige Fachausrücke.

A

Abendmahl
Abendmahlsdarstellungen gibt es in der christlichen Kunst seit dem 6. Jh. (Mosaik in San Apollinare Nuovo in Ravenna, → Rossano-Codex). Stets ist Christus mit seinen Jüngern an der gedeckten Tafel sitzend dargestellt. Dabei versteht sich diese Szene entweder als Bildsymbol der rituellen Kommunionspendung – so vor allem im christlichen Osten – oder als die Wiedergabe der historischen Begebenheit am Vorabend der Passion Christi. Um die geschichtliche Seite noch stärker zu betonen, wird seit dem 9. Jh. meist auch die Ankündigung des Verrates durch Judas ins Bildgeschehen einbezogen. Die byzantinische Kunst richtet sich dabei nach dem Text des Matthäusevangeliums: Judas greift in die Schüssel, die abendländische Kunst nach dem Johannestext: Christus reicht dem Verräter den Bissen. Im Mittelpunkt der Tischgesellschaft sitzt Jesus, an ihn gelehnt sein Lieblingsjünger Johannes. Judas ist durch seine isolierte Plazierung und/oder ein gelbes Gewand gekennzeichnet. Das Thema wird als Wandmalerei seit dem 14. Jh. in den Refektorien italienischer, speziell toskanischer Klöster monumentalisiert, seinen Höhepunkt erreicht es in dem berühmten ABENDMAHL Leonardo da Vincis, das 1495–97 für das Refektorium von S. Maria delle Grazie in Mailand entstand.

ABSTRAKTE MALEREI: *Wassily Kandinsky,* DAS ERSTE ABSTRAKTE AQUARELL, *1910, 50 × 65 (Paris, Musée National d'Art Moderne, Slg. Nina Kandinsky). Die abstrakte Malerei hat zwei Richtungen: eine geometrisch-konstruktive, eine expressiv-spontane. Dieses von der neueren Forschung etwas später datierte Aquarell zählt zu den Vorläufern des abstrakten Expressionismus.*

Absolute Malerei
Bezeichnung für eine ungegenständliche, von allen inhaltlichen Bezügen gelöste Variante der → abstrakten Malerei. Bereits um 1900 definierte → Adolf Hoelzel: „Absolute Kunst ist jene, in der die Kräfte der künstlerischen Mittel am wenigsten beeinflußt zur Geltung kommen." So konnte der Begriff auch als gleichbedeutend mit „abstrakt" verwendet werden, da die Konzentration auf die rein künstlerisch-ästhetischen Mittel von Farbe und Form durch keine gegenständlich-inhaltliche Darstellungsfunktion relativiert sei. Auch → Kandinsky gebraucht 1913 diese Gleichsetzung, obwohl er von der emotionalen Ausdrucksmöglichkeit von Farbe und Form überzeugt war. Der Begriff, der letzten Endes nicht von der abstrakten Malerei zu sondern ist, wird häufig auch synonym gebraucht für „konkret" (→ Konkrete Malerei, De Stijl).

ABSTRAKTE MALEREI: *Piet Mondrian,* OHNE TITEL, *1927, Öl auf Leinwand (Hannover, Kunstmuseum, Slg. Sprengel). Mondrian, einer der wichtigsten Vertreter einer geometrischen Abstraktion, versuchte, aus der Anwendung farbiger und formaler Elementarkontraste zu einer rein ästhetischen Harmonie als Sinnbild kosmisch-universeller Harmonie zu gelangen. Dieser transzendierende Faktor machte seine Bilder zu „Ikonen" des 20. Jh.*

Abstraction-Création
Künstlervereinigung, die 1931 von → Theo van Doesburg, Naum Gabo, Antoine Pevsner, → Auguste Herbin,

→ Georges Vantongerloo und anderen Künstlern der verschiedensten abstrakten Richtungen in Paris gebildet wurde und die ungegenständliche Kunst durch gemeinsame Ausstellungen fördern wollte. Als Vorgängerin dieser bis 1936 existierenden Vereinigung kann die Gruppe → Cercle et Carré gelten. Stilistisch herrschten in ihr geometrisierende abstrakte Strömungen wie → Neoplastizismus und → Konstruktivismus vor. Ihre Prinzipien wurden 1946 vom → Salon des Réalités Nouvelles fortgesetzt.

ABSTRAKTER EXPRESSIONISMUS: *Jackson Pollock,* KOMET, *1947, 94 × 46 (Ludwigshafen, Wilhelm-Hack-Museum). „Ich arbeite nicht nach Zeichnungen oder Farbskizzen. Meine Malerei ist direkt. Die Methode der Malerei entspricht dem natürlichen Wachstum aus einer Notwendigkeit heraus. Ich möchte meine Gefühle eher ausdrücken als sie illustrieren."*

Abstrakte Malerei

Vom lat. Wortsinn her meint „abstrakt" jene Gestaltung, die von den zufälligen Besonderheiten des Naturvorbildes auf das Wesentliche abzielt. In diesem Sinne ist jedes Kunstwerk abstrakt, das seine mehr oder weniger realitätsabbildende äußere Gestalt zu einem tieferliegenden Gehalt zu transzendieren sucht. Im spezifischen Wortsinn meint der Begriff eine „ungegenständliche Malerei", d. h. eine Kunst, die den Bezug zur sinnlich-konkreten Erscheinungsweise der Realität aufgibt und die Imitation des Naturvorbildes verläßt, um im reinen Hantieren mit den der Malerei wesenseigenen Mitteln zur Schaffung autonomer künstlich-künstlerischer Gebilde zu gelangen. Somit verzichtet abstrakte Malerei auf die Spannung von Naturform und Kunstform und operiert konkret und

absolut nur mit den Mitteln Form, Farbe und Linie, weshalb sich auch die Bezeichnungen → Konkrete Malerei und → Absolute Malerei finden. Michel Seuphor, ein Wegbereiter der abstrakten Malerei, formulierte es so: „Ich nenne jede Kunst abstrakt, die keine Erinnerung, keinerlei Hinweis auf die sichtbare Wirklichkeit hervorruft, ob diese Wirklichkeit für den Künstler Ausgangspunkt war oder nicht. Jede Kunst, die man berechtigterweise nur nach dem Gesichtspunkt der Harmonie der Komposition, der Ordnung – oder der Disharmonie, der Dekomposition, der willkürlichen Unordnung – zu beurteilen hat, ist abstrakt." Diese Definition erklärt, warum als „abstrakt" auch Teilbereiche älterer Kunst (ostasiatische Kalligraphie, dekorativ-ornamentale Aspekte in der Buch- oder Ikonenmalerei u. ä.) bezeichnet werden können. Solche Abstrahierungsvorgänge schließen wie die der modernen Kunst die inhaltlich-symbolische Komponente als „Abbildung" einer übersinnlichen „Wirklichkeit" nicht aus. Die Definition erfaßt aber nicht jene Bereiche der modernen Kunst, wo sich, etwa in der → Collage, Dingzeichen in ungegenständlichem Ambiente finden, oder wo sich, häufig etwa im → Informel, abstrakte Gebilde zu Gegenstandsassoziationen verdichten. Aus dem auch von der modernen Naturwissenschaft erschütterten Glauben an die „Wirklichkeit" des Sichtbaren heraus gelangten viele Strömungen der Malerei des 20. Jh. zur Verabsolutierung des Ungegenständlichen. Vorbereitet wurde die Entwicklung durch den → Impressionismus, → Neoimpressionismus, die Malerei der → Nabis, den → Jugendstil, den → Fauvismus, → Kubismus und → Expressionismus, d. h. jene Strömungen, in denen sich zumindest teilweise die Elementarien von Form und Farbe zu verselbständigen beginnen. Wer den Schritt zur reinen Abstraktion als erster vollzog, steht nicht fest. Beziehungen von Malerei und Musik spielten dabei jedenfalls eine große Rolle. In diesem Sinne schuf Mykolas Čiurlionis 1907 abstrakte Symbolbilder, 1909 malte → Francis Picabia das abstrakte Bild CAOUTCHOUC (Paris, Musée National d'Art Moderne), und 1910 schuf → Wassily Kandinsky sein erstes abstraktes Aquarell. Auch er betonte die Analogie von abstrakter Malerei und Musik, ebenso wie der in Paris arbeitende → Frank Kupka. Kandinsky systematisierte die Abstraktion und fand zunächst in Rußland Widerhall, wo es zur Entwicklung des → Rayonismus und des → Suprematismus kam –

ABSTRAKTE MALEREI: *Fernand Léger,* FARBIGE KONSTRUKTION, *1951, 92 × 72 (Ludwigshafen, Wilhelm-Hack-Museum).*

Tendenzen, die in den → Konstruktivismus einmündeten. Die geometrisch-konstruktive Komponente der abstrakten Malerei kulminierte im → Bauhaus und vor allem im → Neoplastizismus Piet Mondrians und der Gruppe De → Stijl. Die die Farbe und das expressiv Emotionale betonende Komponente der Kunst Kandinskys initiierte andererseits die → Lyrische Abstraktion, den → Abstrakten Expressionismus und ging auch in den → Orphismus ein. In der 1930 in Paris gebildeten Gruppe → Cercle et Carré und in der 1932 konstituierten Gruppe → Abstraction-Création trat die abstrakte Malerei erstmals geschlossen in Erscheinung, ihr Programm wurde 1946 vom → Salon des Réalités Nouvelles weitergeführt. Nach 1945 gewann die Abstraktion zunehmend an Einfluß, so in der → Art brut, dem → Informel, den Gruppen → Dau al Set und → El Paso. Mit dem → Spazialismo, der Gruppe → Zero, der → Groupe de Recherche d'Art Visuel, der Kinetischen Kunst und der → Op-art, dem → Color field painting und der → Neuen Abstraktion bestimmt die abstrakte Malerei einen großen Sektor der Gegenwartskunst.

Abstrakter Expressionismus: In den 40er Jahren bildete sich in den USA unter dem Einfluß emigrierter → Surrealisten eine Bewegung junger Künstler, für die, ausgehend vom surrealistischen → Automatismus, der Malprozeß selber als unmittelbarer Ausdruck, als spontane Freisetzung aus dem Unterbewußtsein kommender Empfindungen und Energien wichtig wurde. Führend war → Jackson Pollock, der das → Action-painting und das → Dripping entwickelte. Weitere wichtige Vertreter sind → Hans Hofmann, → Arshile Gorky, → Willem de Kooning, → Philip Guston, → Robert Motherwell, → Franz Kline, → Mark Rothko. Verwandte Tendenzen verfolgte in Europa der → Tachismus.

Académie Julian
Eine der bedeutendsten privaten Akademien des 19. und 20. Jh., die 1860 in Paris gegründet wurde, und an der so bekannte Künstler wie → Henri Matisse, → André Derain, → Fernand Léger, → Marcel Duchamp u. a. studierten. Der Erfolg dieser Kunstschule basierte auf ihrer behutsamen Anregung und Leitung anstatt eines strengen Reglements.

Académie Ranson
Neben der → Académie Julian die wohl wichtigste private Kunstschule Frankreichs, die 1908 in Paris gegründet wurde. Im Gegensatz zu den offiziellen → Akademien mit ihrem traditionsverhafteten Lehrprogramm und ihrer Themenhierarchie – z. B. Historienbild als höchste Aufgabe –, wie sie im 19. Jh. gepflegt wurden, zeichnete sie sich durch unkonventionelle Haltung aus.

Acheiropoieta, griechisch: „nicht von (Menschen-)Hand gemachte" Bildnisse, bes. Christi, die zu feststehenden → Ikonentypen werden, z. B. Bild von → Edessa, Schweißtuch der Veronika.

Acrylfarben: Kunstharz-Dispersions-Künstlerfarben, die seit 1954 hergestellt werden und sich gegenüber den herkömmlichen Öl-, Tempera- und Aquarellfarben durch größere Licht- und Witterungsbeständigkeit, Flexibilität und Adhäsionsbereitschaft auszeichnen. Sie erfordern außerdem eine weniger sorgfältige und umständliche Handhabung.

Action-painting
Aus der vom → Surrealismus kommenden automatischen Übertragung des Unbewußten auf die Leinwand über den → Abstrakten Expressionismus entwickelte → Jackson Pollock die „Aktionsmalerei", die auch von anderen übernommen und praktiziert wurde. Der Malvorgang selbst wurde das Wichtigste, ein Ritual. Beim

AFRIKANISCHE MALEREI: *Jinadu Oladepu,* YORUBA-MYTHOLOGIE *VI, 61 × 76 (Privatbesitz). Der Maler gehört zu der über Afrika hinaus bekannt gewordenen Künstlergruppe von Oshogbo in West-Nigeria. Die aus acht Bildern bestehende Reihe beschwört alte mythische Vorstellungen des Yoruba-Volkes, dem Oladepu entstammt.*

ADA-HANDSCHRIFT: *Der Evangelist Markus. Hofschule Karls des Großen, um 800 (Trier, Stadtbibliothek, Cod. 22). Das Evangeliar der Äbtissin Ada gab der sog. Ada-Gruppe den Namen, zu der auch das Godescalc-Evangeliar, 781–83 (Paris, lat. 1203), und der Dagulf-Psalter, 783–95 (Wien, Cod. 1861), gehören.*

→ Dripping wurde die oft unpräparierte und meist großformatige Leinwand aus durchlöcherten Büchsen impulsiv mit Farben beträufelt, oder die Leinwand wurde einfach mit Farbe beworfen. Unter Ausschaltung jeglicher rationaler Kontrolle entstanden rhythmische Muster und Linien, die Energien des innersten Selbst ausdrücken sollten.

Ada-Handschrift
Karolingisches Evangeliar aus St. Maximin, Trier, um 800. Benannt nach der Stifterin Äbtissin Ada, die nach späterer Überlieferung eine Schwester Karls des Großen gewesen sein soll. Die Handschrift ist Hauptbeispiel der sog. Ada-Gruppe, karolingischer Prunkhandschriften, die in engster Beziehung zum Aachener Hof wahrscheinlich in Trier verfaßt wurden.

Adorant: Anbetend kniende Gestalt zu Füßen Christi oder Mariens. In der mittelalterlichen Kunst wichtig als Frühform des Porträts (→ Stifterbildnis, Bildnis).

Aeropittura
Reduzierung des → Futurismus auf ein einziges Thema: die ästhetisch-kinetische Sensation des Flugerlebnisses. Dieses Programm entwickelte Filippo Tommaso Marinetti, der bereits den Futurismus initiiert hatte, mit dem Manifest „L'aeropittura" von 1929. Ein Hauptvertreter war → Giacomo Balla. Die dem Faschismus nahestehende und den Krieg verherrlichende Strömung endete 1944.

Afrikanische Malerei
Die Kunst der afrikanischen Völker, die zunächst nur Gegenstand der ethnologischen Forschung war, wurde von der Avantgarde des frühen 20. Jh., Kubisten und Expressionisten, als Anregung entdeckt und begann dann auch die Kunstwissenschaft zu interessieren. Besondere Bedeutung kommt den Felsbildern zu. Ihre Hauptverbreitungsgebiete sind die Sahara, wo bisher über dreißigtausend Beispiele gezählt wurden, und Südafrika. Sie finden sich aber auch in Äthiopien, Tansania und der Zentralafrikanischen Republik. Aufgrund stilistischer, technischer und inhaltlicher Kriterien wurde versucht, die Gravierungen und Malereien zeitlich einzuordnen. In der Sahara, wo die ältesten Felsbilder heute in dieser Gegend ausgestorbene oder nach Süden verdrängte Tierarten darstellen und in das Spätpaläolithikum (um 5000 v. Chr.) reichen, unterscheidet man mehrere Perioden. Für die Bubalus-Periode, die nach dem häufig dargestellten Büffel Bubalus antiquus benannt ist, sind Umrißgravierungen von Großwild typisch, wobei die im Detail oft genau beobachtete Einzeldarstellung bevorzugt wird. Die Konturen sind eingeschliffen oder punziert. In der Phase der „Rundkopf-Menschen" (auch nach dem Fundort Sefar im Tassili benannt) werden die Gravierungen lebendiger, und die Malerei tritt in den Vordergrund. Die Figuren, hauptsächlich Antilopen und Mufflons, während der Bubalus nicht mehr erscheint, sind kleiner und in Friesen zu Gruppen zusammengefaßt. Maskierte Tänzer oder Menschen mit Tierköpfen verweisen auf magische Vorstellungen. Die Jäger sind mit Keulen, Äxten und Bogen bewaffnet. In der Hirten- oder Rinder-Periode, die auch nach dem Fundort Jabbaren benannt wird, tritt neben die wilden Tiere das Hausrind. Der Stil ist weniger naturalistisch, die Details werden vernachlässigt, die Figurengröße nimmt weiter ab (60 und 120 cm). Die Pferde-Periode, in der das Pferd sowie neue Waffen, Speere und Rundschilde erscheinen, kennzeichnet eine kleinfigurig-abstrahierende Darstellungsweise mit weitgehend gleichbleibender, konventioneller Technik. In der Kamel-Periode schließlich wird der Stil schematisch und die Ausführung grob. Einfache lineare Formen setzen sich durch bei weiterer Reduzierung der Dimensionen (etwa 15–20 cm). Zum Speer kommt das Schwert und schließlich die Feuerwaffe. Die Felsbilder verraten uns viel über das Leben der Menschen, die sie geschaffen haben, ja sie sind das überragende Zeugnis der Sahara-Zivilisation. Wir erhalten historische Aufschlüsse über den Wandel von Fauna und Flora – und damit indirekt über die zunehmende Austrocknung der Sahara –, über Lebens- und Wirtschaftsformen. Es sind Bildzeugnisse aus der Welt des frühen Jägertums, mit Jagdszenen, die sowohl realistisch als auch magisch sein können, vom Übergang zur Tierdomestikation und zum Ackerbau, von Alltagsszenen aus dem Leben der Menschen, die bei Tätigkeiten aller Art dargestellt werden.
Das Alter der Felsmalereien Südafrikas, die als Buschmannkunst bezeichnet werden, ist weniger gesichert

AFRIKANISCHE MALEREI: *Stoffmalerei aus dem Sudan, 180×90 (Paris, Musée des Arts Africains et Océaniens). Das Figurenornament erinnert an manche Chiffren der modernen Malerei. Aber es ist nicht Ergebnis subjektiver Gestaltungsfreiheit, sondern einer korrektiven Stilisierungskonvention, deren Zeichen für den Eingeweihten ablesbar sind und magische Realität besitzen.*

und umstritten. Der Art und dem dargestellten Leben nach gehören sie der jüngeren Steinzeit an, wobei die Lebensweise der Buschmänner bis in unsere Zeit dieser Stufe entsprach. Die Felsbildmalerei scheint noch im vergangenen Jahrhundert bei ihnen ausgeübt worden zu sein. Es lassen sich zwei geographisch getrennte Hauptstilrichtungen unterscheiden: eine polychrome im Süden, die in einer naturalistischen, freilich oft nüchternen und steifen Weise Jagden und Kämpfe, Tänze, Prozessionen und Versammlungen darstellt, und eine monochrome, im Strich lebendigere im Norden. Bemerkenswert ist hier die Einbeziehung von Landschaftselementen. Ihren Höhepunkt erreichte die Buschmannkunst jedoch in der Vielfarbentechnik, etwa den berühmten Brandberg-Malereien, die um 1500 n. Chr. datiert werden. Zur Funktion der Felsbilder haben wir die Aussage der Buschmänner selbst, daß sie den Alten dazu dienten, die Weltanschauung ihres Volkes zu erklären. Wir dürfen an initiatorische Belehrung denken, gerade weil so viele Darstellungen für uns zwar als mythische oder rituelle „Zeichen" erkennbar sind, aber nichts „erzählen". Die Übereinstimmungen zwischen den Felsbildern Südafrikas, der Sahara und den spanischen sind zu genereller Art, als daß sie die These von einer Übernahme oder Beeinflussung rechtfertigen könnten.

Die meist rituellen Zwecken dienende Körperbemalung ist wie bei anderen Naturvölkern auch in Afrika wohl die älteste Aufgabe der Malerei. In enger Beziehung dazu steht die Bemalung von Masken und Skulpturen. Die Wandmalerei an Kultgebäuden, Palästen, Häusern und Gräbern besitzt bei vielen Stämmen eine weit zurückreichende Tradition. Seit dem Ende der kolonialen Ära wächst die Zahl afrikanischer Maler, die sich nicht mit der Produktion exotischer Massenware für Touristen begnügen und andererseits ihre Identität gegen den Ansturm fremder Einflüsse bewahren wollen, indem sie in einer von den traditionellen Funktionen losgelösten Kunst doch die angestammte Formensprache am Leben zu erhalten suchen.

A guazzo (italienisch: „im Nassen") 1. Deckende Wasserfarbenmalerei, → Gouache. 2. Mit Wasser vermalte, magere Tempera, die meist ohne → Grundierung auf Papier oder feines Gewebe („Tüchlein") aufgetragen und nicht gefirnißt wird. Häufig auch zur → Grisaille-Untermalung von Ölbildern und → al secco in der Wandmalerei angewandt.

Ägyptische Malerei

Der absolute Realitätswert des Bildes im jenseitigen Dasein verleiht der Malerei im Alten Ägypten eine Sonderstellung von außerordentlicher Bedeutung. Im Grab ist jeder dargestellte Gegenstand, ob Gerät, Schmuck, Kleidung, Würdezeichen oder jegliche Art von Lebensmitteln für den Besitzer benutzbar bzw. genießbar, jede dargestellte Aktion, ob handwerkliche und bäuerliche Arbeit, Musik und Tanz oder die Darbringung von Gaben zur Sicherung der jenseitigen Existenz des Grabherrn und seines Wohlergehens voll wirksam. Aus dieser religiösen Haltung heraus erklären sich zwei signifikante Charakteristika der Darstellungsweise: 1. Um die Funktionsfähigkeit von Gegenständen und Gestalten zu gewährleisten, müssen sie „realistisch" in ihrer Wesensart wiedergegeben werden, der Zufälligkeit von Ansicht und Bewegung entzogen, von möglicherweise mißverständlichen Verkürzungen freigehalten werden. Um jede Fehldeutung vollends auszuschließen, wird das Bild darüber hinaus grundsätzlich beschriftet, sein Wesen und sein Zweck damit zusätzlich dokumentiert. 2. Zwangsläufig richten sich auch alle technischen Bemühungen des Künstlers darauf aus, dem Bild eine größtmögliche Haltbarkeit – „für ewige Zeiten" – zu garantieren. Ein Beispiel dafür sind die Darstellungen aus dem Grab des Neferma'at in Meidûm, 4. Dynastie (Kairo, Ägypt. Museum), die mit farbigen Pasten in den ausgeschnittenen Stein eingelegt sind – Bilder, die nicht „weggewischt" werden können, wie sich der ausführende Künstler selber rühmt. Allerdings bewährte sich diese Technik nicht, da die Pasten zu leicht vom Untergrund abbröckelten, sie wurde folglich sofort wieder aufgegeben. In den Gräbern der Wohlhabenden zumeist und in den Heiligtümern immer verband sich deshalb die Malerei mit dem Relief in erhabener oder versenkter Ausführung. Es ist deshalb bei der Betrachtung der altägyptischen

AFRIKANISCHE MALEREI: *Kifwebe-Maske der Basonge in Zaire, Höhe 57 (Tervuren/Belgien, Musée Royal de l'Afrique Centrale). Die Bemalung betont die kubische Formzergliederung und steigert das Zoomorph-Dämonische der Maske. Werke dieser Art waren eine wichtige Anregung für die Formensprache des Kubismus.*

ÄGYPTISCHE MALEREI: *Aus dem Grab des Nefer am Unas-Aufweg in Sakkara (Ende 5. Dyn. um 2340 v. Chr.) stammen die bemalten Reliefs mit Szenen aus Landwirtschaft und Handwerk. Die geernteten Papyrusbündel werden für den Bootsbau gebraucht. Der Hirte darunter bringt seine Herde durch das seichte Wasser von der Weide nach Hause.*

Ägyptische Malerei: *Der Ausschnitt aus einem Totenpapyrus um 1300 v. Chr. zeigt die Mumie des Verstorbenen vor seinem pyramidenbekrönten Grab. Der schakalköpfige Nektropolengott Anubis hält sie schützend aufrecht, während ein Priester vor ihr räuchert und die Söhne die Zeremonie der Mundöffnung vollziehen.*

Kunst unzulässig, die beiden Techniken zu trennen, das Relief dient lediglich der Haltbarkeit des Bildes und trägt wesentlich zur Verdeutlichung und Verlebendigung der Malerei bei.
Schon aus diesen grundsätzlichen Feststellungen ergibt sich einleuchtend das Phänomen der eindrucksvollen Kontinuität ägyptischer Kunst über 3000 Jahre hinweg sowie die Tatsache, daß von „künstlerischer Freiheit" im neuzeitlich-abendländischen Sinn die Rede kaum sein kann. Dennoch gibt es auch in diesem geschlossenen Kulturkreis starke Schwankungen der Qualität und sehr bezeichnende Stiländerungen, die freilich dem ungeschulten Auge eine eindeutige Datierung nicht immer leicht machen.
VORZEIT (bis etwa 3000 v. Chr.): Die prähistorischen Felsbilder Oberägyptens und Nubiens des 6. und 5. Jahrtausends v. Chr. sind nur sehr fragmentarisch erhalten, stehen je-

Ägyptische Malerei: *In der Zeit Amenophis III.–Echnaton um 1365 v. Chr. ließen sich die beiden Bildhauer Nebamun und Ipuki ein gemeinsames Grab am Chôcha-Hügel der thebanischen Totenstadt anlegen. Neben der üblichen Versorgung der Mumie mit Wasser und Blumen wirkt die Klage von Nebamuns Witwe erschütternd.*

doch in Zusammenhang mit der älteren Kunst der allmählich austrocknenden Sahara (→ Afrikanische Malerei), deren Bevölkerung teilweise ins Niltal umsiedelte. Die Tendenz, Formen der Umwelt auf das Wesentliche, ja Zeichenhafte zu reduzieren, setzt sich auf den braunrot polierten Keramikgefäßen der sog. Negade-I-Kultur (1. H. 4. Jt. v. Chr.) in weißer Bemalung oder Ritztechnik fort und führt auf den hellgrundigen, braun bemalten Töpfereien der Negade-II-Zeit gegen Ende des 4. Jt. v. Chr. zu oft lebhaften Szenerien, die schon erste Anklänge ägyptischen Formdenkens andeuten. Darstellungen von Kulttänzen, Jagd- und Kampfbilder sowie Schiffe werden in lockerer, aber schon recht sicherer Strichzeichnung auf dem Gefäßkörper verteilt.

FRÜHZEIT (1.–2. Dynastie, um 3000 bis 2700 v. Chr.). Trotz des dürftigen Bestands an erhaltenen Denkmälern lassen die verputzten Schlammziegelwände der Königsgräber in Abydos wie der Beamtenbestattungen in Sakkara kräftigfarbige Dekorationsmuster erkennen, wie sie wohl auch die Paläste der Lebenden geschmückt haben dürften.

DAS ALTE REICH (um 2700–2150 v. Chr.). Seit dem Beginn der 3. Dynastie mit König Djoser steht die ägyptische Kunst einigermaßen überraschend in allen wesentlichen Formelementen voll entwickelt vor uns. Die Malerei – in ihren hochrangigen Beispielen überwiegend auf Reliefgrund – hat bereits jene, für Ägypten so typische Präzision erreicht, die notwendige Detailtreue mit knappster Form verbindet. Neben den reliefierten Holztafeln aus dem Grab des Hesire, deren Bemalung verloren ist, gelten die berühmten „Gänse von Meidûm" aus dem Grab der Atet (Kairo, Ägypt. Museum) als Musterbeispiele der Strenge zur Zeit der 3. und 4. Dynastie. Sehr viel lebhafter und ausführlicher werden die Schilderungen vom Wirken des Gottes Rê in den Sonnenheiligtümern der 5. Dynastie sowie die geradezu zyklischen Darstellungen aller Aspekte des täglichen Lebens und der Natur des Nillandes in den vielräumigen Mastaba-Gräbern der hohen Beamten. So werden in den aufwendigen Anlagen des Ti und des Ptahotep in bemaltem Relief, rein malerisch in den Gräbern des Neferseschemptah oder des Sechentiu zu Sakkara neben der obligaten Darstellung des Grabherrn vor dem Opfertisch die Tätigkeiten in Landwirtschaft und Viehzucht, Vogeljagd und Fischfang, aus sämtlichen Handwerksberufen sowie im Papyrusdickicht mit fast enzyklopädischer Sorgfalt festgehalten. Mit dem allgemeinen Nachlassen künstlerischer Qualität im Verlauf der 6. Dynastie gewinnt die reine Malerei zunehmend an Bedeutung, ihre Flüchtigkeit bedeutet jedoch nicht nur Verfall, sondern auch Gewinn an Individualität.

Das Machtzentrum Memphis muß nun und besonders während der Wirren der ERSTEN ZWISCHENZEIT (2150 bis 2040 v. Chr.) auch künstlerisch seine Vorrangstellung an die Provinz abtreten. Die oft mißproportionierten und expressiv übersteigerten Formen dieser Zeit werden im MITTLEREN REICH (2050 bis 1650 v. Chr.) wieder durch große Strenge und nahezu akademische Anlehnung an die „klassischen" Vorbilder der 4. und 5. Dynastie ersetzt, doch bleibt im privaten Bereich eine Neigung zu skurriler Physiognomie erhalten. Auch neue Bildthemen wie die Ringergruppen in Beni Hasan und neue Aufgaben wie die Bemalung der Holzsarkophage bereichern die Spannweite der darstellenden Kunst, die in klarer, oft kühler und pastellartiger Farbigkeit sauber komponierte Bildfelder und -friese schafft. Die ZWEITE ZWISCHENZEIT (1650–1580 v. Chr.) bringt als Epoche der Fremdherrschaft zwar einen künstlerischen Zusammenbruch, jedoch auch eine bislang unbekannte Aufgeschlossenheit gegenüber ausländischen Einflüssen, was sich besonders in der Malerei des NEUEN REICHS (1580–1100 v. Chr.) auswirken sollte. Zwar ist zunächst wieder ein etwas starrer Rückgriff auf überkommene Traditionen merkbar,

Ägyptische Malerei: *Aus dem Grab Tutanchamuns stammt die minitaturhaft bemalte Holztruhe (Kairo, Ägypt. Museum), die den König im Kampf gegen die asiatischen Feinde zeigt – eine rein symbolhafte, unhistorische Darstellung. Bezeichnend ist die Ordnung der ägyptischen Armee gegenüber dem chaotischen Haufen der Feinde.*

Ägyptische Malerei: *Als General Haremhab um 1310 v. Chr. König wurde, gab er seine Grabanlage in Sakkara auf und errichtete eine standesgemäße im Tal der Könige, die freilich unvollendet blieb. Die großfigurigen, kräftigfarbigen Reliefs zeigen den König vor Osiris und anderen Göttern des ägyptischen Pantheons.*

doch löst sich gerade die Malerei der 18. Dynastie rasch aus der Konvention. Werden die Tempel der Reichshauptstadt Theben weiterhin im streng höfischen Stil mit Reliefs ausgestattet, so läßt der brüchige Stein der Nekropole auf der Westseite des Nil fast nur Malereien auf einer dicken Putzschicht zu. In den Königsgräbern dominieren, nun die wie auf Papyrus gemalten Illustrationen aus den „Unterweltsbüchern", während sich in den Privatgräbern – je weniger offiziell, desto freier – in spontanem Pinselduktus lebhaft erzählend der ägyptische Alltag entfaltet. So wird im Grab des Wesirs Rechmirê detailliert von allen Aufgaben seines Amtes berichtet, der Bürgermeister Sennefer gibt sich zeremoniell, die kleinen Beamten Nacht und Menena aber dürfen anekdotische und liebenswert intime Szenen ohne Anspruch auf Allgemeingültigkeit dulden. Die Freiheit des Künstlers darf dennoch nicht überschätzt werden, steht er doch auch zur Zeit der individuellen Kunst unter Echnaton streng im Dienst der Staatsreligion. Nach dem Ende der 18. Dynastie kehrt denn auch wieder ein kühl-restaurativer Akademismus ein, der die Reichskunst der Ramessiden erstarren läßt; nur auf den Ostraka, den Steinscherben, auf denen die Künstler lernten und übten, und in deren eigenen Gräbern zu Deir el Medina bleibt ein Rest unreglementierter Äußerung. Auch die Kunst der DRITTEN ZWISCHENZEIT (1100–750 v. Chr.) und der SPÄTZEIT (750–332 v. Chr.) neigt zu archaisierenden Formen. Zur anschließenden Ptolemäerzeit bleibt die ägyptische Malerei von der → griechischen Malerei meist deutlich getrennt, geht aber gelegentlich eine seltsame Mischung mit ihr ein. Einige ihrer Grundzüge leben jedoch unübersehbar in der Spätantike fort, im → Mumienporträt und in der → koptischen Malerei, und sind bis heute in der → byzantinischen Malerei wirksam.

Akademie

Von der Philosophenschule Platons abgeleitete Bezeichnung für eine wissenschaftliche oder didaktische Institution. Akademien der bildenden Künste entstanden im Italien der Renaissance: 1490 eine Bildhauerakademie in Florenz und 1494 die Accademia Vinciana in Mailand. Als älteste Malerakademie gilt die Accademia del Disegno, die 1563 von Vasari in Florenz gegründet wurde. Verbunden damit war die Loslösung der Maler von den traditionellen → Lukasgilden und die Trennung von Kunst und Handwerk. Die 1577 in Rom eröffnete Accademia di S. Luca wies bereits alle Merkmale der späteren Malerakademien auf: Zusammenschluß anerkannter und Ausbildung junger Künstler, die nach festgelegtem Programm stilistisch und technisch

Akt: Hans Baldung Grien, Die Wetterhexen, *1523, 65 × 45 (Frankfurt, Städel). Im Manierismus wird die Aktdarstellung häufig dämonisiert. Dem dient die posierende Zurschaustellung des Nackten.*

Allegorie: Ktisis, *Fußbodenmosaik in Curium auf Zypern, 5. Jh. n. Chr. Das griechische Wort bedeutung Gründung, Schöpfung, Ordnung. Die weibliche Gestalt hält einen Maßstab in der Länge eines römischen Fußes.*

unterwiesen wurden. In der Barockzeit entstanden dann viele öffentliche und private Akademien. Besonders wichtig war die 1648 in Paris gegründete Académie Royale des Peintres et Sculpteurs, die unter der Leitung von Le Brun die Regeln der höfischen Repräsentationskunst diktierte. Die Schwierigkeit, im 19. und 20. Jh. Künstler auf eine Norm festzulegen, deuten abwertende Begriffe wie „Akademismus" u. ä. an.

Akademiestück
Meist anatomische Studienzeichnung von Akademieschülern nach → Akten oder Gipsmodellen.

Akt
Zunächst Bezeichnung für eine bestimmte Position des menschlichen Körpers, die zu Studienzwecken eingenommen wird, dann für die Studie selber und schließlich für jede Darstellung des nackten menschlichen Körpers. In diesem Sinne gibt es Akte schon seit den Anfängen der Kunst. In der griechischen Kunst erreichte die Wiedergabe des nackten Körpers ihren klassischen Höhepunkt. In der christlichen Kunst wird die Nacktheit nur zugelassen, wenn sie inhaltlich begründet ist (Adam und Eva, Taufe Christi u. ä.) oder in christlich umgedeuteten mythologischen Sujets. So lebt im Putto der Renaissance und des Barock die „heidnische" Nacktheit Amors nach. Mit dem Naturalismus des 15. Jh. werden auch Akte immer wahrheitsgetreuer gestaltet. Als die ersten Akt-Porträts gelten die Figuren Adams und Evas am Genter Altar (Abb. S. 204/205). In der Renaissance, die das antike Körperideal übernimmt und anatomische Studien betreibt, dienen Akte zum einen Proportionsstudien, zum anderen der Bestätigung des Leiblichen als Komponente des Individuums. Im Manierismus ist der Akt häufig Symbol kosmischer Zeugungskraft oder kaum verschleierter sexueller Reiz. Bis dahin meist durch mythologische Themen motiviert, erhält der Akt seit dem 18. Jh. einen gesteigerten Eigenwert. 1756 werden erstmals auch weibliche Aktmodelle in den Akademien zugelassen.

Albani-Psalter
Der aus St. Godehard in Hildesheim stammende → Psalter ist ein Hauptwerk der hochromanischen englischen Buchmalerei. Er entstand zwischen 1119 und 1123 unter Abt Gaufrid im Kloster von St. Albans. Zwei Künstler waren an seiner Ausstattung beteiligt. Er enthält 45 ganzseitige, 13 kleinere Bilder und 209 figürliche → Initialen.

Alla prima
→ Primamalerei

Allegorie
Bildliche Darstellung abstrakter Begriffe, Vorstellungen und gedanklicher Zusammenhänge, die sich vom → Symbol, freilich nicht immer eindeutig, abgrenzt durch die Veranschaulichung klar fixierbarer Bedeutungsgehalte. Diese Veranschaulichung erfolgt meist durch die Umsetzung eines Begriffes in → Personifikationen, in Tierfiguren (der Hase als Allegorie der Feigheit) oder Personifikationen, die zu fiktiven Handlungen zusammentreten (Kampf der Tugenden und Laster). Vielschichtige Allegorien basieren häufig auf literarischen Vorlagen, Metaphorik, Gleichnis, Sprichwort, auf naturwissenschaftlichen, moralischen oder

Akt: Palma il Vecchio, Adam und Eva, *202 × 152 (Braunschweig, Herzog-Anton-Ulrich-Museum). In der Renaissance diente der Akt in erster Linie der anatomisch korrekten Durchbildung des Körperlichen. Besonders deutlich ist dies in den sog. Standakten, während in Bewegungsakten mehr das Moment der Motorik Beachtung fand. Daneben wurde damals auch das Motiv des liegenden weiblichen Körpers bevorzugt.*

Altamerikanische Malerei: CODEX DRESDENSIS, *oberer Teil der Seite 39, 20,4 × 9, frühes 13. Jh. (Dresden, Sächsische Landesbibliothek). Die drei erhaltenen Bilderhandschriften der Maya bestehen aus langen, mit Kalkkreide grundierten Baststoffstreifen, die zu schmalen Leporellos gefalzt wurden, und enthalten kalendarische und rituelle Texte.*

Altamerikanische Malerei: CODEX COSPI *(Bologna, Biblioteca Universitaria). Detail mit dem Sonnengott und dem Gott der Nacht; in ihren Tempeln wohnen Adler und Eule. Die bunten, formelhaften Bilder der mixtekischen Leder-Codices prägten in den Jahrhunderten vor der spanischen Eroberung den Malstil Zentralmexikos.*

musischen Programmen und bedürfen oft der Erläuterung durch eine → Legende. Beispiele der Allegorie finden sich bereits in der Antike. Die Personifikationen der altchristlichen und frühmittelalterlichen Malerei knüpfen daran an. Die hoch- und spätmittelalterliche Allegorik bevorzugt Vergleiche im Rahmen der → Typologie und komplexe moralisierende Bildprogramme, woraus sich später das → Sittenbild entwickeln sollte. Die Renaissance wandte sich im Zuge der Antikenrezeption und der humanistischen Gelehrsamkeit der mythologischen Allegorik verstärkt zu. Den Höhepunkt erlebte die Allegorie im Manierismus und im Barock, wo sie sich mit der pseudowissenschaftlichen Hieroglyphenkunde und dem → Emblem verband und im Herrscherkult zunehmend auf die Symbolik der → Apotheose abzielte. Mit dem 19. Jh. verschwindet die allegorische Darstellungsweise aus der Kunst.

All-over

Eine Malweise, die speziell bei den → Action-paintern üblich war. Die malerische Struktur wurde ziemlich gleichmäßig, fast ornamental über die Bildfläche verteilt (engl. = alles bedeckend). Häufig wurde auch eine monochrome Farbgebung angewandt. Der Farbauftrag erfolgte nicht nur mit dem Pinsel, sondern auch durch → Dripping.

Altamerikanische Malerei

Die vorkolumbischen Hochkulturen Mittel- und Südamerikas, die sich seit Jahrtausenden von der Alten Welt abgeschlossen entwickelt hatten, sind mit der spanischen Eroberung erloschen. Das Klima und der Mensch haben die Zeugnisse der Malerei größtenteils vernichtet, doch läßt das, was die archäologischen Forschungen seit der Jahrhundertwende ans Licht brachten, ihre Eigenart und Bedeutung ermessen. Die Kunst Altamerikas stand weitgehend im Dienst des Götter- und Totenkults. Die religiösen Vorstellungen und die Konvention der Riten bestimmten die Inhalte und den Formenkanon. Es herrscht ein starker

Altamerikanische Malerei: *Polychrom bemaltes zylindrisches Gefäß aus Ratiulixul, Guatemala, Höhe 21 cm, etwa 750–900 n. Chr. (Philadelphia, University Museum).*

Aztekischer Zeremonialschild, *Federn und Gold auf Baumwolle und Rohr, 70 cm, um 1500 (Wien, Museum für Völkerkunde). Der Kojote auf dem Schild, den Montezuma an Cortez und dieser an Karl V. schickte, war ein aztekisches Kriegersymbol.*

Konventionalismus und konsequente Stilisierung. In der Malerei fehlen Perspektive und Schatten; eine Vorliebe für flächig-abstrakte und geometrische Formen ist kennzeichnend. Wände, Keramikgefäße, Skulpturen oder Handschriften wurden meist nach demselben Verfahren über einer dünnen Stuckschicht als Grundierung bemalt. Die Farben wurden ohne modellierende Tonabstufungen oder Schattierungen flach aufgetragen, wobei fast immer dunkle Linien die Farbfelder gegeneinander abgrenzen. Die aus luftgetrockneten Ziegeln errichteten und mit Stuck verkleideten Sakralbauten Zentralmexikos boten der Malerei riesige Flächen. An der großen Pyramide von Cholula haben sich Reste von ornamentalem Dekor und eines um 200 n. Chr. entstandenen, 60 m langen Frieses erhalten, der auf hellrotem Grund paarweise um Gefäße gelagerte Menschen zeigt, denen Diener aufwarten und Hunde Gesellschaft leisten. Die lebendig erfaßten Trinker feiern wohl eine Wachstumszeremonie. In Teotihuacan, dem Mittelpunkt der klassischen Kultur Zentralmexikos (etwa 300–900 n. Chr.), betonten endlos wiederholte Ornamentmotive (Stufenmäander, Voluten, schachbrettartige Muster, Ranken) die horizontale Gliederung der Architektur. Die Götter, in reichem Ornat und mit maskenartigem Antlitz, sind frontal dargestellt. Sie bieten ihre Gaben den auf sie zuschreitenden, in Göttertracht gekleideten Priestern dar. Deren Gesichter sind ohne Individualität; eine vom Mund ausgehende Volute ist das Zeichen für Rede und Gesang. Von diesem zwar detailfreudigen, aber formelhaften und hieratischen Stil hebt sich ein natürlicherer und bewegterer zur Darstellung der gewöhnlichen Menschen ab, wie ihn das figurenreiche PARADIES DES REGENGOTTES TLALOC zeigt. Die Malereien in den Grabkammern von Monte Albán (Oaxaca), einem Kultzentrum der Zapoteken, sind von Teotihuacan beeinflußt, wirken aber grober. Die Malerei der klassischen Mayakultur unterscheidet sich von der des mexikanischen Hochlandes durch die flüssige, weiche

Altamira: STEHENDER BISON, *Länge 140 cm, etwa 13 500 v. Chr. Die Decke des sog. Großen Saals der Höhle ist mit 25 Tieren, vorwiegend Bisons, bemalt, die mit außerordentlicher Lebendigkeit erfaßt sind. Die Farben wurden modellierend abschattiert, und auch die natürlichen Unebenheiten des Gesteins sind für die plastische Wirkung der Tierkörper ausgenutzt.*

Zeichnung, die Vielfalt der Themen und eine realistischere, beseeltere Bilderwelt, die auch alltägliche und dramatische Szenen voll vitaler Bewegung kennt. Ihr Höhepunkt ist der 1946 im Urwald von Chiapas entdeckte Freskenzyklus von Bonampak, der um 800 n. Chr. datiert wird. Dargestellt sind Zeremonien; der Raubzug gegen eine Siedlung und die Opferung der Gefangenen. Haltung und Gestik der in lockeren, aber sicheren Linien angelegten Figuren wirken bewegt, die Gesichter drücken Anspannung und Erregung aus. Das silhouettierende Schema bleibt zwar gewahrt, die Köpfe sind nur im Profil wiedergegeben, und die Raumtiefe wird durch eine Abfolge von unten nach oben ausgedrückt, aber Überschneidungen und die Andeutung von Verkürzungen bei halbgewendeten Figuren verleihen den Körpern Volumen. In Chichén Itzá (Yukatan) verschmolzen die Tolteken den Stil der Mayaklassik mit der zentralmexikanischen Tradition (11. bis 12. Jh.). In den südamerikanischen Hochkulturen ist Wandmalerei nur spärlich belegt. Keramik und Textilien

Altar: *Detail aus* BISCHOF ENEA WIRD VON PAPST CALIXTUS III. ZUM KARDINAL ERHOBEN, *einem Fresko aus dem Zyklus des Pinturicchio in der Libreria Piccolomini im Dom zu Siena, 1502–05. Dargestellt ist ein typisches Ädikularetabel der Renaissacne. Das von den architektonischen Elementen umschlossene Altarblatt stellt eine Sacra conversazione dar.*

Altar: *Hochaltar in der Schloßkapelle der Blutenburg (am westlichen Stadtrand von München gelegen) von Jan Pollack, 1491. Mitteltafel und Flügel zeigen Dreifaltigkeitsthemen: die* „NOT GOTTES“, *die* TAUFE CHRISTI *und die* MARIEN-KRÖNUNG. *In der Predella erscheinen die vier Evangelisten, im Gesprenge Christus als Weltenrichter mit Maria und Johannes dem Täufer.*

Altar: *Antependium aus St. Walburga in Soest, um 1180. Bemalte Antependien zählen zu den ersten Beispielen der Altarmalerei und zu den Vorläufern der Tafelmalerei. Auf diesem sehr frühen Exemplar ist in der Mitte Christus als Weltenrichter dargestellt, flankiert links von Maria und der Kirchenpatronin rechts von Johannes dem Täufer und Augustinus.*

repräsentieren ihre Flächenkunst. Das trockene Küstenklima Perus hat Totentücher u. a. Stoffe einer hochentwikkelten Textilkunst konserviert. Ornamente und Figuren wurden entweder durch Einfärben, auch mittels Reservetechniken oder durch Einweben und Einsticken erzielt. Beim Gefäßdekor sind Technik und Motive ebenfalls sehr vielfältig. Eine Sonderstellung besitzt die Moche-Keramik (etwa 2.–8. Jh. n. Chr.) mit ihren individuellen Menschendarstellungen und Ansätzen zu einer Landschaftsmalerei.

Altamira

Die → Höhlenmalereien von Altamira bei Santander in Nordspanien wurden 1879 entdeckt und von der Fachwelt bis zur Auffindung weiterer eiszeitlicher Felsbilder nach der Jahrhundertwende für Fälschungen gehalten. Seither sind die naturalistischen Tierdarstellungen das berühmteste Werk der paläolithischen Kunst (Abb. S. 673).

Altar

In der christlichen Malerei spielt der Altar seit dem 11. Jh. eine bedeutende Rolle. Bedingt durch eine liturgische Reform – der Priester zelebrierte nun die Eucharistie mit dem Rücken zur Gemeinde vor dem Altar – setzte man auf dem Altartisch (Mensa) rückwärts einen Altaraufsatz (Retabel), der nun jene Bildprogramme präsentierte, die ehedem die Antependien gezeigt hatten. Diese Verkleidungen des Altarblockes (Stipes) waren textile Behänge oder mit reliefierten Gold- und Silberblechen beschlagene, später auch bemalte Holztafeln. Mit dem bemalten Antependium und Retabel beginnt die → Tafelmalerei. Beispiele aus der ersten Hälfte des 12. Jh. finden sich in Katalonien. Das bemalte Retabel aus Soest, um 1230/40 (Berlin, Staatl. Museen), zählt zu den frühesten erhaltenen Belegen seiner Art in Deutschland. Zur Entwicklung des Altarbildes lieferte auch Italien einen wichtigen Beitrag mit den großen Marien- und Salvatorikonen und den gemalten Triumphkreuzen, die seit dem 13. Jh. fest auf oder über dem Altar angebracht wurden. Der nächste

Altchristliche Malerei: CHRISTUS ALS DER GUTE HIRTE, *Wandbild aus der Giordani-Katakombe, Rom. Zu den ältesten und nur in frühchristlicher Zeit gebräuchlichen Christusdarstellungen zählt der Gute Hirte. Dieses Motiv paradiesischen Glücks und göttlicher Fürsorge fußt auf Bibelstellen, wirkt aber wie ein antikes Hirtenidyll und war nur für Eingeweihte als Symbol Christi erkennbar.*

Altchristliche Malerei: DIE BERUFUNG VON PETRUS UND ANDREAS, *Mosaik aus San Apollinare Nuovo in Ravenna, um 500. Die verklärende Leuchtkraft des Mosaiks, die durch seine Technik bedingte Vereinfachung und Flächigkeit des Dargestellten kamen dem spirituellen Stilwollen der Zeit entgegen und ließen es zur führenden Kunstgattung werden.*

Amiatinus-Codex: *Das Autorenbild stellt den Propheten Esra dar. Dahinter verbirgt sich wahrscheinlich die Person des aus vornehmer Familie stammenden römischen Staatsmanns und Gelehrten Cassiodor, der für die Mönche Lehrbücher sowie eine neunbändige Ausgabe der Vulgata verfaßte und auch den* CODEX GRANDIOR *in Auftrag gab, der als Vorlage für den Amiatinus diente.*

entscheidende Schritt erfolgte im 14. Jh. Bis zur Hochgotik hatten Wand- und Glasmalerei im Kirchenraum zusammengewirkt, um in einer umfassenden Bilderwelt die Gemeinschaft der Heiligen im Himmlischen Jerusalem zu beschwören. Nun übernahm der Altar die Aufgabe, als autonomer „Mikrokosmos" das wiederzugeben, was vordem das ganze Kirchengebäude vergegenwärtigt hatte. Die Bildprogramme wurden vielfältiger, meist in Zyklen, aufgebaut. Um sie aufnehmen zu können, setzte sich das Retabel nun aus mehreren Tafeln zusammen, es wurde zum vieltafeligen Polyptychon, meist zum dreitafeligen Triptychon. Dabei konnten die Tafeln starr angebracht sein und eine sog. Ancona bilden. Bei beweglichen Flügeln spricht man von einem Flügel- oder Wandelaltar. In der Regel ruht dieser auf einem, häufig ebenfalls bemalten, Sockel (Predella). Die Tafelbilder konnten mit Skulpturen kombiniert werden, aber in reinen Schnitzaltären auch überhaupt fehlen. Ihren Höhepunkt erreichte die Entwicklung des Wandelaltars in der deutschen und niederländischen Spätgotik (Abb. S. 204/205). An Werk- und Festtagen ein jeweils anderes Bildprogramm entfaltend, erreichten die Altäre riesige Ausmaße. Um die Lichtsymbolik des gotischen Kirchenraumes in den Altarbildern widerspiegeln zu können, wurde eine Art → Ölmalerei entwickelt, die erstmals im 1432 vollendeten Genter Altar des Jan van Eyck in großem Maßstab zum Tragen kam: Durch die lichthaltige Ölfarbe scheint das Dargestellte aus sich heraus zu leuchten. Andererseits stellten die Altarbilder des 15. Jh. mit ihrem Realismus auch die Voraussetzungen für autonome Bildgattungen der Neuzeit wie → Landschaft, → Vedute, → Historienbild, → Interieur, → Stilleben und → Bildnis bereit. Die Bilder der Flügel und der Mitteltafel wurden szenisch und kompositionell zunehmend zusammengefaßt, so im Typus der → Sacra conversazione der italienischen Renaissance. Die Hochrenaissance schuf das Ädikularetabel, eine aus Säulen, Pilastern, Gebälk und Giebel gebildete Rahmenarchitektur, die das gemalte Altarblatt umschließt. Im Barock und Rokoko verband sich die Altarmalerei mit den Fresken, den plastischen und architektonischen Elementen des Ambientes zu einem hochillusionistischen „Theatrum sacrum". Mit dem Klassizismus verselbständigte sich das Altarbild wieder, verlor aber auch zunehmend seine kultisch-symbolische Relevanz, so daß in modernen Kirchenbauten meist ganz auf die Altarmalerei verzichtet wird.

Altchristliche Malerei
(auch frühchristliche Malerei)
Umstrittene Bezeichnung für jene Epoche der christlichen Malerei, die man in der Regel im mediterranen Bereich vom beginnenden 3. Jh. bis zum beginnenden 6. Jh. datiert. Umstritten deshalb, weil die zeitliche und stilistische Beziehung zur teilweise gleichzeitigen spätantiken Kunst, die Rolle der frühen → armenischen und → koptischen Malerei sowie die Fortsetzung der altchristlichen Stilprinzipien in der → byzantinischen Malerei meist zu sehr ausgeklammert bleiben. Zunächst ist die frühchristliche von der

spätantiken Malerei nur schwer abzugrenzen. Sie übernimmt weitgehend deren Formen und Teile ihres Motivrepertoires, modifiziert sie aber stilistisch zu einer größeren Anaturalistik und transzendierenden Abstraktheit – größere Betonung des Linear-Flächigen z. B. – und thematisch durch eine Umdeutung ins Christliche – aus Orpheus oder dem Kalbträger wird z. B. Christus als Guter Hirte. Verschiedene Bibelstellen, wie, ,,Du sollst dir kein Bildnis machen . . .'', und eine ausgesprochene Jenseitsbezogenheit in der Erwartung des baldigen Jüngsten Gerichtes, verbunden mit einer Geringschätzung des Weltlich-Irdischen, führten bei vielen zu einer Ablehnung des Bildes, die 726 im → Bilderstreit kulminierte. Die Reduzierung ursprünglicher Bilder zu Symbolen: Fisch, Anker usw. stellte dabei einen gewissen Kompromiß dar. Andererseits legitimierten andere Aussagen der Hl. Schrift – der Mensch als Ebenbild Gottes u. ä. – den Gebrauch von Bildern, die zudem in didaktischen Aufgaben für die größtenteils leseunkundigen Massen und in Repräsentationsaufgaben für das 380 zur Staatsreligion gewordene Christentum eine neuartige Funktion übernahmen. Zwischen diesen beiden Polen als Spannungsfeld ist die altchristliche Malerei eingespannt. Bevorzugt werden → Wandmalerei, → Mosaik und → Buchmalerei; → Ikonen haben sich nur wenige erhalten. Früheste Zeugnisse der altchristlichen Malerei finden sich in den Katakomben, deren Fresken von spätantiken Dekorationssystemen abhängig sind. Auf räumliche und körperliche Modellierung wird hier verzichtet, die Komposition ist in der Regel symmetrisch angelegt. Es werden relativ eingegrenzte Themen aus dem Alten und Neuen Testament gestaltet, z. B. ARCHE NOAH, QUELLWUNDER MOSE, TAUFE JESU, AUFERWEKKUNG DES LAZARUS sowie assimilierte Gestalten der antiken Mythologie. Die erste Ausmalung eines Sakralraumes, der nicht der Bestattung diente, stammt aus dem ,,Christlichen Haus'' in Dura-Europos, um 230. Der Großteil erhaltener Katakombenfresken datiert ins 4. Jh., in dem gleichzeitig ein Nachlassen ihrer Qualität zu spüren ist. Das wichtigste Feld der altchristlichen Malerei liegt in der Ausfreskierung und -mosaizierung der jetzt entstehenden monumentalen Kirchen, der Basiliken. Mit der zunehmend kultivierten Lichtmystik seit dem späteren 4. Jh. übernahm weitgehend das Lichtmedium des Mosaiks die Aufgaben der Wandmalerei, mit einem absoluten Höhe-

Anamorphose: *Hans Holbein d. J.,* DIE GESANDTEN, *1533. 207 × 210 (London, National Gallery). Von einem bestimmten seitlichen Betrachterstandpunkt aus entzerrt sich das zunächst undefinierbare Gebilde im Vordergrund zu einem Totenschädel, der als Vanitassymbol fungiert. Solche Anamorphosen können sich auch auf ganze Bilder erstrecken.*

punkt im 5. und 6. Jh. im ostkirchlichen Raum und dessen Exklave in Ravenna. Im abendländischen Bereich entstanden auch weiterhin, wenn auch in geringerer Zahl, bedeutende Freskenzyklen, z. B. die des 5. Jh. von S. Paolo fuori le mura und Alt-St.-Peter in Rom. Über die Buchmalerei lassen sich aufgrund des mehr als lückenhaften Denkmälerbestandes meist nur durch spätere Kopien Aufschlüsse erzielen. Von entscheidender Bedeutung war jedenfalls die im 3. Jh. weitgehend vollzogene Ablösung der → Buchrolle durch den → Codex und damit die Entstehung des auf begrenzter Fläche komponierten Bildes. Aus dem Vergleich der Quedlinburger Itala-Fragmente, 4. Jh. (Berlin, Staatsbibliothek), dem Vergilius Romanus und Vergilius Vaticanus, 4. oder 5. Jh., einerseits mit dem Wiener → Dioskurides (erstmals mit Goldgrund) und der Ilias (Mailand, Biblioteca Ambrosiana), beide 6. Jh., der → Wiener Genesis und dem → Rossano-Codex andererseits läßt sich eine lateinische und eine griechische Entwicklung trennen.

Apotheose: *Joseph Werner,* LUDWIG XIV. ALS SONNENGOTT APOLL. *Hinter der Gleichsetzung der Würde eines absolutistischen Herrschers mit der eines antiken Gottes oder Halbgottes stand nicht der Glaube an eine echte Vergöttlichung. In einer Zeit zunehmender Rationalisierung des Lebens diente die Apotheose einer allegorisch-theatralischen Überhöhung und Sakralisierung des Herrschaftsanspruchs.*

American Abstract Artists
Eine von Josef Albers, Ilya Bolotowsky und Ibram Lassow 1936 in New York gegründete Vereinigung, deren Ziel es war, durch Ausstellungen und Vorträge dem Publikum Verständnis für abstrakte Kunst zu vermitteln. Nach einer Demonstration gegen die konservative Politik des Museums of Modern Art konnte sich die abstrakte Kunst langsam durchsetzen, und seit etwa dem Jahr 1940 entwickelt sich die Stadt New York zur Metropole moderner Kunst.

American Scene
(auch Regionalism.)
Eine Gruppe amerikanischer Maler der 1930er und 1940er Jahre, die den Einfluß der europäischen Avantgarde (→ Armory Show) zurückzudrängen suchten, an den Realismus der → Ash Can School anknüpften und einfache Szenen des amerikanischen Lebens darstellten (Edward Hopper, Grant Wood, Reginald Morse, Thomas Hart Benton u. a.).

Amiatinus-Codex
Bibelhandschrift (Florenz, Biblioteca Laurenziana), die Ceolfrid, Abt der northumbrischen Klöster Wearmouth und Yarrow, um 700 anfertigen ließ. Als Vorlage diente vermutlich der spätantike Codex grandior, der kurz nach 540 für Cassiodor hergestellt wurde und in der 2. Hälfte des 7. Jh. nach England gelangte (Abb. S. 676).

Analytische Malerei
Selten gebrauchter Begriff für jene Malerei des späten 19. und frühen 20. Jh., die die Farbflächen in Tupfen von reinen Farben auflöst und die in der Regel als Neoimpressionismus oder → Pointillismus bezeichnet wird. Eine ganz andere Bedeutung hat der Begriff im analytischen Kubismus (→ Kubismus).

Anamorphose
Nach den Gesetzen der → Perspektive absichtlich verzerrte Darstellung („Verstreckung"), die seit der Hochrenaissance bei der illusionistischen Dek-

Aquarell: *William Turner,* KIRCHTURM (ST. WULFRAM, GRANTHAM), *um 1826, 30,5 × 49 (London, British Museum). Bei Turner löst sich das „malerische" Aquarell gänzlich von der Zeichnung. Im 19. Jh. hatte England die Führung in der Aquarellmalerei inne, dies äußerte sich auch in der Gründung der „English Watercolour Society", die 1805 ihre erste Ausstellung in London veranstaltete.*

kenmalerei verwandt wird, um erhöht angebrachte Darstellungen dem niedriger stehenden Betrachter proportional richtig erscheinen zu lassen. Im Manierismus verselbständigte sich die Anamorphose zu einer eigenen Bildgattung (Abb. 677).

Anastasis
Griechisch „Auferstehung"; in der → byzantinischen Kunst jedoch immer als Höllenfahrt Christi dargestellt. Nach der Überwindung des Unterweltfürsten Hades und dem Zerbrechen der Höllentore reißt Christus die Stammeltern Adam und Eva aus ihren Gräbern.

Anatomie
Wissenschaft vom Aufbau des Körpers sowie des funktionellen Zusammenspiels seiner Teile. Schon in der Antike begann die künstlerische Illustration anatomischer Lehrbücher, die dann im Mittelalter weiterentwickelt wurde. Die anatomischen Studien von Renaissancekünstlern intensivierten noch die Beziehung zwischen Medizin und Kunst. Die ersten exakten anatomischen Darstellungen der inneren Organe stammen von Leonardo da Vinci. Bis ins 19. Jh. war Anatomie ohne die Hilfe des illustrierenden Künstlers undenkbar, andererseits wirkte die wissenschaftliche Anatomie entscheidend auf Proportionslehre und Schönheitskanon der Kunst ein. Seit der Renaissance entwickelte sich eine spezielle „Anatomie für Künstler", die Hand in Hand ging mit der zunehmenden Verselbständigung des → Aktes. In der Buchmalerei des 14. Jh. entstand das Anatomiebild, die Darstellung chirurgischer Eingriffe, die im Barock ihren Höhepunkt erreichte, etwa in Rembrandts berühmter ANATOMISCHER VORLESUNG DES DR. TULP, 1632.

Anilinfarben
Grundstoff ist das erstmals 1826 durch Destillation des Indigos (arab.-span. añil = Indigo) gewonnene Anilin (Aminobenzol). Die chemische Beständigkeit und Lichtechtheit der meisten Anilinverbindungen ist mangelhaft; außerdem „bluten" sie in darüberliegende Farbschichten aus.

Anna selbdritt
Darstellung der hl. Anna mit ihrer Tochter Maria und dem Jesuskind. Das Bildmotiv kam mit dem Annenkult im 14. Jh. auf und war im 15. und 16. Jh. besonders beliebt. Die Gruppierung von Großmutter, Mutter und Kind ist verschieden (Abb. S. 283, 435). Die berühmteste Anna selbdritt schuf Leonardo da Vinci.

Antependium
Bekleidung des Altars aus Stoff, Metall oder bemalten Holztafeln. Antependien aus Stoff begegnen uns schon im 4./5. Jh.; mit Schnitzereien und Malereien geschmückte sind im 11. Jh. in Katalonien, im 12. Jh. in Deutschland nachweisbar (Abb. S. 674).

Antiphonar
Seit 534 allgemein verbreitetes liturgisches Buch mit den nach Festzeiten geordneten Gesängen der Stundengebete. Seit etwa 1000 werden Antiphonare prächtig illuminiert.

Apokalypse
Die Johannes-Apokalypse, eine bilderreiche Vision der endzeitlichen Wiederkehr Christi, wurde zu einer wichtigen motivischen Quelle christlicher Kunst. Vom 9.–13. Jh. entstand in der spanischen Buchmalerei eine Fülle von Miniaturen zu der → Beatus-Apokalypse, in der → ottonischen Malerei ragt die Bamberger Apokalypse hervor. Die Bibelillustrationen des 15. und 16. Jh. gaben apokalyptischen Motiven einen breiten Raum, hier fand Dürer die Anregungen zu seiner berühmten Holzschnittfolge von 1498. In der Zeit der Reformation waren Apokalypsedarstellungen häufig auch

Aquarell: *Albrecht Dürer,* SONNENUNTERGANG (WEIHER IM WALDE), *1496/97 (London, British Museum). Dürers Aquarelle sind singuläre Leistungen. In der Kombination lasierender und deckender Töne gelingt es ihm, Raum und Atmosphäre zu gestalten und zugleich plastisch zu artikulieren. Es sind Naturbilder, die auf Jahrhunderte wegweisend sein sollten.*

Aquarell: *Emil Nolde,* MOHNBLUMEN UND IRIS. *47,7 × 34,5 (Wien, Albertina). Die ersten Jahrzehnte des 20. Jh. waren in der deutschen Kunst eine Blütezeit des Aquarells. Auf der Suche nach kraftvoll strahlendem Eigenleben der Farben wandten sich ihm vor allem die Expressionisten zu. Keiner beherrschte wie Nolde den Umgang mit der fließenden Konsistenz der Wasserfarben.*

Ausdruck sozialer und religiöser Umbruchstimmung. Als monumentale Ausformung ragen die Fresken des Cimabue in S. Francesco zu Assisi, Ende 13. Jh., die Wandteppichfolge in der Kathedrale von Angers, Ende 14. Jh. und Signorellis Freskenzyklus in Orvieto hervor. Motive wie die apokalyptischen Reiter begegnen in der Malerei bis in neueste Zeit.

Apotheose
Die Erhebung eines sterblichen Wesens zur Gottheit. Die Vergöttlichung des Herrschers und entsprechende Darstellungen finden sich vor allem in hellenistischer und römischer Zeit als Ausdruck der umfassenden Machtfülle des Imperators. Im Zeitalter des Absolutismus, im Barock, erlebt die Apotheose eine neue Blüte. In symbolischer und allegorischer Form wird die Person des Herrschers mit dem Sonnengott, Jupiter oder Herkules gleichgesetzt, oft vermischt mit dem sakralen Motiv der „Entrückung" von Heiligen (Abb. S. 678).

Aquarell
Malverfahren auf der Grundlage eines feinkörnigen, mit Bindemitteln versetzten, mit Wasser vermalten Farbpulvers, das nach dem Trocknen wasserlöslich bleibt. Diese Technik wurde seit jeher auf unterschiedlichsten Bildträgern angewendet. Heute versteht man unter Aquarell jedoch ausschließlich die transparente Wasserfarbenmalerei auf Papier oder Karton. Charakteristisch dafür ist der weitgehende Verzicht auf zeichnerisch harte Konturierung sowie das transparente Durchscheinen des Malgrundes, der, stellenweise freigelassen, auch das Weiß im Bilde darstellt. Weißeffekte können auch durch „Höhung" mit Deckweiß erzielt werden. Werden alle Aquarellfarben mit einem Zusatz von Deckweiß vermalt, so nähern sie sich der deckenden → Gouache an. Der Arbeitsvorgang verläuft immer von den hellen zu den dunklen Partien, nach dem Auftrocknen sind nachträgliche Aufhellungen oder andere Korrekturen kaum noch möglich. Aquarellmalerei findet sich bei den ägyptischen Totenbüchern, chinesischen Rollbildern und den altchristlichen Katakombenmalereien. In der mittelalterlichen Buchmalerei erscheint sie neben der Deckfarbenmalerei, in der Renaissance diente sie hauptsächlich dem → Lavieren von Handzeichnungen und für Skizzen zu Gemälden, Fresken und Bildteppichen. Einzig Albrecht Dürer schöpfte in Landschafts- und Naturstudien die spezifischen Möglichkeiten dieser Technik voll aus. Im 16. und 17. Jh. wurde das Aquarell in breiten Kreisen, auch von Laien, ausgeübt. Zu einer eigenwertigen Bildgattung, Dürers Intentionen fortsetzend, wurde es jedoch erst im späteren 18. Jh., wobei England führend war. Hier wandte man auch erstmals der Vorbereitung des Papiers, das durchgefeuchtet und aufgespannt wurde, verstärkte Aufmerksamkeit zu. Paul Sandby widmete sich ausschließlich dem Aquarell, bei William Turner erreichte seine transparente Leuchtkraft des Aquarells ihren Höhepunkt. Von England kam diese perfektionierte Technik zu den französischen und deutschen Romantikern. Im ganzen 19. Jh. erfreute sich das Aquarell großer Beliebtheit, im 20. Jh. waren es der Expressionismus und

Architekturbild: DER LEICHNAM DES HL. MARKUS WIRD IN DIE MARKUSKIRCHE GETRAGEN. *Mosaik in einer Portalnische von S. Marco in Venedig, um 1265. In freier Wiedergabe, wie bei mittelalterlichen Architekturdarstellungen üblich, ist der Schauplatz des Ereignisses bezeichnet und dieses zugleich durch den Kirchenbau als Sakralsymbol überhöht.*

Strömungen der abstrakten Malerei, die es weiter pflegten.

A. R.

Abkürzung von artyści rewolucyjni (poln. „revolutionäre Künstler"). Sozialistisch ausgerichtete, avantgardistische polnische Künstlergruppe, die 1929 von den Dichtern Julian Przybos und Jan Brzekowski, den Malern Henryk Stażewski und Wladislaw Strzemiński sowie dessen Frau, der Bildhauerin Katarzyna Kobro in Lódź gegründet wurde. Ziel der Gruppe war die Propagierung der abstrakten Kunst, wie sie von der deutschen Moderne, vor allem aber von der französischen Gruppe → Cercle et Carré vertreten wurde. Wichtigste Leistung war die Gründung einer öffentlichen Sammlung abstrakter Kunst in Lódź, der ersten in Polen, der zweiten auf der ganzen Welt.

Architekturbild

Eine Bildgattung, in der Bauwerke oder architektonische Ensembles nur um ihrer selbst willen, d. h. nicht als Hintergrund oder Staffage, wiedergegeben werden. Die Einfügung von Menschen und Tieren dient nur der Verlebendigung oder der Verdeutlichung von Proportions- und Perspektivrelationen. In diesem strengen Sinne ist das Architekturbild eine Schöpfung des auf Spezialisierung abzielenden 16. und 17. Jh. Freilich läßt es sich nicht immer eindeutig vom → Interieur, der → Vedute, der → Landschaftsmalerei, der → Historienmalerei usw. abgrenzen, vor allem in seinen Vorstufen. In der pompejanischen Wandmalerei gibt es Landschaften mit weitläufigen Villenanlagen. Die → Pinakes des antiken

Architekturbild: *Ausschnitt aus dem Monatsbild* SEPTEMBER *im Stundenbuch des Duc de Berry, vor 1416 von den Brüdern von Limburg illustriert (Chantilly, Musée Condé). Das Loireschloß Saumur ist als Hintergrund der Weinlese dargestellt. Doch der prächtige, genau porträtierte Schloßbau läßt die Monatsarbeit beinahe zur Nebensache werden.*

Architekturbild: *Detail aus* Enea wird in Frankfurt von Kaiser Friedrich III. zum Dichter gekrönt, *einem Fresko aus dem 1502–05 von Pinturicchio geschaffenen Zyklus in der Libreria Piccolomini im Dom von Siena. Eine Idealarchitektur der Renaissance wird zur Kulisse des Geschehens und das Bild zum Beweis perspektivischer Kunstfertigkeit.*

Architekturbild: *Jan van Eyck,* Madonna in der Kirche, *um 1426, 32 × 14 (Berlin, Staatl. Museen). Der Kirchenraum, der spätere Kircheninterieurs vorwegzunehmen scheint, ist Gleichnis für den Leib Mariens als Tempel, in dem Christus „seine Wohnung nahm", das durch die Glasscheiben ins Kircheninnere einfallende Licht ist Sinnbild ihrer Jungfräulichkeit.*

Theaters stellten perspektivisch säulenreiche Fassaden oder Straßenfluchten dar und waren wohl Vorbilder für die illusionistischen Säulendekorationen in römischen Räumen (Abb. S. 793). Das altchristliche und byzantinische Architekturbild geht auf diese Wurzeln zurück. Das Mittelalter kennt das Architekturbild im strengen Sinne nicht, da Architekturmotive nur in dienender Funktion eingesetzt werden, um z. B. ein Würdeambiente für Figuren oder eine knappe, symbolhafte Kennzeichnung eines Schauplatzes zu liefern. Im italienischen Trecento nahmen Stadtansichten dann einen selbständigeren Rang ein, z. B. in dem 1335–40 für den Palazzo Pubblico in Siena von Ambrogio Lorenzetti geschaffenen Fresko Die Gute und die Schlechte Regierung. Erste Beispiele porträthaft erfaßter Architekturen finden sich in der niederländisch-französischen Buchmalerei um 1400. Freilich bleiben sie einem erzählerischen Inhalt untergeordnet wie die Innenraumdarstellungen eines Jan van Eyck oder Konrad Witz. Im späten 15. Jh. führte die Beschäftigung mit der mathematischen → Perspektive erstmals zu konstruierten architektonischen Veduten, so in Gentile Bellinis Prozession auf der Piazza S. Marco, 1496 (Venedig, Accademia). Das Architekturbild wurde dann häufig in Zeichnungen, Skizzen und Druckgraphiken topographisch fixiert, wobei Rom mit seinen Altertümern eine große Faszination ausübte. Archäologisches Interesse und Phantastik verschmolzen in dem Thema des Turmbaus von Babel, das im 16. Jh. in den Niederlanden gepflegt wurde (Abb. S. 99). Den entscheidenden Schritt zum eigentlichen Architekturbild tat Jan Vredeman de Vries, der musterbuchartige Architekturstiche herausgab und Bilder mit Prachtbauten malte. Das Architekturbild des 17. Jh. wird fast vollständig von den Holländern beherrscht (Pieter Janszoon Saenredam, Jan van der Heyden, den Brüdern Berckheyde und Emanuel de Witte), wobei neben dem Kirchenstück das Stadt- und Straßenbild an Bedeutung gewann. Im 18. Jh. dominierten die Italiener, vor allem die Venezianer Canaletto, Bellotto und Guardi mit topographisch genauen Stadtansichten. Daneben blühte in der Graphik, etwa bei Pannini und Piranesi, die Darstellung von Ruinen und Phantasiebauten, eine Thematik, die auch in der Romantik wichtig war. Ein bedeutender Zweig der Architekturdarstellung war im 17. und 18. Jh. die → Bühnenmalerei. Im 19. Jh. herrschte die Vedute vor, etwa bei Domenico Quaglio, dem Begründer der Münchener Architekturmalerei. Im 20. Jh. spielt die Wiedergabe von Architekturen u. a. bei Maurice Utrillo, im → Expressionismus, in der → Pittura metafisica und im → Surrealismus noch eine große Rolle.

Armenbibel
→ Biblia pauperum

Armenische Malerei
Die äußerst wechselvolle Geschichte Armeniens, die zwischen den jeweiligen Machtgruppierungen im Osten und Westen von der Römerzeit bis heute eingespannt, nur zeitweise eine eigene Staatsbildung zuließ, verhinderte auch eine ungebrochene, künstlerisch eigenständige Entwicklung der Malerei. Trotz der frühen Christianisierung – ab 301 – blieben von den Wandmalereien nur Fragmente, z. B. in der Basilika von Tekor, 5./6. Jh., übrig, die starke Einflüsse der → byzantinischen Malerei zeigen, die überwiegend in Formgebung und Ikonographie verpflichtend bleibt. Erfreulicher ist der Bestand an Buchmalerei mit ihren syrischen und koptischen Elementen wie das Evangeliar von Edschmiacin, entstanden 989, jedoch mit älteren Blättern gemischt (Erivan). Islamisch-orientalisch angehaucht ist das Evangeliar von Haghbat, entstanden 1211 (Erivan), während die kilikische Schule eines T'oros Roslin von den Kreuzfahrern westliche Elemente übernimmt.

Assemblage: *Kurt Schwitters,* MERZBILD 29 A-BILD MIT DREHRAD, *1920. Bemalte Assemblage und Collage (Hannover, Kunstmuseum). Die zu raumfüllenden Ensembles kombinierten „Merz-Bilder" erweiterten das Prinzip der Assemblage zum Environment. Dingmagie und Ästhetik des Alltäglichen werden entdeckt, Kunstwelt paart sich mit Realwelt.*

Armory Show
Eine im Februar 1913 in New York veranstaltete Kunstausstellung, die der amerikanischen Kunst und ihrem Provinzialismus eine entscheidende Wende gab. Vertreten waren neben Ingres, Delacroix, Courbet, den Impressionisten, Cézanne, van Gogh, Gauguin, Seurat, auch Protagonisten der europäischen Avantgarde: Picasso, Matisse, Léger, Kandinsky, Picabia und Duchamp, dessen AKT, EINE TREPPE HINABSTEIGEND einen großen Skandal auslöste.

Art brut
„Rohe Kunst"; 1945 von Jean Dubuffet als Sammelname für Werke von Personen ohne künstlerische Ausbildung und akademische Normen. Dubuffet selbst sammelte Bilder von Geisteskranken, Kindern und Primitiven und gründete 1947 ein Foyer de l'Art brut, aus dem eine Compagnie de l'Art brut hervorging, an der u. a. André Breton und Michel Tapié beteiligt waren. Eine der wichtigsten Voraussetzungen des → Informel.

Art concret
Ein von Theo van Doesburg geprägter Gegenbegriff zur abstrakten Kunst. Konkrete Malerei ist, wie er sagt, „keine abstrakte, weil nichts konkreter, nichts wirklicher ist als eine Linie, eine Farbe, eine Fläche". 1930 veröffentlichte Doesburg ein Manifest der Gruppe „Art concret", zu der u. a. Jean Hélion gehörte. Nach seinem Tode löste sie sich 1931 wieder auf. Ihre Ideen wurden teilweise von → Abstraction-Création aufgegriffen.

Artes liberales
Die Disziplinen der Bildung, die den freien Mann vom Sklaven abheben, wurden im 5. Jh. von Martianus Capella als die „Sieben freien Künste" Grammatik, Dialektik, Rethorik, Geometrie, Arithmetik, Astronomie und Musik festgelegt und durch weibliche Figuren personifiziert. Mit den entsprechenden → Attributen seit der karolingischen Zeit häufig dargestellt und noch im Barock ein beliebtes Bildmotiv.

Ash Can School
„Mülltonnen-Schule". Ursprünglich

Architekturbild: *Bernardo Belotto,* DAS KAISERLICHE LUSTSCHLOSS SCHÖNBRUNN *(Gartenseite), Ausschnitt, 1759 (Wien, Kunsthistor. Museum). Topographische Genauigkeit, ins Detail gehende Exaktheit der Perspektive kennzeichnen die Veduten Belottos; er bediente sich dabei auch der → Camera obscura als Hilfsmittel.*

Atelier: DER HL. LUKAS MALT DIE MADONNA, *Nürnberger Holzschnitt von 1488. Bei der Darstellung ihres Zunftpatrons als Madonnenmaler (→ Lukasbilder, Lukasgilde) konnten die Maler ihr eigenes Milieu schildern. Der heilige Kollege sitzt mit Pinsel, Palette und Malstock vor der Staffelei, hinter ihm reibt der Gehilfe die Farben.*

abschätziger Name für eine Gruppe amerikanischer Maler um Robert Henri, George Luks, John Sloan, George Belows, die in krassem Realismus das Milieu gewöhnlicher Leute schilderten. 1908 hatten sie als „The Eight" ihre ersten Ausstellungen. An ihren Verismus knüpften später die Maler der → American Scene an.

Asphalt
Der pulverisierte, in heißem Öl geschmolzene Naturasphalt ergibt eine lichtbeständige, aber schlecht trocknende braune Farbe, die, z. B. von Rembrandt, für Lasuren benutzt wurde. Im 19. Jh. kam die Mode auf, mit Asphalt zu untermalen. Die Folge war, daß dieser durchschlug und darüberliegende Farbschichten nachdunkelten, bei Wärme ins Rutschen gerieten und Risse bekamen (Makart).

Assemblage
Dreidimensionale Kunstwerke, die aus der Kombination z. T. künstlerisch behandelter Alltagsgegenstände, zufälliger „Fundstücke" („Objets trouvés"), entstehen. Eine Vorform sind die → Collagen. Picassos STILLEBEN MIT DEM FLECHTSTUHL von 1912 ist ein frühes Beispiel. Kurt Schwitters stellte den Übergang zum Environment her. Im → Dadaismus, in der → Pop-art und der Sonderform der → Combine paintings spielen Assemblagen eine große Rolle.

Assistenzfigur
Vom Thema nicht geforderte, der Handlung passiv beiwohnende Figur. Besonders beliebt in der italienischen Malerei des → Quattrocento, die dabei oft Zeitgenossen oder den Künstler selbst darstellt (→ Selbstbildnis).

Asso
Abkürzung für Association revolutionärer bildender Künstler Deutschlands, die 1928 in Berlin und Dresden entstand. Ihr gehörten u. a. Lea und Fritz Grundig und Oskar Nerlinger an. 1931 wurde die Gruppe in „Bund Revolutionärer Bildender Künstler Deutschlands" (BRBKD) umbenannt, 1933 wurde sie verboten.

Assunta
Darstellung der Himmelfahrt Mariens. → Tizians berühmte ASSUNTA in der Frari-Kirche zu Venedig ist der Prototyp der vor allem im Barock häufigen Darstellungen des Themas.

Äthiopische Malerei: *Kirchliche Wandmalerei des 17. Jh.* DIE ÄLTESTEN ISRAELS VOR DAVID; DIE EINHOLUNG DER BUNDESLADE NACH JERUSALEM. *Der König trägt den Ornat des Negus und spielt die Begena, ein Begleiter bläst den Melekit, andere tragen Tsanatsel (Sistrum) und Makwamiya (Tanzstab) der äthiopischen Depteras (Diakone).*

Australische Eingeborenenmalerei: *Felsbilder einer Frau in Gebärstellung mit Zwillingen im Leib (Arnhemland). Die Darstellungen im „Röntgenstil" lassen das Körperinnere der Figuren sichtbar werden. Rechts daneben Wondschinas (Kimberley). Für die Eingeborenen sind sie Wesen, die in der Urzeit die Erde gestalten und ihre „Abdrücke" an den Felsen hinterließen.*

Atelier
Aus dem Französischen (Werkstatt) übernommene Bezeichnung für den Arbeitsraum eines Künstlers. Im Mittelalter waren die Künstler in Handwerkerzünften organisiert und in handwerksmäßig betriebenen Werkstätten tätig. Die Renaissance entdeckte, was den Künstler über den Handwerker emporhebt, und auch die Künstlerwerkstatt begann sich von der des Handwerkers abzusetzen. Erfolgreiche Maler wie Rubens beschäftigten zahlreiche Mitarbeiter, die in manufakturmäßiger Arbeitsteilung Entwürfe des Meisters ausführten. Die zunehmende Individualisierung des Kunstbetriebes ließ dann das neuzeitliche Maleratelier entstehen. Notwendig ist gleichmäßiges Licht aus Fenstern, die nach Norden gerichtet sind. Die Atelierräume der „Malerfürsten" des 19. Jh., wie Franz von Lenbach und Franz von Stuck, wurden zu fast sakralen Empfangssalons stilisiert. Gegen das Malen im sterilen Atelier wandte sich die → Freilichtmalerei.

Atelierbildnis
Im 16. und 17. Jh. entwickeltes selbständiges Bildthema, das den Maler bei der Arbeit zeigt. Das Motiv entstand aus der mittelalterlichen Darstellung des hl. Lukas, der die Madonna malt (Abb. S. 28). Mit der Renaissance kamen antike Stoffe als Anregung hinzu. Bis ins 20. Jh. wurden Atelierbildnisse als Gleichnis künstlerischen Schöpfertums geschaffen (Abb. S. 342, S. 637).

Ateliermalerei
Im 19. Jh. aufgekommene Bezeichnung für das Malen von Staffeleibildern vor dem im → Atelier aufgebauten → Modell, eine Malpraxis, gegen die sich die → Freilichtmalerei wandte. Auch abschätzig gebraucht für unnatürlich-gestellte, von Atelieratmosphäre geprägte Bilder.

Äthiopische Malerei
Die Christianisierung Äthiopiens im 4. Jh. durch den Griechen Frumentius und die Erhebung des Christentums zur Reichsreligion durch König Ezana brachten die Übernahme der Bildtypen und Formensprache der frühen christlichen Kunst mit sich, vermittelt durch koptische, syrische und byzantinische Vorbilder. Sie blieben die Grundlage der Buch-, Wand- und Ikonenmalerei des durch die Islamisierung der nördlichen Nachbargebiete isolierten ostafrikanischen Königreiches. Wie die ostchristliche Kunst allgemein ist auch die äthiopische durch das treue Festhalten an der „heiligen" Tradition geprägt. Das Natürlich-Körperhafte wird in einer flächig-ornamentalen Linienzeichnung schematisiert. Kräftige, ungebrochene Farben füllen die Konturen. Die heiligen Gestalten erscheinen in hieratischer Strenge, oft frontal und die übergroßen Augen ins Ewige gerichtet. Abendländischer Einfluß seit dem 15. Jh. (Auftreten italienischer Maler und portugiesischer Jesuiten), vor allem in der Gondar-Periode (Gondar ist seit 1636 Hauptstadt), zeigt sich in

Australische Eingeborenenmalerei: *Quinkans (Cape York). Diese Dämonen mit überlangen Körpern und Gliedern streifen nachts unheilbringend durch den Busch. Auch andere Geistervölker wie die kriegerischen Mamandis, die den Kranken gefährlichen Namarakain, die harmlosen Nabilji oder die menschenfreundlichen Mimis sind häufig dargestellt.*

der Aufnahme wirklichkeitsgetreuer Details sowie Versuchen, den Eindruck von Bewegung und Raum zu vermitteln und die Körper mit Licht-Schatten-Effekten plastisch zu modellieren. Doch vermochten die wenig konsequent angewendeten fremden Darstellungsprinzipien die überlieferten nur zu modifizieren. In verflachter Form hielt sich der Gondar-Stil bis heute und wird seit dem 19. Jh., etwa in den populären Bildrollen, auch für profane Darstellungen verwendet.

Attribut
Der einer dargestellten Person regelmäßig beigegebene Gegenstand (lat. attributum = das Hinzugefügte), der die Identifizierung ermöglicht, z. B. der Schlangenstab des Asklepios. Große Bedeutung erlangte das Attribut in der mittelalterlichen Kunst zur Kennzeichnung der Heiligen und personifizierten Begriffe (Tugenden, → Artes liberales). Die Heiligenattribute beziehen sich meist auf die Art des Martyriums (Rad der hl. Katharina) oder ein Ereignis der Legende (drei Kugeln des hl. Nikolaus).

Augenpunkt → Perspektive

Aureole
Der den auferstandenen Christus umgebende Lichtschein oder Strahlenkranz (lat. aureolus = golden; → Mandorla, Nimbus, Immaculata).

Australische Eingeborenenmalerei
Malerei der australischen Ureinwohner, die bis in unsere Zeit ihre steinzeitliche Kultur erhalten haben, ist eine weitgehend magisch-religiöse Kunst, oft eingebunden in Stammes- oder Gruppenrituale und durch mythische Vorstellungen geprägt. Zur Begehung

Barockmalerei: *Johann Liss,* ABRAHAMS OPFER. *88 × 70 (Florenz, Uffizien). Liss, einer der bedeutendsten deutschen Barockmaler war in Rom und Venedig tätig. Zu Beginn des 17. Jh., als in Deutschland durch den Dreißigjährigen Krieg die Kunst stagnierte, fanden viele Künstler nur im Ausland ein adäquates Betätigungsfeld.*

Banderole: *Illustration aus einem Codex zum Hamburger Stadtrecht, 1487 (Hamburg, Staatsarchiv). Die ornamental geschlungenen Spruchbänder erläutern die Eheschließung. Der Mönch und der Laie auf den rahmenden Säulen, die sie halten, erinnern an ihre Herkunft von den → Buchrollen („Bandrolle") in den Händen von Propheten und Aposteln.*

der Initiations-, Totem- oder Fruchtbarkeitsriten werden die Teilnehmer, der Boden des Kultplatzes, Felswände und Bäume wie die Kultgegenstände mit Zeichen versehen. Es lassen sich zwei Gestaltungsweisen unterscheiden, der sog. naturalistische und der geometrische oder lineare Stil. Kerngebiet des naturalistischen Stils ist der Nordwesten, was zu der Annahme geführt hat, hier liege eine von außen beeinflußte jüngere Entwicklung vor. Als Farben sind hauptsächlich Weiß, Gelb, Rot und Schwarz verwendet. Von den Felsbildern sind am bekanntesten die Wondschina-Darstellungen im Kimberley-Gebiet. Es handelt sich um große, mehrfarbige Gestalten mit einem mundlosen, weißen Gesicht, das von einem heiligenscheinartigen Band umgeben ist. Für die Eingeborenen sind die Wondschinas Wesen der Urzeit, die aus dem Wasser kamen, die formlose Erde gestalteten und wieder ins Wasser zurückkehrten, nachdem sie ihr Bild an den Felsen zurückgelassen hatten. Sie verkörpern das Wasser, und ihre Bilder spenden Lebenskraft. Um die Fruchtbarkeit der Erde zu erhalten, müssen sie vor jeder Regenzeit erneuert werden. Von den statischen Wondschina-Bildern heben sich die kleinfigurigen, in Rottönen gehaltenen Felsbilder von Jägern, Tänzern oder Läufern ab, deren Urheber für die Eingeborenen ein Geistervolk namens Giro Giro war. Bei einigen der schlanken Figuren ist die Bewegung in wenigen Strichen so flüssig erfaßt, daß man den Giro-Giro-Malereien die Bezeichnung „eleganter Stil" gegeben hat. Eigenartig sind die Darstellungen im „Röntgenstil", der hauptsächlich im Arnhemland beheimatet ist. Tierkörper, seltener auch Menschen, erscheinen „durchleuchtet", da in den äußeren Körperumrissen innere Organe und oft auch das Skelett dargestellt sind. Die Motive des linear-geometrischen Stils, der im Südwesten, Süden und Zentrum des Kontinents dominiert, sind konzentrische und halbierte Kreise, Spiralen, Labyrinthe, Wellen- und Schlangenlinien, die ineinander übergehen und komplizierte Muster ergeben können. Vorwiegend auf die nordaustralischen Küstengebiete beschränkt ist die Rindenmalerei. Tafelförmig zugeschnittene Rindenstücke, wie sie dort auch für Wetterschutzdächer verwendet werden, dienen als Bildträger. Technik und Motive sind vielfältig. Viele Rindenbilder beziehen sich auf bestimmte mythische Ereignisse. Auf Melville Island wurden große Rindenkörbe für die Bestattungszeremonien mit abstrakten Symbolen, die eine totemistische Bedeutung haben, bemalt. Weiter landeinwärts sind Darstellungen des Alltagslebens verbreitet.

Automatismus
Von Surrealisten gebrauchte Bezeichnung für spontane Mal- und Schreibtechniken, bei denen sich das Unbewußte unmittelbar, ohne die Kontrolle der Vernunft oder vorgeprägter Form- und Inhaltsmuster, in künstlerische Aktivität umsetzen soll. Hauptpropagandist war André Breton, wichtige Maler in dieser Verfahrensweise waren Max Ernst, André Masson und Arshile Gorky. Sie spielte auch eine große Rolle im → abstrakten Expressionismus, in der → Action-painting und im → Informel. 1948–51 existierte in Kanada die Gruppe „Les Automatistes".

Autorenbild
In der Buchmalerei des Mittelalters übliche Darstellungen von Evangelisten, Kirchenvätern, Heiligen und Geistlichen als Empfänger göttlicher Eingebung, die zuweilen mit Attributen der Gelehrsamkeit: Bücher, Schreibzeug, Brille usw. ausgestattet sind (Abb. S. 676, 702). Sie sind Nachfolger antiker Autorenporträts und wurden in der Renaissance vom ausgesprochenen Gelehrtenporträt abgelöst.

Azulejos
Glasierte Keramikfliesen in Spanien und Portugal. Sie wurden durch die Araber eingeführt (arab. zulaig = Fliese mit Zinnglasur). Die Farbe ist vorwiegend blau (span. azul = blau). Frühe gemusterte Azulejo-Wände sind in der Alhambra von Granada erhalten. Später wurden alle üblichen Bildthemen in → Fliesenmalerei an Innen- und Außenwänden von Kirchen und Palästen dargestellt.

B

Bacchanal
In den Bacchanalien wurde Dionysos (griech. auch Bakchos, lat. Bacchus) als Gott rauschhafter Ekstase gefeiert. Sie lieferten der antiken Kunst viele Bildmotive, die seit der Renaissance wieder aufgegriffen wurden.

Bambocciade
Der holländische Maler Pieter van Laer, der seit 1625 in Rom lebte und „il Bamboccio" (Knirps) genannt wurde, verschmolz in seinen kleinformatigen realistischen Szenen die Tradition der niederländischen Genremalerei mit dem neuartigen Realismus Caravaggios. Die Verfechter eine klassischen Kunst polemisierten gegen diese Richtung und gaben Werken ihrer Art den Spottnamen des Hauptvertreters.

Banderole
Spruchband, das mit Namen, Zitat oder → Legende die dargestellte Figur oder Szene erläutert.

Barbizon, Schule von
In dem Dorf Barbizon bei Fontaine-

Bacchanal: *Peter Paul Rubens,* BACCHANAL AUF ANDROS, *200 × 215 (Stockholm, Nationalmuseum). Kopie nach dem Gemälde Tizians im Prado von Madrid. Der Renaissance und dem Barock bot das antik-heidnische Thema die Gelegenheit zur Darstellung vital-sinnlichen, von Tanz, Rausch und Eros erfüllten Lebens in der Natur.*

Barockmalerei: *Nicolas Poussin,* DAS REICH DER FLORA, *1631 (Dresden, Gemäldegalerie). Mit Poussin tritt die französische Kunst das Erbe Roms an. Er führte sie zu einer Klassizität, die für lange Zeit vorbildlich blieb, aber nie in dieser genialen Art wiederholt wurde. Trotz eines gewissen barocken Pathos sind seine Figuren einem strengen, friesartigen Rhythmus unterworfen.*

bleau traf sich um die Mitte des 19. Jh. eine Gruppe französischer Maler, die sich vom herrschenden → Klassizismus abwandten und nach einer realistischen Landschaftsmalerei suchten, weshalb sie Freilichtstudien betrieben. Ihr Ideal sahen sie im „Paysage intime", dem schlichten, aber stimmungsvollen Naturausschnitt (Theodore Rousseau, Daubigny, Dupré, Millet).

Barockmalerei

Der Begriff „Barock" ist wahrscheinlich aus portugiesisch „barucca" = unregelmäßige Perle abgeleitet. „Barocco" bezeichnete seit ca. 1570 in der burlesken und satirischen Literatur Italiens einen witzigen, skurrilen Einfall. In der französischen klassizistischen Literatur des 18. Jh. wird der Terminus zunächst auf die Architektur angewandt und meinte dann allgemein das „Regelwidrige", „Sonderbare". Erst in Heinrich Wölfflins 1888 erschienenem Werk „Renaissance und Barock" dient der Begriff als konkrete und „positive" Stil- und Epochenbezeichnung, die entsprechende künstlerische Phänomene nicht mehr rein als Auflösungserscheinungen der Renaissance, sondern als eigenwertige Gesetzmäßigkeit begreift. Auch heute noch nicht gänzlich gelöst ist die Frage zeitlicher Eingrenzung der Epoche, vor allem die Abgrenzung zum → Rokoko hin, das einerseits als Modifikation des Barock, andererseits doch auch als eigene schöpferische Potenz verstanden wird. In der Regel datiert man den Barock von etwa 1580/1600 bis 1720/30 und läßt dann das Rokoko, häufig auch als Spätbarock bezeichnet, folgen. Nur ist dabei zu berücksichtigen, daß die Grenzen fließend sind, daß der → Manierismus z. B. sich häufig noch weit ins 17. Jh. erstreckt und daß es starke Zeitverschiebungen von Land zu Land gibt. Geistesgeschichtliche Gründe für den Epochenwandel seit dem späten 16. Jh. liegen zum einen in der vollzogenen Gegenreformation, wodurch sich die neugewonnene Position der katholischen Kirche künstlerisch in einem Triumphalstil manifestieren wollte, andererseits in dem einsetzenden Absolutismus, wodurch sich auch die Profankunst zu Pathosformeln steigerte (→ Apotheose). Stilisitsch beruft sich der Barock zunächst stark auf die Hochrenaissance, übersteigert aber deren Formprinzipien ins Theatralische und Pathetische. Höchstes Ziel dabei ist es, die Autonomie des Kunstwerkes aufzubrechen, die „ästhetische Grenze" zu überschreiten, um die artifizielle Kunstwelt mit der Realwelt des Betrachters und damit die symbolisch-ideelle Gedankenwelt der Kunstwerke mit dem Leben in Einklang zu bringen – also letztendlich eine Übersteigerung des Lebensgefühls, eine Inszenierung des Alltags zum „Fest" und zum pomphaften „Theater" herbeizuführen. Jedes Mittel ist dazu recht: die Augentäuschung des → Trompe-l'œil, die Apotheose, die Funktion realer theatralischer Praktik (→ Bühnenmalerei), die Illusion im weitesten Sinne. Ihr dient auch die Anwendung perfekter Perspektivik

Barockmalerei: *Rembrandt,* BADENDE FRAU IN EINEM FLUSS, *1654, 61 × 46 (London, National Gallery). In Rembrandts Kunst kulminiert der Gegensatz von protestantisch-holländischem und katholischem Barock. Nicht in pathetischer Entfaltung nach außen, sondern in verinnerlichter Menschlichkeit begegnen sich in seinen Bildern irdische und göttliche Welt.*

Barockmalerei: *Caravaggio,* DAVID MIT DEM HAUPT DES GOLIATH, *1610, 125 × 100 (Rom, Galleria Borghese). Mit seinem Helldunkel prägte Caravaggio die gesamte Barockmalerei, mit seinem drastischen Realismus vor allem die holländische. Die Lichtführung vereinheitlicht den Raum und dient gleichzeitig der pathetischen Akzentuierung.*

Biedermeier: *Carl Spitzweg,* DER ARME POET, *1839, 36,2 × 44,6 (München, Neue Pinakothek). Eine mit sorgfältiger Präzision ausgeführte und mit ironischer Sympathie karikierte Idylle. Der Poet strebt feurig nach höchstem Dichterruhm. Seine Manuskripte wandern aber gleich wieder in den Ofen, um seine dürftige Behausung mit einem sehr materiellen Feuer zu erwärmen.*

(→ Quadraturmalerei) und der → Anamorphose in der Wand- und Deckenmalerei, alles Mittel, um Kunst und Betrachter in ein Illusionskontinuum zu bringen. Das Kunstwerk wird nun für den Betrachter inszeniert und ordnet sich auch seiner Gedankenwelt unter. Kunst ist nicht mehr ein eigenständiger Bedeutungsbereich, sondern Projektion der Betrachter„schau". So „ist" das Kunstwerk nicht mehr, sondern „spielt Theater", desillusioniert sich, bei aller Illusion, stets wieder zum rein artifiziellen Gebilde. Bewußte Desillusion ist aber erst möglich, wenn Kunst nicht mehr als Überzeitliches verstanden wird; so ist die barocke Malerei schon stark von Historizismen geprägt. Sie ist aber auch erst möglich, wenn Kunst der Hinfälligkeit des Menschlichen unterstellt ist; daraus resultieren die erschütternden Todes- und Vanitasbilder des Barock. Die Relevanz der „Schau" bedingt auch eine zunehmende Subjektivierung der Kunst, die sich u. a. in der gesteigerten Rolle der → Skizze als spontanem Ausdrucksverfahren äußerte. Thematisch erhält die → Allegorie, vor allem die → Personifikation, verstärktes Gewicht, so ist etwa Rembrandts MANN MIT DEM GOLDHELM, um 1650 (Berlin, Stiftung Staatl. Museen/West, Gemäldegalerie), eine Personifikation des Mars, des Krieges. In der Regel treten Allegorien zu vielschichtigen Programmen zusammen, etwa in dem MEDICI-ZYKLUS des Peter Paul Rubens, 1622–25 (Paris, Louvre). Im sakralen Bereich wird der Allerheiligenhimmel der Kirchengewölbe zentrales Thema. Im protestantischen Barock, vor allem in Holland, dominiert das Tafelbild, und das Sakrale unterliegt einer tief-innerlichen Vermenschlichung; in erster Linie bei Rembrandt. Daneben entsteht hier eine ausgesprochene Fachmalerei mit → Stilleben, → Landschaft, → Marinemalerei, → Genre, → Bildnis oder Gruppenporträt, wobei freilich diese äußerlich so realistischen Gestaltungen häufig eine tiefere symbolische Schicht aufweisen. Die Barockmalerei entstand in Italien mit der hochrealistischen Helldunkel-Malerei Caravaggios und der akademischen Klassizität der Gebrüder Carracci. Die caravaggesken Tendenzen mündeten in die holländische und spanische (Velázquez, Ribera, Murillo) Barockmalerei ein und auch in die Kunst Rubens'. Der klassizistische Idealismus bestimmte die französische Barockklassik vor allem Poussins und Le Bruns. Freilich lebte in Frankreich auch der Caravaggismus weiter, so bei Georges de La Tour, den Gebrüdern Le Nain. Deutschland fand erst relativ spät, nach dem Ende des Dreißigjährigen Krieges, in breiter Linie zum Barock, brachte aber schon früher mit Adam Elsheimer und Jan Liss Maler von Rang hervor. In England war van Dyck der wichtigste Anreger. Die Internationalität des Stils wurde gefördert durch Wanderkünstler, die → Akademien und durch Ateliers wie das des Rubens, die ganz Europa belieferten; aber auch durch die florierende Druckgraphik, die Bilderfindungen rasch überallhin verbreitete.

Bateau-Lavoir

Von dem Dichter Max Jacob eingeführte Bezeichnung (franz. „Waschboot") für die verfallenen Baulichkeiten am Place Émile-Goudeau in Paris, in denen seit 1890 viele Künstler Ateliers eingerichtet hatten. Um Pablo Picasso gruppierten sich hier avantgardistische Maler, Dichter und Kunstkritiker, und von hier nahm der → Kubismus seinen Ausgang. Georges Braque, Kees van Dongen, Juan Gris gehörten zum engeren Kreis. Berühmt wurde das Bankett, das Picasso hier für Henri Rousseau 1908 veranstaltete. Seit 1912 büßten die Ateliers an Anzie-

Biedermeier: *Karl Begas,* DIE FAMILIE BEGAS, *1821, 76,5 × 85,5 (Köln, Wallraf-Richartz-Museum). Das Familienbildnis zeigt die bürgerlich orientierte Welt des Biedermeier in ihrer geordneten Enge deutlich. Einflüsse der Romantik und des Klassizismus werden zu unpretentiöser Beschaulichkeit verarbeitet.*

Bildnis: *Detail aus dem* DREIKÖNIGSZUG *von Benozzo Gozzoli, 1459–61, Fresko (Florenz, Palazzo Medici-Riccardi). Assistenzfiguren sind eine wichtige Vorstufe des neuzeitlichen Bildnisses. Auch in Ghirlandaios Fresko* BESTÄTIGUNG DER FRANZISKANERREGEL *(Florenz, SS. Trinità) wohnen porträthaft erfaßte Medici der Szene bei.*

hungskraft ein; ehe sie 1970 in ein Museum verwandelt werden konnten, brannten sie ab.

Bauhaus, Staatliches
Deutsches Kunstinstitut, das 1919 von dem Architekten Walter Gropius in Weimar gegründet und für neue künstlerische Lehrmethoden und moderne Gestaltung international wegweisend wurde. Es ging aus der Vereinigung der Hochschule für bildende Kunst mit den Resten der 1915 aufgelösten Weimarer Kunstgewerbeschule hervor. Sein Ziel war die „Veredelung der gewerblichen Arbeit" im Zusammenwirken von Kunst, Industrie und Handwerk im Sinne eines Gesamtkunstwerkes, mit dem zentralen Bezugspunkt der Baukunst. Als Formmeister wurden u. a. berufen: Lyonel Feininger (1919–33), Paul Klee (1920–29), Oskar Schlemmer (1921–29), Wassily Kandinsky (1922–32), László Moholy-Nagy (1923–28). Kunstpädagogisch war des weiteren bedeutsam die Tätigkeit von Johannes Itten und Josef Albers. Die erste Bauhausphase, 1919–24, war im Bereich der Malerei vom → Expressionismus geprägt. Die zweite Phase, 1925–28, begann mit der Übersiedlung nach Dessau. Einflüsse von De → Stijl, dem russischen → Konstruktivismus und Le Corbusier wurden entscheidend. Unter zunehmendem politisch-rechtsextremem Druck trat 1928 Gropius von der Leitung zurück, sein Nachfolger wurde Hannes Meyer. Die dritte Phase, 1928–30, ist vom Gegensatz der ästhetischen Anschauungen der „Bauhausmaler" und dem Funktonalismus Meyers und seiner Anhänger beherrscht. 1933 erzwangen die Nazis

Bildnis: *Jan van Eyck, Die Madonna des Kanonikus Joris van de Paele, Detail, 1436 (Brügge, Stedelijk Museum). Der in den individuellen Zügen seiner Physiognomie mit nahsichtigem Realismus erfaßte Kanonikus kniet, von seinem Patron empfohlen, betend vor der Madonna, im gleichen Größenmaßstab und sehr selbstbewußt.*

Bildnis: *Athonis van Dyck,* NICHOLAS LANIER, *116 × 87,6 (Wien, Kunsthistorisches Museum). Das repräsentative Barockporträt arbeitet mit Pathosformeln: selbstbewußten Posen, kostbaren Draperien, foliierenden Landschaftsausblicken u. ä. Van Dyck, seit 1632 Porträtmaler Charles' I., brachte dieses Bildnistypus nach England.*

Bildnis: MUMIENBILDNIS DER IRENE, *1. Jh. n. Chr. (Stuttgart, Württembergisches Landesmuseum). Die meisten → Mumienportäts stammen aus der Oase Fayum. Sie stellen den Verstorbenen in sprechend-lebhafter, jedoch immer stark idealisierter Weise dar. Hellenistisch-römische Traditionen mischen sich mit altägyptischen Jenseitsvorstellungen.*

Bildnis: *Peter Paul Rubens,* SELBSTBILDNIS MIT ISABELLA BRANT IN DER GEISSBLATTLAUBE, *1609/10. 178 × 135 (München, Alte Pinakothek). Das erste lebensgroße, ganzfigurige Selbstporträt eines Künstlers mit seiner Frau. Neuartig ist auch die Betonung inniger menschlicher Vertrautheit in der ebenso kunstvollen wie einfachen und zwingenden Komposition.*

Bildnis: *Peter Paul Rubens,* NEGERKÖPFE *(Brüssel, Musées Royaux des Beaux-Arts). Mehrere Ansichten ein und desselben Gesichtes, z. T. auch in unterschiedlichen psychischen Stimmungslagen, sind in einem Bild vereint. Es handelt sich um Bildnisstudien, die nicht in ein echtes Porträt, sondern in ein szenisches Geschehen einmünden sollen.*

die Schließung. Vor allem in den USA wurden von emigrierten Künstlern die Bauhaus-Prinzipien weiter propagiert.

Beatus-Apokalypse
Der asturische Mönch Beatus von Liébana gab 784 einen Kommentar zur → Apokalypse heraus. Vom späten 9. bis zum 13. Jh. entstanden in Spanien ca. 800 Handschriften mit diesem Kommentar und entsprechenden Miniaturen. Künstlerisch ragen dabei heraus die Handschrift in der Kathedrale von Gerona, um 975, und die aus Kloster St. Sever, Mitte 11. Jh. (Paris, Bibliothèque Nationale). Stilistisch kennzeichnend sind die formelhafte Bildsprache, der irreal konstruierte Bildraum, die geometrisch-dekorative Komposition und die ausdrucksstarke Farbigkeit. Vor allem ikonographisch wurden die Beatus-Apokalypsen über Spanien hinaus einflußreich.

Bedeutungsperspektive
Die Darstellung menschlicher Gestalten nicht gemäß der natürlichen Größenrelation, sondern nach dem Maßstab ihrer Bedeutung. Götter, Heilige, Heroen oder Fürsten überragen ihnen untergeordnete Personen. In der mittelalterlichen Kunst, aber auch im Alten Orient und im Buddhismus üblich.

Beuroner Schule
1868 von Peter Lenz (Pater Desiderius) in der Benediktinerabtei Beuron bei Sigmaringen gegründete Kunstschule. Ziel war die Erneuerung der jenseitsbezogenen christlichen Kunst, wie sie bis zu Giotto existierte, ein Ziel, das auf symbolistische Strömungen befruchtend einwirkte. Wichtige Arbeiten waren die Malereien in der Klosterkirche St. Gabriel in Prag 1888–90 und die Mosaiken in der Krypta von Monte Cassino, 1900–13. Durch Jan Verkade (Pater Willibrord) und Paul Sérusier gab es Verbindungen zu den → Nabis.

Biblia pauperum
Armenbibel. Zum einen volkstümliche Bezeichnung für verschiedene im 14. und 15. Jh. gebräuchliche Bücher mit Auszügen aus der Bibel und Kommentaren dazu, bestimmt sowohl für arme Geistliche, die sich keine ganze Bibel kaufen konnten, und für die „Armen im Geiste", d. h. für die schriftunkundigen Laien, die aufgrund der Vielzahl drastischer Illustrationen den Inhalt erfassen konnten. Zweitens eine spezielle Bezeichnung für das vermutlich Ende des 13. Jh. in Klosterkreisen entwickelte beliebteste Erbauungsbuch des späten Mittelalters, in dem in Texten und Bildern Szenen aus dem Neuen Testament solchen des Alten Testamentes gegenübergestellt wurden. Die älteste erhaltene deutschsprachige Armenbibel stammt aus der Mitte des 14. Jh. (Konstanzer Lyzeumsbibliothek). Seit 1425 erschienen viele Blockbuchausgaben. Das Bildprogramm war von großem Einfluß auf die Glasmalerei, Bildteppiche u.a.

Biedermeier
Kultur- und kunstgeschichtliche Be-

zeichnung für die unpolitische Zeit des Vormärz zwischen 1815 und 1848. Der Begriff geht auf die Gedichte „BIEDERmanns Abendgemütlichkeit" und „BummelMEIERS Klage" zurück, die Victor von Scheffel 1848 in den „Münchener Fliegenden Blättern" veröffentlichte. Er sollte zunächst die kleinbürgerliche Geisteshaltung persiflieren, später wurde er identisch mit gediegener Wohnkultur und unpathetischer, kleinteiliger, intimer Malerei. Sorgfältige Technik und Wirklichkeitstreue sind das Ziel, so in den unheroischen Schlachtenbildern Wilhelm von Kobells, im bürgerlich-einfachen Porträt, in der übergenauen Erfassung der heimatlichen Landschaft (Waldmüller), oder in der liebenswert karikierenden Figurenwelt eines Carl Spitzweg. Typisch ist auch die Hinwendung zum bürgerlichen Genre, zum Märchen und zur Idylle (Ludwig Richter, Moritz von Schwind) (Abb. S. 689).

Biennale di Venezia
Die alle zwei Jahre stattfindende internationale Kunstausstellung in den Giardini Pubblici in Venedig, die 1895 begründet und seit 1932 mit den Internationalen Filmfestspielen gekoppelt wurde. Die ursprünglich konservative Kunstschau wurde nach dem Zweiten Weltkrieg zu einem Forum der avantgardistischen Kunst, mit einem Schwergewicht auf der ungegenständlichen Kunst. Doch wurden auf Sonderausstellungen stets auch Vertreter des modernen → Realismus präsentiert, z. B. Renato Guttuso sowie z. T. Repräsentanten des → Sozialistischen Realismus.

Bilderstreit
Die Auffassung der ostkirchlichen Theologie, daß die → Ikone, besonders in ihrer Ausprägung als → Acheiropoieton, ein veristisches Abbild der dargestellten heiligen Person sei und diese über das Medium Bild den Bitten der Gläubigen zugänglich werde, führte zwangsläufig beim einfachen Volk zur – theologisch unzulässigen – Verehrung und Anbetung der Bilder selbst, zumal wenn diese den Ruf der Wundertätigkeit genossen. Die ständig schwelende Streitfrage gipfelte im Bilderverbot und Bildersturm, dem Ikonoklasmus, den Kaiser Leo III. 726 verfügte, nicht zuletzt, um die Macht der Klöster zu beschneiden. 787 ließ Kaiserin Irene die Bilderverehrung wieder zu. 843 war der Bilderstreit endlich beigelegt, an dem sich auch Karl d. Gr. beteiligt hatte.

Bildersturm
Die Zerstörung der verehrten und vom Volk angebetenen christlichen Bilder und → Ikonen durch die Ikonoklasten stellte den Höhepunkt des → Bilderstreits ab 726 dar. Bis auf geringe Reste – zumeist außerhalb der Grenzen des oströmischen Imperiums – büßte die → byzantinische Malerei den gesamten überreichen Bestand an Bildern ein, bis die „Ikonodulen", die Bilderverehrer, 843 endgültig wieder die Oberhand gewannen. Zwar hatte sich auch der Westen in den Libri Carolini gegen die Bilderanbetung gewandt, die Zerstörung jedoch abgelehnt. Eine Variante auf ähnlicher theologischer Grundlage ist die Vernichtung der Bilder in den Kirchen durch protestantische Fanatiker im 16. Jh.

Bildnis
Auch Porträt oder Konterfei. Abbildende und deutende Darstellung eines bestimmten Menschen in seiner anschaulichen Erscheinung oder, bei überindividueller Menschenerfassung, auch mittels beigegebener Namen, Insignien, Tracht, → Attributen, Wappen u. ä. Die Ähnlichkeit muß erkennbar, freilich nicht naturalistisch sein. Hauptfunktion des Bildnisses ist es, den nicht Anwesenden zu „vertreten", ihn zu ehren, seltener ihn zu verspotten (Karikatur), und sein Andenken auch über den Tod hinaus zu sichern. Dadurch wird das Porträt zu einer der wichtigsten gesellschaftlichen Aufgaben der Kunst aller Zeiten, mit Ausnahme jener Kulturen, die aus religiösen Gründen das Menschenbild ablehnen, etwa der Islam. Grundsätzlich unterscheidet man das Einzelbildnis, das Doppelbildnis und das Gruppenporträt. Letzteres entwickelt sich aus der Darstellung von Assistenzfiguren im

Bildnis: *Rembrandt,* HENDRIKJE STOFFELS, *um 1660 (Frankfurt, Städel). Nach dem Tod seiner Frau wurde Hendrikje Stoffels die Lebensgefährtin Rembrandts, der vor allem in den Bildnissen nahestehender Personen weit über die Erfassung der äußeren Erscheinung hinausging. Er lotete das Menschliche in ganzer Tiefe aus und schuf so auch die wohl bedeutendste Folge von Selbstbildnissen.*

Bildnis: *Wilhelm Leibl,* MÄDCHEN AM FENSTER, *1899 (Köln, Wallraf-Richartz-Museum). Der Ausspruch Leibls: „Wenn ich den Menschen nur so male, wie er wirklich ist, dann ist die Seele ohnehin dabei", kennzeichnet die Auffassungen der Bildniskunst des Realismus im 19. Jh. Wirklichkeitserfassung ohne Beschönigung als psychologische Interpretation des Modells.*

Bildnis: *Vincent van Gogh,* Armand Roulin, *1888 (Essen, Museum Folkwang). Bei van Gogh, aber überhaupt in weiten Bereichen der modernen Malerei, wird das Bildnis häufig dem immer eigenwertigeren Spiel von Linien und Farben untergeordnet. Durch deren Expressivität vermag jedoch ebenso eine tiefere Deutung des Dargestellten zum Ausdruck zu kommen.*

Zusammenhang einer übergeordneten Szene. Solche Gruppenbildnisse verselbständigten sich im Holland des 16. und 17. Jh. zur repräsentativen Wiedergabe von Personen, die durch gleiche Aufgaben miteinander verbunden sind. Varianten des Gruppenporträts stellen → Regentenstücke und → Schützenstücke dar. Bildnisse lassen sich des weiteren nach Haltung und Verhalten der Dargestellten unterteilen. Am Anfang der historischen Entwicklung steht das ganzfigurige Bildnis. Später folgt die Beschränkung auf die oberen Körperpartien (Kniestück, stehende oder sitzende Halbfigur) und vor allem auf das Gesicht (Brustbild, Kopfbild). Letzteres ist gleichbedeutend mit der künstlerischen Konzentration auf die individuelle Physiognomie und die psychische Ausdruckslage. Ist das Gesicht von vorne gesehen, spricht man von Enface-Darstellung, bei Seitenansicht je nach Kopfdrehung von Viertel-, Halb- oder Dreiviertelprofil, bei starker Abwendung von einem verlorenen Profil. Einen Sonderfall stellen das repräsentative Reiterbild sowie das Reihenbildnis dar, wo mehrere Einzelporträts nach bestimmten Gesichtspunkten ausgewählt und nebeneinandergereiht werden, etwa in Paolo Uccellos Die fünf Erfinder der Perspektive, 1450 (Paris, Louvre). Der gebräuchlichste Einteilungsschlüssel aber ergibt sich aus der sozialen Stellung der Porträtierten – Herrscherbildnis, Professoren-, Gelehrten-, Künstler-, Bürgerbildnisse, → Autorenbild usw. – oder aus ihrer subjektiven Position – Kinder-, Jünglings-, Greisen-, Männer-, Frauen-, Familienbildnis. Einen ausgesprochenen Sonderfall stellt das → Selbstbildnis dar, das bis ins 8. Jh. n. Chr. zurückreicht. Die Geschichte des Bildnisses in der Malerei beginnt im Griechenland des 6. Jh. v. Chr. Freilich sind wir aus dieser Zeit nur durch schriftliche Zeugnisse von der Existenz dieser Gattung unterrichtet. In der Kunst der Römer stellt das Porträt eine hervorragende Leistung dar. Die spätantiken → Mumienporträts bilden in ihrer realistischen Erfassung der individuellen Züge einen Höhepunkt der Bildniskunst überhaupt. Die hier entwickelten Züge gingen dann in die oströmische (→ byzantinische) Malerei ein. Herausragende Werke sind hier die Mosaiken mit den Bildnissen Kaiser Justinians und der Kaiserin Theodora in S. Vitale in Ravenna, 547. Freilich unterliegt das Individuelle einer überindividuellen, streng kanonisierten Stilisierung, eine Tendenz, die sich in der folgenden → Ikonenmalerei noch verstärken sollte. Die Hinneigung zum Jenseitigen und die Scheu vor dem „heidnischen" Bildnis verdrängten im

Bildnis: *Pablo Picasso,* Ambroise Vollard, *1909, 92 × 65 (Moskau, Puschkin-Museum). Der Kubismus unterwirft das Bildnis abstrakten Formprinzipien. In der Auflösung des Menschenbildes kommt auch der Zweifel am Sinn dieser Kunstaufgabe zum Vorschein: „... die gegenwärtige Struktur von Kunst und Gesellschaft läßt den Porträtauftrag fast absurd erscheinen ..." (W. Grohmann).*

Bildnis: *Oskar Kokoschka, Bildnis des Dichters Peter Baum, 1910, 65,5 × 47 (Köln, Wallraf-Richartz-Museum). Im nervösen Pinselduktus seiner frühen Porträts erstellt Kokoschka „Psychogramme" der Dargestellten. Er will mehr erfassen als das „Aussehen", in ihm das Irrationale aufspüren und als dominierend sichtbar machen.*

Bildstickerei: *Tasche mit Minneszenen, Gold- und Seidenstickerei auf Leinen, Frankreich (Paris?), um 1340 (Hamburg, Museum für Kunst und Gewerbe). Das mit feiner „Nadelmalerei" geschmückte Damentäschchen ist ein erlesenes Zeugnis der höfischen Gotik und erinnert an die anmutigen Elfenbeinreliefs von Kästchen und Spiegelkapseln.*

frühen und hohen Mittelalter das echte Bildnis. Typisierte Idealbildnisse, die durch Wappen, Insignien u. ä. näher bestimmt wurden, traten an ihre Stelle. Für die Entwicklung des neuzeitlichen Bildnisses sind die → Stifterbildnisse wegweisend. Zu den frühesten Belegen einer nun wieder einsetzenden echten Porträtkunst zählt das im böhmischen Kunstkreis entstandene Dreiviertelbildnis Erzherzog Rudolf IV. von Habsburg, um 1365 (Wien, Erzbischöfliches Diözesanmuseum). Mit dem verstärkten Wirklichkeitssinn im Porträt des 14. Jh. geht auch die Entwicklung des Standesporträts einher; in Italien entstanden die ersten Künstlerporträts. Mit → Jan van Eyck hebt die ausgesprochene Bildnismalerei für private Auftraggeber an. Im Italien der Frührenaissance bevorzugte man das strenge Profilbild (Abb. S. 520). Das durch Humanismus und Renaissance geweckte Selbstbewußtsein und Interesse für das Individuum steigerte die Nachfrage nach Bildnissen und führte zu einem entsprechenden Spezialistentum (Hans Holbein d. J., Anthonis Mor). Bei Albrecht Dürer, Lucas Cranach, Leonardo da Vinci, Raffael, Tizian, Hans Holbein d. J., Jean Clonet hatte das Bildnis wohl einen absoluten Gipfel erreicht. Das Repräsentationsbedürfnis des Barock steigerte erneut die Bildnisfreudigkeit, wobei pathetische Haltung, prunkvolle Kostümierung und pompöse Drapierungen zu typischen Gestaltungsformen werden; bei Rubens ebenso wie bei Anthonis van Dyck, Hyacinthe Rigaud u. a. Rembrandt, Frans Hals, Diego Velázquez wandten sich dagegen einer schlichteren, psychologisch einfühlsameren Bildniskunst zu. Im Rokoko kehrte man vor allem im zarten Pastellbildnis zu einer sensibleren Grundhaltung zurück. Um 1800 stellen die Bildnisse Francisco de Goyas einen der letzten Höhepunkte der Gattung dar. Zwar brachten das 19. Jh. mit dem Freundschaftsbildnis der Romantik, den Milieustudien Henri de Toulouse-Lautrecs und der existenziellen Charakterisierung Vincent van Goghs, das 20. Jh. mit den expressiven Bildnissen Oskar Kokoschkas, Lovis Corinths, Max Beckmanns u. a. neue Aspekte, insgesamt hatte aber das Bildnis an Relevanz seit ca. 1800 verloren.

Bildstickerei

Neben den gewirkten → Bildteppichen gibt es aus dem Mittelalter Tapisserien in Nadelstickerei (Teppich von Bayeux, 11. Jh.; Tristanteppiche im Kloster Wienhausen bei Celle, 14. Jh.). Daneben haben sich gestickte → Antependien erhalten. Der wichtigste Gegenstand der Bildstickerei waren jedoch die Paramente. Auch die kirchlichen Textilien des byzantinischen Bereichs bezeugen eine beachtliche Bildstickerei-Tradition, die mit Metallfäden mosaikartige Wirkungen erzielte. Die Epitaphien (Tücher mit der Beweinung des toten Christus für die Karfreitagsliturgie) sind oft bedeutende Kunstwerke.

Bildteppich: *Detail aus dem Teppich von Bayeux, gegen 1080, Wollstickerei auf Leinen. Der etwa 50 cm hohe und 70 m lange Wandteppich schildert in zahlreichen Szenen den Englandzug Wilhelm des Eroberers und die Schlacht bei Hastings. Bischof Odo von Conteville, ein Halbbruder des Normannenherzogs, ließ ihn für seine Kathedrale herstellen.*

Bildteppich: DER LIEBESGARTEN, *1460–70 in Basel gewirkt, 102 × 305 (Basel, Histor. Museum). Vor einem Rebspalier reihen sich junge modisch gekleidete Paare, denen Diener aufwarten, schach- und kartenspielend, speisend, sich kosend oder dem Geliebten ein Kränzlein windend. Das höfische Thema stammt aus Frankreich.*

Bildteppich
Bildwirkerei, die aus der Durchkreuzung von „Kette“ und „Schuß“ entsteht, wobei gewöhnlich der längslaufende Kettfaden aus farblosem Leinengarn, der querlaufende Schußfaden aus farbiger Wolle besteht (später auch aus Seide oder Edelmetall). Wichtig ist, daß beim Gewirke der Schußfaden mit der Hand durch die Kettfäden gezogen wird, die farbige Wolle des „Schusses“ wird am Nadelende, der „Fliete“, dabei nur so weit nach links oder rechts geführt, wie es die zeichnerische Vorlage verlangt. „Das Wirken setzt also eine mehrfarbige Flächenmalerei in ein Textil um, wobei jedoch die Darstellung nicht wie dort auf eine vorhandene Unterlage aufgetragen ist, sondern selbst durchgehende Substanz des Erzeugnisses wird“ (H. Kreisel). Bildwirkerei läßt sich seit dem 2. Jahrtausend v. Chr. in Kleinasien, Ägypten oder in Peru nachweisen. Es handelt

Bildteppich: DIE NEUN HELDEN UND HELDINNEN, *aus der Werkstatt des Nicolas Bataille, um 1385 (Paris, Musée de Cluny). Die Folge umfaßt je drei Männer und Frauen aus der biblischen Geschichte, der Antike und der Heldenzeit des Mittelalters. In den französischen Tapisserien entfaltet sich seit dem 14. Jh. eine reiche profane Ikonographie.*

sich dabei meist um ornamentale Zierstücke; figürliche Motive in kleinem Format tauchen erstmals im Hellenismus auf. Koptische Wirkereien, d. h. ägyptische Erzeugnisse aus frühchristlicher Zeit, haben sich in großer Zahl erhalten. Zunächst wurden die Teppiche auf hohen Gewirkstühlen gearbeitet. Erst als Wandbehänge großen Formats in Gebrauch kamen, konstruierte man Rahmenapparaturen, wobei man seit dem 15. Jh. zwei Verfahren unterschied: das Wirken am hohen Stuhl („Hautelisse") und am flachen Stuhl („Basselisse"). Im ersteren Fall war die Kette senkrecht gespannt. „Die von den Schußfäden gestaltete Darstellung wuchs von unten nach oben. Auf die Kettfäden wurde der Zeichnungsumriß der Vorlage gepaust. Diese selbst, der Karton, war im Rücken des Wirkers angebracht und diesem durch einen Spiegel hinter der Kette sichtbar" (H. Kreisel). Beim zweiten Verfahren lief die Kette waagrecht, die Darstellung wuchs von links nach rechts. „Unter die Kette war die Patrone eingespannt, eine nach dem gemalten Karton kopierte Vorlage, die schon unter Berücksichtigung der textilen Technik etwas umgezeichnet war; nach ihr konnte der Wirker also unmittelbar nachbilden. Demgemäß sah er selbst aber nur die Rückseite des Wirkteppichs, dessen Vorderseite eben auf der Patrone lag . . ." (H. Kreisel). Der seit dem 19. Jh. für gewirkte Teppiche eingebürgerte Name „Gobelin" geht zurück auf die Anfang des 17. Jh. in Paris arbeitende flämische Wirkerfamilie Gobelin, deren Werkstatt in den Besitz Heinrichs IV. überging und 1662 von Ludwig XIV. in die königliche „Manufacture des Gobelins" umgewandelt wurde. In Frankreich selbst werden aber Wirkteppiche „tapisseries" genannt, in England „tapestries" und in Italien „arazzi", nach den ältesten bedeutenden Manufakturen in Arras. Die frühen Bildteppiche des 11. und 12. Jh., aber auch noch die 1376–84 nach Entwürfen des Hofmalers Jean de Bondol, gen. Hennequin de Bruges, für die Kathedrale von Angers geschaffenen SZENEN AUS DER APOKALYPSE, ursprünglich 90 Bilder auf sieben Teppichen, übertragen den Stil der Buchmalerei ins Textile. Die wenigen erhaltenen frühen Tapisserien sind für Kirchen gefertigt. Es waren auch weltliche Motive möglich, wie z. B. der aus dem 11. Jh. stammende TEPPICH VON BAYEUX (Abb. S. 695). Freilich handelt es sich hierbei um eine Stickerei auf locker gewebtem Leinen. Bereits im späten 13. Jh. wurde Arras zum Ausgangspunkt manufakturmäßiger Fertigung. Fast gleichzeitig waren auch Tournai und Paris Zentren der Gobelinherstellung. Es

Bildteppich: DAS GEFANGENE EINHORN. *Schlußbild einer Tapisserie-Serie* EINHORNJAGD *aus dem Schloß Verteuil, um 1500 (New York, Metropolitan Museum). In der Feinheit und Eleganz der Zeichnung und den leuchtenden Farben ein hervorragendes Beispiel der spätmittelalterlichen Tapisseriekunst, gleichzeitig ein Hauptwerk der Millefleurs-Teppiche. Das Einhorn galt als Symbol der Keuschheit.*

Bildteppich: OKTOBER, *um 1612. Woll- und Seidenfäden, 450×514 (München, Bayerisches Nationalmuseum). Der Teppich gehört zu einer Serie von* MONATSDARSTELLUNGEN, *die nach Entwürfen Peter Candids von Hans van der Biest gewirkt wurden, dem Leiter der 1604 gegründeten sog. Ersten Münchener Manufaktur.*

entstanden Teppichfolgen mit Motiven aus Jagd, Dichtung und → Allegorie für höfische Auftraggeber. Sie waren stark stilisiert, vor allem in den Pflanzenmotiven, die häufig „Millefleurs" bildeten, ein flächiges Streumuster aus vielen kleinen Blumen. In Deutschland verbreitete sich die Bildwirkerei, ausgeübt in Klöstern oder kleinen handwerklichen Betrieben, vermutlich vom Oberrhein aus. Charakteristisch waren die „Rücklaken", die man an Kirchenwänden oder in Wohnräumen aufhängte, Darstellungen mit „Wilden Männern" und Minneteppiche mit Motiven der höfischen Dichtung. Die weitere Entwicklung wurde von Brüssel bestimmt, das seit dem 16. Jh. Tournai und Arras überflügelte. Von hier aus wurden vor allem die Höfe in Wien und Madrid mit einer immensen Fülle von Bildteppichen beliefert, wobei anerkannte Künstler die Entwürfe zeichneten. Großen Einfluß hatten → Raffaels Kartons TATEN DER APOSTEL (London, Victoria and Albert Museum) für die mehr als 200 m^2 großen „Vatikanischen Teppiche", die 1516–19 in der Manufaktur von Pieter van Aelst gewirkt wurden. Auch → Barent van

Bildteppich: *François Boucher,* DIE HOCHZEIT. *Ausschnitt aus einem Wandteppich-Entwurf 1742. Öl auf Leinwand, 40 × 47 (Besançon, Musée des Beaux-Arts). Frankreich blieb bis ins späte 18. Jh. Zentrum der Gobelin-Kunst. Doch trotz raffiniertester Umsetzung von Gemäldevorlagen ging die Zeit des Bildteppichs zu Ende.*

Orley war maßgeblich daran beteiligt, daß die Bildteppiche sich dem monumentalen, räumlich-plastischen Freskenstil der Renaissance anglichen, während in der Einfassung, der Bordüre, das dekorativ-flächige, stilisiert-ornamentale Moment weiterlebte. Im Barock intensivierte sich der malerisch-monumentale Freskenstil. Historien, → Allegorien, → Grotesken, höfische Szenen bestimmten die Thematik. In der 2. Hälfte des 17. Jh. übernahm Frankreich wieder die führende Rolle, wo → Le Brun 1663 die Leitung der „Manufacture des Gobelins" übernahm. Charakteristisch für deren Teppiche sind ein dominierendes Blau und Grün und stark dekorative, aber doch repräsentative Wirkung. → François Boucher, seit 1755 Leiter der Manufaktur in Beauvais, trug viel zum Renommee der französischen Tapisserie im Rokoko bei. Die Manufaktur S. Barbara in Madrid erlangte durch → Goya Weltgeltung. Im 20. Jh. versuchte vor allem die Manufaktur von Aubusson die Tapisseriekunst zu erneuern.

Bindemittel
Substanzen, die den Farbstoffen Haftfähigkeit verleihen. Alte Bindemittel sind tierische Fette (→ Höhlenmalerei), Leim und Pflanzenmilch (→ ägyptische Malerei), Kalk (→ Wandmalerei), Bienenwachs (→ Enkaustik). Die mittelalterliche → Buchmalerei verwendete neben Pflanzenleim auch Eiweiß, die → Tafelmalerei bevorzugte wasserlösliche → Tempera aus fetten Wachs- und Ölseifen mit Leimzusätzen oder in Wasser emulgiertes Eigelb. Im 15. Jh. kam die → Emulsion von Eigelb in Öl auf (→ Jan van Eyck, Ölmalerei). Bei den Venezianern wurden im 16. Jh. die Emulsionen immer fetter. Die Barockmaler schließlich nahmen eingedickte Öle (Nußöl, Leinöl), denen Harzöle (Terpentin) und Weichharze (Mastix, Dammar) zugesetzt wurden. Im 19. Jh. experimentierte man mit schwertrocknendem,

fetten Mohnöl, → Asphalt und Hartharzen. Das in England erfundene, hart trocknende Standöl ergibt eine emailartige Oberfläche (Courbet, Leibl), dunkelt und reißt aber bei starkem Auftrag (Hans von Marées). Die synthetischen Harze des 20. Jh., die rasch Verbreitung fanden (→ Acryl), haben den Vorteil, daß sie farblos sind und nicht gilben.

Blacherniotissa
Byzantinischer Madonnentypus, frontal in Bethaltung mit erhobenen Armen. Benannt nach einer Ikone im Blachernenkloster, Konstantinopel.

Blaue Reiter, Der
Künstlergemeinschaft, die 1911 in München von Wassily Kandinsky und Franz Marc gegründet wurde. Der Name leitet sich von dem Titel eines 1903 von Kandinsky gemalten Bildes her, erinnert an die Auslegung des Blau als Symbol des Geheimnisvollen in der Romantik und deckt so eine der künstlerischen Wurzeln dieser Gruppe auf. Zu ihren wichtigsten Mitgliedern zählten weiterhin August Macke, Alfred Kubin, Gabriele Münter, Paul Klee; in enger Verbindung standen Marianne von Werefkin, Alexej von Jawlensky, Heinrich Campendonk und Arnold Schönberg. In den Ausstellungen der Gruppe wurden auch Werke von ausländischen Künstlern – Braque, Picasso, Delaunay, Derain, Arp, Larionov, Malewitsch u. a. – dem deutschen Publikum vorgestellt. Im Gegensatz zur zweiten wichtigen deutschen Expressionistengruppe, der → Brücke, suchte der Blaue Reiter „die bisherigen Grenzen des künstlerischen Ausdrucksvermögens zu erweitern“, zu einer absolut eigengesetzlichen Bildwelt vorzudringen. Damit legte er eines der Fundamente für die Entstehung der → abstrakten Malerei. Durch eine „mystisch-innerliche Konstruktion des Weltbildes“ (Franz Marc) suchte man andererseits die neue Kunst mit neuen Symbolgehalten zu füllen.

Blumenbild
Beispiele dieser Sondergattung des → Stillebens finden sich bereits in

Buchmalerei: *Initialseite aus dem* Book of Kells, *um 700, Pergament (Dublin, Trinity College Library). Eines der Hauptwerke der insularen vorkarolingischen Buchmalerei. Das Scriptorium, in dem es entstand, wird in einem der Klöster des Königreiches Northumbrien vermutet. Es dominiert eine aus dem keltisch-germanischen Kulturkreis stammende Ornamentik.*

Brücke: *Ernst Ludwig Kirchner,* Die Maler der Brücke, *1925, 167 × 125 (Köln, Wallraf-Richartz-Museum). Das Gruppenporträt erinnert an die Trennung im Streit über Kirchners „Chronik“ 1913 in Berlin. Kirchner argumentiert, Heckel in der Mitte blickt zu Schmidt-Rottluff, Otto Mueller sitzt rauchend im Klappstuhl.*

h generatio
34

Buchmalerei: Der Evangelist Matthäus, *aus dem Evangeliar des Erzbischofs Ebo von Reims, vor 835 (Epernay, Bibliothèque Municipale). Zusammen mit dem* Utrecht-Psalter *gehört das* Ebo-Evangeliar *zu einer eigenen Gruppe der karolingischen Buchmalerei, die in einem „zittrigen", nervös und dynamisch bewegten Zeichenstil antike Vorlagen rekapituliert.*

römischen Wandmalereien. Die → chinesische Malerei kennt das Blumenmotiv schon früh. Im Abendland bezeugen die Kräuterbücher des späten Mittelalters das erwachende Interesse an der Flora. Eingang in die Malerei fanden die Blumen vor allem als Marienattribute. Mit den Aquarellen Dürers verselbständigte sich das Motiv. In der Nachfolge Jan Brueghels d. Ä. und Boschaerts waren schließlich eine große Zahl von Spezialisten tätig, „Botanisten", denen es um Naturtreue ging, oder „Floristen", die das Dekorative in den Vordergrund stellten. Seit dem → Impressionismus verlor das Blumenbild ganz seinen botanischen Charakter und wurde zum Anlaß für reine Malerei.

Bodegon
Bezeichnung für eine Bildgattung, die im frühen 17. Jh. in Spanien nach dem Vorbild des niederländischen → Kü-

Buchmalerei: Initiale E *aus dem Psalter von St. Omer, um 830 (Wolfenbüttel, Herzog-August-Bibliothek). Die Ornamentik verbindet den merowingischen „Tierstil" mit dem insularen Flechtwerkstil. Eng verwandt ist ein anderer Psalter aus St. Omer, der für König Ludwig den Deutschen geschrieben wurde (Berlin, Staatsbibliothek).*

Buchmalerei: JOHANNES-ADLER *aus dem* CODEX MILLENARIUS, *der um 800 möglicherweise im Stift Kremsmünster, in dessen Bibliothek er verwahrt wird, entstand. Den vier Evangelien wurde jeweils entweder das Symbol des Evangelisten oder ein „Autorenbild", das ihn am Pult schreibend oder meditierend zeigt, vorangestellt, oft sind auch beide Motive gegeben.*

Buchmalerei: *Doppelseite mit* SZENEN AUS DER MOSESGESCHICHTE, *aus der* ALKUIN- *oder* GRANDVAL-BIBEL, *zwischen 800 und 850 im Kloster St. Martin zu Tours geschrieben (London, British Museum). In dem von dem fränkischen Abt Alkuin begründeten Scriptorium entstanden kunstvolle Bibelhandschriften, die etwa ab dem Jahre 840 mit großen, figürlich geschmückten Titelseiten versehen wurden.*

chenstücks aufkam (span. bodegôn = Schenke, Küche). Es ist eine Verbindung von volkstümlichem → Genre und → Stilleben. Die Figuren, mit denen das stillebenartig arrangierte Kücheninventar zunächst kombiniert war, blieben später weg, so daß die Bodegones schließlich reine Stilleben waren.

Bolus
Rote Erdfarbe, die als Öl- und Wasserfarbe Verwendung fand, gelegentlich auch als Füllmasse zur → Grundierung in der Tafelmalerei und bei Vergoldung.

Breviarium
Seit dem 9. Jh. gebräuchliches Gebetbuch für die Priester (Brevier). Die frühesten erhaltenen Handschriften stammen aus dem 11. Jh. In die reicher werdenden Illustrationen wurden ab 1400 realistische Landschafts- und Genrebilder einbezogen.

Brücke, Die
1905 von Ernst Ludwig Kirchner, Erich Heckel, Karl Schmidt-Rottluff und Fritz Bleyl in Dresden gegründete Künstlervereinigung, die zu den wichtigsten Repräsentanten des → Expressionismus zählte. In dem von Kirchner 1906 verfaßten und mit Holzschnitten geschmückten Manifest der „Brücke" wird eine neue geistige Haltung propagiert: „Jeder gehört zu uns, der unmittelbar und unverfälscht das wiedergibt, was ihn zum Schaffen drängt." Die „Brücke"-Künstler suchten Anregungen bei altdeutschen Holzschnitten, bei der Schnitzkunst der Südseeinsulaner und Afrikaner, bei Edvard Munch, den → Nabis, → Fauves und beim → Kubismus. Nach spätimpressionistischen Anfängen wandten sie sich ab 1906 einer archaisierenden Formgebung, ausgeprägter Starkfarbigkeit, Monumentalität und Flächenhaftigkeit zu. Zu den Leistungen der Gruppe, der auch Max Pechstein, Otto Mueller und kurzfristig Emil Nolde angehörten, zählen die Wiederbelebung des Holzschnittes als künstlerisches Ausdrucksmittel und neue Impulse für das → Aquarell. Im Gegensatz zu den Vertretern des → Blauen Reiters dominierte bei ihnen die Vorliebe für Dämonie und elementare Sinnlichkeit. 1913 löste sich der engere Kreis der „Brücke" auf (Abb. S. 700), 1933 wurden alle ihre Mitglieder als „entartet" gebrandmarkt.

Buchmalerei
Die Ausschmückung von Büchern, Urkunden und anderen Texten mit handgemalten bildlichen oder ornamentalen Darstellungen. Die Bezeichnung wird unabhängig von der Buch-

Buchmalerei: *Zierbuchstabe aus* MORALIA IN JOB, *um 1110 (Dijon, Bibliothèque Municipale). Die Ausfüllung der Initialen mit Miniaturbildern beginnt in der romanischen Buchmalerei. Die Buchstabenform ist jedoch nicht in erster Linie „Rahmen", wie dann in der Gotik, sondern wird – hier beispielsweise zoomorph – ins Bildgeschehen integriert.*

Buchmalerei: *Der* Evangelist Lukas aus dem Evangeliar Ottos III., *Reichenau, um 1000 (München, Bayer. Staatsbibliothek). Der Evangelist sitzt nicht wie üblich schreibend am Pult, sondern thront wie Christus in der Glorie auf dem Regenbogen, mit ekstatisch in die Ferne gerichtetem Blick eine Verkörperung göttlich inspirierter Schau.*

form (→ Buchrolle, → Codex) und von der Darstellungstechnik (Federzeichnung, Deckfarben- oder Wasserfarbenmalerei) gebraucht. Sie ist identisch mit dem Begriff „Miniaturmalerei", abgeleitet von Miniator, dem Namen des Schreibers (scriptor) und/oder Malers (illuminator), der mit Minium (Mennige), einem roten Farbstoff, die Linien und Buchstaben auszeichnete. Buchmalerei dient zunächst in der Regel der erläuternden Ergänzung oder der repräsentativen Überhöhung einer schriftlich kodifizierten, überzeitlichen Wahrheit, somit hat sie illustrativen, kontemplativen und – im christlichen Mittelalter – sakramentalen Charakter. Die altägyptischen Totenbücher sind die ältesten Zeugnisse. An die Buchmalerei der griechisch-römischen Antike knüpft die → islamische und die des christlichen Mittelalters an und hatte im Osten wie im Westen ihre

Buchmalerei: Verkündigung an die Hirten, *aus dem* Perikopenbuch Heinrichs II., *zwischen 1007 und 1012 (München, Bayerische Staatsbibliothek). Die Reichenauer Prachthandschrift, eines der bedeutendsten Werke der ottonischen Buchmalerei, zählt zur Liuthar-Gruppe und wurde mit zehn Zierseiten, 184 Textinitialen und 28 ganzseitigen Bildern ausgestattet.*

Buchmalerei: Anbetung der Könige *und* Taufe Christi, *aus dem Antiphonar von St. Peter in Salzburg, um 1160 (Wien, Österreichische Nationalbibliothek). Es zählt zu den bedeutendsten Werken der Salzburger Buchmalerei, einem Zentrum romanischer Miniaturenkunst. Die Ausstattung besteht aus Initialschmuck und Bildern zu den einzelnen Antiphonen.*

Buchmalerei: *Das* Gleichnis vom reichen Prasser und dem armen Lazarus, *aus dem* Codex Aureus Epternacensis, *um 1030 (Nürnberg, Germanisches Nationalmuseum). Für das Echternacher Evangelienbuch, eines der prachtvollsten Dokumente mittelalterlicher Buchkunst, ist die streifenförmige Komposition der Illustrationen charakteristisch.*

absolute Blütezeit. Die → chinesische, → japanische und → altamerikanische Malerei kennen ebenfalls die Buchillustration. Bilder in den altägyptischen Totenbüchern (Abb. S. 668) waren als Zeichnung oder in Deckfarben in fortlaufender Darstellung unter und zwischen dem hieroglyphischen Text, auf den sie kompositorisch keinen engeren Bezug nahmen, auf den neutralen Grund der Papyrusrollen gemalt. Die antike Buchmalerei, deren Überlieferung erst in hellenistischer Zeit einsetzt, ist von der ägyptischen beeinflußt. Seit dem Hellenismus werden fortlaufende Serien einzelner Bilddarstellungen üblich. Die ältesten erhaltenen Hauptbeispiele gehen auf spätantike bzw. frühchristliche Zeit zurück und rekapitulieren griechische und römische Vorbilder. Ihre Illuminationen sind um eine farbig, atmosphärisch und räumlich differenzierte, naturnahe Gestaltung bemüht. Es finden sich Deckfarbenmalerei und Federzeichnung, wobei die Bilder in der Rolle fortlaufend unter dem Text, beim Übergang zum Codex auch zwischen dem Text und am Rand sowie im Codex als gerahmtes Bild eingefügt sein konnten. Die entweder in Süditalien, Alexandria oder Ostgriechenland entstandene Ilias-Handschrift der Biblioteca Ambrosiana in Mailand ist wahrscheinlich die im späten 4. Jh. n. Chr. geschaffene Kopie eines verlorengegangenen griechischen Originals. Das zweite bedeutende Beispiel für die Nachahmung griechischer Traditionen ist der → Dioscurides-Codex. Frührömische Buchmalerei läßt sich nur aus schriftlichen Quellen erschließen. Der im 4. oder 5. Jh. in Italien oder Gallien entstandene Vergilius Romanus (Vatikan, Biblioteca Apostolica) mag auf solche alten Vorbilder zurückgehen. In römischer Tradition stehen auch der Vergilius Vaticanus (Biblioteca Vaticana), der im frühen 4. Jh. nach einer ca. 100 Jahre früher in Rom gearbeiteten Vorlage gemalt wurde, und die Terenzhandschrift (Vatikan, Biblioteca Apostolica), die 850 im Kloster Corvey von Adelricus illustriert wurde. Die Anfänge der christlichen Buchmalerei sind von der neuen sakralen Bedeutung des geistlichen Buches bestimmt. Bücher dienen nicht mehr nur der Wissensvermittlung, sondern sind elementarer Bestandteil der Liturgie. Die Schrift partizipiert in mystischer Weise an der Spiritualität Gottes, des „fleischgewordenen Wortes". Die Arbeit des Schreibens und Malens wurde so als Akt der Askese und als Imitatio Christi betrachtet. Die liturgische Funktion des Buches bedingte seine Differenzierung in verschiedene Buchtypen: → Sakramentar, → Evangeliar, → Evangelistar, → Psalter, → Stundenbuch usw. An ostchristlicher Buchmalerei vor dem → Bilderstreit ist wenig erhalten: der Codex Sinopensis (Paris, Bibliothèque Nationale) aus Kleinasien, der → Rossano-Codex und die Wiener Genesis aus Syrien. Das 587 in Mesopotamien geschaffene → Rabulas-Evangeliar (Florenz, Biblioteca Laurenziana) zeigt erstmals die für die frühmittelalterliche Buchmalerei so wichtigen Kanonbögen, Arkaden über den vier synoptischen Kolonnen der Kanontafeln des Eusebius von Cäsarea. Die frühe westchristliche Buchmalerei ist auf naturferne, symbolreiche, vergeistigte und stark ornamental bestimmte flächenhafte Gestaltung ausgerichtet. Das besondere Verhältnis des Christentums, einer „Buchreligion", zum Text der heiligen Schriften ließ in der Frühzeit außerdem in den komplizierten Zierschriften mit prächtigen → Initialen das „Wort als Bild" (H. Jantzen)

erscheinen. Bis ins 13. Jh. wurde die Buchmalerei in der Regel in den Schreibstuben der Klöster, den Skriptorien, geübt, später auch in bürgerlich-handwerklichen Betrieben. Die ersten Beispiele aus der Frühzeit des westlichen Christentums sind noch stark von spätantiken Traditionen abhängig, was sich u. a. in der Bevorzugung figürlicher Darstellungen kundgibt, so auch z. B. in dem sog. QUEDLINBURGER ITALA-FRAGMENT, wahrscheinlich im späten 4. Jh. in Norditalien entstanden (Berlin, Stiftung Preußischer Kulturbe-

Buchmalerei: *Detail aus der Prachthandschrift der* GOLDENEN BULLE, *die im Auftrag König Wenzels um 1400 in Prag entstand (Wien, Österreichische Nationalbibliothek). Sie zeigt den verfeinerten Stil der Internationalen Gotik, wie er am Prager Hof gepflegt wurde. In der ausgereiften Akanthusornamentik artikulieren sich italienische Einflüsse.*

Buchmalerei: FRÜHLINGSFEST BEI KÖNIG MARKE, *Illustration zum* TRISTAN *des Gottfried von Straßburg, um 1240 (München, Bayer. Staatsbibliothek). Die anmutige Bewegtheit der Figuren und das feine Linienspiel der Gewänder sind von den frühgotischen Skulpturen am Querhaus des Straßburger Münsters beeinflußt.*

sitz, Staatsbibliothek), das als ältester überkommener westchristlicher Bildercodex gilt. Die vorkarolingische Buchmalerei wird in insulare und kontinentale Schulen unterteilt, die sich bis zum 8. Jh. durch ihre Ornamentik scharf unterscheiden und dann zu vermischen beginnen. Auf dem Kontinent dominiert eine orientalisierende Fisch-Vogel-Ornamentik, auf den britischen Inseln dagegen die keltisch-germanische Flechtbandornamentik, mit Spiralen und verschlungenen Vierfüßlern. Die insularen Werke sind im Gegensatz zu den sog. merowingischen des Festlandes ungeheuer reich geschmückt. Beiden Gruppen gemeinsam aber ist das Vorherrschen des Ornaments, dem auch das vollkommen denaturierte Menschenbild unterstellt wird. Hauptwerke des insularen Stils sind das BOOK OF → DURROW, das BOOK OF KELLS und das BOOK OF → LINDISFARNE. Im Kloster Yarrow entstand der → AMIATINUS-CODEX. Von irischen Missionaren wurde die angelsächsische Buchmalerei im 8. Jh. begründet, die in eine hiberno-sächsische (nordenglische) und eine italo-sächsische (südenglische) Gruppe unterteilt wird. Die karolingische Buchmalerei war zunächst stark vom insularen Stil beeinflußt. Doch die um die Legitimierung ihrer Macht bestrebten Herrscher griffen bald auf römisch-kaiserzeitliche Vorbilder zurück. Es entstand eine Hofkunst, die den antiken Figurenstil nachahmte. Hauptwerke sind u. a. die → ADA-HANDSCHRIFT, das GODESCALC-EVANGELIAR (Paris, Bibliothèque Nationale) und das WIENER KRÖNUNGSEVANGELIAR. Auf der karolingischen Kunst fußt auch die ottonische Buchmalerei des 9. und 10. Jh., mit Zentren auf der → Reichenau, in Regensburg, Fulda, Hildesheim und Köln. Die Bildfelder sind meist gerahmt und in Streifen aufgeteilt, die nervöse Bewegtheit karolingischer Figuren wie im → UTRECHT-PSALTER entfällt, ebenso architektonischer und landschaftlicher Hintergrund. Die Figuren werden Ausdruck ihres Wollens, werden „Gebärdefiguren". Von Byzanz (→ byzantinische Malerei) wurde vor allem der → Goldgrund und die hieratische Monumentalität übernommen. In Spanien dominieren → mozarabische Einflüsse, die auch in den → Beatus-Apokalypsen zum Tragen kommen. Die Buchmalerei der Romanik (→ romanische Malerei) mündet in nationale Eigenstile ein. Die Abbildungen nehmen an Zahl, Größe und Farbigkeit zu, die Initialen füllen oft die ganze Seite. Führend wird England, wo die Federzeichnung höchste Qualität erreicht. Die gotische Buchmalerei zeichnet sich durch reduzierte Formate, größere Natürlichkeit und durch Initialen mit eingemaltem Miniaturbild aus. Anregungen von der Glasmalerei und der Skulptur wurden verarbeitet. Führendes Zentrum wurde um 1250 Paris. Im Umkreis Kaiser Friedrichs II. entstanden auch viele profane Handschriften, so sein Buch über die Falknerei (Biblioteca Vaticana). Während die englische Buchmalerei seit dem 14. Jh. zuneh-

Buchmalerei: BIBEL DES BORSO D'ESTE, *1451–61 (Modena, Biblioteca Estense). Eines der Hauptwerke der italienischen Buchmalerei der Renaissance, das von mehreren Malern aus Ferrara illuminiert wurde. Von reichen Auftraggebern gefördert, konnte sich die Buchmalerei in Italien neben dem gedruckten Buch länger halten als anderswo.*

Bühnenmalerei: *Karl Friedrich von Schinkel, Bühnenentwurf zur Zauberflöte, 1816. Der klassizistische Baumeister Schinkel betonte natürlich das architektonische Element des Bühnenbildes. Doch inspirierte ihn Mozarts Märchenoper zu kongenialen Imaginationen. Das neuentdeckte Ägypten lieferte die exotischen Motive.*

mend verfiel, erreichte Deutschland erneut einen Höhepunkt, etwa mit der → MANESSISCHEN LIEDERHANDSCHRIFT. Die spätgotische Buchmalerei hatte in Frankreich ihr Zentrum, wobei aber auch flämische Künstler in der Nachfolge → Jan van Eycks eine große Rolle spielten. Zu nennen sind der Meister des Gebetbuches des Marschalls Boucicaut (Abb. S. 82), André Beauneveu, Jacquemart de Hesdin, die Gebrüder Limburg (Abb. S. 391–393). Jean Fouquet brachte Elemente der Renaissance in die französische Miniaturenkunst ein (Abb. S. 217). Die flämische Buchmalerei des 15. Jh. stand unter französischem Einfluß und unter dem Jan van Eycks, von dem vielleicht die Bilder des TURIN-MAILÄNDER-GEBETBUCHES (Turin, Museo Civico) stammen. Immer mehr gerieten die Miniaturen in den Bann der Tafelmalerei, z. B. im GEBETBUCH DER MARIA VON BURGUND (Berlin, Kupferstichkabinett). Ein weiteres Hauptwerk der flämischen Buchmalerei des späten 15. Jh. ist das BREVIARIUM GRIMANI. In Deuschland ragen als Buchmaler die Mitglieder der Familie Glockendon in Nürnberg hervor (Abb. S. 251). Nach der Erfindung des Buchdrucks wurden zunächst die Texte noch mit Randzeichnungen versehen, etwa im berühmten GEBETBUCH KAISER MAXIMILIANS (teils München, Staatsbibliothek, teils Besançon, Bibliothèque Municipale), das von Albrecht Dürer, Lucas Cranach d. Ä., Albrecht Altdorfer u. a. illustriert wurde. In Italien waren die Miniaturen schon seit dem späten 14. Jh. stark vom Stil der Tafelbilder und Wandgemälde geprägt. Im 16. Jh. entstand in Europa noch eine Reihe ausgesprochener Prachthandschriften, insgesamt war jedoch mit dem Siegeszug des gedruckten Buches die Buchmalerei zum Untergang verurteilt.

Buchrolle

Buchrollen waren bereits bei den alten Ägyptern in Gebrauch und wurden von den Griechen und Römern übernommen. Sie wurden aus einzelnen Blättern Papyrus, seltener auch Leder oder Pergament, zusammengeklebt und konnten bis zu 20 m lang sein. Bei den Illustrationen gingen die einzelnen Szenen nahtlos ineinander über. Auch nach der Ablösung der Buchrolle durch den → Codex im 4. Jh. n. Chr. entstanden noch gelegentlich illuminierte Buchrollen.

Bühnenmalerei

Das Zusammenwirken farbiger und figurativer Dekoration mit plastischen und architektonischen Requisiten, Beleuchtungseffekten und anderen Effekten der Theatertechnik zu einem Bühnenbild, das jedoch nicht in der Fläche verbleibt, sondern in die Dreidimensionalität des Bühnenraums umgesetzt wird. Solange die in der Bühnenhandlung vorkommende Örtlichkeit mit dem realen Ort der Aufführung gleichgesetzt wird, ist Bühnenmalerei überflüssig – dies gilt für die Frühzeit des griechischen Theaters und das des Mittelalters. Schon in der Mitte des 5. Jh. v. Chr. war → Agatharchos von Samos als Bühnenmaler tätig (→ Skenographie, Pinakes). Von der römischen Bühnenmalerei geben vom Theater inspirierte Wanddekorationen eine gewisse Vorstellung. Die nachan-

Bühnenmalerei: *Léon Bakst, Bühnenentwurf für das Ballett „Les Orientales", 1910. 46 × 60 (Southampton, Sammlung Peter Wake). Bakst schuf für Serge Diaghilew epochemachende Bühnendekorationen, die häufig von Orientalismen geprägt waren.*

tike Entwicklung beginnt in der Renaissance. Für die Renaissancebühne kann man zunächst architektonische Rahmung und gemalten Bühnenhintergrund annehmen. Als dann Bühne und Zuschauersitze in eine feste Ordnung gebracht und damit die Blickrichtung der Theaterbesucher vereinheitlicht waren, mußte auch der Bühnenraum mit Hilfe der Malerei zentralperspektivisch ausgerichtet werden. Das erste erhaltene Theater, das diesen Forderungen Rechnung trägt, ist das Teatro Olimpico in Vicenza, 1581–85. Bedeutsam für die weitere Entwicklung wurde 1606 die Erfindung des Systems leicht beweglicher Kulissen durch Giovanni Battista Aleotti: Flach auf Rahmen gespannte, bemalte Leinwände, die mehrfach hintereinandergestaffelt auf Gleitschienen in den Bühnenraum hineingeschoben wurden, waren durch Soffiten ergänzt, die den Bühnenraum nach oben hin abschlossen. Im theaterfreudigen Barock entstanden Bühnendekorationen von nie wieder erreichter Pracht. Giacomo Torelli und Ludovico Burnacini schufen im 17. Jh. wichtige Ausstattungen, Andrea Pozzo wurde häufig zur perspektivischen Vervollkommnung herangezogen. Die größte Bedeutung erlangte aber die Bühnenbildnerfamilie der Galli-Bibiena. Ferdinando Galli-Bibiena brachte mit der „scena per angolo“ eine epochale Leistung, indem auf der Bühne ein übereck gestellter Raum realisiert und illusioniert wurde, der angeschnittene Nebenräume sichtbar werden ließ und die Zentralachse verschob. Zu den wichtigsten Bühnendekorateuren gehörten auch der in Turin tätige Filippo Juvara und der Norddeutsche Johann Oswald Harms, der als erster terrassenartig aufsteigende Dekorationen schuf. Das späte 18. Jh. verringert die Bühnentiefe wieder, verzichtet auf illusionistische Übersteigerung und bevorzugt historische Genauigkeit. Das 19. Jh. bewegte sich zwischen historischer Treue, malerisch-romantischer Symbolisierung und krassem Realismus. In der Bühnenmalerei des 20. Jh. kommt, vor allem im expressionistischen Theater, der Einfluß des Films neu hinzu.

Byzantinische Malerei
Ein festes Datum für das Ende der spätantiken und den Beginn der sog. byzantinischen Kunst des Oströmischen Reiches bestimmen zu wollen, wird immer umstritten bleiben müssen. Mit der Einführung des „ersten mittelalterlichen Architektursystems“ (Sedlmayr) zur Zeit des Kaisers Justinian ab 526 in den Kirchenbauten von SS. Sergius und Bacchus in Konstantinopel und von S. Vitale in Ravenna

Byzantinische Malerei: *Einen klaren Bruch mit den Traditionen der Spätantike vollzieht das nach 530 entstandene Repräsentationsmosaik des* Kaisers Justinian *in S. Vitale in Ravenna. Die feierliche Prozession scheint in ihrer Bewegung plötzlich angehalten zu werden und wendet sich zeremoniell ikonenhaft frontal dem Betrachter im Presbyterium zu.*

Byzantinische Malerei: *Mit ganz besonderer Strenge verdeutlicht der* Christus Pantokrator *seine Weltherrschaft, sonnenhaft auf Goldgrund im Zenit der Kuppel in der Klosterkirche Daphni bei Athen. Während die übrigen, im 11. Jh. entstandenen Mosaiken der Kirche stark antikischen Tendenzen anhängen, verkörpert er einen starken Schematismus.*

Byzantinische Malerei: *Kurz nach 1118 muß das Mosaik der* MUTTERGOTTES MIT DEM KAISERPAAR JOHANNES II. KOMNENOS UND IRENE *auf der Empore der Hagia Sophia in Konstantinopel entstanden sein. Körperlos-starr und würdig erscheinen sie als Stifter im kostbarsten Ornat. Eine Neuerung sind die streifig aufgesetzten Apfelbäckchen der Kaiserin.*

scheint jedoch ein so wesentlicher Einschnitt in der Kunstgeschichte stattzufinden, der auch in den Mosaiken von S. Vitale deutlich wird, daß diese erstaunliche Epoche mit gutem Grund als ein Neubeginn gewertet werden darf. Das Ende der byzantinischen Kunst mit der Eroberung von Konstantinopel durch die Türken 1453 ansetzen zu wollen, ist hingegen insofern höchst problematisch, als ihre Traditionen ungebrochen fortleben und sich im orthodoxen Bereich bis heute im Kern kaum verändert erhalten haben. Fast ausschließlich im Dienst der Kirche stehend und einer äußerst strengen Theologie unterworfen, bleibt sich

Byzantinische Malerei: *Marienikone, 13. Jh. (Washington, Nat. Gall. of Art). Die pompöse Thronarchitektur, die herrscherliche Haltung des Kindes und die Erzengel als „Leibgarde" stehen der Kaiserikonographie nahe, doch wird durch schematisch-geometrische Goldhöhung der Gewandfalten die höhere Sphäre verdeutlicht.*

die byzantinische Malerei über Jahrhunderte unverwechselbar treu, was ihr vielfach den unberechtigten Vorwurf der Starre eingetragen hat. Innerhalb gewisser Grenzen sind jedoch durchaus deutliche Stilentwicklungen festzustellen.

Frühbyzantinische Zeit: Wegen der umfassenden Zerstörungen während des → Bilderstreits sind uns nur aus den Randgebieten des byzantinischen Einflußbereiches Beispiele aus der Zeit vor dem 9. Jh. erhalten, die Vorstellungen bleiben sehr lückenhaft. Das wichtigste Dokument für die offenbar recht abrupte Wandlung der Hofkunst sind jedoch die Presbyteriumsmosaiken in S. Vitale zu Ravenna mit den Repräsentationsbildern des Kaisers Justinian und seiner Gemahlin Theodora (nach 530). Völlig unantik – vorbereitet allerdings in der römischen Provinzialkunst – ist darin die weitgehend frontale, höfisch-steife Aufreihung der Gestalten, der fast völlige Verzicht auf Körpervolumen und illusionistischen Hintergrund sowie die ikonenhafte Unbewegtheit und Ausdrucksarmut der Physiognomie. Sehr viel stärker der Antike, vor allem der Tradition des → Mumienporträts verbunden, sind die in enkaustischer Technik gemalten Ikonen eines → Pantokrator und eines hl. Petrus des 6. Jh. (?) im Katharinenkloster/Sinai sowie auch die fragmentarische Purpurhandschrift mit Szenen aus der Genesis vom Anfang des 6. Jh. (→ Wiener Genesis). Buchillustrationen profanen Inhalts, wie der Wiener → DIOSKURIDES (um 592), aber auch Fußbodenmosaiken in Villen, Palästen und sogar Kirchen werden meist nach antiken Vorlagen direkt kopiert. Zur Zeit des → Bilderstreits hatten sich die Maler- und Mosaik-

Byzantinische Malerei: *Der Oktateuch – die ersten acht Bücher des Alten Testaments – des Athosklosters Watopedi entstand im 13. Jh. Die Ausschnitte aus dem Buch Josua mit dem Bericht von der Eroberung des Heiligen Landes zeigen in ungewöhnlicher narrativer Ausführlichkeit die* AUSSENDUNG DER KUNDSCHAFTER *Josuas von Jericho nach Ai.*

Byzantinische Malerei: *Der Kopf Johannes d. T. ist ein Ausschnitt vom* DEESISMOSAIK *auf der Empore der Hagia Sophia in Konstantinopel. Die sehr kleinteilige Steinsetzung und die streifig differenzierten Farben zeigen, verbunden mit der Linearität der Zeichnung, die Übergangsphase vom Komnenenstil zur sog. Paläologenrenaissance um 1300.*

werkstätten auf die Darstellung des Kreuzes (Hagia Eirene in Konstantinopel) und auf ornamentalen Dekor (Hagia Kyriake auf Naxos) zu beschränken, soweit sie nicht wegen Auftragsmangels ins Ausland gingen und im islamischen Damaskus und Jerusalem (Felsendom) oder in Italien wirkten und damit besonders im Westen anhaltenden Einfluß ausübten.

Mittelbyzantinische Zeit: Im Osten hatte die Abwanderung der qualifizierten Werkstätten zur Folge, daß sich die Kunst nach dem Bilderstreit erst gegen Ende des 9. Jh. erholte und zu neuer Blüte fand. Der Wunsch, die kaiserliche Macht als Rechtsnachfolge des altrömischen Imperiums zu verdeutlichen, führt nun auch in der Hofkunst Konstantinopels zu einem bewußten renaissanceartigen Rückgriff auf antike Formen, der sich besonders stark in der Buchmalerei auswirkt. So werden in den HOMILIEN DES GREGOR VON NAZIANZ (Paris, Bibl. Nat.) Personifikationen nach hellenistischem Vorbild in antiken Ideallandschaften dem biblischen Geschehen beigefügt; Haltung, Gestik, Kleidung und Proportionen sind elegant griechisch-römischem Kanon verpflichtet. Neben den vorbildhaften Werken der sog. „Makedonenrenaissance" entstanden aber auch Ikonen von transparenter Feierlichkeit wie die MADONNA MIT HERMOLAOS UND PANTELEIMON, 10. Jh. (Sinai, Katharinenkloster) und manche Codices wie ein Evangeliar des Athosklosters Dionysiou, in denen sich volkskunsthafter Ausdruckswille mit dem höfischen Anspruch auseinandersetzt. Wie relativ variabel die stilistischen Möglichkeiten jedoch auch im Bereich der hauptstädtischen Kunst sind, zeigen die Mosaiken der drei kaiserlichen Stiftungen der Klöster Daphni bei Athen (um 980 [?] oder gegen 1100), Hosios Lukas in Phokis (um 1020/40) und Nea Moni auf der Insel Chios (vollendet 1056), deren Tendenzen von antikischer Statuarik in Daphni bis zu flächiger Geometrisierung in Hosios Lukas reichten. Ab etwa 1100 zeichnet sich in Konstantinopel ein Stilwandel ab, der in dem Votivmosaik des Kaiserpaares Johannes II. und Irene zu seiten der Muttergottes nach 1118 dokumentiert, zu Flächigkeit und Linearität neigt. In dieser Zeit richtet sich eine zweite, stärkere Ausbreitungsphase byzantinischer Malerei nach Westen, die einmal den sog. adria-byzant. Raum mit Triest, Venedig, Torcello und Murano und zum zweiten den normannischen Machtbereich in Apulien, vor allem aber Sizilien, nachhaltig prägt. Auch auf dem Balkan, z. B. im serbischen Djurdjevi-Stupovi und in Rußland, z. B. Kiew, Sophienkirche, wird in der 2. Hälfte des 12. Jh. der reife Komnenenstil von Malern aus Konstantinopel verbreitet. Die Tendenz zum Linearen verstärkt sich, die Figuren werden vielfach extrem überlängt, die Gewänder sind unnatürlich gefältelt und flattern oft nervös, kontrastierend zur frontalen Strenge und Unbeweglichkeit ihrer Träger. Dafür verdichtet sich die Intensität des Ausdrucks in den Köpfen bis hin zu fast karikaturhafter Häßlichkeit. Eine Spaltung des Stils in flüchtige Expressivität einerseits und einen bemerkenswerten Klassizismus andererseits wird gegen 1200 vor allem in der Buch- und Ikonenmalerei deutlich. Der komnenische „Manierismus" zeigt sich in den Fresken der Kurbinovoschule ebenso wie in dem EVANGELIAR BURNEY 19 (London, Brit. Mus.) oder einer Ikone mit der Himmelsleiter des Johannes Klimakos (Sinai, Katharinenkloster), die neoklassische Richtung in einer Oxforder Prophetenhandschrift oder der Mosaikikone Christi (Berlin, Staatl. Museen/West). Der Machtverfall des Reiches und das Intermezzo des Lateinischen Kaiserreiches (1204–61) führte zum Zusammenbruch der künstlerischen Einheit, zur Verselbständigung einzelner Stilrichtungen in den Randgebieten wie auf Kreta oder Zypern, in Epirus, Trapezunt oder auf dem Balkan. Besonders im Königreich Serbien, wo viele Maler Zuflucht gesucht hatten, fand in den Klöstern Peć Mileševa und Sopaćani eine Weiterentwicklung zu plastischer Freiheit und Bildräumlichkeit statt, die auf hellenistischen Vorbildern basiert, sie aber nicht mehr kopiert.

Die spätbyzantinische Malerei der Hauptstadt, die nach 1300 nochmals eine ungeahnte Blüte erreicht, wurzelt teilweise in den serbischen Errungenschaften des 13. Jh., wird jedoch trotz aller Dramatik spiritualisiert und neigt zu einem Hauch höfischer Dekadenz. Dennoch gehören die kleinteiligen Mosaiken der Chorakirche (Konstantinopel) zu den besten Leistungen der byzantinischen Kunst überhaupt. Die Lebhaftigkeit, Eleganz und feinst abgestufte Farbigkeit des sog. Paläologenstils, die langen, schlanken Figuren mit ihren kleinen Köpfen und Gliedmaßen in geblähten und gebauschten Gewändern verhärten sich im Verlauf des 14. und 15. Jh. zusehends zu spröder Naturferne. Nach dem Ausfall von Konstantinopel als stilbildendem Zentrum 1453 wird das überkommene Formengut der Paläologenzeit jedoch in höchst eigenwillig lokaler Prägung tradiert. Auf dem Athos und den Meteoren, auf Kreta, Zypern und den Ionischen Inseln, in Makedonien, Bulgarien, Serbien, Rumänien und Rußland sowie auf dem griechischen Festland verbindet sich der ehemalige Hofstil mit z. T. volkskunsthaften Richtungen, bleibt jedoch trotz aller geographischen Eigenheiten unverwechselbar byzantinisch-orthodox, getreu den strengen Forderungen der Theologie.

C

Camaieu
In Abtönungen einer einzigen Farbe gehaltene Malerei (→ Grisaille), ursprünglich die Kamee mit verschieden gefärbten Schichten (nach arab. qum'ul = Knospe).

Camera obscura
Das Prinzip der begehbaren Camera obscura (lat. „dunkle Kammer"), bei der die durch eine kleine Öffnung (Lochblende) eindringenden Lichtstrahlen so gebündelt werden, daß ein verkleinertes, seiten- und standverkehrtes Abbild von Objekten vor der Öffnung entsteht, war bereits Aristoteles und durch ihn dem Mittelalter bekannt. Seit der Renaissance wurde die Lochkamera häufig als Zeichenhilfe vor allem für perspektivische Konstruktionen (→ Perspektive) benützt. Im 16. Jh. wurde die Bildqualität durch eine in die Öffnung gesetzte Sammellinse verbessert. Die zweite Hälfte des 17. Jh. entwickelte die tragbare Camera obscura als Spiegelreflexkamera mit Konvexlinse, Umlenkprisma und durch einen Lichtschacht abgedunkelter Mattscheibe. Mit ihr konnte das auf eine Papierfläche projizierte Bild leicht nachgezeichnet werden. → Bernardo Bellotto hat die Zeichenkamera, die namentlich in Dilettantenkreisen beliebt wurde, für seine → Veduten benützt.

Capriccio
Idealvedute, die verschiedene, in Wirklichkeit räumlich getrennte Architekturelemente nach Belieben zusammensetzt. Der Name (ital. „Laune") kam auf am Ende des 16. Jh. bei den Malern um → Paul Bril in Rom.

Cassone: *Ausschnitt aus dem* Cassone Adimari, *1. Hälfte 15. Jh. (Florenz, Accademia), der Szenen einer Florentiner Patrizierhochzeit schildert und dadurch ein kulturgeschichtlich wertvolles Dokument ist. Der festliche Glanz der Vermählung blieb in den Bildern der Hochzeitstruhe zeitlebens gegenwärtig.*

Caravaggisten
Nachfolger und Nachahmer Caravaggios, vor allem die in Rom tätigen ausländischen Maler, die sein → Helldunkel und seinen neuartigen Realismus in viele Länder trugen. In den Niederlanden etwa Gerard van Honthorst und Terbruggen, in Frankreich Simon Vouet und Georges de La Tour, in Spanien Ribera und Zurbarán. Zu den römischen Nachfolgern gehören Gentileschi und Saraceni, in Neapel der Caracciolo-Kreis.

Cassone
Charakteristisches Möbel der Renaissance (ital. cassa = Truhe). Besonders als Hochzeitsausstattung erreichte es im 15. und 16. Jh. immer größere Verbreitung. Von rechtwinkliger Form, meist aus Holz, vereinigte es in sich die Funktionen des späteren Kleiderschranks, der Kommode, des Sofas und nicht zuletzt des gerahmten Gemäldes. Im Florenz des 15. Jh. wurde die Cassone-Malerei zu einer Aufgabe, die eine einzigartige Gelegenheit zur Gestaltung weltlicher Stoffe bot.

Çatal Hüjük
Die 1961 begonnenen Ausgrabungen des Hügels von Çatal Hüjük südöstlich von Konya (Türkei) brachten eine jungsteinzeitliche, befestigte Stadt ans Licht, deren Wohn- und Kulthäuser aus luftgetrockneten Ziegeln den bedeutendsten Bestand an Wandmalereien aus dieser Epoche in Vorderasien bargen. Die Farben (Rot-, Gelb- und Brauntöne, Schwarz, Blau) wurden auf einen hellen Putz aufgetragen. An den Sockeln, auch an ganzen Wänden sind textile Muster nachgeahmt. Die Bilder stellen überwiegend Jagdszenen dar, daneben fanden sich auch Geburtsszenen und Totenriten.

Cenacolo → Abendmahl

Cercle et Carré
Eine 1929 von dem Kunstkritiker Michel Seuphor und dem Maler Joaquín Torres-García in Paris gegründete Künstlervereinigung. Ihr Ziel war es, abstrakte, vor allem konstruktivistisch-abstrakte Kunst gegen den → Surrealismus abzugrenzen. So wurde diese Gruppe, die Künstler aus ganz Europa zu ihren Mitgliedern zählte, sich jedoch schon wieder 1931 auflöste, zu einem bedeutenden Experimentierfeld abstrakter Kunst, ihre Bestrebungen wurden von → Abstraction-Création weitergeführt.

Çatal Hüjük: *Großer Stier, umgeben von Jägern, 120 × 340, etwa 6000 v. Chr. (Ankara, Archäologisches Museum). Die jungsteinzeitliche Siedlung in Anatolien besitzt die ältesten Wandmalereien, die nicht auf Felsen, sondern an gebauten Häusern angebracht wurden. Einer von den Jägern ist auf den Rücken des riesigen Tiers gesprungen.*

Ceylonesische Malerei: *Verkörperung weiblicher Schönheit sind die „Wolkendamen" des Palastes von Sigiriya auf einem uneinnehmbaren Felsen im Inneren der Insel. Das Meisterwerk ceylonesischer Malerei entstand im 5. Jh. n. Chr. Von den einst 500 Damen sind noch 21 erhalten.*

Chinesische Malerei: *Das auf Seide gemalte Rollbild* FRÜHLINGSMORGEN BEI DEN PALÄSTEN VON HAN *(New York, Metropolitan Museum of Art) entstammt der klassischen Zeit chinesischer Landschaftsmalerei, der Sung-Dynastie (960–1279). Bauten und Menschen sind in eine alles umfassende Natur eingebunden.*

Ceylonesische Malerei

Ceylons Malerei liegt im Einflußbereich → indischer Kunst, dennoch bildeten sich eigenständige Formen, die sich in spezifisch ceylonesische Kunstepochen ordnen lassen. Die klassische Zeit mit der Hauptstadt Anuradhapura reicht von 437 v. Chr. bis ins 8. Jh. n. Chr. In dieser Zeit entstanden die weltberühmten Fresken der zeitweilig als Residenz dienenden Felsenfeste Sigiriya, datiert von 479–497 n. Chr. Der singhalesische (= ceylonesische) König Kassapa I. ließ die Wände seines Palastes schmücken mit 500 „Wolkendamen", den „Blitzprinzessinnen", Inkarnationen vorbuddhistischen Geisterglaubens. 21 der goldfarbenen Damen blieben erhalten, reich geziert mit Schmuck und Kopfputz. In den Tönen Gelb, Rot und Grün gehalten, nähern sie sich stilistisch der buddhistischen Malschule. Die mittelalterliche Epoche mit der Hauptstadt Polonnaruva, 781–1290, wird zur Blütezeit buddhistischer Kultur. Mit der Residenz Kandy ist die spätmittelalterliche Zeit von 1592–1814 bezeichnet. Die nachklassischen Epochen schufen hauptsächlich architektonische und plastische Kunstwerke, die Malerei verflachte, trat in den Dienst volkstümlichen Kunsthandwerks, in dessen Rahmen sie dann traditionell weitergepflegt wurde.

Chiaroscuro → Helldunkel

Chinesische Malerei

Traditionell gibt es in der chinesischen Malerei zwei Arten von Bildern: Wandbilder und Rollbilder. Von untergeordneter Bedeutung sind Bildträger wie → Porzellan oder → Fächer. An Wandmalerei blieb wenig erhalten. Die wichtigste Rolle spielt die hervorragende Tuschemalerei, die, in jahrhundertelanger Tradition geübt, auch heute noch das Wesen der chinesischen Malerei bestimmt. Die Technik der Tuschemalerei bedingt eine besondere Einstellung des Künstlers und einen besonderen Malgrund, der die Erscheinungsweise des Gemalten jeweils modifiziert. Die Zeichnung des Künstlers ist, einmal mit dem Tuschepinsel aufs Papier gebracht, nicht mehr korrigierbar, d. h., das Bild muß bereits vor dem geistigen Auge des Produzierenden fertig sein, bevor dieser zum Pinsel greift. Die Verlagerung des Schaffensprozesses auf die geistige Ebene ist entscheidendes Merkmal chinesischer Kunst, das sich in allen Kunstgattungen widerspiegelt. Der Malgrund, vorzugsweise Papier oder Seide, saugt die Tusche stark auf und

Chinesische Malerei: *Die Kuo Hsi zugeschriebene Bildrolle* AUFKLARENDER HERBSTHIMMEL ÜBER BERGEN UND TÄLERN *(Washington, Freer Gallery of Art) zeigt den Jahrhunderte nachgeahmten Typus der klassischen chinesischen Landschaftsmalerei der Sung-Zeit. Sie entstammt dem 11. Jh.*

Chinesische Malerei: *Der um 1700 entstandene Porzellanteller, bemalt mit Schmelzfarben der „Famille Verte", gibt eine Illustration aus dem Holzschnittbuch „Keng-chih-t'u" (Ackerbau und Seidengewinnung) wieder. Es verbinden sich zwei typisch chinesische Kunstgattungen: Porzellan wird zum Bildträger für Malerei.*

läßt sie mehr oder weniger zerfließen, je nachdem ob sie wäßrig oder stark pigmentiert angerieben wurde. Ein mit Alaun präparierter Malgrund wird härter, läßt besonders feine Zeichnungen entstehen. Trotz der Monochromie der Tusche sind durch den variierbaren Auftrag und Malgrund reiche Nuancierungen möglich, die Farbgebung folglich nur Zusatz. Immer wird die Farbe lavierend gebraucht, abgesehen von buddhistischer Malerei, dem Blau-Grün-Stil der T'ang-Zeit und der repräsentativen Malerei, die deckende Mineralfarben und auch Gold benützt. Zwei Malweisen werden unterschieden, die skizzenhafte des schnellen Pinselstrichs (hsie-i) und die detaillierte, sorgfältige des „fleißigen" Pinsels (kung pi), die auch Farben verwendet. – Thematisch ordnet sich die chinesische Malerei in vier große Gebiete: 1. shan shui, Landschaften; 2. jen wu, Porträts, Figuren- und Genredarstellungen; 3. ling mao oder ch'in shou, Vögel und andere Tiere; 4. hua hui, Blumen, Pflanzen, Gräser, Insekten und Frösche. Dabei nimmt die Landschaftsmalerei den bedeutendsten Platz ein. In ihr drückt sich Kosmos, das Verhältnis des Menschen zur Natur und damit zu den Glaubensgrundsätzen am deutlichsten aus. Das gemalte Bild hat in China eine ungleich andere Funktion als in Europa. Selten wird es dauerhaft an einer Wand angebracht, es ist mobil und für das individuelle Sehen bestimmt. Als Quer- oder Handrolle wird es von dem

Chinesische Malerei: *Ausschnitt aus einer Bildrolle des Li Lin, Ming-Dynastie, erste Hälfte des 17. Jh. (London, Victoria and Albert Museum). Das Pferd ist ein beliebtes Motiv der chinesischen Kunst. In zeichnerischer Virtuosität ist die äußerst bewegte Szene beim Polospiel erfaßt.*

Betrachter entrollt, der sich darin versenken will. Der dargestellte Gegenstand erscheint oft in reduzierter Form. Das Abstraktionsverfahren ist jedoch nicht innerbildlich zu verstehen. Die Vorstellung über das zu Schaffende entsteht im Künstler, intern setzt er das Bild. Die externe Entäußerung ist nur Komplement, letztes Ziel eines vorhergegangenen Schaffensprozesses. Im Idealfall bleibt der Bildgrund leer, und es ist keine Zeichensetzung mehr nötig, um den Gedanken zu veranschaulichen. In der Rückbindung des Bildes an den Geist sowohl des Künstlers wie des Betrachters wird die Nähe zur Schrift deutlich. Auch hier handelt es sich um die Setzung von Zeichen, die sich erst im Menschen zu einem Bild vereinen. Malerei und Schriftkunst, Kalligraphie, sind eng verwandt. Viele Bildrollen verbinden die beiden Kunstgattungen. Aber auch in der Person des Künstlers sind die Begabungen vielseitig angelegt: Der Literatenmaler, wie etwa die vier großen Meister des 17. Jh. Wang Shih-min, Wang Chien, → Wang Hui und → Wang Yüan-ch'i, zeigt nicht nur ein verschiedene Bereiche umfassendes Künstlertum, sondern auch, daß die chinesische Auffassung von Kunst weiter gespannt ist. Sie verwirklicht sich im Künstler selbst; seine Sittlichkeit, seine Moral, sein Wissen und Können sind Maßstab für die künstlerische Bewertung; das von ihm geschaffene Bild ist nur letzte Kondensation vorgelebter Kunst.

Die Anfänge der chinesischen Malerei sind in der Chou-Dynastie (1125–255 v. Chr.) und Han-Dynastie (206 v. Chr.–221 n. Chr.) nachweisbar. Jedoch berichten nur literarische Quellen von den Wandmalereien etwa des Tempels von Lo-yang. Als einziger Meister jener Epoche ist → Ku K'ai Chih zu nennen, dessen buddhistische Malereien in Kopien erhalten sind. In der T'ang-Zeit (618–905 n. Chr.) entsteht die Gattung der Landschaftsmalerei, die seitdem führend bleibt. Zu den Begründern der Naturdarstellung gehören → Tung Yüan und → Wang Wei. Die Gattung des Porträts wird in dieser Epoche von → Yen Li-pen vertreten. Bereits in der T'ang-Dynastie bilden sich zwei führende Schulen aus, denen sich fortan die chinesischen Maler zuordnen lassen. Die Nord-Schule vertritt den akademischen Stil und ist meist dem Hof verbunden. Die Süd-Schule ist freier orientiert, oft antiakademisch eingestellt. Unter der Sung-Dynastie (960–1279) erlebt die chinesische Malerei ihren absoluten Höhepunkt. Sie gilt als die klassische Epoche der Landschaftsmalerei. Von der in K'aifeng gegründeten Akademie, die nach

Chinesische Malerei: *Albumblatt von Meister Lu Yüan aus dem 18. Jh. Das Motiv der Baumgruppe wurde zu einem selbständigen Thema in der chinesischen Landschaftsmalerei. Alle Variationen der Tuschemalerei sind vereinigt von hart abgesetzten Pinselstrichen bei den Gräsern im Vordergrund bis zu den verschwimmenden Lavierungen des von einem feinen Dunst verschleierten Hintergrunds.*

dem Ansturm der Tataren im Jahr 1127 in die neue Hauptstadt der südlichen Sung-Kaiser Hang-chou übersiedelte, wurden Künstler ausgebildet, die vorbildhaft waren für alle weiteren Generationen in Komposition, Technik und Bildmotiven. Die Meister → Ma Yüan und → Hsia Kuei sind die Träger der neuen Landschaftsmalerei im lyrischen Stil der Süd-Sung-Schule. In ihr entwickelte sich das Kompositionsschema der „einen Ecke", d. h., der Bildaufbau ist nicht mehr auf vollständige Naturwiedergabe hin angelegt, sondern gibt, konzentriert auf eine Bildecke, nur einen Ausschnitt wieder und leitet so den Betrachter an, die Unendlichkeit des Kosmos selbst zu erfahren. Dies ist Ziel der Ma-Hsia-Schule, die die Richtung der romantisch idealisierenden Landschaftsmalerei vertritt. Während der Mongolenherrschaft in der Yüan-Dynastie (1278–1368) treten auch einzelne Künstlerpersönlichkeiten hervor, etwa der Zen-Buddhist → Mu Ch'i und → Li Lung-mien. Die vier großen Meister der Yüan-Dynastie, Wu Chen, Ni Tsan, Wang Meng und → Huang Kung-wang hielten sich an die Tradition der Sung-Maler, blieben aber weitgehend eigenständig, was Akademie und Schulbetrieb anbelangt. In dieser Zeit kommt das Ideal des „Dilettanten", des „wen-jen", oder „wahren Malers" auf, eines in den vier Künsten Dichtung, Schrift, Malerei und Musik bewanderten Meisters. Diese Gruppe der „freien" Künstler steht in engem Zusammenhang mit der Süd-Schule, während die Nord-Schule Berufskünstler, am Hof Tätige in sich vereinte. In der Ming-Dynastie (1368–1644), einer politisch stabilen Epoche, gediehen die Künste. Stark an die Traditionen gebunden, zeigt sie jedoch eklektizistische Züge. Nach dem Vorbild der Sung-Dynastie wurde eine streng reglementierte Malerakademie geschaffen, deren Mitglieder Porträts und Wandgemälde schufen. Sie bildete sich unter Tai Chin und trug den Namen Che- oder Nord-Schule. Das kulturelle Zentrum des Südens war Suchou mit dem Begründer der Wu- oder Süd-Schule, Shen Chou. Dieser Maler gilt mit seinem Schüler → Wen Cheng-ming als erster echter „wen-jen", als Literatenmaler. Der Wu-Schule gehören an: Ch'in Ying, T'ang Yin u. a. Zur kulturellen Blüte der Ming-Zeit trugen auch die Architektur, das Porzellan u. a. Kunstgattungen bei. Freilich ist eine gewisse Stagnation zu beobachten, eine zunehmende Anlehnung an die bewunderten Vorbilder der Vergangenheit, die sie stolz erfüllte und den Blick nach außen verhinderte. In der nachfolgenden Ch'ung-Dynastie (1644–1911) entwickelten sich auf dem Gebiete der Malerei keine wesentlich neuen Ausdrucksformen. Europäische Stileinflüsse gelangen durch die Mission der Jesuiten ins Land, besonders während der Regierungszeit Kaiser K'ang-hsis (1662–1722). Die Tradition der Ming-Zeit setzen die der Wu-Schule nahestehenden Künstler Wang Shi-min, Wang Chien, → Wang Hui und → Wang Yüan-ch'i fort. Daneben wirken buddhistische und taoistische Mönchsmaler, wie → Chin Nung und K'un-ts'an und die „acht großen Meister von Nanking" in der 2. Hälfte des 17. Jh., die als sog. Individualisten den Konservatismus der Ming-Zeit ablehnten und in freier, oft nachlässiger Pinselführung nach neuen Ausdrucksmitteln suchten. Ruhm der Epoche K'ang-hsi und Ch'ien-lung ist die Porzellanmalerei, inspiriert von der Ming-Zeit. Am Hofe der Ch'ien-lung (1736–96) war der Italiener → Castiglione tätig, daneben bedeutende Blumen- und Vogelmaler. Mit dem Sturz der Ch'ung-Dynastie und der Errichtung der Republik 1911 beginnt die zeitgenössische Malerei Chinas. Aufbauend auf die klassischen Epochen entstehen Tuschebilder neuer Prägung in traditoneller Manier, wie etwa von → Ch'i Pai-shih. Trotz europäischer Einflüsse dominiert die völlig andersartige Bildauffassung der chinesischen Malerei.

Chinesische Malerei: *Bildnis des Kaisers K'ang-hsi auf Seide, 19. Jh. (New York, Metropolitan Museum of Art), ein Beispiel für den Zweig der repräsentativen Malerei in China. Feierlich und unnahbar, in strenger Symmetrie und vom prachtvollen Dekor des Ornats umhüllt, zeigt sich der Herrscher eines „ewigen" Reiches.*

Chinoiserie

Die Übernahme ostasiatischer Motive in der europäischen Kunst. Die Chinamode erfaßte seit der 2. Hälfte des 17. Jh. Europa. Über den Osthandel, vor allem über das bewunderte Porzellan, mit chinesischer Kunst vertraut, wurden Szenen und Zierformen „à la chinoise" zum Sinnbild heiterer Sorglosigkeit und irdischen Genusses. Der galanten Hofgesellschaft des Rokoko war der Ferne Osten Inbegriff paradiesischer Glückseligkeit. In der → Porzellan- und Fayencemalerei sowie in der → Lackkunst spielte der Chinoiserie-Dekor eine bedeutende Rolle. Auch die Maler stellten chinesische Szenen dar, etwa Boucher (Abb. S. 699). Die Porzellankabinette der Schlösser und die Teepavillons in den Parks, ebenso wie der neue Land-

Chinoiserie: *Ausschnitt aus einem Bildteppich von Jodocus de Vos, um 1720/30, Brüssel. Das Material, Wolle mit Seide, wie die spielerisch-exotischen Motive „à la chinoise" sind Ausdruck der europäischen China-Vorstellung des 18. Jh.: Das ferne Reich ist ein Märchenland des Glücks, ein Paradies auf Erden.*

schaftsgarten, haben ihren Ursprung in der romantischen Vorliebe für China.

Chronogramm
Gelegentlich auch auf Bildern vorkommende Form der Datierung, bei der in einem lateinischen Text Buchstaben, die Ziffern bedeuten, hervorgehoben sind; nach ihrem Stellenwert geordnet, ergeben sie eine Jahreszahl, etwa die Inschrift des Genter Altars (Abb. S. 204/205): VersV seXta Mal Vos Collo Cat aCta tVerl = 1432.

Cinquecento
Bezeichnung für das 16. Jh. in der italienischen Kunst (Abkürzung von 1500), meint als Stilbegriff die Hochrenaissance (→ Quattrocento).

Clairobscur → Helldunkel

Cloisonnismus
Eine Malweise, bei der die Farbflächen von kräftigen Linien umrandet werden, was an Bleifassungen von Glasfenstern oder an Cloisonné-Arbeiten (→ Email) erinnert. Für die Maler von → Pont Aven, die sie in ihren Bildern anwandten (Abb. S. 234), spielte aber auch der japanische Farbholzschnitt als Vorbild eine Rolle. Der Farbflächenkontur wurde zu einem wichtigen Element des → Jugendstils.

Collage: *Kurt Schwitters,* MERZBILD 25 A. DAS STERNENBILD, *1920, 104 × 79 (Düsseldorf, Kunstsammlung Nordrhein-Westfalen). Montagen aus einem Durcheinander von „Abfällen" gehörten zu den beliebten Provokationsmitteln des Dadaismus, stellen aber auch den Versuch dar, Kunst mit einer neuen Dingrealität zu durchsetzen.*

Cobra
Internationale Künstlervereinigung, die 1948 in Paris gegründet wurde auf Initiative u. a. von Asger Jorn. Weitere Mitglieder waren Karel Appel, Constant und Corneille. In Anlehnung an Jean Dubuffets → Art brut strebten diese Künstler eine abstrakt-figurative, spontane und emotive Gestaltungsweise an, zu der sie sich u. a. auch von Kinderzeichnungen und der Kunst der „Primitiven" anregen ließen. Viele Werke dieser von kollektiven Arbeits- und Experimentierweisen geprägten Gruppe erinnern an die → Action-painting, freilich durchsetzt mit Formen, die Mythologisches oder Archaisches evozieren. Höhepunkt der Bewegung war die große Ausstellung vom November 1949 im Stedelijk Museum, Amsterdam. Im Jahre 1951 löste sich die Gruppe schließlich wieder auf.

Codex
Buchform, die aus mehreren zusammengehefteten Blättern oder Lagen von Pergament, seit dem Spätmittelalter auch von Papier, besteht, die durch einen festen Einbanddeckel zusammengehalten werden. Vorläufer waren die Schreibtafeln der Römer. Aufgrund seiner Handlichkeit verdrängte der Codex im 4. Jh. n. Chr., wo er zur Buchform des Christentums geworden war, die → Buchrolle. Mit seinen übersichtlichen Blattflächen kam der Codex dem Bedürfnis nach Illustrationen (→ Buchmalerei), das schon die spätantiken Buchrollen erkennen lassen, sehr entgegen, die Einbände wurden im Mittelalter in kostbarstem Material erstellt und sind einer der wichtigsten Kunstbereiche der Zeit.

Color field painting: *Morris Louis,* Ksı 1960–61, *Acryl auf Leinwand, 260×428 (Essen, Museum Folkwang). Dieses Gemälde repräsentiert jenes Übergangsstadium, in dem sich die Color field painting der Signalmalerei annähert, wobei monochrome, dabei koloristisch intensive Flächen mit einfachen Zeichenstrukturen zu ästhetischen Signalements werden.*

Codex aureus
Bezeichnung für einige mittelalterliche Handschriften, die durch Verwendung von Goldschrift oder einen besonders aufwendig mit Gold beschlagenen Einband ausgezeichnet sind, etwa der Codex aureus von St. Emmeram, um 870 (München, Staatsbibliothek).

Collage
Verfahren, bei dem imitierte oder reale Alltagsmaterialien wie Stoff, bedrucktes Papier, Fotografien usw., zu einem Bild arrangiert oder als Teilelement einem Bild eingefügt werden, also eine Variante der → Montage. Sie begann mit den „Papiers collés" der Kubisten, die 1909–12 von Pablo Picasso und Georges Braque entwickelt wurden: Stilleben, in die reale oder gemalte Tapetenstücke und Wachstuchreste „eingebaut" wurden, wobei auch → Trompe-l'œil-Effekte eine Rolle spielten. Später schufen Picasso und Braque auch reliefartige Collagen aus gefaltetem Papier, Holz- und Blechteilen. Die „Papiers collés" wurden von den Futuristen übernommen und in Form von Zeitungs- und typographischen Fragmentmontagen zur Steigerung der optischen Wirkung von Wort und Schrift verwendet. Während die Künstler des → Konstruktivismus die Collage in erster Linie zu Formexperimenten heranzogen, wurde sie im → Dadaismus zu einem provokativ-agitatorischen Medium. Vor allem die Sonderform der Fotomontage wurde von Künstlern wie George Grosz, Raoul Hausmann u. a. zu einem politischen Ausdrucksmittel. Marcel Duchamp wies in seinen → Ready-mades über die eigentliche Collage hinaus, da die verwendeten Alltagsobjekte kaum noch künstlerisch „korrigiert" wurden. Weitere Sonderformen waren die „Maschinen-Collagen" von Francis Picabia und die Rayogramme Man Rays. Einen Höhepunkt stellen die MERZBILDER Kurt Schwitters' (Abb. S. 719) dar, in denen die Grenze zur → Assemblage und zum → Environment überschritten wird. Im → Surrealismus dienten Collagen dem Verfremdungseffekt. In neuerer Zeit wurde das Collageprinzip wichtig in den → Combine paintings in der → Pop-art oder z. B. in den „Decollagen" Wolf Vostells; Bildern aus übereinandergeklebten und teilweise abgerissenen Plakatfetzen.

Color field painting
1948 in den USA entwickelter Malereistil, der als Variante des → abstrakten Expressionismus Nachdruck legte auf einen → Kolorismus, bei dem in großen Flächen monochrom aufgetragene Farben dominieren, die durch keinen individuellen Pinselduktus strukturiert sind. Begründer dieser Richtung, die auch als Chromatische Abstraktion bezeichnet wird, waren Clifford Still, Mark Rothko und Barnett Newman, die ihrerseits auf Werken Josef Albers, Max Bills u. a. basierten. Ihre Bilder sind im → All-over-Prinzip als gleichmäßiges Farbmeditationsfeld behandelt, das die Wirkung des Absoluten, der Endlosigkeit vermittelt.

Combine paintings
Unter dem Einfluß der → Collagen von Robert Rauschenberg in den 50er und 60er Jahren entwickelte Montagebilder, die industrielle Konsumgegenstände in ein malerisches und plastisches Ambiente einbeziehen und bis zum Environment gesteigert werden können. Die Standardartikel der Industriegesellschaft erhalten in diesem Kontext einerseits neue ästhetische Reize, werden andererseits aber auch ironisch verfremdet.

Concept-art
Eine in den 60er Jahren des 20. Jh. entwickelte Kunstrichtung, die auf die materielle Realisation von Kunstwerken verzichtet und statt dessen in Form von Skizzen nur die Konzepte künstlerischen Verhaltens projektiert. Das kreative Moment liegt also einzig in der Erstellung eines Entwurfs, dessen „Vollendung" in der Vorstellungskraft des Betrachters diesen in den Prozeß künstlerischen Handelns einbeziehen soll. Die Concept-art hat ihre Wurzeln u. a. in der → Pop-art und der → Minimal art, letzten Endes beruft sie sich aber auf Marcel Duchamp, der mit seinen → Ready-mades ein neues, nicht mehr an der artifiziellen Realisation ausgerichtetes Kunstverständnis eingeleitet hatte.

Craquelure
Feine Haarrisse im → Firnis oder der Farbschicht von → Tempera- oder Ölgemälden, die in der Regel durch Austrocknen und Schrumpfen entstehen.

D

Dachauer Schule
Eine Künstlerkolonie, die sich in der ersten Hälfte des 19. Jh. um den Landschafter Johann Georg von Dillis zusammenfand, u. a. Christian Morgenstern und Carl Spitzweg. 1888 bildete sich die Gruppe der sog. „Neu-Dachauer" um Adolf Hoelzel, Arthur Langhammer, Ludwig Dill und Fritz von Uhde. Nachdem 1899 Ludwig Dill und 1906 Adolf Hoelzel Dachau verlassen hatten, verlor die Künstlerkolonie, ein süddeutsches Gegenstück zu → Worpswede, ihre Bedeutung.

Dadaismus
Internationale Kunstbewegung, benannt nach dem französischen Wort „Dada" für „Steckenpferd". Verbindend für alle Künstler war nicht die Festlegung auf einen Stil: „Dada hatte das Programm, keins zu haben..." (H. Richter), sondern die politisch-antibürgerliche Grundhaltung und die Freisetzung verborgener, von Kulturnormen blockierter, schöpferischer Kräfte. Die Bewegung nahm 1916 ihren Ausgang vom „Cabaret Voltaire" in Zürich. Die Dadaisten erstrebten eine Überwindung des → Kubismus und → Futurismus mit Hilfe einer ironischen Synthese des Primitiv-Banalen und modernster Technik. Lärmmusik, Simultangedichte, provozierende → Collagen und → Assemblagen aus banalsten Industriegegenständen gehörten zu ihren Ausdrucksmitteln. Gründungsmitglieder der Bewegung, die rasch Zweiggruppen u. a. in Paris, New York, Köln, Hannover und Berlin bildete, waren Hans Arp, Tristan Tzara, Hugo Ball und Richard Huelsenbeck; Anhänger oder zeitweise Vertreter waren u. a. Marcel Duchamp, Man Ray, Max Ernst, Kurt Schwitters, Francis Picabia, George Grosz. Die nihilistischen Tendenzen des Dadaismus mündeten aber bald in „konstruktive" ein, u. a. in den → Surrealismus und in neuerer Zeit in die → Pop-art.

Dau al Set
1948 in Barcelona gegründet und 1952 aufgelöste spanische Gruppe, der u. a. Modesto Cuixart, Joan Ponç, Juan José Tharrats und Antoni Tàpies angehörten. Ziel war die Entwicklung der → abstrakten Malerei und des → Informel, in der Abgrenzung vor allem zum → Surrealismus. Zusammen mit → El Paso war Dau al Set von großer Bedeutung für die Entwicklung der modernen Kunst in Spanien.

Deckenmalerei: DIE ERSCHAFFUNG DER TIERE, *aus den Loggien des Vatikan, die seit 1517 unter der Leitung Raffaels ausfreskiert wurden. Das Fresko gehört zu einem Zyklus von Szenen aus dem Alten Testament und dem Leben Jesu, der in ein kompliziertes Rahmensystem eingebettet ist. Dieses eröffnet Ausblicke in vorgetäuschte Gewölbe oder Himmelszonen.*

Deckenmalerei
Wandmalerei mit der spezifischen Aufgabe, Flachdecken, Gewölbe, Kuppeln zu schmücken. Kann die Decke nicht als Bildträger fungieren – wie im klassischen griechischen Tempel – oder hat sie selbst symbolisch-bildlichen Charakter – wie das Kreuzrippengewölbe der gotischen Kathedrale, das den „Himmel" darstellt –, kann die Deckenmalerei nicht ansetzen. Erst in der Spätantike wurde die Decke als einheitlicher Bildträger aufgefaßt, stukkiert und freskiert. Hieran knüpfte die Deckenmalerei der Katakomben an (→ altchristliche Malerei). Parallel zur allgemeinen Entwicklung übernehmen etwa ab dem 5. Jh. → Mosaiken die Gestaltung der Apsis und der Kuppel. Von karolingischer Deckenmalerei ist fast nichts erhalten, anders in der Romanik: Wichtigstes Beispiel sind die großartigen Deckenmalereien in St.-Savin-sur-Gartempe, Frankreich, aus dem späten 11. Jh. In der Renaissance gibt es zum einen die in die Rahmungen der Kassettendecken eingelassenen Leinwandbilder, zum anderen findet sich der Beginn der illusionistischen Deckenmalerei, d. h. die mit Hilfe der → Perspektive illusionierte Fortführung des realen Raumes in einen Scheinraum. Dieser Illusionismus setzt an mit Andrea Mantegnas Deckenbild in der Camera degli Sposi zu Mantua, 1474, und kulminiert in Michelangelos SIXTINISCHER DECKE, 1508–12 sowie Correggios HIMMELFAHRT MARIENS in der Domkuppel zu Parma, 1522–26, wo erstmals die Kuppel als vielfiguriger Allerheiligenhimmel erscheint. Diese illusionisti-

Deckenmalerei: *Gewölbefresko in der Wallfahrtskirche Steinhausen, 1731 von Johann Baptist Zimmermann geschaffen. In der Deckenmalerei des Spätbarock und Rokoko erreicht der Illusionismus seinen Höhepunkt. Andererseits kündigt sich im Verzicht auf Scheinarchitekturen zugunsten von Landschaftsgründen auch schon eine Abkehr vom barocken Illusionskontinuum an.*

Deckenmalerei: *Soffitto in der Sala dei Pregadi im Dogenpalast von Venedig;* VENEZIA *von Jacopo Tintoretto, 1585–95. Das in prächtiges Rahmenwerk eingelassene Leinwandgemälde scheint einen Ausblick in den freien Himmel zu öffnen, in dem die auf Untersicht berechneten Figuren schweben, aber es bleibt tafelbildartig geschlossen.*

sche Deckenmalerei, die mit Hilfe der → Quadraturmalerei ein absolutes Illusionskontinuum zwischen profaner und transzendenter „Welt" erstellt, erreicht im Barock und Rokoko ihre letzte Steigerung. Pietro da Cortona, Giovanni Battista Gaulli, Andrea Pozzo (Abb. S. 531), Cosmas Damian Asam, Johann Baptist Zimmermann (Abb. S. 657), Johann Evangelist Holzer sind nur einige ihrer wichtigsten Vertreter. Als Giovanni Battista Tiepolo mit seinen Fresken in der Würzburger Residenz, 1751–53, die Deckenmalerei zu einem triumphalen Gipfel führte, schuf wenig später, 1761, Anton Raphael Mengs seinen PARNASS in der Villa Albani zu Rom, wo das Deckenbild den Illusionismus aufgibt und sich wieder den Prinzipien des abgeschlossenen Tafelbildes unterstellt. Von nun an büßte die Deckenmalerei, trotz vieler Erneuerungsversuche, rasch ihre frühere Wichtigkeit ein.

Deckfarben
Deckkräftige → Pigmente, die darunterliegende Farbschichten bzw. den Malgrund nicht durchscheinen lassen (im Gegensatz zu → Lasurfarben).

Dedikationsbild
In der → Buchmalerei die Darstellung der Übergabe des Buches (lat. dedicatio = Weihung) durch den Autor, Schreiber oder Besteller an eine hochgestellte Person oder einen Heiligen (→ Devotionsbild).

Deesis
Christus zwischen Maria und Johannes dem Täufer als Fürbittern der Menschheit (griech. „Bitte") in Darstellungen des Jüngsten Gerichts, auch sonst ein häufiges Motiv der → byzantinischen und mittelalterlichen Kunst. Sind weitere Heilige beigefügt spricht man von „großer Deesis".

Dekoration
Die Ausschmückung (lat. decorare = schmücken) von Gegenständen, Räumen, Fassaden, einer Bühne oder festlichen Veranstaltung durch Malerei u. a. Kunsttechniken. Die Verzierung von Keramik bezeichnet man als Dekor, das einzelne Schmuckmotiv als Ornament.

Devotionsbild
In der → Buchmalerei die Darstellung der Weihung des Buches an Christus oder Maria (lat. devotio = Gelübde, Aufopferung; → Dedikationsbild).

Deutschrömer
Sammelname für die in Rom tätigen deutschen Maler, im engeren Sinn die → Nazarener, aber auch → Mengs, Hackert, Reinhart, Carstens, Koch, Schick, Böcklin, Feuerbach, Marées.

Diaphanbild
Mit → Lasurfarben auf Glas gemaltes oder zwischen Glasscheiben gelegtes transparentes Bild (griech. diaphainein = durchscheinen; → Kabinettscheibe).

Diorama
Ein von Daguerre 1822 eingeführtes, aus dem → Bühnenbild abgeleitetes, auf durchsichtiges Material (griech. dioran = durchsehen) gemaltes Schaubild, das je nach Beleuchtung wechselnde Effekte bietet; z. B. Sonnenlicht oder Abendstimmung über einer Landschaft. Im 19. Jh. wie das → Panorama eine beliebte Attraktion.

Dioskurides-Codex
Kopie eines spätantiken Pflanzenbuches, die um 512 für Anicia Juliana, die Tochter der Galla Placidia, in Konstantinopel geschrieben und illuminiert wurde (Wien, Nationalbibliothek). Inhaltlich wurde sie der Prototyp der mittelalterlichen Pflanzenbücher, stilistisch ist sie das Bindeglied zur byzantinischen Buchmalerei vor dem → Bildersturm.

Diptychon
In der Antike zweiteilige Schreibtafel, im Mittelalter zweiflügeliges → Altarbild ohne feststehendes Mittelteil. Früheste Beispiele solcher Altardiptychen finden sich in Italien.

Dispersionsfarben
Farben auf der Grundlage einer Kunstharz-Bindemitteldispersion (lat. dispersus = zerstreut), mit Wasser verdünnbar, binden aber wasserunlöslich ab (Binder), deckend und lasierend zu verwenden.

Donauschule: *Albrecht Altdorfer,* Die Lärche, *Deckfarbenmalerei auf Federzeichnung (Berlin, Kupferstichkabinett). Die Landschaft hat Altdorfer beschäftigt wie vor ihm nur Dürer. Einfühlsam erfaßt er das wechselnde Licht und das wuchernde Leben der Vegetation. Die Figur verliert sich in seinen Bildern als kleine Staffage in einer gewaltigen Natur.*

Divisionismus
Zerlegung des Farbauftrages (lat. divisio = Teilung) in kleine, nebeneinandergesetzte Tupfen, die sich erst im Auge des Betrachters mischen (→ Pointillismus).

Documenta
Internationale Kunstausstellung, die seit 1955 alle vier Jahre in Kassel stattfindet. Eingerichtet wird sie im dortigen Friedericianum und in der Neuen Galerie. Mit der ersten Documenta 1955 fand die deutsche Kunstszene nach dem Zweiten Weltkrieg Anschluß an die abstrakte Kunst, die ja von den Nationalsozialisten als „entartet" gebrandmarkt worden war. Die folgenden Ausstellungen wurden jeweils als umfassende Informationsschau avantgardistischer Kunstströmungen des In- und Auslandes neu organisiert.

Doelenstück → Schützenstück

Donator → Stifterbild

Donauschule
Eine Richtung der altdeutschen Malerei, die sich im ersten Drittel des 16. Jh. im donauländischen Raum Bayerns und Österreichs herausbildete. Als Hauptvertreter gelten Lucas Cranach d. Ä. (Wiener Zeit), Albrecht Altdorfer (Regensburg), Wolf Huber (Passau) und der Meister der Historia (Wien). Vorläufer sind die Altäre Jörg Breus d. Ä. Im Donaustil kommt ein neues Verhältnis zur Natur zum Ausdruck. Die Landschaft wird ebenso wie die gesteigerte Expressivität der Figuren zum Träger des Bildgeschehens. Sie ist nicht mehr Beiwerk, sondern wird zum Bestandteil der Aussage. Altdorfer schafft das erste reine Landschaftsgemälde.

Doublieren
Beschädigte oder brüchig gewordene Leinwandbilder werden auf eine neue Leinwand aufgezogen (franz. doubler = verdoppeln; füttern) oder rentoiliert (franz. toile = Leinwand). Als Klebemittel verwendet man eine Mischung aus Bienenwachs und Leinölfirnis.

Dripping: *Jackson Pollock,* COMPOSITION NR. 1., *1948, 172 × 264 (New York, Museum of Modern Art) „. . . ein Bild hat ein Eigenleben. Ich versuche, es sich entwickeln zu lassen. Nur wenn ich den Kontakt mit dem Bild verliere, gerät alles durcheinander. Ansonsten aber verläuft alles harmonisch, geht leicht vonstatten, und das Bild wird gut."*

Draperie
Dekorative Gehänge aus Stoff (franz. draper = mit Tuch behängen), oft durch → Wandmalerei imitiert, auch als Hintergrund von → Bildnissen oder → Stilleben beliebt. Die Anordnung von Gewandfalten bei Figuren nennt man Drapierung.

Dreifaltigkeit
Auch Trinität, Einheit von Gottvater, Sohn und Hl. Geist, häufig durch Symbole ausgedrückt: Dreieck, z. T. mit dem Auge Gottes, drei ineinanderverschlungene Kreise, Kleeblatt, drei ornamental verbundene Tiere usw. In der altchristlichen Malerei ist die Dreifaltigkeit oft in der → Hetoimasia wiedergegeben, durch Thron (Gottvater), Kreuz und Evangelienbuch (Christus) und durch eine Taube (Hl. Geist). Im Rahmen der → Typologie können auch Ereignisse des Alten Testamentes die Dreifaltigkeit versinnbildlichen, am häufigsten die → Philoxenie (Abb. S. 569). Daraus entstand seit dem frühen Mittelalter die Darstellung von drei gleichen Männergestalten mit Reichsapfel bzw. Schwert (Gottvater), Zepter oder Kreuz (Christus), Lilie oder Taube (Hl. Geist). Eine Sonderform ist der → Gnadenstuhl.

Dripping
„Tröpfeln"; eine Technik, mit der Max Ernst und Hans Hofmann schon in den 20er und 40er Jahren experimentierten, die dann durch Jackson Pollock u. a. Maler des → Action-painting besondere Bedeutung gewann. Durch eine durchlöcherte Büchse wurde Farbe auf eine am Boden liegende, meist großformatige Leinwand geträufelt. Durch rhythmische Bewegung entstehen Muster, die als Träger von spontan aus dem Unbewußten, jegliche Störung durch den Intellekt ausschaltende Energie aufgefaßt werden. Die Leinwand wird zur Handlungsbühne, um die herum der Künstler sich rhythmisch bewegt.

Drolerie
Grotesk-phantastische oder satirische Darstellung im Rahmen der mittelalterlichen dekorativen Kunst. Neben der Verwendung in der Bauplastik und im Kunsthandwerk begegnen Drolerien vor allem in der → Buchmalerei; in der Romanik als → Initialschmuck, in der Gotik als Fabelwesen usw., die in die Randornamentik eingestreut sind. Häufig werden sie Ansatzpunkt volkstümlich-realistischer Elemente.

Dugento
(auch Duecento)
Bezeichnung für das 13. Jh. in der ital. Kunst (Abkürzung von 1200).

Durrow, Book of
Eines der berühmtesten Evangeliare der insularen Buchmalerei, das um 690 im Königreich Northumbrien entstand (Dublin, Trinity College Library). Die Pergamenthandschrift ist ausgestattet mit den → Evangelistensymbolen, Zierseiten und → Initialen. Die Ornamentformen sind von der einheimischen, keltisch-germanischen Metallkunst abzuleiten, während die Evangelistensymbole östliche Vorbilder verraten.

Düsseldorfer Schule
Die Kunstakademie in Düsseldorf war unter Peter von Cornelius ein Mittelpunkt nazarenisch-romantischer Bestrebungen (→ Nazarener). Seit 1826 unter Wilhelm von Schadow profilierte sie sich als „Düsseldorfer Schule". Neben den Anhängern der nazarenisch-klassizistischen Tradition traten die Vertreter einer wirklichkeitsbezogenen bürgerlichen Historienmalerei hervor. 1833 richtete Schadow eine Klasse für Landschaftsmalerei unter Johann Wilhelm Schirmer ein und tolerierte die Genremalerei, die Cornelius abgelehnt hatte. Auf diesen Gebieten ging die Wirkung der Schule, der sich zahlreiche amerikanische (Worthington, Whittredge, William Stanlay Haseltine, William Trost Richards), skandinavische (Adolf Tidemand, Hans Ynde, Hermann Cappelen, Johann Fredrik Eckersberg, Carl Lützow d'Unker) und russische Maler anschlossen, über Deutschland hinaus.

Dviženie
1962 gegründete avantgardistische russische Künstlergruppe, die erstmals seit den 20er Jahren wieder in der Sowjetunion eine → abstrakte Malerei vertritt. Den Anfang bildete eine Weiterführung des → Konstruktivismus, dann wandte sie sich dem Environment zu und beschäftigte sich vor allem mit der Kinetischen Kunst. 1970 zählten zu ihren Mitgliedern u. a. Sergej Zorin, der musikalische Lichtinstrumente entwickelte, und Nikolaj Kusnjezow, der mit elektronischen und automatischen Gebilden experimentiert.

Düsseldorfer Schule: *Eduard Bendemann,* ZWEI MÄDCHEN, *1833 (Düsseldorf, Kunstmuseum). Bendemann, nach Schadow Direktor der Akademie, blieb der nazarenischen Tradition treu, ihrer frommen Innigkeit und elegischen Melancholie. Das von den Zeitgenossen gefeierte Bild ist deutlich Overbecks* GERMANIA UND ITALIA *verpflichtet.*

E

Ebo-Evangeliar
Nach dem Erzbischof Ebo von Reims benannte Pergamenthandschrift, die vor 835 in Reims entstand (Epernay, Bibliothèque Municipale). In dem ganz in Gold geschriebenen Evangeliar sind die Kanontafeln mit antikisierenden Figuren verziert und die Evangelistenbilder, wie beim → Utrecht-Psalter, durch nervösen Linienduktus gekennzeichnet (Abb. S. 702).

Ecaillemalerei
Schuppenartige Musterung auf Porzellan (franz. écaille = Schuppe)

Ecclesia und Synagoge
→ Personifikationen der Kirche und des Judentums als weibliche Gestalten, die Ecclesia mit Krone, Kelch und Kreuzesfahne (Neues Testament = Erfüllung), ihr Gegenstück mit verbundenen Augen, zerbrochenem Stab, einer vom Haupt fallenden Krone und den Händen entgleitenden Gesetzestafeln (Altes Testament = Vorbereitung); seit dem 9. Jh. als Begleitfiguren der Kreuzigung.

Echternacher Schule
Von der Trierer Kunst ausgehende Schule der ottonischen → Buchmalerei, in der Anfang des 11. Jh. eine Reihe von Prachthandschriften entstand, die eine streifenförmige Bildanordnung sowie eine an Textiles erinnernde Ornamentik kennzeichnen.

École de Paris
Bezeichnung vor allem für die ausländischen Vertreter der Pariser Kunstszene 1905–25. Eine Sondergruppe, die „Peintres maudits", bildeten jüdische Emigranten wie Marc Chagall, Chaim Soutine, Jules Pascin, Moïse Kisling sowie Amedeo Modigliani, die einen expressionistisch gefärbten Stil vertraten. Nach Ende des Zweiten Weltkrieges auch auf abstrakte Strömungen in Paris angewandt (sog. zweite Schule von Paris).

Echternacher Schule: GLEICHNIS VON DEN ARBEITERN IM WEINBERG, *aus dem* CODEX AUREUS EPTERNACENSIS, *um 1030 (Nürnberg, German. Nationalmuseum). Das Evangelienbuch ist eine der Prachthandschriften, die im Scriptorium des Klosters Echternach für die Kaiser geschaffen wurden.*

Email: *Reliquienschrein aus Limoges mit* ANBETUNG DER KÖNIGE, *um 1180 (Washington, National Gallery of Art). Der kleine Schrein besteht aus auf ein Holzgehäuse genagelten Kupferplatten. Die Figuren in Grubenschmelz stehen vor graviertem, vergoldetem Grund. Die romanische Emailkunst vereint Farbwirkungen der Buch- und der Glasmalerei.*

Emblem: Memento-mori-Mosaik *aus Pompeji, 1. Jh. n. Chr. (Neapel, Nationalmuseum). Die „Emblemata" im Zentrum antiker Fußböden waren oft Kopien nach Gemälden oder Motive, die das Mosaik virtuos zur Geltung kommen ließen. Das pompejanische zeigt Vergänglichkeitssymbole. Von Sinnbildern dieser Art leitet sich die spätere Bedeutung des Begriffs her.*

Email: *Anhänger, Paris 1904. Gold, Email, Perlen, grüne Glassteine; etwa um ein Drittel vergrößert. Bei Schmuck hat der Jugendstil die Cloisonné-Technik wieder aufgegriffen, die seiner Vorliebe für den Kontur entgegenkam.*

Edessenum
Urtyp des → Acheiropoieton. Ein Abdruck des Gesichts Christi auf einem Tuch (Mandylion), das König Abgar von Edessa erhalten hat und das zur meistverehrten Christusikone wurde. Es zeigt das Antlitz frontal, von Haupt- und Barthaar umrahmt, im Gegensatz zum Schweißtuch der Veronika ohne Dornenkrone.

Eigth, The → Ash Can School

Einsatzbild
Ein Bild, bei dem ein älteres Gemälde, manchmal mit Rahmen, in ein größeres, zu diesem Zweck geschaffenes eingesetzt ist. Im späten 16. Jh. wurde es in Italien üblich, verehrte Heiligenbilder wie eine Reliquie in großen Altargemälden zu fassen. Das Verfahren wurde dann auch bei profanen Themen, etwa Bildnissen, angewandt. Im Barock kommt ein Typus auf, der das eingesetzte Bild nur vortäuscht.

Einschlagen
Das Stumpf- oder Glanzloswerden der Ölfarben, verursacht durch Absaugen des → Bindemittels bei zu magerer → Grundierung oder → Untermalung, auch durch Verdunstung ätherischer Öle.

Eklektizismus
Die unschöpferische Anlehnung an den Stil anderer Meister und Epochen (griech. eklegein = auswählen).

Elementarismus
Von Theo van Doesburg ab 1924 geschaffene Version des → Neoplastizismus, wobei die Diagonale wieder in das von Mondrian entwickelte Kompositionssystem eingeführt wurde.

Eleousa
Byzantinischer Marienbildtypus. Die Mutter liebkost das Kind, wehmütig die Passion vorausahnend (griech. eleos = Mitleid); ein → Lukasbild.

El Paso
1957 in Madrid gegründete Künstlervereinigung. Gründungsmitglieder waren Manolo Millarès, Antonio Saura, Luis Feito und Rafael Canogar, seit 1958 zählten auch Manuel Viola und Manuel Rivera dazu. Stilistisch vertraten alle Maler das → Informel. Zusammen mit → Dau al Set die wichtigste Strömung moderner Kunst in Spanien.

Email
Mit Metalloxyden gefärbter Glasfluß, der auf Metall (auch Glas oder Ton) aufgeschmolzen wird (franz. émail = Schmelz). Die alte Technik wurde anfangs nur zur ornamentalen Verzierung verwendet (keltisches „Blutemail", Furchenschmelz), später jedoch zu einem anderen Malereiverfahren gleichwertigen Gestaltungsmittel. Die Meister im Maas-, Mosel- und Rheingebiet, die um 1200 prachtvolle Reliquienschreine und Altäre schufen, arbeiteten im Grubenschmelz (franz. champlevé), bei dem aus der Metallplatte flache Gruben für die Schmelzmasse ausgehoben werden, während die belassenen Partien, meist vergoldet, das zeichnerische Gerüst bilden. Die byzantinischen Emailkünstler bevorzugten den Zellenschmelz (franz. cloisonné); hier formen aufgelötete dünne goldene Stege die Zellen für das Email und gleichzeitig die Zeichnung. Im 16. Jh. blühte in Limoges das Malereiemail. Kupfertafeln, Prunkgefäße u. a. wurden mit einer dunklen Schmelzmasse überzogen und dann mit Bildern, farbig oder in → Camaïeu, bemalt. Später wurde die Miniaturmalerei in Email für Dosen, Medaillons u. a. beliebt.

Email: *Detail einer Karaffe aus Aleppo, 13. Jh. (Berlin, Staatl. Museen, Islam. Abteilung). Im 12. Jh. kam in Syrien die antike Technik der Emailmalerei auf Glas zu neuer Blüte, wobei auch Gold verwendet wurde.*

Emblem
In der Antike Bezeichnung für eine Reliefplatte, etwa auf einem Schild sowie das in einen Fußboden eingelassene Mosaikbild (griech. emblema = das Eingesetzte). Erhält später die Bedeutung von Kennzeichen, → Attribut, Sinnbild, → Symbol.

Emulsion
Eine flüssige Mischung aus öligen und wässerigen Bestandteilen, in der Natur in Milch, Eigelb oder bestimmten Pflanzenmilchsäften, künstlich herzustellen etwa durch Verseifung von Öl mit Laugen. → Bindemittel der → Temperamalerei.

Engelpietà
Im 13. Jh. in Italien und Frankreich aufgekommene Darstellung des von Engeln gehaltenen toten Christus.

Enkaustik
Malerei mit Bienenwachs als → Bindemittel. Die Farben werden in kaltem, festem oder erhitzt in flüssigem Zustand aufgetragen und dann mit heißen Spachteln geglättet (griech. enkausis = einbrennen). Die von Plinius d. Ä. u. a. antiken Schriftstellern erwähnte Technik geriet im Mittelalter in Vergessenheit (→ Mumienporträts). Seit dem 18. Jh. versuchten verschiedene Maler, wieder mit Wachsfarben zu arbeiten.

Entartete Kunst
Schlagwort der Nationalsozialisten, mit dem sie seit 1928 gegen alle moderne Kunst vorgingen, die dem „rassischgesunden Volksempfinden" nicht entsprach und die pseudonaturalistischen, im rückständigsten Sinne „akademischen" Kunstvorstellungen Adolf Hitlers nicht befriedigte. Verfemt wur-

Etruskische Malerei: *Die Tomba dei Leopardi in der Nekropole von Tarquinia wurde um 480/70 ausgemalt. Nur oberflächlich vom griechischen Vorbild bestimmt, stürmt der Musikant zwischen ekstatisch bewegten Tänzern dahin, fliegenden Gewandes, mit zu großen Händen, unproportioniert, aber spontan überzeugend im orgiastischen Festgetriebe.*

den damit expressionistische, kubistische, dadaistische, abstrakte und Kunstwerke, deren kritischer Inhalt nicht der Propaganda entsprach. 16 000 Werke wurden beschlagnahmt, vernichtet oder ins Ausland verkauft bzw. 1937 in der Ausstellung „Entartete Kunst" im „Haus der deutschen Kunst" in München gezeigt. Viele der Künstler erhielten während der Zeit des Dritten Reiches Malverbot.

Epistolar → Lektionar

Erbärmdebild
Im frühen 15. Jh. in der deutschen Kunst aufkommendes Andachtsbild, das den italienischen Typ der → Imago pietatis mit der heimischen Tradition des „Schmerzensmannes" verbindet.

Ereignisbild
Darstellung eines zeitgenössischen Ereignisses (→ Historienmalerei).

Espace
Die 1951 in Paris gegründete Künstlergruppe versuchte, Tendenzen des → Konstruktivismus und → Neoplastizismus auf eine Einheit von Architektur, Plastik und Malerei hin auszurichten und so für den urbanen Bereich nutzbar zu machen. Mitglieder waren u. a. Jean Dewasne, Etienne Béothy, Jean Gorin, Victor Vasarely und Nicolas Schäffer. Seit 1966 löste sich die Vereinigung auf.

Etruskische Malerei
Allzu leichtfertig wird die etruskische Kunst vielfach als bloße Provinzvariante der griechischen bewertet, ihr in der Malerei ein Ersatzstatus für verlorene griechische Werke zugebilligt und die Vermittlerrolle zum Römischen anerkannt. Genauere Betrachtung zeigt jedoch eindeutig, daß die etruskischen Künstler zwar griechische Formgebung als überlegen anerkannten, sie sich aber nur so weit zu eigen machten, wie es ihren Aufgaben und Vorstellungen nützlich schien. Darüber hinaus entwickelten sie aus den Vorbildern schon seit dem 7. Jh. v. Chr. unverwechselbar eigene Darstellungsweisen, die charakteristisch von spontan-flüchtigem Duktus und einer unerhörten Dynamik gekennzeichnet sind und jeden Rahmen griechischer Strenge und Ausgewogenheit sprengen. Die Wandmalereien in den Gräbern von Tarquinia, Vulci, Chiusi, Cerveteri und Veji, die vom 7. bis ins 1. Jh. v. Chr. reichen und ihre Blütezeit im 5. Jh. erlangen, sind vom aufwendigen Totenkult bestimmt, zu dem Festgelage, Tanz und Musik sowie Kampfspiele teils grausam-blutiger Art gehörten. Ungezügelt ekstatisch zumeist und von ausfahrender Gestik scheint der Maler seine Gestalten in kräftigen Farben geradezu an die Wand zu werfen, Bewegung und Gelassenheit, Trauer, Angst und Entsetzen, musikalische Leichtigkeit oder dumpfe Schwere spontan und sicher charakterisierend. Auch in der Vasenmalerei verläuft die Stilentwicklung parallel der griechischen Kunst und nähert sich ihr besonders in den mythologischen Darstellungen weitgehend an, doch ordnet der etruskische Maler immer Präzision und Genauigkeit im Umriß, im Ornament und in der Proportion dem skizzenhaft erfaßten Ausdruck unter.

Evangelistensymbole: CODEX AUREUS *aus Echternach, um 1020/30 (Nürnberg, German. Nationalmuseum). Den als Lehrer der Welt in der Mandorla-Gloriole thronenden Christus umgeben in den Kreuzachsen die Symbole der Evangelisten: Adler, Stier, Engel, Löwe; in den Medaillons der Ecken schreibende Propheten als ihre Vorläufer.*

Evangeliar
Buch mit dem Text der Evangelien. Das EVANGELISTAR enthält die Auszüge (Perikopen) für Sonn- und Feiertage.

Evangelistensymbole
Die Verfasser der vier Evangelien gehören seit den Anfängen der christlichen Kunst zu den am häufigsten dargestellten Gestalten (→ Autorenbild). Seit dem 4. Jh. werden sie auch als Engel (Matthäus), Löwe (Markus), Stier (Lukas) und Adler (Johannes), symbolisiert, den vier Gestalten des von dem Propheten Ezechiel beim Thron Gottes geschauten Tetramorph (griech. „Viergestalt").

Existenzbild
Ein von dem schweizerischen Kultur- und Kunsthistoriker Jacos Burckhardt geprägter und von der deutschen Kunstwissenschaft übernommener Begriff, der die stille Zuständlichkeit, das undramatische Sein und das durch die goldtonige Farbigkeit „Stillverklärte" venezianischer Gruppenkompositionen des → Quattrocento bezeichnet.

Expressionismus: *Edvard Munch,* ROTER WILDWEIN, *1898, 120 × 120 (Oslo, Munch-Museet). Mit seinem expressiv-aussagekräftigen Œuvre wird der Norweger Munch zum Expressionismus gerechnet, ohne daß dieses freilich ganz darin aufgeht. Auf jeden Fall war er einer der wichtigsten Anreger für den deutschen Expressionismus.*

Expressionismus: *Ernst Ludwig Kirchner,* DER TRINKER, *Selbstbildnis von 1914/15 (Nürnberg, German. Nationalmuseum). Kirchner war einer der bedeutendsten Vertreter des deutschen Expressionismus. In seinem Werk zeigt sich besonders deutlich der Einfluß, den altdeutsche Holzschnitte und die Kunst der „Primitiven" ausübten.*

Expressionismus: *Ernst Ludwig Kirchner,* FRAUEN AUF DER STRASSE, *1914, 126 × 90 (Wuppertal, Von-der-Heydt-Museum). Irrationale Raumprismen und erregt zuckende Formen sind als Ausdrucksmittel so typisch für die Brücke-Künstler wie die Thematik einer Dämonisierung der Frau und der Erotik.*

Expertise
Gutachten eines Experten über Echtheit, Herkunft, Stil, Technik und Zustand eines Kunstwerks.

Expressionismus
Europäische Kunstströmung von etwa 1905–25, an der Deutschland maßgeblich beteiligt war. Vorläufer waren Maler wie Vincent van Gogh, Paul Gauguin und Edvard Munch. 1911 tauchte der Begriff „Expressionismus" auf und wurde bald auf die Vertreter des → Fauvismus, des → Blauen Reiter, der Brücke und des → Sturm angewandt. Gemeinsam hatten alle diese Richtungen die von subjektiven Gefühlswerten dominierte Starkfarbigkeit, Ausdruckskraft der Linien und kräftige Konturen sowie eine abstrahierende Vereinfachung des Gegenständlichen zum Plakativen und Großflächigen und einen Hang zum Deformierten und perspektivisch Verzerrten. Die Anfänge des Expressionismus in Deutschland sind gegeben mit der Gründung der Brücke 1905 und des Blauen Reiter 1911. Einzelgänger wie Oskar Kokoschka, Emil Nolde, Paula Modersohn-Becker, Christian Rohlfs, Ludwig Meidner u. a. kamen hinzu. In Frankreich nahm Georges Rouault mit seinen religiös orientierten Bildern eine künstlerische Sonderstellung ein. Eine Mittelposition zwischen Fauvinismus und Blauem Reiter hatten die sog. „rheinischen Expressionisten" inne, z. B. Jan Thorn-Prikker, Heinrich Nauen, Heinrich Campendonk. Dem Sturm sind seit ca. 1912 zuzurechnen: Karl Hofer, Max Beckmann, Otto Dix, George Grosz und Oskar Kokoschka. Nach dem Ersten Weltkrieg bildeten die jüdischen Maler der → École de Paris eine eigene Version des Expressionismus aus; zum flämischen Expressionismus zählten u. a. Constant Permeke, Gustave de Smet und Albert Servaes. Expressionistische Tendenzen gingen in den → Muralismo, den → Abstrakten Expressionismus, ins → Informel, in → Art brut und die Gruppe → Cobra ein.

Fächermalerei: *Chinesischer Mandarinfächer, Anfang 19. Jh. Fächerblatt aus Papier mit Aquarellmalerei und Applikation, (Elfenbeinplättchen und Seide) Elfenbeingestell 37 × 60. Ostasiatische Fächer waren im Zeitalter des Barock so begehrt wie das Porzellan, wurden nachgeahmt und zum beliebten modischen Requisit der Dame wie des galanten Herrn.*

F

Fächermalerei
Der in vielen Kulturen in vielerlei Formen übliche Fächer wurde im Fernen Osten zu einem ästhetisch hochkultivierten Gegenstand. Papier und Seide waren das gängige Material der ostasiatischen Malerei, und die Fächer wurden mit allen von ihr entwickelten Techniken und Motiven geschmückt (Abb. S. 729). Die Chinamode verbreitete den bemalten Fächer in Europa. Meister wie Watteau, Boucher und Fragonard haben Fächerblätter mit galanten Szenen und → Chinoiserien bemalt.

Fachmaler
Auf eine Gattung wie Bildnis, Landschaft usw. spezialisierter Maler.

Farbenlehre: *Herbert Schürmann, Studie über* Die Affinität der Farben zueinander, *aus Wassily Kandinskys Farbenseminar. Deckfarben, 1929/30. (Berlin, Bauhaus-Archiv). Die Farbenlehre sucht die Farben nach Farbton oder Farbrichtung, Helligkeit, Reinheit und Intensität systematisch zu ordnen und ihre Beziehungen darzustellen. Farbkreise, -kreuze, -kugeln, -kegel u. a. dienen der Veranschaulichung solcher Analysen.*

Fächermalerei: *Fächer eines Düsseldorfer Malkreises, um 1908 (Privatbesitz). Auf jedes Holzteil hat ein anderer Maler seine Widmung an eine Dame des Salons gemalt. In Künstlerkreisen wurde der im 19. Jh. zur Massenware gewordene Fächer zuweilen noch als galante Gabe nach Art der Meister des Rokoko mit originellen Malereien geschmückt.*

Fassadenmalerei: *Der Entwurf Hans Holbeins d. J. für das Haus zum Kaiserstuhl in Basel gliedert die Wand architektonisch und löst sie zugleich räumlich auf. Karl der Große auf dem Thron hat dem Haus den Namen gegeben (Basel, Kupferstichkabinett).*

Fassadenmalerei: *Landsitz des Postherrn Beat Fischer von Reichenbach in Gümlingen bei Bern, 1745/50. Die Illusionsmalerei macht aus dem schlichten Haus ein beschwingt-heiteres Schlößchen. Auf der Balustrade erwartet Dienerschaft den Hausherrn.*

Fälschung
Die Nachbildung eines Kunstwerks oder die Neuschöpfung „im Stil" eines anerkannten Künstlers zum Zwecke vorsätzlichen Betruges. Als Verfälschung werden partielle Täuschungsmanöver am Kunstwerk bezeichnet, z. B. das Anbringen falscher Signaturen. Stilkriterien, das Wissen von den geschichtlich variablen Techniken und moderne naturwissenschaftliche Materialuntersuchungen können Fälschungen aufdecken. Kunstfälschung hängt eng mit dem Kunstsammeln und der Prestigesteigerung des Kunstbesitzers zusammen. So wird schon in der Renaissance von unzähligen Fälschungen berichtet, in Deutschland waren es vor allem Dürerbilder, die seit dem 16. Jh. gefälscht wurden. Einen neuen „Höhepunkt" erlebte die Fälschung im 19. und 20. Jh. Berühmt wurde Han van Meegeren, der 1935–43 Bilder im Stil Jan Vermeers mit außerordentlicher Raffinesse fälschte.

Farbenlehre
Theorie von den Gesetzmäßigkeiten der Farbwirkung. In der Antike zählte die Farbenlehre zur Naturphilosophie, im Mittelalter war sie einer Lichtmetaphysik eingeordnet. Erst in der Renaissance wurde sie in eine allgemeine Kunstlehre eingebaut. Goethes Farbenlehre von 1810 stellt das erste wirklich praktikable Farbensystem auf, auf dem → Philipp Otto Runge mit seiner Farbenkugel aufbaute. Im 20. Jh. basieren die Farbenlehren auf Physik, Physiologie und Psychologie. In der → Op-art und der Kinetischen Kunst wird mit entsprechenden Erkenntnissen experimentiert.

Farbenperspektive
Die zunehmende Farbveränderung in Richtung der kalten Farben durch die Luft bei fortschreitender Entfernung. Dieses Phänomen wird für die Tiefengliederung eines Bildes eingesetzt, indem im Vordergrund rote und gelbe und in der Tiefe blaue und grüne Töne verwandt werden (→ Farbkontraste).

Farbensymbolik
Jede Farbe besitzt eine besondere emotive und assoziative Wirkkraft. Auf ihr basiert die symbolische Auslegung der Farben, sei es, daß man z. B. Rot mit Feuer, Schwarz mit Nacht gleichsetzt, sei es, daß man Farben den vier Temperamenten zuordnet: Rot = sanguinisch, Gelb = cholerisch, Weiß = phlegmatisch, Schwarz = melancholisch. Eine besondere Rolle spielte immer schon das Gold als Sonnen-, Licht- und Gottessymbol. Im Mittelalter

Fassung: THRONENDE MUTTERGOTTES *aus Friedberg, um 1383, Lindenholz, originale Fassung, Höhe 75 cm (Darmstadt, Hessisches Landesmuseum). Die farbige Fassung mittelalterlicher Plastiken steigert den Realitätscharakter des Bildes. Im gleichen Sinne ist sie etwa auch in der ägyptischen Kunst üblich.*

dominiert eine religiöse Farbensymbolik. Blau wird zur Symbolfarbe Marias, rot (wie Blut) sind die Märtyrergewänder, Purpur, als Symbolfarbe zunächst des Halbgottes Herkules, dann des Herrschers in der → Apotheose, geht auf Christus über u. ä. Seit Giotto verlieren allmählich die Farben ihre Symbolwertigkeit zugunsten reiner „naturalistischer" Darstellungswertigkeit. In der → Romantik, im → Symbolismus und → Expressionismus versuchte man wieder, ihre Symbolkraft zu beschwören. Eine eigene Rolle spielt die Farbsymbolik in der Heraldik, bei Fahnen u. ä.

Farbkontraste
Ein wesentliches Element der Farbwirkung eines Bildes. Man unterscheidet Komplementärkontrast (→ Komplementärfarben), Intensitätskontrast (reinbunt – getrübt) und Kalt-Warm-Kontrast (Rot, Gelb, Orange wirken wärmer und näher als die Blau nahestehenden Farben. → Farbenperspektive, Farbenlehre).

Fassadenmalerei
Seit dem Altertum wurden Fassaden mit → Inkrustation, → Mosaik, → Sgraffito, Baukeramik und -plastik geschmückt, seit dem Mittelalter auch in → Freskotechnik. Fassadenmalerei im eigentlichen Sinne ist erst dann gegeben, wenn die glatte Wand mit Scheinarchitekturen, figürlichen oder ornamentalen Motiven bemalt wird und dadurch erst ihre Gliederung erhält. Sie konzentrierte sich vor allem seit dem 14. Jh. in reichen Städten wie Köln, Augsburg oder Venedig, wo Profanbauten mit Wappen, Fahnen und Heiligenbildern versehen wurden. Ihre Blütezeit hatte sie vom Beginn der Renaissance bis zum Ende des Barock, lebte aber auch später noch hauptsächlich in der → Lüftlmalerei des Alpenvorlandes weiter. Regional reichte sie von Italien, wo z. B. Tizian, Giorgione, Andrea Mantegna, Caravaggio u. a. an ihr beteiligt waren, über Tirol, Österreich, die Schweiz (Abb. S. 731), das ganze Rheingebiet bis Brüssel, Süddeutschland bis zur Mainlinie und ist auch in der Tschechoslowakei und einigen Regionen des Balkan verbreitet. Ein Sonderfall sind dort die Außenmalereien der Moldauklöster (→ rumänische Malerei).

Faßmaler
Der Maler, der Skulpturen durch Bemalung oder Vergoldung farbig „faßt".

Fassung
Die Bemalung oder Vergoldung von Bildwerken aus Holz und Stein (Staffiermalerei). Fassung nennt man auch die abgewandelte Ausführung desselben Themas durch einen Künstler. Ist das Werk ohne Varianten wiederholt, spricht man von einer Replik, ist es von einem anderen nachgebildet, von einer Kopie.

Fauvismus
1905 geprägte Bezeichnung für die Kunst der „Fauves", der „Wilden", Werke von Maurice Vlaminck, Henri Matisse, André Derain, Raoul Dufy u. a., die sich durch plakative, grelle, reine, in → Komplementärkontrasten vorgetragene Farben und eine flächige Malweise auszeichnen. Anregend war das Vorbild Cézannes, Gauguins, van Goghs und des → Neoimpressionismus. Zum → Blauen Reiter bestanden enge Beziehungen, so daß der Fauvismus teilweise auch zum → Expressionismus gerechnet wurde. Freilich trennen ihn von diesem der völlige Verzicht auf symbolische Gehalte oder sozialkritisches Engagement. Hauptvertreter war Matisse, für den „Komposition das dekorative Arrangement" bedeutete und der sich deshalb auch vom Dekorativen des → Jugendstils anregen ließ. Othon Friesz und Georges Braque (Abb. S. 86) schlossen sich der Bewegung an, die 1908 ihren Höhepunkt erreichte.

Fauvismus: *André Derain,* COLLIOURE, DORF UND MEER, *1904/05, 65 × 81 (Essen, Museum Folkwang). Die von Matisse und Derain in dem Fischerdorf Collioure am Mittelmeer gemalten Bilder zählen in ihrer strahlenden Helligkeit und den reinen und komplementären Farbkontrasten zu den ersten „klassischen" Bildern des Fauvismus.*

Fayence
Keramik mit deckender weißer Zinnglasur. Die Bemalung erfolgt mit → Scharffeuerfarben oder → Muffelfarben. Mit Bleioxyd glasierte Tonwaren gibt es in Ägypten seit dem 4. Jahrtausend v. Chr., später auch im babylonisch-assyrischen Bereich. Die Zinnglasur kam um 500 v. Chr. in Mesopotamien auf. Durch die Perser wurde sie dem islamischen Kulturkreis vermittelt, wo der Fayencedekor, angeregt von chinesischen → Porzellanen, eine erste künstlerische Blüte erlebte. Die Araber brachten die Technik nach Spanien, wo in Malaga und Valencia die berühmten Alhambra-Vasen mit metallisch schimmerndem Lüster entstanden. Über Mallorca gelangte sie im 14. Jh. nach Italien (daher Majolika), wo Faenza führend und namengebend wurde. Nördlich der Alpen erlangten im 17. Jh. die Delfter Fayencen Weltruhm, die ostasiatische Blau-Weiß-Porzellane nachahmten, aber auch heimische Motive als Dekor verwendeten.

Federal Art Project
Ein 1933 während der Wirtschaftskrise von der Roosevelt-Administration konzipiertes Programm zur Förderung beschäftigungsloser Künstler. Bis zum Jahre 1943 arbeiteten über 3500 Maler, Bildhauer und Graphiker mit einem monatlichen Gehalt an der Ausstattung öffentlicher Gebäude. Es entstanden in dieser Zeit hauptsächlich Wandmalereien im Stil der → American Scene.

Figura piramidale
Pyramidenartig geschlossener Aufbau einer Figurengruppe, Kompositionsschema der italienischen Renaissance (Abb. S. 734).

Figura serpentinata
Die um ihre Achse sich drehende Figur (lat. serpentinatus = geschlängelt) ist ein Leitmotiv des → Manierismus, besonders der Schule von → Fontainebleau; erstmals in Leonardos verlorener LEDA.

Fayence: ENTFÜHRUNG DER EUROPA, *Teller aus Castel Durante, 16. Jh. (Arezzo, Museo d'Arte). Gemäldeartige Szenen mythologischen oder christlichen Inhalts sind typisch für die Prachtschüsseln und sonstigen Gefäße, die in den italienischen Manufakturen seit dem 15. Jh. entstanden. Als Vorlagen dienten oft Kupferstiche.*

Figurativer Realismus
Bezeichnung für eine Kunstrichtung, die sich Ende der 50er Jahre in Westdeutschland gebildet hatte und deren Vertreter als Gegenreaktion

Figura piramidale: *Raffael,* DIE MADONNA IM GRÜNEN, *1505/06, 113 × 88,5 (Wien, Kunsthistorisches Museum). Der geometrisch strenge Aufbau verleiht der idyllischen Szene Maß und Würde und wirkt zugleich ganz zwanglos und natürlich. Das Ideal der Renaissance ist die Harmonie von gesetzmäßiger Form und organischer Lebendigkeit.*

gegen die verschiedensten Versionen der → abstrakten Malerei einen zwar abstrahierenden, aber von der Gegenständlichkeit des Figürlichen dominierten Stil pflegten. Hauptrepräsentant ist Horst Antes.

Firnis
Zum Schutz der Farbschicht werden Gemälde mit einem luftabschließenden durchsichtigen Lackfirnis überzogen (Lösung von Weichharzen wie Dammar oder Mastix in rektifiziertem Terpentinöl). Dieser kann im Lauf der Zeit gilben oder erblinden und muß dann abgenommen oder regeneriert werden (→ Restaurierung).

Fliesenmalerei
Schon das alte Ägypten, Mesopotamien und Persien sowie Altamerika kennen farbige keramische Wandverkleidungen. Die eigentliche Fliesenmalerei – Tafeln mit deckender Zinnglasur – entwickelte sich in der islamischen Welt. Die ersten mehrfarbig glasierten Wandfliesen in quadratischer Form entstanden nach 750 in Bagdad. Als beständigste Bemalung erwies sich die Inglasurfärbung, bei der Scharffeuerfarben nach dem Glasurbad aufgetragen und mitgebrannt werden (→ Fayence). Daneben spielte lange Zeit noch das Fayencemosaik eine große Rolle, bei dem der Dekor aus verschieden geformten und gefärbten Partikeln zusammengesetzt wird. In minutiöser Technik, prachtvollem Kolorit und reicher Zeichnung von Rankenwerk und Schriftzügen schmückt es die Bauten der Timuriden in Samarkand, Meschhed und Täbris sowie der Safawiden in Isfahan. In den osmanischen Palästen und Moscheen wurde die quadratische Fliese zum vorherrschenden Wandbelag. Die Manufaktur in Iznik vermehrte das persische Arabeskenornament durch naturalistische Pflanzenmotive, die, meist auf weißem Grund, zu großen, von Borten umzogenen Kompositionen von hohem, koloristischem Reiz zusammengestellt wurden. In Isfahan bemalte man seit dem späten 16. Jh. Fliesen mit Motiven der Buchmalerei. Die Araber brachten die Zinnglasur nach Spanien (→ Azulejos), von wo sie sich in Europa verbreitete.

Fluchtpunkt → Perspektive

Fontainebleau, Schule von
Franz I. ließ seit 1528 das Schloß Fontainebleau erbauen und beauftragte 1530 den Florentiner Manieristen Rosso Fiorentino mit der Oberleitung der Innendekoration. Die unter ihm nach einem komplizierten Programm ausgestaltete Galerie Franz' I. ist das Hauptwerk der sog. ersten Schule von Fontainebleau (1530–70). Die zweite ist zur Zeit Heinrichs IV. tätig mit Toussaint Dubzeuil als Premier Peintre. Die Bedeutung der Schule liegt in der Entwicklung eines neuen Dekorationssystems, des Rollwerks und der Groteske. Vasari nannte Fontainebleau ein neues Rom.

Formismus
Stilrichtung einer 1917 in Polen gegründeten Gruppe, zu der Künstler

Fliesenmalerei: *Wand mit Delfter Fayencefliesen in der Küche der 1734–39 erbauten Amalienburg im Nymphenburger Park, München. Bunte Fliesen bilden Blumenstilleben und Szenen „à la chinoise", manganfarbene gliedern als gewundene Säulen und Ranken die Wände; einzelne Blau auf Weiß gemalte Kachelbilder sind zu Bändern und Feldern gefügt.*

Schule von Fontainebleau: *Gabrielle d'Estrées mit ihrer Schwester, um 1594 (Paris, Louvre). Im französischen Manierismus erreicht die Auffassung der menschlichen Figur ein Höchstmaß an Stilisierung und artifizieller Eleganz. Rätselhaft ist dieses Bild zweier weiblicher Akte im Badehaus, die sich eines Beobachters durchaus bewußt sind.*

aus Krakau, Warschau und Lemberg gehörten. In ihrem Werk verbinden sich Elemente des → Futurismus, → Expressionismus, → Kubismus, aber auch der mittelalterlichen und der Volkskunst. Immer aber standen Probleme der Form im Vordergrund.

Fotorealismus
In den späten 60er Jahren entstandene Richtung der Malerei, die in Verbindung von fotografischen Elementen mit solchen der Malerei, → Collage, Bildhauerei u. ä. die Wirklichkeit durch eine Übersteigerung der realistischen Darstellungsmittel als Illusion entlarven will. Der Begriff tauchte erstmals 1966 in der programmatischen New Yorker Ausstellung „The Photographic Image" auf. Gleichbedeutend mit dem Fotorealismus, der sich aus dem → Neuen Realismus entwickelte, ist die Bezeichnung Hyperrealismus. Wichtigste Vertreter dieser Strömung, die auf ein Aufbrechen festgefahrener Sehweisen abzielt, sind u. v. a. Chuck Close, Howard Kanovitz, Malcolm Morley, Franz Gertsch, Don Eddy, Richard Estes, Michelangelo Pistoletto und Gerhard Richter.

Fotorealismus: *Robert Bechtle, '61* PONTIAC, *152 × 213,5 1968/69 (New York, The Whitney Museum of American Art). Medium der Fotorealisten ist die banal-populäre, nicht die künstlerische Fotografie. Typisch Amerikanisches wie Familien vor dem neuen Auto, Neonreklamen, Lieferwagen usw. sind die Themen.*

Frankenthaler Maler
Schule von niederländischen Landschaftsmalern, die wegen der Calvinistenverfolgungen emigrierten und in den letzten Jahrzehnten des 16. Jh. in Frankenthal (Pfalz) lebten. Ihr Haupt war Gillis van Coninxloo.

Freilichtmalerei
Malerei im Freien (franz. pleinair) im Gegensatz zur Ateliermalerei. Bis ins 19. Jh. war es üblich, auch Landschaften im Atelier zu malen, lediglich Vorstudien wurden nach der Natur gemacht. Um mehr Natürlichkeit, Frische und Helligkeit in ihre Bilder zu bringen, gingen die englischen Landschafter Constable und Bonington zur Freilichtmalerei über, die dann auch von Corot oder den Malern von → Barbizon geübt und zur Maxime des → Impressionismus wurde.

Fresko
Wandmalerei, bei der, im Gegensatz zur → Seccomalerei, auf nassem Kalkputzgrund gemalt wird. Zunächst wurde auf die gesamte für das Bild bestimmte Mauerfläche eine grobe Putzschicht aus Kalkmörtel aufgebracht. Der endgültige Malgrund aus dünnerem und feinerem Putz wurde dann in den Flächen aufgetragen, die der Maler an einem Tag bewältigen konnte. Diese sog. Tagwerke sind bei jedem echten Fresko an den Rändern mehr oder weniger erkennbar. Während des Malvorgangs verbindet sich die Farbe mit der Kalkputzschicht, und der Kalk bildet an der Oberfläche eine schützende Sinterschicht. So zeichnet sich das Fresko einerseits durch hohe Dauerhaftigkeit aus, verlangt aber vom Freskanten höchste Beherrschung der Technik und größte Schnelligkeit, da jeder Malvorgang unabänderlich ist

Fresko: *Der märchenhafte Dreikönigszug, mit dem Benozzo Gozzoli 1459–61 die Hauskapelle im Palazzo Medici-Riccardi ausgemalt hat, zieht durch eine frühlingshafte Toskana-Landschaft, die mit großer Liebe fürs Detail ausgeschildert ist. Sein Reiz beruht nicht zuletzt auf Freskotechnik.*

Fresko: *Ein Muldengewölbe von über 600 m² Ausdehnung hatte Tiepolo 1750–53 im Treppenhaus der Würzburger Residenz zu freskieren. Er hat die Riesenfläche souverän bewältigt und mit einem wahren Kosmos von Figuren und Farben erfüllt. Der Ausschnitt zeigt in strahlend himmelblauem Gewand die auf einem Elefanten reitende Asia.*

und vor dem Trocknen des Putzes vollendet sein muß. Die Vorzeichnungen der Fresken mit roter Farbe auf der groben Putzschicht bezeichnet man als Sinopien. Die Technik war schon in der Antike bekannt; → romanische Malerei, das Trecento, Renaissance, Barock und Rokoko waren die großen Zeiten des Fresko.

Fronte Nuovo delle Arti
1946 auf Initiative Renato Birollis konstituierte italienische Künstlervereinigung, der u. a. Giuseppe Santomaso, Emilio Vedova, Renato Guttuso und Antonio Corpora angehörten. Ziel war die Fortsetzung der Ideen von → Novecento und die Umsetzung gegenständlicher Motive in eine abstrakte, starkfarbige Figuration.

Frottage
Manuelle Technik zur Übertragung von Oberflächenstrukturen auf Papier, die als eigenständige Bildtechnik erstmals 1925 von Max Ernst angewandt wurde,

wobei er die Holzmaserung eines Fußbodens mit einer Bleistiftmine auf Papier durchrieb. Die Frottage zählt zu den typischen Ausdrucksweisen des → Surrealismus, da ihre Strukturen unbewußt-assoziativ Forminhalte ins Bewußtsein rücken konnten.

Futurismus
Italienische Kunstbewegung Anfang des 20. Jh., neben der → Pittura metafisica Italiens wichtigster Beitrag zur modernen Malerei. Der Begriff „Futurismo" wurde 1908 von dem Initiator der Bewegung, dem Schriftsteller Marinetti geprägt. Fünf Maler gehörten der Bewegung an: Umberto Boccioni, Carlo Carrà, Luigi Russolo, Giacomo Balla und Gino Severini. Diese veröffentlichten 1910 das „Manifest der futuristischen Malerei" sowie das „Technische Manifest der futuristischen Malerei". Danach müsse in der Kunst „der universale Dynamismus als dynamische Empfindung wiedergegeben werden", zentrale Themen seien die Erscheinungen der Massengesellschaft, der Großstadt, das Tempo der Verkehrsmittel und der Rhythmus der Tanzlokale. Zur Gestaltung solcher Thematik griffen sie auf die Technik des → Divisionismus zurück. Vom → Kubismus übernahmen sie die das Sehbild auflösende Simultanansichtigkeit, die Auflösung des Gegenstandes in Prismen und Facetten, die mehrere Ansichtsseiten gleichzeitig wiedergeben, übersteigerten diese Gestaltungsmittel jedoch mit Elementen des Dynamischen: mit einem neuen Bildaufbau durch Lichtbündel, vibrierenden Konturen und phasenhaft wiederholten Formvariationen (vgl. Abb. 63), durch die Intensivierung der Linie zur „Kraftlinie". Nach dem Ersten Weltkrieg, im sog. zweiten Futurismus, wandten sich Ardengo Soffici, Mario Sironi, Enrico Prampolini u. a. einem statischeren, stärker abstrahierten Bildaufbau zu. Eine Sonderform des Futurismus stellte die 1929 begründete → Aeropittura dar. Der „Kraftkult" des Futurismus konnte in eine Verherrlichung des Krieges umschlagen, und so mündeten einige futuristische Richtungen auch nahtlos in den Faschismus ein, ehe sich die Bewegung vollends auflöste.

Gemäldesammlung: *Die Bildergalerie von Sanssouci, erbaut 1755–64 im Auftrag Friedrichs II. von Preußen gehört zu den ersten, dem Publikum zugänglich gemachten fürstlichen Sammlungen. In barocken Galerien bilden die dicht und nach dekorativen Aspekten gehängten Bilder mit der übrigen Ausstattung eine Einheit.*

G

Galaktrophousa
Byzantinischer Marienbildtypus. Die Gottesmutter reicht dem Kind ihre Brust (griech. „die Milchnährende", lat. Maria lactans).

Galerieton
Durch Oxydation des Öls (Nachdunkeln) verursachter dunkel-bräunlicher Ton alter Ölgemälde, wurde im 19. Jh. als ästhetischer Effekt empfunden und nachgeahmt (Lenbach).

Gebrochene Farben
Mischfarben, die weniger intensiv sind als reine oder reinbunte Farben. Durch Beimischung von Weiß entstehen hellgetrübte; von Schwarz dunkelgetrübte Farben.

Geflecht
Künstlergruppe, die sich 1965 aus den Münchener Vereinigungen → Spur und „Wir" zusammenschloß und der u. a. Lothar Fischer, Heino Naujoks, Heimrad Prem, Helmut Sturm und Hans-Peter Zimmer angehörten. Angestrebt wurden u. a. Kollektivarbeiten, sog. Antiobjekte, dynamische, farbig gefaßte räumliche Strukturen. Die Konzeption der Gruppe mündete in politische Aktionen ein.

Gemäldedurchleuchtung
Die Untersuchung von Gemälden durch elektromagnetische Strahlen kann für die → Restaurierung, Datierung und Zuschreibung wichtige Erkenntnisse liefern. Ultraviolette Strahlen geben Aufschluß über die Oberfläche. Der → Firnis erscheint als milchige Schicht von der sich spätere Firnisschichten, Firnisentfernungen und Übermalungen als dunkle Flecken abheben. Infrarote Strahlen machen übermalte Signaturen sichtbar, auch Skizzen und Bleistiftstriche. Die Röntgenaufnahme läßt Material und Zustand des Bildträgers erkennen sowie die verschiedenen Stadien des Entstehungsprozesses (manchmal ein völlig anderes Thema, das übermalt wurde, frühere Fassungen, → Pentimenti).

Gemäldesammlung
Bereits die Antike kannte öffentliche und private Bildersammlungen (→ Pinakothek); die der Könige von Pergamon und der Ptolemäer in Ägypten waren sogar schon nach historischen Gesichtspunkten angelegt. Im kaiserlichen Rom gehörte zum vornehmen Haus neben der Bibliothek auch eine

Glasmalerei: PROPHET HOSEA *(links) und* KÖNIG DAVID MIT DER HARFE *(rechts). Die Prophetendarstellung stammt aus dem um 1100 geschaffenen romanischen Glasfensterzyklus des Augsburger Doms, dem ersten erhaltenen seiner Art überhaupt. Die Davidfigur gehört zu dem im 13. Jh. entstandenen Zyklus in der Kathedrale zu Chartres. In der selbstleuchtenden Farbenglut mittelalterlicher Fenster werden die Heiligen zu überirdischen Lichtwesen.*

Glasmalerei: *Chorfenster der Marktkirche St. Cosmas und Damian in Goslar, um 1250. Die heiligen Zwillingsbrüder Cosmas und Damian waren die Patrone der Ärzte und Apotheker. Rechts sieht man, wie sie kostenlos Kranke heilen. In der Mitte stehen sie vor dem Präfekten Lysias, der sie vergeblich auffordert, dem Kaiserbild zu opfern.*

Halle für Gemälde. Für das Mittelalter wurde die Malerei zum Mittel der Heilsverkündigung. Bei den Beständen der kirchlichen und weltlichen Schatzkammern war der kultische Wert oder die Kostbarkeit ausschlaggebend. Erst die Renaissance entdeckte wieder den ästhetischen Eigenwert der Kunst. Der Typ des Kenners und Sammlers kommt auf, dem es um die Schönheit und Qualität des Werkes und nicht in erster Linie um Repräsentation und die Anhäufung von Schätzen geht. Vor allem in Italien wurde die Förderung der Künste und das Sammeln zu einer selbstverständlichen Verpflichtung der regierenden Häuser. Aber auch zu Reichtum gelangte Handelsherren oder Künstler wie Rubens und Rembrandt wandten erhebliche Mittel für private Sammlungen auf. Die im französischen Schloßbau als Verbindungstrakt entstandene Galerie, die sich zum prächtig ausgestatteten Festraum entwickelt hatte, wurde seit dem 17. Jh. für die Präsentation des Kunstbesitzes bevorzugt. Die Aufklärung war der Auffassung, daß künstlerische Schöpfungen Allgemeingut sind. 1737 übereignete die Großherzogin Anna Maria Luisa, die Letzte der Medici, die von ihren Vorfahren gesammelten Kunstschätze „zur Zierde des Staates und zu öffentlichem Nutzen" ihrem Land. In der Folge wurden in Paris, London, Potsdam, Braunschweig, Dresden und Wien Galerien dem Publikum zugänglich gemacht. Der französische Nationalkonvent erklärte den königlichen Kunstbesitz zum Nationaleigentum. Der daraufhin im Jahre 1793 eröffnete Louvre wurde zum Vorbild der nationalen Galerien, die teils als Neugründungen, teils durch Umwandlung und Ausbau der fürstlichen Sammlungen entstanden.

Glasmalerei: Kreuzigung, *Fragment aus dem Christusfenster der Minoritenkirche in Regensburg, um 1360 (München, Bayer. Nationalmuseum). Im Reichtum des Formenschatzes zählen die großen Fenstergemälde der Minoritenkirche neben denen des Regensburger Domes zu den wichtigsten gotischen Glasmalereien Deutschlands.*

Glasmalerei: KREUZIGUNG *an den Seiten* DIE HERZÖGE ALBRECHT IV. UND WILHELM IV. VON BAYERN MIT DEN APOSTELN JOHANNES UND BARTHOLOMÄUS, *Triptychonfenster aus der Kartause von Prüll, um 1513 (München, Bayer. Nationalmuseum). Figurenbildung und perspektivische Hintergründe sind durch das Vorbild der Tafelmalerei geprägt.*

Genremalerei
Darstellung von Szenen aus dem alltäglichen Leben, in denen die menschlichen Figuren als Typen behandelt und anonym wiedergegeben sind (franz. genre = Sitte). Sie entwickelte sich aus der mittelalterlichen Tafel- und Buchmalerei (Heiligenleben, → Monatsbilder, Werke der Barmherzigkeit, moralisierende → Allegorien u. a.) und erreichten ihren Höhepunkt in der niederländischen Malerei des 16. und 17. Jh., die eine Auffächerung in höfisches, bürgerliches, bäuerliches und Soldatengenre brachte. Im 18. Jh. trat in Frankreich das höfisch-galante, in England das moralisierende Genre in den Vordergrund. Mit Courbets Darstellungen von Bauern und Arbeitern gewann die Gattung im 19. Jh. eine neue Dimension.

Geometrische Abstraktion
Bezeichnung für eine Strömung der → abstrakten Malerei, die zwischen → konkreter Malerei und → lyrischer Abstraktion vermittelt, im wesentlichen eine Fortführung der kubistischen Konstruktionsprinzipien, des → Neoplastizismus und → Purismus. Ansätze zur geometrischen Abstraktion finden sich bereits in der Pariser Gruppe → Section d'Or, im Gegensatz zur konkreten Malerei behielt man malerische Differenzierungen in Farbe und Pinselduktus bei.

Glasmalerei
Farbige Bilder wiedergebende Glasfenster wurden zunächst in einer mosaikartigen Technik geschaffen. Dabei werden die Gläser in der Masse gefärbt und mit Bleiruten zusammengefügt, die dann auch die Konturen bilden. Die älteste Beschreibung dieser Technik findet sich um 1100. Schon früh wurden Überfanggläser hergestellt, so etwa das „Antikglas" in England, wo farbloses Glas einseitig mit einer dünnen roten Farbschicht überzogen wurde. Im 14. Jh. wurden solche Überfänge auch bei anderen Farben üblich. Dazu konnte das Schwarzlot treten, eine Bemalung aus schwarzem opaken Email, aus der die Binnenzeichnung oder modellierende Tonabstufungen herausgekratzt wurden. Mit dem Aufschmelzen von Schwarzlot oder auch mit dem Überfangglas wurde die Detailzeichnung möglich, die die musivische Glasmalerei zur Malerei auf Glas umwandelte. Als später weitere → Schmelz- oder → Muffelfarben entwickelt wurden, glich sich der malerische Vorgang zunehmend dem des Tafelmalers an, und es kamen im späten 15. Jh. die Kabinettsscheiben auf. Die Glasmalerei entstand im frühen Mittelalter, im Rahmen einer Lichtmystik, die das in den Glasfenstern Dargestellte zu überirdischen „Lichtwesen" erhob. Die ältesten mit Schwarzlot bemalten Glasscheiben sind aus dem 9. Jh. erhalten, z. B. das Fensterfragment mit dem HAUPT CHRISTI aus Kloster Lorsch (Darmstadt, Hessisches Landesmuseum). Das frühromanische Fenster aus dem 11. Jh. mit dem HAUPT CHRISTI aus Weißenburg im Elsaß (Straßburg, Musée de l'œvre Notre-Dame) stammt vermutlich aus einer Tegernseer Schule, deren Erzeugnisse damals die fortschrittlichsten und berühmtesten nördlich der Alpen waren. Sie schuf auch den ältesten vollständig erhaltenen Glasfensterzyklus der Welt, die fünf monumentalen Prophetenfenster im Augsburger Dom, um 1100. Den Höhepunkt erlebte die Glasmalerei in der Gotik, als die Kirchenmauern zunehmend durch „Glaswände" ersetzt wurden, die in ihrem geheimnisvollen Glühen die selbstleuchtenden Edelsteinwände des Himmlischen Jerusalem „nachbilden" sollten. Diese Entwicklung beginnt im Frankreich des 12. Jh., mit Zentren in Chartres und St-Denis. Die 1150–55 geschaffenen Fenster mit SZENEN AUS DEM LEBEN UND DER PASSION CHRISTI in der Kathedrale von Chartres zeigen erstmals die gotische Formensprache, die um 1150 entstandene NOTRE DAME DE LA BELLE VERRIÈRE zählt zu den bedeutendsten Werken der mittelalterlichen Kunst. Die gotische Glaskunst gelangte schon im späten 12. Jh. nach England. Im 12. Jh. entstanden aber auch die ersten Graumalereien auf farblosem Glas, die von den jeden Prunk ablehnenden Ordensregeln der Zisterzienser gefordert wurde. Mit dem 13. Jh. hatte die Glasmalerei dann ihre absolute Höhe erreicht. Alle großen Kathedralen besaßen jetzt ihren Glasschmuck, wobei der in Chartres um 1240 vollendete mit 2500 m² Fläche der künstlerisch und eindrucksmäßig bedeutendste ist. Der im frühen 13. Jh. geschaffene Zyklus in der Kathedrale von Bourges oder die 1248 gemalten Fenster der Ste-Chapelle in Paris stehen ihm nur wenig nach. In England gehören die Fenster in der Kathedrale von Canterbury und die im Münster

Glasmalerei: *Ludwig Ringler,* DIE STÄDTISCHEN LOHNHERREN MURER UND BECK BEI DER KONTROLLE DER STEINMETZEN VOR EINEM PALAST, *1564, 60 × 59. Eines der über fünfzig Glasgemälde im historischen Schützenhaus zu Basel. Die Prinzipien der manieristischen Tafelmalerei sind hier voll ins Glasgemälde eingegangen.*

Gotische Malerei: *Miniatur aus der Weltchronik des Rudolf von Ems (St. Gallen, Stadtbibliothek). Der starke Simson, mit seinen Eltern auf dem Weg zur Brautwerbung, zerreißt einen Löwen. S-förmig geschwungene Figuren, deren Körperlichkeit hinter fließenden Gewändern verborgen ist, kennzeichnen die Malerei um 1300.*

Gotische Malerei: RICHARD II. VON ENGLAND WIRD VON DREI SCHUTZHEILIGEN DER JUNGFRAU UND DEM KIND ANEMPFOHLEN, *linker Flügel des Wilton-Diptychons, um 1395 (London, National Gallery). In der eleganten Linienführung, den weichen Farbnuancen und der Wiedergabe kostbarer Stofflichkeit ein typisches Beispiel der Internationalen Gotik (Abb. S. 650).*

von York zu den bedeutendsten Beispielen der Zeit. Italien übernahm erst im 14. Jh. die Glasmalerei, brachte es in ihr – aufgrund eines ganz anderen Stilwollens – freilich nie zu allerersten Leistungen. Im 14. Jh. entstanden in Deutschland führende gotische Schulen in Freiburg und vor allem in Regensburg. Im 15. Jh. näherte sich die Glasmalerei zunehmend der Tafelmalerei und ihrem neuen Realismus. In Italien schufen Ghiberti, Ghirlandaio, Castagno u. a. wichtige Werke im Florentiner Dom, in Spanien entstand in der Kathedrale von Toledo eines der letzten großen, mystisch orientierten Monumente der abendländischen Glasmalerei. Die Glaskunst der Renaissance konzentrierte sich auf die Kabinettsscheiben, doch in Frankreich, oder, durch Barend van Orley, in Brüssel entstanden auch noch bedeutende Monumentalwerke. Nach einem völligen Niedergang im 17. und 18. Jh. versuchte man im 19. Jh. die Glasmalerei wiederzubeleben, so vor allem die → Präraffaeliten und der → Jugendstil.

Im 20. Jh. eröffneten sich durch das Verfahren, Dickglas direkt in Beton einzulassen, neue Möglichkeiten. Eine große Rolle spielt die Glasmalerei im Werk von Marc Chagall.

Gliederpuppe, Gliedermann
Eine menschliche Figur aus Holz mit beweglichen Gliedmaßen, seit der Renaissance zu Proportions-, Bewegungs- und Drapierungsstudien benutzt (ital. manichino).

Glykophilousa
Byzantinischer Marienbildtypus, bei dem die Gottesmutter das Kind liebkost (griech. „die Süßliebende").

Gnadenstuhl
Eine im 12. Jh. in Frankreich entstandene Darstellung der → Dreifaltigkeit. Gottvater, über dessen Haupt die Taube des Hl. Geistes schwebt, hält vor sich den Kruzifixus oder den Leichnam Christi (Abb. S. 133, 674).

Gobelin → Bildteppich

Goldgrund
In den frühchristlichen → Mosaiken wurde der antike naturalistische Bildraum durch einen goldenen Grund ersetzt, der dann für die → byzantinische und mittelalterliche Malerei als überirdische, raumlose Sphäre der heiligen Gestalten so kennzeichnend wurde. Im → Altarbild weicht er erst im Spätmittelalter dem realistischen Hintergrund, wobei die Himmelszone noch oft dem Gold vorbehalten bleibt.

Gotische Malerei
Da die hochmittelalterliche Kunst von der „Ordnungsmacht" Architektur dominiert wird, läßt sich der Beginn der Gotik für Architektur und Bauplastik relativ genau angeben. Sie entstand um 1140/50 in der Île-de-France. Die Abgrenzung der gotischen von der → romanischen Malerei ist jedoch sehr viel schwerer zu vollziehen. Und auch in der Spätgotik des 15. Jh. sind die Übergänge zur Renaissancemalerei fließend. Das Aufblühen der Gotik geht parallel mit der Entwicklung der höfischen Standesgesellschaft und andererseits der zunehmenden Rele-

vanz einer stadtbürgerlichen Kultur. Dies bedingt zum einen eine Verfeinerung, eine neueartige Eleganz der Kunst – bewegte Linien, leuchtende Farben –, zum anderen den Hang zu einer neuartigen Naturalistik – wachsende Realistik der Figurenbildung und, seit dem 14./15. Jh., die Entstehung typisch „bürgerlicher" Themen wie → Bildnis und → Landschaftsmalerei. Auch die kirchliche Kunst bewegt sich zwischen mystischer Kultwertigkeit – in der Früh- und Hochgotik abstrahierte Gewandfiguren, die keinen Schatten werfen, da sie nicht von „dieser Welt" sind, → Goldgrund als Hintergrund – und einer neuen Humanisierung des Religiösen –, in der Spätgotik vor allem zunehmendes Verschwinden des Goldgrundes, Körperrealistik auch der Heiligenfiguren, Gefühlsbetontheit, Eingebettetsein heiligen Geschehens in irdisch-realistische Szenerien. Verbindend zwischen diesen Polen wirkt das Bedürfnis der Zeit nach „Schau", nach unmittelbarer, sinnlicher Veranschaulichung, weswegen die zeichenhafte Gestaltungsweise der Romanik aufgegeben wird. Sogar die großartig-mystische → Glasmalerei der Gotik diente der „Schau", der Veranschaulichung der Edelsteinwände der Himmelsstadt. Alle Kunstgattungen wurden zunächst in den Dienst an der Kathedrale, des veranschaulichten Himmlischen Jerusalem, gestellt. Dies bedingte die Blüte fast aller malerischer Gattungen: → Buchmalerei, → Wandmalerei, → Glasmalerei und → Bildteppich. Später vereinigte die → Tafelmalerei, vor allem im → Altar, den Kosmos von Himmel und Erde in den Rahmengrenzen ihrer Bilder. Im Ursprungsland Frankreich waren im 13. und 14. Jh. Glas- und Buchmalerei führend. Letztere kulminierte in Prachthandschriften für hohe Adelige oder Geistliche. England wurde schon im späten 12. Jh. von der Gotik erreicht. Hauptsächlich aus der Buchmalerei besitzen wir hochstehende Zeugnisse, etwa den QUEEN MARY'S PSALTER vom Beginn des 14. Jh. (London, British Museum). Die deutsche Malerei wandte sich erst Mitte des 13. Jh. ganz der Gotik zu. Neben der Buch- und Glasmalerei erhielt die Wand- und Tafelmalerei im 14. Jh., etwa im Kölner Raum, einen relativ großen Stellenwert. Das wichtigste Zentrum der Tafelmalerei wurde um die Mitte des 14. Jh. Böhmen mit dem Meister Theoderich, dem Meister des Hohenfurther Altars, dem Meister von Wittingau. Ein weiteres Zentrum wurde Norddeutschland, wo Meister Bertram von Minden, Konrad von Soest und Meister Francke um 1400 wichtige Vertreter des → weichen Stils waren. Den höchsten Stellenwert hatten Wand- und Tafelmalerei in Italien, das sich der Gotik weitgehend versperrte und daher die Glasmalerei nur wenig ausbildete. Mittelpunkte waren Siena und Florenz, wo Duccio di Buoninsegna oder Cimabue noch die

Gotische Malerei: *Hubert und Jan van Eyck,* DIE DREI MARIEN AM GRABE CHRISTI, *71,5 × 89 (Rotterdam, Museum Boymans-van Beuningen). Eine entscheidende Wende in der gotischen Malerei brachte die Perfektionierung der Öltechnik durch Jan van Eyck. Erst in ihr konnte sich die realistische Detailgenauigkeit des 15. Jh. voll entfalten.*

Gotische Malerei: *Meister des Ortenberger Altars,* ANBETUNG DES KINDES, *rechter Flügel des Ortenberger Altars, um 1420/30 (Darmstadt, Hessisches Landesmuseum). Für die gotische Malerei Deutschlands im 15. Jh. ist der Altar die wichtigste Aufgabe. Anfangs sind die Tafeln noch relativ kleinformatig und deutlich von der Buchmalerei geprägt.*

Griechische Malerei: *Die* PRIMAVERA *genannte Allegorie des Frühlings, Teil eines Wandbildes aus Pompeji (Neapel, Nationalmuseum) hatte zweifellos ein hellenistisch griechisches Original zum Vorbild. Typisch dafür ist die flüchtig-lockere Pinselführung und das Wagnis einer Rückenfigur, die zart bewegt im imaginären Raum zu schweben statt zu schreiten scheint.*

byzantinisch geprägte → Maniera greca vertraten, während Giotto dann zum Begründer der neuzeitlichen Malerei wurde. Das ganze 14. Jh. ist von Giotto beeinflußt, wobei Simone Martini auch französische Elemente nach Italien brachte. Diese Kombination wurde zu einer der Grundlagen der sog. Internationalen Gotik. In Italien vertraten etwa Pisanello oder Gentile da Fabriano diesen Stil, ehe sich dann im 15. Jh. die Renaissance voll durchsetzte, in Deutschland z. B. Stephan Lochner, während er in Frankreich und Burgund vor allem in der Buchmalerei seine Erfüllung fand. Überwunden wurde dieser höfische Stil einerseits durch die Renaissance, andererseits durch den niederländischen Realismus des 15. Jh., in dem eine neue Gestaltung des Sichtbaren, u. a. auch durch die Perfektionierung der → Ölmalerei, die verfeinerte Eleganz verdrängte. Robert Campin, Jan van Eyck, Rogier van der Weyden, Hugo van der Goes u. v. a. sind seine maßgeblichen Vertreter, über Hans Memling, Gerard David u. a. mündete er um 1500 in die Kunst des Außenseiters Hieronymus Bosch ein. Dieser neuartige Realismus erfaßte auch die französische Malerei, z. B. Jean Fouquet, Simon Marmion, den Meister von Moulins oder den Meister der Pietà von Avignon, und ebenso die deutsche Malerei mit Konrad Witz, Lukas Moser, Hans Multscher. Deutschland wurde im 15. Jh. zum führenden Land spätgotischer Malerei. Vor allem in Nürnberg und Augsburg sowie in den Niederlanden kam es seit etwa 1500 zu jener eigenartigen Verbindung von Spätgotik und Renaissanceelementen, die später zum → Manierismus führte. In großartiger Konfrontation standen sich die zwei Pole in Matthias Grünewald, der noch mehr dem Mittelalter zugehört, und Albrecht Dürer, der sich ganz der Renaissance erschloß, gegenüber. Die Malerei der → Donauschule aber brachte einen dritten, man kann schon fast sagen romantisch-expressiven Aspekt hinzu.

Gouache
Malerei mit Aquarellfarben, die mit Deckweiß gemischt sind (franz. „Wasserfarbenmalerei"), im Unterschied zum → Aquarell nicht lasierend: wie bei diesem keine Korrekturen möglich, da die Farbe rasch trocknet.

Gräko-italienische Schule
Lokal unterschiedlich ausgeprägter Mischstil zwischen byzantinischer und italienischer Malerei, besonders in den zeitweise von Venedig beherrschten griechischen Gebieten.

Gregorsmesse
Thema der deutschen Spätgotik. Papst Gregor der Große kniet von Geistlichen umgeben am Altar, auf dem Christus als Schmerzensmann erscheint; aus den Wundmalen strömt sein Blut in den Kelch (Bernt Notke).

Griechische Malerei
Dem heutigen Betrachter der griechischen Kunst drängt der Bestand an erhaltenen Denkmälern den Eindruck auf, Architektur und Bildhauerei wären die führenden Künste dieser Kultur gewesen. Die literarischen Auskünfte der antiken Zeitgenossen jedoch zwingen zu einer ganz wesentlichen Korrektur dieses Bildes, auch wenn sie meist klassizistisch gefärbt erst aus zweiter Hand von Plinius stammen oder von späten Griechenlandreisenden, wie Pansanias, Lukian, Petron und Philostratos. Demnach dürfte die Malerei in Griechendland populärer gewesen sein als die Skulptur, freilich sind die Originale der großen Meisterwerke verloren. Eine kleine Anzahl von Ton- und Holzpinakes (= Bilder), Reste von Malerei auf Metopen und Grabstelen, Wandbilder in hellenistischen Gräbern sowie die Parallelen in der → griechischen Vasenmalerei ergeben ein unzureichendes Bild. Zur Ergänzung kann bedingt die griechisch beeinflußte → etruskische Malerei und die der Gräber von Paestum herangezogen werden. Vor allem aber sind es die Kopien der → römischen Malerei, besonders in den Vesuvstädten, die zwar auf spätklassischen und hellenistischen Vorbildern basieren, sowie die Mosaikkunst, die wesentliche Lükken in unserer Vorstellung zu schließen vermögen. Gelegentlich läßt sich im Vergleich mit Beschreibungen sogar die griechische Vorlage des römischen Künstlers identifizieren. Aus geometrischer und archaischer Zeit wissen wir fast nur von Ton-Pinakes, die als Metopen, Stelen oder Verkleidungen verwendet, der Vasenmalerei sehr nahestehen und wohl überwiegend auch von Keramikern hergestellt wurden. Korinth und Sikyon dürften im 7. Jh. v. Chr. die führenden Zentren dieser Maltechnik gewesen sein, Plinius berichtet von einem Schlachtenbild des Bularchos, das mit Gold aufgewogen worden sein soll. Die Fläche wird im sog. Dädalischen Stil dieser Zeit einer strengen Tektonik unterworfen, die überzeugende Monumentalität anstrebt. Neben den Tonbildern entstanden gegen 650 v. Chr. auch Malereien auf Stein, mit oder ohne Gipsgrund in → Tempera, → Enkaustik oder einer Mischung beider Techniken. Meist handelt es sich um Architekturteile und Stelen. In der Hocharchaik um 625–570 v. Chr.

Griechische Malerei: *Die sog.* ALDOBRANDINISCHE HOCHZEIT *kam 1818 in die Vatikanische Bibliothek. Das friesartige Wandgemälde ist unvollständig und schildert die Vorbereitungen zur Vermählung. Während die Randfiguren eklektische Zutaten der augusteischen Zeit sind, beruft sich der Maler des 1. Jh. v. Chr. in der Gruppe mit der Braut zweifellos auf ein Bild des griechischen Malers Aëtion um 325 v. Chr.*

Griechische Malerei: *Das* ALEXANDER-MOSAIK *aus der Casa del Fauno in Pompeji (Neapel, Nationalmuseum) entstand um 100 v. Chr. und geht wohl auf das berühmte Gemälde des Philoxenos von Getria zurück, das Kassander um 317/15 v. Chr. in Auftrag gegeben hat. Das monumentale Bild (5,82 × 3,13 m) schildert wohl nicht eine bestimmte von Alexanders vielen Schlachten, sondern faßt alle seine Siege zu einer glorifizierenden Darstellung zusammen. Typisch für den hellenistischen Stil ist die pathetische Dramatik und die Plastizität der Glanzlichtertechnik.*

bevorzugt die Malerei Themen aus den Epen und Mythen und setzt das Körpervolumen in spannungsreichen Gegensatz zur Fläche. Wie in der Vasenkunst übernimmt bald nach 600 v. Chr. Attika auch in der Malerei die Führung, doch wissen wir fast nur von Tontafeln, wie sie noch gegen Ende des Jh. → Exekias und → Euphronios schufen. Vier hölzerne Votivtafeln aus einer Höhle bei Pitsa allerdings zeigen auf weißem Grund leuchtendes Rot, Gelb, Blau und Braun in recht feiner Ausführung. Gegen 500 v. Chr. setzt ein tiefgreifender Stilwandel ein, Kimon von Kleonai arbeitet mit Verkürzungen, und seit Beginn des 5. Jh. v. Chr. bestimmen → Polygnot, Onasias und Panainos die Entwicklung des sog. Strengen Stils und wirken sehr deutlich auch auf die Plastik, z. B. in Olympia. Die großformatigen Bilder in den Stoabauten der Athener Agora sind nur aus Beschreibungen bekannt, behandelten historisch-mythologische Themen im Sinne der Ethik und des schicksalhaften Charakters. Die Bildelemente werden organisch verbunden, das Individuelle der spannungsreichen Komposition ein-, aber nicht untergeordnet. Nach der Mitte des 5. Jh. machte → Apollodoros von Athen die Wiedergabe der Erscheinung zur Vorschrift, die Schattenmalerei nimmt ihren Anfang und → Agatharchos versucht in der Bühnenmalerei mit Hilfe perspektivischer Mittel Raumwirkung zu erzielen. Die Einzelfigur wird psychologisch charakterisiert, die Maler des sog. Reichen Stils, → Zeuxis, Pauson, Parrhasios und → Timanthos stellen die geistige Problematik des Geschehens in den Vordergrund. In einen deutlichen Gegensatz zur Raumillusion des Reichen Stils setzt sich zur Zeit der Spätklassik die Schule von Sikyon durch strenge Zeichnung und plastisches Volumen, eine Richtung, die schon Eupompos vertreten hatte, die Pamphilos fortführte und an → Melanthios, → Pausias

Griechische Malerei: *Das Fragment einer bemalten Tontafel (Berlin, Staatl. Museen, Antikenabteilung) entstand um 535 v. Chr. und stammt von dem berühmten Vasenmaler Exekias. Weihpinakes dieser Art mit Darstellungen von Leichenzug und Totenklage dienten dem Schmuck von Grabbauten.*

Griechische Malerei: *Das Wandgemälde aus der Basilika von Herculaneum (Neapel, Nationalmuseum) stellt die* ENTDECKUNG DES TELEPHOS DURCH HERAKLES *dar. Das Vorbild dürfte ein späthellenistisches Tafelgemälde mit den charakteristischen lehrhaften Symbolzutaten gewesen sein.*

und → Apelles weitergab, wobei Pausias durch Virtuosität, Apelles durch eine Verbindung dorischer Würde und ionischer Anmut einer möglichen Erstarrung entgegenwirkten. Als Blütezeit der Malerei gilt die Zeit des frühen Hellenismus ab ca. 330 v. Chr., und auf diese Epoche berufen sich auch die meisten römischen Kopien, wie z. B. das Alexandermosaik oder die Mittelgruppe der Aldobrandinischen Hochzeit, die auf → Philoxenos bzw. → Aëtion zurückgehen. Die Figur steht nun in einem oft bühnenartigen Ausschnitt der Erscheinungswelt, dem optischen Eindruck wird eine flüchtigere und leichtere Malweise gerecht, Raffinessen im Detail, wie Glanzlichter, Spiegelungen und Transparenz von Gegenständen sind sehr beliebt. Die beiden wichtigsten Kunstzentren des hohen und späten Hellenismus sind Alexandria und Pergamon. Hauptaufgabe der Maler wird die Ausstattung der Paläste mit Wandbildern und Mosaiken. Jagdbilder und Schlachtengemälde, mythologische und Theaterszenen, zunehmend aber auch Tierstücke, Stilleben und Landschaften prägen nach höfischem Vorbild auch den gehobenen Wohnstil in Delos, Priene oder Athen und im rasch zunehmenden Maße auch im römischen Italien, das griechische Maler

Griechische Vasenmalerei: *Der große attisch-geometrische Krater (New York, Metropolitan Museum) entstand um 750/40 v. Chr. Mäander und andere Ornamentbänder rahmen zwei Figurenfriese. Trotz strenger Stilisierung der Gestalten bei der Totenklage (oben) und dem Kriegeraufmarsch (unten) wirkt die Darstellung lebhaft und eindringlich.*

wie Serapion nach Rom oder Pompeji berief, jedoch neben dem musealen Geist der Kopien auch römisches Formempfinden immer mehr durchsetzte.

Griechische Vasenmalerei
Wie in allen Bereichen der Archäologie bietet auch in der griechischen Kultur die enorme Widerstandsfähigkeit der Keramik die Möglichkeit, dort Erkenntnislücken wenigstens näherungsweise zu schließen, wo andere Zeugnisse vergangen sind. So dokumentieren nach dem Ausleben der kretisch-mykenischen Formenwelt schon ab etwa 900 v. Chr. die Gefäße des proto- und frühgeometrischen Stils den Beginn einer Kultur von starkem Ordnungssinn und kraftvoller Tektonik. Mit Mäandern und anderen Ornamentstreifen wird das Gefäß sorgfältig gegliedert, seit 800 v. Chr. treten geometrisierte Tierfriese hinzu und bald darauf auch das Bild des Menschen, zu Dreiecken und Strichen abstrahiert, anonym noch, aber schon erzählend von kultischem Geschehen, Krieg, Reiterspiel und Totenklage: große Dipylonvase (Athen, Nationalmuseum). Seit etwa 700 v. Chr. weicht die strenge Geometrie langsam dem früharchaischen, sog. orientalisierenden Stil, der in Korinth, Attika und auf den Sporaden seine Zentren hat. Buntfarbige Fabelwesen, Wappentiere und blühende Rankenornamentik reihen sich friesartig stilisiert um die bauchigen und kugeligen Krüge und Salbölfläschchen. Mit der beginnenden Führungsrolle Athens im griechischen Völkerensemble seit ca. 600 v. Chr. entfaltet sich der attische schwarzfigurige Stil, Tierfriese und Füllornamente

Griechische Vasenmalerei: *Der sportliche Wettkampf, ein prägendes Element im antiken Griechenland, ist auch ein häufig wiederkehrendes Thema der Vasenkunst. Die Amphora (München, Antikensammlung) entstand um 540/70 v. Chr. und zeigt im archaischen Stil der schwarzfigurigen Technik die Disziplin des Waffenlaufes mit Schild und Helm.*

Griechische Vasenmalerei: *Lockere Strichführung und kompositorische Ausgewogenheit im Sinne der klassischen Kunst kennzeichnen die Darstellung eines Symposions, um 430 v. Chr. (München, Antikensammlung). Trotz Verbindung zum zeitgenössischen Relief und zur Monumentalmalerei bleibt das Bild der Gefäßfläche verhaftet.*

scheiden aus und machen auf den großen repräsentativen Kesseln und Krateren sowie Bauchamphoren den Menschen und Göttern Platz, wie sie in den Epen und Mythen agieren. Sind die Erzählungen auf der Françoisvase des → Kleitias noch in Friesen geordnet, so werden sie ab ca. 550 in ein ausgespartes Bildfeld komponiert, Umriß- und Binnenzeichnung in dynamischer Linie geritzt, Deckweiß, Rot und Violett verlebendigen die schwarze Graphik. Die Dramatik der Handlung wird von Malern wie → Lydos, dem → Amasismaler oder → Exekias allmählich durch die Darstellung der inneren, psychischen Spannung ersetzt. Die Werkstätten am Kerameikos in Athen genießen Weltruf, ihre besten Erzeugnisse wurden in etruskischen Gräbern gefunden. Das nun plastische Formempfinden erzwingt ab etwa 530 v. Chr. die Entwicklung der rotfigurigen Technik, einer Umkehrung des schwarzfigurigen Stils, die die Gestalten aus dem schwarzen Bildgrund hell hervortreten läßt. Daneben entsteht nach dem Vorbild der Monumentalmalerei auf Grablekythen eine zarte, lokkere Pinseltechnik auf weißem Grund. Zwar bleiben die Meister des frühen rotfigurigen Stils, der → Audokidesmaler, und → Oltos stark im Linearen und auch die plastischeren Gestalten von → Euphronios, → Euthymides und → Phintias sind noch der spätarchaischen Prachtliebe verpflichtet, doch schon ab etwa 500 v. Chr. tritt mit Beginn des „Strengen Stils" in den Arbeiten des Panaitiosmalers das Individuum frei in den Raum, die Gestalten des → Berliner Malers sind ausdrucksstark umrissen, von konzentriertem Ernst die Kompositionen des → Her-

Griechische Vasenmalerei: *In enger Anlehnung an die Tafel- und Wandbilder der Nachklassik versucht auch die Vasenkunst Raumillusion zu erzielen. Wichtige Zentren der Gefäßmalerei wurden Tarent und andere Griechenstädte Unteritaliens. Dort entstand auch um 350 v. Chr. das Weingefäß mit Dionysos und Mänaden (Würzburg, Martin-von-Wagner-Museum).*

monax oder des → Pistoxenosmalers. Von der beginnenden Klassik an fällt es den Vasenkünstlern schwer, mit dem Illusionismus der Kunst eines → Polygnotos Schritt zu halten, dem → Niobidenmaler gelingt noch die formale Einheit, doch sprengt ab 420 v. Chr. die dreidimensionale Auffassung des Bildraumes die flächige Bindung an das Gefäß. Mit seiner skizzenhaft-spontanen Handschrift findet etwa der → Schilfmaler noch eine adäquate Lösung, doch ist gegen den Hellenismus zu die größte Zeit der Vasenkunst vorüber und weicht dekorativer Durchschnittsqualität.

Grisaille
Grau-in-Grau-Malerei. Als bewußte Abkehr von der Farbe zuerst in der → Glasmalerei. Den Zisterziensern waren bunte Fenster verboten; sie verwendeten statt dessen Scheiben mit Flecht- und Blattornamenten in Grautönen. Giotto malte in der Arenakapelle zu Padua die personifizierten Laster Grau in Grau. Jan van Eyck stellte auf der Außenseite des Genter Altars in Nischen stehende Statuen in Stein vortäuschender Malerei dar, um die Wirkung der leuchtenden Farbenpracht beim Öffnen des Altars noch zu steigern, was dann oft nachgeahmt wurde. Andrea Mantegna malte steingraue Gemälde, die wie antike Reliefs wirken. Im 16. Jh. wurde dann die Grisaille-Dekoration üblich (→ Camaieu).

Grisaille: *Rogier van der Weyden,* ENTHAUPTUNG JOHANNES DES TÄUFERS, *nach 1456 (Berlin, Staatl. Museen). Während bei deutschen Flügelaltären das Hauptthema meist der Skulptur vorbehalten bleibt, wird diese in den niederländischen von der Malerei verdrängt bzw. als Rahmen oder in Grisaille-Statuen auf der Werktagsseite nachgeahmt.*

Groteske
Ornament aus dünnem Rankenwerk, in das bizarre Figuren eingefügt sind. Gegen Ende des 15. Jh. in unterirdischen Räumen römischer Ruinen (ital. groteschi = Grotten) wiederentdeckt und von Raffael als Raumdekoration neu belebt.

Grundfarben
Rot, Gelb, Blau (Primärfarben, → Sekundärfarben, Farbenlehre).

Grundierung
Herstellung eines Malgrundes, der die dauerhafte Adhäsion der Farbschichten gewährleistet. Verwendet sind im allgemeinen Gips oder Kreide mit Leim (schon im alten Ägypten), auch Öl, → Bolus oder (beim → Pastell) Bimssteinpulver auf dünnem Ölfirnis.

Groteske: *Ausschnitt aus einem Entwurf für ein Deckengemälde von Claude III. Audran (Paris, Musée des Arts Décoratifs). Audran, einer der führenden Dekorationsmaler des beginnenden 18. Jh., verwendete ausgiebig das spielerisch-phantastische Groteskornament, das auch in den gleichzeitigen Gobelins eine große Rolle spielt.*

H

Halmstadgruppen
1930 in der südschwedischen Hafenstadt Halmstad am Kattegat gegründete Künstlergruppe. Die sechs Mitglieder – Sven Jonson, Waldemar Lorentzon, Stellan Mörner, Axel Olson, Eric Olson und Esaias Thorén – waren vom → Surrealismus, vor allem vom Vorbild René Magrittes, Salvador Dalís, Man Rays, Max Ernsts und Yves Tanguys geprägt.

Hard edge
Richtung, die in Amerika in den 50/60er Jahren als Gegenpol zum → Abstrakten Expressionismus durch Newman, Reinhardt, Rothko, Kelly, Held, Louis, Noland, Stella u. a. entwickelt wurde. Typisch sind großflächige Kompositionen mit präzisen, meist geometrischen Formen, klaren Linien und harten Kanten.

Hausmaler
→ Porzellan- und Fayencemaler, die Rohprodukte der Manufakturen in

eigener Werkstatt mit Dekor versahen (z. B. die Mitglieder der Augsburger Familie Auffenwerth für Meißen).

Heilige Familie
Seit dem Spätmittelalter beliebtes Bildmotiv mit Maria, dem Jesuskind, dem gelegentlich der Johannesknabe als Spielgefährte beigegeben ist, und Joseph, oft mit genrehaften Zügen als Familienidylle.

Heilige Sippe
Die im apokryphen Jakobusevangelium genannte Verwandtschaft der Mutter Mariens Anna.

Heilsspiegel
Seit dem 14. Jh. verbreitetes Buch (Speculum humanae salvationis) mit einer Bilderfolge, die Szenen des Neuen Ereignisse des Alten Testaments zuordnet, wobei gereimte Verse die Entsprechungen aufzeigen (→ Typologie). Wie die ähnliche → Biblia pauperum ein wichtiger Themenfundus für → Glasmalerei, Tapisserie u. a. Bilderzyklen.

Heilige Sippe: *Geertgen to Sint Jans, um 1480, 137,5 × 105 (Amsterdam, Rijksmuseum). Die im 15. und 16. Jh. beliebte Darstellung der Verwandtschaft Mariens, der Mutter Anna mit ihren drei Männern, Töchtern, Schwiegersöhnen und Enkeln wurde zu einem bürgerlichen Familienbild. Nur der Kirchenraum stellt den geistlichen Bezug her.*

Heimsuchung
Begegnung von Maria und Elisabeth, der Mutter Johannes des Täufers; gelegentlich sind die Kinder, mit denen die beiden Frauen schwanger gehen, sichtbar (→ Marienleben).

Helldunkel
(ital. CHIAROSCURO, franz. CLAIR-OBSCUR). Ein Gestaltungsprinzip der Malerei, das im 14. Jh. aufkommt, mit Caravaggio beherrschend wird und vor allem die holländische Barockmalerei des 17. Jh. dominiert (Rembrandt). Helldunkel-Malerei suggeriert durch den Zusammenhang von Beleuchtung, Körperlichkeit und Schatten, in starken Helligkeitskontrasten ausartikuliert, die plastische Stoffmodellierung. Aus einem dunklen, einheitlichen Fond, der als unergründliche Bildtiefe fungiert, wird in kontinuierlichem Verlauf vom Dunklen ins Helle präzisiert. Durch die Integrierung der beleuchteten Partien in das atmosphärische Dunkel verlieren diese ihre scharfe Konturierung. Vorbereitet wurde dieser Prozeß vor allem auch durch das → Sfumato Leonardos.

Heroische Landschaft
Eine mit „heroischer" → Staffage, Gestalten der antiken Mythologie und klassischer Architektur ausgestattete Landschaft. Hauptvertreter waren Poussin, Dughet und Lorrain. Im frühen 19. Jh. wurden auch dramatisch-bewegte und Hochgebirgslandschaften so bezeichnet (Koch, Rottmann).

Hetoimasia
Darstellung des Thrones Christi als Symbol seiner Gegenwärtigkeit beim Konzil und Hinweis auf das Weltgericht (griech. „Vorbereitung"); häufig in der → altchristlichen und byzantischen Malerei (Baptisterium der Orthodoxen in Ravenna).

Hinterglasmalerei
Die Bemalung der Rückseite einer Glasscheibe in deckenden Öl- oder Temperafarben. Das Bild wirkt nur bei auffallendem, nicht wie die → Glasmalerei bei durchscheinendem Licht. Der Auftrag erfolgt in umgekehrter Schichtenfolge. Zuerst werden über einer Vorzeichnung die Konturen angelegt, die dann ausgemalt werden, bei

Helldunkel: *Rembrandt,* CHRISTUS IN EMMAUS, *um 1629 (Paris, Musée Jacquemart-André). Das Helldunkel im Werk des späten Rembrandt dient nicht einer effektvollen Dramatisierung der Bildhandlung, sondern einer ins Mystische gesteigerten Verinnerlichung. Vorgänge der seelischen Dimension werden offenbar.*

abschattierenden Lasuren mit den für den Betrachter vorn liegenden beginnend. Zuletzt wird mit einer Grundierung abgedeckt (bei Lasurfarben auch eine Metallfolie). Die Hinterglasmalerei war schon im Mittelalter üblich; die ältesten Beispiele stammen aus dem 14. Jh. In den folgenden Jahrhunderten war sie in Deutschland, Italien, Spanien u. a. Ländern weit verbreitet. Hergestellt wurden preiswerte und in bürgerlichen Kreisen beliebte Andachtsbilder und Votivtafeln, aber auch Bilder mit profanen Motiven wie Wappen, Bildnissen, Genreszenen u. a. Die Nachfrage führte schließlich zu serienmäßiger Fertigung und Verflachung. Frische Impulse erhielt das Hinterglasbild im 18. Jh. durch Bauernmaler, die seine Motive in ihre schlichte, kraftvolle Formensprache übertrugen. Bis zu seiner Verdrängung durch den billigen Öldruck war es in den Alpenländern ein lebendiger Zweig der Volkskunst.

Historienmalerei

Im engeren Sinne die Darstellung realer historischer Ereignisse, im weiteren Sinne auch die Wiedergabe mythologischer, biblisch-religiöser und literarischer Themen, die ideal überhöht oder lebensnah vergegenwärtigt werden. Lange hatte diese Darstellungsform das Übergewicht über andere und wurde auch in den → Akademien als vorrangig postuliert. Zu den authentischen zeitgenössischen Ereignisbildern zählen etwa das antike ALEXANDER-Mosaik (Abb. S. 744), DAS FLOSS DER „MEDUSA" von Théodore Géricault, 1818/19 (Paris, Louvre), oder DIE ÜBERGABE VON BREDA, 1634/35, von Diego Velázquez (Abb. S. 633) (Madrid, Prado). Ein Beispiel allegorisch-symbolischer Historienmalerei ist Rubens' MEDICI-ZYKLUS, 1621–25 (Paris, Louvre).

Hlebine, Schule von

In dem kroatischen Dorf Hlebine von Ivan Generalić 1931 gegründete Malschule, von der die → Naive Malerei Jugoslawiens ihren Ausgang nahm.

Hodegetria

Byzantinischer Marienbildtypus (griech. „Wegweiserin"). Das Urbild, eines der → Lukasbilder, befand sich in der Hodegonkirche in Konstantinopel. Maria mit dem segnenden Kind auf dem linken Arm.

Höhlenmalerei

Als im 19. Jh. die ersten Malereien in nordspanischen und südfranzösischen Höhlen bekannt wurden, war die vom Fortschritt der Menschheit überzeugte Zeit, die gewohnt war, die Anfänge menschlichen Kunstschaffens in den

Hinterglasmalerei: FLUCHT NACH ÄGYPTEN, *aus Sandl (Oberösterreich), um 1850 (Privatbesitz). Die naive Schönheit alpenländischer Hinterglasbilder mit ihren leuchtenden Farben und kraftvoll vereinfachten Linien hat die Maler des → Blauen Reiter begeistert und zu Hinterglasmalereien angeregt.*

Historienmalerei: *Adolf Menzel,* FLÖTENKONZERT IN SANSSOUCI, *1852 (Berlin, Nationalgalerie). Die Darstellung historischer Ereignisse, denkwürdiger Begebenheiten oder – wie hier – glanzvoller kultureller Höhepunkte, dominiert in der Historienmalerei des 19. Jh. Vorher standen biblische Stoffe und antike Mythologie im Vordergrund.*

altorientalischen Hochkulturen zu suchen, nicht leicht davon zu überzeugen, daß bereits die steinzeitlichen Jäger zu einer so entwickelten und naturalistischen Kunst fähig gewesen sein sollten. Erst als die Entdeckungen sich häuften und die Datierungsindizien unbestreitbar wurden, verstummten die Zweifler. Die zeitliche Ansetzung in das Jungpaläolithikum (30 000–10 000 v. Chr.) ergibt sich aus den dargestellten Tierarten des trockenkalten Steppenklimas der letzten Eiszeit (Bison, Wildpferd, Ren, Mammut, Urrind, Wollnashorn, Höhlenbär usw.). Weitere Hinweise auf das Alter der Felsbilder gaben datierbare Schichten mit Steinwerkzeugen, Tierknochen u. a., die etwa herabgestürzte gravierte oder bemalte Felsbruchstükke verdeckten sowie lange Zeiträume erfordernde Versinterungen. Die Periodisierung der rund 8000 in etwa 120 Höhlen gefundenen Malereien des europäischen Jungpaläolithikums ist allerdings problematisch. In den frühen

Höhlenmalerei: *Lascaux,* HIRSCH, *Länge 1,50 m, etwa 15 000 v. Chr. Die Leuchtkraft der Farben von Lascaux ist berühmt. Die steinzeitlichen Maler verwendeten Kohle und Mangan für Schwarz, Erdfarben für gelbe und rote Töne, die sie mit Wasser oder Tierfetten zu Pasten anrührten und mit den Fingern, Pinseln oder in Form von Stiften auftrugen, gelegentlich auch mit Röhrenknochen aufsprühten.*

Zeichnungen sind die Tiere in linearer Umrißzeichnung, als Einzelfiguren und kaum bewegt dargestellt, oft in „verdrehter Perspektive", die Hörner und Hufe frontal, das übrige im Profil zeigt. Die berühmten Bilder von → Altamira, → Lascaux, → Niaux, Font-de-Gaume, Trois Frères, Les Gombarelles und Pech Merle gehören der letzten Phase, dem Magdalénien, an. Die nun kurvig schwingenden Konturen sind meist in Schwarz angelegt, die Körper häufig polychrom, in kräftigen Tönen abgestuft modelliert, wobei auch Unebenheiten des Felsgrundes einbezogen werden. Während die seltenen Menschendarstellungen oft unbeholfen und steif wirken, sind die Tiere in einer Intensität als lebendige Wesen erfaßt, die in der Kunstgeschichte ihresgleichen sucht. Die steinzeitlichen Jäger lebten mit einer mächtigen Tierwelt, von der ihre Existenz abhing. Die Tierbilder tief im Höhleninnern waren Objekte der Jagdmagie, von Tötungs- und Fruchtbarkeitszauber, deren Wirksamkeit durch die „Wahrheit" des Abbildes verstärkt wurde (→ Afrikanische Malerei).

Hommage
„Hommage à ..." (franz. „Ehrung für ...") wird im 19. Jh. der Titel für Bilder, auf denen einem Maler oder einer anderen Persönlichkeit im Kreis von Schülern, Freunden und Verehrern gehuldigt wird; auch das Motto von → Retrospektiven.

Hostienmühle
Im 15. Jh. in Deutschland entstandenes, das Geheimnis der Eucharistie veranschaulichendes Bildthema. Die Evangelisten lassen Spruchbänder, das „fleischgewordene Wort", in eine Mühle gleiten, aus der sie zu Hostien verwandelt hervorkommen. Priester fangen diese in einem Kelch auf und verteilen sie an die Gläubigen. Das Mahlwerk wird von den Aposteln gedreht oder mit der Wasserkraft der vier Paradiesflüsse getrieben.

Hungertuch
Mit Passionsszenen bemaltes oder besticktes Tuch, das vor allem im Spätmittelalter während der Fastenzeit vor den Altar gehängt wurde (Fastentuch, Palmtuch).

Hyperrealismus
Häufig mit → Fotorealismus gleichgesetzt, kann auch als dessen Übersteigerung verstanden werden. Chuck Close, Don Eddy, Richard Estes, Malcolm Morley u. a. malen, basierend auf Fotovorlagen, monumentale Bilder, in denen kein die fotografische Abbildlichkeit störendes oder desillusionierendes Moment zu finden ist.

Ikone: *Die* G*OTTESMUTTER VON* W*LADIMIR (Moskau, Tretjakow-Galerie) entstand um 1150 wohl in Konstantinopel oder wurde von einem griechischen Künstler in Rußland gemalt. Im Typ entspricht sie der → Eléousa, russisch Umilenie, im Stil der stillen Feinheit komnenischer Hofkunst.*

I

Ideale Landschaft
In Rom um 1600 entstandene Art der → Landschaftsmalerei: eine klare, harmonische, sommerliche Landschaft voll Sonne und Licht (Annibale Carracci, Domenichino, Paul Bril, Adam Elsheimer → Heroische Landschaft).

Idealvedute
Eine → Vedute mit erfundenen oder frei abgewandelten Motiven.

Idylle
Schilderung eines friedlichen, natürlich-einfachen Lebens meist in ländlicher Abgeschiedenheit (griech. eidyllion = Bildchen; → Genremalerei).

Ikone
Von griech. eikon = Abbild, das Kultbild des orthodoxen Christentums. Technisch wie formal sind die frühen Ikonen dem ägyptischen → Mumienporträt verwandt und werden im Sinne der → Acheiropoieta oder der → Lukasbilder immer als authentische „Porträts" des Dargestellten verstanden. Ähnlich wie das spätantike Kaiserbild werden besonders berühmte oder gar wundertätige Ikonen kultisch durch Kniefall, Kuß, Weihrauch und Kerzen verehrt. Die theologisch abgesicherte Porträthaftigkeit der Ikone bestimmt auf strenge Weise auch ihre Herstellung, läßt eigentlich nur genaue Kopien der Prototypen zu und macht das Ikonenmalen zur heiligen Handlung, zum Gottesdienst. Ikonen können auch Reliefs etwa aus Elfenbein oder Metall sein, sind üblicherweise aber in → Enkaustik oder → Tempera auf Holz gemalt und immer beschriftet.

Ikonodulen → Bilderstreit

Ikonographie
Von griech. eikon = Bild, graphein = be-schreiben. In der Altertumswissenschaft soviel wie Porträtkunde, in der Kunstwissenschaft die Erklärung des Inhalts und Sinns bildlicher Darstellungen, wobei zur Deutung die zugrunde liegenden literarischen Quellen herangezogen werden (→ Allegorie, Symbol, Legende).

Ikonoklasmus → Bildersturm

Ikonologie
Griech. Lehre vom Bild. Methode der Kunstwissenschaft, die auf der Ikonographie fußt und Kunstwerke sowie künstlerische Entwicklungen mehr vom Sinngehalt her als unter formalästhetischen Aspekten betrachtet. Die Deutung hat nicht Einzelheiten, sondern das Ganze im Auge.

Ikonostasis
Lettnerartige Bilderwand, die das Allerheiligste der Kirche vom Gemeinderaum trennt. Sie entwickelte sich aus der frühchristlichen Altarschrankenarchitektur unter der Bezeichnung „templon" im späten Mittelalter zur geschlossenen Wand, deren tragendes Gerüst meist aus vergoldeter Holzschnitzerei ein dreistöckiges Ikonenprogramm vereint: Die Tür flankie-

Impressionismus: *Claude Monet,* IMPRESSION, SOLEIL LEVANT, *1872. 50 × 65 (Paris, Musée Marmottan). Den Titel dieses Gemäldes aufgreifend, sprach der Journalist Louis Leroy in einer Kritik im „Charivari" vom 25. April 1872 erstmals vom „Impressionismus". Was als Schimpfwort gemeint war, wurde bald zu einer „positiven" Stilbezeichnung.*

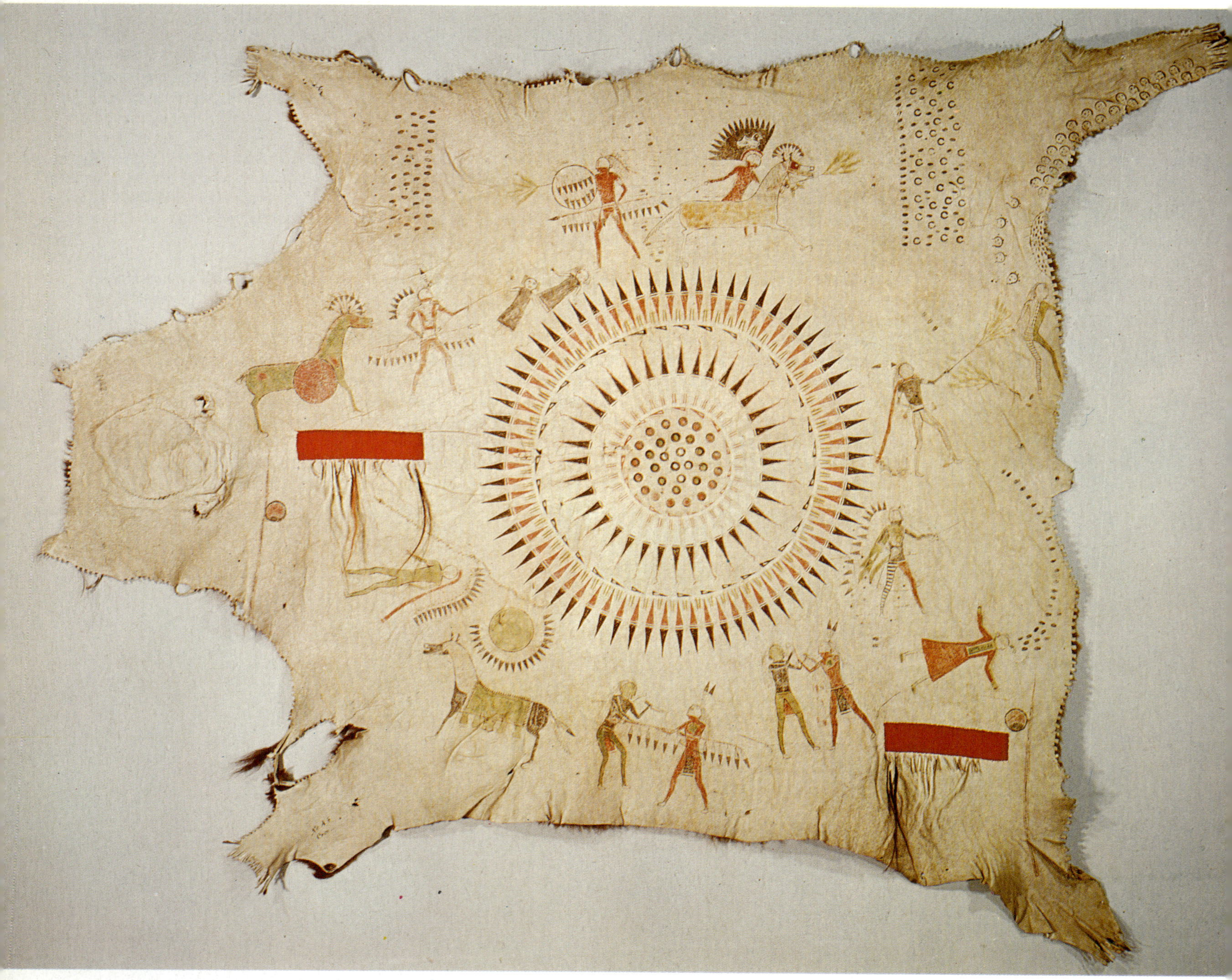

rend Christus und Maria, Erzengel, Lokalheilige; darüber Christus und die Apostel in Halbfigur; oben die Kreuzigung als → Deesisgruppe und das Dodekaortion, ein Fries mit den Bildern der zwölf Hauptfeste von der Verkündigung bis Pfingsten (oder Marientod).

Illuminator
Der Künstler, der in Handschriften die gemalte Ausschmückung anbringt. Er kann identisch mit dem Schreiber (Scriptor) sein und heißt dann auch häufig Miniator (→ Buchmalerei).

Illusionismus
Täuschende Nachahmung der Wirklichkeit ist eine der Möglichkeiten der Malerei. Sie kann durch die Farbe die Stofflichkeit des Gegenstandes, durch Licht-Schatten-Modellierung seine körperliche und durch perspektivische Konstruktion die räumliche Wirkung vorspiegeln. Seit der Antike galten Illusionseffekte als besonderer Beweis artistischen Könnens. (→ Perspektive, Quadraturmalerei, Trompe-l'œil, Barockmalerei, Bühnenmalerei.)

Imago pietatis
Lat. Andachtsbild. Im 13. Jh. in Italien aufkommende Darstellung des im Sarg stehenden toten Christus, von Maria gehalten, bei einem dreifigurigen Typ auch von Johannes.

Immaculata
Um 1500 aufkommende und im Barock besonders häufige Darstellung der nach katholischem Dogma von der Erbsünde befreiten, „unbefleckt empfangenen" Maria, die lichtverklärt auf Wolken, der Erdkugel oder einer Mondsichel steht.

Impasto → pastos

Impressionismus
In den 60er Jahren des 19. Jh. in Frankreich entwickelter Stil, der etwa 1874–76 seinen Höhepunkt hatte. Entscheidendes Ziel war die Erschließung des momenthaften Seheindrukkes von Farbe und Licht. Damit stellte sich der Impressionismus als → Freilichtmalerei der Kunst der → Akademien entgegen, auch im Verzicht auf gedanklich, inhaltlich, symbolisch überladene Thematik und in der Bevorzugung des Landschaftsthemas, wobei hier der optische Eindruck von Licht- und Schattenreflexen, von

Indianische Malerei: *Bemalte Büffelhautrobe eines Häuptlings der Madan, 19. Jh. (Bern, Historisches Museum). Szenen aus dem Stammesleben umgeben ein Sonnensymbol, das bei den Prärieindianern nur von Männern getragen werden durfte. Den Frauen war das Erdsymbol vorbehalten, ein Feld, aus dem stilisierte Pflanzen wachsen.*

Atmosphärik usw. im Vordergrund stand. Seine Malweise, bei der meist reine und erst im Betrachterauge sich optisch mischende Farbtupfen aneinandergefügt werden, legte den Grund für die dann in der → abstrakten Malerei „absolute" Verselbständigung der malerischen Mittel. Der Impressionismus basierte u. a. auf der Schule von → Barbizon, der Kunst Turners und Manets. Die Pariser Hauptvertreter waren Monet (Abb. S. 753), Pissarro, Renoir, Sisley, Bazille und Berthe Morisot, zeitweilig sind auch Degas und Cézanne hinzuzurechnen. Einen gewissen Höhepunkt stellen die Bilderserien Monets dar, in denen er feinste Nuancen der mit dem Tageslicht wechselnden Farben eines Objektes erfaßte und andererseits die Farbzerlegung schon bis an die Grenzen des → Pointillismus weitertrieb. Der Impressionismus wurde rasch zu einer internationalen Erscheinung. In Italien bildete sich z. B. die Gruppe der → Macchiaioli, in Deutschland waren es vor allem die Künstler Liebermann, Slevogt, Corinth, in England Whistler, die von ihm maßgeblich geprägt wurden.

Indianische Malerei
Während die Hochkulturen, die sich in dem Raum von der Küste Perus bis zum Hochtal von Mexiko entwickelten (→ altamerikanische Malerei), mit der europäischen Eroberung im 16. Jh. untergingen, haben die Indianer in den anderen Teilen des Doppelkontinents, die bis in die Neuzeit bei naturvölkischen Lebensformen blieben, ihre kulturelle Identität noch länger bewahren können. Ein Kennzeichen ihrer Flächenkunst ist das Fehlen dreidimensionaler Darstellungsweisen. Bei Lebewesen werden häufig im sog. Röntgenblickprinzip innere Organe gezeigt. Die Körperbemalung spielt besonders in den tropischen Regionen eine große Rolle. Manchmal wird die Zeichnung von Tieren nachgeahmt. Die gleichen Muster erscheinen oft an Geräten und Gefäßen. Felsbilder gibt es in vielen Gebieten mit abstrakten Motiven, Menschen, Tieren und Pflanzen; Szenen finden sich vor allem in der Nachbarschaft der Hochkulturen. Die Pueblo-Indianer im Norden Mexikos und Südwesten der USA, die noch vor der Zeitenwende seßhafte Bauern wurden, brachten eine reiche Keramik mit geometrischen und naturalistischen Motiven hervor. Man unterscheidet die Hohokam-, Mogollon- und Anasazi-Tradition. Zur letzteren gehören auch die buntfarbigen Wand-

Indische Malerei: *Krishna hebt den Berg Govardhan empor als Schutz für die Gläubigen vor den Regenschauern des zürnenden Gottes Indra. Miniatur aus dem Mahabharata-Epos, das der Mogulkaiser Akbar (1556–1605) ins Persische übersetzen und von Hindukünstlern illustrieren ließ (New York, Metropolitan Museum).*

Indische Malerei: *Der gazellenköpfige Götterbote entfernt sich mit dem Embryo des Mahavira, Erneuerers der Jainareligion, das er auf Geheiß des Götterfürsten vom Schoß seiner Brahmanenmutter in den würdigeren Schoß der Kriegerfrau Trishala verpflanzt. Miniatur aus einer Jaina-Handschrift des 15. Jh. (Berlin, Museum für Indische Kunst).*

Indische Malerei: *Dame betrachtet sich im Spiegel. Ragamala-Miniatur, 17. Jh. (Berlin, Museum für Indische Kunst). Die vom „Kranz der Ragas", d. h. den verschiedenen Melodietypen inspirierten Bilderserien wollen Stimmungen, die die Musik erzeugt, in sichtbare Bilder umsetzen und sind wohl das eigenartigste Thema der indischen Miniaturmalerei.*

malereien im Inneren runder Kivas, deren Szenen und Symbole mit Regen- und Vegetationskulten in Verbindung gebracht werden. Die Sandbilder der Navajos wurden von Schamanen beim Vollzug von Heilungsritualen mit farbigen Pulvern auf dem Boden ihrer Hütten ausgestreut. Ebenso bemalten die Prärieindianer ihre gesamte Kleidung sowie alle Wände ihrer Zelte und sämtliche Schildbezüge mit Zeichen und Figuren, die den Status des Besitzers aufzeigten.

Indische Malerei

Gemessen an der weit zurückreichenden indischen Kulturtradition ist Malerei, von Keramikdekor abgesehen, erst spät faßbar. Auch die buddhistische Bilderwelt, die in Gandhara hellenistische Elemente aufgenommen hatte, wird noch, nachdem der Buddhismus mit dem Übertritt Kaiser Asokas im 3. Jh. v. Chr. zur führenden Religion auf dem Subkontinent geworden war, lange fast ausschließlich durch die Skulptur dokumentiert. Erst aus der Zeit der Gupta-Dynastie (etwa 325–500 n. Chr.) und den beiden folgenden Jahrhunderten, der klassischen Epoche indischer Kunst, hat sich in den Höhlenklöstern von Ajanta (nordöstlich von Bombay) ein bedeutender Bestand an Wandmalereien erhalten. Sie stellen Szenen aus dem Leben Buddhas dar, Legenden von seinen vorgeburtlichen Existenzen u. a. erbauliche Erzählungen. Die Figuren sind in fließend geschwungenen Linien modelliert, die Farben intensiv und subtil abgestuft. Diese Bilder voll Leben, Empfindung und Anmut spiegeln die verfeinerte Kultur der Gupta-Periode und sind den „Wolkenmädchen" von Sigirya auf Ceylon (Abb. S. 714) vergleichbar. Der Ajanta-Stil blieb in der Folgezeit, die vom Niedergang des Buddhismus in Indien und dem Erstarken des Hinduismus, regional auch des Jainismus gekennzeichnet ist, weitgehend vorbildlich, auch für die ersten hinduistischen Zyklen etwa in den Höhlentempeln von Badami und Elura. Im Mittelalter verlor die Monumentalmalerei an Bedeutung, und die im 11. Jh. aufkommende Miniaturmalerei wurde zur führenden Gattung. Die sog. Pala-Schule in Nordostindien illustrierte buddhistische Palmblatt-Handschriften und wirkte bis nach Nepal und Tibet. Die nordwestliche Schule von Gujarat bebilderte Jaina-Texte, zunächst ebenfalls auf Palmblättern, ab Mitte des 14. Jh., nachdem die Moslems eingedrungen waren, auf Papier, wobei ihr zunächst sparsamer, eckiger, die Farben hart nebeneinander setzender Stil allmählich weicher und im Dekorativen reicher wurde. Der zunehmende islamische Einfluß und die Tätigkeit persischer Miniaturmaler in Indien kulminierten unter der Herrschaft der Moguln seit 1526. Während die → Mogulmalerei mit der Zeit auch indische Themen und Motive aufnahm (Abb. S. 755), beeinflußte der Mogulstil die Schulen hinduistischer Tradition. Die Höfe der Hindufürsten in Rajasthan pflegten eine lebendige, starkfarbige, sehr dekorative Miniaturmalerei. Durch die Liebe Radhas und Krishnas inspirierte erotische Epen wurden in verschiedenen Bildersätzen illustriert: Geliebte, Jahreszeiten, Monate und musikalische Stimmungen (ragamala). In den kleinen Staaten des westlichen Himalaya entfalteten sich in Basohli, Guler, Jammu und Tira-Sujanpur Miniaturschulen. Der sog. Kangra-Stil von Tira-Sujanpur im späten 18. Jh. mit seinen leuchtend farbigen, anmutig beschwingten Bildern ist noch einmal ein Höhepunkt indischer Kunst vor dem Niedergang der Miniaturmalerei im 19. Jh.

Informel
1950 von Michel Tapié geprägter Begriff für eine nichtgeometrische, abstrakte Malerei, die sich im spontanen Malakt ohne kompositionelle Normen artikuliert. Das seit etwa 1945/46 existierende Informel deckt sich zeitlich und formal mit dem → abstrakten Expressionismus und dem → Action-painting sowie mit der → lyrischen Abstraktion und dem → Tachismus. Führende Vertreter waren Wols, Hans Hartung, Pierre Soulages, Sam Francis.

Initiale
Der durch Vergrößerung, farbliche Hervorhebung, ornamentale, figurale oder szenische Verzierung ausgezeichnete Anfangsbuchstabe eines Textes oder Kapitels in Hand- und Druckschriften.

Initiale: *Die oft figürlich ausgeformten Initialen der mittelalterlichen Buchmalerei gaben den Miniatoren auch Gelegenheit zu witzigen Drolerien. Das Q in den* Moralia in Job *Gregors des Großen aus Citeaux, um 1110 (Dijon, Bibliothèque Publique) bildet sich aus zwei Mönchen in zerschlissenem Habit, die einen Baumstamm spalten.*

Inkarnat
Der Fleischton (ital. carne = Fleisch, auch Karnation), die malerische Wiedergabe der menschlichen Haut; meist in einer Mischung von Weiß und Rot, in der → byzantinischen Malerei leicht grünlich. Die unterschiedliche Behandlung ist ein wesentliches Stilmerkmal; man spricht von einem blühenden Inkarnat (Venezianer, Rubens) oder einem kühlen Inkarnat (→ Manierismus, Klassizismus). In der modernen Malerei sind praktisch alle Farben möglich (→ Jawlensky).

Intarsia
Die Verzierung von Möbeln u. a. Holzarbeiten durch Einlagen verschiedener Hölzer, auch anderer Materialien wie Elfenbein, Perlmutter, Metall (ital. intarsio, franz. marqueterie), seit dem Altertum gebräuchliche Technik. Meist ornamental; in der italienischen Renaissance kommen auch gemäldeartige Darstellungen auf (etwa nach Entwürfen des → Lorenzo Lotto in Bergamo, S. Maria Maggiore).

Intarsia: *Innenseite der rechten Tür des Wrangel-Schranks, Süddeutscher Meister, 1566 (Münster, Westfälisches Landesmuseum). In diesem einzigartigen Kabinettschrank ist die Kunst, mit verschiedenfarbigen und -gemaserten Hölzern zu „malen", staunenswert. Eine unübersehbare Fülle von Motiven entfaltet ein umfassendes Vanitas-Programm.*

Interieur
Bild, das einen Innenraum darstellt (franz. „das Innere, Familienleben"), auch Terminus für die Bildgattung. Die mittelalterliche Malerei begnügte sich mit einer formelhaft abgekürzten Lokalisierung. Die Altniederländer entdeckten bei Themen wie der Verkündigung den geschlossenen, mit sorgfältig beobachteten Details eingerichteten Innenraum als Sphäre häuslicher Geborgenheit (Robert Campin, Jan van Eyck), wobei der Betrachter von einem außerhalb gelegenen Standpunkt in das Gemach hineinblickt. Zum selbständigen Thema wird das Interieur in der holländischen Malerei des 17. Jh. (Vermeer, Pieter de Hooch). Der Raum selbst, in dem sich Menschen bei einer alltäglichen Verrichtung befinden, die ihm eigenen Stimmungswerte von Licht und Schatten werden dargestellt, und zwar so, als ob sich der Betrachter im Innern befindet. Im 19. Jh. kommt auch das Interieur ohne Bewohner auf.

Irisch-keltische Malerei
In der → Buchmalerei gebrauchte Stilbezeichnung für die insulare Buchkunst des 6.–8. Jh., deren charakteristische Ornamentik vom Kunsthandwerk der Kelten abzuleiten ist. Es handelt sich um linear geprägte, flächenfüllende Muster mit dynamisch bewegten Einzelformen, deren Prinzipien auch Tier- und Menschenfiguren denaturierend unterworfen werden. Ein Hauptwerk ist das St. Gallener Evangeliar (Mitte 8. Jh.). Glanzlichter setzten aber die in Northumbrien (Nordengland) entstandenen Codices: das Book of → Durrow, of Kells (Abb. S. 701), das Lindisfarne-Evangeliar.

Islamische Malerei
Der Koran eifert zwar gegen die Idolatrie, enthält aber keine prinzipiell bilderfeindliche Doktrin. Erst der Hadith, die Sammlung der überlieferten Aussprüche und Handlungen des Propheten, droht dem Schöpfer von Bildern als Feind Gottes, des Schöpfers schlechthin, dem jener frevelhaft nacheifert, Höllenqualen an. In der Auseinandersetzung mit der christlich-byzantinischen Welt, wo dem Bild eine so zentrale Bedeutung zukam (→ Bilderstreit), wurde das Bilderverbot zu einem Mittel der Abgrenzung des Islam. Auch wenn es nie für alle Bereiche rigoros eingehalten wurde und tolerante Gesetzeslehrer eine Kasuistik der Ausnahmen erstellten, hat es doch die herausragende Rolle der Ornamentik (→ Fliesenmalerei) und → Kalligraphie in der islamischen Kunst bedingt. Darstellungen der Gottheit fehlen vollständig. Koranhand-

منم بنده اهل بیت نبی
چو هفتاد کشتی برو ساخته
محمد بدو اندرون با علی
ستاینده خاک پای وصی
همه بادبانها برافراخته
همان اهل بیت نبی و ولی
حکیم این جهان را چو دریا نهاد
یکی پهن کشتی بسان عروس
برانگیخته موج ازو تندباد
بیاراسته همچو چشم خروس
بدانست کو موج خواهد زدن
همانا که باشد مرا دستگیر
اگر چشم داری بدیگر سرای
کس از غرق بیرون نخواهد شدن
خداوند تاج و لوا و سریر
بنزد نبی و وصی گیر جای
خردمند کز دور دریا بدید
بدل گفت اگر با نبی و وصی
خداوند جوی می و انگبین
گرت زین بد آید گناه منست
کرانه نه پیدا و بن ناپدید
شوم غرقه دارم دو یار وفی
همان چشمه شیر و ماء معین
چنین است و این دین و راه منست

Islamische Malerei: *Eine Dame lauscht mit ihren Dienerinnen Bayad, der sein Liebesleid besingt. Miniatur zu der Geschichte von Bayad und Riyad, Spanien oder Marokko, 13. Jh. (Vatikan). Die Konzentration auf wenige große, gedrungene Figuren und knappe Versatzstücke unterscheidet die arabischen deutlich von den persischen Miniaturen.*

schriften sind grundsätzlich nicht illustriert. Die Moscheen besitzen nur geometrischen oder pflanzlichen Dekor ohne Menschen- und Tierdarstellungen. Aus der Frühzeit haben sich zwei bedeutende Moscheebauten mit Mosaikausstattung erhalten: der sog. Felsendom in Jerusalem, 691/92, und die Große Moschee in Damaskus, um 715. Im Felsendom sind Pflanzenmotive zusammen mit Vasen, Füllhörnern, Kronen u. a. Kleinodien symmetrisch zu monumentalen, juwelenartig prunkvollen Gebilden gefügt. An den Wänden der Großen Moschee symbolisieren Landschaften die Vision einer paradiesischen Welt. Stil und Motivrepertoire entstammen der spätantiken und der sassanidisch-persischen Tradition. Das gilt auch für die Wandmalereien, Bodenmosaiken und Stuckplastiken in den Wüstenschlössern der Omajaden aus dem frühen 8. Jh. Qusair Amra, Chirbat al-Mafdjar und Qasr al-Hair enthalten Darstellungen der huldigenden Herrscher der großen Reiche, von Jagd- und Badeszenen, Tanz-, Musik- und akrobatischen Darbietungen usw. – Bilderzyklen des fürstlichen Lebens, die ein Hauptthema der islamischen Malerei bleiben sollten. Sie wird freilich weniger durch die geringen Reste von Wandmalerei repräsentiert als durch die Buchmalerei. Die frühesten illustrierten Handschriften stammen aus dem 11. Jh. und sind Übersetzungen antiker wissenschaftlicher Texte. Seit Anfang des 13. Jh. existieren auch erzählende Werke mit Miniaturen. Am verbreitetsten waren die Makamen des Hariri (Abb. S. 644, 759), auch das Fabelbuch „Kalila und Dimna" wurde mehrfach illustriert, daneben Geschichtswerke, Prophetenbiographien und im schiitischen Persien die Leidensgeschichte der Imame. Nach dem Mongolensturm in der Mitte des 13. Jh. wurde die → persische Malerei, die zunehmend fernöstliche Elemente assimilierte, führend; sie hat auch die → Mogulmalerei geprägt.

Isokephalie

Die gleiche Kopfhöhe der dargestellten Figuren (griech. isos = gleich, kephalos = Kopf), etwa in Mosaiken von Ravenna, bei Giotto, Masaccio, Piero della Francesca. In der Regel mit dem Prinzip der Reihung verbunden, verleiht sie der Komposition Festigkeit und Klarheit.

Islamische Malerei: *Miniatur des Mirza Ali aus der Hougthon-Šāhnāme, um 1527 (New York, Metropolitan Museum). Die siebzig Religionen der Welt segeln auf dem See der Ewigkeit. Nur das Schiff des Schiismus mit Mohammed, seinem Schwiegersohn Ali und dessen Söhnen Hasan und Husein, die Flammennimben und Gesichtsschleier tragen, erreicht das Ufer.*

Islamische Malerei: *Miniatur aus den 1227 von al-Wasiti in Bagdad illustrierten Makamen des Hariri. Sie schildern die Abenteuer des Abu Zaid, der sich durch Wortgewandtheit und Witz in allen Situationen zu behaupten weiß. Eine Arabeskenbordüre, so kunstvoll wie die Reimprosa des Textes, rahmt den über seinem Hofstaat thronenden Fürsten (Paris, Bibliothèque Nationale).*

J

Jagdstück
Sondergattung des → Stillebens mit erlegten Tieren, Waffen u. a., besonders gepflegt in der niederländischen Malerei des 17. Jh. (Willem van Aelst, Jan Fyt, Weenix). Bezeichnung auch für Darstellungen von Jagdszenen, ein beliebtes Thema an den Höfen der Barockzeit.

Japanische Malerei
Mit der von China und Korea aus erfolgten Einführung des Buddhismus im 6. Jh. wurde die → chinesische Malerei in Japan zum lange Zeit unverändert nachgeahmten Vorbild. Sie blieb auch noch eine Quelle beständiger Anregung, als die japanischen Künstler zu eigenständigen Ausdrucksformen gefunden hatten. Wasserfarben und Tusche auf Papier oder Seide sind die charakteristischen Maltechniken. Sie erlauben keine Korrektur und verlangen eine geübte, rasche Hand. Bevorzugte Bildträger sind die Hängerolle (Kakemono) und die Querrolle (Makimono), daneben Wandtafeln, Stellschirme, Schiebetüren, das Albumblatt (Sohi) und der Fächer. Die ältesten Zeugnisse bewahrte der Hoyuji-Tempel in Nara. Die Lackmalereien des Tamamuski-Schreins, um 620, mit Szenen der Buddhalegende und die 710 (?) entstandenen, 1949 großenteils verbrannten Wandgemälde der Goldenen Halle, welche die vier Paradiese mit ihren Buddhas sowie Einsiedler im Gebirge darstellten, entsprechen völlig dem Stil der T'ang-Dynastie in China. Erst in der Fujiwara-Zeit (897–1185) fand die japanische Malerei, getragen von einer verfeinerten höfischen Kultur und unter dem Einfluß des optimistischen Amida-Buddhismus, zu einem eigenen Stil, den man Yamato-e nannte im Gegensatz zum von China beeinflußten Karae. Die überkommene Typisierung der Figuren wurde aufgegeben und statt der steilen Berge und unnahbaren Natur der chinesischen Landschaften

Japanische Malerei: *Drei Diener mit gesatteltem Pferd, Ausschnitt aus einer Querrolle des im 11. Jh. von Murasaki Shikibu verfaßten Romans „Genji-monogatari", Sumiyoschi-Schule, um 1700 (Köln, Museum für ostasiatische Kunst). Vor allem Szenen aus dem Bauern- und Diener-Milieu werden in japanischen Bildrollen gern humorvoll karikiert.*

wurde nun die liebliche Umgebung der Hauptstadt Kyoto mit sanften Hügelketten und blühenden Kirschbäumen dargestellt. Eine Neigung zum Anmutig-Zierlichen, zu geschmeidiger Eleganz und zarter Empfindsamkeit, für feine Linien und delikat gewählte Farben, aber auch für das Karikaturistische wird erkennbar. Es entstanden Bildrollen, die Liebesromane, heroische Epen, das Hofleben und die vielfältigen buddhistischen Themen illustrierten. Der im späten 12. Jh. tätige Fujiwara Takanobu gilt als Erneuerer der Porträtkunst, seinen neuartig realistischen Stil nannte man Nise-e. Die Militärherrschaft der Kakamura-Periode (1185 bis 1392) bereitete den Boden für die Einführung der geistigen Disziplin des Zen-Buddhismus und der ihm eigenen Kunstform der monochromen Tuschemalerei des Sung-Stils (Sumie, Suiboku). Das lavierte Suiboku erlebte unter der Muromachi-Dynastie (1392 bis 1572) seinen Höhepunkt (Sesshu, Sesson). In der Momoyama-Zeit (1573–1615) dominierte die Kano-Schule (Eitoku). Die Machtübernahme der Tokujawa (1615–1867) leitete eine lange Friedenszeit ein, die den Aufstieg des Bürgertums ermöglichte. Die wachsende Nachfrage nach Bildern ließ den Holzschnitt aufkommen, dessen ursprüngliches Schwarz-Weiß schließlich mit bis zu zehn Farben bereichert wurde. Das Genre, bisher nur belebende Zutat, verselbständigte sich und wurde zur führenden Gattung. Als Ukiyo-e, „Bilder der flüchtigen Welt", bezeichnete man die realistische Darstellung des täglichen Lebens. Die Geishas der Teehäuser (Harunobu, Utamaro) und die Schauspieler des Kabuki-Theaters (Kiyonobu, Kiyomasu, Shunsho, Sharaku) wurden die beliebtesten Sujets, aber auch die Landschaft fand großartige Gestaltungen (Hokusai, Hiroshije). Nachdem der japanische Farbholzschnitt in der zweiten Hälfte des 19. Jh. der westlichen Avantgarde bedeutsame Anregungen geliefert hatte (→ Japonismus), schlossen sich japanische Künstler seit etwa 1920 modernen Strömungen an.

Japonismus

Die Teilnahme Japans an den großen Weltausstellungen nach der Öffnung des Landes seit 1854 machte die dem → Impressionismus nahestehenden Künstler in Paris mit dem japanischen Farbholzschnitt bekannt. Die ungewohnte Formensprache seiner Alltagsszenen und atmosphärisch klaren Landschaften begeisterte sie und eröffnete ihnen neue künstlerische Möglichkeiten. Monet malte 1876 La Japonaise (Boston, Museum of Fine Arts). Toulouse-Lautrec, van Gogh und Gauguin ließen sich vor allem durch die flächenbezogene Farbigkeit, den Verzicht auf Helldunkel-Modellierung und Zentralperspektive anregen. Der rhythmische Linienfluß und die dekorativen Farbflächen faszinierten die → Nabis, über die der Japonismus in das Lineament des → Jugendstils einging.

Jugendstilmalerei: *Alfons Mucha, Fries mit historischen Szenen, Ausschnitt. Für die Pariser Weltausstellung 1900 schuf Mucha im Pavillon des Landes Bosnien-Herzegowina Friese mit historisch-erzählendem Inhalt. Ansonsten war der in Paris tätige Tscheche aber vor allem als einer der wichtigsten Plakatkünstler des Jugendstils bekannt.*

Jungfrauenspiegel: *Das* ERNTEBILD *stammt aus einem um 1190 illustrierten Exemplar dieses Erbauungsbuches (Bonn, Rheinisches Landesmuseum). Analog zum Gleichnis von der 30-, 60- und 100fältigen Frucht wird unten die Ernte des Ehestandes, in der Mitte der Witwenstand und oben der Jungfrauenstand mit 100facher Frucht dargestellt.*

Jessebaum, Jessewurzel
Darstellung des Stammbaums Christi. Aus dem liegenden Stammvater Jesse wächst ein Baum, der in seinen Ästen die Vorfahren aus dem Haus Davids trägt, im Gipfel Maria oder Christus. Die früheste Darstellung enthält ein Prager Evangeliar aus dem 11. Jh.; bedeutend ist die spätromanische in dem riesigen Deckengemälde von St. Michael in Hildesheim; häufig in der → Glasmalerei. In der byzantinischen Version erscheinen in den Zweigen auch Szenen aus dem Alten und Neuen Testament (Moldauklöster).

Jüdische Malerei
Die Malerei des Judentums gehört einem der ältesten und geschlossensten Kulturkreise an, der aufgrund der zwar wechselnd starken, aber immer vorhandenen, religiös bedingten Bilderfeindlichkeit künstlerisch jedoch nicht von allererster Bedeutung war. Ein erster Höhepunkt der jüdischen Malerei im 2.–6. Jh. n. Chr. wird vor allem durch die Fresken in der Synagoge von Dura-Europos, um 245, repräsentiert. Die Bilder mit ihren Szenen aus dem Alten Testament sind in ihrem „Fortsetzungsstil" von den typischen Zyklen jüdischer Schriftrollen abhängig. Strenge Frontalität und Figurenaufreihung sind ebenso charakteristisch wie Verzicht auf Perspektive und Räumlichkeit. Unter den Fußbodenmosaiken der Synagogen sind die von Beth-Alpha in Galiläa, 6. Jh. n. Chr., das wichtigste Beispiel. Geprägt von europäischen Strömungen, erlangte die jüdische Malerei erst im 12. Jh. wieder einen neuen Rang, mit dem Schwergewicht auf der Miniaturmalerei, wobei expressive Initialen, Tier- und Menschenbilder, astronomisch-astrologische, medizinische, alchimistische u. ä. Darstellungen sich den christlichen Vorbildern stilistisch angleichen. In den arabischen Ländern übernahm die jüdische Miniaturmalerei die dekorativen Elemente der islamischen Kunst. Nach der Erfindung des Buchdrucks wurde mit Holzschnitt und Kupferstich vor allem das Buch Esther illustriert, das häufig noch als Schriftrolle gestaltet war. Im 20. Jh. spielte die jüdische Gruppe der → École de Paris, Emigranten aus Osteuropa, eine wichtige Rolle in der modernen Malerei.

Jugendstilmalerei
Internationale Kunstströmung um 1900, die in Frankreich als Art nouveau, in England als Modern style, in Italien als Stile liberty, in Österreich manchmal als Sezessionsstil bezeichnet wird. Ziel war die Erneuerung der angewandten und bildenden Künste. Anstöße gingen von England aus, wo z. B. William Morris einen von historisierendem Schwulst befreiten, linearflächigen Ornamentstil propagierte. In Frankreich waren es der → Cloisonnismus, der → Symbolismus und die Kunst der → Nabis, die den Jugendstil vorbereiteten, in Belgien die Gruppe Les → Vingt, in Deutschland die Theorien und Werke Henry van de Veldes. Hier ebenso wie in Österreich wirkten auch die zahlreichen → Sezessionen, z. T. angeregt durch das Œuvre Edvard Munchs, bahnbrechend. In einer Reihe von Zeitschriften wurden die Ideale des Jugendstils verbreitet, z. B. in Wien durch den „Ver sacrum", in München durch die „Jugend" und den „Simplizissimus", in Berlin durch den „Pan", in Paris durch „Revue Blanche", in England durch die von Aubrey Beardsley herausgegebenen „Yellow Books" und vor allem durch „The Studio". Im Bereich der Malerei versuchte der Jugendstil, künstlerische Phantasie und sinnliche Ausstrahlung in den Vordergrund zu stellen, wobei das dekorative, fließendbewegte, vegetabilische Ornament und ein, z. T. vom japanischen Holzschnitt (→ Japonismus) beeinflußter Flächenstil charakteristisch wurden. Wichtige Künstler des Jugendstils, der auch zur Erneuerung der Buchillustration, der Glasmalerei und Plakatkunst beitrug, waren u. a. Ferdinand Hodler, Gustav Klimt, der frühe Oskar Kokoschka, Charles Rennie Mackintosh, Puvis de Chavannes, Jan Thorn-Prikker, Jan Toorop, Alfons Mucha (Abb. S. 761), Ludwig von Hofmann, Max Klinger, Franz von Stuck. Mit dem Ersten Weltkrieg fand der Jugendstil sein Ende.

Jungfrauenspiegel
(Speculum Virginum) Ein im 12. Jh. verfaßtes Zwiegespräch eines Geistlichen und einer Nonne über die Jungfräulichkeit, das mit allegorisch-symbolischen Bildern illustriert ist.

K

Kabinettmalerei, Kabinettscheibe
Kleinformatige → Glasmalerei, die sich der Wirkung von → Tafelmalerei annähert, besonders in der Schweiz seit dem 16. Jh. gepflegt (Wappenscheiben, religiöse und profane Themen, Abb. S. 739).

Kakemono
Japanisches Gemälde in Hochformat auf einer Rolle aus Seide oder Papier, oben und unten mit einem Rundstab gefaßt. Es ist die gebräuchlichste Bildform der → japanischen Malerei und wird besonders an Festtagen aufgehängt (jap. „was man aufhängt"). Das Makimono, ein Rollbild in oft mehrere Meter langem Querformat, kann zum Betrachten auf den Boden gelegt werden. Beide Begriffe sind auch in der → chinesischen Malerei üblich.

Kalligraphie
In Kulturkreisen mit besonders dekorativen Schriftzügen wie dem islamischen oder den ostasiatischen genießen die Kalligraphen (griech. kallos = schön, graphein = schreiben) hohes Ansehen als Künstler. Auch in den mittelalterlichen Handschriften wurden die Buchstaben zu Ornamentbildern ausgestaltet (→ Buchmalerei, Initiale).

Karolingische Malerei
Im strengen Sinne versteht man darunter die Malerei seit dem ersten Buchauftrag Karls des Großen, dem GODESCALC-EVANGELISTAR (Abb. S. 763) bis zum Ende der Hofschule Karls des Kahlen, 877, in einem Teil des karolingischen Herrschaftsraumes, ohne Italien z. B. Von der Mosaikkunst der Zeit ist nur ein Beispiel erhalten, in der Kirche von Germigny-des-Prés, um 806. Bei der Wandmalerei ragen z. B. die Fresken in St. Prokulus in Naturns, Provinz Bozen, die in St. Johann in Müstair und die in St. Benedikt zu Mals, Vintschgau, hervor. Den wichtigsten überkommenen Bereich stellt die Buchmalerei dar. Am Anfang steht die sog. Hofschule, aus der das Godescalc-Evangelistar, die → Ada-Handschrift u. a. hervorgingen. Eine eigene Gruppe bilden das Wiener und das Aachener Krönungsevangeliar, um 800 bzw. 810. Unter den nicht mit dem Hof zusammenhängenden Schulen ragt z. B. Reims mit dem → Utrecht-Psalter und dem → Ebo-Evangeliar hervor. Daneben gab es eine Fülle wichtigster Klosterschulen. Stilistisch ist die karolingische Malerei

durch ein Abrücken von der vorhergehenden, stark ornamental bestimmten Kunst und durch die Aneignung verfeinerter spätantik-byzantinischer Formen gekennzeichnet.

Karton
Bezeichnung für ein besonders starkes Papier sowie für die auch im Format der geplanten Komposition entsprechende Vorzeichnung für monumentale Gemälde, Fresken, Wandteppiche, Mosaiken und Glasmalereien. Meist waren Kartons Zeichnungen in Holzkohle, Graphitstift, Schwarzstift, Rötel oder Tusche, selten Malereien in Farbe auf Leinwand. Sie sind schon in der Antike bekannt, wichtig wurden sie vor allem in der italienischen Kunst seit Giotto.

Kaseinmalerei
Malerei mit Farben, deren → Bindemittel das im Milcheiweiß enthaltene, mit Kalk versetzte Kasein ist (Käsekalkmalerei). Die schon im Mittelalter nachweisbare Technik ist für trockenen Putz (→ Sekkomalerei), auch für andere Malgründe geeignet und wurde vor allem in der süddeutschen → Wand- und Deckenmalerei des 18. Jh. angewendet (→ Lüftlmalerei).

Keilrahmen
Der Rahmen, auf den die zu bemalende Leinwand gespannt wird; sie kann durch das Eintreiben flacher Keile in die Falzecken der Leisten gestrafft werden.

Klassizistische Malerei
Mitte des 18. Jh. einsetzende und mit der Aufklärung verbundene Kunstströmung, die sich im Sinne einer archäologischen Exaktheit die klassische Antike stilistisch zum Vorbild nahm. Ein Initialwerk ist etwa Anton Raphael Mengs' Deckenbild PARNASS, 1761, in der Villa Albani zu Rom, das völlig mit dem barocken Illusionismus bricht. Die puristische Strenge des Klassizismus zeigt sich nicht nur in der Betonung der harten Linie, sondern auch in einer Konzentration auf „sittlich veredelnde", moralisierende Thematik, so vor allem bei Jacques Louis David, dessen Gemälde das Ideal altrömischer Bürgertugend in den Mittelpunkt stellten und damit zum Fanal der Revolution werden konnten. Bei den Epigonen

Karolingische Malerei: THRONENDER CHRISTUS, *Godescalc-Evangelistar, Hofschule Karls des Großen, zwischen 781 und 783 (Paris, Bibl. Nationale). Der in Gold und Silber auf Purpur geschriebene Codex wurde von dem Schreiber Godescalc geschaffen.*

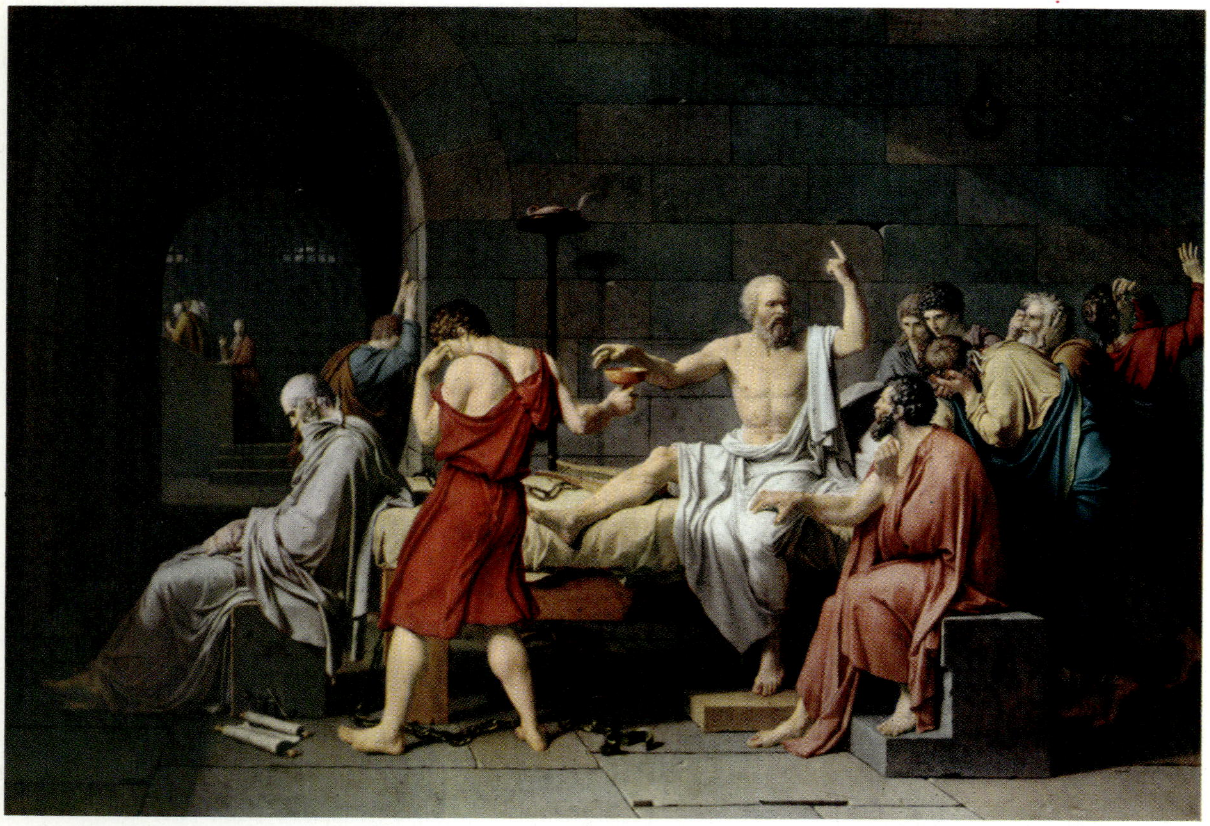

Klassizistische Malerei: *Jacques-Louis David,* DER TOD DES SOKRATES, *1787 (New York, Metropolitan Museum). Die strenge, antikisierende Komposition, eine kühle Farbigkeit und „erhabene" Thematik sind typische Merkmale klassizistischer Malerei. Später mündete Davids Werk in eine romantische Verherrlichung des napoleonischen Kaiserreiches ein.*

Davids, bei François Gerard, Antoine-Jean Gros, aber auch bei einem so späten Klassizisten wie Jean Auguste Dominique Ingres, verflachte dieses Ideal oft zum steifen Pathos oder sentimentalen Schwulst. In England durchsetzte sich der Klassizismus eigenartig mit Irrationalismen, so bei Johann Heinrich Füssli oder William Blake. In Deutschland zählten u. a. Asmus Jakob Carstens, Peter von Cornelius, Johann Friedrich Overbeck zu den reinsten Vertretern dieses Stils.

Klecksographie
Analog zum Rorschach-Test der Psychology ließen sich die Surrealisten von zufälligen Farbklecksen assoziativ-bildnerisch anregen und „vervollständigten" diese Kleckse dann zu figuralen Gebilden.

Kniestück
Ausdruck aus der Atelierpraxis, die den Preis für Porträtaufträge vom Kopfbild bis zur Ganzfigur staffelte.

Koimesis
Byzantinische Darstellung des Marientods (griech. „Schlaf", lat. dormitio). Die Apostel umstehen das Sterbebett, Christus trägt die Seele in Gestalt eines Kindes (→ Marienleben).

Kolorieren
Das farbige Ausmalen von graphischen Blättern (lat. color = Farbe). Der diese Tätigkeit Ausübende hieß Kolorist, worunter man auch einen Maler versteht, in dessen Kunst die Farbe dominiert.

Kolorismus
Eine Malweise, bei der die Farbe den Vorrang hat. Dabei soll auch ihre Bindung an Beleuchtungseffekte und Körpermodellierung mittels Helligkeitsdifferenzierungen zurücktreten zugunsten einer rein sinnlichen Farbwirkung. Sie ist nicht darstellungswertig gebraucht und damit an Körperlichkeit und Räumlichkeit gebunden, sondern verselbständigt sich zur Eigenwertigkeit und erscheint damit als optisches und ästhetisches Oberflächenphänomen. Schon die mittelalterliche → Buch- und Glasmalerei verwendet die Farbe in dieser Weise. Matthias Grünewald, Paolo Veronese, Peter Paul Rubens u. a. Künstler dieser Zeit zählen zu den bedeutendsten Vorläufern des Kolorismus, der sich über das 19. Jh., Eugène Delacroix und den → Impressionismus, dann im 20. Jh. vor allem in der → abstrakten Malerei verwirklichen sollte.

Kolorismus: *Eugène Delacroix,* DIE FRAUEN VON ALGIER, *1834, 180 × 229 (Paris, Louvre). Delacroix wandte neben den Helldunkel-Effekten auch die Gesetzmäßigkeit der Komplementärkontraste an. Die Farbe war nicht mehr rein darstellungswertig, sondern auch emotiv-eigenwertig, einer der vorbereitenden Schritte zum Kolorismus des 20. Jh. war getan.*

Kolorit
Die durch Wahl und Differenzierung der Farben hervorgerufene farbige Erscheinung eines Gemäldes.

Komplementärfarben
Farben, die sich im sechsteiligen Farbkreis gegenüberliegen (Rot-Grün, Blau-Orange, Gelb-Violett). Mischt man komplementäre Farben, so erhält man Grau, nebeneinandergesetzt steigern und festigen sie sich.

Komposition
Bezugssystem von Körpern, Räumlichkeiten, Linien, Farben usw., wobei der Nachdruck nicht auf der Gestaltung von Einzelelementen oder -inhalten, sondern auf der Ganzheit des Strukturgefüges liegt. Zu unterscheiden ist zwischen Kompositionsprinzipien, die als relativ überzeitliche im Wesen menschlicher Wahrnehmung begründet sind – warme und kalte Farben, geometrische und organische Formen u. ä. – und solchen, die vom Individualstil eines Künstlers oder den „Regeln" einer Stilepoche abhängig sind, etwa die Gestaltung perspektivischen Sehens.

Konkrete Malerei → Art concret

Konstruktivismus
Bereich der → abstrakten Malerei, der mit geometrisch-stereometrischen, technoiden Formen und einer reduzierten, nichtillusionierenden Farbskala Wirklichkeit nicht mehr nachahmt, sondern durch konstruierte Realität ersetzt. Eine Vorform war der → Rayonismus, im → Suprematismus wurden diese Prinzipien bereits voll erreicht. Wladimir Tatlin benannte als erster um 1915 seine Werke „konstruktivistisch". El Lissitzky war maßgeblich daran beteiligt, den Konstruktivismus 1917–21 zur offiziellen Kunst der russischen Revolution zu erheben. Der → Neoplastizismus und Strömungen des → Bauhauses gehörten zum Konstruktivismus, dessen Tendenzen in neuerer Zeit in der → Op-art und der Kinetischen Kunst weiterverarbeitet wurden.

Kontinuierende Darstellung
Die Darstellung nacheinander ablaufender Ereignisse innerhalb einer Bildeinheit; in der altägyptischen, der antiken (Trajanssäule) und besonders in der mittelalterlichen Kunst üblich.

Kontrapost → Ponderation

Kontur
Der Umriß von Bildgegenständen. Seine Behandlung in der Malerei ist den Stilwandlungen entsprechend verschiedenartig. Er kann eine deutlich begrenzende, ganz in der Fläche bleibende Linie sein oder plastisch formend im Bildraum vor- und zurücktreten, im Helldunkel verunklärt oder in einer Farb-Licht-Atmosphäre aufgelöst werden.

Kopie
Nachbildung eines Kunstwerks von anderer Hand (→ Replik durch den Künstler selber; Vervielfältigung durch graphische Techniken: Reproduktion). Die → griechische Malerei kennen wir überwiegend nur durch römische Kopien. Seit der Renaissance ist das Kopieren wieder üblich, sei es zu Studienzwecken, sei es auf Bestellung. Handschrift und Zeitstil des Kopisten äußern sich zumal dann, wenn er selbst ein schöpferischer Künstler ist (Abb. S. 687).

Koptische Malerei
Das aus dem griech. Aigyptos arabisch verfremdete Wort Kopten bezeichnet die monophysitischen Christen Ägyptens. Ihre Kunst stellte sich seit dem 4. Jh. in bewußten Gegensatz zur altägyptischen, griechisch-römischen und byzantinischen, ohne sich indes völlig davon lösen zu können. Ihren stärksten Ausdruck findet die Malerei in volkskunsthafter Ausprägung der frühen → Ikonen z. B. des hl. Menas, 5. Jh. (?) (Paris, Louvre) oder den Kapellenfresken der Klöster Bawît, 6./7. Jh., und Sakkara, 5.–10. Jh. Durch das Schisma des 5. Jh. wurde die koptische Kunst auf einen recht eige-

Kretisch-mykenische Malerei: *Vom Ende des 16. Jh. v. Chr. stammt die auf Stuck gemalte bizarre Landschaft des „Lilienzimmers" aus der vom Vulkanausbruch verschütteten minoischen Siedlung auf Thera (Santorin), jetzt in Athen, Nationalmuseum. Tändelnde Schwalbenpaare über üppiger Vegetation verstärken den paradiesischen Eindruck.*

Kubismus: *Pablo Picasso,* DIE FAMILIE DES HARLEKINS, *1908 (Wuppertal, Von-der-Heydt-Museum). Die kubistische Dingzerlegung zum Zwecke simultaner Ansichtigkeit erstreckte sich auch auf das Menschenbild. In dieser Denaturierung wurde der Mensch zum Objekt, zum „Stilleben" einer mathematisch-technoid gewordenen Welt.*

nen Weg verwiesen, der vor allem in der Buchmalerei und in der Webkunst deutlich wird und über das Mönchstum auf das frühmittelalterliche Europa einen noch zu wenig erforschten Einfluß ausübte.

Koreanische Malerei
Zwischen China und Japan gelegen, war Korea Empfänger und Vermittler chinesischer Kunst. Die Wandmalereien der Gräber der Kogury-Dynastie in der T'ung-Kou-Ebene und bei Pyongyang aus dem 5. Jh. n. Chr. zeigen lebhafte Darstellungen des täglichen Lebens, Jagd-, Tanz- und Ritualszenen. Die Koryo-Dynastie (918–1392) steht in Stil und Motiven ganz unter dem Einfluß der → chinesischen Sung- und Yüan-Malerei. Erst in der 2. Periode der Yi-Dynastie nach den verheerenden Kriegen des frühen 17. Jh. entwickelte sich eine eigene Richtung. Chong Son, gen. Kyomjae (1676–1759) löste sich vom idealisierenden Kanon der Landschaftsmalerei, und Kim Hong-do, gen. Tanwon (1760–?) malte als erster Genrebilder der niederen Klasse, deren Humor und Realismus ihn zum populärsten koreanischen Maler machten.

Kretische Schule
Maltradition in den Klöstern des Athos, die im 16. Jh. → Theophanes der Kreter und seine Söhne eingeführt haben. Die kraftvolle Verbindung des späten Palaiologenstils mit Anleihen aus der venezianischen Frührenaissance fand ausgehend von den Klöstern Lawra, Dionysiu oder Kutlumusi auch im übrigen Griechenland Verbreitung (→ byzantinische Malerei).

Kretisch-mykenische Malerei
Die frühesten malerischen Zeugnisse des minoischen Kreta haben sich auf der sog. Kamareskeramik des 18. Jh. v. Chr. erhalten. In leuchtend hellen Farben auf dunklem Grund dominieren lebhaft, meist spiralig bewegte Motive von unerschöpflicher Vielfalt. Im 17. Jh. v. Chr. erscheinen auf der Keramik wie in den Wandbildern der Paläste neue naturalistische Motive pflanzlicher Art, das Menschenbild ist trotz sicher kultischer Bindung von spontaner, augenblicksbezogener Vitalität, die Landschaft wirkt märchenhaft paradiesisch. Dem 16. Jh. v. Chr. gehören die bemalten Stuckreliefs von Knossos an, wie auch die guterhaltenen Wandmalereien von Thera (Abb. S. 765), auf der Keramik dominiert nun der sog. Meeresstil mit Seegetier wie Kraken, Schnecken und Korallen. Das mykenische Griechenland hatte sich seit dem 16. Jh. so sehr dem Einfluß der kretischen Formenwelt geöffnet, daß seine Machtübernahme nach 1500 keinen Stilbruch bedeutet. Die Malereien von Mykene, Tiryns, Pylos, Theben und Orchomenos könnten ebenso wie die Keramik von kretischen Künstlern stammen. Erst um 1200 endet die einheitliche Tradition mit einer neuen Wanderbewegung.

Kritischer Realismus
In sozialistischen Ländern Bezeichnung für sozialkritisch engagierte Kunst des 19. und 20. Jh. Im engeren Sinne gebraucht für eine Mitte der 60er Jahre des 20. Jh. in Berlin gegründete Vereinigung realistisch arbeitender Künstler, die die Wirklichkeit als Resultat einer bestimmten historischen und gesellschaftspolitischen Situation ausdeuten will (Ulrich Baehr, Peter Sorge, Hans-Jürgen Diehl, Wolfgang Petrick).

Kubismus
Um 1907 in Paris entstandene Kunstrichtung, die auf den Formprinzipien Cézannes aufbaute, und zu deren Initiatoren Picasso (Abb. S. 765), Gris, Braque, Léger und Derain zählten. In der ersten Phase, dem sog. analytischen Kubismus, wurde bei Zurücknahme der Farbskala der Gegenstand auf seine stereometrischen Grundformen reduziert. Die Aufsplitterung in kantige Facetten diente sowohl der simultanen Darstellung verschiedener Ansichten des Dinges, als auch, u. a. durch Ausschaltung der Zentralperspektive, seiner konstruktiven Einbindung in die Flächenordnung. Diesem Prinzip konnte die kubisch vereinfachte Negerplastik als Vorbild dienen, so im Initialwerk des Kubismus, Picassos LES DEMOISELLES D'AVIGNON, 1907 (New York, Museum of Modern Art). Wichtiges Medium des Kubismus, der rasch zu einer der einflußreichsten Strömungen der modernen Kunst wurde, war die → Collage. Der synthetische Kubismus entwickelte sich, hauptsächlich angeregt durch Juan Gris, etwa ab 1915. Er versuchte, verschiedene Materialien und Bildebenen „synthetisch" zu einem neuen Bildganzen zu vereinen, wobei dekorative Arabesken der Verbindung dienen.

Küchenstück
Sondergattung des → Stillebens und der → Genremalerei. Sie zeigt Ausschnitte aus Küchenräumen mit Arrangements von Gerät und Eßwaren, auch damit beschäftigte Personen (Aertsen, Snyders, Chardin; in Spanien → Bodegón).

Landschaftsmalerei: *Albrecht Altdorfer,* DONAULANDSCHAFT BEI REGENSBURG, *um 1522, 30 × 22,2 (München, Alte Pinakothek). Das Bild gilt als das erste reine Landschaftsgemälde. Auf Pergament gemalt und dann auf Holz aufgezogen, könnte es aber auch eine nachträglich gemäldehaft behandelte Deckfarbenmalerei sein, die im Prinzip der Miniatur zuzurechnen wäre.*

L

Lackkunst
Das Überziehen von Gegenständen aus Holz, Metall oder Ton mit Lack. Rohstoff ist der Saft des Lackbaumes, der getönt wird, anfangs nur schwarz oder rot, später auch mit Gold- und Silberstaub. Er muß in vielen dünnen Schichten aufgetragen werden und erhält eine Politur, auf die goldene Figuren und Ornamente gemalt werden. Der Dekor kann auch geschnitzt und mit andersfarbigem Lack gefüllt oder mit Perlmutter u. ä. eingelegt werden. Die Lackkunst wurde in China bereits lange vor der Zeitenwende entwickelt und von Japan, Indien und Persien übernommen. Nach Europa fand sie ihren Weg schließlich mit der Chinamode der Barockzeit (→ Chinoiserie).

Landschaftsmalerei: *Peter Paul Rubens,* HERBSTLANDSCHAFT MIT SCHLOSS STEEN, *um 1636, 137 × 234 (London, National Gallery). Die Landschaftskunst Rubens' ist in ihrer dramatischen Wirklichkeitserfassung etwa der seines Zeitgenossen Claude Lorrain polar entgegengesetzt. Landschaft ist bei ihm nicht ideale Harmonie, sondern universales Naturereignis.*

Landschaftsmalerei
Die Darstellung einer Landschaft um ihrer selbst willen. Elemente der Landschaftsmalerei finden sich schon früh als Beiwerk oder Hintergrund von Bildern, deren eigentliches Thema eine Handlung ist. In der → ägyptischen, der → kretisch-mykenischen und vor allem der → römischen Malerei gibt es bereits Ansätze zur Landschaftswiedergabe als eigenständiges Sujet. Während die → chinesische Kunst seit dem 6. Jh. eine bedeutende Landschaftsmalerei hervorbrachte, gerieten im Abendland mit der Hinwendung zur spirituellen figürlichen Gestalt im Mittelalter die antiken Errungenschaften in Vergessenheit. Erst im 14. Jh. schuf ein neues Interesse am Raum und der sichtbaren Welt die Voraussetzung für einen Neubeginn, der sich vor allem in der niederländisch-burgundischen Miniatur- und Tafelmalerei des frühen 15. Jh., in der Landschaftshintergründe mit einzigartiger Naturalistik erfaßt sind, entfaltete. Im deutschen Raum brachte Konrad Witz 1444 in seinem Genfer Altar bereits ein Landschaftsporträt. Leonardo da Vinci integrierte erstmals den Menschen wirklich harmonisch in eine Landschaftsszenerie, Altdorfer schuf um 1522 das erste Landschaftsgemälde ohne Figurenstaffage, im Aquarell hatte Dürer bereits Entsprechendes geleistet. Die weitere Entwicklung förderte um 1600 vor allem der Kreis um Adam Elsheimer in Rom, wo die Ideallandschaft entstand. Claude Lorrain, Nicolas Poussin u. a. schufen im 17. Jh. die heroische Landschaft mit mythologischer Staffage. Die reichste Blüte entfaltete die Landschaftsmalerei aber im Holland des 17. Jh., wo z. B. Jan van Goyen, die beiden Ruisdael oder Rembrandt die vielfältigsten Landschaftsmotive bei unterschiedlichen Tages- und Jahreszeiten gestalteten. Eine neue Höhe erreichte sie in der Romantik, etwa mit den Stimmungslandschaften Caspar David Friedrichs. Im späteren 19. Jh. brachte die zum → Impressionismus führende → Freilichtmalerei einen abschließenden Höhepunkt.

Lascaux
1940 entdeckte Höhle bei Montignac in Südfrankreich mit mehr als 1000 Felsbildern aus verschiedenen Epochen des Jungpaläolithikums; die aus dem Magdalénien gelten neben → Altamira als die schönsten und farbenprächtigsten (Abb. S. 751). Eine Besonderheit ist die Darstellung eines Jägers, der vor einem verwundeten Bison liegt. In der Höhle fand sich auch ein großer Lagerraum von verschiedenen Farben.

Lasieren
Das Auftragen durchsichtiger Farben (Lasurfarben) auf bereits angelegte Farbschichten, die in ihrem Ton leicht verändert durchscheinen, vor allem beim → Inkarnat, dem die Altniederländer, die Venezianer des 16. Jh. und die Holländer des 17. Jh. auf diese Weise seinen kostbaren Schimmer verliehen.

Lasurfarben
Durchsichtige Farben, im Unterschied zu → Deckfarben (→ lasieren).

Lavieren
Das Verwaschen (franz. laver = waschen) einer aufgetragenen Farbe

Landschaftsmalerei: *Joachim Patenier,* LANDSCHAFT MIT FLUCHT NACH ÄGYPTEN, *um 1505–10, 17 × 21 (Antwerpen, Koninklijk Museum voor Schone Kunsten). Der Manierismus leistete einen wichtigen Beitrag zur Landschaftsmalerei. Patenier entwickelte z. B. einen phantastischen, weiträumigen Landschaftsstil.*

Landschaftsmalerei: *Caspar David Friedrich,* EINSAMER BAUM, *1822, 55 × 71 (Berlin, Nationalgalerie). Die Landschaftsdarstellung der Romantik wird als „Stimmungslandschaft" zwar Ausdruck pantheistischen Naturgefühls, andererseits aber auch Symbol von etwas „ganz anderem", des menschlichen Gefühls, das sich in der Naturstimmung widerspiegelt.*

mit nassem Pinsel oder das „Antuschen" mit einem Pinsel voll wässeriger Farbe, besonders bei Federzeichnungen, um die Formen schattierend zu modellieren und zu kontrastieren oder malerische Licht-Schatten- und Raumwirkungen zu erzeugen.

Legende
Bezeichnet ursprünglich die Textstellen, die am Jahrestag der Heiligen im Gottesdienst gelesen wurden, dann auch jeden Bericht über das Leben eines Heiligen. Im Mittelalter weit verbreitete Legendensammlungen, die zu den wichtigsten Quellen der christlichen → Ikonographie gehören, sind die „Legenda aurea" des Jakobus de Varagine und das → Passionale. Legende nennt man auch eine Inschrift, die einem Bild zur Erklärung des Inhalts beigegeben ist (→ Banderole).

Leimfarben
In Wasser angeriebene und mit einer Mischung von Leimwasser, Kreide u. a. abgebundene Pulverfarben, die sehr hell auftrocknen und sich vor allem zu dekorativer → Wandmalerei eignen.

Leinöl
Das aus Flachssamen gepreßte Leinöl gilt als sicherstes Malöl. Es dient als → Bindemittel und mit Zusatz von Weichharzen als → Malmittel für Ölfarben, auch als Bestandteil von Grundiermassen (→ Grundierung) und → Tempera-Emulsionen.

Lektionar
Liturgisches Buch, das für die Lesung (lat. lectio) in der Messe ausgewählte biblische Texte enthält (Epistolar, → Evangelistar, Missale).

Lettrismus
Eine 1945 von Isodore Isou in Paris begründete, literarische Bewegung, der sich seit 1950 auch bildende Künstler wie M. Lemaître, J. Spacagna, R. Sabatier u. a. anschlossen. Diese nahmen Buchstaben zum Ausgangspunkt von zeichenhaften Kompositionen, die sie als „Geheimschrift" einer vieldeutigen Poesie verstanden.

Linear
Der Gegensatz „linear" und „malerisch" ist seit Wölfflins „Kunstgeschichtlichen Grundbegriffen" (1915) ein wichtiges Stilkriterium. Die Form, Fläche und → Kontur bestimmende und klärende Linie geht der malerischen Bildgestaltung, die das nicht mehr linear bestimmbare Atmosphärische wiedergibt, voraus.

Lokalfarbe
Die Eigenfarbe eines Gegenstandes, die nicht durch Licht und Schatten verändert, an andere Farben oder einen Gesamtton angeglichen ist.

Lüftlmalerei
Bezeichnung für die → Fassadenmalereien des 18. und 19. Jh. in Oberbayern, Oberschwaben und Tirol.

Luftperspektive
Durch Absorption der Atmosphäre mit zunehmender Entfernung erzeugte Unschärfe der Dinge in blaugrünen Tönen (→ Farbenperspektive).

Lukasbilder
Der Legende nach vom Evangelisten Lukas nach dem Leben gemalte Bilder Mariens. Sie wurden als Ikonen hochverehrt und galten als wundertätig.

Lukasbrüder, Lukasbund → Nazarener

Lukasgilde
Viele Zünfte, in denen die Maler im Mittelalter wie alle Handwerker organisiert waren, führten den Namen des Schutzpatrons der Maler. Erst seit der Renaissance wurden sie allmählich von der Zunftordnung unabhängig, wurden „freie Künstler", wobei die Bezeichnung „Meister" weiterlebte.

Lukasmadonna
Darstellung, wie der Evangelist Lukas die Madonna malt (Abb. S. 28).

Lyrische Abstraktion
Richtung der → abstrakten Malerei, bei der individualistische Ausdrucksweisen im Pinselduktus und expressive, stimmungsbetonte Farbgebung dominieren. 1947 wurde erstmals die Bezeichnung „abstraction lyrique" für Werke von Georges Mathieu, Jean-Michel Atlan, Hans Hartung, Wols u. a. gebraucht. Die Grenzen zum → Informel oder zum → abstrakten Expressionismus sind fließend.

Majestas Domini: *Pergamentblatt, Köln, um 1140 (Münster, Westfäl. Landesmuseum). Christus thront, umgeben von einer → Mandorla und den → Evangelistensymbolen, auf dem Himmelsgewölbe, seine Füße ruhen auf dem Erdkreis, mit der Linken hält er das Buch des Lebens, die Rechte ist lehrend und segnend erhoben.*

M

Macchiaioli
Künstlergruppe, die seit den 50er Jahren des 19. Jh. eine italienische Version des → Impressionismus entwickelte. Den Namen gab der Bildaufbau aus vibrierenden, leuchtenden Farbflecken (macchia = Fleck). G. Fattori, G. Boldoni, T. Signorini u. a.

Madí
1946 in Buenos Aires gegründete argentinische Künstlervereinigung, die die → Konkrete Malerei vertrat.

Maestà
Von Engeln und Heiligen umgebene thronende Madonna (ital. „Majestät"), besonders im 13. und 14. Jh.; abgeleitet von der byzantin. → Nikopoia.

Magischer Realismus
Erstmals 1923 angewandter Begriff für eine realistische Malweise, deren hypertrophe Detailgenauigkeit in surrealistische Effekte umschlagen kann. Häufig wird diese auf Deutschland und die USA konzentrierte Malrichtung auch mit der → Neuen Sachlichkeit gleichgesetzt. In Frankreich wird kaum zwischen Magischem Realismus und → Surrealismus unterschieden. Wichtige Vertreter sind Franz Radziwill, Carlo Mense, Dick Ket u. a.

Majestas Domini
„Herrlichkeit des Herrn", aus der → Apokalypse stammende Darstellung des frontal thronenden Christus, im Mittelalter häufig in Apsiden und Tympanonreliefs (→ Pantokratos).

Makedonische Schule
Die recht eigenwillige Stilentwicklung Thessalonikis innerhalb der byzantinischen Kunst, besonders zur Palaiologenzeit im 14. und 15. Jh. beeinflußte nachhaltig die Malerei Makedoniens. Manuel Panselinos soll diesen Malstil im 14. Jh. auf den Athos gebracht haben.

Makimono → Kakemono

Malassis, Coopérative des
1970 gegründete sozialkritische Künstlervereinigung, deren Mitglieder – H. Cueco, L. Fleury, J.-C. Latil, M. Parré, G. Tisserand – kollektiv politisch-symbolische Werke schufen.

Malerbuch vom Berg Athos
Eine Art → Malereitraktat, auf wesentlich älteren Grundlagen fußend, im

18. Jh. von dem Mönch Dionysios verfaßt. Neben einer Anleitung zu den Maltechniken enthält es vor allem ikonographische Vorschriften zur theologisch richtigen Darstellung biblischer Szenen wie auch der Heiligen, ihrer → Attribute und Legenden.

Malereitraktate
Abhandlungen über technische, biographische, ästhetische, stilistische u. ä. Fragen der Malerei, meist von Künstlern verfaßt und schon in der Antike bekannt. Im Mittelalter standen technische Rezepte und ikonographische Fragen im Vordergrund (→ Malerbuch vom Berg Athos). Mit dem Beginn der Neuzeit richtete sich das Augenmerk mehr auf die Person des Künstlers und ästhetische Probleme. Die Traktate der Renaissance behandelten Einzelfragen, z. B. Piero della Francescas „Della prospettiva pingendi" die Perspektive, und mündeten in ihren besten Leistungen, etwa bei Alberti, Ghiberti, Leonardo, Dürer, in eine allgemeine Kunsttheorie ein. Giorgio Vasari schuf mit seinen „Viten" Künstlerbiographien, die zu den Initialwerken der Kunstgeschichtsschreibung zählen. Die meisten Malereitraktate brachten das 17. und 18. Jh. hervor, aber auch im 20. Jh. finden sich in Selbstzeugnissen von Künstlern oder von Vereinigungen (→ Bauhaus) entsprechende Abhandlungen.

Maleremail → Email

Malerisch → linear

Malgrund → Grundierung

Malmittel
Zur Verdünnung und leichteren Vermalbarkeit während der Arbeit verwendete Lösemittel (Terpentinöl, Wasser u. a.); → Bindemittel dienen zum Anreiben der Farben.

Malstock
Vom Maler in der Linken gehalten und mit dem stoffumwickelten Ende an die Malfläche gelegt, dient er zum Abstützen der den Pinsel führenden Rechten, um eine „ruhige Hand" zur Ausführung diffiziler Details zu gewährleisten (Abb. S. 28, 637).

Maltechnik
→ A guazzo, Aquarell, Deckfarben, Enkaustik, Fresko, Glasmalerei, Gouache, Mischtechnik, Ölmalerei, Pastell, Secco, Tempera, Asphalt, Bindemittel, Firnis, Kaseinmalerei, Lasieren, Malmittel, Email, Muffelfarben, Scharffeuerfarben, Pinsel.

Mandorla
Mandelförmige → Aureole um Christus (Mandelglorie), auch für Maria bei Darstellungen der Aufnahme in den Himmel (Abb. S. 768, 728).

Mandylion → Edessenum

Manessische Handschrift
Um 1320 im Züricher Raum entstandene Sammlung mittelhochdeutscher Minnelyrik (Heidelberg, Universitätsbibliothek), als deren Auftraggeber lange der Züricher Ratsherr Rüdiger Manesse angesehen wurde. Sie enthält Lieder von 140 Dichtern und in 137

Manierismus: *El Greco,* PFINGSTEN, *1603–07, Öl auf Leinwand, 275×127 (Madrid, Prado). Die Formprinzipien des Manierismus: das überlängte Figurenideal, die in sich verschraubte Gestaltbewegung der „figura serpentinata" und eine irreale branstige Koloristik werden im Werk Grecos zum Ausdruck religiöser Ekstase.*

Manessische Handschrift: EDELFRAU UND HÄNDLER *(Dietmar von Aist). Der um 1320 entstandene Zyklus von Minnesängern ist ein wichtiges Zeugnis profaner gotischer Buchmalerei. Ein französisches Vorbild wurde mit frischer, naiver Unbekümmertheit umgesetzt. (Die Handschrift befindet sich in der Heidelberger Universitätsbibliothek.)*

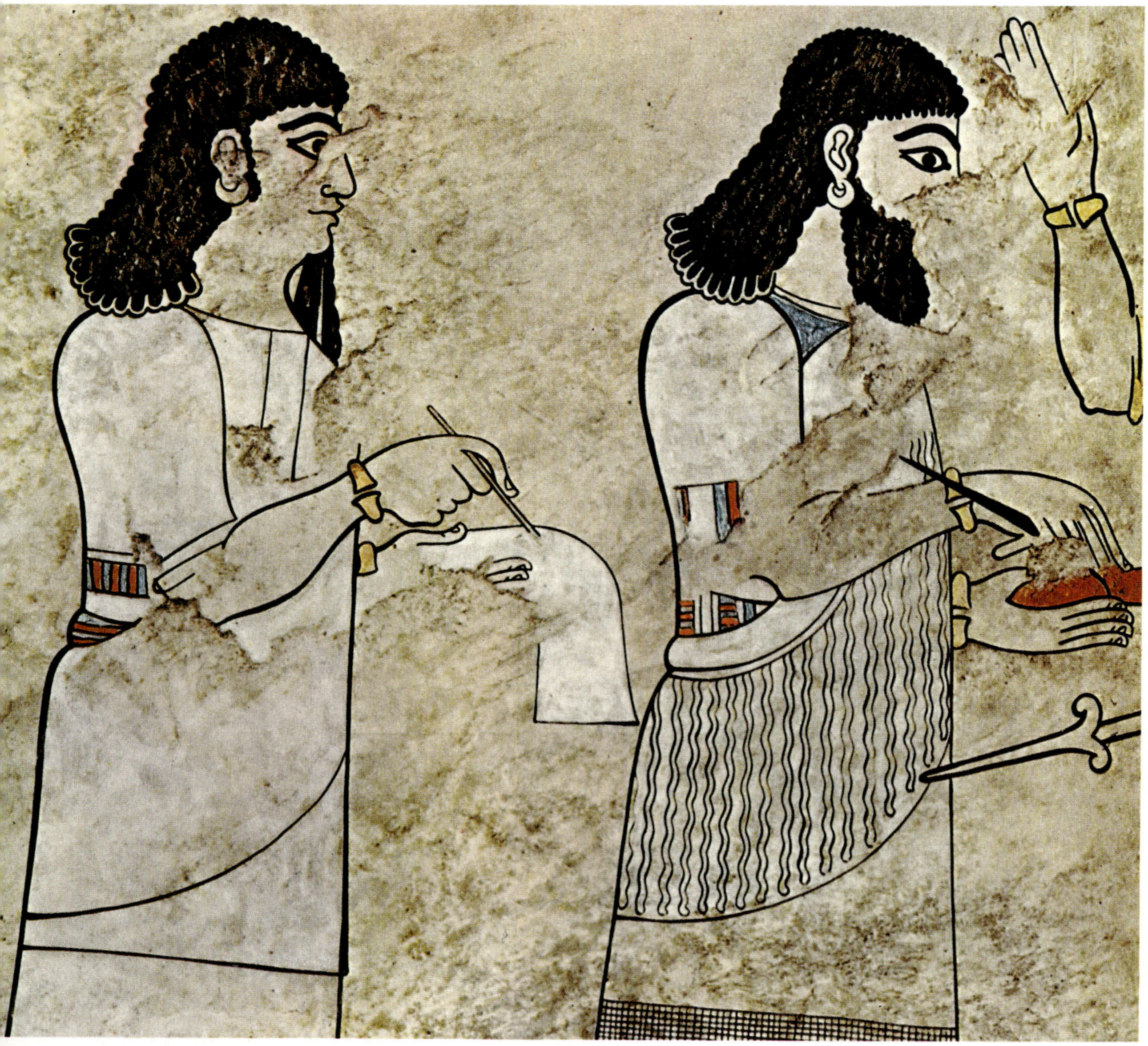

Mesopotamische Malerei: *Aus dem Palast des assyrischen Statthalters in Til Barsib (Tell Aḥmar, Syrien) stammen die Fragmente eines einst 100 m langen Frieses mit Dienern, Soldaten und Tributbringern vor Tiglat-pileser III. (?), 8. Jh. v. Chr. (Paris, Louvre). Die Ausmalung der strengen schwarzen Konturlinien beschränkt sich weitgehend auf Blau und Rot.*

farbigen Bildern und einer Federzeichnung blattgroße Darstellungen der Minnesänger bei Kampf, Spiel, Turnier und Minnedienst.

Manichino → Gliedermann

Maniera greca
„Griechische Manier" heißt seit Vasari die byzantinisch beeinflußte Malerei Italiens vor Giotto.

Manierismus
Stilbezeichnung für die Kunst von etwa 1520/30 bis Ende 16. Anfang 17. Jh. Der Stil ist geprägt vom Hang zum Ausgefallenen, Absonderlichen, zu → Anamorphose, → Allegorie und bewußten „Verrätselungen", Phänomene, die häufig gedeutet wurden als Ausdruck der Angst und Zwiespältigkeit einer die mittelalterliche Glaubenswelt verlassenden – Reformation und Gegenreformation – und in die Neuzeit – Beginn kapitalistischer Wirtschafts- und Produktionsformen – eintretenden Gesellschaft, die sich auch der Natur trotz zunehmend rationaler Bewältigung entfremdete. Eine solche Zwiespältigkeit zeigt sich auch im Versuch, spätgotische Elemente mit solchen der Renaissance zu verbinden, die „neue" Kunst wieder mit „alten" spirituellen Gehalten zu füllen, doch gerade damit schuf der Manierismus auch Grundlagen für das Illusionskontinuum zwischen profaner Wirklichkeit und transzendenter „Welt" im Gesamtkunstwerk des Barock. Stilistisch sind irreale Farbgebung, überlängtes Figurenideal und übersteigerte Raumkonstruktion typisch, wie sie sich in Italien, basierend auf Michelangelo, bei Jacopo da Pontormo, Angelo Bronzino, Rosso Fiorentino, Parmigianino und vor allem bei Tintoretto finden, in Spanien hauptsächlich bei El Greco, in Frankreich bei der Schule von → Fontainebleau, in Deutschland bei Bartholomäus Spranger, in den Niederlanden bei vielen → Romanisten usw. Am Prager Hof arbeitete um 1600 einer der typischsten Manieristen, Giuseppe Arcimboldo. Pieter Bruegel d. Ä., der dem Manierismus zugerechnet wird, geht freilich nicht immer voll in diesem Stil auf, der überhaupt auch heute noch nicht völlig klar umrissen ist.

Miniaturmalerei: MOZART *(Salzburg, Mozart-Museum). Das stark vergrößerte Porträt, das wahrscheinlich 1773 in Mailand entstand, ist auf Elfenbein gemalt. Die um 1800 in Wien blühende Miniaturmalerei schuf Kleinstbildnisse von minuziöser Feinheit auf Porzellan, auch in Email auf weißem Grund war sie vom 17.–19. Jh. üblich.*

Marienleben
Aus literarischen Quellen verschiedenster Art abgeleitete zyklische Darstellungen oder Einzelszenen aus dem Leben der Gottesmutter, die sich vor allem im späten Mittelalter besonderer Beliebtheit erfreuten. Das Marienleben umfaßt auch die Geschichte der Eltern Marias, Joachim und Anna, die Kindheits- und Jugendgeschichte Jesu, Marias Teilnahme am Passionsgeschehen, den Tod Marias und ihre Verherrlichung mit Himmelfahrt und

Krönung. Die ältesten Darstellungen stammen aus der vorikonoklastischen Periode der byzantinischen Kunst. Ein bedeutender Mosaikzyklus hat sich aus dem Anfang des 14. Jh. in der Chorkirche von Konstantinopel erhalten. Während im Westen Einzelszenen schon in der Buchmalerei des 10. Jh. begegnen, erscheinen zyklische Bildfolgen mit dem 12./13. Jh.

Marinemalerei
Darstellung des Meeres und der Meeresküste, meist im Zusammenhang mit Schiffen – also Bilder mit Strand- und Hafenansichten, Seeschlachten oder Fischfangszenen. Die Marinemalerei hat sich als Variante der → Landschaftsmalerei fast gleichzeitig entwikkelt, um in den Niederlanden des 17. Jh. zu kulminieren. Das früheste autonome Seestück ist wohl der SEESTURM von Pieter Bruegel d. Ä., 1568 (Wien, Kunsthistorisches Museum).

Mater dolorosa
Maria als „Schmerzensmutter" unter dem Kreuz oder bei der Beweinung Christi, häufig mit einem Schwert in der Brust oder sieben Schwertern als Symbole der sieben Schmerzen.

Materialbild
Die Kombination verschiedenster Alltagsmaterialen, z. T. auch auf einem bemalten Untergrund, zu künstlerischen Kompositionen, wobei die Grenzen zu → Montage, → Collage, → Assemblage, → Combine paintings oder zum Environment fließend sind. Dieses Verfahren wird seit dem → Kubismus und → Dadaismus praktiziert, zum einen als Verfremdungseffekt, zum anderen als Möglichkeit verstärkten Realitätsbezugs des Kunstwerks.

Mec' art
Kombination von Fotografie, → Collage und Druck. In der Verbindung mit der Serigraphie wurde diese Methode zu einem bevorzugten Medium der → Pop-art, in den Vereinigten Staaten zuerst bei Robert Rauschenberg und Andy Warhol. In Deutschland wandten sich u. a. Wolf Vostell, in Frankreich Pol Bury und Mimmo Rotella dem Verfahren zu.

Medaillon
Eigentlich „große Medaille"; kreisrund oder oval gerahmtes Bild oder Relief, oft als Architekturdekoration in fortlaufender Reihung als Fries oder in Bogenzwickeln; in der Renaissance losgelöst aus dem architektonischen Verband als → Tondo; auch Kleinstbilder, vor allem Porträts kamen damals auf (→ Miniaturmalerei).

Menologion
Griech. Monatsregister, etwa dem westlichen Martyriologium entsprechend. Liturgisches Buch, Ikone oder Freskenzyklus mit Szenen aus dem Leben und Martyrium der Heiligen.

Mesopotamische Malerei
Obwohl die Malerei im Zweistromland schon seit prähistorischer Zeit eine bedeutende Rolle gespielt haben muß, ist unsere Kenntnis davon der ungünstigen Witterungsbedingungen wegen nur sehr lückenhaft. Immerhin gibt die monochrom-geometrische Bemalung der Keramik von Tell Hassuna (um 4500 v. Chr.) und die polychrome von Samarra und Tell Halaf (um 4000 v. Chr.) einen gewissen Eindruck. Relativ gut erhaltene Wandmalereien fand man im Palast von Mâri (Tell Harīrī, Syrien). Die um 1800 v. Chr. entstandenen Bilder zeigen die Verleihung der Insignien an den König sowie Genreszenen und Fabelwesen. Teppichartige Wandbemalungen fand man in Kār Tukulti-Ninurta (mittelassyrisch, 13. Jh. v. Chr.), ausführliche Tributdarstellun-

Mogulmalerei: *Die Miniaturen des „Hamza-Nāme" entstanden im 3. Viertel des 16. Jh. und schildern die legendären Abenteuer eines Onkels des Propheten in 1400 Bildern. Hier ist Hamzas Feind Iraj auf einen Baum gefesselt. Die Hexe Ankarut, auf dem linken Baum, bietet ihm an, ihn zu befreien, wenn er ihr Liebhaber wird (London, Victoria and Albert Museum).*

gen im Palast des assyrischen Statthalters in Til Barsib aus dem 8. Jh. v. Chr., die eigentlich nur ein Ersatz für die sonst üblichen bemalten Reliefforthostaten sind (Abb. S. 770). Gut erhalten haben sich dagegen die glasierten Ziegel aus dem Thronsaal oder vom Ištartor in Babylon aus der Herrschaftszeit König Nebukadnezars II. (605 bis 562 v. Chr.).

Mineralfarben
Die in der Natur vorkommenden Pigmente aus chemischen Verbindungen von Metallen mit anderen anorganischen Stoffen. Die Erdfarben Ocker, Umbra, Terra di Siena sind nach Mahlen, Schlemmen und Anreiben gebrauchsfertig, andere wie Kobaltblau oder Bleiweiß erfordern chemische Verfahren.

Miniaturmalerei
Der Begriff ist einerseits synonym mit → Buchmalerei und meint zum anderen die hauptsächlich seit dem 15. Jh. aufkommende Kleinbildmalerei. Thematisch werden Porträt, Genre, Landschaft und mythologische Szenen bevorzugt. Ihres „privaten" Charakters wegen spielte die Miniaturmalerei auch im Kunstgewerbe eine große Rolle. In der holländischen Kunst des 17. Jh. näherte sich die traditionelle Feinmalerei häufig Miniaturformaten. Besonders nördlich der Alpen blieb sie beliebt, und es entstanden im 18. Jh. eigene Sammlungen, die Miniaturenkabinette. Im 18. und 19. Jh. wurde sie besonders in der Laienkunst gepflegt. Die wichtigsten Vertreter davor waren u. a. Hans Holbein d. J., François Clouet und Nicholas Hilliard. In der → indischen und → islamischen Malerei spielte sie eine überaus gewichtige Rolle.

Minimal art
Vermutlich erstmals 1965 eingebürgerter Begriff für Werke mit „minimalem Inhalt", d. h. für eine Ende der 50er Jahre in den USA entstandene Kunstströmung, die auf eine äußerste Reduzierung der formalen und farblichen Mittel abzielte. Es handelt sich um eine → abstrakte Malerei, die mit einfachsten, unemotiven geometrischen Strukturen und einem Farbauftrag ohne individuellen Pinselduktus operiert oder sich weitgehend der Monochromie annähert. Wichtige Vertreter sind u. v. a. Alfred Jansen, Myriam Shapiro, Jo Baer, Kenneth Noland.

Minoische Malerei → kretisch-mykenische Malerei

Mischtechnik
Kombination verschiedener Maltechniken, z. B. Beimengung von → Tempera- zu Ölfarben, wenn diese magerer werden sollen; insbesondere die Verbindung untermalter Tempera- mit übermalten Ölfarben, wie sie von den Altniederländern praktiziert wurde.

Mir Iskusstva
1898/99 in Petersburg von Alexandre Benois und Serge Diaghilew gegründete Vereinigung neoromantischer russischer Künstler. Im Gegensatz zum → Realismus und Akademismus vertraten sie ein „L'art pour l'art", stilistisch waren sie vor allem vom → Jugendstil geprägt. Besonders im Bereich der Theaterdekoration und der Graphik leisteten sie Wichtiges.

Missale
Das Meßbuch der römisch-katholi-

Monatsbilder: *Die Sonne im Zeichen des Skorpions: Oktober, Weinlese und Keltern. Der Freskenzyklus im Castel del Buonconsiglio in Trient aus dem Anfang des 15. Jh. ist wohl von einem Maler geschaffen, der Miniaturist war. Mit großer Liebe zum Detail sind die Unterhaltungen des höfischen Lebens und die Arbeiten der Landbewohner geschildert.*

Mosaik: *Die um 300 v. Chr. entstandenen Kieselmosaiken der Makedonenresidenz Pella bei Thessaloniki gehören zu den ältesten figürlichen Fußbodenmosaiken und erzielen bereits erstaunliche plastische und farbliche Wirkungen. Die* HIRSCHJAGD, *aus der die Abbildung einen Ausschnitt gibt, ist von einem Gnosis signiert.*

schen Kirche, das die liturgischen Texte von → Sakramentar, Evangelistar usw. vereinigt (Plenarium).

Modell
Bezeichnung für lebende Personen (→ Bildnis), reale Architekturen (→ Architekturbild, Vedute) und Dinge (→ Stilleben), die sich der Künstler zum Vorbild nimmt, um ein höchstmögliches Maß an Naturnachahmung und Illusion zu erreichen. Im engeren Sinne versteht man unter Modell auch den nackten menschlichen Körper, der im → Akt als Anschauung für Proportionsverhältnisse usw. dient. Das Modell spielte nur in jenen Epochen eine Rolle, wo die individuelle Erfassung eines Menschen oder Objektes wichtig war. Im Mittelalter beispielsweise bevorzugte man einen idealen typisierten Formenkanon ohne Modell-Vorbild.

Mogulmalerei
Die seit 1526 in Indien herrschende muslimische Moguldynastie, Nachkommen Timurs und Dschingis-Khans, berief führende persische Miniaturmaler an ihren Hof. Unter deren Leitung und der Mitarbeit zahlreicher einheimischer Künstler entstand das monumentale „Hamza-Nāme", das man als „Pflanzschule der Mogulmalerei" bezeichnet hat (Abb. S. 771). Daneben wurden persische Epen, historische Werke über die Taten der Kaiser, seit Akbar (1556–1605) auch ins Persische übersetzte indische Epen (Abb. S. 755) illustriert. Mit persischer Komposition und Farbgebung verbanden sich indische Motive und allmählich auch die einheimische Stiltradition mit ihrer stärkeren Betonung des Zeichnerischen (Abb. S. 756). Im 17. Jh. waren Hofszenen, Porträts und Tierdarstellungen beliebt, gleichzeitig wurden europäische Einflüsse wirksam.

Monatsbilder
Repräsentative oder genrehafte Darstellung der einzelnen Monate, die durch Symbole, Attribute oder dem Monat entsprechende ländliche Arbeitsvorgänge gekennzeichnet wurden, oft im Zusammenhang mit Tierkreiszeichen; vor allem in den → Stundenbüchern des 15. Jh.

Monochrom
Einfarbig (griech. monos = einzig, chroma = Farbe) im Gegensatz zu polychrom (→ Camaieu, Grisaille).

Montage
Das Zusammenfügen einzelner Bild- oder Materialteile zu einem kompositorischen Ganzen, als solches übergeordneter Begriff für → Collage, → Assemblage, → Materialbild u. ä. Ein Hauptvertreter dieses Verfahrens, das Vorläufer etwa in der Volkskunst besitzt, war Kurt Schwitters mit seinen

Mosaik: *„Terme di Nettuno" in Ostia bei Rom, 2. Jh. n. Chr. Amphitrite zieht auf einem Hyppokampen ihrem Gemahl Neptun entgegen, der von einem Schwarm von Meerwesen umgeben im Vorraum erscheint. Für die riesigen Böden der Thermen bevorzugte die Kaiserzeit ein dekoratives Schwarzweiß-Mosaik in Basalt und in Marmor.*

Mosaik: *Die „Stanza di Ruggiero" im Normannenpalast von Palermo bewahrt das seltene Beispiel profaner Mosaikkunst des Mittelalters. Motive und ornamentale Stilisierung sind deutlich orientalisch beeinflußt. Die islamischen Mosaiken des sogenannten Felsendoms in Jerusalem, der Moscheen von Damaskus und Cordoba sind von Byzantinern gearbeitet.*

MERZBILDERN. Eine wichtige Rolle spielte es auch im → Konstruktivismus.

Monumentalmalerei
Eine Malerei, die sich durch großes Format, das Abzielen auf erhabenen Eindruck und visuelle Ausdrucksstärke auszeichnet. Diese Wirkungen sind in erster Linie durch die Verbindung mit der Architektur, in der Wand- und Deckenmalerei, zu erreichen.

Mosaik
Aus Stein- oder Glaspartikeln, gelegentlich auch aus anderen Materialien, zusammengesetzte ornamentale oder bildhafte Flächendekoration. Im 4. Jahrtausend v. Chr. wurden in Mesopotamien Tonstifte mit farbig glasierten Köpfen als Wandschmuck in den Putz gesteckt. In Gordion (Phrygien) fand man ornamentale Fußböden aus schwarzen und weißen Kieseln aus dem 8./7. Jh. v. Chr. Die Griechen verwendeten auch bunte Kiesel, dann zurechtgeschlagene Marmorsteinchen (Tesserae), seit dem 2. Jh. v. Chr. bediente man sich zur Erweiterung der Farbskala auch gefärbten Glases (Smalten). Aus einem dekorativen, haltbaren Fußbodenbelag hatte sich im Hellenismus eine raffinierte Technik entwickelt, die mit feinsten, geschliffenen Steinchen Malerei in allen Nuancen nachzuahmen vermochte (Alexandermosaik, S. 744). Neben dem → Emblema im Zentrum eines einfacher gestalteten Bodens kamen in der Kaiserzeit große, die gesamte Bodenfläche füllende Kompositionen auf. Seit dem 3. Jh. n. Chr. erscheint das Mosaik in größerem Umfang auch an der Wand, wo die für den Boden weniger geeigneten Glassmalten mit ihren intensiven Farbeffekten verwendet werden konnten. Die altchristliche Kunst macht sich diese, insbesondere die verklärende Wirkung des mit einer dünnen Glasschicht überfangenen Blattgolds zunutze und das Mosaik zum Medium einer großartigen, sakralen Monumentalkunst. In Ravenna, seit 402 Kaiserstadt, ist die Entwicklung bis ins 7. Jh. durch einzigartige Denkmäler belegt, die Roms reichen bis ins Mittelalter, während im Osten die frühen Zeugnisse meist dem → Bildersturm zum Opfer fielen. Die seit dem 10. Jh. wiederbelebte Mosaikkunst Konstantinopels strahlte aus nach Kiew, Sizilien und Venedig und erreichte in der Zeit um 1300 einen letzten Höhepunkt. Auch in Italien ging damals mit der neuen Malerei Giottos die große Zeit des Mosaiks zu Ende. Im 19. und 20. Jh. kam es zu zahlreichen Erneuerungsversuchen.

Mosaik: *Capella Palatina in Palermo, Weihe 1140. Die Normannenkönige Siziliens (unter Roger I. wurde 1061–91 die Insel erobert) beriefen zur Mosaizierung ihrer Kirchen byzantinische Meister, denen Einheimische beigegeben wurden. Die Bilderzyklen erscheinen auf zusammenhängenden Goldflächen, welche die Wände bedecken und den Raum mit dem „überirdischen" Glanz des Goldes erfüllen.*

Mumienportrait: *Wie ein Fenster, durch das der Verstorbene vom Jenseits herüberblickt, wirkt sein Bildnis in der Mumienhülle. Mumie des Artemidoros aus der Oase Fajum (London, British Museum).*

Nazarener: *Franz Pforr,* DER EINZUG DES KAISERS RUDOLF VON HABSBURG IN BASEL IM JAHRE 1273, *1808/10. Öl auf Leinwand, 90,5 × 119 (Frankfurt, Städel).*

Mozarabisch
„Halbarabischer" Mischstil der unter moslemischer Herrschaft lebenden Christen in Spanien.

Muffelfarben
Für die Bemalung von → Fayence und → Porzellan verwendete Farben, die eine reichere Farbskala als die → Scharffeuerfarben ermöglichen, aber nur einen schwächeren Brand vertragen. Sie werden nach dem Glasurbrand aufgetragen und durch eine feuerfeste Muffel geschützt, in einem dritten Brand „aufgebacken".

Mumienporträt
In der Tradition des alten Ägypten, die Gesichtszüge des Verstorbenen für ein jenseitiges Dasein zu erhalten, wurden während der Römerherrschaft im Nilland zu Lebzeiten Bildnisse in → Tempera oder → Enkaustik auf Holztafeln angefertigt und später dem Verstorbenen aufs Gesicht gelegt und in die Mumienhüllen mit eingebunden. Die meist sehr lebendigen Porträts in hellenistisch-römischer Idealisierung erlebten ihre Blütezeit im 2. und 3. Jh. in Unterägypten (→ Bildnis, Ikone).

Münchner Schule
Bezeichnung für die Strömungen der Malerei im München des 19. Jh., die eigentlich weniger unter dem Begriff einer lokalen Schule, als unter dem Aspekt eines pluralistischen Kunstzentrums von europäischem Rang zusammenzufassen sind. Mit Karl Theodor kamen Pfälzer Künstler, Max II. berief vorwiegend norddeutsche Maler. Der Einfluß der Deutschrömer Marées und Böcklin war bedeutend. Die Eigenständigkeit der Münchner Schule liegt vor allem in der Bevorzugung von Landschafts- und Genrebildern, z. B. bei Adolf Heinrich Lier oder Carl Spitzweg. Wegbereiter dafür waren Georg von Dillis und Wilhelm von Kobell. Die pompöse Historienmalerei gipfelte in Piloty und Makart, der Akademismus in Lenbach, der Symbolismus in Stuck. Mit dem Realismus des Leibl-Kreises erhob sich die Münchner Malerei zu allererstem Rang.

Muralismo
Bezeichnung für die seit etwa 1920 entwickelte sozialkritisch und national orientierte Wandmalerei Mexikos. Hauptvertreter waren J. C. Orozco, D. Rivera und D. A. Siqueiros. Stilistisch wurden die unterschiedlichsten Einflüsse verarbeitet: Renaissance, Jugendstil, Kubismus, Dadaismus, Neue Sachlichkeit, präkolumbische Kunst und mexikanische Volkskunst.

N

Nabis
Bezeichnung für französische Künstler, die sich 1888 um Paul Sérusier zusammenschlossen und sich am Werk Paul Gauguins orientierten. Sie entwickelten eine flächenbetonende, starkfarbige, dekorative Malerei voller religiös-mystischer Symbolismen. Wichtige Mitglieder waren u. a. Maurice Denis, Ker-Xavier Roussel, Pierre Bonnard, Édouard Vuillard, Felix Vallotton, Jan Verkade. Ihre Werke lassen sich allgemein dem → Symbolismus zuordnen.

Nachdunkeln → Galerieton

Nachtstück
Gemälde, das seinen Gegenstand im Dunkel, bei Mondschein oder mit künstlicher Beleuchtung zeigt. Die ersten Bilder dieser Art im 15. Jh. waren vom Thema bedingt (Weihnacht, Gefangennahme Christi bei Fackelschein). Am Anfang des Barock wird daraus eine eigene Bildgattung, um auch ohne thematischen Anlaß die Reize des → Helldunkel zur Geltung zu bringen.

Nagybánya, Schule von
(Seit 1918 in Baia-Mare, Rumänien.) Wichtigste Künstlervereinigung der neueren ungarischen Malerei. Ziel war zunächst eine Orientierung an internationalen Tendenzen des → Realismus. Von hier gelangten die Künstler – u. a. Károly Ferenczy und István Csók – zur → Freilichtmalerei und fanden zu ihrem typischen Stil: einem stark koloristischen → Impressionismus mit dekorativen Elementen des Nachimpressionismus.

Naive Malerei
Die Malerei von Laien, die sich ohne Orientierung an künstlerischen Normen durch phantasievolle Einfachheit und häufig durch unbewußt symbol- und traumhafte Verschlüsselung auszeichnet. Durch das Einbeziehen „naiver" Elemente in die „Hochkunst", z. B. bei Paul Klee, Pablo Picasso, Juan Miró, beim → Informel oder der → Art brut usw., und durch Modeerscheinungen, stiegen derartige Kunstwerke in den letzten Jahrzehnten an Ansehen, was häufig auch zu einer kitschigen Massenproduktion führte. Der wichtigste naive Maler ist ohne Zweifel Henri Rousseau.

Neue Sachlichkeit: *Bernhard Dörries,* FRÜHSTÜCKSSTILLEBEN, *1927, 70×50 (Hannover, Pelikan-Kunstsammlung). In der dem → Trompe-l'œil sich nähernden präzisen Dingerfassung schlagen die Bilder der Neuen Sachlichkeit häufig ins Magisch-Surreale um. Der Betrachter wird unmittelbar mit den in die vorderste Bildebene gerückten Gegenständen konfrontiert.*

Narrative Figuration
Spezifische Variante der nach 1945 sich entwickelnden → Neuen Figuration. In ihr vereinigen sich Elemente der amerikanischen und englischen → Pop-art und solche des politisch-sozialkritisch orientierten → Neuen Realismus. Ihren Ausgang nahm diese vorwiegend kontinentaleuropäische Strömung vom nichtabstrakten Zweig der sog. zweiten → École de Paris. Wichtigste Vertreter waren u. a. Eduardo Arroyo, Gilles Aillaud, Antonio Recalcati, Edgard Naccache, Bernard Rancillac, Juan Genovés, Öyvind Fahlström sowie Vertreter der → Protestmalerei. Im Vordergrund standen häufig Kollektivarbeiten.

Nepalesische Malerei: *Die 1837 entstandene Bildrolle aus Stoff schildert in 86 Szenen das Schicksal des Prinzen Vishvantara, der sich der Tugend der Freigebigkeit verschrieben hat und in seiner nächsten Wiedergeburt als Buddha erscheinen wird. Der Ausschnitt zeigt, wie ein Brahmane die Ehefrau von ihm fordert (Berlin, Museum für Indische Kunst).*

Naturalismus
Grundhaltung der Kunst, die auf möglichst naturgetreue Abbildung der Wirklichkeit, ohne Stilisierung, Abstrahierung usw. abzielt und sich so in allen Epochen findet.

Nature morte
Franz. → Stilleben, ital. natura morta

Nazarener
Bezeichnung für eine Gruppe deutscher Maler, die sich seit 1810 in Rom gebildet hatte. Die Nazarener nannten sich selbst nach den mittelalterlichen → Lukasgilden die „Lukasbrüder". Als „Lukasbund" hatten sie sich bereits in

Wien 1809 zusammengefunden. Am Vorbild Raffaels und Fra Angelicos orientiert, versuchten sie eine Erneuerung der religiösen Malerei, auch im Sinne einer neudeutschen, religiös-patriotischen Kunst. Wichtigste Mitglieder waren Johann Konrad Hottinger, Franz Pforr, Friedrich Overbeck, Philipp Veit, Peter von Cornelius, Julius Schnorr von Carolsfeld. In der Betonung des schönlinigen Konturs und der Lokalfarbigkeit trafen sie sich mit den Tendenzen des → Klassizismus.

Neoimpressionismus → Pointillismus, Divisionismus

Neoplastizismus
Von Piet Mondrian und dem De → Stijl entwickelte Theorie eines universellen Gestaltungsprinzips aus rechtwinkligem Geometrismus, Primärfarben und primären Nichtfarben. Der Begriff geht auf Mondrians Schrift „Neoplasticisme" (1920) zurück. Er verwendete auch die holländische Bezeichnung „Nieuwe Beelding".

Nepalesische Malerei
Die Malerei Nepals ist durch die mit Hinduismus und Buddhismus ins Land gekommenen indischen Kunstformen geprägt. Während der muslimischen Eroberung Nordindiens im 13. Jh. wurde das Hochtal ein Refugium für Flüchtlinge und blieb dank seiner Abgeschlossenheit ein Hort der Tradition. Es entstanden Palmblatthandschriften und Bildrollen aus Baumwollstoff, auch Papier und Holz (Buchdekkel) wurden bemalt. Ein wichtiges Thema sind die Mandala, buddhistische Meditationsbilder, die in geometrischen Diagrammen heilige Wesenheiten symbolisieren, daneben die Pata, Bildnisse von Heilswesen, Heiligen oder Weisen. Die das Leben Buddhas und Epen illustrierenden Rollen übernahmen seit dem 17. Jh. Elemente der ind. Rajasthan-Miniaturen.

Netzrahmen
Hilfsmittel zum Zeichnen perspektivischer Verkürzungen. Der mit einem Fadenraster bespannte Rahmen, dem ein Rasterblatt für die Zeichnung entspricht, wird senkrecht vor dem Objekt aufgestellt.

Neue Abstraktion
Vor allem in den USA entwickelte Version der → abstrakten Malerei, bei der die reine, gleichmäßige Farbe dominiert.

Neue Figuration
Sammelbezeichnung für alle Kunstrichtungen nach 1945, die, im Gegensatz zur rein abstrakten Malerei, Figuratives wieder zur Geltung brachten.

Neuer Realismus
Unterbegriff der → Neuen Figuration, Wiederbelebung der → Neuen Sachlichkeit und als solche eine internationale Erscheinung, die sich häufig auch politisch und sozial-revolutionär artikuliert, so z. B. beim → Kritischen Realismus. Daneben findet sich eine nüchterne Erfassung der technischen Welt, etwa bei Konrad Klapheck.

Neue Sachlichkeit
Vor allem in Deutschland herrschende Stilrichtung der 20er Jahre, wobei in einer harten und nichtinterpretierend distanzierten Malweise das Wirklichkeitsvorbild nüchtern-realistisch wiedergegeben wird. Bei einer Überschärfe des Details und gleicher Präzision des Vorder- und Hintergrundes erstarrt der Mensch oft zur stillebenhaft-eingefrorenen Haltung. Wichtigste Vertreter waren Alexander Kanoldt, Georg Schrimpf, Christian Schad und Karl Hubbuch. Die sozialkritisch geprägte Variante der Neuen Sachlichkeit wird als → Verismus bezeichnet.

New English Art Club
1885 auf Initiative von John Singer Sargent gegründete freie Künstlervereinigung, die sich in Opposition zur Royal Academy stellte. Ziel der Gruppe, der u. a. Philip Wilson Steer, Walter Richard Sickert, angehörten, war eine dem → Impressionismus ähnelnde → Freilichtmalerei. 1910 ging aus ihr die Camden Town Group hervor.

Niaux
Pyrenäenhöhle bei Tarascon-sur-Ariège, deren Tierbilder schon lange bekannt waren, ehe 1906 ihre Zugehörigkeit zur eiszeitlichen → Höhlenmalerei erkannt wurde. Die des über 600 m vom Eingang entfernten „Salon Noir", Bisone, Wildpferde, Steinböcke und Hirsche in schwarzen Umrissen, gehören zu den ausdrucksvollsten des Magdalénien.

Nikopoia
Griech. „Siegbringerin", Madonnentypus der byzantinischen Kunst, meist frontal mit dem Kind auf den Knien.

Nimbus
Auch Gloriole, Heiligenschein. Der Nimbus (lat. „Wolke", spätlat. „Strahlenkranz") umgibt in der → buddhistischen und hellenistischen Kunst das Haupt von Lichtgottheiten und Heroen, in Rom diente er der → Apotheose des Herrschers. Die altchristliche Kunst übernahm ihn, um göttliche und heilige Gestalten zu kennzeichnen. Meist ist es eine goldene Scheibe, bei den Personen der → Dreifaltigkeit stets mit einem Kreuz (Kreuznimbus), seit der Renaissance eine Kreislinie.

Niaux: *Der etwa 14 000 v. Chr. gemalte* Bison *ist nur in schwarzen Umrissen, ohne die Polychromie von → Altamira und → Lascaux, mit bewundernswerter Sicherheit in seiner Tiernatur erfaßt. Kräftige Konturen, die locker schraffierte Behaarung sowie die räumlich gesehenen Hörner und Hufe geben dem Körper Volumen.*

Noli me tangere: *Correggio hat die Begegnung Christi mit Maria Magdalena im Garten Gethsemane, das sehnsüchtig-freudige Erkennen des Beweinten, das Abweisen und Entschwinden, zu einem Seelendrama von innigster Empfindung sublimiert, eingebettet in eine weich verströmende Landschaft im gedämpften Licht des Ostermorgens (Madrid, Prado).*

Noli me tangere
„Berühre mich nicht" – Worte Christi, der Maria Magdalena am leeren Grab als Gärtner erscheint, ein Thema der christlichen Kunst seit dem 4. Jh. Der Auferstandene trägt eine Kreuzfahne oder einen Spaten.

Nonfigurative Malerei
Gleichbedeutend mit ungegenständliche Malerei, → abstrakte Malerei.

Norwich School
Eine zu Beginn des 19. Jh. begründete lockere Vereinigung realistischer Landschaftsmaler Englands. 1803 von John Crome und John Sell Cotman konstituiert, zählten zu ihren Mitgliedern u. a. James Stark, Joseph Stannard, George Vincent und John Thirtle. Werke dieser Maler befinden sich im Castle Museum von Norwich.

Nouveaux Réalistes
1960 gegründete Pariser Künstlervereinigung, die mit → Assemblagen, → Ready-mades u. ä. den → Dadaismus fortsetzt (Yves Klein, F. Arman, B. César, Fr. Dufrêne, M. Raysse, M. Rotella, J. Tinguely, Christo u. ä.).

Novecento
Italienische Malervereinigung, die sich 1922 zusammentat und seit 1926 „Novecento italiano" nannte. Mitglieder waren u. a. F. Casorati, A. Tosi, A. Soffici, M. Sironi. Ziel war es, an italienische Kunsttraditionen anzuknüpfen, wofür die → Pittura metafisica z. T. Vorbild sein konnte. 1929 hinzukommende Maler wie M. Campigli und C. Carrà brachten etruskische Elemente hinzu. Seit ca. 1930 mündete die Gruppe partiell in faschistische Strömungen ein.

Orphismus: *Robert Delaunay,* Ein Fenster, *1912 (Venedig, Sammlung Peggy Guggenheim). Vor allem mit seinen „Fensterbildern" schuf Delaunay die Voraussetzungen des Orphismus: einen dynamisierten Kolorismus, der die Farbkonzeption Cézannes und den Divisionismus Seurats weiterführt und später in die Color field painting und die Neue Abstraktion einmündete.*

Novembergruppe
1918 in Deutschland konstituierte Vereinigung revolutionär gesinnter, oppositioneller Künstler, Zentrum der Avantgarde im Berlin der zwanziger Jahre. Zu ihnen gehörten u. a. Bruno Krauskopf, Hans Richter, Otto Griebel, Wassily Kandinsky, Georg Schrimpf, Lyonel Feininger, Rudolf Bauer, Georg Tappert, Hans Arp, Ewald Mataré, Walter Gropius – Otto Dix, George Grosz, Otto Nagel und Rudolf Schlichter stellten zeitweise mit ihnen aus.

Nuagistes
Ende der fünfziger Jahre entstandene Pariser Malervereinigung. Ihre Mitglieder malten nahezu unstrukturierte Flächen, die entfernt an atmosphärische Studien von William Turner erinnern (franz. nuage = Wolke).

Nyolcak
Wichtige ungarische Künstlervereinigung zu Beginn des 20. Jh. Ziel war die Erneuerung der ungarischen Malerei durch eine Rückbesinnung auf die Volkskunst und eine Orientierung an Cézanne, den französischen Kubisten, Fauves und Kokoschka.

O

Œuvre
Das Gesamtwerk eines Künstlers, der Œuvre-Katalog ist ein vollständiges, kritisches Verzeichnis der Werke in chronologischer, systematischer Ordnung.

Ölmalerei
Maltechnik mit ölgebundenen Farben, wobei das Öl nicht nur Bestandteil der → Bindemittel sein darf (→ Temperamalerei). Es sind zwei Verfahren zu unterscheiden: die Primamalerei, bei der das Bild Zug um Zug vollendet wird, und die Schichtenmalerei, bei der deckend oder lasierend-transparent verschiedene Farbschichten übereinander gelegt werden. Die Brüder van Eyck gelten als Erfinder der Ölmalerei, es handelt sich aber um eine Wechseltechnik aus Harz- und fetterer Öltempera von ungeheurer Leuchtkraft. Erst im 16. Jh. beginnt die reine Ölmalerei,

wurde dann aber rasch die vorherrschende Technik in der Tafel- und Staffeleimalerei.

Op-art
Mitte der fünfziger Jahre entstandene internationale Kunstrichtung, die die optisch-ästhetische Relation von Kunstlicht und Farbe u. a. durch Kombination streng geometrischer, reiner Farbflächen oder -bahnen anschaulich machen will. Dabei werden durch regelmäßige Bildstrukturen und bewußte Anwendung der Farbgesetze Flimmereffekte und die Illusion bewegter Farbräume geschaffen. Hauptvertreter und -gruppen dieser auf dem → Pointillismus, → Orphismus, → Konstruktivismus, auf De → Stijl und dem → Bauhaus fußenden Strömung sind Victor Vasarely, Jesús Rafael Soto, Bridget Riley, Larry Poons, die Groupe de Recherche d'Art Visuel, die Gruppe → Zero, Frank Stella, Günter Fruhtrunk u. a. Enge Beziehungen bestehen zur Kinetischen Kunst.

Orans, Orant
Gestalt der → altchristlichen Malerei in Gebetshaltung, die Arme mit nach oben gewendeten Händen seitlich ausstreckend (lat. orare = beten), auch Geste der → Blacherniotissa.

Orphismus
1913 geprägter Begriff für eine vom → Kubismus ausgehende Variante des → Kolorismus. Diese Version der → abstrakten Malerei wurde hauptsächlich getragen von Robert Delaunay, Sonia Delaunay-Terk, zeitweise auch von Francis Picabia, Frank Kupka und Jacques Villon. Formal dominieren Kreisgebilde, die, auf der Grundlage des Farbsystems des Chemikers Michel Eugène Chevreul, zu farbigen Simultankontrasten komponiert werden. Eines der frühesten Experimente dieser Art war Delaunays SIMULTANSCHEIBE von 1912. Der Orphismus war eine wichtige Voraussetzung u. a. für das → Color field painting und die → Neue Abstraktion.

Ostasiatische Malerei → chinesische, japanische, koreanische.

Ottonische Malerei
Deutsche Stilbezeichnung für die Malerei von 962–1024. Die stark byzantinisch geprägte Malerei ist ganz der Gestaltung des Metaphysischen gewidmet, wozu auch verstärkt der → Goldgrund eingesetzt wird. Thematisch stehen christologische Motive und das Bild der höchsten Repräsentanten des Gottesstaates im Vordergrund. Wichtigste Kunstzentren wurden die Klöster, vor allem auf der Reichenau, in Regensburg, Hildesheim, Köln, Echternach, Trier, Salzburg. Von den monumentalen Wandmalereien haben sich nur die in St. Georg in Oberzell auf der Reichenau erhalten. Sie sind stark von der Buchmalerei beeinflußt, die die wichtigsten Zeugnisse ottonischer Malerei liefert, so die → Reichenauer Schule, wo etwa der GERO-CODEX vor 969 entstand (Darmstadt, Hessische Landesbibliothek). Dieser Codex zeigt den typisch ottonischen Stil: Betonung der Flächenwerte, hieratische Darstellung, ganz in ihrer Gestik aufgehende „Gebärdefiguren". Das Evangeliar Ottos III., Ende 10. Jh. (München, Bayerische Staatsbibliothek), weist den umfangreichsten Bilderzyklus auf. Die Regensburger Werkstatt von St. Emmeram – z. B. mit dem Sakramentar Heinrichs II., um 1012 (München, Bayerische Staatsbibliothek) – zeichnet sich durch aufwendige und ausgeklügelte Bildprogramme aus.

Otto pittori italiani
1952 auf der Biennale in Venedig an die Öffentlichkeit getretene Künstlervereinigung, der u. a. Renato Birolli, Antonio Corpora, Giuseppe Santomaso, Emilio Vedova angehörten, die alle von der → Fronte Nuovo delle Arti herkamen. Ziel war ein Mittelweg zwischen rein abstrakter und rein realistischer Malerei.

Ottonische Malerei: STURM AUF DEM MEER, *Hitda-Codex, entstanden Anfang 11. Jh. in Köln (Darmstadt, Hessische Landesbibliothek). Dieses Evangeliar ist das Hauptwerk der Kölner ottonischen Buchmalerei. Vor allem das Bild mit dem Sturm auf dem Meer ist ein eindrucksvolles Beispiel für die bei aller Abstrahiertheit expressive Kraft ottonischer Kunst.*

P

Palette
Mit einem Loch für den Daumen versehene, meist ovale oder nierenförmige Holztafel, auf welcher der Maler die jeweils benötigten Farben vor dem Auftrag mischt und mit dem → Malmittel anrührt. Als Palette wird auch die Skala der auf ihr für ein Bild bereitgehaltenen Farben bezeichnet, dann auch die Farbenskala in einem Gemälde oder dem Œuvre eines Malers.

Palimpsest
Aus Sparsamkeitsgründen nach Tilgung des ursprünglichen Textes wiederbeschriebene Handschrift des Altertums und Mittelalters.

Panique
1963 gegründete Gruppe aus Schriftstellern wie Fernando Arrabal und Jacques Sterberg, dem Cinéasten Jodorowsky, den Malern Alberto Gironella und Oliver O. Olivier sowie dem Zeichner schwarzen Humors Roland Topor, die sich alle in Einzelwerken, Theatervorstellungen und Happenings durch Exzentrik und irreale Poetik hervortaten.

Passionszyklus: *Grabesschrein mit Passionsdarstellungen in dem Zisterzienserinnenkloster Wienhausen bei Celle, Mitte 15. Jh. Die im 15. Jh. verbreiteten fortlaufend und in großer Ausführlichkeit als dramatische Szenenfolge wiedergegebenen Passionszyklen nahmen von den volkstümlichen Evangelienhandschriften dieser Zeit ihren Ausgang.*

Panorama
In der Malerei die Darstellung einer Landschaft von einem erhöhten Standpunkt aus mit weitem Überblick. Im engeren Sinn ein Rundgemälde, das den Betrachter umgibt und ihm die Illusion eines weiten Rundum-Horizontes vermittelt. Panoramen entstanden, Errungenschaften der barocken → Bühnenmalerei auswertend, seit dem späten 18. Jh., zunächst in London mit Ansichten von Städten und fernen Ländern, dann in Paris mit den Schlachten Napoleons, in Deutschland besonders nach dem Krieg 1870/71 als eine Art Vorform des Kinos.

Pantokrator
Griech. „der alles Beherrschende", Christus als Weltherrscher, Hauptmotiv der → byzantinischen Malerei in Kuppeln und Apsiden (Abb. S. 709). Die westliche Entsprechung ist die → Majestas Domini.

Papiers collés → Collage

Parallelperspektive
Ostasiatische Form der → Perspektive, bei der die Tiefenlinien, statt sich in einem Fluchtpunkt zu schneiden, parallel verlaufen (Axonometrie).

Pastell: *Edgar Degas,* ZWEI TÄNZERINNEN, *um 1900 (Wuppertal, Von-der-Heydt-Museum). Neben den eigentlichen Impressionisten war Degas einer der wichtigsten Künstler, die im 19. Jh. die Pastelltechnik zu neuem Ansehen brachten, nachdem sie vom Klassizismus abgelehnt worden war. Das Pastell erlaubte besonders die Wiedergabe stofflicher Oberflächenreize.*

Parkettierung
Um das „Werfen" von Gemäldetafeln aus Holz zu verhindern, wird auf der Rückseite ein Parkettrost angebracht. Die Schienen werden nur längs der Maserung geleimt, die Querleisten dagegen beweglich in Führungsrillen eingeschoben, damit dem Holz ein gewisser Spielraum bleibt und es nicht reißt.

Passionale
Mittelalterliche Sammlung von Märtyrerlegenden, nach den Festtagen des Kirchenjahres geordnet.

Passionszyklus
Seit der Mitte des 4. Jh. aufkommender Bilderzyklus mit der Darstellung des in den Evangelien beschriebenen Leidensweges Christi vom Einzug in Jerusalem bis zur Grablegung. In Wandmalerei und Mosaik wurden seit dem letzten Viertel des 4. Jh. Passionsfolgen vor allem historisch-erzählend wiedergegeben. In der → altchristlichen Malerei ist dabei in Anlehnung an den spätantiken Heroenkult jeglicher Leidensausdruck vermieden und statt dessen die Erscheinung Christi heroisiert. Seit dem 8. Jh. nehmen die naturalistischen Leidenszüge zu, in der → byzantinischen Malerei treten um 800 die ersten Darstellungen des toten Christus auf. Seit dem 10./11. Jh. steigern sich die leidensbetonenden Bildtypen wie Geißelung, Annagelung und Beweinung.

Pastell
Seit dem 15. Jh. in Italien aufgekom-

mene Maltechnik, bei der mit farbigen Kreiden auf rauhe Untergründe gemalt wird. Die feinen Farbpigmente werden mit Kaolin, Ton u. a. sowie mit → Bindemitteln gemischt und in Stiftform gepreßt. Als Malgrund wird weißes oder getöntes Papier mit körniger Oberfläche verwendet, oder Pappe, die mit Leim oder Kleister überstrichen und mit Bimsmehl bestreut ist. Die farbigen Striche werden mit einem Wischer aus Leder oder Papier ineinander verrieben. Um 1720 war das Pastell durch Rosalba Carriera zu einer Modeerscheinung des Rokoko geworden. Einen neuen Höhepunkt hatte es im Impressionismus.

Pasticcio
Zusammenfügung im Stil nicht homogener Elemente, etwa bei römischen Kopien, die verschiedene griechische Vorlagen kompilieren (ital. „Pastete, wirres Zeug"); auch das Kombinieren von Teilen aus mehreren Werken eines anderen Meisters in betrügerischer Absicht.

Pastorale
Idyllische Darstellung aus dem Hirtenleben, bereits ein Thema der Antike, das die Renaissance neu belebte; im Barock und Rokoko war es wie die Schäferpose sehr beliebt.

Pastos
„Teigiger", dicker Farbauftrag mit dem Pinsel, dem Spachtel oder unmittelbar aus der Tube, der die Malfläche reliefartig strukturiert.

Paysage intime → Schule von Barbizon

Pentateuch
Die Fünf Bücher Moses, die in der Bibelillustration eine wichtige Rolle spielten.

Pentimenti
Ital. „Reuezüge". Die Konzeption eines Bildes wird während der Arbeit oft verändert, Figuren u. a. werden verbessert und übermalt. Die → Gemäldedurchleuchtung macht die ursprünglichen Fassungen sichtbar, die manchmal mit der Zeit auch durch die überdeckenden Malschichten „hindurchgewachsen" und mit bloßem Auge erkennbar sind.

Peredwižniki
1870 gegründete Vereinigung russischer realistischer Künstler. Mit ihren Historien- und Genregemälden wandten sie sich vor allem an ein bürgerliches Publikum. Ihre Werke, die als Vorläufer des → Sozialistischen Realismus gelten, wurden vor allem von Pawel Tretjakow gesammelt.

Perikopenbuch → Evangelistar

Persische Malerei
Nach dem für den islamischen Orient so folgenreichen Mongolensturm in der Mitte des 13. Jh. beginnt sich die persische Miniaturmalerei von der islamisch-arabischen zu sondern. Bestimmend dabei war die zunehmende Übernahme und Assimilierung fernöstlicher Elemente. Während bisher wenige große, gedrungene Figuren und knappe architektonische oder pflanzliche Versatzstücke das Bildfeld füllten, wobei auf räumliche Entfaltung weitgehend verzichtet wurde, werden die Menschen nun kleiner und schlank proportioniert. In Gesichtsbildung und Gewandung unterscheiden sie sich deutlich vom früheren Typus und besitzen eine zuvor unbekannte Aktions- und Ausdrucksfähigkeit. Sie finden sich in reich differenzierten Landschaften, die in mehreren Plänen in die Tiefe zu einem hohen Horizont aus phantastischen Bergformen führen.

Persische Malerei: *Die Wandmalereien des Čihil-Sutun-Palastes in Isfahan, der Residenz des Safawiden-Schahs Abbās, sind im frühen 17. Jh. entstanden. Die höfischen Szenerien mit ihren feinen, farblich kostbaren Details sind ganz von der dominierenden Buchmalerei abhängig, die am Safawiden-Hof ihre letzte große Blüte erlebte.*

Zentralperspektive (nach Carlo Crivelli, Verkündigung)

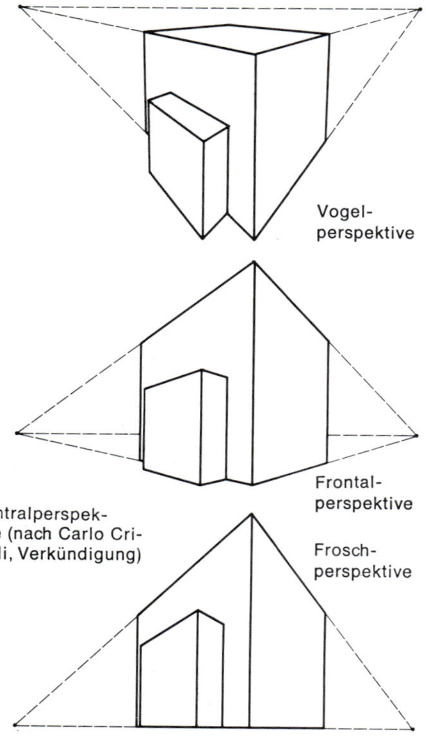

Perspektive: *Zentralperspektive nach Carlo Crivelli, Verkündigung (Abb. S. 146). Liegt der Punkt, von dem aus der Raum betrachtet wird, und die durch den Augenpunkt gezogene Horizontlinie hoch, spricht man von Kavaliers- oder Vogelperspektive, die bei Barockveduten beliebt war, liegt der Punkt besonders tief, spricht man von Froschperspektive.*

Persische Malerei: *Fürst bei einer Treibjagd, Miniatur aus dem „Murakka Gulshan", Herāt, entstanden Ende des 15. Jh. (Teheran, Kaiserliche Bibliothek). Ein grisailleverzierter Rand rahmt zwar die Illustration, doch die Schrift ist in persischen Miniaturen fast immer durch einige Zeilen im Bild vertreten, denen es obliegt, Text und Illustration zu einer Einheit zu verbinden.*

Das Bild wird zu einem abwechslungsreichen, kleinteiligen, feinen Gewebe. Illustriert wurden vor allem Firdausīs Šahnāme, das gewaltige Nationalepos, auch die Dichtungen Nīzāmis, Sa'adis und Hafiz sowie Geschichtswerke u. a. Texte. Im 14. Jh. war Tābrīz ein stilbildendes Zentrum, wo der berühmte Šahnāme Demotte entstand, im 15. Jh. die Höfe von Šīrāz und Herāt, wo gegen 1500 Bihzād als führender Meister tätig war, dessen Bilder strengen Aufbau mit großem Kontrastreichtum verbinden. Er ging nach der Jahrhundertwende an die Residenz der Safawiden in Tābrīz, wo neben ihm Sultān Muhammad, Mīr Musawwir u. a. bedeutende Künstler wirkten. Sie schufen die Londoner Nizāmī Handschrift und den Hougthon-Šahnāme, mit seinen 258 Bildern das umfangreichste Werk persischer Buchmalerei (Abb. S. 756), die damals auf dem Höhepunkt ihrer Geltung stand und auch die → Mogulmalerei in Indien prägte. Im 17. Jh. begann der europäische Einfluß.

Personifikation

Veranschaulichung eines Begriffes durch eine menschliche Gestalt, die häufig durch → Attribute noch näher bestimmt ist.

Perspektive

Das Phänomen, daß sich für das Auge die Gegenstände im Raum mit zunehmender Distanz verkürzen und daß Parallelen nach der Tiefe konvergieren, wurde für die Malerei bedeutsam, als sie auf Erfassung der sichtbaren Wirklichkeit abzielte, d. h. seit Giotto (in der Antike → Skenographie). Die der Seherfahrung entsprechende perspektivische Darstellung kann intuitiv getroffen, aber auch geometrisch konstruiert werden (erstmals wohl von Brunelleschi zwischen 1410 und 1420). Dabei laufen die von der Bildebene in die Tiefe führenden Geraden (Fluchtlinien) auf einen gemeinsamen Punkt (Fluchtpunkt) zu. Bei den senkrecht zur Bildfläche laufenden ist dieser identisch mit dem Augenpunkt. Die durch ihn gezogene Waagerechte heißt Horizontlinie. Die Zentral- oder Linearperspektive erscheint bei strikter Anwendung „übertrieben", da das Bewußtsein die Wahrnehmungen des Auges zu korrigieren pflegt. Die Malerei hat zudem noch andere Mittel der Raumdarstellung (→ Luftperspektive, Farbenperspektive). Seit Cézanne wird sie weithin als unkünstlerisch abgelehnt.

Phantastischer Realismus

Kennzeichnung für Spielarten des → Surrealismus in Deutschland und Österreich nach 1945, etwa die vom Pariser und belgischen Surrealismus ausgehende Schule von Mac Zimmermann, Paul Wunderlich, Peter Ackermann u. a. Für die sog. Wiener Schule des Phantastischen Realismus: Rudolf Hausner, Ernst Fuchs, Erich Brauer, Wolfgang Hutter, alles Schüler des Maler-Poeten Albert Paris Gütersloh, ist die Tradition des Wiener → Jugendstils von Bedeutung.

Philoxenie

Griech. „Gastfreundschaft", Darstellung des Besuchs der drei Engel bei Abraham, das → Dreifaltigkeitsbild der Ostkirche (Abb. S. 569).

Physiologus
Ein wohl im 4. Jh. n. Chr. in Ägypten verfaßtes Tierbuch (griech. „Naturkundiger"), das eine z. T. recht sagenhafte Zoologie als Sinnbilder der christlichen Heilslehre interpretiert und, in den Bestiarien noch erweitert, die mittelalterliche → Ikonographie außerordentlich befruchtet hat.

Pietà
Ital. „Erbarmung". Darstellung Mariens mit dem Leichnam Christi auf dem Schoß; zuerst in der deutschen Plastik des 14. Jh. (Vesperbild).

Pigment
Lat. „Farbstoff". In → Binde- oder Lösungsmitteln unlösbare, also feinstverteilte Farbmittel.

Pinax
Griech. „Brett, Tafel, gewachste Schreibtafel". Als Pinakes bezeichnet man die Kulissen der antiken Bühne und bemalte griechische Tontafeln, wie sie seit dem 7. Jh. v. Chr. als Votivbilder üblich waren. Ein Flügel der Propyläen auf der Akropolis, in dem solche Weihegeschenke aufbewahrt wurden, hieß „Pinakotheke".

Pinsel
Der Tierhaarpinsel ist seit jeher das meistbenutzte Malwerkzeug. Für → Aquarellmalerei werden meist kurzstielige runde Marderhaarpinsel verwendet, für → Ölmalerei vorwiegend flache Pinsel, und zwar aus Schweinsborsten für die → Primamalerei, und aus Dachs-, Iltis-, Marder- oder Rindshaar zum → Lasieren; für die → Freskomalerei eignen sich besonders runde Borstenpinsel.

Pinxit
Seit dem Barock häufig Zusatz zur Signatur des Malers (abgekürzt auch pinx. oder p., lat. „hat es gemalt").

Pittura metafisica
1911 von Giorgio de Chirico, Carlo Carrà und Giorgio Morandi begründete Richtung der italienischen Malerei, die Elemente der Renaissance, vor allem Perspektivkonstruktionen und plastische Darstellung in sich ruhender, isolierter Gegenstände, mit magisch verschlüsselten Aussagen kombinierte und so zu einem Wegbereiter des → Surrealismus wurde. Typisch sind Ansichten leerer Straßen oder verlassener Plätze, in deren perspektivischen Fluchten vereinsamte Menschen traumhaft erstarren. Diese Prinzipien wurden vor allem 1916–20 in Ferrara, „in der Stadt der Stille", entwickelt. Die Pittura metafisica beeinflußte auch die → Neue Sachlichkeit und den → Magischen Realismus.

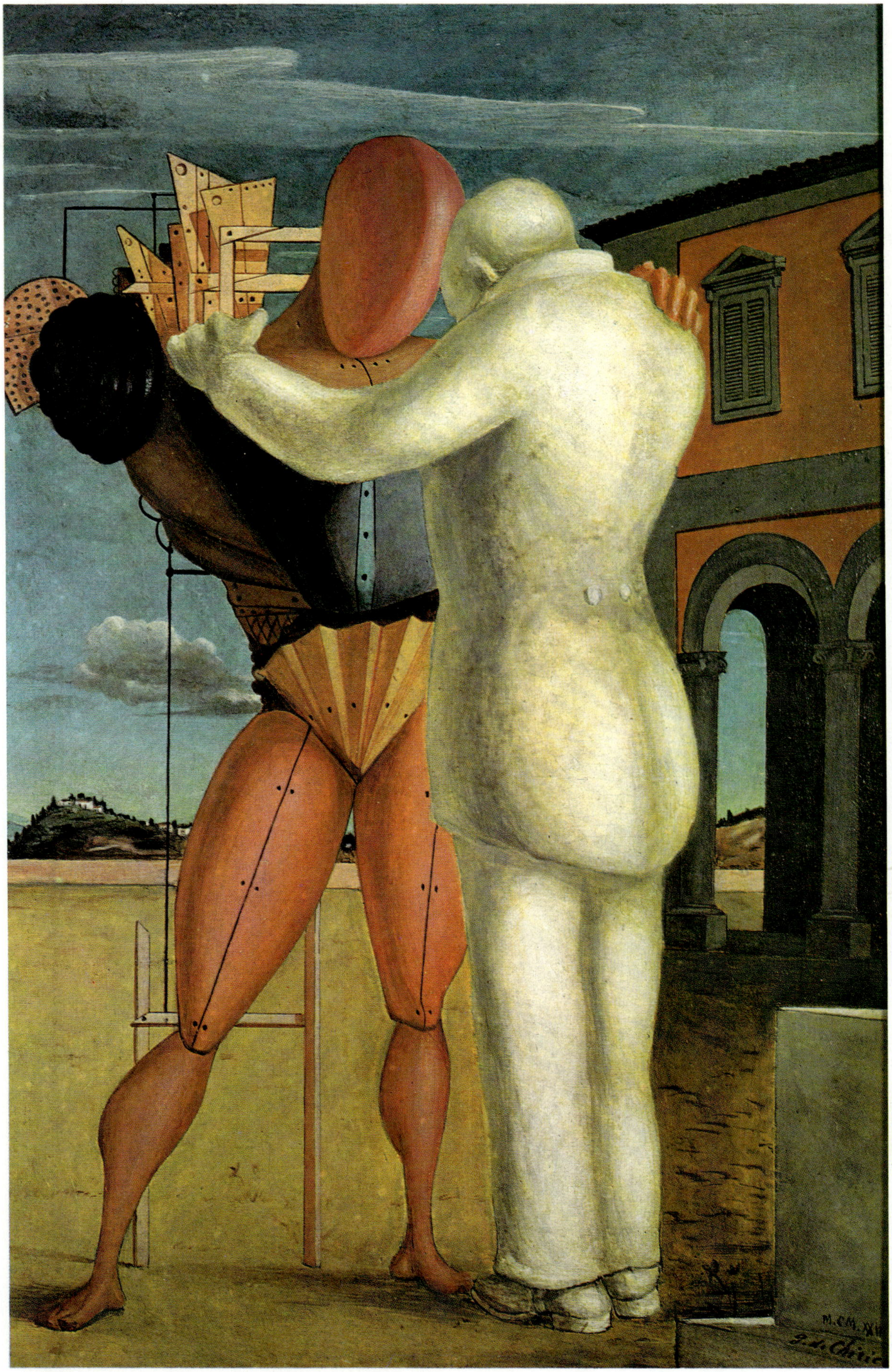

Pittura metafisica: *Giorgio de Chirico,* DER VERLORENE SOHN, *1922, 87 × 59 (Mailand, Civica Galleria d'Arte Moderna). In der Raum- und Perspektivkonstruktion griff die Pittura metafisica zu Gestaltungsprinzipien der Renaissance, etwa Paolo Uccellos. Zu ihrem Formenrepertoire zählt häufig der zum „Manichino", zur Gliederpuppe oder nur zur reglosen Gipsstatue transformierte Mensch.*

Platytera ton ouranon
Griech. „die die Himmel umfaßt". Byzantinischer Madonnentypus. Maria steht in Gebetshaltung mit erhobenen Händen, vor ihrer Brust ein Medaillon mit der Büste des segnenden Christusknaben.

Pleinairmalerei → Freilichtmalerei

Pointillismus: *Paul Signac,* HAFEN VON ST. TROPEZ, *1893 (Essen, Museum Folkwang). Das Problem, eine dem natürlichen Eindruck entsprechende Wiedergabe des Lichtes zu erreichen, wurde auf wissenschaftlicher Basis behandelt. Die Farben wurden in kleinste Punkte aus Spektralfarben zerlegt, die im Betrachterauge durch gegenseitige Überstrahlung Licht konstituieren.*

Pointillismus
Bezeichnung für eine seit etwa 1883 aus dem → Impressionismus entwikkelte Maltechnik, bei der die Farbe nicht in zusammenhängenden Flächen, sondern als System rasterartiger Striche und Punkte aufgetragen wird. Die aus den Grundfarben bestehenden Tupfen werden erst im Betrachterauge optisch „gemischt", woraus dann der Eindruck verschiedener Tonabstufungen und der Bildaufbau resultieren. Da diese Technik also in der Zerlegung der Farbe in kleinste Partikelchen, nach den Gesetzmäßigkeiten der Komplementärkontraste, besteht, wird sie auch als Divisionismus bezeichnet. Wichtigste Vertreter des Pointillismus oder Neoimpressionismus waren Georges Seurat, Paul Signac, Henri Edmond Cross und teilweise Camille Pissarro.

Polychrom
Griech. „vielfarbig"; verwendet im Sinne von bunt, wenn die Farben ohne weiche Übergänge oder verbindenden Gesamtton in kräftigem Wechsel voneinander abgesetzt sind, etwa in der → Glasmalerei, dem → Mosaik u. a.

Polyptichon
Aus mehreren Tafeln bestehender → Altar.

Pompejanischer Stil
Anhand des reichen Fundmaterials an Malerei in Pompeji und den anderen Vesuvstädten wurde von der Kunstgeschichtsforschung eine Entwicklungsgeschichte von vier aufeinanderfolgenden Stilstufen rekonstruiert, die von ca. 180 v. Chr. bis zum Untergang der Städte 79 n. Chr. reicht (→ Römische Malerei).

Ponderation
Begriff für die ausgewogene Verteilung von Bewegungen und Gegenbewegungen und die harmonische → Komposition figürlicher Elemente. Bei der Figurenwiedergabe entscheidet dabei hauptsächlich die Beziehung zwischen Körperlast und tragenden Gliedern, die im Kontrapost ihre reifste Ausformung erfährt. Hier verteilt sich die Körperlast auf Stand- und Spielbein, und der Körperaufbau ist diesem Standmotiv entsprechend abgestimmt.

Pont-Aven, Schule von
1886–96 bestehender Zusammenschluß von Künstlern, die im Stil des → Synthetismus malten: Paul Gauguin, Émile Schuffenecker, Charles Laval und Émile Bernard u. a. In ihrer stark vereinfachten und flächigen Kompositionsweise orientierten sie

Pop-art: *Andy Warhol,* MARILYN, *1964. Druck, 102 × 102 (Darmstadt, Hessisches Landesmuseum). In Siebdruckserien mit gezielten Rückgriffen auf die Fotografie gestaltete Warhol vor allem Motive mit hohem Bekanntheitsgrad, sei es die Filmschauspielerin, der „Große Vorsitzende" oder eine Konservendose. In der variierten Wiederholung des Motivs wird auf seine plakative Vermarktung hingewiesen.*

Porzellanmalerei: *Flötenförmige Vase mit Genreszenen in Fünffarbendekor, China, um 1650, Höhe 42 cm (Wien, Museum für angewandte Kunst). Das chinesische Weichporzellan mit niedrigeren, den Farben weniger abträglichen Brenntemperaturen als das europäische Hartporzellan, bietet reichere Dekorationsmöglichkeiten. Die kaiserlichen Manufakturen Ching-tê-chên stellten auch die Bemalung in Arbeitsteilung her.*

sich auch an mittelalterlichen Holzschnitten und volkstümlichen Drukken. Das exotisch-folkloristische Element war besonders stark bei Gauguin, etwa in dem Bild BRETONINNEN AUF GRÜNER WIESE, 1888 (St-Germain-en-Laye, Sammlung M. Denis), das als Manifest der Schule von Pont-Aven gelten kann. In seinen dekorativen Elementen ist es auch stark vom japanischen Farbholzschnitt (→ Japonismus) beeinflußt.

Pop-art
In den 50er Jahren des 20. Jh. in England und den USA, dann auch auf dem Kontinent sich entwickelnde Stilrichtung, die die Grenze zwischen Kunst- und Alltagsrealität aufheben wollte. Die banale Umwelt der modernen Konsumgesellschaft, ihre Subkultur und Massenmedien wurden für bildwürdig erklärt, dabei aber auch kritisch-ironisch durchleuchtet. Eines der Initialwerke der Pop-art ist Richard Hamiltons Collage JUST WHAT IS IT THAT MAKES TODAY'S HOMES SO DIFFERENT, SO APPEALING?, 1956 (Thousand Oaks, Kalifornien, Sammlung E. Janss). Es enthält bereits fast alle Elemente der Pop-Ikonographie: den Muskelmann, das Pin-up-Girl, elektrische Geräte, eine Konserve sowie Hinweise auf die Massenmedien. Sex und Werbung und ihre Kombination zur Verdinglichung des Menschen, zu seiner Degradierung zum Lustobjekt und zur Ware, beherrschen die Thematik vieler Künstler, exemplarisch etwa die Tom Wesselmanns. Dem Plakativen und der Reproduzierbarkeit des modernen Alltags wendet Andy Warhol sein Augenmerk zu, Roy Lichtenstein aktualisiert in monumentalen Vergrößerungen der Comics die Schablonisierung „moderner" Sehweisen.

Porzellanmalerei
Das in China während der T'ang-Zeit (618–907) erfundene Porzellan war nicht nur wegen der Qualität des glasharten, dünnen Scherbens in anderen Kulturkreisen bewundert und gesucht, sondern auch wegen seiner verfeinerten, motivreichen Bemalung. Der islamischen Welt wie dem Abendland hat es die Kenntnis → chinesischer Malerei vermittelt. Die Ming-Periode (1368–1644) ist seine klassische Zeit, zuerst mit kobaltblauer Unterglasurmalerei (→ Scharffeuerfarben), dann auch in mehrfarbiger Aufglasurmalerei (→ Muffelfarben). Die Erzeugnisse der nach 1709 in Europa entstandenen Manufakturen erhielten zunächst Chinoiseriedekor, neben den bald auch viele typische Motive der → Rokokomalerei traten.

Poussinisten
Die Vertreter einer Kunstdoktrin, die an der Académie Royale des Peintres et Sculpteurs in Paris ausgearbeitet wurde und die Raffael, die Carracci und Nicolas Poussin als vorbildlich herausstellte. Damit wurde im Gegensatz zu den → Rubenisten der Vorrang der Linie gegenüber der Farbe und dem → Kolorismus gefordert. Der Einfluß der Doktrin wurde Ende des 17. Jh. gebrochen.

Prähistorische Malerei → Höhlenmalerei, Çatal Hüjük

Präraffaeliten
1848–53 bestehende englische Malergruppe. Ähnlich wie die → Nazarener wollten ihre Vertreter im Rückgriff auf die italienische christliche Malerei vor Raffael zur Erneuerung einer idealistischen und doch realistischen Malerei beitragen. Hieraus erklärt sich die Bevorzugung religiöser und literarischer Themen, insgesamt die Dominanz allegorischer Figurenmalerei, die exakteste Detailerfassung, historische Rekonstruktion des Ambientes, dissonant-irreale Farbgebung, dekorativ-ornamentale Flächenaufteilung und Gefühlsbetontheit aus Religiosität und Naturlyrik zeigt und auf den → Jugendstil vorausweist. Wichtigste Mitglieder waren Dante Gabriel Rossetti, Edward Coley Burne-Jones, Ford Madox Brown, William Holman Hunt, John Everett Millais.

Prärembrandtisten
Bezeichnung für eine Gruppe Amsterdamer Maler des 16./17. Jh., die auf den jungen Rembrandt nachhaltigen Einfluß hatten: u. a. Pieter Lastman, Jan Simonsz. Pynas, Claes Cornelisz. Moeyaert und z. T. Moyses van Uyttenbroeck. Diese meist katholischen Historienmaler hatten sich in Italien am → Manierismus und an Caravaggio geschult und bereiteten mit dem → Helldunkel der biblischen Thematik und der historischen Staffage viele Züge Rembrandtscher Kunst vor.

Präzisionisten
Von etwa 1920–45 existierende Gruppe nordamerikanischer Maler, die eine Synthese aus → Kubismus und → Realismus anstrebten. Charakteristisch sind sorgfältig konturierte Zeichnungen und Darstellungen von Industrielandschaften. Wichtigste Vertreter waren Charles Demuth, Gerald Murphy, Georgio O'Keeffe, Morton Livingston Schamberg, Charles Sheeler, Niles Spencer und Joseph Stella. Der Präzisionismus, der zunächst stark von Francis Picabia und Marcel Duchamp beeinflußt wurde, zeigte Analogien zur → Neuen Sachlichkeit und nahm Tendenzen des → Fotorealismus vorweg.

Psalter: *Psalterium der Königin Beatrix von Ungarn, zwischen 1476 und 1490 in Florenz von Francesco Antonio del Cherico illuminiert (Wolfenbüttel, Herzog-August-Bibliothek). Dieser Psalter war im Besitz der Gattin des Matthias Corvinus, der den ungarischen Königshof zu einem Renaissancezentrum machte.*

Predella
Untersatz des Altarretabels.

Primamalerei
Malweise, bei der der Farbauftrag nicht lasierend in mehreren Farbschichten erfolgt, sondern in einer einzigen Schicht deckender Töne, die vorgemischt oder naß in naß vermalt werden (ital. alla prima = aufs erstemal).

Primärfarben → Grundfarben

Process art
Auf dem → Dadaismus, der → Concept-art und → Minimal art basierende Strömung der Gegenwartskunst, die künstlerische Aktionen als Bedingung von Zeit und Raum bewußtmachen will, vor allem über das Medium Film oder Videoband.

Proportionslehre
Lehre von den Gesetzmäßigkeiten in der Beziehung der Bildelemente zueinander und zum Bildganzen, was etwa die Wahl des Bildformats, die Flächenaufteilung, Ausgewogenheit der Farbwerte und Gewichtung der Figurenanordnung betrifft. In der byzantinischen und mittelalterlichen Malerei wurden als Äquivalent überweltlicher Normen ideell typisierte Kompositionsschemata entworfen. Erst mit dem autonomen Tafelbild der Neuzeit wurden Probleme der Perspektive und der menschliche Körper als Maßstab der Bildordnung von zentraler Wichtigkeit, etwa in Luca Pacciolis „De divina proportione", 1479, oder in Albrecht Dürers „Vier Bücher von menschlicher Proportion", 1528. Die Einordnung des Körperlichen in Probleme des Maßes, der Harmonie, der Symmetrie, des Goldenen Schnittes u. dgl. war jedoch nicht nur ein ästhetisches Verfahren, sondern auch der Versuch, ideale Proportion als Symbol göttlicher Seinsordnung zu verstehen.

Proskynese
Verehrung durch Kniefall, wie sie verehrten → Ikonen zuteil wird, die als „Kußtafel" auf einem eigenen Pult, dem Proskynetarion, präsentiert werden. In der → byzantinischen Malerei, auch im Westen, werden → Adoranten in Proskynese dargestellt.

Protestmalerei
In den 60er Jahren des 20. Jh. aufgekommene Kunstrichtung, die sich innerhalb der → Narrativen Figuration ausformte und in pointiertem Maße Mittel des → Kritischen Realismus anwandte. Die Protestmalerei ist strikt auf eine Kritik der gesellschaftlichen und politischen Wirklichkeit ausgerichtet. Vertreter sind u. a. Francis Biras, Henri Cueco, Jean-Claude Latil, Eduardo Arroyo, Gilles Aillaud, Antonio Recalcati, Erró. Renato Guttuso, Juan Genovés u. a. übernahmen ihre Tendenzen.

Psalter
Häufig prächtig illuminierte Handschrift mit den 150 Gesängen des alttestamentlichen Psalmenbuches.

Purismus
Stilrichtung, die den synthetischen → Kubismus erneuern wollte. Die Initiatoren, Amédée Ozenfant, Édouard Jeanneret und der Architekt Le Corbusier, wollten den Kubismus von den Arabesken seiner Spätphase „befreien" und auf seine strengen Anfänge zurückführen. 1918 erschien ihre Schrift „Après le cubisme" („Nach dem Kubismus"), ihre Ideen verbreiteten sie in der Zeitschrift „L'esprit nouveau", die 1920–25 veröffentlicht wurde.

Q

Quadraturmalerei

Illusionistische Wand- und Deckenmalerei, die die Raumgrenzen durch Scheinarchitekturen optisch auflösen will. Dazu werden perspektivisch konstruierte Entwürfe mittels der → Quadrierung proportional vergrößert auf Wand oder Decke übertragen, so daß von einem bestimmten Betrachterstandpunkt aus eine vollkommene Raumillusion entsteht. Früheste Beispiele stammen aus der römischen Wandmalerei (Abb. S. 793). Für die neuere Entwicklung sind Mantegna, Correggio und Peruzzi wichtig. Über Giovanni Alberti, Pietro da Cortona und Baciccio erreichte die Quadraturmalerei bei Andrea Pozzo ihren absoluten Höhepunkt.

Quadrierung

Das Überziehen eines Entwurfs mit einem Quadratnetz, um die Komposition proportional richtig in den größeren Maßstab der mit einer entsprechenden Quadrierung versehenen Malfläche zu übertragen.

Quattrocento

Bezeichnung für das 15. Jh. in der italienischen Kunst (Abkürzung von 1400), meint als Stilbegriff die Frührenaissance (→ Cinquecento).

Realismus: *Gustave Courbet,* SCHLEUSE VON OPTEVOZ, *um 1860 (München, Neue Pinakothek). Th. Silvestre nannte 1876 Courbets Landschaften „schwarz wie ein Arkadien von Kohleschleppern". Kritik und Publikum reagierten mit entrüsteter Ablehnung. Namentlich vom Leibl-Kreis wurde er als Bahnbrecher einer nüchternen, wirklichkeitsnahen Malerei anerkannt.*

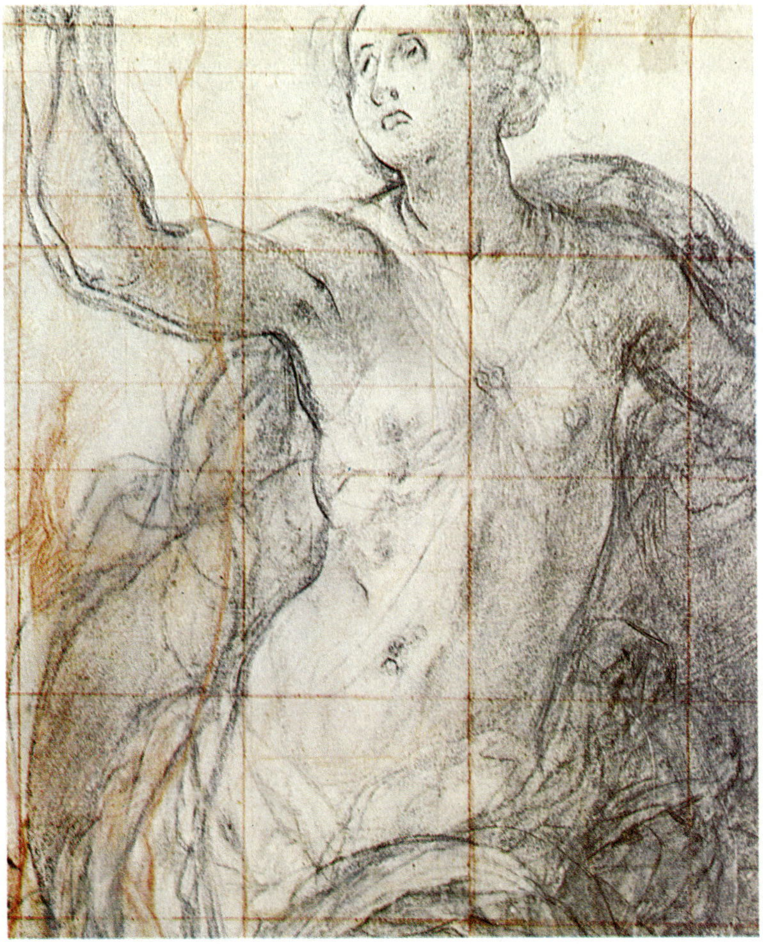

Quadrierung: *Jacopo da Pontormo, Studie für eine weibliche Figur, um 1535 (Florenz, Uffizien). Durch das Quadratnetz lassen sich die einzelnen Punkte eines Entwurfs im gleichen Verhältnis zueinander in jeden beliebigen Maßstab übertragen. Das hier kurz umrissene Verfahren wird seit der Renaissancezeit vor allem in der Wand- und Deckenmalerei angewandt.*

R

Rayonismus
Version der abstrakten Malerei, die 1911 in Moskau durch Michail Larionow und seine Frau Nathalie Gontscharowa begründet wurde. Ausgehend vom → Pointillismus, → Kubismus, → Futurismus und → Orphismus, wurden die Bilder in farblich kontrastierende Strahlendiagramme zerlegt. Als erstes Werk dieser Richtung gilt Larionows GLASSCHEIBE, 1911 (New York, Solomon R. Guggenheim Museum).

Ready-made
Von Marcel Duchamp eingeführter Begriff für vorfabrizierte, alltägliche Gegenstände, die er, ohne nachträgliche Bearbeitung, durch Präsentation in Ausstellungen zu ästhetischen Objekten erklärte. Damit sollte der Originalitätsanspruch der Kunstwerke zugunsten der reinen „Seherfahrung“ aufgehoben werden. Das erste Ready-made war Duchamps FAHRRAD-RAD von 1913, das mit der Gabel auf einen Küchenhocker montiert war.

Realismus
Kunststil, der rein aus der Erfassung der sichtbaren und psychischen Wirklichkeit künstlerischen Gehalt herausholen will. Darin unterscheidet er sich vom → Naturalismus, der auf jeder Stilstufe mit bestimmten Darstellungsmitteln die äußere Richtigkeit anstrebt, die aber durchaus einer idealistischen Überhöhung unterworfen sein kann.

Renaissance: *Hans Holbein der Jüngere,* SIR GEORGE OF CORNWALL, *um 1540, Harztempera auf Holz, 32 cm (Frankfurt, Städel). Holbein der Jüngere ist zu den Hauptmeistern der Renaissance im Norden zu zählen. Die kostbare, makellose Malerei seiner Bildnisse erfaßt in kühler Objektivität das Individuum und gibt ihm zugleich eine vornehme, gelassene, freie Menschlichkeit.*

Renaissance: *Fra Angelico,* GRABLEGUNG CHRISTI, *1440, 37 × 45,5 (München, Alte Pinakothek). Fra Angelico war einer der bedeutendsten Vertreter der italienischen Frührenaissance, in dessen Werk sich aber noch viele Anklänge an die Spätgotik finden. Auch die Zentralperspektive ist bei ihm noch nicht zur letzten Perfektion gediehen.*

Renaissance: *Tizian,* VENUS MIT DEM LAUTENSPIELER, *1560, 157×205 (New York, Metropolitan Museum). Die Malerei der italienischen Hoch- und Spätrenaissance besitzt zwei Richtungen: eine die raumplastische Körpermodellierung betonende, mit Zentren in Florenz und Rom, und eine koloristische in Venedig, deren Hauptvertreter Tizian war.*

So wäre im einzelnen bei den „Realismen" früherer Epochen zu überprüfen, inwieweit die Realität des Vorbildes um ihrer selbst willen aussagekräftig gemacht oder etwa in den Dienst symbolischer Aussage gestellt wird. Die Grenzen sind, wie zwischen den beiden Termini, meist fließend. Im engeren Sinne meint Realismus eine im 19. Jh. ansetzende Strömung, deren erste Hauptvertreter in Frankreich Courbet (Abb. S. 787), in Deutschland etwa Leibl und Menzel waren. In Rußland wandten sich die → Peredwižniki, in den USA die → Ash Can School und die → Präzisionisten, dem Realismus zu. In der Gegenwartskunst werden entsprechende Tendenzen als → Neuer Realismus und → Fotorealismus, in sozialistischen Ländern als → Sozialistischer Realismus tituliert. → Magischer Realismus, → Surrealismus u. ä. übersteigern den Realismus zum Phantastischen hin.

Regenerieren → Restaurierung

Regentenstück
Holländisches Gruppenbildnis des 17. Jh. mit den Vorstehern (Regenten) einer Gilde, eines Spitals oder einer anderen öffentlichen Institution, dem → Schützenstück verwandt.

Regionalism → American Scene

Reichenauer Schule
Zentrum der → ottonischen Malerei, in erster Linie der → Buchmalerei. In den Handschriften treten mehr oder minder geschlossene Bildfolgen zum Neuen Testament als ikonographische Neuerung hervor sowie in der Ornamentik abstrahiertes Rankenwerk als Träger dynamischer Ausdruckskraft. Frühestes Beispiel ist der GERO-CODEX, um 969 (Darmstadt, Hessische Landesbibliothek). Weitere wichtige Zeugnisse sind die Liuthar-Gruppe mit dem OTTO-EVANGELIAR (Aachener Domschatz) und dem PERIKOPENBUCH HEINRICHS II. (Abb. S. 704).

Renaissance
Im Italien des frühen 15. Jh. entstandener und bis ca. 1520/30 reichender Stil, dessen Name „Wiedergeburt" der antiken Kunst bedeutet, besser: die Ausrichtung einer durch das Mittelalter hindurchgegangenen Epoche am Vorbild der Antike mit dem Ziel, die christliche Glaubensüberlieferung mit einer neuen Wertschätzung des Menschen und der Welt harmonisch zu vereinen. Damit legte die Renaissance freilich den Grund für eine Polarisierung der Kunst: Neben die jenseitsbezogene religiöse Kunst trat die Kunst als Verherrlichung des Menschen, des weltlich-autonomen Individuums. Sie initiierte eine Entwicklung, die auf einen Verlust der Sakralwertigkeit zugunsten zunehmender Säkularisierung hinauslief. Die Polarität einer spirituellen und profanen Komponente zeigt sich auch in dem ständigen „Einbruch" spätgotisch-„sakraler" Residuen in die an der Antike orientierte Betonung human-irdischer Daseinswerte. So ist die Frührenaissance, etwa ab 1420, immer wieder von Gotizismen durchsetzt. Die Hochrenaissance, etwa ab 1500, bezieht in den Stanzen Raffaels und den Deckenfresken Michelangelos in der Sixtinischen Kapelle den Raum des Kunstwerks illusionistisch auf den Realraum des zum Maß aller Dinge gewordenen Menschen. Leonardo da Vinci integriert den Menschen in die irdische „Umwelt". Die Spätrenaissance ab ca. 1525, die fließend in den → Manierismus übergeht, rekurriert verstärkt wieder auf formale „Irrationalismen" als Ausdruck des „modernen" Menschen in seiner zwiespältigen Beziehung zwischen „neuer" Daseinsauffassung und „traditioneller" Glaubenswelt. Letztendlich trug aber im Medium der Zentralperspektive die Rationalität menschlichen „Sehens" den Sieg über die Transzendenz übermenschlichen „Daseins" davon. Eine wesentliche Voraussetzung dieser Entwicklung hatte bereits im 14. Jh. Giotto mit der Autonomisierung des Bildes geliefert. Insgesamt unterschied sich die Renaissance von den vorangegangenen Kunstepochen auch thematisch durch die Heraushebung des Menschlichen in seiner idealisiert übersteigerten Form (→ Bildnis, Akt, Proportionslehre). Diese Übersteigerung artikuliert sich im Hang zur Monumentalmalerei, sei es in der Wandmalerei, sei es im Tafelbild. Die Tendenz zur Profanisierung der Kunst äußert sich auch in der beginnenden Hinwendung zum spezialisierten Liebhaberbild (→ Bildnis, Landschaftsmalerei, Akt, Stilleben usw.). Seit etwa 1500 wurde die Renaissance eine gesamteuropäische Erscheinung, wobei nicht nur in Italien, sondern auch in den Ländern nördlich der Alpen schon bald die Grenzen zum Manierismus und zum frühen Barock überschritten wurden. Die herausragende Leistung dieser Epoche aber liegt darin, daß sie formal und ikonographisch die Grundlagen für die europäische Kunstentwicklung bis ins 19. Jh. hinein lieferte.

Rentoilieren → Doublieren

Replik
Die Wiederholung eines Werkes durch den Künstler. Wenn sie durch einen Mitarbeiter erfolgte, nennt man sie Werkstattreplik, wenn sie Varianten aufweist Fassung. Die Wiederholung von anderer Hand ist eine Kopie.

Repoussoir
Eine dunkle, meist durch ein Versatzstück (Baum, Draperie, Torbogen usw.) gebildete Stelle im Vordergrund eines Bildes zur Steigerung der Tiefenillusion (franz. repousser = zurückschieben; Abb. S. 156).

Reproduktion
Nachbildung eines Gemäldes in einer Drucktechnik. Auch wenn Farbstoffe verwendet werden, die dem Original möglichst ähnlich sind, ist nur eine begrenzte Annäherung an dessen Wirkung möglich, da Malgrund, Auftrag und Format in der Regel abweichen.

Restaurierung
Ihre Aufgabe ist, den materiellen

Rokoko: *Antoine Watteau,* LEÇON D'AMOUR, *44 × 61 (Stockholm, Nationalmuseum). Mit Watteau, dem Maler der „fêtes galantes", beginnt die Rokokomalerei. Pastorale, aristokratische Sphäre und die Traumwelt des Theaters verschmelzen in seinem Werk zu einem geheimnisvoll-verklärten Paradies ewiger Jugend, Heiterkeit und Schönheit.*

Bestand des Kunstwerks zu sichern und es von entstellenden Veränderungen zu befreien. Gefährdete Wandgemälde können abgenommen werden, entweder mitsamt dem Putz oder nur in der obersten, die Farbe tragenden Schicht. Sich lösende Putzstellen lassen sich nach Einspritzen von Kalziumkasein in die Hohlräume wieder anpressen. Bei der Restaurierung von Holz- und Leinwandbildern ist die → Gemäldedurchleuchtung hilfreich. Dem Werfen von Holztafeln begegnet man durch → Parkettieren, Schäden der Leinwand durch → Doublieren oder Rentoilieren. Brüchige Farbpartien lassen sich durch Auftragen von → Firnis festigen, Blasen mit Wachs oder Leim wieder festbügeln. Fehlstellen im → Malgrund werden ausgekittet. → Craqueluren bessert man nicht aus. Erblindeter Firnis kann nach einem durch Max von Pettenkofer erfundenen Verfahren regeneriert, vergilbter Firnis muß abgenommen werden. Beim Reinigen besteht die Gefahr des „Verputzens".

Retabel
Mit Skulptur oder Malerei ausgestatteter Altaraufsatz (→ Altar).

Retrospektive
Eine Ausstellung, die das Gesamtwerk eines Künstlers oder die Produktion einer Schaffensperiode vorführt.

Rokoko
Bezeichnung für eine letzte Stilphase des Spätbarock, die von etwa 1720/30 bis ca. 1760/70 reicht. Der Name rührt von einer Ornamentform her, der Rocaille, einem Muschelornament, das als Leitmotiv des Rokoko angesehen werden kann. Eine Übergangsphase stellt das Régence dar, etwa 1715–30, das durch Watteau repräsentiert wird. Gegenüber dem Barock, an dessen Formen- und Themenvokabular das Rokoko noch weitgehend anknüpft, zeichnet es sich durch eine gewisse Intimisierung und durch ein Abrücken vom Pathetisch-Repräsentativen aus. Ein mit der beginnenden Aufklärung parallel laufender Glaubens- und Symbolverlust der Kunst wird sichtbar. Er äußert sich auch in der spezifisch aufgehellten Farbigkeit, die etwa im → Pastell besonders zum Tragen kommt: Das alles durchsetzende Weiß als sozusagen materialisiertes Licht ist die profane Modifikation ehemaliger Lichtsymbolik. Das Rokoko als bewußt erlebte und sich selbst in Frage stellende Endzeit einer langen Epoche ist von Historizismen und Stilanleihen, → Vanitasmotiven und „Endzeitgedanken" durchdrungen. Beliebt sind träumerisch-melancholische und – als Gegenpol – heiter-galante, exotische (→ Chinoiserie) und erotisch-laszive Themen, vor allem bei Boucher oder Fragonard. Eine etwas andere Rolle spielte das Rokoko in Deutschland und Österreich, wo die illusionistische Deckenmalerei ihren triumphalen Höhepunkt erreichte. Auch Italien erlebte einen neuen Kunstaufschwung mit Malern wie Tiepolo und Guardi. England hatte mit Gainsborough u. a. ebenfalls wichtige Vertreter, hier verlief

Rokoko: *Franz Anton Maulbertsch,* DIE HEILIGE SIPPE, *um 1755, Öl auf Leinwand, 127 × 90 (Wien, Österreichisches Barockmuseum). Maulbertsch, einer der letzten Großmeister der illusionistischen Deckenmalerei, taucht die Figuren in eine nebelhafte Atmosphäre und erzeugt durch die Magie von Licht und Farbe eine Vision des Wunderbaren.*

die Entwicklung aber rascher zu klassizistischen oder protoromantischen Haltungen.

Rollenporträt
Schauspieler und Sänger des 18. Jh. ließen sich gern im Kostüm und der Attitüde ihrer Paraderolle darstellen. Im 20. Jh. haben Slevogt und Corinth Rollenporträts geschaffen.

Romanische Malerei
Stilperiode, die etwa in der 1. Hälfte des 11. Jh. begann und um 1140/50 in Frankreich durch die Gotik abgelöst wurde, in anderen Ländern aber noch bis weit ins 13. Jh. hinein andauerte. In der hauptsächlich religiös geprägten Malerei dominierte die → Wandmalerei, daneben hatten freilich auch die → Glasmalerei, die → Buchmalerei, der → Bildteppich und das → Mosaik wichtige Funktionen inne. Stilistisch sind das Aufgreifen spätantiker und byzantinischer Vorbilder sowie ihre Modifikation zu einem archaisierenden, spirituell-hieratischen, monumental-abstrahierten, zeichenhaft-symbolischen Stil charakteristisch. In dieser Kombination ist die Malerei von gewaltiger Expressivität und kultwertiger Sakralität. Thematisch dominieren christologische, allegorische und kosmologische Darstellungen. In Unteritalien war das Kloster Monte Cassino ein Zentrum. Ein großartiges Zeugnis seiner Kunst sind die Fresken von S. Angelo in Formis bei Capua, 1072–87, die besonders deutlich byzantinische Anregungen aufzeigen. In Rom dagegen, etwa den bedeutenden Ausmalungen der Unterkirche von S. Clemente, um 1100, waren die altchristlichen Vorbilder bestimmend. Ein weiteres Zentrum war Mailand, dem einer der wichtigsten Malereizyklen der Romanik in S. Pietro al Monte bei Civate, Ende 11. Jh., entstammt. Von Italien her wurde auch die romanische Wandmalerei Südtirols geprägt, z. B. St. Johann in Müstair, zwischen 1165 und 1180. Die besterhaltenen französischen Freskenzyklen finden sich in Berzé-la-Ville (Burgund), um 1120/30, und in St-Savin-sur-Gartempe, Anfang 12. Jh. In Spanien ragen u. a. die Fresken von S. Clemente in Tahull (Katalonien), um 1123, und im Panteón de los Reyes in León, zwischen 1167 und 1188, hervor. In Deutschland befanden sich die Zentren der Wandmalerei im Gebiet zwischen Rhein und Elbe sowie in Regensburg, hier hat sich die Ausstattung der Klosterkirche in Prüfening und der Allerheiligenkapelle im Domkreuzgang erhalten, beide etwa Mitte 12. Jh. In Österreich ist u. a. der großartige Zyklus im Kloster Lambach, spätes 11. Jh., hervorzuheben. Ein Hauptwerk der romanischen Tapisserie ist der Teppich von Bayeux, in der Glasmalerei der Zyklus des Augsburger Doms, bei den bemalten Holzdecken die von St. Michael in Hildesheim, nach 1200. Buchmalerei hat sich aus allen Ländern in vielen Beispielen und hoher Qualität erhalten, in Deutschland waren Salzburg, Hirsau und Köln die Zentren. Eine der wichtigsten Leistungen der Romanik ist die Entwicklung der mittelalterlichen Tafelmalerei in Form von Antependien und Retabeln, also im Rahmen der → Altarmalerei (Abb. S. 792).

Romanisten
Bezeichnung für niederländische Maler des 16. Jh., die sich an der Renaissance und dem Manierismus Italiens orientierten (Barend van Orley, Jan Gossaert, Jan van Hemessen, Frans Floris u. a.).

Romantische Malerei
Voraussetzung für diese Stilrichtung um 1800 war eine Rückbesinnung auf die eigene nationale Vergangenheit, die eine neue Wertschätzung der Gotik sowie der heimischen Märchen-, Sagen- und Mythenüberlieferung mit sich brachte, auch die Sehnsucht nach einer Wiedererweckung mittelalterlicher Frömmigkeit, wie sie etwa die → Nazarener beseelte. Die neue Geisteshaltung gab nicht der Ratio, sondern dem Gefühl den Vorrang, dem irrationalen Sich-Verströmen und Einswerden mit der pantheistischen Welt und Natur, das in den Stimmungslandschaften Caspar David Friedrichs zum Ausdruck kommt (Abb. S. 792). Während sich in England die → Präraffaeliten eng an die deutsche Kunst, an ihre religiösen Erneuerungsversuche und märchenhafte Phantastik anlehnten, dominierte in der französischen Romantik die Historienmalerei, wobei etwa Géricault und Gros das napoleonische Kaiserreich verherrlichten. Eine Sonderstellung haben die exotischen, revolutionären, von elementarer Sinnlichkeit durchtränkten Bilder Delacroix', mit denen er zu einem Vorläufer des modernen → Kolorismus wurde.

Römische Malerei
Erst relativ spät wird die Malerei in Rom quellenmäßig faßbar, mit der Ausmalung des Tempels der Salus durch Fabius Pictor gegen 300 v. Chr. Erhalten sind die um 200 v. Chr. entstandenen Grabfresken vom Esquilin, die Kriegstaten eines Quintus Fabius schildern, wie denn überhaupt die Historienmalerei eine der wenigen künstlerischen Eigenleistungen Roms darstellt, während die sehr verbreitete Porträtkunst (Abb. S. 794) auf etruskischen Traditionen basiert. Die Malerei bleibt im übrigen dekorativ und repräsentativ gebunden und beginnt unter hellenistischem Einfluß seit dem 2. Jh. v. Chr. Wände und Decken sowie als → Mosaik auch die Fußböden der Paläste und Villen zu überziehen. Basierend auf den reichen Funden aus den Vesuvstädten wird ihre Entwicklung von 180 v. Chr. bis 79 n. Chr. in vier sog. Pompejanische Stile gegliedert. Der früheste, sog. Inkrustationsstil (180–80 v. Chr.) beschränkt sich weitgehend auf die Imitation kostbarer Wandverkleidungen aus buntem Steinmaterial. Mit den Mitteln der Bühnenperspektive öffnet der zweite Stil (80 v. Chr.–14 n. Chr.) die Räume (Abb. S. 793), zwischen Säulen, Pfeilern und Simsen blickt man in der Villa von Boscoreale scheinbar in Landschaften, Übernahmen aus der griechischen Kulissenmalerei. Um 30 v. Chr. entstanden als Höhepunkt die Odysseelandschaften (Vatikan) und die Malereien im Haus der Livia. Der dritte Stil (14–62 n. Chr.) fügt der architektonischen Gliederung eine Fülle ornamentaler Details an und läßt den Raumillusionismus schwinden. Im vierten Stil wird schließlich wieder die Auflösung der Wand betrieben. In den figürlichen Kompositionen sind wohl zum überwiegenden Teil Nachschöpfungen und oft regelrechte Kopien der → griechischen Wand- und Tafelmalerei zu sehen. Das Bodenmosaik italischer Prägung beschränkt sich im 1. und 2. Jh. n. Chr. oft auf die reine Schwarzweiß-Zeichnung und wird später von den polychromen Arbeiten der in hellenistischer Tradition stehenden Werkstätten von Antiochia und aus Nordafrika abgelöst, die noch in den entlegensten Provinzen des Reiches Aufträge finden. In ihrer Nachfolge stehen auch die spätantik-frühchristli-

Romanische Malerei: VERKÜNDIGUNG, *aus einem im 3. Viertel des 13. Jh. in Braunschweig oder Magdeburg entstandenen Evangelistar (Wien, Österreichische Nationalbibliothek). In Deutschland mündete die romanische Malerei in einen dramatisch erregten „Zackenstil", der vom scharfbrüchigen Gewandlineament byzantinischer Vorbilder angeregt wurde.*

Romanische Malerei: Majestas – *Christus als Weltenherrscher, von einer Aureole und den Evangelistensymbolen umgeben. Tafel eines Altarbaldachins aus Tost, Prov. Lérida, 12. Jh. (Barcelona, Museu d'Art de Catalunya). Archaische Monumentalität, kräftige, stark stilisierte Linien und leuchtende Farbflächen kennzeichnen die romanische Malerei Kataloniens.*

chen Mosaiken von Sa. Costanza in Rom oder die Fußböden in Aquileja und Grado.

Rossano-Codex
Purpurhandschrift des 6. Jh., von der das Markus- und Matthäusevangelium erhalten ist (Rossano, Museo del Archivescovado). Die eleganten und höchst qualitätvollen Miniaturen sind wohl in einem byzantinisch-ostkirchlichen Zentrum entstanden. Die Darstellung des Evangelisten Markus ist das älteste → Autorenbild der Buchmalerei.

Rotulus
→ Buchrolle

Rubenisten
Anhänger einer durch die Académie Royale des Peintres et Sculpteurs in Paris verbreiteten Kunstdoktrin, die sich im Gegensatz zu den → Poussinisten auf Tizian und Rubens berief und der Farbe (→ Kolorismus) den Vorrang vor der Linie zuerkannte. Sie setzte sich Ende des 17. Jh. durch und fand in der französischen Romantik neue Anhänger (Delacroix).

Rudolfinische Malerei
Gegen Ende des 16. Jh. war der Hof Kaiser Rudolfs II. in Prag ein Zentrum des internationalen Spätmanierismus (Arcimboldo, Spranger, Hans van Aachen, Christoph Schwarz, Joseph Heintz u. a.).

Ruinenmalerei
Sonderform des → Architekturbildes oder der → Landschaftsmalerei. Durch Verselbständigung von Motiven religiöser Gemälde entwickelte sich die Ruinenmalerei im 16. Jh. und wurde bis ins 19. Jh. gepflegt. Dabei konnten die Ruinen als → Vanitassymbol, als historistische Reminiszenz oder ihres pittoresken Reizes wegen gestaltet werden.

Rumänische Malerei
Abgesehen von Siebenbürgen, das kirchlich wie künstlerisch dem Westen verbunden war, liegen die Leistungen der rumänischen Malerei in den orthodoxen Fürstentümern Walachei und Moldau. In der Walachei erscheint, über Serbien vermittelt, der byzantinische Stil zuerst in Argeş (1359), Cozia (ab 1386) und Snagov führen die Tradition fort, sie reicht bis Arnota (um 1640) und Târgovişte (1642), bis in Hurezy (1691) und Govora (1702) zunehmend barocker Einfluß deutlich wird und in volkskunsthaften oder epigonalen Formen ausklingt. Die Malerei in den Moldauklöstern setzt im 15. Jh. ein und erlangt im 16. Jh. in Arbore (1502), Humor (1530), Moldoviţa (1532) und Voroneţ (1488 und 1550) ihren Höhepunkt. Neben der Ausmalung der seltsam hintereinandergestaffelten Kirchenräume, die

Romantische Malerei: *Caspar David Friedrich,* Zwei Männer in Betrachtung des Mondes, *1819, 35 × 44,5 (Dresden, Gemäldegalerie). Aufschlußreich sind die besonders bei Friedrich so häufigen Rückenfiguren, die dem Betrachter gleichsam die „Regieanweisung" geben, sich in sie zu versetzen. Die romantische Landschaft wird zur Gefühlskulisse des sich in sie verströmenden Menschen.*

ziemlich konsequent dem byzantinischen Bildprogramm folgt, sind es besonders die leuchtend-farbigen Außenfresken, die von bedeutsamer Eigenständigkeit zeugen. Ihre oft miniaturhafte Kleinteiligkeit verstärkt sich in Sucevița (um 1595) und verliert in Secu (1602), Dragomirna (1609) Cetățuia (1668) und Hurez (1694) an Vitalität und Harmonie.

Russische Malerei
Durch die von Konstantinopel ausgehende Christianisierung Rußlands im 11. Jh. wurde auch die Malerei nachhaltig vom byzantinischen Vorbild geprägt. Obwohl vielfach griechische Meister in Wladimir, Kiew oder Nowgorod wirkten, bildeten sich lokale Kunstzentren mit oft recht eigenwilliger und expressiver Gestaltungsweise, besonders ausgeprägt in den Ikonen und Buchmalereien der Nowgoroder Schule. Sie alleine blieb auch von dem lähmenden Bruch durch die Tatareneinfälle des 13. Jh. verschont und verstärkte die volkstümlichen Elemente. Einen neuen Impuls brachte die geradezu stürmische Malweise des Griechen → Theophanes, der 1378 die Erlöserkirche in Nowgorod ausmalte und damit eine Sonderform des Palaiologenstils einführte. Sein Mitarbeiter war 1405 in der Moskauer Verkündigungskathedrale Andrej → Rublew, dessen Wirken den ersten Höhepunkt der Moskauer Schule darstellt und die Ikonenmalerei zur vorrangigen Kunstform erhob. Elastische Eleganz, hellkühles Kolorit und zunehmende Tendenz zur Überlängung der Figuren sind die Kennzeichen seines Stils und seiner Nachfolge. Die Machtzentralisierung in Moskau löste zudem seit etwa 1500 die verschiedenen lokalen Traditionen auf (Abb. S. 795), der Stil der Moskauer Künstler wurde allgemein vorbildlich und hatte, wie in den Fresken der Kathedrale im Kreml 1508, der Verherrlichung des Reiches zu dienen, bis hin zu einer strengen Reglementierung der Ikonenkunst. Hatte schon im 17. Jh. westlich-barokker Einfluß zu einer Wiederbelebung der Malerei beigetragen, so löste sich die russische Kunst unter Peter I. von den byzantinischen Traditionen. Vor allem in der profanen Malerei schloß sich Rußland im 19. Jh. ganz den westeuropäischen Strömungen an. In dem Umbruch nach der Jahrhundertwende spielten russische Künstler eine führende Rolle (→ Blauer Reiter, Rayonismus, Konstruktivismus, Suprematismus, École de Paris). Zunächst vom revolutionären Regime akzeptiert, wurde die Avantgarde schließlich im Namen „der Vernunft des Volkes" verurteilt und mußte dem → Sozialistischen Realismus weichen.

S

Sacra (Santa) conversazione
„Heilige Unterhaltung". Darstellung der Madonna mit Heiligen, die zu einem Gespräch oder meditierend versammelt sind; Vorstufe war die → Maestà.

Sakramentar
Liturgisches Buch, das Meßgebete enthält (→ Missale).

Salon
Bezeichnung für Kunstausstellungen in Paris. Schon 1648 wurde hier durch Le Brun für die jährlich im Mai stattfindende Ausstellung der „Salon de Mai" eingerichtet. 1884 gründeten die von der offiziellen Jury abgelehnten Künstler den „Salon des Artistes Indépendants", 1903 etablierte sich für die Herbstausstellungen der „Salon d'Automne", 1946 riefen Maler der geometrischen Abstraktion den „Salon des Réalités Nouvelles" ins Leben.

Salvator
Christus als Heiland, Erlöser.

Sammelvedute
→ Vedute mit in der Wirklichkeit räumlich getrennten Gegenständen.

Scapigliati
Ital. „die Zerzausten, die Zügellosen". 1860–75 in Mailand aktive Künstlervereinigung, deren Anliegen die Loslösung vom Akademismus war (L. Conconi, E. Pagliano, M. Bianchi, F. Carcano, E. Gigous u. a.).

Scharffeuerfarben
Für die Bemalung von → Fayence und → Porzellan verwendete Farben, die nach dem Glasurbad aufgetragen, in die Engobe (franz. „Beguß") einsinken und sich im Glasurbrand mit dieser verbinden. Nur wenige Farben vertragen dessen hohe Temperaturen. Die → Muffelfarben ermöglichen eine reichere Farbskala.

Schattieren
Die Modellierung gemalter oder gezeichneter Gebilde mit Schatten, um sie als Körper im Raum erscheinen zu lassen (Körperschatten), setzte sich folgerichtig und in Übereinstimmung mit der Lichtführung erst seit dem Schaffen Giottos durch; in der Antike → Skiagraphie.

Scheinarchitektur → Quadraturmalerei

Schichtenmalerei
Aufbau eines Bildes aus deckenden oder lasierenden Farbschichten im Gegensatz zur → Primamalerei.

Schlagschatten
Der Schatten, den ein Körper auf seine Standfläche oder Umgebung wirft; in der neueren Malerei erstmals von den Altniederländern wiedergegeben.

Schmelzmalerei → Email

Römische Malerei: *Ein typisches Beispiel für die römische Tendenz, mit Hilfe kulissenartiger Perspektivmalerei Räume illusionistisch zu öffnen, ist ein Ausschnitt aus der Wandbemalung im 8 m hohen Atrium einer Villa in Torre Annunziata, dem einstigen Oplontis (?), das beim Vulkanausbruch 79 n. Chr. mit Pompeji und Herkulaneum unterging.*

Scholle, Die
Münchener Künstlervereinigung, die aus einer 1899 von Illustratoren der Zeitschrift „Jugend" gegründeten Ausstellungs- und Interessengemeinschaft hervorgegangen war und sich dem → Jugendstil zuwandte. Einflüsse von → Worpswede kamen hinzu (Reinhold Max Eichler, Fritz Erler, Max Feldbauer, Angelo Jank, Walter Püttner, Leo Putz u. a.).

Schule der Neuen Prächtigkeit
1973 von den Berliner Malern Manfred Bluth, Johannes Grützke, Matthias Koeppel und Karlheinz Ziegler gegründete Künstlergemeinschaft, deren Ziel die „Weiterentwicklung realistischer Kunst ... bei gleichzeitiger Berücksichtigung historischer Bezüge ..." war. Die „altmeisterliche" Betonung von Form und Komposition ist häufig von Grotesk-Satirischem durchsetzt.

Schützenstück
Gruppenbildnis der holländischen Malerei von Mitgliedern einer Schützengilde, niederländisch „Doelenstück" (doele = Ziel). Hauptmeister waren Franz Hals und Bartholomeus van der Helst, auch Rembrandts sog. Nachtwache gehört zu dieser Gattung.

Schwarzlot → Glasmalerei

Seccomalerei
Technik der Wandmalerei, bei der im Gegensatz zum → Fresko die Farbe auf den trockenen Putz aufgetragen wird. Als Bindemittel dient wie bei der Tafelmalerei Eiweiß und Öl, Leim oder Gummi. Sie ist nicht so dauerhaft wie das Fresko, erlaubt aber, da sie nicht vor dem Trocknen der als „Tagwerk" aufgetragenen Putzfläche vollendet sein muß, nachträgliche Korrekturen.

Section d'Or
Der Name „Goldener Schnitt" verweist auf das Programm einer Gruppe von Kubisten, die sich 1912 zusammenfanden: objektiver Formenkanon, der sich aus den nach reinen Zahlenverhältnissen komponierten abstrakten Konfigurationen ergibt. Mitglieder waren u. a. Jacques Villon, Marcel Duchamp, Juan Gris, Francis Picabia, André Lhote, Auguste Herbin.

Seicento
Ital. Bezeichnung für das 17. Jh.

Selbstbildnis
Selbstdarstellung eines Künstlers, wobei sich ähnliche Grundtypen unterscheiden lassen wie beim → Bildnis. Grundsätzlich ist z. B. zu differenzieren zwischen jenem Selbstbildnis, wo der Künstler als → Assistenzfigur eines größeren Geschehenszusammenhanges fungiert, wo er sich im Doppelbildnis mit Frau oder Freund darstellt oder sich bei der Arbeit wiedergibt (→ Atelierbildnis). Das älteste gemalte Selbstbildnis hat sich aus dem 13. Jh. v. Chr. in Ägypten erhalten. Im Mittelalter gingen typisierte Selbstbildnisse in die → Autorenbilder ein. Die frühesten eigenständigen Selbstbildnisse entstanden in der 2. Hälfte des 15. Jh. Seit der Renaissance nahm die Auseinandersetzung des Künstlers mit seinem eigenen Ich ständig zu. Ein erster Höhepunkt findet sich bei Dürer, etwa in dem berühmten SELBSTBILDNIS als Christus, 1500 (München, Alte Pinakothek). Das Selbstbildnis des Barock ist weitgehend vom gesteigerten Repräsentationsbedürfnis geprägt, doch findet sich bei Rembrandt auch die wohl eindrucksvollste und ergreifendste Serie psychologischer Selbsterfassung. Die psychologische, z. T. psychoanalytisch eindringliche Wiedergabe dominiert auch im 19. und 20. Jh., etwa in den Selbstbildnissen van Goghs, Lovis Corinths oder Max Beckmanns.

Sekundärfarben
Orange, Grün, Violett, im Farbkreis zwischen den Grund- oder Primärfarben Rot, Gelb und Blau (→ Farbenlehre).

Serbische Malerei
Im Gegensatz zu Slowenien, Kroatien und Dalmatien, die nach dem Schisma von 1054 dem römisch-katholischen Westen zugehörten, blieben Serbien, Makedonien und Montenegro dem byzantinischen Ritus und seiner Kunst verpflichtet. So entstanden im 11. und 12. Jh. in Ohrid, Nerezi und Kurbinovo Malereien rein byzantinischer Prägung, im 13. Jh. führte Serbien sogar maßgebend die nach 1204 in Konstantinopel unterbrochene Tradition fort und bereitet in Peć und Sopoćani den neuen Palaiologenstil des 14. Jh. wesentlich vor. Ihre letzte Blüte erlangt die serbische Malerei vor dem Untergang des Reiches 1459 mit der Morava-Schule in Ravanica, Kalenić und Resava.

Sezession
Bezeichnung für Künstlergruppen, die sich von etablierten Künstlerverbänden loslösen und neue künstlerische Ziele anvisieren. Sezessionsbewegungen wurden vor allem um 1900 relevant, wo sie u. a. dem → Jugendstil den Weg ebneten. Die erste Sezession in Deutschland wurde 1892 in München durch Stuck, Trübner und Uhde gegründet.

Sfumato
Ital. „verraucht", zuerst für die im Dunst verschwimmenden Hintergründe in den Bildern Leonardos gebraucht. Seine Schüler, auch Andrea del Sarto und Correggio und um 1800 noch einmal Pierre Paul Prud'hon haben ihren Figuren durch das sinnlich-weiche Sfumato einen besonderen Reiz verliehen.

Sgraffito
Kratzputz (ital. sgraffiare = kratzen). In Deutschland seit dem 14. Jh., in Italien seit der Renaissance verbreitete Art der Wandgestaltung, bei der verschiedenfarbige Putzschichten übereinander aufgetragen und danach in unterschiedlicher Tiefe linear oder flächig eingeritzt oder abgetragen werden, so daß ein figürliches oder ornamentales Bild entsteht.

Signalkunst
Mitte der 60er Jahre aufkommende Kunstströmung, die an die → Konkrete Malerei anknüpfte. Hauptvertreter sind u. a. Al Held, Frank Stella, Georg Karl Pfahler, Winfred Gaul und z. T. Rupprecht Geiger. In den Bildern sind Grundfarben meist symmetrisch oder konzentrisch angeordnet und wirken in ihrer Heftigkeit wie einfache Zeichen oder Signale. Mit diesen Farbflächen und exakt umrissenen Formen erinnern sie an die Malerei des → Hard edge.

Signatur
Das die Urheberschaft an einem Werk belegende Zeichen, für das Altertum etwa aus der → griechischen Vasenmalerei bekannt, im Mittelalter selten, mit dem erwachenden Persönlichkeitsbewußtsein der Neuzeit dann üblich. Meist wird der Name des Künstlers voll ausgeschrieben, abgekürzt oder durch die Anfangsbuchstaben (Monogramm) gegeben, daneben kommt auch die Symbolsignatur vor, wie der Drache bei Lucas Cranach d. Ä., die Nelke beim Nelkenmeister.

Sikkativ
Trockenstoff, der Öl- und Druckfarben zugesetzt wird.

Silikatmalerei → Stereochromie

Simultandarstellung
Die Wiedergabe räumlich und zeitlich getrennter Ereignisse in einem Bild (→ kontinuierende Darstellung, Simultaneismus).

Römische Malerei: *Zu den schönsten Porträts der pompejanischen Wandmalerei gehört das kleine Bildnis eines Mädchens mit seinem Schreibzeug, um 40/50 n. Chr. (Neapel, Nationalmuseum). In Malweise wie Bildauffassung steht es in griechisch-hellenistischer Tradition, vom harten Verismus der republikanischen Zeit ist nichts zu spüren.*

Simultaneismus
Verfahren der „Gleichzeitigkeit". Im Bereich der Farbe erstmals konsequent angewandt im → Neoimpressionismus. Basierend auf der Farbtheorie Chevreuls wird die Farbmischung simultan erst im Betrachterauge vollzogen, wo sich die prismatisch zerlegten Farbtupfen zu leuchtenden Farbflächen verbinden. Im formalen Bereich wurden im → Kubismus und → Futurismus die Gegenstände in Facetten zerlegt, um gleichzeitig mehrere Ansichtsseiten oder Bewegungsmotive wiederzugeben.

Simultankontrast
Das Phänomen, daß jede Farbe von der → Komplementärfarbe ihrer Umgebung optisch überflutet wird. Ein neutrales Grau auf Grün gesetzt, wirkt leicht rötlich, das gleiche Grau auf Rot wirkt leicht grünlich (→ Farbenlehre).

Sinopie → Fresko

Sittenbild
Eine Variante der → Genremalerei, wobei in Szenen aus dem alltäglichen Leben die Sitten verschiedener Gesellschaftsschichten behandelt werden. Einen Höhepunkt hatte das Sittenbild im Holland des 17. Jh.

Skenographie
Griech. „Bühnenmalerei", die Bemalung der Kulissen (Pinakes) des antiken Theaters mit Architekturen und Landschaften. → Agatharchos von Samos wandte dabei in der Mitte des 5. Jh. v. Chr. erstmals perspektivische Darstellungsprinzipien an, so daß der Begriff gleichbedeutend mit → Perspektive wurde.

Skiagraphie
Griech. „Schattenmalerei", die Vortäuschung der Körperlichkeit gemalter Gegenstände durch → Schattieren; eingeführt von → Apollodoros im späten 5. Jh. v. Chr.

Skizze
Spontan gezeichneter oder gemalter Entwurf eines Bildes, der die Komposition oder Einzelheiten vorbereitend festhalten soll. Das häufig auf der Wanderschaft eines Künstlers entstan-

Russische Malerei: *Trotz aller formelhaften und theologisch notwendigen Bindung an die spätbyzantinische Tradition zeigt die galizische Georgsikone des 16. Jh. im erzählenden Detail die Eigenständigkeit der russischen Gestaltungsweise wie auch lokaler Sonderformen (Kiew, Staatl. Museum Ukrainischer Kunst).*

dene Skizzenbuch diente als Formen- und Motivschatz für spätere Werke. Seit der → Renaissance wurde die Skizze in der Kunsttheorie und beim Sammler häufig höher bewertet als das ausgeführte Bild.

Skurz
Starke perspektivische Verkürzung (ital. scorcio).

Sonderbund
Eine 1909 gebildete Vereinigung von Künstlern, Sammlern und Museumsleuten, die eine Förderung und Propagierung künstlerischer Aktivitäten anstrebten. Berühmt wurde die Sonderbundausstellung 1912 in Köln, wo die wichtigsten Vertreter antinaturalistischer Kunst, mit Ausnahme der Futuristen, präsentiert wurden, u. a. van Gogh, Cézanne, Gauguin, Signac, Picasso, Munch, Kirchner, Heckel.

Sopraporte
Das Feld über einem Türsturz, in Wohnräumen des Barock und Rokoko oft mit einem Gemälde, das dann ebenfalls Sopraporte heißt.

Sottoinsu
Ital. „von unten herauf", die durch virtuose perspektivische Verkürzung die Raumgrenze illusionistisch aufbrechende und den Blick in die Höhe ziehende Gestaltungsweise der barocken → Deckenmalerei.

Sozialistischer Realismus
In der Sowjetunion geprägter Begriff für eine realistische Kunst, die die Weltanschauung des Marxismus-Leninismus bildnerisch umsetzen soll. Der Sozialistische Realismus betont dezidiert den Kampf des revolutionären Proletariats gegen die Klassenunterdrückung. Nach der sozialistischen Widerspiegelungstheorie ist der Mensch Produkt der objektiv umgebenden Wirklichkeit, deren Wiedergabe in der Kunst damit propagandistisch-aufklärerische Wirkung hat. Basierend auf Künstlern des 19. Jh. wie Ilja Repin wurde in einer ersten Phase 1917–24 der Sozialistische Realismus zur verbindlichen Norm erklärt, die gegen den „Formalismus" von Abstraktionismus, → Suprematismus, → Konstruktivismus usw. durchgesetzt wurde. In der zweiten Phase 1924–32 wurden vor allem Elemente der Filmkunst, Fotografie und Fotomontage für die Monumentalmalerei ausgewertet. In der dritten Phase 1932–56 bildete sich ein einheitlicher Künstlerverband, der endgültig die Parteidoktrinen anerkannte. Von der Sowjetunion aus kam der Sozialistische Realismus auch in andere, vor allem kommunistische Länder.

Stifterbild: *Piero della Francesca,* DER HL. HIERONYMUS UND EIN STIFTER, *Tempera auf Holz, 49 × 42 (Venedig, Accademia). Seit der Renaissance wird der Stifter häufig proportional gleichwertig ins Bildgeschehen einbezogen. Damit tritt er in direkten Kontakt zum Sakralen, beide „Welten" beginnen sich in einem „Bild" zu vereinen.*

Spazialismo
1946 von Lucio Fontana begründete Kunstströmung, die eine neue Definition des Raumes im Kunstwerk anstrebte: Der Raum müsse sich Farbe, Klang, Licht und Bewegung integrieren. Damit wurde die Grenze zwischen den Kunstgattungen im Sinne des Environments aufgehoben. Berühmt wurden die durchlöcherten oder geschlitzten Bilder Fontanas.

Sposalizio
Ital. „Hochzeit", die Darstellung der Verlobung Marias mit Joseph.

Spruchband
→ Banderole

Spur
1957 in München gegründete Künstlergruppe, der die Maler Heimrad Prem, Hans-Peter Zimmer und Helmut Sturm angehörten. Sie plädierten für eine politisch engagierte Kunst, ihre Malweise zeigte u. a. Einflüsse durch die Gruppe → Cobra. Ab 1965 entstand durch die Vereinigung mit der Gruppe „Wir" die Gruppe → Geflecht.

Staffage
Zur Belebung oder Verdeutlichung der Raumtiefe von Landschafts- und Architekturbildern gegebene, für das eigentliche Bildmotiv nebensächliche Figuren, im Barock oft von Spezialisten in die Bilder hineingemalt.

Staffelei
Ein Holzgestell, an dem der Maler die Leinwand usw. bei der Arbeit in der ihm zusagenden Höhe befestigen kann, starr (Atelierstaffelei) oder zusammenklappbar (Feldstaffelei). Ein Staffeleibild ist ein mobiles, auf der Staffelei entstandenes Tafelbild im Gegensatz zum Wandgemälde.

Staffiermaler → Faßmaler

Stereochromie
Griech. „Farbenfestigung". Ein 1823 in München erfundenes Verfahren, ein mit Wasserfarben auf trockenem Putz ausgeführtes Gemälde durch einen Überzug mit Wasserglas wetterfest zu machen (Silikatmalerei).

Stifterbild
Die Wiedergabe des Stifters, der meist durch Beschriftung, Wappen u. ä. sowie durch individuelle Züge genau gekennzeichnet wird und häufig mit seinen Familienangehörigen dargestellt ist. Neben → Assistenzfigur und → Autorenbild kann es als Vorläufer des reinen → Bildnisses gelten. Stifterbildnisse sind schon aus der Spätantike bekannt. Seit der Romanik werden die Stifter verkleinert als Randfiguren, zu Füßen etwa von Heiligen oder seitlich der Hauptszene angebracht, wobei sie in den Flügelaltären oft die Seitentafeln einnehmend, von Schutzheiligen den heiligen Personen der Mitteltafel empfohlen werden.

Stijl, De
1917 von Piet Mondrian, Theo van Doesburg u. a. gegründete holländische Künstlervereinigung, die im Rahmen des → Konstruktivismus die Tendenzen des → Neoplastizismus vertrat und zu einer der einflußreichsten modernen Kunstströmungen wurde. Seit dem Gründungsjahr erschien eine von Doesburg herausgegebene Zeitschrift unter dem Titel „De Stijl". Die Prinzipien von De Stijl wurden später zum → Elementarismus modifiziert.

Stil
Objektiv und subjektiv bestimmte ästhetische Anschauungs- und Darstellungsweise, die in den Kunsttheorien auch zur Norm erhoben werden kann. „Stil" eines Kunstwerkes oder einer Epoche meint das spezifische Zusammenwirken von Form und Inhalt zum Gehalt, der einem bestimmten Stilwollen Ausdruck verleiht und auch eine entsprechende Aufnahme durch den Kunstrezipienten voraussetzt. Stil ist also nicht die Menge formaler Elemente, sondern ihre Zusammenfassung zu einem gegliederten, aussagekräftigen Ganzen.

Stilleben
Bildgattung, die tote bzw. reglose Dinge wiedergibt. Stillebenhafte Elemente finden sich praktisch in allen Kunstepochen aller Länder. Als selbständiges Bildthema ist das Stilleben eine Sonderentwicklung der europäischen Malerei etwa seit dem 16. Jh. Vorstufen finden sich freilich schon im Mittelalter, z. B. in der naturgetreuen Wiedergabe von Gegenständen, die als religiöse Symbole Verwendung fanden, vor allem aber in der einem neuen Naturalismus zugewandten Malerei des 15. Jh. Als eines der frühesten eigen-

ständigen Stilleben gilt Jacopo de'Barbaris STILLEBEN MIT REBHUHN UND EISENHANDSCHUH von 1504 (München, Alte Pinakothek). Mit den Küchenstükken eines Pieter Aertsen oder Joachim Beuckelaer gewann die Gattung an Relevanz, um im Barock zu kulminieren, wobei diese Stilleben immer auch mit einer tieferen symbolischen Bedeutung verknüpft waren. Im 20. Jh. spielte das Stilleben etwa im → Kubismus eine große Rolle.

Stundenbuch
Franz. Livre d'heure, Gebetbuch für Laien, das ähnlich dem Brevier der Priester, Gebete für die einzelnen Tage und Tageszeiten enthält. Bedeutende illustrierte Handschriften entstanden vor allem im niederländisch-französischen Kunstkreis des 15. Jh.

Sturm, Der
1910 von Herwarth Walden in Berlin gegründete Wochenschrift für Kultur und Kunst. 1912 wurde eine gleichnamige Galerie eröffnet, später auch ein Verlag, eine Schule, Bühne und Buchhandlung. Die „Sturm"-Bewegung setzte sich für die avantgardistische Kunst ein, → Futurismus, → Kubismus und vor allem → Expressionismus, und prägte auch die Kunst des → Bauhauses.

Suiboku → japanische Malerei

Suprematismus
Um 1913 von Kasimir Malewitsch geprägter Begriff für eine von allen Gegenstandsbezügen befreite Kunst, die in der Reduktion auf einfachste geometrische Formen die absolute Herrschaft der rein bildnerischen Mittel propagierte. Das erste Beispiel dieser Richtung, die eine Variante des → Konstruktivismus darstellt, war Malewitschs SCHWARZES QUADRAT AUF WEISSEM GRUND von 1915 (Leningrad, Russisches Museum). Der weiße Bildgrund stellt dabei den „unmeßbaren freien Raum dar, den man auch als explosionsreiches Lichtfeld oder als das himmlische Licht deuten kann" (D. Hnikova). Der Suprematismus zielte also auf eine „kosmologische" Mystik ab. Er hatte u. a. großen Einfluß auf das → Bauhaus.

Surrealismus
Eine der wichtigsten Strömungen der modernen Kunst, die sich die Darstellung des Irrationalen und Traumhaften in den Tiefen des Unbewußten zum Ziel setzte. 1924 wurde in Paris das erste surrealistische Manifest veröffentlicht, nach dem die Widersprüche von Traum und Wirklichkeit, von Irrealität und Realität, in einer absoluten „Über-Wirklichkeit" aufgelöst werden sollten, wozu u. a. der → Automatismus diente und die Mystifikation des Absurden. Das magische Sich-Berühren von Dingwelten in einem absurden Ambiente, ein eigenartiger Animismus und der Hang zur Verfremdung wurden Grundweisen surrealistischen Gestaltens, die auch die Erkenntnisse der Psychoanalyse anregte. Diese Gestaltungen wurden einerseits in einem abstrakten Vokabular praktiziert (Hans Arp, Joan Miró und z. T. Max Ernst), zum anderen in einem Surrealismus, der mit hypertropher Detailgenauigkeit operiert (Salvador Dalí). Der Surrealismus wurde rasch zu einer internationalen Bewegung, verlor aber nach 1945 an Relevanz, wobei einzelne seiner Tendenzen und Methoden jedoch in andere Kunstströmungen eingingen.

Symbol
Begriff für eine Bildsprache, die über den geschilderten Vorgang oder das dargestellte Objekt hinausweist. Das Dargestellte ist Sinnbild, bedeutungsvolles Zeichen und dient der Andeutung oder Vermittlung von religiösen, magisch-kultischen, transzendentalen u. ä. Ideen oder Geheimnissen, die in dieser bildnerischen Einkleidung nicht ausschließlich rational faßbar sind. Darin unterscheidet sich das Symbol von der → Allegorie.

Symbolismus
Eine vor allem in den 80er Jahren des 19. Jh. wirksame Stilrichtung, die eine Ideenkunst propagierte, in der die zeichenhafte Bildsprache des → Symbols zentrales Ausdrucksmittel sein sollte. Ziel dieser antinaturalistischen, poetisch geprägten Kunst war also der Verweis auf mystische, religiöse und andere Ideenzusammenhänge. Ihren Namen erhielt sie nach dem „Symbolistischen Manifest", das Jean Moréas 1886 im „Figaro" veröffentlichte. Die Vertreter des Symbolismus sind weniger durch ihre formal-künstlerischen Gemeinsamkeiten als durch die mystisch-spirituelle Inhaltlichkeit ihrer Werke zusammenzufassen. Thematisch dominiert das Figurenbild, der Mensch in Traum- und Wunschwelten, von irrationalen Mächten wie Tod und Eros beherrscht. Zu den Hauptrepräsentanten zählen u. a. Gustave Moreau, Odilon Redon, Jean Delville, Arnold Böcklin, Giovanni Segantini, John Everett Millais, also auch Künstler, die den → Präraffaeliten oder dem → Jugendstil zugerechnet werden, wie überhaupt der Symbolismus von diesen und verwandten Richtungen nur schwer zu trennen ist.

Synagoge → Ecclesia

Synthetismus
Eine Variante des → Symbolismus, die sich Ende des 19. Jh. um Gauguin, Bernard und ihren Kreis kristallisierte (→ Pont-Aven). Ziel war es, „eine Synthese aus Form und Farbe, die aus der Beobachtung des dominierenden Elements entsteht", zu schaffen, wobei die Formen stark vereinfacht und häufig von schwarzen Linien konturiert sind (→ Cloisonnismus).

T

Tachismus
Seit 1954 gebräuchliche Bezeichnung für eine in Paris entstandene nichtgeometrische abstrakte Malerei, die, in der Auseinandersetzung mit dem → abstrakten Expressionismus, die Praktiken des surrealistischen → Automatismus mit den gestischen Improvisationen z. B. Paul Klees oder Wols' zu verbinden sucht. Die Grenzen zur → Lyrischen Abstraktion und zum → Informel sind dabei fließend.

Tafelmalerei
Sammelbegriff für eine Malerei, deren Bildträger flach und fest sein muß (Holz, Ton, Elfenbein, Pappe, Metall). Auch Malereien auf Leinwand werden dazu gezählt, wenn die Malfläche versteift, d. h. auf einen Spannrahmen aus Holz aufgezogen ist. Lange Zeit spielte die Holztafel die wichtigste Rolle, so in den Ursprüngen der mittelalterlichen Tafelmalerei, im Rahmen der → Altarmalerei. Bereits in der Antike gab es Tafelmalerei (→ Pinax, → Mumienporträt). Im 16. Jh. verdrängte dann die Leinwand zunehmend die Holztafel, im Barock wurden auch häufig Metallplatten als Bildträger verwendet.

Temperamalerei
Lat. temperare, bezeichnete im Mittelalter das Mischen der Farben mit → Bindemitteln. Unter Tempera versteht man die in der mittelalterlichen → Tafelmalerei übliche wäßrige → Emulsion aus Eigelb, Leim, Wachs,

Türkische Malerei: *Sultan Süleyman in der Schlacht bei Mohacz gegen die Ungarn 1526, Detail aus einer Miniatur des Hüner-name, 1588 (Istanbul, Topkapi Saray). Das Kolorit türkischer Miniaturen ist kräftiger und dunkler als bei persischen. Ausführlich und genau, oft auch ein wenig trocken, werden die Ereignisse geschildert.*

Harz u. ä., die im Unterschied zur späteren → Ölmalerei schnell trocknet und keine weichen Übergänge erlaubt. Die stumpfe Oberfläche wurde gewöhnlich gefirnist.

Tibetische Malerei
Die charakteristische Bildform der von Nordindien, teilweise auch von China inspirierten Malerei des Himalaya-Landes ist die Thanka aus Stoff (meist grobes Leinen und mit Seidenstreifen eingefaßt). Heilige Wesen, Symbole und Legenden des Lama-Buddhismus sind die Themen der Bildrollen. Ihre Ausführung galt als religiöse Handlung und vollzog sich nach genau festgelegten Vorschriften.

Tondo
Charakteristische Bildform der italienischen Renaissance in der Nachfolge des → Medaillon. Das Ideal der Kreiskomposition hat am vollkommensten Raffael in der MADONNA DELLA SEDIA (Florenz, Palazzo Pitti) verwirklicht.

Trecento
Das 14. Jh. in der italienischen Kunst.

Triptychon
In Erweiterung des → Diptychon ein dreifach geteilter → Altar.

Trompe-l'œil
Franz. „Augentäuschung", eine illusionistische Malerei, die darauf abzielt, ein Objekt so wirklichkeitsnah wiederzugeben, daß das Auge nicht mehr unterscheiden kann, ob es sich um einen echten oder dargestellten Gegenstand handelt.

Türkische Malerei
Am Beginn der Malerei des islamischen Anatolien steht eine erstaunliche Reihe um 1400 entstandener Blätter (Istanbul, Topkapi Saray), die Szenen aus dem Nomadenleben und dämonische Wesen von ungezügelter wilder Bewegung darstellen, in meisterhaft beherrschter Zeichnung und zart modellierter Farbigkeit. In den historischen Werken des 16. Jh. mit Kriegszügen und Staatsfesten ist der Zusammenhang mit der → persischen Malerei, aber auch ein eigener Sinn fürs Faktische unverkennbar.

Typologie
Religiöse Bedeutungslehre, die vor allem im Mittelalter verbreitet war. Nach ihr sind Ereignisse des Neuen Testamentes, in „Präfigurationen" des Alten Testamentes vorausdeutend vorgebildet. Seit der frühchristlichen Kunst wurde der typologische Vergleich elementarer ikonographischer Bestandteil sakraler Bildprogramme.

U

Übermalung
Alte Gemälde sind häufig im Lauf der Zeit an mehr oder weniger ausgedehnten Partien übermalt worden, um Schäden abzudecken, unansehnlich gewordene Stellen aufzufrischen oder um sie dem aktuellen Stil anzugleichen. Die Entfernung von das Original entstellenden Übermalungen ist eine wichtige Aufgabe der → Restaurierung.

Ukiyo-e
Im 18. Jh. entstandene Richtung der → japanischen Genremalerei, die Gesellschafts- und Sittenbilder vorzugsweise im Farbholzschnitt schuf.

Umilenie
Russische Version der → Eleousa (Abb. S. 752).

Unismus
1924–28 von Waladyslaw Strzemiński in Warschau konzipierte Theorie einer puristisch reinen Malerei, bei der eine völlige Einheit von bemalter Bildfläche, der Struktur ihrer Binnenformen und dem Flächencharakter des Gesamtbildes angestrebt wurde, vermittelt über eine streng horizontale Reihung dichter Farbfolgen.

Unit One
1933 um Paul Nash konstituierte Londoner Künstlervereinigung, die aus Vertretern eines romantischen → Surrealismus, des → Konstruktivismus und der abstrakten Kunst bestand: Edward Burra, Tristram Hillier, John Armstrong, John Bigge, Edward A. Wadsworth, Ben Nicholson und den Bildhauern Henry Moore und Barbara Hepworth. Die Gruppe hatte große Bedeutung für die Entwicklung der modernen englischen Kunst.

Untermalung
Das Auftragen einer ersten Farbschicht bei Tempera- und Ölgemälden auf den → Malgrund.

Utrecht-Psalter
Eines der Hauptwerke der karolingischen Buchmalerei, um 830 in Reims entstanden (Utrecht, Universitätsbibliothek). Die Zeichnungen auf Pergament sind meist wörtliche Illustrationen einzelner Psalmverse. Sie zeichnen sich durch einen skizzenhaften „impressionistischen" Stil aus, der von bestimmten spätantiken Vorbildern übernommen wurde.

V

Valeurs
Franz. „Werte", die Tonwerte oder Abstufungen einer Farbe die durch Licht und Schatten und farbige Reflexe verursacht werden.

Valori Plastici
1918 gegründete italienische Kunstzeitschrift, um die sich Künstler verschiedenster stilistischer Orientierung sammelten. Zunächst propagierte sie die → Pittura metafisica, dann eine nationalistische Rückbesinnung auf die klassischen Traditionen der italienischen Kunst, womit sie z. T. in die faschistische Kunsttheorie einmündete. Werke von Carrà oder Morandi aber halten sich in ihrer klaren Ding- und Raumanordnung weitab von solcher ideologischen Vereinnahmung.

Vanitas
Lat. „Wahn, Eitelkeit". Im engeren Sinn ein → Stilleben, das Sinnbilder der Vergänglichkeit des Irdischen enthält (Totenkopf, Sanduhr, erloschene Kerze u. a.). Auch Darstellungen der Lebensalter oder von Büßerszenen gelten als Vanitasbilder.

Vasenmalerei → griechische Vasenmalerei

Vedute
Ital. „Aussicht". Die sachlich treue und perspektivisch richtige Ansicht einer Stadt oder Landschaft. Im 17. Jh. waren die Niederlande, im 18. Jh. Venedig führend (Canaletto, Bellotto, Guardi → Architekturbild, Landschaftsmalerei).

Vera Icon
Das „wahre Bild" Christi, der Abdruck auf dem Tuch, das ihm die hl. Veronika bei der Kreuztragung reichte, um sein Antlitz zu trocknen. Das streng frontale, genau symmetrische Bildnis ist eines der → Acheiropoieten.

Verismus
Variante des → Realismus, wobei im Gegensatz zur → Neuen Sachlichkeit sozialkritische Aussagen vorgetragen wurden, so bei Otto Dix, George Grosz u. a. Ital. „verismo" bezeichnete ursprünglich jene Richtung der ital. Oper, die ihre Themen dem einfachen Leben entnehmen.

Verkürzung
Im perspektivischen Sehen in die Raumtiefe führende Linien erscheinen auf der Bildfläche schräg. Die Renaissance hat in der Zentralperspektive ein Konstruktionsschema dafür entwickelt. Die übertriebene Anwendung der Perspektive wurde im Manierismus oft als Ausdrucksmittel benutzt.

Verlorenes Profil
Die Drehung eines Kopfes aus der Seitenansicht vom Betrachter weg in die Bildtiefe hinein.

Vernissage
Franz. „das Firnissen". Die Eröffnung einer Ausstellung mit moderner Kunst. Die Pariser Maler des 19. Jh. pflegten am Eröffnungstage ihre Bilder noch einmal zu firnissen und dabei Freunde und Gäste zu einer ersten Besichtigung einzuladen.

Verputzen
Das Angreifen der originalen Substanz eines Gemäldes durch unsachgemäßes Restaurieren, namentlich bei der Abnahme von → Firnis.

Vignette
Ornament, das ursprünglich in Form von Weinranken und Zweigen in der spätmittelalterlichen Buchmalerei Miniaturen und Textspiegel rahmte. Seit der Erfindung der Buchdruckerkunst verselbständigte sie sich zur kleinformatigen, ornamentalen oder figürlichen, bildmäßig abgeschlossenen Darstellung, die sich vornehmlich bei Kapitelanfängen, Titeln, Schlußseiten u. ä. fand. Ihren Höhepunkt hatte sie im Rokoko.

Vingt, Les
1883 in Brüssel von Edmond Picard und Octave Maus gegründete Künstlervereinigung, deren Ziel es war, die avantgardistische Kunst publik zu machen und zu fördern. Zu ihren Mitgliedern zählten u. a. James Ensor, Fernand Khnopff, Theo van Rysselberghe und Henry van de Velde. Sie trug maßgeblich zur Verbreitung des → Symbolismus und des → Jugendstils bei.

Vortizismus
Bezeichnung für eine seit etwa 1910 in England bestehende avantgardistische Künstlergruppe, die sich gegen den damals in England dominierenden Impressionismus wandte und eine Variante des → Futurismus vertrat. Initiiert wurde sie von dem Maler Percy Wynham Lewis und dem Dichter Ezra Pound. Die einzige Gruppenausstellung fand im Jahre 1915 in London statt.

Votivbild, Votivtafel
Ein aufgrund eines Gelübdes gestiftetes Bild.

W

Wachsmalerei → Enkaustik

Wandelaltar → Altar

Wandmalerei
Dekoration, die in der Technik der → Freskomalerei, der → Seccomalerei, der → Enkaustik, des → Sgraffito oder durch verschiedene Mischtechniken direkt auf die Wand aufgetragen sein muß. Eine Sonderform stellt die → Deckenmalerei dar. Wandmalerei begegnet in den paläolithischen → Höhlenmalereien und allen Stufen der prähistorischen Malerei (→ Çatal Hüjük) ebenso in der → ägyptischen, der → kretisch-mykenischen, der → indischen und → altamerikanischen Malerei. Von der griechischen Wandmalerei besitzen wir keine Zeugnisse, wohl aber von der → etruskischen und der → römischen. Diese findet ihre Fortsetzung in den Katakombenfresken der → altchristlichen Malerei. Bedeutend ist die Rolle der Wandmalerei in der → byzantinischen und der → romanischen Malerei. In der Gotik hatte sie ihre Domäne im Italien des 14. Jh., vor allem bei Giotto und seinem Kreis. Er schuf die Grundlagen für ihre Kulmination in Renaissance und Barock, wo sie sich mit illusionistischen Raumverschleifungen verband. Im 20. Jh. stellt der → Muralismo eine der wichtigsten Ausprägungen dar.

Wappenscheibe
Eine Sonderform der → Kabinettscheibe, die besonders in der Schweiz im 15. und 16. Jh. von Privatpersonen, Städten oder Gilden verbunden mit einem Bauschilling gestiftet wurde.

Wasserfarben → Aquarell

Weicher Stil
Deutsche Bezeichnung für die Internationale Gotik um 1400. Der Begriff zielt in seiner inhaltlichen Bedeutung auf die weich-fließende Liniengebung, die Feingliedrigkeit der Figuren und auf immaterielle Farbbehandlung ab.

Wenzel-Bibel
Eine um 1400 am Prager Hof König Wenzels IV. entstandene Prachtbibel, deren Hauptteil in Wien aufbewahrt wird (Österreichische Nationalbibliothek.) Der zweite Teil befindet sich in der Karlsruher Landesbibliothek. Mit ihren in Temperatechnik auf Pergament gemalten Miniaturen gehört sie ohne Frage zu den bedeutendsten Zeugnissen des → Weichen Stils in Böhmen.

Werkbund
Vereinigung, deren Ziel es war, die formale Qualität gewerblicher und industrieller Produkte zu fördern. Der deutsche Werkbund wurde 1907 in München gegründet. Zu seinen Mitgliedern zählten Politiker, Philologen, Kunsthistoriker, Architekten, Designer und die Maler vom → Sturm und der → Novembergruppe. Berühmt wurde die Werkbundausstellung 1914 in Köln.

Wiener Genesis
Im 6. Jh. entstandene Purpurhandschrift mit Silberschrift (Wien, Österreichische Nationalbibliothek). Die Miniaturen illustrieren Stoffe des Alten Testaments und wurden wahrscheinlich von acht verschiedenen Künstlern geschaffen. Sie sind von naturalistischen hellenistischen Vorbildern abhängig und wohl im oströmischen Raum entstanden.

Wiener Schule des Phantastischen Realismus
→ Phantastischer Realismus

Wismutmalerei
Lackmalerei auf einem Untergrund von Wismut, das pulverförmig auf einen Kreidegrund aufgetragen, durch die Lackfarben durchschimmert; im 16. und 17. Jh. besonders in Süddeutschland bei Kleinmöbeln, Kästchen u. ä. üblich.

Worpswede
1889 bildete sich in dem Heidedorf Worpswede um Fritz Mackensen und Otto Modersohn eine Künstlerkolonie, die sich im Gegensatz zu den akademischen Normen unmittelbar vor der Natur eine neue Weise der Landschaftsdarstellung erarbeiten wollte. 1894 kamen auch Hans am Ende, Fritz Overbeck und Heinrich Vogeler hierher. 1895 schlossen sich dann alle Künstler zur „Künstlervereinigung Worpswede“ zusammen. Basierend auf der Malerei der → Präraffaeliten, tendierten sie zu einer realistischen, aber flächig und linear vereinfachten Komposition und lieferten so eine der Grundlagen des deutschen → Jugendstils.

Z

Zebra
1965 gegründete Malervereinigung, die an die → Neue Sachlichkeit anschloß und einen wichtigen Beitrag zum → Neuen Realismus lieferte. Ihr gehörten u. a. Dietmar Ullrich, Dieter Asmus, Peter Nagel und Nikolaus Störtenbecker an.

Zen
1949 in München gegründete Vereinigung abstrakter Maler, die in Anlehnung an die japanische Zen-Malerei eine abstrakte Kalligraphie entwickelten. Mitglieder waren u. a. Willy Baumeister, Fritz Winter, Rupprecht Geiger und Julius Bissier.

Zen-Malerei → japanische Malerei

Zero
1958 von Otto Piene und Heinz Mack gegründete Künstlergruppe, der sich auch Günther Uecker und Yves Klein anschlossen. Sie hatte großen Einfluß auf → Op-art und Kinetische Kunst.

Znamenie
„Muttergottes des Zeichens“, russische Variante der byzantinischen → Blacherniotissa.

Wandmalerei: *Die Sixtinische Kapelle, als Raum ein schlichter Saal, ist ein einzigartiges Monument der Wand- und Deckenmalerei. Botticelli, Ghirlandaio, Perugino und Signorelli malten einen Moses- und Christus-Zyklus, Michelangelo schuf das gewaltige Deckenfresko mit der Schöpfungsgeschichte und das überwältigende Jüngste Gericht der Stirnwand. Raffael entwarf die Kartons für die Teppichfolge der Sockelzone mit den Taten der Apostelfürsten Petrus und Paulus.*

Bildquellen-Nachweis

Musée, Aix-en-Provence (1); Rijksmuseum, Amsterdam (16); Stedelijk Museum, Amsterdam (2); Archäologisches Museum, Ankara (1); Koninklijk Museum voor Schone Kunsten, Antwerpen (3); Sammlung Jussiant, Antwerpen (1); Museo d'Arte, Arezzo (1); S. Francesco, Arezzo (1); Klosterkirche Daphni, Athen (1); Nationalmuseum, Athen (1); Dom, Augsburg (1); St. Nikolaus, Bad Wildungen (1); Museum of Art, Baltimore (1); Museo de Bellas Artes de Cataluña, Barcelona (1); Picasso-Museum, Barcelona (1); Historisches Museum, Basel (1); Historisches Schützenhaus, Basel (1); Kunstmuseum, Basel (21); Kupferstichkabinett, Basel (3); Antikenmuseum, Berlin (2); Archiv für Kunst und Geschichte, Berlin (2); Bauhaus-Archiv, Berlin (7); Galerie des 20. Jahrhunderts, Berlin (1); Galerie Poll, Berlin (1); Kupferstichkabinett, Berlin (1); Berlin-Museum, Berlin (2); Museum für Indische Kunst, Berlin (3); Nationalgalerie, Berlin (17); Nationalgalerie, Berlin (Ost) (2); Sammlung Bröhan, Berlin (1); Schloß Charlottenburg, Berlin (2); Staatliche Museen, Berlin (31); Staatliche Museen, Berlin (Ost) (1); Staatliche Schlösser und Gärten, Berlin (1); Staatsbibliothek, Berlin (1); Städtisches Museum, Berlin (1); Historisches Museum, Bern (1); Klee-Stiftung, Bern (1); Musée des Beaux-Arts, Besançon (1); Schloßkapelle, Blutenburg (1); Biblioteca Universitaria, Bologna (1); Rheinisches Landesmuseum, Bonn (4); Musée des Beaux-Arts, Bordeaux (1); Pavillon des Landes, Bosnien-Herzegowina Friese (1); Herzog-Anton-Ulrich-Museum, Braunschweig (9); Kunsthalle, Bremen (4); Stedelijk Museum, Brügge (1); S. Janshospitaal, Brügge (1); Musées Royaux des Beaux-Arts, Brüssel (12); Museum der Schönen Künste, Budapest (7); Kupferstichkabinett, Budapest (2); Musée Condé, Chantilly (5); Kathedrale, Chartres (1); Institute of Art, Chicago (2); Museum of Art, Cleveland (1); Münster St. Martin, Colmar (1); Unterlinden Museum, Colmar (1); Museo Civico, Cremona (1); Hessische Landesbibliothek, Darmstadt (1); Hessisches Landesmuseum, Darmstadt (6); Mauritshuis, Den Haag (7); Institut of Art, Detroit (1); Bibliothèque Municipal, Dijon (1); Publique Bibliothèque, Dijon (1); Gemäldegalerie, Dresden (10); Sächsische Landesbibliothek, Dresden (1); Trinity College Library, Dublin (1); Lehmbruck-Museum, Duisburg (1); Kunstmuseum, Düsseldorf (10); Kunstsammlung Nordrhein-Westfalen, Düsseldorf (2); National Gallery, Edinburgh (3); Bibliothèque Municipale, Epernay (1); Musée, Epinal (1); Museum Folkwang, Essen (8); San Domenico, Fiesole (1); Accademia, Florenz (1); Museo Archeologico, Florenz (1); Palazzo Bargello, Florenz (1); Palazzo Medici-Riccardi, Florenz (2); Palazzo Pitti, Florenz (11); S. Maria del Carmine, Florenz (1); S. Maria Novella, Florenz (1); S. S. Annunziata, Florenz (1); Uffizien, Florenz (29); Städel, Frankfurt (19); S. Bavo, Gent (1); Marktkirche St. Cosmas und Damian, Goslar (3); Fassadenmalerei, Gümlingen (bei Bern) (1); Kunstmuseum, Hannover (12); Kunstmuseum, Sammlung Sprengel, Hannover (2); Landesgalerie, Hannover (1); Landesmuseum, Hannover (1); Pelikan-Kunstsammlung, Hannover (1); Sammlung Beindorff, Hannover (1); Wilhelm-Busch-Museum, Hannover (2); Kunsthalle, Hamburg (17); Museum für Kunst und Gewerbe, Hamburg (1); Staatsarchiv, Hamburg (1); Universitätsbibliothek, Heidelberg (1); Nationalmuseum, Helsinki (1); Cehel-Sutun-Palast, Isfahan (1); Topkapi Saray, Istanbul (1); Ägyptisches Museum, Kairo (1); Kunsthalle, Karlsruhe (1); Landesmuseum, Karlsruhe (1); Gemäldegalerie, Kassel (21); Museum für westliche und östliche Kunst, Kiew (1); Staatliches Museum Ukrainischer Kunst, Kiew (1); Stiftsgalerie, Klosterneuburg (1); Hagia Sophia, Konstantinopel (2); Statens Museum for Kunst, Kopenhagen (6); Museum für ostasiatische Kunst, Köln (1); Museum Ludwig, Köln (2); Wallraf-Richartz-Museum, Köln (17); Stiftsbibliothek, Kremsmünster (1); Musée Cantonal des Beaux-Arts, Lausanne (1); Museum der Bildenden Künste, Leipzig (1); Eremitage, Leningrad (4); Musée des Beaux-Arts, Lille (1); British Museum, London (5); Courtauld Institute Galleries, London (2); National Gallery, London (27); Soho Gallery, London (1); Tate Gallery, London (11); Victoria and Albert Museum, London (3); Wallace Collection, London (2); Wilhelm-Hack-Museum, Ludwigshafen (8); Behnhaus, Lübeck (2); St.-Annen-Museum, Lübeck (3); Musée des Beaux-Arts, Lüttich (1); Prado, Madrid (27); Pinacoteca di Brera, Mailand (7); Galleria d'Arte Moderna, Mailand (1); City Art Gallery, Manchester (2); Städtische Kunsthalle, Mannheim (2); Teatro Insurgentes, Mexico City (1); Biblioteca Estense, Modena (1); Musée Fabre, Montpellier (1); Puschkin-Museum, Moskau (1); Tretjakow-Galerie, Moskau (4); Alte Pinakothek, München (25); Amalienburg, München (1); Antikensammlung, München (6); Bayerisches Nationalmuseum, München (6); Bayerische Staatsbibliothek, München (3); Graphische Sammlung, München (3); Lenbachhaus, München (15); Neue Pinakothek, München (16); Residenz, München (2); Schackgalerie, München (2); Schloß Nymphenburg, München (1); Schloß Schleißheim, München (1); Staatsgalerie moderner Kunst, München (11); Villa Stuck, München (1); Westfälisches Landesmuseum, Münster (11); Musée Historique Lorrain, Nancy (1); Musée des Beaux-Arts, Nantes (1); Galleria Nazionale, Neapel (1); Museo di S. Martino, Neapel (1); Nationalmuseum, Neapel (5); André Emmerich Gallery, New York (1); Guggenheim-Museum, New York (1); Lehman Coll., New York (1); Metropolitan Museum, New York (20); Museum of Modern Art, New York (10); Sammlung W. Burden, New York (1); Signey Janis Gallery, New York (2); The Whitney Museum of American Art, New York (1); Museum of Art, Northampton (1); Frauenkirche, Nürnberg (1); Germanisches Nationalmuseum, Nürnberg (9); St. Lorenz, Nürnberg (1); Landesmuseum, Oldenburg (7); Musée des Beaux-Arts, Orleans (1); Munch-Museum, Oslo (3); Rijksmuseum Kröller-Müller, Otterlo (1); Arena-Kapelle, Padua (2); Cappella Palatina, Palermo (1); Normannenpalast, Palermo (1); Bibliotheque Mazarine, Paris (1); Bibliotheque Nationale, Paris (6); Cabinet des Médailles, Paris (1); Ecole des Beaux-Arts, Paris (1); Louvre, Paris (42); Carnavalet, Paris (1); Musée d'Art Moderne, Paris (1); Musée de Cluny, Paris (1); Musée des Arts Africains et Océaniens, Paris (1); Musée des Arts Decoratifs, Paris (1); Musée Jacquemart-André, Paris (2); Musée National d'Art Moderne, Paris (9); Sammlung Nina Kandinsky, Musée National Gustave Moreau, Paris (1); Musée Marmottan, Paris (1); Pinacoteca Comunale, Parma (1); Museum of Art, Philadelphia (3); University Museum, Philadelphia (1); Národní Galerie, Prag (9); Privatbesitz (81); Sammlung der Stadt Prag, Prag (1); S. Vitale, Ravenna (1); San Apollinare Nuovo, Ravenna (1); Ostdeutsche Galerie, Regensburg (7); Galleria Borghese, Rom (9); Giordaní Katakombe, Rom (1); Vatikanische Museen, Rom (1); Villa Farnesina, Rom (1); St. Jakob, Rothenburg o. d. Tauber (1); Museum Boymans-van Beuningen, Rotterdam (10); Mozart-Museum, Salzburg (1); Bildergalerie, Sanssouci (1); Schloß Wolfsgarten (1); Nolde-Museum, Seebüll (1); Palazzo Pubblico, Siena (1); Piccolomini-Bibliothek, Siena (3); Palast, Sigiriya (1), Sixtinische Kapelle, Rom, Vatikan (1); Skagens Museum, Skagen (3); Skokloster (1); St. Walburga, Soest (1); Art Gallery, Southampton (1); Sammlung Peter Wake, Southampton (1); Stadtbibliothek, St. Gallen (1); Wallfahrtskirche, St. Wolfgang (1); Wallfahrtskirche, Steinhausen (1); Nationalmuseum, Stockholm (6); Pfarrkirche, Stuppach (1); Staatsgalerie, Stuttgart (7); Württembergisches Landesmuseum, Stuttgart (1); Nekropole, Tarquinia (1); ehem. Kaiserliche Bibliothek, Teheran (1); Sheldon Swope Art Gallery, Terre Haute (1); Musée Royal de l'Afrique Centrale, Tervuren (Belgien) (1); Makedonenresidenz Pella, Thessaloniki (1); Pfarrkirche, Tiefenbronn (1); Villa, Torre Annunziata (1); S. Niccolò, Treviso (1); Castel del Buonconsiglio, Trient (1); Stadtbibliothek, Trier (1); Deutsches Brotmuseum, Ulm (1); Fürstlich-Liechtensteinische Sammlungen, Vaduz (1); Loggien, Vatikan (1); Bibliothek, Vatikan (1); Accademia, Venedig (8); Biblioteca S. Marco, Venedig (1); Dogenpalast, Venedig (1); Palazzo Rezzonico, Venedig (1); S. Marco, Venedig (1); Sammlung Peggy Guggenheim, Venedig (1); S. Maria dei Frari, Venedig (1); Pinacoteca Communale, Volterra (1); Freer Gallery of Art, Washington (1); National Gallery, Washington (12); Athos, Watopedi (1); Zentralbibliothek, Weimar (1); Akademie, Wien (5); Albertina, Wien (2); Historisches Museum, Wien (1); Kunsthistorisches Museum, Wien (23); Museum des 20. Jahrhunderts, Wien (1); Museum für angewandte Kunst, Wien (1); Museum für Völkerkunde, Wien (1); Österreichische Galerie, Wien (7); Österreichische Nationalbibliothek, Wien (4); Österreichisches Barockmuseum, Wien (4); Schloß Schönbrunn, Wien (1); Zisterzienserinnenkloster, Wienhausen (bei Celle) (1); Städtisches Museum, Wiesbaden (1); Museum of Art, Williamstown (1); Herzog-August-Bibliothek, Wolfenbüttel (3); Von-der-Heydt-Museum, Wuppertal (8); Martin-von-Waner-Museum, Würzburg (1); Residenz, Würzburg (1); Kunsthaus, Zürich (2); Sammlung Bührle, Zürich (1).

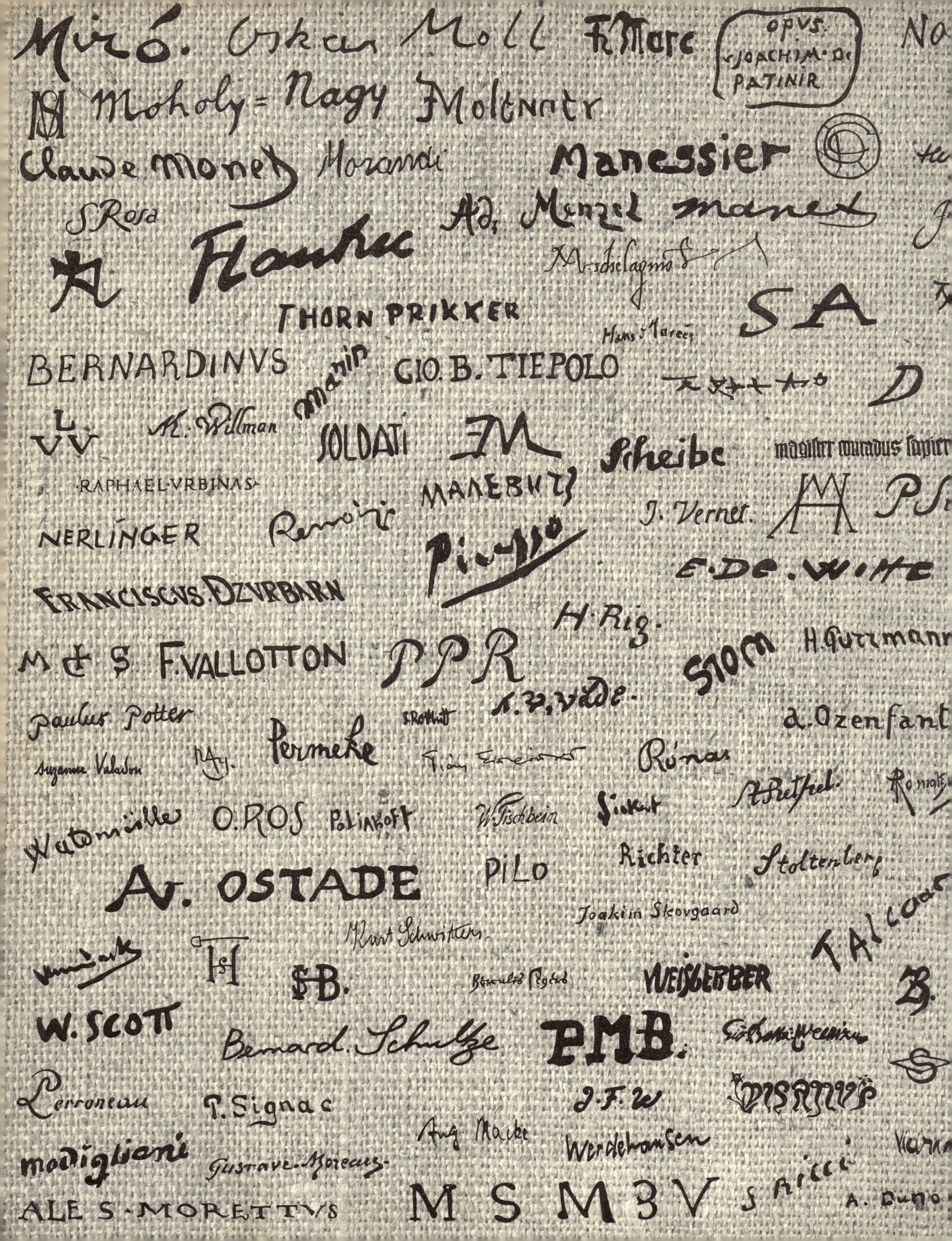

Miró.
Oskar Moll
F. Marc
OPVS JOACHIM DE PATINIR
Moholy=Nagy
Claude Monet
Morandi
Manessier
S. Rosa
Ad. Menzel
manet
THORN PRIKKER
SA
BERNARDINVS
GIO. B. TIEPOLO
M. Willman
SOLDATI
Scheibe
RAPHAEL·VRBINAS·
J. Verner.
NERLINGER
Renoir
E·DE·WITTE
FRANCISCVS·DZVRBARN
H. Rig.
M & S F.VALLOTTON
PPR
H. Guttmann
paulus potter
A. Ozenfant
Suzanne Valadon
Permeke
Rónai
O. ROS
Poliakoff
W. Tischbein
Richter
Stoltenberg
A. OSTADE
PILO
Joakim Skovgaard
Kurt Schwitters
WEISGERBER
W. SCOTT
Bernard. Schultze
PMB.
Perroneau
P. Signac
J.F.W
Aug. Macke
Werdehausen
modigliani
Gustave Moreau
ALE S·MORETTVS
M S M B V
A. Dunoyer